Liber Amicorum

Pedro Pais de Vasconcelos

Liber Amicorum
Pedro Pais de Vasconcelos

VOLUME III

2023

Pedro Leitão Pais de Vasconcelos
(Organizador)

ALMEDINA

LIBER AMICORUM **PEDRO PAIS DE VASCONCELOS**

ORGANIZADOR
Pedro Leitão Pais de Vasconcelos

EDITOR
EDIÇÕES ALMEDINA, S.A.
Avenida Emídio Navarro, 81, 3D
3000-151 Coimbra
Tel.: 239 851 904 · Fax: 239 851 901
www.almedina.net · editora@almedina.net

DESIGN DE CAPA
FBA.

PRÉ-IMPRESSÃO
EDIÇÕES ALMEDINA, S.A.

IMPRESSÃO E ACABAMENTO
PAPELMUNDE

Abril, 2023

ISBN
978-989-40-1158-3

DEPÓSITO LEGAL
508111/22

ALMEDINA | GRUPOALMEDINA

Capítulo I

Direito Comercial

A ação direta nos seguros de responsabilidade civil: o sistema português

*Margarida Lima Rego**

«Porque o ferro e o fogo, em si mesmos, não são bons nem maus, o que é bom ou mau é o que se faz com eles».**

1. Origem: o surgimento da ação direta em França.

A criação e o desenvolvimento da figura da ação direta devem-se à jurisprudência e à doutrina francesas.[1] A distinção entre os direitos de ação

* Professora da Faculdade de Direito da Universidade Nova de Lisboa, investigadora do CEDIS, Presidente da AIDA Portugal. O texto que se segue teve na sua génese a minha intervenção no XV Congresso de Direito dos Seguros do Comité Ibero-Latino-Americano da Associação Internacional de Direito dos Seguros, em Santa Cruz de la Sierra, na Bolívia, em 4 de maio de 2017, onde representei Portugal por convite e em substituição de Pedro Pais de Vasconcelos, então Presidente da AIDA Portugal. Por sua vez, essas intervenções corresponderam a uma atualização abreviada do Capítulo 6.4 da minha tese de doutoramento: M. Lima Rego, *Contrato de seguro e terceiros. Estudo de direito civil*, Coimbra 2010 (para maiores desenvolvimentos e outras referências, cfr. as pp. 634-688).

** P. Pais de Vasconcelos, «Direito Comercial e Natureza das Coisas» (2017) Revista de Direito Comercial 784-800, a p. 789.

[1] O conceito terá sido pela primeira vez usado pela doutrina francesa na primeira metade do séc. XIX. Neste sentido, C. Jamin, *La notion d'action directe*, Paris 1991, p. 364; e «Brèves réflexions sur un mécanisme correcteur: l'action directe en droit français» em *Les effets du contrat à l'égard des tiers. Comparaisons franco-belges*, M. Fontaine e J. Ghéstin (eds.), Paris 1992, p. 263. Sobre a história da acção directa em França, vejam-se a segunda obra de C. Jamin

direta e os direitos nascidos de um contrato a favor de terceiro nem sempre foi clara.[2] Para essa falta de clareza contribuiu em muito a circunstância de, numa primeira fase, os tribunais franceses terem frequentes vezes ficcionado uma «estipulação tácita para terceiro» em situações em que o reconhecimento de um direito a um terceiro lhes parecia um imperativo de justiça.[3] Em finais do séc. XIX, encontramos um exemplo extremo desta prática dos tribunais nos contratos de seguro de acidentes pessoais contratados por alguns empregadores a favor dos respetivos trabalhadores para cobertura dos acidentes de trabalho que não dessem azo a responsabilidade civil dos empregadores. Vulgarmente, tais contratos continham cláusulas que, explicitamente, excluíam quaisquer direitos dos trabalhadores contra os seguradores. Não obstante as estipulações em contrário, os tribunais viriam a apontar, por várias vezes, em tais contratos a presença de estipulações tácitas para terceiro.[4]

Atualmente, a distinção já não oferece dúvidas em França.[5] A estipulação para terceiro é isso mesmo – uma estipulação das partes – enquanto o

acima referida, a pp. 268-280; J. Bauerreis, *Das französische Rechtsinstitut der* action directe *und seine Bedeutung in internationalen Vertragsketten*, Berlim 2001, pp. 35-108; e ainda G. Flattet, *Les contrats pour le compte d'autrui. Essai critique sur les contrats conclus par un intermédiaire en droit français*, Paris 1950, pp. 175-194. Cfr. ainda, para uma análise mais detalhada do instituto, as monografias *L'action directe*, de M. Cozian, Paris 1969; e *La notion d'action directe*, de C. Jamin. E por último J. Ghéstin/ C. Jamin/ M. Billiau, *Traité de droit civil. Les effets du contrat*, 3ª ed., Paris 2001, pp. 1163-1289.

2 Cfr. J. Gernhuber, *Das Schuldverhältnis. Begründung und Änderung Pflichten und Strukturen Drittwirkungen*, Tubinga 1989, p. 466, que junta, sob a designação de contratos a favor de terceiro, aplicando-lhes o respetivo regime, os contratos em que a pretensão do terceiro se funda numa estipulação das partes e aqueles em que a pretensão do terceiro tem outra origem.

3 G. Flattet, cit. *supra* n. 1, pp. 41-42. Cfr. H. Kötz, *European Contract Law*, I, Oxford 1997, pp. 254-255. O autor dá exemplos, retirados da jurisprudência francesa, de direitos de ação de terceiros não baseados na intenção das partes, o primeiro dos quais o instituto da ação direta.

4 Sobre o reconhecimento das ações diretas no domínio dos seguros de acidentes pessoais, veja-se C. Jamin, *La notion d'action directe*, cit *supra* n. 1, pp. 64-71; e «Brèves réflexions sur un mécanisme correcteur: l›action directe en droit français», cit. *supra* n. 1, pp. 269-270.

5 Sobre a distinção entre a ação direta e a estipulação para terceiro, vejam-se, por todos, J. Ghéstin/ M. Billiau/ C. Jamin, «La stipulation pour autrui (rapport français)» em *Les effets du contrat à l'égard des tiers. Comparaisons franco-belges*, M. Fontaine e J. Ghéstin (eds.), Paris 1992, pp. 380-407, pp. 396-399. H. Montcharmont, *L'assurance pour compte en matière terrestre*, Paris 1931, pp. 139-142, já traçava uma fronteira clara entre ambas as figuras. Em Itália, cfr., por exemplo, M. Franzoni, «Il contratto e i terzi» em *I contratti in generale*, Enrico Gabrielli (ed.), 2ª ed., Turim 2006, pp. 1183-1264 Cit, p. 1241. Em Portugal, a distinção entre a ação direta e

direito de ação direta é algo que o ordenamento reconhece a um terceiro independentemente da intervenção das partes num contrato.[6]

Foi por oposição à *action oblique* que surgiu e que ainda hoje se posiciona a figura da *action directe*.[7] Numa ação direta, um credor pode substituir-se ao seu devedor, exigindo por direito próprio a realização da prestação que lhe é devida por um terceiro, devedor do seu devedor.[8] Ambas as ações, não obstante a respetiva designação, correspondem a pretensões de natureza substantiva e não processual, podendo fazer-se valer dentro e fora dos tribunais.[9] Uma vez que, normalmente, podemos agir diretamente contra outrem, para que a expressão retenha algum sentido continua a ser importante reduzi-la ao contraponto da ação oblíqua, o que implica reservar o uso

o contrato a favor de terceiro já aparecia, se bem que não em termos totalmente claros, em A. Pinheiro Torres, *Ensaio sobre o contrato de seguro*, Porto 1939, pp. 81-93.

[6] Y. Lambert-Faivre, *Droit des assurances*, 10ª ed., Paris 1998, pp. 480-481; e G. Flattet, cit. *supra* n. 1, p. 40.

[7] Neste sentido, M. Picard (fund.) / A. Besson, *Les assurances terrestres*, I, orig. 1938, 5ª ed., Paris 1982, pp. 562-563 (cfr. 562-608). Sobre a caracterização da ação sub-rogatória, no sistema jurídico português, como uma ação indireta ou oblíqua, cfr. M. Lima Rego, «As partes processuais numa ação em sub-rogação» (2006) 13 *Themis* 63-108, pp. 71-73. Este instituto, que confere ao credor a possibilidade de se substituir ao seu devedor no exercício dos direitos de conteúdo patrimonial contra terceiro, caso o próprio devedor não o faça, sempre que esse exercício seja essencial à satisfação ou garantia do seu crédito face ao devedor, foi introduzido entre nós por influência dos ordenamentos francês e, sobretudo, italiano (cfr. pp. 64-67). Não existe nos sistemas de matriz germânica ou anglo-americana. Em França, ao instituto da atuação em sub-rogação genericamente regulado no art. 1166 do CC francês é dada a designação de *action oblique*. Sobre o instituto, vejam-se, na doutrina francesa, M. Planiol/ G. Ripert (dirs.), *Traité pratique de droit civil français*, VII. *Obligations* (2.ème *Partie*), colab. Paul Esmein, Jean Radouant e Gabriel Gabolde, Paris 1931, pp. 203-228; R. Demogue, *Traité des obligations*, VII. *Effets des obligations*, Paris 1933, pp. 298-403; e, mais recentemente, F. Terré/ P. Simler/ Y. Lequette, *Droit civil. Les obligations*, 9ª ed., Paris 2005, pp. 1089-1102.

[8] C. Jamin, «Brèves réflexions sur un mécanisme correcteur: l›action directe en droit français», cit. *supra* n. 1, p. 297, afirma que, na ação direta, se exerce um direito próprio circunscrito por um direito duplamente derivado: (i) na relação jurídica entre o devedor e o respetivo devedor; (ii) na relação jurídica entre o devedor e o credor.

[9] M. Cozian, cit. *supra* n. 1, pp. 15-23, observa que a expressão *action directe* data de um tempo em que se confundiam os direitos e as ações de que se dispunha para os fazer valer, mas que se trata aqui sem dúvida de um direito substantivo do credor contra o devedor do seu devedor. O mesmo pode dizer-se da ação sub-rogatória. Cfr. M Lima Rego, cit. *supra* n. 7, pp. 64 e 66.

da expressão, outrora como agora, aos casos em que um credor pode agir diretamente *contra um devedor do seu devedor*.[10]

Dizer-se, de uma pessoa, que tem um direito de ação direta contra alguém significa, literalmente, dizer que essa pessoa pode agir contra uma pessoa sem ser por intermédio de outrem. Daí a designação «ação direta».[11] Mas o elemento verdadeiramente caracterizador da ação direta, que a contrapõe à ação oblíqua, é a circunstância de o seu exercício produzir efeitos diretamente na esfera jurídica do credor, sem passar pela do devedor. Assim se protege o credor em detrimento dos restantes credores comuns do devedor.[12]

A inoponibilidade dos meios de defesa não é um elemento definidor de uma ação direta.[13] Uma vez que não tem por fonte o contrato, o direito do credor não se encontra necessariamente circunscrito pelo do seu devedor. Contudo, a maior ou menor amplitude com que o regime de inoponibilidade dos meios de defesa se encontra delineado variará consoante os casos e as opções de cada legislador.

Nos primeiros tempos após a entrada em vigor do *Code Napoléon*, a doutrina francesa via nas determinações legais específicas do direito de ação do proprietário contra o sublocatário, dos operários contratados pelo empreiteiro contra o dono da obra, e do mandante contra o substituto do mandatário, simples aplicações do instituto da ação oblíqua.[14] Esse entendimento

[10] Conclui-o M. Cozian, cit. *supra* n. 1, pp. 15-23.

[11] A introdução do conceito e a denominação do instituto são comummente atribuídas a A. Duranton. Cfr. o seu *Traité des contrats et des obligations en général, suivant le Code Civil*, II, Paris 1819, p. 34.

[12] P. Romano Martinez, *O subcontrato*, Coimbra 1989, pp. 163-164, afirma que a ação direta funciona como um privilégio concedido a certos credores em reforço da sua garantia, na senda de A. Vaz Serra, «Responsabilidade patrimonial» (1958) 75 BMJ 5-410, p. 189.

[13] Neste sentido, I. Corbisier, «À la recherche d›une «action directe» en droit allemand des obligations et des assurances» em *Les effets du contrat à l'égard des tiers. Comparaisons franco-belges*, M. Fontaine e J. Ghéstin (eds.), Paris 1992, pp. 325-334, p. 325.

[14] Cfr. os arts. 1753 (ação do proprietário contra o sublocatário); 1798 (ação dos operários contratados pelo empreiteiro contra o dono da obra); e 1994 (ação do mandante contra o substituto do mandatário) do CC francês. Segundo C. Jamin, «Brèves réflexions sur un mécanisme correcteur: l›action directe en droit français», cit. *supra* n. 1, pp. 268-270, estas disposições não têm antecedentes no direito romano, sendo criação do legislador do *Code Napoléon*. Em Portugal, veja-se o art. 1063º CC (ação do proprietário contra o sublocatário). Não obstante a inexistência de disposição legal expressa, alguma doutrina reconhece a existência de uma ação direta do subempreiteiro contra o dono da obra e deste contra o subempreiteiro, o que é

foi posteriormente contestado, pela jurisprudência e doutrina, com o argumento de que colocaria o credor responsável pela criação do valor em causa em igualdade de circunstâncias com os demais credores do devedor, resultado que se tinha por profundamente injusto.[15] Passou então a interpretar-se generalizadamente os referidos preceitos como concedendo ao credor em causa um direito de ação direta contra o devedor do seu devedor. O mesmo raciocínio foi aplicado no domínio do direito dos seguros de responsabilidade civil.

Grande parte da doutrina francesa atribui às ações diretas um caráter «excecional». A falta de ligação entre os titulares ativo e passivo da ação direta situá-las-ia no campo das «exceções» ao princípio do efeito relativo dos contratos.[16] Há todavia quem sustente que não se trata de exceções, mas de um complemento necessário e corretor da inflexibilidade dos princípios da relatividade dos contratos e da igualdade entre credores, constantes, respetivamente, dos arts. 1165 e 2092 do CC francês.[17]

A história da ação direta pode dividir-se em três épocas: (i) a época da teoria exegética da ação direta; (ii) a época da teoria legalista da ação direta; e (iii) a época da teoria doutrinária da ação direta.[18] Na primeira época, a doutrina procurou justificar o instituto recorrendo a algumas figuras do código francês. As mais significativas foram o contrato a favor de terceiro e a gestão de negócios.[19] Na segunda época, abandonaram-se em definitivo

um pouco distinto da ação do *Code Napoléon*. Sobre a ação direta no subcontrato, cfr. P. ROMANO MARTINEZ, cit. *supra* n. 12, pp. 170-181. Por fim, temos o art. 1181º/2 CC (ação do mandante contra os devedores do mandatário em contratos celebrados no exercício do mandato). Trata-se também de algo não totalmente idêntico ao disposto no *Code Napoléon*. Para uma contraposição entre a ação direta e a ação sub-rogatória ou oblíqua, vejam-se, entre nós, A. VAZ SERRA, cit. *supra* n. 12, pp. 153 e 189-190; e P. ROMANO MARTINEZ, cit. *supra* n. 12, pp. 168-169.

15 C. JAMIN, «Brèves réflexions sur un mécanisme correcteur: l›action directe en droit français», cit. *supra* n. 1, p. 270.

16 G. FLATTET, cit. *supra* n. 1, p. 176.

17 C. JAMIN, *La notion d'action directe*, cit *supra* n. 1, pp. 288-290; e «Brèves réflexions sur un mécanisme correcteur: l'action directe en droit français», cit. *supra* n. 1, p. 264. Cfr. ainda J. GHÉSTIN/ C. JAMIN/ M. BILLIAU, cit. *supra* n. 1, pp. 1222-1224. O princípio da relatividade dos contratos encontra-se entre nós no art. 406º/2 CC. O princípio da *par condicio creditorum* encontra-se no art. 609º CC.

18 A divisão pertence a C. JAMIN, «Brèves réflexions sur un mécanisme correcteur: l›action directe en droit français», cit. *supra* n. 1, pp. 268-280. Cfr. ainda J. GHÉSTIN/ C. JAMIN/ M. BILLIAU, cit. *supra* n. 1, pp. 1166-1188.

19 C. JAMIN, *La notion d'action directe*, cit *supra* n. 1, pp. 51-54.

as anteriores explicações, compreendendo a doutrina que não poderia reconduzir-se a ação direta a outras figuras do *Code Civil*. Passou a procurar o seu fundamento único em lei especial. Contudo, apenas das ações diretas de criação mais recente pode dizer-se, e somente nalguns casos, que recebem um fundamento legislativo autêntico. As restantes são exemplos do vigor criativo, *praeter* e nalguns casos mesmo *contra legem*, da jurisprudência dos sécs. XIX e XX.[20] Na terceira época, sustenta alguma doutrina que a ação direta seria a expressão de um reconhecimento dos «grupos de contratos»: desenvolve-se a ideia de que o terceiro em relação a um contrato teria o direito de ação por virtude de outro contrato que teria celebrado com pelo menos uma das partes do primeiro e que ambos os contratos fariam parte de um mesmo «grupo». Mas a verdade é que a ação direta surge com idêntica facilidade na ausência de quaisquer «grupos de contratos».[21] Alguma doutrina mais recente rejeita as anteriores explicações doutrinárias e propõe uma explicação que permitiria encontrar a unidade dogmática da figura:[22]

> «[A] ação direta, que necessita da existência de uma relação ao menos triangular, deve poder admitir-se em dois tipos de situações:
> - Quando um credor *transfere um valor* para o património do devedor do seu devedor e existe uma ligação suficiente entre o aumento de valor do património deste subdevedor e a atuação do credor (...);
> - Quando um credor aumenta voluntariamente o valor do património do seu devedor imediato por uma ação (...) que encontre a sua origem numa relação contratual entre o devedor imediato e o subdevedor e de que este seja o destinatário final (...).
>
> Só estes dois critérios justificam a admissão de autênticas ações diretas para além de textos especiais. (...) *[U]m e outro põem em prática um*

[20] C. Jamin, *La notion d'action directe*, cit *supra* n. 1, p. 364; e «Brèves réflexions sur un mécanisme correcteur: l'action directe en droit français», cit. *supra* n. 1, pp. 269-270. Atualmente é generalizado o reconhecimento de que a ação direta é uma criação pretoriana. Cfr. C. Jamin, *La notion d'action directe*, cit *supra* n. 1, p. 57; e Jean Beauchard, em J. Bigot (dir.), *Traité de droit des assurances*, III, Paris 2002, pp. 1210-1211.

[21] C. Jamin, *La notion d'action directe*, cit *supra* n. 1, p. 366.

[22] C. Jamin, «Brèves réflexions sur un mécanisme correcteur: l›action directe en droit français», cit. *supra* n. 1, pp. 280-302.

princípio de justiça comutativa: transferência de valor que carece de contrapartida no primeiro caso; dano sofrido que postula o restabelecimento do equilíbrio quebrado no segundo».[23]

Esta análise colhe alguma inspiração na classificação tradicional das ações diretas em dois grupos: (i) ações conferidas a quem tenha fornecido ao seu devedor a matéria de um contrato que este celebrou com um terceiro; (ii) ações conferidas a quem tenha contribuído para fazer surgir na esfera do seu devedor um crédito contra um terceiro.[24] Exemplos clássicos do primeiro: a ação direta do proprietário contra o sublocatário[25] e a ação direta dos operários contratados pelo empreiteiro contra o dono da obra.[26] Exemplo clássico do segundo: as ações diretas dos terceiros lesados contra os seguradores de responsabilidade civil.[27] Numa outra construção, distingue-se entre as ações diretas em pagamento (*actions directes en paiement*) e as ações diretas em responsabilidade (*actions directes en responsabilité*).[28] As primeiras, respeitantes a uma pretensão primária e as segundas a uma pretensão secundária do credor. De acordo com esta divisão, situar-se-ão entre as primeiras as ações diretas dos terceiros lesados contra os segura-

[23] C. JAMIN, «Brèves réflexions sur un mécanisme correcteur: l›action directe en droit français», cit. *supra* n. 1, p. 295. Os seguros de responsabilidade civil inserir-se-iam no segundo destes critérios. Cfr. ainda *Action Directe*, pp. 288-290.

[24] J.-E. LABBÉ, «Des privilèges spéciaux sur les créances» (1876) 5 Revue Critique de Législation et de Jurisprudence 571-590 e 665-695, *maxime* p. 679. Na verdade, a construção do autor assentava na ideia de que estes mecanismos corresponderiam a privilégios especiais e não a verdadeiros direitos de ação direta, mas a tese não vingou. É curiosa a informação prestada por C. JAMIN, *La notion d'action directe*, cit *supra* n. 1, p. 53, de que o reconhecimento de um simples privilégio do terceiro lesado sobre o montante da indemnização foi energicamente rejeitado pela jurisprudência e doutrina, com o argumento de que não poderia admitir-se um privilégio sem um texto legal que lhe desse origem. Cfr. ainda G. FLATTET, cit. *supra* n. 1, p. 181.

[25] G. FLATTET, cit. *supra* n. 1, pp. 182-184.

[26] G. FLATTET, cit. *supra* n. 1, pp. 184-185.

[27] G. FLATTET, cit. *supra* n. 1, pp. 188-189.

[28] J. GHÉSTIN/ C. JAMIN/ M. BILLIAU, cit. *supra* n. 1, pp. 1229-1260; J. BAUERREIS, cit. *supra* n. 1, pp. 81-108; e R. WINTGEN, Étude critique de la notion d'opposabilité. Les effets du contrat à l'égard des tiers en droit français et allemand, Paris 2004, p. 294. R. O. DALCQ, «Les actions directes» em *Les effets du contrat à l'égard des tiers. Comparaisons franco-belges*, M. FONTAINE e J. GHÉSTIN (eds.), Paris 1992, 303-324, p. 303; e G. FLATTET, «Synthèse des travaux» em *Les effets du contrat à l'égard des tiers. Comparaisons franco-belges*, M. FONTAINE e J. GHÉSTIN (eds.), Paris 1992, pp. 430-442, a p. 440, esclarecem que esta distinção é desconhecida na Bélgica.

dores de responsabilidade civil.[29] A sua classificação não é totalmente isenta de dúvidas, na medida em que o lesado tem antes de mais uma pretensão secundária a ser indemnizado pelo responsável. Todavia, o seu direito de ação direta respeita ao exercício de uma pretensão primária contra o segurador fundada no contrato de seguro, seja ela do tomador e/ou do segurado.

Embora a ação direta não tenha por fonte um contrato, tão-pouco dispensa uma certa ligação ao contrato:

> «O contrato em que se baseia a reclamação do titular da ação direta tem uma influência decisiva na existência da ação direta. Esta não conseguiria destacar-se dele e adquirir a independência de uma obrigação legal, ao modo da obrigação de alimentos, por exemplo. Na realidade, ela tem por fim fazer com que outrem participe no benefício de um contrato. Depende, por isso, da validade do contrato. Nasce mesmo do contrato. Se apresenta diferenças em relação à ação do contraente contra o devedor comum, isso deve-se ao seu caráter próprio.»[30]

Em França, as ações diretas multiplicaram-se de tal forma que a estipulação para terceiro perdeu o papel decisivo que desempenhara anteriormente entre os mecanismos que permitem o alargamento a terceiros da força normativa dos contratos.[31] Em Portugal, diversamente do que ocorreu no ordenamento jurídico francês, são mais modestas as determinações legais de ações diretas, e os tribunais nunca se dedicaram a multiplicá-las com o afã dos seus congéneres franceses.[32] No entanto, nalguns domínios a tendência é para a sua multiplicação. É esse o caso, designadamente, no domínio do direito dos seguros.

[29] Neste sentido, J. Bauerreis, cit. *supra* n. 1, pp. 86-90. O mesmo diz da ação direta dos credores privilegiados e hipotecários contra o segurador de um seguro de coisas, consagrada no art. L.121-13 CA francês (p. 87).

[30] G. Flattet, cit. *supra* n. 1, p. 193.

[31] Neste sentido, R. Wintgen, cit *supra* n. 28, p. 293. Para além das situações a que se fez referência, a estipulação para terceiro fora utilizada em contextos tão diversificados como o da indemnização das vítimas por ricochete de um acidente ocorrido no quadro de um contrato de transporte, numa altura em que a responsabilidade delitual conhecia ainda em direito francês alguns limites impeditivos de semelhante solução.

[32] Neste sentido, M. J. Almeida Costa, *Direito das obrigações*, 12ª ed., Coimbra 2009, p. 852. Para um exemplo de estabelecimento legal de ações diretas, vejam-se os arts. 794º e 803º CC (*commodum* de representação).

Centremo-nos na análise dos casos em que a lei reconhece ao terceiro lesado um direito de ação direta contra o segurador.

Em França, as ações diretas estabelecidas em sede de direito dos seguros tiveram uma origem muito semelhante à das ações diretas do *Code Napoléon*. De acordo com o direito comum em meados do séc. XIX, à vítima de um acidente gerador de responsabilidade civil não era reconhecido o direito de exigir ao segurador do responsável o pagamento da indemnização. O seu único meio de reação, em caso de inércia do segurado, seria por via da ação sub-rogatória genericamente estabelecida na lei.[33] Este entendimento foi inicialmente seguido pela jurisprudência e doutrina de expressão francesa.[34] Partindo-se desta ideia, entendia-se, muito naturalmente, que era profundamente injusto que o montante da indemnização fosse dividido por todos os credores, colocando em pé de igualdade com os demais credores comuns a vítima do acidente causado pelo segurado insolvente, devedor comum de todos eles, dado que este nunca fora titular de um direito à indemnização a não ser na estrita medida em que esta tivesse como destino final o património da vítima.[35] Este *status quo* chegava a ser visto como «imoral», porque se chegava ao resultado perverso de tornar do interesse dos credores a ocorrência de um qualquer prejuízo causado pelo devedor a um terceiro.[36]

[33] Cfr. o art. 1166 do CC francês. Cfr. M. Tournois, «Direct actions by victims against insurers of wrongdoers in France» (1996) 3 IJIL 194-203, p. 194. Sobre a ação direta nos seguros de responsabilidade civil, veja-se, por exemplo, Y. Lambert-Faivre, cit. *supra* n. 6, pp. 480-494. Entre nós, admitindo a possibilidade de o terceiro lesado sem pretensão própria contra o segurador lançar mão de ação sub-rogatória, D. Leite de Campos, *Seguro da responsabilidade civil fundada em acidentes de viação. Da natureza jurídica*, Coimbra 1971, pp. 39 e 76.

[34] M. Fontaine, *Droit des assurances*, 3ª ed., Bruxelas 2006, p. 439, observa que também em direito belga, antes do reconhecimento da ação direta, o terceiro lesado tinha apenas ao seu dispor a ação sub-rogatória – *action oblique* – e o arresto – *saisie-arrêt*. R. O. Dalcq, cit. *supra* n. 28, pp. 306-310, salienta que a evolução foi muito diferente na Bélgica do que fora em França. Na Bélgica, não houve um reconhecimento de ações diretas por parte da jurisprudência, tendo de aguardar-se até ao estabelecimento legal da primeira ação direta, em matéria de seguro de responsabilidade civil por acidentes de viação, em 1956. Desde então, multiplicaram-se os casos de seguros obrigatórios com o estabelecimento de ações diretas do terceiro lesado contra o segurador. Sempre que o fim prosseguido com a obrigatoriedade era a proteção das vítimas, a lei fez acompanhar a obrigatoriedade de um sistema de ação direta de um regime mais ou menos generoso de inoponibilidade das exceções. O passo final foi dado em 1992.

[35] Cfr. G. Flattet, cit. *supra* n. 1, pp. 40-41, para quem o resultado «chocava os mais elementares sentimentos de justiça».

[36] C. Jamin, *La notion d'action directe*, cit *supra* n. 1, p. 49.

Rapidamente se pôs de parte a ideia de encontrar uma estipulação tácita para terceiro, de forma genérica, nos seguros de responsabilidade civil, por se entender que não havia, tipicamente, qualquer intenção do tomador-segurado de conferir um direito ao terceiro lesado, mas apenas uma intenção de se precaver, a si próprio, contra as possíveis consequências patrimoniais desfavoráveis da sua atuação. O terceiro lesado seria apenas um beneficiário indireto ou reflexo do contrato.[37] Sustentava-se, no entanto, que o dinheiro do segurador deveria ser afeto ao ressarcimento do terceiro lesado. Sucessivas leis especiais procuraram assegurar esse resultado a partir de finais do séc. XIX e inícios do séc. XX. Habituada a dar o salto da *action oblique* para a *action directe*, a jurisprudência e a doutrina francesas apressaram-se a retirar de tais preceitos legais a conclusão da existência de uma ação direta do terceiro lesado contra o segurador, não obstante, em boa verdade, não poder retirar-se semelhante conclusão por via de uma interpretação rigorosa da grande maioria dos referidos preceitos legais.[38] Seria uma questão de tempo até se reconhecer, de forma generalizada, em todos os seguros de responsabilidade civil, um direito de ação direta do terceiro lesado contra o segurador.[39]

Esta evolução teve o seu início a partir de duas coberturas acessórias de responsabilidade civil nos seguros de incêndio. Nos contratos de seguro de incêndio, havia duas coberturas acessórias que respeitavam a danos ocorridos no património de terceiros: a cobertura da responsabilidade do arrendatário perante o senhorio – *assurance du risque locatif* – e a cobertura da responsabilidade do proprietário ou arrendatário perante os terceiros seus

[37] A jurisprudência e a doutrina francesas não recorreram à ação direta no que respeita aos seguros por conta, aos seguros de vida, ou aos seguros de grupo, porque estes se enquadravam facilmente no âmbito da estipulação para terceiro. Cfr. C. Jamin, *La notion d'action directe*, cit *supra* n. 1, p. 49 n. 230. Já os seguros de responsabilidade civil nunca foram enquadrados pela doutrina e jurisprudência francesas por via da estipulação para terceiro (p. 67). Por este motivo, é nos seguros de responsabilidade civil que o instituto da ação direta desempenha atualmente no direito francês o seu papel primordial. Cfr. Beauchard em J. Bigot (dir.), cit. *supra* n. 20, p. 1210.

[38] Atualmente, veja-se o art. L124-3 CA francês: «O segurador não pode pagar a outrem que não o terceiro lesado toda ou parte da soma devida, enquanto esse terceiro não se tiver desinteressado, até à concorrência da dita soma, das consequências pecuniárias do facto danoso fundador da responsabilidade do segurado.».

[39] Flattet, cit. *supra* n. 1, p. 191.

vizinhos – *assurance du recours des voisins*.[40] Em 1889, saiu uma lei a regular o seguro de incêndio dispondo que, no respeitante a estas coberturas, «o segurado ou seus sucessores não poderão tocar em toda ou em parte da indemnização sem que o proprietário do bem locado, o vizinho ou o terceiro sub-rogado nos seus direitos se tenham desinteressado das consequências do sinistro».[41] Após cerca de vinte anos de hesitações, e alguma pressão por parte da doutrina, a conclusão de que o preceito encerraria uma ação direta foi finalmente formulada pela Cassação Francesa.[42] A doutrina apressou-se a corroborar a conclusão:

> «[S]eria uma estranha subtileza, obrigar o segurador a conservar esta quantia no interesse de uma pessoa determinada e ao mesmo tempo impedir esta pessoa de a reclamar na justiça».[43]

Do simples facto de se estabelecer na lei que o segurador só pode pagar a indemnização ao segurado na medida em que este tenha previamente indemnizado o lesado, só com muito boa vontade se retiraria o estabelecimento de um direito de ação direta do terceiro lesado contra o segurador.[44] Com efeito, por via, designadamente, do princípio indemnizatório, de que atrás se falou, os sistemas jurídicos, na sua generalidade, bem como, se assim não fora, os próprios clausulados das apólices, impedem, por motivos óbvios, respetivamente, de política legislativa e negocial, que o segurado de um seguro de responsabilidade civil possa enriquecer à custa do segurador, determinando-se que, em caso de sinistro, o segurador pague a indemnização (i) diretamente ao terceiro lesado ou (ii) ao segurado que já tenha

[40] C. Jamin, *La notion d'action directe*, cit *supra* n. 1, pp. 49-57.

[41] Citado por C. Jamin, *La notion d'action directe*, cit *supra* n. 1, p. 54.

[42] Cfr. Cass. Fr. 17.07.1911.

[43] M. Planiol, Anotação a Cass. Fr. 17.07.1911 em (1912) 88 Rec. Dal. P. 81-82, a p. 81.

[44] Cfr. C. Jamin, «Brèves réflexions sur un mécanisme correcteur: l›action directe en droit français», cit. *supra* n. 1, p. 274. O mesmo processo decorria, para além dos seguros de responsabilidade civil, também nos seguros de incêndio e nos seguros de acidentes pessoais. Note-se que a Cassação Francesa – Cass. Fr. 14.06.1926 – foi ao ponto de encontrar o reconhecimento de um direito de ação direta no nº 8 do art. 2102 do CC francês, acrescentado pela Lei de 28.05.1913, apesar de o referido diploma só ter sido aprovado no Senado sob a condição, expressa nos trabalhos preparatórios, de o novo preceito não servir de base ao reconhecimento de uma ação direta em benefício dos terceiros lesados, para quem o contrato deveria permanecer *res inter alios acta*. Cfr. Rec. Sir., *Lois Annotées* 1911-1915, p. 548 n. 2. Cfr. C. Jamin, «Brèves réflexions sur un mécanisme correcteur: l›action directe en droit français», cit. *supra* n. 1, p. 274 n. 68.

ressarcido o terceiro lesado.[45] No entanto, o reconhecimento de um direito de ação direta do terceiro lesado contra o segurador em todos os seguros de responsabilidade civil é exclusivo do sistema francês e dos sistemas por ele mais influenciados.[46] Trata-se aqui de distinguir claramente entre uma mera competência de aquisição e um direito de crédito, composto pela faculdade de exigibilidade e pela permissão específica de aproveitamento da prestação – nos seguros de responsabilidade civil, sejam eles obrigatórios ou voluntários, o direito de crédito do tomador-segurado não inclui a competência de aquisição da indemnização, mas unicamente a faculdade de exigir que o seu pagamento se faça ao terceiro lesado, acompanhada da permissão específica do aproveitamento da prestação, que nuns casos tem como resultado a sua exoneração em face do terceiro e nos demais o próprio ressarcimento do terceiro lesado.[47]

Examinemos o pressuposto, de que partiram a jurisprudência e doutrina francófonas, de que o segurado teria um direito a receber a indemnização, independentemente de ter previamente ressarcido o dano do terceiro lesado, ou pelo menos de que essa indemnização, ainda que paga diretamente ao terceiro lesado, o era «em nome e por conta» do segurado, pelo que, juridicamente, sempre passaria pelo seu património antes de chegar ao do terceiro lesado, ainda que, na prática, o montante em causa fosse diretamente transferido das mãos do segurador para as mãos do terceiro lesado. É neces-

[45] Este segundo caso nem sempre se verifica. Cfr. o disposto no art. 140º/7 LCS. Cfr. W. Voit/ U. Knappmann em E. R. Prölss/ A. Martin (funds.), *Versicherungsvertragsgesetz*, 27ª ed., Munique 2004, §§ 149 e 156 pp. 815 e 852 mm. 3 e 8. Os autores sublinham que o segurador só pode pagar diretamente ao segurado quando o seu direito de exoneração se transforma num direito ao pagamento da indemnização.

[46] Atualmente, reconhece-se um direito de ação direta do terceiro lesado contra o segurador, de forma injuntiva e generalizada, em todos os seguros de responsabilidade civil, para além de França, também em Espanha e na Bélgica. Em Espanha, cfr. o art. 76 LCS. Cfr. *La acción directa en los seguros de responsabilidad civil: conveniencia e inconveniencia, tendencias legislativas actuales. el sistema español*, Congreso Ibero-Latinoamericano de Derecho de Seguros, 2-5 de Mayo 2017, Santa Cruz de la Sierra, Bolívia, Relatório de J. Alarcón Fidalgo/ F. Benito Osma. Na Bélgica, cfr. o art. 86/1 LCS belga. Cfr. M. Fontaine, cit. *supra* n. 34, pp. 325 e 441-442.

[47] H. Möller, «Ist die Einführung eines eigenen Rechts des Drittgeschädigten gegen den Haftpflichtversicherer, insbesondere in der Kraftfahrhaftpflichtversicherung empfehlenswert?» (1963) 52 ZVersWiss 409-470, p. 412, na sua análise crítica à figura da ação direta, o autor explicava a diferença entre este mecanismo e o que era então usado na lei alemã vigente, dizendo que, neste último, ao contrário do primeiro, faz-se do terceiro um destinatário da prestação (*Leistungsempfänger*) mas não um credor (*Gläubiger*).

sariamente este o pressuposto que está na base da conclusão de que seria necessário impedir os demais credores de lhe terem acesso em detrimento do terceiro lesado. Porquanto, de contrário, mesmo nos casos em que o terceiro lesado não tem um direito à indemnização – já veremos que é assim, entre nós, nos seguros voluntários de responsabilidade civil em que não haja convenção em contrário – o único direito do segurado é normalmente o de que o segurador pague diretamente ao terceiro lesado, só podendo o segurado exigir para si próprio o pagamento, se assim houver sido disposto, no caso de ter previamente satisfeito o crédito do terceiro lesado. A principal vantagem que o segurado retira do contrato consiste na proteção do seu património contra uma perda que não chega a sofrer – por não ter de desembolsar, ele próprio, o dinheiro da indemnização.

No rigor dos princípios, se se entendesse que o dinheiro que parte do património do segurador com destino ao património do terceiro lesado não chegaria a passar pelo património do segurado, necessariamente se chegaria à conclusão de que o terceiro lesado que, agindo em sub-rogação, exigisse ao segurador o cumprimento do seu dever de prestar, não deveria obter um resultado distinto do que se encontra ao dispor do próprio segurado – que nada poderia exigir para si próprio na medida em que, não tendo ainda pago qualquer indemnização, apenas poderia exigi-la para o terceiro. Então, uma vez reunidos os pressupostos do instituto da ação em sub-rogação, ao terceiro deveria ser permitido exigir que o destino da indemnização fosse, diretamente, o seu próprio património, e não o do segurado. Mas a jurisprudência e doutrina francesas não seguiram semelhante entendimento, desconsiderando a possibilidade de o montante da indemnização se transferir diretamente do património do segurador para o património do terceiro lesado sem passar pelo do segurado. Daí este desenvolvimento, algo inesperado aos olhos de hoje, no direito contratual dos seguros francês, que conduziu ao reconhecimento generalizado da ação direta do terceiro lesado em todos os seguros de responsabilidade civil.[48] Chega a dizer-se que:

[48] A ideia que lhe subjaz não constituiu uma idiossincrasia do direito francês. H. Möller, cit. *supra* n. 47, pp. 411-412, ao traçar a história da proteção do terceiro lesado no direito alemão dos seguros de responsabilidade civil, explica que, numa primeira fase, o direito do segurado era generalizadamente entendido, pura e simplesmente, como um direito pecuniário, ou seja, como um direito ao montante da indemnização, que entraria no seu património, ficando à mercê dos respetivos credores. Só numa segunda fase esse direito foi encarado como um direito de exoneração (*Befreiungsanspruch*). Essa transição teve início, na Alemanha, no final do séc. XIX e início do séc. XX. Cfr., por exemplo, RG 07.02.1936. Cfr. ainda R.

Verifica-se que, pelo menos no caso dos seguros de responsabilidade civil, acabou por reconhecer-se ao terceiro lesado um direito contra o segurador independente de um direito do segurado contra o segurador.[49] Na realidade, não será completamente independente, mas a verdade é que não há, neste caso, qualquer desvio ao normal destino da prestação: esta já tinha como destino o património do terceiro lesado. Em suma, toda esta construção foi erigida sobre um erro, na convicção de que a imposição de uma ação direta seria a única forma de proteger o terceiro lesado contra as incursões dos demais credores do segurado. Quando a verdade é que haveria outros meios, bem mais adequados, de proteção do terceiro lesado, de maneira menos genérica, e mais adaptada às circunstâncias – nos casos em que este carece, verdadeiramente, de semelhante proteção. Em França, já houve quem observasse que, não obstante ter-se chegado por esta via à ação direta, o raciocínio seguido pela jurisprudência e pela doutrina desse país nunca serviria de justificação para mais do que o reconhecimento de um privilégio ao terceiro lesado.[50]

Johannsen, «Versicherungsvertragsrecht, Dritte Personen» em *Handwörterbuch der Versicherung*, D. Farny/ E. Helten/ P. Koch/ R. Schmidt (eds.), Karlsruhe 1988, pp. 1171-1181, pp. 1177-1178; e K. Sommer, *Die Rechtsnatur des Versicherungsvertrages in der allgemeinen Haftpflichtversicherung*, Munique 1982, pp. 14-19. O mesmo se passou no direito inglês. Cfr. J. Lowry/ P. Rawlings, *Insurance law: doctrines and principles*, 2ª ed., Oxford 2005, p. 182. Os autores observam que era regra aceite no *common law* que, em caso de insolvência do segurado, a indemnização do segurador integraria a respetiva massa insolvente, ficando à mercê de todos os seus credores. Foi contra esta regra que surgiu o *Third Parties (Rights Against Insurers) Act* de 1930. Este diploma determinou que, em caso de insolvência do segurado, os terceiros lesados teriam um direito de ação direta contra o segurador (cfr. s. 1(1). Cfr., no mesmo sentido, E. J. MacGillivray, (fund.)/ N. Legh-Jones, *MacGillivray on insurance law*, 10ª ed., Londres 2003, pp. 825-826 (28-11).

[49] C. Jamin, *La notion d'action directe*, cit *supra* n. 1, pp. 63-64 e 366-367, defende que a ação direta corresponde a um mecanismo, por vezes, translativo de um direito – nesses casos: um direito derivado – e, por vezes, aquisitivo de um direito – nesses casos: um direito próprio. Acrescenta, sobre estes últimos casos, que a ação direta está «ao serviço de um direito próprio, embora sem transitar pelo património do devedor intermédio» (p. 64).

[50] G. Flattet, cit. *supra* n. 1, pp. 178-179. C. Jamin, «Brèves réflexions sur un mécanisme correcteur: l›action directe en droit français», cit. *supra* n. 1, p. 288.

2. A experiência alemã: um modelo alternativo de proteção do terceiro lesado

Examinemos o que se passou na Alemanha. O instituto da ação sub-rogatória é desconhecido dos ordenamentos jurídicos de matriz germânica. E mesmo o da ação direta acabou por ser introduzido com uma intensidade menor, e muito mais tardiamente do que no vizinho sistema francês, na medida em que surgiu, de certo modo, à boleia de uma imposição vinda do exterior: a ação direta do terceiro lesado contra o segurador num seguro obrigatório de responsabilidade civil por acidentes de viação impôs-se inicialmente por via da Convenção de Estrasburgo de 20 de abril de 1959 e a sua imperatividade perdura ainda hoje em toda a União Europeia.[51] Na Alemanha, essa ação direta foi introduzida em 1965.[52]

Nos primórdios da história do seguro de responsabilidade civil, era fundamentalmente a proteção do património do segurado que estava em causa, e não a tutela da posição da vítima – o terceiro lesado. Noutros ramos de seguro, o terceiro foi mais cedo desempenhando um papel importante: designadamente no seguro de incêndio, em que era importante o papel do credor hipotecário, e no seguro de vida, em que era importante o papel do beneficiário.[53] Os valores dominantes foram-se alterando, tal como no resto do mundo, em direção a uma maior proteção do terceiro lesado.[54] A sua proteção não se assegurou, contudo, por via do reconhecimento de uma ação direta. Era-lhe avessa a posição clássica da doutrina, segundo a qual o

[51] Cfr. o art. 6º do Anexo I à Convenção Europeia sobre o Seguro Obrigatório de Responsabilidade Civil Automóvel, aberta à assinatura dos Estados membros do Conselho da Europa em Estrasburgo em 20 de abril de 1959. Ainda antes da sua ratificação pela República Federal Alemã, H. Möller, cit. *supra* n. 47, pp. 409-470, *maxime* pp. 455-470, analisava em detalhe esta nova figura, questionando-se se seria de recomendar a sua importação na Alemanha. Conclui que não, que o direito alemão dos seguros de responsabilidade civil atingira já «um patamar de proteção social exemplar» (p. 417).

[52] Neste sentido, H. Möller, «De la double nature de l›action directe» em Études offertes à Monsieur le Professeur André Besson, Bedour *et al* (eds.), Paris 1976, pp. 249-260, a p. 250. W. Bayer, *Der Vertrag zugunsten Dritter*, Tubinga 1995, pp. 172-173, observa que a ação direta do terceiro lesado contra o segurador de responsabilidade civil era desconhecida do direito alemão. A única exceção a esta regra foi precisamente a sua introdução no domínio do seguro obrigatório de acidentes de viação.

[53] K.-M. Goretzky, Die Leistungspflicht des Versicherers nach §158 c VVG. Eine Studie zum Leitbild des Geschädigtenschutzes nach der Dritten Schadenrichtlinie unter Berücksichtigung englischen Haftpflichtversicherungsrechts, Karlsruhe 1998, pp. 5-7.

[54] Cfr. K.-M. Goretzky, cit *supra* n. 53, p. 28.

terceiro lesado nos seguros de responsabilidade civil se distingue do segurado nos seguros de acidentes pessoais porque não adquire, ao contrário deste último, uma pretensão direta contra o segurador.[55]

Em primeiro lugar, dispôs o legislador alemão de 1939, em alteração ao regime geral dos seguros de responsabilidade civil, que os atos de disposição do crédito à prestação do segurador, qualquer que fosse a sua fonte, eram ineficazes perante o terceiro lesado.[56] Isto significava que, não obstante a inexistência de qualquer pretensão direta contra o segurador, o terceiro lesado podia penhorar o direito de crédito do segurado contra o segurador para subsequentemente fazer seu o montante da indemnização, independentemente dos meios de defesa que o segurador pudesse ter contra o segurado fundados em eventuais atos dispositivos anteriores.[57] A isto acrescia que, em caso de insolvência do segurado, o terceiro lesado não concorria com os restantes credores no que dissesse respeito à execução do crédito contra o segurador.[58] Foi este o primeiro patamar de proteção legal conferida ao terceiro lesado.

Com o crescente número de veículos automóveis em circulação, entendeu-se, todavia, que se mostrava conveniente mais alguma proteção económica contra certos riscos de massa.[59] Um novo padrão de proteção do terceiro lesado foi introduzido na reforma de 1939. Manteve-se, como ponto de partida, o princípio da separação (*Trennungsprinzip*).[60] De acordo com

[55] Neste sentido, K.-M. GORETZKY, cit *supra* n. 53, p. 5; e H. MÖLLER, cit. *supra* n. 47, p. 417. Este último, contrário à introdução do mecanismo da ação direta no direito alemão, explicava que aquela transformaria os seguros de responsabilidade civil em seguros de coisas ou de acidentes pessoais.

[56] § 156 I VVG. Cfr. W. VOIT/ U. KNAPPMANN em E. R. PRÖLSS/ A. MARTIN (funds.), cit *supra* n. 45, § 156 pp. 850-857.

[57] Cfr. E. DEUTSCH, *Versicherungsvertragsrecht*, 5ª ed., Karlsruhe 2005, pp. 71-72; W. VOIT/ U. KNAPPMANN em E. R. PRÖLSS/ A. MARTIN (funds.), cit *supra* n. 45, § 156 pp. 851-852 mm. 1 e 7; E. HOFMANN, *Privatversicherungsrecht*, 4ª ed., Munique 1998, p. 63; e R. JOHANNSEN, cit *supra* n. 48, pp. 1177-1178.

[58] § 157 VVG. Cfr. W. VOIT/ U. KNAPPMANN em E. R. PRÖLSS/ A. MARTIN (funds.), cit *supra* n. 45, § 157 pp. 857-858. Cfr. ainda K.-M. GORETZKY, cit *supra* n. 53, pp. 9-11; e R. JOHANNSEN, cit *supra* n. 48, p. 1178.

[59] Cfr. R. BECKMANN, «§158c» em *Berliner Kommentar zum Versicherungsvertragsgesetz. Kommentar zum deutschen und österreichischen VVG*, Heinrich Honsell (ed.), Berlim 1998, pp. 1852-1878, p. 1854 § 158c m. 1; e K.-M. GORETZKY, cit *supra* n. 53, pp. 29-30.

[60] A sua sede legal era o § 149 VVG. Segundo este preceito, nos seguros de responsabilidade civil, o segurador obriga-se *perante o tomador* a pagar a indemnização por este devida a terceiros.

este princípio, o processo de responsabilização do segurado em nada se altera, pela circunstância de existir um seguro, entrando este em ação num processo distinto, posterior à imputação da responsabilidade ao segurado, e não tendo o lesado qualquer pretensão contra o segurador. Costuma dizer-se que, por via do princípio da separação, o seguro segue a responsabilidade, e não o inverso. No entanto, e só para os seguros obrigatórios, foi criado um novo mecanismo, de interpretação algo complicada.[61] Quis-se deixar bem claro que, com o novo regime, não se conferia ao terceiro lesado qualquer pretensão direta contra o segurador.[62] Contudo, ao mesmo tempo veio determinar-se que, ainda que o segurador se exonerasse parcial ou totalmente da sua obrigação de pagamento da indemnização perante o segurado, a obrigação continuaria em vigor no que respeita ao terceiro lesado.[63] E que quaisquer circunstâncias determinantes da inexistência ou extinção do contrato só seriam oponíveis ao terceiro lesado um mês depois de terem sido comunicadas pelo segurador à entidade de supervisão.[64] Ou seja, com este regime passou a haver um grande número de situações em que o segurador se libertava do seu dever de prestar perante o segurado, não podendo todavia opor ao lesado a sua libertação.[65] Não houve nenhuma conceção dogmática por detrás deste regime: apenas, historicamente, uma preocupação económico-social com a posição do terceiro lesado. Consequentemente, a doutrina alemã sentiu alguma dificuldade em determinar a natureza

Cfr. W. Voit/ U. Knappmann em E. R. Prölss/ A. Martin (funds.), cit *supra* n. 45, § 149 p. 821 m. 24. Atualmente, é ainda mais claro o correspondente § 100 VVG 2008. Este faz referência, não a um direito ao pagamento da indemnização, mas somente a um direito de exoneração das pretensões de terceiros. O mesmo princípio se consagrou em Itália (art. 1917 CC italiano).

[61] Com sede no § 158c VVG. Cfr. U. Knappmann em E. R. Prölss/ A. Martin (funds.), cit *supra* n. 45, § 158c pp. 862-869. Atualmente, cfr. o § 117 VVG 2008. O regime não sofreu alterações de substância, apesar das diferenças de redacção. Cfr. O. Meixner/ R. Steinbeck, *Das neue Versicherungsvertragsrecht*, Munique 2008, p. 156.

[62] É muito claro o § 158c VI VVG. Não se conferiu ao lesado qualquer pretensão no sentido do § 194 I BGB. Nesse sentido, Goretzky, *Leistungspflicht*, p. 161. Cfr. ainda U. Knappmann em E. R. Prölss/ A. Martin (funds.), cit *supra* n. 45, § 158c p. 863 m. 2.

[63] Cfr. o § 158c I VVG.

[64] Cfr. o § 158c II VVG.

[65] Cfr, R. Johannsen, cit *supra* n. 48, p. 1178; e U. Knappmann em E. R. Prölss/ A. Martin (funds.), cit *supra* n. 45, § 158c p. 863 m. 5. Ao contrário do que se passa no regime geral, este mecanismo confere ao terceiro lesado proteção contra ocorrências como a violação dos deveres e ónus contratualmente impostos ao segurado de um seguro obrigatório de responsabilidade civil.

jurídica do novo mecanismo, tendo sido apresentadas as mais variadas teses. A maioria dos autores parece atualmente convergir na conclusão de que se trata de uma «ficção».[66]

O raciocínio é o seguinte: ainda que não subsista, na relação entre o segurador e o segurado, obrigação alguma do primeiro de pagar a indemnização, na relação entre o segurador e o terceiro lesado ficciona-se a subsistência dessa obrigação entre o segurador e o segurado. Permite-se por este meio que em todos os casos o terceiro lesado penhore a pretensão – por vezes fictícia – do segurado contra o segurador.[67] Se o segurado é responsável, em princípio, o segurador também o será.[68] Tal como no ordenamento francês, o ponto de partida pelo menos subjacente a estes mecanismos também parece ter sido o de que, juridicamente, o montante da indemnização a pagar ao terceiro lesado passaria necessariamente pelo património do segurado. Por este motivo, em caso de insolvência do segurado, a proteção de todo o terceiro lesado contra os demais credores daquele obtivera-se, como vimos, criando na esfera deste um privilégio sobre o montante da indemnização a pagar pelo segurador.[69] O que a doutrina se apressou a explicar, reconhecendo que, uma vez penhorado, o direito do segurado contra o segurador sofreria uma transformação qualitativa, passando de uma pretensão de exoneração (*Befreiungsanspruch*) a uma pretensão ao pagamento de uma indemnização (*Zahlungsanspruch*).[70]

[66] Cfr. R. Beckmann, cit. *supra* n. 59, pp. 1855-1856 § 158c m. 5; U. Knappmann em E. R. Prölss/ A. Martin (funds.), cit *supra* n. 45, § 158c p. 863 m. 3; R. Johannsen, cit *supra* n. 48, p. 1178; ou E. Hofmann, cit *supra* n. 57, p. 296.

[67] R. Beckmann, cit. *supra* n. 59, p. 1859 § 158c m. 13; e U. Knappmann em E. R. Prölss/ A. Martin (funds.), cit *supra* n. 45, § 158c p. 865 mm. 12-13.

[68] E. Hofmann, cit *supra* n. 57, p. 297.

[69] Cfr. a solução dada ao problema no direito suíço, em que se constituiu um «direito de penhor» do lesado sobre o crédito do segurado contra o segurador (art. 60/1 VVGch). B. Carron, «Art. 60» em *Kommentar zum schweizerischen Privatrecht. Bundesgesetz über den Versicherungsvertrag*, Heinrich Honsell, Nedim Peter Vogt e Anton K. Schnyder (eds.), Basileia 2001, pp. 847-855, p. 848 mm. 3-4, nota que, para a maioria dos seguros obrigatórios de responsabilidade civil, a lei estabelece um meio de proteção ainda mais forte para o terceiro lesado: a ação direta. Nos restantes casos, existe este «direito de penhor» sobre o crédito do segurado contra o segurador, que impediria o montante da indemnização de vir a ser partilhado entre os restantes credores do segurado. Acrescenta que, devido a este direito, o terceiro lesado tem ainda o direito de exigir ser informado sobre o teor da apólice (p. 851 m. 19).

[70] Cfr. W. Voit/ U. Knappmann em E. R. Prölss/ A. Martin (funds.), cit *supra* n. 45, §§ 149 e 156 pp. 815 e 853 mm. 2-3 e 11; e E. Deutsch, cit. *supra* n. 57, pp. 71-72. Atualmente, a lei

O regime da ficção aplicava-se unicamente aos seguros obrigatórios de responsabilidade civil.[71] Porque se entendeu que apenas nestes o terceiro lesado seria merecedor dessa especial tutela legal. Afinal, se a lei deixa ao tomador a decisão sobre se celebra ou não o seguro, dá sinal de que o entende desnecessário, não fazendo sentido penalizar o tomador que decida celebrá-lo, nada fazendo quanto ao que decida não o celebrar.

O nível de proteção oferecido por este regime viria a ser ultrapassado, unicamente no que concerne ao seguro obrigatório de responsabilidade civil por acidentes de viação, pela consagração da ação direta em 1965.[72] A ação direta foi configurada como uma determinação de corresponsabilidade legalmente prescrita do segurador perante o terceiro lesado. A doutrina sublinha esta diferença fundamental entre este regime e os demais: neste a posição do segurador é a de um verdadeiro condevedor solidário.[73] E a pretensão do lesado tem natureza delitual: não se funda no contrato de seguro, embora o pressuponha.[74] O regime anterior continuaria a aplicar-se

vem esclarecer que o segurado pode transmitir o seu direito ao terceiro lesado. Cfr. o § 108 II VVG 2008. Nesse caso, o conteúdo do direito também sofre semelhante transformação. Nesse sentido, cfr. ainda O. Meixner/ R. Steinbeck, cit. *supra* n. 61, pp. 148-149; e F. Baumann/ H.-L. Sandkühler, *Das neue Versicherungsvertragsgesetz*, Friburgo 2008, pp. 110-112.

[71] É o que decorre do disposto no § 158b I VVG. Aplica-se a todos os seguros obrigatórios de responsabilidade civil, sem prejuízo do regime daquele em que o lesado goza de um nível de proteção ainda mais elevado: o seguro obrigatório de responsabilidade civil por acidentes de viação. Cfr. U. Knappmann em E. R. Prölss/ A. Martin (funds.), cit *supra* n. 45, § 158b p. 861 m. 1. Note-se ainda que este regime intermédio de proteção não se aplica quando o lesado tenha uma pretensão de ressarcimento dos seus danos contra outro segurador: § 158c IV VVG. Cfr. § 158c pp. 867-868 mm. 23-24.

[72] Cfr. § 3 PflichtVersG. Cfr. U. Knappmann em E. R. Prölss/ A. Martin (funds.), cit *supra* n. 45, § 3 PflichtVersG pp. 1617-1641. Cfr. ainda E. Hofmann, cit *supra* n. 57, p. 295.

[73] Cfr. § 3 II PflichtVersG. Cfr. K. Sieg/ R. Gärtner, «Haftpflichtversicherung einschließlich Kraftfahrhaftpflichtversicherung: Drittgeschädigter» em H. Möller (dir.), «Die Rechte Dritter gegen den Versicherer» (1970) 59 ZVersWiss 17-62, pp. 31-39, p. 32; K. Sieg, «Schluß: Prozessuales und Zusammenfassung» em H. Möller (dir.), «Die Rechte Dritter gegen den Versicherer» (1970) 59 ZVersWiss 17-62, pp. 58-62, pp. 61-62; U. Knappmann em E. R. Prölss/ A. Martin (funds.), cit *supra* n. 45, § 3 PflichtVersG pp. 1624-1626 mm. 10-15. O terceiro lesado pode propor a ação, em alternativa, contra o segurador, contra o segurado, ou contra ambos, em litisconsórcio.

[74] Neste sentido, U. Knappmann em E. R. Prölss/ A. Martin (funds.), cit *supra* n. 45, § 3 PflichtVersG p. 1623 m. 4. Cfr. Möller, cit. *supra* n. 52, p. 251. O autor analisa o que chama a «dupla natureza» da ação direta do terceiro lesado contra o segurador: este é um direito de natureza delitual mas que se encontra ligado a um contrato de seguro de responsabilidade

aos demais seguros obrigatórios de responsabilidade civil, visto que, em direito alemão, em todo o direito contratual dos seguros, para além do seguro obrigatório de responsabilidade civil por acidentes de viação não mais se estabeleceria qualquer outra ação direta do terceiro lesado contra o segurador.[75] A situação manteve-se assim até à entrada em vigor da Lei do Contrato de Seguro alemã («VVG»), no dia 1 de janeiro de 2008.

O regime atualmente vigente no direito alemão mantém a ação direta no seguro obrigatório de responsabilidade civil por acidentes de viação e estende-a aos demais seguros obrigatórios de responsabilidade civil, e ainda aos voluntários, *mas apenas* nos casos de insolvência ou paradeiro desconhecido do tomador:[76]

€ 115 VVG

(1) O terceiro também pode fazer valer a sua pretensão a uma indemnização contra o segurador,

civil (pp. 255-260). A corresponsabilidade liga-se ao facto exterior de existência de um contrato de seguro, à sua existência no momento da ocorrência do sinistro, ou mesmo à simples aparência de um contrato de seguro. Cfr. igualmente as conclusões que retirava desta figura, antes mesmo da sua importação para o direito alemão, em *Einführung*, pp. 462-465. Cfr. ainda R. Johannsen, cit *supra* n. 48, p. 1178. Sublinhando que não se trata de um seguro por conta de outrem ou de um contrato a favor de terceiro, H. Möller, «Allgemeiner Teil: Übersicht über Drittbeteiligte bei Versicherungsverträgen» em Hans Möller (dir), «Die Rechte Dritter gegen den Versicherer» (1970) 59 ZVersWiss 17-62, pp. 17-20, p. 19. Cfr. ainda W. Bayer, cit. *supra* n. 52, p. 173, para quem a ação direta surge como uma pretensão de responsabilidade «quase delitual». A propósito da distância entre a ação direta e o contrato a favor de terceiro, sublinha a clara independência entre a pretensão de ação direta e a eficácia ou ineficácia da relação entre segurador e segurado (cfr. o § 3 IV e V PflichtVersG). No regime atual, a solidariedade entre devedores nos casos de ação direta do lesado foi expressamente consagrada nos §§ 115 I 4 e 116 VVG 2008.

[75] Neste sentido, W. Voit/ U. Knappmann em E. R. Prölss/ A. Martin (funds.), cit *supra* n. 45, § 156 p. 851 m. 1. No sistema alemão, os acidentes de trabalho são cobertos por um esquema de segurança social estatal que não tem a natureza de um contrato de seguro de responsabilidade civil (*Berufsgenossenschaft*).

[76] Cfr. o § 115 I VVG 2008. Cfr. O. Meixner/ R. Steinbeck, cit. *supra* n. 61, pp. 155-156; F. Baumann/ H.-L. Sandkühler, cit. *supra* n. 70, pp. 26 e 118-119; e Franz, *Neuregelungen*, p. 309. Baumann/Sandkühler observam que o governo propusera alargar a ação direta a todos os seguros obrigatórios, não tendo no entanto conseguido levar avante a sua proposta. Notam ainda que, quando a lei faz referência ao paradeiro desconhecido do tomador, não significa isto que a ação direta se aplique a todos os casos em que o terceiro lesado desconheça o seu paradeiro, mas antes que, depois de realizadas todas as diligências ao seu alcance, o tomador não tenha sido localizado.

1. *quanto a seguros de responsabilidade civil celebrados em cumprimento de um dever de segurar consagrado na Lei dos Seguros Obrigatórios; ou*
2. *quando haja sido instaurado um processo de insolvência sobre o património do tomador do seguro ou haja sido recusado um pedido de abertura de um processo de insolvência por ausência de património ou haja sido designado, a título provisório, um administrador da insolvência; ou*
3. *quando se desconheça o paradeiro do tomador do seguro.*

A pretensão funda-se no dever de prestar do segurador ao abrigo do contrato de seguro e, quando esse dever não exista, no disposto no § 117, n.ºs 1 a 4. O segurador pagará a indemnização em dinheiro. O segurador e o tomador obrigado a indemnizar respondem solidariamente pela indemnização.

(2) A pretensão fundada no nº (1) está sujeita ao mesmo prazo de prescrição da pretensão a uma indemnização contra o tomador obrigado a indemnizar. (...)

Vemos assim que a crescente tendência da lei alemã para uma maior proteção do terceiro lesado não a conduziu no caminho de uma ação direta generalizada.

3. Modalidades de seguros de responsabilidade civil quanto às relações com terceiros

Todo e qualquer seguro de responsabilidade civil pode ser gizado pelas partes como um contrato a favor de terceiro. Antes de mais, à semelhança do que acontece com qualquer outro contrato de seguro, pode dar-se uma separação entre as pessoas do tomador e do segurado, optando as partes por atribuir a este, como é habitual, certas pretensões fundadas no contrato. Não é neste ponto que se encontra a especialidade dos seguros de responsabilidade civil.

Pode ainda dar-se o caso de, em acréscimo à cobertura da responsabilidade civil do tomador-segurado, o contrato de seguro cobrir a responsabilidade civil de terceiros, devendo estes, nesse caso, qualificar-se como cossegurados. É esse o caso, nomeadamente, dos membros do agregado familiar do tomador, no seguro de responsabilidade civil familiar, bem como, por imposição legal, o dos demais «legítimos detentores e condutores do veículo» no seguro obrigatório de responsabilidade civil por acidentes de viação.[77] Todos eles são cossegurados na medida em que se encontre coberta a sua própria responsabilidade civil, sendo na sua esfera que se buscam os

[77] Art. 15º/1 do DL nº 291/2007, de 21 de agosto.

danos indemnizáveis pelo seguro. Mas não é certo que estes cossegurados configurem, em todos os casos, terceiros beneficiários de um contrato a favor de terceiro. Para que o sejam, terá de concluir-se, em primeiro lugar, que lhes foi conferida uma pretensão contra o segurador e, em segundo lugar, que essa pretensão tem fonte contratual. Mas também não é esta a figura que interessa agora examinar.

A minha análise debruçar-se-á sobre a posição ocupada pelo terceiro lesado em face de um contrato de seguro de responsabilidade civil. Porque a especialidade dos seguros de responsabilidade civil advém da circunstância de, neles, o pagamento da prestação do segurador ser normalmente feito a um terceiro.[78] Digo normalmente, e não necessariamente, porque pode dar-se o caso de o segurado já ter pago a indemnização ao terceiro. Nesse caso, admite-se que a prestação do segurador tenha como destinatário o próprio segurado. E ainda porque nem sempre o lesado ocupa a posição de um verdadeiro terceiro: pode acontecer que seja o próprio tomador.[79]

Falarei, por simplicidade, no terceiro lesado, mas estão em causa todos aqueles que poderiam propor uma ação de responsabilidade civil contra o responsável, o que inclui vítimas diretas e indiretas, desde que titulares de um direito a uma indemnização, bem como quem nos seus direitos se haja sub-rogado, designadamente um segurador com quem tenham celebrado um seguro de coisas e que tenha avançado com a indemnização, ou um coautor da lesão a quem tenha sido exigido o pagamento integral da indemnização, obrigação solidária, e finalmente quaisquer terceiros que se

[78] Daqui a distinção, própria dos sistemas jurídicos anglo-americanos, entre *first party* e *third party insurance*. D. Boivin, *Insurance Law*, Toronto 2004, pp. 42-43, observa que a distinção se baseia na questão de saber quem é o destinatário último da prestação em dinheiro. Na *third party insurance* o pagamento é feito a um estranho: a um não segurado. À *third party insurance* também se chama, naturalmente, *liability insurance*. É bom de notar que na *third party insurance* não se seguram riscos da *third party* mas sim da *first party*. O critério é o do destinatário da prestação e não o do sujeito titular dos riscos.

[79] Será esse o caso em muitos seguros de responsabilidade civil de administradores e diretores (os chamados *D&O*). Com efeito, estes são muitas vezes contratados pela sociedade, por conta dos respetivos administradores ou diretores: o seguro cobre a sua responsabilidade (i) perante a sociedade; e (ii) perante terceiros. Significa isto que é este um seguro contratado por um potencial lesado por conta do eventual lesante. Esta peculiaridade é posta em evidência por R. Koch, «Die Rechtsstellung der Gesellschaft und des Organmitglieds in der D&O-Versicherung» (2004) 95 GmbH Rundschau 18-28; 160-170; 288-298, pp. 18-28, 160-170 e 288-298, *maxime* pp. 18-28.

tenham envolvido no tratamento da lesão, designadamente os prestadores de cuidados médicos, e que sejam também titulares de um direito de ressarcimento pelos prejuízos sofridos.[80]

Nos seguros de responsabilidade civil, existe a particularidade de o pagamento da prestação do segurador ser normalmente feito a terceiro. Não significa isto que seja necessariamente um terceiro o titular do direito à indemnização: isso nem sempre acontece.

De entre os seguros de responsabilidade civil, podemos distinguir: (i) os que se limitam a conferir ao segurado um direito de exoneração da sua dívida para com o terceiro lesado; (ii) aqueles em que se estipula uma pretensão deste último contra o segurador; e (iii) aqueles que dão azo a um direito de ação direta do terceiro lesado contra o segurador. Em todos eles, o terceiro lesado é um destinatário em sentido substancial e não um mero recetor formal da prestação. Nos segundos, é ainda titular de um direito de fonte contratual. Nos terceiros, de um direito de fonte paracontratual.

As partes num contrato de seguro de responsabilidade civil podem atribuir ao terceiro lesado uma pretensão contra o segurador, um direito de exigir-lhe o pagamento de uma indemnização pelos danos imputáveis ao segurado que se encontrem cobertos pelo seguro. Tratar-se-á, pois, de um contrato a favor de terceiro. Esta pretensão, fundada no contrato, só existe quando as partes assim estipularem. O mesmo é dizer que, se todos os seguros de responsabilidade civil podem ser gizados como contratos a favor de terceiro, no sentido, desta feita, de que em todos podem as partes estipular a atribuição, ao terceiro lesado, de um direito de exigir ao segurador o cumprimento da sua obrigação de prestar, também poderão não o ser, pelo que essa qualificação terá de resultar da interpretação que se faça de cada contrato. Dizer que essa qualificação terá de ser o resultado da interpretação equivale a dizer que não pode ser o resultado de um raciocínio abstrato, de feição globalizante. Nem para afirmar que o seguro de responsabilidade civil é um contrato a favor de terceiro, nem para afirmar que não poderá sê-lo em caso algum.

Concluindo-se que, num dado caso concreto, as partes não atribuíram ao terceiro lesado qualquer pretensão contra o segurador, assim se afastando a segunda alternativa acima referida, restam-nos ainda outras duas: ou se conclui que o terceiro lesado é ainda assim o titular de uma pretensão

[80] Cfr. o art. 495º CC. Veja-se, sobre a identificação dos vários titulares do direito de ação direta, Beauchard, em J. Bigot (dir.), cit. *supra* n. 20, pp. 1211-1214.

contra o segurador de fonte paracontratual – situação correspondente à terceira alternativa; ou restar-nos-á qualificá-lo, simplesmente, como o destinatário da prestação – como o destinatário da prestação em sentido substancial – situação que cai no âmbito da primeira alternativa.[81]

Esta alternativa é por vezes esquecida pela doutrina. Não é traçada a distinção entre os planos da destinação da prestação e da atribuição de um direito subjetivo à prestação. Olvida-se a distinção entre uma simples competência de aquisição e um direito de crédito, composto de faculdade de exigibilidade e de permissão específica de aproveitamento de uma prestação. Distinção que é absolutamente central ao regime do contrato a favor de terceiro, mas que, obviamente, se estende para lá do seu domínio, no sentido em que, ainda que ao terceiro não tenha sido contratualmente conferida a faculdade de exigir a prestação, sendo este um mero destinatário da prestação, semelhante faculdade será necessariamente reconhecida à contraparte do devedor – que dela será ainda credora, se bem que não possa normalmente exigi-la para si própria, mas apenas para o terceiro – o que, como vimos, em nada diminui a sua permissão de aproveitamento da prestação. Esta realidade perde-se nas inúmeras afirmações de que, num contrato de seguro, só ao interessado pode conferir-se o direito de exigir a prestação.[82]

A característica definidora dos seguros de responsabilidade civil será, por conseguinte, o direito do segurado – ou eventualmente do tomador – de exigir que o segurador preste a terceiro, e não o direito do terceiro de exigir a prestação do segurador. Este direito do segurado – ou eventualmente do tomador – é dotado de conteúdos distintos consoante conviva, ou não, com um direito contratual adicional do terceiro lesado de exigir a prestação. Em caso negativo, poderemos em princípio afirmar que o segurado será apenas titular de um direito de exoneração da sua dívida para com o

[81] O terceiro não é, nesses casos, um mero recetor formal da prestação, como nalguns dos casos de entre os de prestação feita a terceiro de que trata o art. 770º CC. O destinatário da prestação, neste sentido, é a pessoa em cujo património entra o resultado da prestação, e que, embora não tenha o direito de exigi-la, tem o de invocar o contrato contra o promitente como causa da sua aquisição, uma vez recebida a prestação, assim impedindo o sucesso de uma ação de enriquecimento sem causa proposta pelo promitente. É claro que o recetor formal de uma prestação tão-pouco é obrigado a restituir, mas com uma fundamentação distinta. Em todo o caso, o art. 770º CC é mais amplo, como se vê, desde logo, pelos casos de que trata o art. 771º CC.

[82] Cfr. o disposto no art. 48º/2 e 3 LCS.

terceiro lesado.[83] O mesmo é dizer, um direito à libertação das consequências da sua atuação (*Befreiungsanspruch*). Em caso afirmativo, ou seja, conferindo o contrato ao terceiro lesado um direito próprio à indemnização, nesse caso ambos – segurado e terceiro lesado – poderão ser titulares de um direito a que o terceiro lesado seja ressarcido.

4. A ação direta nos seguros de responsabilidade civil: o sistema português

Em Portugal, seguimos a tradição francesa no estabelecimento do instituto da ação sub-rogatória e admitindo, em certos casos, retirados da experiência francesa, a ação direta do credor contra o *debitor debitoris*. Contudo, no direito dos seguros, a nossa evolução distanciou-se da matriz francesa e seguiu mais de perto a evolução na matriz germânica.

Não há nem houve, no nosso sistema, qualquer base legal para a conclusão pela existência de uma ação direta generalizada em todos os seguros de responsabilidade civil. A meu ver, bem. Note-se que, reconhecendo-se ao terceiro lesado um direito de ação direta contra o segurador, designadamente nos moldes em que este se estabeleceu no seguro obrigatório de responsabilidade civil por acidentes de viação, chega a permitir-se que a questão da existência ou não de responsabilidade do segurado se discuta e se decida unicamente entre o segurador e o terceiro lesado, ou entre estes perante o tribunal, com consequências, designadamente, para o cálculo de futuros prémios a pagar pelo tomador-segurado, sem que este tenha sequer legitimidade para impor a sua intervenção na discussão.[84]

Este aspeto pode ser visto sob um duplo prisma, na medida em que, consoante as circunstâncias, este mecanismo pode resultar numa vantagem ou numa desvantagem para o tomador-segurado. Se é verdade que assim se limita fortemente o poder de intervenção do segurado, constituindo na sua esfera o que poderá designar-se como uma sujeição, não é menos verdade que o segurado tem igualmente o que poderia qualificar-se como uma imunidade perante o terceiro lesado, na medida em que a este é retirado

[83] No sentido do art. 444º/3 CC. Cfr. W. Voit/ U. Knappmann em E. R. Prölss/ A. Martin (funds.), cit *supra* n. 45, § 149 p. 815 mm. 2-3.

[84] T. Baker, «Liability insurance as tort regulation: six ways that liability insurance shapes tort law in action» (2005) 12 Conn Ins LJ 1-16, pp. 9-10, alerta para a *portfolio approach to litigation management* dos seguradores, com o consequente desvio da atenção sobre a culpa individual de cada lesante segurado, em benefício de uma gestão agregada dos custos.

o poder de exigir o pagamento da indemnização ao próprio responsável.[85] A questão não deve, por conseguinte, ser tratada sem uma cuidada ponderação dos vários interesses em jogo.

Veja-se o disposto no art. 741º CC.[86] De acordo com este preceito, o crédito da vítima de um facto que implique responsabilidade civil tem um privilégio creditório mobiliário especial sobre a indemnização devida pelo segurador da responsabilidade em que o lesante haja incorrido. Privilégio em relação aos restantes credores do segurado, para prevenir o terceiro lesado contra a sua eventual insolvência. Este preceito não só não implica o reconhecimento generalizado da ação direta do terceiro lesado, pelo contrário, implica o seu definitivo afastamento, desde logo porque, à semelhança do que ocorreu na Alemanha, parece pressupor a passagem do montante em causa pelo património do segurado. Não sendo esse o caso, o direito de ação direta tornaria absolutamente supérfluo o privilégio. A única hipótese interpretativa seria mesmo a de afastar a existência de qualquer privilégio, concluindo, como a jurisprudência e doutrina francesas mais ou menos

[85] A terminologia usada neste ponto vai beber inspiração à obra de W. N. Hohfeld, *Os conceitos jurídicos fundamentais aplicados na argumentação judicial*, orig. New Haven 1913 e 1917, trad. M. Lima Rego, Lisboa 2008, pp. 28 e 57-85. Sublinhando este segundo aspeto da posição do segurado, cfr. J. A. Veloso, «Risco, transferência de risco, transferência de responsabilidade na linguagem dos contratos e da supervisão de seguros» em *Estudos em memória do Professor Doutor José Dias Marques*, Coimbra 2007, pp. 277-354, pp. 295-302 e 307-309, a propósito da distinção entre os contratos de seguro que «transferem» a responsabilidade e os que só «transferem» o risco. Sobre a distinção, dentro dos *risk-shifting contracts*, entre aqueles que são um *means of risk control*, porque transferem *exposures to loss*, e aqueles que são um *means of risk financing*, porque transferem os custos de financiamento da *recovery from loss*, cfr. G. L. Head/ M. W. Elliott/ J. D. Blinn, *Essentials of risk financing*, I, 2ª ed., Malvern 1993, pp. 281-336. Veloso prefere, em linguagem jurídica, referir-se à contraposição entre as transferências de imputação do risco e as transferências do financiamento do risco. O contrato de seguro pertence, na maioria dos casos, a esta última categoria. Pertencerá à primeira quando a lei consagre um direito de ação direta do terceiro contra o segurador. O autor sublinha que em nenhum desses casos o segurado pode exonerar-se perante o lesado, fazendo-se substituir pelo segurador na titularidade do dever de o indemnizar, pelo que é pouco rigoroso o recurso ao termo «transferência». O autor não toca o tema da ação direta, referindo-se somente ao teor do contrato.

[86] Cfr. ainda o art. 747º/1/d) CC. Em Itália, veja-se, no mesmo sentido, o privilégio consagrado no art. 2767 CC italiano. Cfr. A. Donati, *Trattato del diritto delle assicurazioni private*, III, Milão 1956, pp. 425-432. A doutrina italiana largamente dominante nega a existência de uma ação direta, com base na interpretação conjunta do disposto neste preceito e no art. 1917 CC italiano. Cfr. Pavarin em G. Cian/ A. Trabucchi (fund.), *Commentario breve al Codice Civile*, 7ª ed., Milão 2004, art. 2767 p. 3103. Donati, todavia, é partidário da tese contrária.

implicitamente fizeram, que, não obstante a referência literal, o único mecanismo verdadeiramente consagrado no preceito seria o da ação direta. Note-se que não se trata, como nalguns exemplos vindos de além fronteiras, de um privilégio que também cubra, por exemplo, seguros de coisas. Trata-se de um preceito *especificamente pensado* para os seguros de responsabilidade civil. Ora, se o terceiro lesado fosse, em todos os casos, necessariamente titular de um direito de ação direta contra o segurador, não faria sentido consagrar um privilégio creditório para preveni-lo contra a insolvência do segurado.

Examine-se agora o disposto no art. 692º/1 e 2 CC, cujo âmbito de aplicação já extravasa o domínio dos seguros de responsabilidade civil. O preceito estende a garantia do credor hipotecário aos direitos de crédito sobre eventuais indemnizações de seguro resultantes da perda, deterioração ou diminuição de valor da coisa ou direito hipotecados, bem como às próprias quantias pagas pelo segurador a título de indemnização.[87] Note-se que o credor hipotecário não passa a ocupar a posição de segurado, ou qualquer outra posição *no contrato,* visto que a sua pretensão não se constitui numa relação com o segurador, incidindo unicamente sobre os direitos de crédito do segurado, esse, sim, credor do segurador, ou sobre as quantias pagas por este último, assim que entrarem no património do segurado.[88]

O preceito aplica-se ainda aos privilégios, por remissão do art. 753º CC.[89] A referência no nº 2 ao «prejuízo dos direitos conferidos no número anterior» corresponderá ao reconhecimento generalizado de ação direta ao terceiro lesado? É certo que, depois de notificado do sinistro, o segurador não se libera se pagar a indemnização «com prejuízo dos direitos» do lesado. Mas isso nunca ocorre, pois o segurador, ou paga diretamente ao terceiro

[87] Na Alemanha, os §§ 1127 e 1130 BGB e 101-107c VVG instauram um regime especial a favor dos credores titulares de direitos reais: estendem-nos ao crédito de seguro. Sobre este regime, cfr. H. Kolhosser E. R. Prölss/ A. Martin (funds.), cit *supra* n. 45, §§ 99-107c pp. 749-773; R. Johannsen, cit *supra* n. 48, pp. 1175-1177; E. Hofmann, cit *supra* n. 57, pp. 64-65; ou E. Deutsch, cit. *supra* n. 57, pp. 70-71. Cfr. ainda as análises de C. Jamin, *La notion d'action directe,* cit *supra* n. 1, pp. 57-64; e de I. Corbisier, cit. *supra* n. 13, p. 331. Esta última autora conclui que este não é um caso de ação direta (p. 332). Diferentemente, o regime resultante do art. L.121-13 CA francês.

[88] Nesse sentido, V. Ehrenberg, *Versicherungsrecht*, I, Leipzig 1893, p. 177.

[89] Cfr. P. Romano Martinez, *Direito das obrigações. Apontamentos*, 2ª ed., Lisboa 2004, p. 115; e *Contratos comerciais. Apontamentos*, Cascais 2001, pp 89-90; e J. C. Moitinho de Almeida, *O contrato de seguro no direito português e comparado*, Lisboa 1971, pp. 292-293.

lesado, ainda que no cumprimento de uma obrigação para com o segurado, ou paga ao segurado, mas só depois de este ter feito idêntico pagamento ao lesado.[90] Se o segurado não acionar o seguro, coloca-se a questão de saber de o lesado tem o direito de o fazer. Julgo que nada nos permite sustentá-lo por via da ação direta. Não havendo ação direta, poderá fazê-lo por via da ação sub-rogatória, não se encontrando neste caso desprotegido devido ao privilégio de que dispõe em relação aos restantes credores do segurado.[91]

Do regime geral decorre, por conseguinte, que entre nós os seguros de responsabilidade civil não dão azo, pelo simples facto de o serem, a um direito de ação direta do terceiro lesado contra o segurador. No que respeita aos seguros voluntários de responsabilidade civil, note-se que nem por isso será lícita a aposição de uma cláusula de confidencialidade no contrato. Proíbe-o o disposto no art. 741º CC.[92] Com efeito, tendo o terceiro lesado um privilégio creditório mobiliário especial sobre a indemnização devida pelo segurador da responsabilidade em que o segurado haja incorrido, não pode admitir-se que as partes lhe ocultem informação essencial ao exercício do direito.

A questão é distinta no domínio dos seguros obrigatórios de responsabilidade civil. O fenómeno da multiplicação dos seguros obrigatórios é mais intenso nuns sistemas jurídicos do que noutros.[93] A transição do seguro facultativo para o obrigatório reflete uma significativa alteração da ponde-

[90] K. Sommer, cit. *supra* n. 48, p. 17.

[91] Em Portugal, o problema é extensamente tratado por J. M. Brito, *Contrato de seguro por conta de outrem. O seguro por conta de outrem nos seguros de danos*, dissertação de mestrado não publicada, Lisboa 2005, pp. 176-256, *maxime* pp. 225-231. O autor afasta a existência de uma ação direta.

[92] Que deverá prevalecer sobre o disposto no art. 91º/3 LCS. Deste preceito retira-se a admissibilidade de estipulação de uma cláusula de confidencialidade, que afastaria o dever de informação do segurador aos terceiros, identificados na apólice, titulares de direitos «ressalvados no contrato» ou beneficiários irrevogáveis do seguro, em relação às alterações contratuais que os possam prejudicar (nº 2). Em princípio, não será esse o caso do terceiro lesado. Mas o argumento *a fortiori* poderia levar-nos a estender aos demais terceiros a possibilidade de estipulação de uma cláusula de confidencialidade. Esta não se admite, na medida em que possa ter por efeito a ocultação da situação subjacente ao privilégio creditório ou, no caso de um seguro obrigatório, a situação subjacente ao direito de ação direta do terceiro lesado contra o segurador.

[93] M. Fontaine, cit. *supra* n. 34, p. 57 n. 146, refere a multiplicidade de seguros obrigatórios na Bélgica. Outros países em que o fenómeno se intensificou foram França, Espanha e Portugal. H. Rode, «Les assurances de responsabilité. Évolution et perspectives» em *Mélanges offerts à Marcel Fontaine*, B. Dubuisson *et al* (eds.), Bruxelas 2003, pp. 703-724, pp. 704-705, 711-713 e 723, nota que o número de seguros obrigatórios era reduzido até 1960. O último quartel do

ração dos interesses em jogo, da primazia dos interesses do segurado para os do terceiro lesado.[94] A legislação atual resolve de forma direta o problema. Veja-se o disposto no art. 146º da Lei do Contrato de Seguro («LCS»), que integra a secção dedicada aos seguros obrigatórios de responsabilidade civil:[95]

Artigo 146º LCS
Direito do lesado

1. *O lesado tem o direito de exigir o pagamento da indemnização diretamente ao segurador.*
2. *A indemnização é paga com exclusão dos demais credores do segurado.*

(...)

Fora destes caso, rege apenas o disposto no art. 140º da Lei do Contrato de Seguro:

Artigo 140º LCS
Defesa jurídica

(...)

2. *O contrato de seguro pode prever o direito de o lesado demandar diretamente o segurador, isoladamente ou em conjunto com o segurado.*
3. *O direito de o lesado demandar diretamente o segurador verifica-se ainda quando o segurado o tenha informado da existência de um contrato de seguro com o consequente início de negociações diretas entre o lesado e o segurador.*

(...)

Na ausência de semelhantes disposições, teríamos de distinguir entre os casos em que a ação direta se encontra consagrada na lei dos demais casos, designadamente, os casos em que a lei se limita a determinar a mera obrigatoriedade de existência de um dado seguro e o limite mínimo do capital

séc. XX viu a situação alterar-se radicalmente, sobretudo em França e na Bélgica. São estes os países com um maior número de seguros obrigatórios na Europa.

[94] Cfr. Leite de Camp os, cit. *supra* n. 33, pp. 23-24 e 37-52.

[95] Trata-se de disposição «relativamente imperativa» (art. 13º/1 LCS). Encontramos uma regra muito semelhante no art. 788º do Código Civil brasileiro de 2002: «Nos seguros de responsabilidade legalmente obrigatórios, a indemnização por sinistro será paga pelo segurador diretamente ao terceiro prejudicado. Parágrafo único. Demandado em ação direta pela vítima do dano, o segurador não poderá opor a exceção de contrato não cumprido pelo segurado, sem promover a citação deste para integrar o contraditório.».

seguro – de que é exemplo o seguro obrigatório de responsabilidade civil profissional dos advogados.

Nestes últimos casos, haveria que colocar a questão de saber se a mera imposição da obrigatoriedade do seguro seria suficiente, por si só, para concluir pela existência de um direito do terceiro lesado a exigir a prestação do segurador. Porque não há uma relação de implicação necessária entre ambas as realidades: obrigatoriedade do seguro e ação direta. Uma boa demonstração encontra-se na sucessão de diretivas comunitárias sobre o seguro de responsabilidade civil por acidentes de viação. Recuando um pouco no tempo, a obrigatoriedade deste seguro já se encontrava no art. 6º do anexo à Convenção de Estrasburgo de 20 de abril de 1959. No que respeita apenas à imposição da obrigatoriedade do seguro, temos, em seguida, a Diretiva 72/166/CEE, do Conselho, de 24 de abril de 1972 (1ª «Automóvel»).[96] Todavia, o estabelecimento de uma ação direta do terceiro lesado contra o segurador só vem a tornar-se necessário, numa primeira fase apenas em caso de acidente transfronteiriço, com a Diretiva 2000/26/CE, do Parlamento Europeu e do Conselho, de 16 de maio de 2000 (4ª «Automóvel»).[97] Numa segunda fase, essa necessidade é estendida a todos os acidentes, com a Diretiva 2005/14/CE, do Parlamento e do Conselho, de 11 de maio (5ª «Automóvel»).[98] Reconhecem-se, contudo, razões ponderosas para considerar que, se o legislador entende tornar obrigatória a celebração de alguns seguros de responsabilidade civil, fá-lo para proteção dos terceiros lesados, pelo que não faria sentido não se lhes estender, em todos os casos, a ação direta contra o segurador.[99]

Havia apenas uma ação direta do terceiro lesado contra o segurador unanimemente tida como consagrada na lei, no seguro obrigatório de responsabilidade civil por acidentes de viação, já vimos que por imposição europeia. A ação direta não fora expressamente estabelecida: a expressão não consta da legislação, e a lei nunca se refere explicitamente a uma pretensão do terceiro lesado. Resultava sobretudo do disposto no art. 64º/1 do DL nº 291/2007, de 21 de agosto (e dos preceitos legais equivalentes que o precederam). Na reforma do direito contratual dos seguros, como se viu, o legislador dissipou pela afirmativa todas as dúvidas sobre se, no nosso sistema,

[96] Cfr. o Considerando 8 e os arts 3º/1 e 6º.

[97] Cfr. os Considerandos 10 e 14 e o art. 3º.

[98] Cfr. o Considerando 21 e os arts. 4º e 5º.

[99] Cfr. A. Pinheiro Torres, cit. *supra* n. 5, pp. 71-79.

o terceiro lesado gozaria ou não de um direito de ação direta contra o segurador em todos os seguros obrigatórios de responsabilidade civil.[100]

É incorreta a afirmação de que, na ação direta, o *debitor debitoris* nunca pode opor ao credor os meios de defesa derivados do contrato que tem contra o devedor. A sua inoponibilidade não é elemento definidor de uma ação direta. O que não se aplica aos casos de ação direta é a regra de oponibilidade dos meios de defesa que integra o regime do contrato a favor de terceiro. Na verdade, no domínio dos seguros como nos demais, a medida em que os meios de defesa fundados no contrato podem ou não opor-se ao terceiro poderá variar consoante o estabelecido na lei, embora, de uma forma geral, possa dizer-se que os terceiros lesados com um direito de ação direta ocupam uma posição mais favorável do que a dos terceiros beneficiários de um seguro a favor de terceiro, ou mesmo do que a dos terceiros segurados num seguro por conta, porque, de uma forma geral, nem todos os meios de defesa derivados do contrato oponíveis ao tomador são oponíveis aos terceiros lesados titulares de um direito de ação direta contra o segurador.[101]

Veja-se o exemplo belga. Neste país, a ação direta encontra-se ao dispor do terceiro lesado em todos os seguros de responsabilidade civil, sejam eles obrigatórios ou facultativos. Contudo, o regime de oponibilidade dos meios de defesa de que o segurador dispõe contra o segurado ao terceiro lesado diverge consoante o seguro seja obrigatório ou facultativo.[102] Em qualquer

[100] Semelhante conclusão resulta do art. 788º CC brasileiro de 2002.

[101] Cfr., neste sentido, Y. Lambert-Faivre, cit. *supra* n. 6, pp. 164-165.

[102] A ação direta generalizada em todos os seguros de responsabilidade civil resulta do art. 86 LCS belga. Cfr. M. Fontaine, cit. *supra* n. 34, pp. 58-59 e 442-449. O autor começa por sublinhar que o direito civil não conhece uma teoria geral da ação direta, esclarecendo que esta é acompanhada de um certo regime de inoponibilidade dos meios de defesa, mas que este varia consoante os casos. Em França, pelo contrário, o regime não sofre variações em função da obrigatoriedade ou voluntariedade do seguro. A regra geral, de aplicação a quaisquer terceiros que invoquem o contrato, é a da oponibilidade, pelo segurador, dos meios de defesa que poderia opor ao segurado, nestes se incluindo, designadamente, todos os limites da cobertura (art. L. 112-6 CA francês). Cfr. M. Tournois, cit. *supra* n. 33, p. 202. Contudo, a regra sofre alguns desvios em matéria de direitos de ação direta de terceiros lesados. Por exemplo, o segurador não pode alegar contra o terceiro lesado a violação, pelo tomador-segurado, após a ocorrência do sinistro, de quaisquer obrigações ou ónus estipulados no contrato (art. R. 124-1 CA francês). Cfr. M. Tournois, cit. *supra* n. 33, p. 196. Cfr. ainda J. Ghéstin/ M. Billiau/ C. Jamin, cit. *supra* n. 5, pp. 397-398. Os autores descrevem o regime mais favorável da ação direta, no sistema francês, no que respeita à inoponibilidade dos meios de defesa do segurador.

dos casos, o regime é mais favorável ao terceiro lesado do que o que resultaria da aplicação do regime do contrato a favor de terceiro, segundo o qual os meios de defesa contratuais de que o promitente dispõe são sempre oponíveis. Todavia, o regime de inoponibilidade é mais generoso para o terceiro lesado nos seguros obrigatórios do que nos facultativos.[103] Nos obrigatórios, a inoponibilidade é quase total, pouco importando que os meios de defesa tenham origem em factos anteriores ou posteriores ao sinistro.[104] Nem a invalidade do contrato prejudica o terceiro lesado. Só a sua inexistência e a cessação ou suspensão anterior à ocorrência do sinistro podem ser opostas ao terceiro lesado. Note-se que mesmo a declaração de nulidade tem de ser anterior ao sinistro para relevar perante o lesado, de nada adiantando que o contrato fosse nulo antes do sinistro. São oponíveis ao terceiro os limites qualitativos ou quantitativos das coberturas, mas não a franquia. Nos seguros facultativos, o princípio geral é o da oponibilidade, só não valendo meios de defesa com causa posterior ao sinistro. A lógica subjacente ao regime é a de que o direito do terceiro lesado se cristaliza na data do sinistro.[105]

Em Portugal, até há bem pouco tempo não havia regime geral. Atualmente, a nossa lei, porventura inspirando-se na lei belga, determina que o segurador apenas pode opor ao terceiro lesado os meios de defesa derivados do contrato ou de facto do tomador ou do segurado *anterior* ao sinistro.[106] Trata-se da mesma ideia de que o direito do terceiro lesado *se cristaliza* no momento em que ocorre o sinistro. Essa ideia é aqui levada até às suas últimas consequências. Até ao sinistro, o terceiro lesado não tem qualquer relação com o seguro ou o segurador, tendo-se entendido que não se justificaria admitir que a sua verificação viesse piorar, retroativamente, a posição do segurador. No entanto, com a ocorrência do sinistro, o lesado adquire de imediato a sua pretensão e, nesse exato momento, os demais intervenientes deixam de poder fazer o que quer que seja para prejudicar essa pretensão: a cessação ou alteração do contrato posterior ao sinistro deixa de poder ser oposta ao lesado, qualquer que seja a sua natureza, tão-pouco lhe podendo

[103] Cfr. o art. 87 LCS belga.

[104] Para esse efeito considera-se que o sinistro tem lugar no momento da ocorrência do dano. M. FONTAINE, cit. *supra* n. 34, p. 447.

[105] O segurador belga tem os direitos legalmente consagrados de direção do litígio e de indemnização direta do terceiro lesado. M. FONTAINE, cit. *supra* n. 34, pp. 427-428 e 439.

[106] Cfr. o art. 147º/1 e 2 LCS. Trata-se de disposições «relativamente imperativas» (art. 13º/1 LCS).

ser oposta, pelo segurador, a violação de deveres ou ónus por parte do tomador e/ou do segurado.

O nosso regime é globalmente menos generoso do que o belga, ou mesmo do que o regime especial de oponibilidade no seguro obrigatório de responsabilidade civil por acidentes de viação, mas, ainda assim, pode concluir-se que é mais favorável ao lesado do que o que resultaria da aplicação das regras do contrato a favor de terceiro.[107] É claro que se trata de um regime de proteção mínima, pelo que as partes são livres de incluir no contrato cláusulas de inoponibilidade que vão além dele.[108] Tratar-se-á, então, de cláusulas a favor de terceiro.

O terceiro lesado num acidente de viação deve exigir a indemnização, em primeira linha, ao segurador, e só ao segurado na medida da insuficiência da extensão do dever do segurador para total ressarcimento.[109] Mas esse regime não se aplica aos outros casos de ação direta. Já não temos uma lacuna, aplicando-se hoje, simplesmente, a regra geral das obrigações solidárias – a regra de que, nada se dizendo, o terceiro lesado poderá exigir o cumprimento do dever, consoante prefira, a qualquer um dos seus titulares ou a ambos em simultâneo, propondo a sua ação apenas contra o segurado, apenas contra o segurador ou contra ambos, em litisconsórcio passivo.[110] Esta disposição confere um direito ao terceiro lesado – que este pode ou não exercer. Não lhe restringe os movimentos.

Também no nosso sistema o direito de ação direta se configura como extensão legalmente prescrita da responsabilidade do segurado perante o lesado. O segurador torna-se, por força da lei, titular solidário da obrigação de ressarcimento do lesado. Em todos os casos em que a responsabilidade do segurado é de natureza aquiliana, o direito de ação direta assume uma natureza híbrida, quase-delitual, na medida em que, moldando-se essencialmente sobre a pretensão aquiliana do terceiro, adota aqui e acolá contornos contratuais, por essa extensão pressupor a estipulação contratual da cobertura do risco de responsabilidade civil do segurado pelo segurador – efetivamente, o estabelecimento legal de um direito de ação direta nada

[107] Cfr. o art. 449º CC.

[108] Cfr. o art. 13º/1 LCS.

[109] Art. 64º/1 do DL nº 291/2007, de 21 de agosto.

[110] Cfr. os arts. 518º e 519º CC. Cfr. ainda o disposto no art. 146º/1 LCS.

mais faz, nestes casos, do que permitir o acesso, pelo lesado, ao benefício estipulado num contrato que, de contrário, lhe seria alheio.[111]

A isto acresce uma outra faceta da natureza híbrida do direito de ação direta do terceiro lesado: tem natureza secundária a pretensão do lesado a ser indemnizado pelo segurado, mas o seu direito de ação direta respeita ao exercício de uma pretensão primária do segurado contra o segurador fundada no contrato de seguro. Disto resulta que a situação do terceiro lesado, embora se configure, sem mais, como um direito ao cumprimento de um dever de prestar, se molda em grande medida, quanto ao conteúdo dessa prestação, pelo direito ao cumprimento de um dever de indemnizar. Do que resulta que, embora não se lhe aplique diretamente o regime da obrigação de indemnizar, o dever (primário) de prestar do segurador decalca-se sobre o dever (secundário) de indemnizar do segurado, pelo que, indiretamente, aquele regime acaba por ser relevante para a determinação do *quantum* da indemnização.[112]

Resta dizer que, havendo pluralidade de lesados com direito de exigir ao segurador uma indemnização, a eventual insuficiência do capital seguro leva à redução proporcional dos montantes que caberiam a cada um, até à concorrência do capital seguro, conforme o disposto no art. 142º/1 LCS.

Não tendo os terceiros lesados uma pretensão contra o segurador relativamente à sua prestação – que será o caso nos seguros voluntários de responsabilidade civil, em que não podem retirar da lei qualquer direito de ação direta, e em que essa pretensão não tenha sido estipulada pelas partes – a prestação será, ainda assim, objeto de um privilégio creditório. Em caso de insolvência do segurado, os créditos serão satisfeitos pela ordem legalmente determinada, mas, quanto ao mais, o segurador encontra-se apenas

[111] A sua natureza híbrida provoca algumas dificuldades, designadamente em matéria de direito internacional privado. Cfr. Ac. TJCE 13.12.2007. O tribunal pronunciou-se sobre a questão de saber se ao direito de ação direta do terceiro lesado deveriam aplicar-se as regras de competência relativas aos beneficiários de contratos de seguro ou antes as regras de competência relativas aos litígios de cariz delitual. O tribunal concluiu, no entanto, que, para efeitos de aplicação das regras de competência de direito comunitário, não era relevante a qualificação jurídica da natureza do direito de ação direta do terceiro lesado resultante de cada um dos direitos nacionais, não havendo dúvidas de que, por remissão expressa, se lhe aplica o regime relativo aos beneficiários de um contrato de seguro. Neste caso, a remissão do art. 11º/2 para o art. 9º/1/b) do Regulamento (CE) nº 44/2001 do Conselho, de 22 de dezembro de 2000, relativo à competência judiciária, ao reconhecimento e à execução de decisões em matéria civil e comercial.

[112] Cfr. os arts. 562º a 572º CC.

impedido de pagar a indemnização «com prejuízo dos direitos» dos terceiros lesados, não podendo estes exigir diretamente o seu pagamento, ainda que segundo a regra da proporção.[113]

5. Conclusão: o sistema português em cinco frases.

O sistema português em resumo: reconhecimento de um direito de ação direta dos terceiros lesados em todos os seguros obrigatórios de responsabilidade civil. Nestes, o segurador apenas pode opor ao terceiro lesado os meios de defesa derivados do contrato ou de facto do tomador ou do segurado anterior ao sinistro. Nos seguros voluntários de responsabilidade civil, admite-se a estipulação de direitos de crédito de terceiros perante o segurador. Sempre que isso não suceda, os terceiros lesados só dispõem de uma pretensão contra o segurador quando o segurado os tenha informado da existência de um seguro e se tenham iniciado negociações diretas entre o segurador e os lesados. Nos seguros voluntários de responsabilidade civil, os terceiros lesados dispõem ainda de um privilégio creditório mobiliário especial sobre a indemnização devida pelo segurador.

[113] Cfr. os arts. 741º, 747º/1 e 692º/2 *ex vi* 753º CC. Cfr. ainda o disposto no § 156 III VVG. R. Johannsen, cit *supra* n. 48, pp. 1177-1178, sustenta que a aplicação da regra da proporcionalidade em lugar do princípio da prioridade, próprio das execuções, demonstra as preocupações sociais subjacentes ao regime dos seguros de responsabilidade civil.

Responsabilidade dos administradores meramente nominais pelos actos praticados por administrador de facto

*Maria de Fátima Ribeiro**

A questão a que nos propomos responder é a de saber se a responsabilidade do administrador de facto, por actos ou omissões próprios, afasta ou pode afastar a possibilidade de responsabilização do administrador "de direito" de uma sociedade comercial.

Ainda antes de mais considerações, não resistimos a deixar aqui as palavras inspiradoras de Germano Marques da Silva que, a propósito do estudo do tema no domínio penal, tão bem ilustram a importância e actualidade do problema:

"Sempre me incomodou a prática institucionalizada de dar o nome porque dar o nome sem exercer a respetiva função é, salvo casos muito especiais, nomeadamente nas sociedades familiares, uma forma de ludibriar terceiros. Mais me incomoda quando se assalaria o nome, ou seja, quando se cobra apenas para dar o nome. Receber sem trabalhar não me calha de feição, não julgo justo, e não julgo justo porque receber sem trabalhar constitui ofensa aos que trabalham, e às vezes muito, e não recebem o indispensável para proporcionarem às suas famílias um teor de vida decente.

* Professora da Faculdade de Direito da UCP

É frequente, ou era até há pouco, haver administradores de sociedades que só dão o nome, muitas vezes a várias sociedades, mas recebem direta ou indiretamente; são os chamados 'administradores meramente nominais', também designados por 'administradores de direito' ou 'administradores formais', administradores legalmente nomeados, mas que não exercem de facto as funções que lhes cabem por imposição do estatuto que assumem. E ainda agora, e assim foi prática corrente no passado, quando esses administradores são chamados a responder [...] apressam-se a defender-se com o não exercício efetivo das funções para que foram designados. E frequentemente o argumento pega!"[1]

Trata-se de questão que merece especial atenção, pois no âmbito do direito fiscal e penal tem-se generalizado uma orientação específica que, se transposta para o âmbito jus-societário, pode conduzir a resultados incompatíveis com a *ratio* do regime dos deveres e responsabilidades dos administradores. Na análise do problema, delimitaremos o nosso estudo ao caso em que o administrador ou gerente de direito (também designado por homem de palha) voluntariamente não exerce as funções correspondentes ao cargo para que foi designado, confiando esse exercício a terceiros (quer se trate de outros membros do órgão de administração quer de pessoas a ele estranhas).

Não cabe aqui aprofundar as razões que levam à existência disseminada dos administradores de direito que o não são de facto, mas podem elencar-se as mais comuns: servir os interesses de alguém impedido de exercer essas funções, *v.g.*, na sequência da afectação na qualificação de uma insolvência como culposa, ou de alguém que quer evitar o regime legal de responsabilidade dos administradores; retirar vantagens pessoais (nomeadamente remuneratórias, profissionais, políticas, familiares e/ou outras) da designação para o cargo, integrando assim um órgão que precisa de um membro com as suas características para estar em condições de cumprir objectivos de representatividade, preenchimento de quotas ou até de consolidação da reputação da empresa[2]. Em qualquer caso, estes administradores voluntariamente não exercem as funções inerentes ao cargo que aceitaram,

[1] Cfr. Germano Marques da Silva, "Sobre a responsabilidade penal dos administradores de direito e não de facto", in *Constitucionalismos e Contemporaneidade. Estudos em Homenagem ao Prof. Doutor Manuel Afonso Vaz*, UCP-Porto, Porto, 2020, 589-613, pág. 589.

[2] Para mais exemplos, cfr. Mathias Siegmann/Joachim Vogel, "Die Verantwortlichkeit des Strohmanngeschäftsführers einer GmbH. Eine Besprechung des Urteils des Bundesgerichtshofs vom 13. April 1994, ZIP 1994, 867", in *ZIP*, 1994, 1821-1829, pp. 1821 ss..

funções essas que são então exercidas por terceiros a quem, no papel de gerentes ou administradores de facto, é imputada a prática de actos ou omissões ilícitos e culposos que geram danos à sociedade, aos sócios e/ou a terceiros[3].

1. Os administradores de facto e o papel do registo

O primeiro aspecto que cabe esclarecer é, desde logo, o da determinação dos efeitos do registo dos actos de nomeação dos administradores – pelo qual se estabelece a presunção de que "existe a situação jurídica, nos precisos termos em que é definida" (cfr. o artigo 11º do Código de Registo Comercial).

É certo que se a situação jurídica em causa não existir pode ser afastada a presunção, que é ilidível. Deste modo, se a pessoa que consta do registo não é de facto administrador, porque entretanto está legalmente impedido ou porque o acto de designação ou nomeação é inválido, por exemplo, poderá ser afastada a presunção de que ele é administrador daquela sociedade. Também se o administrador entretanto renunciou expressamente, nos termos do disposto nos artigos 258º e 404º CSC, fica ilidida a presunção.

Mas o mesmo não poderá dizer-se no caso de ele, apesar de ser administrador, não exercer de facto as funções que lhe competem sem ter renunciado, pois o que está em causa não é, nesse caso, a inexistência da situação jurídica registada – é o deliberado incumprimento das funções que cabem ao gerente ou administrador de que se trate, precisamente porque a situação jurídica existe e ele é, voluntária e validamente, administrador da sociedade.

Por outras palavras, o que se presume com o registo é que aquela pessoa é administrador da sociedade, tem essa qualidade, não que essa pessoa efectivamente exerce as funções correspondentes ao cargo, o que se traduzirá no cumprimento do dever de administrar (que é o principal dever que sobre um administrador impende). Assim, fazer prova de que não se estão a cumprir as obrigações que correspondem aos deveres que impendem sobre um administrador não é ilidir a presunção de que ele é administrador – é tão-só provar que ele, sendo administrador, não cumpre essas obrigações, devendo sujeitar-se às consequências legais desse incumprimento. E a lei-

[3] Para a análise da matéria da responsabilidade do administrador de facto, cfr. por todos, desenvolvidamente, Ricardo Costa, *Os Administradores de Facto das Sociedades Comerciais*, Almedina, Coimbra, 2016, *passim*.

tura desta presunção tem sido, a nosso ver, distorcida pela doutrina e pela jurisprudência dominantes[4].

Os efeitos desta distorção são perversos: os gerentes ou administradores que voluntariamente "emprestam o nome" à sociedade, permitindo que ele conste do registo comercial com funções de publicidade (ao serviço da segurança no tráfego jurídico), admitem a possibilidade de os terceiros serem levados a presumir que eles efectivamente exercem as funções respectivas, confiando na veracidade desse facto – de resto, é normalmente esse o efeito que se pretende com o recurso a este estratagema, porque é esta a função do registo. Depois, se demandados, afastam a sua responsabilidade com base no facto de esta presunção, que assenta num facto por eles praticado (terem aceitado a nomeação), ser ilidível.

Pois bem, consistindo uma presunção em retirar de um facto conhecido um facto desconhecido, esta leitura de que o facto desconhecido é o de que aquele gerente ou administrador efectivamente exerce as funções correspondentes ao cargo e cumpre a obrigação de administrar permitiria que uma pessoa desse voluntariamente origem ao facto conhecido (o registo do seu nome como gerente ou administrador de uma sociedade), manipulando a confiança dos terceiros e sabendo que não iria verificar-se o facto supostamente presumido, o que invocaria a seu contento para afastar a pretensa presunção e, consequentemente, a sua responsabilidade. Não é esta, nem pode ser, a função do registo – é a sua própria subversão –, pelo que sempre se poderia ponderar a actuação abusiva da pessoa em causa. Mas, acima

[4] Cfr., a título ilustrativo e entre vários outros, o acórdão do TRG, de 25 de Junho de 2019 (Ana Teixeira), in dgsi.pt, no qual se afirma que "[r]elativamente à gerência de facto [...], a mesma decorre, desde logo da certidão comercial da sociedade, da qual consta como gerentes, os aqui arguidos, pelo que de tal registo há uma presunção que os gerentes de direito são os gerentes de facto da sociedade, sendo estes para todos os efeitos legais os legais representantes da sociedade". E: "A responsabilidade é atribuída em função do exercício do cargo de gerente e reportada ao período do respectivo exercício. Ou seja, a gerência de facto, real e efectiva, constitui requisito da responsabilidade dos gerentes, não bastando, portanto, a mera titularidade do cargo, ou o que se designa por gerência nominal ou de direito. Com efeito, não há qualquer presunção legal que faça decorrer da qualidade de gerente nominal ou de direito, o efectivo exercício da função [...], cumprindo salientar que da inscrição no registo comercial da nomeação de alguém como gerente apenas resulta a presunção legal (artº 11º do Código do Registo Comercial) de que o nomeado é gerente de direito, não de que exerce efectivas funções de gerência e só quem tem a seu favor uma presunção legal, escusa de provar o facto a que ela conduz (artº 350º, nº 1, do Código Civil)".

de tudo, como se viu, não é nem pode ser este o facto desconhecido que se presume.

2. A orientação seguida em matéria fiscal

No artigo 24º da Lei Geral Tributária estabelece-se o seguinte:

> "1 – Os administradores, directores e gerentes e outras pessoas que exerçam, ainda que somente de facto, funções de administração ou gestão em pessoas colectivas e entes fiscalmente equiparados são subsidiariamente responsáveis em relação a estas e solidariamente entre si:
>
> a) Pelas dívidas tributárias cujo facto constitutivo se tenha verificado no período de exercício do seu cargo ou cujo prazo legal de pagamento ou entrega tenha terminado depois deste, quando, em qualquer dos casos, tiver sido por culpa sua que o património da pessoa colectiva ou ente fiscalmente equiparado se tornou insuficiente para a sua satisfação;
>
> b) Pelas dívidas tributárias cujo prazo legal de pagamento ou entrega tenha terminado no período do exercício do seu cargo, quando não provem que não lhes foi imputável a falta de pagamento.".

Na determinação do responsável tributário subsidiário (artigo 18º, nº 3, da Lei Geral Tributária), esta norma tem sido geralmente interpretada, quer pela doutrina[5] quer na jurisprudência[6], como estabelecendo a responsabilidade daqueles que são apenas administradores de facto, mas excluindo a responsabilidade daqueles que sejam apenas administradores de direito.

[5] Cfr. Pedro Sousa e Silva, "A Responsabilidade Tributária dos Administradores e Gerentes na Lei Geral Tributária e no Novo CPPT", in *Revista da Ordem dos Advogados*, ano 60, Lisboa, dezembro 2000, 1445-1457, pág. 1446; Sofia de Vasconcelos Casimiro, *A Responsabilidade dos Gerentes, Administradores e Directores pelas Dívidas Tributárias das Sociedades Comerciais*, Almedina, Coimbra, 2000, pág. 100; Francisco Rothes, "Em torno da efectivação da responsabilidade dos gerentes – algumas notas motivadas por jurisprudência recente", in *I Congresso de Direito Fiscal*, Vida Económica, Porto, 2011, 43-66, pág. 53, Diogo Leite de Campos/Benjamim Silva Rodrigues/Jorge Lopes de Sousa, *Lei Geral Tributária. Anotada e Comentada*, 4ª ed., Encontro da Escrita, Lisboa, 2012, pp. 136 ss.; José Casalta Nabais, *Direito Fiscal*, 11ª ed., Almedina, Coimbra, 2019, pág. 273 ss..

[6] São várias as decisões dos tribunais superiores que o ilustram, como, recentemente, a do Tribunal Central Administrativo Sul, de 22 de Novembro de 2020 (Luísa Soares), in www.dgsi.pt: "O nº 1 do artigo 24º da LGT exige para responsabilização subsidiária a gerência efectiva ou de facto, ou seja, o efectivo exercício de funções de gerência, não se satisfazendo com a mera gerência nominal ou de direito".

Por outras palavras, e para o que aqui interessa, tem-se entendido que o legislador quis afastar a responsabilidade daqueles que, sendo administradores de direito, não o são de facto, com o fundamento de que não agem com culpa, nem lhes pode ser imputável a falta de pagamento das dívidas tributárias[7], naquele que nos parece constituir um importante e generalizado equívoco interpretativo deste artigo.

Na verdade, o corpo do nº 1 do artigo 24º divide literalmente os responsáveis subsidiários em dois grupos distintos: num primeiro momento, abrange "[o]s administradores, directores e gerentes", pelo mero facto de o serem, o que se justifica pelo facto de sobre eles impender, nessa qualidade, o dever de fazer a sociedade cumprir as suas obrigações tributárias; num segundo momento, o texto legal estende essa responsabilidade também (sem excluir os primeiros, o que resulta do emprego da locução "e") a "outras pessoas que exerçam, ainda que somente de facto, funções de administração ou gestão em pessoas colectivas"[8].

Ora, numa tentativa de desresponsabilização de todos aqueles que, assumindo formalmente as funções de administração, não as exercem materialmente (em clara violação dos seus deveres), distorce-se a letra da lei de modo a sujeitar ao requisito de que "exerçam, ainda que somente de facto, funções de administração ou gestão" os próprios administradores, directores e gerentes de direito, como se literalmente existisse uma vírgula a separar "[o]s administradores, directores e gerentes e outras pessoas" do resto da frase. Assim, equiparam-se todos estes sujeitos, para o efeito de sujeitar a respectiva responsabilidade, independentemente da sua qualidade, ao requisito de que exerçam de facto as funções de administração naquela pessoa colectiva.

Naturalmente, esta construção leva a decisões curiosas, como foi nomeadamente a do TCAN, em acórdão de 15 de Julho de 2004, no processo

[7] Pedro Panzina, "A Responsabilidade subsidiária tributária", in *Revista Fiscal*, Uniarte Gráfica – Porto, Maio de 2007, 7-18, pág.13.

[8] Com entendimento muito próximo, cfr. Paulo Marques, "A (ir) responsabilidade dos Gerentes de Direito pelas Dívidas Tributárias", in *Revista de Direito das Sociedades*, ano V (2013), 1-2, 283-302, pp. 292 ss.; *idem*, "A responsabilidade tributária subsidiária dos gerentes e a repartição interna de tarefas na sociedade comercial. Comentário ao acórdão do Tribunal Central Administrativo Sul, de 19 de Novembro de 2015 (Processo nº 05690/12), Secção de Contencioso Tributário (Relatora: Desembargadora Cristina Flora)", in *Revista de Finanças Públicas e Direito Fiscal*, Vol. 8, No. 4 (2015), 299-310, pp. 300 ss.

00087/04[9] e num contexto de negação da responsabilidade do gerente ou administrador de direito que não exerça as suas funções de facto, ou seja, negando-se a responsabilidade do administrador ou gerente meramente nominal: considerou-se abrangido no leque de pessoas responsáveis um gerente de direito que tinha outorgado procuração a terceiro "para o exercício da gerência de facto" (procuração relativamente a cuja validade se podem colocar, desde logo, fundadas dúvidas). É o seguinte o sumário deste acórdão: "1. O gerente de direito que outorga procuração a terceiro para o exercício da gerência de facto de uma sociedade, porque os actos praticados pelo mandatário se reflectem na esfera jurídica do mandante, continua a ser responsável subsidiário pelas dívidas dessa sociedade nos termos do artigo 13º do CPT. 2. E não se diga que o mandatário já responde pelas mesmas dívidas, pois sendo embora certo que o mero gerente de facto pode também ser responsável subsidiário ao abrigo de tal norma, a verdade é que outro entendimento conduziria a que qualquer gerente de direito se poderia eximir, por acto voluntário e unilateral, à referida responsabilidade mediante a outorga de procuração a terceiro para o exercício das funções de administração ou gerência. 3. No caso dos autos, sendo os oponentes gerentes de direito da executada e tendo outorgado poderes a terceiros para o exercício da gerência de facto daquela, continuam sujeitos à responsabilidade subsidiária prevista no artigo 13º do CPT, pois que os actos praticados por estes é como se por aqueles fossem praticados". Resumindo, entendeu-se aqui que um gerente meramente nominal não pode ser responsabilizado, por não ser também gerente de facto, a menos que tenha outorgado por procuração poderes a terceiro para exercer a gerência de facto (repete-se, de validade duvidosa), uma vez que nesse caso a existência deste instrumento leva à produção dos efeitos dos actos praticados pelo gerente de facto na esfera jurídica do gerente meramente nominal; fica por explicar, entre outras coisas, a que título responde este "gerente de facto" pelas mesmas dívidas, se os efeitos dos actos por si praticados se produzem, então, na esfera jurídica do gerente meramente nominal mandante.

Pois bem, tendo em conta que, nas palavras de Rui Duarte Morais, "[o] ilícito cometido pelos gestores é, pois, constituído pela conduta (por ação ou omissão, pouco importa) de não afetarem as disponibilidades de

[9] Disponível in www.dgsi.pt.

tesouraria da sociedade ao pagamento das dívidas de imposto vencidas"[10], e que sobre os gerentes ou administradores de direito impende inequivocamente o dever de administrar, com a diligência de um gestor criterioso e ordenado, a sociedade – nomeadamente cumprindo as obrigações desta, entre as quais o pagamento das dívidas de imposto vencidas – , não restarão dúvidas, a nosso ver, de que também estes sujeitos cometeram o ilícito previsto no artigo 24º da LGT, por omissão. Assim, apurando-se a responsabilidade dos administradores de facto de uma sociedade comercial neste âmbito, deverá reconhecer-se ainda a responsabilidade solidária dos administradores de direito da mesma pessoa colectiva[11].

Neste sentido tem evoluído consistentemente a jurisprudência dos tribunais superiores alemães em matéria de responsabilidade fiscal e penal[12], cumprindo salientar que na fundamentação do acórdão do *Bundesgerichtshof* de 13 de Outubro de 2016 se esclareceu que impende sobre um gerente ou administrador de direito afastado, de facto, da administração da sociedade, mesmo contra a sua vontade, procurar assistência jurídica de modo a exercer efectivamente as suas funções ou, caso não o consiga, renunciar ao cargo[13]. Também em Itália a jurisprudência tem seguido o mesmo caminho, embora considerando que o responsável é o administrador de facto, mas afirmando a responsabilidade do *prestanome* com base na sua situação de

[10] Rui Duarte Morais, "Insolvência da sociedade e responsabilidade fiscal dos seus administradores – algumas questões", in *Revista Electrónica de Fiscalidade da AFP*, 2019, Ano I – Nº 2, 1-19, pág. 5.

[11] Jorge Manuel Coutinho de Abreu, *Responsabilidade dos Administradores de Sociedades*, Cadernos do IDET nº 5, 2ª ed., Almedina, Coimbra, 2010, pp. 108 ss., nota precisamente que é surpreendente o entendimento de que os administradores tão-só nominais não estejam abrangidos pelo regime da responsabilidade tributária dos administradores: "[c]omo não responsabilizar administradores que violam sistematicamente os seus deveres legais gerais (art. 64º, 1, do CSC, art. 32º da LGT)?"; e acrescenta que os administradores somente de direito devem, verificando que os administradores que o são também de facto não querem pagar os impostos devidos, pagá-los eles, em nome da sociedade.

[12] Especificamente em matéria de responsabilidade pelo incumprimento das obrigações contributivas para o sistema previdencial de segurança social, cfr. a decisão de OLG Celle, de 10.05.2017, in https://openjur.de/u/2206150.html.

[13] Para uma análise da jurisprudência mais recente, em termos de responsabilidade no âmbito fiscal, cfr. Gloria Versin, "Sozialversicherungsrechtliche Haftungsrisiken des GmbH-Geschäftsführers", in *GmbHR* 2020, 132-139, pp. 132 ss..

garante, pessoa a quem cabe "conservar o património social e impedir que se produzam danos para a sociedade e para terceiros"[14].

3. O regime insolvencial

Nos artigos 186º e 189º do Código da Insolvência e da Recuperação de Empresas admite-se expressamente a qualificação da insolvência como culposa devido à actuação dos administradores de direito ou de facto[15] e, sobretudo, determina-se a responsabilização cumulativa e solidária destes

[14] Cita-se a recente decisão da *Cassazione Penale*, n. 35158, de 22.09.2020-10.12.2020, Sez. 3, in https://www.ordineavvocatinapoli.it/wp-content/uploads/2021/03/Cassazione-Penale-n.-35158-del-22.09.2020-10.12.2020-Sez.-3-Concorso-di-persone-Reato-proprio-Amministratore-di-fatto-e-di-diritto.pdf . É o seguinte o texto original: "[c]onseguentemente in base ai principi esposti, il vero soggetto qualificato (e responsabile) non è il prestanome ma colui il quale effettivamente gestisce la società perché solo lui è in condizione di compiere l'azione dovuta (la presentazione della dichiarazione) mentre l'estraneo è il prestanome. A quest'ultimo una corresponsabilità può essere imputata solo in base alla posizione di garanzia di cui all'art. 2392 c.c., in forza della quale l'amministratore deve conservare il patrimonio sociale ed impedire che si verifichino danni per la società e per i terzi. Nelle occasioni in cui questa corte si è occupata di reati, anche omissivi, commessi in nome e per conto della società, ha individuato nell'amministratore di fatto il soggetto attivo del reato e nel prestanome il concorrente per non avere impedito l'evento che in base alla norma citata aveva il dovere di impedire [...]. Proprio perché il più delle volte il prestanome non ha alcun potere d'ingerenza nella gestione della società per addebitargli il concorso, questa Corte ha fatto ricorso alla figura del dolo eventuale; il prestanome accettando la carica ha anche accettato i rischi connessi a tale carica". Remete-se portanto, aqui, para o regime da responsabilidade dos administradores no domínio jus-societário, uma vez que nos termos do referido artigo 2392 c.c. os administradores respondem para com a sociedade pelos danos causados pela inobservância dos deveres que sobre eles recaem, respondendo ainda quando, tendo conhecimento de factos danosos, não os tenham impedido ou não tenham agido no sentido de eliminar ou atenuar os danos deles advenientes. Em matéria de responsabilidade por sanções administrativas de natureza pecuniária, resultantes da repetida violação de normas laborais no âmbito de uma cooperativa, veja-se ainda a sentença n. 949/2020, do *Tribunale Ordinario di Modena – Prima Sezione Civile*, de 10 de Setembro de 2020, disponível in https://www.lexced.com/prestanome-amministratore-di-una-societa/. Também aqui se decidiu que, ainda que a qualidade de administrador formal "não implique um automático juízo de culpa por violações levadas a cabo por outrem", é pacífico que, perante uma investidura formal, impende sobre um administrador um conjunto de deveres, entre o quais o de gerir a cooperativa e de vigiar quem de facto leve a cabo essa atividade.

[15] É o seguinte o teor do nº 1 do artigo 186º do CIRE: "A insolvência é culposa quando a situação tiver sido criada ou agravada em consequência da actuação, dolosa ou com culpa grave, do devedor, ou dos seus administradores, de direito ou de facto, nos três anos anteriores ao início do processo de insolvência".

administradores[16], não sendo possível retirar-se da letra da lei a possibilidade de não responsabilizar um administrador de direito devido ao facto de ele não ter exercido efectivamente as respectivas funções e não ter sido, portanto, o autor do acto ou omissão em causa[17].

Aliás, o mesmo resulta expressamente do recente acórdão do Tribunal da Relação do Porto, de 6 de Setembro de 2021 (Eugénia Cunha)[18], no qual pode ler-se que "[o] legislador jamais visou excluir a responsabilidade dos administradores de direito que não exerçam as funções de facto. Ao invés, com a previsão legal (arts. 186º e 189º, do CIRE), quis consagrar uma responsabilização abrangente, a incluir, para além dos administradores de direito, os administradores de facto, nos casos em que as funções de gerência não estão reunidas na pessoa daquele"[19]. A razão para este entendimento

[16] Nos termos do disposto na alínea a) do nº 2 do artigo 189º, o juiz deve, na sentença que qualifique a insolvência como culposa, "[i]dentificar as pessoas, nomeadamente administradores, de direito ou de facto, técnicos oficiais de contas e revisores oficiais de contas, afetadas pela qualificação, fixando, sendo o caso, o respetivo grau de culpa"; na alínea e) do mesmo preceito legal determina-se que o juiz ainda deve "condenar as pessoas afetadas a indemnizarem os credores do devedor declarado insolvente até ao montante máximo dos créditos não satisfeitos, considerando as forças dos respetivos patrimónios, sendo tal responsabilidade solidária entre todos os afetados" (na redacção dada pela Lei nº 9/2022, de 11 de Janeiro).

[17] Cfr. Catarina Serra, *Lições de Direito da Insolvência*, 2ª ed., Almedina, Coimbra, pág. 153; Alexandre de Soveral Martins, *Um Curso de Direito da Insolvência*, 2ª ed., Almedina, Coimbra, 2016, pág. 427.

[18] Disponível in www.dgsi.pt.

[19] Mas o mesmo entendimento já resulta também de várias outras decisões dos nossos tribunais superiores, como o acórdão do TRP, de 19 de Novembro de 2020 (Freitas Vieira), o acórdão do TRG, de 5 de março de 2020 (Rosália Cunha), o acórdão do TRP, de 05 de Março de 2018, (Jorge Miguel Seabra), o acórdão do TRC, de 14 de Abril de 2015 (Anabela Luna de Carvalho), o acórdão do TRC, de 21 de Janeiro de 2014 (Moreira do Carmo) e ainda o acórdão do TRC, de 11 de Dezembro de 2012 (Albertina Pedroso), todos disponíveis em www.dgsi.pt. Neste último acórdão, pode ler-se o seguinte: "Pensamos que, com esta previsão o legislador não visa excluir os administradores de direito que não exerçam as funções de facto [...] mas, ao invés, veio estender a qualificação a actos praticados por administradores de facto. Assim, por via desta importante previsão, a qualificação abrange quer os administradores de direito, ou seja, os administradores legalmente designados constantes do contrato de sociedade e do registo comercial; e os administradores de facto, entendidos estes como as pessoas que praticam actos de administração sem que se encontrem legalmente nomeados como titulares do cargo que exercem. [...] De facto, os administradores da sociedade devem observar os deveres fundamentais previstos no artigo 64º do CSC, são responsáveis perante a sociedade nos termos previstos no artigo 72º, mormente quando não tenham exercido o direito de oposição confe-

generalizado no âmbito da insolvência é sintetizada no acórdão do Tribunal da Relação do Porto, de 22 de Outubro de 2019 (Vieira e Cunha)[20]: "[a] ignorância e o alheamento dos destinos da sociedade constituem, por si só, uma violação dos deveres gerais que se impunham ao gerente da insolvente (artº 64º nº 1 CSCom), pelo que a invocação de que, como gerente de direito, a Requerida estava afastada do dia-a-dia da sociedade, não a dispensava dos seus deveres para com a sociedade".

Na doutrina espanhola mais recente[21], Pertíñez Vílchez, embora afirmando sem reservas a possível existência, nesta sede, de responsabilidade do administrador de direito quando exista um administrador de facto, nota com pertinência que, a considerar-se que a responsabilidade insolvencial tem natureza sancionatória, a sua imputação a cada um dos administradores – de direito ou de facto – deve assentar "numa apreciação individualizada da conduta de cada um deles, sendo de excluir uma imputação genérica de responsabilidade a todos os administradores"[22], identificando para o efeito distintos grupos de situações[23]. Como veremos, esta nota de que as situa-

rido na lei, e tal responsabilidade não pode ser excluída por cláusula em contrário do contrato que, se ali foi inserta, é nula por força do disposto no artigo 74º do referido diploma legal". E, no acórdão elencado antes deste, esclarece-se que "[e]stando a gerente de direito envolvida no giro e funcionamento comercial da insolvente, ainda que em menor grau que o gerente de facto, não fica a mesma desvinculada dos deveres de acompanhar e controlar a condução da atividade da sociedade e de se informar sobre a sua situação, sendo por isso responsável pelo quadro circunstancial apurado que preenche as previsões legais estabelecidas no art. 186º, nº 2, a), h), e i), e nº 3, a), do CIRE".

20 Também acessível em www.dgsi.pt.

21 Na qual é entendimento pacífico que a identificação de um administrador de facto como afectado pela qualificação da insolvência como culposa não exclui que também o(s) administrador(es) de direito seja(m) afectado(s). Cfr. José Antonio García-Cruces, "Artículo 165", in Ángel Rojo/Emilio Beltrán, *Comentario de la Ley Concursal*. Tomo II, Thomson-Civitas, Madrid, 2004, pág. 2534.

22 Francisco Pertíñez Vílchez, "El Administrador de Hecho y la Responsabilidad Concursal del Art. 172.3 LC: Un Concepto Difuso en un Régimen Confuso", trabalho vencedor da *III Convocatoria Cátedra José María Cervelló*, 2009, 1-80, disponível in https://catedracervello.ie.edu/wp-content/uploads/sites/124/2013/11/TRABAJO-GANADOR-TERCERA-CONVOCATORIA.pdf , pp. 66 ss.. Mas o Autor salienta que o administrador de direito não será abrangido pela qualificação, por não existir culpa grave omissiva da sua parte, sempre que ele pudesse validamente desconhecer o acto em causa.

23 Em primeiro lugar, considera as situações nas quais o administrador de direito está totalmente alheado da administração da sociedade. Nestas, separa os casos de qualificação da insolvência com base na cláusula geral agora constante no artigo 442 da *Ley Concursal* (e com

ções em que possa estar em causa a responsabilidade do administrador de direito na insolvência culposa podem ser distintas e reclamar diferente tratamento, consoante o facto que origina o dano, será útil também quando se tratar de analisar a responsabilidade extracontratual dos administradores de direito que não o são de facto no âmbito societário.

4. O Código das Sociedades Comerciais e a responsabilidade dos administradores meramente nominais pelos actos praticados pelo administrador de facto

No estrito domínio jus-societário em matéria de responsabilidade dos administradores por actos ou omissões praticados por administrador de facto, Ricardo Costa já defendia em 2006 que, havendo um administrador de direito que não se ocupou da gestão societária, a responsabilidade será solidária: responsabilidade por omissão ilícita, "precipitada inequivocamente em várias disposições (arts. 6º, nº 5, 72º, nºs 1 e 4, 78º, nº 3, 81º, nº 2, 83º, nº 4, 504º, nº 3, para além do art. 486º do CCiv.)", porque "se demitiu em absoluto da gestão social e a entregou, ainda que por afastamento da vida da sociedade, ao administrador de facto; nesta circunstância, o exercício de

redação próxima da do artigo 186º, nº 1, do CIRE) daqueles que agora se enumeram nos artigos 442 e 443 da *Ley Concursal* (respectivamente, casos especiais e presunções de culpa, próximos das presunções de insolvência culposa e das presunções de culpa grave estabelecidas nos nºs 2 e 3 do artigo 186º do CIRE). No primeiro grupo de casos, se o administrador de direito ignora ou não intervém perante uma conduta gravemente negligente ou dolosa de um administrador de facto, a sua responsabilidade assenta numa omissão gravemente culposa do "dever de controlar o andamento dos assuntos da sociedade" – pelo que, defende, deve ser condenado a responder, embora em medida inferior àquela em que seja condenado o administrador de facto. E defende que o mesmo deve verificar-se nos restantes casos de qualificação em que se exija uma conduta dolosa, como vários daqueles em que se estabelece uma presunção inilidível de insolvência culposa. Distinta destas situações é aquela em que o administrador de direito actua como administrador, interna ou externamente, mas obedecendo às instruções de um administrador de facto oculto. Aqui, defende o Autor que a criação ou agravamento da situação de insolvência é geralmente imputável, na mesma medida, a ambos. Finalmente, nos casos em que a qualificação assente no incumprimento de deveres específicos impostos por lei ou pelos estatutos aos administradores (no sentido de omissão da adopção de uma conduta legal ou estatutariamente imposta, como é o caso daqueles a que respeitam as presunções relativas de culpa grave, nomeadamente o dever de apresentar a sociedade à insolvência no prazo legal), o administrador de direito será solidariamente responsável com o administrador de facto por ter aceitado a nomeação e se manter nessa qualidade, não devendo poder afastar essa responsabilidade com base no desconhecimento desses deveres ou no não exercício das suas funções.

poderes que consentiu ou tolerou, e o sucessivo comportamento danoso do administrador de facto representam a infracção do dever de controlar a gestão efectiva, mesmo se levada a cabo por quem não está legitimamente investido para o efeito (tal como, *a pari*, há responsabilidade dos administradores da sociedade anónima pelo desrespeito do dever de vigilância geral da actuação do ou dos administradores delegados ou da comissão executiva: v. art. 407º, nº 5, 2ª parte)"[24].

Em 2009, escrevíamos que "a discussão em torno da responsabilidade do gerente de facto não afasta a responsabilidade do próprio 'gerente-de--palha', sujeito às mesmas obrigações que impendem sobre um gerente 'verdadeiro'"[25].

E, nos nossos dias, Jorge M. Coutinho de Abreu/Alexandre Soveral Martins/Carolina Cunha/Rui Pereira Dias afirmam que, "[f]requentemente, todos os sócios são designados gerentes nos estatutos. Mesmo quando se sabe à partida que alguns deles (com outras profissões) não vão exercer, de facto, a gerência (apesar de às vezes serem remunerados enquanto gerentes). O que, além de disfuncional, pode acarretar consequências inesperadas em matéria de responsabilidade: alguém que aceita ser gerente (ainda que não executivo) tem deveres cujo incumprimento pode levar à responsabilização (civil, tributária)"[26].

[24] Ricardo Costa, "Responsabilidade civil societária dos administradores de facto", in *Temas Societários. Colóquios,* Cadernos do IDET nº **2**, Almedina, Coimbra, 2006, 27-43, pp. 33 e ss., nota 9.

[25] Maria de Fátima Ribeiro, *A Tutela dos Credores da Sociedade por Quotas e a "Desconsideração da Personalidade Jurídica"*, Almedina, Coimbra, 2009, pág, 467, nota 155, remetendo para Franco Bonelli, *La Responsabilità degli Amministratori di Società per Azioni, Giuffrè,* Milano, 1992, pp. 130 e ss. e Ángel García Vidal, *Las Instrucciones de la Junta General a los Administradores de la Sociedad de Responsabilidad Limitada*, Aranzadi, Navarra, 2006, pp. 135 e ss.. No direito alemão, a responsabilidade civil do *Strohmanngeschäftsführer* é geralmente aceite, sobretudo com base na violação, por parte do gerente ou administrador de direito que não exerce de facto as funções a que está obrigado, de normas de protecção de terceiros. Assim, por exemplo, essa responsabilidade pode assentar na violação do §41 da GmbHG, que determina que o gerente está obrigado, nomeadamente, a assegurar a existência de contabilidade organizada, ou do seu revogado §64, que estabelecia o dever de apresentação à insolvência (agora previsto no §15a da InsO). Cfr. Mathias Siegmann/Joachim Vogel, "Die Verantwortlichkeit des Strohmanngeschäftsführers einer GmbH. Eine Besprechung des Urteils des Bundesgerichtshofs vom 13. April 1994, ZIP 1994, 867", in *ZIP*, 1994, 1821-1829, pp. 1821 e ss..

[26] Jorge M. Coutinho de Abreu/Alexandre Soveral Martins/Carolina Cunha/Rui Pereira Dias, *Guia de Boas Práticas nas PME – Sociedades por Quotas,* Instituto Jurídico – Facul-

Mas cabe enquadrar e fundamentar juridicamente com precisão essa responsabilidade dos administradores de direito. Para o efeito, deve desde logo esclarecer-se que estamos perante responsabilidade por omissão (uma vez que, se se trata de administrador de facto oculto e o administrador de direito efectivamente actua no exercício das suas funções, mas obedecendo às instruções do administrador oculto, existe da sua parte inequivocamente violação dos deveres de cuidado e de lealdade e, portanto, responsabilidade); e que, nesse âmbito, cumpre determinar se a situação em apreço é subsumível ao domínio da responsabilidade contratual ou da responsabilidade extracontratual – o que vai determinar uma distinta abordagem do problema.

No Código das Sociedades Comerciais, os administradores podem ser responsáveis perante a sociedade e/ou perante terceiros, nomeadamente os credores sociais. E a tutela destes últimos pode ser assegurada por duas vias distintas, como se passa a expor sinteticamente.

Nos termos do disposto nos seus artigos 72º e seguintes, os administradores respondem perante a sociedade pelos danos que lhe tenha causado uma sua actuação ilícita (por acção ou omissão), presumindo-se neste caso a sua culpa (respondem, "salvo se provarem que procederam sem culpa", pode ler-se na parte final do nº 1 deste artigo)[27]. Na inércia da sociedade, ou tendo ela expressamente decidido não recorrer a esta acção social de responsabilidade (através de uma deliberação social com esse teor, ou através do decurso do prazo estabelecido na lei para a sua propositura, caso tenha havido deliberação social através da qual a sociedade tenha decidido a responsabilização dos administradores[28]), e desde que também os sócios não tenham exercido o direito de indemnização de que a sociedade seja titular (possibilidade que decorre do disposto no artigo 77º CSC, de um ou vários sócios que possuam, pelo menos, 5% do capital social, ou 2% no caso de sociedade emitente de acções admitidas à negociação em mercado regulamentado, desde que a sociedade não haja solicitado aos administradores a reparação do prejuízo sofrido[29]), poderão os credores sociais sub-rogar-se

dade de Direito da Universidade de Coimbra, Julho 2021, in https://estudogeral.sib.uc.pt/bitstream/10316/95763/1/guia_miolo%20%28digital%29.pdf, pp. 41 e 42.

[27] Para a análise da acção social de responsabilidade, cfr. MARIA DE FÁTIMA RIBEIRO, *A Tutela dos Credores da Sociedade por Quotas e a "Desconsideração da Personalidade Jurídica*", cit., pp. 598 ss..

[28] Cfr. o disposto no artigo 75º, nº 1, do CSC.

[29] Sobre esta acção, cfr. MARIA DE FÁTIMA RIBEIRO, "A função da acção social 'ut singuli' e a sua subsidiariedade", in *Direito das Sociedades em Revista*, ano 3, volume 6, 2011, 155-188, *passim*.

à sociedade, nos termos do disposto no artigo 78º, nº 2, CSC, preceito que remete para as normas que, no Código Civil, regulam o meio de conservação da garantia patrimonial que constitui a sub-rogação. Pela acção sub-rogatória dos credores sociais, estes poderão então exercer o direito de indeminização de que a sociedades seja titular, satisfazendo os seus créditos através da execução do património da sociedade, no qual a referida indemnização ingressa.

No exercício desta acção sub-rogatória estão os credores sociais sujeitos ao ónus de provar todos os requisitos de que a lei faz depender a responsabilidade dos administradores perante a sociedade, à excepção da culpa, que como vimos se presume. Estamos aqui no âmbito da responsabilidade contratual de gerentes e adminsitradores.

Outra via que podem percorrer os credores sociais para tutela dos seus interesses é, em certos casos, a acção directa de responsabilidade dos administradores, prevista no artigo 78º, nº 1, CSC. Esta possibilidade apenas existe quando tenha sido violada, pelos administradores, norma legal ou disposição contratual que possa ser qualificada como de protecção dos credores sociais, e se os credores provarem que em consequência dessa violação a sociedade se tornou insuficiente para a satisfação dos seus créditos. Cabe notar que as normas legais de protecção dos credores sociais serão todas aquelas que, "embora não confiram direitos subjectivos aos credores sociais, visam a defesa de interesses (só ou também) deles"[30]. Neste âmbito cabem naturalmente todas as normas que, directa o indirectamente, visam a conservação do património social, como aquelas que delimitam a capacidade jurídica da sociedade, as que são expressão do chamado princípio da intangibilidade do capital capital social, ou as que estabelecem o regime da reserva legal e da aquisição de acções próprias; serão então exemplo de preceitos que consagram normas de protecção dos credores sociais os artigos 6º, 31º a 34º, 218º, 295º, 296º, 316º, nº 1, 317º, nº 2, 323º do CSC. Mas a identificação de normas de protecção dos credores sociais não está limitada aos preceitos do CSC: ilustra o que se acabou de dizer o facto de ser de entender que as normas que, no CIRE, estabelecem o dever de apresentação da sociedade à insolvência num determinado prazo serem inequivocamente normas de protecção dos credores sociais.

[30] Cfr. Jorge Manuel Coutinho de Abreu, *Responsabilidade Civil dos Administradores de Sociedades*, cit., pp. 72 ss..

Aqui não existe presunção legal de culpa, pelo que ainda deverão os credores sociais fazer a prova de que a referida violação foi culposa[31]. Agora, estamos no âmbito da responsabilidade extracontratual de gerentes e administradores.

5. O âmbito da responsabilidade contratual

Se estivermos no âmbito da responsabilidade contratual dos administradores, encontramos no Código das Sociedades Comerciais o fundamento legal da responsabilização daquele que não exerce as funções de administração, embora formalmente seja gerente ou administrador. Essencialmente, essa responsabilidade decorre directamente da aplicação do disposto nos artigos 64º e 72º e seguintes, que estabelecem, respectivamente, os deveres dos administradores e a responsabilidade pelo seu incumprimento: aquele que se vincula contratualmente a administrar uma sociedade e não o faz viola os deveres que sobre ele impendem, respondendo perante a sociedade pelos danos causados pelo seu incumprimento contratual. A isto acresce que no artigo 73º do CSC se prescreve que a responsabilidade de todos os gerentes ou administradores é solidária, e que se presumem iguais as suas culpas no âmbito da determinação de um eventual direito de regresso (que existe na medida das respectivas culpas e das consequências que delas advierem, ainda nos termos do referido preceito). Então, considerando-se que existe responsabilidade dos administradores de direito e dos administradores de facto, ela será solidária, importando o respectivo grau de culpa apenas nas relações internas.

Se está em causa uma omissão ilícita do administrador de facto, o administrador de direito responde pelo incumprimento do dever de administrar, que decorre expressamente do artigo 64º CSC, e que deve ser exercido nos termos aí definidos, com observância, nomeadamente, do dever de cuidado, nos termos de um gestor criterioso e ordenado.

Assim, sempre que ao gerente ou administrador fosse legal ou estatutariamente exigível uma determinada acção e ela não tivesse tido lugar, o gerente ou administrador responderá por omissão própria. Na verdade, o facto de existir um gerente ou administrador de facto não leva nem pode levar a que não seja exigível ao gerente ou administrador de direito o cumprimento daquele dever – tal omissão consubstanciará sempre um ilícito.

[31] Sobre esta acção directa dos credores sociais, cfr. MARIA DE FÁTIMA RIBEIRO, *A Tutela dos Credores da Sociedade por Quotas e a "Desconsideração da Personalidade Jurídica"*, cit., pp. 457 ss..

Diversa é a situação em que o gerente ou administrador de facto pratica, na gestão da sociedade, acto ilícito, culposo e causador de danos à sociedade e/ou a terceiros, sem a intervenção do gerente ou administrador de direito. Neste caso, não estamos perante a omissão do dever de o administrador de direito praticar determinado acto, mas estaremos quase sempre perante a violação do dever de cuidado, expressamente consagrado no artigo 64º do CSC, concretizado para o que aqui importa num dever de vigilância e monitorização da actuação daqueles que integram o órgão de administração e/ou daqueles que assumem de facto essas funções[32].

Mas ainda se pode considerar a possibilidade de encontrar lugar paralelo para esta responsabilidade na norma que estabelece o regime de responsabilidade na delegação de poderes[33]: ao administrador de direito caberia, assim, acompanhar e vigiar a actuação dos administradores de facto, devendo intervir ou fazer intervir o conselho de administração sempre que essa actuação fosse apta a causar danos à sociedade.

Na verdade, pode entender-se que a responsabilidade dos administradores de direito encontra nestes casos lugar paralelo no artigo 407º, nº 8, para os administradores das sociedades anónimas: em caso de delegação de poderes, cabe a cada um dos administradores não executivos vigiar genericamente a actividade do ou dos administradores-delegados, ou da comissão executiva; e, se for necessário, provocar a intervenção do conselho de administração para tomar as medidas adequadas a evitar que aqueles, através dos

[32] Sobre este dever de vigilância, cfr. J. M. Coutinho de Abreu, "Responsabilidade civil de gerentes e administradores em Portugal", in *Questões de Direito Societário em Portugal e no Brasil* (coord. Fábio Ulhoa Coelho/Maria de Fátima Ribeiro), Almedina, Coimbra, 2012, 131-137, pp. 133 ss., e, recentemente, Nuno Manuel Pinto Oliveira, *Responsabilidade Civil dos Administradores: Entre Direito Civil, Direito das Sociedades e Direito da Insolvência*, Coimbra Editora, Coimbra, 2015, pp. 58 ss..

[33] Considerada a unidade do sistema jurídico, ainda pode atender-se à *ratio* da norma que estabelece a responsabilidade do sócio controlador estabelecida no artigo 83º, nºs 1 a 3: embora naturalmente se trate aqui de responsabilidade de sócio (e de sócio que possa ser qualificado como controlador), é facto que se consagra a responsabilidade solidária (com a do administrador) de alguém que, não sendo administrado, escolheu com culpa aquele que o é. Se esta responsabilidade está expressamente consagrada quando se trata de sócio, sobre o qual não impendem os deveres de cuidado e de lealdade nos mesmos termos em que impendem sobre os administradores, por maioria de razão deve ser responsabilizado aquele que, tendo o dever de administrar, se abstém de o fazer, entregando os destinos da sociedade a um terceiro que vem a actuar ilicitamente, de modo a causar culposamente danos à sociedade que o primeiro tem o dever de administrar.

seus actos ou omissões, causem prejuízos à sociedade. Não o fazendo, incorrem em responsabilidade, ainda como previsto no nº 8 do artigo 407º[34]. Note-se que, embora a lei não admita a um administrador, nas sociedades anónimas, a delegação total das suas funções, permite que ele possa delegar a gestão corrente da sociedade, embora com o dever de vigilância geral da actuação dos delegados.

Transpondo esta solução para o problema de que nos ocupamos, devemos então admitir que o administrador de direito verá a sua responsabilidade limitada ao valor dos danos cuja produção a sua intervenção tivesse podido evitar.

Já para os gerentes das sociedades por quotas esta via de responsabilização de administradores não pode constituir lugar paralelo: os gerentes não podem transmitir ou delegar o exercício de todas funções em que se traduz a gestão corrente da sociedade, como resulta do disposto nos artigos 252º, nº 4, e 261º, nº 2, do CSC. Apenas lhes é permitido que "deleguem nalgum ou nalguns deles competência para determinados negócios ou espécie de negócio, mas, mesmo nesses negócios, os gerentes delegados só vinculam a sociedade se a delegação lhes atribuir expressamente tal poder". Logo, não sendo possível a delegação da gestão corrente da sociedade por quotas, não fará tanto sentido estabelecer como lugar paralelo da responsabilidade dos gerentes de direito pelos actos ou omissões dos gerentes de facto as regras que regulam a delegação de poderes. Aqui, a responsabilidade assenta essencialmente na omissão do dever de administrar, tal como consagrado no artigo 64º do CSC – dever esse que, como se viu, implica também a existência de um dever de garante, aqui com o sentido de dever de impedir que pessoas que não são gerentes de direito assumam as funções de administração da sociedade, sem que os gerentes de direito os impeçam de o fazer. Deste modo, não parece ser também de aceitar a possibilidade de limitar a responsabilidade do gerente de direito ao valor dos danos cuja produção a sua intervenção tivesse podido evitar.

6. O âmbito da responsabilidade extracontratual

Mas pode ainda haver responsabilidade extracontratual do administrador de facto: consideremos, nomeadamente, a responsabilidade expressamente

[34] Salienta ALEXANDRE SOVERAL MARTINS, *Administradores Delegados e Comissões Executivas. Algumas Considerações*, 2ª ed., Almedina, Coimbra, 2011, pág. 87, que será necessário que o incumprimento do dever de vigilância geral tenha sido, também, causa do dano, para a responsabilização dos administradores não executivos com esse fundamento.

consagrada no artigo 78º, nº 1, do CSC, na já referida acção directa dos credores sociais. Recorda-se que esta possibilidade se restringe às situações em que tenha sido violada, pelos administradores, norma legal ou disposição contratual que possa ser qualificada como de protecção dos credores sociais, e em que estes credores façam prova de que em consequência dessa violação o património da sociedade se tornou insuficiente para a satisfação dos seus créditos.

Aqui, portanto, decorre do artigo 78º, nº 1, do CSC a responsabilidade extracontratual dos administradores de facto (quer o sejam nominalmente e de facto quer apenas de facto) perante os credores da sociedade. Mas cabe apurar qual será, nestes casos, o fundamento da responsabilidade extracontratual dos administradores meramente nominais perante esses credores.

Pois bem, estaremos aqui no domínio da responsabilidade extracontratual por omissão. E essa responsabilidade apenas pode ter dois fundamentos.

Em primeiro lugar, ela poderá decorrer do disposto no artigo 486º do Código Civil: as simples omissões apenas darão lugar à obrigação de reparar os danos quando exista, por força da lei ou de negócio jurídico, o dever de praticar o acto omitido. Este artigo estabelece expressamente um desvio à regra em matéria de responsabilidade extracontratual, pois neste âmbito a generalidade dos factos voluntários susceptíveis de gerar responsabilidade do agente traduzem-se em acções[35], dado não existir relação directa entre o lesante e o lesado – por isso, o campo de eleição na aplicação do disposto no artigo 483º do CC é o da violação de direitos absolutos. Com este fundamento, a responsabilidade por omissão está então dependente da existência de um dever de agir, estabelecido na lei ou em negócio jurídico – a própria existência desse dever leva a que à sua violação corresponda a violação dos direitos do beneficiário da acção, estando assim justificada a responsabilidade do agente[36]. O dever imposto por lei pode resultar de norma preceptiva,

[35] Ao invés do que acontece no âmbito da responsabilidade contratual, estando-se aí, em regra, perante a violação de deveres de acção – deste modo, o ilícito, na responsabilidade contratual, tem essencialmente por base uma omissão. Na sua origem apenas estará uma acção quando sobre o agente impenda, nos termos do contrato, uma obrigação de *non facere*. Cfr. Mário Júlio de Almeida Costa, *Direito das Obrigações*, 12ª ed., Almedina, Coimbra, 2009, pp. 558 ss.; José Carlos Brandão Proença, *Lições de Cumprimento e Não Cumprimento das Obrigações*, 3ª ed., Universidade Católica Editora, Porto, 2019, pág. 290.

[36] Nas palavras de Filipe Albuquerque Matos, "Ilicitude extracontratual (umas breves notas)", in *Novos Olhares Sobre a Responsabilidade Civil*, Centro de Estudos Judiciários, Lisboa, 2019, in http://www.cej.mj.pt/cej/recursos/ebooks/civil/eb_ReponsCivil_2018.pdf, 9-37, pp.

que impõe directamente uma determinada acção – e, aqui, "a ilicitude refere-se directamente à *omissão* (*omissão pura*)" – , ou de norma que indirectamente imponha a colaboração do agente na prevenção de certo resultado, que é punido ou reprovado de outro modo na lei – e nestes casos "a ilicitude refere-se ao *valor*, *bem* ou *interesse jurídico tutelado* (*comissão por omissão*)"[37].

Mas existe um outro fundamento possível para a responsabilidade extracontratual por omissão: a ilicitude (de integração) fundada na não prevenção (ou no perigo) de um resultado danoso. No que respeita a este segundo fundamento, pode falar-se da existência de um dever jurídico de prevenção do perigo: um "dever jurídico, de acordo com a opinião geral do tráfico, no sentido de ordenar certas relações da vida de modo que se evitem, na medida do possível, os perigos para outrem"[38]. Este dever especial de agir não depende, porém, de uma "valoração global"[39], mas torna-se mais evidente em determinados grupos de situações. Especificamente, "a pessoa que cria, por sua iniciativa, uma fonte especial de perigo para terceiros deve tomar todas as providências razoavelmente exigíveis dele, com vista à prevenção da consumação desse risco"[40]. Então, aqui, a omissão só é geradora de responsabilidade nos casos em que "a abstenção da conduta apta a evitar o resultado se revele de gravidade equiparável, em termos de desvalor ético", a uma acção que cause aquele resultado proibido, o que existe apenas se sobre determinada pessoa recai um dever de garante, cabendo-lhe "obstar à verificação do resultado proibido"[41]. Atente-se, nesta sede, na formulação proposta por Vaz Serra, no âmbito do Anteprojecto, para o nº 3 do seu

35 ss., "admitir como norma a responsabilidade por omissões no universo extracontratual, representaria um rude golpe à liberdade de acção das pessoas, uma vez que perante o espectro de uma eventual responsabilização, os particulares, com toda a probabilidade, sentir-se-iam compelidos a agir, não fazendo com plena liberdade, gerando assim consequências desvantajosas para o comércio jurídico em geral".

[37] Cfr. João de Matos Antunes Varela, *Das Obrigações em Geral*, I, 10ª ed., Almedina, Coimbra, 2000, pp. 551 ss.. (itálicos no original).

[38] Adriano Paes da Silva Vaz Serra, "Obrigação de indemnização (Colocação. Fontes. Conceito e espécies de dano. Nexo causal. Extensão do dever de indemnizar. Espécies de indemnização). Direito de abstenção e de remoção", in *Boletim do Ministério da Justiça*, nº 84, 1959, 5-301, pág. 109.

[39] Cfr. Rui Paulo Coutinho de Mascarenhas Ataíde, ob. cit., pág. 604.

[40] Cfr. João de Matos Antunes Varela, *Das Obrigações em Geral*, I, cit., pág. 552. E ainda Rui Paulo Coutinho de Mascarenhas Ataíde, ob. cit., pp. 635 ss..

[41] Cfr. Rui Paulo Coutinho de Mascarenhas Ataíde, *Responsabilidade Civil por Violação de Deveres no Tráfego*, Almedina, Coimbra, 2015, pp. 602 ss..

artigo 5º (com a epígrafe "Omissões"): "Se, na esfera de poder de alguém, se der uma situação produtora de riscos, que só essa pessoa pode fazer desaparecer, tem ela o dever de os eliminar"[42]. E atente-se ainda na concretização que, já em 1959, o Autor nos apresenta: "o director de uma exploração independente ou de um negócio tem que ordená-los de maneira a evitar, no possível, os riscos para o próximo"[43].

Passemos à análise da responsabilidade extracontratual do administrador meramente nominal à luz destes dois fundamentos de responsabilidade extracontratual por omissão.

O dever de agir do administrador meramente nominal pode consistir num dever de praticar o acto especificamente imposto por lei ou pelos estatutos, acto esse que foi omitido pelo administrador de facto (como é o caso do cumprimento do dever de apresentação da sociedade à insolvência).

Mas também pode consistir num dever de actuação de modo a impedir a prática do facto ilícito, com a consequente produção do dano, por parte do administrador de facto. Aqui, a responsabilidade assenta no facto de os administradores de direito se encontrarem numa posição de garante, o que decorre desde logo do disposto no artigo 64º do CSC, que os obriga a ter em conta os interesses de terceiros – o que é ainda mais claro quando esteja em causa a violação de normas de protecção do património da sociedades, que são por inerência normas de protecção dos credores sociais (uma vez que, em regra, nas sociedades por quotas e anónimas, apenas o património da sociedade constitui a garantia patrimonial dos seus credores).

Podemos reconduzir este dever de actuação ao critério de criação e manutenção de perigo. De facto, um administrador de uma sociedade que, aceitando o encargo e o registo da situação (tornando público que é administrador da mesma), não exerce as suas funções e aceita que terceiros o façam, cria e mantém uma fonte especial de perigo, que se pode identificar nos seguintes termos: nos tipos societários em que o fenómeno em análise existe, o património da sociedade constitui a única garantia geral dos credores sociais e, portanto, o risco de uma má gestão da empresa societária (com violação dos deveres de cuidado e de lealdade) é transmitido para a esfera desses credores[44].

[42] Cfr. Adriano Paes da Silva Vaz Serra, "Obrigação de indemnização (Colocação. Fontes. Conceito e espécies de dano. Nexo causal. Extensão do dever de indemnizar. Espécies de indemnização). Direito de abstenção e de remoção", cit., pág. 113.

[43] Cfr. Adriano Paes da Silva Vaz Serra, ob. cit., pág. 110.

[44] Mas ainda podemos identificar na origem desta responsabilidade, bem-entendido, o critério da protecção da confiança (com as limitações que lhe reconhece, nesta sede, Rui Paulo

Pode exemplificar-se aqui com o caso hipotético da violação, pelo administrador de facto, do artigo 6º do CSC, enquanto norma de protecção dos credores sociais, que limita a capacidade da sociedade aos actos "necessários ou convenientes à prossecução do seu fim" lucrativo (como decorre do artigo 980º do CC). Pois bem, se o administrador de facto faz uma doação em dinheiro da sociedade por quotas a um seu amigo, esse acto é nulo e gera a sua responsabilidade directa extracontratual perante os credores sociais (além, bem-entendido, da sua responsabilidade perante a sociedade), nos termos, respectivamente, dos artigos 280º do CC e 78º, nº 1, do CSC. Ora, cabe apurar se neste caso deve responder perante os credores sociais também o administrador meramente nominal e, em caso de resposta afirmativa, em que termos.

Pois bem, se decorre directamente da lei que o administrador meramente nominal deve responder perante a sociedade, nos termos *supra* analisados para a sua responsabilidade contratual, cabe fundamentar adequadamente a sua responsabilidade extracontratual, perante terceiros. Então, deverá ser apurado se existiu efectiva violação do seu dever de garante; ou seja, se o administrador de direito poderia ter previsto ou conhecido a prática do acto danoso e, consequentemente, agido de modo a impedi-lo. E a sua responsabilidade ainda depende da prova de que a actuação omitida pelo administrador de direito teria, com grande probabilidade, obstado ao dano ou reduzido a sua dimensão[45], ou seja, depende da prova da causalidade da omissão[46]. Ora, é em sede de causalidade da omissão que pode afirmar-se que a responsabilidade do administrador de direito está limitada ao montante do dano que a sua devida intervenção tivesse podido evitar.

De facto, quando estão em causa deveres de prevenção do perigo, como será o caso[47], deve ter-se em conta a existência de mais do que um facto

Coutinho de Mascarenhas Ataíde, ob. cit., pp. 650 ss.), desde logo gerada pelos efeitos do registo do administrador meramente nominal como administrador da sociedade.

[45] Cfr. Adriano Paes da Silva Vaz Serra, ob. cit., pág. 108; Mário Júlio de Almeida Costa, *Direito das Obrigações*, cit., pág. 559.

[46] Na adopção de uma formulação negativa da causalidade adequada. Cfr. João de Matos Antunes Varela, *Das Obrigações em Geral*, vol. I, cit., pp. 617 ss..

[47] Veja-se a definição proposta por Antunes Varela, "Supremo Tribunal de Justiça, Acórdão de 26 de Março de 1980", in *Revista de Legislação e de Jurisprudência*, 1981-1982, nº 6383, 35-41, e nº 6384, 72-79, pp. 77 ss.: "sobre cada um de nós recai o dever (geral) de não expor os outros a mais *riscos* ou *perigos* de dano do que aqueles que são, em princípio, inevitáveis"; mas este dever de agir "não pode ser *generalizado* a todas as situações de perigo", sob pena de se excederem os

inserido no processo causal que conduziu à lesão: a par da acção causadora do dano (aqui imputável ao administrador de facto) teremos uma omissão que consiste na falta de promoção de diligências que visassem conhecer e evitar essa acção e/ou a produção do dano (omissão eventualmente imputável ao administrador meramente nominal, que pode ser identificada antes da acção, quando se trate de a evitar, ou mesmo depois dela, quando se trate de evitar a produção de parte ou da totalidade do dano).

Este dever de intervenção só existe se puder afirmar-se a existência de um dever de vigilância ou atenção – e ele decorre, nesta sede, precisamente, das normas que obrigam um administrador a administrar, com observância dos deveres de cuidado, o que abrange o dever de impedir que qualquer terceiro que ocupe a função de administrador de facto possa vir a violar normas de protecção de terceiros e, com essa actuação, a causar-lhes danos. Aliás, o administrador meramente nominal, abstendo-se de exercer as suas funções e aceitando que elas sejam exercidas por terceiro que não vigia, ou relativamente a cujos factos ilícitos e culposos não intervém, expõe os lesados ao perigo desses factos ilícitos e culposos[48].

Nesta sede, a culpa, na forma de negligência, existe se o administrador meramente nominal "tivesse podido representar as consequências da sua conduta e as tivesse podido evitar através das medidas de precaução"[49], cabendo aqui o critério estabelecido no artigo 487º, nº 2, do CC, mas sempre

limites impostos pela "*liberdade individual*"; reconhece depois o Autor que em duas situações típicas o dever de agir "não pode ser contestado" – quando o dever de prevenção do perigo resulta de obrigação legal ou contratual de assistência ou de vigilância (e aí a responsabilidade pelos danos decorrentes da omissão decorre do disposto no artigo 486º CC), e quando "o perigo do dano não resulta de uma circunstância fortuita ou de força maior, mas de um facto especial praticado ou mantido por determinada pessoa", caso em que "o criador ou mantenedor da situação especial de perigo tem o dever de o remover, sob pena de responder pelos danos provenientes da omissão" (nestes casos, a responsabilidade pelos danos decorrentes da omissão não decorre de um "preceito genérico", mas "não deixa de transparecer em numerosas disposições" legais, "simples afloramentos especiais de um princípio geral de recorte mais amplo",, como os artigos 492º, 493º, 502º, 1347º a 1350º, 1352º, todos do CC).

[48] Este princípio de "transferência do dano para a esfera dos agentes que expuseram o lesado ao perigo de um facto ilícito e culposo" encontra, nomeadamente, expressão no disposto no artigo 490º do CC. Cfr. Henrique Sousa Antunes, "Artigo 490º. Responsabilidade dos autores, instigadores e auxiliares", in *Comentário ao Código Civil. Direito das Obrigações. Das Obrigações em Geral*, Universidade Católica Editora, Lisboa, 2018, pág. 310.

[49] J. Sinde Monteiro, "Tribunal da Relação de Lisboa. Acórdão de 1 de Dezembro de 2008" in *Revista de Legislação e de Jurisprudência*, nº 3959, 2009, 117-136, pp. 132 ss..

tendo em consideração que pelo artigo 64º do CSC se exige a qualquer administrador a "diligência de um gestor criterioso e ordenado" – é a esta luz que deve ser apreciada a censurabilidade da omissão.

A prova da culpa caberá, em regra, ao lesado. Estará afastada a possibilidade de inversão do ónus da prova, por aplicação analógica ou até directa da presunção estabelecida no artigo 493º, nº 1, do CC, como já se tem defendido noutros domínios da responsabilidade por violação de determinados deveres de prevenção do perigo quando estão em causa danos causados por empresas, especificamente no âmbito da culpa de organização empresarial ("sendo a empresa uma coisa e cabendo ao seu titular o encargo de cuidar dela ou a 'vigiar', os danos causados por um defeito de organização de empresa parecem poder *hoc sensu* considerar-se como danos causados pela 'coisa' empresa, o que justifica uma aplicação directa da disposição legal em causa")[50]? Esta possibilidade, apesar de abstractamente admissível noutros casos de culpa de organização, deve ser encarada com prudência no que ora analisamos. Desde logo, o administrador não pode, só por isso, ser qualificado como titular da empresa – ele é, especificamente, o responsável pela sua gestão e, em boa parte, pela sua organização (sendo que algumas das decisões de fundo, no que à organização da empresa respeita, são da competência dos sócios – como, por exemplo, a opção por um dos três modelos de organização permitidos pelo artigo 278º do CSC para a sociedade anónima). Por outro lado, o artigo 78º, nº 1, do CSC, que se ocupa da responsabilidade extracontratual dos administradores perante os credores sociais, não acolhe a presunção de culpa estabelecida no artigo 72º, nº 1, para as situações de responsabilidade contratual dos administradores, pelo que para a responsabilização de um administrador de facto para com os credores sociais impenderá sempre sobre estes o ónus da prova da culpa desse administrador; presumir paralelamente a culpa do administrador meramente nominal na mesma situação, embora o juízo de censurabilidade seja referido a factos (acções ou omissões) diferentes relativamente a cada um dos sujeitos, levaria a uma dualidade de critérios dificilmente justificável à luz da necessária unidade do ordenamento jurídico. Esta última consideração é reforçada pelo que a lei estabelece no possível lugar paralelo a que já nos referimos *supra*, a delegação de poderes (em que há precisamente uma responsabilidade por omissão própria do cumprimento de um dever de vigilância geral): verificamos que o nº 8 do artigo 407º do CSC determina que

[50] J. Sinde Monteiro, ob. cit., pp. 135 ss..

a responsabilidade dos administradores não delegados é uma responsabilidade "nos termos da lei", pelo que há que atender precisamente ao disposto nos artigos 72º e seguintes desse código[51], inclusivamente no que respeita à distribuição do ónus da prova.

Neste estrito domínio da responsabilidade do administrador meramente nominal pelos actos do administrador de facto que geraram responsabilidade extracontratual (perante os credores sociais) é interessante analisar o caso decidido no Tribunal de Santa Maria da Feira, na acção ordinária nº 237/2002 do 2º Juízo Cível, com decisão de 22 de Abril de 2005. Neste caso, considerada a matéria provada, os réus, ambos sócios e gerentes de uma sociedade por quotas, pretendiam ver afastada a sua responsabilidade com base no facto de um deles ter, a partir de certa altura, alienado as suas quotas a terceiro e de ter aceitado, com base nesse contrato, que uma outra pessoa passasse a exercer de facto as funções de gerente, abstendo-se a partir desse momento de as exercer. Acontece que este gerente de facto não tratou de assegurar o cumprimento das obrigações da sociedade, tendo antes, numa determinada noite, feito desaparecer todos os bens de valor que existiam no património da sociedade, deixando assim desacautelados os interesses dos credores sociais na satisfação dos seus créditos.

A acção foi intentada por credores da sociedade com fundamento no disposto nos artigos 78º e 79º do CSC, tendo o tribunal afastado, e bem, a hipótese de aplicação ao caso deste último artigo. Na apreciação dos requisitos para a aplicação do artigo 78º, considerou-se que a prática de facto ilícito inclui a "omissão de um comportamento devido" sempre que exista um "dever jurídico de agir", que pode decorrer "das vulgarmente denominadas 'posições de garante' pela não verificação do resultado danoso"[52]. Afirma-se ainda que um gerente ou administrador de direito, mesmo que não exerça as suas funções de facto, "não deixa de se encontrar numa <u>posição de garante</u> para que os tais gestores de facto adoptem os métodos de um 'gestor criterioso'", posição que impõe "um <u>dever de vigilância</u> quanto aos procedimentos de gestão adoptados pelos gestores de facto em relação a terceiros,

[51] Neste sentido, cfr. ALEXANDRE DE SOVERAL MARTINS, "Artigo 407º", in *Código das Sociedades Comerciais em Comentário. Volume VI (Artigos 373º a 480º)*, coord. J. M. Coutinho de Abreu, 2ª ed., Almedina, Coimbra, 2019, pág. 464.

[52] E o tribunal cita neste ponto MÁRIO JÚLIO DE ALMEIDA COSTA, *Direito das Obrigações*, 4ª ed., Coimbra Editora, Coimbra, 1984, pág. 367, que estende este entendimento no direito penal ao plano civilístico.

pois caso estes últimos gestores não actuem de modo diligente, impõe-se que os primeiros substituam os segundos", pelo que "podiam e deviam os mesmos actuar mediante a diligência de um 'gestor criterioso', impedindo que fossem adoptadas medidas pelos 'gestores de facto' lesivas dos interesses dos credores sociais", excepto no que respeite a "situações que são inusitadas e imprevisíveis, para qualquer gerente ordenado e consciencioso"[53]. Esta decisão, genericamente, identifica o problema da fundamentação da responsabilidade extracontratual do administrador meramente nominal e, embora de modo sucinto, deu-lhe solução adequada.

[53] Sublinhados no original.

Sobre a inexistência de efeito direto horizontal de Diretivas: o seguro automóvel

Nuno Cunha Rodrigues[1]

1. Introdução:

Os problemas suscitados pelo risco da circulação automóvel têm merecido, de há quase cinquenta anos, uma aturada atenção por parte dos órgãos da CEE e, depois, da CE e da União Europeia.

Numa primeira fase, o legislador comunitário tomou iniciativas avulsas traduzidas num conjunto de Diretivas sequencialmente numeradas, até à quinta diretiva. Com o avolumar do direito derivado em matéria de seguros e cobertura de riscos optou, mais tarde, pela codificação, o que permitiu um mais fácil acesso à regulamentação.

Com efeito, o seguro de responsabilidade civil resultante da circulação de veículos automóveis (seguro automóvel) assume uma especial importância para os cidadãos europeus na qualidade de tomadores de seguros ou

[1] Professor Associado da Faculdade de Direito da Universidade de Lisboa. Cátedra Jean Monnet. Advogado. nunorodrigues@fd.ulisboa.pt

Através deste texto visa-se prestar modesta homenagem ao Senhor Professor Pedro Pais de Vasconcelos, Professor Catedrático da Faculdade de Direito da Universidade de Lisboa cuja dimensão humana, científica e pedagógica constituem uma referência para qualquer jurista. O artigo incide sobre uma área científica – Direito Europeu dos Seguros – à qual o Senhor Professor Pedro Pais de Vasconcelos sempre dedicou enorme atenção.

vítimas de acidente, tendo consideráveis repercussões sobre a livre circulação de pessoas.

Neste contexto, tem sido recorrentemente posta em evidência a necessidade de reforçar e consolidar o mercado interno do seguro automóvel e a intervenção comunitária no domínio dos serviços financeiros.

É, por isso, necessário revisitar as Diretivas que regulam esta matéria que seguem, cronologicamente, a seguinte ordem:

i) A primeira Diretiva, nº 76/166/CEE do Conselho, de 24 de Abril de 1972, relativa à aproximação das legislações dos Estados-Membros respeitantes ao seguro de responsabilidade civil que resulta da circulação de veículos automóveis e à fiscalização do cumprimento da obrigação de segurar esta responsabilidade;
ii) A Segunda Diretiva, nº 84/5/CEE do Conselho, de 30 de Dezembro de 1983, relativa à aproximação das legislações dos Estados-Membros respeitantes ao seguro de responsabilidade civil que resulta da circulação de veículos automóveis;
iii) A Terceira Diretiva, nº 90/232/CEE do Conselho, de 14 de Maio de 1990, relativa à aproximação das legislações dos Estados-Membros respeitantes ao seguro de responsabilidade civil relativo à circulação de veículos automóveis;
iv) A Quarta Diretiva, nº 2000/26/CE do Parlamento Europeu e do Conselho, de 16 de Maio de 2000, relativa à aproximação das legislações dos Estados-Membros respeitantes ao seguro de responsabilidade civil relativo à circulação de veículos automóveis.

Estas Diretivas foram sequencialmente alteradas de modo substancial ou por razões de clareza e racionalidade.

Mais tarde, a União Europeia decidiu proceder à codificação das primeiras quatro Diretivas, através da Diretiva nº 2005/14/CE do Parlamento Europeu e do Conselho, de 11 de Maio de 2005 (a chamada Quinta Diretiva).

Em 2009 a Diretiva nº 2009/103/CE (Sexta Diretiva), que se encontra ainda em vigor, realizou nova codificação, revogando as cinco primeiras Diretivas.

No direito interno releva o DecretoLei nº 291/2007, de 21 de Agosto, que definiu o regime do seguro obrigatório de responsabilidade civil automóvel (SORCA).[2]

[2] Sobre o seguro automóvel em Portugal v. ANTÓNIO MENEZES CORDEIRO, *Direito dos Seguros*, Almedina, Coimbra, 2016 e PEDRO ROMANO MARTINEZ, *Direito dos Seguros*, Principia, Lisboa, 2006.

Este diploma nacional assumiu o objetivo de transpor a Diretiva 2005/14/CE, do Parlamento Europeu e do Conselho, de 11 de Maio, que altera as Diretivas 72/166/CEE, 85/5/CEE, 88/3357/CEE e 90/232/CEE do Conselho e a Diretiva 2000/26/CE.[3]

2. A jurisprudência do TJUE sobre Diretivas de seguro automóvel:

Os acórdãos que sinalizaram, nos últimos anos, a evolução do Direito Europeu dos Seguros foram proferidos, em particular, nos casos (i) *Rafael Ruiz Bernáldez*[4]; (ii) *Candolin*[5]; e (iii) *Farrell*[6].

O primeiro acórdão interrogava o Tribunal de Justiça sobre a questão de saber se era compatível com o sistema definido pelas Diretivas 72/166/CEE, 84/5/CEE e 90/232/CEE a oponibilidade, a terceiros prejudicados, de uma disposição legal ou de uma cláusula contratual de exclusão de cobertura pelo seguro em casos de embriaguez do condutor causador do dano.

O caso foi analisado à luz das três primeiras Diretivas.

Segundo o Tribunal, os artigos 3º, nº 1 da Primeira Diretiva e o artigo 2º, nº 1, primeiro parágrafo, da Segunda Diretiva opõem-se a que as seguradoras possam invocar disposições legais ou cláusulas convencionais para recusar indemnizar os terceiros vítimas de acidente, nomeadamente no que respeita às disposições ou cláusulas de apólices que excluam do seguro a utilização ou a condução de veículos em situações especiais (pessoas não autorizadas a conduzir o veículo, pessoas não titulares de cartas de condução ou pessoas que não preencham as obrigações legais de ordem técnica relativamente ao estado e à segurança do veículo).

Precisou, no entanto, que, em derrogação desta obrigação, o artigo 2º, nº 1, segundo e terceiro parágrafos reconhece que certas vítimas poderão não ser indemnizadas pelas seguradoras, tendo em conta a situação que elas próprias criaram (pessoas ocupantes de um veículo que sabiam ter sido furtado) ou a indemnização que pudessem obter por outra via, nomeadamente a segurança social.

[3] No SORCA, o legislador referiu ainda que aproveitava o ensejo "para proceder à atualização codificadora do diploma relativo ao sistema de proteção dos lesados por acidentes de viação baseado nesse seguro, que se justifica desde há muito".

[4] Cfr. acórdão *Rafael Ruiz Bernáldez*, proc. C-129/94, de 28 de Março de 1996, ECLI:EU:C:1996:143.

[5] Cfr. acórdão *Candolin*, proc. C-537/03, de 30 de junho de 2005, ECLI:EU:C:2005:417.

[6] Cfr. acórdão *Farrell*, proc. C-356/05, de 19 de abril de 2007, ECLI:EU:C:2007:229.

Em contrapartida, o artigo 1º da Primeira Diretiva não obsta a que disposições legais ou cláusulas contratuais prevejam a possibilidade de as seguradoras exigirem do segurado as importâncias pagas às vítimas. Assim acontece, em especial, com as disposições ou cláusulas que permitem às seguradoras recuperar as importâncias pagas às vítimas de acidente de viação provocado por condutor em estado de embriaguez.

Em resumo, para o Tribunal, o contrato de seguro obrigatório não pode prever que, quando o condutor de um veículo se encontre em estado de embriaguez, as seguradoras não sejam obrigadas a indemnizar os lesados mas pode estabelecer que, em tais circunstâncias, o contrato preveja que a seguradora tem direito de regresso contra o segurado.

Mais tarde, em 30 de Junho de 2005, o Tribunal de Justiça proferiu um outro acórdão, conhecido por *Candolin.*[7]

O reenvio provinha, neste caso, de um Tribunal da Finlândia.

À data em que tinha ocorrido o acidente de viação em causa, a legislação nacional (Lei do seguro dos veículos automóveis) previa que:

a) *"quando o próprio lesado num acidente de viação tiver concorrido para a sua produção, a indemnização pelos danos que sofreu, que não físicos, pode ser-lhe recusada ou sofrer uma redução, consoante o seu grau de culpa, a forma como conduzia o veículo e as demais circunstâncias que levaram à produção de danos. Se os danos físicos sofridos forem imputáveis ao próprio lesado, que atuou com dolo ou culpa grave, este só será indemnizado se e na medida em que outras circunstâncias tiverem contribuído para a produção dos danos".*

b) *"Se os danos físicos sofridos forem imputáveis ao próprio lesado por, quando conduzia ou imediatamente após, a sua taxa de álcool no sangue ser de, pelo menos, 0,6 miligramas, ou por conduzir sob a influência do álcool ou de estupefacientes ou sob a influência conjunta do álcool e de estupefacientes, estando por isso a sua capacidade de atuar sem cometer erros consideravelmente diminuída, só há obrigação de a seguradora indemnizar caso existam razões atendíveis. O disposto relativamente ao direito do condutor à indemnização é igualmente aplicável aos passageiros que se encontravam no interior do veículo quando da produção dos danos, desde que conhecessem ou devessem conhecer o estado em que se encontrava o condutor".*

O acidente *sub judice* ocorrera em circunstâncias singulares.

[7] Cfr. acórdão *Candolin*, proc. C-537/03, de 30 de junho de 2005, ECLI:EU:C:2005:417.

T. Candolin, mãe de K. Candolim, bem como J.-A. Viljaniemi e V.-M. Paananem viajavam no veículo deste último, então conduzido por J. Ruokoranta. Tanto o condutor como os passageiros estavam embriagados. Do acidente resultou a morte de T. Candolin e ferimentos graves nos outros ocupantes do veículo.

O Tribunal de reenvio pretendia saber, em síntese, se a Segunda e a Terceira Diretiva se opunham a que, em direito interno, se tivesse em conta a importância da contribuição do passageiro para a produção dos danos e se era conforme com o direito comunitário recusar ou limitar o direito à indemnização, com fundamento no comportamento do passageiro do veículo, nomeadamente quando a pessoa tivesse tomado lugar no veículo apesar de ter podido aperceberse de que o risco de acidente e de sofrer danos era mais elevado do que habitual. Perguntava ainda se o direito comunitário obstava a que se considerasse como elemento a tomar em conta o estado de embriaguez do condutor.

O Tribunal de Justiça considerou que o artigo 2º, nº 1, segundo parágrafo, da Segunda Diretiva, deve ser objeto de interpretação estrita. E que, no que diz respeito à exclusão ou limitação do direito a uma indemnização coberta pelo seguro automóvel obrigatório, com fundamento na contribuição do passageiro vítima de um acidente para a produção do dano, resultava do objeto das três primeiras Diretivas bem como do seu teor que estas não visavam harmonizar os regimes de responsabilidade civil dos Estados-Membros. Os Estados continuavam assim livres para determinar o regime de responsabilidade civil aplicável aos sinistros.

Considerou também que os Estados-Membros são obrigados a exercer as suas competências, no respeito pelo Direito da União Europeia que consiste em garantir que o seguro automóvel obrigatório permita que todos os passageiros vítimas de acidente causado por um veículo sejam indemnizados.

O direito nacional não podia, deste modo, privar aquelas disposições de efeito útil. Seria o caso se, apenas com fundamento na contribuição do passageiro para a produção do dano, uma legislação nacional, definida com base em critérios gerais e abstratos, recusasse ao passageiro o direito de ser indemnizado ou limitasse esse direito de forma desproporcionada. Só em circunstâncias excecionais, se podia limitar a extensão da indemnização da vítima, com base numa apreciação individual da sua conduta.

Ainda neste caso, invocando a evolução do Direito da União Europeia, particularmente realizada pelas Segunda e Terceira Diretivas, o Tribunal julgou que os artigos 2º, nº 1 da Segunda Diretiva e 1º da Terceira Diretiva se opõem a que uma regulamentação nacional exclua ou limite de modo desproporcionado, com fundamento na contribuição do passageiro para a produção do dano, a indemnização coberta pelo seguro automóvel obrigatório e que o facto de o passageiro ser o proprietário do veículo cujo condutor provocou o acidente é irrelevante.

Porém o acórdão não tratou (a questão não tinha sido reenviada) do reconhecimento do eventual efeito direto das Diretivas aplicáveis.

E, quando, se referiu ao efeito útil e, ao mesmo tempo, ressalvou que a regulamentação da responsabilidade civil é da competência dos Estados-Membros, quis apenas dizer que o contrato de seguro não pode excluir ou limitar de forma desproporcionada o direito de indemnização.

O terceiro caso – o acórdão *Farrell*[8] – teve por objeto a interpretação do artigo 1º da Primeira Diretiva (entretanto modificada pela Terceira Diretiva).

A questão em apreço visava saber se a cobertura de seguro incluía os danos causados a pessoas que viajavam numa parte do veículo não concebida nem construída com assentos para passageiros.

Farrell tinha sido vítima de um acidente quando seguia na caixa de carga de uma carrinha que não estava concebida nem construída para transportar passageiros.

O Tribunal de Justiça já tinha considerado que pessoas transportadas numa parte de um veículo não preparada para o transporte de passageiros sentados eram «passageiros». E que o entendimento restritivo do legislador nacional não podia ser justificado pela declaração conjunta do Conselho e da Comissão. Com efeito, decorria de jurisprudência assente que, no caso de uma declaração inscrita numa ata do Conselho não encontrar qualquer expressão no texto de uma disposição de direito derivado, não pode ser considerada para a sua interpretação (cfr., *inter* alia, acórdãos de 26 de Fevereiro de 1991, *Antonissen*, C-292/89, Colect., p. I-745, nº 18; de 8 de Junho de 2000, *Epson Europe*, C-375/98, Colect., p. I-4243, nº 26; e de 10 de Janeiro de 2006, *Skov e Bilka*, C-402/03, Colect., p. I-199, nº 42).

O acórdão lembrou, mais uma vez, que a obrigação de cobertura dos passageiros pelo seguro é distinta da extensão da indemnização. Enquanto a primeira é garantida e definida pelo Direito da União Europeia, a segunda é regulada, essencialmente, pelo direito nacional.[9]

[8] Cfr. acórdão *Farrell*, proc. C-356/05, de 19 de abril de 2007, ECLI:EU:C:2007:229.

[9] No acórdão *Marques Bessa*, proc. C-300/10, de 23 de Outubro de 2012, ECLI:EU:C:2012:656. o Tribunal de Justiça precisou a relação entre cobertura pelo seguro e extensão da indemni-

Confirmando a jurisprudência *Candolin*, o acórdão respondeu que o artigo 1º da Terceira Diretiva deve ser interpretado no sentido de que se opõe a uma legislação nos termos da qual o seguro obrigatório de responsabilidade civil automóvel não cobre a responsabilidade por danos corporais causados a pessoas que viajam numa parte de um veículo automóvel que não foi concebida nem construída com assentos para passageiros.

O Tribunal respondeu também à questão de saber se os particulares podiam invocar o artigo 1º da Terceira Diretiva, uma vez esta tinha sido transposta incorretamente para o direito nacional.

Considerou, nesta parte, que, segundo jurisprudência constante, uma disposição de uma diretiva pode ter efeito direto (vertical) se, do ponto de vista do seu conteúdo, for incondicional e suficientemente precisa (cfr., *inter alia*, acórdãos de 19 de Janeiro de 1982, *Becker*, 8/81, Recueil, p. 53; de 4 de Dezembro de 1997, *Kampelmann e o.*, C-253/96 a C-258/96, Colect., p. I-6907, nº 37; e de 9 de Setembro de 2004, *Meiland Azewijn*, C-292/02, Colect., p. I-7905, nº 57).

Para o Tribunal, o artigo 1º da Terceira Diretiva permitia identificar quer a obrigação do Estado-Membro quer os beneficiários.

Esclareceu, a seguir, que uma Diretiva não pode ser invocada contra particulares (efeito direto horizontal) mas apenas contra o Estado, qualquer que seja a qualidade em que este último atue – a de empregador ou a de autoridade pública (efeito direto vertical).

Entre as entidades contra as quais se podiam invocar as disposições de uma diretiva suscetíveis de produzir efeito direto vertical conta-se – disse recorrentemente o Tribunal – um organismo que, seja qual for a sua forma jurídica, tenha sido encarregado, por um ato da autoridade pública, de prestar, sob o controlo desta, um serviço de interesse público e que disponha, para esse efeito, de poderes que exorbitam das normas aplicáveis às relações entre particulares (cfr. acórdãos de 12 de Julho de 1990, *Foster e o.*, C-188/89, Colect., p. I-3313, nº 20; de 14 de Setembro de 2000, *Collino e Chiappero*, C-343/98, Colect., p. I-6659, nº 23; e de 5 de Fevereiro de 2004, *Rieser Internationale Transporte*, C-157/02, Colect., p. I-1477, nº 24).

zação, com base na distinção dos casos. Contrariamente às situações examinadas nos acórdãos *Candolin* e *Farrell*, naquele caso a regulamentação nacional (*in casu* o Código Civil português) não teria por efeito, no caso de contribuição da vítima para o seu próprio dano, excluir automaticamente ou limitar de modo desproporcionado o direito que lhe assiste a uma indemnização pelo seguro obrigatório de responsabilidade civil.

Uma vez que o órgão jurisdicional de reenvio[10] não tinha fornecido informações suficientes sobre o Organismo de Garantia Automóvel para decidir se este último podia ser equiparado a uma tal entidade, o Tribunal de Justiça devolveu ao juiz nacional a função de identificar o estatuto do organismo e as suas relações com o Estado para determinar se a Diretiva podia ser invocada contra este.

Acrescentou que, se decidisse que a Diretiva não podia ser invocada contra aquele Organismo, o juiz nacional seria obrigado, ao aplicar o direito interno, a interpretar as normas, na medida do possível, à luz do texto e da finalidade da Diretiva, para alcançar o resultado por ela prosseguido (cfr. acórdãos de 23 de Outubro de 2003, *Adidas-Salomon e Adidas Benelux*, C-408/01, Colect., p. I-12537, nº 21, e de 5 de Outubro de 2004, *Pfeiffer e o.*, C-397/01 a C-403/01, Colect., p. I-8835, nº 113) concretizando, dessa forma, o chamado princípio da interpretação conforme que será analisado mais adiante e que, como veremos, está sujeito a limites.

De qualquer modo – acrescentou o acórdão – poderia haver lugar à responsabilidade do Estado-Membro pela indemnização dos danos causados pela falta de transposição correta de uma Diretiva, no sentido do acórdão *Francovich*.[11]

3. Do não-reconhecimento de efeito direto horizontal de Diretivas:

A questão do *efeito* ou da *aplicabilidade* do Direito da União Europeia possui uma matriz fundadora e tem sido objeto de larga atenção por parte da jurisprudência e da doutrina.

Com o acórdão *van Gend en Loos*[12], o Tribunal de Justiça elaborou os primeiros enunciados que, de resto, divergiam da orientação proposta pelo Advogado-Geral Roemer que propendia para uma posição *self-restreint* segundo a qual se deveria deixar às jurisdições nacionais a tarefa de examinar a compatibilidade do direito interno com as regras comunitárias e de apenas as aplicar quando conferissem direitos a particulares.

O Tribunal optou por uma declaração que se viria a afirmar como princípio "constitucional":

[10] Sobre o reenvio prejudicial cfr. CAROLINE NAÔME, *Le renvoi préjudiciel em droit européen – guide pratique*, 2.e edition, Larcier, 2010.

[11] Cfr. acórdão *Francovich e o.*, proc. C-6/90 e C-9/90, de 19 de Novembro de 1991, Colect., p. I-5357.

[12] Cfr. acórdão *Van Gend en Loos*, proc. 26/62, de 5 de Fevereiro de 1963, EU:C:1963:1.

"a Comunidade constitui uma nova ordem jurídica de direito internacional, em benefício da qual os Estados limitaram, ainda que em domínios restritos, os seus direitos soberanos, de que são sujeitos não só os Estados-Membros mas também os seus nacionais.".

Por consequência, "*o direito comunitário, independentemente das legislações dos Estados-Membros, ao mesmo tempo que cria deveres aos particulares, destina-se também a engendrar direitos que entram no seu património jurídico* (...)."

O princípio do efeito direto, consagrado pelo Tribunal de Justiça no referido acórdão, foi importado, para o Direito da União Europeia, do Direito Internacional Público, no contexto do chamado Direito dos Tratados.

Naquele acórdão, o Tribunal inovou, ao esclarecer que o Direito da União Europeia acarreta obrigações para os Estados-Membros das (então) Comunidades Europeias mas também direitos para os particulares.

Os particulares podem, assim, prevalecer-se destes direitos e invocar diretamente normas comunitárias perante jurisdições nacionais e europeias desde que aquelas fossem suficientemente claras, precisas e incondicionais.

O reconhecimento do efeito direto do Direito da União Europeia (distinto da noção de aplicabilidade direta[13]) constitui, juntamente com o princípio do primado, um princípio fundamental do Direito da União Europeia.

É preciso, todavia, ter presente que o princípio do efeito direto não obedece ao mesmo regime nos diversos atos da União Europeia.

Como ponto de partida, há que distinguir efeito direto vertical de efeito direto horizontal.

O efeito direto vertical efetiva-se nas relações entre os particulares e o Estado ou as autoridades públicas.

[13] Como bem observam George A. Bermann / Roger J. Goebel / William J. Davey e Eleanor M. Fox, *Cases and materials on European Union Law*, West Group, second edition, p. 251, "*the terms direct applicability and direct effect carry different meanings. A provision of Community law will be considered directly applicable within the domestic legal order if it becomes an element of that order without need of any formal "incorporation" into Member State Law.(...) The term directly applicable, as used in this sense, has obvious affinity with the more conventional international law term "self-executing"*.
A este propósito, v. ainda Koen Lenaerts / Piet Van Nuffel, Constitutional Law of the European Union, Thomson – Sweet & Maxwell, second edition, 2005, p. 702: "For a clearer understanding of the effect of Community law, it is nevertheless more illuminating to make a distinction between "direct applicability" (whether a provision requires implementation as a legal instrument) and "direct effect" (whether the substance of a provision may be relied upon)."

Significa isto, que os particulares podem invocar disposições de Direito da União Europeia desde que estas sejam suficientemente claras, precisas e incondicionais, em relação ao Estado ou a qualquer entidade pública (no âmbito, portanto, de relações jurídico-públicas).[14]

O efeito direto horizontal exerce-se nas relações entre particulares, o que quer dizer que um particular pode invocar aquelas disposições em relação a outro particular desde que as normas em apreço sejam, também, suficientemente claras, precisas e incondicionais.

Segundo o tipo de ato, o Tribunal de Justiça aceitou, para alguns, um efeito direto completo (isto é, um efeito direto horizontal e um efeito direto vertical)[15] e, para outros, apenas e só um efeito direto parcial (limitado ao efeito direto vertical), como sucede relativamente às directivas.

É elucidativo acompanhar, neste âmbito, a evolução da jurisprudência comunitária a respeito da impossibilidade de reconhecimento de efeito direto horizontal a Diretivas.

No caso *Van Duyn*[16], o Tribunal de Justiça reconheceu o efeito direto de disposições claras, incondicionais e suficientemente precisas de Diretivas.

Este acórdão encontrou firme oposição do Conselho de Estado francês e do *Bundesfinanzhof* alemão.

Porventura em resultado desta reação, no acórdão *Ratti*[17] o Tribunal teve por oportuno justificar a sua jurisprudência relativa ao efeito das Diretivas de maneira mais convincente.[18] Decidiu, assim, que "*uma jurisdição nacional requerida por um particular para não aplicar uma disposição nacional incompatível*

[14] Cfr. Ana Maria Guerra Martins, *Curso de Direito Constitucional da União Europeia*, Almedina, Coimbra, p. 443.

[15] No que diz respeito ao direito primário, ou seja, aos textos de base da ordem jurídica europeia, o Tribunal de Justiça estabeleceu no acórdão *Van Gend en Loos* o princípio do efeito direto. Não obstante, indicou como condição que as obrigações devem ser precisas, claras, incondicionais e não devem requerer medidas complementares, de carácter nacional ou europeu. No acórdão *Becker*, proc. 8/81, de 19 de janeiro de 1982, ECLI:EU:C:1982:7, o Tribunal de Justiça rejeita o efeito direto quando os países possuam uma margem de manobra em relação à aplicação da disposição em causa (cfr. acórdão *Kaefer e Procacci*, procs. Conjuntos C-100/89 e C-101/89, de 12 de dezembro de 1990, ECLI:EU:C:1990:456), por mais reduzida que possa ser essa margem.

[16] Cfr. acórdão *Van Duyn*, proc. 41/74, de 4 de Dezembro de 1974, ECLI:EU:C:1974:133.

[17] Cfr. acórdão *Ratti*, proc. 148/78, de 5 de Abril de 1979, Colectânea 1979, p.1629.

[18] A este propósito v. Moitinho de Ameida, L'effet direct des directives, l'interprétation conforme du droit national et la jurisprudence de la Cour Suprême de Justice portugaise, in AAVV., Une Communauté de Droit, Berlim, BWV, pp. 235 e segs.

com a dita diretiva não transposta para a ordem interna de um Estado incumpridor, deve deferir ao pedido, se a obrigação em causa for incondicional e suficientemente precisa".[19]

Estava em causa a possibilidade de reconhecimento de efeito direto vertical cuja justificação baseava-se no abuso de direito (*venire contra factum proprium*) que podia, em abstrato, ser praticado pelo Estado-Membro responsável pela (incorrecta) transposição da diretiva e conduzia a limitar o efeito direto das Diretivas às relações entre particulares e autoridades públicas (efeito direto vertical).

Em resumo, entendia-se que uma diretiva não podia, por ela própria, criar obrigações na esfera de particulares.

Certo é que o Tribunal de Justiça hesitou durante algum tempo quanto à extensão do efeito direto horizontal das Diretivas.

Mas rejeitou esta hipótese, em 1994, ao declarar que as Diretivas não criam direitos individuais que as jurisdições nacionais devam proteger nas relações jurídicas entre particulares.[20]

Este entendimento do TJUE assentava em que, nos atos praticados ao abrigo do Direito da União Europeia derivado (v.g. Regulamentos ou Diretivas), o alcance do efeito direto não era uniforme.

Nos Regulamentos possuía sempre um efeito direto completo (vertical e horizontal) como o TJUE especificou no acórdão *Politi*.[21]

No caso das Diretivas, tratando-se de atos dirigidos aos Estados-Membros, apenas teriam efeito direto (vertical), podendo ser invocadas por um particular contra uma entidade pública, quando as suas disposições fossem claras, incondicionais e suficientemente precisas, concedendo direitos invocáveis pelo particular e se o Estado-Membro não tivesse transposto a diretiva no prazo previsto.[22]

Note-se que o próprio Tratado sobre o Funcionamento da União Europeia (TFUE) procede a essa distinção quando, a propósito da definição dos atos jurídicos da União clarifica, no artigo 288º, que "*o regulamento tem caráter geral. É obrigatório em todos os seus elementos e diretamente aplicável em todos os Estados-Membros*" e que, por outro lado, a "*diretiva vincula o Estado-Membro*

[19] Tradução livre do parágrafo 23 do acórdão na versão francesa. A versão portuguesa não existe.

[20] Cfr. acórdão *Faccini Dori*, proc. C-91/92, de 14 de julho de 1994, ECLI:EU:C:1994:292.

[21] Cfr. acórdão *Politi*, proc, 43/71 de 14 de Dezembro de 1971, ECLI:EU:C:1971:122.

[22] Cfr. acórdão *Van Duyn*, proc. 41/74, de 4 de Dezembro de 1974, ECLI:EU:C:1974:133.

destinatário quanto ao resultado a alcançar, deixando, no entanto, às instâncias nacionais a competência quanto à forma e aos meios."

O que significa que, à luz do Direito da União Europeia, o Regulamento aplica-se diretamente na ordem jurídica nacional.

Entra em vigor na data referida na publicação, passando a fazer parte, também a partir desse momento, do direito interno dos Estados-Membros (por via das cláusulas de receção no direito interno previstas nas respetivas Constituições e que, no caso Português, reside no artigo 8º, nº 4 da Constituição).[23]

Os Regulamentos da União Europeia podem, por conseguinte, ser invocados por um particular contra outro particular e, de harmonia com o princípio do primado ou primazia do Direito da União, o juiz nacional está obrigado a desaplicar uma norma de direito interno que se mostre contrária a um Regulamento europeu.

O que não ocorrerá perante uma Diretiva.

Com as Diretivas, a União Europeia procurou dotar-se de um instrumento que permitisse, por um lado, harmonizar regras vigentes em todo o espaço da União Europeia e, por outro lado, facultar aos Estados-Membros a possibilidade de as adaptar ao ordenamento jurídico interno.

É o próprio TFUE que refere a circunstância de as Diretivas se dirigirem especificamente aos Estados-Membros (vinculando-os quanto *ao resultado a alcançar* e não quanto ao conteúdo), enquanto os Regulamentos dirigem-se a todos os seus destinatários.

No caso Português, as Diretivas devem ser transpostas por lei, decreto-lei ou decreto legislativo regional (cfr. artigo 112º, nº 8 da Constituição).

Em síntese, o Direito da União Europeia distingue, de forma incontornável, Regulamentos e Diretivas, enquanto instrumentos legislativos.

Mas o TJUE sempre recusou reconhecer efeito direto horizontal às Diretivas, como vimos.

Como é unanimemente entendido[24] – pela doutrina nacional e estrangeira e pela jurisprudência – esta recusa baseia-se num duplo argumento:

[23] Sobre a noção de aplicabilidade directa cfr., na doutrina nacional, ANA MARIA GUERRA MARTINS, Curso de Direito Constitucional da União Europeia, Almedina, Coimbra, p. 441: "A aplicabilidade directa é a susceptibilidade de aplicação de um acto ou de uma norma comunitária na ordem jurídica nacional, sem necessidade de mediação por parte do Estado."

[24] Para além de toda a jurisprudência do TJUE veja-se, por exemplo, os trabalhos científicos do Presidente do TJUE KOEN LENAERTS / PIET VAN NUFFEL, *Constitucional Law of the European*

(i) A atribuição de efeito direto tem origem numa "falha" do Estado-Membro em transpor uma diretiva, pelo que os particulares apenas podem invocar as suas normas em processos judiciais em que demandem o Estado (argumento *estoppel*) (cfr. acórdão *Ratti*[25], parágrafo 22);

(ii) O reconhecimento de efeito direto horizontal às Diretivas significaria atribuir à União Europeia o "*poder de criar, com efeito imediato, deveres na esfera jurídica dos particulares quando ela só tem essa competência nas áreas em que lhe é atribuído o poder de adoptar regulamentos*" (argumento constitucional) (cfr. acórdão Faccini Dori[26], parágrafo 24);

Por outro lado, no intuito de manter a sua jurisprudência quanto à distinção entre efeito direto vertical e horizontal, o Tribunal de Justiça acomodou e alargou alguns conceitos, como o de *Estado* (cfr. acórdãos *Marshall*, Processo C152/84 e Foster, processo C-188/89), de *efeito indireto* (cfr. acórdão von Colson e Kamann, processo C-14/83) e de *efeito incidente* (cfr. acórdão *CIA Security International*, processo C-194/84) e reconheceu a invocabilidade da exclusão a princípios gerais de Direito (cfr. acórdãos *Maruko*, processo C-276/06, *Mangold*, proc. C-144/04, *Bartsch*, processo C-427/06 e *Kücükdeveci*, processo C-555/07).

Union, Thomson – Sweet & Maxwell, second edition, 2005, p. 702: "*There is no such horizontal direct effect in the case of provisions of directives, which, if they satisfy the requirements for direct effect, can embody only obligations for State bodies*" e p. 772: "*A directive may therefore have vertical but not horizontal direct effect*" e onde se afirma, mais adiante e de forma inequívoca que "*A directive may therefore have vertical but not horizontal direct effect*". V. ainda Ana Maria Guerra Martins, *Curso de Direito Constitucional da União Europeia*, Almedina, Coimbra, p. 449: "*O Tribunal (...) continua a não aceitar o efeito directo horizontal das normas das directivas*"; Rui Moura Ramos, *Das Comunidades à União Europeia – Estudos de Direito Comunitário*, Coimbra Editora, 1994, pp. 96 e segs.; Fausto de Quadros, *Direito da União Europeia – Direito Constitucional e Administrativo da União Europeia*, Almedina, Coimbra, 2004, pp. 423 e segs.; Miguel Gorjão Henriques, *Direito da União Europeia*, Almedina, Coimbra, 2010, pp. 401 e segs.; Sofia Oliveira Pais, *Incumprimento das directivas comunitárias*, Universidade Católica Portuguesa, Porto, 2000, p. 29 e Sofia Oliveira Pais (org.), Princípios fundamentais de Direito da União Europeia, Almedina, Coimbra, 2013.

25 Cfr. acórdão *Ratti*, proc. 148/78, de 5 de Abril de 1979, Colectânea 1979, p.1629.

26 Cfr. acórdão *Faccini Dori*, proc. C-91/92, de 14 de julho de 1994, ECLI:EU:C:1994:292 e Corte Inglês, proc. C-192/94, de 7 de março de 1996, ECLI:EU:C:1996:88.

A necessidade de manter as distinções relativas ao efeito do Direito da União Europeia continua, não obstante, a ser objeto de análise por diversa doutrina.[27]

Aqui chegados cumpre ainda fazer uma derradeira nota no tocante à distinção entre o princípio do efeito útil (ou da efetividade) do Direito da União Europeia e efeito direto.

Na verdade, efeito *útil* e efeito *direto* são conceitos diferentes.

Não é por via do princípio do efeito útil que pode aferir-se da oponibilidade, a um particular, de uma Diretiva. Se fosse assim, as Diretivas seriam de aplicação automática e não exigiriam transposição para o direito nacional o que, como vimos, foi totalmente rejeitado pelo TJUE. Por outro lado, estaria resolvida a questão do (não-reconhecimento) de efeito direto horizontal das Diretivas de forma totalmente divergente com a que é aceite pelos tribunais e pela doutrina.

Ora, como vimos anteriormente, a responsabilidade pela nãotransposição ou pela incorreta transposição de uma diretiva não pode ser imputada a um particular, muito menos por invocação do princípio do efeito útil. A ser assim, não haveria qualquer diferença entre um Regulamento e uma Diretiva, fazendo-se desmoronar o edifício jurídico da União Europeia.

A possibilidade de o juiz nacional reconhecer efeito direito horizontal a uma diretiva, a ocorrer e a ser admitida pelos tribunais nacionais, poderia nomeadamente conduzir à responsabilização do Estado-Juiz, de harmonia com o princípio estabelecido pela jurisprudência *Francovich*[28], à semelhança do que sucedeu, por exemplo, em acórdão proferido pelo Tribunal da Relação de Guimarães, em 23 de abril de 2009.[29]

[27] Cfr., a este propósito, SINISA RODIN, *Les effets horizontaux du droit de l'Union européenne*, in La Cour de Justice de l'Union européenne sous la présidence de Vassilios Skouris, Bruxelas, Bruylant, 2015, pp. 491 e segs.

Cfr também JEAN-FELIX DELLILE, L'effet direct horizontal des directives: les juridictions irlandandaises face à Enigma; JOHN H JACKSON, Direct Effect of Treaties in the US and at the EU, the case of the WTO: Some perceptions and Proposals e GIUSEPPE TESAURO, The effet of EU law on the Italian Courts, in Continuity and Change in EU Law, Oxford, pp. 361 e 446.

[28] Cfr. acórdão Francovich e o., proc. C-6/90 e C-9/90, de 19 de Novembro de 1991, Colect., p. I-5357.

[29] O acórdão do TRG, de 23 de abril de 2009, atribuiu uma indemnização a um particular que tinha visto a sua pretensão ser rejeitada pelo STJ, em 14 de dezembro de 2004 (revista 3902/04). A propósito deste caso e da responsabilidade do Estado-juiz por violação do Direito da União Europeia, v. FRANCISCO PEREIRA COUTINHO, *Os tribunais nacionais na ordem jurídica da*

No caso de Portugal sempre se poderá dizer que a maioria dos tribunais tem sabido interpretar a distinção, no contexto das Diretivas, entre *efeito direto vertical* (suscetível de ser invocado por um particular contra um Estado-Membro desde que a diretiva contenha normas suficientemente claras, precisas e incondicionais e tenha decorrido o prazo de transposição) e *efeito direto horizontal* (que permitiria a invocação de uma diretiva, por um particular contra outro particular e que, com vimos, não é admitida pela doutrina e pela jurisprudência absolutamente pacífica do TJUE e dos tribunais nacionais[30]).

Porém, esta interpretação pacífica foi estranhamente interrompida em dois acórdãos do STJ.

Assim, em acórdão de 12 de janeiro de 2010, proc. nº 2212/06.4TBMAI.P1.S1, o STJ afirmou o seguinte:

União Europeia – o caso Português, Coimbra Editora, Coimbra, 2013, p. 458. V. ainda ALESSANDRA SILVEIRA, *Da (ir)responsabilidade do Estado-juiz por violação do Direito da União Europeia*, Scientia Juridica, LVIII, 2009, pp. 773-804 e NUNO PIÇARRA, *As incidências do direito da União Europeia sobre a organização e o exercício da função jurisdicional dos Estados-Membros*, in Revista de Direito Público da Universidade do Porto, 2010, pp. 209-226.

[30] V., a este propósito, e de forma meramente exemplificativa o acórdão do Supremo Tribunal de Justiça, proc. 96A204 (Aragão Seia): "*A diretiva comunitária apresenta-se como um processo de legislação indirecta, pois, não é directamente aplicável (...) O efeito direto resulta, assim, da necessidade de proteger os cidadãos contra a inércia do Estado. Há que examinar em cada caso se a natureza e os termos da disposição em causa são susceptíveis de produzir efeito direto na relação entre o destinatário da diretiva – o Estado – e terceiros – Ac. Van Duyn de 4 de Dezembro de 1974, proc. 41/74 –, o que se verifica quando a disposição em causa é incondicional e suficientemente precisa – Ac.Van Cant de 1 de Julho de 1993, C-154/92 – cfr. Philippe Manin, Les Communautes Europeennes, L'Union Europeenne, Pedone, 1993. A jurisprudência comunitária distingue entre efeito direto vertical e efeito direto horizontal. O primeiro, consiste na possibilidade de o particular invocar num tribunal nacional uma norma comunitária contra qualquer autoridade pública; o segundo, em o particular invocar em Tribunal uma norma comunitária contra outro particular. O Tribunal de Justiça das Comunidades aceitou o efeito direto vertical das Diretivas, mas tem recusado o efeito horizontal – Acs. Marshall de 26 de Fevereiro de 1986, proc. 152/84, e Faccini Dori de 14 de Julho de 1994, proc. C-91/92. A diretiva pode, portanto, ser invocada contra qualquer entidade pública, mesmo que se trate de administração descentralizada estadual – Ac. Fratelli Constanzo de 22 de Junho de 1989, proc. 103/88 –, mas não pode, em caso algum, ser invocada contra um particular, pessoa singular ou colectiva.*
Pelo exposto conclui-se que o que a recorrente alega quanto ao efeito direto das Diretivas, ainda não transpostas para a ordem jurídica portuguesa, não se aplica ao presente caso. Só teria cabimento numa acção contra o Estado" (sublinhado nosso).
Cfr. igualmente FRANCISCO PEREIRA COUTINHO, *Os tribunais nacionais na ordem jurídica da União Europeia – o caso Português*, Coimbra Editora, Coimbra, 2013, p. 439.

"As Diretivas Comunitárias têm aplicação directa na ordem jurídica interna – mesmo entre particulares, ou seja, têm efeito horizontal –, mesmo que não transpostas ou transpostas em termos que as violem, desde que haja decorrido o prazo para a sua <u>*transposição*</u> *e sejam suficientemente claras e precisas, se mostrem incondicionais e não estejam dependentes da adopção de ulteriores medidas complementares por parte dos Estados Membros (...)" o que se justificaria pelo facto de "contendo a referida diretiva norma precisa, clara, incondicional e não carecida da adopção de medidas complementares por parte do Estado Português para a sua aplicação, entrou em vigor na ordem portuguesa expirado que foi o prazo para o Estado Português proceder à sua transposição."*

Esta orientação jurisprudencial seria reiterada pelo STJ em acórdão de 20 de janeiro de 2010, em que se afirmou:

"De fora da imposição comunitária, foi ficando a aplicação direta nas relações entre particulares, o chamado efeito horizontal.

Não que as normas comunitárias, ou a interpretação que delas faz o Tribunal de Justiça, a vedem, mas, simplesmente, porque este deixa aos órgãos judiciais e administrativos internos liberdade sobre tal aplicação ou recusa dela (...)".[31]

Acompanhando a observação de Francisco Pereira Coutinho a propósito destes dois arestos, pode dizer-se que *"os acórdãos do STJ de 12 e 20 de Janeiro revelam manifesto desconhecimento da jurisprudência constante do TJUE."*[32]

Como referimos, a doutrina e a jurisprudência do TJUE é inequívoca no sentido de considerar que disposições claras, precisas e incondicionais de Diretivas que tenham por objeto conferir direitos ou impor obrigações aos

[31] Na origem desta decisão esteve um acidente de viação que provocou danos num dos passageiros. Como o veículo não tinha seguro, a ação foi também intentada contra o Fundo de Garantia Automóvel. Esta entidade contestou a ação, alegando que a lotação do veículo era de dois lugares e nele seguiam três pessoas, o que sendo caso de exclusão do seguro invocável pela seguradora, se existisse seguro, seria também aplicável a si.
O STJ considerou ser diretamente aplicável o artigo 1º da Diretiva 90/232/CEE, de 14 de Maio de 1990, que prevê que o seguro obrigatório de responsabilidade civil cobre a responsabilidade por danos corporais de todos os passageiros do veículo. Este artigo podia, por isso, ser invocado perante o Estado-Membro, cabendo "ao juiz nacional decidir se pode também ser invocado perante particulares, nomeadamente companhias seguradoras."

[32] Cfr. Francisco Pereira Coutinho, *Os tribunais ...*, p. 439.

particulares não podem ser aplicadas enquanto tal no âmbito de um litígio que envolva exclusivamente particulares.[33]

Em todo o caso, o órgão jurisdicional nacional poderá, em algumas situações, socorrer-se do princípio da interpretação conforme como veremos de seguida.

4. O princípio da interpretação conforme:

A partir do princípio da cooperação leal, previsto no artigo 4º do Tratado da União Europeia (TUE), o TJUE decompôs uma série de outros princípios com vista a assegurar os objetivos da União como comunidade de direito, baseados em critérios de reciprocidade e a igualdade dos cidadãos.

De entre estes princípios interessa-nos o princípio da interpretação conforme que decorre, agora, da interpretação das disposições conjugadas dos artigos 4º, nº 3 do TUE e 288º, nº 3 do TFUE e impõe que o intérprete ou aplicador do direito nacional atribua às disposições nacionais um sentido conforme ou compatível com as disposições do direito da União.

O princípio da interpretação conforme que, definido no âmbito genérico do Direito da União Europeia, viria a ser incorporado no Direito da União[34]-[35], representou, como dissemos, uma alternativa à ausência de efeito direto horizontal das Diretivas.[36]

[33] Cfr. ac. 26 de fevereiro de 1986, *Marshall*, 152/84, p. 723, n. 48 ; ac. 14 de julho de 1994, *Faccini Dori*, C-91/92, 1994, p. I-3325, nº 20; ac. *El corte ingles*, C-192/94, nº 6 e 18; ac. de 5 de outubro de 2004, *Pfeiffer e o.* C-397/01 a C-401/01, Colect, 2004, p. I-8835, nºs 108 e 109 e ac. de 7 de janeiro de 2004, *Wells*, C-201/02, 2004, p. I-723, nº 5.

[34] Cfr. acórdão *Maria Pupino*, proc. C-105/03, de 16 de Junho de 2005, ECLI:EU:C:2005:386. O Tribunal de Justiça decidiu que o princípio de interpretação conforme se impõe relativamente às decisões-quadro quando adoptadas no âmbito do Título VI do Tratado da União Europeia.

[35] Sobre a interpretação conforme ao Direito da União Europeia cfr., em Portugal, Carla Machado, A interpretação (des)conforme ao direito da União Europeia patente no acórdão uniformizador de jurisprudência nº15/2013 do Supremo Tribunal de Justiça português, disponível em http://www.unio.cedu.direito.uminho.pt/Uploads/UNIO%20-%202%20Pt/Carla_Machado_PT.pdf.

[36] Cfr., o acórdão *Fidelidade*, proc. C-287/16, de 20 de Julho de 2017,ECLI:EU:C:2017:575 que julgou que o artigo 3º, nº 1 da Primeira Diretiva e o artigo 2º, nº 1 da Segunda Diretiva devem ser interpretados no sentido de que se opõem a uma legislação nacional que tem por efeito que seja oponível aos terceiros lesados a nulidade de um contrato de seguro de responsabilidade civil automóvel resultante de falsas declarações iniciais do tomador do seguro sobre a identidade do proprietário ou do condutor habitual ou do facto de que a pessoa por quem ou

A obrigação de interpretação da norma nacional que transpõe uma Diretiva, em conformidade com o texto e objetivo daquela, obriga o juiz nacional a dar prioridade a um método – de entre os métodos de interpretação permitidos pela ordem jurídica interna – que lhe permita atribuir à disposição nacional uma interpretação compatível com a Diretiva.[37]

Há, em todo o caso, limites à aplicação deste princípio.

Desde logo os princípios gerais da segurança jurídica e da não retroatividade.

No acórdão Arcaro[38] (parágrafo 37) o TJUE decidiu que o princípio da interpretação conforme não será aplicado quando "*leve a impor a um particular uma obrigação prevista numa diretiva não transposta ou, por maioria de razão, quando leve a determinar ou a agravar, com base na diretiva ou na falta de uma lei adotada para sua aplicação, a responsabilidade penal daqueles que atuem em violação das suas disposições.*"

Mais tarde o TJUE observou que a obrigação de interpretação conforme é limitada "*pelos princípios gerais de direito e não pode servir de fundamento a uma interpretação contra legem do direito nacional*".[39]

A proibição de a interpretação conforme ao Direito da União Europeia conduzir a uma interpretação *contra legem* do direito nacional é uma solução compreensível, uma vez que não pode ser exigida uma reinterpretação da lei nacional que contradiga o seu sentido heurístico, sob pena de a interpretação do tribunal nacional se substituir à atividade do legislador.

em nome de quem esse contrato de seguro foi celebrado não tinha interesse económico na celebração do contrato.

[37] Cfr. acórdão *Von Colson E Kamann*, proc. C-14/83, de 10 de abril de 1984, ECLI:EU:C:1984:153 parágrafo 28 e acórdão *Harz*, proc. 79/83, de 10 de abril de 1984, ECLI:EU:C:1984:155.

Como bem observam Koen Lenaerts / Piet Van Nuffel, Constitucional Law of the European Union, Thomson – Sweet & Maxwell, second edition, 2005, p. 702: "*The national court must interpret national law "as far as possible" in conformity with the directive, whre necessary adjusting the existing case law. The relevant provision of national law must, however, be amenable to such interpretation. The national court is therefore not obliged to make an interpretation contra legem. The obligation to interpret national law in conformity with a directive is also "limited by the general principles of law which form part of Community law and in particular the principles of legal certainty and non-retroactivity"*.

[38] Cfr. acórdão *Arcaro*, proc. C-168/95, de 26 de setembro de 1997, ECLI:EU:C:1996:363, parágrafo 37.

[39] Cfr. acórdão *Maribel Dominguez*, proc. C282/10, de 24 de janeiro de 2012, ECLI:EU:C:2012:33, parágrafo 25.

Por outras palavras, o tribunal nacional, ao interpretar a lei nacional em conformidade com o Direito da União Europeia, tem de respeitar o princípio da separação de poderes, evitando que a interpretação ignore (e contradiga) o texto da lei nacional bem como o contexto da interpretação nacional a interpretar.

Exemplificativamente, no acórdão *Maria Pupino*[40] o TJUE decidiu que o princípio da interpretação conforme se aplicava a decisõesquadro, consequentemente ao Direito da União, mas não podia servir de fundamento para uma interpretação *contra legem* do direito nacional.

Foi a esta luz que o Tribunal de Justiça prosseguiu o seu labor, sendo de destacar alguns acórdãos em que foi analisada a eventual produção de efeito direto vertical (e não, sublinhe-se, horizontal) relativamente a Diretivas de seguro automóvel.

No já citado acórdão *Farrell*[41], a República da Irlanda invocou a declaração conjunta do Conselho e da Comissão inscrita na ata do Conselho no momento da adoção da posição comum relativa ao projeto da Terceira Diretiva. Nos termos desta ata, o Conselho e a Comissão tinham convindo em que "o artigo 1º da Terceira Diretiva não prejudica as disposições das legislações dos Estados-Membros quanto à indemnização do passageiro responsável pelo acidente, do passageiro em excesso ou do passageiro transportado num veículo que não foi concebido para o transporte de pessoas além do condutor".

O Tribunal respondeu que decorria de jurisprudência assente que, no caso de uma declaração inscrita numa ata do Conselho não encontrar qualquer expressão no texto de uma disposição de direito derivado, ela não poderia ser considerada para a sua interpretação (cfr. acórdãos *Antonissen*, C-292/89, *Epson Europe*, C-375/98 e *Skov e Bilka*, C-402/03).

Esta situação revela a sensibilidade desta matéria resultante do facto de as Diretivas constituírem um terreno privilegiado para a relação comunicacional entre a União Europeia e os Estados-Membros.

Como referimos, depois de julgar que o artigo 1º da Terceira Diretiva deve ser interpretado no sentido de que se opõe a uma legislação nacional nos termos da qual o seguro obrigatório de responsabilidade civil automóvel não cobre a responsabilidade por danos corporais causados a pessoas que viajem numa parte de um veículo automóvel que não foi concebida

[40] Cfr. acórdão *Maria Pupino*, proc. C-105/03, de 16 de Junho de 2005, ECLI:EU:C:2005:386.

[41] Cfr. acórdão *Farrell*, proc. C-356/05, de 19 de abril de 2007, ECLI:EU:C:2007:229.

nem construída com assentos para passageiros, o Tribunal decidiu que o mesmo artigo reúne todas as condições para produzir efeito direto vertical e, por consequência, confere aos particulares direitos que estes podem invocar diretamente perante os órgãos jurisdicionais nacionais.

Devolveu, no entanto, ao juiz nacional apreciar se esta disposição podia ser invocada contra um organismo como o *Motor Insurers Bureau of Irland* (MIBI).

5. Em particular da recusa de invocabilidade de efeito direto horizontal das Diretivas sobre seguro automóvel – o acórdão *David Smith*:

Como vimos, a doutrina é consensual quanto ao princípio do efeito direto. Porém subsistiram problemas de aplicação que resultaram, em parte, de não terem sido reenviadas ao Tribunal de Justiça, neste domínio, questões relativas à não invocabilidade do efeito direto horizontal face, especificamente, a Diretivas sobre seguro automóvel.

Só em 2018, pelo acórdão *David Smith*[42], proferido em 7 de Agosto de 2018, foi analisada, em termos definitivos, pelo TJUE, a recusa de efeito direto horizontal das Diretivas sobre seguro automóvel, *maxime* da Terceira Diretiva.

A situação era semelhante à descrita no caso *Farrell* e os factos relativamente simples. Em 19 de Junho de 1999, D. Smith ficou gravemente ferido quando a carrinha de carga, em cuja parte traseira viajava como passageiro, colidiu com outro veículo. A apólice de seguro continha uma cláusula que previa que o seguro só cobria os passageiros sentados num assento fixo na parte dianteira do veículo.

D. Smith intentou uma ação judicial contra o proprietário e o condutor da viatura. Com o consentimento das partes, o Tribunal de reenvio chamou à demanda a FBD, o Estado e o Ministério Público. A Companhia de Seguros invocou a cláusula de exclusão. A High Court (Tribunal Superior) considerou que resultava da jurisprudência do TJUE que a obrigação de interpretação conforme exigia, no caso concreto, que não se tomasse em consideração a exclusão de cobertura prevista na apólice. Finalmente, a FBD interpôs recurso para a Court of Appeal.

Ao contrário do que acontecera no caso *Farrell*, a FBD (sistema de garantia) era um organismo privado.

[42] Cfr. acórdão *David Smith*, processo C-122/17, de 7 de agosto de 2018, ECLI:EU:C:2018:631.

A Court of Appeal indicou que as disposições do direito interno correspondiam a uma opção deliberada de política legislativa e não resultavam manifestamente de um erro do legislador, não sendo, por isso, possível interpretá-las em conformidade com a Terceira Diretiva.

Tal interpretação, a acontecer, seria *contra legem*.

O TJUE enunciou a questão prejudicial como tendo por objeto saber se o direito da União e, em especial o artigo 288º TFUE, deve ser interpretado no sentido de que um órgão jurisdicional nacional, ao qual foi submetido um litígio entre particulares, que se encontra na impossibilidade de proceder a uma interpretação das disposições do seu direito nacional conforme com uma diretiva, não deve aplicar aquelas disposições nem uma cláusula contratual contrárias às normas desta diretiva que preenchem os requisitos exigidos para produzir efeito direto.

Nesse acórdão recordou a jurisprudência europeia segundo a qual as jurisdições nacionais são obrigadas a tomar em consideração o conjunto de regras e a aplicar os métodos de interpretação de modo a interpretar o direito interno, na medida do possível, à luz do texto e da finalidade de uma Diretiva, para alcançar o resultado por ela prosseguido.

Reconheceu, todavia, que o princípio da interpretação conforme tem limites.

Encontra-se, desde logo, limitado pelos princípios gerais do direito.

Não pode, por consequência, servir de fundamento a uma interpretação *contra legem* do direito nacional.

Se fosse entendido que a interpretação conforme permitia proceder a uma interpretação corretiva (ou derrogatória) do direito nacional, então de nada servia o 288º do TFUE e o facto de as Diretivas serem dirigidas aos Estados-membros.

Nestes termos – disse o Tribunal – uma diretiva não pode, por si só, criar obrigações para um particular e, por conseguinte, ser invocada, enquanto tal, contra ele.

Alargar a invocabilidade de uma diretiva não transposta ou incorretamente transposta ao domínio das relações entre particulares equivaleria a reconhecer à União Europeia o poder de criar, com efeito imediato, deveres na esfera jurídica dos particulares, quando só tem competência nas áreas em que lhe é atribuído o poder de adotar regulamentos.

Justamente neste acórdão, o Tribunal reiterou que o órgão jurisdicional nacional só é obrigado a afastar a disposição do direito interno contrária a uma diretiva quando esta for invocada contra o Estado-Membro, órgãos da sua Administração, incluindo entidades descentralizadas, ou organismos e entidades que estejam sujeitos ao controlo do Estado ou às quais o Estado-Membro tenha confiado o cumprimento de uma missão de interesse público (efeito direto vertical) e que, para esse efeito, disponham de poderes exorbitantes face aos que resultam das normas aplicáveis nas relações entre particulares.

Também neste caso ressalvou o direito de a parte lesada invocar a jurisprudência do acórdão *Francovich*.[43]

Julgou, assim, o Tribunal de Justiça que o Direito da União Europeia, em especial o artigo 288º do Tratado sobre o Funcionamento da União Europeia (TFUE), deve ser interpretado no sentido de que um órgão jurisdicional nacional, ao qual foi submetido um litígio entre particulares, que se encontra na impossibilidade de interpretar as disposições do seu direito interno contrárias a uma disposição de uma diretiva que preenche os requisitos exigidos para produzir efeito direto, num sentido conforme com esta última disposição, não é obrigado, ao abrigo apenas do Direito da União Europeia, a não aplicar estas disposições nacionais bem como a cláusula de exclusão que figura, em conformidade com estas, num contrato de seguro.

Trata-se de uma decisão do TJUE coerente com toda a jurisprudência anterior e cujo desfecho era facilmente antecipável.

Note-se, por fim, que se deve aceitar que a impossibilidade de reconhecimento de efeito direto horizontal de directivas pode criar uma situação de desigualdade entre cidadãos de Estados-Membros que, nuns casos, tenham transposto corretamente uma diretiva e, noutros, não a tenham transposto.

É uma questão oportunamente assinalada por Koen Lenaerts – actual Presidente do TJUE – mas que *apenas* motiva, a final, a responsabilidade do Estado por não-aplicação (ou incorreta aplicação) do Direito da União Europeia através da eventual identificação, justamente, de efeito directo vertical.[44]

[43] Cfr. acórdão *Francovich e o.*, proc. C-6/90 e C-9/90, de 19 de Novembro de 1991, Colect., p. I-5357.

[44] A este propósito, v. Koen Lenaerts / Piet Van Nuffel, Constitucional Law of the European Union, Thomson – Sweet & Maxwell, second edition, 2005, p. 773: "*Whereas as individual can rely unconditionally as against another individual on rights conferred by a regulation, this is possibile in the case of a directive only if the directive has been correctly implemented in the Member State in question. This means that individuals in Member States which have not transposed the directive correctly do not enjoy the same rights as individuals in the rest of the Community.*"

6. Conclusão:

O TFUE prevê e distingue, no artigo 288º, os Regulamentos e as Diretivas enquanto atos normativos do Direito da União Europeia (derivado).

Os primeiros – Regulamentos – têm aplicabilidade direta na ordem jurídica interna, entrando em vigor na data referida na publicação e passam a fazer parte, a partir desse momento, do direito dos Estados-Membros, de harmonia com as cláusulas de receção constitucionalmente previstas.

Os segundos – Diretivas – dirigem-se especificamente aos Estados-Membros, vinculando-os quanto ao resultado a alcançar e devem ser transpostas para o direito nacional, de harmonia com o artigo 112º, nº 8 da Constituição, por lei, decreto-lei ou decreto legislativo regional.

O princípio do efeito direto do Direito da União Europeia distinguese da noção de aplicabilidade direta, não tendo a mesma dimensão em todos os atos da União Europeia.

O efeito direto vertical exerce-se nas relações entre particulares e o Estado-membro ou as entidades públicas, o que significa que os particulares podem invocar normas de uma directiva que sejam suficientemente claras, precisas e incondicionais no âmbito de relações jurídico-públicas.

O efeito direto horizontal exerce-se nas relações entre particulares (relações jurídico-privadas).

A jurisprudência do TJUE reconhece a aplicabilidade direta dos Regulamentos (isto é, um efeito direto vertical e horizontal). No caso das Diretivas, aquela jurisprudência sustenta apenas a possibilidade de efeito direto vertical nas relações entre particulares e o Estado ou autoridades públicas. Recusa, no entanto, o efeito direto horizontal às Diretivas baseando-se num duplo argumento:

a) A atribuição de efeito direto vertical tem origem na deficiência do Estado-Membro em transpor uma diretiva, pelo que os particulares apenas podem invocar as suas normas em processos judiciais em que demandem o Estado ou entidades públicas (argumento *estoppel*);
b) O reconhecimento de efeito direto horizontal à significaria atribuir à União Europeia o "*poder de criar, com efeito imediato, deveres na esfera jurídica dos particulares quando ela só tem essa competência nas áreas em que lhe é atribuído o poder de adoptar regulamentos*" (argumento constitucional);

Consequentemente, os órgãos jurisdicionais nacionais não possuem qualquer discricionariedade relativamente à aplicação direta ou, dito de outra forma, ao reconhecimento de efeito directo horizontal de uma diretiva num processo judicial entre particulares pelo que não o podem reconhecer.

Assim, a interpretação da legislação nacional em conformidade com o Direito da União Europeia estará excluída quando conduza a uma interpretação *contra legem* do direito interno. Se tal ocorrer o Estado poderá ser responsabilizado por violação do Direito da União Europeia.

Livrança em branco, pacto de preenchimento e aval

Filipe Cassiano dos Santos

Introdução

Em 2012, o Supremo Tribunal de Justiça foi confrontado com a necessidade de uniformizar a jurisprudência num caso em que se suscitava a questão da possibilidade de denúncia de um "aval em branco" ou, se quisermos, de uma subscrição para constituir um aval numa "livrança em branco". Proferiu, então, em 11/12/2012, um Acórdão de Uniformização (AUJ), que veio a ser publicado em DR já em 2013, com o nº 4/2013, em cuja parte prescritiva estabeleceu que "*Tendo o aval sido prestado de forma irrestrita e ilimitada, não é admissível a sua denúncia por parte do avalista, sócio de uma sociedade a favor de quem aquele foi prestado, em contrato em que a mesma é interessada, ainda que, entretanto, venha a ceder a sua participação social na sociedade avalizada*". O texto que segue foi elaborado em diálogo com o Acórdão, mas procurámos abordar, mais amplamente, as questões relativas ao regime do aval e à emissão de livranças em branco.[1]

[1] O texto que ora se publica (que, em parte, se republica, como se verá pela sequência desta nota explicativa) foi elaborado em 2013, como *Anotação* ao Acórdão de Uniformização de Jurisprudência de 11/12/2012, para publicação da *Revista de Legislação e de Jurisprudência* (RLJ). O texto apresentado à Comissão de Redação da *Revista* foi o que ora se traz a público, mas não coincide, em boa parte, com aquele que veio a ser publicado no nº 3980 (ano 142, Maio--Junho de 2013) da Revista. Na verdade, a Comissão de Redacção da RLJ pediu-me, invocando a dimensão do texto, que o reduzisse sensivelmente. Optei por aceder ao pedido, reduzindo o texto à parte estritamente relacionada com o Acórdão em anotação, retirando ao texto original

I – A uniformização de jurisprudência em matéria de "denúncia do aval", o caso concreto e a necessidade de apurar o preciso alcance do Acórdão de 11-12-2012

1. Linhas gerais da anotação

Os termos em que o Supremo Tribunal de Justiça formulou a parte decisória do Acórdão de Uniformização de Jurisprudência nº 4/2013 (abreviadamente indicado por AUJ) quanto ao sentido da uniformização da jurisprudência, apreciados em si mesmos e vistos à luz do caso concreto, revelam que não é inequívoco o sentido em que nele se afirma a insusceptibilidade de denúncia do aval com fundamento na cessação da qualidade de sócio da sociedade subscritora de livrança. As interrogações suscitadas pelo AUJ adensam-se se ponderarmos o sentido em que havia decidido o mesmo Tribunal no Acórdão que serviu de fundamento à intervenção do Pleno das Secções Cíveis para uniformizar a jurisprudência. O objectivo da presente anotação é dar um contributo para a compreensão do exacto alcance da jurisprudência uniforme fixada pelo Acórdão de 2012 e, portanto, para determinar em que exactos termos as decisões judiciais ulteriores estão vinculadas pela disposição fixada pelo Supremo. Com este objectivo central, debruçar-nos-emos principalmente sobre a parte do AUJ em que este profere uma decisão com carácter geral, e não curaremos de apreciar senão incidentalmente a decisão do caso concreto.

O núcleo do AUJ é a proclamação de que "o aval (...) prestado de forma irrestrita e ilimitada", não é susceptível de "denúncia por parte do avalista", mesmo que tal se funde na cessação, por parte do denunciante, da qualidade de sócio da sociedade garantida – e não o é quaisquer que sejam as

o nº 2 da Parte V e os nºs 3 a 6 da Parte VI, com a ideia, como se alude na *Anotação*, de publicar esses trechos ulteriormente. A interposição de outros projectos e afazeres foram deixando esse plano no baú das boas intenções, mas, não obstante o tempo decorrido, não se desvaneceu a convicção de que as partes truncadas contêm matéria cujo interesse se mantém, convicção reforçada pela leitura de algumas decisões mais recentes – e que se estende à actualidade da parte originalmente publicada. Surge, agora, a oportunidade de, cumprindo uma promessa já antiga de publicar na Revista de Direito Comercial, fazer finalmente a publicação adiada. Tratando-se as partes omitidas em 2103 de partes de um todo coerente, elas não fazem sentido sem aquelas outras que se mantiveram na anotação. Opto, assim, por dar a conhecer o texto na versão integral, tal como foi escrito em 2013 – com a ressalva de ligeiros retoques de formulação feitos na revisão final feita agora –, mantendo, inclusivamente, a feição original de anotação. Justificam-se, é certo, algumas notas adicionais e novas reflexões, mas opto para as deixar para outra oportunidade

circunstâncias e fundamentos invocadas na denúncia, acrescentamos, generalizando a "razão" apontada no Acórdão. Essa afirmação é indiscutida, quase tautológica, como se verá adiante, e não merece reparo – aliás, bem vistas as coisas, apesar de, em 2012, o Pleno ter decidido o caso concreto em sentido distinto daquele por que havia optado o Acórdão que fundamentou a existência de contradição de decisões (o Acórdão de 2/12/2008[2]), o Supremo não formula agora orientação distinta daquela em que assentou essa outra decisão.

Na verdade, a denúncia é um modo de extinção de relações jurídicas duradouras que se dirige tipicamente a contratos aos quais não é aposto um prazo, e consiste numa declaração unilateral que não carece de motivação concreta – justamente porque a sua admissão se funda no princípio geral segundo o qual não são permitidas, nas ordens jurídicas contemporâneas, vinculações perpétuas ou indefinidas (numa palavra, irremovíveis, quer pelo decurso de um prazo acordado ou quer pela vontade de qualquer dos sujeitos). Ora, bastará um breve olhar sobre o regime da letra e da livrança (são duas livranças que estão em causa no caso submetido ao Pleno) para se alcançar que as vinculações constantes desses títulos de crédito, aval incluído, têm sempre um prazo. Tendo sempre um prazo, forçoso é concluir, em consequência, que o aval não é em princípio susceptível de denúncia. Mesmo que se utilize o termo denúncia com maior amplitude, para designar também o mecanismo de extinção antecipada em relação ao prazo – em contratos duradouros celebrados com duração determinada – previsto em alguns casos na lei ou em contratos, associado ou não à verificação de certas circunstâncias que permitam a cessação antecipada, é manifesto que um tal mecanismo não está previsto para a letra ou a livrança. Subscrevemos, pois, aquilo que literalmente se afirma, neste sentido, no AUJ: o aval não é susceptível de denúncia – ainda que o sujeito que o prestou deixe de ser sócio da sociedade subscritora de uma livrança ou (acrescentamos) em qualquer outra circunstância.

Não é esta, contudo, a real questão. Ao proferir essa asserção, o Supremo – condicionado pelo modo equívoco como a questão foi, desde o início (logo desde as comunicações extintivas...), suscitada pelo sujeito que pretendeu a desvinculação (usamos, de momento, este termo menos técnico justamente para fugirmos a questões de qualificação), e sobretudo pela fundamentação e formulação final do recurso para o Pleno – deixa na sombra aquela que,

[2] www.dgsi.pt, proc. nº 05B1190.

se bem vemos as coisas, é a verdadeira questão que se pode colocar em casos como aquele que foi submetido à decisão do Supremo, e que, em termos genéricos, é a questão sobre que se pronunciou o aresto de 2008. Com efeito, a existência de uma vinculação sem prazo pode dar-se numa situação específica: a de uma letra ou livrança subscrita em branco, isto é, sem alguns dos seus elementos essenciais e, designadamente, sem a aposição do modo de vencimento. Nesta hipótese, em rigor, não há aval até que sobrevenha o completamento do título, pois que, até esse momento, o documento "não produz efeitos" como letra ou como livrança – e, não havendo aval, não se pode também colocar a questão da sua denúncia. Todavia, se nesse documento existir uma subscrição a título de aval, o subscritor assume por ela um vínculo a que essa subscrição se venha a tornar um aval aquando do completamento do título, e por regra – como ocorreu, aliás, no caso *sub judice* – esse vínculo é assumido expressamente num pacto pelo qual o sujeito aceita o preenchimento em determinados termos. Se num tal caso não for previsto um prazo, o sujeito que se obriga a ser avalista no futuro assume um vínculo duradouro e sem prazo. É, pois, relativamente a este vínculo que pode fundadamente ser colocada a questão de saber se é possível a sua denúncia. A resposta a este quesito impõe um detido exame da problemática da emissão de letras e livranças em branco – prática que se impôs inexoravelmente nos negócios – e das condições em que deve ser admitida, mormente do papel e conteúdo do pacto de preenchimento.

Há, entretanto, que advertir um outro ponto. O Supremo Tribunal começa por aludir explicitamente a denúncia, mas, logo de seguida, refere-se a um específico fundamento desse acto extintivo – em síntese, a cessação da qualidade de sócio que existia à data da assunção do vínculo. Ora, como já sublinhámos, a denúncia não carece de concreto fundamento e este, mesmo que aduzido, não é a causa da extinção, mas, quando muito, permite a antecipação do prazo previsto. A necessidade de fundamentação da extinção de uma relação é própria da resolução, a qual – essa sim – deve ser alicerçada numa circunstância que constitua justa causa e que é ela que permite a extinção. A esta luz, pode questionar-se o preciso sentido em que no AUJ se usa o vocábulo "denúncia" – noutros termos, na medida em que o STJ relaciona a extinção do contrato com uma circunstância que se coloca como justa causa e fundamento do efeito extintivo, e não de mera cessação por não haver prazo ou por antecipação, é pertinente colocar a questão de saber se o Supremo se reporta realmente à denúncia ou se não estará em causa antes a resolução e a possibilidade de aquela específica circunstância poder constituir fundamento de resolução do aval ou, em alternativa, do vínculo decorrente da subscrição em branco[3]. Não se pode olvidar, neste quadro, que a resolução, ao contrário do que é regra na denúncia, é um modo de extinção que vale tanto para relações com prazo como sem prazo.

Ora, convolada assim a "denúncia" em "resolução", o AUJ passa a ser interpretado no sentido de que a cessação da condição de sócio da sociedade subscritora não é fundamento de resolução do aval. Assim vistas as coisas, é de aplaudir, em via de princípio, a solução declarada pelo AUJ, a qual, aliás, se louva em extensa fundamentação, mobilizada justamente em vista de concluir pela inatacabilidade do aval (e não, note-se bem, do aval em branco) – ainda que não possamos deixar de confessar que a profusão de autores citados e de referências (reflexo de uma tendência recente para converter as decisões judiciais em verdadeiros repositórios de contributos doutrinais, onde nem sempre distingue a citação a título informativo ou para ilustrar confronto de ideias daquela que tem implícita a *autorictas* que o autor merece) tornam com frequência difícil acompanhar e abarcar o exacto sentido da fundamentação.

O aval, dada a sua natureza como obrigação cartular, não é susceptível de resolução, com aquele ou com outro qualquer fundamento. Esta solução, porém, só vale de modo absoluto no plano das relações mediatas. A afirmação e a reserva impõem uma detida análise da natureza do aval como obrigação e dos aspectos mais significativos do regime da obrigação do avalista.

Neste ponto, de novo se pode recentrar a questão naquele que é o quesito mais relevante: não sendo o aval susceptível de resolução, será que igual solução vale para o "aval em branco" e para o poder de preenchimento atribuído por pacto? Em geral, pode questionar-se se aquele que se vinculou nesses outros termos pode, tendo saído da sociedade, desvincular-se, e em que medida, do compromisso assumido, seja por denúncia, seja por resolução que tenha justamente por fundamento essa saída. Ora, veremos, se esses vínculos forem assumidos sem fixação de prazo, valerá para eles a regra geral da livre denunciabilidade, se bem que nem sempre a aparente ausência de prazo fixado importe a possibilidade de denúncia – tudo depen-

[3] O próprio Acórdão, a certo trecho, ainda que num contexto que não é o da caracterização do mecanismo em causa, parece compartilhar a reserva ao uso de termo denúncia e imputá-lo implicitamente à formulação do recorrente: com efeito, ao discutir a razoabilidade da desvinculação e a posição do portador, refere que este sempre se poderia "opor à denúncia ou à resolução por justa causa, na terminologia que preferimos".

derá da interpretação do concreto pacto de preenchimento. Mas, havendo prazo a que os subscritores do pacto de preenchimento estão submetidos, o "prometido avalista" está, naturalmente, vinculado por todo esse tempo e pelo preenchimento no âmbito do pactuado, mas pode sempre actuar sobre a prorrogação ou renovação dele, evitado desse modo uma vinculação indefinida, tanto mais estranha e injustificada quanto se destine a subsistir em circunstâncias em que já não tem qualquer poder de controlo sobre o desenvolvimento da relação subjacente (a relação de financiamento). Em qualquer destes casos, é o jogo do decurso do tempo que permite a desvinculação. Quanto ao relevo da cessação, por parte do "avalista" em branco, da sua qualidade de sócio da sociedade financiada e subscritora (também em branco), essa circunstância não é, em geral, justa causa de resolução. Não se exclui, no entanto, que, num caso concreto, possa suceder que tal justa causa resulte do acordo, até por integração de lacuna do negócio, fazendo prevalecer no conteúdo do contrato uma vinculação em conformidade com a boa fé – pela via da integração, a outra parte poderá ser obrigada a aceitar uma garantia alternativa de valor idêntico àquela que havia sido prestada pelo sócio "dissidente".

Antes de passarmos a desenvolver todos estes aspectos, justifica-se um breve enquadramento do caso concreto submetido a decisão do STJ, à luz dos interesses em jogo.

2. O caso *sub judice* e breve perspectiva dos interesses em jogo

O caso que foi submetido ao Supremo é comum na prática dos negócios. Uma sociedade e um banco acordam que, para garantir créditos deste perante aquela, emergentes de contratos de financiamento, a sociedade emita uma livrança em branco, destinada a ser preenchida no futuro, se e quando ocorrer o não cumprimento por parte da sociedade das suas obrigações contratuais e pelos montantes devidos por força do contrato de financiamento. É aquilo a que comummente se chama livrança-caução ou livrança-garantia: embora estruturalmente não estejamos perante uma caução ou uma garantia, a sua existência reforça a posição do banco como credor, sobretudo se, como é comum, à sociedade como "subscritor em branco" se juntarem sócios e (ou) gerentes ou administradores seus como "avalistas em branco" – a função prática desempenhada por um título assim emitido é a de caucionar ou garantir, adicionalmente ao património da sociedade, as dívidas desta. Esta prática é hoje, por regra, acompanhada pela emissão de um documento, assinado por aqueles que obrigam a sociedade, nessa qualidade, e por vezes também pelos sócios e (ou) administradores que assumem vínculos na livrança em branco, pelo qual se atribuem ao banco poderes para proceder ao preenchimento da livrança em branco, dentro de parâmetros especificados.

Ponto é sublinhar que esta é uma prática quase sem excepção no financiamento bancário a sociedades. Ora, não se pode ignorar que ela tem um notável efeito de conjunto sobre os alicerces do nosso ordenamento jurídico privado. Na verdade, o resultado prático que por essa via se alcança é a responsabilidade (de facto) ilimitada de sócios de uma sociedade anónima ou por quotas perante certos credores: os credores mais fortes (invariavelmente bancos ou sociedades do sector financeiro, as mais das vezes integradas em grupos bancários), fazendo uso de um poder negocial fortíssimo decorrente da dependência que a outra parte amiúde tem daquele crédito, obtêm vantagem sobre os demais credores de uma sociedade de responsabilidade limitada, conseguindo, por via de garantias (em sentido amplo) prestadas para concretos créditos, uma responsabilização do património dos sócios por todos os créditos que concedem. É fácil de ver que isto redunda numa subversão de facto, a favor de alguns credores, do sistema de responsabilidade limitada: a livrança é utilizada como instrumento para contornar na prática o regime que a lei associa aos tipos societários sociedade anónima ou por quotas, permitindo com isso que se atinja uma responsabilização efectiva de sócios por todas as dívidas que aquela sociedade contrai perante aquele credor. Contornar-se-á, por essa via, em benefício de um só credor e com flagrante desigualdade face aos demais, o regime societário da limitação da responsabilidade.

Sempre que a responsabilização decorra de acordos específicos para garantia de créditos concretos, o princípio da liberdade contratual torna inatacável a prática, salvo situações que possam cair sob a alçada de mecanismos gerais que visam justamente impedir o exercício abusivo dessa liberdade. Todavia, esta conclusão não pode obnubilar a análise de conjunto do ordenamento jurídico, a que o intérprete e, em particular, o julgador, não se podem eximir, designadamente na apreciação do sentido geral dos diplomas e institutos e na interpretação da lei ou integração de lacunas contratuais. Por outras palavras, o intérprete não pode ignorar uma prática constante que conduz à subversão de facto do sistema legal de responsabilidade em favor de um só grupo de credores, bem como, independentemente deste efeito, não pode olvidar a gravidade e os perigos do acto de subscrição de título em branco e as suas concretas consequências globais – nas palavras de

Ferrer Correia, a emissão de letra em branco, só por si, "constitui um acto cuja gravidade se torna ocioso sublinhar"[4].

II – Aval e denúncia: a obrigação do avalista como vinculação com duração determinada e insusceptibilidade de denúncia

A letra do AUJ estabelece uma relação (negativa) entre denúncia e aval: o aval não pode ser denunciado. Comecemos por examinar o primeiro termo da relação, a denúncia.

A generalidade da doutrina e da jurisprudência têm hoje como assente o princípio da inadmissibilidade de vinculações perpétuas – princípio geral do direito privado, de ordem pública, que vale, pois, tanto no direito comum das obrigações como no direito comercial[5]. Em consequência, não se proscrevendo evidentemente a assunção de vínculos sem prazo, entende-se que estes têm subjacente a possibilidade de serem extintos a todo o tempo – essa extinção faz-se por denúncia, cuja admissibilidade é, portanto, uma consequência ou afloramento daquele princípio[6]. A possibilidade de denúncia de um vínculo duradouro sem prazo filia-se destarte na preservação da essencial liberdade dos sujeitos e, em especial, na inadmissibilidade de vinculações perpétuas ou indefinidas[7].

Mas, sendo este o seu fundamento geral, decorrem daí duas importantes consequências: por um lado, em linha de princípio, a denúncia não se justifica, porque isso seria contrário às próprias vinculações que o sujeito assumiu livremente, quando os sujeitos se autovincularam por um certo

[4] Ferrer Correia, Lições de Direito Comercial, vol. III, Letra de câmbio, Coimbra, Universidade de Coimbra (policopiado), 1975, pág 133.

[5] Na doutrina, v., por todos e com amplas referências, M. J. Almeida Costa, Direito das Obrigações, 12ª ed., Coimbra, Almedina, 2009, pág. 322, C. A. da Mota Pinto, Teoria Geral do Direito Civil, 4ª ed. por António Pinto Monteiro e Paulo Mota Pinto, Coimbra, Coimbra Editora, 2005, pág. 631, António Pinto Monteiro, Direito Comercial. Contratos de Distribuição Comercial, Coimbra, Almedina, 2002, pág. 135, e Filipe Cassiano dos Santos, Direito Comercial Português, vol. I, Coimbra, Coimbra Editora, págs. 157 e segs. (com especial enfoque nos afloramentos do princípio no direito comercial).

[6] António Pinto Monteiro, *ob. cit.*, págs. 134-135, e Filipe Cassiano dos Santos, *ob. cit.*, pág. 157-158. Outro afloramento do princípio é o de que as vinculações com prazos, mas em que este é considerado excessivo, importam nulidade da estipulação do prazo – ainda que a excessividade deva ser ponderada em temos distintos nas relações civis e nas mercantis: cf., sobre este ponto, Filipe Cassiano dos Santos, Direito Comercial, *cit.*, pág. 158.

[7] Cf. J. Baptista Machado, «Denúncia-modificação» de um contrato de agência, *in* Revista de Legislação e Jurisprudência, nº 3759, págs.185-186.

prazo – a fixação de prazo, salvo se excessiva, priva por regra o contraente da faculdade de denunciar; por outro lado, a denúncia é uma faculdade essencialmente livre, que se analisa na simples declaração unilateral de querer pôr termo ao vínculo duradouro, e que não carece de um fundamento específico ou concreta motivação, alicerçando-se singelamente na faculdade de pôr termo a uma vinculação indefinida quanto ao prazo – o seu fundamento é a impossibilidade de vinculações duradouras indefinidas[8].

À luz de quanto acaba de ser exposto, condição para que o aval seja susceptível de denúncia é que ele importe uma vinculação duradoura sem prazo definido – ponto é verificar se o regime do aval não se opõe a essa possibilidade Impõe-se então um rápido olhar sobre o outro termo da relação entre denúncia e aval.

Neste ponto, importa precisar as palavras. O AUJ reporta-se explicitamente ao aval. Numa primeira abordagem, o aval consiste numa obrigação inscrita numa letra ou livrança pela qual um sujeito garante o cumprimento de uma outra obrigação, constante também do título ou cártula. O aval implica assim um documento que se apresenta com os elementos essenciais à existência de uma letra ou de uma livrança, previstos nos arts. 1º e 75º da Lei uniforme relativa a letras e livranças (doravante, designada por LULL ou só LU): não há letra ou livrança sem esses elementos, e só há verdadeiro aval enquanto garantia cartular se houver título[9]. O AUJ, ao referir-se sem qualquer reserva ao aval, não pode deixar de ser tomado como referindo-se ao ... aval – e, portanto, ao aval em letra ou livrança completas (em rigor, onde não há ainda letra ou livrança não há, por definição, aval). Aliás, confirmando isto, toda a extensa fundamentação do AUJ se debruça sobre o aval.

Ora, o aval, como, de resto, qualquer outra obrigação cartular, consiste, por natureza, numa vinculação circunscrita no tempo. O ponto não carece, aliás, de especial demonstração. Basta uma rápida leitura do regime da LU para o advertimos. Vejamos.

Toda a letra ou livrança deve conter a data de emissão e a época de vencimento (artsº 1º, nºs 7 e 4, e 75º, nºs 6 e 3). Nos termos do disposto nos arts. 2º, I, e 76º, I, os elementos inscritos nos arts. 1º e 75º são essenciais, mas a própria lei exceptua a época de pagamento, o local de emissão, o local de pagamento e o domicílio do sacado ou subscritor, elementos para a falta dos quais indica o modo de suprimento. Assim, se o documento que não

[8] ANTÓNIO PINTO MONTEIRO, Direito Comercial. Contratos, *cit.*, pág. 134.

[9] V., sobre este ponto, mais em pormenor, *infra*, III.

contiver a data de emissão não pode, de todo, produzir efeito como letra ou livrança[10], já a não indicação da época de pagamento não tem esse radical efeito: o título a que falte esse elemento é, por lei, pagável à vista, isto é, vence-se mediante a simples apresentação, que pode ocorrer a todo o tempo (arts. 2º, II, e 76º, II, conjugados com o art. 34º, I, aplicável directamente ou por remissão do art. 77º, consoante se trate de letra ou de livrança). Ora, além de poder ser pagável à vista, a letra ou a livrança pode conter a fixação de vencimento em dia fixado, a certo temo de data, a certo terno de vista e à vista – estas quatro modalidades de vencimento são previstas taxativamente (arts. 33º e 77º da LU)[11].

Decorre deste regime que o título tem necessariamente um prazo de vencimento (a que se liga um prazo de prescrição) e que a duração dos vínculos deles constantes é delimitada no tempo. É assim, de modo evidente, nos vencimentos em dia fixo e a certo termo de data, mas é assim também nas letras ou livranças pagáveis à vista ou a certo termo de vista, pois que, nestas modalidades de vencimento, a apresentação a pagamento deve ser feita no prazo de um ano após a data de emissão (art. 34º, I). E, vencido o título, os direitos dele emergentes prescrevem dentro de prazos fixados na lei directa ou directamente a partir do vencimento (art. 70º). Deste modo, todas as modalidades de vencimento e o prazo de prescrição implicam delimitação temporal dos vínculos cartulares.

Podemos agora concluir este ponto. Na exacta medida em que é, tal como, de resto, todas as outras obrigações cartulares, uma obrigação delimitada no tempo, e não de duração indefinida, o aval está fora do campo típico de aplicação da denúncia. Logo por esta razão, este mecanismo não pode operar como modo de extinção desse vínculo – desse e, em geral, de qualquer obrigação cartular. A idêntica conclusão chegaríamos, aliás, pela invocação da natureza da obrigação do avalista – mas esse percurso, no que à denúncia concerne, não é, de todo, necessário[12].

[10] Deixamos em aberto a discussão sobre se a sanção para a falta se reconduz a uma nulidade ou antes a uma inexistência – em rigor, a solução variará, talvez, consoante os casos (isto é, em função do grau de formação do título).

[11] Filipe Cassiano dos Santos, Direito Comercial, *cit.*, pág. 260-261.

[12] Vistas as coisas pelo ângulo do regime cambiário, este não seria também conciliável com o funcionamento da denúncia: veja-se o que diremos adiante, *sub.* V., a propósito da possibilidade de resolução do aval.

III – Distinção entre aval e vinculação para aval em letra ou livrança em branco: alcance do AUJ e identificação da real questão jurídica – a denúncia da vinculação emergente do pacto de preenchimento

Visto que, à letra, o AUJ estabelece uma jurisprudência incontestável e que, em rigor, a sua pronúncia não se configurava como questão em que os Tribunais superiores estivessem divididos – o Acórdão de 2008, que serviu de fundamento ao recurso ao Pleno, afirmou simplesmente a possibilidade de denúncia dos poderes de preenchimento –, poder-se-ia pensar, tendo em consideração o caso concreto submetido a decisão em 2012, que o AUJ deveria ser interpretado em sentido lato e que onde se lê "aval" se deve ler vinculação para aval em letra ou livrança em branco, com o inerente poder legal ou contratual de preenchimento, e que é a estes que se reporta efectivamente a impossibilidade, proclamada pelo Supremo, de denúncia. Sucede, porém, que nem a letra nem a fundamentação do Acórdão, que se referem sempre ao aval e não ao "aval" em título em branco, dão apoio a uma tal ideia.

A distinção entre aval e vinculação para aval em título em branco é fundamental e não pode ser desvalorizada. Com efeito, na letra ou na livrança em branco com uma assinatura nela aposta para se constituir um aval, antes de a letra ou livrança ser preenchida não há, em bom rigor, título sujeito ao regime especial do direito uniforme e, por isso, não há ainda obrigações e garantia cartulares (isto é, aval): é que o título só se forma com o preenchimento do documento com os seus elementos essenciais e só aí surgem as obrigações cambiárias – tal como é entendimento pacífico e comum na nossa doutrina[13]. Pode ser discutido se, sem o preenchimento, há nulidade ou inexistência ou ainda se o poder de preenchimento deve resultar de um acto atributivo ou decorre da própria lei, mas é indiscutível que o documento que não tem todos os elementos que constituem a letra ou livrança não é ainda um destes títulos e que, por isso mesmo, nessa fase, não há ainda aval, como não há, aliás, qualquer obrigação cartular (ou seja, sujeita ao regime da LU).

[13] Cf. Pinto Coelho, Lições de Direito Comercial, 2º vol., fasc. IV, As letras, 2ª parte, Lisboa, 2ª ed., 1955, pág. 33, Ferrer Correia, Lições de Direito Comercial, *cit.*, pág. 134, Oliveira Ascensão, Direito Comercial, vol. III, Títulos de crédito, Lisboa, AAFDL, 1992, págs. 113-114 e 116-118. – e na linha destes Mestres, também Filipe Cassiano dos Santos, Direito Comercial, *cit.*, pág. 254-255. Na jurisprudência, v., desde já, o Acórdão do STJ de 17/4/2008, *in* www.dgsi.pt, proc. nº 08A496, bem como o referido Acórdão de 2/12/2008, no qual se afirma, com apoio em Oliveira Ascensão, que antes do preenchimento a "letra" não tem efeito como letra.

Ora, o AUJ – em linha com a forma como a questão havia sido suscitada logo nas comunicações iniciais dirigidas pelo ex-sócio ao Banco, nas quais se pretendia a desvinculação do aval, e provavelmente condicionado pela forma como a questão de direito foi colocada – refere-se expressa e inequivocamente ao aval e não ao "aval" em título emitido em branco, ou, com mais rigor, à subscrição com vista a tomar-se um aval aquando do preenchimento. Do mesmo modo, o Acórdão não alude, ao referir-se à denúncia, ao acordo ou autorização de preenchimento.

Não resta, a toda esta luz, outra conclusão que não a de que o AUJ se circunscreve ao aval, obrigação cartular inscrita em letra ou livrança existentes como tais (isto é, formadas com os requisitos legais) e à possibilidade de desvinculação daquele que dá o aval. A extensa fundamentação do AUJ confirma-o exuberantemente: com efeito, são nele tecidas longas consideração sobre o aval, a natureza da obrigação do avalista, mas não se cura directamente da questão do "aval" em título em branco e da possível extinção dos vínculos dai resultantes. É sempre em vista do aval-acto cambiário que o AUJ se pronuncia.

Sucede que, se foi este o caminho trilhado pelo Supremo na decisão em anotação, não é essa, a nosso ver, a verdadeira questão jurídica que se coloca em casos como aquele que lhe foi submetido. Debruçando-se sobre o aval, e estabelecendo jurisprudência para ele, o STJ deixou na sombra o verdadeiro problema. Na verdade, se analisarmos o caso que o Supremo teve que decidir para lá da "espuma" criada pela forma pouco clara como a questão foi suscitada, verificamos que o real problema não era propiamente o de saber se era possível denunciar um aval, precisamente porque à data da "denúncia" não havia ainda livrança preenchida e não havia, por essa razão, aval, mas antes a de saber se o sujeito que assinou uma livrança em branco e deu o seu acordo a que ela fosse, no futuro, e em certas circunstâncias, preenchida com o seu aval, e que o fez na condição de sócio da sociedade contraente num contrato de financiamento, tendo ulteriormente deixado de ser sócio, detém a faculdade de extinguir unilateralmente, com esse fundamento, os vínculos emergentes dessa subscrição. É certo que, nas declarações com as quais pretendeu "desvincular-se", o subscritor se referiu formalmente ao "aval" ("concedi alguns avales pessoais" e "venho solicitar-lhe que retirem o meu aval"), errando assim o alvo. Mas não é menos certo que a situação real é a de celebração de dois contratos de financiamento e de, simultaneamente com eles, terem sido assinadas em branco duas "livranças", pela sociedade financiada como subscritara e pelo sócio como "avalista", o que foi acompanhado de acordos de preenchimento, incluídos nos próprios contratos. Ora, apesar da pouco feliz formulação das "denúncias", não teria sido difícil, pensamos, a interpretação delas no sentido de que se dirigiam efectivamente ao pacto de preenchimento e às vinculações para aval nas livranças ainda em branco.

Por outro lado, foi justamente ao "aval" prestado em livrança em branco e ao acordo de preenchimento que o Acórdão do STJ de 2/12/2008 se referiu expressamente. Por outras palavras, esse aresto decidiu em relação a isso e não em relação ao aval propriamente dito, admitindo explicitamente a possibilidade de denúncia, em certos termos, da obrigação de garantir na livrança a formar – a esta luz, não podemos deixar de aplaudir a inteligente declaração de voto, quando sublinha não haver real contradição de decisões. Aliás, o Acórdão de 2008 aceita como adquirido que o aval é irrevogável, mas, tendo ele sido dado ele em branco, assenta em que não há razão para que a vinculação assim assumida não seja susceptível de denúncia até ao momento do preenchimento do título, por esse preenchimento depender e ter subjacente um contrato que se renova sucessivamente e, com isso, a duração da vinculação ao aval se tornar, também ela, indefinida. O aresto não o afirma explicitamente, mas a solução a que chega tem subjacente que a denúncia torna ilícito o preenchimento ulterior do título com o aval, e admite a invocação, em sede de oposição à execução, da correspondente excepção.

Este caminho havia sido aberto por outro Acórdão do STJ, de 8/7/2003, no qual se entendeu que, no plano do pacto de preenchimento, e estabelecido este sem prazo, há que admitir a sua denúncia, com efeito nas relações imediatas[14].

Todas estas considerações visam retirar uma conclusão dupla: o AUJ circunscreve-se insofismavelmente ao aval, e não se pronuncia, como o haviam feito as decisões anteriores do Supremo, sobre a vinculação em letra ou livrança em branco – isto é, nada estabelece sobre a questão de saber se o sujeito que se vinculou pode, em algumas circunstâncias ou medida, obstar à formação do título tendo-o a si como avalista.

Firmada esta conclusão, podemos passar ao ponto seguinte, relativo ainda à interpretação do exacto sentido do AUJ: este refere-se ao aval, já

[14] www.dgsi.pt, proc. nº 03B2060. Na doutrina, já Evaristo Mendes, *Aval e fiança gerais*, in Direito e Justiça, vol. XIV, 2000, tomo I, págs. 160-161 e 164 e segs., apontava em idêntico sentido.

sabemos, mas será que é exactamente a denúncia que está em causa e que se exclui? É a resposta a este quesito que ensaiaremos já de seguida.

IV – A resolução como modo de extinção de vínculos e a possibilidade, em abstracto, de resolução do vínculo emergente do aval, oponível nas relações imediatas – boa fé e cláusula resolutiva apurada por integração de lacuna contratual

Ainda no plano da análise dos precisos termos em que a jurisprudência se deve entender uniformizada, outra questão pode e deve ser colocada. Embora se refira a denúncia, a decisão do Pleno das Secções Cíveis do STJ acrescenta que ela não é admissível (mesmo) se o "avalista" era sócio da sociedade "subscritora" e financiada e entretanto cedeu a sua participação social na sociedade "avalizada".

Ora, já registámos que a denúncia, por natureza, não carece de fundamentação específica – e que, caso seja aduzido um fundamento ou se configure a necessidade de, em certos contratos com prazo, se verificar uma condição do seu accionamento, não é a circunstância-fundamento que é causa directa do efeito extintivo[15]. Com isto presente, e recordando que a denúncia, pelo seu âmbito de aplicação e natureza, mas também pelo regime do aval, não é aplicável a este, é inevitável a conclusão: ao reportar-se a um fundamento específico que se pode apresentar como a (justa) causa da extinção e ao questionar se, verificado ele, o sujeito se pode desvincular – para mais, sem colocar a questão de haver ou não prazo – o Supremo está a exorbitar do estrito campo de aplicação da denúncia e coloca realmente a questão de saber se aquela circunstância constitui motivo ou justa causa de resolução desses vínculos. Noutros termos, o AUJ coloca-se substancialmente no plano da resolução e da justa causa e não propriamente (apesar das palavras) da denúncia – mas, ainda e sempre, há que o ter presente, o que está em questão é a resolução do aval em sentido próprio.

É pois no plano da sua conclusão quanto à resolução do aval que o AUJ deve ser apreciado. Em bom rigor, convolada a referência à denúncia, o STJ coloca uma questão que, em abstracto, é pertinente: na medida em que a resolução não é privativa de vinculações sem prazo, pode efectivamente questionar-se, de modo fundado, se um aval pode ser objecto de resolução

[15] A razão de ser da extinção é sempre a inadmissibilidade de vinculações sem duração definida ou equiparadas: cf. *supra*, II.

tendo como específico motivo a saída do sócio da sociedade a favor de qual foi prestado.

A resposta dada pelo Tribunal Supremo a esta questão é negativa, e merece, em termos genéricos, a nossa concordância. Apomos-lhe, contudo, um aditamento e uma reserva: o aval não é susceptível de resolução com o concreto fundamento apreciado nem com qualquer outro fundamento; porém, essa insusceptibilidade geral verifica-se apenas nas relações mediatas, pois que nada permite excluir que os sujeitos, no caso concreto, estabeleçam acordos que conduzam à resolução dos vínculos emergentes do aval – isto é, circunstâncias previstas em convenções extracartulares podem paralisar o efeito do aval, ainda que apenas sejam invocáveis entre sujeitos colocados nas relações imediatas[16]. Ponto é (ressalvamos sempre) que se tenha presente que o AUJ se refere ao aval em sentido próprio e não à subscrição "em branco" para formar um aval e ao inerente acordo de preenchimento.

A nossa concordância estriba-se em duas ordens de razões. Por um lado, na linha da fundamentação do AUJ, podem ser invocadas razões que se perdem com a natureza do aval enquanto obrigação cartular. Por outro lado, a insusceptibilidade de resolução do aval resulta de razões que radicam no próprio mecanismo da resolução. Começaremos por estas, para dedicarmos àquelas um ponto autónomo.

A resolução, como mecanismo para a extinção de vínculos jurídicos, está, com carácter geral, directamente prevista para os contratos bilaterais[17]. No artº 801º, nº 2, do Código Civil, prevê-se a resolução fundada em

[16] Mantendo-se a inscrição do aval no título, o efeito cartular mantem-se. Referimo-nos a convenções extracartulares porque as obrigações constantes da letra ou da livrança não podem ser condicionadas.

[17] Recordando, pela sua clareza e rigor, o ensinamento de Almeida Costa, pode reter-se que a distinção entre contratos unilaterais e bilaterais se reporta "ao modo como se distribuem as obrigações resultantes do negócio". Os contratos bilaterais caracterizam-se por deles derivarem obrigações a cargo de ambas as partes, ao passo que os unilaterais geram apenas obrigações para uma das partes: naqueles, a regra é a de que as obrigações das partes estão numa relação de correspectividade e de interdependência, há entre elas um nexo ou sinalagma, na medida em que a obrigação de uma é a razão de ser da obrigação da outra, sendo as obrigações recíprocas ou a contrapartida uma da outra. Entre estas duas categorias, há contratos formalmente bilaterais, por gerarem obrigações para ambas as partes, mas que se aproximam dos puros contratos unilaterais por entre elas não haver um sinalagma ou reciprocidade, e contratos cuja bilateralidade não é simultânea, pois que deles resultam obrigações para uma das partes e só num momento ulterior para a outra – casos que a doutrina acolhe sob a designação de contratos bilaterais imperfeitos. Cf., a citação e as referências em M. J. Almeida Costa, Direito das

circunstâncias relativas ao cumprimento dos contratos bilaterais. Esse preceito atribui ao credor a faculdade de resolver o contrato nos casos em que a obrigação se tornou impossível, tratando-se de obrigação emergente de um contrato bilateral – faculdade que, por extensão, tem também nos casos em que ocorre incumprimento[18]. A letra do preceito indica esse campo de aplicação sem margem para dúvidas: para haver a faculdade de resolução, a obrigação tem que ter "por fonte um "contrato bilateral". Trata-se, de resto, da única conclusão conforme com o sentido e a *ratio* do preceito. Quando há duas prestações que, no plano dos interesses, são justificadas uma pela outra, se uma delas não pode ser prestada ou se há incumprimento dela, a outra parte tem a faculdade de proceder à resolução do contrato. É o equilíbrio ínsito no sinalagma contratual que funda a faculdade de resolução dos contratos por impossibilidade ou incumprimento[19] – a resolução é consequência da "crise de cumprimento das atribuições patrimoniais interdependentes" e visa "tutelar na fase executiva da relação contratual o vínculo de interdependência (ou o equilíbrio) entre a prestação e a contraprestação (cada obrigação é não só a causa jurídica da outra mas também a sua razão de cumprimento)"[20].

Obrigações, 12ª ed., *cit.*, pág. 361-362. Depois, há que ter que presente que há contratos que nascem como bilaterais, mas que a sua própria execução conduz a que, em certa fase, já só haja obrigações para uma das partes: são aqueles em que uma das partes já prestou tudo quanto lhe competia e só a outra parte mantém obrigações para cumprir –há aqui, sem preocupação de rigor, mas de expressividade, uma unilateralidade superveniente. Antes de prosseguirmos, e ainda seguindo de perto o ensino de Almeida Costa, é fundamental ter presente que, em bom rigor, a qualificação como sinalagmático ou unilateral se reporta às obrigações emergentes do contrato (e à relação que intercede entre elas) e não propriamente ao contrato de onde elas derivam no seu todo e que, portanto, "a qualificação de um contrato como bilateral não implica que todas as obrigações do mesmo decorrentes sejam sinalagmáticas" Almeida Costa, *ob. cit.*, pág. 361. Sobre o sentido exacto da distinção entre contratos bilaterais e unilaterais, reproduzimos as palavras do Mestre: "portanto, em rigor, o sinalagmatismo concerne mais propriamente às obrigações com essa característica de reciprocidade do que aos contratos de onde derivam" (pág. 321, sublinhados nossos).

[18] "A norma referida prevê directamente o caso de prestação impossibilitada com culpa da parte a ela adstrita. Todavia, a mesma doutrina aplica-se, por interpretação extensiva ou analogia, à situação diversa de incumprimento culposo de prestação impossível" (Almeida Costa, *ob. cit.*, pág. 1044).

[19] Cf. David Magalhães, A resolução do contrato de arrendamento urbano, Coimbra, Coimbra Editora, 2009, pág. 54.

[20] J. C. Brandão Proença, A resolução do contrato no direito civil. Do enquadramento e do regime, Coimbra, Coimbra Editora, 1996, pág. 68.

É, portanto, aos contratos bilaterais puros que a resolução prevista no nº 2 do art. 801º do Código Civil se aplica – como aponta ALMEIDA COSTA, um dos "efeitos [que] resultam ainda do nexo de recíproca interdependência das prestações nos contratos bilaterais" é justamente a aplicação desse preceito[21].

Não obstante o identificado âmbito de aplicação do nº 2 do art. 801º, é certo que a resolução por incumprimento não é estritamente privativa dos contratos bilaterais: casos há, de que se realçam o comodato e o mútuo[22], de contratos unilaterais ou bilaterais imperfeitos em que a lei admite a resolução. Não se tratando embora, nesses casos, da aplicação do nº 2 do art. 801º e da chamada condição resolutiva tácita, mas sim de preceitos especiais, certo é que eles permitem concluir que a resolução por incumprimento não é estritamente circunscrita aos contratos bilaterais e que não há obstáculo definitivo a que a ela se possa recorrer no domínio de vinculações de outra natureza.

Esta conclusão não obscurece, todavia, outra regra fundamental em matéria de resolução: a resolução por incumprimento só pode efectivar-se nas hipóteses tipificadas na lei[23] ou previstas em contrato. Além da resolução legal e do funcionamento da chamada condição resolutiva tácita, nada impede que os contraentes estipulem eles próprios causas de resolução, fazendo uso da liberdade contratual que é princípio fundante do nosso ordenamento jurídico-privado. Mas a resolução terá necessariamente que se fundar em circunstâncias que a lei ou o contrato reconheçam como justa causa.

Não são essencialmente distintas as conclusões que se retiram da análise do âmbito de aplicação do outro caso de resolução previsto no Código Civil. Com efeito, a resolução pode também ter lugar por força de uma alteração superveniente das circunstâncias que fundaram a decisão de contratar (art. 437º do Código Civil). Trata-se, aí, de permitir a extinção de vínculos jurídicos nos casos em que se dá uma "turbação da equivalência" que torne a relação uma "grosseira não relação", fazendo-se a apreciação da exigência das obrigações à luz da boa fé e dos riscos próprios do contrato[24]. Ora, se é no quadro dos contratos bilaterais que a aplicação deste instituto cobra

[21] ALMEIDA COSTA, *ob. cit.*, pág.366-367.

[22] Cf., sobre o ponto, BRANDÃO PROENÇA, *cit.*, pág. 69 e segs. e 87 e segs., e VAZ SERRA, Resolução do contrato, *cit.*, pág. 169 e segs..

[23] P. ROMANO MARTINEZ, Da cessação do contrato, Coimbra, Almedina, 2005, pág. 130.

[24] As expressões citadas são de Larenz: cf. C. A. DA MOTA PINTO, Teoria, *cit.*, pág. 611.

sentido pleno, todavia a doutrina assinala que ele não é estritamente aplicável a contratos bilaterais[25]. Também por esta via não há obstáculo definitivo, sempre vistas as coisas apenas pelo lado da resolução e do seu campo de aplicação, à extinção de um vínculo unilateral, como são os vínculos cartulares, por resolução – ponto será que haja uma alteração das circunstâncias que preencha os pressupostos daquele art. 437º Nem, articulando isto com o que se disse antes, se pode excluir que, no âmbito da sua liberdade de estipulação, os sujeitos prevejam contratualmente que certas alterações das circunstâncias constituem justa causa de resolução.

A ponderação do regime especial do direito mercantil permite conclusões similares – não obstante esse regime não ser rigorosamente coincidente, quanto às circunstâncias em que se admite a resolução, com o do direito civil[26]. Desde logo, no que respeita ao campo de aplicação da resolução, as coisas não diferem substancialmente no regime das relações mercantis. Na falta de preceitos mercantis de aplicação geral, é no art. 30º do DL 178/86, que regula o contrato de agência, que encontramos o preceito que pode servir de matriz ao regime da resolução nos contratos comerciais. Ora, o contrato de agência é, por essência, um contrato marcada e continuadamente bilateral, que se caracteriza precisamente por as obrigações correspectivas umas das outras e por serem devidas ao longo da sua execução[27]. Permite-se aí a resolução, quer fundada em incumprimento, quer com base em circunstâncias objectivas distintas do incumprimento, em termos que se podem estender a outros contratos mercantis bilaterais[28]. A extensão do mecanismo a actos de comércio que sejam contratos unilaterais, ou que, no momento que se considera, já só têm obrigações para um dos lados, e, até, a vínculos unilaterais, quando admitidos, em termos similares àqueles que valem no direito civil, não pode ser excluída – ainda que a aplicação dos pressupostos desta alínea fora do âmbito dos contratos não se afigure fácil, na exacta medida em que para a resolução é necessário que se torne impos-

[25] C. A. da Mota Pinto, Teoria, *cit.*, pág. *cit.* 611.

[26] Subjacente ao que se diz no texto – ainda que não central ou essencial para as suas conclusões – está a ideia de que às relações comerciais se aplica, em primeira linha, o direito comercial, e que há, por via disso, um regime próprio de direito mercantil sobre a extinção dos contratos e em especial sobre a relação: v. Filipe Cassiano dos Santos, Direito Comercial, *cit.*, págs. 125 e segs. e 157 e segs..

[27] Cf. António Pinto Monteiro, Direito Comercial. Contratos, *cit.*, pág. 94.

[28] Assim, António Pinto Monteiro, Direito Comercial. Contratos de Distribuição Comercial, *cit.*, págs. 66-67 e 129-130.

sível ou gravemente prejudicada a realização do "fim contratual". Por outro lado, também, neste domínio nada obsta a que os sujeitos, ao abrigo da liberdade contratual, estabeleçam casos de resolução que confirmem ou alarguem os previstos na lei.

Em síntese, no que ora nos interessa: vistas as coisas pelo prisma da resolução como mecanismo extintivo de relações jurídicas, não há obstáculo definitivo a que ela tenha lugar em relação a vinculações unilaterais, desde que essa possibilidade resulte da lei ou de contrato. Nada impede, assim, que o aval, que, como obrigação cartular, se caracteriza pela unilateralidade, seja objecto de resolução.

Há, neste ponto, um importante reparo a fazer. A resolução fundada em previsão contratual tanto pode resultar de cláusula colocada pelas partes no contrato como ser fixada por integração de lacuna que se apure existir no clausulado contratual. Noutros termos: a simples circunstância de não estar fixada num contrato uma dada causa de resolução ou de as partes não terem de todo regulado a matéria da resolução não permite, sem mais, a conclusão de que não há disciplina contratual sobre esse ponto. Com efeito, se por interpretação do contrato (das suas cláusulas e do seu sentido geral, bem como dos específicos objectivos prosseguidos pelas partes), se concluir que o ponto foi omitido não por as partes terem tido em vista a aplicação do regime legal mas porque simplesmente incorreram numa lacuna, ou seja, se se concluir que as partes não trataram o ponto mas que o deveriam ter tratado, na lógica regulativa do contrato, se este tivesse sido concluído de forma completa – numa frase só, se o próprio contrato, por interpretação, revelar que as partes não disciplinaram a matéria mas que o teriam feito se tivessem figurado a necessidade de a prever e que afastaram expressa ou tacitamente a aplicação do regime legal supletivo[29] – então deve proceder-se

[29] A nosso ver, a aplicação do regime supletivo, assentando no seu não afastamento pelas partes – direito supletivo é precisamente aquele que pode ser afastado – é uma questão de interpretação do contrato e das declarações das partes: por esta, ou se conclui que as partes não o afastaram, e não há questão de integração, salvo se o próprio direito supletivo não regula o ponto, ou, ao invés, se conclui que o direito supletivo não foi querido pelas partes (ou porque foi afastado explicitamente ou porque contraria o sentido das disposições das partes), no exercício da sua autonomia privada, caso em que fica a lacuna (portanto, mesmo no caso de existir direito supletivo). Haverá, por outro lado, que distinguir o direito supletivo aplicável especificamente ao tipo contratual do direito geral. A toda esta luz, interpretamos o art. 239º, ao referir-se, logo no seu início, a "falta de disposição especial", neste sentido: o preceito estabelece aí a hipótese em que se recorre à integração, e ela é a de não haver disposição especial

à integração da lacuna do contrato, nos termos definidos no art. 239º do Código Civil, e fica prejudicada a aplicação de regime legal que não seja imperativo. Num contrato ou relação mercantil, as previsões podem também, naturalmente, ser objecto de integração, nos termos gerais, com as especificidades que se devem assinalar à integração no domínio mercantil[30].

Aplicando estas considerações ao caso e ao sentido da uniformização da jurisprudência proclamado pelo AUJ, não se pode concluir, sem mais, da circunstância de nada ter sido estipulado quanto a "restrições ou limitações" ao aval, na livrança ou noutra sede, que elas não existem, ainda que o regime das obrigações cartulares possa ter por consequência que essas estipulações são irrelevantes relativamente ao aval – ao menos nas chamadas relações mediatas.

Em face destas considerações, impõe-se concluir que, pelo lado da resolução, não há obstáculo definitivo a que obrigações constantes de letra ou livrança, e em especial o aval, apesar de serem unilaterais, sejam susceptíveis de resolução, quer fundada em incumprimento de obrigações, quer em alteração das circunstâncias. Podem ser previstas por acordo causas de resolução que se reflictam no aval e a possibilidade de resolução pode até impor-se por via de integração de lacuna contratual. É, por isto, imperioso enfrentar o outro lado da questão: há, no regime cartular, impedimento à aplicação desse mecanismo extintivo?

aplicável após se ter procedido à interpretação do contrato, isto é, nem há regra pactuada nem se aplica preceito supletivo especificamente vigente para o caso, por as partes o terem afastado. Exemplo flagrante do jogo excessivo do direito supletivo podemos enxergá-lo na aplicação directa do direito supletivo aplicável apenas por analogia – não vemos que seja razoável vincular as partes a preceitos que só por analogia são aplicáveis (outra coisa se poderá dizer dos preceitos imperativos). Nem há aqui qualquer desvalorização do direito supletivo: este vale na medida em que pela sua natureza deve valer – enquanto as partes não o querem afastar; por outro lado, na integração da lacuna, dada a prevalência da boa fé e o papel do direito supletivo na determinação desta, as soluções nele consagradas poderão inspirar a norma determinada por ponderação da boa fé. Também por aqui aflora a ideia de que interpretação e integração não estão radicalmente separadas mas representam um *continuum* (que se manifesta também no apuramento da vontade hipotética, a qual tem que ser feita com base nas cláusulas efectivas...). Sobre o tema, fazendo apelo a Larenz, assumindo precisamente que o direito dispositivo pode ser afastado e proceder-se à integração, em nome da autonomia privada, Pedro Pais de Vasconcelos, Teoria Geral do Direito Civil, 6ª ed., Almedina, Coimbra, 2012, pág 561-562.

[30] E que são a consideração dos específicos interesses que gravitam à volta das relações mercantis e a específica feição nelas do próprio princípio da boa fé: v., sobre isso, Filipe Cassiano dos Santos, Direito Comercial Português, *cit.*, págs. 44 e segs. e 189 e segs..

Aqui chegados, poderá argumentar-se, de imediato, que a especificidade do regime das leis uniformes, e mormente a característica da abstracção que informa as obrigações cartulares e em especial o aval, impede a resolução dos vínculos cartulares. Apreciaremos detidamente a questão no número seguinte, no qual concluiremos que, de facto, o regime cartular é incompatível, em geral, com a possibilidade de resolução dos vínculos. Contudo, deve observar-se desde já que esta objecção tem um limite à partida: o regime cartular só funciona em pleno – isto é, só é desencadeado – a partir do momento em que o título entra em circulação. É a presença de um credor que é portador mediato – isto é, que não participou na mesma convenção executiva[31] – que justifica o regime especial, que é, no essencial, um regime fortemente inspirado na tutela do portador que é terceiro de boa fé[32].

Assim sendo – e como quer que se formule a regra: isto é, quer se diga que a letra e a livrança não são abstractas as relações imediatas, quer se diga que, por razões práticas, a abstracção não funciona ou é paralisada nessas relações, a consequência prática é idêntica – podemos dar um passo mais. Também pelo lado dos títulos de crédito e do seu regime, nada impede que possa haver causas de resolução de vínculos assumidos em letra ou livrança, resultantes do regime legal ou fixadas extracartularmente, ainda que o regime cartular limite a sua invocação às relações imediatas. Aliás, no que especificamente respeita ao aval, este, mesmo sendo uma obrigação sujeita ao regime especial da LULL, não deixa de estar sujeito ao regime geral do direito das obrigações (e especialmente aos preceitos sobre a fiança) que não se revelem incompatíveis com o direito cambiário[33]. Valem, pois, os princípios gerais que conformam estes sectores do ordenamento.

A questão, é, assim, a de saber se a "saída da sociedade" pode consubstanciar justa causa de resolução do vínculo assumido pelo aval, no plano das relações imediatas. Neste plano, há que ponderar os termos da relação cartular e da lei, mas sobretudo as convenções extracartulares e a relação subjacente – já que esta pode reflectirse naquela.

Tendo em consideração a lei, a resposta ao quesito é inequívoca: não há qualquer previsão específica que permita a resolução do aval especifica-

[31] Sobre o nexo entre a distinção entre relações imediatas e relações imediatas e a convenção executiva, v. FILIPE CASSIANO DOS SANTOS, *ob. cit.*, pág. 275 e segs..

[32] V., sobre isto, FERRER CORREIA, *ob. cit.*, págs. 11-12.

[33] Afirmação que resulta das regras gerais das relações entre direito geral e direito especial e que é explícita, por exemplo, no referido Acórdão do STJ de 2/12/2008 (n. 4).

mente no caso de saída de sócio. Deste modo, em face da lei, a circunstância apenas poderá relevar se se verificarem em concreto os pressupostos da resolução por incumprimento ou da resolução por alteração superveniente das circunstâncias – e, na medida em que a relação subjacente seja uma relação mercantil, como será comum nestes casos, estará em questão a aplicação do regime especial de direito comercial inscrito no art. 30º do DL 178/86[34]. Ora, tendo em vista o caso decidido pelo Acórdão, por ser paradigmático, havendo uma relação de dependência entre a relação subjacente, por regra um contrato de financiamento, e a emissão da livrança, pode muito bem suceder que um incumprimento pelo banco constitua justa causa de resolução do aval – mas, naturalmente, nesse caso não é a saída da sociedade, em si mesma, que funciona como causa da extinção do vínculo: o avalista pode aproveitar o incumprimento para resolver o aval, se o fizer nas relações imediatas, mas, nesse caso, a circunstância de ter deixado de ser sócio não tem relevo autónomo. Não se vislumbra, portanto, que a invocação desse facto possa, sem mais, permitir ao avalista preencher os pressupostos legais da resolução por incumprimento.

É certo que as circunstâncias se alteram. O sujeito, tendo deixado de ser sócio, já não retirará, salvo casos especiais, qualquer vantagem da manutenção do contrato garantido. Acresce que ele perdeu a possibilidade de influenciar o comportamento sociedade no cumprimento do contrato ou, pelo menos, de o controlar. Mas é certo também que o evento não era imprevisível (bem pelo contrário) e que o banco deu crédito à sociedade tendo em conta a "garantia" resultante do compromisso do sócio e que esse é, normalmente, um pressuposto do negócio. Por estas razões, cremos que está afastada também a possibilidade de, salvo situações excepcionalíssimas, sustentar a verificação de uma perturbação tão grave do equilíbrio da relação que permita a subsunção na hipótese do art. 437º do Código Civil e que estará ainda fora de causa a aplicação (que seria por analogia), em concreto, da alínea *b)* do art. 30º do DL 178/86. A saída do avalista do grémio social da sociedade subscritora e financiada não é, portanto, uma circunstância que, por si só, e no plano da lei, constitua justa causa de resolução, também por esta via.

Resta a hipótese de a circunstância se apresentar como justa causa contratual – por exemplo em casos em que das negociações havidas resulta o

[34] Cf., sobre as diferenças entre os dois regimes, *supra*, IV.

seu relevo e em que se firmou acordo específico e em que haverá, portanto, estipulação sobre a matéria, susceptível de invocação nas relações imediatas.

Na generalidade dos casos, não haverá, todavia, qualquer estipulação sobre a saída da sociedade. Neste caso, há ainda que contar, nos termos já expostos[35], com a possibilidade de ser possível concluir pela existência de lacuna do contrato em que foi acordada a prestação do aval e de previsão relativa à resolução ser considerada nele incluída por via de integração: se, interpretado o contrato, se concluir que as partes não trataram o ponto por não o terem figurado e que tiveram em mente o afastamento do regime legal supletivo, proceder-se-á à integração da lacuna. Esta implica que se apure a cláusula que as partes teriam estabelecido se tivessem previsto o ponto omisso, dentro da lógica regulativa do contrato, e, simultaneamente, que se determine o regime que valeria por aplicação dos ditames da boa fé (artº 239º do Código Civil), postergando-se sempre a solução que resulte da vontade hipotética se esta se revelar insustentável à luz da boa fé[36].

Diante desta preponderância da boa fé como critério de fixação do teor do contrato em caso de lacuna, o quesito que se segue é claro: num tal caso, em que não há, sequer, direito supletivo especificamente aplicável, qual seria então a cláusula contratual conforme com a boa fé em matéria de resolução dos vínculos e de saída do sócio da sociedade?

A boa fé não é determinada, é sabido, em função de quaisquer crenças subjectivas: deve, antes, consistir num critério de solução que se deduz do sentido do ordenamento jurídico no seu todo e que se apoia nas valorações que o intérprete pode retirar dos preceitos que regem, em particular, o sector de regulamentação em que a relação se coloca[37]. No caso, sendo a prestação do aval prevista numa operação de banco, a relação é mercantil. Pois bem. O intérprete tem ao seu dispor, no âmbito do direito comercial, um

[35] Cf. o que se disse *supra*, neste ponto.

[36] Realçando justamente a prevalência da boa fé na determinação do regime contratual, v. Pires de Lima/Antunes Varela, *Anotação ao art. 239º*, Código Civil Anotado, vol. I, 4ª ed., Coimbra.

[37] Invocando Manuel de Andrade, "o legislador, ao editar as normas supletivas, não raro aproveita o silêncio das partes para fazer prevalecer o seu critério de justiça contratual ou até para dar satisfação a exigências sociais doutra ordem": Manuel de Andrade, Teoria Geral da Relação Jurídica, vol. II, Coimbra, 1972, pág 325. Cf., sobre o ponto, na óptica do direito comercial, Filipe Cassiano dos Santos, Direito Comercial Português, *cit.*, pág. 189-190. Em geral, sobre a boa fé, v., por todos, A. Menezes Cordeiro, Tratado de Direito Civil Português, I, tomo 1, 4ª ed., Coimbra, 2012, págs. 958 e segs.

preceito que, além de ter uma virtualidade aplicativa que não se restringe ao contrato para o qual está previsto, contém uma solução que é uma emanação positiva do princípio da boa fé nas relações mercantis. Temos em mente o regime estabelecido no art. 11º do DL 148/85, sobre o contrato de locação financeira. Neste contrato – também ele um contrato de financiamento[38] – o locador financeiro, em face de uma cessão da posição contratual por parte do locatário no quadro de uma transmissão da empresa, apenas pode obstar à transmissão "provando não oferecer o cessionário garantias bastantes à execução do contrato". O preceito impõe, assim, ao locador financeiro que aceite uma mudança do locatário-devedor, caso o novo contraente dê garantias bastantes à execução do contrato – só se não for assim ele poderá obstar à alteração subjectiva. Noutros termos: se o cessionário e novo devedor se apresentar como um devedor que oferece condições de cumprimento idênticas ou melhores do que as do primitivo contraente, o financiador não pode impedir a transmissão. Esta regra flui, manifestamente, daquilo que é a boa fé nas relações mercantis e, em especial, no sector financeiro.

Ora, à luz do critério de que esta regra é afloramento, deve entender-se que é imposta pela boa fé – e que se impõe mesmo a uma vontade hipotética noutro sentido – uma cláusula em que se permite a extinção por resolução do aval no caso de o avalista ter deixado de ser sócio da sociedade financiada e de esta, por si ou por outrem, oferecer uma garantia alternativa que dê "garantias bastantes à execução do contrato". Por outras palavras, a terem previsto a hipótese, e à luz da boa fé mercantil tal como ela aflora no preceito mencionado, as partes não poderiam ter deixado de colocar como causa de extinção do aval a saída do avalista da sociedade subscritora e financiada, embora condicionada a que seja oferecida garantia substitutiva de idêntico valor.

Esta solução – cujos pressupostos não se terão verificado no caso, pois que o "avalista" se limitou a invocar a saída da sociedade e terá sido pretendida a pura e simples extinção da "garantia" – impõe-se por força da boa fé, tal como ela se deduz do nosso ordenamento mercantil, enquanto disciplina incluída no contrato por via de integração de lacuna. Apenas nestes limites, e sempre no caso concreto, é possível a resolução do aval – cujo efeito se confinará, registe-se de novo, às relações imediatas, pois que, como

[38] Sobre o contrato de locação financeira como um contrato de financiamento, não obstante a designação "locatícia", cf. Filipe Cassiano dos Santos, Direito Comercial, *cit.*, pág. 383 e segs.

veremos já no ponto seguinte, o regime do aval, nas relações mediatas, é em absoluto contrário à possibilidade de resolução. A doutrina fixada pelo AUJ não obsta a esta solução: nos casos em que faz parte do contrato, ainda que por integração, uma cláusula que permite a resolução, então é claro que o aval não foi prestado "de forma irrestrita e ilimitada" e que a estipulação contratual, ainda que exterior ao título, nas relações imediatas, terá que prevalecer – justamente porque nesse âmbito não há (ou não funcionam) literalidade e abstracção.

V. Natureza jurídica do aval e insusceptibilidade de resolução

Impõe-se agora analisar a questão da resolução do aval sob o ângulo da obrigação que dele resulta. Subscrevemos, sem reservas, reiteramo-lo, a doutrina expressa no AUJ, a qual, aliás, vale para lá do fundamento referido pelo Supremo: não é possível a resolução do aval, qualquer que seja a circunstância em que ela se possa louvar.

A impossibilidade de resolver o vínculo emergente do aval não se estende, todavia, às relações imediatas. No plano destas, no qual podem valer e ser invocadas convenções extracartulares, podem ser convencionadas causas de resolução do aval. Por outro lado, a fundamentação (extensa) em que o STJ se louva, sobretudo no que respeita à natureza jurídica e ao regime da obrigação do avalista, merece-nos algumas reservas. Passamos a expor de imediato a ressalva e as reservas que acabamos de enunciar.

1. O aval como obrigação cartular: natureza jurídica e regime – abstracção, autonomia e acessoriedade

Todas as obrigações cartulares são regidas pelos princípios da literalidade e abstracção, que, no entender comum da doutrina, estão inscritos no art. 17º da LU. A doutrina clássica reúne essas duas características de regime sob a designação geral de autonomia – fala-se, então, de autonomia das obrigações cartulares num primeiro sentido, relativo à natureza das próprias obrigações emergentes do título, distinto de outro sentido, em que a autonomia se reporta antes ao direito sobre o título[39]. Ora, também a obrigação do avalista é caracterizada comummente como obrigação autónoma. Significa isto que essa obrigação é literal e abstracta, como as demais obrigações cartulares, ou que, além disso, tem características de regime específicas, que vão para lá dessas características gerais?

[39] Cf. Ferrer Correia, *ob. cit.*, págs. 67 e segs. e 76 e segs.

A resposta à questão posta implica a compreensão do exacto sentido da literalidade e da abstracção. A literalidade exprime a regra segundo a qual as obrigações cartulares têm o seu conteúdo fixado pelos precisos termos com que se apresentam no título, sendo irrelevantes para a sua determinação convenções extra-cartulares, vícios da vontade ou divergências entre a vontade e a declaração e, em geral, quaisquer elementos exteriores ao documento. A abstracção significa que a obrigação cartular não é afectada por circunstâncias que sejam relativas ao negócio que lhe deu causa e que excepções fundadas na chamada relação subjacente não são relevantes para questionar ou fixar a existência, validade ou termos em que é exigível a obrigação.

A abstracção das obrigações cartulares ou cambiárias identifica-se justamente com o sentido em que, em matéria de garantias, se fala de autonomia. Com efeito, quando, na doutrina, se qualifica uma determinada garantia como autónoma, está-se a exprimir que ela não é afectada por excepções fundadas na relação garantida – a qual corresponde, nos títulos de crédito, à relação subjacente. É neste sentido, por exemplo, que se designam certas garantias bancárias por garantias autónomas[40].

Ora, todas as obrigações cartulares, com excepção da obrigação principal, são, em sentido amplo, obrigações de garantia. Na verdade, na letra, quer o sacador quer os endossantes assumem a obrigação de pagar a letra se o sacado não aceitar ou se, fazendo-o, não pagar, ao passo que na livrança os endossantes se obrigam a pagar caso o subscritor não o faça. A feição de garantia dessas obrigações exprime-se num ponto de regime preciso e inequívoco: nos termos do art. 47º, quer o sacador, quer o aceitante (e o subscritor, na livrança), quer os endossantes, quer o avalista são responsáveis solidariamente e, em moldes que não são objecto de distinção, para com o portador – este não tem sequer que observar qualquer ordem (art. 47º, I e II) e qualquer desses obrigados tem que pagar a letra (ou a livrança) e é, por

[40] Em geral, negócio abstracto é aquele que não tem causa – e que se contrapõe a negócio causal, que é aquele que tem uma causa que o explica e justifica o seu surgimento, ainda que possa não se projectar nele em termos de regime: precisamente assim, M. J. Almeida Costa/A. Pinto Monteiro, Garantias bancárias. O contrato de garantia à primeira solicitação, *sep.* da Colectânea de Jurisprudência, T. V, 1986 pág. 21, 2ª coluna. Estes autores identificam justamente a autonomia com a circunstância de a obrigação [os autores reportam-me à garantia autónoma] "«abstrair» das vicissitudes do contrato base", o que "significa apenas que esta, diferentemente da fiança, não é acessória, antes autónoma –o que não significa, porém, que seja negócio abstracto, sem causa".

isso, responsável pelo pagamento dela – isto é, todos os obrigados cambiários são responsáveis pelo pagamento da letra – sem prejuízo de a medida das responsabilidade ser fixada de modo distinto para cada um. Por ser responsável pelo pagamento do título, e por haver medidas diferentes, aquele que pagou e não é o obrigado principal, tem direito de regresso contra os outros obrigados (art. 47º, III) – isto é, caso um dos obrigados que não o aceitante ou subscritor pague a letra ou a livrança, ele terá direito de acção contra todos os que se situarem para trás dele na linha de transmissões do título, incluindo, na letra, o sacador, o qual já só pode agir contra o aceitante, se este existir. Em sentido lato, eles são garantes do pagamento da letra ou livrança pelo obrigado principal (ou seja, por aquele que promete pagar ou que se obriga diante da ordem dada pelo sacador).

O avalista, que, por disposição da lei uniforme (art. 32º, I), se obriga a pagar nos mesmos temos em que está obrigado um dos obrigados cambiários, assume, quando se obriga, uma dupla obrigação de garantia: ele não só responde como todos os demais obrigados, garantindo o pagamento da letra ou da livrança pelo aceitante ou subscritor, como assume uma obrigação de garantia em sentido específico, porquanto garante o pagamento da letra ou livrança por um determinado obrigado, obrigando-se nos mesmos termos que ele (na falta de indicação do obrigado por quem se dá o aval, este entende-se dado pelo sacador, na letra, e pelo subscritor, na livrança). O avalista fica, por isso, simultaneamente investido nos direitos que o garantido teria se tivesse pago e no direito de regresso contra ele (art. 32º, III): o primeiro aspecto aproxima o aval das outras obrigações cartulares, ao passo que o direito de acção contra o avalista é próprio das obrigações de garantia. É precisamente por se tratar de uma garantia que o aval deve indicar a pessoa a favor de quem é dado, e que a lei, em caso de omissão, cura de suprir a falta.

O aval é, assim, uma obrigação de garantia *sui generis*, por ser simultaneamente garantia e cartular, e que, tal como as obrigações de todos outros obrigados cartulares, se reconduz à obrigação de pagar a letra ou livrança – é justamente por ser uma garantia que a medida e extensão da obrigação de pagar do avalista se mede pela obrigação do avalizado, o qual, na qualidade de garantido, responde, por sua vez, perante o dador de aval.

Neste sentido, como qualquer obrigação de garantia, a obrigação do avalista constitui uma obrigação própria, mas que não se distingue qualitativamente das demais obrigações cartulares. Não se vê, neste plano, fundamento para distinguir o aval das outras obrigações cartulares.

Pois bem. Vistos os pontos de contacto entre o aval e as demais obrigações cartulares (como todas as restantes, o aval distingue-se das obrigações principais, na medida em que são os obrigados por estas que têm que pagar o título, em última instância), estamos já em posição de perceber o sentido da caracterização do aval como obrigação autónoma. Todas as obrigações cartulares, aval incluído, são autónomas: com isso, exprime-se a regra segundo a qual a obrigação do avalista, como as outras obrigações cartulares, não é afectada por circunstâncias extrínsecas, e, em especial, por circunstâncias emergentes da relação que lhe deu causa – e, portanto, exprime-se com essa qualificação aquela que é uma característica geral das obrigações cartulares.

No entanto, na medida em que o aval constitui também uma garantia em sentido próprio, a autonomia exprime, a mais disso, a feição particular que a autonomia (ou abstracção) assume numa verdadeira garantia. Na verdade, como obrigação cartular, o aval está sujeito à norma geral do art. 17º da LULL, aplicável directamente à letra e, por remissão do art. 77º, aplicável também à livrança. Na medida em que este preceito consagra o princípio da abstracção, a obrigação do avalista é abstracta – isto é, se quisermos também abranger a literalidade e exprimi-lo numa só palavra, é autónoma. Quer dizer, as excepções exteriores ao título, e, em particular, as causais, não relevam. Sucede que, como é ele próprio simultaneamente uma obrigação cartular e uma garantia, o aval tem não apenas uma causa remota, similar àquela que existe nas outras obrigações cartulares e nas garantias em geral, e que é a relação subjacente em que participa o avalizado – esta é a causa última do aval, na exacta medida a em que é ela que justifica a obrigação avalizada e, por isso, a prestação do próprio aval. O aval tem ainda uma relação subjacente directa, que constitui a sua causa directa ou próxima, e que é a própria relação de garantia – isto é, o acordo que se reconduz materialmente, num quadro de obrigações cartulares, ao acordo do avalista em prestar o aval e em subscrever o título para reforçar a obrigação do avalizado. Ora, por ser uma garantia cartular de uma outra obrigação cartular, o aval tem ainda subjacente, entre uma e outra das causas, a própria obrigação cartular garantida (o saque, o aceite, a subscrição, o endosso). Dada a sua dupla natureza, o aval tem duas causas e duas relações subjacentes: a obrigação cartular garantida e a relação subjacente em que participa o avalizado.

É precisamente esta dupla relação causal que o regime do aval exprime. A obrigação do avalista, como toda a obrigação cartular, é abstracta, isto é, é imune a excepções causais. Ora, isto significa, no que ao aval especificamente respeita, que o avalista não se pode eximir a honrar o aval invocando quer excepções fundadas na relação causal (subjacente) em que foi parte o avalizado, quer excepções relativas à própria relação cartular garantida, isto é, excepções fundadas na obrigação cartular que o aval garante. Neste sentido, a autonomia não é mais do que a característica geral das obrigações cartulares, a abstracção, estendida e adaptada à peculiar feição do aval como garantia própria de um título de credito: a autonomia, quando referida ao aval, exprime a extensão da abstracção quer ao nexo entre a relação de aval e a relação subjacente em que participa o avalizado, quer ao plano da relação do aval com a obrigação cartular do avalizado. A autonomia, neste sentido, corresponde à abstracção cambiária vista na óptica de uma garantia em sentido próprio que é simultaneamente garantia e obrigação cartular, reflectindo ainda outras características fundamentais das obrigações dessa natureza – a literalidade e a independência recíproca. Em síntese, e no plano do regime, a ideia de autonomia exprime que o aval não pode ser posto em causa com fundamento em quaisquer excepções causais, abrangidas aqui tanto as excepções relativas à relação em que participa o avalizado como as relativas à própria relação de aval – o aval vale por si, e a obrigação do avalista mantém-se ainda que a própria obrigação do avalizado não valha. Consequentemente, a obrigação do avalista não é essencialmente acessória (só o é limitadissimamente, no caso de vício de forma da obrigação avalizada), ao contrário da do fiador civil ou comercial, o qual pode não só usar os meios de defesa do afiançado como também poderá paralisar a sua obrigação com vícios da própria obrigação afiançada[41], e é uma obrigação própria, que não depende da obrigação garantida – sem deixar, por isso, de ser uma garantia (do mesmo modo que, por exemplo, uma garantia autónoma se apresenta como uma obrigação própria)[42].

Em conclusão, ao aval aplica-se o regime, que vale para todas as obrigações cartulares, inscrito no art. 17º: a obrigação do avalista é abstracta e literal. Na medida em que ele é uma garantia, esse regime contém especificidades – que são exprimidas, na Lei Uniforme, pelo art. 32º Ora, a literalidade e a abstracção impedem o funcionamento de quaisquer circunstâncias exteriores ao título e, portanto, de quaisquer causas de resolução: o regime

[41] No sentido de que é a autonomia ou abstracção que explica a posição do avalista e de qualquer interveniente na letra e, em especial, o regime do art. 32º- II, v. PEDRO PAIS DE VASCONCELOS, Direito Comercial, Coimbra, Almedina, 2012, págs. 329-330.

[42] V. M. J. Almeida Costa/A. Pinto Monteiro, *ob. cit.*, pág. 20, 1ª coluna.

uniforme não as contempla e elas não podem ser convencionadas. Por esta razão, a resolução não é compatível com o regime do aval.

A autonomia (ou abstracção e literalidade) não é, todavia, plena. Como ela se dirige a proteger o portador (credor cartular) e a circulação, o princípio da autonomia não vale sempre que essa tutela não se justifica: desde logo, não vale se a obrigação garantida é nula por vício de forma, ou seja, quando há uma falta na sua formação e exteriorização que é patente, de tal modo que pode ser percebida pelo portador, o qual, nessa circunstância, não pode confiar nem na obrigação viciada nem naquela que a garante[43]. Por outro lado, recorde-se, a autonomia só vale nas relações mediatas e se o portador estiver de boa fé.

A nosso ver, os preceitos legais não permitem ir mais além na compreensão da natureza e regime do aval. Quaisquer outras conclusões ou qualificações correspondem a construções apriorísticas que não têm acolhimento no regime do aval tal como ele está inscrito na lei[44].

2. A natureza jurídica da obrigação do avalista: o problema da invocação pelo avalista das excepções ao dispor do avalizado e, em especial, da violação do acordo de preenchimento – autonomia e tutela do portador mediato

A natureza jurídica do aval pode ser aprofundada – sempre mobilizando as soluções que resultam do regime legal e não compreensões apriorísticas ou meras considerações abstractas ou doutrinais – com a análise de um dos problemas mais debatidos no que respeita ao regime do aval: saber se o avalista do aceitante de uma letra ou o subscritor de uma livrança podem invocar contra o portador que esteja com o seu avalizado nas relações imediatas as excepções que o próprio aceitante ou subscritor poderia invocar, incluindo o desrespeito pelo contrato de preenchimento, no caso de título subscrito em branco. A resposta a esta questão é fundamental para a caracterização da figura, além de ter grande reflexo prático: na verdade, a valer a tese que nega ao avalista, mesmo nas relações imediatas, as excepções que podem ser invocadas pelo avalizado, ele terá que pagar o crédito cambiário mesmo

[43] Para mais desenvolvimentos, v. o nosso Direito Comercial Português, *cit.*, págs. 272 e segs..

[44] A questão de o aval consistir numa obrigação de pagar o título ou, antes, numa obrigação de pagar no lugar do obrigado garantido, é, a nosso ver, uma falsa questão, que tem subjacente transformar uma formulação semanticamente diferente num argumento substantivo.

que aquele cuja obrigação garantiu se pudesse eximir ao pagamento – assumindo uma garantia com contornos excepcionais.

A questão que ora se coloca há muito divide a doutrina, antes e depois da Convenção de Genebra. Na vigência da LULL, tem tido acolhimento maioritário na doutrina a tese, historicamente importada da doutrina alemã, que nega ao avalista os meios de defesa do garantido, mesmo nas relações imediatas, e que encara o aval, ao contrário das demais obrigações cartulares, como uma obrigação autónoma também nesse plano – pode falar-se, assim, de uma autonomia extrema ou extremada. Esse relativo sucesso não retirou argumentos, todavia, a vozes autorizadas na doutrina, que se pronunciam em sentido oposto[45].

Por nosso lado, começamos por sublinhar que a solução não decorre da letra da LULL. A isto, acrescentamos que a tese da autonomia extrema não é a mais conforme com os interesses que justificam uma garantia cartular com regime próprio e que, a vingar essa tese, ela colocaria o avalizado numa posição de sujeição excessiva e atribuiria ao portador imediato uma posição semelhante à do beneficiário da garantia autónoma, que não tem justificação a qualquer título – posições de um e de outro que tão-pouco são as mais conformes com o sentido geral dos interesses que a LULL tutela. Por fim, afigura-se-nos que o regime especial do aval estabelecido no direito uniforme revela precisamente que o aval não se distingue das demais obrigações assumidas na letra ou na livrança, quanto ao plano em que se afirma a sua autonomia (ou, se preferirmos, a literalidade e a abstracção). Passamos a desenvolver estes argumentos.

i) Inconcludência do texto da Lei Uniforme

A questão dos meios de defesa ao dispor do avalista era muito debatida na doutrina anterior à LULL e foi amplamente colocada durante os trabalhos da Convenção de Genebra. Não obstante, não se registou um consenso e, em consequência, a lei uniforme não contém um preceito que expressamente disponha sobre o ponto. O resultado é uma inegável ambivalência: com efeito, o parágrafo I do art. 32º estabelece que o avalista responde "do

[45] Mencionando apenas alguns, destacamos autores como o J. G. PINTO COELHO (*ob. cit.*, fasc. V, págs. 4 e segs. e 44-45: o A. conclui que o aval é acessório e uma fiança subjectiva) ou Antonio PAVONE LA ROSA, *La cambiale*, 6ª ed., Milão, 1994, *in* Trattato di diritto civile e commerciale, dir. da António Cicu/Francesco Messineo, vol. XXXIX, t. 1, pág. 442: o A. desmistifica, de forma certeira, o argumento da autonomia, colocando esta no seu exacto plano.

mesmo modo" que o avalizado, sugerindo uma paridade de posições substanciais e um carácter não plenamente autónomo do aval, pois que, se o avalista responde da mesma maneira, então não responderá quando o avalizado não tem ele próprio que responder; no entanto, o II parágrafo do mesmo artigo, ao prever que o aval subsiste quaisquer que sejam as vicissitudes da obrigação do avalizado, com excepção de ela padecer de vício de forma, pode ser entendido no sentido de o aval estar sujeito a uma autonomia quase absoluta, apenas derrogada no específico caso nele previsto. Ilustrativo desta ambivalência é a circunstância de o legislador espanhol, na sequência de intenso debate doutrinal em que se extremaram posições, ter, já em 1985, julgado necessário intervir para consagrar inequivocamente a ininvocabilidade pelo avalista, em qualquer caso, das excepções pessoais do avalizado[46].

Em face disto, há que concluir que a LULL não tomou posição sobre o assunto que ora nos ocupa. A solução terá que ser encontrada pela doutrina e pela jurisprudência, a partir dos preceitos gerais sobre as obrigações cambiárias e do regime do aval, bem como da ponderação dos interesses que modelam as soluções do direito uniforme.

ii) os interesses em jogo e inconveniência da inoponibilidade e a desconformidade entre o aval concebido como uma garantia similar à garantia autónoma e o escopo tutelar da LU, sem apoio no regime específico do aval

Os interesses (ou as necessidades práticas) que explicam a existência de uma garantia submetida a um regime diferenciado do direito comum – o aval surge porque a fiança não recobre adequadamente esses interesses – não justificam uma garantia cujo regime se coloque nos antípodas da feição geral das garantias de cumprimento. Tenha-se presente que, a ser exacta a tese em apreço, o avalista não poderá opor ao portador imediato as excepções de que o avalizado disponha, o que redunda na consequência de o sujeito que participou com este na relação subjacente e portador imediato ter direito a receber do avalista o crédito inscrito no título, ainda que não tenha qualquer crédito face ao avalizado, ou, ao menos, ter direito a receber do avalista em condições mais favoráveis do que aquelas que teria em face do

[46] Recorde-se que a Espanha optou por estabelecer o direito uniforme através de um diploma de direito interno, ao passo que em Portugal vale directamente a LULL: sobre os trabalhos preparatórios do art. 32º da LULL e sobre a origem do art. 37 da Ley cambiaria espanhola, A. Fernandez-Albor Baltar, *El aval cambiário*, Madrid, 1992, págs. 126 e segs. e 400.

avalizado. Em jogo está, assim, uma extensão da autonomia às relações imediatas, contra o que é o regime geral cambiário.

Porque surge então o aval como garantia cambiária? Se bem vemos a prática, a resposta é simples: a obrigação assumida por um sujeito numa letra ou numa livrança pode não ser, do ponto de vista do credor actual e (ou) dos futuros (isto é, daqueles que vierem a adquirir o título em circulação), suficientemente firme; em tais casos, a solução evidente será que aquele que se vincula encontre um outro sujeito para se obrigar ao seu lado, respondendo pela sua obrigação.

Ora, se a razão por que se apõe um aval é esta, então conferir a esta garantia um regime separado do da obrigação garantida colocaria o avalizado numa situação de desfavor e comportaria um benefício injustificado para o portador. Na verdade, se o avalista não puder invocar as excepções ao dispor daquele a favor de quem deu o aval, este comporta-se como uma verdadeira garantia autónoma ou à primeira solicitação: tal como sucede com o banco na garantia autónoma, e mesmo sem ter havido circulação, o avalista terá que pagar ao credor, quaisquer que sejam os seus direitos emergentes da relação que deu causa ao título. Num caso e noutro, o garante tem que pagar ao credor sem ter possibilidade de discutir, mas tem depois direito de acção contra o garantido e é este que terá que ir discutir com o credor, obtendo deste o reembolso que ele próprio não teria que ter pago! A consequência é que o portador imediato com aval terá uma posição qualitativamente diferente e mais forte do que aquela que tem o portador imediato em geral: ele ficaria não apenas a dispor de um obrigado mais, para lhe garantir o pagamento daquilo que lhe é devido, mas teria um obrigado que responderia em qualquer caso e circunstância – posição que se aproximaria da posição do beneficiário da garantia autónoma. O aval seria, então sim, uma verdadeira garantia do pagamento da letra ou livrança e não de pagamento da obrigação do avalizado – o avalista pagaria em qualquer caso e o portador receberia qualquer que seja a situação do seu crédito em face da relação subjacente.

Mas também pelo lado do avalizado – isto é, do obrigado que ofereceu um garante para a sua obrigação – o excesso e a incongruência de uma tal solução são patentes. Com efeito, também a posição a que o avalizado fica sujeito não tem justificação na Lei Uniforme e nos interesses em jogo. O avalizado, colocado em face do seu credor, encontra um responsável adicional, o avalista. Ora, a não poder este garante invocar perante o portador imediato as excepções que o avalizado teria ao seu dispor, este vê-lo-á pagar ao seu credor. Só que, depois de pagar, o avalista terá direito de regresso contra o avalizado. Mas, assim sendo, a consequência é também estranha: o avalizado, obrigado cartular, tendo obtido o aval, vai ter que pagar ao seu avalista aquilo que este se viu compelido a pagar e que ele próprio não teria porventura que ter pago, ou não teria que ter pago naqueles termos, se lhe tivesse sido pedido directamente, e fica, portanto, numa situação muito pior do que aquela que teria por força da sua própria obrigação – é que ele, por acção apenas da sua obrigação, poderia sempre, face a um credor imediato, obstar ao pagamento, se tivesse, por exemplo, ocorrido incumprimento da relação subjacente ou se houvesse uma excepção de não cumprimento. Todavia, como quer que se vejam as coisas, a realidade é que ele procurou um avalista para acrescer à sua obrigação, e para dar um responsável suplementar ao credor, e não para permitir ao credor obter pagamento em qualquer caso – para isso, obteria uma garantia bancária autónoma e à primeira solicitação.

Estas consequências exorbitam do regime da lei uniforme e dos interesses que ela acolhe. A obrigação do avalista, por definição ou natureza, é também uma obrigação cartular, e comunga, por isso, logo à partida, das características das demais obrigações inscritas no título: é independente das outras obrigações, literal e abstracta. Mas, pelo regime comum às obrigações cartulares, esse regime vale plenamente apenas quando o título sair das relações imediatas. Nada justifica, contudo, um regime em que a garantia cambiária se configura como uma garantia totalmente autónoma e em que o garante é não apenas um obrigado cartular adicional mas antes um devedor que, mesmo perante o próprio portador imediato, garante mais ou responde em termos mais gravosos do que o garantido.

Na verdade, a letra ou a livrança, com as obrigações que incorporam e à luz do regime inscrito na Lei Uniforme, são instrumentos ordenados a criar um crédito destinado à circulação, mediante a protecção por um regime especial daqueles que adquirem esse instrumento. Tal como estão inscritos na lei, esses instrumentos não se destinam propriamente a ser usados para reforçar a posição do concreto primeiro credor – isto é, não é esse o seu fim típico. Para isso, o ordenamento jurídico dispõe de outros instrumentos.

É justamente este escopo tutelar que explica que a letra e a livrança só se exprimam com o seu regime pleno quando há circulação[47]: antes de a circulação se iniciar (ou, mais rigorosamente, antes de surgir um credor que

[47] Cf. Ferrer Correia, *cit.*, pág. 67.

não o seja por via da relação subjacente que deu origem ao título ou que não tenha participado na convenção executiva que decidiu a sua criação)[48] ou se o programa contratual subjacente não envolver de todo a circulação, os créditos emergentes da letra ou livrança não se confundem com créditos sujeitos ao direito comum mas não justificam a plenitude do regime cartular. Por esta razão, a literalidade e abstracção não funcionam nas relações imediatas – porque não é para a utilização nesse quadro limitado que o direito uniforme constrói um regime especial para a letra e a livrança. Os ganhos de economia são uma consequência ou resultado colateral do regime da letra ou da livrança nas relações imediatas, não o seu fundamento. É, em suma, a entrada do título em circulação (*rectius*, o surgimento de um portador mediato) que justifica um regime mercantil especial pleno: para tutela daquele que adquire o crédito cartular, para que esse sujeito possa confiar no crédito, as obrigações inscritas no título são literais e abstractas.

Estas características estendem-se, já o sublinhámos, a todas as obrigações cartulares. Assim, a obrigação emergente do aval, tal como as demais, é também ela literal e abstracta. Contudo, como a literalidade e a abstracção se justificam apenas em face da circulação do título, o aval também é literal e abstracto apenas quando se apresenta um portador mediato. Não há, no plano dos interesses gerais tutelados pela LU, razão para qualquer extensão que torne a obrigação assumida pelo avalista sujeita a um regime mais gravoso em benefício do portador que está nas relações imediatas.

A ponderação das consequências práticas da tese que se critica evidencia a incongruência. Se, em abstracto, o interesse que essencialmente está em jogo é o do credor imediato, que é protegido à custa do avalista e do próprio avalizado, na prática aquilo de que se cura é da protecção do credor bancário ou financeiro ante o seu cliente e o respectivo avalista. Na verdade, o problema põe-se sobretudo quanto à livrança. Esta é quase sempre utilizada no quadro de relações de crédito bancário ou similar. Torna-se então patente que, na generalidade dos casos, em jogo está, na prática, saber se o avalista do subscritor/devedor pode prevalecer-se, contra o banco credor/portador, das excepções que o seu avalizado poderia invocar: por exemplo, em situações em que o banco desrespeitou o acordo de preenchimento em que não interveio o avalista, mas apenas o devedor/avalizado, a questão volve-se em saber se o avalista pode invocar o preenchimento abusivo, ou se, pelo

[48] Relações mediatas, pois: v., de novo, Filipe Cassiano dos Santos, Direito Comercial Português, *cit.*, pág. 275 e segs.

contrário, a solução jurídica é aquela que deixa imune a tal invocação o banco que violou o acordo e que lhe permite receber aquilo que entende colocar na livrança, desde que opte por atacar apenas o avalista – com o que o seu cliente fica indefeso e à mercê de quaisquer arbítrios, por via de uma construção jurídica conveniente... Os termos do problema são claros, e a resposta não é inocente ou inócua – não se reduzindo a uma pura querela teórica e doutrinal

O caso em que é emitida letra ou livrança em branco e há um acordo de preenchimento celebrado entre o portador e o avalizado é paradigmático no que respeita à questão em exame e permite de forma especialmente significativa apreciar as suas consequências. É útil, por isso, a examiná-lo mais de perto.

Em geral, a invocação de excepções contra o teor literal da livrança ou letra por sujeito que esteja nas relações imediatas com aquele que exige o pagamento dela é perfeitamente conforme com o regime da LULL. Isto vale também para excepções assentes num acordo de preenchimento: preenchida uma letra ou livrança em branco, na base de um acordo de preenchimento entre o subscritor ou o aceitante e o tomador, o preenchimento vai conduzir à determinação do teor literal do título. A regra, que vale nas relações mediatas é a de que o título vale nos precisos termos dele constantes, e não são de considerar, para circunscrever a obrigação, quaisquer elementos exteriores ao título, pacto de preenchimento incluído – é a regra que se exprime no chamado princípio da literalidade, completada pelo da abstracção. Por aquele princípio, é indiferente que o teor do título seja conforme ou desconforme com o acordo de preenchimento. O título vale sempre por si, e quaisquer elementos extrínsecos, pacto de preenchimento incluído, são irrelevantes. Não é assim, contudo, se a literalidade não funciona e, tendo especificamente em vista a letra ou livrança em branco, quando a desconformidade entre o teor do título e o acordado é invocada no círculo de eficácia vinculativa do acordo de preenchimento (isto é, entre sujeitos que se vinculam ao respeito pelo pacto celebrado). Nesses casos, não jogando a literalidade, ou estando esta como que suspensa por razões de ordem prática, nada obsta a que os sujeitos dirimam logo os efeitos dos acordos exteriores que tenham firmado e a existência do título não introduz especialidades qualitativas.

Neste particular, a LULL não prevê um regime diferente para a obrigação do avalista. O art. 32º – I, diz mesmo que ele responde "da mesma maneira" que o afiançado. Como respondem da mesma maneira, enquanto o título não circular – em rigor, face ao credor imediato –, obrigado e avalista estão obrigados em moldes que não se afastam substancialmente daqueles que valem nos créditos comuns: antes da circulação, o título não suscita e não contempla qualquer tutela específica, e o avalista pode opor as suas próprias excepções, se as tiver, e ainda – porque responde da mesma maneira – aquelas que o avalizado poderia invocar – por exemplo, a violação do pacto de preenchimento. Nada, neste plano, justifica que ele fique adstrito a pagar apesar da existência dessas excepções – regime a que o aval ficaria sujeito se valesse uma autonomia extrema. Só quando há circulação, quando se apresenta um portador mediato, se poderá justificar que os obrigados cartulares, avalista incluído, assumam uma obrigação (cartular) forte – literal e abstracta, ou, se se quiser, autónoma. Outra solução teria como resultado, repete-se, atribuir um privilégio sem justificação àquele que preencheu o título contra os acordos, que poderia ver o avalizado invocar essa circunstância, mas estaria imune à invocação disso pelo avalista.

Em suma, o aval, na lógica que se critica, seria configurado não simplesmente como uma garantia daquela obrigação, ao lado das outras, mas apresenta-se antes como uma obrigação cambiária diferente das demais – muito mais forte, por estar sujeita a um regime de pagamento quase absolutamente imune a quaisquer excepções. Nada o justifica no plano dos interesses nem em face da Lei Uniforme.

iii) o art. 32º – II e o regime especial do aval na relação com a obrigação garantida: a obrigação assumida pelo avalizado

A Lei Uniforme, já o apontámos, não tomou posição específica sobre o ponto em análise. Invoca-se, no entanto, no sentido da extensão da autonomia do aval às relações imediatas, a excepção à autonomia (ou abstracção) prevista no parágrafo II do art. 32º: por este preceito, a obrigação do dador de aval "mantém-se, mesmo no caso de a obrigação que ele garantiu ser nula por qualquer razão que não seja um vício de forma". Numa espécie de argumento *a contrario sensu*, diz-se que, se a obrigação do avalista só pode ceder no caso de vício de forma da obrigação avalizada, então é porque ela não pode ser posta em causa por qualquer circunstância relativa a essa relação e à sua relação subjacente.

Não cremos que esta seja a correcta interpretação do preceito. A nosso ver, a *ratio* do parágrafo II não se diferencia daquele que é o sentido geral da LU. Como o direito uniforme se dirige à protecção da circulação e do credor/portador mediato, há uma premissa que aflora todo o regime: o portador só é protegido na medida da aparência que o título apresenta e da confiança que legitimamente suporta. Por esta razão, se a obrigação cambiária do avalizado for nula por vício da forma – isto é, por um vício, e o único, que é aparente pelo simples exame do título, a obrigação dele cai e, nesse caso, como o portador não pode deixar de se ter apercebido disso, o aval cai também. O aval cai, portanto, porque o portador não merece tutela e porque há uma relação de dependência entre aval e obrigação garantida – ainda que só relevante nesse caso de especial evidência, por causa da protecção do portador mediato, mas, ainda assim, uma dependência. O parágrafo II do art. 32º não fornece qualquer apoio para que se sustente o jogo de uma autonomia extrema do aval: pelo contrário, ele supõe uma relação de não completa independência entre as obrigações.

A consequência do regime do art. 32º-II é abrir-se uma excepção ao regime geral das obrigações cartulares que se reconduz à literalidade, à abstracção e à independência recíproca, permitindo que, apesar de se estar nas relações mediatas, em que circunstâncias exteriores não relevariam, possa haver uma invalidade subsequente do aval. Quer dizer, o preceito comporta uma excepção à literalidade, abstracção e independência recíproca e, a não haver esse preceito, o avalista responderia sempre, mesmo em caso de vício formal da obrigação do avalizado, nos termos gerais (por força do art. 17º e do seu funcionamento nas relações mediatas e da independência recíproca). Por outras palavras, o efeito da prescrição é permitir pôr em causa o aval numa hipótese que, de outro modo, não relevaria, e não vincular mais estritamente o avalista – ver de outro modo, é isolar e descontextualizar o preceito, invertendo aquele que é o seu sentido no quadro geral do regime do aval como obrigação cartular.

O aval é assim, nas relações mediatas, uma obrigação abstracta ou autónoma, que não depende dos vícios da relação que lhe deu causa – nem da relação de garantia e da relação a que esta se liga, nem da própria obrigação cartular garantida. Só não é assim se o vício desta for um vício de forma, isto é, patente. A diferença de regimes entre o aval e as demais obrigações cartulares reside apenas em, estando em causa uma pura obrigação de garantia, a lei não levar tão longe o funcionamento das regras cambiárias da literalidade e da abstracção ao ponto de elas poderem funcionar mesmo contra a *ratio* que as inspira – daí o 32º – II.

No entanto, se o preceito comporta um benefício especial para o avalista, que, contra a regra, pode sempre invocar um vício, ele não pode ser a base para sustentar, parece evidente, que o avalista responda mais fortemente do que aquilo que se passaria na falta do preceito: nas relações imediatas, vale o regime geral e o aval é uma obrigação igual às demais – o avalista responde "da mesma maneira". O parágrafo II do art. 32º não exclui o funcionamento geral do art. 17º e da literalidade e abstracção.

Em síntese: o parágrafo II do art. 32º não torna a obrigação do avalista mais forte do que as demais obrigações cambiárias – pelo contrário, ele derroga excepcionalmente uma das regras básicas da LULL, em homenagem à lógica geral e à coerência do regime legal. O art. 32º-II não prescreve o único caso em que o avalista se pode eximir ao pagamento, limitando-se a estabelecer o caso em que, em derrogação ao regime geral, ele o pode fazer – não impede, assim, o funcionamento desse regime geral.

Aliás, é simples a demonstração de que o caso previsto no art. 32º – II, não é realmente o único em que o avalista pode obstar ao pagamento – e que o preceito não obsta, portanto, ao funcionamento, para a obrigação emergente do aval, do regime cambiário geral (mormente do art. 17º). Com efeito, há um caso em que patentemente a obrigação do avalista não subsiste, e esse caso não cabe na previsão do preceito: referimo-nos à hipótese de o aval ter sido dado ao sacador da letra e de o saque padecer de invalidade (ainda que por vicio de forma), caso em que, caindo a letra, por falta de saque, cai também o aval – donde é forçoso concluir que afinal não é apenas quando há vício de forma aparente que o aval não subsiste.

Com esta interpretação, harmonizam-se as duas primeiras disposições do art. 32º: o parágrafo I consagra o princípio em matéria de regime do aval e é o preceito preponderante, que tem como alcance estabelecer a função e medida do aval e, simultaneamente, associá-lo ao regime das demais obrigações cartulares; o parágrafo II concretiza esse regime geral e introduz-lhe uma excepção, em benefício do avalista, num caso em que a tutela do portador não se justifica, por o vício ser aparente e não sustentar a sua confiança.

A esta luz, o art. 32º não permite também a distinção, sustentada por autores que perfilham a uma versão mitigada da tese da dupla ou extrema autonomia do aval, segundo a qual a inoponibilidade geral das excepções do avalizado pelo avalista não pode realmente ser levada ao extremo, concedendo que há factos extintivos da obrigação do avalizado, e designadamente o pagamento, que podem ser invocados pelo próprio avalista – alguma jurisprudência (a que o AUJ alude) faz eco disto. Ora, à luz dos preceitos legais que vimos analisando, não se vislumbra fundamento para que certas excepções se comuniquem ao avalista, mas não outras que podem também contender com a subsistência ou os termos da obrigação do avalizado[49]. Mais equilibrado, mas também mais conforme com a unidade e harmonia do direito uniforme e dos princípios que o conformam, é interpretar o regime do aval no sentido de que ele não se afasta essencialmente da natureza das demais obrigações cartulares, com as especificidades de se tratar de uma verdadeira garantia – o aval é uma garantia cartular específica, distinta da fiança, mas também da garantia autónoma[50].

3. O aval: síntese

Articulando os dois primeiros preceitos do art. 32º, pode concluir-se que neles se acolhe o aval como garantia cambiária pela qual o avalista assume o pagamento da letra ou da livrança fundamentalmente porque e na medida em que o seu avalizado também o assumiu. O avalista é mais um obrigado cambiário, tem uma obrigação com natureza que não se diferencia qualitativamente das demais, que vale ao lado delas e nos mesmo termos delas (especificamente, nos mesmos termos daquela que garante), ainda que com as especificidades inerentes à sua natureza de garantia em sentido próprio e de garantia cartular. Singelamente, e ainda nas palavras de Ferrer Correia, "essa garantia vem inscrever-se ao lado da obrigação de um determinado subscritor, cobrindo-a, sancionando-a"[51].

Com esta interpretação dos preceitos legais, evita-se um regime anómalo e inusitado para o aval que proteja *a outrance* o portador/credor imediato e alcance-se um regime equilibrado à luz dos interesses e valores presentes no direito uniforme. Designadamente, nas relações imediatas – isto é, face a um portador que está perante o avalizado nas relações imediatas – o avalista pode invocar as excepções que o seu avalizado poderia invocar perante o portador/credor: ele é apenas mais um obrigado, não um obrigado em termos diferentes dos demais (para lá dos decorrentes da natureza da garantia

[49] Pinto Coelho, *ob. cit.*, fasc. V, págs. 4 e segs. e 44-45.

[50] Cf., assumindo a perspectiva que se critica, P.. Sendin/E. Mendes, A natureza do aval e a questão da necessidade ou não de protesto para accionar o avalista do aceitante, Coimbra, 1991, págs. 39 e segs. e 42-43: na linha aberta por Paulo Cunha, e com amplas referências a este Autor, sustentam que o aval é uma garantia do pagamento da letra e não de pagamento da letra pelo avalizado, associando-o explicitamente à garantia bancária autónoma. Os autores valorizam a letra do art. 30, I, mas não explicam convincentemente o sentido que fica para o art. 32, I – é que, no fundo, os dois preceitos são perfeitamente compatíveis se se entender que o avalista assume o pagamento da letra porque e na medida em que o seu avalizado também o assumiu.

[51] Ferrer Correia, *ob. cit.*, 207.

da sua própria obrigação, naturalmente). Na prática, o avalista está sempre nas relações imediatas com aquele que está nesse plano com o seu avalizado, o que a lei consagra justamente quando estabelece ser ele responsável "da mesma maneira que a pessoa afiançada" – o plano das relações imediatas estende-se, pois, *ex lege* (art. 32, I), ao avalista do devedor[52]-[53]. Qualquer que seja a sua própria relação com o portador, o avalista pode sempre invocar as excepções que o avalizado pode ele próprio invocar e, em especial, o preenchimento abusivo, mesmo que não tenha estabelecido qualquer "relação" com o portador – foi o seu avalizado que entabulou relações com o portador e que, com base em circunstâncias a elas relativas, tem fundamentos para não pagar ou para não pagar nos termos exigidos pelo portador[54].

Em qualquer caso, se, em concreto, a livrança estiver na posse de um portador que participou com o avalista no acordo que deu origem ao aval, então portador e avalista participam na mesma convenção executiva e estão nas relações imediatas, com a inevitável consequência de que o avalista pode opor ao portador as excepções de que dispuser e que se fundem nas suas relações com ele – é a excepção ao princípio da literalidade. Se, a mais disto, o avalista tiver participado no próprio pacto de preenchimento (como é comum e de boa precaução: o sujeito avaliza uma livrança em branco, mas quer manter controle sobre os termos do preenchimento), na medida em que é parte neste contrato, poderá opor ao portador que também subscreveu o pacto qualquer excepção fundada nele. Estas asserções são indiscutíveis, a qualquer luz que se veja o problema.

[52] A autonomia não pode pois ser esgrimida noutro sentido, porquanto, valemo-nos agora de palavras de Pavone la Rosa, "non giova il principio di 'autonomia' dell'obligazione dell'avallante, giacché tale principio opera exclusivamente nell'interesse del terzo portatore del título e non è quindi invocabile quando il possessore della cambiale sai soggetto del rapporto nel quale l'eccezione ha radice" (sublinhado nosso). – *ob. cit.*, pág. 442 – o A. desmistifica, assim, repete-se, de forma certeira o argumento da autonomia, colocando esta no seu exacto plano.

[53] Por nossa parte, já em Direito Comercial Português, *cit.*, pág. 277, apontámos genericamente no sentido que ora sustentamos com mais desenvolvimento.

[54] Note-se que em causa estão não propriamente circunstâncias que ponham em causa a validade do aval – essas estão previstas no art.32º – mas circunstâncias que, sendo embora o aval válido, podem permitir ao avalista legitimamente eximir-se ao pagamento total ou parcialmente, por a quantia não ser devida nos termos em que foi colocada na livrança, em face da relação subjacente.

Em conclusão, o aval é, a um tempo, uma obrigação cartular literal e abstracta (autónoma) e própria, que consiste numa garantia cartular de pagamento da letra nos termos e condições da obrigação assumida pelo sujeito por que é prestada, ainda que só num caso especial seja acessória dessa obrigação, pelo qual, satisfazendo o direito do portador, o avalista terá direito de acção não só contra o avalizado (em via de regresso) mas contra todos aqueles que eram obrigados em face deste. É autónomo na medida em que o são as demais obrigações cambiárias, com a especificidade de que, enquanto garantia cartular, é também autónomo em relação à própria obrigação garantida. E é própria porque se trata de uma obrigação com uma causa específica, o escopo da garantia, e que leva o obrigado a responder na qualidade e com as especificidades de garante cartular – e não é por ser uma obrigação própria que deixa de ser uma garantia: veja-se o caso flagrante da garantia autónoma. É limitadamente acessória na medida em que, sendo obrigação de garantia, o avalista não responde, em algumas circunstâncias, se o próprio avalizado não responder: é isto que permite que a sua obrigação caia com a dele, mesmo nas relações mediatas, se isso for patente para o portador, mas é também por isso que se entende que a sua obrigação prescreve com a do avalizado e que a falta de protesto não impede a acção quer contra o aceitante quer contra o seu avalista[55].

4. Aval e resolução: conclusão

As notas que fomos evidenciando neste número confirmam que, pelo lado do regime cartular e, em especial, do regime do aval, e, portanto, da natureza especial deste como obrigação cartular de garantia, há obstáculos – estes, irremovíveis – à admissibilidade da resolução do aval (como, aliás, das demais obrigações cambiárias), qualquer que seja o fundamento invocado para esta. O regime da literalidade e abstracção (autonomia, se nos quisermos exprimir assim) das obrigações cartulares e a tutela do portador mediato e da circulação da letra ou livrança obstam a que o aval, como as outras obrigações cartulares, possa ser extinto por resolução. Só é assim, contudo, no plano das relações mediatas, pois é ai que as características da literalidade e

[55] Cf., em sentido genericamente próximo, P. Pais de Vasconcelos, Direito Comercial. Títulos de crédito, Lisboa, 1988/89 (reimp), pág.74-75. Ferrer Correia não deixava já de dar nota deste hibridismo do aval: a pág. 207, ao referir-se ao art. 32º-I, sublinha a acessoriedade do aval, embora a pág. 215-216, a propósito do 32º-II, aponte a autonomia da garantia. P. Sendin/E. Mendes, *ob. cit.*, págs. 31 e segs e 38, falam de ambiguidade da doutrina maioritária.

da abstracção – que reflectem, no plano do regime, que a obrigação do avalista é imune a excepções exteriores ao documento e a excepções causais, mesmo que relativas à relação garantida, que funciona como causa próxima do aval – funcionam em pleno.

VI – Livrança ou letra em branco, pacto de preenchimento e preenchimento abusivo

As conclusões que acabámos de formular, bem como a identificação da questão que efectivamente deveria ter sido posta à consideração do Supremo, conduzem-nos à apreciação do problema que não foi directamente enfrentado pelo AUJ – mas que, recorde-se, o havia sido pelo STJ no Acórdão de 2008. A questão é a seguinte: celebrado um contrato de financiamento entre um banco e uma sociedade, e emitida uma livrança-garantia em branco pela própria sociedade, com um sócio seu a subscrever o documento a fim de prestar um aval, actos esses acompanhados de um acordo de preenchimento, os vínculos assumidos pelo sócio, sendo anteriores à formação do título, podem ser objecto de denúncia ou resolução até ao preenchimento? A questão suscita uma resposta própria, porque os escolhos que vimos se colocam quanto ao aval já formado, por força do regime cartular, não valem neste outro caso em que não há ainda título e em que o regime especial não se aplica.

A questão formulada convoca um ponto prévio: avaliar os efectivos efeitos desses actos desvinculativos sobre a formação do título. Precisando melhor: se a denúncia ou resolução extinguirem o acordo ou autorização de preenchimento, ou, em termos mais gerais, os poderes de preenchimento, que reflexo é que isso tem sobre a formação da letra ou da livrança e concretamente sobre a possibilidade de preenchimento? O quesito posto reconduz-se a outra questão prévia, que é saber se a letra ou a livrança em branco supõem necessariamente um acordo ou autorização de preenchimento, sem o qual a emissão em branco não é possível, de tal modo que, denunciado ou resolvido o existente, já não possa ser formado o título. É esta questão a que vamos começar por dar resposta no ponto seguinte.

1. Letra ou livrança em branco e acordo de preenchimento: a autorização de preenchimento como acto instrumental necessário à emissão de um título em branco

A emissão de letra ou livrança em branco é hoje admitida e praticada generalizadamente. Esta aceitação não se fez sem fortes resistências e não afastou divergências e reservas na doutrina. Sabe-se, desde logo, que, nas Conferências Internacionais de que resultou o direito uniforme das letras e livranças[56], houve bastantes dificuldades em assumir um regime para a letra em branco, de tal modo que só na Conferência final (a de Genebra) foi possível acordar naquele que viria a ser o texto do art. 10º da LULL[57]. As questões de base prendiam-se com as desconfianças de muitos países sobre a segurança do mecanismo e sobre os abusos a que ele poderia dar origem. Estas razões estiveram mesmo na origem da Reserva introduzida no Anexo II à Convenção de Genebra, no seu art. 2º, a qual permitia que os Estados Contratantes não adoptassem o preceito da LU sobre a letra em branco, o art. 10º – justamente por ele implicar a admissibilidade da letra ou livrança em branco e para com isso se permitir a alguns países a não adopção necessária do instrumento[58].

Como quer que seja, a prática mais ou menos generalizada foi consagrando o mecanismo, por a sua utilização corresponder comummente a interesses perfeitamente fisiológicos, os quais, basicamente, se reconduzem aos casos em que, por força do negócio subjacente, todos os elementos que devem constar do título não estão nem podem estar ainda determinados na data em que se tem que dar a subscrição.

Tendo Portugal adoptado a Lei Uniforme sem usar a faculdade de reserva relativamente ao art. 10º, deve ser este preceito, naturalmente, o ponto de partida da determinação do regime a que está sujeita a letra e a livrança em branco (no caso da livrança, por força do artº 77º – III).

O art. 10º não estabelece directamente a admissibilidade do mecanismo. Cura, em vez disso, de prever a inoponibilidade do acordo ou autorização de preenchimento, em termos que analisaremos adiante.

Na apreciação do significado da norma, há que ter em conta um aspecto. Na medida em que foi prevista a reserva a que aludimos acima, e ela teve justamente por objecto o art. 10º, o resultado objectivo dessa circunstância era o de que se admitir como possível que houvesse países que, admitindo

[56] Recorde-se que, apesar de o direito cambiário, em rigor, ser o direito da letra de câmbio, é comum associar a designação ao direito que rege a livrança, dada a quase integral adesão do regime desta ao daquela.

[57] V. as referências a essa evolução em Gonsalves Dias, Da Letra e da Livrança segundo a LULL e o Código Comercial, vol. IV, Coimbra, 1942, págs. 376 e sgs.

[58] V., entre nós, com amplas referências a isto, além de Gonçalves Dias, J. Conde Rodrigues, A letra em branco, Lisboa, 1989, págs. 18-20.

embora a letra e a livrança em branco, não adoptassem o regime de inoponibilidade constante do art. 10º em letra de lei – foi, aliás, o que aconteceu com a França, país em que se usa a letra e a livrança em branco e que não adoptou o art. 10º Mas, para aquilo de que ora curamos, a possibilidade implicada pela reserva e por este efeito que acabámos de assinalar permite uma outra ilação: a Convenção não atribuiu um carácter essencial à tutela do portador em caso de letra ou livrança em branco – ou a inoponibilidade dos acordos não teria sido assumida como um elemento defectível do regime uniforme.

Não obstante esta constatação, é inegável que o sentido geral do direito uniforme impõe que, admitido o título em branco, seja protegido o interesse na circulabilidade dos títulos de crédito e, para tal desiderato, que sejam tutelados os interesses de terceiros portadores de boa fé. Todavia, no outro prato da balança, sem poderem ser desconsiderados, atenta até a posição da Conferência sobre o ponto e a própria Lei Uniforme, acima descritos, estão os perigos e a gravidade (recordam-se as palavras de FERRER CORREIA)[59] implicados no recurso ao mecanismo.

Neste quadro de relativa indeterminação, subsistem divergências profundas na doutrina – que a lei uniforme não resolveu directamente. A questão central, nesta matéria, é a da definição do modo de criação do título e das condições de validade da subscrição em branco, bem como a correlativa questão da origem ou natureza contratual (voluntária) ou antes legal (*rectius,* associada automaticamente à simples aquisição de um título não completo) do poder de preenchimento. Parte da doutrina e da jurisprudência afirma que a admissibilidade de títulos em branco depende da existência de um acto pelo qual os subscritores do documento incompleto (que pelo completamento vão ficar obrigados cartulares) atribuem ao beneficiário dos vínculos poderes de preenchimento e de formação da letra ou livrança. Outra parte dos autores e da jurisprudência entende que não é necessário esse acto atributivo de poderes, afirmando-se em alguns sectores que esses poderes resultam da própria lei uniforme.

Há, qualquer que seja a perspectiva que se adopte sobre a fonte do poder de preenchimento, um inegável pressuposto do preenchimento: esse pressuposto é a existência, na esfera de algum sujeito, de um poder de preenchimento. Apenas se pode admitir que um documento que não está completo venha a ser completado de modo a ser formado um título com

[59] Cf., de novo, FERRER CORREIA, *ob. cit.*, pág. 133.

todos os requisitos necessários, se houver, na esfera jurídica de alguém, um poder de preenchimento, independentemente da fonte dele.

Este poder deve ser atribuído por aqueles que se vinculam "em branco" num pacto[60]. Se a subscrição do documento que não tem todos os elementos da letra ou da livrança não for acompanhada de uma concreta atribuição de poderes que sirva de base à determinação dos elementos em falta e, portanto, que supra a omissão do documento, não há letra ou livrança em branco, mas antes um documento que não é um título de crédito e é, como tal, nulo ou inexistente, por lhe faltarem os elementos essenciais impostos imperativamente pela lei. O acordo ou pacto de preenchimento é necessário à emissão de letra ou livrança em branco e, sem ele, há um título incompleto e que não pode produzir efeitos nem pode vir a ser completado. A favor desta solução, que é, de resto, aquela que tem correspondência com a prática (a qual associa quase sem excepção a emissão em branco à celebração de um acordo de preenchimento), e que não representa, portanto, exigência que imponha encargo excessivo ao tráfico, militam vários argumentos. Passamos a alinhá-los.

A favor da exigência de autorização de preenchimento depõe em primeiro lugar a ponderação do rigoroso formalismo que preside à formação de letras e livranças. A solução é, desde logo, a que melhor se harmoniza com esse estrito formalismo e que melhor preserva o alcance e o efeito útil dos preceitos que o inscrevem.

É sabido que a letra e a livrança estão sujeitas a um estrito formalismo. Esse formalismo justifica-se pela necessidade de proteger quem se vincula em obrigações para as quais a lei dispõe um regime particularmente grave; é por esta razão que a vinculação cambiária deve ter por base uma vontade expressa de forma ponderada e inequívoca e está sujeita a apertados e numerosos requisitos de expressão formal. Mas o formalismo justifica-se também em vista da circulação: ele é factor essencial de uma transmissibilidade mais segura, e este constitui um valor fundamental nos títulos de crédito[61].

[60] Esta posição, nos seus termos gerais, vem já das nossas lições de direito comercial, no ponto em que tratámos a letra em branco e o pacto de preenchimento (cf. Filipe Cassiano dos Santos, Direito Comercial Português, *cit.*, pág. 254).

[61] A constatação e a justificação do formalismo estrito no domínio cambiário são pacíficas na doutrina: cf. Ferrer Correia, Lições de Direito Comercial, vol. I, Coimbra, Universidade de Coimbra (policopiado), 1973, págs. 34-35, e vol. III, *cit.*, pág. 103; justificando o formalismo, quer pela sua instrumentalidade relativamente à circulabilidade, quer pela gravidade do regime a que o obrigado fica sujeito (com apoio, quanto a esta, em Gonsalves Dias), v. Vasco Lobo

O formalismo estrito é, em última análise, o preço a pagar pelo regime a que fica sujeito o mecanismo.

O rigoroso formalismo está inscrito, logo para a formação da letra e da livrança, nos arts. 1º e 2º e 75º e 76º da LULL. A letra dos preceitos é clara e não deixa margem para duvidas: o título tem que ter os elementos enumerados nos arts. 1º e 75º; e, salvo as excepções da lei, não produz efeito como letra ou livrança o documento em que falte algum desses elementos essenciais. Mesmo que o documento apresente a configuração básica de uma letra ou livrança, por conter a designação e (ou) uma ordem ou uma promessa de pagamento, sem um desses elementos o documento não vale como letra ou livrança. Por força desses preceitos, o título incompleto é nulo (ou, em certos casos, não existe sequer letra ou livrança).

Este estrito formalismo e os preceitos que o inscrevem não são obstáculo absoluto à admissibilidade de letras ou livranças em branco. Todavia, essa admissibilidade não pode importar uma forma de contornar e tornar letra-morta os preceitos que impõem o formalismo. Se se admitisse sem mais que um documento intencionalmente formado sem algum dos elementos essenciais pudesse ser ulteriormente completado sem o concurso da vontade de quem o subscreveu ainda incompleto, o sentido e alcance da exigência de requisitos formais e os preceitos dos arts 1º e 75º seriam, na prática, frustrados. Por esta razão, impõe-se que o documento em que se contém já uma vinculação assumida para ser uma vinculação cartular seja necessariamente acompanhada de um acto pelo qual (pelo menos) se exprima a vontade desse obrigado quanto aos termos em que outro sujeito pode completar o documento e formar a letra ou livrança, definindo de antemão os termos possíveis desse preenchimento – caso em que há não uma letra ou livrança incompleta e nula, mas uma letra ou livrança em branco. Do título incompleto (e nulo) há assim que distinguir o título em branco, que é aquele que, não contendo embora algum ou alguns dos elementos essenciais à sua formação completa, é acompanhado de autorização ou acordo

Xavier-Maria Angela Soares, Letras e Livranças: requisitos essenciais (artigo 1º, nºs 1 e 2, e artigo 75º, nºs 1 e 2, da LULL sobre Letras e Livranças), *sep.* da revista de Direito e Economia, nº 13, 1987, págs. 318 e 320-321, além de Filipe Cassiano dos Santos, Direito Comercial Português, *cit.*, págs. 252-253). Na doutrina estrangeira, com especial ênfase, v. Alberto Stagno d'Alcontres, Il Titolo di Credito: riscostruzione di na disciplina, Torino, 1999, pág. 83. Para Vasco Lobo Xavier-Maria Ângela Soares, o tomador tem mesmo de "usar da maior diligência, ao verificar se estão cumpridas as exigências legais".

de preenchimento e pode ser completado. Em síntese: a letra ou livrança que não tem todos os elementos essenciais legalmente previstos não pode vir a produzir efeitos como título, por se apresentar incompleta, excepto se tiver subjacente uma autorização de preenchimento.

A ponderação do rigoroso formalismo que preside à formação dos títulos releva ainda num outro sentido: em matéria de letra ou livrança em branco, esse formalismo é – deve mesmo ser – ainda mais exigente. Se na formação comum da letra ou da livrança se impõe um estrito formalismo, e com ele a lei visa tutelar aqueles que subscrevem títulos sujeitos a regime tão severo para os obrigados, os perigos especialíssimos e agravados envolvidos na formação que é feita de forma sucessiva e desfasada no tempo (começando por estar "em branco") são um fundamento acrescido para, em especial nesse domínio, se impor também um rigoroso formalismo, adaptado à específica circunstância da emissão, para tutela daquele que assume obrigações cambiárias quando o título não contém todos os elementos (e, porventura, dos mais importantes na definição da obrigação: o montante, a data de vencimento, para só mencionar os mais evidentemente relevantes). Ora, essa tutela apenas se realiza eficazmente se se exigir que se fixem paralelamente à emissão de título "incompleto" os termos em que hão-de ser preenchidos os elementos em falta – impedindo-se que o preenchimento arbitrário seja lícito.

Depois, exigir um acordo de preenchimento paralelo ao título em branco é a solução que melhor se harmoniza com a letra e com a articulação sistemática dos preceitos legais. Na verdade, se, conforme já sublinhámos, o art. 10º da LULL tem implícita a admissibilidade da letra em branco (e da livrança, bem entendido, por força do art. 77º), o art. 1º e o art. 2º, para as letras, e os arts. 75º e 76º, para as livranças, estabelecem de forma estrita os elementos que devem constar do título, não se prevendo aí outras excepções que não as constantes do parágrafos II, III e IV dos arts. 2º e 76º (as quais se reportam, respectivamente, aos elementos não essencais da letra e da livrança). Ora, se um preceito estabelece que o documento tem que ter determinados elementos, cuja falta está associada à não produção de efeitos (nulidade ou até inexistência) como letra ou livrança (art. 2º – I, e art. 76º – I), e se, mais adiante[62], no mesmo diploma, outro preceito admite implicitamente que haja documentos que os não contenham, e se este pre-

[62] A expressão vale também para as livranças, pois o art. 10º é-lhe aplicável por força do art. 77º, ainda que, nesse caso, não seja "mais adiante".

ceito faz alusão a «acordos realizados», forçoso é concluir que a interpretação mais próxima da letra da lei e que melhor harmoniza os preceitos é aquela pela qual se conclui que a letra ou a livrança, que têm aqueles requisitos formais, podem, excepcionalmente (face aos preceitos dos arts. 1º e 2º – I, e 75º e 76º – I), não conter algum ou alguns desses elementos, desde que paralela e complementarmente exista o acordo referido no segundo preceito – isto é, um outro documento que estabeleça por "acordo" o modo por que deve ser preenchido o título e que permita integrá-lo com os elementos essenciais à produção de efeitos que estão em falta. A não ser assim, o art. 10º, sem conter qualquer indicação nesse sentido, ou sem que ela fosse assinalada no art. 1º, comportaria uma forte excepção ao regime legal do rigoroso formalismo em matéria de letras e livranças.

No mesmo sentido depõe ainda a articulação do art. 1º com o princípio da literalidade[63]. É também porque o título e as obrigações nele inseridas valem com o preciso teor literal dele constante que o art. 1º é estrito nas menções que devem constar do documento – o art. 1º é (também) instrumental da literalidade cambiária. Ora, admitindo a lei que faltem algumas dessas menções, no momento em que se faz uma subscrição, a única forma de proteger aquele que se obriga em branco contra as consequências da literalidade é impor que, ao lado do título não completo, exista um instrumento que determine os termos do seu preenchimento. De outro modo, a situação do subscritor em branco seria de enormíssimo risco.

Neste alinhamento de argumentos positivos no sentido de fundamentar a necessidade de a letra e livrança em branco serem acompanhadas de autorização de preenchimento, sob pena de, não o sendo, se tratar de um título não completo e nulo, pode invocar-se, ainda, o papel da vontade nos nossos ordenamentos jurídicos e na própria lei uniforme. A imposição de uma autorização de preenchimento tem como efeito que a existência de uma letra ou livrança em branco e passível de completamento, por contraposição à letra ou livrança incompleta, se funda sempre na vontade daqueles que participam na convenção executiva, e que a sua formação como título, pelo preenchimento, vai sempre filiar-se nessa vontade. E a situação de quem subscreve um título incompleto não é a de se sujeitar ao preenchimento independentemente da sua própria vontade. Citando palavras expressivas de Pinto Coelho, a propósito da letra, "quem assina uma letra em branco, normalmente não tem a intenção de se obrigar cambiariamente em termos

[63] V. J.. Conde Rodrigues, *cit.*, pág. 36.

indefinidos, por qualquer quantia, ou em condições de tempo ou de lugar que fiquem ao inteiro arbítrio daquele a quem entrega o título ou de terceiros (...)" e, por isso, "ajusta naturalmente com a outra parte os termos em que deverá fixar-se a obrigação cambiária, fixando o montante ou estipulando o modo indirecto de o fixar"[64].

Por fim, no sentido que vimos defendendo, depõe o regime a que é submetida a admissão de obrigações futuras e sem objecto determinado – cujo ponto de partida é o art. 280º do Código Civil[65].

Impõe-se, por fim, apreciar a questão à luz do artigo 10º da LULL. O preceito não só não coloca qualquer obstáculo a estas conclusões, como, pelo contrário, fornece importante apoio neste sentido. Recorde-se que a exacta apreensão da sua letra e do seu sentido prescritivo revelam que o preceito não resolve os termos em que pode ser admitida uma letra ou livrança em branco. O artigo 10º tem por hipótese o caso de "uma letra incompleta no momento de ser passada" ter sido "completada contrariamente aos acordos realizados", estatuindo que "não pode a inobservância desses acordos ser motivo de oposição ao portador" mediato de boa fé. Ponderadas hipótese e estatuição, fácil é concluir que o preceito não se dirige especificamente a prever os termos da licitude da emissão de letras em branco e os respectivos requisitos, limitando-se a estatuir sobre os efeitos desses acordos, quando existem. É inegável, contudo, que o artigo 10º (aplicável à livrança por força do artigo 72º – II, da LULL) tem implícita a admissibilidade da letra e da livrança em branco. E não é menos inequívoco que o preceito, admitindo-a, associa explicitamente a existência de título em branco à circunstância de a subscrição ser acompanhada de acordo ou autorização de preenchimento ao abrigo do qual o portador possa completar o título com os elementos em falta: a letra do preceito, ao fazer menção ao acordo de preenchimento, sugere que esse acordo paralelo acompanha o título incompleto.

Pode assim afirmar-se que, à luz do preceito, há uma relação necessária entre título em branco e seu preenchimento, por um lado, e uma manifes-

64 Pinto Coelho, *ob. cit.*, pág. 32.

65 Cf., sobre o ponto, o que se diz *infra*, VI – 5, e, desenvolvidamente sobre o tema das garantias genéricas, o que escrevemos recentemente na RLJ (Filipe Cassiano dos Santos, *Garantia genéricas, determinabilidade do objecto pela indicação de um montante máximo ou por uma lista de tipos contratuais e delimitação temporal do vínculo: o caso da hipoteca voluntária, in* RJJ, nº 4019, Ano 149º, Novembro/Dezembro de 2109, págs. 80 e segs).

tação de vontade do subscritor quanto a quem vai proceder a esse preenchimento e quanto ao preenchimento dos elementos em falta, por outro lado. Nas palavras (agora) de Oliveira Ascensão[66], tomando como base a referência do artigo 10º a "acordos realizados", do preceito decorre a necessidade de "[portanto] um pacto entre o sacador e o tomador, ou de todo o modo o detentor da letra"[67].

Por último, podemos recolher importante apoio à exigência de autorização de preenchimento no elemento histórico da interpretação da lei. Na verdade, a ponderação dos trabalhos preparatórios da Convenção de Genebra revela que a preocupação dominante, na versão final da L.U., foi a de tutelar o subscritor, exigindo para a subscrição em branco de letra ou livrança a existência de um acordo de preenchimento, como forma de evitar abusos e que, ainda que tal exigência não tenha ficado expressa na letra do art. 10º, é nesse sentido que ele deve ser interpretado. Podemos socorrer-nos dos dados trazidos até nós pelo Autor nacional que mais detalhadamente deu notícia do processo que conduziu à Lei Uniforme, Gonsalves Dias[68].

Este Autor refere circunstanciadamente as discussões e contributos que, na Conferência de Genebra, vieram a dar origem ao artigo 10º da Convenção de Genebra. Dá mesmo noticia de que, nas Conferências Internacionais de que resultou o direito cambiário uniforme, houve bastantes dificuldades em assumir um regime para a letra em branco, e que só na Conferência final (a de Genebra) foi possível acordar naquele que viria a ser o texto do artigo 10º da Lei Uniforme[69], acompanhado, já o vimos, por uma Reserva, introduzida no Anexo II à Convenção de Genebra, no seu artigo 2º, pela qual se permitiu que os Estados Contratantes não adoptassem o artigo 10º – justamente por ele implicar a admissibilidade da letra ou livrança em branco. Assim, colocada em face dos argumentos no sentido da pura e simples proibição do mecanismo, justificada pelos perigos que já à época lhe eram assacados, a Conferência optou por uma solução de compromisso: admitir o

[66] Direito Comercial, vol. III, Títulos de crédito, *cit.*, pág. 114.

[67] Reportando-se ao artigo 10º, Soveral Martins, Títulos de Crédito e Valores Mobiliários, Parte I –Títulos de Crédito, Coimbra, Almedina, 2008, pág. 44, fala de acordos celebrados "desde logo" entre sacador e tomador (o A. reporta-se exclusivamente à letra).

[68] Gonsalves Dias, Da Letra e da Livrança segundo a Lei Uniforme e o Código Comercial, vol. IV, Coimbra, 1942, págs. 364 e segs., 398 e segs. e esp. 410-411. Os trechos do Relatório citados no texto são citados e traduzidos pelo Autor a págs. 408-409.

[69] V. as referências a essa evolução em Gonsalves Dias, Da Letra e da Livrança, *cit.*, págs. 376 e segs.

título em branco, mas defender simultaneamente os obrigados nessas circunstâncias, impondo que o documento criado sem todas as menções do artigo 1º tenha ao seu lado uma autorização ou pacto tendente ao preenchimento – excluindo a mera letra (ou livrança) incompleta (isto é, aquela que não é acompanhada de acordo de preenchimento) do âmbito dos títulos que podem ser preenchidos e produzir efeitos como letra ou livrança. Este compromisso foi inscrito no art. 10º O Relatório da Comissão de Redacção é particularmente significativo neste sentido: referindo-se aos requisitos do artigo 1º, aborda o "caso em que o título fosse criado desde a origem, sem encerrar todas as enunciações da letra de câmbio, mas com autorização dada pelo subscritor para completar esse título (letra de câmbio em branco)", concluindo que "este caso foi objecto das disposições especiais inscritas no artigo 10º" e que este preceito pressupõe que a letra se torna perfeita "por vontade do subscritor". O próprio Gonçalves Dias, em face destes excertos do Relatório, conclui que "pela história da lei e pela interpretação sistemática" da Lei Uniforme, a letra incompleta é nula e só a letra que o subscritor destina, pelo acordo de preenchimento, a ser completada pode valer como letra[70]-[71].

2. A exigência de pacto de preenchimento e a tese do poder de preenchimento fundado na lei e a tutela do portador mediato pelo art. 10º – a moderna configuração das letras e livranças

Vistos os argumentos no sentido da necessidade de uma autorização de preenchimento, impõe-se uma rápida apreciação do principal fundamento em que se pode louvar a tese contraposta: o preenchimento não carece de ter por fonte um acto autorizativo do subscritor e qualquer letra ou livrança em branco pode ser preenchida pelo seu portador porque o poder de preenchimento se funda na lei (no caso português, na lei uniforme) e é automaticamente associado à aquisição do título por um portador. A ser assim, só haverá título incompleto, e nulo, se ele for apresentado a pagamento sem ter sido preenchido.

[70] Cf., ainda, sobre a história e o sentido do artigo 10º, com citação também do Relatório da Comissão de Redacção, Pinto Coelho, *ob. cit.*, págs. 34-36.

[71] A todos estes argumentos, podemos acrescentar, desde já, um outro: a admitir-se a subscrição em branco sem pacto de preenchimento estaria aberta a porta para a vinculação em obrigações futuras sem determinação à partida do objecto da vinculação: cf., sobre isto, *infra*, VI –5.

Não há apoio directo ou sequer implícito em qualquer preceito da LULL para a afirmação de um tal poder. O art. 10º, o único preceito da Lei Uniforme que trata a letra em branco e alude ao seu preenchimento, não atribui nem pressupõe qualquer poder de origem legal: pelo contrário, o preceito refere-se aos acordos que porventura sejam firmados e prescreve que não valem em face do portador mediato. E não há qualquer outro preceito que aluda a um tal poder.

Em face desta falta de apoio directo na lei, pode pensar-se em fazer radicar esse poder na LULL no seu conjunto e na tutela do tráfico, interesse que inspira, é consabido, o direito cambiário uniforme. No entanto, um poder legal de preenchimento não é justificado pela tutela do tráfico.

Na verdade, a admissibilidade de títulos em branco convoca dois interesses. De um lado, está o interesse daquele que subscreveu a letra ou livrança sem esta ter os elementos essenciais, interesse esse que é o de não ver a sua subscrição utilizada para lá dos limites resultantes do negócio que a motivou. Este interesse é protegido, em geral, se se impuser um estrito formalismo na formação do título através da exigência de pacto de preenchimento. Do outro lado da balança, coloca-se o interesse em facilitar a circulação e em concreto o interesse do portador que recebe o documento nas relações mediatas: quem recebe o título não pode ficar sujeito a excepções relativas a acordos, ou inexistência deles, que ponham em causa o seu direito.

Pois bem. A ideia da existência de um poder legal de preenchimento corresponderá à prevalência absoluta do interesse na tutela da circulação, com sacrifício total do interesse que preside ao formalismo estrito: a existir esse poder, a previsão de elementos essenciais é praticamente desvalorizada, na medida em que, em qualquer caso, um qualquer portador adquire o direito a preencher os elementos em falta – não há qualquer composição ou tempero de interesses, mas a consideração de apenas um deles. Ora, o valor da circulação não é um valor absoluto na LU, e não o é ainda mais marcadamente em matéria de títulos em branco. Neste domínio, a tutela do portador mediato é realizada pelo artigo 10º, no qual se estabelece a inoponibilidade do acordo (ou autorização) ao portador mediato de boa fé. E, já o observámos, a solução do art. 10º não é de transposição necessária para os direitos internos, à luz da Convenção de Genebra, nem se tornou, por via disso, universal. Tanto basta para demonstrar que, nesta matéria dos títulos em branco, a tutela do portador não tem o mesmo valor ou peso que tem em geral – ou, a ser de outro modo, a inoponibilidade dos acordos não teria sido assumida como um elemento defectível dos regimes nacionais no quadro do direito uniforme[72].

Há que admitir, contudo, que, uma vez tornada lícita a livrança ou a letra em branco, a lógica tutelar da lei uniforme impõe uma tutela do portador mediato e da circulalilidade. No entanto, essa tutela basta-se com a circunstância de que o acordo, a existir, não seja oponível ao portador mediato, ou que a sua inexistência lhe seja também inoponível. São justamente estes o sentido e a prescrição do art. 10º.

A ser de outro modo – isto é, a valer a pura simples desnecessidade de acordo – haveria um total sacrifício do interesse que preside à exigência de um rigoroso formalismo na formação do título (que protege, no caso, o subscritor em branco) sem qualquer justificação, porquanto esse interesse pode perfeitamente ser harmonizado com o do portador mediato, se se adoptar a solução intermédia que parte da necessidade de autorização mas aceita a sua inoponibilidade ao portador mediato. Por esta via, aquele que subscreveu em branco pode agir sempre contra aqueles que participaram no acordo de preenchimento e que ultrapassaram os seus termos ou que fizeram uma utilização abusiva de um documeno incompleto, mas fica inibido de invocar o abuso de poderes ou o preenchimento sem poderes contra aqueles que não tomaram parte no acordo e que são, por isso, portadores mediatos, o que significa que aquele que subscreveu o título incompleto é responsável perante o tráfico mas apenas na medida justificada por essa tutela – se o título não circulou, e se foi um sujeito colocado nas relações imediatas que preencheu o título sem poderes ou abusando deles, não há razão para que não prevaleça o interesse na segurança do subscritor.

Quer dizer: o interesse do portador mediato é conciliável, de forma adequada e equilibrada, com o interesse do subscritor em branco, através do estabelecimento da inoponibilidade associada à exigência de autorização de preenchimento. Exigindo-se uma autorização de preenchimento subjacente à subscrição em branco, o subscritor em branco que não "anexou" à letra os termos em que deverá ser efectuado o completamento dela pode opor a excepção de inexistência de autorização contra o portador imediato que usou o documento indevidamente (aquele com o qual estabeleceu a relação que justificou a emissão em branco ou que se aproveitou desta), e,

[72] Ainda que, por via jurisprudencial, se tenha chegado a soluções próximas das que desse preceito decorreriam Ripert-Roblot, Traité de Droit Commercial, t. II, 15ª ed., por Ph. Delebecque et M. Germain, Paris, LGDC, 1996, pág. 181-182.

naturalmente, pode invocar em face do sujeito a quem atribuiu poderes de preenchimento a violação do pacto. Pode, ainda, opor essas circunstâncias ao portador mediato que adquiriu o título de má fé ou cometendo falta grave. Nesse âmbito, não se justifica qualquer tutela do portador, e é relevante a tutela do subscritor que viu o título ser usado sem (e porventura contra) a sua vontade. Mas, na medida em que o acordo ou a sua inexistência são inoponíveis nas relações mediatas, outro adquirente (portador mediato de boa fé) estará ao abrigo de qualquer invocação – o subscritor assume nesse caso a "responsabilidade" por ter propiciado a entrada no tráfico de um título que não tem os elementos essenciais[73].

Esta solução é equilibrada e é a mais coerente com o sentido regulativo geral da LULL: o rigoroso formalismo cede, e, com ele, o valor do acordo de preenchimento, na medida necessaria à protecção de terceiros. E na LULL, o tráfico apenas é protegido na medida da boa fé do concreto portador. Basta, para esta tutela equilibrada, que se estenda a aplicação do art. 10º não só ao caso de violação do acordo ou autorização, mas também ao caso de inexistência de acordo.

Pode, ademais, invocar-se o princípio da taxatividade dos negócios unilaterais, previsto, no direito português, no art. 456º do Código Civil. Por este princípio, apenas são admitidos os negócios unilaterais previstos na lei, isto é, apenas são admitidas vinculações unilaterais se elas forem objecto de tipificação legal. Na medida em que a existência de um poder de preenchimento comportaria necessariamente uma vinculação unilateral do subscritor, esta, por força do princípio da taxatividade, apenas seria admitida se estivesse tipificada na lei. A tipificação implica a configuração mínima da existência e conteúdo do poder. Sucede, contudo, que a lei não o prevê em qualquer preceito, e só com recurso a princípios gerais – dos quais é, no mínimo, duvidoso que ele decorra – se pode entender existente o poder. Ora, a admissão de um poder nestas condições, sem que a lei o tipifique, do qual decorreria a admissibilidade de vinculação unilateral, importaria a violação da letra e da *ratio* do princípio da taxatividade[74].

Pode, por fim, observar-se que a rejeição da tese que sustenta a existência de um poder legal de preenchimento e a exigência de que a emissão em branco seja acompanhada de um acto autorizativo do preenchimento é a

[73] V., sobre o ponto, Filipe Cassiano dos Santos, Direito Comercial Português, *cit.*, pág. 220, n. 254.

[74] Cf. M. J. de Almeida Costa, *ob. cit.*, pág. 463.

solução que melhor se adequa à moderna configuração social dos títulos de crédito à ordem e, em especial, da livrança. É reconhecida a vocação da livrança para ser usada como mecanismo de garantia em financiamentos bancários. Ora, esta utilização predominante não é desprovida de significado para saber se o preenchimento se deve ou não fundar num acto voluntário do subscritor em branco. Com efeito, assiste-se, nos ordenamentos jurídicos actuais, à acentuação das regras no sentido da protecção acrescida do consumidor de produtos financeiros – posição em que, por força da comum associação entre o recurso à livrança e os financiamentos bancários, se encontra normalmente o subscritor de livranças em branco. Sobre o banco, enquanto parte mais forte na relação, dotada de mais meios e de mais informação, impende o dever de actuar na relação bancária com especial diligência e boa fé[75]. Este dever, em face da gravidade da subscrição de vínculos incompletos que o banco poderá preencher, concretizar-se-á, entre muitos outros, num dever de promover a celebração de acordos de preenchimento.

Estas observações convocam um outro aspecto. Sendo aquela que se apontou a sua utilização típica, a livrança é em geral muito menos vocacionada para a circulação do que a letra – o que se liga seguramente à sua natureza marcadamente unilateral. Por isto, qualquer solução assente na tutela extremada da circulabilidade é ainda menos fundada no caso da livrança do que o seria para a letra. Aliás, também no que respeita à letra, a nosso ver, uma tutela sem limites do valor da circulabilidade seria hoje anacrónica, por força de uma patente e relevantíssima mutação prático-social: na actualidade, decerto por não lhe estar mais associada a confiança que historicamente a tornou um instrumento privilegiado na vida mercantil, a letra de câmbio vem perdendo relevo como instrumento de circulação. Apesar de gozar de um regime fortemente inspirado na tutela do credor e em especial portador (terceiro de boa fé)[76], o efeito prático das subscrições cambiárias reduz-se cada vez mais a uma vinculação jurídico-formal que não garante de modo razoavelmente seguro ao credor cambiário que vai satisfazer efectivamente o seu crédito. Por esta razão, e porque se sedimentaram entretanto outros instrumentos que garantem mais fortemente o credor, o tráfico vai

[75] Em geral sobre o agravamento dos deveres de boa fé e, em especial, dos deveres de informação nele filiados, nas relações mercantis em que há um desnível de informação decorrente da própria natureza da relação ou de uma especial confiança que ela suscita, v. Filipe Cassiano dos Santos, Direito Comercial, *cit.*, págs. 190-191.

[76] V., sobre isto, Ferrer Correia, *ob. cit.*, págs. 11-12.

perdendo confiança no título como instrumento de circulação de créditos e essa vocaçao da letra corresponde cada vez menos à sua real utilização – a excepção mais relevante é o uso da letra no quadro de desconto bancario, mas, aí, a letra em branco não tem normalmente qualquer papel directo. Esta relevantíssima mutação prático-social não pode deixar de relevar na determinação do sentido geral do seu regime e mesmo na interpretação dos preceitos legais. Uma interpretação dinâmica da lei propenderá, tudo isto ponderado, a dar menos peso a soluções estritamente (diríamos, unilateralmente) suportadas na lógica da protecção do tráfico. A toda esta luz, menos justificação colherá a tese da existência de um poder de preenchimento da matriz legal[77].

[77] Pode afirmar-se que, para lá de diferenças menores, se detecta com nitidez, quer na doutrina portuguesa, quer na doutrina dos países cuja cultura e tradição jurídicas mais se aproximam da nossa, quer ainda na jurisprudência do nosso Supremo Tribunal, uma tendência predominante no sentido de filiar o poder de preenchimento dos títulos subscritos em branco na vontade daquele que subscreveu nessas circunstâncias e de, em função disso, associar nitidamente a admissibilidade de uma subscrição em branco à exigência de um acto pelo qual o preenchimento é autorizado e no qual se determinam ou tornam determináveis os termos do preenchimento. Citamos apenas alguns autores de referência, todos tributários, nesta matéria – importa dizê-lo –, na sua trave mestra, do pensamento de Pinto Coelho (Lições de Direito Comercial, *cit.*, págs. 26 e segs.). Para este Autor, "a criação da letra em branco (...) importa um verdadeiro acto jurídico entre o signatário e o possuidor do título, por efeito do qual aquele fica adstrito assumir a obrigação cambiária, nos termos previamente ajustados entre os dois, e em harmonia com os quais o título deverá ulteriormente ser preenchido" (pág. 32). Ferrer Correia, por seu turno, afirma expressamente que "não basta a entrega da letra; é necessário que o subscritor dê ao credor autorização para a [à letra a que falta algum dos elementos essenciais] preencher" e que "quem emite a letra em branco atribui àquele a quem a entrega o direito de a preencher em certos e determinados termos" (*ob. cit.*, pág. 131-132). Na mesma linha, podem ainda assinalar-se Pais de Vasconcelos, o qual escreve que "sempre que é emitida uma letra em branco tem que ter havido prévia ou simultaneamente à emissão um acordo quanto ao critério de preenchimento" (Direito comercial. Títulos de crédito, *cit.*, pág. 62) ou Pinto Furtado, autor que, relacionando letra em branco, de formação sucessiva, com letra incompleta, nula, diz que "são requisitos indispensáveis à configuração duma letra em branco: a) que no *instrumentum* se contenha já a assinatura de, pelo menos, um dos obrigados cambiários; b) que haja um acordo de preenchimento dos elementos restantes" (Títulos de crédito. Letra. Livrança. Cheque, págs. 144-145). A doutrina nacional mais recente afina pelo mesmo diapasão: além de nós próprios, nas nossas lições de direito comercial (Cf. Filipe Cassiano dos Santos, Direito Comercial Português, *cit.*, págs. 254-255), vejam-se tb. J. Conde Rodrigues, *ob. cit.*, págs. 17 e 40-41, Soveral Martins, Títulos de crédito, *cit.*, págs. 44-45. J. Engrácia Antunes, Os títulos de crédito. Uma introdução, Coimbra, 2009, pág. 65-66, sustenta a mesma

posição, assinalando que se trata de "entendimento doutrinal pacífico entre nós, desde muito cedo". Também na doutrina estrangeira esta compreensão da letra ou da livrança em branco tem firme apoio. autores com a dimensão de Hueck/Canaris, no seu Recht der Wertpapiere (tradução espanhola da 12ª ed.), esclarecem que "o contrato de entrega deve conter um requisito adicional: o acordo pelo qual se autoriza o tomador posterior a completar a letra. Se este pacto não existisse, estaríamos não ante uma letra em branco, mas ante uma letra nula por vício de forma" (pág. 158) e, em conformidade, caracterizam o poder de preenchimento como um caso sui generis de atribuição de faculdades, a que se podem aplicar (cuidadosamente, sublinham) as regras sobre o poder de representação. Na França, que não adoptou o artigo 10º da Convenção, a lição da doutrina mais autorizada é a mesma. Assim, Ripert/Roblot, questionando se a letra que não contém todos os elementos pode ser regularizada, respondem que ela "pode ser regularizada, em execução de um acordo prévio" (Traité, *cit.*, pág. 181). Em Espanha, Broseta Pont/Martinez Sanz (Manual de Derecho Mercantil. Vol. II, 11ª ed., Madrid, Tecnos, 2003, págs. 416 e segs.) sublinham que a letra em branco decorre da conveniência dos sujeitos cambiários e de acordo entre eles com vista a completá-la em momento ulterior (necessariamente antes da apresentação a pagamento – requisito que é expressamente afirmado na lei espanhola sobre o cheque) e que o preenchimento é feito "em virtude de pacto expresso entre subscritor e tomador". Estas referências bastam para abonar a perspectiva que detalhadamente se sustenta e fundamenta. Tem, pois, fortes apoios na doutrina a conclusão que se tirou. Resta um breve relance sobre a jurisprudência, pois que no mesmo sentido têm alinhado importantes decisões do nosso Supremo Tribunal. Com efeito, o Supremo Tribunal de Justiça – ainda que sem abordar a questão com frequência, decerto porque a prática se vem conformando com a necessidade de, ao lado do título incompleto, se estabelecerem os termos do preenchimento, e, em virtude disso, as questões suscitadas serem essencialmente as de violação de autorizações ou pactos efectivamente celebrados – tem afirmado a regra que fundamentámos e vimos ser afirmada por sectores relevantes da doutrina. Assim, já em 2001, no Acórdão de 3 de Maio, o Supremo, depois de considerar que "a livrança em branco não é banida pelo sistema legal", afirma que "uma entrega nesses termos [incompleta] supõe um pacto de preenchimento" (*in* Revista da Ordem dos Advogados, 2001, vol. II (Abril), pág. 1043). Posteriormente, no seu Acórdão de 27/5/2003, o mesmo Tribunal, assumindo a relação especial que existe entre o contrato de preenchimento e o título de crédito no sentido de que aquele é "definidor dos termos da definição da obrigação cambiária", considera que "quem emite uma letra ou uma livrança em branco atribui a quem a entrega o direito de a preencher de acordo com as cláusulas convencionadas" (www.dgsi.pt, proc. 03B4728, pág. 5). Em 2004, no Acórdão de 21/4/2004, o Supremo Tribunal afirmou doutrina materialmente idêntica, ao reportar os poderes ao contrato de transmissão ou entrega: "a livrança em branco destina-se normalmente a ser preenchida pelo seu adquirente imediato ou posterior sendo a sua aquisição/entrega acompanhada da atribuição de poderes para o preenchimento, o denominado 'acordo de preenchimento'" (www.dgsi.pt, proc. nº 04B3453, pág. 4). No mesmo sentido, o já referido Acórdão do STJ de 2/12/2008, afirma que "a 'livrança' em branco destina-se, normalmente, a ser preenchida pelo seu adquirente imediato ou posterior, sendo a sua entrega

Pode agora tirar-se a conclusão final destes dois números. Em síntese, o título cambiário que não contenha os elementos essenciais deve ser acompanhado da emissão de autorização ou acordo de preenchimento (a não ser assim, repete-se, haverá uma letra ou uma livrança incompleta, que não vale como título cambiário) – sem prejuízo do tempero decorrente da necessária tutela do portador mediato de boa fé, tutela essa que é justificada pela circulação do título, e que se basta com a inoponibilidade dos acordos ou da inexistência deles, prescrita no art. 10º da LU. E à inexistência de acordo ou autorização equivale a nulidade ou anulação da autorização, porquanto esta, implicando a sua destruição retroactiva, priva a letra ou livrança a que se liga do elemento essencial ao processo de formação do título, sem o qual não passa de uma livrança incompleta, e importam que ela não seja apta a produzir efeitos como título[78].

Demonstrada a imprescindibilidade do pacto de preenchimento (isto é, do acto do qual resulta uma autorização) no processo de emissão de letra ou livrança em branco, justificam-se algumas breves notas sobre esse acto.

3. A autorização (pacto) de preenchimento: natureza, sujeitos e conteúdo

A autorização de preenchimento é o acto no qual são definidos os termos em que deve ser preenchida uma letra ou livrança em branco – isto é, um documento que contém necessariamente a palavra "letra" ou "livrança" e pelo menos uma subscrição cambiária, mas ao qual falta algum (ou faltam alguns) dos seus elementos essenciais – e pelo qual, implícita ou explicitamente, é conferido a um sujeito o poder de proceder ao completamento do documento, de modo a formar o título.

Os termos do preenchimento podem ser definidos tanto por declaração unilateral como por acordo: em muitos casos, na verdade, em lugar de uma declaração de feição unilateral, é celebrado um acordo entre dois ou mais sujeitos, a que se chama comummente pacto ou acordo de preenchimento. Na medida em que, a mais das vezes, a autorização é emitida em vista da

acompanhada de poderes para o respectivo 'preenchimento' de acordo com o denominado pacto ou acordo de 'preenchimento" (www.dgsi.pt, proc. 08A3600).

[78] Pode, assim, recorde-se, fazer-se a distinção entre a simples letra incompleta, à qual não subjaz um pacto, e a letra em branco, cuja emissão assenta num acordo de preenchimento: cf. o nosso Direito Comercial Português, *cit.*, pág. 251-254 e, ainda, entre muitos outros, Hueck/Canaris, *ob. cit.*, pág.164 (ainda que os AA considerem a letra incompleta sempre nula).

entrega do documento incompleto, e é entregue com ele, haverá uma aceitação tácita da declaração inicialmente unilateral, pelo que ainda nesses casos se configurará um acordo. Por esta razão, podemos assumir que a regra é a existência de um pacto de preenchimento, que é um verdadeiro contrato.

Aliás, a não se reconduzir em concreto a atribuição de poderes a um contrato, a sua feição unilateral obstará à validade do documento, por força do princípio do *numerus clausus* ou da taxatividade dos negócios unilaterais (art. 457º do Código Civil). O próprio art. 10º da LULL se refere expressamente a acordos – e não se vê qualquer apoio para uma interpretação extensiva da sua letra que contemple a licitude de actos unilaterais.

O acordo é normalmente celebrado entre aquele que subscreveu o título em branco e um sujeito ao qual este é entregue, e está por regra associado à convenção executiva originária (que é a convenção pela qual se decidiu a criação da letra ou da livrança) e, com frequência, é estipulado no documento que formaliza a relação subjacente – não tem, portanto, que constar de acordo específico. Muitas vezes, a autorização e os seus termos são estabelecidos apenas tacitamente no negócio subjacente: basta que os termos do preenchimento estejam implícitos no contrato que justifica a emissão do título em branco de tal modo que, nos termos gerais do Código Civil (artigo 217º), haja uma declaração tácita – a ser assim, o preenchimento baliza-se pela própria relação fundamental[79]. No entanto, exigindo o Código Civil um comportamento concludente do qual resulte, com toda a probabilidade, o sentido declarativo, e estando em causa na declaração a definição dos termos em que deve vir a ser completada a letra ou livrança, esse comportamento há-de revelar uma vontade da qual seja especificamente possível retirar quais os termos do completamento com os elementos essenciais em falta. Não basta, nem no caso de autorização expressa nem no de tácita, a atribuição de um poder genérico de preenchimento. A permitir-se que um qualquer acordo genérico, isto é, do qual não resultam clara e especificamente os elementos necessários à validade do título ou o critério para a sua determinação, valesse para efeitos de não se incorrer na sanção do art. 2º-I ou do art. 66º-I, frustrar-se-ia a razão de ser da exigência de pacto de preenchimento.

Em qualquer caso, o acordo de preenchimento faz normalmente parte de um contrato de emissão e entrega ou transmissão do título e cumpre o

[79] J. G. Pinto Coelho, *ob. cit.*, fasc. II, 2ª parte, págs. 37-38.

papel que, nos casos gerais de emissão de letras ou livranças, cabe à convenção executiva[80].

O acordo ou pacto de preenchimento, ainda que esteja previsto ou nomeado na legislação sobre letras e livranças (art. 10º da LULL), não é um acto cartular ou cambiário. Por definição ou natureza, ele é exterior ao título[81]: o seu conteúdo não faz parte da letra ou livrança e o poder de preenchimento é extracartular[82]. É, assim, um acto de natureza contratual que tem por objecto a formação da letra ou da livrança a partir de subscrição ou subscrições inicial em branco – PINTO COELHO fala, a este propósito, de acto jurídico preparatório que se aproxima do contrato-promessa[83].

Como contrato comum, os seus efeitos produzem-se nas esferas jurídicas daqueles que nele participam e o seu âmbito de vinculação circunscreve-se aos sujeitos que o subscreveram, enquanto ou na qualidade de contraentes: não pode, por isso, ser invocado por um obrigado cartular que não participe no pacto para se eximir total ou parcialmente ao pagamento face àquele que é portador do título, nem pode ser invocado por seu subscritor contra um portador que nele não se tenha vinculado. É justamente isto que o art. 10º exprime: o acordo não pode ser invocado entre não contraentes, ou, vistas as coisas sob outro ângulo, apenas pode ser invocado entre aqueles que nele intervêm.

Ainda por se tratar de contrato comum, e na falta de preceito especial noutro sentido, está sujeito à regra geral da liberdade de forma. Contudo, quando se faça a sua invocação para pôr em crise o conteúdo de documento particular de que consta a assinatura do seu autor, a letra ou livrança, não pode ser feita a prova da sua existência e conteúdo com recurso a prova testemunhal ou por presunções (art. 394º do Código Civil).

No que respeita ao seu conteúdo, na medida em que a função do acordo de preenchimento é permitir criar o título sem alguns dos elementos essenciais e funcionar como o seu elemento integrador, dele fazem necessariamente parte os elementos essenciais do título que neste não estão inseridos ou os termos ou critérios para os determinar: o acordo de preenchimento

80 Assim, quanto à relação com o contrato de entrega, HUECK-CANARIS, Derecho de los títulos--valor, *cit.*, pág. 158. Sobre o papel da convenção executiva, em geral, FILIPE CASSIANO DOS SANTOS, Direito Comercial Português, *cit.*, págs. 276-277.

81 Cf. HUECK-CANARIS, *ob. cit.*, pág. 162.

82 V. J. CONDE RODRIGUES, *ob. cit.*, págs. 60-61.

83 *Ob. cit.*, pág. 33.

deve permitir o completamento do título com os elementos essenciais previstos na lei, de maneira directa ou através da definição dos critérios que permitam a determinação desses elementos.

O preenchimento, uma vez realizado, produz efeitos à data da subscrição e do acordo[84] – ou, se a data de emissão da letra ou livrança for ulterior, a esta última data. Dada a relação íntima entre acordo e licitude do título em branco e a função do acordo, a letra ou livrança completada em execução de um concreto acordo não pode ter data de emissão anterior ao pacto – esta é mesmo uma condição implícita em qualquer autorização de preenchimento. Recorde-se que a letra nasce (é emitida) com o saque e a livrança com a promessa de pagamento, mas que estes têm que conter os elementos essenciais exigidos na lei. A uma tal luz, a emissão de título com data anterior à da entrega e do acordo de preenchimento configura a criação irregular de título em branco, o qual é, nos termos do art. 1º-I, ou do art. 76º-I, nulo (ou, se quisermos, não produz efeitos como livrança), por à data em que a letra ou livrança é criada não haver acordo de preenchimento – ou, noutra perspectiva, uma emissão reportada a data anterior à do acordo e da entrega configura violação da condição implícita no acordo.

Resta explicitar a referência que fizemos aos sujeitos do pacto. Como contrato comum, participam nele quaisquer sujeitos. Contudo, porque a subscrição em branco de letra ou de livrança deve ser acompanhada da emissão de uma autorização de preenchimento – sem o qual existirá um mero título incompleto e sujeito à sanção do parágrafo I do art. 2º da LULL –, esse acto complementar da emissão do título deve ser subscrito por aqueles que se obrigam e pelo sacador (na qualidade de criador do título, na letra)[85] ou pelo tomador e primeiro portador (que, na livrança, é o beneficiário da promessa, mas pode ser designado por tomador), isto é, aquele que, em face do título, vier a adquirir o direito a receber a soma que

[84] Hueck-Canaris, Derecho de los títulos-valor, *cit.*, dizem que a letra, uma vez completada, se considera como estando completamente coberta desde a data da sua emissão – pressupondo evidentemente que a emissão coincide ao menos com a subscrição e a entrega do título e do acordo (cf. págs. 157 e 158). Na nossa doutrina, Gonsalves Dias associa isto aos efeitos da realização da condição, sublinhando que o preenchimento faz "retroagir ao momento da subscrição imperfeita os efeitos da compilação perfeita, tal como acontece nos actos jurídicos sujeitos a condição, em que, verificada esta, se tem o direito como adquirido *ab initio*" (*ob. cit.* pág. 423).

[85] Claro que, na letra, o sacador também se obriga – mas, para o caso, ele assume a veste de autor da ordem de pagamento.

nele está ou vai ser inscrita – mas, nos termos gerais do art. 400º, nº 1, do Código Civil, o poder de preenchimento pode ser deferido a terceiro.

Em primeiro lugar, esta afirmação funda-se na letra do art. 10º, aplicável às livranças por força do art. 77º – III. Este preceito, além de referir a existência de "acordos realizados", na medida em que estabelece que a inobservância desses acordos não pode ser invocada em face do portador que não está de má fé ou que não cometeu falta grave ao adquirir o título, pressupõe um portador que não interveio nos acordos e pressupõe ainda que esses acordos não se transmitem, ou seja, que são pessoais àqueles que os celebraram. É por esta razão que não são oponíveis aos outros sujeitos que adquiram a letra ou a livrança. Ora, assim sendo, supõe-se no preceito que o acordo concreto, além de necessário, foi celebrado entre aquele que subscreveu o documento em branco e o beneficiário inicial.

De resto, esta leitura do art. 10º é a que adere ao modo normal e fisiológico de ser decidida a emissão de livrança ou letra em branco. Tendo o título em formação sujeitos iniciais previstos, e sendo ele objecto de preenchimento incompleto e de um contrato de emissão e transmissão, o acordo que supre as lacunas e é necessário à validade ou eficácia cambiária da subscrição há-de obviamente ser celebrado entre esses sujeitos iniciais.

Importa, aliás, ter presente que, a não ser como se afirma – isto é, a permitir-se que o acordo seja celebrado entre o subscritor e outro sujeito que não o sacador ou o tomador –, estaríamos a abrir uma porta fácil à inutilização na prática da excepção pessoal que é a violação do pacto: bastaria ao tomador, normalmente detentor de força negocial para tal, impor que o acordo fosse celebrado com terceiro[86]-[87].

[86] A afirmação que se faz no texto será ainda confirmada pelo art. 10º, se, com parte significativa da doutrina, entendermos que o preceito apenas tutela o terceiro que receber a letra ou a livrança preenchida – posição que nos parece a mais conforme com a natureza contratual do poder de preenchimento e com os deveres de diligência devem impender sobre o adquirente de título em branco (cf., *infra*, já de seguida, em texto). Mas, na medida em que o ponto não é líquido, a argumentação é complexa e não é necessário àquilo que se sustenta no texto, prescindimos de o invocar como argumento. Em todo o caso, não deixamos de sublinhar que, a ser exacta a interpretação do art. 10º que se assinala, há que concluir que a excepção de preenchimento abusivo é sempre oponível ao portador se foi ele que, recebendo o título incompleto, o preencheu, mesmo que ele esteja de boa fé, o que significa que o acordo ou foi executado e não se transmite, ou não o foi, e então transmite-se com o título – o que implica que, na livrança, ele tenha sido celebrado necessariamente entre o obrigado e o tomador.

[87] É esta a configuração subjectiva que a doutrina aponta ao pacto de preenchimento. Vejamos, de modo sintético.Entre nós, há que referir desde logo Pinto Coelho. O Autor, que sustentou

Celebrado o acordo entre esses dois sujeitos, não se exclui, recorde-se, que, nos termos gerais, o poder de preenchimento seja atribuído a um terceiro.

4. A invocação do preenchimento abusivo à luz art. 10º – a questão da transmissão do pacto de preenchimento com a circulação do título

Tendo por hipótese a letra ou livrança (quanto a esta, por força do parágrafo III do art. 77º) que tem subjacente um acordo de preenchimento[88], o art.

em face da LULL a perspectiva contratualista da letra em branco (assimilando, ainda que sem total adesão, o acordo a um contrato-promessa), refere que "a criação da letra em branco, a subscrição do título incompleto e a sua entrega a terceiro, faz imediatamente nascer certos efeitos de direito, importa um verdadeiro acto jurídico entre o signatário e o possuídor do título..." (*ob. cit., loc. cit*: sublinhado nosso). Também Ferrer Correia, no trecho das suas Lições acima citado (ult. *ob. cit.*, pág. 131-132), afirma explicitamente que a autorização de preenchimento deve ser dada pelo subscritor ao credor – logo, àquele que é o tomador e primeiro portador. Por seu turno, Oliveira Ascensão, tomando também como base a referência do art. 10º a "acordos realizados", assume que daqui decorre a necessidade de"[portanto] um pacto entre o sacador e o tomador, ou de todo o modo o detentor da letra" (*ob. cit.* pág.). Iguais opiniões podemos encontrar em autores estrangeiros de referência. Em Espanha, Broset Pont/ Martinez Sanz sublinham que a letra em branco decorre da conveniência dos sujeitos cambiários e de acordo entre eles com vista a completá-la em momento ulterior (necessariamente antes da apresentação a pagamento – requisito que é expressamente afirmado na lei espanhola sobre o cheque) e que o preenchimento é feito "em virtude de pacto expresso entre subscritor e tomador" (*ob. cit.*, págs. 416 e segs.). Na Itália, Alberto Stagno d'Alcontres – tomando por base a doutrina que destrinça entre letra incompleta e letra em branco, cujos principais paladinos são Giorgio Oppo e Paolo Spada –, ao sustentar a possibilidade de circulação de um título que não contenha todos os elementos essenciais, fá-lo com o argumento de que isso é possível "porque um acordo de preenchimento sucessivo liga o emitente e o primeiro tomador", acordo que o Autor, depois de filiar as declarações cambiárias na vontade do seu emitente, havia definido como o documento paralelo ao documento com subscrição em branco que, na falta de vontade expressa no título quanto aos elementos essenciais deste, exprime a vontade do obrigado sobre os termos em que o portador pode preencher o título (*ob. cit.*, pág. 85). Tem, pois, fortes apoios na doutrina a conclusão que se tirou. Pode ainda apontar-se, na jurisprudência, que o Supremo Tribunal de Justiça, no seu Acórdão de 27/5/2003 (www.dgsi.pt, proc. 03B4728, pág. 5), assumindo a relação especial que existe entre o contrato de preenchimento e o título de crédito no sentido de que aquele é "definidor dos termos da definição da obrigação cambiária", considera que "quem emite uma letra ou uma livrança em branco atribui a quem a entrega o direito de a preencher de acordo com as cláusulas convencionadas" (itálicos nossos), pressupondo, a nosso ver, que a entrega é feita ao primeiro beneficiário do pagamento.

[88] Mas, atento o fundamento do preceito, as outras hipóteses de "preenchimento abusivo" que se configuram, e que são as de não haver de todo acordo e o preenchimento ser arbitrário e de

10º da LULL estabelece que a inobservância do acordo não pode ser invocada como excepção face ao portador, ou seja, que o portador que adquire uma letra ou livrança não pode ver o título posto em causa pela invocação de que ela havia sido emitida em branco e que o acordo de preenchimento foi violado – ou, por identidade ou maioria de razão, que ele inexistia. E não pode ser invocada, naturalmente, por um obrigado cartular, tenha ou não sido parte no acordo, face a um portador que nele não tenha tido parte – portador, no sentido do art. 10º (isto é, para efeitos de inoponibilidade do acordo ou da sua inexistência), deve ser entendido justamente como aquele sujeito que, sendo portador do título, não participou no acordo de preenchimento invocado[89]. Só não será assim se, conforme se prescreve na parte final do art. 10º, o portador que não foi parte no acordo adquiriu a letra (ou livrança) de má fé ou cometendo falta grave. Na medida em que circunscreve o âmbito de eficácia do pacto pelos seus subscritores, o art. 10º é expressão da natureza contratual do pacto de preenchimento[90].

A irrelevância do preenchimento abusivo começa por ser uma consequência da natureza contratual e extracartular do pacto. Mas é também decorrência da regra geral da literalidade do título: este vale nos precisos termos dele constantes, e acordos contrários ou complementares são irrelevantes, pelo que, em coerência, não é relevante, no plano da letra ou da livrança, o acordo que não tenha sido transposto para o título aquando do seu preenchimento, salvo se a questão se põe entre aqueles que subscreveram esse acordo, se a eficácia dele se estende por qualquer razão a outros sujeitos ou, ainda, se aquele que invoca a letra a adquiriu de má fé ou com falta grave.

É justamente esta consideração da relação entre literalidade e irrelevância do preenchimento abusivo que ilumina o sentido que se deve dar à má-fé ou falta grave no quadro do art. 10º, bem como à questão der saber se o

a letra não se destinar sequer a ser completada, ficam sujeitas a idêntico regime, por analogia: cf., sobre isto, embora sustentando que o art. 14 da lei italiana, correspondente ao nosso art. 10º, abrange directamente todas as hipóteses, v. Angeloni, *La cambiale e la vaglio cambiale*, Roma, 1934, págs. 144 e segs, n. 64.

[89] Se o portador foi parte no acordo, está vinculado por ele e está fora do âmbito de tutela do art. 10º.

[90] Não excluímos, no entanto, a invocabilidade do acordo por um obrigado que não é parte no acordo face a um portador que o subscreveu: nesse sentido, deporá a essencialidade do acordo de preenchimento para a licitude da emissão em branco.

preceito abrange apenas os casos em que o título é adquirido já preenchido ou também aqueles em que está ainda incompleto.

Assim, apesar da similitude literal com o art. 16º, é no art. 17º que reside o paralelismo para a concretização dessas noções. Fundamos esta opinião na circunstância de ser no art. 17º que se prevê a invocação das excepções relativas a acordos extracartulares (em geral), ao passo que o art. 16º se reporta aos vícios na cadeia de transmissões do direito sobre o próprio título. E os acordos de preenchimento são convenções extracartulares. É, portanto, com a hipótese do art. 17º que o caso tratado no art. 10º apresenta afinidade – e não com a do art. 16º Deste modo, a má fé ou falta grave não se consubstanciam directamente em conhecimento ou num dever de conhecer, mas antes na inexistência de um interesse próprio em adquirir o título e no intuito de colocar o obrigado que "beneficia" do acordo em posição de não o poder invocar (sendo que o poderia fazer sem a intervenção do portador) – o que significa que não basta que o portador saiba da existência de um acordo e dos seus termos para ser colocado de má fé para efeito do art. 10º Desde que o portador tenha adquirido, por exemplo, porque tinha um crédito sobre o sucessor/tomador e aceitou a letra ou livrança como contrapartida dele, por ser esse um seu interesse próprio e não por pretender actuar com o intuito de colocar o obrigado em posição de não poder invocar o acordo – do mesmo modo que não basta, para ficar colocado de má fé para efeitos do art. 17º, que o portador conheça o conteúdo de uma convenção extracartular sobre, por exemplo, o vencimento[91].

Esta solução, além de se justificar com a solução que vale, em geral, para a literalidade, é a que melhor se coaduna com o interesse geral no fomento da circulação das letras – é que, a ser de outro modo, o portador seria vinculado pelos acordos que conhecesse ou, pior, que se viesse a apurar que conhecia ou que devia conhecer, e isso introduziria um factor de insegurança que restringiria fortemente a circulação. Aliás, a solução que se recusa seria tanto mais perigosa quanto, valendo, nos termos gerais, os acordos de preenchimento não formalizados e os tácitos (arts. 217º e 219º do CCiv), a prova ulterior da sua existência e do conhecimento (ou da obrigação de os conhecer) pode ser particularmente falível – sempre com o desincentivo à circulação (circulação essa que a LULL quer promover).

[91] Cf. Ferrer Correia, *ob. cit.*, pág. 72 (onde o Autor distingue com nitidez simples má fé psicológica de consciência de causar um prejuízo).

Pode, assim, sintetizar-se: a subscrição de uma letra ou livrança em branco com pacto de preenchimento significa simples e necessariamente que aquele que subscreve o pacto pode exigir do outro signatário do acordo que este preencha o título nos termos acordados e que não actue de modo a contribuir para que haja preenchimento abusivo. Mas o adquirente não é obrigado a qualquer diligência no sentido de saber da existência de pactos de preenchimento ou da sua subsistência, nem o conhecimento deles, sem mais, o pode prejudicar. Basta-lhe ter recebido o título já preenchido[92].

Na hipótese de terceiro ter adquirido a livrança incompleta e a ter preenchido, tornando-se portador, o terceiro não merece protecção pelo artigo 10º: a protecção do portador que recebe a letra ainda não completamente preenchida e a preenche por si está fora do ambito do art. 10º – o preceito apenas tutela o terceiro que recebeu a letra ou a livrança preenchida. À luz do regime do direito uniforme, esse terceiro que recebe um título a que faltam elementos essenciais não adquire uma letra ou livrança porque esta não existe, e não se aplica o regime especial desses títulos e, em especial, a sua lei de circulação. Nada na lei permite fundar um favor à circulação de títulos ... em branco. Por outro lado, o sentido geral da da lei uniforme assenta na tutela da boa fé do portador e esta pressupõe uma normal diligência, em função da qual o sujeito que adquire um título que não está preenchido com todos os elementos exigidos pela lei e que só é válida

[92] Entre nós, Pedro Pais de Vasconcelos, Direito Comercial. Títulos de crédito, *cit.*, págs. 62-62 – cremos que a partir das percepções da jurisprudência que a seguir mencionaremos – coloca-se claramente na linha de compreensão que acima expusemos. Com efeito, o Autor e Professor de Lisboa explica que "este acordo é uma convenção extracartular e designa-se por pacto de preenchimento", consistindo em "uma convenção obrigacional e informal. Tem como conteúdo a obrigação de preencher a letra de acordo com o critério estipulado e só é oponível entre as partes". Acrescenta ainda o Autor, explicitamente, que "a doutrina do art.10º é a mesma do art. 17º LULL: as convenções extracartulares só podem ser opostas entre os respectivos intervenientes" e que "ao demandado prejudicado [por a cobrança da letra – o Autor refere-se às letras, mas o que diz vale, *mutatis mutandis,* para as livranças – ser exigida por quem não é parte no pacto] restará demandar aquele com quem convencionou o preenchimento e, nesse foro, discutir se o preenchimento foi ou não abusivo". Na jurisprudência, salientamos, com especial ênfase – por se tratar de um aresto modelar – o Acórdão do STJ de 14/12/2006 (*in* www.dgsi.pt., proc. 06A2589), no qual, a propósito justamente do art. 10º e do acordo de preenchimento, se afirma a "irrelevância das relações extracartulares" e que o acordo "reporta-se à obrigação cartular em si mesma" mas é uma convenção extracartular e que, entrando a letra em circulação, "prevalecem os princípios típicos da relação cambiária que independem da causa que deu lugar à sua assunção".

se for acompanhada de um acordo de preenchimento tem o dever de, ao adquirir, indagar sobre os termos pactuados para o seu preenchimento; e se o preenche simples e arbitrariamente de acordo com os seus interesses, assumindo, sem fundamento prático e ético, uma vontade em branco daqueles que constem do título como obrigados, não merece qualquer tutela. O seu dever, diante de um documento não preenchido cuja transmissão lhe está a ser feita, é obter o preenchimento por quem é detentor do poder de preenchimento. Assim, a excepção de preenchimento abusivo é sempre oponível ao portador se foi ele que, recebendo o título incompleto, o preencheu – ele não é parte num pacto que lhe permita o preenchimento, e sendo este necessário, qualquer preenchimento realizado pelo terceiro é abusivo (ilícito) e pode ser invocado por qualquer obrigado, na medida em que a letra ou livrança não foi adquirida pelo seu modo próprio de transmissão e o terceiro não é um portador para efeitos da aplicação do art. 10º.

Não significa isto, portanto, que o acordo de preenchimento, que fixa os termos em que o título deve ser preenchido, se transmite com ele, vinculando não apenas quem subscreveu o contrato mas também aquele que concretamente vai preencher os elementos em falta no título. Esta perspectiva desconsidera a eficácia relativa dos contratos, vislumbrando uma espécie de sequela associada ao pacto. Ora, não havendo na lei qualquer disposição especial que estenda o âmbito de eficácia do acordo, este, como contrato que é, vincula apenas quem o subscreve – isto é, os contraentes (nº 2 do art. 406º do CCiv) – e a lei uniforme não fornece qualquer base legal para sustentar um efeito mais amplo. Esse efeito não se coadunaria, aliás, com o sentido do princípio da literalidade e com o seu fundamento[93].

[93] Mas deixámos já em aberto a possibilidade de um obrigado que não subscreveu o acordo o invocar contra o portador subscritor (cf., *supra*, nota 91). Questão parcialmente autónoma, porque se prende com a específica posição de avalista, é a de saber se o avalista do subscritor pode fazer valer o acordo contra o portador que nele foi parte. Remete-se, quanto ao ponto, para o que se disse sobre a possibilidade de o avalista invocar, nas relações imediatas, as excepções pessoais do avalizado. Todavia, advirta-se desde já que, qualquer que seja a posição que se tome quanto a esse problema, quando o próprio avalista participou no acordo de preenchimento e o pretende invocar contra o portador que também o subscreveu é claro e indiscutível que o avalista e subscritor do pacto pode, pelo menos nesta segunda qualidade, prevalecer-se do acordo e invocar o abuso de preenchimento – se o fizer, repete-se, contra outro subscritor do acordo. Como se afirmou no citado aresto do STJ de 14/12/2006, pressupondo que do outro lado está o subscritor do pacto, "sem, contudo, entrar neste ponto polémico [o Acórdão refere-se à questão da natureza e modo de operar do aval], dir-se-á apenas que a legitimidade para

5. A incidência do princípio da determinabilidade das prestações nas obrigações futuras e o acordo de preenchimento[94]

Da livrança ou letra resulta a vinculação dos vários subscritores a uma prestação pecuniária, a qual, é, salvo quantos aos obrigados principais, ao menos em sentido amplo, uma garantia. A obrigação do avalista é uma garantia em sentido próprio. Mesmo as obrigações principais podem ser assumidas com uma função de garantia[95]. Se é certo que se pode afirmar que, na livrança, a função de garantia é preponderante e que na letra, em contrapartida, releva muito mais a função de circulação[96] – conclusão que se reforça nos casos de subscrição em branco –, em ambos os títulos há obrigações assumidas que se reconduzem, de um modo ou de outro, a obrigações de garantia.

excepcionar o preenchimento abusivo é conferida ao avalista se este subscreve o acordo de preenchimento". Se o avalista não foi parte no pacto, parece-nos certo que o art. 32º-I tem por efeito colocá-lo nas relações imediatas com o portador que o subscreveu como avalizado – o que redundará na susceptibilidade de ele invocar o pacto contra esse portador. Questão distinta da que se abordou no texto é a da transmissão do pacto entre o empossado e outro sujeito que adquira o "escrito" em branco: dada a natureza pessoal dos vínculos e da atribuição de poder, a regra é de que não há transmissão sem o assentimento dos outros contraentes no pacto – a qualificação como contrato suscitará mesmo a aplicação do nº 1 do art. 424º do Código Civil (à qual a qualificação do pacto como acto de comércio não obstará, justamente pela dimensão personalíssima do objecto do acordo).

[94] Recentemente (em relação à data da presente publicação) publiquei um texto em que abordo desenvolvidamente o tema das garantias genéricas. Por aí se reflectir mais desenvolvidamente a minha perspectiva sobre as questões postas no tema, que está a montante do que se trata deste número e pode e deve integrar o que ora se diz, entendo justificar-se excepcionalmente uma nota actualizadora: sobre as garantias genéricas e a questão da determinação e da determinabilidade do objecto das garantias, pode, agora, ver-se o já referido Filipe Cassiano dos Santos, *Garantia genéricas, determinabilidade do objecto pela indicação de um montante máximo ou por uma lista de tipos contratuais e delimitação temporal do vínculo: o caso da hipoteca voluntária, in* RJJ, nº 4019, Ano 149º, Novembro/Dezembro de 2109, págs. 80 e segs.

[95] Recorde-se que os títulos à ordem podem ser utilizados com múltiplos objectivos: a doutrina assinala o pagamento e o crédito, a garantia e a compensação (v. Ferrer Correia, ult. *ob. cit.* págs. 29 segs.). A história dos títulos em branco e, em especial, a da livrança em branco revela a associação mais comum a funções de garantia (cf. Conde Rodrigues, *ob. cit.*, pág. 24-25). E a livrança, quer na sua génese histórica, quer na sua utilização actual, serve sobretudo de instrumento de garantia de empréstimos bancários – Ripert/Roblot assinalam mesmo que historicamente serviu para esconder o empréstimo usurário (*ob. cit.*, pág. 264).

[96] V., sobre a relativa contraposição entre as duas funções, em geral, Ferrer Correia, *ob. cit.*, págs. 31-31.

Nos casos em que a letra ou livrança é emitida em branco, dado o papel do acordo de preenchimento na formação do título, este consiste na assunção de uma vinculação a assumir uma garantia futura: a garantia não está ainda formada, pois que não se constitui com o acordo de preenchimento, mas o vínculo relativamente à sua assunção e aos termos dela surgem com esse acordo. O acordo é o instrumento para impedir a assunção de vínculos sem determinação à partida do seu conteúdo: é por via dele que se pode impedir que um sujeito se vincule deixando nas mãos de terceiro a determinação dos termos da sua vinculação – isto é, da prestação a que fica sujeito. Aliás, só com esse instrumento se pode evitar um tal resultado. O acordo tem como função justamente permitir a livre determinação no futuro dos elementos em falta[97].

O acordo de preenchimento deve conter os elementos para o completamento da letra ou livrança com todos os elementos essenciais. Não os determina logo todos, por essência – a ser assim, o título poderia ser logo emitido completo. A relativa indeterminação ou o carácter genérico faz parte da natureza própria do acordo. Impõe-se contudo um limite. Na medida em que prevê uma vinculação para uma garantia a constituir no futuro, valem as regras que, em geral, se aplicam à constituição de garantias futuras.

Não cabe, aqui, desenvolver o tema nos seus aspectos gerais[98]. Limitamo-nos a apreciar os contornos específicos que ele assume no que concerne à autorização de preenchimento. Retemos, portanto, apenas que a questão das garantias genéricas se reconduz a verificar se foi ou não consignado pelas partes um critério objectivo que permita *ex ante* delimitar as obrigações assumidas (e, por essa via, delimitar o montante envolvido e as condições da assunção) de modo a que não seja o credor a fazê-lo de acordo com o seu arbítrio. O devedor ou o garante não se podem deixar ficar nas mãos do credor ou de terceiro: é, por isso, necessário fixar um critério objectivo e limitativo de determinação.

A questão a enfrentar é assim a saber se a autorização de preenchimento pode ser sindicada quanto à indeterminabilidade da obrigação nela assumida – recorde-se sinteticamente que a autorização ou o pacto de preenchimento criam um vínculo jurídico para aquele que a emite: tendo assinado em branco uma letra ou livrança, esse sujeito obriga-se a assumir as conse-

[97] "Em relação ao desenvolvimento de uma determinada relação entre as partes": CAMPOBASSO, *ob. cit.*, pág. 260, que sublinha também que só a tutela de terceiros tempera esta regra.

[98] Remete-se para o texto referido na nota 94.

quências futuras do preenchimento feito por aquele outro sujeito a quem foi atribuído esse poder e obriga-se a tornar-se obrigado cambiário.

É certo que, preenchida a livrança e inscrito nela um montante, a obrigação do avalista é automaticamente determinada. Dir-se-á, portanto, que, em tal caso, o aval é por definição determinado e que não há violação possível da regra da proibição das vinculações genéricas. Não subscrevemos uma visão tão formalista das coisas. A questão está na vinculação preliminar assumida aquando da subscrição em branco e do pacto. Ora, a razão de ser última pela qual se proíbem as garantias genéricas no direito comum justifica-se de igual modo no domínio dos títulos em branco: também aqui é intolerável que o garante futuro deixe a determinação do montante do seu envolvimento decorrente da garantia ao critério de outrem – o princípio é, de resto, universal. Ora, se é um facto que o aval surge formalmente determinado, certo é também que, tratando-se de aval aposto em letra ou livrança em branco e resultando por isso de uma autorização de preenchimento, ele pode na prática ser a consequência de uma vinculação prévia em que o montante da garantia não é determinado nem é determinável, ficando o futuro avalista nas mãos do autorizado por não poder escapar à vinculação que antes havia assumido – não poderá sequer invocar violação do pacto porque, havendo vínculo, ainda que genérico, o preenchimento efectuado manter-se-á, por definição, no seu interior. Quer dizer: se o aval, em si mesmo, enquanto resultado final do preenchimento, é determinado, ele pode ser o resultado de um procedimento que nasceu e se concretizou inquinado por uma vinculação genérica. O formalismo dos títulos de crédito não impede que se atenda à materialidade subjacente. Em causa não está o aval propriamente dito, enquanto resultado formal-cambiário do processo de formação do título que surgiu em branco, mas antes o compromisso que levou à aposição do aval – em face da ponderação de que aquele processo pode ele próprio estar inquinado e de que o aval pode afinal de contas ser o resultado de uma vinculação anterior indeterminada e indeterminável, com a qual se deixou efectivamente a determinação da garantia cambiária nas mãos do sujeito que adquiriu poderes de preenchimento.

Sucede, apenas, que a especificidade do título de crédito e do modo como é formado quando é emitido em branco impõe que, em tal caso, o princípio da proibição das vinculações genéricas incida não propriamente sobre o aval, mas antes sobre as vinculações prévias, concretizando-se justamente na proibição de vinculações que permitam que a uma conformidade formal com o princípio corresponda uma sua efectiva violação material.

No caso da livrança em branco, o controlo desloca-se do título para o acto em que a sua formação é acordada.

A este acto, aliás, aplica-se o direito comum e não o direito cambiário[99]. Também por esta via se conclui pela possibilidade de sindicar a autorização ou pacto de preenchimento por um princípio geral do direito das obrigações.

A estas razões positivas, pode acrescentar-se o argumento *ad absurdum*: a não ser assim, e se se admitissem autorizações ou pactos de preenchimento em que o montante da obrigação a formar fosse indeterminado e indeterminável, ou, mais grave, se se admitisse o preenchimento sem um pacto que permita e balize a vinculação, dada a instrumentalidade da obrigação que deles emerge relativamente à obrigação cambiária, estaria aberta a porta para vincular um sujeito a assumir uma obrigação cujo critério de determinação ficaria ao arbítrio de terceiro – a obrigação cambiária surgiria realmente determinada, mas seria o resultado de uma vinculação cujos contornos o obrigado não poderia prefigurar. Em termos práticos, a livrança e a letra em branco seriam campo aberto para obter o resultado que em geral se proíbe e sobretudo seria inutilizada a função integrativa do acordo relativamente ao título em branco – e não fará sentido proibir, em geral, o estabelecimento de garantias sem determinação do objecto e sem critério para a sua determinação e permitir, por outro lado, compromissos pelos quais um sujeito se obrigue a aceitar a criação de garantias cambiárias nessas condições! O resultado prático seria intolerável, à luz dos valores fundamentais da nossa ordem jurídica privada.

Este controlo compatibiliza-se, sem dificuldade, com o regime cambiário. Assim, se o aval for aposto com base numa autorização nula por indeterminabilidade, e se o título chegar preenchido às mãos de portador de boa fé, aquela nulidade não lhe pode ser oposta. É que, por força do artigo 10º da LULL, nas relações mediatas, tudo se passa como se a autorização não existisse – ela ou a sua inexistência são irrelevantes em face do portador mediato. A tutela do portador mediato faz-se, sem reservas, no plano de regras previstas na LULL. Não há, assim, qualquer incompatibilidade entre o controlo da autorização e o regime cambiário.

O corolário daquilo que se vem sustentando – que é possível o controlo da autorização de prenchimento quanto à determinabilidade da obrigação – foi já assumido pelo Supremo Tribunal de Justiça. Assim, o Acórdão de

[99] A afirmação é pacífica: v., por todos, Conde Rodrigues, *ob. cit.*, págs. 60-61.

29/11/2001[100] sindicou um pacto de preenchimento quanto à determinabilidade das obrigações, embora tenha concluído, no caso, que havia um "critério objectivo para precisar o teor da obrigação". Do mesmo modo, o Acórdão de 3/5/2001 havia já verificado se um pacto de preenchimento, não tendo a letra saído das relações imediatas, estava ou não ferido de indeterminabilidade das obrigações[101]. Mais recentemente, o já mencionado Acórdão do STJ de 28/2/2008 afirmou que "a nulidade por indeterminabilidade só poderia ser a do negócio (...) de autorização do preenchimento, pois é nele que se contém o objecto do negócio sobre o qual se aferem os requisitos de validade substantiva"[102].

Pode agora concluir-se. O ordenamento jurídico não pode aceitar um cumprimento formalmente correcto das prescrições cambiárias, mas que materialmente corresponda a uma efectiva vinculação sem critério: a proibição de vinculações indeterminadas, no caso de títulos de crédito em branco, concretiza-se na proibição de uma assunção sem determinação ou sem critério de determinação das obrigações futuras feita no acto do qual resultam os poderes e os termos do preenchimento. Não é de admitir, pois, a existência de autorizações ou pactos de preenchimento sem determinação ou sem critério de determinação da obrigação que se concretizará no uso dos poderes conferidos ou, naturalmente, a existência de letras ou livranças cujo preenchimento não é definido por um pacto de preenchimento que tenha essas características. Por força disto, a autorização ou acordo de preenchimento que não fixe a obrigação cambiária ou o critério para a sua determinação é nula, por aplicação do disposto no artigo 280º do Código Civil, com as correspondentes consequências sobre a formação da livrança (e do aval, naturalmente)[103].

[100] www.dgsi.pt. proc. nº 2B1596.

[101] Revista da Ordem dos Advogados, 2001, vol. II (Abril), págs. 1044 e segs.: o Supremo concluiu, na espécie, por interpretação das declarações, que o aval era limitado.

[102] www.dgsi.pt, proc. nº 08A054.

[103] Sobre a consequência da falta de pacto, v., *supra*, VI – 1 e 2. O já referido Acórdão do STJ de 28/2/2008 conclui que a eventual nulidade por indeterminabilidade do pacto de autorização de preenchimento "haveria de repercutir-se no aval que o reflecte, afectando-o do mesmo vício". Não subscrevemos a conclusão: na verdade, como já sublinhámos, logo que é aposta uma quantia no título, o aval surge, por definição, determinado, sem que se possa distinguir entre relações mediatas e imediatas. É certo que, nestas últimas, o avalista poderá sempre invocar as relações extracartulares, e obstar ao accionamento do aval – não por vício deste, mas por força das relações pessoais entre si e o portador imediato, que podem obstar ao pagamento (no caso,

6. A questão do ónus da prova: distinção entre prova do acordo e dos seus termos e prova da sua violação – o ónus da prova do exercício legítimo do direito ao preenchimento

É sabido que a doutrina e a jurisprudência têm afirmado generalizadamente que o ónus da prova do preenchimento abusivo do título incumbe àquele que o invoca – o que sucede normalmente em sede de embargos, quando o obrigado cartular é executado. A afirmação, sendo em si mesma irrecusável, incorre, também, num excesso de simplificação, pois desconsidera dimensões relevantes da problemática em causa, não a deixando perceber em toda a sua extensão. O ponto merece, portanto, algumas observações.

Antes do mais, há que ter presente que a atribuição pura e simples ao mesmo sujeito do ónus da prova da existência do acordo e da sua violação por um subscritor conduz inegavelmente a um resultado prático que, sobretudo quando aplicado às livranças, invariavelmente protege o beneficiário da promessa de pagamento (ou seja, e por regra, a entidade bancária que concede crédito "garantido" por livrança). Atentemos, desde logo, em que fazer a prova da violação do acordo de preenchimento não é a mesma coisa que provar a existência e os termos desse acordo: a violação implica a prova de que o crédito inscrito no título não é aquele para que a livrança foi emitida ou de que, sendo-o, não foi transposto para o título nos termos pactuados.

Ora, não se pode ignorar, numa apreciação ponderada e objectiva da questão, que a imposição ao subscritor/embargante do ónus da prova positiva de que o acordo ou autorização de pagamento foi violado, quando o acordo e a subscrição da livrança surgem no quadro de uma relação bancária, como sucede quase sempre, tem como resultado prático colocar o cliente do banco que subscreveu a livrança (ou, mais gravoso ainda, o seu avalista, se se admitir este a invocar o acordo e a violação, como não poderá deixar de ser, desde logo se ele tiver também sido parte no acordo, que assim funciona como contrato de entrega e como uma espécie de convenção executiva) na posição de ter que provar algo de que só muito dificilmente terá dados específicos e, reflexamente, tem como resultado permitir ao banco, que preencheu o título e tem necessariamente todos os elementos que atestam as relações de crédito com o cliente e o respectivo teor, ficar em

a invocação da nulidade do pacto); mas, naquelas, o avalista nada poderá opor ao portador – restar-lhe-á pagar e exigir ressarcimento a quem usou autorização de preenchimento nula, preenchendo o documento, por isso, sem o poder fazer.

posição de se manter expectante, a ver a outra parte chocar contra o muro da falta de elementos ou dados e a fracassar nos seus esforços. O resultado final de tudo isto é, parece-nos não ser muito ousada a afirmação, que as acções ou os embargos baseados em violação do pacto de preenchimento soçobram quase invariavelmente na impossibilidade prática de prova – consequência anómal a que os tribunais não podem ficar indiferentes, escudados na capa de concepções e teses abstractizantes e formalistas, as mais das vezes assentes em premissas não demonstradas em face dos interesses que a Leu Uniforme e, em geral, o regime cambiário tutelam e que são indiferentes aos resultados que atingem (ou, pior, que se conformam com o resultado que é proteger sempre o sujeito da relação que é economicamente mais poderoso).

Uma tal constatação é um sinal de que se justifica um reexame do problema.

Pois bem. Cremos que o primeiro aspecto a ter em conta é a circunstância peculiar de o problema da distribuição do ónus probatório, no caso que consideramos, se pôr em relação a um título subscrito em branco e, mais particularmente, a uma livrança-garantia subscrita em branco. Com efeito, como vimos acima, o preenchimento, para ser lícito, depende de uma autorização, que normalmente se reconduz a um acordo contratualizado: quer isto dizer que o direito ao preenchimento do título a que faltam elementos essenciais para valer como letra ou livrança se funda num contrato. Por outro lado, a emissão válida de título em branco depende da existência desse pacto de preenchimento.

O preencimento assenta portanto num direito a preencher o título, que tem por fonte um contrato. Ora, o primeiro ponto é verificar o exercício do direito ao preenchimento. Com efeito, sabido que o portador do título em branco fica investido num direito a preencher o título que se funda num contrato, daí decorre que, antes mesmo de se colocar a questão da violação do pacto, há que estabelecer em primeiro lugar se houve um exercício legítimo do direito ao preenchimento. A prova disto incumbe naturalmente àquele que foi investido no direito, o exercitou e pretende fazê-lo valer. Suscitada a questão de ter havido preenchimento de um título inicialmente em branco, a primeira prova incumbe a quem preencheu o título e (ou) pretende fazer uso dele – mesmo que se trate de fazer valer um título executivo, a formação deste e a execução têm como pressuposto a prova da correcta formação do título.

Esta conclusão limita-se, naturalmente aos casos em que o título não tenha circulado, na justa medida em que, nessa hipótese, não joga em pleno o regime cartular e, por conseguinte, letra e a livrança não ficam em pleno sujeitas ao regime ordenado à tutela de terceiros – recordamos que, antes de entrar em circulação (nas relações imediatas, portanto), a letra ou a livrança não não estão sujeitas à literalidade e abstracção e que o acordo de preenchimento é oponível. Por esta razão, demonstrado que o título não estava completo à data da subscrição cambiária, nada na letra ou no espírito da LULL obsta a que se entenda que, por aplicação dos princípios gerais, o sujeito que o adquiriu tem que demonstrar que formou o seu título pelo modo legítimo, exercitando o direito nos termos próprios, enquanto pressuposto do seu direito à quantia inscrita. Não é assim, no entanto, nas relações mediatas, onde não relevam circunstâncias exteriores ao título nem o acordo de preenchimento.

Acresce que, como já evidenciámos, a livrança, em geral, não tem uma vocação prática para a efectiva circulação, até por ser normalmente usada com função de garantia. É o que se passa no caso de livranças em branco que garantem financiamentos bancários, as quais, no comum dos casos, não circulam de facto.

A esta luz, e em síntese, pode-se afirmar que, provado por via de acção ou em sede de embargos, em face do portador imediato que foi parte no pacto de preenchimento, que uma letra ou livrança accionada foi subscrita em branco, com um acordo para reger o seu preenchimento, passa a competir a esse portador imediato fazer a prova do exercício do direito ao preenchimento em conformidade com o acordado, o que se analisará na prova de que o crédito que inscreveu no título é aquele que poderia inscrever com base no direito adquirido. Naturalmente, ao embargante caberá fazer a prova da violação, caso entenda que ela ocorreu – e, por isto, em termos literais, não se discute a afirmação de que o ónus da prova da violação compete a quem a invoca. O executado poderá, no entanto, suscitar previamente a questão da formação do título como título emitido em branco e do modo como o titular do direito ao preenchimento exercitou esse direito e, com isso, colocar a cargo do exequente a prova da correcta formação. É, assim, sublinha-se, não só porque o pacto é condição de validade da emissão do título em branco e nele se atribui um direito ao preenchimento, mas, sobretudo, porque o portador tem que fazer a prova do seu direito a mobilizar o título cuja formação escapou ao modo típico de formação e assenta num pacto que é anterior à sua formação.

É justamente esta relação constitutiva entre o pacto e a formação do título, por força da qual é a existência do pacto que legitima e que é condição de validade da emissão do "escrito" em branco, que coloca a questão fora da alçada do disposto no art. 378º do Código Civil – este preceito do Código Civil aplica-se justamente aos casos em que o pacto (o "ajustado") não é condição de licitude da emissão do documento em branco mas é tão-só um acordo que deve, nos termos gerais, ser cumprido (isto é, cujo cumprimento é exigível por quem subscreveu em branco). Nos termos gerais do direito das obrigações, é ao credor que incumbe a prova do incumprimento e, acertado este, é (já) ao devedor que incumbe a prova de que ele não resultou de culpa sua (art. 798º, nº 1, do Código Civil) – o art. 378º é um afloramento da primeira destas regras. Ora, no caso do "escrito" (é assim, recorde-se, que os arts. 2º e 76º da LU chamam ao documento com que se inicia a formação da livrança ou da letra) em branco que é preenchido, não está apenas em causa uma relação devedor-credor e um incumprimento de um acordo (contrato celebrado quanto ao preenchimento), mas está em questão a prova da existência de um documento sem o qual a emissão do outro (aquele que se mobiliza e que foi assinada em branco) não é válida.

Nem se contraponha que, com a tese que se perfilha, fica diminuído o efeito prático do recurso à livrança. A objecção não procede. Primeiro, porque há que ter presente que se recorreu à livrança em circunstâncias especiais, que fogem do modo-padrão de formação do título. Depois, porque a livrança-garantia, que tipicamente não circula, não merece a mesma tutela – a livrança, tal como está prevista na LULL, é abstractamente vocacionada para circular, e utilizações desviadas daquela que é tipicamente pressuposta na lei (que é a da livrança de formação "completa" e imediata) não merecem a mesma protecção. Por fim, há que ter em conta que a solução que se perfilha não difere daquele que seria o regime com base na relação subjacente, pois, aí, teria que ser o credor a provar o seu crédito e o cumrpimento; ora, não é legítimo o recurso à livrança para, sem mais, e nas relações imediatas, alterar radicalmente o regime de prova que decorreria da relação subjacente.

Há ainda a consideração de outro ponto que nos parece reforçar a argumentação no sentido da colocar a cargo de quem invoca ou actua o título emitido em branco. Caso o sujeito pretenda usar a livrança (será o caso mais comum) como título executivo, há, no plano da executoriedade do título, uma especificidade da subscrição em branco. Com efeito, a subscrição nesses termos tem como consequência que a inscrição do conteúdio da prestação e, portanto, a constituição da obrigação se dão após a aposição da assinatura do sujeito. Esta circunstância conduz a uma hipótese anómala no quadro da alínea c) do art. 46º do CPC. Esta, na redacção de 1995, estendeu a executoriedade em geral aos documentos particulares, sem necessidade de reconhecimento da assinatura[104]. Esta extensão é feita, contudo, no pressuposto de se tratar da situação típica em que a constituição da dívida ou o seu reconhecimento surgem contemporaneamente com a assinatura do devedor – e não que, como sucede na livrança em branco, a assinatura (vinculação) precede a própria obrigação e a fixação do seu conteúdo. A esta luz, é no mínimo duvidoso que a livrança (ou a letra) que se forma a partir de um "escrito" em branco seja título executivo – ao menos sem que o exequente demonstre que a assinatura pelo qual o sujeito de vinculou de antemão corresponde à obrigação para que foi feita (e prove, portanto, o preenchimento adequado).

Neste contexto, devemos ainda fazer um aditamento às conclusões que vimos tirando. Uma vez evidenciada a relação do exercício do direito com a relação subjacente e com o acordo de preenchimento, há que ter presente que, em muitos dos casos em que se recorre à emissão de títulos em branco (e na generalidade dos casos de livrança em branco), a relação material está sujeita a regime especial distinto do do direito comum (civil).

Na verdade, como já sublinhámos, essa relação será muitas vezes uma relação mercantil e bancária. Sucede que, às relações mercantis, se aplica o direito comercial, e só quando este não apresenta resposta de regime para o ponto em questão, porque essa resposta não se justifica à luz da específica lógica regulativa do direito especial, ou quando, havendo uma lacuna, a solução com mais afinidade com o caso se descortina no direito civil, é legítimo o recurso ao direito privado comum[105]. Para mais, tratando-se de uma relação bancária, concorrem em primeira linha as disposições especiais que regem o direito bancário.

Há, pois, em primeira linha, que compulsar o regime especial. Ora, os preceitos de direito bancário prevêm obrigações especiais para a instuição bancária destinadas a proteger o cliente dos produtos financeiros. Temos em vista, para lá dos deveres gerais que impendem sobre os comerciantes

[104] Em geral, sobre o tema e sobre a revisão de 1995, v. José Lebre de Freitas/João Redinha/Rui Pinto, Código de Processo Civil-Anotado, Vol. 1º, 2ª ed., Coimbra, Coimbra Editora, 2008, págs. 90-95.

[105] Cf. Filipe Cassiano dos Santos, Direito Comercial Português, *cit.*, págs. 125 e segs.

em matéria de exibição de livros e de prova, decorrentes do Código Comercial, e dos quais se podem deduzir especialidades em matéria de prova, o disposto no Regime Geral das Instituições de Crédito e Sociedades Financeiras (RJICSF), aprovado pelo DL 292/98, de 31 de Dezembro, e entretanto alterado pelo DL 211-A/2008, de 3 de Novembro – alterações estas justamente tendentes "ao reforço os deveres de informação e transparência no âmbito do sector financeiro"[106].

Sublinhamos, neste domínio, o dever geral de cooperação previsto na lei (art. 74º), pelo qual "nas relações com os clientes, os administradores e os empregados das instituições de crédito devem proceder com diligência, neutralidade, lealdade e discrição e respeito escrupuloso dos interessses que lhes são confiados". Mas há que sublinhar, sobretudo, que está agora inscrito no nº 5 do art. 77º do RJICSF o dever, que impende sobre as instituições de crédito, de, nos contratos com os seus clientes (e com todos eles – compare-se com os deveres específicos nas relações de crédito ao consumo previstos no nº 2 do mesmo preceito), inscreverem "toda a informação necessária e ser redigidos de forma clara e concisa".

O fundamento destes preceitos é a especial posição de supremacia fáctica na relação que se reconhece ao banco, enquanto profissional especialmente dotado de meios, a assunção de que banco e cliente estabelecem relações contratuais que envolvem grande especialização e nas quais o banco está numa posição de preponderância no processo de celebração e formalização dos negócios e tem especiais deveres no que respeita ao registo das operações e à sua apresentação[107].

Assim, dos preceitos do RGICSF e da própria relação bancária decorre, sem margem para dúvidas, um dever especial de cooperação a cargo da instituição financeira, que se repercute nos contratos que ela celebra com os clientes e na respectiva execução, e que é incompatível com a aplicação do regime de direito comum que permitiria ao Banco uma atitude defensiva e expectante em caso de divergência na execução de um contrato – quando, para mais, e além dos deveres juridicamente fundados, tal como já sublinhámos, é justamente o banco que tem os meios efectivos para mais facilmente

[106] A citação é do preâmbulo do diploma.

[107] Sobre os deveres especiais de informação e os seus fundamentos, que se aplicam de forma particularmente evidente na relação banco-cliente, v. FILIPE CASSIANO DOS SANTOS, Direito Comercial Português, cit., págs. 186-187 e 189 e segs.

realizar a prova da legitimidade da sua actuação[108]. Isto, naturalmente, em face do seu cliente ou dos garantes deste, sobretudo se estes por uma via ou outra intervieram na relação subjacente à livrança ou no acordo de emissão em branco, em que se inclui o pacto de preenchimento.

Aquilo que vimos realçando significa que é nosso entendimento que, numa relação comercial, e especialmente numa relação bancária, se deve entender que são a própria lei e o complexo de deveres acessórios de conduta envolvido na relação contratual que introduzem particularidades no jogo do ónus da prova. Com esses fundamentos acrescidos, fundados na lei e no contrato, compete ao Banco fazer a prova da execução correcta dos compromissos assumidos no quadro da relação de financiamento. Por outras palavras, decorre da lei e de convenção das partes uma liberação do cliente do Banco relativamente à prova das circunstâncias relativas à execução do contrato bancário de financiamento – a qual poderá até, a não se entender mais amplamente, preencher pelo menos os pressupostos do art. 344º, nº 1, do Código Civil, para a inversão do ónus da prova

VII – Denúncia e resolução da vinculação para aval (em título em branco) e do pacto de preenchimento – o caso da prorrogação ou renovação

Assente, como nos parece indiscutível e, tanto quanto sabemos, não é realmente discutido, que o aval prestado em letra ou livrança formada nos termos dos arts. 1º e 75º da LU não é susceptível de denúncia, por força da especial natureza das obrigações cambiárias – ainda que a regra valha em pleno apenas nas relações mediatas, justamente por ser esse o âmbito do regime especial dessas obrigações: acordos entre sujeitos situados em relações imediatas podem sempre ser invocados e colocar em causa a produção de feitos do compromisso do avalista-, fica por escrutinar a resposta àquela que, tal como vemos o problema, é a real questão: saber se, em casos como aquele que chegou até ao Supremo (ainda que, pelos dados perceptíveis, mal colocado), e que são comuns na nossa prática, o sujeito que se vinculou

[108] De novo se justifica, excepcionalmente, uma nota de actualização; o tema da prova foi um dos objecto que tratámos na Lição que proferimos no âmbito das provas académicas de agregação, a qual foi, entretanto, publicada. Por também aí se tratar um ponto que está a montante daquele que ora se toca, remetemos para esse texto: Filipe Cassiano dos Santos, *O direito comercial na actualidade e o sentido de um (novo) código mercantil – os casos paradigmáticos dos contratos de associação em participação e de capital de risco e do interesse na tutela do crédito, in* RLJ nº 4018, Ano 149º, Setembro/Outubro de 2019, págs. 41-42.

numa livrança em branco com a intenção de que se constitua um aval se e quando se der a formação do título, e que se vinculou através da emissão de uma autorização de preenchimento a favor do tomador, saber se o sujeito, dizíamos, pode denunciar ou resolver esses vínculos, tendo designadamente em consideração que entretanto deixou de ser sócio da sociedade cuja obrigação pretendia garantir por esse modo.

O ponto de partida não oferece dúvidas: como vinculações não cartulares submetidas ao direito comum, a subscrição para aval em letra ou livrança em branco e o respectivo pacto de preenchimento podem, em abstracto, ser objecto de resolução ou denúncia. As razões e limitações que valem no direito uniforme não se comunicam a elas.

No que concerne à resolução, as soluções não diferem substancialmente daquelas que tirámos sobre a possibilidade de resolução do aval com efeito na vinculação emergente das relações imediatas[109]. Em primeiro lugar, a saída do sujeito da sociedade não constitui causa de resolução em face do regime legal do incumprimento ou mesmo da alteração das circunstâncias – nem o será mesmo em face da alínea *b)* do art. 30º do DL 178/86, preceito que se aplica ao pacto de preenchimento, na medida em que se trate de um contrato que, em concreto, seja qualificado como um acto comercial. Não sendo causa legal, a regra é que a saída da sociedade será justa causa de resolução das vinculações anteriores à formação do título apenas se esse fundamento houver sido assumido especificamente no contrato. Dependendo, assim, a concreta possibilidade de resolução de uma estipulação contratual que acolha essa causa de resolução, impõe-se a fixação precisa do conteúdo do contrato, por interpretação – para o que relevarão especialmente, por exemplo, as negociações prévias à emissão do título em branco.

Realizada a interpretação do contrato, é possível que, em termos análogos àqueles que sustentámos para a resolução do aval nas relações cartulares imediatas, a circunstância de o contrato nada prever sobre o ponto não seja decisiva no sentido de excluir a faculdade de resolução. Na verdade, poderá concluir-se, por interpretação, que a ausência de convenção sobre o ponto não significa a remissão implícita para o regime legal supletivo – o afastamento do funcionamento do direito supletivo pode resultar da actividade interpretativa e da ponderação de não haver norma supletiva que preveja ou afaste especificamente o relevo dessa causa – e a exclusão da possibilidade de resolução, mas que significa, pelo contrário, a existência de uma

[109] Cf., para uma mais extensa fundamentação das afirmações que se seguem, cf., *supra*, IV.

lacuna, isto é, que as partes não trataram o ponto porque não o figuraram no âmbito das suas previsões. Neste caso, far-se-á apelo aos critérios legais de integração da lacuna, e a ponderação da boa fé conduzirá a que se considere incluída no contrato, por essa via de integração, uma cláusula que permita a exoneração (por resolução) dos vínculos, condicionada a que o ex-sócio ou a sociedade ofereçam a substituição da "garantia" por outra de valor pelo menos equivalente[110].

Articulando interpretação e integração, e atento o relevo da boa fé no ordenamento jurídico e a relação que a solução apurada tem com esse princípio, só não será assim se, por interpretação, se apurar uma vontade das partes noutro sentido. A específica solução – uma resolução sujeita a condição – funda-se no papel da boa fé na integração dos contratos e no regime do nº 3 do art. 11º do DL 149/95, sobre o contrato de locação financeira, como afloramento desse princípio axial no ordenamento jurídico[111].

Com estes limites, ainda que possível, a resolução não será, é bom de ver, um mecanismo de fácil mobilização pelo sujeito que deixou de ser sócio da sociedade financiada. Assume especial importância prática, em consequência, averiguar como são as coisas pelo lado da denúncia.

O primeiro ponto a registar é que a denúncia da vinculação para aval e do pacto de preenchimento, a ser possível, não tem qualquer especial relação com a saída da sociedade: a possibilidade de exercício desse meio de extinção dos vínculos não terá qualquer conexão, no plano jurídico, com essa circunstância. O fundamento da denúncia é a ausência de prazo e a proibição de vinculações perpétuas e não qualquer causa invocada pelo denunciante. De todo o modo, a faculdade, a existir, poderá obviamente ser exercida pelo obrigado que deixou de ser sócio para obter a sua desvinculação. Por outro lado, em causa está denunciar convenções que, embora se dirijam a produzir efeitos mediatos no plano do título a formar, se analisam imediatamente em vínculos relativos ao poder e ao modo de completamento do título, pelo que a denúncia produz efeitos no vínculo emergente do pacto de preenchimento e não na livrança – e rege-se pelo direito comum.

À luz do direito comum, a denúncia desses vínculos extracartulares será possível se os vínculos não tiverem prazo. De acordo com o princípio geral da inadmissibilidade de vinculações perpétuas e da possibilidade de denúncia das obrigações assumidas sem prazo, o pacto de preenchimento

110 Cf., de novo, mais desenvolvidamente, *supra*, em IV.

111 Para mais desenvolvimentos e referências, cf., de novo, *supra*, IV.

e a subscrição para aval feita em título em branco, quando estabelecidos sem prazo, são susceptíveis de denúncia a todo o tempo – desde que, bem entendido, não tenha já ocorrido a sua execução ou cumprimento. A consequência é que esse acto extingue o poder de preenchimento quanto ao sujeito que se obrigou a ser avalista, e, consequentemente, o título passa a ser uma letra ou livrança incompleta: a possibilidade de denúncia implica, em termos práticos, que o compromisso relativo à constituição do próprio aval, até ao preenchimento do título, é sempre susceptível de extinção. A denúncia pode ser invocada em face do destinatário da autorização de preenchimento. Uma vez efectuada, na medida em que extingue os poderes, se sobrevier um preenchimento, este será não propriamente um preenchimento abusivo mas um preenchimento sem poderes, que poderá ser invocado face ao portador imediato ou ao portador mediato que não está de boa fé ou que recebeu o título em branco.

A denúncia, como acto extracartular que impede a formação lícita da letra ou livrança, não interfere com o plano das relações cartulares entre o denunciante e o autorizado e não os coloca, por si só, nas relações mediatas – aliás, ainda que fosse de outro modo, esse destinatário da denúncia, ao preencher o título com o aval após a (e apesar da) extinção lícita dos seus poderes, tem perfeito conhecimento da inexistência de autorização eficaz e está a actuar com consciência de causar um prejuízo, incorrendo desse modo em má fé (quer dizer: em tal suposto, não se verifica o pressuposto da inoponibilidade do abuso de preenchimento estabelecido no artigo 10º da LULL, a boa fé). Todavia, há que considerar um caso particular: a extinção dos poderes não será oponível a um portador mediato que tenha recebido o título já preenchido e que actuou para satisfazer um interesse próprio na obtenção da livrança (e não em conluio para prejudicar algum dos obrigados) – mas o destinatário ou subscritor do acto pelo qual havia sido conferido um poder de preenchimento que violou esse poderes por os ter usado quando já estavam extintos por denúncia incorre em responsabilidade por todos os danos que o preenchimento sem poderes vier a causar (danos esses que, quanto àquele que se prefigurava como avalista, tenderão a coincidir com a totalidade daquilo que se vir obrigado a pagar ao portador, pela singela razão de que, sem o preenchimento abusivo e sem a circulação do título, não teria que responder como avalista).

Há, neste quadro, que sublinhar dois outros pontos. Essencial para poder haver denúncia é que o pacto ou autorização de preenchimento não tenha prazo. Ora, este pode ser directamente estabelecido no próprio pacto ou ser o prazo fixado para a relação fundamental (o contrato de financiamento em que foi parte a sociedade de que o sujeito deixou de ser sócio), que se comunica ao pacto por força da interligação entre ambos os acordos ou até por este estar incluído naquele: durante a vigência do prazo, não poderá haver denúncia, porquanto o estabelecimento de prazo envolve implicitamente a vinculação a não extinguir o contrato antes do seu decurso, salvo justa causa de resolução. Mesmo que o prazo não se aplique formalmente ao pacto de preenchimento, ele estará normalmente implícito nele, conclusão a que se chegará pela ponderação da relação de interdependência ou mesmo de acessoriedade que contrato e pacto apresentam, a qual permitirá até, em alguns casos, a sua qualificação como contratos coligados e que levará a que o prazo do contrato principal se estenda ao outro. Por regra, pois, o pacto terá uma vigência em linha com o contrato base que justifica a relação de garantia, vinculando o subscritor ou o avalista por todo esse prazo – com o que o poder de preenchimento se extinguirá apenas com ele e nos termos que dele decorrerem.

Por outro lado, a denúncia do pacto no seu todo apenas pode ser efectuada pelo subscritor que se apresente como aquele que vai figurar no título como sacador ou como obrigado principal (aceitante, na letra, ou, na livrança): o avalista, por si só, apenas poderá denunciar os poderes relativos ao aval, e não a autorização ou o pacto no seu todo.

A comunicação, em muitos casos, do prazo estipulado para o contrato principal ao pacto de preenchimento terá como consequência que não será comum que os contraentes celebrem pactos sem prazo: a ausência de estipulação de prazo será pouco consentânea com a natureza das operações de financiamento, que por regra estão na base do recurso à livrança em branco, e, nos contratos de abertura de crédito ou similares, essa ausência pode mesmo colocar sérios problemas. Por essa razão, os operadores do sistema bancário e financeiro tendem, na prática, a apor aos contratos e aos pactos de preenchimento cláusulas nas quais se fixa um prazo, justamente com o fito de evitar o funcionamento da denúncia.

É claro que a contraface da existência de prazo é que, não sendo possível a denúncia, os vínculos se extinguem por caducidade no termo do prazo. Sucede, porém, que também esta consequência radical não se adequa, em muitos casos, aos interesses de estabilidade e previsibilidade que estão subjacentes à vida empresarial em geral e ao sector financeiro em especial. Por isto, é comum os contratos serem celebrados com prazo e com uma cláusula de renovação ou prorrogação automática, por força da qual o contrato não caduca se, com certa antecedência face ao termo previsto, qualquer dos contraentes não declarar pretender que o contrato se extinga. Nestes casos, faltando essa declaração, o contrato não caduca, justamente porque se prorroga ou renova – o que, ou por previsão directa, ou por força da interligação que há entre os dois, se comunica ao pacto de preenchimento.

Neste tipo de casos, tem o sujeito que se vinculou para aval em pacto de preenchimento com prazo e cláusula de renovação automática a faculdade de se desvincular para o fim do prazo, evitando a renovação ou prorrogação, independentemente de estarem reunidos os pressupostos que lhe permitam accionar a resolução?

A resposta ao quesito deve assentar em dois eixos fundamentais. Por um lado, o contrato foi celebrado com duração determinada e com a livrança-garantia – o financiador deu crédito à sociedade e exigiu a livrança em branco e a subscrição para aval de um ou mais dos sócios, razão pela qual essa circunstância se configura como condição e um dos termos do negócio. Por outro lado, o sócio aceitou garantir nesses termos a operação a favor da sociedade, mas o compromisso foi submetido a um prazo, e a cláusula de renovação ou prorrogação automática não pode ter como efeito tornar indefinida, na prática, a vinculação a que se submeteu – o efeito jurídico das estipulações contratuais não pode redundar numa vinculação indefinida ou perpétua do sócio. A esta luz, e sempre atentas as circunstâncias do caso, o sentido a dar às estipulações (por interpretação ou, porventura, por integração) será por regra o de que o sujeito que se vinculou a ser avalista o fez para todo o prazo inicial do contrato e para todas as renovações ou prorrogações, mas que ele tem a faculdade de obstar a cada renovação ou prorrogação em relação a si – a não ser assim, o termo da sua vinculação estaria sujeito à vontade de terceiros. Por outras palavras, a produção de efeitos da renovação ou prorrogação em relação a si – e o consequente prolongamento da sua vinculação – não se pode dar contra a sua vontade, expressa ou tácita.

A não renovação ou prorrogação significa que o contrato caduca no seu termo ou que, ao menos, caducam os vínculos do denunciante, incluindo o pacto de preenchimento. Tal como o sócio, o banco tem sempre a faculdade de optar pela não renovação (ou prorrogação), obter o vencimento das obrigações da sociedade financiada e, em caso de estarem preenchidos os pressupostos pactuados para tal, tem o poder de preencher a livrança: a denúncia e a não prorrogação ou renovação operam apenas para o futuro e, portanto, a livrança pode ser completada nos termos do pactuado e podem ser incluídos nela todos os créditos resultantes de operações celebradas ao abrigo do contrato ao qual se ligam nos termos vigentes até à sua produção de efeitos.

Esta solução tem apoio num caso análogo: pelo art. 654º do CCiv, o fiador de obrigações futuras, enquanto a obrigação não se constituir, tem a possibilidade de se libertar da garantia "se tiverem decorrido cinco anos sobre a prestação da garantia, quando outro prazo não resulte da convenção".

Podemos, agora, concluir. O AUJ não se pronuncia directamente sobre a possibilidade de resolução do pacto de preenchimento – nem, em rigor, tinha que o fazer, em face do modo como a questão foi suscitada. Em linha de princípio, a nossa conclusão é que a cessação da qualidade de sócio não é, só por si, justa causa de resolução. Excepção serão apenas os casos em que, por integração em função da boa fé, se entenda constar do contrato uma cláusula que permita a resolução condicionada à substituição por garantia equivalente – resolução que, por aplicação da parte final do nº 1 do no art. 434º do Código Civil, não terá efeito retroactivo, mas impedirá o preenchimento do título com aquele sujeito como avalista. Deste modo, nos casos em que a resolução não é possível, o subscritor para aval está vinculado a ver o título preenchido nos termos do pacto de preenchimento – até à conclusão das operações contratadas e pelo prazo estabelecido directa ou implicitamente. Mesmo que denuncie, não tendo o pacto prazo, ou obste à renovação, nos termos que figurámos, ele extingue o pacto mas não pode impedir o preenchimento se os pressupostos deste tiverem ocorrido ainda antes da extinção. Em qualquer caso, o preenchimento abusivo não pode nunca ser invocado face ao portador mediato da livrança.

A aplicação do artigo 980º do Código Civil às sociedades comerciais*

Sobre a (remanescente) utilidade da definição de contrato de sociedade para a estabilização da categoria da sociedade comercial

Catarina Serra[1]

Introdução

Uma das primeiras aulas do curso de Direito Comercial ou de Direito das Sociedades Comerciais, consoante os casos[2], é geralmente dedicada à apresentação da noção de sociedade comercial.

Uma forma possível – a forma clássica – é dizer que "[s]ociedade comercial é uma simples espécie do género sociedade. Se a legislação mercantil não define ela própria o conceito genérico, pois se limita a indicar as notas

* O presente texto corresponde à Lição de Síntese apresentada no âmbito das minhas Provas de Agregação, realizadas na Universidade do Minho, nos dias 25 e 26 de Setembro de 2017. Do júri das Provas fez parte o Senhor Doutor Pedro Pais de Vasconcelos.

[1] Juíza Conselheira do Supremo Tribunal de Justiça. Professora Associada com Agregação da Escola de Direito da Universidade do Minho (com contrato na situação prevista no artigo 73º do ECDU)

[2] A alternativa tem em vista os casos em que o plano de estudos da licenciatura em Direito prevê que a disciplina de Direito Comercial se dirija ao estudo das sociedades comerciais e os casos (mais raros) em que o estudo da matéria está autonomizado numa disciplina com o mesmo nome. Sobre a autonomização do Direito das Sociedades Comerciais como disciplina cfr. Rui Pinto Duarte, *O ensino do Direito das Sociedades*, Lisboa, 2008, pp. 24 e s.

essenciais do conceito específico, é ao Direito Civil – Direito subsidiário em matéria comercial – que deveremos recorrer para preencher a lacuna. Deste modo, sociedade comercial vem a ser toda a sociedade (segundo a noção do art. 980º do Cód. Civ.) com objecto e forma comercial".

As palavras são do Professor Ferrer Correia e constam das suas *Lições de Direito Comercial*, publicadas em 1968[3], mas correspondem fundamentalmente ao que se ensina ainda hoje na maioria das universidades portuguesas[4].

O recurso ao art. 980º do CC é geralmente justificado com a indisponibilidade de uma noção de sociedade comercial no Código Comercial e no Código das Sociedades Comerciais. Existe, assim, aparentemente, uma omissão e, quando assim é, pode recorrer-se, nos termos do art. 2º do CSC, às regras do Código Civil sobre o contrato de sociedade.

[3] Cfr. A. Ferrer Correia, *Lições de Direito Comercial*, vol. II – *Sociedades Comerciais – Doutrina geral*, Coimbra, Universidade de Coimbra, 1968, p. 4. A obra integrou, no ano lectivo de 1988/1989, a bibliografia da disciplina de Direito Comercial, leccionada pelo Professor Vasco da Gama Lobo Xavier ao 4º ano jurídico da Universidade de Coimbra, e mantém-se ainda hoje como uma referência maior para o estudo do Direito Comercial e do Direito das Sociedades Comerciais nas universidades portuguesas.

[4] Reproduzem-se estas palavras porque se encontra nelas a expressão mais perfeita do pensamento tradicional, não obstante saber-se que elas não reflectem a posição definitiva do autor sobre a matéria. De facto, acrescentava nas suas *Lições* o Professor Ferrer Correia (ob. cit., loc. cit.): "Mas esta conclusão [a conclusão de que sociedade comercial vem a ser toda a sociedade (segundo a noção do art. 980º do Cód. Civ.) com objecto e forma comercial] pode não estar certa". Punha o Professor Ferrer Correia, então, a hipótese de o conceito de sociedade, tal como o legislador civil o definiu, não se ajustar a todas as figuras que na vida do comércio iam surgindo, de o carácter inovador e mutável da matéria exigir um conceito de sociedade mais aberto, susceptível de abranger, por exemplo, as cooperativas e as chamadas "*non-profit making companies*". Advirta-se, porém, que, à data, as cooperativas eram legalmente qualificadas como sociedades comerciais e as chamadas *non-profit making companies* (compreendendo entidades como os agrupamentos complementares de empresas) não eram ainda reguladas no Direito português, sendo a remissão para as sociedades comerciais uma solução conveniente. É à luz deste quadro normativo que deverá compreender-se, e porventura justificar-se, a posição do Professor Ferrer Correia. Esta é a justificação apresentada, nomeadamente, por Vasco Lobo Xavier (*Sociedades Comerciais – Lições aos Alunos de Direito Comercial do 4º Ano Jurídico*, Coimbra, 1987, p. 31), e Jorge Manuel Coutinho de Abreu [*Curso de Direito Comercial*, Volume II – *Das sociedades*, Coimbra, Almedina, 2015 (5ª edição), pp. 31-32 (nota 38)]. O Professor Ferrer Correira reflectiu, mais tarde, aquele seu entendimento no Anteprojecto de Código das Sociedades Comerciais (cfr. A. Ferrer Correia / António A. Caeiro, *Anteprojecto de Lei das Sociedades Comerciais, Parte Geral I – Separata do Boletim do Ministério da Justiça nºs 185 e 191*, Coimbra, 1973, pp. 5 e s.).

Mas será – será ainda – possível usar a norma do art. 980º do CC para fixar uma noção de sociedade comercial? Não se será ela tornado – não se terá ela tornado entretanto – imprestável para este efeito?

1. O artigo 980º do Código Civil e as sociedades comerciais

1.1. A conveniência de uma noção de sociedade comercial

A conveniência de uma noção legal de sociedade comercial explica-se de forma simples: as sociedades comerciais são, desde há algum tempo, a forma jurídica mais comum de exercício de uma empresa comercial, logo, o sujeito comerciante por excelência.

A transformação gradual das estruturas jurídicas da empresa – a transição das empresas individuais (detidas e exploradas por pessoas humanas) para as empresas colectivas (detidas e exploradas por pessoas jurídicas) –[5] foi uma evolução natural. Ela satisfez, primeiro, a necessidade de partilha do investimento e do risco da empresa[6] e permitiu, mais tarde, o benefício adicional da limitação da responsabilidade.

[5] Sintetiza bem esta evolução José Engrácia Antunes ["A empresa como objecto de negócios – 'Asset Deals' versus 'Share Deals'", in: *Revista da Ordem dos Advogados*, 2008, II/III, p. 717 e p. 722]. Diz o autor: "[d]urante séculos a fio, a célula fundamental dos sistemas económicos vigentes foi representada pela *empresa individual*, detida e explorada pelo pequeno empresário ou comerciante singular ('Einzelkaufmann', 'single trader', 'commerçant individuel', 'imprenditore'). De facto, no contexto de uma economia predominantemente atomística, como foi aquela que precedeu o capitalismo industrial dos sécs. XIX e XX, o mundo económico era compreensivelmente um mundo de organizações de factores produtivos de pequena dimensão, dotadas de uma estrutura rudimentar (reunião na mesma pessoa da propriedade e gestão desses factores; meios financeiros e laborais exíguos (as mais das vezes limitados ao próprio empresário e família), e servindo mercados locais. (...) Com a passagem de um capitalismo de tipo mercantil rudimentar a um capitalismo globalizado de base tecnológica em pleno dealbar do séc. XXI, o sistema económico haveria de transformar-se e complexificar-se extraordinariamente: um dos traços mais marcantes dessa transformação traduziu-se na mutação da célula ou protagonista central daquele sistema económico, que rapidamente deixou de constituir a empresa individual, explorada por uma pessoa física ou singular, para passar a centrar-se quase esgotantemente na empresa colectiva ou societária, explorada por uma pessoa jurídica ou moral: a *sociedade comercial* ('Company', 'Gesellschaft', 'Société', 'Società') muito em particular a sociedade anónima ('Corporation', 'Aktiengesellschaft', 'Société Anonyme', 'Società per Azioni')"(itálicos do autor).

[6] Além destas vantagens, a sociedade comercial, sendo uma pessoa jurídica e não estando, consequentemente, sujeita à efemeridade da vida humana, permite a perpetuação da empresa. Cfr., neste sentido, Fátima Gomes, *Manual de Direito Comercial*, Lisboa, Universidade Católica Portuguesa, 2012, p. 136.

Por causa da limitação da responsabilidade, e não obstante a sua função originária ter sido a de dar unidade à pluralidade (de reunir vários sujeitos numa única empresa), a sociedade comercial aparece hoje como a forma mais usual da empresa singular.

Esta versatilidade / polivalência da sociedade comercial confirma que ela é o instituto central do domínio jurídico comercial[7] e reforça a necessidade de saber em que consiste.

1.2. A indisponibilidade de uma noção de sociedade comercial na legislação comercial

Procurar uma definição de sociedade comercial na lei comercial é tarefa inglória.

Encontra-se uma ou duas disposições com certa relevância mas a verdade é que em nenhuma se define sociedade comercial. A primeira é a do art. 13º, nº 2, do CCom, onde se qualifica a sociedade comercial como comerciante. A segunda é a do art. 1º, nº 2, do CSC, onde se estabelecem os requisitos de comercialidade da sociedade comercial.

Na lei civil existe, em contrapartida, uma norma que parece feita à medida. Trata-se do art. 980º do CC, que define, não exactamente sociedade, mas contrato de sociedade. Aí se diz que "[c]ontrato de sociedade é aquele em que duas ou mais pessoas se obrigam a contribuir com bens ou serviços para o exercício em comum de certa actividade económica, que não seja de mera fruição, a fim de repartirem os lucros resultantes dessa actividade"[8].

Dados os termos em que se encontra redigida, a norma pode causar alguma estranheza ao intérprete actual. Expressões como "*certa* actividade económica" ou "que não seja de *mera fruição*" não têm, de facto, um significado imediatamente apreensível e obrigam a uma maior reflexão. Importa, antes de mais, por isso mesmo, saber se e como se justifica o recurso a tal norma.

[7] A hegemonia alcançada pela sociedade comercial não é sequer ameaçada pelo fenómeno plurissocietário (grupos de sociedades), uma vez que, apesar da sua indiscutível importância económica, este não granjeia – ou não granjeia ainda – de um reconhecimento jurídico pleno.

[8] O texto corresponde exactamente ao proposto no Anteprojecto. Cfr. A. Ferrer. Correia / Vasco Lobo Xavier, *Do Contrato de Sociedade – Separata do Boletim do Ministério da Justiça nº 104*, Lisboa, 1961, pp. 5 e s.

1.3. A predisposição da norma do art. 980º do Código Civil para se aplicar à sociedade comercial

O recurso à lei civil, e em particular ao art. 980º do CC, (a)parece justificado à luz do disposto no art. 2º do CSC. Dispõe-se aí que as normas do Código Civil sobre o contrato de sociedade são subsidiariamente aplicáveis à sociedade comercial em tudo o que não seja contrário nem aos princípios gerais da lei das sociedades comerciais nem aos princípios informadores do tipo de sociedade adoptado.

A disciplina está, no essencial, em harmonia com o que resulta do art. 3º do CCom, ou seja, a regra da aplicação subsidiária do Direito Civil às questões comerciais[9] – o que é notável, atendendo a que o Código das Sociedades Comerciais surge quase um século (precisamente: noventa e oito anos) depois da publicação do Código Comercial.

Existe, é certo, uma diferença entre as normas: enquanto o art. 3º do CCom determina que "[s]e as questões sobre direitos e obrigações comerciais não puderem ser resolvidas, nem pelo texto da lei comercial, nem pelo seu espírito, nem pelos casos análogos nela prevenidos, serão decididas pelo direito civil"[10], o art. 2º do CSC determina que "[o]s casos que a presente lei não preveja são regulados segundo a norma desta lei aplicável aos casos análogos e, na sua falta, segundo as normas do Código Civil sobre o contrato de sociedade no que não seja contrário nem aos princípios gerais da presente lei nem aos princípios informadores do tipo adoptado".

Isto quer dizer que em matéria de sociedades comerciais o recurso ao Direito Civil é menos imediato e mais modesto do que em matéria comercial geral. Entre os casos análogos e o Direito Civil (ou, mais precisamente, as normas do Código Civil sobre o contrato de sociedade) estão os princípios gerais do Código das Sociedades Comerciais e os princípios informa-

[9] José de Oliveira Ascensão [*Direito Comercial*, vol. IV *(Sociedades Comerciais)*, Lisboa, 1993, p. 9] diz que existe "algum paralelismo com o art. 3º do Código Comercial".

[10] Sobre a interpretação do art. 3º do CCom cfr, por exemplo, José Gabriel Pinto Coelho, *Lições de Direito Comercial,* 1º Volume, Lisboa, Centro Tip. Colonial, 1945 (2ª edição revista), pp. 17-18. Critica o autor, contudo, que, por causa da norma, se estabeleça uma relação o Direito Civil e o Direito Comercial em termos de regra e excepção. Diz ele que entre as relações jurídicas especialmente disciplinadas pelo Direito Comercial e aquelas que caem ainda sob a alçada do Direito comum, não há uma diferença de essência e que foram (só) razões de particular conveniência que levaram o legislador a sujeitar essas relações a legislação especial.

dores do tipo de sociedade em causa[11]. A lei orienta, portanto, o intérprete para a resolução do caso omisso pela *analogia iuris* e só em última análise pelas regras do Código Civil sobre contrato de sociedade[12].

A diferença entre as duas normas não prejudica, porém, a conclusão de que hoje, tal como há trinta anos atrás (antes da entrada em vigor do Código das Sociedades Comerciais), o intérprete está autorizado, no plano formal, a recorrer ao regime das sociedades civis para colmatar as insuficiências da disciplina das sociedades comerciais.

O procedimento não dispensa, evidentemente, os cuidados inerentes aos procedimentos deste tipo: a aplicação do regime civil deve ser feita com absoluto respeito pelo disposto especialmente sobre sociedades comerciais, podendo, por isso mesmo, obrigar a um número mais ou menos elevado de adaptações[13].

Tendo presente que passaram, no total, cinquenta anos desde que o Código Civil foi desenhado, reformula-se a questão: manter-se-á o regime (civil) do contrato de sociedade adequado, no plano substancial, à realidade das sociedades comerciais e, no caso afirmativo, qual será a sua utilidade?

1.4. A noção de sociedade comercial segundo a norma do art. 980º do Código Civil (noção tradicional)

Com base no art. 980º do CC, foram sendo apresentadas pela doutrina portuguesa diversas noções de sociedade e, portanto, também de sociedade comercial.

[11] Deve recordar-se, porém, que durante todo o tempo em que as sociedades comerciais estiveram reguladas no Código Comercial (insiste-se: quase um século) a regra que se lhes aplicou foi a do art. 3º do CCom.

[12] Segundo alguns autores, a solução resulta, por um lado, da vontade legal de dotar as sociedades comerciais de uma disciplina completa e, por outro, da natureza da matéria, que, pela sua homogeneidade, permite a formação autóctone de princípios gerais. Cfr., neste sentido, José de Oliveira Ascensão, *Direito Comercial*, vol. IV *(Sociedades Comerciais)*, cit., p. 10. Assinale-se a visão oposta de Rui Pinto Duarte ["(Uma) introdução ao Direito das Sociedades", in: *Escritos sobre Direito das Sociedades*, Coimbra, Coimbra Editora, 2008, p. 23]. Diz este último que "[a] matéria que forma o objecto do Direito das sociedades é, pois, heterogénea – o que dificulta a elaboração de uma doutrina geral".

[13] Para isto aponta também a explicação de motivos que acompanhava o Anteprojecto do Código das Sociedades Comerciais. Cfr. A. Ferrer Correia / António A. Caeiro, *Anteprojecto de Lei das Sociedades Comerciais, Parte Geral I*, cit., pp. 18-19.

De entre as apresentadas posteriormente à entrada em vigor do Código das Sociedades Comerciais, destaca-se a noção de Vasco Lobo Xavier. Segundo ele, sociedade seria "o agrupamento voluntário de pessoas (os sócios), que, mediante o fundo patrimonial que constituem, se propõem exercer em comum uma actividade económica que não se reduza à mera fruição de bens, a fim de obterem um lucro a repartir entre todos, sujeitando-se todos, do mesmo passo, às perdas que para si possam derivar de tal actividade"[14].

Destaca-se igualmente a definição de Coutinho de Abreu, para quem sociedade é "a entidade que, composta de um ou mais sujeitos [sócio(s)], tem um património autónomo para o exercício de actividade económica, a fim de (em regra) obter lucros e atribuí-los ao(s) sócio(s) – ficando este(s), todavia, sujeito(s) a perdas"[15] [16].

Com ligeiras variações, é visível, em qualquer caso, a tentativa (comum) de caracterizar a sociedade comercial a partir da definição de contrato de sociedade consagrada no art. 980º do CC – os chamados "elemento pessoal", "elemento patrimonial", "elemento finalístico" e "elemento teleológico"[17].

[14] Cfr. Vasco Lobo Xavier, Sociedades Comerciais – Lições aos Alunos de Direito Comercial do 4º Ano Jurídico, cit., p. 27 (itálicos do autor).

[15] Cfr. Jorge Manuel Coutinho de Abreu, *Curso de Direito Comercial*, Volume II – *Das sociedades*, cit., p. 36 (itálicos do autor).

[16] Há algum tempo, ousou-se propor uma noção próxima: a sociedade como a entidade ou o ente que é constituído por um ou mais sujeitos, tem por base um património autónomo ou separado, prossegue uma actividade económica e persegue a realização do lucro, procedendo, sempre que ele se realize, à sua atribuição (no caso de sócio único) ou à sua distribuição (no caso de pluralidade de sócios). Cfr. Catarina Serra, *Direito Comercial – Noções Fundamentais*, Coimbra, Coimbra Editora, 2009, p. 54. Sublinha-se o uso da palavra "atribuição", que é também preconizado por Jorge Manuel Coutinho de Abreu [*Curso de Direito Comercial*, Volume II – *Das sociedades*, cit., pp. 30-31 (nota 34) e pp. 33-34].

[17] O elemento finalístico também é conhecido como objecto ou fim imediato ou e o elemento teleológico como fim (*stricto sensu*) ou fim mediato [cfr., neste sentido, entre outros, Vasco Lobo Xavier, *Sociedades Comerciais – Lições aos Alunos de Direito Comercial do 4º Ano Jurídico*, cit., p. 7, José de Oliveira Ascensão, *Direito Comercial*, vol. IV *(Sociedades Comerciais)*, cit., pp. 11-12, Jorge Henrique Pinto Furtado, *Curso de Direito das Sociedades* (com a colaboração de Nelson Rocha), Coimbra, Almedina, 2004, p. 138, e Miguel Pupo Correia, *Direito Comercial*, Lisboa, Ediforum, 2016 (13ª edição), p. 121]. Existem outras classificações na doutrina portuguesa, às quais não é possível fazer referência exaustiva. Diga-se apenas que uma das mais frequentes passa pela reunião dos dois últimos elementos num único, designado "elemento teleológico" [cfr., neste sentido, por todos, Luís Brito Correia, *Direito Comercial*, 2º vol. *(Sociedades Comer-*

Aos quatro elementos, ditos "essenciais", juntar-se-iam, depois, os dois requisitos de comercialidade do art. 1º, nº 2, do CSC (o objecto comercial e a forma comercial) e a noção de sociedade comercial ficaria completa.

1.5. As críticas à noção tradicional. A tese da imprestabilidade do artigo 980º do Código Civil no domínio das sociedades comerciais

Cedo se contestou, todavia, que esta operação, com ponto de partida no art. 980º do CC, fosse admissível.

Em rigor, a contestação teria – tem – dois alvos possíveis: a operação em si mesma e o seu resultado. Com efeito, uma coisa é aferir da necessidade ou desnecessidade do recurso à norma do art. 980º do CC, outra coisa é aferir da adequação ou desadequação da norma em matéria de sociedades comerciais. Nem sempre, contudo, as duas questões aparecem bem demarcadas[18], tendo a maioria da doutrina concentrado a sua crítica, sem outras

ciais), Lisboa, Associação Académica da Faculdade de Direito de Lisboa, 1989, p. 10] ou designado "elemento causal" e desdobrando-se, nesta hipótese, em causa imediata (*scopo-mezzo*) e em causa mediata (*scoppo-fine*) [cfr., neste último sentido, José Engrácia Antunes, *Direito das Sociedades – Parte Geral*, Porto, 2017 (7ª edição), p. 77]. Outros autores não afirmam expressamente mas sugerem a inclusão do fim lucrativo, como objecto mediato ou final, no objecto da sociedade [cfr. António Menezes Cordeiro, *Direito das Sociedades I – Parte Geral*, Coimbra, Almedina, 2011 (3ª edição ampliada e actualizada), pp. 296-297]. A dissociação dos dois elementos tem, contudo, a sua importância, sobretudo considerando as normas aplicáveis ao objecto da sociedade, designadamente o art. 9º, nº 1, al. *d)*, o art. 11º e o art. 142º, nº 1, al. *d)*, do CSC. Na acepção da lei, o objecto reduz-se, visivelmente, à actividade ou às actividades a exercer pela sociedade. Entender o objecto naquele outro sentido (mais amplo) é susceptível de conduzir a resultados indesejáveis ou, pelo menos, estranhos, como a de considerar que é obrigatória a menção ao fim lucrativo no contrato de sociedade (cfr. art. 9º, nº 1, do CSC).

[18] As duas questões são enunciadas de forma excepcionalmente clara por José António Pinto Ribeiro / Rui Pinto Duarte [*Dos Agrupamentos Complementares de Empresas*, Lisboa, Centro de Estudos Fiscais, 1980, pp. 26-29 (nota 9)]. Na sequência da sua análise, os autores concluem, por um lado, que aquela operação não é devida e, por outro, que o elemento teleológico não é um elemento necessário das sociedades. Quanto à primeira questão – da (des)necessidade da operação –, o argumento fundamental dos autores é o de que "[n]o Código Comercial e noutra legislação extravagante [se] estabeleceu, com toda a suficiência, o quadro do contrato de sociedade, fixando-lhe com exactidão e de maneira exaustiva os tipos, conteúdo e forma que deve e pode revestir". Assim, "o conceito de sociedade comercial há que ser elaborado, como forma abstracta que deverá ser, por via indutiva, a partir das disposições da lei comercial, que se referem às sociedades comerciais, seus vários tipos e requisitos de forma e conteúdo". Repare-se que os autores discorriam assim apesar de não existir ainda o Código das Sociedades Comerciais.

precisões, na ideia de desadequação da norma[19]: a aplicação do art. 980º do CC não seria – não seria hoje – admissível porque os quatro elementos exigidos pela norma não são – não são todos – elementos necessários das sociedades comerciais.

Um dos primeiros argumentos avançados é o de que nem todas as sociedades comerciais pressupõem o mínimo de duas pessoas correspondente ao "elemento pessoal" da norma. Para a constituição de certas sociedades comerciais basta, com efeito, uma pessoa. Pode ainda a sociedade ter sido constituída por duas ou mais pessoas e, mais tarde, perder a pluralidade. A unipessoalidade que então se instala – unipessoalidade superveniente[20] – não é causa de dissolução imediata (cfr., *a silentio*, art. 141º do CSC), sendo conjecturável que, na falta de iniciativa para a dissolução [cfr. art. 142º, nº 1, al. *a)*, do do CSC], perdure indefinidamente. São, aliás, abertamente regulados os casos de sociedades supervenientemente unipessoais (um exemplo paradigmático é o art. 84º do CSC), o que aparenta que a lei convive bem com essa eventualidade.

Mas há outros elementos cuja essencialidade é controversa, como, por exemplo, o chamado "elemento patrimonial". Apesar de a norma dispor que os sócios "se obrigam a contribuir com bens e serviços", a ideia generalizada é a de que a sociedade tem – deve ter – um património, constituído com base nas contribuições dos sócios[21]. Entendida assim, a norma deixa injusti-

[19] O que permitirá inferir que a doutrina dominante pressupõe a existência de uma lacuna na lei comercial.

[20] A expressão "unipessoalidade superveniente" é de uso corrente na doutrina portuguesa. Cfr., por exemplo, Jorge Manuel Coutinho de Abreu, *Da empresarialidade – As empresas no Direito*, Coimbra, Almedina, 1999 (reimpressão de 1996), pp. 135 e s., e *Curso de Direito Comercial*, Volume II – *Das sociedades*, cit., p. 22.

[21] Como melhor se verá, existe uma discrepância entre aquilo que o art. 980º do CC dispõe e *a leitura que a doutrina faz* do disposto no art. 980º do CC. Para tal leitura terá contribuído de forma decisiva a perda de relevo das sociedades em nome colectivo e das sociedades em comandita, únicas em que as entradas em indústria são legalmente admissíveis [cfr. art. 20º, al. *a)*, e arts. 178º e 468º, *a contrario*, do CSC]. Note-se, contudo, que se discute, actualmente, a possibilidade de extensão das entradas em indústria às sociedades por quotas e anónimas [cfr., sobre isto, Paulo de Tarso Domingues, "A figura do capital social; Cinderela ou gata borralheira?", in: Paulo de Tarso Domingues (coord.), *Congresso Comemorativo dos 30 anos do Código das Sociedades Comerciais*, Coimbra, Almedina, 2017, pp. 179 e s., ou "Capitalização de sociedades", in: Fábio Ulhoa Coelho / Maria de Fátima Ribeiro (coord.), *Questões de Direito Societário em Portugal e no Brasil*, Coimbra, Almedina, 2012, pp. 462 e s.].

ficadamente de fora os casos de sociedades comerciais sem património que, segundo alguns, são concebíveis.

Dentro do "elemento finalístico", tem a doutrina concentrado a sua atenção na referência ao exercício *em comum* de certa actividade económica. A referência não é feliz, desde logo quando tomada em sentido literal. Em particular no que respeita às sociedades comerciais, que são pessoas jurídicas, pode argumentar-se que não são, em rigor, os sócios quem exerce a actividade, não sendo concebível a comunhão exigida pela norma.

Um último obstáculo invocável – talvez o mais insistente e firmemente evocado – à adequação do art. 980º do CC para o efeito de fixar uma noção de sociedade prende-se com o elemento teleológico – o chamado "fim ou escopo lucrativo". Sem prejuízo das *nuances* que melhor se descreverão, pode sintetizar-se este obstáculo dizendo que é alegado que a intenção de realizar o aumento do património da sociedade (lucro objectivo) e de o distribuir pelos sócios (lucro subjectivo) não é indispensável às sociedades.

Considerando todos os "desajustamentos" acabados de referir, é legítimo e oportuno indagar se, como é tradicionalmente entendido, a norma do art. 980º do CC pode e deve servir – continuar a servir – de apoio para uma noção de sociedade comercial ou se, pelo contrário, a norma não é – não é já – apropriada para o desempenho desta função[22].

Para responder, é preciso esclarecer e ponderar os "desajustamentos". Antes, no entanto, convém compreender as razões pelas quais o contrato de sociedade está regulado nos termos em que está regulado, começando pelas origens do art. 980º do CC.

[22] Destacando-se da corrente tradicional, alguns autores defendem firmemente a desadequação da definição contida no art. 980º do CC e, portanto, a inaplicabilidade da norma no âmbito das sociedades comerciais. Cfr., por todos, Rui Pinto Duarte, "(Uma) introdução ao Direito das Sociedades", cit., pp. 26 e s., e Pedro Pais de Vasconcelos, *A participação social nas sociedades comerciais*, Coimbra, Almedina, 2014 (reimpressão da 2ª edição), pp. 15 e s.

2. Os antecedentes imediatos e o modelo da norma do artigo 980º do Código Civil. O seu confronto com normas homólogas do Direito estrangeiro

2.1. A norma antecessora do artigo 980º do Código Civil: o artigo 1240º do Código Civil de 1867

A norma imediatamente correspondente à do art. 980º do CC é a do art. 1240º do Código de 1867 (Código de Seabra)[23]. Neste preceito determinava-se que "[era] lícito a todos os que podem dispôr de seus bens e industria associar-se com outrem, pondo em commum todos os seus bens ou parte delles, a sua industria, simplesmente, ou os seus bens e industria conjunctamente, com o intuito de repartirem entre si os proveitos ou perdas, que possam resultar d'essa comunhão. É o que se chama sociedade" [24].

Como salientou a doutrina, existe uma diferença que dá à norma do art. 1240º do Código de Seabra maior alcance do que a norma actual: não se exige naquela o "exercício em comum de certa actividade económica, que não seja de mera fruição". Pode, por isso, dizer-se que o texto da norma antiga era (mais) fiel à fórmula clássica, que assentava o conceito de sociedade simplesmente em três elementos: a pluralidade de sujeitos, as entradas em bens ou indústria e o fim[25] [26].

[23] Como dá conta Pedro Pais de Vasconcelos (*A participação social nas sociedades comerciais*, cit., pp. 15 e s.), a construção do conceito geral de sociedade surge pela primeira vez nas Ordenações Filipinas (artigo XLIV do Título IV). Nesta altura determinava-se já que, para haver "contrato de companhia" era necessário que duas ou mais pessoas "ajuntassem" todos os seus bens ou parte deles para "melhor negócio e melhor ganho". Segundo o autor, esta definição descendia directamente da *societas* romana.

[24] Com base na norma definia sociedade, por exemplo, José Tavares (*Das sociedades commerciaes – Tratacto theorico e practico*, volume primeiro, Coimbra, França Amado Editor, 1899, pp. 24-25) como "uma collectividade, dotada de personalidade juridica, constituida mediante contracto por duas ou mais pessoas, que formam um fundo social de capital ou industria, ou de capital e industria conjunctamente, destinado a operações lucrativas comuns, e sujeito a perdas tambem comuns". É de salientar que este autor considerava que todas as sociedades eram pessoas jurídicas.

[25] Cfr., também neste sentido, Pedro Pais de Vasconcelos [*A participação social nas sociedades comerciais*, cit., p. 20, e Carlos Ferreira de Almeida, *Contratos III – Contratos de Liberalidade, de Cooperação e de Risco*, Coimbra, Almedina, 2013 (2ª edição), p. 107.

[26] Esta corresponde à definição recolhida pela doutrina durante os séculos XVII e XVIII. Foi ela que inspirou o legislador francês, em 1804, para a redacção do texto primitivo do art. 1832 do *Code de Napoléon* e que, por via deste, acabou reflectida em muitos ordenamentos do círculo jurídico romano-germânico. Cfr. Rui Pinto Duarte, "(Uma) introdução ao Direito das Socie-

Existia consenso assinalável, entre os comentadores da época, em que era "principio fundamental da sociedade a obrigação de contribuir cada sócio com capital ou com industria, e o direito de quinhoar nos lucros e nas perdas na proporção convencionada, e, na falta de convenção, na da sua entrada"[27].

2.2. O modelo do artigo 980º do Código Civil: os artigos 2247 e 2248 do Codice Civile

Sem prejuízo das diferenças que afastam decisivamente o Direito português e o Direito italiano em matéria de sociedades[28], não há dúvida de que a formulação do art. 980º do CC é inspirada no disposto nos arts. 2247 e 2248 do *Codice Civile*[29] [30].

À primeira vista, dir-se-ia que seria suficiente para comprovar as semelhanças ler o art. 2247 do *Codice Civile*, onde se diz: "*[c]on il contratto di società due o più persone conferiscono beni o servizi per l'esercizio in comune di un'attività economica allo scopo di dividerne gli utili*". Mas é útil ter em conta ainda o disposto no art. 2248 do *Codice Civile*, sobre a *comunione a scopo di godimento* (em tradução literal: *comunhão com o fito de gozo*), pois é nele que se fixa a ideia de que a sociedade não se confunde com a comunhão e os outros institutos utilizados para desenvolver actividades de mera fruição[31]. Diz-se aí que "*[l]a comunione costituita o mantenuta al solo scopo del godimento di una o più cose è regolata dalle norme del titolo VII del libro III*"[32].

dades", cit., pp. 28-29 (e nota 40). O impacto é especialmente nítido na norma italiana do art. 1697 do *Codice Civile* de 1865, e na norma portuguesa do art. 1240º do Código Civil de 1867.

[27] Cfr. José Dias Ferreira, *Codigo Civil portuguez anotado* – Volume II, Coimbra, Imprensa da Universidade, 1896 (Segunda Edição), p. 478. Pode ver-se também José Tavares, *Das sociedades commerciaes – Tratacto theorico e practico*, volume primeiro, cit., p. 24.

[28] Trata-se, sobretudo, da ausência de autonomia sistemática da disciplina das sociedades comerciais em Itália (à disciplina das sociedades corresponde uma regulação unitária no *Codice Civile*). A isto acrescenta-se a ausência de personalidade jurídica de certas sociedades comerciais.

[29] Cfr., neste sentido, Pires de Lima / Antunes Varela, *Código Civil Anotado*, volume II, Coimbra, Coimbra Editora, 1986, pp. 306-307.

[30] O *Codice Civile* data de 1942.

[31] Cfr. Giorgio Cian / Alberto Trabucchi, *Commentario Breve al Codice Civile*, Padova, Wolters Kluwer, CEDAM, 1992, pp. 1864-1865.

[32] A necessidade / utilidade do recurso às duas normas é compreendida, por exemplo, por Carlos Ferreira de Almeida (*Contratos III – Contratos de Liberalidade, de Cooperação e de Risco*, cit., p. 107), que diz que o conceito do art. 980º do CC "reproduz, fundindo num só preceito,

Entre a norma portuguesa e as normas italiana existem duas diferenças dignas de menção.

A primeira é a sua localização sistemática[33]: no Código Civil italiano, o contrato de sociedade é regulado no livro quinto (*"Del lavoro"*) e no título V (*"Delle società"*), onde está regulada a disciplina de todas as sociedades, inclusivamente as comerciais, e não no livro quarto (*"Delle obbligazzioni in generale*) e no título II (*"Dei contratti in generale"*), como lhe corresponderia se fosse adoptada a sistematização do Código Civil português.

Vendo bem, esta diferença desdobra-se em duas: por um lado, o *Codice Civile* regula o contrato de sociedade numa norma que não se localiza na parte reservada aos contratos e, por outro lado, regula todas as sociedades (comerciais e civis), ficando a respectiva disciplina como que subordinada àquela norma[34] e, por isso, mais predisposta à compreensão de todas as sociedades como um contrato. O facto de, em contrapartida, no Direito português, as sociedades comerciais estarem reguladas no Código das Sociedades Comerciais dá, evidentemente, uma impressão de uma maior autonomia destas. A localização sistemática das normas não é inconsequente para a aplicabilidade de cada uma e, por isso, regressar-se-á a ela.

A segunda diferença prende-se com as respectivas epígrafes. Por força do *Decreto Legislativo 3 marzo 1993, n. 88*, a epígrafe do art. 2247 (*"Nozione"*), igual à do art. 980º do CC, passou a ser *"Contratto di società"*. O legislador italiano renunciou, deste modo, à definição de sociedade em prol do

o conteúdo positivo do art. 2247 e o conteúdo negativo do art. 2248, ambos do Código Civil italiano".

[33] Adverte Carlos Ferreira de Almeida (*Contratos III – Contratos de Liberalidade, de Cooperação e de Risco*, cit., p. 107) para esta diferença. Diz ele: "a inserção sistemática é significativamente diferente. No Código italiano, [o contrato de sociedade] é regulado num título sobre as sociedades, integrado no livro V, que trata do trabalho e da empresa. No Código Civil português, o contrato de sociedade surge como um dos tipos contratuais regulados em especial no livro das obrigações, intercalado entre a doação e a locação".

[34] Sobre esta regulação unitária cfr., por exemplo, Francesco Galgano, *Trattato di Diritto Civile*, volume IV, Padova, Wolters Kluwer, CEDAM, 2014 (Terza Edizione), pp. 3 e s. Apresenta aí o autor a norma do art. 2247 do *Codice Civile* como enunciando uma noção geral de sociedade. Acrescenta que, ao colocar o fenómeno das sociedades no quadro mais amplo dos contratos, a norma torna aplicável quaisquer normas da disciplina geral dos contratos que não sejam derrogadas pelas normas especiais aplicáveis às sociedades (ob. cit., p. 6). Adiante, confirma que a norma conserva o seu pleno valor mesmo no que toca às sociedades anónimas (ob. cit., p. 32).

objectivo, mais modesto, da definição do contrato de sociedade[35]. Como esclarece a doutrina italiana, o legislador procedeu à alteração na sequência do acolhimento das sociedades unipessoais de responsabilidade limitada (1993), com o intuito de sublinhar que a norma respeita apenas às sociedades com origem no contrato e não prejudica a possibilidade de as sociedades assentarem num acto diverso[36]. De qualquer forma, não estando, como se disse, a norma do art. 2247 do *Codice Civile* inserida na disciplina dos contratos, sempre se justificaria a maior precisão da epígrafe (justificação esta que não existe na norma da lei portuguesa).

Independentemente das diferenças apontadas, é indiscutível que o Direito italiano continua a assentar a definição do contrato de sociedade nos mesmos quatro elementos. Com base nela, a doutrina italiana identifica os requisitos essenciais do contrato de sociedade como sendo (1) a contribuição dos sócios (*il conferimento*); (2) o exercício em comum (*l'esercizio in comune*); (3) uma actividade económica (*un'attività económica*); e (4) o escopo lucrativo (*lo scopo di lucro*)[37] [38].

[35] A doutrina via a epígrafe original como um sinal da "ambição" do legislador italiano em definir sociedade e a sua alteração foi, por isso, interpretada como renúncia. Cfr., neste sentido, Francesco Ferrara Jr. / Francesco Corsi, *Gli imprenditori e le società*, Milano, Giuffrè, 2001 (dodicesima edizione), pp. 189 e s., e Daniele U. Santosuosso, in: Enrico Gabrielli (Diretto da) / Daniele U. Santosuosso (a cura di), *Commentario del Codice Civile – Delle Società – Della Azienda – Della Concorreza*, vol. I – *Artt. 2247-2379 ter*, UTET Giuridica, 2014, pp. 6-7.

[36] Cfr., neste sentido, Giorgio Marasà ["Società (contratto di società)", in: *Enciclopedia Giuridica*, vol. 29, Treccani, Roma, 1993, p. 2.

[37] Cfr., por todos, Giorgio Cian / Alberto Trabucchi, *Commentario Breve al Codice Civile*, cit., p. 1859. Alguns autores aproveitam a referência ao escopo lucrativo para chamar a atenção para a distinção entre sociedade e empresa (para existir uma sociedade é necessário um requisito que é supérfluo na empresa). Cfr. neste sentido, Francesco Galgano, *Trattato di Diritto Civile*, volume IV, cit., pp. 24-25.

[38] Assinalam, entre outros, Giorgio Cian / Alberto Trabucchi (*Commentario Breve al Codice Civile*, cit., p. 1860-1861) e Giorgio Marasà ["Società (contratto di società)", cit., p. 9] que a jurisprudência italiana tem sustentado a extensão do termo "*utili*" constante da norma (*scopo di dividerne gli utili*) a quaisquer benefícios, sob a forma de incrementos patrimoniais ou de poupanças, produzidos *directamente* no património dos sócios (sem passar pelo património social). A este propósito recorda Giorgio Marasà (ob. cit., loc. cit.) que a produção dos lucros (*produzione degli utili*), exigida pela norma do art. 2247 do *Codice Civile*, está causalmente lígada à sua distribuição pelos sócios. O lucro objectivo – esclarece o autor – pode encontrar-se noutras situações (cooperativas) e, por isso, é essencial para a recondução da *fattispecie* ao tipo sociedade (lucrativa) a presença de lucro subjectivo, isto é, a distribuição dos lucros pelos sócios.

2.3. As soluções (homólogas) consagradas no Direito estrangeiro

2.3.1. A solução do legislador francês. O artigo 1832 do *Code Civil*

O art. 1832 do *Code Civil* foi o modelo inspirador da lei italiana (tanto do actual art. 2247 do *Codice Civile,* como da norma que o antecedeu, do art. 1697 do *Codice Civile* de 1865) e, portanto, reflexamente, o modelo da lei portuguesa.

Na sua fórmula original, o art. 1832 do Code Civil[39] dispunha que "[l]a société est un contrat par lequel deux ou plusieurs personnes conviennent de mettre quelque chose en commun, dans la vue de partager le bénéfice qui pourra en résulter"[40].

Dois aspectos merecem especial atenção.

Em primeiro lugar, a norma definia a sociedade como um contrato. O facto denuncia a influência da concepção romana de sociedade (*societas*)[41], que também é visível, em maior ou menor medida, nas normas dos outros ordenamentos do círculo jurídico romano-germânico.

Em segundo lugar, a norma estabelecia que a sociedade era indissociável do fim de partilha dos resultados (*bénéfices*)[42]. Esta indissociabilidade com-

[39] O *Code Civil* em vigor é ainda o *Code de Napoléon,* que remonta a 1804. À mesma data remonta, portanto, a versão original da norma.

[40] A definição de sociedade não anda longe daquela que havia sido elaborada, um tempo antes, por Robert Joseph Pothier (Traité du contrat de société, in: Œuvres de Pothier annotées et mises en corrélation avec le Code Civil et la législation actuelle par M. Bugnet, Tome Quatrième, Deuxième Edtion, Paris, Cosse et Marchal / Henri Plon, 1861, p. 241): "contrat par lequel deux ou plusieurs personnes mettent ou s'obligent de mettre en commun quelquer chose, pour faire en commun un profit honnête dont elles s'obligent réciproquement de se rendre compte". Assinala a proximidade Rui Pinto Duarte ["(Uma) introdução ao Direito das Sociedades", cit., p. 28 (nota 40)].

[41] Cfr. Georges Ripert / René Roblot, *Traité de Droit Commercial,* tome I, vol. II – *Les sóciétés commerciales,* Paris, Librairie Générale de Droit et Jurisprudence, 2002 (18e édition), p. 11.

[42] Outra questão era a de saber qual o significado de "*bénéfices*", que foi tema de muita discussão. Relatam Georges Ripert e René Roblot (*Traité de Droit Commercial,* tome I, vol. II – *Les sóciétés commerciales,* cit., p. 18) que, em 11 de Março de 1914, as *Chambres* da *Cour de cassation* foram obrigadas a intervir para esclarecer que a noção devia entender-se como "*un gain pécuniaire ou un gain matériel qui ajoutait à la fortune des associés*" (portanto, como um acréscimo patrimonial e não como poupança), fixando, assim, uma noção restritiva. Ao episódio refere-se também Yves Guyon [*Droit des affairs,* Tome I – *Droit commércial général et Sociétés,* Ed. Economica, 2001 (11.e **édition), p. 112]**.

preende-se melhor se se olhar para a evolução histórica da distinção entre as sociedades de as associações[43].

Durante muito tempo, enquanto à figura "sociedade" correspondia uma disciplina jurídica tendencialmente completa, havia quase um vazio total de normas que fossem aplicáveis às outras entidades. As motivações eram, como dizem alguns, de ordem ideológica[44]. Nos regimes liberais oitocentistas, quaisquer entidades intermédias, entre o Estado e o indivíduo, eram olhadas com desconfiança. O Estado reservava-se a faculdade de controlar o fim das associações e a sua compatibilidade com os princípios do liberalismo; só quando esta avaliação fosse positiva se lhes reconhecia personalidade jurídica. *Nulla quæstio* quanto às entidades com evidente finalidade lucrativa (sociedades): estas tinham um fim que, em si mesmo, não era "perigoso"; além disso, eram consideradas uma saudável expressão da liberdade de iniciativa económica, tão cara à corrente liberal. A bifurcação das entidades de acordo com o critério do "*bénéfice*" não era absolutamente infalível, mas mantinha as coisas claras e razoavelmente ordenadas: as sociedades tinham por finalidade a distribuição de lucros ("*le partage des bénéfices*") e as associações tinham qualquer finalidade menos essa ("*but autre que de partager les bénéfices*")[45].

As coisas começaram, pouco tempo depois, a mudar, face à insatisfação gerada pelos resultados de aplicação do critério. Tinham alguns dificuldade

[43] Sintetiza bem esta evolução, por exemplo, Yves Guyon (*Droit des affairs*, Tome I – *Droit commércial général et Sociétés*, cit., pp. 110 e s.).

[44] Cfr. Giorgio Marasà, "Società (contratto di società)", cit., p. 5.

[45] Isto não impedia, obviamente, as tentativas (bem-sucedidas) de fraude à lei. Adverte para eles Raymond Saleilles (*De la personalité juridique – Histoire et théories*, Paris, Librairie Arthur Rousseau, 1922, pp. 18-19): "*[l']idée de bénéfices, jadis si fermement exigée comme condition et critérium de la société par opposition à l'association, s'est tellement atténuée qu'il suffit, ou à peu près, d'une éventualité de dividendes à peu près insignifiants et purement représentatifs, pour que la société soit reconnue comme régulière; et encore, si les intéressés en font librement abandon, du moment que cet abandon n'est pas imposé par les statuts et qu'il ne dépend que d'une renonciation individuelle toujours renouvelable à chaque échéance, la société reste légalement formée et subsistante, bien qu'en fait elle se comporte, non plus comme une société lucrative, mais comme une association à but désintéressé. C'est une association qui ne se maintient à l'état d'association que par le bon vouloir incessamment renouvelé de ses membres, et qui peut toujours reprendre son caractère statutaire, si peu qu'un actionnaire moins complaisant vienne exiger le dividende auquel il a droit. C'est une société mixte, une société-association. Nous pouvons vraiment dire qu'elle a conquis droit de cité dans notre droit, tellement sont rares les décisions qui aient annulé quelqu'une de ces nombréuses sociétés libres qui pullulent chez nous et qui, par leur objet, ne sont, en réalité que des associations dissimulées*".

em compreender que, ao lado das associações de fim interessado, se colocassem certas entidades (híbridas) como as cooperativas, que, realizando lucros, apenas os não distribuíam.

Na segunda metade do século XX, o art. 1832 do *Code Civil* foi sujeito a alterações. A primeira, pela *loi nº 78-9 du 4 janvier 1978*, teve em vista uma abertura inequívoca da norma às sociedades sem fins lucrativos em sentido próprio. A segunda, pela *loi 85-697 du 11 juin 1985*, teve em vista a extensão da norma às *entreprises unipersonnelles à responsabilité limitée (EURL)*[46] [47]. Esta última alteração é fácil de perceber quando se pensa que, diferentemente da norma italiana (e, já agora, da norma portuguesa), se adoptava o critério de definição aristotélico conhecido como "*per genus et differentiam*"[48] ou, por outras palavras, que a norma definia sociedade como um contrato ("*[l]a société est un contrat par lequel...*")[49].

Na sequência destas alterações, a norma passou a dispor que "*[l]a société est instituée par deux ou plusieurs personnes qui conviennent par un contrat d'affecter à une entreprise commune des biens ou leur industrie en vue de partager le bénéfice ou de profiter de l'économie que pourra en résulter. Elle peut être instituée, dans les cas prévus par la loi, par l'acte de volonté d'une seule personne. Les associés s'engagent à contribuer aux pertes*".

É inegável que, nos termos do novo texto, a sociedade deixa de poder ser reconduzida ao contrato[50] e passa a ter dois fins possíveis: distribuir os proveitos (*partager le bénéfice*) ou aproveitar simplesmente as economias realizadas (*profiter de l'économie*).

O aditamento desta segunda possibilidade suscita, contudo, ainda hoje, o desconforto de alguma doutrina. Em resultado dele – dizem –, o novo domínio das sociedades intersecta-se necessariamente com o das associações:

[46] Estas correspondem às sociedades unipessoais por quotas da lei portuguesa.

[47] Alguma doutrina francesa viu na alteração legislativa a consagração oficial, com alguma "deformação", da teoria da instituição. Cfr., por exemplo, Georges Ripert / René Roblot, *Traité de Droit Commercial*, tome I, vol. II – *Les sóciétés commerciales*, cit., p. 13.

[48] Definição por recurso ao género (*genus*) e aos elementos diferenciadores (*differentiam*).

[49] As normas do Direito italiano e do Direito português não suscitam a mesma necessidade, uma vez que apenas definem "contrato de sociedade". Apesar de tudo, o legislador italiano considerou útil, na sequência do acolhimento das sociedades unipessoais de responsabilidade limitada, alterar, como se viu, a epígrafe da norma.

[50] Mesmo depois da alteração, alguma doutrina francesa continua a imputar à norma a definição de sociedade como um contrato. Cfr., por exemplo, Georges Ripert / René Roblot, *Traité de Droit Commercial*, tome I, vol. II – *Les sóciétés commerciales*, cit., p. 2.

uma entidade que tenha por fim a defesa dos interesses patrimoniais dos seus membros permitindo-lhes obter produtos ou serviços em condições vantajosas pode constituir-se, alternativamente, sob a forma de sociedade ou sob a forma de associação, o que não é uma solução satisfatória[51].

2.3.2. A solução do legislador espanhol. O artigo 1665 do *Código Civil*

No Código Civil espanhol[52], a norma equivalente à do art. 980º do CC é a do art. 1665. Diz a lei espanhola: "*[l]a sociedad es un contrato por el cual dos o más personas se obligan a poner en común dinero, bienes o industria, con ánimo de partir entre sí las ganancias*". Complementando a definição do art. 1665, dispõe-se no art 1666 do Código Ciivil, que a sociedade deve ter um objecto lícito e estabelecer-se no interesse comum dos sócios[53].

Não surpreende que o texto da norma do art. 1665 do *Código Civil* seja tão próximo do das normas homólogas do círculo jurídico romano-germânico. Inspiram-se todas no modelo da *societas* romana[54].

No que respeita ao ânimo lucrativo, pode dizer-se que a norma é "contundente", o que faz com que a esmagadora maioria da doutrina considere que ele é um elemento absolutamente indispensável de todas as sociedades[55]. Criticando a opinião maioritária, Cándido Paz-Ares preconiza, porém, que se prescinda "drasticamente" do requisito e se renuncie a classi-

[51] Cfr. Georges Ripert / René Roblot, *Traité de Droit Commercial*, tome I, vol. II – *Les sóciétés commerciales*, cit., p. 14 e pp. 18-19. Os autores consideram que seria desejável uma definição restritiva de associação, para evitar que ela fosse uma forma jurídica concorrente com a da sociedade. Dizem eles que, sendo a escolha possível, a tendência é para se preferir o regime jurídico das sociedades, pois ele apresenta várias vantagens, nomeadamente a possibilidade de escapar aos processos de tipo liquidatório no caso de insolvência. Adopta também uma atitude crítica em relação à alteração, embora com contornos ligeiramente diferentes, Yves Guyon, *Droit des affairs*, Tome I – *Droit commércial général et Sociétés*, cit., pp. 112 e s.

[52] O *Código Civil* é de 1889.

[53] Cfr., sobre a norma, por exemplo, Fernando Crespo Allué, in: Andrés Domínguez Luelmo (Director), *Comentarios al Código Civil*, Valladolid, Lex Nova, 2010, pp. 1798-1799.

[54] Cándido Paz-Ares [*Comentario del Código Civil*, vol. 2, Madrid, Ministerio de Justicia, 1989 (2ª ed.), p. 1299] refere-se, por isso, ao preceito como "arcaico".

[55] Cfr., por exemplo, Carlos Lasarte, *Principios de Derecho Civil*, Tomo Tercero – *Contratos*, Madrid, Barcelona, Buenos Aires, Marcial Pons, 2010 (13ª edición), pp. 306-307, e Fernando Crespo Allué, in: Andrés Domínguez Luelmo (Director), *Comentarios al Código Civil*, cit., p. 1798. Para mais referências doutrinais cfr. Cándido Paz-Ares, *Comentario del Código Civil*, vol. 2, cit., p. 1307.

ficações com base em critérios causais[56]. Segundo ele, a noção de sociedade deverá construir-se como um fenómeno organizativo neutral desde o ponto de vista da natureza do fim. O argumento central é o da inidoneidade do ânimo lucrativo para determinar a disciplina aplicável.

2.3.3. A solução do legislador alemão. O § 705 do Bürgerliches Gesetzbuch e o § 1 da *Gesetz betreffend die Gesellschaften mit beschränkter Haftung*

Estabelecendo uma ruptura com os restantes ordenamentos do círculo jurídico romano-germânico, o Direito alemão dispõe, na norma do § 705 do *BGB*[57], cuja epígrafe é "*Inhalt des Gesellschaftsvertrags*" (conteúdo do contrato de sociedade): "*[d]urch den Gesellschaftsvertrag verpflichten sich die Gesellschafter gegenseitig, die Erreichung eines gemeinsamen Zweckes in der durch den Vertrag bestimmten Weise zu fördern, insbesondere die vereinbarten Beiträge zu leisten*".

Aquilo que na norma mais destaque merece é que ela identifica apenas um "fim comum" (*gemeinsamer Zweck*), dispensando o requisito do fim lucrativo ou interessado das sociedades em que assentava a distinção tradicional entre as sociedades (*Gesellschaften*) e as associações (*Vereine, Genossenschaften*[58]).

O alcance da norma compreende-se melhor através das palavras de Windscheid, que, discorrendo sobre a sociedade, dizia que o fim do contrato de sociedade devia ser lícito, mas no resto podia ser da mais variada espécie: por exemplo, o divertimento, a conversação, a educação, o desenvolvimento da ciência, da arte, da religião ou então um fim patrimonial que não fosse lucrativo[59].[60].

[56] Cfr. Cándido Paz-Ares, *Comentario del Código Civil*, vol. 2, cit., pp. 1310 e s.

[57] O *Bürgerliches Gesetzbuch* foi publicado em 1896 e entrou em vigor em 1900.

[58] O termo "*Verein*" será o que melhor designa a associação. O termo "*Genossenschaft*" é próximo mas não se presta a uma tradução precisa, parecendo circunscrever-se a certo tipo de associações. Sobre os significados diferentes das duas expressões e a localização das entidades designadas relativamente às sociedades cfr. Raymond Saleilles, *De la personalité juridique – Histoire et théories*, cit., pp. 6-7 e p. 212.

[59] Cfr. Bernhard Windscheid, *Lehrbuch des Pandektenrechts*, Band 2, Frankfurt am Main, Rütten & Loening, 1887 (6. Auflage), p. 558 (e nota 7) e *Diritto delle Pandette (traduzione italiana: Carlo Fadda / Paolo Emilio Bensa)*, Volume Secondo, Parte Seconda, Unione Tipografico-Editrice, Torino, 1904, p. 166 (e nota 7).

[60] É manifesto o contributo deste pensamento para a construção do conceito normativo. O facto é confirmado por Benno Mugdan [*Die gesamten Materialien zum Bürgerlichen Gesetzbuch*

Tenha-se em atenção, no entanto, que as disposições do *BGB* só se aplicam directamente às *Gesellschaften des bürgerlichen Rechts* (*GbR-Gesellschaften / BGB-Gesellschaften*) (sociedades civis) e, por remissão legal, a algumas sociedades comerciais – as *offene Gesellshaften* (*OHG*) (sociedades em nome colectivo) e as *Kommanditgesellschaften* (*KG*) (sociedades em comandita simples) [cfr. § 105 (3) e § 161 (2) do *Handelsgestezbuch (HBG)*].

Existe, de facto, no Direito alemão uma cisão fundamental entre os regimes aplicáveis às sociedades de pessoas (*Personengesellschaften*) e às sociedades de capitais (*Kapitalgesellschaften*), só estas sendo pessoas jurídicas[61].

für das Deutsche Reich, II. Band. Recht der Schuldverhältnisse, Berlin, R. v. Decker's Verlag, 1899, p. 330 e p. 332].

[61] São, em regra, consideradas *Kapitalgesellschaften* as *Aktiengesellschaften* (*AG*), as *Kommanditgesellschaften auf Aktien* (*KGaA*) e as *Gesellschaften mit beschränkter Haftung* (*GmbH*)). As primeiras duas são, respectivamente, as sociedades equivalentes às sociedades anónimas e às sociedades em comandita por acções. As últimas são as sociedades equivalentes às sociedades por quotas portuguesas e, aliás, o modelo inspirador do seu regime inicial (contido na Lei de Sociedade por Quotas de 1901). Diga-se que, tal como acontece quanto às sociedades por quotas portuguesas, não é sem reserva que as *GmbH* são consideradas sociedades de capitais, salientando-se que, historicamente, elas foram concebidas com o carácter de uma "forma mista" (*Mischform*) e conservaram esse carácter até hoje [cfr., neste sentido, por exemplo, Andreas M. Fleckner, "Gesellschaftsrecht", in: Jürgen Basedow / Klaus Hopt / Reinhard Zimmermann (Hrsg.), *Handwörterbuch des Europäischen Privatrechts*, vol. II, Tübingen, Mohr Siebeck, 2009, p. 734]. Pertencem, em contrapartida, à categoria das *Personengesellschaften*, no âmbito das sociedades comerciais, as *offene Gesellshaften* (*OHG*) (sociedades em nome colectivo) e as *Kommanditgesellschaften* (*KG*) (sociedades em comandita simples). Configuram-se estas, no plano das relações externas ou com terceiros, como simples comunhões de mão comum (*Gesamthandsgemeinschaften*). São consideradas também *Personengesellschaften* as *Gesellschaften des bürgerlichen Rechts* (*GbR-Gesellschaften / BGB-Gesellschaften*) (sociedades civis). As necessidades da prática levaram a que a jurisprudência atenuasse as consequências da falta de personalidade jurídica das sociedades de pessoas. Sem lhes reconhecer ainda personalidade jurídica, o *Bundesgerichtshof* (*BGH*) considerou, em 29 de Janeiro de 2001, que estas sociedades eram titulares de capacidade jurídica na medida em que eram susceptíveis de criar direitos e obrigações próprios à sua participação na vida jurídica. Para a distinção entre a personalidade jurídica e a comunhão de mão comum cfr. Jesús Alfaro Águila-Real, "El reconocimiento de la personalidad jurídica en la construcción del Derecho de Sociedades", *InDret*, 2016, 1, pp. 38 e s. Sobre aquela decisão fundamental do *BGB* cfr. Stefan Habermeier, "Gesellschaft und Verein", in: *J. von Staudingers Kommentar zum Bürgerlichen Gesetzbuch mit Einführungsgesetz und Nebengesetzen – Eckpfeiler des Zivilrechts*, Berlin, De Gruyter, 2008, pp. 786 e s., Kerstin Peglow, *Le contrat de société en droit allemand et en droit français comparés*, Paris, Librairie Générale de Droit et Jurisprudence, 2003, p. 31, e ainda, na doutrina portuguesa, Diogo Costa Gonçalves, *Pessoa coletiva e sociedades comerciais – Dimensão problemática e coordenadas sistemáticas da personificação jurídico-privada*, Coimbra, Almedina, 2016,

É preciso, portanto, procurar, na disciplina destas últimas, normas que possam adquirir relevância para a noção de sociedade.

Nesta categoria insere-se o § 1 da lei aplicável às *Gesellschaften mit beschränkter Haftung* (sociedades de responsabilidade limitada) (GmbHG). Diz-se aí: "*[g]esellschaften mit beschränkter Haftung können nach Maßgabe der Bestimmungen dieses Gesetzes zu jedem gesetzlich zulässigen Zweck durch eine oder mehrere Personen errichtet werden*".

Para a questão em análise, pouco ou nada se altera. Desta norma resulta que, mesmo quando esteja em causa a criação de uma pessoa jurídica, as sociedades podem ser usadas para a prossecução de *qualquer* fim lícito (*zu jedem gesetzlich zulässigen Zweck*)[62], consagrando-se aquilo que alguns denominam "princípio de abertura do fim" (*Grundsatz der Zweckoffenheit*)[63].

O Direito alemão deixa, em síntese, aos sócios de qualquer sociedade um espaço de liberdade quase absoluta relativamente ao fim da sociedade[64]. Esclarece apenas a doutrina que os interesses individuais dos sócios (eventualmente lucrativos) são irrelevantes para o fim comum da sociedade[65].

Adoptando uma divisão clássica das pessoas jurídicas (assente na sua causa), é, enfim, possível dizer que, na Alemanha, as sociedades tanto podem ter um fim económico lucrativo como um fim económico não lucrativo, um fim ideal ou até um fim desinteressado ou altruístico[66] [67] – o que, repe-

pp. 566 e s. Finalmente, para um olhar sobre a *GbR-Gesellschaft* numa perspectiva económica cfr. Denise Bauer, "Die Gesellschaft bürgerlichen Rechts als Corporate Actor", Preprints of the Max Planck Institute for Research on Collective Goods Bonn 2007/3, pp. 1 e s.

[62] Cfr., por todos, Karsten Schmidt, *Gesellschaftsrecht*, Köln-Berlin-Bonn-München, Carl Heymanns, 2002 (4. Auflage), pp. 61 e s.

[63] Cfr. Carsten Schäfer, in: Martin Henssler / Lutz Strohn, *Gesellschaftsrecht*, München, C. H. Beck, 2011, p. 631.

[64] Em comentário à norma, Raymond Saleilles [in: AA.VV., *Code civil allemand traduit et annoté*, tome deuxième, livre II (suite) – section VII (art. 433 à 853), livre III (art. 854 à 1296), Imprimerie Nationale, Paris, 1906, p. 233] fala aqui de uma "*conception large de la société*".

[65] Cfr., por todos, Werner Flüme, *Allgemeiner Teil des Bürgerlichen Rechts, Erster Teil – Die Personengesellschaft*, Berlin, Heidelberg, New York, Springer, 1977, pp. 39 e s. (p. 43).

[66] A propósito das sociedades e das associações diz expressamente Stefan Habermeier ["Gesellschaft und Verein", cit., pp. 774-775] que em ambas são concebíveis fins económicos mas também fins ideais (científicos, culturais, políticos ou religiosos).

[67] Está subajcente a classificação das pessoas colectivas ou jurídicas adoptada, entre outros autores portugueses, por Manuel A. Domingues de Andrade [*Teoria Geral da Relação Jurídica*, vol. I – *Sujeitos e Objecto*, Coimbra, Coimbra Editora, pp. 77 e s.]. De acordo com ela, as pessoas colectivas (jurídicas) de Direito Privado dividem-se em pessoas colectivas (jurídicas) de utili-

tindo a observação inicial, marca uma originalidade face à maioria dos ordenamentos latinos[68] [69].

3. A regulação da sociedade como um contrato (sociedade-contrato)

3.1. As origens. A *societas* romana

Para a concepção da sociedade como um contrato, em Portugal e nos restantes países do círculo jurídico romano-germânico, contribuiu, sem dúvida, o facto de ter sido como contratos que surgiram as sociedades primitivas[70].

dade pública – de fim desinteressado ou altruístico ou de fim interessado ou egoístico, subdividindo-se, nesta última hipótese, em pessoas de fim ideal ou pessoas colectivas (jurídicas) de fim económico não lucrativo – e pessoas colectivas (jurídicas) de utilidade particular, que, por exclusão de partes, são as pessoas de fim económico lucrativo. Segundo o autor, esta classe é preenchida pelas sociedades comerciais (uma vez que são as únicas que são pessoas jurídicas).

[68] Referindo-se a todo o título do *Bürgerliches Gesetzbuch* em que se inseria a norma do § 705, dizia RAYMOND SALEILLES [in: *Code civil allemand traduit et annoté*, cit., p. 231] que ele era um dos mais originais do código alemão. Segundo este autor, as originalidades residiam, não só na concepção alargada de sociedade mas ainda na adopção de um novo tipo de sociedade (a sociedade de capitais ou anónima) e na atribuição de efeitos reais ao contrato de sociedade, com a aplicação, em matéria de sociedades, do princípio da propriedade de mão comum (*Gesamte Hand*), o que permitia associar as sociedades à criação de um património especial (*Sondervermögen*), afectado ao fim da sociedade e absolutamente independente do património dos associados (ob. cit., p. 233).

[69] Em contrapartida, é convergente com a disciplina dos ordenamentos do círculo jurídico anglo-americano. Tão-pouco nestes existe uma absoluta indissociabilidade entre a sociedade (*company*) e o fim lucrativo, podendo perfeitamente configurar-se "*not-for-profit companies*". Veja-se, por exemplo, aquilo que que passa na Inglaterra. Na *section 7* do *Companies Act 2006*, com a epígrage ("*method of forming company*"), regula-se a constituição da sociedade, dispondo-se que a sociedade pode ser constituída por uma ou mais pessoas, não podendo ser constituída para fins contrários à lei. PAUL DAVIES [*Principles of Modern Company Law*, Thomson – Sweet & Maxwell, London, 2008 (Eighth Edition), pp. 3-4] descreve, minimalisticamente, "*company*" como uma associação de pessoas para a realização de um fim ou fins comuns. Como explica o autor (ob. cit., pp. 7-8 e p. 11), em Inglaterra, uma sociedade pode ser uma "*not-for-profit company*", tanto num sentido mais forte, de que os seus estatutos proíbem a distribuição de lucros (lucros periódicos ou o lucro de liquidação) aos sócios, como num sentido mais fraco, de que a sociedade não é constituída para realizar lucro, mas pode realizá-lo de vez em quando e, quando assim for, distribuí-lo, devendo, em conclusão, fixar-se o pressuposto de que o instituto societário não está confinado ao fim lucrativo. Atendendo à diferença de tradições jurídicas, estes ordenamentos não representam um argumento significativo para a interpretação do art. 980º, do CC, razão pela qual se dispensam maiores desenvolvimentos.

[70] Confirmando esta relação, diz ANTÓNIO SANTOS JUSTO ["O contrato de sociedade no Direito Romano (Breve referência ao Direito Português)", in: *Lusíada*, 2014, nº 12, pp. 12-13] que

Esta circunstância torna oportuna uma breve incursão pelo instituto da *societas* romana, que aparece, no período clássico, como um dos quatro contratos consensuais constantes da classificação estabelecida nas Institutas de Gaio[71].

Na síntese do seu estudo sobre o tema, apresenta SANTOS JUSTO o contrato de sociedade (*societas*) como "um acordo entre duas ou mais pessoas que se obrigavam reciprocamente a pôr em comum determinados bens ou trabalho, com vista à obtenção de um fim patrimonial comum. Devia respeitar as exigências de licitude e os sócios podiam acordar a distribuição diferente de ganhos e perdas. Mas não podia onerar um dos sócios exclusivamente com as perdas, privando-o dos ganhos" [72] [73] [74].

Olhando para as características descritas, é visível a semelhança entre a *societas* romana e as sociedades (civis e comerciais) actuais: de acordo com o art. 980º do CC, também estas têm na sua base um contrato que constitui os (dois ou mais) sujeitos envolvidos na obrigação de entrada com bens ou

"[o] contrato de sociedade consagrado no direito romano tem reflexos significativos na sociedade que o Código Civil português recolhe como contrato nominado. Por isso, a sua boa interpretação não dispensa o estudo da figura romana que lhe deu origem". Conclui o autor, no fim do seu estudo, que o regime civil do contrato de sociedade consagrado no Direito Civil português mostra a grande influência do Direito Romano (ob. cit., pp. 48-49). A conclusão idêntica chega JOSÉ DUARTE NOGUEIRA ("O Contrato de Sociedade no Direito Romano e no Direito Português Actual", in: *Lusíada*, Porto, 2001, nºs 1 e 2, pp. 608-609).

[71] Cfr. MARGARITA FUENTESECA, "La *magna quæstio societatis* y otros problemas del contrato de sociedad romano", in: *Dereito*, 1998, vol 7, nº 1, pp. 35-36,

[72] Cfr. ANTÓNIO DOS SANTOS JUSTO, "O contrato de sociedade no Direito Romano (Breve referência ao Direito Português)", cit., p. 11.

[73] O contrato de sociedade em causa (*societas*) é o do período romano clássico, que é o período habitual de referência (por o Direito nele vigente ser considerado modelo ou canône para a análise das épocas posteriores e precedentes). As suas raízes remontam, segundo JOSÉ DUARTE NOGUEIRA ("O Contrato de Sociedade no Direito Romano e no Direito Português Actual", cit., pp. 600-601) ao período pré-clássico, nomeadamente ao consórcio (*consortium*), assente, inicialmente, na instituição familiar, e à sociedade comercial de fim lucrativo, surgida com a República. Para algumas ideias sobre o *consortium* e a sua relação com o contrato de sociedade cfr. ARIAS RAMOS, "Los orígenes del contrato de sociedad: "consortium" e "societas", in: *Revista de Derecho Privado*, 1942, 301, pp. 141 e s.

[74] A descrição de JOSÉ DUARTE NOGUEIRA ("O Contrato de Sociedade no Direito Romano e no Direito Português Actual", cit., p. 600) é próxima: "contrato através do qual várias pessoas se obrigam a cooperar para a consecução de um fim lícito comum no pressuposto da divisão dos lucros e das perdas".

serviços para a realização de fim de natureza patrimonial[75]. Também nestas os sócios têm liberdade para estipular a sua parte nos lucros e nas perdas (cfr. art. 992º, nº 1, do CC e art. 22º, nº 1, do CSC) e existe uma proibição do "pacto leonino" (cfr. art. 994º do CC e art. 22º, nº 3, do CSC).

Mas logo outras características da *societas* obrigam a recusar a hipótese de uma coincidência generalizada entre as figuras, em particular entre a *societas* e a generalidade das sociedades comerciais. Segundo Santos Justo, a *societas* não tinha, em princípio, personalidade jurídica[76]. Além disso, os sócios eram responsáveis perante terceiros pelas obrigações provenientes dos negócios jurídicos realizados e existia, na base do contrato, uma relação de amizade ou um vínculo de confiança entre os sócios (inspirado na *fraternitas*), que influenciava o seu regime jurídico[77].

As semelhanças restringem-se, assim, afinal, às sociedades civis e, quando muito, a algumas sociedades comerciais (ditas "de pessoas"). O paradigma destas últimas é a sociedade em nome colectivo, que, não obstante ser uma pessoa jurídica, pressupõe a responsabilidade pessoal dos sócios pelas obrigações sociais[78] e apresenta outros sinais de *intuitus personæ*[79].

[75] A semelhança é também assinalada por José Duarte Nogueira ("O Contrato de Sociedade no Direito Romano e no Direito Português Actual", cit., p. 603).

[76] Explica também José Duarte Nogueira ("O Contrato de Sociedade no Direito Romano e no Direito Português Actual", cit., p. 604) que "[a] *societas* romana, vocacionada para o lucro, não reunia as condições para poder ser personalizada tavez porque não era suficientemente digna em face dos interesses que perseguia".

[77] Cfr. António dos Santos Justo, "O contrato de sociedade no Direito Romano (Breve referência ao Direito Português)", cit., pp. 11, 13, 29 e s., 36 e s. e 43 e s. A relação de confiança determinava, por exemplo, o benefício da competência (*beneficium competentiæ*), ou seja, a faculdade concedida a um devedor de ser condenado nos limites das suas possibilidades económicas (*in id quod quantum facere potest*), e as causas de extinção da *societas*. Salienta também esta relação de confiança José Duarte Nogueira ("O Contrato de Sociedade no Direito Romano e no Direito Português Actual", cit., p. 600) dizendo que "são sócios (*socii*) os que se encontram agrupados numa relação de confiança para atingir um objectivo comum".

[78] Neste ponto impõe-se uma precisão, que bem se compreende através do que diz Francesco Galgano [*História do Direito Comercial*, Lisboa, Signo Editores, 1980, p. 49]. Diz ele que o esquema da *societas* se tornou, a certa altura, "inadequado ao novo espírito do tráfego económico; nasce então um novo tipo societário que corresponde à actual sociedade em nome colectivo. A primeira inovação é a responsabilidade, ilimitada e solidária, de todos os sócios, pelas dívidas sociais". Em contrapartida, "[à] sociedade civil de modelo romano (...) aplicava-se uma regra distinta: o sócio que contrai uma obrigação é o único responsável perante terceiros, a não ser que tenha actuado em virtude de um mandato expresso outorgado pelos demais sócios".

Parece poder concluir-se que a existência ou inexistência de personalidade jurídica e o grau de autonomia (patrimonial mas não só) das sociedades são factores decisivos para a distinção entre as suas várias categorias[80]. Concretizando: quanto maior ou mais completa for a autonomia da sociedade em relação aos sócios, menos lhe servirá a concepção de sociedade-contrato e vice-versa.

[79] Por causa das diferenças existentes entre a *societas* e algumas sociedades actuais e, principalmente, do facto de as sociedades comerciais terem personalidade jurídica, JOSÉ DUARTE NOGUEIRA ("O Contrato de Sociedade no Direito Romano e no Direito Português Actual", cit., p. 594 e pp. 604 e s.) manifestava reservas à possibilidade de estabelecer uma comparação entre a realidade antiga e a actual, de traçar um paralelismo estrito entre os regimes romano e português e cirunscrevia as semelhanças da *societas* às sociedades civis e comerciais de pessoas. Apesar de tudo, no que toca à personalidade jurídica das sociedades, subinha o autor, que "o Direito Romano conseguiu aproximar-se do conceito (...) estabelecendo a possibilidade de, em certas circunstâncias, uma pluralidade de pessoas manifestar uma vontade colectiva e deter um património distinto dos seus membros" (ob. cit., p. 596).

[80] Considera-se dispensável sintetizar aqui toda a dogmática desenvolvida em torno do instituto da personalidade jurídica, da qual fazem parte, entre outras, a doutrina da ficção (SAVIGNY), a doutrina da realidade objectiva (VON GIERKE) a doutrina da realidade técnica (SALEILLES) ou a doutrina institucionalista (HAURIOU) (cfr., sobre elas, com grande desenvolvimento, Diogo Costa Gonçalves, *Pessoa coletiva e sociedades comerciais – Dimensão problemática e coordenadas sistemáticas da personificação jurídico-privada*, cit., pp. 91 e s.). Tão-pouco se descreve a experiência portuguesa, na qual se destacam, mais recentemente, as teorias institucionalista (OLIVEIRA ASCENSÃO), da orientação analítica (MENEZES CORDEIRO) ou da pessoa analógica (PAIS DE VASCONCELOS). Vale a pena, contudo, reproduzir o pensamento este último autor em relação à temática das sociedades comerciais. Tem ele afirmado (cfr., por exemplo, "As pessoas colectivas no Código Civil – 30 anos depois", in: *Themis*, Edição Especial – *Código Civil Português – Evolução e perspectivas actuais*, 2008, pp. 229 e s.) que "a personalidade jurídica é o pólo mais sofisticado de uma série de tipos de estruturas jurídicas que enquadram o agir humano (...) construídas com configurações diversas de três elementos: pessoas, bens e fins". Segundo o autor, existe uma espécie de oposição entre a personalidade jurídica e o contrato: aquela fixa-se nos fins enquanto este se fixa nas pessoas (partes). As sociedades comerciais em que, apesar da personificação, se valoriza a pessoa dos sócios (sociedades de pessoas), estão mais próximas das sociedades civis, sendo fácil compreender a sua maior compatibilidade com a ideia de sociedade-contrato. Também CÁNDIDO PAZ-ARES [*Comentario del Código Civil*, vol. 2, cit., p. 1300] se refere, expressamente, às sociedades de estrutura personalista como "sociedades contratuais".

3.2. As dificuldades da regulação da sociedade como contrato

Sob a inspiração da *societas*, a sociedade foi regulada como um contrato nas codificações modernas[81]. Ora, a identificação da sociedade com o contrato – com um contrato entre contratos –, apresenta vários inconvenientes.

[81] Atendendo às profundas diferenças entre os sistemas da *common law* e da *civil law* e, em particular, das tradições que marcam o desenvolvimento do instituto societário nos ordenamentos anglo-americanos, não se fez, até agora, mais do que uma breve referência a estes. Não pode, contudo, deixar de se assinalar que também neles existem vestígios de uma concepção contratual da sociedade. Veja-se, sinteticamente, o exemplo da Inglaterra. No Direito inglês, a constituição da sociedade (*company's constitution*) assenta, fundamentalmente, em dois actos / documentos: um que a lei designa, na *section 7* do *Companies Act* 2006, como "*memorandum of association*" e outro que designa, adiante, na *section 17* do *Companies Act 2006*, como "*company's articles*" (também referido como "*articles of association*"). O *memorandum of association* é o documento em que os signatários declaram a sua vontade de constituir a sociedade, nos termos da lei, e tornar-se sócios, comprometendo-se a, quando se convencione um capital social, deter, pelo menos, uma participação (cfr. *section 8* do *Companies Act*). Como se disse, do acto de constituição fazem parte ainda os *articles of association*, que, estabelecendo as regras de funcionamento interno da sociedade, equivalem, fundamentalmente, aos estatutos. Ao contrário daquilo que acontecia na lei antecessora, o *Companies Act 2006* erigiu-os no documento mais importante do processo constitutivo da sociedade. Não obstante, continuou a representar-se a constituição de sociedades (como, aliás, de todas as associações) como um contrato, entre a sociedade e os sócios (cfr., neste sentido, Paul Davies, *Principles of Modern Company Law*, cit., p. 62, e Lorraine E. Talbot, *Critical Company Law*, Cavendish, Rutledge, 2008, pp. 63). A lei confirma, de alguma forma, esta correspondência quando diz que as regras de constituição da sociedade (incluídos os estatutos) criam a obrigação, para a sociedade e para os sócios, de as respeitar (cfr. *section 33* do *Companies Act 2006*). Aquando dos trabalhos preparatórios do *Companies Act 2006* pôs-se em causa esta visão contratual mas optou-se por não se introduzir alterações. Alguns autores criticam o uso do modelo contratual, sustentando que se trata de um vestígio da relação entre a *Company Law* e a *Partnership Law* e que, portanto, não servem para explicar as sociedades, pelo menos as grandes sociedades ou sociedades de tipo capitalistico (cfr. Lorraine E. Talbot, *Critical Company Law*, cit., pp. 63 e s.). Note-se que, no Direito inglês, as *partnerships* não são, em rigor, sociedades. Aquelas têm a sua origem na *agency*, configurando-se como o veículo pelo qual cada sócio se converte em *agent* (uma espécie de fiduciário) dos outros; equivalem, *grosso modo*, às "sociedades de pessoas" dos ordenamentos romano-germànicos (sobretudo o italiano e o alemão), estando os sócios (geralmente em número reduzido) unidos por laços de confiança e lealdade. Outros autores preferem dizer apenas que o contrato de sociedade é um contrato muito particular e destacam as suas singularidades (cfr. Paul Davies, ob. cit., pp. 66 e s.).

Desde logo, a sociedade não tem sempre na sua base um contrato (a sociedade *não é sempre* um contrato)[82].

Como adiante se verá, além do contrato, podem estar na base das sociedades comerciais actos tão díspares como o negócio jurídico unilateral, o acto legislativo, a deliberação dos sócios, nos casos de transformação e cisão [cfr. arts. 130º, nº 2, e 118º, nº 1, als. *a)* e *b)*, do CSC], ou a sentença homologatória de plano de insolvência, no caso de neste se prever, como medida de recuperação, a constituição de uma nova sociedade [cfr. arts. 199º e 217º, nº 3, al. *a)*, do CIRE]. Todas estas hipóteses ficam "a descoberto" na visão contratual da sociedade.

Depois, mesmo quando a sociedade tenha na sua base o contrato, este não é um contrato semelhante aos outros (a sociedade *não é um contrato qualquer*).

Como se apontou atrás, a norma do art. 980º do CC reflecte o disposto nos arts. 2247 e 2248 do *Codice Civile* com uma excepção: o contrato de sociedade é regulado, no Código Civil português, entre os outros tipos contratuais, mais precisamente no título reservado aos "contratos em especial", entre a doação e a locação[83], criando a impressão de que eles se integram todos numa única e mesma categoria.

[82] É altura de advertir que a expressão "contrato de sociedade" não é usada para designar sempre ou só o acto jurídico tendente à constituição da sociedade mas também, frequentemente, os estatutos da sociedade. A tendência para a unificação dos dois sentidos na mesma expressão tem origem no facto de, no ordenamento jurídico português, o acto constitutivo propriamente dito e os estatutos estarem contidos no mesmo documento. Diz, por outras palavras, Rui Pinto Duarte ["(Uma) introdução ao Direito das Sociedades", cit., pp. 9 e s. (esp. pp. 15 e s.)], que "[n]a tradição portuguesa, não há separação documental entre as duas dimensões do negócio jurídico em causa: muitas vezes, as cláusulas que esgotam os seus efeitos com a constituição da sociedade e as cláusulas que se destinam a regular o funcionamento da sociedade aparecem no mesmo documento". Considerando a necessidade de uma distinção, Paulo Olavo Cunha [*Direito das Sociedades Comerciais*, Coimbra, Almedina, 2016 (6ª edição), p. 119] propõe que se fale em "contrato de sociedade em sentido amplo", para designar o antigo "título constitutivo", e "contrato de sociedade em sentido restrito ou técnico", para designar as regras que regem a vida da sociedade e que, normalmente, constam do mesmo documento. Deve dizer-se, finalmente, que o contrato pode ainda ser visto numa acepção menos rigorosa, enquanto documento. Para algumas questões que levanta o contrato de sociedade enquanto documento cfr. Margarida Lima Rego, "O Contrato de Sociedade como Documento", in: *II Congresso Direito das Sociedades em Revista*, Coimbra, Almedina, 2012, pp. 481 e s.

[83] O facto não passa despercebido, sendo assinalado por quase todos os autores que se dedicaram ao estudo da matéria. Cfr., entre outros, António Menezes Cordeiro, *Direito das Sociedades*

Ora, existem profundas diferenças entre o contrato de sociedade e os outros contratos (ditos "contratos comutativos"[84] ou, em Itália, "*contratti di scambio*"[85]), baseados na contraposição de interesses e das prestações das partes, de que o contrato de compra e venda é, incontestavelmente, o modelo.

No contrato de compra e venda, o interesse de um dos contraentes é satisfeito de modo diferente do do outro contraente (o primeiro recebe a coisa e o segundo recebe o preço). Por outro lado, a prestação de um tem como contrapartida a prestação do outro (a aquisição da coisa tem como contrapartida o preço), sendo as prestações tendencialmente equivalentes (o preço da coisa corresponde, em princípio, ao seu valor)[86].

Enquanto isso, no contrato de sociedade, podendo embora existir certa contraposição de interesses, o interesse fundamental que está na origem (é causa) do contrato é comum a todos os contraentes. Este interesse não se satisfaz no único momento em que seria possível vislumbrar alguma correspectividade (a realização por cada um da sua entrada), porque respeita a algo que só pode ser obtido plenamente em momento posterior: os benefícios resultantes da actividade da sociedade[87]. Não sendo a contrapartida

II – Sociedades em especial Coimbra, Almedina, 2017 (reimpressão da 2ª edição), p. 51, e Carlos Ferreira de Almeida, *Contratos III – Contratos de Liberalidade*, de Cooperação e de Risco, cit., p. 107.

[84] Cfr. A. Ferrer Correia, Lições de Direito Comercial, vol. II – Sociedades Comerciais – Doutrina geral, cit., p. 51.

[85] Na vigência do *Codice Civile* de 1865, contrapunha-se o contrato de sociedade a estes contratos, concluindo que, na ausência de um conflito de interesses, caracteristico destes, devia excluir-se a natureza contratual da sociedade. Cfr., sobre isto, Francesco Galgano, "Società (Diritto Privato)", in: *Enciclopedia del Diritto*, XLII, Milano, Giuffrè, 1990, p. 868, e Giorgio Marasà, "Società (contratto di società)", cit., p. 1. Com a publicação do *Codice Civile* vigente, que prevê a categoria dos contratos plurilaterais com fim comum (*contratti plurilaterali con comunione di scopo*), isto é, os contratos com pluralidade de partes em que as prestações de cada uma se dirigem à realização de um fim comum, a questão foi definitivamente superada.

[86] Acresce que a compra e venda e os contratos afins são bilaterais, o que constitui um obstáculo quanto aos casos (frequentes) de sociedades com mais do que dois sócios. Por outro lado, são, em princípio, contratos de execução instantânea, ao contrário do contrato de sociedade, que é um contrato tendencialmente duradouro ou de execução continuada.

[87] São sugestivas as palavras de Reinhard Zimmermann (*The Law of Obligations – Roman Foundations of the Civilian Tradition*, Cape Town, Juta & Co, Ltd, 1990, p. 451) a propósito da natureza jurídica da *societas*: "*[u]nlike sale or hire, it is not a transaction in which the parties' performances are reciprocal. A socius does not give or do anything* in order *to receive a counterperformance from*

da prestação de cada sócio realmente a prestação dos outros, mas a participação nos resultados da actividade social, também não pode dizer-se que exista equivalência entre as prestações. O contrato de sociedade – note-se – não deixa por isto de ser sinalagmático, só que o sinalagma não se estabelece entre as prestações dos sócios e sim entre as prestações dos sócios e o benefício (futuro e eventual) que resulta da actividade (a razão de ser das prestações dos sócios é este benefício[88])[89].

Tendo em vista as diferenças[90], não pode o contrato de sociedade reconduzir-se, sem mais, à mesma categoria dos restantes contratos, ainda que a lei os regule a par[91]. Compreende-se, por isso, que a doutrina o remeta, com

his fellow socii. Societas is thus not based, primarily, on an antagonism of interests; its essence is the pooling of resources (money, property, expertise or labour, or a combination of them) for a common purpose. *Socii, in the words of Daube, are not bent on getting the utmost out of each other; they are, in the first place, "friends", pursuing their common interests against third parties"* (itálicos do autor).

[88] O princípio do sinalagma pode formular-se dizendo que que a prestação de cada uma das partes depende da contraprestação da outra. Em rigor, o sinalagma é genético (na génese ou raiz do contrato, a obrigação assumida por cada um dos contraentes constitui a razão de ser da obrigação contraída pelo outro) e / ou funcional (as obrigações têm de ser exercidas em paralelo e qualquer vicissitude ocorrida relativamente a uma delas se repercute necessariamente na outra).

[89] O que se configura aqui é uma sinalagmaticidade singular ou atípica, uma vez que o nexo sinalagmático não se estabelece, como é comum, entre *prestações*. Aquilo que satisfará o interesse dos sócios e é a razão de ser das prestações deles é a participação nos resultados da actividade. Ora, esta não corresponde à prestação de nenhum sujeito. Nota também esta singularidade, retirando dela consequências Luís Menezes Leitão ["O Contrato de Sociedade Civil", in: António Menezes Cordeiro (coord.), *Direito das Obrigações, III Volume – Contratos em Especial*, Lisboa, Associação Académica da Faculdade de Direito de Lisboa, 1991 (2ª edição, revista e ampliada), pp. 127 e s.]. Já no quadro do art. 1240º do Código Civil de 1867, Luiz da Cunha Gonçalves (*Tratado de Direito Civil em Comentário ao Código Civil Português*, Volume VII, Coimbra, Coimbra Editora, 1934, p. 207) dava mostras de compreender esta singularidade, descrevendo a sociedade como sendo um contrato sinalagmático "porque os sócios se obrigam uns para com os outros; e a conjugação dos interesses individuais tem por fim um interêsse colectivo, de certo modo distinto daqueles". Adverte também para este aspecto particular a doutrina estrangeira, com base nas normas homólogas [cfr., para um exemplo, Carlos Lasarte, *Principios de Derecho Civil,* Tomo Tercero – *Contratos,* cit., p. 307].

[90] Cfr., para uma outra visão destas diferenças, Bee Receveur, La force obligatoire du contrat de société – Contribution à l'étude des rélations entre Droit des Contrats et Droit des sociétés, pp. 5-6.

[91] No plano dos efeitos jurídicos dos contratos, existe alguma proximidade. Tal como a maioria dos contratos, o contrato de sociedade produz efeitos obrigacionais, que se manifestam,

intersecções, para as categorias de "contrato de fim comum"[92], "contrato de organização"[93], "contrato de fim comum e de organização"[94] ou "contrato associativo"[95]. Sendo embora boas "tentativas", estas qualificações perpe-

desde logo, nas obrigações em que ficam constituídos os sócios, de prestação das entradas em dinheiro diferidas ou de prestação de serviços. Tratando-se de obrigações de prestação de bens cujo cumprimento seja simultâneo à celebração do contrato, produzem-se ainda efeitos reais, transferindo-se a titularidade dos bens dos sócios para a sociedade. Sobre os bens passa a incidir aquilo que alguma doutrina italiana [fr. GIORGIO MARASÀ, "Società (contratto di società)", cit., p. 3 e p. 4] denomina um "vínculo de afectação real" (*vincolo di destinazione reale*), que releva não só *inter partes* – no sentido de que os sócios deixam de poder utilizar os bens para fins estranhos àqueles que estão na origem do vínculo e, em princípio, de reclamar a sua restituição – como *erga omnes* – reflectindo-se na posição dos credores (os bens são subtraídos ao regime dos restantes bens pessoais dos sócios, dando origem a um património autónomo que permite a tutela diferenciada dos credores sociais). Sobre esta natureza (obrigacional e real "*quod effectum*") do contrato, LUÍS MENEZES LEITÃO, "O Contrato de Sociedade Civil", cit., pp. 131 e s.

[92] Na doutrina portuguesa, para a concepção de "contrato de fim comum" cfr., por exemplo, LUÍS BRITO CORREIA, *Direito Comercial*, vol. 2º *(Sociedades Comerciais)*, cit., 1989, pp. 120 e s. A categoria do "contrato de fim comum" (*contratto con comunione di scopo*) foi especialmente desenvolvida, pela doutrina italiana, ao abrigo das regras aplicáveis a certos contratos (contratos plurilaterais), contidas na lei civil (cfr. arts. 1420, 1446, 1459 e 1466 do *Codice Civile*). Estas normas regulam a nulidade, a anulabilidade, a resolução e a impossibilidade superveniente da prestação no âmbito dos "*contratti plutilaterali in cui le prestazioni di ciascuna sono dirette al conseguimento di uno scopo comune*" (contratos plurilaterais com prestações dirigidas a um fim comum) e são dirigidas a assegurar a preservação da relação jurídica na hipótese de ocorrência daqueles eventos (eventos que, apesar de graves, se entende que não prejudicam a realização da causa contratual). Por via desta construção tentou superar-se as críticas à tese da natureza contratual das sociedades. Cfr., sobre isto, FRANCESCO GALGANO, "Società (Diritto Privato)", cit., p. 868.

[93] A classificação como "contrato de organização" (*Organisationsvertrag*) é objecto de grande desenvolvimento na Alemanha, concentrando-se a doutrina na parte no contrato de sociedade relativa aos "estatutos" (*Satzung*). Cfr., para dois exemplos paradigmáticos, WERNER FLÜME, *Allgemeiner Teil des Bürgerlichen Rechts, Erster Teil – Die Personengesellschaft*, cit., p. 4, e KARSTEN SCHMIDT, *Gesellschaftsrecht*, cit., pp. 76-77.

[94] Cfr., por todos, A. FERRER CORREIA, *Lições de Direito Comercial*, vol. II – *Sociedades Comerciais – Doutrina geral*, cit., pp. 51 e s.

[95] Cfr., por todos, LUÍS MENEZES LEITÃO, "O Contrato de Sociedade Civil", cit., p. 123. Em Itália, diz alguma doutrina [cfr. GIORGIO MARASÀ, "Società (contratto di società)", cit., pp. 3-4] que o contrato de sociedade pertence à sub-espécie de contratos plurilaterais com fim comum designados contratos associativos (*contratti associativi*). Não se realizando o fim comum instantaneamente mas exigindo-se o desenvolvimento (em comum) de uma actividade, justifica-se

tuam a ligação da sociedade ao contrato, o que tem um indesejável efeito redutor[96] (a sociedade *não é só um contrato*)[97].

De facto, a identificação da sociedade com o contrato sobrevaloriza o momento genético. Ora, por mais que a prática do acto institutivo (contrato ou outro[98]) seja indispensável (embora nem sempre suficiente) para o processo constitutivo das sociedades, as etapas sucessivas da vida social dificilmente podem ser contidas nas estreitas margens do quadro contratual[99]. A cada categoria de sociedade corresponde um regime legal, complementado, é certo, por instrumentos de natureza contratual que, apesar de tudo, nunca se confundem com o contrato de sociedade; é este regime legal que, em definitivo, determina as formas como se organiza e funciona a sociedade[100].

que uma das características desta sub-espécie seja a autonomia patrimonial (em grau, não obstante, variável) da entidade de tipo associativo. Cfr., sobre a tese do contrato plurilateral de fim comum e do contrato associativo no contexto da qualificação da natureza jurídica da sociedade, Marco Avagliano, in: Enrico Gabrielli (Diretto da) / Daniele U. Santosuosso (a cura di), *Commentario del Codice Civile – Delle Società – Della Azienda – Della Concorreza*, vol. I – *Artt. 2247-2379 ter*, UTET Giuridica, 2014, pp. 26 e s. Com o exposto fica demonstrado que existe intersecção das categorias.

96 Cfr., neste sentido, Luís Menezes Leitão, "O Contrato de Sociedade Civil", cit., p. 123.

97 Como bem se compreende, uma coisa é a natureza juridica do acto que está na base da sociedade, outra é a noção de sociedade. Certo é que existe alguma tendência para identificar a discusão sobre a natureza jurídica do acto que está na origem da sociedade com a discussão sobre a natureza jurídica da sociedade ou, pelo menos, para retirar do raciocínio que se atinja quanto à primeira consequências para a segunda. Assim, se o acto continuar a ser qualificado como um contrato, é natural que a sociedade continue a ser associada ao contrato, tornando mais difícil concebê-la como entidade ou ente. A tese é, além disso, insuficiente para explicar todas as sociedades que têm na sua base actos diversos do contrato.

98 Adopta-se a expressão "acto institutivo" (em vez de "contrato") para compreender os actos não contratuais. A expressão alternativa tradicional é "acto constitutivo", mas apresenta o inconveniente de sugerir que o acto é suficiente, por si só, para constituir a sociedade. Em contrapartida, a expressão "acto institutivo", preconizada, por exemplo, por Rui Pinto Duarte ["(Uma) introdução ao Direito das Sociedades", cit., pp. 9 e s. (esp. pp. 15 e s.)], refere-se a um efeito "institutivo", para o qual, de facto, basta este acto.

99 Existe, além disso, alguma dificuldade em aplicar aos fenómenos societários princípios e conceitos próprios da teoria geral do contrato. Nota Luis Fernández de la Gándara (*La tipicidad en Derecho de Sociedades*, Zaragoza, Pórtico, s.d., pp. 268 e s.) que a dificuldade determinou uma tendência cada vez mais marcada para deslocar a problemática característica do acto constitutivo da sociedade para fora da esfera estritamente contratual.

100 Esta insuficiência é percebida pela doutrina portuguesa. Afirma, por exemplo, Coutinho de Abreu (*Curso de Direito Comercial*, Volume II – *Das sociedades*, cit., p. 20), que "há um con-

Por isso a doutrina acabou por adoptar a concepção de sociedade-entidade ou sociedade-ente[101] [102] –, argumentando que só assim se consegue

siderável desprendimento da sociedade-entidade relativamente ao acto constitutivo: afora o facto de a organização e funcionamento internos da sociedade serem em larga medida independentes do acto de constituição (sendo directamente regidos pela legislação societária), ela é novo sujeito (distinto do(s) sócio(s)) que por si actua e se relaciona com outros sujeitos (não sendo, no essencial, tal actuação e relações da criatura disciplinadas pelo acto criador...)".

[101] Alternativamente, a doutrina fala, por vezes, na "dimensão institucional" ou na "dimensão de organização", encontrando-se definições que claramente a enfatizam. Veja-se, por exemplo, a definição de sociedade, pondo a tónica na organização, de Daniele U. Santosuosso [in: Enrico Gabrielli (Diretto da) / Daniele U. Santosuosso (a cura di), *Commentario del Codice Civile – Delle Società – Della Azienda – Della Concorreza*, vol. I – *Artt. 2247-2379 ter*, cit., p. 4]: *"strutture organizzate e organizzative di attività, normalmente di impresa, dotate di soggettività distinta dai soci, nascenti da atti (costitutivi) negoziali ma non necessariamente plurisoggettivi"*. Acentuam também, não obstante de formas diversas, esta dimensão, entre outros, José de Oliveira Ascensão [*Direito Comercial*, vol. IV *(Sociedades Comerciais)*, cit., p. 9], António Menezes Cordeiro (*Direito das Sociedades I – Parte Geral*, cit., p. 288), Luís Menezes Leitão ("O Contrato de Sociedade Civil", cit., p. 109 e pp. 117-118), Rui Pinto Duarte ["(Uma) introdução ao Direito das Sociedades", cit., p. 10], e Fátima Gomes (*Manual de Direito Comercial*, cit., pp. 135-137). José Engrácia Antunes [*Direito das Sociedades – Parte Geral*, cit., p. 72 (nota 155)] critica, contudo, a proposta de autonomização de um "elemento organizacional" no conceito de sociedade, entendendo que ele está contido na exigência de exercício em comum da actividade.

[102] A noção de sociedade-contrato precedeu, compreensivelmente, a de sociedade-entidade ou sociedade-ente [cfr., neste sentido, Rui Pinto Duarte, "(Uma) introdução ao Direito das Sociedades", cit., p. 10]. Esta apenas se impôs, como noção autónoma, com o reconhecimento generalizado de personalidade jurídica às (ou a algumas) sociedades comerciais. Mas a verdade é que as expressões "sociedade" e "contrato de sociedade" são usadas, há muito tempo, na linguagem jurídico-comercial, de forma algo indiscriminada. Esta indiscriminação originou uma equivalência de significados ou, melhor, uma polissemia do termo "sociedade", designando tanto o contrato que está na base da sociedade como a entidade em que consiste a sociedade depois da sua constituição. Para estes dois sentidos já advertia, por exemplo, Luiz da Cunha Gonçalves (*Tratado de Direito Civil em Comentário ao Código Civil Português*, Volume VII, cit., p. 206). A alternativa sociedade-contrato / sociedade-entidade ou sociedade-ente não ficou no plano meramente terminológico, desenvolvendo-se na contraposição entre duas teses sobre a natureza da sociedade – a tese contratualista e a tese institucionalista. A última tese teve especial relevo em França e foi elaborada para explicar as relações entre os sócios e as relações destes com os titulares dos órgãos de administração da sociedade. (cfr., sobre a discussão, Georges Ripert / René Roblot, *Traité de Droit Commercial*, tome I, vol. II – *Les sóciétés commerciales*, cit., pp. 12-13 e pp. 253-254). Como diz Jorge Manuel Coutinho de Abreu [*Curso de Direito Comercial*, Volume II – *Das sociedades*, cit., pp. 19-20 (nota 5)], a primeira tese ganhou novo alento com as teorias da sociedade como rede de contratos e a segunda com a teoria da sociedade como técnica de organização da empresa, mas a verdade é que a tese mais

atingir a imagem realista ou completa da *fattispecie* sociedade e explicar que o interesse social não se reduz a qualquer interesse individual ou colectivo dos sócios e que existe um sistema mais ou menos complexo de órgãos para formar e executar a vontade da sociedade.

As vantagens da concepção de sociedade-entidade ou sociedade-ente são mais visíveis no caso das sociedades comerciais do que nas sociedades civis, uma vez que, ao contrário destas[103] [104], aquelas são pessoas jurídicas[105]

consensual (ainda) é a tese mista (sociedade como contrato e instituição). Sobre a análise das redes de contratos e o papel das sociedades nesse contexto cfr., entre outros, GUNTHER TEUBNER / MARC AMSTUTZ (Ed.), *Networks – Legal Issues of Multilateral Cooperation*, Oxford and Portland, Oregon, Hart Publishing, 2009, e, em particular, o estudo de autoria de GUNTHER TEUBNER, "Coincidentia Oppositorum: Hybrid Networks Beyond Contract and Organisation", loc. cit., pp. 3 e s., ou STEFAN GRUNDMANN, *Europäisches Gesellschaftsrecht – Eine systematische Darstellung unter Einbeziehung des Europäischen Kapitalmarktrechts*, Heidelberg, C. F. Müller, 2011 (2. Auflage), pp. 36 e s.

103 A negação da personalidade jurídica às sociedades civis é a tese prevalente na doutrina portuguesa. A questão vem sendo, contudo, discutida há muito tempo. Se não veja-se (com resposta afirmativa) JOSÉ TAVARES, *Das sociedades commerciaes – Tratacto theorico e practico*, volume primeiro, cit., p. 24 e pp. 166 e s. (esp. pp. 211 e s.) ou (com resposta negativa) LUIZ DA CUNHA GONÇALVES, *Tratado de Direito Civil em Comentário ao Código Civil Português*, Volume VII, cit., p. 225 e s. Sustentam ainda hoje alguns autores, com ligeiras variações, que as sociedades civis são susceptíveis de adquirir personalidade jurídica, designadamente quando se constituam pela forma e com as especificações do art. 167º do CC, ao abrigo da norma do art. 158º, nº 1, do CC (esta última, fazendo parte da disciplina aplicável às associações, seria, por força do art. 157º do CC, extensível, por analogia, às sociedades). Integram-se nesta corrente, não obstante com *nuances*, entre outros, JOÃO DE CASTRO MENDES, *Teoria Geral do Direito Civil*, vol. I, Lisboa, Associação Académica da Faculdade de Direito de Lisboa, 1978, p. 287, LUÍS CARVALHO FERNANDES, *Teoria Geral do Direito Civil*, vol. I – *Introdução; Pressupostos da relação jurídica*, Lisboa, Universidade Católica Editora, 2012 (6ª edição), p. 512, ANTÓNIO MENEZES CORDEIRO, *Direito das Sociedades I – Parte geral*, cit., p. 371, PEDRO PAIS DE VASCONCELOS, *Teoria Geral do Direito Civil*, Coimbra, Almedina, 2015 (8ª edição), pp. 204 e s., e "As pessoas colectivas no Código Civil – 30 anos depois", in: *Themis*, Edição Especial – *Código Civil Português – Evolução e perspectivas actuais*, 2008, p. 248, e LUÍS BRITO CORREIA, *Direito Comercial*, 2º vol. *(Sociedades Comerciais)*, cit., p. 16. JOSÉ DE OLIVEIRA ASCENSÃO [*Direito Comercial*, vol. IV *(Sociedades Comerciais)*, cit., p. 12 e p. 23] parece ir mais longe, reconhecendo generalizadamente personalidade jurídica às sociedades civis, com base na mera existência de uma empresa e sendo a ordenação à empresa o critério decisivo da personificação. Cfr., para uma síntese da discussão, CATARINA SERRA, *Falências derivadas e âmbito subjectivo da falência*, Coimbra, Coimbra Editora, 1999, pp. 95-96 (nota 212).

104 Em dois casos adquirem as sociedades civis incontestavelmente personalidade jurídica: quando, fazendo uso da faculdade concedida no art. 1º, nº 4, do CSC, os sócios optem por constituir uma sociedade civil sob forma comercial ou ainda quando esteja em causa um particular

e, portanto, susceptíveis de se "desprender" mais radicalmente do momento genético (contrato de sociedade)[106].

grupo de sociedades ("sociedades de profissionais") e se observem as exigências previstas na lei para a aquisição de personalidade. Conforme se estabelece expressamente no art. 5º nº 1, da Lei nº 53/2015, de 11 de Junho, todas as sociedades de profissionais que estejam sujeitas a associações públicas profissionais (por exemplo, as sociedades de advogados) têm personalidade jurídica. Para as sociedades que não adoptem forma comercial prevê a norma que elas adquiram personalidade jurídica com a realização do registo definitivo do contrato de sociedade no registo nacional de pessoas colectivas. Considerando estas excepções (sobretudo a primeira), a questão da personalidade jurídica das sociedades civis perde algum do seu relevo prático: a eventual vontade de personificação é concretizável por alguma das vias.

105 As coisas não são assim em todos os países, existindo alguns em que não se reconhece personalidade jurídica a todas as sociedades comerciais. É o que acontece – já se disse – na Itália e na Alemanha quanto aos tipos homólogos das sociedades em nome colectivo e das sociedades em comandita simples portuguesas, ou seja, respectivamente, as *offene Gesellshaften* (*OHG*) e as *Kommanditgesellschaften* (*KG*) e as *società in nome collettivo* e as *società in accomandita semplice*. É de notar que, também em Portugal, durante algum tempo, houve quem duvidasse ou negasse mesmo personalidade jurídica às sociedades em nome colectivo e às sociedades em comandita, nomeadamente Guilherme Moreira [*Instituições do Direito Civil Português*, vol. I (Parte Geral), Coimbra, Imprensa da Universidade, 1907, pp. 294 e s., e "Da personalidade colectiva", in: *Revista de Legislação e de Jurisprudência*, 1908/1909, nº 1751, p. 34, e nº 1752, pp. 50 e s.]. Com base numa concepção maximalista, sustentava o autor que só quando se verificasse autonomia patrimonial plena ou perfeita era possível atribuir-se personalidade jurídica. Consequentemente, as sociedades em nome colectivo e as sociedades em comandita corresponderiam, não a pessoas colectivas, mas a situações de comunhão – comunhão de tipo germânico ou comunhão de mão comum (*Gesamthandsgemeinschaft*) –, em que existiam vários sujeitos na titularidade conjunta de um único património. As sociedades comerciais estavam, já na altura, reguladas no Código Comercial, dispondo-se na norma do art. 108º que "[a]s sociedades comerciais representa[va]m para com terceiros uma individualidade jurídica diferente da dos associados", mas o autor considerava que esta solução equivalia a "contrariar a natureza das cousas", uma vez que, nalgumas sociedades, não existe um interesse distinto do interesse individual dos sócios que reclame a personificação (cfr., desenvolvidamente, sobre esta posição, Diogo Costa Gonçalves, *Pessoa coletiva e sociedades comerciais – Dimensão problemática e coordenadas sistemáticas da personificação jurídico-privada*, cit., pp. 490 e s.). Com a publicação do Código das Sociedades Comerciais (e o disposto na norma do art. 5º) a personalidade jurídica das (de todas as) sociedades comerciais tornou-se absolutamente incontestável em Portugal.

106 Mas nem por isso a concepção de sociedade como entidade ou organização deixa de ser adequada às sociedades civis, não obstante em menor grau. Na doutrina alemã, é recorrente a identificação de um elemento organizacional em todas as sociedades, inclusivamente nas sociedades civis (cfr., expressamente, Werner Flüme, *Allgemeiner Teil des Bürgerlichen Rechts, Erster Teil – Die Personengesellschaft*, cit., p. 4). A possibilidade de remissão consagrada no art. 157º do CC (para a disciplina das pessoas colectivas) demonstra que o legislador teve consciência da

Ter ou não ter personalidade jurídica (ser ou não ser "um centro de imputação de situações jurídicas"[107]) é, como já se adiantou, uma diferença importante entre as sociedades civis e as sociedades comerciais[108], que provoca, aliás, um reencontro com a dúvida formulada no princípio: poderá dizer-se que a sociedade comercial é, a par da sociedade civil, uma espécie do género "sociedade", definida nos termos do art. 980º do CC[109]? No caso

existência daquela dimensão, mesmo nas sociedades civis. Dado não terem outra disciplina para lá da civil, a remissão desempenha uma função particularmente importante quanto a estas, atenuando a hiperbolização da dimensão contratual a que conduz o disposto no art. 980º do CC. Entende, apesar de tudo, Rui Pinto Duarte ["(Uma) introdução ao Direito das Sociedades", cit., p. 25] que o regime da sociedade civil está "centrado na sua dimensão contratual, deixando para segundo plano, ou mesmo na sombra, a sua dimensão institucional".

107 Usa-se a fórmula de Pedro Pais de Vasconcelos ("As pessoas colectivas no Código Civil – 30 anos depois", cit., p. 232).

108 António Menezes Cordeiro (*Direito das Sociedades I – Parte Geral*, cit., p. 288) enfatiza a relevância de factores históricos no distanciamento entre a sociedade comercial e a sociedade civil. Segundo o autor, ter-se-ia desenvolvido, no quadro das sociedades comerciais, graças à emergência das sociedades anónimas, um elemento organizativo que era estranho à sociedade civil. Também Rui Pinto Duarte ["(Uma) introdução ao Direito das Sociedades", cit., p. 25] lembra que as sociedades civis se aproximam da *societas* do Direito romano enquanto as sociedades comerciais pouco têm a ver com ela, tendo-se formado em "desvio" à figura romana. Posição próxima desta tem Paolo Spada ["Società (tipi di società: in generale)", in: *Enciclopedia Giuridica*, p. 1], que, na investigação das origens do termo "sociedade", identifica dois "filões": um primeiro, que parte da *societas* romana e encontra expressão na sociedade civil das codificações franco-italianas oitocentistas e, noutro plano, na *Gesellschaft bürgerlichen Rechts* do Direito alemão, e um segundo, das *società di commercio,* figuras associativas, algumas das quais se consolidaram já nas cidades medievais italianas (a companhia e a comenda) enquanto outras só mais tarde, nos séculos XVII e XVIII, por força das grandes aventuras ultramarinas de Holanda, França e Inglaterra (a sociedade anónima).

109 Carlos Ferreira de Almeida (*Contratos III – Contratos de Liberalidade, de Cooperação e de Risco*, cit., pp. 111 e s.) remete, inicialmente, a questão para o plano do contrato: poderá o contrato de sociedade comercial ser considerado um sub-tipo do contrato de sociedade? Mas, como reconhece, a pergunta deslocou-se em definitivo para sociedade que é "efeito do contrato": existirá um conceito genérico de sociedade (enquanto entidade que resulta, como efeito, do contrato), que englobe as sociedades comerciais, e, no caso afirmativo, poderá ele ser inferido do art. 980º do CC, que define o contrato de sociedade civil? Num primeiro momento, focado na realidade do "conceito", o autor parece responder negativamente, dizendo que "o regime legal infirma a coincidência de conceitos ou a mera especificidade do contrato de sociedade comercial em relação ao contrato de sociedade civil". Depois, alargando a equação ao "tipo", diz que "para construir um tipo amplo de contrato de sociedade (ou melhor uma categoria única de contratos de sociedade) é necessário sobrepor ambos os tipos e verificar os

afirmativo, sociedades civis e comerciais estarão, de uma forma ou de outra, vinculadas àquilo que nesta norma se impõe.

Antecipa-se já que existem dificuldades à aplicação directa do art. 980º do CC no domínio das sociedades comerciais – existem, como se verá de seguida, "dissonâncias" entre o que é exigido na norma e as sociedades comerciais[110].

Mas daqui não resulta necessariamente que a norma seja imprestável para o efeito de fixar as linhas da figura jurídica "sociedade comercial".

Põe-se a hipótese de se ver a norma numa perspectiva diferente da habitual, ou seja, não dominada pelo objectivo de retirar do conceito de contrato de sociedade um *conceito* de sociedade, o que será necessariamente desadequado (sociedade-contrato), mas tendente a apoiar nele a (re)construção de um *tipo*, o que permitirá valorizar outras dimensões para lá da contratual (sociedade-entidade ou sociedade-ente). Talvez assim seja possível restaurar o valor da norma no que às sociedades comerciais diz respeito.

4. Dissonâncias (reais ou aparentes) entre o disposto no artigo 980º do Código Civil e as sociedades comerciais: I) O elemento pessoal e as sociedades unipessoais

No seu sentido (mais) rigoroso, a expressão "unipessoalidade social" designa a situação em que a sociedade tem apenas um sócio, o que é susceptível

elementos convergentes". Também Ricardo Costa ("*Sociedades: de dentro para fora do Código Civil", in: Comemorações dos 35 anos do Código Civil e dos 25 anos da Reforma de 1977*, vol. II, Coimbra, Coimbra Editora, 2006, pp. 305 e s.) se defronta também com a questão, referindo-se ao "valor normativo matricial", à "noção matricial" ou ao "elemento unificador da matriz" do art. 980º do CC (ob. cit., p. 311, p. 317 e p. 332). Reduz, no entanto, as respostas possíveis a duas: uma: a norma fornece o conceito genérico de sociedade; outra: a norma só define sociedade civil simples, logo, é o ponto de partida para a construção de um conceito genérico de sociedade. Neste contexto, o autor analisa, em particular, o "desafio" que constituem as sociedades unipessoais e a possível "resistência do art. 980º do CC perante a heterogeneidade funcional do acto gerador da sociedade".

[110] Estas dificuldades nem surpreendem. A técnica da definição, que é tradicional no Direito dos Contratos, tem como grande inconveniente a sua rigidez e por isso não é apropriada – não é a mais apropriada – às sociedades comerciais (dinâmicas por natureza). "A definição implica sempre a abstracção de uma maior ou menor parte da realidade designada e, assim, uma incompletude, uma redução. O conceito assim definido precisa, para ser utilizado, de ser recompletado, de ser reconstituído. A reconstituição faz-se através da referência ao tipo que está por trás do conceito e a partir do qual a definição foi construída, faz-se pela reabertura do tipo" [cfr. Pedro Pais de Vasconcelos, *Contratos atípicos*, Coimbra, Almedina, 2009 (2ª edição), p. 91].

de causar alguma resistência[111], quanto mais não seja por razões de ordem linguística. A palavra "sociedade" deriva de "*societas*", termo latino que, independentemente da instituição do Direito Romano que designa, significa união, associação, reunião e, portanto, pressupõe uma colectividade ou um grupo de pessoas.

A expressão "unipessoalidade" não se circunscreve às situações em que a sociedade tem apenas um sócio; é alargada, habitualmente, aos casos em que, havendo mais do que um sócio, não é atingido, ainda assim, o mínimo exigido por lei para certo tipo de sociedade. Ao alargamento não será alheia a proximidade (identidade) dos regimes aplicáveis em ambas as situações [cfr. arts. 142º, nº 1, al. *a)*, e 464º, nº 3, do CSC].

A unipessoalidade pode verificar-se *ab initio*, ou seja, logo no momento da constituição da sociedade (unipessoalidade originária), ou pode ocorrer em momento posterior (unipessoalidade superveniente).

4.1. A unipessoalidade originária

Já se deixou antever atrás que a unipessoalidade originária não contraria directamente o disposto no art. 980º do CC[112]. Com efeito, este limita-se a enunciar os requisitos do *contrato* de sociedade e, como se sabe, as sociedades originariamente unipessoais não têm na sua base um acto contratual.

[111] Um exemplo desta resistência é A. Ferrer Correia (*Lições de Direito Comercial*, vol. II – *Sociedades Comerciais – Doutrina geral*, cit., p. 148): "sociedade originariamente unipessoal é algo de inconcebível". Outro é Raúl Ventura (*Dissolução e liquidação de sociedades*, Coimbra, Almedina, 1994, p. 115): "[t]enho como certo ser o termo 'sociedade' impropriamente aplicado às 'sociedades unipessoais'". Finalmente, referindo-se já à sociedade unipessoal por quotas, Luís Brito Correia ("A sociedade unipessoal por quotas", in: AA.VV., *Nos 20 Anos do Código das Sociedades Comerciais – Homenagem aos Profs. Doutores A. Ferrer Correia, Orlando de Carvalho e Vasco Lobo Xavier*, vol. I – *Congresso Empresas e Sociedades*, Coimbra, Coimbra Editora, 2007, p. 642) diz que ela "é uma mentira, a começar pelo nome". Na realidade, a sociedade unipessoal por quotas não é uma "sociedade", pois não tem pluralidade de sócios, não é "por quotas", pois o sócio tem a totalidade e não uma parte (quota) do capital, nem é uma pessoa colectiva, apesar de ter personalidade jurídica. Reconhece, todavia, o autor que, face aos dados estatísticos, ela "é uma mentira com grande sucesso".

[112] Em face da possibilidade de constituição de sociedades com um único sócio poderia pensar-se que a norma está errada ou é obsoleta. O raciocínio é comum, mas deve-se a mera precipitação. A norma do art. 980º do CC não define sociedade e sim contrato de sociedade (um negócio jurídico bilateral ou plurilateral), pelo que a referência à pluralidade de partes está – mantém-se – absolutamente correcta: em todos os casos em que na base da sociedade está um contrato existem, pelo menos, dois sujeitos.

No Código das Sociedades Comerciais está expressamente prevista esta situação, dispondo o art. 7º, nº 2, que "[o] número mínimo de partes de um contrato de sociedade é de dois, excepto quando a lei (...) permita que a sociedade seja constituída por uma só pessoa". Não há, portanto, qualquer dúvida, de que, para constituir uma sociedade comercial, é preciso um mínimo de duas pessoas (singulares ou colectivas) mas que existem excepções[113].

As situações de unipessoalidade originária[114] mais paradigmáticas admitidas na lei portuguesa reconduzem-se a dois grupos: por um lado, as sociedades que têm por base um acto legislativo e, por outro lado, as sociedades que têm por base um negócio jurídico unilateral.

Analisem-se estes casos por dever de método, com a consciência de que o que quer que se conclua a propósito deles não poderá ser decisivo, pelo motivo já explicitado, para o problema central – da adequação ou desadequação do art. 980º do CC às sociedades comerciais.

4.1.1. Os casos de unipessoalidade originária admitidos no Direito português

O primeiro grupo de casos respeita, como se disse, às sociedades que têm por base um acto legislativo (lei ou decreto-lei).

Esta prática foi muito frequente em Portugal no final do século XX. Visava a conversão de empresas públicas em sociedades anónimas, representando o acto legislativo o primeiro passo do respectivo processo de privatização[115]. Depois deste período, a constitução de sociedades por acto legislativo tornou-se menos frequente mas subsistiu, associada, normal-

[113] Outra hipótese é a exigência de número superior a duas pessoas, que é irrelevante para os presentes efeitos. Ocorre no âmbito das sociedades anónimas, em que o número mínimo de sócios é de cinco (cfr. art. 273º, nº 1, do CSC), e nas sociedades em comandita por acções, em que o número mínimo de sócios é de seis no total ou, mais precisamente, de cinco sócios comanditários e um comanditado (cfr. art. 479º do CSC).

[114] Costuma entender-se que a expressão "unipessoalidade originária" abarca todas as situações em que o número de sócios é inferior ao número legalmente exigido, como acontece no caso das sociedades anónimas com menos de cinco sócios. A verdade é que o legislador lhes concede tratamento idêntico [cfr. arts. 142º, nº 1, al. *a)*, e 464º, nº 3, do CSC], pelo que faz sentido que a validade desta análise se estenda a estes casos.

[115] Para alguns exemplos na realidade portuguesa cfr. Albino Matos, *Constituição de sociedades – Teoria e prática. Formulário*, Coimbra, Almedina, 2001 (5ª edição), p. 19 (nota 10).

mente, à realização de eventos de carácter público ou de grande relevância nacional ou colectiva[116].

É razoavelmente claro que a admissibilidade de um número inferior de sócios nestes casos se deve à qualidade especial do sujeito por trás da sociedade – o Estado –, dotado de *ius imperii.* À luz disto, compreende-se bem o disposto no art. 273º, nº 2, do CSC, onde se diz, por outras palavras, que as sociedades anónimas em que o Estado, através de empresas públicas ou outras entidades equiparadas por lei para este efeito[117], fique a deter a maioria do capital, podem constituir-se com apenas dois sócios.

O segundo grupo é constituído pelas sociedades que têm por base um negócio jurídico unilateral. Abordem-se dois casos previstos no Código das Sociedades Comerciais: as sociedades com domínio total inicial e as sociedades unipessoais por quotas.

As sociedades com domínio total inicial remontam à versão original do Código, onde são referidas no art. 488º, nº 1[118]. Segundo tal norma, uma sociedade que seja do tipo sociedade por quotas, sociedade anónima ou sociedade em comandita por acções pode constituir uma sociedade anónima de cujas acções ela seja inicialmente a única titular – uma sociedade anónima unipessoal. A disposição insere-se no articulado respeitante aos grupos de sociedades e, em particular, ao grupo constituído por domínio total inicial[119]. A situação de unipessoalidade é, nestes casos, como que "tolerada"

[116] Sobre as sociedades constituídas por acto legislativo cfr., entre outros, Jorge Henrique Pinto Furtado, *Curso de Direito das Sociedades*, cit., pp. 69 e s.

[117] Segundo a norma do art. 545º do CSC, são (ainda) equiparados ao Estado, para os efeitos do Código das Sociedades Comerciais, as Regiões Autónomas, as autarquais locais, a Caixa Geral de Depósitos, o Instituto de Gestão Financeira da Segurança Social e o IPE – Investimentos e Participações do Estado, S.A.

[118] À previsão do legislador português não terá sido alheio o movimento de acolhimento das sociedades unipessoais que acabava de ocorrer noutros ordenamentos jurídicos, designadamente no Direito dinamarquês (art. 3º da Lei nº 371, de 13 de Junho de 1973), no Direito brasileiro (Lei nº 6404, de 15 de Dezembro de 1976) – que veio criar, no âmbito das sociedades por acções, a chamada "subsidiária integral" –, no Direito alemão (Lei de 4 de Julho de 1980) – que veio permitir a constituição de sociedades unipessoais de responsabilidade limitada (*Einmann--Gesellschaften mit beschränkter Haftung*) –, no Direito francês (Lei nº 85-697, de 11 de Julho de 1985) – que consagrou a figura da *EURL* (*Entreprise Unipersonnellle à Responsabilité Limitée*) –, ou no Direito holandês (Lei de 16 de Março de 1986) – que admitiu as sociedades anónimas e as sociedades de responsabilidade limitada unipessoais.

[119] Sobre as sociedades anónimas em relação de grupo cfr., por exemplo, Maria Augusta França, *A estrutura das sociedades anónimas em relação de grupo*, Lisboa, AAFDL, Lisboa, 1990.

pela ordem jurídica, atendendo a que dela decorrem, em princípio, certas vantagens – as vantagens inerentes à criação de grupos de sociedades.

O nome adoptado para designar este tipo de sociedades sugeriria uma unipessoalidade tendencialmente provisória, circunscrita à fase da constituição. A verdade é que não são visíveis impedimentos à sua perduração no tempo, sendo de admitir que a situação-regra é a de uma unipessoalidade duradoura. Isto é "compensado" pelo regime específico de tutela dos credores. A lei sujeita, de facto, o sócio único à responsabilidade pelas dívidas da sociedade unipessoal (cfr. art. 501º, *ex vi* do art. 491º do CSC)[120].

O segundo caso é o das sociedades unipessoais por quotas. A hipótese, regulada nos arts. 270º-A a 270º-G do CSC, só foi introduzida no ordenamento jurídico português dez anos depois da entrada em vigor do Código[121]. É um instrumento extraordinariamente útil para os todos os sujeitos que pretendem levar a cabo uma empresa a título individual, dado que lhes permite a limitação da responsabilidade[122].

Sobre as sociedades anónimas unipessoais cfr., por exemplo, António Pinto Monteiro / Pedro Maia, "Sociedades anónimas unipessoais e Reforma de 2006", in: *Estudos em Homenagem ao Professor Doutor Carlos Ferreira de Almeida*, vol. IV, Coimbra, Almedina, 2011, pp. 217 e s.

[120] Cfr., neste sentido, António Pinto Monteiro / Pedro Maia, "Sociedades anónimas unipessoais e Reforma de 2006", cit., pp. 228 e s. Dizem os autores que "a situação de unipessoalidade só era admitida *duradouramente* se o sócio único fosse responsável pela totalidade das dívidas da sociedade dependente" (itálicos dos autores).

[121] Sobre a sociedade unipessoal por quotas (as suas origens e a sua disciplina) cfr., por todos, Catarina Serra, "As *novas* sociedades unipessoais por quotas (Algumas considerações a propósito do DL nº 257/96, de 31 de Dezembro)", in: *Scientia Ivridica*, 1997, nºs 265/267, pp. 115 e s.

[122] A unipessoalidade social e o seu enquadramento nos mecanismos de limitação da responsabilidade do empresário em nome individual, em que se integram o estabelecimento individual de responsabilidade limitada e a sociedade unipessoal por quotas, é uma temática excepcionalmente desenvolvida em Portugal. Cfr. só para algmas referências, cfr. A. Ferrer Correia, *Sociedades fictícias e unipessoais*, Coimbra, 1948, "O problema das sociedades unipessoais de responsabilidade limitada", in: *Estudos de Direito Civil, Comercial e Criminal*, Coimbra, Almedina, 1985, pp. 171 e s., "Sociedades unipessoais de responsabilidade limitada", in: *Estudos de Direito Civil, Comercial e Criminal*, Coimbra, Almedina, 1985, pp. 129 e s., e "A sociedade por quotas de responsabilidade limitada segundo o C.S.C.", in: *Temas de Direito Comercial e de Direito Internacional Privado*, Coimbra, Almedina, 1989, pp. 123 e s., A. Ferrer Correia / António A. Caeiro, *Anteprojecto de Lei das Sociedades Comerciais, Parte Geral I*, cit., pp. 5 e s., Maria Ângela Bento Coelho, "A limitação da responsabilidade do comerciante em nome individual", in: *Revista de Direito e Economia*, 1980/1981, anos VI/VII, pp. 6 e s., José de Oliveira Ascensão, "A limitação da responsabilidade do comerciante em nome individual", in: AA. VV., *Novas perspectivas do Direito Comercial*, Coimbra, Almedina, 1988, pp. 269-288, e "O estabelecimento individual de

Não fazendo sentido analisar o regime jurídico das sociedades unipessoais por quotas, até pela profusão de estudos já desenvolvidos, diz-se apenas que o seu acolhimento no Direito português não deve ser interpretado como um sinal da tranquilidade do legislador no tocante ao fenómeno da unipessoalidade. A preocupação em minimizar os riscos que a unipessoalidade comporta tem diversas manifestações na lei, avultando, entre elas, o disposto no art. 270º-F do CSC, que se apresenta como um regime "compensador" de tutela dos credores[123]. Quer dizer: a pluralidade de sócios continua a ser a solução desejável[124], consentindo a lei na unipessoalidade com reservas.

responsabilidade limitada ou o falido rico", in: AA. VV., *Estruturas jurídicas da empresa*, Lisboa, Associação Académica da Faculdade de Direito de Lisboa, 1989, pp. 13-55, António Pereira de Almeida, "A limitação da responsabilidade do comerciante em nome individual", in: AA. VV., *Novas perspectivas do Direito Comercial*, Coimbra, Almedina, 1988, pp. 33-56, Ana Maria Peralta, "Sociedades unipessoais", in: AA. VV., *Novas perspectivas do Direito Comercial*, Coimbra, Almedina, 1988, pp. 249 e s., Catarina Serra, "As *novas* sociedades unipessoais por quotas (Algumas considerações a propósito do DL nº 257/96, de 31 de Dezembro)", cit., pp. 115 e s., Ricardo Costa, *A sociedade por quotas unipessoal no Direito português*, Coimbra, Almedina, 2002, "As sociedades unipessoais", in: AA. VV., *Problemas do Direito das Sociedades*, Instituto de Direito das Empresas e do Trabalho, Coimbra, Almedina, 2002, pp. 25 e s., "Algumas considerações a propósito de regime jurídico da sociedade por quotas unipessoal", in: *Estudos dedicados ao Prof. Doutor Mário Júlio de Almeida Costa*, Lisboa, Universidade Católica Editora, 2002, pp. 1227 e s., e "Unipessoalidade Societária", in: AA. VV., *Miscelâneas*, nº 1, Instituto de Direito das Empresas e do Trabalho, Coimbra, Almedina, 2003, pp. 131 e s., José Engrácia Antunes, "O estabelecimento individual de responsabilidade limitada: crónica de uma morte anunciada", in: *Revista da Faculdade de Direito da Universidade do Porto*, 2006, ano III, pp. 401 e s., Luís Brito Correia, "A sociedade unipessoal por quotas", cit., pp. 631 e s., Filipe Cassiano dos Santos, *A sociedade unipessoal por quotas – comentários e anotações aos artigos 270º-A a 270º-G do Código das Sociedades Comerciais*, Coimbra, Coimbra Editora, 2009, e "Sociedades unipessoais por quotas, exercício individual e reorganizações empresariais – reflexões a propósito do regime legal", in: *Direito das Sociedades em Revista*, 2009, vol. 1, pp. 115 e s., Maria Elisabete Ramos, "Sociedades unipessoais – perspetivas da experiência portuguesa", in: Fábio Ulhoa Coelho / Maria de Fátima Ribeiro (coord.), *Questões de Direito Societário em Portugal e no Brasil*, Coimbra, Almedina, 2012, pp. 365 e s., Pedro Pidwell, "A tutela dos credores da sociedade por quotas unipessoal e a responsabilidade do sócio único", in: *Direito das Sociedades em Revista*, 2012, vol. 7, pp. 201 e s., e João Espírito Santo, *Sociedade unipessoal por quotas*, Coimbra, Almedina, 2013.

[123] Cfr. Catarina Serra, "As *novas* sociedades unipessoais por quotas (Algumas considerações a propósito do DL nº 257/96, de 31 de Dezembro)", cit., pp. 115 e s.

[124] Cfr., neste sentido, entre outros, António Pinto Monteiro / Pedro Maia, "Sociedades anónimas unipessoais e Reforma de 2006", cit., p. 220.

4.1.2. A banalização do fenómeno da unipessoalidade originária. A projectada *Societas Unius Personæ*

A criação de sociedades de responsabilidade limitada com um único sócio é hoje, contudo, uma tendência irreversível em todos os ordenamentos europeus. Isto pode ser confirmado pelos últimos desenvolvimentos do Direito da União Europeia.

Destaca-se, desde logo, a Directiva 2009/102/CE do Parlamento Europeu e do Conselho, de 16 de Setembro, relativa às sociedades de responsabilidade limitada com um único sócio[125]. Ela não constitui a primeira iniciativa europeia em matéria de sociedades unipessoais. Vem na sequência da Directiva 89/667/CEE do Conselho, de 21 de Dezembro – a Décima Segunda Directiva[126] [127] –, e teve como intuito codificar, e consequentemente revogá-la[128]. Sem se afastar muito da sua antecessora, a Directiva 2009/102/CE favorece já alguma harmonização das legislações nacionais no que toca às sociedades unipessoais.

Destaca-se, depois, a Proposta de Directiva do Parlamento Europeu e do Conselho sobre sociedades unipessoais de responsabilidade limitada, de 9 de Abril de 2014[129], criando a *Societas Unius Personæ* (*SUP*). A intenção é a de que ela venha substituir a Directiva 2009/102/EC, introduzindo nos ordenamentos dos Estados-membros um novo tipo de sociedade, dotado de uma disciplina uniforme – portanto, uma medida de harmonização dos Direitos nacionais[130], com vista à supressão gradual das restrições a liberdade de

[125] Pode ser consultada, na versão em língua portuguesa, em http://eur-lex.europa.eu/legal-content/PT/TXT/PDF/?uri=CELEX:32009L0102&from=PT.

[126] Pode ser consultada, na versão em língua portuguesa, em http://eur-lex.europa.eu/LexUriServ/LexUriServ.do?uri=CELEX:31989L0667:PT:PDF.

[127] A Décima Segunda Directiva esteve, designadamente, na base do acolhimento da figura da sociedade unipessoal por quotas no ordenamento jurídico português. Sobre a Décima Segunda Directiva cfr., por todos, Vanessa Edwards, "The EU Twelfth Company Law Directive", in: *Company Lawyer*, 1998, 19 (7), pp. 212 e s., e Vincent J.G. Power, "Twelfth EEC Company Law Directive", in: *International Company and Commercial Law Review*, 1990, 1 (3), C44 e s.

[128] Tornou-se necessária a codificação por razões de clareza e racionalidade (a matéria havia sido várias vezes alterada).

[129] Pode ser consultada, na versão em língua portuguesa, em http://www.ipex.eu/IPEXL-WEB/dossier/document/COM20140212.do#dossier-COD20140120.

[130] Ou como diz Ulrich Seibert ("SUP – Der Vorschlag der EU-Kommission zur Harmonisierung der Einpersonen-Gesellschaft", in: *GmbH-Rundschau*, 2014, 14, p. 209), enquanto o tipo transnacional de sociedade da *Societas Privata Europæa* (*SPE*) era uma espécie de irmã mais nova

estabelecimento quanto às condições de constituição de filiais nos territórios dos Estados-Membros[131].

Sem possibilidade de desenvolver aqui um comentário crítico à Proposta, diz-se apenas que o abandono ou aligeiramento, numa eventual Directiva, das medidas tradicionais de tutela dos credores, algumas das quais originariamente previstas na Décima Segunda Directiva, fazem recear uma deterioração das condições de boa convivência do ordenamento jurídico com a unipessoalidade das sociedades. Exemplifique-se com o art. 6º, nº 2 – onde se diz "[o]s Estados-Membros não devem impedir que as SUP sejam sócios únicos de outras empresas" –, e com o art. 5º da Proposta de Directiva, onde se dispõe (simplesmente) que "[o]s contratos celebrados entre o sócio único e a sociedade devem ser registados por escrito" e se admite até que, em certas situações, o requisito seja dispensado[132].

4.2. A unipessoalidade superveniente

A unipessoalidade superveniente acontece quando a sociedade, tendo sido regularmente constituída, isto é, com um número de sócios igual ou supe-

da *Societas Europæa* (*SE*), pairando acima dos tipos nacionais, a *SUP* persegue a harmonização dos Direitos europeus das sociedades, dando origem a vinte e oito *SUP*.

[131] Sobre a *SUP* cfr., por todos, na doutrina estrangeira, Christoph Teichmann / Andrea Fröhlich, "Societas Unius Personae (SUP): Facilitating Cross-Border Establishment", *Maastricht Journal of European and Comparative Law*, 2014, 21 (3), pp. 536 e s., e "How to make a Molehill out of a Mountain: The Single-Member Company (SUP) Proposal after Negotiations in the Council", Working Paper 11/2015, pp. 11 e s., e, na doutrina portuguesa, Catarina Serra, "*Societas Unius Personæ* (SUP) – Um *Golem* na União Europeia?", in: *Direito das Sociedades em Revista*, 2014, vol. 12, pp. 127 e s.

[132] Para uma imediata percepção da deterioração de que se fala, as normas propostas podem ser confrontadas com as normas do art. 270-Fº (regime dos contratos entre o sócio único a sociedade unipessoal) e do art. 270º-C, nº 2 (impossibilidade de a sociedade unipessoal ser sócia única de outras sociedades), do CSC. Como se sabe, de acordo com a primeira norma, para que o sócio único possa celebrar contratos com a sociedade, devem verificar-se três requisitos: a adequação do negócio ao objecto social (art. 270º-F, nº 1, do CSC), a observância da forma legalmente prescrita para o tipo de negócio e, em qualquer caso, a forma escrita (art. 270º-F, nº 2, do CSC) e o patenteamento dos documentos de que constam os negócios jurídicos (art. 270º-F, nº 3, do CSC). Comina-se, além disso, a nulidade dos negócios jurídicos e a responsabilidade ilimitada do sócio no caso de violação daquelas regras (art. 270º-F, nº 4, do CSC). Quanto à segunda norma, a lei portuguesa é peremptória: "[u]ma sociedade unipessoal por quotas não pode ter como sócio único uma sociedade unipessoal por quotas". Cfr., para uma comparação entre os regimes, Catarina Serra, "*Societas Unius Personæ* (SUP) – Um *Golem* na União Europeia?", cit., pp. 147 e s.

rior ao mínimo legalmente exigido, fica reduzida a um número de sócios inferior a este.

De acordo com os arts. 142º, nº 1, al. *a)*, e 464º, nº 3, do CSC, a sociedade supervenientemente unipessoal corre o risco de ser dissolvida decorrido um ano sobre a verificação da situação de unipessoalidade[133]. Excepcionam-se os casos em que uma pessoa colectiva pública ou entidade a ela equiparada por lei para esse efeito é o sócio remanescente, casos estes em que a unipessoalidade deixa de ser causa de dissolução.

A lei não estabelece prazo para o início do procedimento de dissolução, o que significa que ela pode ser pedida enquanto durar a unipessoalidade e não há possibilidade de sanação por decurso do tempo.

Em contrapartida, a dissolução só opera por iniciativa de determinados sujeitos, o que significa, na prática, que a unipessoalidade social é susceptível de se manter indefinidamente[134].

4.2.1. A possibilidade de subsistência *ad æternum* de sociedades unipessoais de facto

De facto, ao contrário do que acontece com outras irregularidades, a unipessoalidade social não é causa de dissolução imediata (cfr., *a contrario*, art. 141º do CSC), mas sim (só) causa de dissolução administrativa ou por deliberação dos sócios [cfr. art. 142º, nº 1, al. *a)*, do CSC].

Isto significa que o procedimento de dissolução depende sempre da iniciativa de sujeitos particulares[135]. No caso de dissolução administrativa, o procedimento depende de um requerimento apresentado pela sociedade, pelo(s) sócio(s) remanescente(s), pelo(s) sucessor(es) deste(s), pelo(s) credor(es) da sociedade ou pelo(s) credor(es) dos sócios no serviço de registo competente [cfr. art. 144º do CSC e art. 4º, nº 1, al. *a)*, do Regime Jurídico dos Procedimentos Administrativos de Dissolução e Liquidação de

[133] O prazo de um ano é aquele que o legislador considerou razoável para o(s) sócio(s) remanescente(s) regularizar(em) a situação da sociedade. Tal regularizaçáo pode ser levada a cabo através da angariação de novo(s) sócio(s) ou da transformação da sociedade num tipo que seja compatível com o número de sócios existente.

[134] Cfr., já neste sentido perante os dados normativos anteriores, RAÚL VENTURA, *Dissolução e liquidação de sociedades*, cit., p. 160.

[135] A unipessoalidade não é causa de dissolução oficiosa por isso nem sequer há possibilidade de instauração oficiosa do procedimento (cfr., *a contrario*, art. 143º do CSC).

Entidades Comerciais, criado pelo DL nº 76-A/2006, de 29 de Março][136]; no caso de dissolução por deliberação depende de uma deliberação, por maioria absoluta, do(s) sócio(s) remanescente(s) (cfr. art. 142º, nº 3, do CSC). Na falta deste requerimento / desta deliberação, a sociedade manter-se-á unipessoal.

Resulta, aparentemente, desta disciplina que as sociedades supervenientemente unipessoais existem "a coberto" da lei comercial ou com a "conivência" do legislador comercial. A confirmar-se, isto abriria uma (primeira) "brecha" na relação entre a noção do art. 980º do CC e as sociedades comerciais. Olhando bem, todavia, a lei comercial não deixou de associar determinadas consequências – consequências negativas – à ausência de pluralidade. Tais consequências comprovam àquilo que acima se viu a propósito da unipessoalidade originária: a tolerância da lei é uma tolerância *funcional* e / ou *controlada*. O art. 84º do CSC, aludido atrás para exemplificar esta tolerância (norma de referência sempre que o tema é a desconsideração da personalidade jurídica das sociedades comerciais), é revelador quanto ao facto de o legislador português continuar a ver a unipessoalidade como um factor de risco para o instituto societário[137].

5. (cont.): II) O elemento patrimonial e as sociedades sem património

Como se disse atrás, ao contrário do que é possível pensar-se, a lei admite as sociedades comerciais destituídas de património.

Uma primeira situação que merece reflexão é a da sociedade sem capital social. A hipótese é referida no art. 9º, nº 1, al. *f)*, do CSC, estando embora limitada às sociedades em nome colectivo em que todos os sócios contribuam apenas com a sua indústria[138] [139]. Discute-se se, nestes casos, faltando

[136] O procedimento inicia-se através de requerimento de certos sujeitos, apresentado no serviço de registo competente (cfr. art. 4º, nº 1, do RJDL).

[137] Sobre o art. 84º do CSC e o seu papel na conformação do instituto da personalidade jurídica cfr., por exemplo, Catarina Serra, "Desdramatizando o afastamento da personalidade jurídica (e da autonomia patrimonial)", in: *Julgar*, 2009, nº 9, pp. 122 e s.

[138] Não se está, naturalmente, a falar das sociedades em que tenha havido diferimento das entradas em dinheiro. Nestas sociedades existe capital e património. O capital é a cifra representativa do resultado da soma dos valores das entradas e o património é composto dos direitos de crédito da sociedade contra os sócios correspondentes às obrigações de entrada.

[139] Numa perspectiva substancial mas não formal, poder-se-ia ainda compreender nesta hipótese os casos de sociedades com capital meramente "simbólico", como é caso das sociedades por quotas e, sobretudo, das sociedades unipessoais por quotas, que, em face da regra do "capital

o capital, não faltará também o património. Será assim para quem, apoiando--se, explícita ou implicitamente, na regra de que as contribuições em indústria não são computadas no capital social (cfr. art. 178º, nº 1, do CSC), considere que estas entradas não têm valor patrimonial[140].

Uma segunda situação, essa indiscutível, é o de o património da sociedade, constituído *ab initio*, se dissipar[141]. Apesar da perda total do património, não deixa a sociedade de ser sociedade – uma plena sociedade comercial. Confirmam-no os arts. 35º e 95º, nº 2, do CSC (respectivamente, norma que regula a queda do valor do património social para menos de metade do capital social e norma que permite a redução do capital até ao montante das perdas verificadas) e o art. 198º, nº 2, al. *a)*, do CIRE (norma que permite a redução do capital social para zero como providência do plano de recuperação de sociedade declarada insolvente).

Como se deixou subentendido, a ausência de património social, seja no momento inicial seja em momento posterior, não contraria, apesar de tudo, o disposto no art. 980º do CC; contraria, isso sim, a *convicção* de que a lei exige que a sociedade seja titular de um património[142].

A convicção é quase instintiva, sendo difícil imaginar uma sociedade que consiga levar a cabo uma actividade económica sem um conjunto mínimo de bens susceptíveis de avaliação pecuniária[143]. Acresce que só em dois

livre" (cfr. art. 201º) podem ser constituídas com um capital social de apenas um euro (cfr. art. 219º, nº 3, *ex vi* do art. 270º-G do CSC). Nestes casos poder-se-ia, em rigor, discutir a existência de uma situação de subcapitalização (cfr., sobre a noção de "subcapitalização", Rui Pinto Duarte, "A Subcapitalização das Sociedades no Direito Comercial", in: *Fisco*, 1996, nº 76/77, pp. 55 e s.).

140 Cfr., neste sentido, implicitamente, Pires de Lima e Antunes Varela, (*Código Civil Anotado*, volume II, cit., p. 307, e, em sentido contrário, Paulo de Tarso Domingues, *Do Capital Social – Noção, Princípios e Funções*, Coimbra, Coimbra Editora, 2004 (2ª edição), p. 31, e *Variações sobre o capital social*, Coimbra, Almedina, 2009, pp. 34-35. Curioso é que, depois de tudo, este último autor classifique o património como elemento (meramente) *natural* (*naturalia negotii*) das sociedades.

141 As referências à perda total do património e, em geral, o uso da expressão "sociedade sem património" neste contexto justificam-se por simplificação, não significando a existência de um património líquido negativo, em rigor, a inexistência de um património.

142 Adverte para a discrepância entre o disposto na lei e a interpretação da doutrina Luís Menezes Leitão ["O Contrato de Sociedade Civil", cit., pp. 112-113].

143 Demonstram-no, por exemplo, as afirmações de Jorge Manuel Coutinho de Abreu e de Rui Pinto Duarte. Diz o primeiro: "[q]ualquer sociedade exige um património próprio" (cfr. Jorge Manuel Coutinho de Abreu, *Curso de Direito Comercial, Volume II – Das sociedades*,

tipos de sociedades comerciais são admitidas entradas em serviços ou indústria: as sociedades em nome colectivo e as sociedades em comandita [cfr. art. 20º, al. *a)*, e arts. 178º e 468º, *a contrario*, do CSC]; ora, estes tipos de sociedades não têm já relevância prática, estando quase extintos ou em vias de extinção[144].

Do tratamento que a lei reserva à situação de ausência de património social resulta que ela é uma situação excepcional, admissível apenas a título provisório. Certo é – insiste-se – que o art. 980º do CC não impõe a existência de um património e, por isso, nenhum dos casos constitui um desvio à norma em sentido próprio.

5.1. A autonomia patrimonial como pressuposto da personalidade jurídica das sociedades comerciais

Há muito tempo que é entendido que a autonomia patrimonial é um pressuposto da personalidade jurídica das sociedades comerciais[145 146]. Não há

cit., p. 22). Diz o segundo que "[c]ada sociedade é titular de um património que é separado dos patrimónios dos sócios" [cfr. RUI PINTO DUARTE, "(Uma) introdução ao Direito das Sociedades", cit., p. 60].

[144] A afirmação é feita com reservas no que respeita às sociedades em comandita, simples ou por acções, uma vez que estas começaram, recentemente, a ser utilizadas enquanto estruturas jurídicas para a realização de investimentos de capital de risco (*private equity*). Cfr., neste sentido, PEDRO PAIS DE VASCONCELOS, "O interesse dominante na gestão das sociedades comerciais, entre os sócios e os credores", in: *Ab Instantia – Revista do Instituto do Conhecimento AB*, 2016, nº 6, pp. 17-18. Trata-se, na realidade, de um retorno às origens, na medida em que as sociedades em comandita e o capital de risco já estiveram relacionados. Cfr., neste sentido, PEDRO PAIS DE VASCONCELOS, "O accionista de capital de risco – dever de gestão", in: *II Congresso de Dieito das Sociedades em Revista*, Coimbra, Almedina, 2012, p. 159.

[145] Cfr., por todos, A. FERRER CORREIA, "A autonomia patrimonial como pressuposto da personalidade jurídica", in: *Estudos vários de Direito*, Coimbra, 1982, pp. 547 e s. A ideia é (imperfeitamente) salientada na doutrina anglo-americana. Cfr., por exemplo, JOHN ARMOUR / HENRY HANSMANN / REINIER KRAAKMAN, "The Essential Elements of Corporate Law", European Corportae Governance Institute – Law Working Paper nº 134/2009, p. 7: *"[T]he core element of legal personality (...) is what the civil law refers to as 'separate patrimony'"*.

146 Aqueles que encaram a sociedade como um contrato de fim comum (sobretudo, os autores italianos) entendem que a autonomia patrimonial é exigida pelo exercício em comum da actividade e, mais precisamente, pelos poderes de gestão (directa ou indirecta) de que são titulares os sócios. Ilustrando: não há exercício em comum na associação em participação e, por isso, tão-pouco há autonomia patrimonial. Cfr. GIORGIO MARASÀ, "Società (contratto di società)", cit., p. 3.

sociedade comercial – costuma dizer-se – sem (um mínimo de) autonomia patrimonial[147].

Na sua forma perfeita ou plena, a autonomia patrimonial das sociedades comerciais concretiza-se em duas regras: só o património social responde pelas dívidas sociais e o património social só responde pelas dívidas sociais.

Existem, contudo, dois tipos de sociedades comerciais em que a primeira regra não se verifica: as sociedades em nome colectivo e as sociedades em comandita. Nestas, os sócios (ou alguns dos sócios) são, também eles, pessoalmente responsáveis pelas dívidas da sociedade. Não existe, portanto, autonomia patrimonial plena ou perfeita[148]. Apesar de tudo, não pode dizer-se que não exista (alguma) autonomia patrimonial. Antes de mais, aqueles sócios (sócios de responsabilidade ilimitada) só respondem pelas dívidas sociais subsidiariamente em relação à sociedade, isto é, depois de excutido o património social – não são, numa palavra, devedores principais. Depois, verifica-se a regra de que o património social só responde pelas dívidas sociais ou, pela negativa, de que ele não responde por dívidas alheias ao seu fim.

Esta regra (a segunda regra) verifica-se irrestritamente em todas as sociedades comerciais: em nenhuma delas é possível executar directamente os bens sociais. Compreensivelmente, como a participação social faz parte do património do sócio (e não da sociedade)[149], ela aproveita aos credores dos sócios, não obstante os instrumentos variarem consoante o tipo de sociedade[150]. Mas em nenhuma sociedade é possível atingir os bens sociais para

[147] Já o inverso não é verdadeiro: a autonomia patrimonial não conduz necessariamente à personalidade jurídica. Ou seja, nas palavras de A. Ferrer Correia ("A autonomia patrimonial como pressuposto da personalidade jurídica", cit., p. 547): "[a] personalidade jurídica das sociedades depende de uma condição prévia: a *autonomia patrimonial*. Pode haver autonomia patrimonial sem personalidade jurídica, mas não esta sem aquela" (itálicos do autor).

[148] Por esta razão (ausência de autonomia patrimonial plena), como se viu, alguns autores (Guilherme Moreira) contestavam a personalidade jurídica das sociedades em nome colectivo e das sociedades em comandita.

[149] Esta resulta da modificação qualitativa que sofre o património do sócio no momento da realização das entradas: ao direito do sócio sobre os bens integrantes da sua entrada substitui-se a titularidade de uma participação social. Cfr. Giorgio Marasà, "Società (contratto di società)", cit., p. 4.

[150] Em especial nas sociedades por quotas e nas sociedades anónimas os credores podem, na insuficiência dos restantes bens pessoais, executar a quota ou as acções, passando o adquirente na venda judicial a fazer parte da sociedade, em substituição do sócio. Quanto à quota, é possível, em primeiro lugar, a sua execução, estando vedada à sociedade a imposição de limites (cfr.

satisfazer as dívidas pessoais dos sócios. Os bens sociais são atingidos apenas quando já não o são, isto é, depois de terem sido desafectados do patri-

art. 239º, nº 2, do CSC). Na venda ou adjudicação judicial da quota, há, no entanto, direito de preferência dos sócios e, depois, da sociedade ou de pessoa designada por esta (cfr. art. 239º, nº 5, do CSC). O direito de preferência visa impedir a entrada de estranhos à sociedade. Excepcionalmente, e com a mesma finalidade, a sociedade tem mesmo o direito de aquisição de quotas próprias (cfr. art. 220º, nº 2, do CSC). Pode, em segundo lugar, haver lugar à amortização da quota. O contrato social pode permitir que a sociedade, em alternativa à execução, proceda à amortização ou liquidação da quota (cfr. art. 239º, nº 2, do CSC). Tal ocorrerá nos termos dos arts. 232º a 238º do CSC. A amortização tem os efeitos de extinção da quota e de exoneração do sócio. O património social reduz-se sempre por força da contrapartida entregue ao sócio. O capital social reduz-se ou mantém-se, acrescendo, neste último caso, o valor nominal da quota amortizada às partes dos restantes sócios, segundo a sua proporção. A possibilidade de amortização visa, mais uma vez, impedir a entrada de estranhos à sociedade. Quanto às acções, de que são titulares os sócios das sociedades anónimas e os sócios comanditários das sociedades em comandita por acções, pode também haver lugar à sua *execução*. No caso de execução, a sociedade pode, excepcionalmente, adquirir acções próprias em número ilimitado, isto é, em número superior a 10% do respectivo capital [cfr. art. 317º, nº 3, al. *e)*, do CSC]. O levantamento da limitação neste caso visa, novamente, impedir a entrada de estranhos à sociedade. Nas sociedades em nome colectivo e nas sociedades em comandita simples ou por acções não pode haver lugar à execução das partes sociais mas apenas à execução do direito aos lucros e à quota de liquidação (cfr. art. 183º, nº 1, do CSC) ou, em última análise, à liquidação ou amortização da parte social (cfr. art. 183º, nº 2, do CSC). A impossibilidade de execução deve-se à circunstância de estas sociedades serem "sociedades de pessoas" e, por consequência, completamente avessas ao ingresso de novos sócios. A liquidação da parte social é admissível apenas quando a sociedade não consiga demonstrar que o sócio possui outros bens suficientes para a satisfação do credor; caso contrário, a execução prossegue contra esses bens (cfr. art. 183º, nº 3, do CSC). Trata-se de uma espécie de "dissolução parcial" da sociedade, que tem os efeitos de extinção da parte social e de exoneração do sócio. Efectua-se, mais precisamente, nos termos previstos no art. 1021º do CC (cfr. art. 188º, nº 2, do CSC). O património social reduz-se sempre por força da contrapartida entregue ao sócio; o capital social, esse, reduz-se ou mantém-se, acrescendo, neste último caso, o valor nominal da quota amortizada às partes dos restantes sócios, segundo a sua proporção (cfr. art. 187º, nº 1, do CSC). A sociedade pode criar uma ou mais partes sociais no valor da parte extinta para o efeito de ser imediatamente adquirida por sócios ou terceiros, uma vez que não há possibilidade de aquisição de partes sociais próprias (cfr. art. 187º, nº 2, do CSC). O último dos recursos é a dissolução da sociedade: se o património social ficar inferior ao capital social por força da contrapartida entregue ao sócio, a liquidação da parte social não é admitida (cfr. art. 188º, nº 1, do CSC), podendo o credor, então, requerer a dissolução da sociedade (cfr. art. 183º, nº 4, do CSC). A inadmissibilidade da liquidação da parte social nestas circunstâncias deve-se à necessidade de respeito pelo princípio da intangibilidade do capital social (cfr. art. 35º do CSC).

mónio da sociedade, por via da amortização ou da liquidação da participação do sócio devedor.

Confirma-se, em suma, a ideia inicial sobre a autonomia patrimonial das (de todas as) sociedades comerciais. Nas sociedades em nome colectivo e nas sociedades existe tão-só uma autonomia patrimonial imperfeita mas esta é suficiente para o reconhecimento da personalidade jurídica.

Nesta conclusão dá-se por adquirido que todas as sociedades comerciais têm – têm de ter – um património. Ora, como se anteviu, isto não é absolutamente certo.

5.2. As sociedades sem capital social inicial

No domínio das sociedades comerciais, pode equacionar-se a inexistência de património inicial, como se disse, numa única situação: quando, numa sociedade em nome colectivo, todas as entradas dos sócios sejam compostas de indústria [cfr. art. 9º, nº 1, al. *f*), do CSC][151 152].

A hipótese não se ajusta bem à ideia de sociedade que a doutrina criou a partir do art. 980º do CC – de que toda a sociedade é titular de um património – e, em particular, põe em causa o dogma de que a autonomia patrimonial é o pressuposto da personalidade jurídica das sociedades comerciais[153]. Mas ela é – repete-se – perfeitamente compatível com o disposto no art. 980º do CC, com a alternativa bens / indústria que a norma permite. Não existe, numa palavra, qualquer desvio à norma neste plano.

[151] No domínio das sociedades civis é, em contrapartida, muito comum que as entradas dos sócios sejam em indústria, sobretudo nas sociedades de profissionais (por exemplo, sociedades de advogados ou de médicos).

[152] Como se viu, a dispensa de um fundo patrimonial comum é aludida por Pires de Lima e Antunes Varela, (*Código Civil Anotado*, volume II, cit., p. 307).

[153] Reconhecer que a sociedade comercial assenta numa autonomia patrimonial não equivale a dizer que ela é um património autónomo. Desde que a sociedade comercial adquire personalidade jurídica ela passa a ser titular do património. Orlando de Carvalho (*Teoria Geral do Direito Civil*, Coimbra, Centelha, 1981, pp. 125 e s.) identifica, sob o ponto de vista da afectação, o património de afectação geral (o que está afectado à generalidade das obrigações do sujeito) e o património de afectação especial (o que está adstrito exclusiva ou preferencialmente a certos encargos) e, dentro do quadro da afectação especial, distingue entre património separado (o que pressupõe a titularidade por um sujeito determinado) e património autónomo (o que não se refere a qualquer sujeito, seja porque este não existe seja porque este ainda não está determinado).

5.3. As sociedades "descapitalizadas" ou com perda total do património social

Esclarecido que a lei não exige que a sociedade seja titular de um património, facilmente se compreende que a hipótese da perda superveniente do património social ou "descapitalização" total da sociedade não comporta, ela tão-pouco, um desvio ao disposto no art. 980º do CC.

Da disciplina legal resulta, no entanto, que a ausência de património é uma *anomalia* relativamente à situação habitual e requer, por isso, atenção particular[154].

A lei considera existir "descapitalização" grave quando se regista, pelo menos, a "perda de metade do capital social", ou seja, a redução do valor do capital próprio (património líquido) para metade do valor do capital social (cfr. art. 35º, nº 2, do CSC)[155]. De acordo com disposto na norma do art. 35º do CSC, verificando-se esta situação, os administradores sociais ficam constituídos na obrigação de convocar a assembleia geral para informar os sócios da situação (cfr. art. 35º, nº 1, do CSC), devendo constar do aviso convocatório os assuntos para deliberação, que são, pelo menos, a dissolução da sociedade, a redução do capital social e a realização de entradas para reforço da cobertura do capital (cfr. art. 35º, nº 3, do CSC).

Não existe – note-se – o dever de reconstituir o valor anterior do património da sociedade nem de assegurar uma qualquer proporção entre o valor deste e o valor do capital social, mas tão-só o de considerar a tomada de medidas para a resolução da situação. Se, depois de tudo, os sócios decidirem não adoptar qualquer iniciativa, a única exigência legal é que a sociedade, quando seja uma sociedade do tipo sociedade por quotas, sociedade anónima ou sociedade em comandita por acções, indique claramente nos seus contratos, correspondência, publicações, anúncios, sítios na internet e em toda a sua actividade externa, o montante do seu capital próprio (património líquido) segundo o último balanço aprovado (cfr. art. 171º, nº 2, do CSC).

É pouco provável que, neste contexto como em qualquer outro, a dissolução seja a opção natural dos sócios. Não sendo, por outro lado, obrigatória

[154] Refere-se à anormalidade da situação António Menezes Cordeiro [*Direito das Sociedades I – Parte Geral*, cit., p. 296].

[155] Há algum tempo atrás, a lei previa mesmo que esta situação, sempre que se prolongasse por dois exercícios consecutivos, fosse causa de dissolução automática da sociedade. Hoje já não é causa de dissolução automática mas a dissolução mantém-se como solução possível. Cfr. Catarina Serra, *Direito Comercial – Noções Fundamentais*, cit., pp. 170 e s.

a tomada de medidas de "recapitalização", o mais certo é que a sociedade permaneça "descapitalizada" indefinidamente. Isto significa, em teoria, que, sendo a "descapitalização" total (isto é, havendo perda total do património), pode a sociedade permanecer sem património indefinidamente.

5.3.1. A admissibilidade da operação de redução do capital a zero para cobertura de prejuízos

Na situação de "descapitalização" total ou perda total do património, uma das medidas que pode ser deliberada pelos sócios é a redução do capital a zero (*azzeramento*). Trata-se de uma medida radical, dirigida à nivelação do valor do capital pelo valor (zero) do património.

A admissibilidade desta alteração é discutida, pronunciando-se, uns, favoravelmente (por exemplo, Paulo de Tarso Domingues[156]) e, outros, desfavoravelmente (por exemplo, Raúl Ventura[157]).

Para fundamentar a inadmissibilidade da redução do capital a zero alega-se que a operação é logicamente impossível: quando o capital é reduzido a zero, extinguindo-se as participações sociais, deixa de haver sócios e, portanto, não há quem possa aprovar a deliberação de aumento do capital.

A tese favorável à admissibilidade encontra, todavia, conforto na lei em vigor, mais precisamente no art. 95º, nº 2, do CSC. Em geral, a redução do capital deve respeitar o montante do capital mínimo legalmente exigido para cada tipo de sociedade. A norma autoriza, contudo, que o capital seja reduzido até ao montante das perdas verificadas (portanto, a zero se for o caso) contanto que em sessenta dias se proceda ao seu aumento para montante igual ou superior àquele mínimo, sendo de notar que aquela redução não produz efeitos enquanto não for deliberado este aumento. Implicando a sucessão de dois movimentos ou operações em sentido oposto (primeiro uma redução e depois um aumento do capital), a operação é uma mani-

[156] Cfr. Paulo de Tarso Domingues, "A perda grave do capital social (a propósito da recente entrada em vigor do artigo 35º do Código das Sociedades Comerciais)", in: AA. VV., *Estudos em homenagem ao Professor Doutor Jorge Ribeiro de Faria*, Coimbra, Coimbra Editora, 2003, pp. 789-790, "O novo regime de redução do capital social", in: AA. VV., *Estudos em honra do Professor Doutor José de Oliveira Ascensão*, vol. II, Coimbra, Almedina, 2008, pp. 1334-1335, e *Variações sobre o capital social*, cit., pp. 549-550.

[157] Cfr. Raúl Ventura, Alterações ao contrato de sociedade (Comentário ao Código das Sociedades Comerciais), Coimbra, Almedina, 2003, p. 370.

festação da medida conhecida como "operação-acórdeão" ou "operação-harmónio"[158].

O facto de a produção dos efeitos da redução do capital estar condicionada (ao seu aumento) assegura, por um lado, que os sócios nunca perdem a qualidade de sócios, tornando, assim, o argumento da diluição das participações sociais e da inexistência de sócios improcedente. Assegura, por outro lado, que, apesar de a sociedade poder estar (temporariamente) destituída de património, formalmente, não deixa de haver capital social.

A conclusão mais importante a retirar da disciplina legal é, todavia, a de que as sociedades sem património são situações anómalas e, desejavelmente, transitórias[159].

5.3.2. A redução do capital a zero como medida do plano de recuperação de sociedades em processo de insolvência

A outra referência da lei ao azeramento está contida no Código da Insolvência e da Recuperação de Empresas, entre as providências específicas das sociedades comerciais. O art. 198º, nº 2, al. *a)*, do CIRE autoriza a redução do capital social para cobertura de prejuízos, inclusivamente para zero. A condição é a de que haja um aumento nos mesmos termos do art. 95º, nº 2, do CSC, ou seja, desde que em sessenta dias se proceda ao aumento

[158] Apesar de não expressamente referida no art. 35º, nº 3, do CSC, é consensual que, em caso de perda grave do capital social, tanto esta como outras operações (por exemplo o aumento do capital social) são admissíveis. Antes nem era preciso dizê-lo, pois a al. *d)* do nº 1 do art. 35º do CSC referia a possibilidade de adopção de (outras) medidas concretas para além das expressamente enumeradas na lei (dissolução, redução do capital social e realização de entradas para reforço da cobertura do capital). A norma foi eliminada mas a menção às "medidas julgadas convenientes" e o advérbio "pelo menos", constantes, respectivamente, da parte final do nº 1 e do nº 3 do art. 35º do CSC, são argumentos favoráveis à sua admissibilidade. Em virtude da sua eficácia, a operação-acórdeão é, aliás, uma solução frequente na prática.

[159] Em teoria, ao fazer depender a obrigação de proceder ao aumento sucessivo do capital da exigência legal de capital mínimo, a lei permite a subsistência de sociedades sem património. Como o único tipo de sociedades sujeito a capital mínimo é, na prática, o das sociedades anónimas, a redução a zero parece ser livre para as sociedades em nome colectivo, as sociedades em comandita e as sociedades por quotas. O art. 95º, nº 3, do CSC deixa, aliás, espaço para que haja uma redução a zero sem sucessivo aumento também no caso de uma sociedade anónima mas desde que, em simultâneo com a redução, seja deliberada a sua transformação para um dos outros tipos de sociedade. O risco de ocorrer alguma destas hipóteses é, no entanto, escasso, reiterando-se aqui a convicção de que a manutenção de uma sociedade sem património não é uma situação normal nem frequente na prática das sociedades.

para montante igual ou superior ao montante do capital mínimo legalmente exigido para o tipo de sociedade em causa.

É escusado repetir-se as observações feitas a propósito da transitoriedade da situação, restando apenas sublinhar o contexto em que ela é admissível (processo de insolvência). A circunstância confirma ou reforça a natureza excepcional da medida.

6. (cont.): III) O elemento finalístico (ou objecto) e a actividade das sociedades

Prosseguindo com a análise das exigências do art. 980º do CC, depara-se, em terceiro lugar, com o objecto da sociedade. A lei refere-se ao "exercício em comum de certa actividade económica, que não seja de mera fruição"[160]. Exige-se, portanto, que a actividade da sociedade seja económica, certa, exercida em comum e não de mera fruição.

Todas estas características merecem atenção. Antes, porém, cumpre tecer algumas considerações sobre o termo escolhido pelo legislador para se referir ao objecto social: o termo "actividade".

A doutrina especializada costuma entender que esta referência significa a imposição de uma sucessão ou repetição de actos, não bastando a prática de um acto isolado para que o requisito se possa dar por cumprido. A norma do art. 1º, nº 2, do CSC é um argumento neste sentido: só "[s]ão sociedades comerciais aquelas que tenham por objecto a prática de actos de comércio (...)" Não seriam, por esta razão, sociedades as entidades que se constituem para a prática de actos isolados ou pontuais (as chamadas "sociedades ocasionais")[161][162].

[160] Como se disse, trata-se de uma referência nova, que não existia no art. 1240º do Código de Seabra. Cfr. Carlos Ferreira de Almeida, *Contratos III – Contratos de Liberalidade, de Cooperação e de Risco*, cit., p. 107.

[161] O exemplo clássico é o das pessoas que se juntam para a compra de um bilhete de lotaria. Cfr., neste sentido, Jorge Manuel Coutinho de Abreu, *Curso de Direito Comercial*, Volume II – *Das sociedades*, cit. pp. 24-25.

[162] Alguns autores adoptam uma visão mais ampla. Assim Carlos Ferreira de Almeida (*Contratos III – Contratos de Liberalidade, de Cooperação e de Risco*, cit., p. 108), que, se, por um lado, afirma que "[a]tividade implica a prática projetada de um conjunto encadeado e coerente de atos, sendo insuficiente a prática de um só ato", por outro, admite que não esteja excluído "o contrato de sociedade civil ocasional para o desenvolvimento de uma só operação (por exemplo, a venda conjunta por vários proprietários dos produtos agrícolas provenientes de uma só campanha)".

O raciocínio deve ser confrontado com a ideia de que a sociedade comercial se constitui como pessoa jurídica por mero efeito do registo do contrato ou do acto institutivo (cfr. art. 5º do CSC), adquirindo, *ipso facto*, a qualidade de comerciante (cfr. art. 13º, nº 2, do CCom). De facto, diversamente do que sucede com o comerciante em nome individual, para que nasça uma sociedade comercial é suficiente o registo, não sendo necessária a prática anterior de qualquer acto / actividade[163]. Mais importante ainda: depois de constituída, a sociedade comercial pode subsistir mesmo que a prossecução da actividade nunca se concretize; a inactividade durante dois anos consecutivos pode ser (mera) causa de dissolução administrativa ou por deliberação [cfr. art. 142º, nº 1, al. *c)*, do CSC], estando na dependência da iniciativa de certos sujeitos.

Posto de outro modo, o significado da exigência é, fundamentalmente, o de assegurar que a sociedade aparece preordenada ao desenvolvimento de uma actividade económica[164]. Na falta de desenvolvimento da actividade (a indicada no acto institutivo ou qualquer outra), a sociedade enquanto tal não será afectada, como aconteceria se estivesse em causa um elemento essencial da sociedade.

[163] Recorde-se que, nos termos do art. 13º, nº 2, do CCom, uma pessoa singular (só) adquire a qualidade de comerciante em nome individual quando faz do comércio profissão, não bastando a prática de actos de comércio isolados ou ocasionais e sendo necessária a prática regular, habitual, sistemática, de actos de comércio. Alude a isso, sem todavia se deter demasiado ou retirar consequências, por exemplo, Miguel Pupo Correia, *Direito Comercial,* cit., p. 104. Já antes, A. Ferrer Correia (*Lições de Direito Comercial,* vol. I, Coimbra, Coimbra, Universidade de Coimbra, 1973, pp. 128-129) dava conta desta divergência e concluía chamando às sociedades comerciais "comerciantes natos". Descobre-se, contudo, na doutrina menos recente, uma explicação que, simultaneamente, contém um dado importante sobre a necessidade de não identificar sociedade e contrato. Veja-se, por exemplo, o que diz José Gabriel Pinto Coelho (*Lições de Direito Comercial,* 1º Volume, cit., pp. 189): "poderá parecer estranho que aos comerciantes em nome individual se exija (...) que exerçam o comércio como profissão e que, tratando-se de sociedades, baste que se proponham a prática de um acto de comércio. Se bem considerarmos, porém, não será difícil verificar que nada tem de extraordinário esta circunstância. Na verdade, se se constitui uma organização (pois a sociedade é uma organização) para a prática de um acto de comércio, o próprio facto da sua formação, da constituição da sociedade indica visivelmente a natureza económica particular da actividade a exercer, o carácter profissional, por assim dizer, do seu fim comercial".

[164] Nas sociedades comerciais, esta preordenação é reforçada pela exigência de uma menção obrigatória ao objecto social no contrato da sociedade [cfr. art. 9º, nº 1, al. *d)*, do CSC].

Se o legislador disse mais do que devia, isso é imputável a uma concentração exclusiva no momento genético. Compreensivelmente, esta concentração reduz a aptidão da norma para se aplicar às sociedades-entidades, em especial às sociedades comerciais, que são entes jurídicos.

6.1. Os (sub-)requisitos da actividade das sociedades

A primeira exigência relativamente à actividade é de que ela tenha natureza económica[165]. Para apurar o significado desta exigência, um caminho possível é pensar pela negativa, ou seja, evocar as actividades indiscutivelmente não económicas (centradas, por exemplo, na política, na cultura, na religião, no desporto) e buscar aquilo que as distingue das (ou contrapõe às) actividades económicas.

Seguindo um percurso idêntico, Coutinho de Abreu acaba definindo a actividade económica como a produção de bens materiais e imateriais ou serviços que exige ou implica o uso e a troca de bens[166]. Segundo o autor, o conceito abrange todas as actividades destinadas à produção de bens ou de utilidades de qualquer natureza enquadráveis em qualquer dos sectores da economia, deixando de fora as actividades de carácter ideal (de carácter político, cultural, religioso, desportivo, recreativo), que são objecto da generalidade das associações.

Em segundo lugar, manda a lei que a actividade da sociedade seja certa, isto é, que esteja determinada ou especificada numa cláusula do contrato da sociedade. A exigência é, sem dúvida, conforme ao disposto no art. 11º, nº 2, do CSC, que não permite indicações vagas do objecto social e visa impedir as chamadas "sociedades universais", reguladas nos arts. 1243º e s. do Código de Seabra[167].

[165] Alguns autores desvalorizam este aspecto, afirmando que "[a] natureza económica da atividade pouco significa, importando apenas que o resultado seja suscetível de valoração patrimonial para que possa ser repartido entre os sócios" (cfr. Carlos Ferreira de Almeida, *Contratos III – Contratos de Liberalidade, de Cooperação e de Risco*, cit., p. 108).

[166] Cfr., neste sentido, Jorge Manuel Coutinho de Abreu, *Curso de Direito Comercial*, Volume II – *Das sociedades*, cit., pp. 23-24. Adverte o autor, no entanto, que, por vezes, se registam aspectos económicos em actividades globalmente consideradas não económicas. Assim, algumas delas, como, por exemplo, as actividades teatrais ou musicais, podem ser exploradas por sociedades.

[167] Que remontavam, segundo Luiz da Cunha Gonçalves (Tratado de Direito Civil em Comentário ao Código Civil Português, Volume VII, cit., p. 234), à societas omnium bonorum e à societas omnium quæ ex questu veniunt do Direito Romano.

Mas o que acontece se a sociedade exercer uma actividade diferente da definida *ab initio*? Como se viu, no domínio das sociedades comerciais, nem a absoluta inexistência da actividade põe em causa necessariamente a subsistência da sociedade enquanto tal; não seria expectável que o exercício de uma actividade diferente da definida produzisse esse efeito. A situação está especialmente prevista na lei: a sociedade é susceptível de ser dissolvida [cfr. art. 142º, nº 1, al. *d)*, do CSC] mas esta é uma dissolução administrativa ou por deliberação dos sócios e não uma dissolução automática, dependendo, portanto, da vontade de certos sujeitos. Se a sociedade não for dissolvida e a actividade em causa for comercial, a sociedade não deixa de existir e de ser uma sociedade comercial.

A exigência de que a actividade seja certa tem, assim, um valor limitado, circunscrito ao momento de constituição da sociedade. Ela reconduz-se, quando muito, à necessidade de associação inicial (e formal) da sociedade a uma certa actividade[168]. A desconformidade entre o disposto na norma e o resultado possível (mais restrito) da sua interpretação deve-se, mais uma vez, à sobrevalorização do momento genético ou, pela inversa, à subvalorização da entidade que adquire "vida própria" nesse momento.

A terceira exigência é a de que a actividade da sociedade não seja de mera fruição. A interpretação deste (sub-)requisito (negativo) comporta igualmente dificuldades, sobretudo para o intérprete actual.

Segundo Ferreira de Almeida, a exclusão das actividades de mera fruição é inspirada no art. 2248 do Código Civil italiano, que regula as "comunhões com escopo de gozo" e tem o propósito de impedir situações em que a autonomia patrimonial serve para subtrair os bens pessoais à responsabilidade perante os credores[169].

A doutrina atribui à exigência o significado de impor que o exercício da actividade da sociedade seja mais do que o mero desfrute ou a simples percepção dos frutos civis ou naturais de coisas e que, em vez disso, se dirija à criação de uma utilidade, de um valor económico novo, através de um processo produtivo ou especulativo que implique uma transformação

[168] Duvida-se que mesmo a falta desta menção possa pôr em causa a qualificação da entidade como sociedade. Por razões próximas, inclina-se para a tese de que a certeza ou determinação da actividade não é uma (sub-)nota essencial do conceito de sociedade Jorge Manuel Coutinho de Abreu (*Curso de Direito Comercial*, Volume II – *Das sociedades*, cit., p. 28).

[169] Cfr. Carlos Ferreira de Almeida, *Contratos III – Contratos de Liberalidade, de Cooperação e de Risco*, cit., p. 109.

física ou económica dos elementos dispostos pelos sócios (bens ou serviços, capital ou trabalho). Para ilustrar a ideia, costuma contrapor à sociedade a compropriedade (cfr. arts. 1403º a 1413º do CC)[170]. Alegadamente, a atitude dos comproprietários é mais estática ou menos dinâmica do que aquela que cumpre aos sócios adoptar. Os comproprietários podem, por exemplo, arrendar um prédio rústico ou até locar um estabelecimento comercial, mas, como o seu objectivo é a mera fruição económica dos bens, a percepção dos frutos ou rendimentos que tais bens proporcionam de acordo com o seu destino económico natural, a situação criada não pode ser qualificada como sociedade.

É duvidoso que seja correcto delimitar a actividade das sociedades comerciais (ou das sociedades em geral) nestes termos, antes de mais porque, como se verá a propósito do (sub-)requisito seguinte, a actividade é exercida pela sociedade, não pelos sócios. Assim sendo, uma delimitação da actividade que assente ou, pelo menos, esteja dependente de uma certa atitude dos sócios não deve ser determinante[171] [172].

[170] Cfr., por todos, Vasco Lobo Xavier, Sociedades Comerciais – Lições aos Alunos de Direito Comercial do 4º Ano Jurídico, cit., pp. 13 e s.

[171] As ideias de "dinâmica" e de "estática", apesar de aparecem a qualificar, respectivamente, a sociedade e a situação de comunhão / compropriedade (cfr. A. Ferrer Correia, *Lições de Direito Comercial*, vol. II – *Sociedades Comerciais – Doutrina geral*, cit., pp. 7-8), apontam nesta direcção. Este é o (sub-)requisito que mais parece militar a favor da existência de um elemento subjectivo do contrato de sociedade, designado por alguns como "*animus societatis*" ou "*affectio societatis*", correspondente à intenção ou ao ânimo de criar a sociedade. Como ensina António dos Santos Justo ["O contrato de sociedade no Direito Romano (Breve referência ao Direito Português)", cit., pp. 13-14], a *affectio* era uma nota essencial da *societas* ("sem a qual não existe sociedade") e correspondia ao consenso continuado / persistente dos sócios (deveria manter-se ao longo da existência da sociedade). Inicialmente, ela foi apontada na doutrina portuguesa como um elemento do contrato. Cfr., neste sentido, Luiz da Cunha Gonçalves, *Tratado de Direito Civil em Comentário ao Código Civil Português*, Volume VII, cit., p. 213. Hoje, existe, no entanto, unanimidade quanto à impropriedade da *affectio societatis* enquanto elemento *autónomo*. Cfr., neste sentido, por todos, Carlos Ferreira de Almeida, *Contratos III – Contratos de Liberalidade, de Cooperação e de Risco*, cit., p. 113.

[172] Muitos são os autores que põem em causa a pertinência deste (sub-)requisito. Embora dizendo que a prática de actos do comércio é dificilmente conciliável com a mera fruição, Rui Pinto Duarte ["(Uma) introdução ao Direito das Sociedades", cit., pp. 31-32] não recusa a qualificação como sociedade de uma entidade com forma de sociedade comercial ainda que a actividade prosseguida seja de mera fuição. Seguindo o discurso de A. Ferrer Correia [*Lições de Direito Comercial*, vol. II – *Sociedades Comerciais – Doutrina geral*, cit., p. 8], o autor entende que na origem da distinção entre sociedade e compropriedade está, não qualquer contribuição ou

O art. 980º do CC exige, por fim, que a actividade seja "exercida em comum". O exercício *em comum* é, como diz Ferreira de Almeida, um (sub-)requisito mais problemático do que os outros[173]. É também aquele que mais dificuldades levanta quando aplicado às sociedades comerciais. Requer, portanto, atenção particular.

6.2. O (sub-)requisito do exercício em comum, em particular

Como se disse repetidamente, as sociedades comerciais portuguesas adquirem personalidade jurídica e existem como pessoas jurídicas por força do registo definitivo do negócio jurídico que está na sua base (cfr. art. 5º do CSC). Com a constituição da sociedade dilui-se ou é superada a pluralidade de pessoas[174], sendo a sociedade, não os sócios, quem exerce a actividade. Não há, pois – não pode haver –, o exercício *em comum* entendido no sentido imediato da expressão.

Mas será realmente esse o sentido normativo da expressão? Se, como se pensa, a comunhão de que se fala na norma puder ser entendida como referindo-se ao investimento conjunto dos sócios, qualificando a forma como os sócios empenham os seus recursos individuais, a norma ganha um sentido diferente, tornando-se porventura compatível com a realidade das – ou de algumas – sociedades comerciais.

Tentando interpretar o (sub-)requisito do exercício em comum, alguma doutrina portuguesa propõe que ele se desdobre em duas exigências: a de que os sócios assumam em conjunto o risco de uma mesma actividade económica (comunhão nos lucros e perdas) e a de que os sócios concorram na direcção dessa mesma actividade (comunhão na gestão ou gestão

expectativa dos sócios quanto aos resultados, mas a própria "natureza dos resultados económicos esperados" [ob. cit., p. 31 (nota 46)]. Também Jorge Manuel Coutinho de Abreu (*Curso de Direito Comercial*, Volume II – *Das sociedades*, cit., pp. 27-28) se pronuncia pela impossibilidade de construção de um conceito geral de sociedade que não leve em conta determinadas sociedades de mera fruição, como as sociedades de simples administração de bens. Por fim, Carlos Ferreira de Almeida (*Contratos III – Contratos de Liberalidade, de Cooperação e de Risco*, cit., p. 115) diz que o (sub-)requisito "não deixou rasto no regime das sociedades comerciais, pelo que não deve ser atendido na caracterização do contrato de sociedade comercial".

[173] Cfr. Carlos Ferreira de Almeida, *Contratos III – Contratos de Liberalidade, de Cooperação e de Risco*, cit., p. 108.

[174] Na sociedade unipessoal não pode falar-se em diluição ou superação da *pluralidade* mas do mesmo modo a sociedade prevalece sobre a pessoa do sócio. E mesmo que assim não fosse, havendo apenas um sócio, não se poderia falar em "exercício em comum".

conjunta)[175] [176]. Encarado assim, talvez seja possível dizer que ele se verifica, senão nas sociedades comerciais ditas "de capitais", pelo menos nas "de pessoas".

6.2.1. A importância da distinção, neste contexto, entre "sociedades de pessoas" e "sociedades de capitais"

A distinção entre "sociedades de pessoas" e "sociedades de capitais", a que já se aludiu por diversas vezes, é uma classificação doutrinal corrente, segundo a qual os tipos legais de sociedades são ordenados de acordo com o elemento que é preponderante[177]. Este pode ser a pessoa (dos sócios) ou o capital (o valor da participação dos sócios no capital social). As sociedades em nome colectivo seriam o paradigma das sociedades de pessoas e as sociedades anónimas situar-se-iam no pólo oposto, constituindo o paradigma das sociedades de capitais.

Apesar de, como acontece sempre, esta classificação não ser absolutamente rigorosa, ela é útil para tornar mais visível, sob alguns pontos de vista, a distinção entre os tipos de sociedades comerciais e, neste contexto em particular, para mostrar que o exercício em comum tem manifestações variáveis consoante o tipo de sociedade[178].

No regime da (exemplar) sociedade em nome colectivo, e em regras tão diversas (nem todas imperativas) como a de que os sócios respondem,

[175] Cfr., por todos, Luís Menezes Leitão, "O Contrato de Sociedade Civil", cit., pp. 116-117. Entendimento semelhante é o da doutrina estrangeira, nomeadamente a italiana. Cfr., por todos, Francesco Galgano, *Trattato di Diritto Civile*, volume IV, cit., pp. 8-9.

[176] Carlos Ferreira de Almeida (*Contratos III – Contratos de Liberalidade, de Cooperação e de Risco*, cit., p. 108) afirma que, na variante da gestão conjunta, o requisito fica, em princípio, preenchido com a actuação de cada sócio por conta dos outros.

[177] Esta é, como se sabe, é uma distinção particularmente relevante no Direito alemão e no Direito italiano, em que as sociedades de pessoas, ao contrário das sociedades de capitais, não são pessoas jurídicas. Cfr., para uma comparação das duas classes de sociedades nos dois ordenamentos Holger Fleischer, "Personengesellschaften in Italien und Deutschland – Grundlagen, Entwicklungslinien, Strukturmerkmale (Civil and Commercial Partnerships in Italy and Germany – Foundations, Developments, Distinctive Features)", in: *Rabel Journal of Comparative and International Private Law*, 2017, 81, 2, pp. 299 e s. Cfr., sobre a distinção, na doutrina portuguesa, António Caeiro, *As sociedades de pessoas no Código das Sociedades Comerciais*, Coimbra, Coimbra Editora, 1988, pp. 5-13, e Manuel Nogueira Serens, *Notas sobre a sociedade anónima*, Coimbra, Coimbra Editora, 1995, pp. 5-6.

[178] Neste sentido se pronuncia igualmente a propósito da questão Francesco Galgano (*Trattato di Diritto Civile*, volume IV, cit., p. 9).

subsidiariamente em relação à sociedade e solidariamente entre si, pelas obrigações da sociedade (cfr. art. 175º, nº 1, do CSC), a de que a parte social de um sócio só pode ser transmitida, por acto entre vivos, com o expresso consentimento dos restantes sócios (cfr. art. 182º, nº 1, do CSC), a de que a sociedade não pode impugnar negócios celebrados, em seu nome, mesmo que com falta de poderes, pelos gerentes, sempre que tais negócios tenham sido confirmados por deliberação unânime dos sócios (cfr. art. 192º, nº 3, do CSC) ou a de que só por unanimidade podem ser introduzidas alterações no contrato de sociedade (cfr. art. 194º, nº 1, do CSC) encontram-se bem demarcados os limites da independência ou da autonomia da sociedade.

É perceptível que, nalguns momentos, a sociedade em nome colectivo se configura, na melhor das hipóteses[179], como um colectivo ou uma colectividade de pessoas e não como uma verdadeira pessoa jurídica, funcionando o património e a vontade dos sócios como referência decisiva ou prevalente[180]. O efeito unificador da personalidade jurídica parece não ser pleno, havendo até, como se sabe, ordenamentos jurídicos em que não se lhes reconhece personalidade jurídica[181].

[179] A reserva visa dar conta que a relevância dada pela lei aos sócios individualmente considerados contribui também, ou principalmente, para o enfraquecimento da personalidade jurídica da sociedade. Assim, regras como a de que a parte de um sócio só pode ser transmitida, por acto entre vivos, com o expresso consentimento dos restantes sócios (cfr. art. 182º, nº 1, do CSC), ou a de que só por unanimidade podem ser introduzidas alterações no contrato de sociedade (cfr. art. 194º, nº 1, do CSC) enaltecem a presença e a posição dos sócios, mostrando que a vontade de um único sócio pode determinar, em certos termos, o futuro da sociedade.

[180] Cabe recordar que a sociedade em nome colectivo corresponde, nas suas origens, e como indica o nome que lhe era atribuído (*societas mercatorum*), à reunião de vários comerciantes na prossecução de um negócio comum – corresponde à hipótese em que *plures mercatores unam mercantiam vel unam negotiatem*. O objectivo era o de partilhar os esforços advenientes do exercício da actividade económica (o investimento e o risco), que, a certa altura, se tornaram demasiado pesados para ser assumidos a título individual. Aplicava-se a esta relação o *ius mercatorum* em vez do Direito romano, "uma vez que o vínculo social unia vários comerciantes que exerciam uma mesma actividade empresarial" (cfr. Francesco Galgano, *História do Direito Comercial*, cit., p. 49).

[181] Como se disse, no ordenamento jurídico italiano, as sociedades em nome colectivo (*società in nome collettivo*), bem como as sociedades em comandita simples (*società in accomandita semplice*), são consideradas sociedades de pessoas (*societá di persone*), não lhes sendo reconhecida personalidade jurídica. E o mesmo acontece no ordenamento jurídico alemão, respectivamente quanto às *offene Handelsgesellschaften* (*OHG*) e à *Kommanditgesellschaften* (*KG*), consideradas também *Personengesellschaften*.

Nas sociedades de capitais ou com pendor capitalístico (sociedades anónimas, sociedades em comandita por acções e certas sociedades por quotas), as coisas passam-se, naturalmente, de forma diferente.

Na disciplina das sociedades anónimas, só para os exemplos simétricos aos apresentados a propósito das sociedades em nome colectivo, dispõe-se que cada sócio limita a sua responsabilidade ao valor das acções que subscreveu (cfr. art. 271º do CSC), que a sociedade só pode condicionar, e em termos apertados, a transmissão das acções nominativas [cfr. art. 299º, nº 2, al. *b)*, e art. 328º do CSC], que os actos praticados pelos administradores, em nome da sociedade e dentro dos poderes que a lei lhes confere, a vinculam para com terceiros, não obstante as limitações constantes do contrato de sociedade (cfr. art. 409º, nº 1, do CSC), e que as alterações ao contrato são aprovadas por dois terços dos votos emitidos ou mesmo por maioria dos votos emitidos (cfr. art. 386º, nºs 3 e 4, do CSC).

Da análise resulta que, nas sociedades de pessoas ou com pendor pessoalístico (sociedades em nome colectivo, sociedades em comandita simples e, em certos casos, sociedades por quotas), os sócios (ou alguns sócios) têm responsabilidade ilimitada pelas obrigações sociais, havendo, por isso, comunhão no risco da actividade no grau mais elevado. Além disso, a colaboração pessoal dos sócios na actividade social é indispensável, existindo vários sinais do que pode designar-se como comunhão na direcção ou gestão da actividade.

Nas sociedades de capitais (de que as sociedades anónimas são o expoente máximo), o espaço para o exercício em comum é, em contrapartida, mais reduzido. O único sinal seguro de comunhão é o esforço financeiro dos sócios, não havendo, em regra, investimentos comuns de outra natureza relacionados, por exemplo, com a participação directa na gestão da actividade[182]. Mas, primeiro, aquele esforço financeiro representa um risco limitado, dado que os sócios assumem responsabilidade limitada e por isso só

[182] Exceptua-se, evidentemente, o direito de voto que os sócios (quase) sempre têm e que lhes permite, de uma forma indirecta ou remota, conduzir a actividade da sociedade (contribuindo, por exemplo, para a designação dos titulares dos órgãos de administração), e alguns outros mecanismos de supervisão ou controlo da sociedade (direito à informação, direito de impugnar deliberações sociais, direito de propor acções de responsabilidade, *etc.*), de que fala Jorge Manuel Coutinho de Abreu (*Curso de Direito Comercial*, Volume II – *Das sociedades*, cit., p. 29). Propende, com fundamento nisto, alguma doutrina italiana para considerar que, ao contrário, existe exercício em comum nas sociedades de capitais. Cfr., sobre isto, Giorgio Marasà, "Società (contratto di società)", cit., p. 3.

arriscam perder aquela que foi a sua contribuição. Depois, não é certo que um investimento financeiro comum baste para poder dar-se por verificado o exercício em comum da actividade[183] [184].

[183] Para Pires de Lima e Antunes Varela (*Código Civil Anotado*, volume II, cit., p. 309), o requisito do exercício em comum não estaria, nestas hipóteses, preenchido, uma vez que "não basta (...) que haja interesses patrimoniais de todos em relação a certos bens; é necessário que os resultados sejam produto de uma *actividade* dos sócios" (itálicos dos autores). Também Carlos Ferreira de Almeida (*Contratos III – Contratos de Liberalidade, de Cooperação e de Risco*, cit., p. 109 e p. 115) se pronuncia neste sentido. Acrescenta o autor que "tal característica está geralmente ausente nas sociedades de capitais e só é seguro que se verifica nas sociedades em nome colectivo em que todos os sócios sejam de indústria".

[184] A insuficiência da contribuição financeira para o exercício em comum acentua o confronto da sociedade com o consórcio, por um lado, e com a associação em participação, por outro (cfr., por exemplo, Miguel Pupo Correia, *Direito Comercial*, cit., pp. 198 e s.). O consórcio e a associação em participação integram-se na categoria dos "contratos de colaboração ou cooperação empresarial", que podem definir-se como "acordos jurídico-negociais, típicos ou atípicos, celebrados entre duas ou mais empresas jurídicas e economicamente autónomas (singulares ou colectivas, comerciais ou civis), com vista ao estabelecimento, organização e regulação de relações jurídicas duradouras para a realização de um fim económico comum" (cfr. José Engrácia Antunes, "Os contratos de cooperação empresarial", in: *Scientia Ivridica*, 2009, nº 318, p. 249). O consórcio é, por vezes, apresentado como uma modalidade de *joint venture* (*unincorporated joint venture*) (cfr., sobre esta relação, Alberto Amorim Pereira, "O Contrato de 'Joint Venture' – Conceito e Prática", in: *Revista da Ordem dos Advogados*, 1988, III, Lisboa, pp. 845 e s.). Em Portugal, o consórcio está regulado no DL nº 231/81, de 28 de Julho. Ele surge, na maior parte dos casos, na sequência da abertura de um concurso público relativo a uma obra de grande dimensão (cfr. neste sentido, Edgar Valles, *Consórcio, ACE e outras figuras*, Coimbra, Almedina, 2007, p. 17). A ideia que preside ao consórcio é a ideia de unidade da obra, de coordenação de actividades complementares para melhor resultado final: determinadas pessoas juntam-se para fornecer bens ou serviços a um terceiro continuando embora cada a prosseguir a sua actividade sem se ingerir na gestão da actividade do outro. A ausência de exercício em comum (de poderes de gestão conjunta) é o aspecto determinante na distinção entre o consórcio e a sociedade. Cfr. também, neste sentido, entre outros, Jorge Manuel Coutinho de Abreu, *Curso de Direito Comercial*, Volume II – *Das sociedades*, cit., p. 49. É de notar que a lei italiana admite que com o objecto do consórcio se constitua uma sociedade (*società consortile*) (cfr. art. 2615 *ter* do *Codice Civile*). Para mais desenvolvimentos sobre o consórcio cfr., por exemplo, Raúl Ventura, "Primeiras notas sobre o contrato de consórcio", in: *Revista da Ordem dos Advogados*, 1981, III, pp. 609 e s., Paulo Alves de Sousa deVasconcelos, *O contrato de consórcio no âmbito dos contratos de cooperação entre empresas*, Coimbra, Coimbra Editora, 1999, Luís Bigotte Chorão, A Propósito das *Societates* e do Consórcio", in: *Estudos em Homenagem ao Prof. Doutor Raúl Ventura*, vol. I, Coimbra, Coimbra Editora, 2003, pp. 603 e s. Quanto à associação em participação, ela está regulada também no DL nº 231/81, de 28 de

Resta concluir que, sem grande surpresa, a norma do art. 980º do CC se adapta melhor, neste ponto, às sociedades que não sejam pessoas jurídicas (às sociedades civis) do que às sociedades comerciais[185]. Além disso, e no que toca a estas, se ainda é consentido falar em exercício em comum nas sociedades de pessoas, não é fácil encontrar sinais dele nas sociedades de capitais. Por tudo isto, é duvidoso que o (sub-)requisito seja indispensável à noção de sociedade comercial.

7. (cont.): IV) O elemento teleológico (ou fim) e o intuito lucrativo das sociedades

7.1. A acepção de lucro consagrada no artigo 980º do Código Civil

Na noção tradicional – aquela que está subjacente ao elemento teleológico retirado da lei civil –, o lucro é entendido enquanto *acréscimo patrimonial* da sociedade *a repartir* ulteriormente pelos sócios.

Julho. Corresponde não exactamente a uma figura jurídica nova mas à recuperação de uma velha figura regulada antes no Código Comercial (cfr. arts. 224º a 227º): a conta em participação. Trata-se, fundamentalmente, do contrato pelo qual uma pessoa (o associado) se associa a uma actividade económica exercida por outrem (o associante ou titular), ficando o primeiro a participar nos lucros e perdas (ou só nos lucros) que desse exercício resultem para o segundo. A participação nas perdas não é, ao contrário da participação nos lucros, elemento essencial do contrato, mas sim um elemento natural (cfr. art. 21º do DL nº 231/81, de 28 de Julho), o que significa que, nada dizendo as partes, existe participação nas perdas. A associação em participação está inevitavelmente associada ao mútuo mercantil e à sociedade em comandita, uma vez que todas elas constituem instrumentos de financiamento da empresa. Na associação, contudo, o associado fornece capitais participando nos resultados do negócio (o que a distingue do mútuo mercantil) mas sempre sem participar na orientação ou gestão do negócio, que se mantém, em exclusividade, na esfera do associante (o que a distingue da sociedade em comandita e das sociedades em geral). Em síntese, não há na associação em participação nenhum sinal do exercício em comum da actividade e por isso deve negar-se a esta o carácter societário. Cfr. também, neste sentido, entre outros, Jorge Manuel Coutinho de Abreu, *Curso de Direito Comercial*, Volume II – *Das sociedades*, cit., p. 51. Acrescente-se que, segundo a doutrina italiana, a ausência de exercício em comum explicaria ainda que a associação em participação não desse origem (sequer) a um património autónomo, sendo o único património responsável pelas obrigações relacionadas com a associaçao em participação, o do associante. Cfr., neste sentido, Giorgio Marasà, "Società (contratto di società)", cit., p. 3.

[185] Cfr., neste sentido, Carlos Ferreira de Almeida, *Contratos III – Contratos de Liberalidade, de Cooperação e de Risco*, cit., p. 115. Diz o autor: "como as sociedades comerciais são dotadas de personalidade jurídica, é a elas (não aos sócios) que, em rigor, compete o exercício das actividades compreendidas no respetivo objeto".

Esta é a chamada noção dita "estrita" de lucro. Costuma contrapor-se a esta noção, como se verá, uma noção (mais) ampla.

7.1.1. O lucro em sentido objectivo e o lucro em sentido subjectivo

Olhando mais demoradamente para a noção estrita de lucro, conclui-se que ela comporta, na realidade, dois elementos: o aumento do património da sociedade (lucro objectivo) e a repartição deste aumento entre os sócios (lucro subjectivo)[186]. O lucro objectivo não é, na realidade, mencionado expressamente na norma do art. 980º do CC (e o mesmo sucedia na norma-modelo da lei italiana), mas a verdade é que não pode haver repartição de lucros sem que eles se tenham realizado.

A exigência de uma finalidade referida simultaneamente ao lucro em sentido objectivo e ao lucro em sentido subjectivo tem um nítido efeito de estreitamento da noção de sociedade. Repare-se que ficam impedidas de "entrar", além das entidades de fim desinteressado e das entidades de fim interessado mas não económico, as entidades usualmente classificadas como "de fim económico não lucrativo", em que não há lugar para o aumento patrimonial ou para a repartição do aumento patrimonial pelos membros[187].

[186] Esta (des)construção do conceito de lucro está muito difundida na doutrina italiana. Cfr., por exemplo, GIORGIO MARASÀ, *Le "società" senza scopo di lucro*, Milano, Giuffrè, 1984, pp. 83 e s., e "Società (contratto di società)", in: *Enciclopedia Giuridica*, vol. 29, Treccani, Roma, 1993, p. 9, GIORGIO CIAN / ALBERTO TRABUCCHI, *Commentario Breve al Codice Civile*, cit., 1992, p. 1860, ou DANIELE U. SANTOSUOSSO, in: ENRICO GABRIELLI (Diretto da) / DANIELE U. SANTOSUOSSO (a cura di), *Commentario del Codice Civile – Delle Società – Della Azienda – Della Concorreza*, vol. I – *Artt. 2247-2379 ter*, cit., pp. 13-14. É também aludida na generalidade das definições de sociedade apresentadas pelos autores portugueses. Cfr., por exemplo, JORGE MANUEL COUTINHO DE ABREU, *Curso de Direito Comercial*, Volume II – *Das sociedades*, cit., p. 29, ou PAULO DE TARSO DOMINGUES, "A distribuição de dividendos", in: *II Congresso Direito das Sociedades em Revista*, Coimbra, Almedina, 2012, pp. 419 e s. Leia-se ainda o que escreve JOSÉ ENGRÁCIA ANTUNES [*Direito das Sociedades – Parte Geral*, cit., p. 78], que se refere ao conceito tradicional ou estrito de lucro "enquanto incremento patrimonial decorrente da actividade social (lucro objectivo) a ser distribuído ou repartido pelos sócios, periodicamente ou no termo da existência da sociedade (lucro subjectivo)".

[187] Segue-se de perto a classificação das pessoas colectivas (*rectius*: jurídicas) de MANUEL A. DOMINGUES DE ANDRADE [*Teoria Geral da Relação Jurídica*, vol. I – *Sujeitos e Objecto*, Coimbra, Coimbra Editora, pp. 77 e s.], já recordada *supra*.

7.1.2. O direito dos sócios aos lucros. O direito abstracto e o direito concreto aos lucros

A ideia de que existe um direito dos sócios à distribuição dos lucros não só não é difícil de conciliar com a disciplina geral do Código das Sociedades Comerciais como é a única compatível com ela. Veja-se, desde logo, a norma do art. 21º, nº 1, al. *a)*, do CSC[188]. Ela confere aos sócios o direito (fundamental) de quinhoar nos lucros (direito *abstracto* aos lucros)[189].

Associa-se, tradicionalmente, este direito aos lucros ao direito à quota de liquidação ou à participação no lucro final[190], sendo discutido se (em que medida) existe ainda um direito ao lucro periódico (também chamado "direito ao dividendo"[191])[192].

[188] Mas também outras normas, por exemplo, as dos arts. 2º, 6º, nºs 1, 2 e 3, 10º. nº 5, al. *a)*, 22º, 31º, 217º e 294º do CSC, como refere Jorge Manuel Coutinho de Abreu (*Curso de Direito Comercial*, Volume II – *Das sociedades*, cit., p. 30).

[189] Alguns justificam esta designação dizendo que o direito traduz, na verdade, uma *expectativa* que se concretizará com a apresentação das contas, com a aprovação dessas contas e com a aprovação de uma proposta de distribuição de resultados [cfr., neste sentido, por todos, António Menezes Cordeiro, in: António Menezes Cordeiro (coord.), *Código das Sociedades Comerciais Anotado*, Coimbra, Almedina, 2014 (reimpressão da 2ª edição), p. 141]. Outros, no entanto, explicam que este direito é abstracto porque é potencial mas não é uma mera expectativa jurídica, contendo já direitos concretos (actuais). Ao abrigo do art. 22º, nº 3, do CSC, o sócio tem já, por exemplo, o poder de exigir permanentemente da sociedade não ser excluído da participação nos lucros (cfr., neste último sentido, Jorge Manuel Coutinho de Abreu (*Curso de Direito Comercial*, Volume II – *Das sociedades*, cit., p. 415).

[190] Como explica Paulo Olavo Cunha (*Direito das Sociedades Comerciais*, cit., p. 342), antigamente, as sociedades tinham o seu fim "anunciado", ou seja, constituíam-se por duração limitada, pelo que a distribuição do lucro final era, em princípio, a única compensação expectável do sócio.

[191] Numa acepção clássica, nas sociedades anónimas, fala-se no "direito ao dividendo", distinguindo-o do "direito ao dividendo deliberado". Este último é o direito que se constitui na esfera jurídica do sócio após a deliberação de aprovação do balanço e de distribuição de lucros, que concretiza o direito abstracto aos lucros e transforma o sócio num credor da sociedade. Cfr., sobre isto, Filipe Cassiano dos Santos, *A posição do accionista face aos lucros de balanço – O direito do accionista ao dividendo no Código das Sociedades Comerciais*, Coimbra, Coimbra Editora, 1996, pp. 19 e s.

[192] A existência de um direito dos sócios à repartição periódica de lucros é objecto de controvérsia. Na jurisprudência pronunciaram-se sobre o direito aos lucros (periódicos), entre outros, os Acórdãos do Supremo Tribunal de Justiça de 12 de Outubro de 2010 e de 7 de Janeiro de 1993, os Acórdãos do Tribunal da Relação de Coimbra de 12 de Abril de 2011, de 26 de Setembro de 2000, de 13 de Outubro de 1998, de 2 de Julho de 1991 e de 6 de Março de

É verdade que o sócio não pode exigir a efectiva distribuição dos lucros distribuíveis logo que se verifique que eles existem[193]. Em regra, o sócio só se constitui neste direito (num direito *concreto* aos lucros) se e quando os lucros forem distribuídos, o que, por sua vez, em conformidade com o art. 31º, nº 1, do CSC, pressupõe uma deliberação social. Por causa destes condicionamentos nem todos os autores admitem a existência de um direito ao lucro periódico, negando que exista uma vinculação da sociedade a distribuir lucros no final de cada exercício.

Há, no entanto, dois casos em que as coisas se passam de forma diversa. Aquele que interessa mais para este efeito é o previsto nos arts 217º, nº 1, e 294º, nº 1, do CSC e toca, respectivamente, às sociedades por quotas e às sociedades anónimas[194]. Nestas sociedades – diz a lei – não pode deixar de ser distribuído aos sócios metade do lucro de exercício que, nos termos da lei, seja distribuível, a não ser que exista uma cláusula contratual ou uma deliberação tomada por maioria qualificada dispondo diversamente. A disciplina é significativa; permite concluir que a "hipótese-regra"[195], nas sociedades por quotas e anónimas, é a de que, uma vez aprovadas as contas de exercício, os sócios têm o poder de exigir a entrega da parte do lucro distribuível que lhes cabe – de que eles têm um direito ao lucro periódico[196] [197].

1990, o Acórdão do Tribunal da Relação de Guimarães de 9 de Março de 2010 e o Acórdão do Tribunal da Relação de Évora de 9 de Novembro de 2006. Cfr., para uma detalhada exposição das várias posições jurisprudenciais e doutrinais, Fátima Gomes, *O Direito aos Lucros e o Dever de Participar nas Perdas das Sociedades Anónimas*, Coimbra, Almedina, 2011 (esp., no âmbito português, pp. 297 e s.).

193 Mas tem outros poderes. Como aponta Jorge Manuel Coutinho de Abreu (*Curso de Direito Comercial*, Volume II – *Das sociedades*, cit., p. 419), tem o direito de exigir a apresentação anual de um relatório de gestão (cfr. art. 65º, nºs 1 e 5, do CSC), contendo uma proposta de aplicação de resultados [cfr. art. 66º, nº 5, al. *f*), do CSC], e o direito de deliberar sobre esta aplicação [cfr. art. 189º, nº 3, 246º, nº 1, al. *e*), e 376º, nº 1, al. *b*), do CSC].

194 O outro diz respeito aos titulares de acções preferenciais sem direito de voto (cfr. arts. 341º, nº 2, e 342º do CSC).

195 A expressão é de Filipe Cassiano dos Santos (A posição do accionista face aos lucros de balanço – O direito do accionista ao dividendo no Código das Sociedades Comerciais, cit., p. 90).

196 Circunscrevendo a sua análise ao art. 294º, nº 1, do CSC, conclui Filipe Cassiano dos Santos (*A posição do accionista face aos lucros de balanço – O direito do accionista ao dividendo no Código das Sociedades Comerciais*, cit., pp. 89 e s.) que, ressalvando a norma do art. 31º, nº 1, do CSC este (e outros) casos, a norma não consagra um sistema de rigorosa necessidade de deliberação de distribuição e que a distribuição prevista no art. 294º, nº 1, do CSC opera sem necessidade de deliberação.

7.2. Os desafios à acepção de lucro consagrada no artigo 980º do Código Civil: As sociedades "sem fins lucrativos"?

A partir da doutrina portuguesa que se tem pronunciado de forma clara a propósito do fim lucrativo é possível identificar duas grandes correntes: uma, tradicional, que se mantém fiel à fórmula usada no art. 980º do CC ("repartir os lucros resultantes d[a] actividade") e entende que a intenção de realizar o aumento patrimonial da sociedade (lucro objectivo) e de o distribuir pelos sócios (lucro subjectivo) é absolutamente essencial para existir uma sociedade[198]; outra, defendendo, pelo contrário, que a noção de lucro plasmada na norma é desadequada e, portanto, não deve valer para o efeito de se configurar uma sociedade[199]. Propugnam alguns dos autores que se enfileiram nesta última corrente que a noção de lucro seja alargada para abranger, justamente, as situações em que o lucro não corresponde a um aumento patrimonial da sociedade mas a uma economia ou poupança obtida directamente pelos sócios (desnecessidade de lucro objectivo) ou em que, existindo aquele aumento, ele não é distribuído pelos sócios (desnecessidade de lucro subjectivo)[200].

Porque, de início, este movimento tinha a seu favor um forte argumento de Direito positivo (não obstante não terem a finalidade de realização de

[197] Note-se, porém, que o vencimento deste direito não é imediato (cfr. arts. 217º, nº 2, e 294º, nº 2, do CSC).

[198] Cfr., neste sentido, VASCO LOBO XAVIER, *Sociedades Comerciais – Lições aos Alunos de Direito Comercial do 4º Ano Jurídico*, cit., pp. 23 e s., JOSÉ DE OLIVEIRA ASCENSÃO, *Direito Comercial*, vol. IV *(Sociedades Comerciais)*, cit., pp. 29 e s., ANTÓNIO MENEZES CORDEIRO, *Direito das Sociedades I – Parte Geral*, cit., pp. 296-297 e p. 644, JORGE MANUEL COUTINHO DE ABREU, *Curso de Direito Comercial*, Volume II – *Das sociedades*, cit., pp. 29 e s., CARLOS FERREIRA DE ALMEIDA, *Contratos III – Contratos de Liberalidade, de Cooperação e de Risco*, cit., p. 116, LUÍS BRITO CORREIA, *Direito Comercial*, 2º vol. *(Sociedades Comerciais)*, cit., pp. 29 e s., ANTÓNIO PEREIRA DE ALMEIDA, *Sociedades Comerciais, Valores Mobiliários Instrumentos Financeiros e Mercados* – Volume 1, Coimbra, Coimbra Editora, 2011 (6ª edição), pp. 16-17, e CATARINA SERRA, *Direito Comercial – Noções Fundamentais*, cit., pp. 49 e s. Parece preconizar também esta tese PAULO OLAVO CUNHA (*Direito das Sociedades Comerciais*, cit., pp. 9 e 10).

[199] Não se vislumbram ainda, apesar de tudo, autores que, inequivocamente, sustentem a abolição da ligação da sociedade à intenção de obter benefícios económicos, o que converteria, em tese, a sociedade num instrumento também de prossecução de fins desinteressados ou de fins egoísticos de tipo não económico, como sucede na Alemanha.

[200] Cfr., neste sentido, JOSÉ ENGRÁCIA ANTUNES, *Direito das Sociedades – Parte Geral*, cit., pp. 78 e s., JORGE HENRIQUE PINTO FURTADO, *Curso de Direito das Sociedades*, cit., pp. 138 e s., e MIGUEL PUPO CORREIA, *Direito Comercial*, cit., pp. 132-133.

lucros em sentido estrito, as cooperativas eram qualificadas na lei comercial como sociedades[201]), era expectável que o movimento se tivesse diluído uma vez desaparecido o argumento (ou seja, uma vez publicado, em 1976, o primeiro Código Cooperativo e autonomizadas as cooperativas das sociedades). O certo é que tal não aconteceu. Ainda hoje – talvez até com maior veemência – alguma doutrina insiste em que o Direito e a prática das sociedades reclamam uma noção (mais) ampla de lucro. Alude-se, sobretudo, à emergência de uma série de entidades que, supostamente, seriam de tipo societário mas não seriam lucrativas[202].

[201] Como se disse de início, assim se explica a posição de A. FERRER CORREIA [*Lições de Direito Comercial*, vol. II – *Sociedades Comerciais – Doutrina geral*, cit., pp. 15 e s.]. Assim foi explicada, nomeadamente, por VASCO LOBO XAVIER [*Sociedades Comerciais – Lições aos Alunos de Direito Comercial do 4º Ano Jurídico*, cit., p. 31] e JORGE MANUEL COUTINHO DE ABREU [*Curso de Direito Comercial*, Volume II – *Das sociedades*, cit., pp. 31-32 (nota 38)]. Diga-se que, em conformidade, no anteprojecto apresentado por A. FERRER CORREIA e ANTÓNIO A. CAEIRO (*Anteprojecto de Lei das Sociedades Comerciais, Parte Geral I*, cit, pp. 5 e s.), o art. 1º, nº 3 dispunha: "[s]ão para todos os efeitos consideradas sociedades as empresas colectivas que tenham por fim o proveito económico dos associados, embora se não proponham obter lucros a repartir por estes".

[202] Naturalmente, o movimento não é exclusivo de Portugal, tendo sido precedido por movimentos análogos nos paises estrangeiros com tradição semelhante à portuguesa, como, por exemplo, Itália. Fala-se aí na diluição ("*appannamento*) ou até na "superação" (*tramonto*) do escopo lucrativo [cfr., para um exemplo desta última posição, GERARDO SANTINI, "Tramonto dello scopo lucrativo nelle società di capitali", in: *Rivista di Diritto Civile*, 1973, 19, pp. 151 e s.]. Relatam GIORGIO CIAN e ALBERTO TRABUCCHI (*Commentario Breve al Codice Civile*, cit., p. 1859) que o carácter essencial do escopo lucrativo foi posto em crise, atendendo à possibilidade encontrar, na lei e na prática recentes, tanto sociedades declaradamente não lucrativas (por exemplo, sociedades desportivas) como sociedades não lucrativas de facto (por exemplo, sociedades de gestão imobiliária). Aprecia, com desenvolvimento, estes grupos de casos GIORGIO MARASÀ (*Le "società" senza scopo di lucro*, cit.). Apesar das críticas, grande parte da doutrina italiana permanece fiel à tese da essencialidade do fim lucrativo, sustentando a necessidade de um lucro em sentido estrito, que compreenda o lucro objectivo e o lucro subjectivo. Cfr., por todos, FRANCESCO GALGANO, *Trattato di Diritto Civile*, volume IV, cit., pp. 24 e s. Sublinha o autor a este respeito a distinção entre sociedade e empresa (a sociedade constitui uma forma de empresa que se identifica e distingue das associações, justamente, devido àquela finalidade). Seria por não se ter compreendido que as sociedades são só uma forma *possível* de exercício da empresa que as empresas não lucrativas foram reconduzidas ao conceito de sociedade. Concede o autor apenas que a distribuição dos lucros não tem de ser a finalidade primária da sociedade, podendo ser secundária ou meramente lateral. Também em Espanha a questão é discutida, pronunciando-se uns, apesar da lei, contra a necessidade do ânimo lucrativo [cfr., por todos, CÁNDIDO PAZ-ARES, *Comentario del Código Civil*, vol. 2, cit., pp. 1310 e s.] mas mantendo-se a grande maioria favorável à tese da essencialidade do requisito [cfr. CARLOS LASARTE,

Nesta corrente, destaca-se, pela boa sistematização dos seus argumentos, Engrácia Antunes[203]. Afirma o autor que o conceito tradicional ou estrito de lucro entrou em evidente crise. Isto dever-se-ia à existência, em primeiro lugar, de entidades não societárias que podem realizar lucros desde que não os distribuam (certas associações e fundações), em segundo lugar, de entidades societárias que realizam lucros sem que isso implique qualquer distribuição (sociedades unipessoais) e, em terceiro lugar, de entidades societárias que podem não ter como objectivo primordial a realização de lucros (sociedades gestoras de participações sociais e sociedades gestoras de mercados de instrumentos financeiros) ou em que tal objectivo é meramente secundário ou residual (sociedades de capitais públicos e sociedades anónimas desportivas).

A argumentação (especialmente pela sua cadência) pode impressionar mas não causa um verdadeiro abalo. Centrando a atenção logo no primeiro argumento / caso avançado – das entidades não societárias que não podem distribuir os lucros que realizem ou (acrescenta-se) não podem distribuí-los nos mesmos termos das sociedades –, imediatamente se vê que ele não demonstra aquilo que se quer demonstrar. Para provar a crise do conceito de lucro em sentido estrito apenas as entidades que sejam sociedades podem adquirir relevância, sendo só a propósito delas que faz sentido discutir se aquele sentido estrito há-se manter-se ou ser revisto.

Analise-se mais atentamente os grupos de casos apresentados pelo autor, a começar pelos dois últimos: em primeiro lugar, as sociedades unipessoais como (único) paradigma de sociedades em que se realizam lucros sem que isso implique distribuição pelos sócios e, em segundo lugar, as sociedades gestoras de participações sociais, as sociedades de capitais públicos e as sociedades desportivas como exemplos das sociedades que podem não ter como objectivo primordial a realização de lucros ou em que tal objectivo é meramente secundário.

7.2.1. As sociedades unipessoais, em particular

A referência às sociedades unipessoais para ilustrar a existência de sociedades em que não há distribuição de lucros só pode dever-se a um equívoco

Principios de Derecho Civil, Tomo Tercero – *Contratos*, cit., pp. 306-307, e Fernando Crespo Allué, in: Andrés Domínguez Luelmo (Director), *Comentarios al Código Civil*, cit., p. 1798].

203 Cfr. José Engrácia Antunes, *Direito das Sociedades – Parte Geral*, cit., pp. 78-79.

sobre o elemento teleológico ou, se se preferir, a uma hiperbolização indevida do elemento gramatical da norma do art. 980º do CC[204].

Quando se sustenta que o elemento teleológico implica uma *distribuição* aos sócios, aquilo que deve entender-se não é que tenha de haver distribuição em sentido próprio mas sim que o lucro tem de ser disponibilizado aos sócios, para que eles possam fazer dele o que lhes aprouver. Ora, sob este ponto de vista, as sociedades pluripessoais e as sociedades unipessoais são fundamentalmente iguais. A única diferença é que nas primeiras o lucro é atribuído a cada sócio *em determinada proporção* (na proporção a que têm direito) enquanto nas segundas o lucro é atribuído ao sócio único, por ausência de outros sócios, *na totalidade*[205]. Mas isso não compromete o que de essencial exige o elemento teleológico: um aumento no património social que é disponibilizado, num segundo momento, ao(s) sócio(s). Postas as coisas de outro modo, "[o] fim lucrativo não é algo que pressuponha a pluralidade de sócios (cfr. art. 270º-G)"[206].

Confirma-se, assim, que a existência de sociedades unipessoais não põe em causa o conceito de lucro em sentido estrito imputado ao art. 980º do CC. Bem ao contrário, ela *reforça* a pertinência do conceito de lucro em sentido estrito como características das sociedades.

7.2.2. As sociedades gestoras de participações sociais, em particular

O segundo grupo de casos a examinar é, de acordo com a classificação dada, o das entidades em que existem outros objectivos para lá da realização de lucros ou em que o objectivo lucrativo assume um carácter meramente secundário.

Não há dúvidas de que a finalidade lucrativa, apesar de concorrente com outras ou acessória, não deixa de estar presente. Por isso tentar-se-á ir mais longe: saber se, realizando-se lucros, eles podem ser distribuídos, sendo que, na impossibilidade, a acepção estrita de lucro pode, de facto, estar em causa.

[204] Desvaloriza o argumento em termos próximos Jorge Manuel Coutinho de Abreu (*Curso de Direito Comercial*, Volume II – *Das sociedades*, cit., pp. 33-34).

[205] Esta visão é a mais coerente com a caracterização da distribuição de lucros que faz, por exemplo, Evaristo Mendes ("Direito ao lucro de exercício no CSC (Arts. 217/294)", in: *Estudos Dedicados ao Prof. Doutor Mário Júlio de Almeida Costa*, Lisboa, Universidade Católica Editora, 2002, p. 490). O autor diz que ela é "[d]o ponto de vista técnico-jurídico (...) um negócio jurídico modificativo do património da pessoa jurídica societária em benefício dos sócios".

[206] Cfr. Jorge Manuel Coutinho de Abreu, *Curso de Direito Comercial*, Volume II – *Das sociedades*, cit., p. 34.

A sociedade gestora de participações sociais (SGPS) é "*um tipo especial de sociedade comercial previsto e regulado pelo DL nº 495/88, de 30 de Dezembro, que tem por objecto a gestão estratégica de participações sociais como forma indirecta de exercício de actividades económicas*"[207].

Pode dizer-se que ela é resultado do processo natural de expansão dos grupos de sociedades. Sempre que o grupo atinge uma certa extensão, um certo nível de diversificação ou de complexidade, é usual a sociedade-mãe alterar a sua actividade original para se concentrar exclusivamente na administração do grupo, ou seja, na gestão estratégica das participações sociais das sociedades-filhas (que passam a ser sociedades participadas por ela)[208].

Inserindo-se no universo das sociedades coligadas (ou grupos de sociedades), a SGPS pode ser qualificada como uma sociedade *holding*, mais precisamente como uma *holding* de direcção, uma vez que que o seu propósito imediato é a detenção de participações sociais de outras sociedades[209]. O seu propósito mediato é a intervenção no desenvolvimento das activi-

[207] Cfr. José Engrácia Antunes, "As Sociedades Gestoras de Participações Sociais", in: *Direito das Sociedades em Revista*, 2009, nº 1, p. 77 (itálicos do autor).

[208] Cfr., neste sentido, José Engrácia Antunes, "As Sociedades Gestoras de Participações Sociais", cit., p. 90.

[209] O termo "*holding*" vulgarizou-se para designar as sociedades que detêm e gerem uma carteira de participações sociais. Sociedade *holding* (sociedade de controlo) é, por definição, aquela cujo objecto exclusivo ou principal reside na detenção duradoura de posições ou participações sociais de outras sociedades, juridicamente independentes. Ou seja: a sociedade *holding* é sócia de outras sociedades; por sua vez, os sócios da sociedade *holding*, ao exercerem o seu direito de voto, definem o sentido da acção da sociedade *holding* junto das sociedades em que ela participa. A figura conheceu o seu florescimento na Alemanha, havendo hoje várias formas de *holding*: *holdings* do tipo "casa-mãe"; *holdings* de direcção ou directivas; *holdings* de tipo misto; e *holdings* financeiros. A sociedade *holding* de tipo "casa mãe" detém participações sociais, mas estas são complementos da sua actividade industrial ou financeira básica – que se mantém –, sendo as sociedades filhas, em geral, de menor dimensão. A sociedade *holding* de direcção ou directiva apenas detém participações sociais e não tem, por si só, uma função produtiva; através do jogo de votos, ela dirige efectivamente a actuação das participadas. A sociedade *holding* de tipo misto associa as características das anteriores, ou seja, mantém a actividade produtiva directa e detém sociedades participadas em lógica de grupo. A sociedade de tipo *holding* financeiro não tem funções produtivas, nem mesmo indirectas; limita a sua actuação à administração das suas participações sociais e às questões financeiras e administrativas conexas. Cfr. para um enquadramento geral da figura, Nuno de Brito Lopes, "Aspectos jurídico-societários das SGPS", in: *Revista da Ordem dos Advogados*, 1998, III, pp. 1177 e s., e João Calvão da Silva, "Sociedades Gestoras de Participações Sociais (*Holding*)", in: *A evolução do Direito no século XXI – Estudos em Homenagem ao Prof. Arnoldo Wald*, Coimbra, Almedina, 2007, pp. 187 e

dades destas, havendo, assim, um exercício indirecto de actividades económicas[210]. Operam através da integração dos votos que detenham, sendo que é possível aos sócios concertar a política a aplicar às sociedades participadas, nomeadamente através de acordos parassociais.

Em Portugal, a SGPS está regulada no DL nº 495/88, de 30 de Dezembro (com as alterações do DL nº 318/94, de 24 de Dezembro, do DL nº 378/98, de 27 de Novembro, da Lei nº 30-G/2000, de 29 de Dezembro, e da Lei nº 109-B/2001, de 27 de Dezembro). Corresponde-lhe, portanto, e diversamente do que sucede noutros ordenamentos europeus, um tipo societário especial.

Decorrem do seu regime legal (cfr. art. 1º, nº 1, do DL nº 495/88, de 30 de Dezembro) três características essenciais: a titularidade de participações noutras sociedades, a gestão dessas participações como forma indirecta de exercício de uma actividade económica (gestão estratégica) e a exclusividade deste seu objecto social. A SGPS não se confunde, portanto, com as sociedades comerciais que realizam pontualmente investimentos financeiros em participações sociais ou que se constituem com objectivos de mera especulação económica. Ao contrário destas, as participações sociais da SGPS devem sempre, em primeiro lugar, ser estáveis e, em segundo lugar, revestir importância significativa no capital das sociedades participadas, devendo existir, por outras palavras, *concentração* e *estabilidade do investimento*. Distingue-se, em particular, das sociedades gestoras de fundos de investimento imobiliário (que gerem património alheio com o puro objectivo de rendibilização financeira), das sociedades de investimento (que são, em rigor, instituições de crédito especializadas sujeitas à regulação e à supervisão bancária), das sociedades de capital de risco (que visam temporariamente apoiar o arranque, a reestruturação e a expansão das sociedades participadas) e das sociedades gestoras de patrimónios (que são, em rigor, sociedades financeiras que gerem carteiras de activos em que podem incluir-se ou não participações sociais)[211].

s., e, em especial, nas sociedades *holding*, ANTÓNIO MENEZES CORDEIRO, "Sociedades Gestoras de Participações Sociais", in: *O Direito*, 2001, nº 3, pp. 557 e s.

[210] Sobre este aspecto em particular cfr. HUGO MOREDO DOS SANTOS, "SGPS: Gestão de participações sociais como forma indirecta de exercício de actividades económicas", in: AA. VV., *Direito dos Valores Mobiliários*, volume VIII, Coimbra, Coimbra Editora, 2008, pp. 357 e s.

[211] Cfr., neste sentido, JOSÉ ENGRÁCIA ANTUNES, " As Sociedades Gestoras de Participações Sociais", cit., pp. 88-89.

A alegação de que na SGPS não se verificaria uma distribuição de lucros é uma questão que convoca dados para lá do DL nº 495/88, de 30 de Dezembro, e que impõe, nomeadamente, uma referência ao seu regime tributário[212].

Com efeito, a lei reservava, até há pouco tempo, à SGPS um regime especial da tributação, com base no qual a SGPS beneficiava de um sistema de eliminação da dupla tributação económica dos dividendos distribuídos pelas suas participadas (permitindo, *grosso modo*, a exclusão de tributação dos lucros distribuídos pelas sociedades suas participadas desde que estas cumprissem certos requisitos) e de tributação das mais e menos-valias geradas com a alienação de participações (permitindo, em princípio, a exclusão de tributação das mais e menos-valias realizadas na alienação onerosa de partes sociais detidas por período igual ou superior a um ano)[213]. Face a isto, pese embora, na actualidade, as SGPS já não terem um estatuto jurídico-fiscal diferente das demais sociedades, não deve duvidar-se de que era – é – concebível (e normal) a distribuição de lucros[214 215].

[212] Diz Hugo Moredo dos Santos ("2014: ano novo, vida nova para as SGPS", cit., p. 493) que "[a] existência de um regime próprio para as sociedades gestoras de participações sociais ('SGPS'), constante do Decreto-lei nº 495/88, de 30 de Dezembro ('DL 495/88') foi, desde o início, apoiada na existência de um regime fiscal próprio". Foi este regime fiscal que justificou a sua disciplina juridica (exigente, dadas as limitações do objecto), tornando a SGPS mais atractiva.

[213] Nos termos, respectivamente, dos (antigos) art. 32º, nº 1, do Estatuto dos Benefícios Fiscais e art. 46º do Código do Imposto sobre o Rendimento das Pessoas Colectivas e art. 32º, nº 2 e 3, do Estatuto dos Benefícios Fiscais. Cfr., sobre este regime, sinteticamente, José Engrácia Antunes, "As Sociedades Gestoras de Participações Sociais", cit., pp. 112 e s.

[214] Carlos Ferreira de Almeida (*Contratos III – Contratos de Liberalidade, de Cooperação e de Risco*, cit., p. 117) diz, de forma assertiva, que "não vislumbr[a] no regime das sociedades gestoras de participações sociais (SGPS) nem no regime geral das empresas públicas com estrutura societária nada que exclua o fim lucrativo subjectivo. Se tiverem lucro em sentido contabilístico, ele deve ser distribuído pelos sócios, periodicamente ou a final". Acrescenta o autor em nota (loc. cit., nota 353) que sem isto não faria sentido o regime especial de tributação do lucro das SGPS.

[215] O art. 32º do EBF foi revogado pela Lei nº 83-C/2013, de 31 de Dezembro (Orçamento de Estado para 2014). Desapareceu, assim, o regime especial da SGPS, tendo sido introduzido o regime, aplicável a todas as sociedades, conhecido como "*participation exemption*" (prevendo a isenção de tributação de dividendos e mais-valias desde que o sujeito passivo detenha, directa ou indirectamente, 5% do capital ou dos direitos de voto por período mínimo de vinte e quatro meses). A alteração em nada parece prejudicar nem retirar validade à conclusão atingida no quadro normativo anterior. Trata o impacto desta alteração, sustentando que ela compromete

7.2.3. As sociedades de capitais públicos e de economia mista, em particular

Analise-se agora a categoria constituída pelas sociedades em que participam entidades públicas[216], ou seja, as sociedades em que os sócios são exclusivamente o Estado ou entidades públicas (sociedades de capitais públicos) e as sociedades em que os sócios são simultaneamente o Estado ou entidades públicas e sujeitos privados, ou seja, as chamadas (sociedades de economia mista)[217].

o interesse da SGPS enquanto instrumento societário, Hugo Moredo dos Santos ("2014: ano novo, vida nova para as SGPS", cit., pp. 493 e s.). Cfr. também Paulo Olavo Cunha, *Direito das Sociedades Comerciais*, cit., pp. 1078-1079.

[216] Antes do DL nº 558/99, de 17 de Dezembro, as empresas públicas restringiam-se às entidades de natureza institucional, não compreendendo as de natureza societária. Cfr., sobre as empresas públicas no período anterior, ou seja, durante o período de vigência do Estatuto Geral das Empresas Públicas (EGEP) estabelecido pelo DL nº 260/76, de 8 de Abril, Jorge Manuel Coutinho de Abreu, *Definição de empresa pública, Separata do volume XXXIV do Suplemento ao Boletim da Faculdade de Direito da Universidade de Coimbra*, Coimbra, 1990, esp. pp. 95 e s.

[217] As expressões "sociedade de capitais públicos" e "sociedades de economia mista" são de uso corrente e, não obstante inspiradas em expressões homólogas usadas noutros ordenamentos jurídicos (alemão e francês), derivam directamente da epígrafe do art. 48º do DL nº 260/76, de 8 de Abril, que estabeleceu o Estatuto Geral das Empresas Públicas (EGEP). Este foi, depois, revogado pelo DL nº 558/99, de 17 de Dezembro, que foi, por sua vez, revogado pelo DL nº 133/2013, de 3 de Outubro, estabelecendo o regime em vigor. Como explica Jorge Manuel Coutinho de Abreu [*Curso de Direito Comercial*, Volume II – *Das sociedades*, cit., p. 34 (nota 49)], as sociedades de capitais públicos são as sociedades em que o sócio único seja uma entidade pública ou em que os vários sócios sejam entidades públicas, e as sociedades de economia mista são as sociedades com sócios-entidades públicas e sócios-entidades privadas. Nos termos do Regime do Sector Público Empresarial (RSPE), estabelecido no DL nº 133/2013, de 3 de Outubro (cfr. art. 5º), "são empresas públicas as organizações empresariais constituídas sob a forma de sociedade de responsabilidade limitada nos termos da lei comercial, nas quais o Estado ou outras entidades públicas possam exercer, isolada ou conjuntamente, de forma direta ou indireta, influência dominante". Assim, as sociedades em que o Estado ou outras entidades públicas estaduais sejam sócios únicos ou se associem entre si ou com outras entidades públicas ou privadas mas mantendo uma posição maioritária relativamente a estas, são empresas públicas. Diga-se que o outro tipo de empresas públicas respeita às "entidades públicas empresariais" (EPE), as sucessoras das "empresas públicas" (EP), que eram reguladas pelo DL nº 260/76, de 8 de Abril, e não integravam entidades societárias. Sobre as empresas do sector público cfr., no quadro normativo anterior, Jorge Manuel Coutinho de Abreu, *Da empresarialidade – As empresas no Direito*, cit., pp. 134 e s., e, no quadro vigente, *Curso de Direito Comercial*, Volume I – *Introdução, Atos de Comércio, Comerciantes, Empresas, Sinais Distintivos*, Coimbra, Almedina, 2016 (10ª edição), pp. 265 e s.

A participação, nestas sociedades, de entidades públicas, titulares de interesses públicos, inviabilizará a sua vocação natural para a prossecução de um fim lucrativo?

Naturalmente, o problema põe-se com maior acuidade nas sociedades em que as entidades públicas sejam sócios únicos ou tenham participação maioritária, pois é nestas que se verificam as condições mais propícias à eventual prevalência do interesse público.

Mesmo assim, no que respeita às sociedades de economia mista, pode discutir-se se existirá sempre um lucro assimilável à noção estrita acima referida. É, de facto, concebível que outras finalidades, relacionadas com o interesse geral ou colectivo, se sobreponham, obrigando, por vezes, estas sociedades a suportar resultados (pontualmente) negativos. A verdade é, como diz Coutinho de Abreu, que "o fim lucrativo (não equivalente à maximização do lucro) não pode ser anulado pelos interesses públicos de que são portadores os (dominantes) sócios públicos", havendo sempre, de uma forma ou de outra, que "não impedir a remuneração do capital privado investido" / "retribuir o capital privado investido"[218].

No que toca às sociedades de capitais públicos, as coisas não são, porém, tão seguras. Se, por um lado, quando são constituídas nos termos do Direito privado e, por isso, estão sujeitas ao regime do Código Civil ou do Código das Sociedades Comerciais, estas sociedades têm, em princípio, fins lucrativos, a verdade é que no caso das sociedades que são constituídas por acto legislativo não é necessariamente assim. É possível equacionar que, nestas sociedades, a finalidade lucrativa seja sacrificada em favor dos (outros) interesses que o Estado e as entidades públicas, únicos sócios, encabeçam[219].

Atendendo isto, deve pôr-se a hipótese de se encontrar aqui uma situação em que, diversamente do que é habitual, o instituto societário pode ser usado para fins não lucrativos[220]. A conclusão incorpora, contudo, uma nota

[218] Cfr. Jorge Manuel Coutinho de Abreu, *Curso de Direito Comercial*, Volume I – *Introdução, Atos de Comércio, Comerciantes, Empresas, Sinais Distintivos*, cit., p. 280, e Volume II – *Das sociedades*, cit., p. 35.

[219] Dá exemplos destas sociedades Jorge Manuel Coutinho de Abreu [*Curso de Direito Comercial*, Volume II – *Das sociedades*, cit., p. 35 (nota 50)].

[220] No que respeita a estes casos Jorge Manuel Coutinho de Abreu (*Curso de Direito Comercial*, Volume II – *Das sociedades*, cit., p. 35) propõe, por isso, que se fale "da 'neutralidade' da 'forma' sociedade (a sociedade como instrumento para fins lucrativos e não lucrativos) – mas não se generalize...". Cfr., em concordância, Ricardo Costa ("Sociedades: de dentro para fora do Código Civil", cit., p. 319 (nota 36). Alguns autores italianos usam a expressão "*neutralità*

moderadora: não há entre o sector público empresarial e o escopo lucrativo obstáculos de facto ou impedimentos de princípio[221].

7.2.4. As sociedades desportivas, em particular

Por fim, quanto às sociedades desportivas, as coisas são mais claras: a possibilidade de elas deporem contra a finalidade tradicional das sociedades está completamente afastada pelos actuais dados normativos – como, aliás, reconhece ENGRÁCIA ANTUNES[222] – e dependia, não exactamente da existência de condicionamentos à finalidade de realização de lucros, mas sim à destinação dos lucros.

No regime inicial das sociedades desportivas, criado pelo DL nº 146/95, de 21 de Junho, a distribuição de lucros aos accionistas era, com efeito, proibida, exigindo a lei que os lucros do exercício revertessem para benefício da actividade desportiva geral do clube. Como foi assinalado, a solução era desadequada, quanto mais não fosse por razões práticas: com esta restrição, as sociedades desportivas não despertavam grande interesse. Por isso, não surpreendeu que fosse fraca ou mesmo nula adesão à espécie "sociedade desportiva"[223] e que, pouco tempo depois, a disciplina tivesse sido alterada.

No regime que se seguiu, criado pelo DL nº 67/97, de 3 de Abril, as sociedades desportivas surgiram já mais próximas das sociedades reguladas no Código das Sociedades Comerciais, havendo, designadamente, a possibilidade de constituir sociedades anónimas desportivas com o fim de distribuir os lucros realizados pelos sócios[224].

causale" para descrever o uso generalizado dos tipos societários (sobretudo da sociedade anónima) para fins diferentes do referido na norma do art. 2247 do *Codice Civile*. Cfr., por exemplo, GIORGIO MARASÀ, "Società (contratto di società)", in: *Enciclopedia Giuridica*, vol. 29, Treccani, Roma, 1993, p. 10, ou DANIELE U. SANTOSUOSSO, in: ENRICO GABRIELLI (Diretto da) / DANIELE U. SANTOSUOSSO (a cura di), *Commentario del Codice Civile – Delle Società – Della Azienda – Della Concorreza*, vol. I – *Artt. 2247-2379 ter*, cit., p. 15. Como se viu, CÁNDIDO PAZ-ARES [*Comentario del Código Civil*, vol. 2, cit., pp. 1310 e s.] defende que a sociedade é, em geral, um fenómeno organizativo neutral.

221 Como bem salienta JORGE MANUEL COUTINHO DE ABREU (*Curso de Direito Comercial*, Volume I – *Introdução, Atos de Comércio, Comerciantes, Empresas, Sinais Distintivos*, cit., p. 281).

222 Cfr. JOSÉ ENGRÁCIA ANTUNES, *Direito das Sociedades – Parte Geral*, cit., p. 79 (nota 173).

223 LUÍS ALEXANDRE SERRAS DE SOUSA ("Direito dos Lucros nas Sociedades Anónimas Desportivas – Um Verdadeiro Direito?", in: *Revista de Direito das Sociedades*, 2013, nºs 1 e 2, p. 168) diz mesmo que "desde a sua entrada em vigor nenhuma sociedade desportiva foi implementada".

224 Na opinião dominante, não se assegurava ainda, neste regime, a segunda dimensão do lucro em sentido estrito, ou seja, o lucro subjectivo. Cfr., por todos, LUÍS ALEXANDRE

Por sua vez, nos termos do actual regime – o Regime Jurídico das Sociedades Desportivas (RJSD), estabelecido pelo DL nº 10/2013, de 25 de Janeiro –, as sociedades desportivas podem assumir a forma de sociedades anónimas (SAD) ou de sociedades unipessoais por quotas (SDUQ)[225]. Consagrou-se a regra da aplicação subsidiária do regime das sociedades comerciais (cfr. art. 5º, nº 1, da LSD) e desapareceram (foram eliminadas, por redundância e desnecessidade) todas as normas cujo teor resultasse da lei geral societária. Incluem-se aqui as normas sobre a distribuição de lucros. Nas sociedades desportivas, a distribuição de lucros é, portanto, efectuada de acordo com o regime previsto no Código das Sociedades Comerciais, em especial para o respectivo tipo.

É certo que existe um condicionamento quanto à distribuição dos lucros finais, dispondo o art. 27º do RJSD que "[e]m caso de extinção da sociedade desportiva, as instalações desportivas, se não forem indispensáveis para liquidar dívidas sociais, devem ser atribuídas ao clube desportivo fundador e permanecer afetas a fins análogos aos da sociedade extinta". Note-se, porém, que este condicionamento, justificado, sem dúvida, pela associação destas sociedades ao objecto desportivo é, na realidade, um condicionamento meramente eventual. Além disso, e como se sabe, o lucro subjectivo não se esgota, como se sabe, no direito aos lucros finais, havendo outras manifestações possíveis e sendo estas, em regra, suficientes para que se confirme a presença do escopo lucrativo.

Serras de Sousa, "Direito dos Lucros nas Sociedades Anónimas Desportivas – Um Verdadeiro Direito?", cit., pp. 169 e s., e Maria de Fátima Ribeiro, *Sociedades Desportivas*, Porto, Universidade Católica do Porto, 2015, pp- 35-36 (nota 20). Alegam estes autores que a distribuição dos lucros periódicos era meramente eventual (o lucro *podia* ser distribuído aos sócios, não tendo os sócios, em rigor, o poder de exigir que é característico de todo o direito) e o direito à distribuição dos lucros finais estava fortemente condicionado, dependendo, em última análise, o seu destino daquilo que estivesse disposto nos estatutos ou fosse deliberado pelos sócios. Diversamente, Maria Raquel Rei ("Sociedades Anónimas Desportivas – O Fim Lucrativo", in: *Estudos em Homenagem ao Professor Doutor Carlos Ferreira de Almeida*, vol. IV, Coimbra, Almedina, 2011, pp. 285 e s.) sustentava que o que faltava às sociedades desportivas era a finalidade de realização do lucro (lucro objectivo). Cfr., desenvolvidamente, sobre o regime das sociedades desportivas neste período e, em particular, o direito dos sócios aos lucros, Antónia Pereira, *O Direito aos Lucros nas Sociedades Desportivas*, Lisboa, Quid Juris, 2003.

[225] Para as principais alterações levadas a cabo pelo DL nº 10/2013, de 25 de Janeiro, cfr., entre outros, Paulo de Tarso Domingues, "As Sociedades Desportivas", in: Ricardo Costa / Nuno Barbosa (coord.), *IV Congresso Direito do Desporto*, Coimbra, Almedina, 2015, pp. 95 e s.

Tudo considerado, não parece haver, nas sociedades desportivas actuais, qualquer impedimento à realização e à distribuição de lucros e por isso não se vê como podem contrariar a noção estrita de lucro[226].

7.3. (cont.): As outras entidades "com fins lucrativos"?

Como se disse atrás, a existência de entidades *não societárias* que podem realizar lucros desde que não os distribuam não é um argumento que possa pôr em crise a noção estrita de lucro. Estarão em causa as cooperativas, os agrupamentos complementares de empresas (ACE) e os agrupamentos europeus de interesse económico (AEIE).

Através de uma análise rápida da disciplina destas entidades, confirmar-se-á que elas não têm finalidades lucrativas no sentido tradicional. Nuns casos, o lucro é, na melhor das hipóteses, uma mera *possibilidade*, sendo que, quando acontece, ou a realização do lucro é acidental, esporádica, ou a sua distribuição está fortemente condicionada. Os casos, excepcionais, em que a entidade assume, de facto, uma finalidade lucrativa configuram casos de desvio àquela que deve ser a finalidade da entidade, como fica demonstrado pelo tratamento que lhes reserva a lei vigente.

7.3.1. As cooperativas, em particular

Introduzidas no Direito português pela Lei de 2 de Julho de 1867, as cooperativas foram, depois, reguladas no Código Comercial e, por fim, no Código Cooperativo[227]. Atendendo à disciplina consagrada neste, é possível dizer que as cooperativas são associações ou entidades de tipo corporativo ou asso-

[226] Cfr., claramente neste sentido, por todos, Maria de Fátima Ribeiro, *Sociedades Desportivas*, cit., pp. 35 e s. Em contrapartida, Luís Alexandre Serras de Sousa ("Direito dos Lucros nas Sociedades Anónimas Desportivas – Um Verdadeiro Direito?", cit., pp. 176-177) entende que o novo regime afasta – mais do que aproxima – as sociedades desportivas do propósito de distribuição de lucros, (re)tomando, num primeiro plano, o objecto desportivo e (só) secundariamente a vertente económica, se assim for possível. Considerando que os dois elementos não são indissociáveis, o autor considera que o que seria ideal, para as sociedades desportivas, era que elas fossem "sociedades de facto sem escopo lucrativo".

[227] O Código Cooperativo em vigor foi aprovado pela Lei nº 119/2015, de 31 de Agosto, e alterado pela Lei nº 66/2017, de 9 de Agosto. É o terceiro Código Cooperativo português, tendo sido antecedido pelo Código Cooperativo de 1980 (aprovado pelo DL nº 454/80, de 9 de Outubro, e ratificado pela Lei nº 1/83, de 10 de Janeiro) e pelo Código Cooperativo de 1996 (estabelecido na Lei nº 51/96, de 7 de Setembro).

ciativo[228] destinadas à prossecução de uma actividade económica de escopo mutualista, ou seja, assente nos objectivos de cooperação e entreajuda[229].

No início e durante a plena vigência do Código Comercial de Veiga Beirão, as cooperativas eram apresentadas pela lei como um tipo especial (ou sub--tipo) de sociedade[230]. As "sociedades cooperativas" – assim se chamavam – estavam reguladas a par das sociedades comerciais e adoptavam, para a sua constituição, uma das formas previstas para as sociedades comerciais.

Mais tarde, tendo passado a distinguir-se, por determinação da Constituição da República Portuguesa de 1976 (confirmada, em 2004, aquando da 6ª revisão constitucional), entre os sectores público, privado e cooperativo e social (cfr. art. 82º da CRP), as cooperativas deixaram de ser qualificadas como sociedades[231] e, quando surge o primeiro Código Cooperativo (1980), passaram a constituir uma categoria própria. Aplica-se-lhes, apesar de tudo, o Direito Comercial como Direito subsidiário, designadamente o regime jurídico das sociedades anónimas (cfr. art. 9º do CCoop).

228 Segue-se aqui a divisão clássica das pessoas colectivas ou jurídicas, assente no seu elemento dominante, segundo a qual elas aparecem agrupadas em corporações (*universitates personarum*) e fundações (*universitates bonorum*), consoante sejam formadas por uma associação de pessoas ou por um património constituído para um fim determinado. Encontra-se esta classificação na maioria das obras dos antigos civilistas portugueses. Cfr., por exemplo, Guilherme Moreira, *Instituições do Direito Civil Português*, vol. I (Parte Geral), cit., p. 282.

229 O mutualismo ou a mutualidade (de *mutuum*, troca) é um termo que está intimamente ligado à ideia de reciprocidade (de prestações). Para uma síntese do movimento ideológico cooperativista cfr., entre outros, Manuel de Sá e Sousa Castelo Branco, "Algumas Notas sobre as Cooperativas e o Lucro", in: *Revista de Direito e de Estudos Sociais*, 1989, nº 1/2, pp. 299 e s.

230 Existiam, contudo, na doutrina, algumas reservas a esta qualificação legal, como, por exemplo, Alberto Luís ("Natureza Jurídica das Cooperativas em Portugal" in: *Revista da Ordem dos Advogados*, 1966, I-IV, p. 173), que afirmava: "se as cooperativas, como ente jurídico, não têm intuito lucrativo, tecnicamente a sua qualificação mais adequada seria a de *associações* e não sociedades". O autor criticava a opção legal, dizendo que o Código Comercial dispensava um tratamento igual ao escopo mutualístico e ao escopo lucrativo (ob. cit. p. 174).

231 Saliente-se, apesar de tudo, a criação, pelo Regulamento nº 1435/2003, de 22 de Julho, da Sociedade Cooperativa Europeia (SCE). Através do Regulamento, o legislador pretendeu dotar as cooperativas de meios idênticos aos das sociedades comerciais. A existência deste propósito e, desde logo, o nome adoptado (re)aproximam as cooperativas das sociedades. Cfr. sobre a SCE, Rui Namorado, *A Sociedade Cooperativa Europeia – Problemas e perspectivas*, Centro de Estudos Sociais e Centro de Estudos Cooperativos, Faculdade da Economia da Universidade de Coimbra, 2003. Cfr. ainda António Menezes Cordeiro, *Direito Europeu das Sociedades*, Coimbra, Almedina, 2005, pp. 1043-1047.

No regime jurídico geral encontram-se algumas normas que contribuem para identificar as finalidades das cooperativas. Veja-se, antes de mais, o art. 2º do CCoop, dispondo sobre a cooperação, a entreajuda dos membros da cooperativa (cooperadores) e a obediência a certos princípios cooperativos. Atendendo à norma, a única conclusão possível é a de que as cooperativas não visam fins lucrativos mas sim a satisfação das necessidades e aspirações económicas, sociais ou culturais dos cooperadores.

Reforçando esta conclusão, veja-se, logo a seguir, o art. 3º do CCoop, que estabelece os princípios cooperativos, de entre os quais se destacam o 3º princípio (participação económica dos membros)[232], o 5º princípio (educação, formação e informação), o 6º princípio (intercooperação) e o 7º princípio (interesse pela comunidade).

Estabelecendo o Código Cooperativo princípios e regras de cariz geral, a plicáveis a todas as cooperativas, não raramente se encontram classificações em que, consoante o tipo de actividade exercida, as cooperativas seriam mais ou menos próximas das sociedades[233]. Entre outras subdivisões possíveis, e, sem dúvida, mais minuciosas, pode agrupar-se as cooperativas em cooperativas de consumo (incluindo as cooperativas de fins culturais, de crédito, de habitação) e cooperativas de produção e de comercialização (integrando as cooperativas agrícolas, vinícolas, de artesanato, de pesca, de ensino). Costuma dizer-se que as primeiras são, em princípio, dirigidas à consecução de economias, ou seja, a proporcionar aos cooperadores vantagens directas e imediatas nas suas economias individuais, permitindo-lhes, designadamente, obter certos bens a custos inferiores aos praticados no mercado[234]. Em contrapartida, nas segundas podem registar-se incrementos patrimoniais – aquilo que se chama "excedentes cooperativos".

[232] Este é um princípio decisivo para a determinação do carácter das cooperativas. Por força dele, o capital é tendencialmente propriedade comum da cooperativa e os cooperadores recebem, se for caso disso, uma remuneração limitada, pelo capital subscrito como condição para serem membros. Os cooperadores destinam os excedentes a um ou mais dos objetivos seguintes: desenvolvimento das suas cooperativas, eventualmente através da criação de reservas, parte das quais, pelo menos, é indivisível; benefício dos membros na proporção das suas transações com a cooperativa; apoio a outras atividades aprovadas pelos membros.

[233] Cfr. Jorge Manuel Coutinho de Abreu, *Da empresarialidade – As empresas no Direito*, cit., pp. 170 e s.

[234] Daí que a exclusão das cooperativas de consumo do conceito de sociedade do Código Civil aparecesse, desde cedo, como segura. Cfr., por exemplo, Manuel de Sá e Sousa Castelo Branco, "Algumas Notas sobre as Cooperativas e o Lucro", cit., p. 323.

No entanto, estes excedentes – que, não sem razão, se chamam "excedentes"[235] – são insusceptíveis de ser livremente repartidos pelos cooperadores. O art. 97º do CCoop torna, desde logo, obrigatória a afectação de uma parte considerável dos excedentes à constituição de uma reserva para a educação cooperativa e a formação cultural e técnica dos cooperadores, dos trabalhadores da cooperativa e da comunidade e o art. 99º do CCoop, com a epígrafe "insusceptibilidade de repartição", determina que todas as reservas obrigatórias, bem como as que resultem de excedentes provenientes de operações com terceiros, são insusceptíveis de *qualquer tipo de repartição* entre os cooperadores e membros investidores. Por fim, o art. 100º, do CCoop dispõe, no seu nº 1, que os excedentes anuais líquidos, com excepção dos provenientes de operações realizadas com terceiros, que restarem depois do eventual pagamento de juros pelos títulos de capital e das reversões para as diversas reservas, podem, simplesmente, *retornar* aos cooperadores[236].

Quer dizer: apenas os excedentes resultantes das operações da cooperativa com os cooperadores podem retornar (quer dizer: ser restituídos ou devolvidos) aos cooperadores, já não os resultados das operações com terceiros. O fundamento está em que estes últimos são "juridicamente encarados como lucros e não como verdadeiros excedentes cooperativos, uma vez que não foram realizados no âmbito de uma actividade mutualista"[237].

Todos estes condicionamentos inviabilizam uma aproximação e justificam a forte resistência doutrina portuguesa à qualificação das cooperativas – qualquer tipo de cooperativas – como sociedades[238]. Adquire, neste con-

[235] Para a distinção entre excedente cooperativo e lucro societário cfr., em especial, Deolinda Aparício Meira, "Revisitando o problema da distinção entre excedente cooperativo e lucro societário", in: *II Congresso Direito das Sociedades em Revista*, Coimbra, Almedina, 2012, pp. 355 e s. Diz a autora que, na doutrina especializada, "excedente cooperativo" corresponde a "um valor provisoriamente pago a mais pelos cooperadores à cooperativa ou pago a menos pela cooperativa aos cooperadores, como contrapartida da participação destes na actividade cooperativizada", esclarecendo que o conceito "decorre da prossecução do escopo mutualístico pela cooperativa" (ob. cit., p. 358).

[236] É de notar ainda o disposto no art. 88º do CCoop, que, autorizando embora o pagamento de juros pelos títulos de capital mediante cláusula estatutária, fixa um limite máximo de 30% dos resultados anuais líquidos.

[237] Cfr. Deolinda Aparício Meira, "Revisitando o problema da distinção entre excedente cooperativo e lucro societário", cit., pp. 360-361.

[238] Cfr., neste sentido, Vasco Lobo Xavier, *Sociedades Comerciais – Lições aos Alunos de Direito Comercial do 4º Ano Jurídico*, cit., pp. 24-25 e 35 e s., Luís Brito Correia, *Direito Comercial*, 2º vol. *(Sociedades Comerciais)*, cit., pp. 58 e s., José de Oliveira Ascensão, *Direito Comercial*, vol.

texto, especial significado a ideia de que as cooperativas "não são empresas lucrativas imperfeitas (...) [s]ão um outro tipo de empresa"[239].

7.3.2. Os agrupamentos complementares de empresas e os agrupamentos europeus de interesse económico, em particular

Frequentemente evocados para ilustrar a categoria das *non-profit making companies*[240], os ACE estão regulados na Lei nº 4/73, de 4 de Junho, e no DL nº 430/73, de 25 de Agosto[241].

A lei apresenta-os como pessoas colectivas (cfr. Base IV da Lei nº 4/73, de 4 de Junho) e estabelece que a sua finalidade é a de "melhorar as condições de exercício ou de resultado da actividade económica dos membros" (cfr. Base I da Lei nº 4/73, de 4 de Junho). A caracterização legal não é muito precisa, mas deixa antever que a figura foi pensada para desígnios diferentes dos das sociedades. Só depois se compreende que eles podem, em certas circunstâncias, assumir (também) uma finalidade lucrativa[242].

IV *(Sociedades Comerciais)*, cit., p. 31, Jorge Manuel Coutinho de Abreu, *Curso de Direito Comercial*, Volume I – *Introdução, Atos de Comércio, Comerciantes, Empresas, Sinais Distintivos*, cit., pp. 290 e s., e Volume II – *Das sociedades*, cit., pp. 41 e s., Carlos Ferreira de Almeida, *Contratos III – Contratos de Liberalidade, de Cooperação e de Risco*, cit., pp. 99 e s. Cfr., em sentido oposto, António Menezes Cordeiro, *Direito das Sociedades I – Parte geral*, cit., pp. 409 e s., Jorge Henrique Pinto Furtado, *Curso de Direito das Sociedades*, cit., p. 148 e s., e Miguel Pupo Correia, *Direito Comercial*, cit., pp. 144 e s.

[239] Cfr. Rui Namorado, *A Sociedade Cooperativa Europeia – Problemas e perspectivas*, cit., p. 12. Cfr. ainda Manuel de Sá e Sousa Castelo Branco, "Algumas Notas sobre as Cooperativas e o Lucro", cit., p. 324. Este último autor, não obstante com algumas reservas, acaba por concluir, na senda de Vasco Lobo Xavier (*Sociedades Comerciais – Lições aos Alunos de Direito Comercial do 4º Ano Jurídico*, cit., pp. 42-43), que as cooperativas são "*pessoas colectivas sui generis*, representando uma forma jurídica híbrida, a meio caminho do conceito de associação e do conceito de sociedade" (itálicos do autor).

[240] Cfr. Vasco Lobo Xavier, Sociedades Comerciais – Lições aos Alunos de Direito Comercial do 4º Ano Jurídico, cit., p. 25.

[241] O legislador português seguiu, na realidade, o modelo francês, dos *groupements d'intérêt économique*, criados pela *Ordonnance* nº 67-821, de 23 de Setembro. Sobre os ACE cfr., com um estudo de enquadramento e particularmente minucioso da figura, José António Pinto Ribeiro / Rui Pinto Duarte, *Dos Agrupamentos Complementares de Empresas*, cit. Cfr., para uma síntese, Edgar Valles, *Consórcio, ACE e outras figuras*, cit., pp. 41 e s.

[242] José António Pinto Ribeiro e Rui Pinto Duarte (*Dos Agrupamentos Complementares de Empresas*, cit., pp. 66-67) dizem que "[a] base I da Lei nº 4/73 delimita positivamente [os] fins [que os ACE podem prosseguir], ao dizer que os ACE se podem constituir a fim de melhorar as condições de exercício ou de resultado da actividade económica dos membros, e, por sua

Não parece, contudo, que isto possa prejudicar a impressão inicial – de que os ACE não são sociedades.

Sublinhe-se, antes de mais, que os ACE não podem ter por fim principal a realização e partilha de lucros (cfr. Base II da Lei nº 4/73, de 4 de Junho, e art. 1º do DL nº 430/73, de 25 de Agosto). Quer dizer: por um lado, a assunção de uma finalidade lucrativa não é mais do que uma *possibilidade*, não existindo uma relação necessária entre os ACE e a finalidade lucrativa, nem mesmo quando todos os membros são comerciantes ou sociedades comerciais; por outro lado, quando exista, esta finalidade só pode ser acessória.

Depois, quando se faça uso desta possibilidade, ela tem de estar expressamente prevista no título constitutivo do ACE (cfr. art. 1º do DL nº 430/73, de 25 de Agosto). Esta exigência (de estipulação expressa) confirma a impressão de que não foi intenção do legislador disponibilizar um instituto de tipo societário, recusando ele que o escopo lucrativo aparecesse como o fim subjacente ou implícito – como um fim subentendido – dos ACE[243].

Reforça a diversidade das figuras a *equiparação legal* dos ACE às sociedades e, sobretudo, as circunstâncias em que esta equiparação se produz. A lei determina, no art. 15º do DL nº 430/73, de 25 de Agosto, que, se o ACE exercer uma actividade acessória lucrativa não autorizada pelo contrato ou exercer, a título principal, uma actividade lucrativa que só foi autorizada pelo contrato como acessória, fica sujeito à aplicação do regime (comercial e fiscal) das sociedades em nome colectivo.

Do regime dos ACE, retiram-se, em síntese, duas conclusões relevantes: primeiro, que a finalidade lucrativa, ainda que acessória, não é uma finalidade própria ou natural dos ACE (caso contrário não se exigiria a referência expressa no título constitutivo); segundo, que, quando a finalidade lucrativa assuma, ao arrepio da lei, um papel decisivo (quando se converta em finalidade principal), a proximidade de facto entre os ACE e as sociedades justificará uma aproximação de direito, mas uma aproximação *dentro de certos*

vez, o nº 1 da base II fá-lo negativamente, ao determinar que 'os ACE não podem ter por fim principal a realização e partilha de lucros'". Uma interpretação conciliadora dos propósitos do legislador é a de que os ACE se dirigem, em primeira linha, à produção de economias de escala (minimização de custos), o que acarreta, numa segunda fase, um aumento dos lucros individuais de cada um dos membros.

[243] Repare-se que, em contrapartida, a referência à finalidade lucrativa não faz parte das menções obrigatórias das sociedades comerciais (cfr. art. 9º, nº 1, do CSC).

limites (caso contrário não haveria equiparação[244]). Na perspectiva do legislador, aquela situação constitui um caso (excepcional) de "desvio" aos fins pré-concebidos[245].

As considerações são globalmente válidas para os AEIE. Os AEIE estão regulados no Regulamento (CEE) nº 2137/85, do Conselho das Comunidades Europeias, de 25 de Junho, e no DL nº 148/90 de 9 de Maio, e distinguem-se dos ACE, fundamentalmente, pela circunstância de serem formados por membros provenientes de, pelo menos, dois Estados membros diferentes [cfr. art. 4º, nº 2, al. *a)*, do Regulamento nº 2137/85, de 25 de Junho]. Atente-se, de qualquer forma, no disposto no art. 3º do Regulamento nº 2137/85, de 25 de Junho: "[o] objectivo do agrupamento é facilitar ou desenvolver a actividade económica dos seus membros, melhorar ou aumentar os resultados desta actividade; não é seu objectivo realizar lucros para si próprio".

7.4. (cont.): A diluição do *animus lucrandi* na lei e na prática das sociedades?

Os argumentos dirigidos a demonstrar a crise do intuito lucrativo não se esgotam nos já analisados.

Continuando a acompanhar Engrácia Antunes[246], argumenta ele, em segunda linha, que o objectivo lucrativo (*animus lucrandi*) das sociedades tem vindo a ser desvalorizado na lei e na prática das sociedades – na lei porque, como comprova o disposto do art. 64º, nº 1, al. *b)*, do CSC, ganham terreno interesses de natureza diversa, encabeçados por grupos de sujeitos diferentes dos sócios; na prática porque os lucros periódicos tendem a não

[244] A resistência do legislador à sua configuração como sociedades comerciais foi tão forte que nem este caso elas se convertem em sociedades em nome colectivo, apenas se lhes aplicando o respetivo regime.

[245] Muitos são os autores que, aduzindo estes e outros argumentos, recusam que os ACE sejam sociedades. Cfr., por exemplo, Vasco Lobo Xavier, *Sociedades Comerciais – Lições aos Alunos de Direito Comercial do 4º Ano Jurídico*, cit.,, pp. 24-25 e 40 e s., Luís Brito Correia, *Direito Comercial*, 2º vol. *(Sociedades Comerciais)*, cit., pp. 64 e s., José de Oliveira Ascensão, *Direito Comercial*, vol. IV *(Sociedades Comerciais)*, cit., p. 31, e Jorge Manuel Coutinho de Abreu, *Curso de Direito Comercial*, Volume II – *Das sociedades*, cit., pp. 43 e s. Cfr., em sentido oposto, Jorge Henrique Pinto Furtado, *Curso de Direito das Sociedades*, cit., p. 159 e s., António Menezes Cordeiro, *Direito das Sociedades I – Parte geral*, cit., pp. 408-409, e Miguel Pupo Correia, *Direito Comercial*, cit., pp. 148 e s.

[246] Cfr. José Engrácia Antunes, *Direito das Sociedades – Parte Geral*, cit., pp. 79-81.

ser distribuídos e os lucros finais não são coisa com os sócios possam contar. Por outro lado, a importância da sociedade atomisticamente considerada tende a diluir-se nas organizações plurissocietárias ou grupos de sociedades. Analise-se, separadamente, cada um dos argumentos.

7.4.1. O disposto no artigo 64º, número 1, alínea *b)*, do Código das Sociedades Comerciais e o dever fundamental dos administradores sociais de realizar o "interesse social iluminado"

Diz o autor, em primeiro lugar, que o *animus lucrandi* aparece desvalorizado na lei. Ilustra o facto com o disposto do art. 64º, nº 1, al. *b)*, do CSC, em que, ao lado de uma referência aos interesses dos sócios, passou a existir uma referência a interesses de outros sujeitos (*stakeholders*)[247]. Pretende o autor dizer, em suma, que, por determinação legal, o interesse da sociedade já não se reconduz – já não se pode reconduzir– exactamente ao interesse dos sócios na maximização do lucro social (*profit* ou *wealth maximisation*).

Comentando esta leitura, diga-se, antes de mais, que o acolhimento implícito do conceito de "*stakeholders*"[248] na norma que fixa os deveres fundamentais dos administradores[249] foi resultado do confronto da lei com as teorias sobre a responsabilidade social da empresa[250]. Aquele acolhimento

[247] Cfr. José Engrácia Antunes, *Direito das Sociedades – Parte Geral*, cit., p. 79.

[248] A expressão "*stakeholders*" (geralmente traduzida por "partes interessadas") designa, na definição da Comissão Europeia [cfr. Livro Verde "Promover um quadro europeu para a responsabilidade social das empresas", Comissão das Comunidades Europeias, Bruxelas, 18.07.2001, COM (2001) 366 final (Anexo – Conceitos)], os indivíduos ou as organizações que afectam as operações de uma empresa ou são afectados por ela, isto é, por um lado, os *shareholders*, os trabalhadores, os parceiros comerciais, os fornecedores, os clientes e os credores (*stakeholders* contratuais) e, por outro lado, a comunidade local, as associações de cidadãos, as entidades reguladoras e o Governo (*stakeholders* colectivos).

[249] O texto do art. 64º, nº 1, al. *b)*, do CSC foi alterado pelo DL nº 76-A/2006, de 29 de Março. Onde antes simplesmente se dizia que "[os] gerentes, administradores ou directores de uma sociedade devem actuar [...] no interesse da sociedade, tendo em conta os interesses dos sócios e dos trabalhadores" diz-se hoje naquela que é a al. *b)* do seu nº 1 que eles devem observar "[d]everes de lealdade, no interesse da sociedade, atendendo aos interesses de longo prazo dos sócios e ponderando os interesses dos outros sujeitos relevantes para a sustentabilidade da sociedade, tais como os seus trabalhadores, clientes e credores".

[250] Sobre a responsabilidade social das empresas (origens, desenvolvimento e perspectivas de evolução no quadro do Direito) cfr., na doutrina portuguesa, com muitas referências à doutrina estrangeira, Catarina Serra, "A Responsabilidade Social das Empresas – Sinais de um instituto jurídico iminente?", in: *Questões Laborais*, 2005, nº 25, pp. 42 e s., ou in: *Estudos em Home-*

(este confronto) não parece, porém, ter as consequências que o autor lhe imputa[251].

Com fundamentos que se expuseram noutra ocasião (e, por isso, é dispensável apresentar agora), deve considerar-se que o disposto na norma do art. 64º, nº 1, al. *b)*, do CSC (cujo texto foi introduzido em 2006) não invalida a afirmação de que o interesse social é – continua a ser –, predominantemente, o interesse dos sócios (*shareholder value*) na maximização do lucro social (*profit* ou *wealth maximisation*)[252].

É razoável entender que o interesse social se converteu num "interesse social iluminado" ("*enlightened shareholder value*")[253], o que obriga os adminis-

nagem ao Professor Doutor Manuel Henrique Mesquita, vol. II, Coimbra, Coimbra Editora, 2009, pp. 835 e s., "O novo Direito das Sociedades: para uma governação socialmente responsável", in: *Scientia Juris – Revista do Curso de Mestrado em Direito Negocial da Universidade Estadual de Londrina*, 2010, 14, pp. 155-179 (também disponível em http://www.uel.br/revistas/uel/index.php/iuris/article/viewFile/7425/6553), "A Responsabilidade Social das Empresas através do Direito (e o Direito à luz da Responsabilidade Social das Empresas)", in: *Responsabilidade Social – Uma visão ibero-americana*, Coimbra, Almedina, 2011, pp. 599 e s., e "Responsabilidad social corporativa: un cambio de rumo en el Derecho de sociedades", in: Ángel Fernández-Albor Baltar (dir.) / Elena Pérez Carrillo (coord.), *Empresa responsable y crecimiento sostenible: aspectos conceptuales, societarios y financieros – Monografia Asociada a Revista de Derecho de Sociedades*, Número 38, Cizur-Menor (Navarra), Thomson Aranzadi, 2012, pp. 79 e s.

251 Analisa também o impacto da responsabilidade social das empresas no contexto dos elementos do contrato de sociedade, com uma conclusão semelhante à sustentada aqui, Daniele U. Santosuosso (in: Enrico Gabrielli (Diretto da) / Daniele U. Santosuosso (a cura di), *Commentario del Codice Civile – Delle Società – Della Azienda – Della Concorreza*, vol. I – *Artt. 2247-2379 ter*, cit., pp. 19 e s.).

252 Cfr., com numerosas referências, cfr. Catarina Serra, "Entre *corporate governance* e *corporate responsibility*: deveres fiduciários e 'interesse social iluminado'", in: *I Congresso Direito das Sociedades em Revista*, Coimbra, Almedina, 2011, pp. 211 e s. Destaca-se, na doutrina portuguesa, Jorge Manuel Coutinho de Abreu, *Curso de Direito Comercial*, Volume II – *Das sociedades*, cit., pp. 210 e s. É de acentuar, em especial, a posição do autor quanto ao reflexo da responsabilidade social das empresas na norma do art. 64º, nº 1, al. *b)*, do CSC (ob. cit., p. 281): "é bom que se promova a 'responsabilidade social das empresas' (...) [m]as sem que essa promoção obnubile o carácter essencialmente 'individual'-egoístico da empresa capitalista" (interpolação nossa).

253 Transpõe-se a expressão usada pela doutrina inglesa a propósito do disposto na (homóloga) Secção 172 do *Companies Act 2006*. Cfr., para um exemplo significativo, Paul Davies, "Enlightened Shareholder Value and the New Responsibilities of Directors", *Lecture delivered at the University of Melbourne Law School (the inaugural WE Hearn Lecture) 4 October 2005* (disponível em http://law.unimelb.edu.au/__data/assets/pdf_file/0014/1710014/94-Enlightened_Shareholder_Value_and_the_New_Responsibilities_of_Directors1.pdf). A aproximação das

tradores sociais a tomarem certas providências que não eram exigidas antes (a cumprirem certos deveres procedimentais), designadamente aquando do *decision-making process*[254]. Mas os interesses dos sócios (*rectius*: "os interesses de longo prazo dos sócios"[255]) mantêm-se como índice fundamental do interesse social, devendo, em suma, os administradores continuar a orientar a sua actuação pelo objectivo de satisfazer as pretensões lucrativas dos sócios[256].

7.4.2. A prática de não distribuição dos lucros periódicos e a ausência de expectativas quanto à distribuição dos lucros finais

Diz o autor, em segundo lugar, que o *animus lucrandi* aparece desvalorizado na prática porque os lucros periódicos tendem, por vários motivos, a não ser distribuídos e os lucros finais "só teoricamente podem entrar nas expectativas dos sócios"[257].

A opção pela não distribuição dos lucros nas sociedades comerciais não é uma prática recente, embora, com efeito, tenha vindo a intensificar-se nos últimos tempos. Como aponta o autor, as razões são de ordem diversa,

duas normas (portuguesa e inglesa) é feita por alguma doutrina portuguesa (cfr., por todos, Pedro Pais de Vasconcelos ("Responsabilidade civil dos gestores das sociedades comerciais", in: *Direito das Sociedades em Revista*, 2009, 1, pp. 17-21).

[254] São eles o dever de *obter* informação sobre o impacto previsível das suas decisões sobre os *stakeholders*; o dever de *tomar em consideração* essa informação aquando da tomada das decisões (de decidir em conformidade com ela) e o dever de *justificar* as decisões que contendam significativamente com os interesses de alguns dos *stakeholders*. Cfr., sobre estes deveres, Catarina Serra, "Entre *corporate governance* e *corporate responsibility*: deveres fiduciários e 'interesse social iluminado'", cit., pp. 250 e s.

[255] Quer dizer: relevam os interesses dos sócios que tenham em conta a continuidade da empresa e o desenvolvimento sustentável, em suma, que se dirijam ao aumento de valor da empresa a longo prazo. A noção de "desenvolvimento sustentável" está presente na norma do art. 64º, nº 1, al. *b)*, do CSC, através da referência a "sustentabilidade". Aquele foi definido, em 1987, no relatório final dos trabalhos da Comissão Mundial das Nações Unidas para o Ambiente e o Desenvolvimento (Comissão Brundtland), como "o desenvolvimento que responde às necessidades do presente sem comprometer a capacidade das gerações futuras de responderem às suas próprias necessidades".

[256] Cfr., para uma explicação das razões da prevalência do modelo do *shareholder value* e do insucesso dos sub-modelos alternativos pró-*stakeholders*, Henry Hansmann / Reinier Kraakman, "The end of history for Corporate Law", Harvard Law School John M. Olin Center for Law, Economics and Business Discussion Paper Series, Paper 280, 2000.

[257] Cfr. José Engrácia Antunes, *Direito das Sociedades – Parte Geral*, cit., pp. 79-80.

avultando, entre elas, a necessidade e / ou a vontade de "reinvestimento". O certo é que os lucros não distribuídos não desaparecem. São mantidos no património social (para onde normalmente são canalizados como reservas) e vêm sempre, em última instância, a beneficiar os sócios: se não forem distribuídos em momento posterior, valorizam as participações sociais, determinando normalmente o aumento do capital social por incorporação de reservas. Assim, se a dissolução da sociedade não ocorrer dentro de um prazo razoável para os sócios (o que, de facto, é provável, dada a actual indeterminação do período de vida das sociedades) e, portanto, não chegar a haver uma distribuição dos lucros finais, têm sempre a possibilidade de transmitir a sua participação social e por essa via obter os ganhos líquidos a que têm direito[258].

7.4.3. A diluição da sociedade na empresa plurissocietária e a sua tendencial instrumentalização. O intuito lucrativo das sociedades que sejam membros de grupos

Analise-se, por fim, a alegada transformação da sociedade, atomisticamente considerada, em instrumento de organização e controlo de unidades económicas plurissocietárias[259]. Estará o autor a referir-se, numa palavra, à proliferação de grupos de sociedades[260] [261], que é uma realidade, embora com contornos diversos, em todos os países europeus.

[258] Cfr. Catarina Serra, *Direito Comercial – Noções Fudamentais*, cit., p. 168.

[259] Cfr. José Engrácia Antunes, *Direito das Sociedades – Parte Geral*, cit., p. 80.

[260] Tomar-se-á, para os presentes efeitos, a expressão "grupos de sociedades" no seu sentido mais estrito, como a figura que se insere (a par das sociedades em relação de simples participação, das sociedades em relação de participação recíproca e das sociedades em relação de domínio) no conjunto das sociedades coligadas enumeradas no art. 482º do CSC e que, por sua vez, compreende os grupos constituídos por domínio total (cfr. arts. 488º a 491º do CSC), os grupos paritários (cfr. art. 492º do CSC) e os grupos de subordinação (cfr. art. 493º a 508º do CSC). Isto porque é nestas situações que o problema se põe com maior acuidade. Adverte-se que o termo pode ser entendido num sentido mais amplo, para designar a generalidade das sociedades coligadas enumeradas no art. 482º do CSC.

[261] Sobre a temática dos grupos há um extenso conjunto de estudos em Portugal. Cfr., por exemplo, Raúl Ventura, "Participações dominantes: alguns aspectos do domínio de sociedades por sociedades", in: *Revista da Ordem dos Advogados*, 1979, I, pp. 5 e ss., e II, pp. 241 e s., e "Grupos de Sociedades – uma Introdução Comparativa a propósito de um Projecto Preliminar de Directiva da CEE", in: *Revista da Ordem dos Advogados*, 1981, I, pp. 23 e s., e II, pp. 305 e s., Francisco Pereira Coelho, "Grupos de Sociedades", in: *Boletim da Faculdade de Direito da Universidade de Coimbra*, 1988, pp. 297 e s., Luís Brito Correia, "Grupos de Sociedades", in:

Admite-se que o fenómeno conduz à "instrumentalização" de sociedades por sociedades[262], logo a uma certa "degradação" do estatuto de sócios, nomeadamente no plano da sua posição jurídico-patrimonial (direito aos lucros)[263] [264]. O argumento não é, no entanto, por si só, susceptível de conduzir à condusão de que nas sociedades membros de grupos não existe escopo lucrativo.

Diga-se, antes de mais, que a análise da existência ou inexistência (da subsistência ou diluição) de uma finalidade lucrativa em certas sociedades na hipótese dos grupos não pode obedecer às mesmas regras ou ser feita aplicando-se os mesmos critérios que se aplicam nas demais sociedades. O legislador teve essa consciência. A prova disso é o disposto no art. 6º, nº 3, do CSC, onde são ressalvados da proibição de prestação de garantias reais ou pessoais a outras entidades os casos das sociedades em relação de domínio ou de grupo. O que se retira daqui, por outras palavras, é que a lei permite, de facto, que se verifique um certo grau de instrumentalização de sociedades no contexto dos grupos.

Novas Perspectivas do Direito Comercial, Coimbra, Livraria Almedina, 1988, pp. 377 e s., Maria da Graça Trigo, "Grupos de Sociedades", in: *O Direito*, I, 1991, pp. 41 e s., José Engrácia Antunes, *Os grupos de sociedades – Estrutura e organização jurídica da empresa plurissocietária*, Coimbra, Almedina, 2002 (2ª edição), e Ana Perestrelo Oliveira, *Grupos de sociedades e deveres de lealdade. Por um critério unitário de solução do "conflito do grupo"*, Coimbra, Almedina, 2012, e *Manual de grupos de sociedades*, Coimbra, Almedina, 2017.

262 Exemplo de tal instrumentalização seria o disposto no art. 503º, nº 2, do CSC, onde se diz que a sociedade directora pode emitir instruções desvantajosas para a sociedade subordinada se tais instruções servirem os interesses da sociedade directora ou das outras sociedades do grupo.

263 Cfr., *grosso modo* com estas palavras, José Engrácia Antunes, *Os grupos de sociedades – Estrutura e organização jurídica da empresa plurissocietária*, cit., p. 134 e p. 774. Quando uma sociedade leva a cabo os interesses de outra(s), os "sócios externos" ou investidores (chamados assim por oposição aos "sócios internos", isto é, a sociedade-mãe) não podem contar, naturalmente, com uma distribuição dos lucros nos mesmos termos daquela que acontece nas sociedades "independentes". Põe-se essencialmente o mesmo problema quando, por força da situação de controlo intersocietário, os lucros nem sequer se realizem ou, como diz aquele autor, "a sociedade-filha, não obstante o bom andamento dos respectivos negócios, não venha a registar quaisquer resutados positivos nas respectivas contas de exercício".

264 Reduzindo as coisas ao essencial, poder-se-ia dizer, com Jorge Manuel Coutinho de Abreu ["O direito dos grupos de sociedades segundo o European Model Company Act (EMCA)", in: AA.VV., *IV Congresso – Direito das Sociedades em Revista*, Coimbra, Almedina, 2017, p. 513], que, nos grupos de sociedades (em sentido amplo), "o sócio ou os sócios da sociedade controladora pretendem ganhar nesta o mais possível, ainda que à custa das sociedades controladas".

Daqui não se retira, contudo, que a instrumentalização é ilimitada. Quer dizer: não há razão para presumir que a lei permite (ou muito menos pretende) que, nalgumas sociedades, o escopo lucrativo, na sua dupla vertente da realização de lucros e da distribuição pelos "sócios livres", seja absoluta e definitivamente eliminado.

Em primeiro lugar, uma hipótese de grupos de sociedades já analisada (a SGPS) sugere exactamente o oposto. Em segundo lugar, através da possibilidade de "convenção de atribuição de lucros", prevista no art. 508º do CSC e, sobretudo, da "garantia de lucros" em favor dos "sócios livres" consagrada no art. 500º do CSC[265], a lei assegurou que o direito dos sócios aos lucros nunca se dilui por completo nos casos em que existiria esse risco.

O princípio de que se parte é, portanto, o de que os sujeitos criam sociedades com a intenção de retirar, directa ou indirectamente, determinados benefícios económicos e de que isso é válido também no domínio dos grupos[266]. Se casos de sociedades houver em que aquele intuito original fica total e definitivamente inviabilizado, para favorecer interesses de outra(s) ou de um suposto "interesse do grupo"[267], talvez seja de remetê-los para a

[265] Sobre a possibilidade desta convenção e desta garantia cfr. José Engrácia Antunes, *Os grupos de sociedades – Estrutura e organização jurídica da empresa plurissocietária*, cit., pp. 649 e s. e pp. 773 e s. Como o autor reconhece, a garantia de lucros funciona, consoante os casos, "ora como *complemento* dos lucros de exercício realizados pela sociedade subordinada ou como *substituto* dos lucros (inexistentes) desta última" (itálicos do autor). Ela pode ser combinada com a convenção de atribuição de lucros (cfr. art. 508º do CSC) [cfr., sobre esta possibilidade em especial, ob. cit., p. 776 (nota 1513)].

[266] É manifesto que José Engrácia Antunes [*Os grupos de sociedades – Estrutura e organização jurídica da empresa plurissocietária*, cit., p. 135] parte do mesmo princípio quando diz "os sócios minoritários e individuais da filial, vendo desaparecer o interesse de acordo com o qual *legitimamente* esperavam que o capital por eles investido fosse administrado (...), podem ver o *seu elementar direito aos lucros* periódicos ou até finais 'ser reduzido até à respectiva desfiguração'" (itálicos nossos). A mesma ideia perpassa de outro comentário do autor, sobre a garantia de lucros (ob. cit., p. 774).

[267] Conforme nota Ana Perestrelo Oliveira (*Manual de grupos de sociedades*, cit., p. 307), segundo alguns autores, conjugando a norma do art. 503º, nº 2, com a do art. 504º do CSC, que remete implicitamente para o art. 64º, é commumente afirmado o dever dos administradores da sociedade-mãe actuarem num "interesse do grupo". Integra-se nesta corrente José Engrácia Antunes (*Os grupos de sociedades – Estrutura e organização jurídica da empresa plurissocietária*, cit., esp. pp. 738 e s.). Outra parte da doutrina portuguesa entende, pelo contrário, que o alegado interesse do grupo não é senão o interesse da sociedade-mãe ou sociedade do topo [cfr., por todos, Jorge Manuel Coutinho de Abreu, *Da empresarialidade – As empresas no Direito*, cit.,

categoria do uso legítimo dos institutos e, sendo assim, eles serão irrelevantes para a questão que se trata aqui. O abuso a que, na prática, sejam sujeitos os institutos não é – não poderia ser – determinante para a sua qualificação jurídica.

7.5. O argumento do Direito comparado

O argumento mais impressionante contra a persistência do lucro na sua acepção restrita é, na formulação de Engrácia Antunes, a "lição de Direito comparado" ou, concretamente, o esforço despendido por alguns legisladores estrangeiros para adaptar o quadro normativo à realidade das sociedades. Segundo o autor, em boa parte dos ordenamentos jurídicos prescindiu-se do requisito do lucro na delimitação do conceito de sociedade e é de calcular que o mesmo aconteça, a breve prazo, nos ordenamentos restantes, atendendo, sobretudo, aos sinais da doutrina[268].

O argumento é, como se tem dito, impressionante, mas, na verdade, tem um valor limitado. Da breve análise histórico-comparativa feita resulta que as normas equivalentes à do art. 980º do CC nos ordenamentos latinos se mantiveram, de uma forma geral, fiéis à noção de sociedade como entidade lucrativa. Confirma-se isso plenamente na lei espanhola (cfr. art. 1665 do *Código Civil*) e na lei italiana (que foi o modelo da lei portuguesa) (cfr. art. 2247 do *Codice Civile*).

É um facto que, em França, depois das alterações introduzidas em 1978 à norma do art. 1832 do *Code Civil*, passou a admitir-se que uma sociedade fosse constituída para a (mera) realização de economias[269]. Conservou a lei, no entanto, a finalidade lucrativa como finalidade alternativa (na verdade,

pp. 269-2170, e "O direito dos grupos de sociedades segundo o European Model Company Act (EMCA)", cit., p. 520, e Ana Perestrelo Oliveira, ob. cit., pp. 308 e s.]. Em qualquer caso, haveria um limite à prossecução do interesse da sociedade do topo / do interesse do grupo: a proibição de colocar em risco a sobrevivência económica-empresarial da sociedade subordinada (cfr. Ana Perestrelo Oliveira, ob. cit., pp. 308-309, e José Engrácia Antunes, ob. cit., pp. 741 e s.).

[268] Cfr. José Engrácia Antunes, *Direito das Sociedades – Parte Geral*, cit., pp. 80-81.

[269] Pouco tempo antes da alteração (1975) e no que, consequentemente, pode ser interpretado como uma tentativa de alteração, tinha sido proposta, no chamado "*Rapport Sudreau*" para a reforma da empresa, a "*entreprise sans but lucratif*". Ela estava, porém, assumidamente, a meio caminho entre as sociedades e as associações. Também o seu *nomen iuris* ("empresa" e não "sociedade") limitava, à partida, a discussão.

como finalidade primeira) do conceito de sociedade. Por outro lado, a extensão do conceito mereceu – merece – a crítica de boa parte da doutrina francesa[270].

Por fim, em claro desvio, admite-se no Direito alemão que as sociedades sejam constituídas para a prossecução de qualquer fim (lícito) comum. Mas isso é assim desde há bastante tempo – desde 1900, data da entrega em vigor do *Bürgerliches Gesetzbuch* – e é compreensível no quadro (diverso) existente à altura: havia uma dualidade quase maniqueísta entre as sociedades e as associações, da qual decorriam muitos óbices à constituição das segundas; era razoável que se "liberalizasse" a constituição de entidades não lucrativas.

Aquilo que se nota nos ordenamentos estrangeiros, mesmo nos mais tradicionais, é uma coisa diferente, que não passa pela alteração da norma nem do conceito de sociedade. Trata-se de uma certa tendência para a criação, por via legislativa, de "vistosos" instrumentos híbridos (com finalidades imprecisas, múltiplas ou diversificadas).

Veja-se o caso italiano da "*impresa sociale*"[271]. Previa-se, no regime inicial, que pudessem adquirir a qualificação de "*impresa sociale*" as sociedades comerciais (de pessoas ou de capitais), sendo, neste caso, proibida a distribuição, mesmo que indirecta, dos lucros[272]. Imediatamente a doutrina dominante relegou a *impresa sociale* para a categoria das excepções, não lhe reconhecendo idoneidade para pôr em causa a vocação geral das sociedades para a distribuição dos lucros que realizem[273]. Outro dado significativo é que a disciplina foi revista; talvez não surpreendemente, uma das alterações do (novo) *Decreto Legislativo 3 luglio 2017, n. 112*, é a consagração de ressalvas

[270] Cfr., por todos, Georges Ripert / René Roblot, *Traité de Droit Commercial*, tome I, vol. II – *Les sóciétés commerciales*, cit., p. 14 e pp. 18-19.

[271] Refere-se a ela também no contexto da análise do escopo lucrativo das sociedades Daniele U. Santosuosso (in: Enrico Gabrielli (Diretto da) / Daniele U. Santosuosso (a cura di), *Commentario del Codice Civile – Delle Società – Della Azienda – Della Concorreza*, vol. I – *Artt. 2247-2379 ter*, cit., p. 20).

[272] Mais precisamente, podiam adquirir a qualificação de "*impresa sociale*" as organizações privadas que exercessem, de forma estável e a título principal, uma actividade económica organizada com o fim de produção ou troca de bens ou serviços de utilidade social, dirigida a realizar fins de interesse geral (cfr. art. 1 do *Decreto Legislativo 24 marzo 2006, n. 155*).

[273] Cfr., neste sentido, Marco Avagliano, in: Enrico Gabrielli (Diretto da) / Daniele U. Santosuosso (a cura di), *Commentario del Codice Civile – Delle Società – Della Azienda – Della Concorreza*, vol. I – *Artt. 2247-2379 ter*, cit., p. 41 (nota 47).

à proibição de distribuição de lucros nas sociedades comerciais[274] [275]. O signi-

[274] Nos termos do (recém-aditado) art. 3, nº 3, al. *a)*, do *Decreto Legislativo 3 luglio 2017, n. 112*, uma parte inferior a 50% dos lucros, deduzida das perdas transitados dos exercícios anteriores, pode ser destinada, em certas condições, à distribuição entre os sócios. De acordo com as notas dos trabalhos preparatórios publicadas na *Gazzeta Ufficiale*, acedem à qualificação como "*impresa sociale*" as organizações privadas que desenvolvem uma actividade empresarial com um dos objectivos enumerados na lei e que destinam os lucros *prioritariamente* à realização desse objectivo.

[275] O termo "*social enterprise*" é usado, em sentido amplo, para designar qualquer entidade com objectivos marcadamente sociais. O critério fundamental para qualificar as entidades como *social enterprises* não é a estrutura jurídica, mas a sua actividade ou os seus objectivos, pelo que o termo não identifica imediata ou necessariamente um novo tipo de sociedade (cfr., sobre o conceito de "*social enterprise*", Antony Katz / Robert A. Page, "*The Role of Social Enterprise*, in: *Vermont Law Review*, 2010, Vol. 35, p. 59 e pp. 86 e s.). Os adeptos da *social enterprise* acreditam que se pode combinar, por esta via, o dinamismo das empresas *for-profit* e o espírito de missão das *non-profit* (cfr. Antony Katz / Robert A. Page, "Is social responsibility the new form of corporate social responsiility?", in: *Seattle University Law Review*, 2011, Vol. 34, p. 1357). A ideia subjacente à *social enterprise* tem manifestações "vistosas" nos ordenamentos do círculo jurídico anglo-americano. No Estado do Delaware (mas também noutros Estados americanos), foi criada a "*public benefit corporation*". É descrita como um novo veículo societário, que se distingue da sociedade tradicional pela extensão dos seus fins (extensão ao fim de produzir de um benefício público, ou seja, um impacto positivo na sociedade e no ambiente), pela extensão dos deveres dos seus gestores (ao dever de considerar os interesses dos *stakeholders* não financeiros) e pela extensão da obrigação de transparência (à obrigação de apresentar de informação social e ambiental) (cfr. Alex Fomcenco, "The Rise of a New Corporate Vehicle: The Public Benefit Corporation", *European Company Law*, 2014, vol. 11(6), pp. 276 e s.). Cfr. ainda, sobre a *Public Benefit Corporation*, entre outros, Michael B. Dorff, "Why Public Benefit Corporations?", in: *Delaware Journal of Corporate Law*, 2017, Vol. 42 (forthcoming) (disponível em: https://ssrn.com/abstract=2848617). Na Inglaterra, foi criada, por seu turno, em 2004, a "*community interest company*". Esta apresenta-se mesmo como um novo tipo de sociedade, que se distingue das restantes pelo facto de perseguir objectivos sociais (comunitários) e de a distribuição de lucros aos sócios estar fortemente limitada [cfr. Paul Davies, *Principles of Modern Company Law*, cit., pp. 10-11, e Jonathan Rickford, "Fundamentals, Developments and Trends in British Company Law – Some Wider Reflections – First Part: Overview and the British Approach", in: *European Company and Financial Law Review*, 2004, 4, p. 398 (nota 33)]. Como se viu atrás, na Inglaterra, as sociedades não têm necessariamente fins lucrativos [cfr., por todos, Paul Davies, ob. cit., pp. 7 e s.]. Em França, igualmente com preocupações sociais, foi proposta a criação de uma "*entreprise à progrès collectif*". Por contraste com os ordenamentos do círculo anglo-americano, e apesar de a lei francesa se compatibilizar com a prossecução de fins não lucrativos em sentido estrito, a ideia seria a de configurar a "*entreprise à progrès collectif*" como um instrumento não societário. Segundo alguns, ela viria (apenas) aumentar o espectro das opções jurídicas possíveis para o exercício da empresa, mas sem perturbar a ordem estabe-

ficado deste tipo de fenómenos é, como se vê, limitado e não conduz(iu) à alteração do conceito de sociedade.

Tudo considerado, conclui-se que o argumento de Direito comparado padece dos limites (intrínsecos) dos argumentos de Direito comparado: servem para a confirmação e o suporte de um resultado que seja encontrado com os meios de interpretação tradicionais, não devendo o intérprete afastar-se ou deixar de respeitar os limites do seu quadro sistemático[276]. Quer dizer: mesmo que o legislador italiano tivesse alterado a norma italiana, isso não justificaria, por si só, que se alterasse a norma portuguesa[277], ou se "forçasse" a qualificação de alguma entidade como sociedade contrariando ou desconsiderando o Direito português.

8. Balanço intercalar

Depois de todo o excurso tendente a confrontar os requisitos do art. 980º do CC com a realidade das sociedades comerciais, e tentando distinguir a regra da excepção, deve reconhecer-se duas coisas: em primeiro lugar, que as sociedades comerciais portuguesas preenchem, normalmente, os requisitos enunciados no art. 980º do CC, ou seja, que estes são requisitos *típicos* das sociedade comerciais; em segundo lugar, que, ainda assim, atendendo aos casos duvidosos, não é adequado construir uma definição de sociedade comercial a partir dela.

lecida (cfr. Armand Hatchuel / Blanche Segrestin, "La société contre l'entreprise? Vers une norme d'entreprise à progrès collectif", in: *Droit et Société*, 2007, 65, pp. 27 e s.). Em Portugal, a noção de "empresa social" tão-pouco é desconhecida, tendo sido, primeiro, associada ao regime (entretanto revogado) das empresas sociais de inserção e, mais tarde, aproximada do regime jurídico das instituições particulares de solidariedade social (IPSS). Domingo Soares Farinho ("A sociedade comercial como empresa social – breve ensaio prospectivo a partir do direito positivo português", in: *Revista de Direito das Sociedades*, 2015, nº 2, pp. 247 e s.) salienta as vantagens que decorreriam do facto de a sociedade comercial poder ser, em Portugal, uma empresa social, defendendo tal solução *de iure condendo*. Adverte, porém, para a necessidade de a disciplina da empresa social não proibir absolutamente a distribuição de lucros, pois isso seria incompatível com a noção de sociedade.

[276] Cfr., neste sentido, Konrad Zweigert / Hein Kötz, *Einführung in die Rechtsvergleichung*, Tübingen, J.C.B. Mohr (Paul Siebeck), 1996 (3. Auflage), p. 17.

[277] Nem é essa a prática do legislador português. Na lei alemã e na lei italiana estão, desde há tempo, as sociedades de pessoas privadas de personalidade jurídica, mas a lei portuguesa não as seguiu. Da mesma forma, não deverá ser porque o consórcio dá origem, em Itália, a uma sociedade comercial ou porque o agrupamento complementar de empresas é qualificado como uma sociedade pelo legislador espanhol que deve acontecer o mesmo em Portugal.

Todas as discrepâncias assinaladas, com excepcão das que se prendem com o "elemento lucrativo", são essencialmente imputáveis ao facto de as sociedades comerciais serem entidades dotadas de personalidade jurídica – o que se compreende bem quando se avalia comparativamente a posição das sociedades comerciais e das sociedades civis à luz dos elementos exigidos pela norma.

Assim, ao nível do elemento pessoal, se faz sentido exigir, pelo menos, dois sócios quando a sociedade é civil (uma pessoa singular com um património separado não faz uma sociedade), a sociedade comercial dispensa-o (porque, seja como for, é uma pessoa distinta do sócio). Quanto ao elemento patrimonial, se é difícil conceber uma sociedade civil sem património (no plano das relações externas ou com terceiros, a sociedade civil pouco mais é do que um património de afectação especial), a sociedade comercial pode passar sem património (uma pessoa não deixa de ser uma pessoa por não ter, momentaneamente, um património). Finalmente, quanto ao elemento finalístico se faz sentido exigir que o exercício da actividade seja comum quando a sociedade é civil, ele é, em algumas sociedades comerciais, inviável (porque as pessoas humanas se diluem ante a pessoa jurídica que é a sociedade).

A impossibilidade de retirar da norma uma definição de sociedade comercial não determina, no entanto, que seja necessário ao legislador intervir ou, em alternativa, ao intérprete "voltar as costas" à norma. Este pode, simplesmente, tentar reconstruir (descobrir) o tipo que lhe subjaz.

Para uma tarefa desta natureza, o intérprete deve olhar para a história da norma e para o sistema em que ela está inserida, actualizando-a se e quando for necessário, mas sem nunca deixar de presumir que ela tem uma razão de ser, como se diz, por outras palavras, no art. 9º, nºs 1 e 3, do CC. A tarefa de actualização não consiste nem exclusiva nem necessariamente na (re)constituição do sentido actual das normas, pode compreender (também) ajustamentos ao papel que elas desempenham e, eventualmente, o seu direccionamento para o desempenho de um papel diferente do tradicional.

A conciliação de todas estas exigências não é tarefa fácil, obrigando a muitas cautelas para não se ser induzido em erro[278]. A circunstância de, por

[278] Invocando, por exemplo, a história do art. 980º do CC (o art. 1240º do Código de Seabra), José António Pinto Ribeiro e Rui Pinto Duarte [*Dos Agrupamentos Complementares de Empresas*, cit., pp. 26-27 (nota 9)], sustentaram a dispensa de um fim lucrativo nas sociedades. Alegaram os autores que "podia entender-se, razoavelmente, que o 'intuito de repartirem

exemplo, ao legislador ter atribuído a uma entidade determinado *nomen* não pode ser decisiva. Há sempre que pôr a hipótese de esta "qualificação" ter sido feita por um legislador desatento ou por um legislador consciencioso num momento de menor atenção[279] [280]. As "qualificações" legais comportam sempre um risco: podem transformar-se em mais um obstáculo a ultrapassar para se chegar à qualificação correcta.

9. A possibilidade de atribuição de um efeito útil ao artigo 980º do Código Civil no âmbito das sociedades comerciais

9.1. Pressupostos

O esforço para atribuir um efeito útil ao preceituado no art. 980º do CC baseia-se em dois pressupostos.

entre si os proveitos ou perdas que possam resultar dessa comunhão' não significava a obrigatoriedade de essa comunhão só poder ser constituída quando com ela se visasse obter um proveito, mais, um proveito-lucro ou até um proveito-lucro pecuniário, mas, outrossim, o de impedir a formação, sob capa nova, de relações de dependência pessoal por meio dos pactos ou sociedades leoninas". Segundo os autores, "[i]sto era tanto mais admissível quanto o artigo 1242º estatuía a sanção da nulidade, não para os contratos de sociedade que não visassem a obtenção do lucro, mas sim para as sociedades leoninas, em que todos os proveitos pertencessem a algum ou alguns dos sócios e as perdas a outro ou a outros". Duvida-se que o argumento possa demonstrar aquilo que se pretende. Por um lado, não há indícios de que o texto normativo admitisse a constituição de sociedades para finalidades alternativas, isto é, para finalidades diversas da repartição dos proveitos ou perdas entre os sócios). Depois, e mais importante, a circunstância de os contratos de sociedade que não visassem a obtenção do lucro não serem nulos e serem nulos apenas os contratos de sociedades leoninas, atestava, se bem se compreende, que as chamadas "sociedades não lucrativas" não eram um dado susceptível de pôr em causa a definição de contrato de sociedade (elas não são, simplesmente, sociedades). No quadro, seja do art. 1240º do Código de Seabra, seja do art. 980º do Código actual (em que nada se alterou para este efeito), os casos de "sociedades não lucrativas" suscitam um problema, não de validade, mas sim – tudo indica – de qualificação.

[279] Nem sempre, com efeito, as formas escolhidas pelo legislador são as mais adequadas. Comentando as *sociedades anónimas laborales* (sociedades em que, pelo menos, 51% do capital pertence aos trabalhadores) Angel Fernández Albor Baltar ("Sociedades anónimas laborales y problemática de adaptación a la nueva regulación en materia de sociedades", in: *Dereito*, 1992, vol. 1, nº 1, pp. 156-157) confirma-o, de alguma forma, quando diz que pode duvidar-se de que exista nelas a nota capitalística das sociedades anónimas; existe, sim, semelhança entre elas e as (sociedades) cooperativas, uma vez que ambas têm o mesmo fim (criar um regime mínimo de solidariedade entre os associados).

[280] Ilustram a desorientação a que conduziram determinadas opções do legislador francês no que toca à alternativa sociedade / associação Georges Ripert / René Roblot, *Traité de Droit Commercial*, tome I, vol. II – *Les sóciétés commerciales*, cit., p. 16.

O primeiro é o de que só se deve recusar a utilidade dos institutos (entendidos em sentido amplo, como relações ou coordenações entre normas) quando previamente se confirmou que não é possível uma leitura que os aproveite.

Dir-se-á que a posição denota algum conservadorismo, o que é verdade. Mas é preciso entender bem em que consiste esta atitude. Favorecer a preservação dos institutos não significa recusar, por princípio, a mudança; significa recusar a mudança enquanto não for seguro que ela se justifica.

Por tudo quanto se viu atrás, parece ser este o caso da norma do art. 980º do CC ou, mais precisamente, do conceito que nela se define. Se, por um lado, se reconhece que não é possível retirar dela, nem sequer mais indirectamente[281], uma definição de sociedade comercial, por outro, entende-se que será precipitado concluir que ela não tem utilidade alguma.

A tese da inutilidade da norma apoia-se, fudamentalmente, na alegação de que há sociedades comerciais às quais falta um ou mais dos elementos fixados, sendo a ausência do chamado "elemento teleológico" uma das que é mais notada[282]. Mas a ausência de um ou mais elementos só pode conduzir à conclusão da inutilidade da norma de um ponto de vista subsuntivo. A verdade é que não é este, como se sabe, o único modo de abordar as normas. Havendo um instrumento de pensamento alternativo e, em especial, uma forma de conciliar o disposto no art. 980º do CC com aqueles casos de desvio (aquelas "dissonâncias"), ter-se-á na norma um ponto de apoio importante, saindo, além do mais, reforçado o valor da segurança e certeza jurídicas.

O segundo pressuposto de que se parte é o de que, tendo em conta o quadro geral do sistema, é necessária uma estabilização da noção de sociedade e, em especial, da sociedade comercial, dado o carácter residual da sociedade civil.

[281] Está implícita a alternativa de teses, segundo as quais (uma) a noção dada pelo art. 980º do CC é privativa da sociedade civil simples e, como tal, é só o ponto de partida para o alcance do conceito genérico de sociedade (como é sustentado pela doutrina maioritária) e (outra) a norma fornece imediatamente uma definiçao do (de todo o) género "sociedade" de que a sociedade civil simples e a sociedade comercial são as espécies. Refere-se a esta alternativa, por exemplo, Ricardo Costa ("Sociedades: de dentro para fora do Código Civil", cit., p. 331).

[282] De entre os autores que negam a necessidade da finalidade lucrativa das sociedades e, por essa e outras razões, não reconhecem valia, neste âmbito, à norma do art. 980º do CC destacam-se Rui Pinto Duarte ["(Uma) introdução ao Direito das Sociedades", cit., pp. 26 e s., e Pedro Pais de Vasconcelos (*A participação social nas sociedades comerciais*, cit., pp. 15 e s.).

Como se viu, a distinção entre as sociedades e as outras entidades de tipo associativo tem raízes muito antigas. Na classificação tradicional, as últimas constituem uma espécie de categoria residual, para a qual são, usualmente, remetidas as entidades sem fins lucrativos.

É esta classificação que se encontra na maioria das obras fundamentais da teoria civilista portuguesa, mais antigas e mais recentes. Autores como Guilherme Moreira [283], Cunha Gonçalves[284], Manuel de Andrade[285], Mota Pinto[286] ou Carvalho Fernandes[287] consideravam que, embora pudessem pertencer ambas à categoria das associações em sentido amplo (porque tinham aspectos comuns), havia uma distinção fundamental entre as sociedades e as outras associações (associações em sentido estrito): ao contrário das segundas, as primeiras tinham um fim lucrativo[288]. A importância ou a necessidade de uma distinção entre as sociedades e as associações em sentido estrito estava – está – implícita[289], tendo-se a doutrina limitado a precisar e a desenvolver uma distinção que estava – está – subjacente ao facto de a cada uma das realidades corresponder uma regulação distinta[290].

[283] Cfr. Guilherme Moreira, *Instituições do Direito Civil Português*, vol. I (Parte Geral), cit., pp. 293-294.

[284] Cfr. Luiz da Cunha Gonçalves, Tratado de Direito Civil em Comentário ao Código Civil Português, Volume VII, cit., p. 207-208.

[285] Cfr. Manuel A. Domingues de Andrade, *Teoria Geral da Relação Jurídica*, vol. I – *Sujeitos e Objecto*, Coimbra, Coimbra Editora, pp. 77 e s.

[286] Cfr. Carlos Alberto da Mota Pinto / António Pinto Monteiro / Paulo Mota Pinto, *Teoria Geral do Direito Civil*, Coimbra, Coimbra Editora, 2005 (4ª edição), pp. 288 e s.

[287] Cfr. Luís Carvalho Fernandes, Teoria Geral do Direito Civil, vol. I – Introdução; Pressupostos da relação jurídica, cit., pp. 492 e s.

[288] Cfr., por exemplo, Carlos Alberto da Mota Pinto / António Pinto Monteiro / Paulo Mota Pinto, *Teoria Geral do Direito Civil*, cit., p. 294, e Luís Carvalho Fernandes, *Teoria Geral do Direito Civil*, vol. I – *Introdução; Pressupostos da relação jurídica*, cit., p. 501. Para a história completa da classificação das pessoas colectivas na doutrina portuguesa do século XX, cfr. Diogo Costa Gonçalves, *Pessoa coletiva e sociedades comerciais – Dimensão problemática e coordenadas sistemáticas da personificação jurídico-privada*, cit., pp. 490 e s.

[289] Cfr., por todos, Luiz da Cunha Gonçalves, *Tratado de Direito Civil em Comentário ao Código Civil Português*, Volume VII, cit., p. 208. Dizia ele que "[s]em o elemento do fim lucrativo seria difícil estabelecer distinção entre a sociedade e as *associações não lucrativas*, como as de beneficência, recreio, desporto, propaganda política, etc.".

[290] Cfr., paradigmaticamente, Jorge Manuel Coutinho de Abreu, *Curso de Direito Comercial*, Volume II – *Das sociedades*, cit., p. 31. Diz o autor: "[s]endo o escopo ou intuito lucrativo (entendido nos termos expostos) o fim das sociedades (reguladas basicamente no CCiv. ou no CSC), distinguem-se elas claramente tanto das *associações* (contrapostas às sociedades pluripessoais)

A concepção marcou – marca ainda hoje – a doutrina comercialista, que, adaptando-a, a tomou como pressuposto para a maior parte das suas construções em matéria de sociedades comerciais[291]. É visível, também aqui, a utilidade de uma delimitação.

9.2. Método. O pensamento tipológico

9.2.1. O conceito e o tipo como formas de designação da realidade

A diferença entre o conceito e o tipo está suficientemente esclarecida pela Ciência do Direito, por obra tanto da doutrina estrangeira[292] como da doutrina nacional[293], não cabendo aqui mais do que relembrá-la.

como das *fundações* (contrapostas às sociedades pluripessoais) de regime geral (arts. 157º, ss., 195º, ss., do CCiv.). As associações e as fundações podem não exercer actividades económicas. Mas também podem exercê-las – podendo mesmo explorar empresas. Destas actividades podem resultar lucros (objectivos), não podem é ser distribuídos pelos associados ou atribuídos ao fundador (falha o lucro subjectivo). Também por falta de escopo lucrativo se distinguem das sociedades as cooperativas e os agrupamentos complementares de empresas".

[291] Cfr., para exemplos diversificados, Vasco Lobo Xavier, *Sociedades Comerciais – Lições aos Alunos de Direito Comercial do 4º Ano Jurídico*, cit., pp. 23 e s., José de Oliveira Ascensão, *Direito Comercial*, vol. IV *(Sociedades Comerciais)*, cit., pp. 29 e s., Jorge Manuel Coutinho de Abreu, *Curso de Direito Comercial*, Volume II – *Das sociedades*, cit., pp. 29 e s., Paulo de Tarso Domingues "Capital e património sociais, lucros e reservas", in: Jorge Manuel Coutinho de Abreu (coord.), *Estudos de Direito das Sociedades*, Coimbra, Almedina, 2015 (12ª edição), pp. 192 e s., Paulo Olavo Cunha, *Direito das Sociedades Comerciais*, cit., pp. 9-10 e pp. 341-342 (embora ressalve as "sociedades instrumentais"), e Manuel António Pita, in: Ana Prata (coord.), *Código Civil Anotado* – Volume I – *(Artigos 1º a 1250º)*, Coimbra, Almedina, 2017, p. 1210. Cfr. ainda, por todos, tratando especificamente o direito aos lucros, Filipe Cassiano dos Santos, *A posição do accionista face aos lucros de balanço – O direito do accionista ao dividendo no Código das Sociedades Comerciais*, cit., p. 19, e "O direito aos lucros no Código das Sociedades Comerciais", in: AA. VV., *Problemas do Direito das sociedades*, Instituto do Direito das Empresas e do Trabalho, Coimbra, Almedina, 2002, pp. 185-186, e Manuel António Pita, *Direito aos lucros*, Coimbra, Almedina, 1989, pp. 19 e s.

[292] O método de pensamento que assenta no tipo foi desenvolvido, de início, nas ciências da natureza e, depois, nas ciências sociais, por obra, designadamente, de Max Weber [cfr., sobre o seu contributo, Rui Pinto Duarte, "O contrato de locação financeira – uma síntese", in: *Themis*, 2010, nº 19, pp. 188-190]. São muitos os estudos jurídicos fundamentais sobre a matéria. Salienta-se dois autores e duas obras: Karl Larenz, *Metodologia da Ciência do Direito* (tradução de José Lamego), Lisboa, Fundação Calouste Gulbenkian, 1997, e Arthur Kaufmann, "Analogy and ‚the nature of things'; a contribution to the theory of types", in: *Journal of the Indian Law Institute*, 1966, vol. 8, pp. 358 e s.

[293] Cfr., sem prejuízo de outras referências, Orlando de Carvalho, *Critério e estrutura do estabelecimento comercial, I – O problema da empresa como objecto de negócios*, Coimbra, 1967, pp. 834 e s.

Seguindo de perto PEDRO PAIS DE VASCONCELOS[294], dir-se-ia que tanto o tipo como o conceito constituem modos de designar e mantêm entre si uma relação de parentesco: as mesmas realidades plurais podem ser referidas através de um conceito geral e abstracto (conceptualmente) ou de um tipo (tipologicamente)[295].

Em contrapartida, distanciam-se na formação e na operação. O conceito é construído através da identificação dos elementos comuns a determinada realidade e distintivos relativamente às demais – uma série fixa e determinada de notas. Enquanto isso, o tipo é formado juntando o comum e o incomum da realidade designada em torno de um critério – o critério de tipificação –, que assenta, em princípio, em certo número de características típicas (índices) e dá coerência ao conjunto.

A forma como o conceito e o tipo operam também é diversa. Definido o conceito, subsume-se um objecto ao conceito quando se verifiquem no objecto todas as notas do conceito (elas são todas necessárias e, em conjunto, suficientes). O tipo é apenas susceptível de descrição. Descrito o tipo, reconduz-se[296] um objecto ao tipo mesmo que lhe falte um ou mais das características do tipo. Por outro lado, pode o objecto não ser reconduzido ao tipo mesmo que se verifiquem todas (elas não são todas necessárias nem, em conjunto, suficientes)[297].

e pp. 872 e s., ANTÓNIO CASTANHEIRA NEVES, *Questão de facto – Questão de Direito ou o problema metodológico da juridicidade*, Coimbra, Almedina, 1967, JOSÉ DE OLIVEIRA ASCENSÃO, *Tipicidade dos direitos reais*, Lisboa, Petrony, 1968, PEDRO PAIS DE VASCONCELOS, *Contratos atípicos*, cit., RUI PINTO DUARTE, *Tipicidade e atipicidade dos contratos*, Coimbra, Almedina, 2000, e ainda, a título menos principal, MARIA HELENA BRITO, *O contrato de concessão comercial*, Coimbra, Almedina, 1990 (pp. 159 e s.) e RUI PINTO DUARTE, "O contrato de locação financeira – uma síntese", cit., pp. 135 e s. (esp. pp. 188 e s.).

[294] Cfr. PEDRO PAIS DE VASCONCELOS, *Contratos atípicos*, cit., pp. 24 e s. e pp. 36 e s.

[295] KARL ENGISCH [*Introdução ao pensamento jurídico* (tradução de João Baptista Machado), Lisboa Fundação Calouste Gulbenkian, 1988 (6ª edição), pp. 256 e s. (nota 2)] afirma que, do ponto de vista metodológico, os tipos apresentam fortes pontos de contacto com a aplicação teleológica do Direito.

[296] O relacionamento entre o caso e o tipo é referido na doutrina alemã como "*Zuordnung*". Segundo PEDRO PAIS DE VASCONCELOS (*Contratos atípicos*, cit., p. 184), a tradução mais correcta é para a palavra "recondução" (e não "ordenação" ou "coordenação").

[297] É idêntico o discurso de outros autores portugueses como, por exemplo, MARIA HELENA BRITO (*O contrato de concessão comercial*, cit., pp. 160-161). Deparando-se com a questão a propósito da natureza jurídica do contrato de concessão comercial, diz a autora: "[p]ara o conceito interessa determinar a presença ou a falta de cada um dos elementos característicos, não impor-

Para esclarecer definitivamente as diferenças, pode dizer-se que os tipos têm cinco qualidades que não existem nos conceitos: a abertura, a graduabilidade, a totalidade, o sentido e a plasticidade[298]. Os tipos são abertos porque não contêm um número fixo de notas características, o que implica, como se disse, que a falta de uma característica não determine necessariamente a exclusão do tipo e que a verificação de todas não conduza necessariamente à inclusão. Além disso, as notas características não têm todos a mesma importância (umas podem ser primárias e outras secundárias) podendo a falta de uma(s) ser compensada com a presença de outra(s), mais fortes. A graduabilidade advém de a verificação das notas características não poder ser feita em termos de "sim ou não" mas de "mais ou menos", existindo casos "mais típicos" e casos "menos típicos". A totalidade exprime a imagem total, sendo o tipo uma estrutura ou um conjunto de elementos (características) interdependentes e dialogantes. O sentido é a coerência interna do tipo. Finalmente, os tipos são plásticos porque descrevem a realidade de forma a acentuar aquilo que ela tem de relevante para o Direito.

Exstem vários tipos de tipos. Muito sinteticamente, os tipos podem ser reais ou ideais, consoante o seu conteúdo tenha sido encontrado na realidade (correspondendo, portanto, a grupos de casos) ou construído pelo pensamento (correspondendo, portanto, a modelos). Dentro dos tipos reais, existem, por um lado, os tipos de frequência ou tipos correntes[299] (descrevem aquilo que é mais frequente) e, por outro lado, os tipos médios (descrevem a média). Por seu turno, os tipos ideais assentam sempre numa valoração (ética ou teleológica) e podem ser tipos ideais axiológicos (exprimem o dever ser) ou tipos ideais lógicos (modelos destituídos da componente axiológica)[300]. Por último, é possível autonomizar os tipos normativos, um

tando considerar a maior ou menor intensidade com que cada um dos elementos característicos se apresenta no caso concreto (...) um determinado caso "cabe" no conceito se nele estiverem presentes os elementos essenciais, não "cabe" no conceito, no caso contrário (...). Para o tipo, mais decisiva do que a presença dos elementos característicos, é o quadro geral, importando, por isso, considerar a intensidade com que se apresentam, no caso concreto, tais elementos (...). É possível reconduzir ao tipo figuras que se encontram numa relação de semelhança e não de identidade (...); por outro lado, é possível reconduzir ao tipo uma realidade complexa, em casos em que o conceito abstracto falharia".

[298] Cfr. Pedro Pais de Vasconcelos, *Contratos atípicos*, cit., pp. 41 e s.

[299] A segunda expressão é de Orlando de Carvalho (Critério e estrutura do estabelecimento comercial, I – O problema da empresa como objecto de negócios, cit., p. 845).

[300] Cfr. Pedro Pais de Vasconcelos, *Contratos atípicos*, cit., pp. 52 e s.

misto de tipos reais e de tipos ideais axiológicos. Estes, quando designam na lei certo tipo de relações jurídicas, são chamados "tipos jurídicos estruturais". Nenhuma destas categorias é conceptual e sim meramente tipológica, quer dizer: não há tipos reais ou tipos ideais puros mas apenas tipos que são acentuadamente reais ou acentuadamente ideais.

9.2.2. A possibilidade de (re)construção de um tipo a partir de um conceito. A correspondência do tipo à especial flexibilidade do Direito das Sociedades

Como se disse, a designação dos objectos pode ser feita conceptualmente, através da sua definição, ou tipologicamente, pela sua descrição[301].

O método conceptual apresenta, porém, inconvenientes. Pode deixar sem correspondência um conjunto de objectos que, sendo, por natureza, particularmente instáveis, variáveis ou dinâmicos, são susceptíveis apenas de recondução a tipos[302]. As definições têm, em suma, um indiscutível "carácter redutor"[303], não tendo aptidão para designar todos os objectos.

No Direito dos Contratos domina claramente a técnica da definição e, portanto, está instalado o império dos conceitos ou dos tipos fechados[304]. A norma do art. 980º do CC, contendo os quatro elementos definidores do contrato de sociedade, é paradigmática quanto a isso mesmo[305].

Ora, manifestamente, em certos ramos do Direito a definição não é a técnica mais apropriada. Em especial o Direito das Sociedades, considerando as necessidades da sua adaptação à dinâmica empresarial e económica,

[301] Cfr. Pedro Pais de Vasconcelos, *Contratos atípicos*, cit., pp. 90 e s.

[302] Uma vez que o tipo, como diz Arthur Kaufmann ("Analogy and, the nature of things'; a contribution to the theory of types", in: *Journal of the Indian Law Institute*, 1966, vol. 8, p. 393) constitui um nível intermédio entre o geral e o particular.

[303] Cfr. Pedro Pais de Vasconcelos, *Contratos atípicos*, cit., p. 92.

[304] Os tipos podem ser abertos ou fechados. Nos tipos abertos as características não são fixas ou determinadas e não é necessária nem suficiente a verificação de todas elas para a correspondência. Ao contrário, os tipos fechados são formados por um número certo e determinado de características cuja verificação é necessária e suficiente para a correspondência. Os tipos fechados estão tão próximos dos conceitos gerais e abstractos que é discutível que sejam tipos em sentido próprio. Cfr., sobre isto, Pedro Pais de Vasconcelos, *Contratos atípicos*, cit., pp. 56 e s.

[305] Segundo Pedro Pais de Vasconcelos (*Contratos atípicos*, cit., pp. 70-71), "[a] doutrina dos 'elementos do contrato' constitui o exemplo mais significativo do pensamento conceptual em matéria de contratos. Opera uma classificação tripartida do conteúdo do contrato em elementos essenciais, naturais e acidentais".

adquiriu uma "flexibilidade de conjunto" ("*souplesse d'ensemble*")[306] que não é fácil apreender e explicar por via das definições (mencione-se os exemplos das chamadas "sociedades irregulares" e dos chamados "grupos de facto"). Esta sua natureza pressupõe e reclama, simultaneamente, a existência de princípios, regras e noções mais maleáveis e abertas e – bem-entendido – uma aplicação do direito mais "indulgente" do que é habitual nos outros ramos do Direito e, em especial, no Direito dos Contratos.

Ora, a verdade é que as definições legais não têm de ser confinadas à função de fixar conceitos. Elas podem ser encaradas como pontos de apoio para a reconstituição ou reabertura dos tipos que existem por detrás dos conceitos – uma reconstituição por referência ao tipo para permitir a utilização deste como modelo de regulação completo[307].

Confirma esta possibilidade Pedro Pais de Vasconcelos. Diz o autor que "as dificuldades decorrentes do carácter redutor das definições legais dos contratos ultrapassam-se através do recurso ao método tipológico e da referência aos tipos subjacentes", [sendo] "[e]ste processo de reconstituição por referência ao tipo [...] imprescindível para permitir a utilização do tipo como modelo de regulação completo"[308]. Destaca dois exemplos; a doação e – justamente – a sociedade comercial. Diz ele que "[p]or detrás dos conceitos e das definições de doação e de sociedade do Código Civil estão os respectivos tipos contratuais. Esses tipos, tipos jurídicos estruturais, são em simultâneo tipos reais normativos, médios ou de frequência, e tipos ideais,

[306] A expressão é de Bernard Santourens ("La fléxibilité du Droit des sociétés", in: *Revue Trimmestrielle de Droit Commércial*, 1987, 40 (4), pp. 457 e s.). O autor analisa a flexibilidade do Direito das Sociedades a partir de quatro pontos cardinais: o pluralismo, o realismo, a adaptação e a abertura. No que toca ao pluralismo, diz ele que não é inconsequente para o Direito das Sociedades que, com o consentimento do legislador, noções tão fundamentais como a da sociedade e a de sócio correspondam a concepções pluralistas. A mesma noção de que o Direito das Sociedades reclama uma leitura flexível parece perpassar das palavras de Karsten Schmidt (*Gesellschaftsrecht*, cit., p. 3). Sobre a flexibilidade do Direito em geral (numa perspectiva sociológica) cfr. Jean Carbonnier, *Flexible Droit – Pour une sociologie du Droit sans rigueur*, Paris, Librairie Générale de Droit et Jurisprudence, 2001 (10e édition).

[307] Talvez seja esta operação a que Rui Pinto Duarte (*Tipicidade e atipicidade dos contratos*, cit., p. 78) se refere quando, a propósito da discussão sobre o carácter vinculativo das definições, afirma: "[o] caminho para a 'maleabilização' das definições legais é outro".

[308] Cfr. Pedro Pais de Vasconcelos, *Contratos atípicos*, cit., p. 92 (interpolação nossa).

quer dizer, são tipos construídos a partir da prática da vida contratual e da cultura jurídica"[309].

Como é visível, a hipótese de construção de um tipo destes, aproveitando ou não directamente o disposto na norma do art. 980º do CC, não é inédita. Além de PEDRO PAIS DE VASCONCELOS, ela foi equacionada por RUI PINTO DUARTE[310] e ainda, de forma implícita, por COUTINHO DE ABREU[311 312].

Com a construção de um tipo ambiciona-se obviar às insuficiências do conceito, tão bem sintetizadas por FERRER CORREIA e ANTÓNIO CAEIRO: "não se ajustar a todas as figuras que na vida do comércio vão surgindo, a impulso de interesses que, segundo o império do sistema económico vigente, não podem deixar-se merecedores de protecção legal"[313]. Em consequência, os autores concluíam já, há mais de quatro décadas, que "o carácter inovador e mutável da matéria sujeita à lei comercial exige um *conceito* de sociedade *aberto*, ou, pelo menos, mais amplo do que o civil, de forma a compreender situações que não caberiam no último"[314 315].

[309] Cfr. PEDRO PAIS DE VASCONCELOS, *Contratos atípicos*, cit., pp. 92-93. Confirmando a viabilidade de construção de um tipo "sociedade comercial", diz, antes, o autor (p. 67), que o facto de não existir um tipo de sociedade decorre mais do modo como o legislador configurou na lei as sociedades comerciais do que de uma diferença profunda de natureza entre as sociedades e outras situações que são qualificáveis como tipos (como a compra e venda). (ob. cit., p. 67).

[310] RUI PINTO DUARTE ["(Uma) introdução ao Direito das Sociedades", cit., pp. 40-41] é expressamente favorável a uma construção de sociedade segundo o método tipológico, embora sugira traços característicos diferentes dos que, a final, serão sugeridos aqui.

[311] A proposta de partir do conceito do art. 980º do CC para construir o tipo parece, com efeito, ser compatível com o pensamento de JORGE MANUEL COUTINHO DE ABREU (*Curso de Direito Comercial*, Volume II – *Das sociedades*, cit., p. 21), de que "[a noção de sociedade] deve *começar* por buscar-se no art. 980º do CCiv. (...). *Mas não podemos ficar por aí*" (itálicos do autor).

[312] No início do seu estudo, JOÃO MIGUEL ASCENSO ("As Sociedades não Lucrativas. Breve Análise do Direito dos Sócios aos Lucros", in: *Revista de Direito das Sociedades*, 2011, nº 3, pp. 811 e s.) refere-se também, expressamente, à oportunidade do método tipológico mas não retira disso, no fim, consequências.

[313] Cfr. A. FERRER CORREIA / ANTÓNIO A. CAEIRO, *Anteprojecto de Lei das Sociedades Comerciais, Parte Geral I*, cit., p. 16.

[314] Cfr. A. FERRER CORREIA / ANTÓNIO A. CAEIRO, *ibidem* (itálicos nossos).

[315] As soluções para este problema são, fundamentalmente, duas: a construção de um tipo ou a consagração de um conceito de sociedade comercial. O caminho seguido pelos autores estava próximo deste último. Embora não definindo rigorosamente sociedade, os autores propunham que o Código das Sociedades Comerciais contivesse uma norma dizendo o que devia entender-se por sociedade comercial. Como já se referiu, segundo o art. 1º, nº 3, do Anteprojecto, "[eram] para todos os efeitos consideradas sociedades comerciais as empresas colectivas que

9.2.3. A hipótese do tipo "sociedade comercial" por referência ao conceito "contrato de sociedade". Os índices do tipo

Considerando tudo o que expôs, equaciona-se agora a hipótese de se atribuir ainda à definição de contrato de sociedade alguma valia, pondo-a a funcionar como base para a descrição ou caracterização do tipo "sociedade comercial".

Para o processo de construção do tipo "sociedade comercial" a partir do conceito do art. 980º do CC deu-se especial atenção ao facto de os elementos essenciais do conceito de contrato de sociedade corresponderem, na realidade, aos aspectos típicos – alguns dos aspectos típicos – das sociedades comerciais. Por um lado, e como se disse, as sociedades comerciais portuguesas constituem-se habitualmente com as características correspondentes aos elementos enunciados no art. 980º do CC. Por outro lado, estas características são as características *normais* das sociedades comerciais. O critério da habitualidade ou da frequência não seria, com efeito, suficiente, sendo desejável uma coincidência entre o tipo construído e o modelo legislativo subjacente à sua disciplina jurídica específica.

Tendo olhado para esta (para a disciplina das sociedades comerciais), tornou-se visível que os elementos referidos no art. 980º do CC não bastam e não são todos completamente adequados. É preciso adaptar, acrescentar ou suprimir características para que haja uma perfeita correspondência àquele modelo legislativo. Mas tudo isso faz parte do processo de reconstituição do tipo.

Concretizando e concluindo, indicar-se-iam como características típicas da sociedade comercial, sem pretensões de hierarquia: a instituição por contrato, a pluralidade de pessoas, a titularidade de um património, o exercício de uma actividade comercial, a vocação para a realização de lucros, a vocação para a distribuição dos lucros, a personalidade jurídica e a forma comercial.

9.2.4. Consequências. O processo de recondução ao tipo "sociedade comercial"

Como se viu, os índices são as qualidades ou características com capacidade para individualizar e distinguir o tipo e, ao contrário dos elementos do

t[ivess]m por fim o proveito económico dos associados, embora se não prop[usesse]m a obter lucros a repartir por estes". Cfr. A. Ferrer Correia / António A. Caeiro, *Anteprojecto de Lei das Sociedades Comerciais, Parte Geral I*, cit., p. 5.

conceito, que são condições *sine quibus non*, não são todas necessárias para que seja possível reconduzir um objecto ao tipo[316].

Transpondo o raciocínio para o tipo "sociedade comercial", não é indispensável que se verifiquem todos os índices enumerados para que uma entidade seja qualificada como sociedade comercial, podendo sê-lo entidades às quais faltem alguns dos traços do tipo ou até em que haja traços dissonantes (mais próximos de tipos diferentes), desde que outros, por serem mais importantes, individualmente considerados, ou pelo seu peso de conjunto, apontem de forma decisiva para a presença do tipo[317] [318].

É possível, assim, encontrar casos de sociedades comerciais em que estão ausentes alguma ou algumas das características descritas. Pode, como é muito frequente, a entidade ter sido instituída por negócio jurídico unilateral, caso em que faltarão o contrato e a pluraliteralidade mas não deixará de haver sociedade comercial. Pode a entidade não ter ainda personalidade jurídica mas já haver autonomia patrimonial, caso em que não deixa de ser possível reconduzi-la, em certos termos, às sociedades comerciais, apli-

[316] Cfr., sobre a qualificação e a função que aí desempenham os índices, Pedro Pais de Vasconcelos, *Contratos atípicos*, cit., pp. 113 e s.

[317] Segundo Karl Larenz [*Metodologia da ciência do Direito*, cit., pp. 300 e s. (esp. pp. 307-309)], para reconduzir uma situação de facto a um tipo (ou para ajuizar se um fenómeno se integra ou não num tipo), não é necessário que as notas descritivas indicadas na descrição do tipo estejam todas presentes; basta que as notas tidas como típicas se verifiquem em tamanhos grau e intensidade que a situação de facto no seu todo corresponda à imagem fenoménica do tipo. Em contrapartida, não basta que que verifiquem todas para reconduzir um caso ao tipo, é preciso ainda que se articulem de uma forma convincente quanto à presença do tipo. Diz o autor que, ao contrário do conceito – que é definido mediante a indicação exaustiva de todas as notas que o caracterizam –, o tipo apenas pode apenas ser descrito e esclarecido. Por isso, também ao contrário do conceito – que se aplica a um evento concreto ou a uma situação de facto "só quando e sempre que" se possam encontrar em tal evento ou situação o conjunto das notas características da definição –, para que o tipo se torne aplicável não é necessário que as notas características indicadas na descrição do tipo estejam todas presentes, podendo nomeadamente ocorrer em medida diversa: são passíveis de gradação e até certo ponto comutáveis entre si; consideradas isoladamente, só têm o significado de sinais ou indícios.

[318] Como se viu antes, as diversas características do tipo não têm todas a mesma importância. Esta circunstância pode ser decisiva para reconduzir ou excluir do tipo determinada realidade. Pode, por exemplo, acontecer que se verifiquem todas as características secundárias mas nenhuma das principais. Ou pode acontecer que, apesar de não se verificar nenhuma das características secundárias, se verificam a(s) principal(is) ou só algumas delas mas com especial intensidade. Não há dúvida de que na segunda hipótese o objecto deverá ser reconduzido ao tipo. Cfr. Pedro Pais de Vasconcelos, *Contratos atípicos*, cit., p. 42.

cando-se-lhes o regime destas em tudo o que não pressuponha aquela personalidade. Pode uma sociedade comercial não ser, provisoriamente, titular de um património ou não exercer uma actividade que nem por isso fica comprometida a sua qualificação como sociedade comercial.

Isto não implica que todas as características sejam igualmente importantes ou desempenhem um papel de valor igual na descrição do tipo. Devendo recusar-se qualquer tentativa para encontrar um critério unificador, reconhece-se, não obstante, aos índices relacionados com o fim lucrativo[319] um papel mais relevante na construção do tipo "sociedade comercial"; eles serão índices *mais fortes* do que os outros[320].

9.2.5. O valor do *animus lucrandi.* Balanço final

A *maior força* dos dois índices relacionados, por um lado, com a vocação para a realização de lucros e, por outro, com a orientação para a distribuição dos lucros advém do seu carácter *intensamente típico* e confere-lhes um lugar privilegiado no processo de recondução das entidades ao tipo.

Este carácter típico é afirmado por todos os autores[321], sendo que nem os mais reservados deixaram de o reconhecer. Admite Rui Pinto Duarte[322], por exemplo, que da conjugação dos traços característicos resulta que as sociedades têm, as mais das vezes, fim lucrativo. Engrácia Antunes[323] sustenta que o fim da obtenção de lucros em sentido estrito deve passar a ver-se como um fim normal da sociedade. Por fim, referindo-se ao relacionamento (em série) dos tipos de sociedades comerciais com outras figuras jurídicas, afirma Pedro Pais de Vasconcelos que "[d]a sociedade em nome colectivo para a sociedade civil, a diferença é praticamente só o objecto

[319] A causa (função económico-social ou causa-função) é um índice comum ou frequente dos tipos. Sobre a causa como índice do tipo cfr. Pedro Pais de Vasconcelos, *Contratos atípicos*, cit., pp. 117 e s., e Rui Pinto Duarte, *Tipicidade e atipicidade dos contratos*, cit., pp. 90 e s.

[320] Parafraseando Heinrich Honsell e Theo Mayer-Maly [*Rechtswissenschaft- Eine Einführung in das Recht und seine Grundlagen, Berlin, Heidelberg, Springer, 2015 (6. Auflage), p. 129]*, *"[s]o kann sich unter einer gotischer Katedrale jeder etwas vorstellen, onhe dass man alle Stilelemente einer solchen Kirche aufzählen müsste"*. Mas – acrescentar-se-ia – há alguns sem os quais será improvável que exista uma catedral gótica.

[321] Cfr., por todos, Carlos Ferreira de Almeida (*Contratos III – Contratos de Liberalidade, de Cooperação e de Risco*, cit., p. 116). O autor pronuncia-se irrestritamente neste sentido, não obstante dissociar a sociedade comercial do disposto no art. 980º do CC.

[322] Cfr. Rui Pinto Duarte, "(Uma) introdução ao Direito das Sociedades", cit., p. 41 (nota 67).

[323] Cfr. José Engrácia Antunes, *Direito das Sociedades – Parte Geral*, cit., p. 81 (nota 180).

que nesta não engloba actos de comércio. Da sociedade civil para a associação, a diferença reside no fim não lucrativo da associação"[324 325].

Nos casos mais típicos, manifestar-se-á a vocação para a realização de lucros, sendo o lucro a finalidade exclusiva ou principal das entidades, e a vocação para a distribuição de lucros, sendo o lucro distribuído exclusivamente, e sem restrições, aos sócios. Mas são configuráveis outros casos, em que um dos índices não aparece com contornos tão nítidos e, por isso, se torna muito importante a percepção do diálogo que existe entre eles.

Podem, por exemplo, configurar-se casos em que o lucro aparece como finalidade secundária ou nem aparece como finalidade mas como uma mera possibilidade. Estando em causa um conceito de sociedade comercial, não seria possível subsumir estes casos ao conceito, mas, como se trata de um tipo, esta insuficiência pode ser compensada com a presença forte do outro índice. Se se verificar que não existem impedimentos a que os lucros que se realizam sejam livremente distribuídos (ou distribuídos nos mesmos termos das sociedades), podem ainda estas entidades ser qualificadas como sociedades comerciais (é o que acontece, em princípio, com as SGPS e as sociedades de capitais públicos). Mas já não no caso contrário (é o que acontece com as cooperativas).

Podem, por outro lado, configurar-se casos em que as entidades não distribuem lucros exclusivamente aos sócios[326] ou em que a distribuição de lucros se depara com restrições ou é postergada[327]. Se a realização de lucros

[324] Cfr. PEDRO PAIS DE VASCONCELOS, *Contratos atípicos*, cit., p. 69.

[325] Também JOÃO MIGUEL ASCENSO ("As Sociedades não Lucrativas. Breve Análise do Direito dos Sócios aos Lucros", cit., p. 850) entende que o elemento lucrativo não é um elemento essencial do conceito de sociedade mas aceita que a maioria das sociedades prossiga fins lucrativos.

[326] Pode, de facto, haver situações em que participam nos lucros, além dos sócios, também outras pessoas, como os administradores e os trabalhadores da sociedade. Sobre esta possibilidade cfr. FÁTIMA GOMES, *O Direito aos Lucros e o Dever de Participar nas Perdas das Sociedades Anónimas*, cit., pp. 421 e s.

[327] Existe, na realidade, como já foi apontado uma propensão crescente para a não distribuição de lucros em todas as sociedades e, principalmente, naquelas que são mais relevantes na actualidade (as sociedades por quotas e as sociedades anónimas). Daí que alguma jurisprudência portuguesa advirta que aquela prática é admissível apenas dentro de certos limites, pois, quando é *reiterada*, conduz à negação do direito dos sócios aos lucros. Para uma análise crítica desta jurisprudência cfr. EVARISTO MENDES, "Lucros de exercício (jurisprudência crítica)", in: *Revista de Direito e de Estudos Sociais*, 1996, pp. 257 e s. Para a análise de uma posição jurisprudencial próxima (considerando a não distribuição *absoluta* de lucros inadmissível em certas

for uma finalidade inequívoca destas entidades, não fica, ainda assim, absolutamente precludida a sua qualificação como sociedades comerciais[328].

Apesar da aparente simplicidade, nem sempre será fácil determinar o campo de aplicação do tipo[329]. Para a qualificação dependerá sempre, a final, a imagem global ou o quadro geral que resulte do confronto do caso com o tipo. Os índices não são estáticos, dialogam entre si e determinam-se reciprocamente formas e graus variáveis, sendo isto particularemente visível, dada a sua estreita interdependência, quanto aos índices relacionados com o *animus lucrandi*. Pode dizer-se até que eles são, não dois, mas uma espécie de "índice duplo", tornando-se natural que a menor intensidade de um seja equilibrada pela maior intensidade do outro.

Adverte-se, por fim, e tendo presente os (possíveis) casos negativos, que não é pelo facto de certas entidades, novas ou diferentes do habitual, "aparecerem" qualificadas como sociedades (sendo esta qualificação de origem legal ou não) que elas são imediatamente sociedades comerciais. Há que proceder, primeiro, à verificação dos índices do tipo nos termos já referidos. Se existirem nelas (outras) características determinantes será ainda possível reconduzi-las ao tipo; serão casos "menos típicos" de sociedades comerciais. Se, afinal, da imagem global que resulte do confronto resultar a ausência do tipo, a única conclusão que resta é a de que aquela qualificação não estava certa. As chamadas "sociedades não lucrativas" não são, por vezes, mais do que um problema (erro) de qualificação[330]. Em qualquer dos casos, ao

circunstâncias) cfr. António A. Caeiro / Manuel Nogueira Serens, "Direito aos lucros e direito ao dividendo anual", in: *Revista de Direito e Economia*, nº 2, 1979, pp. 369 e s.

[328] Poderia, por maioria de razão, qualificar-se como sociedades os ACE, quando, ao arrepio da lei, prosseguem, de facto, um fim lucrativo a título principal. A qualificação deles como sociedades comerciais depara, contudo, com o obstáculo legal já assinalado – a vontade expressa do legislador na (mera) equiparação a elas.

[329] Karl Engisch [*Introdução ao pensamento jurídico* (tradução de João Baptista Machado), Lisboa Fundação Calouste Gulbenkian, 1988 (6ª ediçao), pp. 256 e s. (nota 2)] dá precisamente o exemplo do tipo "sociedade" para demonstrar que os tipos se apresentam como sub-espécies dos conceitos indeterminados (com os seus contornos fluidos) ou dos conceitos normativos. Diz ele que são característicos do tipo os limites imprecisos do seu campo de aplicação.

[330] É isto que parece querer dizer Carlos Ferreira de Almeida (*Contratos III – Contratos de Liberalidade, de Cooperação e de Risco*, cit., p. 116) quando, de forma clara, afirma: "[a] mera existência de entidades *non profit* que nos estatutos se denominam como sociedades não passa de um dado de facto que tem de ser avaliado à luz do direito aplicável. Mesmo quando já não seja possível questionar a sua validade (cfr. artigo 42º), subsiste a oportunidade para uma qualifi-

contrário de ser posto em crise, o tipo resiste e confirma a sua utilidade – a sua função como critério ordenador da realidade.

cação jurídica correcta. A realização de interesses legítimos que não prossigam o lucro, ainda que conexos com a actividade empresarial, pode ser satisfeita por outras vias, designadamente através da constituição de associação ou de agrupamento complementar de empresas". É isto também o que parece entender Jorge Manuel Coutinho de Abreu (*Curso de Direito Comercial*, Volume II – *Das sociedades*, cit., p. 33), analisando o caso em que duas ou mais pessoas celebram um contrato que designam de sociedade mas em que o escopo declarado não é lucrativo. Segundo o autor, não se verifica nenhuma causa de invalidade (o contrato é válido), mas existe um erro quanto à *qualificação* do contrato. Cfr., no mesmo sentido, referindo-se à estipulação da proibição de realização de lucros no actual Direito português, Pedro Pais de Vasconcelos, *A participação social nas sociedades comerciais*, Coimbra, Almedina, 2014 (reimpressão da 2ª edição), p. 82. Por fim, tem ainda interesse ver a exposição (muito sucinta) de Pedro Maia ("Contrato de Sociedade e Risco no exercício de actividade económica", in: AAVV, *O contrato na gestão do risco e na garantia da* equidade, Coimbra, Instituto Jurídico – Faculdade de Direito da Universidade de Coimbra, Coimbra, 2015, p. 291), para quem uma entidade com fins lucrativos em sentido objectivo mas não em sentido subjectivo põe um problema que deve formular-se em termos de ser uma sociedade ou ser uma associação em sentido estrito, portanto, mais uma vez, um problema de *qualificação*.

Fundo de Capital de Risco – contrato de administração e alteração das circunstâncias

O caso "Alguns investidores profissionais vs. X Investments, S.A., e X – Fundo de Capital de Risco"

Maria João Romão Carreiro Vaz Tomé[1]

Em 2014, foi-nos solicitado um estudo por uma sociedade de capital de risco (doravante X Investments – SCR) e por um fundo de capital de risco (doravante X – FCR), gerido pela primeira, sobre a qualificação dos contratos celebrados entre aquela sociedade e os titulares das unidades de participação no referido fundo de capital de risco. A essa luz se poderá esclarecer a natureza das obrigações da X Investments – SCR perante os participantes no X – FCR e os poderes da primeira perante o mesmo fundo. Colocava-se igualmente a questão de saber se o impacto da crise económico-financeira do Verão de 2007, a crise da dívida soberana, a adoção de um novo quadro regulatório do capital ao abrigo do Acordo de Basileia III e a ajuda pública à Banca Espanhola consubstanciavam uma alteração anormal das circunstâncias suscetível de desencadear os efeitos previstos no art. 437º do Cód. Civil. Por último, surgia o problema da resolução *ope legis* dos contratos

[1] Neste texto de homenagem ao insigne Professor Doutor Pedro Pais de Vasconcelos não posso deixar de evocar a sua generosidade e amizade que ficaram de exemplo e inspiração.
Procedi apenas à atualização legislativa do texto (elaborado em 2014), mantendo, em geral, tudo o mais.

celebrados entre aqueles investidores e a X Investments – SCR e das suas consequências indemnizatórias.

A análise a que então procedemos pode ser generalizada para além do objetivo que inicialmente a motivou, designadamente para o cenário pós-pandémico em que nos encontramos, negativamente afetado pela atual crise económica, energética e, provavelmente, também financeira.

1. Enquadramento

1.1. Breve nota histórica a propósito do investimento em capital de risco

O investimento em capital de risco encontra a sua origem no séc. XV, justamente no financiamento das expedições marítimas por particulares que acalentavam a expectativa da obtenção de lucros daí decorrentes e assumiam o risco de perda do investimento.

Período relevante para o seu desenvolvimento foi o séc. XVIII, na Inglaterra. Como efeito da Revolução Industrial e do ambiente propício aos investimentos em projetos fabris emergentes com elevado potencial de rendibilidade, mercadores, armadores e industriais de tecelagem procuravam apoio financeiro temporário para os seus investimentos junto de indivíduos abastados.

Também atualmente investidores individuais – *os business angels* – se encontram na indústria do capital de risco.

Esta modalidade de financiamento extra-bancário foi-se desenvolvendo informalmente até alcançar o estatuto de indústria nas décadas de 70-80 do séc. XX, tendo as primeiras operações de investimento em capital de risco, tal como as conhecemos, ocorrido nos anos 40, nos Estados Unidos da América. Com efeito, em 1946, constituiu-se a primeira sociedade de capital de risco, a *American Research and Development Corporation.*

1.2. O capital de risco em Portugal

Segundo a Associação Portuguesa de Capital de Risco (APCR), "*[o] Capital de Risco pode ser definido como uma forma de investimento empresarial, com o objetivo de financiar empresas, apoiando o seu desenvolvimento e crescimento constituindo uma das principais fontes de financiamento para jovens empresas, 'startups' e investimentos de risco com elevado potencial de rentabilização, dado que proporciona às empresas meios financeiros estáveis para a gestão dos seus planos de desenvolvimento*".

O investimento em capital de risco foi introduzido no nosso ordenamento jurídico em 1986, atendendo à necessidade de encontrar formas de financiamento alternativas e complementares do crédito bancário, necessidade essa agravada pelo aparecimento de novas atividades na área dos serviços e indústrias de ponta, assim como pela crescente importância das PMEs no tecido empresarial e pela carência de recursos próprios por parte de algumas empresas que manifestavam grandes potencialidades de desenvolvimento. Assim, o DL nº 17/86, de 5 de fevereiro, introduziu a figura das sociedades de capital de risco e o DL nº 427/86, de 29 de dezembro, em cumprimento do art. 9º daquele diploma, estabeleceu que as sociedades de capital de risco podem constituir e gerir os assim denominados "*fundos consignados*". O primeiro diploma foi revogado pelo DL nº 433/91, de 7 de novembro, e o segundo pelo DL nº 187/91, de 17 de maio, que criou "*um novo tipo de investimento mobiliário: os fundos de investimento de capital de risco*" e que foi, por seu turno, revogado pelo DL nº 58/99, de 2 de março. Tanto o DL nº 433/91 como DL nº 58/99 foram revogados pelo DL nº 319/2002, de 28 de dezembro, que, entre outras coisas, reforçou os poderes das entidades gestoras de fundos de capital de risco. Ulteriormente, o investimento em capital de risco foi regulado pelo DL nº 375/2007, de 8 de novembro, que flexibilizou, simplificou e, consequentemente, promoveu o incremento da respetiva atividade e que, mais tarde, foi revogado pela Lei nº 18/2015, de 4 de março.

Os fundos de capital de risco são organismos de investimento coletivo sujeitos a legislação especial (art. 1º, nºs 1 e 2, da Lei nº 16/2015, de 24 de fevereiro, na sequência, aliás, do DL nº 63-A/2013, de 10 de maio), que consagra uma disciplina nova ou diferente para estas entidades. Assim, a Lei nº 16/2015, de 24 de fevereiro, poderá desempenhar o papel de direito subsidiário[2]. As normas especiais prevalecem sobre as normas gerais (*lex specialis derogat legi generalis*: art. 7º, nº 3, do Cód. Civil).

No caso em apreço, temos um fundo de capital de risco (X – FCR) gerido por uma sociedade de capital de risco (X Investments – SCR) (art. 1º, als a) e b), da Lei nº 18/2015), cujos participantes são investidores profissionais (qualificados ou institucionais).

1.3. O investimento em capital de risco

Consubstanciando-se numa de várias modalidades de financiamento da economia, "*considera-se investimento em capital de risco a aquisição, por período de tempo limitado, de instrumentos de capital próprio e de instrumentos de capital alheio em sociedades com elevado potencial de desenvolvimento, como forma de beneficiar da*

[2] Não há consenso, todavia, a este respeito.

respetiva valorização" (art. 3º, nº 1, da Lei nº 18/2015). O sucesso do investimento em capital de risco depende do êxito do negócio da empresa participada. O retorno do investimento advirá, necessariamente, da valorização dessa empresa.

O capital de risco distingue-se da principal fonte de financiamento da economia portuguesa – o crédito bancário –, desde logo, no que que respeita ao seu modo de remuneração. Enquanto no financiamento de capital alheio a remuneração se encontra previamente estabelecida, não estando em geral associada – ao menos diretamente – à evolução da empresa, a rendibilidade do investimento em capital de risco está intimamente ligada à *performance* da empresa participada. O investidor em capital de risco – por via de regra, através de um organismo de investimento coletivo em capital de risco – como que se torna "sócio" da empresa participada, assumindo, mediante a intervenção da sociedade gestora e exclusivamente através desta, um interesse direto no seu crescimento e valorização, permitindo àquela, para o efeito, beneficiar da experiência, gestão profissional e rede de contactos da última. A este benefício para a empresa participada associa-se ainda a credibilidade que a participação de um fundo de capital de risco imprime à empresa *target*.

Tratando-se de um investimento de capital, incorpora naturalmente um risco superior ao dos instrumentos de dívida em virtude da *senioriedade* do passivo perante o capital. Por isso, os investidores procuram empresas com elevado potencial de desenvolvimento e valorização, de modo a que a rendibilidade esperada seja suscetível de compensar o risco incorrido.

Enquanto atividade relativamente recente, a definição e características do capital de risco encontram-se substancialmente influenciadas pela sua origem anglo-saxónica.

Nos EUA, distingue-se entre duas modalidades de investimento de capital de risco: de um lado, o *private equity* e, de outro, o *venture capital*. Na Europa, todavia, a expressão capital de risco abrange as duas modalidades de investimento: o *private equity* e o *venture capital*.

A análise do financiamento das PMEs afigura-se de relevante interesse num contexto económico e financeiro adverso, designadamente como aquele que resultou de duas crises consecutivas, a do *subprime* e a da dívida soberana dos países da Zona Euro. Na verdade, os períodos de crise são normalmente caracterizados pela implementação de políticas restritivas no setor bancário que se traduzem num acréscimo de dificuldades na obtenção de financiamento por parte das PMEs. Estando a economia cada vez mais dependente das PMEs, a necessidade de encontrar soluções para o seu financiamento é premente. *Ex abundanti*, leve-se em linha de conta que o *credit crunch* representa um problema para a economia real. Em épocas de crise, as PMEs confrontam-se com dificuldades acrescidas no acesso ao crédito bancário. Os bancos, porém, financiam-nas mediatamente através da participação em fundos de capital de risco. Na verdade, preferem, em geral, ter como contrapartes sociedades de capital de risco em lugar de sociedades comerciais que se dediquem ao exercício de PMEs, pois conhecem as competências técnicas e profissionais, assim como os resultados já obtidos em projetos anteriores pelas primeiras. Estão também informados do *know-how* carreado pela sociedade gestora para as PMEs em que decide participar, assim como dos critérios de racionalidade empresarial com que gere os negócios destas.

O impacto do capital de risco no desenvolvimento económico, como catalisador do empreendedorismo e da inovação, assumindo um papel muito importante nos mercados financeiros mais desenvolvidos, é, ainda, relativamente incipiente na economia portuguesa. Entre nós, o capital de risco esteve quase sempre associado à recuperação de empresas em dificuldade, colmatando as tradicionais dificuldades das PMEs, contrariando a filosofia que esteve na base deste instrumento. Existem, todavia, sinais de mudança.

Em termos gerais, a atividade institucional de investimento em capital de risco é desenvolvida, *grosso modo*, em três fases. Desde logo, a recolha de capital junto dos investidores, mediante a subscrição de unidades de participação em organismos de investimento coletivo de capital de risco: *raising*. Depois, o investimento, em que sociedade gestora aplica o capital recolhido em empresas selecionadas no âmbito do assim denominado *deal flow*. A sociedade gestora realiza os investimentos em conformidade com o regulamento de gestão e constitui a carteira ou *portfolio* de investimentos do fundo. Para o efeito, tem o poder de exigir dos participantes o *committed capital*. Por último, o desinvestimento e a distribuição de resultados – líquidos das comissões – aos investidores: *exit*.

2. A qualificação dos contratos celebrados entre os participantes e a sociedade gestora

2.1. Os contratos celebrados entre os participantes e a sociedade gestora enquanto contratos de administração e de investimento[3]

Os contratos celebrados entre a sociedade gestora e os participantes são contratos de administração e pertencem ao *genus* mais amplo dos contratos de investimento. A estes contratos subjaz uma relação de fidúcia.

A sociedade gestora, mediante remuneração, obriga-se a efetuar investimento em capital de risco por conta e no interesse exclusivo dos participantes de acordo com a lei e o regulamento de gestão.

Através desta administração visa-se, certamente, a obtenção de uma rendibilidade do capital e é a sua devolução, com os respetivos frutos, que se pretende. Com estes contratos tem-se em vista a obtenção de um retorno para o capital a esse fim destinado. Estamos perante contratos de prestação de serviço, que envolvem a prática de uma diversidade de atos, nomeadamente de investimento e de desinvestimento, por conta dos titulares das unidades de participação. Aos serviços contratados está associada uma onerosidade própria.

Não são, pois, meros contratos de mandato. Desde logo, considerá-los como meros contratos de mandato seria suscetível de conduzir a uma inversão conceitual entre causa e efeito, na medida em que a causa do mandato se consubstancia no cumprimento de atos jurídicos, podendo este cumprimento ser o efeito mas não a causa dos contratos celebrados entre a sociedade gestora e os participantes. Depois, conforme o art. 1161º, nº 1, al. a), do Cód. Civil, o mandatário age de acordo com as indicações e instruções do mandante quer quanto ao objeto, quer quanto à execução. Muito diversamente, aos participantes em organismos de investimento coletivo encontra-se vedado o poder de dar instruções à sociedade gestora.

Atendendo à configuração dos poderes e das obrigações da sociedade gestora e à posição de total passividade dos participantes na gestão do

[3] Cf. Maria João Vaz Tomé, *Fundos de Investimento Mobiliário Abertos*, Almedina, Coimbra, 1997; *Fundos de investimento mobiliário abertos – aspectos financeiros e civis*, in Estudos em Homenagem ao Banco de Portugal, 150º Aniversário (1846-1996), Banco de Portugal, Lisboa, 1998; *Notas sobre os aspectos financeiros e civis dos fundos de investimento mobiliário abertos*, in Direito dos Valores Mobiliários, volume I, Coimbra Editora, Coimbra, 1999; Alguns *aspectos dos fundos comuns de investimento mobiliário abertos*, Jornadas "Sociedades Abertas, Valores Mobiliários e Intermediação Financeira", Almedina, Coimbra, 2007.

fundo, os contratos celebrados entre a sociedade gestora e os participantes devem assim ser vistos como contratos de administração e de investimento. Os participantes não têm qualquer poder de gestão, não têm qualquer poder na condução dos negócios. Este modelo organizativo é inderrogável, não podendo o regulamento de gestão confiar à generalidade ou à maioria dos participantes poderes de gestão. Muito menos poderão os participantes pretender participar na gestão destes organismos. Trata-se de poderes indisponíveis da sociedade gestora em virtude da exigência de uma gestão inspirada na experiência e competência técnica. De outro modo, não seria possível levar a cabo uma administração eficiente e bem-sucedida dos organismos de investimento coletivo. Está igualmente em causa a própria tutela dos investidores (*vide, inter alia*, arts. 17º, nº 1, 19º e 20º, da Lei nº 18/2015; arts. 66º e 159º da Lei nº 16/2015).

Passando da questão da qualificação para aquela de regime, de acordo com o art. 1156º do Cód. Civil, "*as disposições do mandato são extensivas, com as necessárias adaptações, às modalidades do contrato de prestação de serviço que a lei não regule especialmente*".

Refira-se, neste contexto, que da celebração deste tipo de contratos resulta uma ampla dissociação entre a propriedade (dos titulares das unidades de participação) e o controlo (da sociedade gestora) da riqueza, entre a titularidade e a legitimação. Com efeito, a propriedade dos participantes (de acordo com o art. 15º, nº 1, da Lei nº 18/2015, "*Os fundos de capital de risco são patrimónios autónomos, sem personalidade jurídica, mas dotados de personalidade judiciária, pertencentes ao conjunto dos titulares das respetivas unidades de participação*") encontra-se despojada de qualquer faculdade de gestão. Muito diversamente, o controlo é totalmente atribuído à sociedade gestora que não é, legalmente, considerada proprietária dos fundos.

O regulamento de gestão, elaborado pela sociedade gestora, integra o contrato de administração (art. 19º, nº 1, da Lei nº 18/2015) como, de resto, sucede no âmbito dos demais organismos de investimento coletivo.

Apesar de o contrato de administração ser celebrado entre a sociedade gestora e cada um dos investidores, esta apenas pode cumprir aqueles contratos mediante a realização de uma prestação de carácter supraindividual. A sociedade gestora não administra individual e isoladamente cada uma das contribuições pecuniárias dos investidores, mas antes o património globalmente único daí resultante. Assim, característica dos organismos de investimento coletivo é a gestão coletiva dos capitais individualmente entregues pelos investidores. A sociedade gestora assume perante os participantes, não o dever de administrar individualmente uma pluralidade de patrimónios separados, mas antes o dever de realizar o programa de investimentos plasmado no regulamento de gestão, administrando unitariamente um único património geralmente de relevante dimensão. As unidades de participação, por seu turno, não identificam uma determinada contribuição patrimonial, porquanto atribuem ao seu titular o direito de crédito a uma quantia pecuniária igual ao correspondente valor fracionário do valor do fundo. Aquele património autónomo, onde se fundem as contribuições individuais dos diversos investidores, atinge, muito frequentemente, dimensões consideráveis e, por isso, mediante o cumprimento da política de investimentos prevista no regulamento de gestão por parte da sociedade gestora, permite, via de regra, a obtenção de relevantes vantagens. Deste modo, a sociedade gestora cumpre todos os deveres contratualmente contraídos com cada um dos investidores. As contribuições dos diversos participantes são, pois, geridas conjuntamente, sendo os resultados individuais de cada um deles estabelecidos em função dos resultados coletivos mediante a aplicação de fórmulas jurídicas distintas daquelas do contrato de sociedade. Daí que os organismos de investimento coletivo sejam configurados como patrimónios autónomos pertencentes a uma pluralidade de investidores. Existe uma conexão estreita entre função e estrutura, no sentido de que aquela apenas pode ser prosseguida através desta e de que a última não pode ser utilizada para escopos diversos daqueles típicos do investimento coletivo.

De particular relevância para a consulta foi o carácter indivisível da obrigação da sociedade gestora. Com efeito, a obrigação de administrar assumida pela sociedade gestora perante os participantes é indivisível porquanto, em virtude da sua própria natureza, apesar da pluralidade de credores, a prestação devida não comporta fracionamento e não é suscetível de cumprimento parcial. Não é passível de ser decomposta em várias prestações parciais homogéneas e de conteúdo qualitativo idêntico ao originário, não pode ser repartida em várias prestações parciais de conteúdo igual sem alteração da sua essência ou redução do seu valor. Os atos em que a prestação poderia ser decomposta não equivalem, proporcional e homogeneamente, ao todo.

Assim se explica também que, em geral, a sociedade gestora de um organismo de investimento coletivo não seja devedora dos capitais recebidos dos participantes, mas sim dos resultados e da distribuição do *quod extat* no termo da administração do organismo de investimento coletivo.

2.2. Os contratos celebrados entre os participantes e a sociedade gestora enquanto contratos de resultado aleatório

Trata-se de contratos de investimento e, por isso, de contratos de álea, ou seja, de risco bilateral (probabilidade de uma vantagem com a inerente probabilidade de uma perda), com um resultado potencial positivo ou negativo (*chance de gaine ou de perte*)[4]. Incorporam o risco do futuro. Os participantes celebram os contratos de administração sem conhecerem os resultados almejados com a administração da sociedade gestora, sem saberem se ganham (se obtêm a rendibilidade auspiciada) ou se perdem (o capital investido); a sociedade gestora, por seu turno, celebra o contrato sem conhecer a totalidade da contraprestação, sem saber se ganhará – e exatamente em que medida – ou não a remuneração variável[5]. Não é o con-

[4] Cf. Calvão da Silva, *Anotação ao Acórdão do Supremo Tribunal de Justiça de 12 de Setembro de 2013*, in RLJ, 143, p.366.

[5] Na verdade, esta incerteza inerente à remuneração variável, por parte da sociedade gestora, mais não é, *cum grano salis*, do que a incerteza assumida pelos participantes quanto à rendibilidade dos investimentos. Com efeito, de acordo com algumas cláusulas normalmente consagradas no regulamento de gestão deste tipo de organismo de investimento coletivo, as unidades de participação de determinada categoria (*v.g.*, da categoria A) só poderão ser subscritas e detidas pela sociedade gestora do fundo e/ou por pessoas jurídicas por esta expressamente autorizadas e terão direito a um rendimento especial correspondente a certo valor percentual (*v.g.*, 20%) do resultado líquido realizado pelo fundo durante toda a sua vida útil, desde que a totalidade das unidades de participação emitidas (*v.g.*, das categorias A e B) apresentem uma taxa interna de rendibilidade anual igual ou superior a dado valor percentual (*v.g.*, a 7%). A remuneração variável traduz-se pois no rendimento especial correspondente à titularidade das unidades de participação subscritas e detidas pela sociedade gestora do fundo e/ou por pessoas jurídicas por esta expressamente autorizadas (*v.g.*, da categoria A).

A remuneração da sociedade gestora – a sua estrutura e natureza – constitui um instrumento essencial para o alinhamento de interesses entre a entidade gestora e os investidores. Na verdade, um dos principais problemas que os organismos de investimento coletivo de natureza contratual colocam é o do potencial desalinhamento de interesses entre os investidores e a sociedade gestora: os ganhos daqueles, resultando da valorização de um património sobre o qual a sociedade gestora não tem, *qua tale*, qualquer interesse, podem não ser convenientemente prosseguidos pela sociedade gestora. É uma situação típica de problema de agência, que gera os conhecidos custos de agência.

Nos casos de potencial desalinhamento de interesses, a solução do direito das sociedades reside na atribuição aos sócios do poder de substituir os gestores, mediante destituição ou não recondução no cargo. Em muitos organismos de investimento coletivo de natureza contratual, o mecanismo de que os investidores dispõem é o mecanismo da saída, mediante o exercício do direito de resgate das suas unidades de participação. Não tendo o direito de substituir a socie-

trato de administração, em si mesmo, que proporciona aos participantes os proventos económicos que pretendem alcançar; esses resultados dependem do (in)sucesso das operações de investimento, e também de desinvestimento, de que a sociedade gestora foi encarregada. As respetivas perdas ou ganhos dependem da evolução dos investimentos e desinvestimentos, a efetuar pela sociedade gestora, que é incerta. Os participantes assumem o risco enquanto possibilidade de evento favorável ou desfavorável, aceitam tanto as consequências positivas como aquelas negativas que podem resultar, para a sua economia, da atividade desenvolvida pela sociedade gestora. Esta álea torna *ab initio* incertas as posições dos contraentes quanto às previsões de ganho ou de perda, de lucro ou de dano.

Esta incerteza é assumida pelas partes no âmbito da regulamentação contratual para a realização de interesses internos dos próprios contratos de administração e investimento. Também nesta medida se poderá dizer tratar-se de contratos de resultado aleatório.

A sociedade gestora desenvolve uma atividade de empresa, mas os resultados dessa atividade – positivos ou negativos – não lhe pertencem, devendo ser atribuídos ao fundo e, definitivamente, destinados aos participantes.

À autonomia das opções de gestão, por parte da sociedade gestora, não corresponde a respetiva assunção do risco relativo à gestão, o qual recai sempre sobre os participantes.

O risco de perda ou de não valorização do capital é suportado na esfera jurídica dos participantes: *res perit domino, casum sentit dominus*. O risco com que arca a sociedade gestora está apenas associado aos danos que, por via da violação de um dever contratual, lhe possam ser imputados, obrigando-a a uma indemnização. Factos alheios à sua esfera de domínio e controlo não

dade gestora ou o poder de influenciar a sua atuação, têm o poder de abandonar o investimento e de extinguir a sua relação com a sociedade gestora.

Na verdade, os participantes remetem para a sociedade gestora os custos e riscos inerentes à gestão, os custos e riscos inerentes à liquidação do património subjacente a essa mesma gestão e, por conseguinte, não têm o direito de extinguir, quando entendam, livremente, o organismo de investimento coletivo.

Adotam-se outros mecanismos suscetíveis de resolver o problema de agência, decorrente do potencial desalinhamento de interesses e de motivações entre os participantes e a sociedade gestora. O mecanismo principal é a remuneração variável enquanto incentivo de desempenho. A sociedade gestora passa a ter um interesse próprio que coincide com o dos participantes, porque o fator que determina o aumento da sua remuneração é o mesmo que determina o aumento da remuneração do investimento dos participantes.

conduzem, de acordo com as regras gerais do incumprimento dos contratos, a qualquer obrigação da sociedade gestora.

A sociedade gestora apenas teria de responder pela perda ou não valorização do património administrado se tal se devesse à violação culposa das obrigações por si assumidas. Se a sociedade gestora cumprir pontualmente as suas obrigações contratuais e, ainda assim, se vier a verificar a perda ou a não valorização do património constitutivo do fundo, essa circunstância não lhe poderá ser imputada. O prejuízo daí resultante será suportado na mesma esfera jurídica à qual seria também imputado o incremento patrimonial, se tivesse existido: *ubi commoda ibi incommoda*.

A repartição do risco contratual, tendo em conta a natureza dos contratos em apreço, de resultado aleatório, determina que, em princípio, o perecimento ou a não valorização do património em administração será suportado pelos titulares das unidades de participação no organismo de investimento coletivo.

3. A atividade da sociedade gestora

A sociedade gestora obriga-se a realizar investimentos em conformidade com a lei e o regulamento de gestão e a administrar pericialmente o património constitutivo do fundo (aliás, de acordo com o art. 17º, nº 4, da Lei nº 18/2015, "*A entidade gestora, no exercício das suas funções, atua por conta dos participantes de modo independente e no interesse exclusivo destes, competindo-lhe praticar todos os atos e operações necessários à boa administração do fundo de capital de risco, de acordo com elevados níveis de zelo, honestidade, diligência e de aptidão profissional (...)*". Esta norma é, em geral, reiterada no regulamento de gestão do organismo de investimento coletivo). O serviço fundamental da sociedade gestora consiste na seleção, de acordo com a sua competência técnica, dos investimentos e na sua realização. Exerce uma gestão profissional, a qual pressupõe, necessariamente, autonomia. Deve efetuar as operações de investimento e de desinvestimento que considere oportunas em ordem à realização dos objetivos convencionalmente estabelecidos com os participantes. Não se obriga contratualmente a cumprir determinado ato isolado, nem tão pouco uma pluralidade de atos individualmente considerados. Objeto da sua obrigação é antes o cumprimento de uma série de atos dotada de relevância unitária. Está em causa uma atividade e cada ato surge como destinado, direta ou indiretamente, à prossecução de um determinado escopo no interesse dos participantes. Estas operações conferem conteúdo à atividade de gestão da sociedade e esta é remunerada por essa atividade e não pela prática de atos isolados.

Sobre a sociedade gestora recai uma obrigação de meios e não de resultado. Aquela não assegura aos participantes que o cumprimento da obrigação que assume envolva a produção do efeito a que tende a prestação, não tendo assim lugar uma plena coincidência entre a realização da prestação debitória e a cabal satisfação do interesse do credor. A obrigação de gestão assumida pela sociedade gestora considera-se cumprida quando esta tenha atuado diligentemente de modo a alcançar o resultado, quando tenha empregado um certo esforço em vista da realização do interesse dos participantes, e não quando haja efetivamente obtido tal resultado. Ao mesmo tempo que realiza o cumprimento devido, o cumprimento da prestação pode ou não assegurar a satisfação do interesse dos credores conforme alcance ou não o resultado final visado pelos participantes.

3.1. A gestão por conta e no interesse exclusivo dos participantes

De acordo com o art. 17º, nº 4, da Lei nº 18/2015[6], "*A entidade gestora, no exercício das suas funções, atua por conta dos participantes de modo independente e no interesse exclusivo destes, competindo-lhe praticar todos os atos e operações necessários à boa administração do fundo de capital de risco, de acordo com elevados níveis de zelo, honestidade, diligência e de aptidão profissional, designadamente: c) Selecionar os ativos que devem integrar o património do fundo de capital de risco de acordo com a política de investimentos constante do respetivo regulamento de gestão e praticar os atos necessários à boa execução dessa estratégia; d) Adquirir e alienar os ativos para o fundo de capital de risco, exercer os respetivos direitos e assegurar o pontual cumprimento das suas obrigações; e) Gerir, alienar ou onerar os bens que integram o património do fundo de capital de risco; k) Prestar aos participantes, nomeadamente, nas respetivas assembleias, informações completas, verdadeiras, atuais, claras, objetivas e lícitas acerca dos assuntos sujeitos à apreciação ou deliberação destes, que lhes permitam formar opinião fundamentada sobre esses assuntos.*" Em geral, resulta igualmente do regulamento de gestão do organismo de investimento coletivo que a sociedade gestora atua por conta dos participantes e no interesse exclusivo destes.

Segundo o art. 18º, nº 1, da Lei nº 18/2015, "*As entidades gestoras de fundos de capital de risco devem exercer a sua atividade no sentido da proteção dos legítimos*

[6] De resto, os mesmos princípios encontram-se consagrados nos arts. 15º, 73º e 74º da Lei nº 16/2015.

interesses dos titulares de unidades de participação de fundos de capital de risco por si geridos e conferir-lhes um tratamento justo e equitativo".

Em conformidade com o art. 19º, do mesmo diploma, "*1 – Cada fundo de capital de risco dispõe de um regulamento de gestão, elaborado pela respetiva entidade gestora, do qual constam as normas contratuais que regem o seu funcionamento. 2 – A subscrição ou a aquisição de unidades de participação do fundo de capital de risco implica a sujeição ao respetivo regulamento de gestão. 3 – O regulamento de gestão contém, pelo menos, os seguintes elementos: h) Condições em que o fundo de capital de risco pode proceder a aumentos e reduções do capital; p) Política de investimento do fundo de capital de risco; u) Indicação das remunerações a pagar à entidade gestora e aos depositários, com discriminação dos respetivos modos de cálculo e condições de cobrança, bem como de outros encargos suportados pelo fundo de capital de risco; (...)*".

A sociedade gestora administra o fundo por conta e no interesse exclusivo dos participantes. Este princípio, legalmente consagrado, resultava já da *ratio* subjacente ao instituto dos organismos de investimento coletivo, na medida em que constitui uma das razões determinantes da preferência dos investidores por unidades de participação em detrimento de outras modalidades de investimento. A posição de gestor de bens alheios legalmente atribuída à sociedade gestora encontra respaldo na disciplina dos organismos de investimento coletivo em geral e, por conseguinte, dos organismos de investimento de capital de risco, que são organismos de investimento coletivo alternativo fechados (art. 3º, nº 2, da Lei nº 18/2015).

O interesse dos participantes – que é a devolução do capital investido juntamente com os respetivos frutos – constitui o critério de valoração da atividade de gestão, que apenas pode ser considerada como adequadamente desenvolvida quando se revele idónea para o realizar. Esse interesse traduz o critério de determinação da conduta devida pela sociedade gestora, havendo cumprimento quando a atividade prestada pela sociedade gestora seja idónea para a satisfação desse mesmo interesse. O interesse dos participantes é, pois, objeto de tutela por parte do ordenamento jurídico. Assim, a eliminação de todos os riscos alheios àqueles que, segundo a lógica económica, devem ser os únicos a recair sobre os investidores, exige que a sociedade gestora aja de acordo com critérios de experiência e competência técnica e que os serviços por ela prestados não visem, nas circunstâncias concretas, interesses diversos daqueles dos participantes (da coletividade dos participantes).

Pode dizer-se que a sociedade gestora age no interesse dos participantes quando adota a conduta idónea a permitir-lhes alcançar os resultados visados aquando da celebração do contrato de investimento (que é também composto pelo regulamento de gestão).

A sociedade gestora não pode encarregar-se de interesses diversos daqueles diretamente recondutíveis à administração correta das disponibilidades que lhe são confiadas. Tal alienidade releva não só perante os interesses de natureza privada, mas também perante os objetivos a que foi atribuída a natureza de interesse geral.

Na verdade, os atos ou negócios da sociedade gestora apresentam a particularidade de serem praticados por quem não é titular dos interesses em causa, nem, em última análise, destinatário dos respetivos efeitos. O contrato de administração como que apresenta carácter instrumental como meio que é para a realização dos objetivos económicos que aqueles atos ou negócios prosseguem. Está em causa a realização de investimentos por conta alheia.

O regulamento de gestão estabelece as características do fundo, disciplina o seu funcionamento e regula as relações entre a sociedade gestora, os participantes e o depositário. O legislador indicou o conteúdo mínimo desse regulamento (art. 19º, nº 3, da Lei nº 18/2015). A referência obrigatória ao regulamento de gestão responde à necessidade de o investidor conhecer os critérios de administração do seu capital, assim como àquela de reduzir, na medida do possível, a álea de uma gestão que incide sobre interesses de terceiros que não participam nas deliberações da própria gestão. Entre as matérias deixadas à autonomia da sociedade gestora estão os critérios da seleção dos investimentos.

3.2. A não inclusão, pela sociedade gestora, da questão da redução do capital do fundo na ordem de trabalhos de determinada Assembleia de Participantes

De acordo com o art. 40º (Redução de capital) da Lei nº 18/2015, "*1 – O capital do fundo de capital de risco pode ser reduzido para libertar excesso de capital, para cobertura de perdas ou para anular unidades de participação em conformidade com o previsto no nº 2 do artigo 30º. 2 – Exceto no caso previsto no nº 2 do artigo 30º, que se processa por extinção total das unidades de participação, a redução de capital pode processar-se por reagrupamento de unidades de participação ou por extinção, total ou parcial, de todas ou de algumas delas. 3 – As reduções de capital do fundo de capital de risco cujas condições não decorram diretamente da lei e que não se encontrem previstas no respetivo regulamento de gestão dependem de deliberação da assembleia de parti-*

cipantes tomada, sob proposta da entidade gestora, por maioria dos votos emitidos, exceto se outra maioria for imposta pelo regulamento de gestão".

Interpretar consiste em retirar do texto um determinado sentido ou conteúdo de pensamento: o verdadeiro sentido e alcance da lei[7]. Interpretar em matéria de leis quer dizer, não só descobrir o sentido que está por detrás da expressão, como também, de entre as várias significações que estão cobertas pela expressão, eleger a verdadeira e decisiva[8]. O elemento gramatical (letra da lei) e o elemento lógico (espírito da lei) têm sempre que ser utilizados conjuntamente. Não pode haver uma modalidade de interpretação gramatical e uma outra lógica, pois que o enunciado linguístico, que é a letra da lei, é apenas um significante, portador de um sentido (espírito) para que nos remete[9].

A) O elemento gramatical

O texto constitui o ponto de partida da interpretação (art. 9º, nº 1, e nº 2, do Cód. Civil). Como tal, cabe-lhe uma função negativa, que se traduz em eliminar aqueles sentidos que não tenham qualquer ressonância nas palavras da lei, e uma função positiva. Assim, se o texto comporta apenas um sentido, é esse o sentido da norma. Depois, se a norma comporta mais do que um significado, então a função positiva do texto consiste em dar mais forte apoio a um dos sentidos possíveis. O intérprete deve, em princípio, optar por aquele sentido que melhor e mais imediatamente corresponde ao significado natural das expressões verbais utilizadas e, designadamente, ao seu significado técnico-jurídico, no pressuposto de que o legislador soube exprimir com correção o seu pensamento (art. 9º, nº 3, do Cód. Civil).

Ora, conforme o art. 40º, nº 3, da Lei nº 18/2015, "*As reduções de capital do fundo de capital de risco cujas condições não decorram diretamente da lei e que não se encontrem previstas no respetivo regulamento de gestão dependem de deliberação da assembleia de participantes tomada, sob proposta da entidade gestora, por maioria dos votos emitidos, exceto se outra maioria for imposta pelo regulamento de gestão.*"

[7] Cf. João Baptista Machado, *Introdução ao Direito e ao Discurso Legitimador*, Almedina, Coimbra, 1994, p.175.

[8] Cf. Manuel de Andrade, *Ensaio sobre a Teoria da Interpretação das Leis*, Arménio Amado – Editor, Sucessor, Coimbra, 1978, p.21-26; João de Matos Antunes Varela/Fernando Andrade Pires de Lima, *Noções Fundamentais de Direito Civil*, vol. II, Coimbra, p.130.

[9] Cf. João Baptista Machado, *Introdução ao Direito e ao Discurso Legitimador*, Almedina, Coimbra, 1994, p.181-182.

Da letra da lei resulta que compete à sociedade gestora, com base na sua autonomia, de acordo com o seu juízo de oportunidade e com a sua *expertise* a propósito da (des)necessidade de libertar excesso de capital ou de cobrir perdas, formular ou não uma proposta de redução do capital do fundo que seja objeto de deliberação dos participantes. É agindo dessa forma que cumpre o seu dever de atuação no exclusivo interesse (da coletividade) dos participantes, que se encontra objetivado no regulamento de gestão e que ela concretiza, definindo-o perante as circunstâncias concretas em que se encontrar.

Se assim não fosse, certamente que o legislador se teria expressado de outro modo[10], aproximando então o modo de funcionamento de uma assembleia de participantes num fundo de capital de risco porventura de uma assembleia geral de uma sociedade anónima, esbatendo a fronteira entre os organismos de investimento coletivo e as sociedades anónimas, duas entidades totalmente distintas do direito organizacional. É que os organismos de investimento coletivo não têm organização societária, são administrados "externamente".

B) O elemento racional ou teleológico

Este elemento da interpretação da lei (art. 9º, nº 1, do Cód. Civil) consiste na razão de ser da lei (*ratio legis*), no fim visado pelo legislador ao elaborar a norma. O conhecimento deste objetivo constitui um auxílio da maior relevância para determinar o sentido com que a norma deve valer. O esclarecimento da *ratio legis* revela a "valoração" ou ponderação dos diversos interesses em jogo que a norma regula e, por conseguinte, o peso relativo dos mesmos interesses, a preferência de um deles em detrimento do outro traduzida na solução consagrada na norma. Acresce que, na descoberta daquela "racionalidade" inspiradora do legislador na fixação de determinado regime jurídico, permite ao intérprete apoderar-se de um ponto de referência que simultaneamente o habilita a definir o exato alcance da norma e a discriminar outras situações típicas com o mesmo ou com diferente recorte[11].

[10] Como, por exemplo, no art. 378º, nº 1, do CSC ("*O accionista ou accionistas que satisfaçam as condições exigidas pelo artigo 375º, nº 2, podem requerer que na ordem do dia de uma assembleia-geral já convocada ou a convocar sejam incluídos determinados assuntos.") ou no art. 18º, nº 1, do revogado DL nº 58/99, de 2 de março ("A assembleia de participantes é constituída por todos os participantes do fundo e reunirá sempre que convocada pelo respectivo presidente, a requerimento da sociedade gestora ou de um conjunto de participantes que detenham um mínimo de 5% de unidades de participação.*").

[11] Cf. João Baptista Machado, *Introdução ao Direito e ao Discurso Legitimador*, Almedina, Coimbra, 1994, p.183.

O facto de nos fundos de capital de risco a redução do capital apenas poder ser objeto de deliberação dos participantes por proposta da sociedade gestora prende-se com as especificidades inerentes a este tipo de organismos de investimento coletivo, decorrentes do seu objeto: o capital de risco. O sucesso de uma sociedade gestora de um fundo de capital de risco depende, em grande medida, da sua aptidão para efetuar investimentos *value accretive*, o que pressupõe uma grande autonomia.

De resto, nos termos do art. 17º, nº 4, da Lei nº 18/2105, "*A entidade gestora, no exercício das suas funções, atua por conta dos participantes de modo independente e no interesse exclusivo destes (...)*". O regulamento de gestão dos organismos de investimento coletivo estabelece também, muito frequentemente, que a gestão do fundo é independente e atua de forma a permitir a adoção de decisões de gestão independentes, em particular sem a influência de participantes ou de quaisquer terceiros que não se encontrem integrados na estrutura como consultor, sub-gestor, perito, etc.. É que da qualificação dos fundos de capital de risco como instituições ou organismos de investimento coletivo decorre a necessidade de observância do princípio da igualdade de tratamento dos participantes por parte da sociedade gestora traduzido, de algum modo, no "*tratamento justo e equitativo*" mencionado no art. 18º, nº 1, da Lei nº 18/2015.

Na ausência de uma proposta da sociedade gestora, os participantes não podem em comum deliberar sobre a redução do capital do fundo. A proposta da sociedade gestora como que se traduz num pressuposto constitutivo dessa mesma deliberação. A autonomia da sociedade gestora é reforçada neste tipo de organismos de investimento coletivo. Esta estrutura "autoritária" legalmente estabelecida visa corresponder à exigência de uma eficiente gestão técnica dos fundos em benefício da coletividade dos participantes. Justamente por se reger por critérios de uma gestão sã e prudente, pelos mais elevados critérios de racionalidade empresarial, é à sociedade gestora que compete decidir sobre o momento adequado para ponderar uma eventual redução do capital. Essa autonomia é, naturalmente, estabelecida no interesse dos participantes.

É, de resto, mais um caso de clara cisão entre titularidade (dos participantes) e legitimação (da sociedade gestora).

C) O elemento sistemático

Muito em especial, deve levar-se em linha de conta a norma enquanto harmonicamente integrada na unidade do sistema jurídico (art. 9º, nº 1, do

Cód. Civil). A consideração deste fator decisivo da interpretação sempre derivaria do princípio da coerência valorativa ou axiológica da ordem jurídica. Pode, a este propósito, falar-se em "*referência do sentido de cada norma ao ordenamento jurídico global*"[12].

Este elemento compreende a consideração das outras disposições que formam o complexo normativo do instituto em que se integra a norma interpretanda, isto é, que regulam a mesma matéria (contexto da lei), assim como a ponderação de disposições legais que regulam problemas normativos paralelos ou institutos afins (lugares paralelos). Compreende ainda o lugar sistemático que compete à norma interpretanda no ordenamento global, assim como a sua consonância com o espírito ou unidade intrínseca de todo o ordenamento jurídico. Baseia-se este subsídio interpretativo no postulado da coerência intrínseca do ordenamento, designadamente no facto de que as normas contidas numa codificação obedecem, por princípio, a um pensamento unitário[13].

O recurso aos "lugares paralelos" pode revelar grande utilidade, pois que, se um problema de regulamentação jurídica fundamentalmente idêntico é tratado pelo legislador em diferentes lugares do sistema, sucede com frequência que num desses lugares a fórmula legislativa surge como mais clara e explícita.

Atendendo a outros preceitos que regulam a mesma matéria (contexto da lei), leve-se em linha de conta o art. 20º, nºs 1 e 2, da Lei nº 18/2015, que atribui competência exclusiva à entidade gestora para a apresentação de propostas de alteração ao regulamento de gestão do fundo (a mesma regra é, em geral, reiterada no regulamento de gestão de organismos de investimento coletivo deste tipo), assim como o art. 35º, nº 12, do mesmo diploma, segundo o qual "*A assembleia de participantes apenas pode deliberar sobre matérias que, nos termos do presente Regime Jurídico, sejam da sua competência, ou sobre aquelas para as quais sejam expressamente solicitadas pela entidade gestora e, unicamente, com base em propostas apresentadas pela entidade gestora, não podendo, salvo acordo da entidade gestora, modificar ou substituir as propostas por esta submetidas a deliberação da assembleia.*". Considere-se ainda o disposto no nº 1 do art. 39º, de acordo com o qual "*Os aumentos de capital do fundo de capital de risco*

[12] Cf. Karl Engish, *Introdução ao Pensamento Jurídico*, Fundação Calouste Gulbenkian, Lisboa, 1988, p.166 e ss.

[13] Cf. João Baptista Machado, *Introdução ao Direito e ao Discurso Legitimador*, Almedina, Coimbra, 1994, p.183.

dependem de deliberação da assembleia de participantes tomada, sob proposta da entidade gestora, pela maioria dos votos emitidos, exceto se outra maioria for imposta pelo regulamento de gestão", assim como no nº 4 "*O direito de preferência referido no nº 2 pode ser suprimido ou limitado por deliberação da assembleia de participantes tomada por maioria de, pelo menos, dois terços dos votos emitidos, sob proposta da entidade gestora, na qual não podem votar os beneficiários da referida supressão ou limitação*". Releva ainda o preceito do art. 41º, nº 1, em conformidade com o qual "*A fusão ou a cisão dos fundos de capital de risco cujas condições não decorram diretamente da lei e que não se encontrem previstas no respetivo regulamento de gestão dependem de deliberação da assembleia de participantes tomada, sob proposta da entidade gestora, por maioria dos votos emitidos exceto se outra maioria for imposta pelo regulamento de gestão.*"

Para o efeito, a sociedade gestora deve "*Prestar aos participantes, nomeadamente, nas respetivas assembleias, informações completas, verdadeiras, atuais, claras, objetivas e lícitas acerca dos assuntos sujeitos à apreciação ou deliberação destes, que lhes permitam formar opinião fundamentada sobre esses assuntos*" (art. 17º, nº 4, al k)).

Todos os preceitos mencionados *supra* confirmam o sentido atribuído ao art. 40º, nº 3, da Lei nº 18/2015.

Na verdade, apenas a deliberação de aprovação dos negócios referidos no art. 10º, nº 8, da Lei nº 18/2015, por razões óbvias – potenciais conflitos de interesses entre a sociedade gestora e os participantes –, não pressupõe prévia proposta da sociedade gestora.

No que respeita a disposições legais que regulam problemas normativos paralelos ou institutos afins (lugares paralelos), refira-se o art. 60º, nº 1, al b) ii), da Lei nº 16/2015, de acordo como o qual "*1 – Os documentos constitutivos dos organismos de investimento alternativo fechados preveem: b) A possibilidade de aumento ou redução do capital desde que: ii) O aumento ou a redução tenha sido objeto de aprovação em assembleia de participantes convocada para o efeito, nas condições definidas no regulamento de gestão, devendo a deliberação definir igualmente as condições do aumento, designadamente se a subscrição é reservada aos atuais participantes*".

O recurso a este preceito revela-se de grande utilidade pois, sendo um lugar paralelo, está também em causa um problema de regulamentação de redução do capital de um organismo de investimento coletivo fechado que o legislador, todavia, solucionou de modo diferente daquele *sub judice*.

Compete pois aos participantes, reunidos em assembleia, deliberar apenas e tão-somente sobre as propostas que lhe sejam para o efeito submetidas pela sociedade gestora do fundo, de acordo com o seu critério de oportunidade e com base nas suas competências profissionais.

D) O elemento histórico

Este elemento compreende todos os materiais relacionados com a história do preceito (art. 9º, nº 1, do Cód. Civil). Desde logo, a história evolutiva do instituto, da figura ou do regime jurídico em causa. Com efeito, muito frequentemente, a norma é produto de uma evolução histórica de certo regime jurídico, pelo que o conhecimento dessa evolução é suscetível de lançar luz sobre o sentido da norma, pois faz-nos compreender o que pretendeu o legislador com a fórmula ou com a alteração legislativa introduzida. Este elemento compreende também as chamadas fontes da lei, ou seja, os textos legais ou doutrinais que inspiraram o legislador na elaboração da lei, assim como os trabalhos preparatórios.

Isto apesar de o art. 40º, nº 3, da Lei nº 18/2015 ("*As reduções de capital do fundo de capital de risco cujas condições não decorram diretamente da lei e que não se encontrem previstas no respetivo regulamento de gestão dependem de deliberação da assembleia de participantes tomada, sob proposta da entidade gestora, por maioria dos votos emitidos, exceto se outra maioria for imposta pelo regulamento de gestão*")[14], não equivaler, *cum summo rigore*, ao art. 32º, nº 3, do DL nº 375/2007 ("*As reduções de capital do FCR cujas condições não decorram directamente da lei e que não se encontrem previstas no respectivo regulamento de gestão dependem de deliberação da assembleia de participantes tomada, sob proposta da entidade gestora, por maioria de, pelo menos, dois terços dos votos emitidos*"). É que este correspondia ao art. 36º, nº 3, do DL nº 319/2002, sendo que um dos objetivos subjacentes a este diploma foi, efetivamente, o reforço dos poderes das entidades gestoras de fundos de capital de risco, como se afirma no respetivo preâmbulo ("*(...)... são reforçados os poderes das entidades gestoras dos fundos de capital de risco em matéria de gestão dos referidos fundos, tornando tal regime mais próximo do existente em outras jurisdições onde a actividade dos fundos de capital de risco se encontra mais desenvolvida.*"). Assim, nos termos do art. 18º do DL nº 58/99, revogado pelo DL nº 319/2002: "*1 – A assembleia de participantes é constituída por todos os participantes do fundo e reunirá sempre que convocada pelo respectivo presidente, a reque-*

[14] O art. 35º, nº 1, da Lei nº 18/2015 ("*A convocação e o funcionamento da assembleia de participantes regem-se pelo disposto na lei para as assembleias de acionistas, salvo o disposto em contrário no presente Regime Jurídico*"), remete agora para o art. 375º, n.os 1 ("*As assembleias gerais de accionistas devem ser convocadas sempre que a lei o determine ou o conselho de administração, a comissão de auditoria, o conselho de administração executivo, o conselho fiscal ou o conselho geral e de supervisão entenda conveniente*") e 2 ("*A assembleia geral deve ser convocada quando o requererem um ou mais accionistas que possuam acções correspondentes a, pelo menos, 5% do capital social*"), do CSC.

rimento da sociedade gestora ou de um conjunto de participantes que detenham um mínimo de 5% de unidades de participação. 3 – À assembleia de participantes compete exercer as competências referidas no presente diploma, bem como as que lhe sejam conferidas pelo regulamento de gestão, devendo, designadamente, estabelecer a estratégia de aplicações e de distribuição dos rendimentos do fundo."

Pode concluir-se que os direitos de intervenção dos participantes na vida dos fundos de capital de risco são, de facto, muito mais reduzidos[15].

3.2.1. Conclusão

O recurso aos diversos cânones hermenêuticos permite afirmar que a sociedade gestora de um fundo de capital de risco não tem qualquer dever, perante os participantes, de incluir na ordem de trabalhos de uma assembleia de participantes a questão da redução do capital do fundo, em cumprimento de uma proposta apresentada por alguns deles[16]. Do mesmo modo, os participantes não têm qualquer poder de exigir da sociedade gestora aquela inclusão. Este resultado decorre claramente da interpretação da lei. A autonomia de gestão, que não permite qualquer interferência dos participantes, como que confere – e simultaneamente pressupõe – poderes de "domínio" à sociedade gestora sobre o fundo gerido. De resto, nos termos do art. 9º nº 3, do Cód. Civil, o intérprete presumirá que o legislador "*soube exprimir o seu pensamento em termos adequados*" e "*que o legislador consagrou as soluções mais acertadas*".

3.3. A existência de um único investimento, até ao final de certo ano, em determinada sociedade comercial

Ao proceder à gestão de acordo com o regulamento de gestão, pode dizer-se que a sociedade gestora age por conta dos participantes e no seu exclusivo interesse.

A atuação por conta dos participantes baseia-se no facto de o contrato celebrado entre estes e a sociedade gestora ser um contrato de administração e de investimento que, no caso dos organismos de investimento coletivo, é integrado pelo regulamento de gestão do fundo, que deve ser respeitado.

[15] Cf. António Soares, *Breves Nota sobre o Novo Regime Jurídico das Sociedades de Capital de Risco e dos Fundos de Capital de Risco*, in Cadernos do Mercado de Valores Mobiliários, 15, Dezembro 2002, p.241.

[16] Cf. Acórdão do Tribunal da Relação de Lisboa de 9 de julho de 2014 (Graça Amaral), proc. 841/13.9TVLSB.L1-7 – www.dgsi.pt.

Os poderes inerentes à gestão de um organismo de investimento coletivo são instrumentais do cumprimento da obrigação assumida pela sociedade gestora perante os participantes de desenvolver profissionalmente uma atividade de investimento do capital por aqueles subscrito. No exercício desses mesmos poderes instrumentais, em vista do cumprimento da sua obrigação, no exclusivo interesse dos participantes, períodos há em que a sociedade gestora, por motivos de diversa natureza, considera, fundadamente, não dever efetuar investimentos durante certo lapso de tempo, aguardando antes por momentos mais oportunos do ponto de vista económico para a realização de grande parte dos investimentos previstos.

Não deixa, por isso, a sociedade gestora de executar diligentemente o programa contratual, de cumprir igualmente todo um conjunto de deveres que não se incluem no conceito de gestão em sentido estrito, mas que são suscetíveis de respeitar ao desenvolvimento regular da relação contratual, designadamente, os deveres de informação perante os participantes.

Essas decisões não se traduzem em qualquer *mala gestio* por parte da sociedade gestora. Esta exerce profissionalmente a sua atividade, respeitando a lei e o regulamento de gestão, assim como as regras da *peritia artis*. Estas regras assumem relevância jurídica na medida em que o conhecimento e a observância das mesmas integra o carácter profissional da obrigação a cargo da sociedade gestora. A esta compete desempenhar a sua função com qualificado profissionalismo, de acordo com critérios de racionalidade empresarial e no exclusivo interesse dos participantes.

Sendo o capital um recurso escasso, ainda mais em conjunturas de recessão económica e de diminuição de liquidez do mercado, afigura-se de extrema relevância selecionar as empresas suscetíveis de gerar valor e de rendibilizar o investimento, de modo a racionalizar a alocação deste mesmo capital. A sociedade gestora deve adotar, com efeito, um elevado grau de diligência na seleção dos investimentos. Numa conjuntura de recessão e de incerteza económica, com a economia portuguesa particularmente exposta à evolução do mercado externo, a racionalização do capital e a eficiência da sua gestão tornam-se prioritários. Daí que no interesse exclusivo dos participantes a sociedade gestora de um fundo de capital de risco tenha, por vezes, de optar pela não realização de investimentos durante determinados períodos de tempo.

A gestão de um fundo de capital de risco é, efetivamente, confiada, a uma equipa de profissionais, com uma experiência consolidada de mercado na área financeira e empresarial. A sociedade gestora adota a estratégia de investimento mais adequada às circunstâncias económico-financeiras que a envolvem. O seu objetivo último traduz-se na maximização do retorno dos investidores. Para o efeito, a sociedade gestora procede a uma prospeção exaustiva do mercado, identifica oportunidades de investimento, verifica se as mesmas se enquadram na política de investimentos do fundo, analisa a rendibilidade esperada, o modelo de negócio, a dimensão do investimento, etc.. Cumpre igualmente o procedimento de *due diligence*, examinando minuciosamente as empresas *target*, os seus planos de negócios, os aspetos técnicos, comerciais, operacionais, financeiros, humanos e jurídicos dos projetos, etc. Refira-se, a este propósito, que se trata de uma fase morosa e complexa do processo de investimento, mas essencial na medida em que visa fazer face a um dos maiores problemas do investimento em capital de risco: a assimetria da informação. Na verdade, para obterem o financiamento almejado, as empresas tendem a sobrevalorizar o negócio, recorrendo a projeções excessivamente otimistas. Por conseguinte, o processo de *due diligence*, ao permitir a aquisição de mais conhecimento sobre o projeto em vista, consente minimizar um dos efeitos da assimetria da informação: aquele da seleção adversa (escolha de um mau projeto). Uma vez selecionadas as empresas, sendo até negociadas as condições de participação do fundo nessas mesmas empresas, por vezes não chegam a celebrar-se os negócios de investimento por razões totalmente alheias à esfera da sociedade gestora. Isto não consubstancia qualquer incumprimento da sociedade gestora perante os participantes no fundo nem tão pouco legitima o incumprimento das obrigações destes perante aquela.

De resto, além de ser titular do direito à remuneração pela sua *performance*, mediante a *carried interest* ou remuneração variável, a sociedade gestora de um fundo de capital de risco é, ela própria, titular de unidades de participação no próprio fundo que administra.

Por outro lado, de acordo com o estabelecido, via de regra, no regulamento de gestão deste tipo de organismos de investimento coletivo, durante o período de investimento, a remuneração da sociedade gestora (*v.g.*, 2,0%, calculada semestralmente, sobre a totalidade do capital subscrito do fundo) independe em absoluto do *quantum* de capital concretamente investido pela sociedade gestora. Esta cumpriu a sua obrigação de administrar o fundo de capital de risco, de modo independente e no exclusivo interesse dos participantes, tendo adotado um elevado grau de diligência na seleção dos investimentos. Pode concluir-se que o facto de naquela data – data das chamadas de capital incumpridas pelos participantes faltosos – o valor das comissões de gestão se aproximar do valor do capital subscrito então investido não se traduz em qualquer desproporcionalidade na conformação do conteúdo do contrato ou das prestações das partes.

Nessa altura, encontrava-se X – FCR ainda na segunda fase do seu ciclo de vida, que é a do investimento. É da natureza de um organismo de investimento coletivo de capital de risco que, durante a fase de investimento, a remuneração fixa da sociedade gestora seja passível de se aproximar quantitativamente do capital efetivamente investido.

Refira-se que, de acordo com o lugar paralelo do art. 73º, nº 5, da Lei nº 16/2015, "*Dando cumprimento ao dever de atuação no interesse dos participantes, a entidade gestora: a) Não cobra ou imputa ao organismo de investimento coletivo, ou aos seus participantes, custos que não se encontrem previstos nos respetivos documentos constitutivos*", *a contrario*, age no interesse dos participantes a entidade gestora que cobra ou imputa ao organismo de investimento coletivo, ou aos seus participantes, custos que se encontrem previstos nos respetivos documentos constitutivos.

4. A alteração das circunstâncias[17]

Esclarecida a natureza dos contratos celebrados entre os participantes e a sociedade gestora, assim como da atividade por esta desenvolvida, coloca-se a questão de saber se a disposição do art. 437º do Cód. Civil se aplica a esses contratos e se a crise do *subprime* e o seu impacto, ocorrida no Verão de 2007, a crise das dívidas soberanas dos países da Zona Euro, verificada no final de 2009, as novas regras prudenciais adotadas ao abrigo do Acordo de Basileia III – que, no que ora importa, introduz um novo quadro regulatório do capital – e, por último, a ajuda pública à Banca Espanhola, são suscetíveis de fundar a produção dos efeitos jurídicos previstos naquela norma (a modificação ou a resolução dos contratos celebrados entre a sociedade gestora e os participantes).

A modificação ou resolução dos contratos por alteração das circunstâncias exige a ponderação valorativa dos princípios da autonomia privada, por um lado, e da boa fé, por outro, em vista de uma conciliação de ideias de sinal contrário. Daí a sua dificuldade.

[17] Cf. Manuel A. Carneiro da Frada, *Crise Financeira e Alteração das Circunstâncias: Contratos de Depósito Vs. Contratos de Gestão de Carteiras*, Separata de Estudos em Homenagem Ao Prof. Doutor Sérvulo Correia, Coimbra Editora, Coimbra, 2010.

4.1. A (in)aplicabilidade do art. 437º do Cód. Civil aos contratos celebrados entre os participantes faltosos e a sociedade gestora

De acordo com o art. 406º, nº 1, do Cód. Civil, "*o contrato deve ser pontualmente cumprido, e só pode modificar-se ou extinguir-se por mútuo consentimento dos contraentes ou nos casos admitidos na lei.*"

Constitui exceção a este princípio da força vinculativa dos contratos a possibilidade de resolução ou modificação do contrato por alteração das circunstâncias.

Assim, conforme o art. 437º, nº 1, do mesmo corpo de normas, "*se as circunstâncias em que as partes fundaram a decisão de contratar tiverem sofrido uma alteração anormal, tem a parte lesada direito à resolução do contrato, ou à modificação dele segundo juízos de equidade, desde que a exigência das obrigações por ela assumidas afecte gravemente os princípios da boa fé e não esteja coberta pelos riscos próprios do contrato*"; acrescentando o nº 2 do mesmo preceito que, "*requerida a resolução, a parte contrária pode opor-se ao pedido, declarando aceitar a modificação do contrato nos termos do número anterior.*"

Poderia dizer-se que, em princípio, a possibilidade de resolver ou modificar um contrato por alteração das circunstâncias abrange, de acordo com o art. 437º, nº 1, qualquer tipo de contrato.

Por isso, também os contratos que apresentassem uma forte exposição a riscos ou, até mesmo, os que têm o risco por objeto, poderiam estar sujeitos à resolução ou à modificação previstas nesse preceito. Assim os contratos puramente aleatórios ou de resultado aleatório seriam suscetíveis de modificação ou resolução ex vi do art. 437º, nº 1.

A natureza dos contratos celebrados – contratos de investimento – não impediria, pois, em abstrato – a aplicabilidade do instituto da alteração das circunstâncias.

Consubstanciando-se a resolução ou modificação do contrato, fundamentalmente, num imperativo do princípio da justiça contratual (verificadas certas alterações de circunstâncias sobre as quais as partes alicerçaram a decisão de contratar), nada legitimaria que se excluísse aprioristicamente qualquer tipo de contratos do âmbito de aplicação do art. 437º, nº 1.

Todavia, independentemente do tipo de contrato em apreço, para que o art. 437º, nº 1, se aplique é necessária a verificação, no caso concreto, dos respetivos pressupostos.

4.2. Os requisitos da relevância da alteração das circunstâncias

A questão da invocabilidade do art. 437º, nº 1, do Cód. Civil, nos contratos celebrados entre a sociedade gestora e os participantes faltosos é a de saber se estes podem, com base nesse preceito, eximir-se, total ou parcialmente, ao cumprimento das obrigações de entrada de capital assumidas perante aquela, alegando, para o efeito, o impacto de uma crise económico-financeira global, que teve lugar no Verão de 2007, uma crise da dívida soberana verificada em Espanha no final de 2009, uma alteração das regras prudenciais decorrente do novo Acordo de Basileia e, por fim, uma ajuda pública à Banca Espanhola.

Ora a invocabilidade do art. 437º, nº 1, do Cód. Civil, pelos participantes faltosos, exige, naturalmente, a alegação e a prova dos elementos constitutivos da respetiva previsão ou *facti-species.* Impende sobre esses participantes o ónus correspondente.

Considerem-se então os contratos *sub judice* perante os elementos que se identificam naquele preceito: 1) que a alteração diga respeito a circunstâncias em que se alicerçou a decisão de contratar; 2) que essas circunstâncias tenham sofrido uma alteração anormal; 3) que a estabilidade do contrato ou dos seus termos acarrete uma lesão para uma das partes; 4) que a estabilidade do contrato ou dos seus termos afecte gravemente os princípios da boa fé; 5) que a situação não se encontre coberta pelos riscos próprios do contrato.

1) *Que a alteração diga respeito a circunstâncias em que se alicerçou a decisão de contratar*

A receção da teoria da base do negócio no nosso ordenamento jurídico, embora mitigada pelo princípio da boa fé, confere ao instituto da alteração das circunstâncias uma dimensão contemporânea do momento da celebração do contrato, eventualmente até, *cum grano salis*, numa perspetiva algo subjetivista[18].

[18] Relativamente à evolução histórica do instituto da alteração das circunstâncias no direito luso, cf. JOÃO DE MATOS ANTUNES VARELA, *Ineficácia do Testamento e Vontade Conjectural do Testador*, Coimbra, 1950, p.263 e ss, e 323 e ss; LUÍS CARVALHO FERNANDES, *A Teoria da Imprevisão no Direito Civil Português*, Lisboa, 2001; MÁRIO JÚLIO DE ALMEIDA COSTA, *Direito das Obrigações*, Almedina, Coimbra, 2009, p.285 e ss. Segundo ANTÓNIO MENEZES CORDEIRO, "*ao dogma da vontade) não (...) deve (...) ser reconduzido o tema posto pela alteração das circunstâncias. Neste, não se debate a situação gerada pela não concretização de prefigurações desenvolvidas, aquando da contratação,*

Segundo a posição dominante, são circunstâncias em que se alicerçou a decisão de contratar, em que as partes fundaram a decisão de contratar os factos que, respeitando a uma delas ou a ambas, determinaram, de modo essencial, a vontade negocial e, assim, condicionam o efeito vinculativo das declarações negociais. A base do negócio é, por conseguinte, bilateral ou comum às partes – representação comum, ou representação unilateral notória ou conhecida da outra parte[19]. Seria necessário que os participantes faltosos provassem ter sido fundamento dos contratos de administração e investimento celebrados a circunstância de o impacto de a crise económico-financeira não atingir determinada grandeza, de a dívida pública não ascender a determinado montante, de não se adotarem regras prudenciais tais como aquelas que vieram a resultar do Acordo de Basileia III, de não haver ajuda do Estado à Banca Espanhola, e assim sucessivamente! Aquela condição implícita está ancorada na natureza do contrato, no reconhecimento mútuo ou no reconhecimento daquela essencialidade pela outra parte, ou na boa fé.

Verifica-se uma associação natural à causa do contrato, à função económico-social que as partes prosseguem com a celebração do negócio jurídico assim como ao fim mediato visado pelo contraente lesado[20].

A jurisprudência recente confirma, nalguns arestos, a vinculação do preceito do art. 437º do Cód. Civil às circunstâncias que as partes reconheceram como determinantes do contrato ao tempo da sua celebração. A essa

pelas partes, mas antes o impacto de modificações fácticas sobre situações jurídicas que não as prevejam" – *Da Boa Fé no Direito Civil*, Almedina, Coimbra, 1997, p.979.

[19] De acordo com Heinrich Ewald Hörster: "*Desta maneira, a base negocial é a representação de uma das partes, existente na altura da conclusão do contrato e reconhecida quanto ao seu significado pela outra parte, sem ser contestada por esta, ou a representação comum de ambas as partes, acerca da existência ou a futura verificação ou não-verificação de certas circunstâncias, sobre as quais assentou a vontade negocial*" – *A Parte Geral do Código Civil Português. Teoria Geral do Direito Civil*, Coimbra, 1992, p.577; Calvão Da Silva, *Anotação ao Acórdão do Supremo Tribunal de Justiça de 12 de Setembro de 2013*, in RLJ, 143, p.369.

[20] A propósito deste conceitos, cf. Inocêncio Galvão Telles, *Manual dos Contratos em Geral*, Coimbra Editora, Coimbra, 2002, p.287 e ss. Referindo-se aos conceitos de base do negócio e de causa, cf. Diogo Pereira Duarte, *Modificação dos contratos segundo juízos de equidade (Contributo para a interpretação dos artigos 252º, nº 2, e 437º do Código Civil)*, in O Direito, 139, 2007, I, p.141 e ss. O autor afirma que "*As circunstâncias alteradas têm indubitavelmente que se situar no plano contratual. Os seus elementos foram, objectivamente, essenciais à celebração do negócio*" – p. 156.

luz, o instituto da alteração das circunstâncias exclui a excessiva onerosidade por modificações extracontratuais.

Na verdade, a estabilidade do contrato não pressupõe – nem poderia pressupor – a coincidência entre a vontade e evolução da realidade.

Pode assim dizer-se que, para a doutrina e jurisprudência dominantes, a base do negócio na alteração das circunstâncias é bilateral: respeita simultaneamente aos dois contraentes. O art. 437º, nº 1, refere as circunstâncias em que as partes fundaram a decisão de contratar; não refere as circunstâncias em que o lesado com a superveniente modificação teria fundado a decisão de contratar[21].

Não pode dizer-se que aquelas circunstâncias invocadas pelos participantes faltosos (que o impacto da crise do *subprime* não fosse de determinada dimensão, que a crise da dívida soberana não atingisse determinado montante, que não surgisse o novo quadro regulatório do capital, que o Estado não prestasse ajuda à Banca Espanhola) tenham sido, para a sociedade gestora, determinantes dos contratos de administração e investimento ao tempo da sua celebração.

2) Que essas circunstâncias tenham sofrido uma alteração anormal

A alteração das circunstâncias para ser relevante, tem de ser anormal. Na doutrina, distingue-se a anormalidade da imprevisibilidade, conduzindo à resolução ou modificação do contrato alterações que, embora previsíveis, sejam excecionais, anómalas[22]. Considera-se, todavia, que o *error in futurum* (sobre circunstâncias futuras) é regulado pelo art. 252º, nº 2, e que o art. 437º do Cód. Civil se refere, fundamentalmente, a alterações imprevisíveis[23]. É imprevisível a verificação de um evento, ou do seu alcance, quando, embora pudesse ser representado, em abstrato, pelas partes, a prevenção dos seus efeitos não lhes é imputável, em razão das circunstâncias contemporâneas da vinculação negocial. A crise do *subprime* teve início em julho de 2007, muito antes da celebração dos contratos de administração e de

[21] Cf. Inocêncio Galvão Telles, *Manual dos Contratos em Geral,* Coimbra Editora, Coimbra, 2002, p.344 e ss.

[22] Cf. Adriano Vaz Serra, *Resolução ou Modificação dos Contratos por Alteração das Circunstâncias,* in «Boletim do Ministério da Justiça», nº 68, Julho de 1957, p. 328. Neste sentido, Mário Júlio de Almeida Costa, *Direito das Obrigações,* Almedina, Coimbra, 2009, p.338 e ss.

[23] Cf. Pedro Pais de Vasconcelos, *Teoria Geral do Direito Civil,* Almedina, Coimbra, 2010, p.360 e 372.

investimento em apreço. Em janeiro de 2009, já se adivinhavam os contornos essenciais da crise financeira global, assim como a emergência da crise da dívida soberana nos países da Zona Euro. Acresce que já em 2009 se iniciou o programa de reforma e de promoção da solvência dos bancos e da estabilidade do sistema bancário internacional. Também já se anunciava a necessidade de auxílio do Estado à Banca Espanhola, assim como a necessidade de ajuda pública à Banca Portuguesa. Reitere-se que o X – FCR é constituído em 2009.

O conceito de *bonus paterfamilas ou de reasonable man* é indeterminado. No seu preenchimento valorativo relevam as vicissitudes externas aos participantes, a natureza da atividade que exercem, a regra da experiência do comportamento racional. Todos estes participantes, como não poderia deixar de ser, pois o X – FCR é um fundo de capital de risco, são investidores profissionais[24], que se regem por critérios mínimos de racionalidade empresarial[25]. Pode dizer-se que a (im)previsibilidade deve ser considerada como probabilidade de verificação concreta mínima, de acordo com os padrões e as expectativas de um investidor profissional médio dentro do seu círculo de conhecimentos respetivo e típico. Trata-se pois de investidores profissionais, de entidades especializadas também na gestão de carteiras de investimentos, dotadas de competências específicas. Este é claramente o caso dos bancos que podem atuar simultaneamente como intermediários e investidores.

Em grande medida, as alterações que os participantes faltosos invocam eram para eles previsíveis ao tempo da celebração dos contratos de administração e investimento com a sociedade gestora.

Alguma doutrina e a jurisprudência consideram que o carácter aleatório de um contrato ou do seu resultado não o subtrai ao regime da alteração das circunstâncias, se ultrapassada essa álea[26]. Contudo, o problema reside em

[24] "*Investidores qualificados são aqueles que em função das suas especiais qualificações são considerados como tendo um conhecimento em matéria de investimentos e uma capacidade negocial superiores aos do investidor comum e que, por esse facto, não carecem de uma protecção legal nos seus investimentos de nível idêntico à requerida pelos demais investidores. O Decreto-Lei nº 319/2002 contém ele próprio uma enumeração das categorias de pessoas que são por ele consideradas como investidores qualificados em fundos de capital de risco – cf. nº 2 do artigo 13º.*" – ANTÓNIO SOARES, *Breves Nota sobre o Novo Regime Jurídico das Sociedades de Capital de Risco e dos Fundos de Capital de Risco*, in Cadernos do Mercado de Valores Mobiliários, 15, Dezembro 2002, p.238.

[25] Cf. art. 72º, nº 2, do CSC.

[26] Assim, a título de meramente exemplificativo, JOSÉ DE OLIVEIRA ASCENSÃO, *Onerosidade excessiva por "alteração das circunstâncias"*, in Estudos em memória do Professor Doutor José Dias

saber se os referidos contratos consentem ou não alguma circunscrição da álea coberta por eles que legitime a intervenção judicial para a sua resolução ou modificação porventura num cenário de crise económico-financeira, de crise da dívida soberana, de alteração de regras prudenciais ou de auxílio do Estado. Torna-se naturalmente mais difícil justificá-lo se tais contratos foram celebrados já em pleno cenário de instabilidade económico-financeira, sendo previsíveis os respetivos efeitos para agentes como os participantes – que são investidores profissionais –, assim como previsíveis eram a crise da dívida soberana, a necessidade de novas regras prudenciais para os bancos e de auxílio do Estado à Banca Espanhola[27].

3) *Que a estabilidade dos contratos ou dos seus termos acarrete uma lesão para uma das partes*

Não se verifica qualquer superveniente onerosidade excessiva da prestação. Ocorreu, quando muito, um acréscimo de onerosidade da prestação, de modo semelhante ao que se verificou na esfera de qualquer outra parte num contrato que não seja de execução instantânea. A alteração das circunstâncias invocada pelos participantes faltosos não lhes provocou um grande ou substancial agravamento do sacrifício. Com efeito, o sacrifício de hoje é *grosso modo* igual ao do tempo da celebração dos contratos de administração e investimento, e é comum a outros participantes de natureza bancária que, todavia, continuam a cumprir as obrigações que, ao abrigo do princípio da liberdade contratual, assumiram perante sociedades gestoras de fundos de capital de risco. Não teve lugar qualquer sacrifício superveniente que exclua a razoabilidade da manutenção do vínculo contratual nos termos

Marques, Almedina, Coimbra, 2007, p.524; Mário Júlio de Almeida Costa, *Direito das Obrigações*, Almedina, Coimbra, 2009, p.344; Manuel A. Carneiro da Frada, *Crise Financeira e Alteração das Circunstâncias: Contratos de Depósito Vs. Contratos de Gestão de Carteiras*, Separata de Estudos em Homenagem Ao Prof. Doutor Sérvulo Correia, Coimbra Editora, Coimbra, 2010; Adriano Vaz Serra, *Resolução ou modificação dos contratos por alteração das circunstâncias*, Boletim do Ministério da Justiça, nº 68, 1957, p.332 e ss; Inocêncio Galvão Telles, *Manual dos Contratos em Geral*, Coimbra Editora, Coimbra, 2002, p.47.

[27] Não se verificará então, por via de regra, o requisito da imprevisibilidade para que a alteração das circunstâncias seja suscetível de desencadear os efeitos da estatuição da norma do art. 437º do Cód. Civil. Cf. Judith Martins Costa, "Contratos de derivativos cambiais. Contratos aleatórios. Abuso de direito e abusividade contratual. Boa-Fé objetiva (Dever de informar e ônus de se informar. Teoria da imprevisão, excessiva onerosidade superveniente)", in *Revista de Direito Bancário e do Mercado de Capitais*, 15/55 (Janeiro-Março 2012), p.321 e ss.

acordados. Recorde-se, por outro lado, que alguns dos participantes são igualmente titulares de unidades de participação nos fundos de capital de risco Y e Z, o que permite concluir pela ausência de agravamento do sacrifício, pois que no âmbito destes têm cumprido as respetivas obrigações perante a X Investments – SCR. Não ocorreu outrossim qualquer distorção da equivalência da economia dos programas contratuais inicialmente prevista pelas partes (que é de resultado aleatório), pois a sociedade gestora cumpriu a lei e o regulamento de gestão e, por isso, o programa de investimentos. Nem se verificou qualquer excessivo aumento do custo do cumprimento das obrigações dos participantes, nem qualquer diminuição do valor da contraprestação. Além disso, em causa estão contratos a que é inerente a incerteza do futuro – são contratos de investimento e, por isso, de resultado aleatório. Não pode falar-se tão pouco de frustração do fim dos contratos em apreço.

O X – FCR foi constituído em janeiro de 2009, por um período de duração de dez anos, suscetível de prorrogação por mais dois (conforme o respetivo regulamento de gestão). O fundo encontra-se ainda na segunda fase do seu ciclo de vida, ou seja, na fase de investimento, que se iniciou em novembro de 2009 e que termina em dezembro de 2014 (de acordo com o correspondente regulamento de gestão). Está, por isso, ainda muito distante da distribuição de resultados. De resto, a taxa interna de rendibilidade (TIR) dos investimentos já realizados pela sociedade gestora elimina qualquer dúvida quanto ao respetivo retorno. Os participantes, enquanto investidores num fundo de capital de risco, bem sabiam que o investimento que realizavam em 2009 era dotado de um grau mínimo de liquidez (porquanto o X – FCR é um fundo fechado ou *closed-end fund*, como qualquer fundo de capital de risco – art. 3º, nº 2, da Lei nº 18/2015 e, por isso, as respetivas unidades de participação não podem ser resgatadas).

Não pode pois afirmar-se que a estabilidade do contrato ou dos seus termos implique para os participantes uma lesão, uma perturbação do equilíbrio do contrato originário, porquanto este se mantém *qua tale*.

4) Que a estabilidade do contrato ou dos seus termos afete gravemente os princípios da boa fé

O conceito de boa fé é essencial. No caso *sub judice* a estabilidade dos contratos não viola aqueles imperativos inderrogáveis de justiça, que correspondem, na expressão do art. 437º, nº 1, do Cód. Civil, aos princípios da boa fé[28]. À luz da justiça contratual, é exigível aos participantes a subsistência das obrigações assumidas perante a sociedade gestora. A invocada alteração anormal das circunstâncias não permite a modificação ou resolução dos contratos de administração e de investimento, pois não se verifica um desajuste, desequilíbrio ou desproporção das prestações das partes que afete gravemente os princípios da boa fé. Aquela exigibilidade não afeta, por isso, gravemente os princípios da boa fé, na medida em que não gera um intolerável desequilíbrio da justiça contratual. A estabilidade dos contratos não colide com qualquer princípio de justiça objetiva na relação entre os participantes e a sociedade gestora, não fere a justiça dos negócios celebrados. Reitere-se que não tem de haver uma coincidência entre a vontade dos participantes a evolução da realidade.

Por outro lado, pode igualmente dizer-se que o impacto da crise económico-financeira, a crise da dívida soberana, a adoção de novas regras prudenciais no âmbito do Acordo de Basileia III e a ajuda do Estado à Banca Espanhola eram objetivamente previsíveis, segundo os melhores critérios empresariais, pelo que os participantes podiam ter contado com tal risco no momento da celebração dos contratos de administração e investimento com a X Investments – SCR.

É certo que a boa fé é um conceito indeterminado, carecido de preenchimento valorativo, permitindo a adaptação, no caso em apreço, do instituto da alteração das circunstâncias à complexidade da matéria a regular. Todavia, nada sugere – pelo contrário – que a estabilidade dos contratos *sub judice* seja suscetível de afetar gravemente os princípios da boa fé.

5) Que a situação não se encontre coberta pelos riscos próprios do contrato

Como *supra* se mencionou, alguma doutrina e jurisprudência relevantes consideram que o carácter aleatório de um contrato ou do seu resultado não o subtrai ao regime do art. 437º do Cód. Civil, se ultrapassada essa álea. Porém, a questão é precisamente a de se saber se os contratos celebrados entre os participantes e a sociedade gestora permitem ou não alguma delimitação da álea coberta por eles que legitime a sua resolução ou modificação em virtude do impacto da crise económico-financeira, da emergência da crise da dívida soberana, de alteração do quadro regulatório do capital e do auxílio do Estado à Banca Espanhola.

[28] Cf. Manuel Carneiro da Frada, *Teoria da Confiança e Responsabilidade Civil*, Almedina, Coimbra, 2003, p. 860 e ss..

Trata-se pois de saber se a alteração das circunstâncias invocada pelos participantes faltosos, se anormal fosse considerada, deveria ou não ser compreendida na álea própria dos contratos celebrados ou dos seus resultados. Aos riscos inerentes ao tipo de contratos em apreço devem equiparar-se os riscos concretamente contemplados pelas partes nos acordos contratuais celebrados, as situações de risco criadas pela vontade negocial[29].

Os contratos concluídos entre os participantes e a sociedade gestora são contratos de resultado aleatório, pois que, *grosso modo*, os primeiros – e também parcialmente a segunda no que à remuneração variável respeita – correm uma possibilidade de ganho ou de perda, na medida em que os respetivos efeitos dependem de acontecimentos futuros incertos quanto à sua verificação (ou, pelo menos, quanto à data desta). Na perspetiva da repartição do risco, como que ambas as atribuições patrimoniais se encontram assim sujeitas a álea enquanto possibilidade de evento favorável ou desfavorável. A aleatoriedade (do resultado) decorre da própria natureza dos contratos, porquanto se trata de contratos de investimento. Não há uma repartição do risco, e muito menos simétrica.

O risco é aqui como que considerado a contrapartida do fim prosseguido pelos participantes, é o preço da vantagem esperada. E assim é porque a lei e as partes se pronunciaram sobre essa oneração. Nos contratos que celebraram, os participantes acolheram a incerteza da evolução dos investimentos e dos desinvestimentos a realizar pela sociedade gestora, podendo essa evolução ter um ou outro sentido, e ambos foram queridos pelas partes. As partes regularam as suas relações jurídicas, quanto a alguns dos seus efeitos, tendo em mente a evolução – incerta –, num sentido ou noutro, dos investimentos e dos desinvestimentos[30]. A perspetiva de lucro incerto, o interesse em arriscar foi também determinante da celebração dos contratos em apreço, tendo os participantes assumido um risco referido a circunstâncias externas. Pode, por isso, afirmar-se que na conexão íntima entre o benefício e a assunção de perda superveniente se manifesta o princípio da força vinculativa dos contratos, *pacta sunt servanda*. As partes devem respeitar o destino do seu proveito – ou da sua perda, na medida em que apenas assim se tutela a confiança no cumprimento dos deveres de prestar.

[29] Cf. Mário Júlio de Almeida Costa, *Direito das Obrigações*, Almedina, Coimbra, 2000, p.302.

[30] Cf. Ana Isabel Afonso, *A Condição, Reflexão Crítica em torno de subtipos de compra e venda*, Universidade Católica Editora – Porto, 2014, p.94.

Pode dizer-se que a aplicação do preceito do art. 437º do Cód. Civil é afastada pelo regime legal ou contratual do risco[31] – ou pelos contratos aleatórios ou de resultado aleatório – ao menos se não ultrapassada a álea própria destes contratos[32]. A aceitação do carácter supletivo do art. 437º afigura-se razoável no caso de contratos de natureza aleatória ou de resultado aleatório por opção expressa do legislador ou das partes.

Na verdade, um sujeito que celebra um contrato aleatório ou de resultado aleatório aceita um certo grau de risco, a possibilidade de um evento favorável ou desfavorável – por si ignorado e por si não totalmente controlável – mesmo que não tenha tido total consciência desse risco no momento da conclusão do negócio.

Parece ao menos discutível dizer-se que foi ultrapassada, nas circunstâncias do caso concreto, a álea dos contratos celebrados entre os participantes e a sociedade gestora.

4.3. Conclusão

Inverificando-se os requisitos necessários para que a alteração das circunstâncias (crise do *subprime*, crise da dívida soberana, novas regras prudenciais resultantes do Acordo de Basileia III, auxílio público à Banca Espanhola) invocada pelos participantes faltosos legitime a resolução ou modificação dos contratos celebrados com a sociedade gestora, ao abrigo do art. 437º do Cód. Civil, impõe-se o respeito pelo princípio da autonomia privada, pelo princípio *pacta sunt servanda*, pela *lex contractus*. Justifica-se, pois, a imodificabilidade das obrigações assumidas pelas partes, não se alterando o conteúdo da prestação dos devedores nem os exonerando das suas obrigações. Outra solução desconsideraria a economia e a justiça do programa contratual.

[31] Não se trata, pois, de uma mera ponderação, valoração ou racionalidade do risco "*se o Direito atribui a um sujeito, através do esquema do direito subjectivo, uma vantagem, é justo que corra, contra ele, a possibilidade de dano superveniente causal. Ubi commoda, ibi incommoda*". Cf. António Menezes Cordeiro, "A proposta na contratação pública e a alteração das circunstâncias", in *O Direito*, 142, 2010, II, p. 292. De acordo com Luís M. Telles de Menezes Leitão, *Direito das Obrigações*, vol. II, Almedina, Coimbra, 2008, p.137: "*A alteração das circunstâncias apresenta-se como subsidiária em relação às regras de distribuição do risco, cessando a sua aplicação sempre que exista uma regra que atribua aquele risco a uma das partes. Por isso, nos contratos aleatórios, em que não haja limites aos riscos assumidos pelas partes, fica de todo excluída a aplicação do regime da alteração das circunstâncias*".

[32] Cf. António Menezes Cordeiro, *Da Alteração das Circunstâncias (a concretização do artigo 437º do Código Civil, à luz da jurisprudência posterior a 1974)*, Lisboa, 1987, p.43.

5. A Resolução dos contratos de administração e investimento e a indemnização por não cumprimento

5.1. A natureza não indemnizatória da perda das unidades de participação e do capital investido a favor do fundo

De acordo com o art. 28º (*Mora na realização das entradas*), nº 5, da Lei nº 18/2015, "*A não realização das entradas em dívida nos 90 dias seguintes ao início da mora implica a perda, a favor do fundo de capital de risco, das unidades de participação em relação às quais a mora se verifique, bem como das quantias pagas por sua conta.*"

Esta medida não se destina a liquidar um qualquer dano, a fixar o *quantum respondeatur*, não tendo sido estabelecida como substituto de uma indemnização. Ela independe da (in)existência de culpa e de dano.

Está em causa uma medida cujo escopo é puramente coercitivo e a sua natureza, por isso mesmo, como que compulsivo-sancionatória. É um *plus*, algo que acresce à indemnização pelo não cumprimento dos contratos de administração e investimento dos participantes perante a sociedade gestora[33].

Não visa reparar a sociedade gestora, o dano do incumprimento não é considerado. Destina-se tão-somente a constranger preventivamente o devedor ao cumprimento – e como que a sancioná-lo em caso de incumprimento –, não a substituir a indemnização a que houver direito, nos termos gerais[34].

É uma medida que decorre da lei, que se funda na lei e que se destina a tutelar a própria confiança de que os participantes cumprirão as suas obrigações de entrada sob de pena de consequências gravosas.

Não tendo em vista a reparação pelo dano do incumprimento, sendo compulsória em sentido lato, porque se não destina a substituir o cumprimento da prestação ou a indemnização pelo não cumprimento perante a sociedade gestora, significa que esse interesse do credor não é tido em conta. Esta medida não leva em conta esse interesse.[35].

O objetivo é de algum modo o de compelir o devedor ao cumprimento, também o de sancionar o devedor, mas não o de liquidar antecipadamente

[33] Cf. António Pinto Monteiro, *Cláusula Penal e Indemnização*, Almedina, Coimbra, 1990, p.604-605.

[34] Cf. António Pinto Monteiro, *Cláusula Penal e Indemnização*, Almedina, Coimbra, 1990, p.605.

[35] Cf. António Pinto Monteiro, *Cláusula Penal e Indemnização*, Almedina, Coimbra, 1990, p.606-607.

uma qualquer indemnização. Trata-se, pois, de uma sanção que acresce à indeminização pelo não cumprimento a que haja lugar nos termos gerais.

Não se considera a medida em apreço numa relação de alternatividade relativamente ao dever de indemnizar a sociedade gestora, antes constitui um *plus*, algo que acresce ao exercício do direito à indemnização a que haja lugar por parte da sociedade gestora nos termos gerais.

De resto, como resulta da lei, tanto as unidades de participação como o capital investido revertem a favor do fundo e, mediatamente, dos restantes participantes[36]. O interesse da sociedade gestora não é levado em linha de conta, *minime* que seja, pela norma do nº 5 do art. 28º. É que, conforme *supra* mencionado, as entradas dos diversos participantes são geridas conjuntamente e os resultados individuais de cada um deles estabelecidos em função dos resultados coletivos mediante a aplicação de fórmulas jurídicas distintas daquelas do contrato de sociedade. Por isso mesmo, a exclusão de um sócio não tem consequências análogas.

5.2. A resolução *ope legis* dos contratos de administração e investimento celebrados entre os participantes faltosos e a sociedade gestora

Os participantes não cumpriram as chamadas de capital realizadas pela sociedade gestora em determinada data. A obrigação de entrada traduz-se na principal obrigação dos participantes num organismo de investimento coletivo, na medida em que com ela se visa a constituição do património autónomo de que aqueles são considerados proprietários, assim como assegurar os meios necessários ao exercício da atividade da sociedade gestora – a administração daquele mesmo património autónomo. Está na origem da atribuição da qualidade de participante num organismo de investimento coletivo e sem ela não é possível a constituição deste tipo de entidades. As unidades de participação têm de corresponder necessariamente a verdadeiras contribuições. Os participantes, para o serem, têm de contribuir ou obrigarem-se a contribuir para o fundo (no caso de se permitirem, como é o caso, contribuições diferidas)[37]. Obrigando-se a contribuir, têm de cumprir. A sociedade gestora, no interesse da coletividade dos participantes, deve

[36] Entre os participantes não se estabelece qualquer relação de natureza contratual e, por isso, inexiste qualquer vínculo contratual entre os participantes faltosos e os restantes participantes no X – FCR.

[37] A propósito das sociedades comerciais, cf. Paulo de Tarso Domingues, *Do Capital Social*, Coimbra Editora, 1998, p.67-68.

reunir os meios económicos que lhe permitam o desenvolvimento da política de investimentos prevista no regulamento de gestão do fundo.

Em ordem a assegurar que os participantes num organismo de investimento coletivo cumprem, pois, a sua principal obrigação, que é a da realização da entrada a que se vincularam, a lei prevê várias medidas. O seu inadimplemento acarreta, com efeito, consequências gravosas que, todavia, não se produzem imediatamente. Na verdade, a lei rodeia esta situação patológica da vida de um fundo de capital de risco de diversas cautelas que visam permitir aos participantes o cumprimento das obrigações em falta. Assim, ainda que a obrigação de entrada tenha prazo certo, fixado no regulamento de gestão do fundo, o titular de unidades de participação só entra em mora após ter sido interpelado pela sociedade gestora que lhe deverá conceder um prazo entre 15 e 60 dias para o cumprimento (art. 28º, nºs 1 e 2, da Lei nº 18/2015). Diversamente do Direito das Obrigações, em que apenas as obrigações sem prazo requerem a interpelação para se considerarem vencidas – entrando o devedor em mora, nas obrigações com prazo, sempre que se esgota o prazo previsto para o cumprimento sem que este tenha lugar –, relativamente às entradas, o participante só entra em mora após ser expressamente interpelado para o efeito, ainda que o próprio regulamento de gestão fixe a data limite de realização do capital. Segundo o nº 3 do preceito do art. 28º da Lei nº 18/2015, aos titulares de unidades de participação que se encontrem em mora quanto à obrigação de realizar entradas não podem ser pagos rendimentos ou entregues outros ativos do fundo, sendo tais valores utilizados, enquanto a mora se mantiver, para compensação da entrada em falta. Nos termos do nº 4, não podem participar nem votar nas assembleias de participantes, inclusivamente através de representante, os titulares de unidades de participação que se encontrem em mora quanto à obrigação de realizar entradas. Por fim, de acordo com o nº 5, a não realização das entradas em dívida nos 90 dias seguintes ao início da mora implica a perda, a favor do fundo, das unidades de participação em relação às quais a mora se verifique, bem como das quantias pagas por sua conta[38]. Daqui resulta que, iniciada a mora, a lei prevê ainda a fixação de um novo prazo, de natureza admonitória ou cominatória: trata-se de uma cautela justificada pelo regime expedito então estabelecido (o da perda das unidades de participação e do capital investido), cujos efeitos se produzem sem necessidade

[38] Cf. Paulo de Tarso Domingues, *Variações sobre o Capital Social*, Almedina, Coimbra, 2009, p.244 e ss.

de qualquer ação executiva[39]. Uma vez decorrido o prazo suplementar sem que o devedor cumpra, não só a mora se converte automaticamente em incumprimento definitivo, como também automaticamente, e por economia de meios, opera uma espécie de "resolução legal", uma vez que não tem uma base *ex voluntate*. A esta solução subjaz, naturalmente, a gravidade da violação contratual e a relevância do incumprimento em causa, atendendo às consequências do inadimplemento para o credor e também para os restantes participantes no organismo de investimento coletivo de capital de risco. Não permitiu assim a lei a subsistência do vínculo contratual entre os participantes inadimplentes e a sociedade gestora. O legislador visou, além do mais, evitar que a sociedade gestora que não tivesse perdido o interesse na prestação ficasse indefinidamente adstrita às relações obrigacionais que a ligavam aos participantes incumpridores, podendo tal indeterminação acarretar consequências nefastas para a parte adimplente e para os restantes participantes no fundo de capital de risco.

A lei libertou, pois, a sociedade gestora dos vínculos contratuais de administração e investimento que mantinha com os participantes faltosos, evitando deste modo que aquela ficasse exposta ao risco da espera do cumprimento com a subsistência desse mesmo contrato, eliminando igualmente as desvantagens que daí poderiam advir para os restantes titulares de unidades de participação.

5.3. A indemnização da sociedade gestora pelo interesse contratual positivo

Trata-se agora do cálculo da indemnização devida à sociedade gestora associada à "resolução legal" dos contratos de administração e investimento por não cumprimento dos participantes. Essa indemnização deverá corresponder ao interesse contratual positivo ou interesse no cumprimento, visando colocar a sociedade gestora (contraente lesado) na situação em que estaria se os contratos tivessem sido cumpridos. A conexão entre o fundamento da responsabilidade civil do devedor (o não cumprimento) e a medida do dano segundo o art. 798º do Cód. Civil conduz, nos termos gerais, ao ressarcimento correspondente ao interesse no cumprimento uma vez que se trata de um caso de responsabilidade contratual. A sociedade gestora deve ser compensada de todo o dano sofrido. Tendo a responsabilidade civil uma

[39] Cf. António Menezes Cordeiro, *Manual de Direito das Sociedades*, II, Almedina, Coimbra, 2006, p.561.

função essencialmente reparadora, a medida da indemnização não deverá ser inferior à do dano.

O elemento gramatical da interpretação da lei[40] aponta no sentido da cumulação da resolução com a indemnização pelo interesse contratual positivo. Outro sentido não encontra apoio ou correspondência nas palavras da lei. Conforme o art. 798º do Cód. Civil, "*o devedor que falta culposamente ao cumprimento da obrigação torna-se responsável pelo prejuízo que causa ao credor*". Por seu turno, o art. 801º, nº 2, do mesmo corpo de normas, estabelece a independência entre o direito ao ressarcimento do credor e a resolução do contrato. Acresce que, para o cálculo do *quantum* indemnizatório relevam os preceitos dos arts. 562º e 566º, nº 2 (dano patrimonial), do Cód. Civil. Em nenhuma destas normas se encontra, pois, qualquer restrição do ressarcimento do credor que resolve o contrato[41].

Por seu lado, o elemento racional ou teleológico, o espírito da lei (*ratio legis*)[42] corrobora esse mesmo sentido, pois a possibilidade de o credor adimplente exigir uma indemnização pelo interesse no cumprimento, em caso de resolução por não cumprimento, permite evitar um desequilíbrio do vínculo contratual em consequência do incumprimento[43].

Lançando mão do elemento sistemático da interpretação da lei[44], poderá dizer-se que nos arts. 801º, nº 2, e 802º, nº 1, do Cód. Civil, o credor é indemnizado pelos danos sofridos e que o modo de cálculo da indemnização apenas mediatamente depende de o contrato ter ou não sido resolvido[45].

[40] Cf. JOÃO BAPTISTA MACHADO, *Introdução ao Direito e ao Discurso Legitimador*, Almedina, Coimbra, 1994, p.181-182.

[41] Cf. PAULO MOTA PINTO, *Indemnização e Resolução do Contrato por não Cumprimento*, in Cadernos de Direito Privado, 02, Dezembro 2012, p.77-78. Veja-se também o mesmo autor a propósito do elemento histórico (e da sua inconcludência no caso concreto) da interpretação da lei (história evolutiva, trabalhos preparatórios, etc.).

[42] Cf. JOÃO BAPTISTA MACHADO, *Introdução ao Direito e ao Discurso Legitimador*, Almedina, Coimbra, 1994, p.183.

[43] Cf. PAULO MOTA PINTO, *Indemnização e Resolução do Contrato por não Cumprimento*, in Cadernos de Direito Privado, 02, Dezembro 2012, p.92.

[44] Cf. JOÃO BAPTISTA MACHADO, *Introdução ao Direito e ao Discurso Legitimador*, Almedina, Coimbra, 1994, p.183.

[45] Cf. JOÃO BAPTISTA MACHADO, *A Resolução por Incumprimento e a Indemnização*, 1982, in Obra Dispersa, Volume I, Scientia Iuridica, Braga, 1991, p.175 e ss; JOÃO BAPTISTA MACHADO, *Pressupostos da resolução por incumprimento*, 1979, in Obra Dispersa, Volume I, Scientia Iuridica, Braga, 1991, p.178; JORGE RIBEIRO DE FARIA, *A Natureza do Direito de Indemnização Cumulável com o Direito de Resolução dos Arts. 801º e 802º do Código Civil*, in Direito e Justiça, Volume VIII, 1994,

Assim, a consideração de lugares paralelos (disposições legais que regulam problemas normativos paralelos) – arts. 802º, nº 1[46], 1223º, 898º, *in fine, a contrario*, 908º, *a contrario*, do Cód. Civil, e arts. 102º, nº 3, al d), e 103º, nº 1, al b) do CIRE – conduz ao mesmo resultado[47].

A possibilidade de cumular a indemnização pelo interesse contratual positivo com a resolução do contrato, além de encontrar apoio crescente na doutrina portuguesa, tem sido defendida no plano internacional[48].

Depois, compete ao contraente lesado escolher entre exercer o direito potestativo de resolução, desvinculando-se do contrato, ou mantê-lo, realizando a contraprestação; neste caso, não poderia ser negada ao credor a indemnização pelo interesse contratual positivo. Ora esta via, denominada como sub-rogatória, põe em causa a tese da indemnização pelo interesse contratual negativo.

No caso em apreço, à sociedade gestora não assistiu a possibilidade de escolher entre a desvinculação e a manutenção dos contratos de administração e investimento, porquanto a "resolução" se produziu *ex lege, ex vi* do art. 21º, nº 5, do DL nº 375/2007, que corresponde ao art. 28º, nº 5, da Lei nº 18/2015. Com efeito, as regras relativas ao não cumprimento culposo encontram-se plasmadas nas disposições dos arts. 798º e 799º do Cód. Civil. Em caso de inadimplemento, independentemente da responsabilidade pelo prejuízo, o credor pode optar pela realização coativa da prestação

Tomo I, p.81 e ss; *A Natureza da Indemnização no Caso de Resolução do Contrato. Novamente a Questão*, in Estudos em Comemoração dos Cinco Anos (1995-2000) da Faculdade de Direito da Universidade do Porto, Coimbra Editora, Coimbra, 2001, p.40 e ss; Pedro Romano Martinez, *Da Cessação do Contrato*, Almedina, Coimbra, 2005, p.206.

[46] O art. 802º, nº 1, do Cód. Civil, a respeito da impossibilidade parcial imputável ao devedor, estabelece que a resolução pode ser cumulada com a indemnização, sem distinguir o modo de cálculo da indemnização conforme o contrato tenha ou não sido resolvido. Não pode admitir-se que o credor que resolve o contrato fique em situação menos favorável do que aquele que exige a redução da contraprestação no que toca ao ressarcimento dos prejuízos.

[47] Cf. Paulo Mota Pinto, *Indemnização e Resolução do Contrato por não Cumprimento*, in Cadernos de Direito Privado, 02, Dezembro 2012, p.80.

[48] Na Convenção de Viena sobre os Contratos de Venda Internacional de Mercadorias, dos Princípios UNIDROIT sobre Contratos Comerciais Internacionais, dos Princípios do Direito Europeu dos Contratos e da Proposta da União Europeia de um Regime Europeu Comum para a Compra e Venda. Cf. Paulo Mota Pinto, *Indemnização e Resolução do Contrato por não Cumprimento*, in Cadernos de Direito Privado, 02, Dezembro 2012, p.70-71; Pedro Romano Martinez, *Da Cessação do Contrato*, Almedina, Coimbra, 2005, p.210.

se pretender manter o contrato. No caso de não ter interesse na sua subsistência, pode resolvê-lo. Porém, a sociedade gestora não pode, *in casu*, escolher entre a subsistência e a insubsistência dos contratos celebrados com os participantes faltosos.

Se não pode optar entre a manutenção e a cessação dos contratos de administração e investimento, nunca a sociedade gestora incorreria em qualquer contradição, por força da eficácia retroativa, muito frequentemente, associada à resolução[49], ao pedir uma indemnização pelos prejuízos decorrentes do não cumprimento. A retroatividade da resolução, segundo parte da doutrina, tornaria objetivamente contraditório o aparecimento de uma pretensão indemnizatória pelo interesse no cumprimento fundada num contrato que foi destruído. Todavia, para além de outras considerações, não foi a sociedade gestora que optou por destruir o contrato, não podendo por isso essa mesma doutrina dizer que esse mesmo credor intenta agora incoerentemente fazê-lo valer por via indemnizatória.

Em causa está uma "resolução" *ex lege, ex vi* do art. 28º nº 5, da Lei nº 18/2015. Não se trata de um caso de verdadeira e própria resolução. A cessação dos contratos em apreço não correspondeu ao exercício de um direito potestativo. A resolução em sentido próprio não é automática, corresponde a uma dissolução voluntária do vínculo, em que uma das partes, querendo, faz cessar o contrato. No caso concreto, foi irrelevante a vontade da sociedade gestora, os contratos cessaram *ope legis*, referindo-se uma

[49] A propósito da retroatividade, a resolução pode não ter este tipo de eficácia, ou porque o contrato é de execução continuada ou periódica (art. 434º, nº 2, do Cód. Civil) ou porque a retroatividade contraria a vontade das partes ou a finalidade da resolução (art. 434º, nº 1, *in fine*, do Cód. Civil). A retroatividade não é, pois, uma consequência forçosa da resolução, conhece limites. O próprio fundamento do direito de resolução no não cumprimento do contrato implica uma restrição incondicional da retroatividade. Também a finalidade da resolução reclama alguma restrição da retroatividade, pois trata-se de reagir a um incumprimento, afastando os seus efeitos do sinalagma contratual. Na medida em que o seu fundamento é o não cumprimento pelo devedor e porque visa reagir contra esse não cumprimento, a resolução não prejudica a indemnização ao credor pelo interesse no cumprimento. Cf. Paulo Mota Pinto, *Indemnização e Resolução do Contrato por não Cumprimento*, in Cadernos de Direito Privado, 02, Dezembro 2012, p.87,89. Tendo a resolução, em certos casos, eficácia *ex nunc*, não se verifica uma total dissolução do vínculo, pelo que o efeito extintivo origina uma relação de liquidação. Cf. João Baptista Machado, A Resolução por Incumprimento e a Indemnização, in Obra Dispersa, Volume I, Scientia Iuridica, Braga, 1991, p.210 e ss; Pedro Romano Martinez, *Da Cessação do Contrato*, Almedina, Coimbra, 2005, p.205.

"resolução legal ou de direito"[50]. Com efeito, a resolução pressupõe sempre uma declaração de vontade no sentido de fazer extinguir o vínculo[51], é uma modalidade de extinção do contrato *ex voluntate*, não funciona *ipso facto*[52]. Funda-se num direito potestativo. Esta "resolução legal" é também despojada de eficácia retroativa, porquanto os contraentes incumpridores perdem as unidades de participação e o capital investido a favor do fundo. Acresce que a resolução não é aqui repristinatória, não se destina a colocar o credor lesado no *status quo ante*. Daí também a falta de qualquer contradição da sociedade gestora: de um lado, a resolução não produz efeitos *ex tunc* e, de outro lado, as unidades de participação e o capital investido não revertem para o credor, mas para o fundo.

Nesta sede, deve ainda levar-se em linha de conta que a extinção do vínculo contratual se não confunde com a reparação dos danos, que têm requisitos e finalidades diversas[53]. A lei – no art. 28º, nº 5, da Lei nº 18/2015 – libertou a sociedade gestora dos contratos a que se encontrava vinculada, mas certamente que não a quis privar da possibilidade de exigir o ressarcimento correspondente ao interesse positivo no cumprimento, de exigir a indemnização pelo lucro dos contratos: remuneração fixa ou *ongoing* (art. 33º, al a), da Lei nº 18/2015) de um lado e, de outro, remuneração variável ou *carried interest* (art. 33º, al b), da Lei nº 18/2015). Enquanto a primeira visa remunerar a sociedade gestora pelos serviços prestados, pois conforme cláusulas usualmente adotadas pelo regulamento de gestão neste tipo de organismos de investimento coletivo, pelo exercício da sua atividade, a sociedade gestora cobrará, *v.g.*, uma determinada comissão anual – *v.g.*, de 2,0% – sobre o capital total subscrito do fundo[54], a segunda, também de

[50] Cf. Francesco Galgano, *Diritto Civile e Commerciale*, Volume 2º, *Le Obbligazioni e i Contratti*, Tomo 1º, *Obbligazioni in Generale, Contratti in Generale*, Pádua, 1999, p.511 e ss.

[51] Cf. Francesco Galgano, *Diritto Civile e Commerciale*, Volume 2º, *Le Obbligazioni e i Contratti*, Tomo 1º, *Obbligazioni in Generale, Contratti in Generale*, Pádua, 1999, p.511 e ss..

[52] Cf. Pedro Romano Martinez, *Da Cessação do Contrato*, Almedina, Coimbra, 2005, p.75.

[53] Defendendo a teoria atenuada da diferença, cf. Luís M. Telles de Menezes Leitão, *Direito das Obrigações*, Vol. II, Almedina, Coimbra, 2005, p.262.

[54] Note-se que, via de regra, de acordo com as cláusulas normalmente adotadas no regulamento de testão deste tipo de organismos de investimento coletivo, caberá à sociedade gestora suportar uma multiplicidade de custos e despesas, nomeadamente os custos relacionados com seguros de responsabilidade profissional, todos os custos gerais e custos de operatividade da sociedade gestora, designadamente despesas e custos com a remuneração dos seus colaboradores, rendas e custos de funcionamento de instalações, despesas recuperadas de participadas

acordo o que constitui a *praxis*, corresponde, *v.g.*, a 20% do resultado líquido realizado pelo fundo durante toda a sua vida útil, desde que a totalidade das unidades de participação emitidas (A e B) apresentem uma taxa interna de rendibilidade anual igual ou superior a certo valor percentual – *v.g.*, a 7% – (*hurdle rate* ou *return* ou *preferred return*). A remuneração variável reveste-se de grande relevância para qualquer sociedade gestora de um fundo de capital de risco, dizendo respeito ao incremento do valor dos investimentos que essa entidade logra obter. Funciona igualmente como estímulo da maximização da boa *performance*, assim como prémio pela aptidão revelada e pelos esforços intensamente empreendidos durante um longo período de tempo na seleção, gestão e valorização da carteira de investimentos. Ao inadimplirem definitivamente as suas obrigações de entrada, os participantes retiraram à sociedade gestora a possibilidade de obter a remuneração variável, traduzida no rendimento especial inerente à titularidade das unidades de participação categoria A, correspondente aos investimentos projetados com base no capital subscrito. Com efeito, aquele incumprimento correspondeu a uma redução do fundo, o que implica, naturalmente, a realização de menos ou de diferentes investimentos e a obtenção de uma rendibilidade inferior àquela que se auferiria se o capital do fundo se tivesse mantido intangível. A sociedade gestora tem pois direito a que os participantes faltosos a indemnizem pelo lucro dos contratos celebrados, que lhe seja reconhecido o que lhe é atribuído pelo direito: a remuneração fixa (até à extinção do fundo) e a variável. A sociedade gestora, tendo direito ao interesse no cumprimento, pode exigir ser colocada na situação em que estaria se os participantes tivessem cumprido as suas obrigações de entrada. Mesmo que o alcance da obrigação de pagamento da remuneração variável, por parte dos participantes, se não possa, *cum summo rigore*, considerar ainda conhecido.

Certamente que na racionalidade da solução consagrada no art. 28º, nº 5, da Lei nº 18/2015, a lei não quis privar a sociedade gestora, o contraente

ou de outras entidades em que o fundo investiu ou se propõe fazer um investimento ou custos com quaisquer outros consultores externos relativamente a serviços que a Sociedade Gestora tenha acordado prestar ao Fundo. Estes custos e despesas acarretadas pela gestão em sentido amplo, assumidas com base em critérios de racionalidade económica da sociedade gestora, não diminuem com a redução do número de participantes implicada pelo incumprimento definitivo dos participantes faltosos da sua obrigação de entrada e consequente "resolução" *ope legis* dos contratos de administração e investimento. Verifica-se assim a perda da possibilidade de obter a compensação económica que sempre existiria se os contratos tivessem sido cumpridos pelos participantes.

fiel, do incremento patrimonial adquirido com os contratos (que os participantes faltosos incumpriram). A lei pretendeu apenas e tão-somente que a sociedade gestora não ficasse exposta ao risco da manutenção do contrato, que não tivesse de aceitar esse risco para não renunciar ao lucro do contrato, assim como teve em vista a tutela dos restantes participantes no fundo.

Acresce que, no caso em apreço, de um lado, a sociedade gestora não retira quaisquer vantagens da cessação dos contratos que não tivesse conseguido com o seu cumprimento e, de outro, não liberta qualquer capacidade de prestar ou possibilidade de celebrar negócios substitutivos, assim como não realiza qualquer poupança de despesas ou custos (operacionais e de gestão em sentido amplo) que se mantêm *qua tale*. Não tem assim lugar nem a *compensatio lucri cum damno* (compensação entre benefícios e perdas), nem a *compensatio damni cum lucro* (compensação entre perdas e benefícios).

Os participantes faltosos incumpriram o programa contratual por circunstâncias a si exclusivamente imputáveis. A resolução *ex lege, ex vi* do art. 28º, nº 5, da Lei nº 18/2015, independentemente da (in)existência de culpa e de dano, libertou, com efeitos *ex nunc*, a sociedade gestora dos contratos de administração e investimento que celebrou com esses participantes. A indemnização, que tem naturalmente fins ressarcitórios, pressupondo a culpa, visa compensar os prejuízos[55] sofridos pela sociedade gestora. O incumprimento é um ato ilícito e culposo, que determina a responsabilidade pelos prejuízos causados. O não cumprimento definitivo insere-se numa situação de responsabilidade contratual do devedor. Se a prestação não foi definitivamente cumprida, parte-se do pressuposto de que o devedor atuou ilícita e culposamente (ainda que a culpa seja presumida – art. 799º, nº 1, do Cód. Civil) causando danos ao credor. O devedor terá de indemnizar o credor por não ter cumprido (definitivamente) a prestação a que se encontrava adstrito pois, de acordo com o art. 798º do Cód. Civil, o devedor "*torna-se responsável pelo prejuízo que causa ao credor*" com o incumprimento definitivo. Verifica-se o incumprimento definitivo quando a prestação não foi realizada e já não pode vir a sê-lo. Conforme o art. 808º, nº 1, do Cód. Civil, decorreu, no caso *sub judice*, o prazo admonitório de cumprimento estabelecido, não pelo *accipiens*, mas pela lei. Porquanto a resolução, *ex voluntate* ou *ex lege*, encontra o seu fundamento no não cumprimento pelos participantes e visa reagir contra esse mesmo não cumprimento, não preclude a indemnização à

[55] Cf. Paulo Mota Pinto, *Indemnização e Resolução do Contrato por não Cumprimento*, in Cadernos de Direito Privado, 02, Dezembro 2012, p.89.

sociedade gestora pelo interesse no cumprimento. A cessação dos contratos não impede que a sociedade gestora – que, de resto, não os resolveu, antes se deparou com contratos "resolvidos" *ope legis* – adquira, através da indemnização, o mesmo valor que teria podido obter com o cumprimento, e que lhe era devido[56]. Outra solução não acautelaria adequadamente o crédito, o contrato, o desenvolvimento da economia e, no caso em apreço, o funcionamento dos organismos de investimento coletivo de capital de risco.

Impõe-se assim tutelar o interesse da sociedade gestora na obtenção dos benefícios que o cumprimento dos contratos lhe deveria proporcionar. Por fim, a resolução desses mesmos contratos, *ex voluntate* ou *ex lege*, é um meio de tutela do credor mais amplo[57].

Recorde-se que, de acordo com o art. 1156º do Cód. Civil, as disposições sobre o mandato se aplicam, com as devidas adaptações, ao contrato de prestação de serviço e, por isso, aos contratos de administração e investimento *sub judice*. Conforme o art. 1172º, al c), do mesmo corpo de normas, o mandante que revogar o contrato deve indemnizar o mandatário do prejuízo que este sofrer se se tratar de mandato oneroso, "*sempre que o mandato tenha sido conferido por certo tempo ou para determinado assunto*". Note-se que o "mandato" em apreço é exercido pela sociedade gestora a título profissional. O mandante é obrigado a ressarcir os danos causados, a repor o equilíbrio contratual, a restaurar aquela repartição de bens desejada pelas partes na disciplina das suas relações[58], sendo esses prejuízos calculados justamente em função da remuneração que o contrato permitiria ao mandatário auferir[59].

[56] Cf. Paulo Mota Pinto, *Indemnização e Resolução do Contrato por não Cumprimento*, in Cadernos de Direito Privado, 02, Dezembro 2012, p.89; nuno pinto de oliveira, *Princípios de Direito dos Contratos*, Coimbra Editora, Coimbra, 2011, p.890.

[57] Cf. João Baptista Machado, "Pressupostos da resolução por incumprimento", 1979, in *Obra Dispersa*, Volume I, Scientia Iuridica, Braga, 1991, p.183.

[58] Cf. Paulo Mota Pinto, *Interesse Contratual Negativo e Interesse Contratual Positivo*, Vol. I, Coimbra Editora, Coimbra 2008, p.541.

[59] "Quando o mandato se integra numa destas espécies, o mandatário detém uma forte expectativa na permanência da relação contratual até final e na obtenção de uma determinada retribuição global. É, assim, de toda a justiça que o mandante que põe cobro às expectativas da permanência do vínculo, indemnize o mandatário pelos prejuízos sofridos". Cf. Manuel Januário da Costa Gomes, *Em Tema de Revogação do Mandato Civil*, Almedina, Coimbra, 1989, p.272. O art. 245º do Cód. Comercial prevê o mandato comercial.

Se, com fundamento na prática de um facto lícito – pois que o art. 1170º, nº 1, do Cód. Civil, estabelece o princípio da livre revogabilidade do mandato –, o mandante é obrigado a ressarcir a outra parte nos moldes referidos, por maioria de razão, *a fortiori*, o deve ser quando o incumprimento definitivo (um facto ilícito e culposo) das suas obrigações desencadeia a "resolução" automática do art. 28º, nº 5, da Lei nº 18/2015 Efetivamente, mais fortes motivos exigem ou justificam aquele regime. O preceito da al c) do art. 1172º revela a ponderação dos diversos interesses contemplados (do mandante e do mandatário), o peso relativo desses interesses: a lei tutelou o interesse do mandatário na obtenção da remuneração que o contrato lhe permitiria alcançar. Esta norma serve de ponto de referência para definir o alcance da tutela da sociedade gestora no caso *sub judice*.

Considere-se também que, em caso de "afastamento sem justa causa" da sociedade gestora das suas funções no X – FCR, de acordo com o que é comum estabelecer no regulamento de gestão, aquela manteria todos os direitos e participações de natureza económica de que é titular, nomeadamente o direito a receber as prestações relativas à remuneração de gestão durante três anos após a cessação das suas funções. Esta é uma das cláusulas dos contratos de administração e investimento em apreço e, de resto, frequentemente adotada no âmbito dos organismos de investimento coletivo de capital de risco.

Por último, enquanto organismo de investimento coletivo de capital de risco, o X – FCR é um fundo fechado (art. 3º, nº 2, da Lei nº 18/2015), *i.e.*, um organismo de investimento coletivo alternativo fechado[60]. Com o incumprimento definitivo das obrigações de entrada, por parte dos participantes faltosos, o seu capital ficou reduzido, não podendo a sociedade gestora promover a subscrição de novas unidades de participação para recolher capital junto de novos investidores.

[60] Pode dizer-se que o art. 2º, al (z), aa), i) e ii), da Lei nº 16/2015, cinde o conceito de organismo de investimento coletivo em organismos de investimento coletivo em valores mobiliários e organismos de investimento alternativo. Todos os organismos de investimento coletivo que não pertençam à primeira categoria serão subsumidos à segunda.
Conforme o art. 10º, nº 3, do mesmo diploma legal, "*As unidades de participação de organismos de investimento coletivo fechados não podem ser objeto de resgate, salvo o disposto no nº 2 do artigo 62º*".
Nos fundos de capital de risco, de acordo com o art. 38º, nº 3, da Lei nº 18/2015, "*Os participantes que votarem contra a prorrogação podem solicitar o resgate das unidades de participação*".

Em suma: quanto à remuneração fixa, o prejuízo da sociedade gestora é certo. No que toca à remuneração variável, a certeza do prejuízo baseia-se na evolução normal (e, por isso, provável) dos acontecimentos.

6. A aplicabilidade do regime do negócio condicional aos contratos celebrados entre os participantes e a sociedade gestora

Poderá ponderar-se, ainda em sede de apreciação do direito à remuneração variável por parte da sociedade gestora, a aplicação do regime do negócio condicional ao negócio aleatório ou de resultado aleatório, justamente em virtude da similitude de interesses manifestada na incerteza do eventual, na integração da incerteza e do futuro na economia do programa contratual.

O nosso ordenamento jurídico não consagra, com efeito, uma disciplina para os contratos aleatórios ou de resultado aleatório[61].

Conforme referido *supra*, os contratos celebrados entre os participantes e a sociedade gestora são contratos de resultado aleatório e, por conseguinte, não são contratos condicionais[62]. Não se trata de contratos em que um dos seus efeitos, o direito à retribuição variável da sociedade gestora, se encontre suspenso – condicionalidade parcial. O (in)sucesso dos investimentos e desinvestimentos efetuados e a efetuar pela sociedade gestora – evento futuro e incerto – é considerado pelas partes no âmbito da regulamentação contratual para a realização de interesses internos dos próprios negócios. Aquele (in)sucesso não assume, por isso, o carácter externo que, de acordo com a doutrina dominante, caracteriza os negócios condicionais[63].

A obtenção de uma taxa interna de rendibilidade anual, pela totalidade das unidades de participação emitidas (categorias A e B), igual ou superior

[61] O Cód. Civil prevê apenas o contrato de renda vitalícia (arts. 1238º e ss), o contrato de jogo e aposta (arts. 1245º e ss) e o contrato de compra e venda de bens de existência ou titularidade incerta (art. 881º).

[62] Não curamos, nesta sede, da querela respeitante à questão de se saber se a categoria do contrato aleatório deve ou não verter-se naquela do negócio condicional. No sentido da inclusão do contrato aleatório na categoria do contrato condicional, cf. MANUEL JESÚS DÍAS GÓMEZ, *El contrato aleatorio*, Universidade de Huelva Publicaciones, Granada, 2004, p.37, onde o autor afirma que "...poderão ser-lhes aplicáveis, em geral, as disposições legais reguladoras dos contratos condicionais". Discordando dessa assimilação, cf. ANA ISABEL AFONSO, *A Condição, Reflexão Crítica em torno de subtipos de compra e venda*, Universidade Católica Editora – Porto, 2014, p.96.

[63] Cf. ANA ISABEL AFONSO, *A Condição, Reflexão Crítica em torno de subtipos de compra e venda*, Universidade Católica Editora – Porto, 2014, p.90-91.

a determinado valor percentual – *v.g.*, a 7% – seria assim um pressuposto de exigibilidade dessa remuneração, nos termos do regulamento de gestão.

O direito ao pagamento da remuneração variável depende do êxito da atividade desenvolvida pela sociedade gestora. Em geral, o regulamento de gestão estabelece que apenas será devida a remuneração variável desde que a totalidade das unidades de participação emitidas (A e B) apresentem uma taxa interna de rendibilidade anual igual ou superior a determinado valor percentual – *v.g.*, a 7%. Nesse caso, os titulares das unidades de participação da categoria A terão direito a um rendimento especial correspondente a certo valor percentual – *v.g.*, a 20% – do resultado líquido realizado pelo fundo durante toda a sua vida útil. Poderá até colocar-se a questão de não ser apenas a determinação do montante da remuneração, mas o próprio direito à remuneração que fica subordinado à verificação do facto futuro e incerto da obtenção de uma taxa interna de rendibilidade anual igual ou superior a dado valor percentual – *v.g.*, a 7% – pela totalidade das unidades de participação. Trata-se, em todo o caso, de contratos de resultado aleatório, porquanto a remuneração variável da sociedade gestora depende dos resultados obtidos. A compensação da sua *performance* reveste-se de carácter aleatório[64].

Mediante a celebração dos contratos de administração e investimento, os participantes prometeram à sociedade gestora uma remuneração variável, traduzida no rendimento especial inerente às unidades de participação da categoria A de que aquela, e só aquela, é titular. Essa promessa é incondicional e plenamente eficaz, apenas o seu cumprimento se encontra dependente da obtenção da mencionada taxa interna de rendibilidade anual pela totalidade das unidades de participação. Os participantes sabem que estão vinculados. Não pode, por isso, falar-se, *cum summo rigore*, de condição – se o facto aleatório não for, naturalmente, considerado condição em sentido próprio. A incerteza verifica-se em relação aos efeitos económicos e não aos efeitos jurídicos dos contratos em apreço[65].

Todavia, na medida em que tanto nos negócios condicionais como nos negócios aleatórios ou de resultado aleatório, as partes integram, ao abrigo do princípio da autonomia privada, a incerteza e o futuro nas respetivas relações negociais, poderá preconizar-se a aplicação do regime jurídico dos primeiros aos segundos.

[64] Cf. Ana Isabel Afonso, *A Condição, Reflexão Crítica em torno de subtipos de compra e venda*, Universidade Católica Editora – Porto, 2014, p.96.

[65] Assim como tem lugar a assunção de um risco contratual.

Assim, segundo o art. 275º, nº 2, do Cód. Civil, "*se a verificação da condição for impedida, contra as regras da boa fé, por aquele a quem prejudica, tem-se por verificada; (...)*"[66]. Ora os participantes faltosos não se mantiveram fiéis aos vínculos assumidos, à vontade contratual como que de remeter a eficácia das suas obrigações contratuais para a incerteza da evolução do programa de investimentos e desinvestimentos a cumprir pela sociedade gestora. A lei impõe então que se tenha por verificada uma evolução positiva desse programa, conforme ao expectável.

O legislador recorre, nesta sede, à técnica legislativa da ficção (*fictio iuris*): "*assimilação fictícia de duas realidades factuais diferentes, para o efeito de as sujeitar ao mesmo regime jurídico*"[67]. Tudo se passa como se o facto – o sucesso dos investimentos e dos desinvestimentos, da totalidade do capital subscrito, deduzido dos encargos do fundo nos termos do regulamento de gestão, realizados e a realizar pela sociedade gestora (em que os participantes faltosos deixaram de acreditar, pois que, *prima facie*, tudo indica que perderam o interesse na participação no X – FCR) – tivesse ocorrido, como se a totalidade das unidades de participação emitidas tivesse alcançado uma taxa interna de rendibilidade anual igual ou superior a certo valor percentual – *v.g.*, a 7%. A lei assume a grande probabilidade de verificação do evento futuro e incerto sem o comportamento do sujeito que a impediu. Elimina a incerteza, considerando a condição como verificada. Como que precludindo a verificação da condição, comprometendo a obtenção da remuneração variável que era devida à sociedade gestora, o incumprimento dos participantes faltosos deu lugar ao ressarcimento do prejuízo pelo interesse positivo.

Se um sujeito celebra um negócio condicional, não é lícito que venha ulteriormente pôr em causa o vínculo assumido, mediante uma conduta que deslealmente impeça a verificação da condição, violando uma obrigação contratualmente estabelecida[68].

Os participantes faltosos tinham consciência de que a sua conduta não era coerente com a lealdade aos contratos de administração e investimento

[66] Não analisamos, nesta sede, o carácter excecional da norma em apreço nem o alcance da máxima *singularia non sunt extendenda.*

[67] Cf. João Baptista Machado, *Introdução ao Direito e ao Discurso Legitimador*, Almedina, Coimbra, 1994, p.108.

[68] Cf. João Baptista Machado, *A cláusula do razoável,* in RLJ, 119, p.261 e ss.

celebrados com a sociedade gestora (art. 275º, nº 2)[69], agindo em desconformidade com os ditames da boa fé.

Consubstanciando-se o incumprimento dos participantes faltosos numa redução do capital do fundo de capital de risco, a sociedade gestora terá de proceder a menos ou a diferentes investimentos. A taxa interna de rendibilidade anual da totalidade das unidades de participação corresponderá, por conseguinte, a um valor inferior àquele que lhe respeitaria se o capital do fundo se tivesse mantido intangível. O mesmo sucederá com a retribuição variável da sociedade gestora.

Deverão, por isso, esses participantes, arcar com os efeitos da verificação ficcionada do evento futuro e incerto – a evolução no sentido positivo dos investimentos e desinvestimento realizados e a realizar pela sociedade gestora e proceder à sua remuneração como se o capital do fundo não tivesse sido ilicitamente despojado do valor do capital subscrito e não realizado.

Na verdade, esses participantes, incumprindo definitivamente os contratos celebrados, fundaram a sua cessação *ope legis* e privaram a sociedade gestora de auferir a remuneração correspondente aos investimentos projetados. E, por isso, têm de ressarcir a sociedade gestora pelo interesse no cumprimento que abrange o direito à remuneração variável inerente à rendibilidade que resultaria daquele capital que seria investido se esses participantes houvessem cumprido a sua obrigação de entrada[70].

[69] Cf. João Baptista Machado, *A cláusula do razoável*, in RLJ, 119, p.263.

[70] Se assim não fosse, como hipótese académica, poderia, em último recurso, ponderar-se, a constituição de um depósito *escrow*, com função de garantia, em benefício da sociedade gestora, para assegurar o cumprimento da obrigação de indemnizar dos participantes perante aquela pelo lucro do contrato no que respeita à remuneração variável, tendo em vista acautelar justamente o efeito útil da situação futura configurada pelas partes. Efetivamente, a pendência da condição (período que decorre entre a celebração do negócio e a verificação ou não verificação do evento condicionante: *condicio pendet*) é já uma fase dotada de consistência jurídica. Segundo o art. 273º do Cód. Civil, as partes podem praticar todos os atos tendentes à conservação do seu direito e assegurá-lo por via de garantia real ou pessoal. Atendendo à *ratio legis* desta norma, o conceito de ato conservatório compreende qualquer medida que se afigure necessária para a conservação material e jurídica do objeto da prestação, assim como qualquer medida destinada a impedir que sobrevenha a impossibilidade de a cumprir. Por isso, o depósito *escrow* do montante correspondente à remuneração variável previsível, em benefício da sociedade gestora, desempenharia uma função de garantia do cumprimento da obrigação dos participantes perante aquela. Cf. Ana Afonso, *Anotação ao Artigo 273º*, in Comentário ao Código Civil, Parte Geral, Universidade Católica Editora, Lisboa, 2014, p.670.

Os acordos parassociais como instrumento para a boa governação.

O caso das sociedades constituídas com investimento privado estrangeiro em Angola.

Sofia Vale[*]

I. Limites à validade dos acordos parassociais e investimento privado

O artigo 19º da Lei das Sociedades Comerciais[1] consagra o princípio de admissibilidade dos acordos parassociais[2], desde que estes não obriguem os sócios a uma conduta contrária à lei.

Adicionalmente, estes acordos estão sujeitos aos limites específicos que o próprio artigo 19º da Lei das Sociedades Comerciais especifica. O nº 2 deste normativo proíbe os acordos parassociais que digam respeito ao exercício das funções de administração ou de fiscalização, ao passo que o respectivo nº 3 estabelece um conjunto de limites aos acordos parassociais que estabeleçam vinculações de voto. São, nomeadamente, nulos, os acordos parassociais através dos quais um sócio se obrigue a votar "seguindo sempre as instruções da sociedade ou de um dos seus órgãos" (alínea a)), "aprovando sempre as propostas feitas por esses órgãos" (alínea b)) ou "exercendo o

* Professora da Faculdade de Direito da Universidade Agostinho Neto.

[1] Lei nº 1/04, de 13 de Fevereiro, publicada no Diário da República, I Série, nº 13.

[2] IRENEU MATAMBA, *Os acordos parassociais e o seu regime jurídico no direito angolano: breve análise e comentários ao art. 19º da Lei das Sociedades Comerciais*, p. 194.

direito de voto ou abstendo-se de o exercer em contrapartida de vantagens especiais" (alínea c)).

Importa agora questionar se os acordos parassociais estão sujeitos às normas legais que regulam a autonomia estatutária dos sócios, ou seja, se a ordem jurídica admite que, através da celebração de acordos parassociais, os sócios alcancem os mesmos objectivos que lhes são vedados através de proibições dirigidas à conformação dos estatutos. Essa questão, para além de convocar problemas gerais de direito privado, tem especial relevância na ordem jurídica angolana, dado o protagonismo que os acordos parassociais assumem em sectores nos quais o capital das sociedades comerciais deve ser, segundo as directrizes legais aplicáveis, detido por nacionais angolanos, sendo, neste caso, restringido o campo de intervenção do investimento privado estrangeiro. Este é, pois, o problema, que procuro escalpelizar neste trabalho.

O investimento privado em Angola é uma matéria especialmente relevante para a nossa realidade jurídico-societária, na medida em que uma parte muito significativa das sociedades comerciais de maior dimensão foi e é constituída com recurso a investimento privado estrangeiro[3] [4].

[3] Os dados mais recentes sobre investimento privado estrangeiro em Angola indicam que entre 2018 e Julho de 2022 Angola beneficiou de USD 7,085 biliões em investimento directo estrangeiro. Os países que mais investiram em Angola neste período foram a Polónia, os Emirados Árabes Unidos e o Reino Unido. Estes dados são divulgados pela AIPEX – Agência para o Investimento e Promoção das Exportações de Angola, em https://www.aipex.gov.ao/PortalAIPEX/#!/estatisticas_aipex/estatisticas .

[4] A constituição de sociedades com investimento estrangeiro é agora efectuada através da JUI – Janela Única de Investimento, aprovada pelo Decreto Presidencial nº 167/2020, de 15 de Junho, publicado no Diário da República, I Série, nº 84. A JUI é uma plataforma informática onde se agregam todos os serviços públicos que intervêm na aprovação dos processos de investimento privado, tendo por desiderato a desmaterialização e a redução da burocracia inerentes, que pode ser consultada em https://www.aipex.gov.ao/PortalAIPEX/#!/destaques/setip .
As principais vantagens da JUI são, a meu ver, as seguintes: (i) desonera os investidores de terem de obter diversas autorizações junto de distintas entidades públicas, passando este ónus para a AIPEX; (ii) permite um melhor acompanhamento da execução dos projectos de investimento, engloba todo o tipo de investimentos, designadamente os que estão sujeitos a lei especial (como é o caso dos investimentos realizados no sector petrolífero e diamantífero); (iii) caso alguma autorização não seja concedida dentro do prazo legal previsto para o efeito, o investidor pode realizar o investimento e avançar com o projecto (ainda que com o CRIP provisório); e (iv) promove uma maior segurança jurídica e a diminuição da corrupção (diminuição de obstáculos à implementação dos projectos de investimento, melhoria da comuni-

Focando-me nas modalidades de cláusulas parassociais mais utilizadas no campo do investimento privado, procurarei analisa-las à luz do regime de investimento privado actualmente vigente (plasmado na Lei do Investimento Privado de 2018, com as alterações introduzidas em 2021[5]), mas sem deixar de abordar o tema à luz do regime jurídico anterior (decorrente da Lei do Investimento Privado de 2015[6], hoje revogada), tendo em conta o volume considerável de sociedades constituídas em território angolano, ladeadas por acordos parassociais, ao abrigo desse regime[7].

Diferentemente do que sucede na generalidade dos ordenamentos jurídicos próximos ao nosso, na ordem jurídica angolana contarmos com um conjunto de regimes reguladores do investimento privado que, como denominador comum, visam assegurar que os nacionais angolanos possam beneficiar da riqueza produzida pelo exercício de actividades económicas em Angola. Estes regimes jurídicos que pretendem promover o que entre nós é designado por "conteúdo local" destinam-se a não excluir os nacionais angolanos da riqueza que pode ser promovida através de investimento pri-

cação com os empresários estrangeiros e coerência sobre o que deve ser feito para assegurar a implementação do projecto).

[5] O actual regime jurídico do investimento privado está previsto na Lei nº 10/18, de 26 de Junho, Lei do Investimento Privado, publicada no Diário da República, I Série, nº 92, alterada pela Lei nº 10/21, de 22 de Abril, publicada no Diário da República, I Série, nº 71, e no Decreto Presidencial nº 250/18, de 30 de Outubro, publicado no Diário da República, I Série, nº 165, alterado pelo Decreto Presidencial nº 271/21, de 16 de Novembro, que aprovou o Regulamento da Lei do Investimento Privado.

[6] Lei nº 14/15, de 11 de Agosto, Publicada no Diário Da República, I Série, nº 115. O Regulamento do Procedimento para a Realização do Investimento Privado, que regulamentava a Lei nº 14/15 foi aprovado pelo Decreto Presidencial nº 182/15, de 30 de Setembro, publicado no Diário da República, I Série, nº 134.

[7] Os dados estatísticos mais recentes de que dispomos indicam que, não obstante o contexto económico-financeiro desfavorável com que Angola depara, o número de empresas em actividade em 2017 era de 49.376 (Instituto Nacional de Estatística, *Anuário de estatísticas das empresas 2014-2017*, p. 14), um número claramente superior às 39.884 empresas em actividade em 2014 (Instituto Nacional de Estatística, *Estatística do ficheiro de unidades empresariais 2011-2014*, p. 15). Aguardam-se estatísticas mais actualizadas, a serem publicadas no site https://www.ine.gov.ao/inicio/estatisticas. Para efeitos do conceito de empresa subjacente a este estudo, foram consideradas empresas privadas (sociedades anónimas, sociedades por quotas e empresários em nome individual), empresas públicas e de domínio público e outras (associações e fundações – estas não são por nós incluídas no conceito de empresa entendida em sentido subjectivo, como já referimos em Sofia Vale, *As empresas no direito angolano: lições de direito comercial*, Luanda, 2015, p. 178).

vado externo ou estrangeiro em Angola[8]. Para tal, cabe ter presente a assumida importância do investimento estrangeiro em território angolano: após a independência de Angola, rapidamente se constatou a baixa capacidade técnica existente no país e a reduzida qualificação dos trabalhadores angolanos. Por essa razão, o investimento estrangeiro é, desde então, encarado como uma importante ferramenta para colmatar estas lacunas, reconhecendo-se a necessidade do recurso a capitais, equipamento e tecnologia provenientes do estrangeiro[9].

Neste contexto, afigura-se coerente que estes regimes apresentem, como nota de fundo, um favorecimento ou tratamento preferencial dos empresários nacionais face aos empresários estrangeiros. Por isso, ainda que, actualmente, a legislação societária e financeira (designadamente, a Lei das Sociedades Comerciais[10], o Regime Geral das Instituições Financeiras[11], a Lei da Actividade Seguradora e Resseguradora[12] ou o Código de Valores Mobiliários[13]) e a de investimento privado (a Lei do Investimento Privado de 2018, com a alteração sofrida em 2021) não diferencie entre sócios ango-

[8] Sobre a noção de investimento externo, define-o o art. 3º, alínea e), da Lei do Investimento Privado de 2018 (alterada em 2021), como a "realização de projectos de investimento por via da introdução ou utilização em território nacional de moeda livremente convertível titulada por não residentes cambiais, podendo estes, para além de meios monetários adoptar igualmente a forma de tecnologia e conhecimento, ou de bens de equipamentos e outros". Sobre este tema, veja-se SOFIA VALE/ARNOLD FERREIRA, *O regime jurídico do investimento privado em Angola de 1975 aos nossos dias*, in *Revista de direito das sociedades*, ano VIII, nº 4, Almedina, Coimbra, 2016, pp. 882 e ss. Em geral, e com interesse para o tema, sobre os critérios a utilizar para a definição de investimento estrangeiro, veja-se também o estudo de JOSÉ AUGUSTO FONTOURA COSTA, *Direito internacional do investimento estrangeiro*, Juruá Editora, Curitiba, 2010, p. 32, no qual se refere, a propósito da legislação brasileira, que podem ser usados para classificar os investimentos como estrangeiros um de dois critérios, a saber, ou o critério da nacionalidade do investidor ou o critério da movimentação transfronteiriça de activos.

[9] Neste sentido, cfr. SOFIA VALE/ARNOLD FERREIRA, *O regime jurídico do investimento privado em Angola de 1975 aos nossos dias*, pp. 855 e ss., onde se dá nota dessa preocupação logo após a independência, não obstante a existência de uma economia planificada pelo Estado.

[10] Lei nº 1/04, de 13 de Fevereiro, publicada no Diário da República, I Série, nº 13.

[11] Lei nº 14/21, de 19 de Maio – Regime Geral das Instituições Financeiras, publicada no Diário da República, I Série, nº 91.

[12] Lei nº 18/22, de 7 de Julho – Lei da Actividade Seguradora e Resseguradora, publicada no Diário da República, I Série, nº 125.

[13] Lei nº 22/15 – Código de Valores Mobiliários, de 31 de Agosto, publicado no Diário da República, I Série, nº 124.

lanos e sócios estrangeiros, ou entre investidores angolanos e investidores estrangeiros, em legislação extravagante encontram-se vários regimes que se fundam nessa diferenciação.

II. A utilização de acordos parassociais na lei de investimento privado de 2015 e na lei do investimento privado de 2018 (com as alterações introduzidas em 2021)

Com o estabelecimento de parcerias obrigatórias entre investidores estrangeiros e investidores angolanos na Lei do Investimento Privado de 2015, a matéria dos acordos parassociais tornou-se particularmente relevante entre nós. De facto, o artigo 9º, nº 1, da Lei do Investimento Privado de 2015 determinava que "o investimento estrangeiro em Angola [...] apenas é permitido no caso de ocorrer em parceria com cidadãos angolanos, com empresas de capital público ou empresas angolanas, em que aqueles detenham pelo menos 35% do capital e participação efectiva na gestão reflectida no acordo de accionistas". Essa obrigatoriedade de estabelecimento de parcerias estendia-se a variados sectores da economia, a saber: construção civil, energia e águas, hotelaria e turismo, transportes e logística, telecomunicações e tecnologias de informação, e meios de comunicação social (artigo 9º, nº 1). Desta disposição normativa decorriam duas condições essenciais para o estabelecimento das parcerias: (i) que o cidadão ou empresa verdadeiramente angolana fosse titular de, pelo menos, 35% do capital social da empresa, e (ii) que o sócio angolano tivesse uma participação efectiva na gestão da empresa.

Mas, para que o desiderato pretendido pelo legislador fosse efectivamente atingido, ou seja, para que os sócios angolanos detivessem verdadeiramente uma certa percentagem do capital social e participassem verdadeiramente na gestão das sociedades, não bastava a simples publicação da Lei de Investimento de 2015. Para que tal sucedesse, era necessário que os sócios angolanos fossem empreendedores, investindo verdadeiramente no negócio e realizando verdadeiramente a parte do investimento correspondente ao capital social que a lei lhes impõe que subscrevam. Por essa razão, dissemos que a transição da teoria à prática das regras sobre parcerias obrigatórias[14] (independentemente da percentagem do capital social que a lei

[14] Sofia Vale, Empreendedorismo e governo societário em Angola, Revista de direito comercial (coord. Pedro Pais de Vasconcelos), Lisboa, 2018, pp. 665-708, disponível em https://www.revistadedireitocomercial.com/empreendedorismo-e-governo-societario-em-angola.

exija que seja detida por nacionais angolanos) passaria, essencialmente, por incutir junto dos empresários e dos empreendedores angolanos uma outra mentalidade na sua abordagem perante os negócios, uma nova cultura empresarial. Essa nova cultura deve ter por base o binómio propriedade-risco que envolve qualquer operação de investimento[15].

Numa perspectiva centrada na sociologia dos mercados, dir-se-á que um verdadeiro empresário-investidor está consciente de que a sua posição de actor do mercado é indissociável da aceitação da incerteza – elemento essencial ao conceito de risco – do sucesso do investimento (de outro modo, seria trabalhador por conta de outrem)[16]. Reconhece-se que o perfil de investidor dependerá do conjunto de valores e pretensões (*clusters of values and beliefs*) que se identificam num dado universo de investidores, valores e pretensões esses que dependem geralmente de factores como a nacionalidade, o género, a idade, ou a religião[17], e que a clássica noção de *homo economicus*, ainda que assente em axiomas utilitaristas e bayesianos, não pode alhear-se do que sejam os dados culturais que envolvem um determinado universo de investidores. Em Angola, esses dados apontam para uma classe de investidores com uma aversão genérica ao risco e para uma preferência por retorno a curto prazo.

De facto, as parcerias obrigatórias previstas na Lei do Investimento Privado de 2015 apenas alcançariam o objectivo preconizado pelo legislador caso se promovesse, mais do que uma mudança legislativa, uma profunda mudança na cultura empresarial em Angola. Como tive oportunidade de referir, a *law in action* (o direito em acção) não se compadece com a manutenção da cultura empresarial que ao longo dos anos e dos sucessivos regimes jurídicos tem marcado o ambiente de investimento angolano. Tendo em vista o objectivo de adopção das melhores práticas de governo societário, há que simplificar a burocracia inerente ao processo de constituição de

[15] Sobre este binómio, com extensas referências bibliográficas, cfr. José Engrácia Antunes, *Os instrumentos financeiros*, Almedina, Coimbra, 2017, pp. 49 e ss.

[16] Neste contexto, para uma interessante análise teorética e sociológica do conceito de investidor, cfr. Alex Preda, *The investor as a cultural figure of global capitalism*, in *The sociology of financial markets* (Karin Knorr Cetina/Alex Preda), Oxford University Press, Oxford, 2005, pp. 141 e ss.

[17] Werner de Bondt, *The values and beliefs of European investors*, in *The sociology of financial markets* (Karin Knorr Cetina/Alex Preda), Oxford University Press, Oxford, 2005, p. 183, disponível em http://fac.comtech.depaul.edu/wdebondt/Publications/PsychPortraitEurInvestor2.pdf.

empresas, pois um dos grandes entraves ao empreendedorismo encontra-se na excessiva burocratização do processo destinado à constituição de sociedades comerciais, veículo de eleição para o desenvolvimento de actividades económicas[18]. Como se constata, o *ranking Doing Business* do Banco Mundial tem colocado sistematicamente Angola na cauda dos países[19] com melhores condições para a criação de empresas e para o desenvolvimento de negócios[20].

Ora, tendo como pano de fundo a cultura empresarial angolana, há um dado de facto que se destaca, e que esteve na base da aprovação do novo regime de investimento privado: malgrado os esforços legislativos nesse sentido, não foi nem é possível – nem sequer desejável – criar por decreto uma classe de empreendedores capaz de, desconsiderando o investimento estrangeiro, ser o motor da economia angolana. Desde logo, o desenvolvimento de qualquer actividade económica carece necessariamente da disponibilidade de capital. Depois, haverá que fazer entender aos empreendedores angolanos a importância da gestão salutar da empresa, e que a utilização das melhores práticas contabilísticas é fulcral para que tenhamos verdadeiras empresas, sólidas e sustentadas, direccionadas não só para a distribuição imediata de dividendos, mas também para a satisfação dos interesses dos *stakeholders* (actores) da sociedade. Só assim se estabelecem as bases necessárias à criação de confiança no retorno do investimento a longo prazo.

[18] Sofia Vale, *Empreendedorismo e governo societário em Angola*, pp. 688 e ss.

[19] Em 2022, Angola foi classificada como um dos 10 melhores países para investir em África, segundo o Business Insider Africa, disponível em https://africa.businessinsider.com/local/markets/10-best-african-countries-to-invest-in-2022/whvt6nq. A posição de Angola saiu também melhorada no Fitch Rating de 2022, sendo-lhe atribuído B, perspectivando-se o crescimento da economia angolana e da valorização da moeda nacional, o Kwanza, como consta em https://www.fitchratings.com/entity/angola-88085456. Sem prejuízo, a verdade é que o nosso país ocupava ainda em 2020 uma posição pouco favorável ao investimento privado no *ranking* internacional do relatório *Doing Business*, estando na posição 177 (note-se que o último ano em que o Banco Mundial apresentou o relatório sobre o ambiente de negócios nos diferentes países foi em 2020, tendo, de seguida, decidido encerrar este programa; o relatório de 2020 encontra-se disponível em https://www.worldbank.org/en/programs/business-enabling-environment/doing-business-legacy).

[20] Rene Carayol, *Why culture is more important than strategy*, in *Management issues*, 2012, disponível em http://www.management-issues.com/opinion/6576/why-culture-ismore-important-than-strategy/, de acordo com o qual *"the culture of a company relies on there being a clear set of values, strong leadership and a sense of transparency and honesty between the company and the public* [...]. *It is all about the attitude of those working for your company"*.

Por isso, perante o então vigente artigo 9º da Lei do Investimento Privado de 2015, que consagrava a obrigatoriedade de parcerias em inúmeros sectores da economia, exigindo que os sócios angolanos detivessem, pelo menos, 35% do capital social da sociedade veículo do investimento, impondo-lhes que participassem efectivamente na gestão, fez-se uma leitura crítica destas exigências. Em especial, por se poder considerar que tais exigências, para além de deverem ser reflectidas nos estatutos da sociedade, limitavam também o conteúdo de acordos parassociais que, moldando as relações entre sócios, visassem mitigar a (frequente) desadequação dessas exigências. Note-se que os acordos parassociais são um instrumento de promoção (e não de restrição) à participação no exercício das actividades económicas dos sócios angolanos que não tenham disponibilidade para investir nas mesmas com fundos próprios. Na maior parte dos casos, os sócios angolanos não teriam a possibilidade de levar a cabo, sem a associação a um sócio estrangeiro, o projecto empresarial em causa.

Neste quadro, surgia o confronto com a alternativa entre o não-investimento (ou o investimento sem a participação de sócios angolanos) e o investimento com a participação de sócios angolanos com fundos maioritariamente aportados pelos investidores estrangeiros (participação essa que é depois, em sede parassocial, moldada e corrigida nos termos informais da parceria, ficando os investidores estrangeiros geralmente com o direito de receber benefícios que caberiam ao sócio angolano em virtude da sua participação na sociedade). Neste confronto, afigura-se clara a solução preferível: o investimento com a participação de sócios angolanos.

Reconhecida esta preferência e as fragilidades da Lei do Investimento Privado de 2015, a Lei do Investimento Privado de 2018 surge na sequência da "necessidade de se proceder a ajustamentos ao quadro legal e institucional vigente para que se torne mais célere, facilitado e seguro o processo de promoção, captação e execução de investimentos privados na economia nacional"[21], incluindo investimento estrangeiro[22], com vista à "diversificação da economia nacional e o consequente crescimento e especialização da

[21] Preâmbulo da Lei do Investimento Privado de 2018.

[22] Chamando a atenção para as contingências que, em 2014, envolviam o investimento estrangeiro em Angola, MARIA LUÍSA ABRANTES, *Reflexão sobre o ambiente e riscos ao investimento estrangeiro em Angola*, in *Estudos jurídicos e económicos em homenagem à Professora Maria do Carmo Medina* (coord. ELISA RANGEL NUNES), Faculdade de Direito da Universidade Agostinho Neto, Luanda, 2014, pp. 787-797.

produção, ao nível do mercado de produção interna e das exportações"[23]. Com este novo diploma cai a exigência de parcerias obrigatórias **em sectores determinados entre investidores angolanos e estrangeiros**.

Não obstante, tal supressão das parcerias obrigatórias na Lei de Investimento Privado de 2018 (alterada em 2021) não ditou a irrelevância do recurso ao figurino dos acordos parassociais nas operações de investimento privado. É certo que a Lei do Investimento Privado de 2018 não contém tais parâmetros de validade do contrato de sociedade – nem, por derivação, dos acordos parassociais. Mas, tal como em qualquer projecto de investimento privado, seja este interno ou externo, o recurso aos acordos parassociais justifica-se pelas funções que os mesmos desempenham, sobretudo no momento genético de uma sociedade comercial, e pelas finalidades que permitem aos sócios alcançar.

De facto, ainda hoje há dois domínios onde o recurso aos acordos parassociais em operações de investimento privado se afigura potencialmente proveitoso. São os casos de realização de suprimentos para operações de investimento externo e os casos de limites ao investimento indirecto. Importa ter presente que, de acordo com o artigo 11º da Lei do Investimento Privado de 2018, os suprimentos dos sócios realizados para fins de investimento externo não podem ser de valor superior a 30% do valor do investimento realizado pela sociedade constituída, sendo apenas reembolsáveis passados 3 (três) anos a contar da data de registo nas contas da sociedade; por sua vez, dispõe o artigo 12º do mesmo diploma que o investidor interno ou externo não pode realizar operações qualificadas como investimento indirecto[24]

[23] Preâmbulo da Lei do Investimento Privado de 2018.

[24] De acordo com o art. 3º, alínea g), da Lei do Investimento Privado, é investimento indirecto "todo o investimento, interno ou externo, realizado por empresas de direito privado que, não constituindo investimento directo, compreenda, isolada ou cumulativamente, movimentação de capital e outros instrumentos financeiros, tais como aquisição de acções, títulos de dívida pública, empréstimos, suprimentos, prestações suplementares de capital, tecnologia patenteada, processos técnicos, segredos e modelos industriais, franquias, marcas registadas e outras formas de acesso à sua utilização em regime, seja de exclusividade, seja de licenciamento restrito por zonas geográficas ou domínios da actividade industrial e ou comercial, dentre outros". Por seu turno, o art. 3º, alínea f), da Lei do Investimento Privado define como investimento directo "todo o investimento privado, interno ou externo, que consista na utilização no território nacional de capital, tecnologia e conhecimento, bens de equipamento e outros em projectos económicos ou na utilização de fundos destinados à criação de novas empresas, agrupamentos de empresas, nacionais ou estrangeiras, bem como à aquisição total ou parcial de empresas de

que excedam o valor correspondente a 50% do valor total do investimento. Tanto num caso como noutro, ainda que as concretas finalidades que lhes subjazem sejam distintas, estamos perante limites ao investimento por parte de um investidor, em função da forma e do valor do investimento.

Por isso, haverá casos em que os acordos parassociais poderão servir para, sem pôr em causa os desideratos prosseguidos pelas referidas disposições normativas, oferecer soluções que permitam ultrapassar estes limites ao investimento. É o que sucede, designadamente, nos casos em que determinados sócios estrangeiros pretendam comprometer-se com um investimento mais avultado em dada operação de investimento privado, sem que formalmente – no plano estatutário – o possam fazer, sob pena de invalidade do acto ou do negócio de investimento marginal (i.e., o investimento que excede os limites estabelecidos na Lei do Investimento Privado de 2018). Não determinando essa invalidade, à partida, a nulidade total do acto ou do negócio de investimento, os acordos parassociais que tenham sido celebrados com vista à regulação desse investimento marginal poderão ser determinantes na qualificação e definição do regime jurídico aplicável a esse mesmo investimento, designadamente, mediante a redução do negócio (artigo 292º do Código Civil) ou a sua conversão (artigo 293º do Código Civil)[25].

Acresce que é muito frequente que estes acordos parassociais sirvam também para disciplinar, a uma luz distinta da regulação societária, as várias opções de saída dos sócios e para regular as relações entre eles durante e depois dessa saída. Tal como os acordos parassociais são um lugar natural para a regulação da constituição de parcerias entre sócios no momento da constituição da sociedade, sejam essas parcerias obrigatórias ou não, sê-lo-ão também para a sua extinção. A necessidade da regulação da saída dos sócios é especialmente importante quando o investimento é realizado através do recurso a capital de risco.

Em Angola, tem-se vindo a acentuar a premência do tema respeitante à saída do investimento (o desinvestimento ou *exit*), e suas estratégias, em capital de risco[26]. Note-se que, em 2015, foi publicado o Regime Jurídico

direito angolano já existentes, com vista à criação ou continuação de determinada actividade económica e participação directa na sua gestão, de acordo com o respectivo objecto social".

[25] Luís Carvalho Fernandes, *A conversão dos negócios jurídicos civis*, Quid Juris, Lisboa, 2008, pp. 531 e ss.

[26] Ilustrando a relevância do recurso aos acordos parassociais na regulação das relações entre investidores no âmbito do investimento em capital de risco, sobretudo, no que respeita à

dos Organismos Colectivos de Investimento em Capital de Risco[27], que são organismos de investimento colectivos especiais que se classificam como: (i) Fundos de Investimento de Capital de Risco (FCR), (ii) Sociedades de Investimento de Capital de Risco (SCR) e (iii) Investidores em Capital de Risco (ICR). A actividade destes organismos é regulada pela Comissão do Mercado de Capitais, consistindo na aquisição, por um período de tempo limitado, de instrumentos de capital próprio (quotas, acções e outros valores mobiliários que permitam a aquisição de quotas ou de acções) e de instrumentos de capital alheio em sociedades em desenvolvimento, procurando financiar o seu desenvolvimento e, consequentemente, beneficiar da rentabilidade (as mais-valias) que venha a ser gerada com a alienação dessas sociedades[28].

Com este diploma, o que se pretende é incentivar a captação de financiamento privado para novas empresas e novos projectos – o que poderá ser importante para financiar novas ideias e novas empresas (*maxime*, as *startups*)[29]. Importa, todavia, não esquecer que os investidores de capital de

fase do desinvestimento, veja-se, na jurisprudência dos tribunais portugueses, o Acórdão do Supremo Tribunal de Justiça de 21 de Março de 2017, Processo nº 427/13.8TVLSB.L1.S1, Relator: FONSECA RAMOS, disponível em www.dgsi.pt.

[27] Decreto Legislativo Presidencial nº 4/15, de 16 de Setembro, publicado no Diário da República, I Série, nº 29, e Regulamento nº 2/19, Regulamentação do Regime Jurídico dos Organismos de Investimento Colectivo de Capital de Risco, da Comissão de Mercado de Capitais, de 5 de Fevereiro, publicado no Diário da república, I Série, nº 14.

[28] Sobre o investimento em capital de risco, em geral, ANA PERESTRELO DE OLIVEIRA, *Manual de* corporate finance, pp. 71 e ss. Quanto à importância do capital de risco para as empresas angolanas, DJAMILA PINTO DE ANDRADE, *O capital de risco como alternativa de financiamento para as empresas angolanas*, in *Revista de estudos avançados*, ano I, nº 2, Faculdade de Direito da Universidade Agostinho Neto, Luanda, 2013, pp. 85 e ss, e LEONILDO MANUEL, "Experiências de crowdfunding em África.", Revista de Direito Comercial, Pedro Pais Leitão Vasconcelos (Coord.), 2017, pp. 456-479, disponível em: https://www.revistadedireitocomercial.com/experiencias-de-crowdfunding-em-africa.

[29] Como afirma ANA PERESTRELO DE OLIVEIRA, *O papel das* startups *na FinTech e o ciclo de financiamento de* startups, in *FinTech: desafios da tecnologia financeira* (coord. ANTÓNIO MENEZES CORDEIRO/ANA PERESTRELO DE OLIVEIRA/DIOGO PEREIRA DUARTE), Almedina, Coimbra, 2017, p. 245, o investimento em *startups* "é feito sobretudo através de capital de risco. [...] É certo que o investimento de capital de risco implica alguma perda de controlo – por confronto com o *bootstrapping* em que a empresa se financia através do seu fundador – mas é necessário e é uma perda muito mais limitada e controlada". Ainda sobre este tema, LEONILDO MANUEL e outros, *Escritos sobre FinTech e* corporate finance, Associação de Estudantes da Faculdade de Direito da Universidade de Lisboa, Lisboa, 2019, *passim*.

risco "não actuam por filantropia e o intuito é lucrativo"[30] – o que, por vezes, conduz ao aparecimento de conflitos de interesses no contexto da celebração do negócio de desinvestimento e de alguns comportamentos ilícitos, que devem ser controlados[31]. O traço característico do investimento em capital de risco é o seu curto período (por regra, dez anos[32])[33]. Sendo um investimento a prazo, cujo retorno assenta primordialmente na mais-valia obtida com a alienação das sociedades alvo (*target*) que se pretendeu valorizar (e não tanto na distribuição de dividendos por parte dessas sociedades aos sócios), explica-se o interesse dos investidores na delineação de estratégias de desinvestimento atractivas (com a alienação da totalidade do capital social da sociedade *target*, especialmente se através da admissão à negociação em mercado regulamentado) – ou menos atractivas (como o *rollover* do investimento ou a liquidação da sociedade *target*)[34]. Importa notar que o desinvestimento assume duas feições: o desinvestimento na sociedade *target*

[30] Pedro Pais de Vasconcelos, *O acionista de capital de risco: dever de gestão*, in *II Congresso Direito das Sociedades em Revista*, Almedina, Coimbra, 2012, p. 165.

[31] Madalena Perestrelo de Oliveira, *A concessão de crédito para o saneamento de empresas*, in *Estudos de direito bancário*, I (coord. António Menezes Cordeiro/Januário da Costa Gomes/ Miguel Brito Bastos/Ana Alves Leal), Almedina, Coimbra, 2018, pp. 249 e ss.

[32] Determina o artigo 8º, nº 1, alínea c), do Regime Jurídico dos Organismos Colectivos de Investimento em Capital de Risco que "fica vedado às SCR, aos ICR e aos FCR: [...] A detenção de instrumentos de capital próprio, por período de tempo, seguido ou interpolado, superior a 10 (dez) anos".

[33] Com apoio no estudo de Paulo Bandeira, *Estratégias de saída*, in *Revista de direito das sociedades*, ano X, nº 3, Almedina, Coimbra, 2018, pp. 591 e ss., salientamos os seguintes traços característicos do modelo de investimento em capital de risco: (i) o investidor detém uma participação minoritária no capital social da sociedade, não obstante ser usual aportar um montante de capital muito superior ao já integrado na sociedade; (ii) consequentemente, não assume geralmente o controlo da administração da sociedade; (iii) tem direitos económicos em linha com a percentagem de capital detida, excepto no desejável cenário de desinvestimento bem sucedido ou no cenário de liquidação. Como bem sublinha o autor, pese embora não assuma tipicamente uma posição maioritária nem o controlo do governo societário, tal não significa que o investidor abdique de direitos sobre a supervisão da administração da sociedade ou mesmo de direitos de veto em determinadas matérias críticas para o desenvolvimento futuro da sociedade. Por essa razão, "os contratos de investimento são vulgarmente acompanhados ou têm ínsitos acordos parassociais em que os direitos associados à participação minoritária são vertidos, podendo ser estes de maior ou menor extensão dependendo do tipo de mercado em que o investidor opera" (*idem*, p. 595).

[34] Sobre as diferentes estratégias de saída, Stefan Povaly, *Private equity exits: divestment process management for leveraged buyouts*, Springer, Berlin/Heidelberg/New York, 2007, pp. 117 e ss.; Tom

através de vários mecanismos de saída e, quando aplicável, nessa sequência, o desinvestimento na própria plataforma detentora da sociedade *target* – o caso dos fundos de capital de risco, onde avultam sobretudo problemas relativos à relação entre os participantes e a entidade gestora e a determinação das respectivas competências, à remuneração da entidade gestora pelos negócios de desinvestimento e à contrapartida devida aos participantes findo o período de vida do fundo de capital de risco.

Conforme referido, sendo frequente o investimento desproporcionado realizado pelos promotores (geralmente, nacionais angolanos), que é quase sempre baixo, e pelo investidor de capital de risco (geralmente investidores estrangeiros), quase sempre elevado, é frequente que o investidor não assuma, em proporção, a percentagem de capital que seria normal e que em condições usuais o tornariam largamente maioritário na sociedade[35] – desde logo, para dar cumprimento às exigências, de que temos vindo a falar, respeitantes ao investimento privado estrangeiro em Angola. Perante o prazo limitado de investimento em capital de risco, é com a celebração de acordos parassociais entre as partes que se repõe o equilíbrio de forças e se garante a existência de mecanismos de saída vantajosos para o investidor em capital de risco – aos quais está geralmente associado o direito destes investidores ao recebimento prioritário do retorno do investimento (a mais-valia) face aos restantes investidores. Neste contexto, e variando muito consoante a área do investimento em causa, começou já a ser comum entre nós as partes definirem em sede parassocial o tipo de negócio de desinvestimento, o momento ou evento (os "eventos de liquidez") a partir do qual devem procurar novos investidores, potenciais compradores, ou mesmo, num cenário pior, a dissolução e liquidação da sociedade *target* e/ou do fundo de capital de risco[36].

III. A figura da fraude à lei e a sua aplicabilidade aos acordos parassociais

Não existem no ordenamento jurídico angolano disposições normativas de índole geral sobre fraude à lei nos negócios jurídicos[37]. A figura da fraude à

McKaskill, *Invest to exit: a pragmatic strategy for angel and venture capital investors*, Breakthrough Publications, Harrow, 2009, pp. 53 e ss.

[35] Cfr. Paulo Bandeira, *Estratégias de saída*, p. 595.

[36] Cfr. Paulo Bandeira, *Estratégias de saída*, p. 595.

[37] Com similar constatação a propósito do ordenamento jurídico português, e afirmando que "a falta de tais regras escritas não obsta a que se possa e deva afirmar que, no direito português, vigora a proibição de fraude à lei, mais precisamente, uma norma segundo a qual as situações criadas para evitar a aplicação de regras que seriam aplicáveis são irrelevantes [...] ou seja, que

lei pode ser entendida em duas acepções diferentes. Numa acepção subjectiva, considera-se que é fraudulento o negócio em que as partes têm como intenção subtrair a sua actuação à aplicação de certa regra imperativa. Para o efeito, é fundamental a intencionalidade das partes e não saber se o negócio frustra ou não a finalidade da regra imperativa em causa. Por outro lado, em sentido objectivo, entende-se como situação de fraude à lei aquela em que o conteúdo do negócio jurídico celebrado pelas partes, sem colidir directamente com uma regra imperativa, alcança justamente o resultado que essa regra pretende evitar[38].

Quando nos interrogamos sobre se as convenções parassociais estão sujeitas às normas que limitam a autonomia estatutária dos sócios, questionamos se deve ter-se por ilegal o facto de, através do acordo parassocial, se obter o resultado que o legislador pretendeu evitar através da regra societária proibitiva. Releva, pois, aqui, a figura da fraude à lei em sentido objectivo, ou seja, saber se o acordo parassocial, apesar de não violar directamente a regra societária, a viola indirectamente.

Ao contrário do que se verifica noutros ordenamentos (como, por exemplo, no direito italiano, onde o artigo 1344º, nº 2, do Código Civil estabelece que "se considera ilícita a causa quando o contrato constitua um meio para iludir a aplicação de uma norma"), o nosso Código Civil não consagra esta figura. Esta omissão não se reconduz a um esquecimento do legislador. Antes, tem carácter deliberado: os trabalhos preparatórios do Código Civil

essas situações artificiosas não obstam à aplicação das regras aplicáveis na sua ausência", Rui Pinto Duarte, *A fraude à lei: apontamentos*, inédito, Abril de 2019, p. 2. Fundamenta o autor este seu entendimento na ideia de que "a base de tal norma está na própria ideia de lei", sendo que "a proibição da fraude à lei é um corolário da ideia de lei". Ainda, Ana Filipa Morais Antunes, *A fraude à lei no direito civil português em especial, como fundamento autónomo de invalidade negocial*, Almedina, Coimbra, 2018, pp. 285 e ss.

[38] Pedro Pais de Vasconcelos, *Teoria geral do direito civil*, pp. 592 e ss. Numa perspectiva de teoria das normas, tem também interesse a concepção de fraude à lei de Manuel Atienza/ Juan Ruiz Manero, *Ilícitos atípicos*, 2ª ed., Editorial Trotta, Madrid, 2006, pp. 73 e ss., de acordo com a qual "en una primera aproximación, puede decirse que se produce un fraude de ley cuando alguien ejerce un poder normativo para obtener un resultado R (y el uso de esse poder le está permitido), pero R está enlazado con otros resultados normativos, o con otras consecuencias, que están prohibidos". A fraude à lei constitui, por isso, nas palavras dos autores, ilícitos atípicos, dado que se exprime por condutas que, "*prima facie*, están permitidas por una regla, pero que, una vez consideradas todas las circunstancias, deben considerarse prohibidas"; nesta concepção, os ilícitos atípicos são violações directas de princípios jurídicos (e não de regras jurídicas).

de 1966 reflectem a decisão do legislador de não autonomizar a figura da fraude à lei[39].

Esta é, aliás, a posição clássica da doutrina portuguesa no âmbito do Código Civil de 1966. A questão coloca um problema metodológico de interpretação e de aplicação analógica de normas. Caso se mostre que o intuito da lei foi o de proibir determinados negócios e não apenas os negócios que o legislador especificou na sua letra, essa lei deve ser extensivamente interpretada no sentido de abranger esses negócios ou, se tal não for possível, deve ser analogicamente aplicável aos negócios que, sem se reconduzirem à letra da regra implicada, ponham em causa essa mesma finalidade[40]. Tal não significa que não se admita que os efeitos da fraude à lei possam ser distintos da nulidade do negócio (por contrariedade à lei). Assim, como têm entendido Carlos Ferreira de Almeida[41] ou Rui Pinto Duarte[42], há normas que atribuem à fraude à lei efeitos distintos da nulidade, defendendo mesmo que, "sem lei geral que indique qual é o efeito da fraude ao direito, o modo de unificar o instituto, nas suas diferentes configurações, é julgar ineficaz o ato fraudulento, aplicando a norma que se pretendeu defraudar à situação fáctica e jurídica que existiria sem o ato criado artificialmente"[43].

Na doutrina angolana, Carlos Burity da Silva admite a aplicação da fraude à lei, entendida em sentido objectivo, "quando se constate, por in-

[39] Adriano Vaz Serra, *Objecto da obrigação, a prestação, suas espécies, conteúdo e requisitos*, in *Boletim do Ministério da Justiça*, nº 74, Lisboa, 1958, pp. 187 e ss., e Rui de Alarcão, *Breve motivação do anteprojecto sobre o negócio jurídico na parte relativa ao erro, dolo, coacção, representação, condição e objecto negocial*, in *Boletim do Ministério da Justiça*, nº 138, Lisboa, 1964, pp. 120-121.

[40] Carlos Mota Pinto, *Teoria geral do direito civil*, Coimbra Editora, Coimbra, 1985, p. 557, João de Castro Mendes, *Teoria geral do direito civil*, II, Associação de Estudantes da Faculdade de Direito de Lisboa, Lisboa, 1978, pp. 332-334; Luís de Carvalho Fernandes, *Teoria geral do direito civil*, II, Universidade Católica Portuguesa, Lisboa, 2012, p. 161, e António Menezes Cordeiro, *Tratado de direito civil*, II, p. 578. Já antes da entrada em vigor do Código Civil de 1966 este entendimento era dominante. Veja-se, a este propósito, Manuel de Andrade, *Teoria geral da relação jurídica*, II, Coimbra Editora, Coimbra, 1960, pp. 337 e ss.

[41] Carlos Ferreira de Almeida, *Contratos. V, Invalidade*, Almedina, Coimbra, 2018, p. 195.

[42] Rui Pinto Duarte, *A fraude à lei: apontamentos*, p. 19.

[43] Carlos Ferreira de Almeida, *Contratos. V, Invalidade*, p. 195. Importa notar que este entendimento tem por base a conclusão de que o esquema da fraude à lei é equiparável ao esquema da simulação relativa: "as situações de partida, que se pretenderam deformar pela fraude à lei (aqui equivalente ao pacto simulatório), resolvem-se como se não tivesse havido fraude, segundo um regime semelhante ao do contrato dissimulado" (*idem*, p. 195).

terpretação que a lei quis impedir, de todo em todo, um certo resultado, os negócios que procuram contornar essa proibição legal, tentando chegar ao mesmo resultado por caminhos diversos dos que a lei expressamente previu e proibiu", defendendo a aplicação analógica da norma defraudada, não obstante reconhecer que "não podem admitir-se interpretações ilimitadas de proibições, mas há fraude à lei quando se frustre claramente a intenção legislativa, se a proibição não for aplicada"[44]. No entender deste autor, a consequência de um negócio jurídico celebrado em fraude à lei é sempre, à semelhança do que sucede com os negócios *contra legem*, a nulidade[45].

O problema da utilização de acordos parassociais para tornear a aplicação de regras que restringem a autonomia estatutária – inserindo nos estatutos uma cláusula que respeite a regra em causa, mas convencionando em sede parassocial obrigações que produzam os efeitos que aquela regra pretendia evitar – deve ser encarado como um problema de interpretação extensiva ou de aplicação analógica das regras em causa.

Mas não pode deixar de se reconhecer, enquanto tendência geral, que as regras da Lei das Sociedades Comerciais, e de outros diplomas, que regulam a liberdade estatutária dos sócios, devidamente interpretadas, se aplicam precisamente a esse domínio: o da conformação dos estatutos[46]. O problema configura-se melhor como um problema de aplicação analógica das regras societárias que restringem a liberdade estatutária ao caso da celebração de acordos parassociais que estabelecem efeitos idênticos àqueles que essas regras pretenderam impedir. Com maior rigor: sendo celebrado um acordo parassocial que permite alcançar os mesmos efeitos que uma regra reguladora da autonomia estatutária pretende impedir, questiona-se se o facto de esse acordo não ser também proibido não constitui uma lacuna, devendo, em caso de resposta afirmativa, nos termos do artigo 10º, nº 1, do Código Civil, aplicar-se-lhe analogicamente a norma societária em causa.

Isto significa que a resposta à questão sobre a aplicabilidade dos limites à autonomia estatutária aos acordos parassociais apenas pode ser alcança-

[44] Carlos Burity da Silva, *Teoria geral do direito civil*, 2ª Edição, Faculdade de Direito da Universidade Agostinho Neto, Luanda, 2014, pp. 605-606. No mesmo sentido, Orlando Fernandes, *Direito das obrigações*, I, Luanda, 2017, p. 69, classificando como fraudulentas as prestações "que contornam uma proibição legal, ofendendo o espírito da lei".

[45] Carlos Burity da Silva, *Teoria geral do direito civil*, p. 604.

[46] Ana Filipa Leal, *Algumas notas sobre a parassocialidade no direito português*, in Revista de direito das sociedades, vol. 1, nº 1, Almedina, Coimbra, 2009, p. 158.

da numa base casuística. Perante cada acordo parassocial e perante cada regra imperativa que limita a autonomia estatutária, haverá que questionar se existe analogia entre a situação proibida pela regra societária e a situação parassocial, aferindo se as *rationes* subjacentes àquela regra procedem também relativamente a esta última situação[47].

Apesar de a Lei das Sociedades Comerciais não diferenciar entre sócios angolanos e sócios estrangeiros, encontram-se em legislação extravagante várias normas que exigem que a maioria do capital social das sociedades que actuam em determinados sectores seja directa ou indirectamente detida por cidadãos angolanos. Neste contexto, entende-se existir uma participação directa quando as participações sociais são da titularidade dos cidadãos angolanos, e uma participação indirecta quando as participações sociais da sociedade em causa são detidas, por sua vez, por uma outra sociedade cujos sócios maioritários são cidadãos angolanos[48]. São, como referi, aquilo que designamos por normas de "conteúdo local", cujo desiderato assenta na promoção do empresariado privado angolano.

De facto, o ordenamento jurídico angolano consagra, em matéria de contratação pública, um primado pela preferência na contratação de micro, pequenas e médias empresas[49] angolanas, com o intuito de, por um lado, fomentar o crescimento do empresariado privado nacional e, por outro lado, promover o fortalecimento da produção nacional[50]. A este propósito,

[47] Ana Filipa Leal, *Algumas notas sobre a parassocialidade no direito português*, pp. 158-159.

[48] Neste conceito incluem-se, por um lado, os cidadãos angolanos que sejam empresários em nome individual e, por outro lado, as empresas angolanas em que, pelo menos, 51% do capital social seja detido por cidadãos angolanos (artigo 19º, nº 1, da Lei do Fomento do Empresariado Privado Nacional, Lei nº 14/03, de 18 de Julho, publicada no Diário da República, I Série, nº 56). O mesmo diploma prevê que se faça prova da cidadania dos sócios que sejam pessoas individuais ou da estrutura societária do sócio pessoa colectiva, de modo a apurar se estamos perante uma empresa verdadeiramente angolana (artigo 19º, nº 2, da Lei do Fomento do Empresariado Privado Nacional). Faço notar que a Lei do Fomento do Empresariado Privado Nacional se mantém em vigor, na sua generalidade, não obstante algumas das suas disposições legais, respeitantes a incentivos fiscais terem sido revogadas pelo Código de Benefícios Fiscais, aprovado em Abril de 2022 (artigo 5º, nº 1, al. b), do Código de Benefícios Fiscais).

[49] O regime jurídico aplicável às micro, pequenas e médias empresas está hoje consagrado na Lei das Micro, Pequenas e Médias Empresas – Lei nº 30/11, de 13 de Setembro, e no Decreto Presidencial nº 94/21, de 19 de Abril – Novo Regulamento da Lei das MPME's.

[50] Note-se que o regime jurídico das MPME's consagra, para cada tipo de empresa, um tratamento fiscal diferenciado. Foi recentemente aprovado o Código de Benefícios Fiscais (Lei

o artigo 53º, nº 1, da Lei dos Contratos Públicos[51], estabelece que "as peças do procedimento devem conter regras destinadas a promover a contratação preferencial das pessoas singulares ou colectivas nacionais que sejam micro, pequenas ou médias empresas, de direito angolano, nos termos definidos pelo Regime Jurídico de Apoio às Micro, Pequenas e Médias Empresas, de acordo com a circunscrição territorial específica, bem como priorizar a produção nacional." Por esta razão, as peças concursais devem claramente estabelecer regras de preferência, tanto no que respeita ao acesso à fase de negociação (artigo 53º, nº 2, al. a)), como no que tange aos critérios de adjudicação das propostas; neste último caso, haverá que: (i) determinar uma pontuação superior para bens produzidos, cultivados ou extraídos em Angola (artigo 53º, nº 2, al. d)), (ii) no caso de o critério de adjudicação ser o da proposta economicamente mais vantajosa, haverá que indicar uma valoração (de até 10%) para propostas apresentadas por empresas detidas por cidadãos angolanos (artigo 53º, nº 2, al. a) e b)) e (iii) em caso de subcontratação, que uma dada percentagem dos serviços subcontratados o sejam a empresas detidas por cidadãos angolanos (artigo 53º, nº 2, al. e)).

Estes regimes de fomento do empresariado privado nacional podem ter diferentes intensidades, consoante exijam que a totalidade, a maioria ou uma percentagem minoritária do capital das sociedades que actuam em certos sectores seja detida por entidades angolanas[52].

Na modalidade mais exigente, que importa a detenção total do capital por entidades nacionais, encontra-se o regime do acesso ao exercício da actividade de segurança privada. Designadamente, através do artigo 6º, nº 2, da Lei das Empresas de Segurança Privada[53], o legislador determina que "não é permitida a realização de investimento estrangeiro em matéria de segurança privada, sendo também vedada a cidadãos estrangeiros a propriedade e a administração de empresas de segurança privadas". Assim, o capital destas sociedades deve ser integralmente detido por cidadãos angolanos (artigo 7º do Regulamento das Empresas de Segurança Privada),

nº 8/22, de 14 de Abril, publicado no Diário da República, I Série, nº 66), que no seu artigo 42º consagra a redução da taxa de imposto industrial a isenção de imposto de selo para as MPME's.

[51] Lei nº 41/20, de 23 de Dezembro, publicada no Diário da República, I Série, nº 208.

[52] Sofia Vale, *Empreendorismo e governo societário em Angola*, pp. 673 e ss.

[53] Lei nº 10/14, de 30 de Junho, publicada no Diário da República, I Série, nº 140, e Decreto Presidencial nº 225/17, de 27/09/2017, com a redacção dada por Decreto Presidencial nº 4/22, que aprovou o Regulamento das Empresas Privadas de Segurança.

devendo também a gestão ser integralmente assegurada por cidadãos angolanos (artigo 6º, nº 2, do Regulamento das Empresas de Segurança Privadas).

A propósito do regime jurídico das actividades pesqueiras, o legislador estabeleceu que tanto os direitos de pesca artesanal como os direitos de pesca nos rios internacionais e nas águas continentais sob jurisdição angolana apenas são concedidos a empresas angolanas (artigos 31º, nº 3, e 32º, nº 2, da Lei dos Recursos Biológicos, aprovada pela Lei nº 6-A/04, de 8 de Outubro, e alterada pela Lei nº 16/05, de 27 de Dezembro[54]). Desde a entrada em vigor da Lei nº 16/05, o conceito de empresa angolana é definido no artigo 1º, nº 30, alínea a), da Lei dos Recursos Biológicos. Nestes termos, entende-se ser uma empresa angolana "a empresa em nome individual ou sob forma societária, legal ou regularmente estabelecida ou constituída, com sede em território nacional, que seja inteiramente propriedade de cidadãos angolanos, a título individual ou familiar ou que, pelo menos, 51% do capital social seja propriedade de cidadãos angolanos ou de empresas angolanas nas quais a maioria ou a totalidade do capital seja detido por cidadãos angolanos e que estes exerçam um controlo efectivo da empresa ou sociedade". Retenha-se que, no sector pesqueiro, para além da exigência de que 51% do capital social seja detido, directa ou indirectamente, por nacionais angolanos, identifica-se aqui uma segunda exigência: o facto de estes exercerem um controlo efectivo da empresa.

Também no que respeita à aquisição de matérias-primas, bens e equipamentos fabricados em Angola ou à prestação de serviços à indústria petrolífera é estabelecido o Regime Jurídico do Conteúdo Local do Sector dos Petróleos[55], um regime de preferência para a contratação de sociedades comerciais angolanas (artigo 10º, nº 2, do Regime Jurídico do Conteúdo Local do Sector dos Petróleos). Neste diploma, no qual se distinguem as "sociedades comerciais de direito angolano" (que, nos termos do seu artigo 3º, al. r), são todas as sociedades comerciais constituídas de acordo com a legislação angolana) e as "sociedades comerciais angolanas" (que, por sua vez, são aquelas cuja totalidade do capital social seja detida por cidadãos ou empresas angolanas, de acordo com a al. q) do artigo 3º), estabelecem-se três regimes de contratação: o regime de concorrência (no qual não se

[54] Publicadas, respectivamente, na I Série do Diário da República, suplemento nº 81, de 8 de Outubro de 2004, e na I Série do Diário da República, nº 154.

[55] Aprovado pelo Decreto Presidencial nº 271/20, de 20 de Outubro, publicado no Diário da República, Série I, nº 167.

distinguem as sociedades pela sua origem, sem prejuízo das parcerias entre sociedades nacionais e estrangeiras que se possam vir a estabelecer, nos termos do artigo 3º, al. m)), o regime de exclusividade (reservado para a contratação de sociedades comerciais angolanas, nos termos da al. n) do artigo 3º) e o regime de preferência (que determina a contração preferencial de sociedades comerciais angolanas, quando estas se encontrem em igualdade, no que tange a qualidade, capacidade técnica, preço e prazos de entrega com sociedades comerciais estrangeiras, tal como previsto na al. o) do artigo 3º). Note-se que o legislador deveria ter incluído nas definições dos regimes de exclusividade e de preferência a menção às sociedades comerciais de direito angolano, o que só acabou por fazer, clarificando assim que é a sua real intenção abranger ambas, quando, no artigo 18º, nº 1, refere que "estão sobre regime de exclusividade e regime de preferência à iniciativa privada angolana todas as sociedades comerciais angolanas e de direito angolano que forneçam bens e serviços e que constem da lista aprovada pela concessionária nacional, ouvida a autoridade reguladora da concorrência."

A implementação do Regime Jurídico de Conteúdo Local do Sector dos Petróleos tem sido levada a cabo através da elaboração de listas de produtos e serviços a contratar a empresas detidas por cidadãos angolanos, pela Agência Nacional de Petróleo, Gás e Biocombustíveis[56], ouvida a Autoridade Reguladora da Concorrência (artigo 9º, nº 1, do Instrutivo nº 6/21). Deve, adicionalmente, ser elaborado anualmente o Plano Anual de Conteúdo Local pela concessionária nacional (artigo 10º do Instrutivo nº 6/21). Deste modo, as empresas prestadoras de serviços à indústria petrolífera detidas por cidadãos angolanos, poderão candidatar-se a fornecer bens/prestar serviços abrangidos pelo regime de exclusividade[57] ou pelo regime de preferência[58], consultando as listas respectivas.

Sem prejuízo da consagração legal das medidas destinadas ao fomento do empresariado privado nacional acima referidas, a Autoridade Reguladora da Concorrência[59] tem manifestado a sua preocupação em assegurar que

[56] Instrutivo nº 6/21, de 4 de Novembro, publicado no Diário da República, I Série, nº 147.

[57] A referida lista encontra-se disponível em https://anpg.co.ao/wp-content/uploads/2021/10/LISTABENSESERVICOSREGIME_EXCLUSIVIDADE_FINAL-29-July-2021.pdf.

[58] Lista disponível em https://anpg.co.ao/wp-content/uploads/2021/10/LISTA-BENS-E-SERVICOS-REGIME_PREFERENCIAL_FINAL-29-July-2021.pdf.

[59] Recomendação nº 1/2021, de Abril de 2021, Sobre concorrência no processo de operacionalização do regime jurídico do conteúdo local no sector dos petróleos, disponível em https://arc.minfin.gov.ao/PortalARC/#!/estudos-e-publicacoes/recomendacoes-pareceres-e-relatorios.

tais medidas contribuem efectivamente para o desenvolvimento do mercado[60]. Na sua Recomendação nº 1/21, a Autoridade Reguladora da Concorrência "relativamente aos bens integrados no regime de preferência, recomenda se que se faça a definição clara da possibilidade das Operadoras se exonerarem da aquisição de bens e serviços serviços, no âmbito do regime do Conteúdo Local, nas seguintes circunstâncias: (i) Quando o fornecedor nacional praticar preços excessivos em comparação com o mercado internacional, tendo em conta os custos locais inerentes; (ii) Quando o fornecedor nacional apresentar prazos de entrega muito dilatados em relação a necessidade do Operador; ou (iii) Quando o fornecedor tiver feito o uso de uma tecnologia não disponível na ocasião da adjudicação e não oferecida pelo produtor local." Adicionalmente, "recomenda se que na definição do preço dos bens e serviços em regime de preferência o valor a ter em conta seja o valor CIF (Cost, insurance and freight) ou FOB (Free on board), podendo as empresas recorrer livremente ao mercado internacional em caso de o valor exceder aqueles." Por último, recomenda que "o número mínimo a incluir na lista de bens e serviços para os regimes de exclusividade e preferência seja elevado para 5 (cinco) empresas, para permitir uma maior pressão concorrencial entre as mesmas", o que entendo ser bastante salutar e promotor de uma real concorrência entre empresas detidas por cidadãos nacionais. Estas recomendações, creio, são de extrema importância para assegurar que às empresas detidas por cidadãos angolanos são atribuídas, apenas e tão só, margens de lucro razoáveis, evitando-se a desvirtualização das regras de conteúdo local e do desiderato que com elas se pretende atingir.

Particularmente relevante, pela sua importância prática na actividade económica do nosso país, era a exigência relativa aos sectores de actividade elencados no artigo 9º, n.os 1 e 2, da Lei do Investimento Privado de 2015, entretanto revogada, que impunha que as sociedades-veículo que fossem constituídas para desenvolver tais actividades tivessem: (i) pelo menos, 35% do seu capital social detido por cidadãos angolanos e (ii) que estes assegurassem uma participação efectiva na sua gestão. Não obstante, e como já referi, todos os acordos parassociais celebrados entre o momento da entrada em vigor da Lei do Investimento Privado de 2015 e o momento da entrada em vigor da Lei do Investimento Privado de 2018 continuam, no que diz res-

[60] Lei nº 5/18, de 10 de maio, Lei da Concorrência, publicada no Diário da república, I Série, nº 66, e Decreto Presidencial nº 240/18, de 12 de Outubro, publicado no Diário da república, I Série, nº 155, que aprovou o Regulamento da Lei da Concorrência.

peito à sua validade, a ser regulados pela Lei do Investimento Privado de 2015. Esta ideia é confirmada pelo artigo 49º, nº 1, do novo diploma, segundo o qual "a presente lei e a sua regulamentação não se aplicam aos projectos de investimento aprovados antes da sua entrada em vigor". Assim, não obstante estar formalmente revogada, dá-se um fenómeno de *sobrevigência* desse acto normativo[61].

As normas destinadas ao fomento do empresariado privado nacional que acabei de referir colocam um desafio a uma teoria jurídica dos acordos parassociais, que, do meu ponto de vista, constitui uma especificidade do direito angolano. O referido desafio prende-se com saber em que medida é que essas exigências restringem a liberdade de os sócios nacionais celebrarem acordos parassociais através dos quais repercutam alguns dos direitos e deveres decorrentes da participação no capital da sociedade na esfera de sócios não nacionais. É sobre este ponto que me debruçarei de seguida.

IV. A utilização de acordos parassociais como instrumento de governação de sociedades submetidas a normas de conteúdo local

É frequente, na prática societária angolana, que, visando respeitar as exigências de composição da estrutura accionista das sociedades, a sociedade seja constituída atribuindo a um cidadão nacional a percentagem de capital social legalmente exigida, mesmo quando o cidadão nacional que, dessa forma, fica sócio da sociedade não tem a capacidade financeira para realizar com meios próprios o investimento em causa, regulando-se lateralmente as relações entre os sócios através de acordo parassocial. Nestes casos, os sócios (angolanos e estrangeiros) constituem a sociedade, redigindo os estatutos para que estes se adequem na sua totalidade às exigências legais. Contudo: (i) por um lado, o capital para a realização das entradas é entregue pelo sócio estrangeiro, em nome e por conta do sócio nacional, e (ii) por outro lado, entre estes sócios é celebrado um acordo parassocial através do qual os direitos e obrigações decorrentes da posição social do sócio nacional são, em modo variável, materialmente repercutidos na esfera do sócio estrangeiro.

No núcleo destes acordos encontram-se dois tipos de cláusulas: cláusulas que disciplinam o exercício do direito de voto pelo sócio nacional e cláusulas de redistribuição de lucros. Através das primeiras, o sócio nacional vincula-se a exercer o seu direito de voto no sentido que lhe for indicado

[61] Miguel Teixeira de Sousa, *Introdução ao direito*, Almedina, Coimbra, 2018, p. 287.

pelo sócio estrangeiro. Através das segundas, o sócio nacional vincula-se a transmitir ao sócio estrangeiro a totalidade ou parte dos lucros que receba da sociedade. Em contrapartida, o sócio nacional, para além de não suportar materialmente o dispêndio correspondente à subscrição da sua participação social, fica frequentemente com o direito a receber uma remuneração fixa pela sua participação.

Adicionalmente, é frequente que estes acordos parassociais vinculem o sócio nacional à realização de comportamentos que facilitem ou que promovam a realização da actuação societária, tais como a agilização de procedimentos administrativos junto de entidades públicas (tais como a obtenção de licenças para o exercício da actividade social), ou a angariação de negócios para a sociedade (*lobby*).

A questão fundamental que se coloca a propósito da validade destes acordos é se, com eles, não se estará a defraudar a exigência de que certa percentagem de capital seja detida por cidadãos nacionais. Na verdade – poder-se-ia dizer –, apesar de ser a entidade angolana a deter formalmente a participação na sociedade exigida por lei, os benefícios dessa participação são materialmente auferidos pelo investidor estrangeiro.

Estamos novamente perante um problema que ressoa a fraude à lei. A sua resolução passa, então, por saber se as regras legais através das quais o legislador exige que determinada percentagem do capital da sociedade seja detida por uma entidade angolana se aplicam por analogia aos acordos parassociais, determinando a invalidade dos acordos que atribuam os benefícios correspondentes a essa participação a um investidor estrangeiro.

A este propósito, a primeira questão que se impõe é a de saber se estas normas são, em abstracto, susceptíveis de aplicação analógica. Afinal, sendo o direito das sociedades comerciais um ramo do direito privado, e sendo este dominado pelas ideias de igualdade entre os sujeitos, poder-se-ia entender que, ao diferenciarem entre cidadãos nacionais e cidadãos estrangeiros, para os efeitos do exercício de certas actividades económicas, estas normas teriam a natureza de normas excepcionais, sendo, portanto, proibida a sua aplicação por analogia, nos termos do artigo 11º do Código Civil[62].

Mas se é certo que estas normas que exigem que as sociedades que exercem determinadas actividades económicas sejam participadas em certa

[62] "uma norma que contraria "os princípios que inspiram a racionalidade da disciplina jurídica (em causa), conferindo-lhe unidade, racionalidade e coerência", como refere José de Oliveira Ascensão, *O direito: introdução e teoria geral*, Almedina, Coimbra, 2005, p. 451.

percentagem por entidades nacionais se afastam do princípio geral de igualdade que marca o direito privado, não se pode dizer que se afastem da racionalidade e da coerência que enformam o direito angolano.

Desde logo, no plano constitucional, o artigo 25º, nº 2, alínea h), da Constituição prevê a possibilidade de a lei reservar determinados direitos e deveres "exclusivamente aos cidadãos angolanos". Acresce que o artigo 21º, alínea d), da Constituição assume como uma das tarefas fundamentais do Estado angolano "promover o bem-estar [...] e a elevação da qualidade de vida do povo angolano", que pode ser realizada através de mecanismos que asseguram que cidadãos nacionais participam no capital de sociedades e, assim, que a riqueza criada pela economia angolana é efectivamente aplicada na elevação da qualidade de vida do povo angolano.

Constata-se, aliás, que, desde 2003, o legislador angolano tem tido a preocupação de criar um quadro legal adequado para a promoção da actividade das empresas nacionais. Esta preocupação encontra a sua expressão nuclear na Lei do Fomento do Empresariado Privado Nacional, a que já fiz referência, a qual visa introduzir, de modo generalizado, um paradigma de tratamento preferencial dos empresários angolanos. Este normativo tem por "função atenuar as condições desfavoráveis e de desigualdade na concorrência entre investidores nacionais e estrangeiros, bem como contribuir para a constituição, consolidação e fortalecimento da participação dos cidadãos angolanos na titularidade e gestão das riquezas nacionais, numa economia aberta e de mercado livre" (artigo 7º, nº 1, da Lei do Fomento do Empresariado Privado Nacional). Para além da exigência de participações mínimas de entidades nacionais no capital social das empresas, várias medidas legislativas concretizam esta política de incentivo aos empresários angolanos, como visto.

Com base em tudo isto, parece poder afirmar-se que no direito angolano vigora, também no domínio societário, um princípio do tratamento preferencial das entidades nacionais, o que afasta a caracterização destas normas como excepcionais e abre caminho à sua aplicação analógica.

Mas isto não significa necessariamente que as mesmas devam ser entendidas como um limite à validade dos acordos parassociais, celebrados entre sócio estrangeiro e sócio nacional, mediante os quais os direitos e obrigações associados à participação social do sócio nacional são repercutidos na esfera do sócio estrangeiro. A resposta a essa questão apenas poderá ser dada caso a caso, analisando cada situação, na sua individualidade, à luz das *rationes* subjacentes a cada norma.

Ora, a finalidade destas normas reside em assegurar que a riqueza criada pela actividade destas sociedades fique, pelo menos em parte, na economia angolana[63], contribuindo para o desenvolvimento económico do país e para o aumento da qualidade de vida dos seus cidadãos. Na clarificação desta finalidade, parecem valer as considerações tecidas a propósito do tratamento mais favorável das entidades nacionais, vertidas no preâmbulo da Lei do Fomento do Empresariado Privado Nacional, quando o legislador afirma que este tratamento mais favorável é feito através da constituição de condições que "contribuam para atenuar desigualdades concorrenciais com investidores estrangeiros, ao mesmo tempo que contribuam para fomentar sinergias entre investidores privados nacionais e estrangeiros".

É perante esta finalidade que se impõe a pergunta: deve considerar-se que as normas que exigem que os estatutos das sociedades prevejam que certa percentagem do capital de sociedades actuantes em determinados sectores são aplicáveis por analogia aos acordos parassociais relativos a essas sociedades? E, deste modo, deve impedir-se que, em sede parassocial, os benefícios correspondentes à participação do sócio nacional sejam repercutidos na esfera do sócio estrangeiro?

Na análise desta questão não se pode deixar de considerar o seguinte dado de facto: não é possível criar por decreto uma classe empresarial com capacidade para investir por conta própria. Como é evidente, o desenvolvimento de actividades económicas carece necessariamente da disponibilidade de capital. Ora, num cenário em que se admita que, através de acordos parassociais, o sócio nacional possa repercutir as vantagens materiais da sua participação social na esfera de um sócio estrangeiro não limita a liberdade empresarial das entidades nacionais que tenham capital para desenvolver, por conta própria, a actividade empresarial em causa. A questão assume

[63] De facto, os sócios estrangeiros das sociedades têm o direito a repatriar os dividendos que lhes são atribuídos para o seu país de origem, o que, salvo se ocorrerem operações de reinvestimento em território nacional, deve ter-se por regra geral. Neste sentido é expresso o artigo 19º da Lei do Investimento Privado de 2018, segundo o qual "os investidores externos, após a execução completa do projecto de investimento privado, devidamente comprovada pelas autoridades competentes e,.após o pagamento dos tributos devidos e da constituição das reservas obrigatórias, têm direito a transferir para o exterior: a) valores correspondentes aos dividendos; b) valores correspondentes ao produto da liquidação dos seus empreendimentos; c) valores correspondentes a indemnizações que lhes sejam devidas; d) valores correspondentes a *royalties* ou a outros rendimentos de remuneração de investimentos indirectos, associados a cedência de tecnologia".

especial relevância naqueles casos em que essas entidades nacionais não teriam a possibilidade de empreender, por conta própria, e sem a associação a um sócio estrangeiro, o projecto empresarial em causa. Nestes casos, a alternativa existente situa-se, na verdade, entre a não participação dessa entidade no exercício da actividade económica em causa, e a participação nessa actividade através deste tipo de mecanismos, nos quais o capital que a entidade nacional aplica na realização das suas entradas é materialmente disponibilizado por outro sócio (estrangeiro), o qual – na sequência de um acordo parassocial, celebrado paralelamente ao contrato de sociedade – fica com o direito de receber parte dos benefícios que a entidade nacional aufere em virtude da sua participação na sociedade.

Assim, torna-se claro que a admissibilidade destes acordos promove a participação no exercício das actividades económicas em causa dos cidadãos angolanos que não tenham disponibilidade para investir nas mesmas por conta própria. Essa participação será, nesses casos, feita justamente através das "sinergias com investidores estrangeiros", de que fala o legislador no preâmbulo da Lei do Fomento do Empresariado Privado Nacional.

Contudo, na resposta à questão que nos ocupa, parece ser de introduzir uma distinção. Se as normas que exigem que o capital de uma sociedade seja detido, numa medida mínima, por entidades nacionais têm como finalidade assegurar que a riqueza produzida pela sociedade é canalizada para a economia angolana e para a melhoria da qualidade de vida dos cidadãos angolanos, deve entender-se que os acordos parassociais em causa apenas são conformes à finalidade daquelas normas quando deles resultem benefícios reais para a entidade nacional.

Assim, não são válidos os acordos parassociais mediante os quais o sócio nacional fique reduzido a um mero "testa de ferro" que não beneficia, de forma alguma, da formação de riqueza. Exemplo disso é o caso em que o sócio nacional, aplicando capital do sócio estrangeiro, para além de votar no sentido indicado por este, retransmite para o investidor estrangeiro todos os lucros recebidos da sociedade, sem receber qualquer contrapartida. E, por evidentes razões de materialidade, a estes casos devem equiparar-se aqueles em que a contrapartida é irrisória ou de montante irrelevante face ao volume dos valores envolvidos na actividade da sociedade.

Contudo, na situação – que é a mais comum na prática – em que a entidade nacional, realizando as entradas correspondentes à sua participação social com capital que lhe é disponibilizado pelo sócio estrangeiro, beneficia de parte dos lucros ou recebe uma quantia pecuniária fixa periódica, deve entender-se, pensamos, que a celebração de tais acordos parassociais contribui para a promoção da canalização da riqueza gerada pelas sociedades para entidades angolanas. Ao que acresce que esses acordos parassociais não torneiam a intenção normativa de constituir um tratamento mais favorável dos cidadãos nacionais. Isto porque os benefícios que são atribuídos, nos termos desses acordos, aos sócios angolanos que investem com capital disponibilizado por um sócio estrangeiro são, na verdade, benefícios que esses cidadãos não aufeririam se não fosse a existência de uma norma que exige a titularidade nacional de parte ou de todo o capital social.

Por esta razão, pode concluir-se que a celebração de acordos parassociais mediante os quais os direitos e as obrigações inerentes a uma participação social, cuja titularidade por uma entidade angolana é exigida por lei, são repercutidos na esfera de um sócio estrangeiro (nomeadamente, através da obrigação de o sócio nacional votar no sentido indicado pelo sócio estrangeiro, e de retransmitir para este último parte dos lucros recebidos da sociedade) não constitui um defraudamento da *ratio* subjacente àquelas normas. Pelo contrário, tais acordos parassociais constituem um instrumento essencial para a realização de sinergias entre sócios nacionais e sócios estrangeiros, tal como pretendido pelo nosso legislador: é através da utilização de acordos parassociais que a finalidade das normas que exigem a detenção de uma dada participação social por entidades nacionais é realizada.

V. Conclusões

Do que antecede facilmente se retira que no ordenamento jurídico angolano existe todo um quadro legal destinado à promoção do fomento do empresariado privado nacional, mediante a consagração de normas que privilegiam o desenvolvimento de certas áreas da actividade económica por empresas cujo capital social é detido (em percentagem variável) por cidadãos angolanos e a contratação preferencial dessas empresas.

Sem prejuízo, não podemos deixar de constatar que, nos últimos anos, sectores de actividade económica[64] que estavam abrangidos por normas de "conteúdo local", restringindo, por consequência, o investimento privado estrangeiro nesses mesmo sectores, foram liberalizados. Foi, designadamente, liberalizada a actividade de transporte aéreo doméstico regular[65] (que ante-

[64] Foi recentemente aprovada a Lei nº 25/21, de 18 de Outubro, da Delimitação da Actividade Económica, publicada no Diário da República, I Série, nº 197.

[65] Regulamento sobre o Acesso e Exercício da Actividade de Transporte Aéreo, aprovado pelo Decreto Presidencial nº 217/16, de 31 de Outubro Publicado na I Série do Diário da República

riormente exigia que, pelo menos, 51% do capital social estivesse nas mãos de cidadãos angolanos)". O mesmo sucedeu com a actividade de seguro e de resseguro (cujo diploma anterior[66] exigia que, pelo menos, 30% do capital social fosse detido por cidadãos angolanos) e com as actividades de construção civil, energia e águas, hotelaria e turismo, transportes e logística, telecomunicações e tecnologias de informação, e meios de comunicação social (em relação às quais a Lei do Investimento Privado de 2015 impunha que, pelo menos, 35% do capital social fosse propriedade de cidadãos angolanos). Em todas estas áreas de actividade é possível, hoje, que investidores estrangeiros desenvolvam isoladamente os seus projectos de investimento, sem qualquer condicionante legal que lhes imponha associarem-se a cidadãos angolanos. Poderão, obviamente, fazê-lo, caso o entendam desejável; mas, não lhes são impostos sócios angolanos.

Esta mudança de figurino que venho constatando poderá ser justificada, penso, pela tomada de consciência de que a criação de uma classe empresarial angolana forte não se consegue por decreto. Na verdade, com o assomar da crise económico-financeira que tem deflagrado em Angola desde finais de 2014, fomo-nos apercebendo de que a grande maioria das empresas e dos empresários angolanos não teve forças para continuar a sua actividade; tratavam-se, na generalidade dos casos, de empresas pouco robustas, descapitalizadas, com práticas negociais não sustentáveis, eivadas de conflitos de interesses, que foram imediatamente levadas pelos primeiros ventos de crise. Sofremos uma significativa redução do tecido empresarial nacional, o que conduziu a um aumento significativo do desemprego e à deterioração das condições de vida da população angolana, que ainda hoje sentimos.

Parece-me este o momento certo para reverter a situação. Abrindo cada vez mais Angola ao investimento privado estrangeiro, nos diversos sectores de actividade económica, estamos em condições de promover a competiti-

nº 180, alterado pelo Decreto Presidencial nº 364/19, de 30 de Dezembro, publicado no Diário da República, I Série, nº 165. No seu Artigo 11º (Condições de exercício da actividade de transporte aéreo doméstico regular de passageiros), refere-se que: "1. O exercício da actividade de transporte aéreo doméstico regular de passageiros pode ser outorgado a empresas ou entidades de direito angolano detidas por cidadãos nacionais ou estrangeiros, do sector público ou privado." e "3. A outorga da concessão, nos termos do número anterior, é feita às empresas de direito angolano detidas por cidadãos nacionais ou estrangeiros que demostrem possuir capacidade técnica e financeira, de acordo com a legislação vigente."

[66] Lei nº 1/00, de 3 de Fevereiro, publicada no Diário da República, I Série, nº 5, da Actividade Seguradora, actualmente revogada.

vidade entre empresas nacionais e estrangeiras, a adopção de boas práticas de gestão que fomentem a realização de negócios que proporcionem taxas de lucro razoáveis, desejáveis e reais, e a manutenção no nosso tecido empresarial de empresas que sejam sustentáveis. Neste contexto, os acordos parassociais, enquanto instrumento primeiro utilizado para o desenho de projectos empresariais constituídos através de investimento privado, estrangeiro e/ou nacional, vaticino, continuarão a ser muito utilizados entre nós. Acresce que Angola está a levar a cabo um amplo programa de privatizações[67], procurando aliviar o tecido empresarial público que contém, por um lado, empresas já antigas, pouco dinamizadas e empobrecidas[68], e, por outro lado, carteiras de acções recentemente incorporadas no sector empresarial público em virtude da estratégia de recuperação de activos[69]; também aqui vislumbro que a transmissão de acordos parassociais existentes, a sua renegociação ou a celebração de novos acordos parassociais venha a ocorrer. O mesmo se diga em relação ao lançamento de parcerias público-privadas[70], estabelecidas através de sociedades veículo, de que são sócios entidades públicas e privadas, e que são cada vez em maior número.

O desenho das relações entre os sócios de uma determinada sociedade, dos investimentos que se propõem fazer no decurso do tempo, do modo como pretendem (e em que condições) transmitir as suas participações sociais, do controlo que procuram imprimir à sociedade, importa a celebração de acordos parassociais detalhados e robustos, capazes de assegurarem a esta-

[67] Lei nº 10/19, de de 14 de Maio, publicada no Diário da República, I Série, nº 64, que aprovou a Lei de Bases das Privatizações.

[68] Estabeleceu-se um Roteiro para a Reforma do Sector Empresarial Público, através do Decreto Presidencial nº 13/22, de 18 de Janeiro, publicado no Diário da República, I Série, nº 11.

[69] No âmbito da política estratégica de combate à corrupção, foram publicadas, em 2018, a Lei do Repatriamento dos Recursos Financeiros, Lei nº 9/18, de 26 de Junho, publicada no Diário da República, I Série, nº 92, e a Lei nº 15/18, de 26 de Dezembro, publicada no Diário da república, I Série, nº 190, que aprovou a Lei sobre o repatriamento coercivo e perda alargada de bens. Seguiu-se o Decreto Presidencial nº 94/21, de 19 de Abril, publicado no Diário da República, I Série, nº 68, sobre a Estratégia de abordagem dos activos e bens recuperados pelo Estado. Posteriormente, a Lei nº 13/22, de 25 de Maio, aprovou a Lei da Apropriação Pública, publicada no Diário da República, I Série, nº 94.

[70] Lei nº 11/19, de 14 de Maio, publicada no Diário da República, I Série, nº 64, que aprovou a Lei das parcerias público-privadas, e do Decreto Presidencial nº 316/19, de 28 de Outubro, publicado no Diário da República, I Série, nº 139.

bilidade na relação dos sócios entre si e destes com a sociedade, assegurando a boa governação[71] das empresas numa perspectiva de sustentabilidade.

Os acordos parassociais imprimem uma flexibilidade na regulação societária que, hoje em dia, se afigura incontornável e se reveste essencial para optimizar a configuração dos interesses dos sócios no quadro da legislação angolana sobre investimento privado.

[71] Adelaide Menezes Leitão, *Acordos parassociais e corporate governance*, in Estudos em homenagem a Miguel Galvão Teles, II, Almedina, Coimbra, 2012, pp. 575-589.

Taxas negativas sobre saldos de contas de depósitos bancários e comissões

Miguel Pestana de Vasconcelos[*]

1. Introdução

I. A política monetária do Banco Central Europeu (BCE) para impulsionar a economia, recorrendo a medidas heterodoxas, teve, e tem, um profundo reflexo no comércio bancário. Na verdade, o recurso a taxas negativas levou à necessidade de se reanalisarem quadros tradicionais, e estruturantes, do direito bancário, como o mútuo, o depósitos, os juros e as comissões, a uma outra luz. O que é fundamental do prisma dogmático, tendo importantes reflexos de ordem prática, porque só dessa forma é possível resolver as diferentes questões que nesse contexto têm vindo a ser colocadas[1].

II. Uma delas, e a primeira a ser discutida (em todos os Estados da zona Euro), diz respeito à aplicação das, assim chamadas, taxas de juro negativas (*negative interest rates*) aos contratos de crédito bancário. Sabe-se qual a razão de ser do problema: as taxas do BCE têm efeitos no mercado monetário interbancário, cuja taxa é o referencial da Euribor, taxa essa que, por sua vez, constitui o indexante utilizado nos diferentes contratos de crédito, *maxime*, mútuos. Entrando em valores negativos, a sua simples aplicação

[*] Professor Catedrático da Faculdade de Direito da Universidade do Porto.

[1] Ver quanto a esta, J. Baptista Machado, *Introdução ao direito e ao discurso legitimador*, Almedina, Coimbra, 1983, p. 365.

matemática levaria a que fosse o banco a ter que pagar ao creditado. Analisamos já essa questão específica num texto anterior[2].

III. O ponto que agora se discute entre nós é o de saber se as ditas taxas negativas podem ser aplicadas aos próprios depósitos, em que o banco deixa de ser o credor e passa a ser o devedor das quantias. O que significaria que os depositantes teriam que pagar ao banco uma quantia determinada em função da aplicação de uma taxa (por sua vez, indiretamente ligada às taxas do BCE) sobre o saldo da conta de depósito. Este fenómeno verifica-se a nível europeu onde os bancos têm estado a transmitir os efeitos negativos das taxas aos depositantes.

Assim, em média, na zona euro são cobradas taxas negativas para 5% dos depósitos em geral e 20% dos depósitos a empresas não financeiras (*non-financial corporations*)[3]. Na Alemanha, os valores são mais elevados, sendo aplicadas taxas negativas a 15% de todos os depósitos e a 50% dos depósitos de empresas não financeiras[4].

IV. Este artigo visa esclarecer este último ponto. Para o efeito, torna-se necessário fixar com clareza as realidades jurídicas objeto de análise, até porque, como se verá, algumas dúvidas prendem-se justamente como deficiente

[2] M. Pestana de Vasconcelos, *A taxa de juro Euribor negativa e os seus efeitos sobre os contratos de crédito*, Cadernos de Direito Privado, nº 59, 2017, pp. 14, ss..
Sobre esta matéria, ver ainda, entre nós: Luís Graça Moura, *A taxa Euribor negativa*, in: II congresso de direito bancário (coord. Miguel Pestana de Vasconcelos), Almedina, Coimbra, 2017, pp. 355, ss.; Mafalda Miranda Barbosa, *O impacto das taxas de juros negativas nos contratos de mútuo bancário: as tentativas de salvaguarda dos bancos e a proteção do consumidor*, in: Direito civil e sistema financeiro, Principia, Cascais, 2017, pp. 157, ss.; Catarina Monteiro Pires, *Mútuo bancário e Euribor negativa*, Revista de Direito Civil, 2017, p. 87, ss.. Na Alemanha, ver: Hans-Michael Krepold, § 78 Vergütung, in: *Bankrechts-Handbuch*, de H. Schimanski/H.-J. Bunte/H.-J. Lwowski, Band II, 5ª ed., Beck, Munique, 2017, p. 2547; Frank Peterek, *Einlagen- und Spargeschäft*, in: *Bank- und Kapitalmarktrecht* de S. Kümpel/P. O. Mülbert/A. Früh/T. Seyfried, 5ª ed., Otto Schmidt, Colónia, 2019, pp. 1347, ss..

[3] Cfr. Carlo Altavilla/Lorenzo Burlon/Mariassunta Gianetti/Sarah Holton, *Is there a zero lower bound? The effects of negative policy rates on banks and firms*, ECB Working Paper Series No 2289/June 2019, p. 2 (in: www.ecb.europa.eu/pub/pdf/scpwps/ecb.wp2289~1a3c04db25.en.pdf, p. 12.

[4] Ver C. Altavilla/L. Burlon/M. Gianetti/S. Holton, *The impact of negative interest rates on banks and firms*, in: voxeu.org/article/impact-negative-interest-rates-banks-and-firms.

enquadramento destas questões e da tradução de termos que são simplesmente económicos em conceitos jurídicos que não lhes correspondem.

2. A política monetária do BCE

I. No âmbito da sua política monetária, o BCE fixa três taxas de juro. A taxa de facilidade permanente de depósitos (*deposit facility*), pelo qual remunera os depósitos dos bancos *overnight*; a taxa para as operações principais de refinanciamento (*main refinancing operations*), através do qual concede liquidez ao sistema bancário, ou seja, a taxa que os bancos pagam pelos empréstimos que solicitam ao banco central pelo período de uma semana; e a taxa de facilidade permanente de concessão de liquidez *overnight*, que constitui o valor que o banco cobra a cedência de liquidez aos bancos pelo prazo de 1 dia (*marginal lending facility*)[5].

Estas taxas são instrumentos de manutenção da estabilidade do sistema bancário e também de criação – ou absorção – da liquidez na economia.[6]

II. Tendo como pano de fundo as crises financeiras e orçamentais, o BCE recorreu em 2014 a um conjunto de medidas de política monetária não convencional, onde, para além de um programa de apoio de longo prazo à concessão de crédito à economia (*Targeted Longer Term Refinancing Operations* – TLTRO), e de compra de ativos (*Asset-Backed Securities Purchase Programme* – ABSPP)[7], monetarizando-os, fixou a primeira das taxas – a taxas de juro de facilidade permanente de depósitos, pelo qual o BCE remunera os depósitos dos bancos *overnight* – em valores negativos[8].[9]

[5] Para 2018 eram as seguintes as taxas aplicadas pelo BCE: 0% para a taxa de juro aplicável às operações principais de refinanciamento; 0,25% para a taxa de juro da facilidade de cedência de liquidez; -0,40% para a taxa de juro da facilidade de depósito. Cfr. Banco de Portugal, *Relatório da implementação da política monetária de 2018* (in: www.bportugal.pt/sites/default/files/anexos/pdf-boletim/ripm_2018.pdf), p. 7.

[6] Como refere o Banco de Portugal (*Relatório da implementação da política monetária de 2018*, cit., p. 10): "Em particular, é através das taxas de juro oficiais do Eurosistema, designadamente as taxas de juro aplicáveis às operações principais de refinanciamento, à facilidade permanente de cedência de liquidez e à facilidade permanente de depósito, que são sinalizadas as orientações de política monetária."

[7] A que se seguiu em 2015 a compra de dívida pública através do *Public Sector Purchase Programme*. Cfr. Banco de Portugal, *Relatório da implementação da política monetária de 2018*, cit., p. 15.

[8] Em junho: 0,1%.

[9] Sobre esta política e sua avaliação, ver: Seleva Demiralp/Jens Eisenschmidt/Thomas Vlassopoulos, *Negative interest rates, excess liquidity and retail deposits: banks' reaction to*

III. O que se pretende desta forma é criar um incentivo negativo ao depósito do excesso da liquidez (o mesmo sucede com as reservas excedentárias detidas pelos bancos junto do banco central, uma vez que se lhes aplica desde 2012 a mesma taxa[10]) junto do banco central. Ela passa a ter um custo. Ou seja: pretende-se que os bancos sejam incentivados a aplicar essas quantias através da concessão de crédito (a consumidores e a empresas), fundos esses necessários para o desenvolvimento da atividade económica.

Por isso, estamos perante um pagamento (de um custo) que o BCE impõe aos bancos para receber a sua liquidez. Trata-se de uma medida extrema de utilização da política monetária para incentivar a atividade económica.

Medida essa recentemente, em parte, aliviada, porque o BCE, tendo embora aumentado a taxa negativa para 0,5%, passa a permitir o denominado *tiering,* nos termos do qual as instituições de crédito só veem aplicada a nova taxa negativa às reservas excedentárias nas contas que detêm junto do banco central um acima de um valor definido por um múltiplo das reservas mínimas obrigatórias[11].

IV. Assim, esta taxa aplicada aos depósitos não visa, como sucede com as taxas dos depósitos de direito civil, ou bancário, compensar os bancos pelo custo que esse serviço tem e a que se adiciona o lucro da sua atividade. Esse aspeto não existe e, por essa razão, estes contratos tem desvios muito importantes relativamente aos contratos de direito privado, de que são bastante diversos: *eles são um instrumento de política monetária*. É um primeiro – e fundamental – aspeto a reter.

unconventional monetary policy in the euro area, European Central Bank, working papers series, May 2019, in www.ecb.europa.eu/pub/pdf/scpwps/ecb.wp2283~2ccc074964.en.pdf.; Guanti Eggerrtsson/Ragnar Juelsrud/Ella Gestz, *World Monetary policy with negative nominal interest rates* (31 January 2018) (in: voxeu.org/article/monetary-policy-negative-nominal-interest-rates)

[10] Cfr. Banco de Portugal, *Relatório da implementação da política monetária de 2018,* cit., p. 27, p. 37. O excesso de liquidez engloba ambos os elementos, sendo definido como a soma das reservas excedentárias e do recurso à facilidade permanente de depósito líquido do recurso à facilidade permanente de cedência de liquidez. Cfr. Banco de Portugal, *Relatório da implementação da política monetária de 2018,* cit., p. 36.

[11] Estão sujeitos à taxa de 0%. Ao restante valor aplica-se a taxa da facilidade permanente de depósitos. O primeiro multiplicador a ser aplicado foi de 6 (Decisão do Conselho do BCE de 12.09.2019). Cfr. www.ecb.europa.eu/press/pr/date/2019/html/ecb.pr190912_2~a0b47cd62a.en.html.

3. O indexante da Euribor

I. A Euribor constitui um instrumento para se calcular uma taxa base que depois é aplicada como indexante a um conjunto de contratos celebrados pelos bancos (e não só) com os seus clientes[12]. Eles podem ser, e são, de crédito (mútuo, locação financeira, cessão financeira, desconto, *swaps*, etc.), mas também depósitos, em que o banco assume a posição de devedor.

Esse cálculo é feito recorrendo a um mecanismo cuja base consiste na taxa de juro que um conjunto de *prime banks* incluídos num painel de bancos de especial solidez e representatividade da zona euro oferecem no mercado interbancário, refletindo o custo do seu financiamento. Não são – necessariamente – transações efetivas, mas simples cálculos de transações que esses bancos fariam. Essa taxa é divulgada diariamente para diferentes prazos.

II. Ela serve como referência dos contratos de crédito, porque se pressupõe que os bancos se conseguem financiar a esse valor no mercado interbancário (o que não é líquido, porque só os bancos de especial solidez terão acesso a uma taxa nesse valor) e, por isso, o seu lucro consistirá na diferença de taxas, ou seja, o *spread*. Ela é aplicada também aos depósitos a prazo, porque, como veremos, eles consistem em verdadeiros mútuos, sendo os fundos emprestados pelo cliente ao banco, que por essa disponibilidade (eles irão ser utilizados nas operações ativas – isto é, de concessão de crédito – do banco) paga uma contrapartida: o juro. Veremos esta matéria com mais detalhe um pouco mais à frente.

III. A Euribor é diretamente influenciada pelas taxas de depósito do BCE. A variação da taxa de juro paga pelo BCE influencia de imediato o mercado interbancário, refletindo-se nas taxas de juros que os bancos pagam entre si para se financiarem. Particularmente importantes para este efeito são as taxa de facilidade permanente de depósito e a taxa de refinanciamento, sendo entre elas – no chamado corredor – que as taxas Euribor se inserem.[13]

[12] Juntamente com a EONIA (*Euro Overnight Index Average*) consiste, na taxa de referência do Euro. A Euribor está a ser reformada para um modelo híbrido, que tenha igualmente em conta as transações observáveis efetivamente realizadas. Cfr. H.-M. Krepold, § 78 Vergütung, cit., p. 2519.

[13] Cfr. L. Graça Moura, *A taxa Euribor negativa*, cit., p. 361.

Em 2015 (28.04.2015), pela primeira vez, a Euribor a 3 meses entrou em valores negativos[14].

Com a política agora seguida pelo BCE, a situação altera-se tanto em termos jurídicos como económicos. A taxa paga pelos bancos deixou de ser uma taxa de financiamento e passou a ser um custo que um banco paga ao outro para aceitar a sua liquidez em excesso.

Daí, como se verá, embora seja calculado como uma taxa de juro – e, por isso, os economistas se referem ela como uma taxa de juro –, configura uma realidade diversa em termos jurídicos. Trata-se – desde já o adiantamos –, do custo pela prestação de um serviço, não a remuneração da disponibilidade de capital. E, nessa medida, não consiste num juro.

4. Os "juros" negativos (*negative interest rates*)

I. Juro negativo é uma simples tradução para português de *negative interest rates* e não significa qualquer qualificação jurídica destas obrigações.

O primeiro passo é assim o de caracterizar e depois qualificar a figura.

Estas prestações consistem em quantias pecuniárias calculadas sobre um determinado capital disponibilizado durante um período de tempo por aplicação de uma taxa. A sua forma de cálculo é aparentemente a mesma que a do juro – e, por essa razão, como já referirmos, os economistas (e, também na verdade, a generalidade da doutrina jurídica) as denominarem juros –, com uma diferença essencial: a taxa tem um valor negativo e, por isso, inverte-se o sentido das prestações. É o credor do capital sobre a qual ele é calculado que é seu devedor, e não o contrário (que corresponde ao modelo dos juros).

II. Pese embora a designação, não se trata de juros em sentido jurídico. Com efeito, estes constituem a contrapartida da disponibilização de um capital durante um determinado período de tempo. São seus elementos constitutivos: uma obrigação de (restituição) do capital da qual depende ao nível do nascimento, o decurso do tempo e uma taxa (na delimitação que o Código Civil faz de juros e que se retira do art. 559º-A). Neste caso, não há qualquer remuneração do capital, mas, ao inverso – caso sejam admitidos –, uma redução do seu montante.

[14] Cfr. Schürmann/Langner, § 70 *Einlagengeschäft*, in: *Bankrechts-Handbuch*, de H. Schimanski/H.-J. Bunte/H.-J. Lwowski, Band II, 5ª ed., Beck, Munique, 2017, p. 2341.

Veja-se que as diferentes regras que a lei prevê para os juros, como aquelas relativas aos juros usurários e à capitalização, não se podem aplicar nesse caso.

III. Cremos que este ponto é claro. Diga-se só, a título de complemento, que esta figura, sendo diversa dos juros e uma consequência indireta de atos de política monetária, não se pode aplicar aos mútuos. Porque implicariam uma redução do capital, o que não é admissível.

A não ser que a lei o imponha (como sucede, embora em termos bem delimitados – objetivos e subjetivos –, no âmbito regime dos contratos de crédito relativos a imóveis celebrados com consumidores – art. 21º-A do Dec.-Lei nº 74-A/2017, de 23/6).

E, mesmo nesse caso, haverá que avaliar da constitucionalidade de uma norma nesses termos, porque ele atinge o património dos bancos, cujo elemento central são os créditos decorrentes dos diversos contratos de concessão de crédito que celebra.[15]. Aliás, os bancos não poderiam celebrar um contrato que conduzisse a esse resultado.

5. Os depósitos bancários

I. O depósito bancário implica a colocação de fundos, sejam moeda legal sejam moeda escritural, numa conta aberta junto de um banco. O cliente poderá depois mobilizar o saldo decorrente desses depósitos, ou seja, em termos genéricos, transferências de fundos para a conta, de diversas formas, recorrendo, p. ex., a transferências bancárias, débitos diretos, cartão de débito, cheques, etc. Esses termos são definidos no contrato de abertura de conta, ou então, de acordo com a sua natureza, para cada contrato de depósito. É o que sucede nos denominados depósitos a prazo.

II. O depósito bancário não é uma figura unitária[16]. Na verdade, não deve falar-se em depósito bancário, mas em depósitos bancários, que correspondem a contratos diversos com finalidades também distintas.

Vejamos brevemente, como agora se impõe. A primeira modalidade relaciona-se com a conta de pagamento (também designada na doutrina por

[15] Ver, sobre esta matéria, M. Pestana de Vasconcelos, *Direito bancário*, 2ª ed., Almedina, Coimbra, 2019, pp. 371, ss..

[16] Ver, desenvolvidamente, M. Pestana de Vasconcelos, *Dos contratos de depósito bancário*, in: Revista da Faculdade de Direito da Universidade do Porto, 2009, pp. 141, ss..

conta de giro)[17] e consiste no instrumento necessário para se participar no tráfego bancário, recorrendo a moeda escritural.

Os depósitos a prazo são uma forma de colocação do capital pelos clientes junto do banco para o rentabilizarem (é um investimento de muito baixo risco), sob forma de juros e consistem para o banco na forma de se financiarem. Estes recolhem as poupanças e depois concedem crédito (em rigor, criam moeda). Trata-se do cerne da sua função de intermediação financeira. São assim contratos de crédito celebrados entre o cliente na qualidade de creditante e o banco na posição de creditado. Em rigor, em termos técnicos, são mútuos.

Os depósitos bancários não se esgotam nessas modalidades. Há importante figuras para a prática negocial que assume a forma de depósitos, como depósitos para a administração de fundos, depósitos em garantia, depósitos para cumprimento de obrigações, sendo muitas destas figuras são integradas no depósito *in escrow*.[18]

III. A lei bancária tem um conjunto de regras que fixam o núcleo da disciplina dos depósitos. Nos termos do Dec.-Lei nº 430/91, de 2/11[19], temos: os depósitos à ordem (art. 1º nº 2 do Dec.-Lei nº 430/91, de 2/11), os depósitos com pré-aviso, depósitos a prazo, depósitos a prazo não mobilizáveis antecipadamente e depósitos constituídos em regime especial[20] (art. 1º, nº 1 do Dec.-Lei nº 430/91, de 2/11). Só estes, ou uma combinação deles, podem ser denominados depósitos [art. 2º, al. a) do Aviso do Banco de Portugal nº 6/2009].

Todavia, para o que agora diretamente nos interessa, basta a distinção entre os depósitos à ordem e os depósitos a prazo, que são, na verdade, os seus modelos básicos. Em qualquer dos casos, eles podem ser remunerados, uma vez que corporizam (embora de forma extremamente limitada no

[17] Ver sobre esta matéria, desenvolvidamente, FRANCISCO MENDES CORREIA, *Moeda bancária e cumprimento*, Almedina, Coimbra, 2017, pp. 648, ss..

[18] Sobre eles, desenvolvidamente, ver M. PESTANA DE VASCONCELOS, O depósito com finalidade de cumprimento, o depósito para administração, o depósito em garantia e os seus regimes insolvenciais.", in: Estudos em Homenagem ao Prof. Doutor Heinrich Ewald Hörster, Almedina, Coimbra, 2012, pp. 725, ss.

[19] Quanto ao restante regime dos depósitos bancários, em grande parte decorrente de Avisos do Banco de Portugal, ver M. PESTANA DE VASCONCELOS, *Direito bancário*, cit., pp. 132, ss..

[20] Interessam-nos agora as quatro primeiras modalidades e não estes últimos.

primeiro caso) uma disponibilização de capital ao banco que ele poderá depois utilizar nas suas operações ativas.

5.1. As regras de remuneração dos depósitos bancários (Aviso do Banco de Portugal nº 6/2009)

I. A disciplina da remuneração dos depósitos está prevista no Aviso do Banco de Portugal nº 6/2009, podendo esta ser fixa, com recurso a uma taxa de juro pré-determinada aquando da celebração do contrato, ou variável. Neste última hipótese, pode combinar-se uma taxa fixa com um indexante – *maxime*, a Euribor –, ou fazer a remuneração depender integralmente de evolução de outros instrumentos ou variáveis económicas ou financeiras relevantes, mas cuja fonte seja independente da instituição depositária (art. 3º, nº 1 do Aviso do Banco de Portugal nº 6/2009)[21].

II. Em qualquer caso, há dois limites que têm que ser respeitados: o capital não pode ser atingido (art. 4º do Aviso do Banco de Portugal nº 6/2009) e a taxa da remuneração nunca pode ser negativa (art. 3º, nº 4 do Aviso do Banco de Portugal nº 6/2009). Verifica-se uma relevante área de sobreposição entre ambos, porque que uma "taxa de remuneração" negativa atinge o capital (aliás, uma remuneração negativa é uma contradição nos termos).

Consequentemente, se a taxa de remuneração do depósito for composta por uma parte fixa e outra indexada à Euribor, entrando o indexante em valores negativos, a taxa pode descer até zero, mas não a partir daí. Nunca há diminuição do capital.

III. A solução é consequente com a que sustentámos para o caso inverso em que o banco assume a posição de credor como mutuante: sendo o juro a contrapartida da disponibilização de capital, ele não pode ser negativo.

O que significa que a posição do Banco de Portugal vertida no Aviso foi a correta e inteiramente congruente com a natureza dos contratos, das atribuições patrimoniais (disponibilização do capital/retribuição) que no seu seio operam, bem como as finalidades visadas.

[21] Essa relação tem, nos termos do art. 3º, nº 3 do Aviso do Banco de Portugal nº 6/2009, de estar definida previamente à celebração do contrato "e deve referir-se sempre aos mesmos instrumentos ou variáveis durante todo o período do depósito, não podendo existir, nos respetivos contratos, cláusulas que anulem por qualquer forma essa ligação, sem prejuízo da faculdade de serem estabelecidos limites máximos e mínimos à taxa em causa."

Dir-se-á que a solução é diversa do caso dos depósitos junto do banco central. Contudo, como começámos por sublinhar, esses depósitos são instrumentos de execução de política monetária do BCE e, por isso, diversos dos contratos de direito civil e comercial.

6. As comissões bancárias

I. São duas as fontes de proveitos bancários: os juros e as comissões[22]. Estas correspondem à contrapartida por um conjunto muito diverso de serviços prestados pelos bancos (aspeto potenciado pelo modelo da banca universal consagrado entre nós), onde se incluem, de entre outras, as comissões pela prestação de garantias, montagem de operações, consultadoria, e, principalmente, aquelas relacionadas com os serviços de pagamento. Com a descida das taxas de juro e a redução dos *spreads*, o peso das comissões nos resultados bancários tem vindo constantemente a aumentar.

II. A lei define-as como sendo "as prestações pecuniárias exigidas aos clientes pelas instituições como retribuição por serviços por elas prestados, ou subcontratados a terceiros, no âmbito da sua atividade" [art. 3º, al. f) do Dec.-Lei nº 58/2013 de 8/5], podendo ter como fonte tanto o contrato bancário inicial, como os diversos contratos de crédito, de garantia, de pagamento, de prestação de outros serviços, etc.

Distinguem-se das despesas que consistem nos "encargos suportados pelas instituições perante terceiros, por conta dos seus clientes, nomeadamente os pagamentos a conservatórias, cartórios notariais ou que tenham natureza fiscal." [art. 3º, al. g) do Dec.-Lei nº 58/2013 de 8/5].

Distinguem-se, também, dos juros porque este são, como se tem vindo a sublinhar, a contrapartida da disponibilização do capital por um determinado período de tempo.

III. As comissões podem ser iniciais e dizer respeito a uma atividade permanente do banco, como a comissão de gestão de conta, a comissão relativa ao uso do cartão de débito, ao cartão de crédito, ou a atos específicos, como a comissão de cada transferência, ou relativa à preparação do contrato de crédito.

[22] Sobre elas, desenvolvidamente, ver M. Januário Da Costa Gomes, *Sobre comissões bancárias. "Les Unes et les Autres"*, in: III congresso de direito bancário (coord. Miguel Pestana de Vasconcelos), Almedina, Coimbra, 2018, pp. 209, ss.; M. Pestana de Vasconcelos, *Direito bancário*, cit., pp. 403, ss..

Elas são enformadas pelos princípios[23] da efetividade e da razoabilidade[24]-[25].

Nos termos do primeiro, as comissões só são devidas se disserem respeito a serviços efetivamente prestados (art. 7º da Lei nº 66/2015, de 6/7). Estão assim excluídos os serviços ficcionados, ou aqueles que, referindo-se embora a serviços previstos, não vieram a ser realizados.

Para além disso, devem ser razoáveis, ou seja, haver um equilíbrio em termos económicos entre o serviço prestado e o valor da comissão, o que implica partir sempre do custo efetivo do serviço[26]. Não para, como é óbvio, limitar a esse valor o montante da comissão, mas para se fazer o juízo da desproporção irrazoável entre ele e o montante desta.

Na verdade, mesmo que a comissão corresponda a um serviço que foi prestado, se ela for excessiva – o que implica uma desproporção manifesta –, acabaria por frustrar a intenção da lei.

IV. As diversas quantias cobradas pelo banco a esse título têm pois que passar por estes dois crivos: dizer respeito a um serviço que foi prestado e não haver uma desproporção manifesta de valores entre prestação do banco e contraprestação pecuniária por parte do cliente.

Caso assim não seja, tal não significa que as quantias não sejam devidas. Simplesmente, haverá que determinar a sua causa, procedendo-se à requalificação a essa luz (eventualmente como juros "ocultos").

VI. De todo o modo – e este ponto importa destacar –, como decorre do anteriormente exposto, a proibição de fixação de uma remuneração negativa no depósito nada tem a ver com a comissão pela conta. São realidades jurídicas diferentes: uma coisa é a *retribuição* do capital, o juro, não podendo este ser atingido; outra, é o *custo* que a conta em si com aquele saldo tem para o banco. O que está em jogo aqui é, tão só, esta última vertente.

[23] Sobre eles, ver J. Oliveira Ascensão, *O Direito. Introdução e teoria geral*, 11ª ed., Almedina, Coimbra, 2001, pp. 406, ss..

[24] Sobre ele, ver J. baptista machado, *Do princípio da liberdade contratual*, in: João Baptista Machado, Obra dispersa, vol. I, Scientia Iuridica, Braga, 1991, pp. 643-644.

[25] Ver sobre os princípios estruturantes das comissões bancárias, M. Januário Da Costa Gomes, *Sobre comissões bancárias. "Les Unes et les Autres"*, cit., pp. 216, ss., pp. 255, ss..

[26] Esta ideia pode ainda ser explicada pelo princípio da equivalência formulado por P. Pestana de Vasconcelos, *Teoria geral do direito civil*, 8ª ed., Almedina, Coimbra, 2017, pp. 23, ss..

6.1. A comissão de manutenção da conta bancária em geral

I. Consumidores, empresas, outros entes necessitam de ter uma ou mais contas bancárias. Por diversas ordens de razões, das quais destacamos duas.

Desde logo, a moeda é essencialmente escritural. A moeda legal, notas e moedas, tem um relevo cada vez mais diminuto, sendo utilizada só para pequenos pagamentos. Sendo a moeda escritural, ela depende da abertura de uma conta (a moeda escritural traduz-se num crédito, com características específicas, face ao banco, sendo o seu objeto o saldo da conta). Por isso, a primeira função da conta é a guarda da moeda.

O segundo aspeto está relacionado com a movimentação da própria moeda – escritural – que se faz conta a conta, por via dos serviços de pagamento [denominando-se conta de pagamento – art. 2º, al. g) RSP[27]]. Trata-se de serviços diversos que o banco presta, e a cada um deles está ligada uma comissão.

II. Vamos centrar-nos na comissão de manutenção de conta, que pode ter uma outra designação, mas que consiste na contrapartida que o cliente paga ao banco para ter aí conta, o que vale dizer para ter o seu dinheiro junto desse banco, uma vez que ele se traduz no crédito ao saldo.

Para avaliarmos da sua licitude temos que verificar o seu caráter efetivo, e a sua proporcionalidade. Quanto a este ponto, temos sempre que partir de uma estimativa dos custos que essa conta – ou melhor o saldo dessa conta – tem para o banco. Ora, se o depósito de fundos junto do banco central passa a ter um custo para o banco, é natural que eles o possam repercutir pelo menos em parte nos depósitos dos seus clientes. Consiste numa comissão que espelha a nível da relação banco-cliente o custo que tem para os bancos os depósitos, quer junto do banco central, que mesmo no mercado interbancário.

Por conseguinte, são, em princípio, e em termos gerais, legítimas[28].

III. Questão é saber se as comissões calculadas dessa forma seriam lícitas nos contratos com consumidores. Não seriam. O direito bancário é composto por uma rede normativa muito densa e apertada de tutela do consu-

[27] "uma conta detida em nome de um ou mais utilizadores de serviços de pagamento, que seja utilizada para a execução de operações de pagamento".

[28] Ver neste sentido, para o direito alemão: Schürmann/Langner, § 70 *Einlagengeschäft*, cit., p. 2547; F. Peterek, *Einlagen- und Spargeschäft*, cit., p. 1350.

midor[29]. Em termos tais que, como defendemos, a tutela do consumidor bancário é um dos princípios estruturantes deste ramo do direito. Mais: a tutela dos interesses económicos do consumidor tem mesmo sede constitucional (art. 60º, nº 1 da Constituição)[30].

A conta bancária é um bem essencial, o que decorre com clareza dos serviços bancários mínimos. Neste quadro, não vemos como poderia ser admissível uma cláusula contratual que fizesse depender a comissão da manutenção de conta da variação da taxa da Euribor (ou outra ligada, direta ou indiretamente, às taxas fixadas pelo BCE). O que significaria, como vimos, fazer repercutir sobre estes clientes os custos da política monetária do BCE.

6.2. A Carta Circular nº 24/2014/DSC, 2014/03/10

I. No âmbito das "Boas práticas a observar pelas instituições de crédito para a simplificação e padronização do comissionamento de contas de depósito à ordem", o Banco de Portugal emitiu a carta circular nº 24/2014/DSC, (2014/03/10). Nela se admite a cobrança de comissão pela manutenção da conta em si, tanto no âmbito de uma conta base (que inclui ainda outros serviços relativos à sua mobilização[31]), como em contas específicas.

A comissão pode ser fixada livremente pelas instituições de crédito (que podem dela, evidentemente, isentar os clientes[32]), devendo respeitar os princípios de razoabilidade e proporcionalidade [3 (b)]. Porém, entende o Banco de Portugal que os bancos não devem fazer o montante da comissão variar em função de saldos médios em conta [3 (c)].

[29] Ver, sobre ponto, M. Pestana de Vasconcelos, *Direito bancário*, cit., pp. 51, ss (para o quadro normativo de tutela), p. 62 (para o princípio).

[30] Ver, sobre este ponto, José Carlos Vieira de Andrade, *Os direitos dos consumidores como direitos fundamentais na Constituição portuguesa de 1976*, in: Boletim da Faculdade de Direito da Universidade de Coimbra, 2002, p. 56.

[31] Ela deve compreender os seguintes serviços: i) Serviços relativos à constituição, manutenção, gestão e titularidade de conta de depósito à ordem (i); titularidade de um cartão de débito por cada titular da conta (ii); Acesso à movimentação da conta através de caixas automáticas, serviço de *homebanking* e balcões da instituição de crédito (iii). No âmbito das operações incluídas integram-se depósitos, levantamentos, pagamentos de bens e serviços, débitos diretos e transferências intrabancárias nacionais (iv) [3, (a) da Carta Circular nº 24/2014/DSC, 2014/03/10].

[32] Ponto 3 (c) da carta circular nº 24/2014/DSC.

II. A questão que inicialmente colocámos, pese embora todas as outras considerações que acabámos fazer, estaria – *aparentemente* – decidida: respeitando embora as comissões as regras e princípios definidos no Dec.-Lei nº 58/2013 de 8/5, e não se aplicando, como vimos, o Aviso do Banco de Portugal nº 6/2009, esta forma de fixação da comissão de manutenção da conta não seria admitida, uma vez que, calculando-se através da aplicação de uma taxa, faz o seu valor variar em função do saldo.

Contudo, este resultado interpretativo não é *hoje* o correto, nem cremos que seja, (reforçamos: *hoje*) minimamente sustentável, pelas razões que passamos a referir.

III. A Carta circular é de 2014/03/10, antes, pois, do início da fixação de taxas negativas pelo BCE (junho de 2014). Essa realidade não foi, nem podia ter sido, equacionada pelo Banco de Portugal aquando da emissão da carta circular, porque se tratava, como tem sido sublinhado, de uma medida sem precedentes por parte do banco central.

Não era, pois, a fixação das comissões por via destas taxas e por força desta realidade que o Banco de Portugal teve presente, ou visou evitar, com a publicação da carta circular. A situação, pura e simplesmente, não foi prevista. E a que se pretendia regular era outra.

De facto, a realidade económica de que o Banco de Portugal partiu era diversa. O único custo para o banco da conta decorria somente da estrutura – material, informática, humana – necessária para o efeito. O saldo da conta era irrelevante a esse nível, não determinando um custo adicional.

Logo, a variação da comissão em função do saldo desrespeitava claramente os limites da proporcionalidade e da razoabilidade, que vigoram em termos gerais nesta matéria, e que o Banco de Portugal vinha de enunciar na alínea anterior. Esta proibição consistia numa concretização desses princípios.

Na verdade, o que aqui se visa é, de forma direta, sem deixar quaisquer margens para dúvidas, *impedir uma cláusula contratual abusiva por parte dos bancos*. A comissão de manutenção da conta poderia subir muito acentuadamente sem que a esse valor correspondesse a qualquer outro serviço adicional ou refletisse um custo que o banco, por essa razão, viesse a incorrer. Dito de outra forma: quando não haja motivo para essa variação.

Agora, quando, como hoje sucede, o montante da comissão dependa do valor do saldo, porque esse facto constitui um custo efetivo para o banco, são os próprios princípios da razoabilidade e da proporcionalidade que conduzem a uma solução diferente.

IV. Como sempre, é imprescindível na interpretação de qualquer regra verificar as consequências da decisão[33]. Uma interpretação teleológica, atenta à materialidade, não dispensa este elemento. Ora, se se impedissem os bancos nacionais de acordar comissões variáveis em função dos saldos com os seus clientes empresariais (ou o Estado), financeiros, ou não financeiros, estar-se-ia a colocá-los numa posição de desvantagem face aos seus concorrentes europeus. O que conduziria a um desvirtuar das regras da concorrência bancária.

Por outro lado, o comportamento racional dos agentes económicos com liquidez levá-los-á a dirigirem os seus recursos para onde forem menos penalizados. Ou seja, a banca nacional. O que, a manter-se esta posição, afetará a sua capacidade competitiva, e os seus resultados.

Por fim, cremos que seria também agora de um outro prisma, uma forma de desvirtuar as regras da concorrência, a favor das empresas que estivessem protegidos da aplicação destas taxas, enquanto outros noutros Estados não o estariam: criar-se-ia a seu favor uma vantagem competitiva.

Nenhum destes resultados foi seguramente querido (alguns deles nem sequer o poderiam ter sido), bem pelo contrário, pelo Banco de Portugal quando publicou a carta circular.

V. Face aos argumentos que apresentámos – e que cremos serem no seu conjunto decisivos –, poderia contrapor-se um derradeiro argumento, vindo agora não do direito privado, mas do direito económico-financeiro. Seria o seguinte: ao permitir-se a repercussão das taxas negativas titulares das contas empresariais, estar-se-ia a frustrar a política seguida pelo BCE que recorre a este instrumento para incentivar o crédito e com isso a atividade económica.

A verdade, contudo, é que tal não sucede.

Como decorre de um detalhado e amplíssimo estudo empírico realizado por parte de um conjunto de autores, alguns deles do BCE, a repercussão destas taxas sobre os clientes empresariais, que detêm depósitos eleva-

[33] Por todos, sobre esta coordenada metodológica essencial, ver António Menezes Cordeiro, *Tratado de Direito civil português, I, Parte geral, tomo I*, 3ª ed., Almedina, Coimbra, 2005, p. 157.

dos, leva-os a investir essas quantias, para não serem penalizados (retirar o dinheiro de uma conta bancária não é alternativa...), enquanto os bancos mantêm os seus níveis de crédito[34].

Por isso, concluem que essa repercussão não só não prejudica o mecanismo de transmissão, mas, ao invés, amplia-o. Na realidade, recorrendo agora às suas palavras: "Not only do sound banks pass the negative rates on the corporate depositors, but the mechanism is enhanced by the fact that firms whose deposits are more exposed to negative rates decrease their liquid asset holdings and start investing more in fixed assets (both tangible and intangible). Thus, in contrast to the conventional wisdom, we find that, when banks are sound, *the NIRP can effectively stimulate the real economic activity by influencing the behaviour of both banks and firms*"[35]. (itálico nosso).

VI. Referimo-nos sempre, como decorre da exposição, às grandes empresas financeiras e não financeiras. A situação é diversa, em termos jurídicos e económicos, se estivermos face a consumidores (recorde-se o princípio da tutela do consumidor financeiro que traveja o direito bancário). O quadro legal, integrado por normas e princípios, é diferente. Mantém-se aqui tudo o que apontámos a este propósito no número anterior.

Raciocínio próximo se pode fazer acerca das pequenas e médias empresas, uma vez que a sua tutela tem diversas manifestações no nosso ordenamento jurídico, enquadradas, justificadas e mesmo impostas pelo art. 86º, nº 1 da CRP.[36]

VII. Pois bem, analisados e ponderados todos os argumentos, o elemento histórico e o elemento racional conduzem-nos, de forma decisiva, a uma interpretação atualista desta disposição dentro do novo quadro normativo formatado pela adoção de taxas negativas pelo BCE, afastando do seu seio os casos em que o banco assuma um custo com o valor do saldo, sempre o

[34] Ver C. Altavilla/L. Burlon/M. Gianetti/S. Holton, *The impact of negative interest rates on banks and firms*, in: voxeu.org/article/impact-negative-interest-rates-banks-and-firms, cit.

[35] C. Altavilla/L. Burlon/M. Gianetti/S. Holton, *Is there a zero lower bound? The effects of negative policy rates on banks and firms*, ECB Working Paper Series No 2289/June 2019, p. 2 (in: www.ecb.europa.eu/pub/pdf/scpwps/ecb.wp2289~1a3c04db25.en.pdf).

[36] E, por isso, em regra na zona euro, com algumas exceções na Alemanha, só os clientes empresariais (financeiros e não financeiros) pagam comissões calculadas sobre os saldos.

cliente seja um ente empresarial financeiro ou não financeiro (afastadas as PMEs).

Terminávamos com uma conhecida frase de Keynes, que nos parece especialmente pertinente – também – a este propósito: "When facts change, I change my mind".

A disciplina universitária de Direito Comercial

Pedro Leitão Pais de Vasconcelos

1. O nascimento da disciplina universitária de Direito Comercial

I. A disciplina universitária de Direito Comercial nasceu em França, em 1802.

O nascimento desta disciplina não foi fácil. Em 15 de setembro de 1793, na sequência da Revolução Francesa, foi aprovado um Decreto da *Convention nationale* que dissolveu todas as Universidades, Faculdades e escolas de ensino superior, o que implicou a cessação do ensino universitário em França, incluindo, naturalmente, a cessação do ensino do Direito.[1]

A dissolução do sistema de ensino universitário deixou um vazio no ensino universitário do Direito, com graves inconvenientes não só para o ensino do Direito, como para a sociedade que passou a contar com os antigos licenciados (cujo número ia diminuindo, pela natureza das coisas), e por um conjunto de novos práticos do Direito cuja aprendizagem deixaria muito a desejar. O ensino organizado do Direito ficou reduzido às écoles *centrales,* que não garantiam um mínimo de qualidade nem, acima de tudo, uma uniformidade de qualidade de ensino.[2] Nas palavras de Fourcroy, membro do *Conseil d'*État na exposição de motivos da Lei Relativa às Escolas de Direito de 1804, "*A França possuía, antes de 1793, um grande número de escolas de Direito;*

[1] Jourdain, Jaques, *Histoire de l'Université de Paris,* Hachette et Cie., Paris, 1867, págs. 495-496.

[2] Durrelle-Marc, Yann-Arzel, *Jean-Denis Lanjuinais, Juriste et Parlementaire (1753-1827): une biographie politique, in* Parlement[s], Revue d'histoire politique, 2009/1, (nº 11), págs. 8-24, pág. 21.

mas um longo relaxamento na disciplina destas escolas tornou-as em instituições inúteis, para não dizer ilusórias ou perigosas".[3]

Este espaço vazio foi preenchido no dia 25 de novembro de 1801[4] com o arranque de uma nova instituição privada de ensino superior: o *Institut de Jurisprudence et d'*Économie *Politique*, que ficou conhecido como *Académie de Legislation.*[5] Esta apresentava-se como uma Sociedade Livre de Magistrados, de Administradores, Homens da Lei e Homens das Letras,[6] sendo formada por diversos membros de órgãos da República, juristas, juízes, legisladores e professores de Direito e que se propunha preencher a grave falha que se verificava em França no que respeitava ao ensino do Direito, sem com tal impor custos para o Governo, de modo a criar uma estrutura de ensino superior que apenas careceria do beneplácito governamental.

O beneplácito governamental de que beneficiava a *Académie de Legislation* era manifesto, para o que terá certamente contribuído o facto de tanto o *Tribunat* como o *Conseil d'Etat* estarem perfeitamente representados nos seus órgãos de direção. A estes acresciam também jornalistas, juízes, advogados, comerciantes, e outras personalidades de todas as grandes instituições do Estado.[7]

Entre as várias personalidades, avultava uma que se revelou como o eixo da *Académie de Legislation*: o jurista, professor, político e advogado Jean-Denis Lanjuinais. A experiência de ensino e de gestão pedagógica de Lanjuinais vinha de muito antes, tendo a partir de 1775, lecionado uma cadeira de Direito Canónico na Universidade de Rennes até à data do seu encerramento compulsivo como resultado da Revolução Francesa. Na École *centrale* de Rennes lecionou também a cadeira de Legislação, tendo escrito várias obras jurídicas. Tendo vagado a cadeira de Gramática, concorreu e obteve a sua titularidade, o que lhe deu uma nova visão sobre o Direito no que respeita à importância da linguagem para o Direito, e o conduziu a uma abordagem científica do Direito, que se aliaram à sua natural abertura de

[3] Recueil de lois et réglemens concernant l'instruction publique, Tomo 3, Brunot-Labbe, Paris, 1814, pág. 54.

[4] Apesar de ter sido fundada no mês de Floreal do ano IX da República (abri/maio de 1801), apenas iniciou a sua atividade efetiva em 4 Frimário do ano X da República – Hayem, Henri, *La renaissance des* études *juridiques en France sous le Consulat*, Sirey, Paris, 1905, pág. 18.

[5] Bulletin de l'Académie de Législation, Tomo V, 1802, capa.

[6] Bulletin de l'Académie de Législation, Tomo XVII, 1804, capa.

[7] Thuillier, Guy, *Aux origines de l'Ecole libre des sciences politiques: L'Académie de législation en 1801 – 1805*, in *La* Revue Administrative, Vol. 223, janeiro-fevereiro de 1985, pág. 24.

espírito, que se revelava no seu gosto pessoal pelas línguas, religiões e civilizações orientais.[8]

Foi a pessoa, e acima de tudo a personalidade, de Lanjuinais, que conduziu à criação de um curso de Direito com um programa que "tinha as caraterísticas de uma ciência completa, incluída numa conceção mais geral e não limitada à sua dimensão de técnica jurídica: era uma ciência social, política e filosófica, bem afastada dos quadros da escola que nasceu da Exegese".[9] Apesar de temporalmente curta, a influência histórica do seu legado é inestimável.[10]

No seu primeiro ano letivo, Lanjuinais elaborou um plano de curso composto de sete cursos (disciplinas), sendo que o sexto curso era *Economie positive du droit commercial et maritime*.[11] A posição da *Académie de Legislation* sobre o Direito Comercial, certamente influenciada por Lanjuinais, merece ser traduzida. A *Académie de Legislation* incluía o Direito Comercial entre a lista de áreas do Direito das quais resultavam o contrato entre o Homem e a Sociedade e as relações destes com a Natureza. Em primeiro lugar surgia o Direito Natural,[12] em segundo o Direito das Gentes,[13] em terceiro lugar o Direito Público,[14] seguido pelo Direito Civil.[15] Seguia-se, então, o Direito Comercial, "*cujo objeto é, à vez, de enriquecer os indivíduos e o Estado; o Estado, assegurando-lhe os rendimentos necessários ao serviço público; os indivíduos, na sua procura dos meios de trocar facilmente os produtos das suas terras e das suas indús-*

[8] – Hayem, Henri, *La renaissance des* études *juridiques en France sous le Consulat, Sirey*, Paris, 1905, págs. 20-21.

[9] Hayem, Henri, *La renaissance des* études *juridiques en France sous le Consulat, Sirey*, Paris, 1905, pág. 22.

[10] Thuillier, Guy, *Aux origines de l'Ecole libre des sciences politiques: L'Académie de législation en 1801 – 1805, in* La Revue Administrative, Vol. 223, janeiro-fevereiro de 1985, pág. 23.

[11] *Bulletin de l'Académie de Législation*, Tomo I, 1801, págs. 21-22.

[12] Que atribuía os direitos e deveres aos homens, antes de qualquer convenção e antes de qualquer sociedade, sendo um Direito universal na sua origem e imprescindível na sua essência, como base necessária de todas as leis – *Bulletin de l'Académie de Législation*, Tomo I, 1801, pág. 16.

[13] Que adicionava ao Direito Natural as convenções dos homens e das nações – *Bulletin de l'Académie de Législation*, Tomo I, 1801, pág. 16.

[14] Que tendo origem no Estado, os divide entre soberanos ou súbditos, determinando a autoridade de uns e os privilégios de outros, regulando as forças e vontades para o bem comum – *Bulletin de l'Académie de Législation*, Tomo I, 1801, págs. 16-17.

[15] Que regia as obrigações recíprocas entre os particulares, a disposição dos seus bens e a garantia das suas propriedades e do produto do seu trabalho, com as inerentes sanções para punir os infratores – *Bulletin de l'Académie de Législation*, Tomo I, 1801, pág. 17.

trias. Nada mais simples que a palavra «comércio», quando não a usamos senão no sentido comum; mas nada mais complicado quando o fazemos relativamente à universalidade das trocas, à importância de uns, à inutilidade de outros, à desvantagem de muitos, às visões políticas, ao trabalho, aos impostos, e a todas as combinações imprevistas que os interesses privados, a ma fé, a guerra e outros acontecimentos podem causar. «É sobretudo por causa do comércio, diz o Sr. Nécker,[16] *que hoje enchemos a terra de sangue. Esta ideia vaga e indefinida dá à política um novo brilho, e a opinião pública, excitada por uma palavra que representa um interesse universal, perde-se frequentemente nos seus julgamentos». Trata-se de a corrigir, de explicar os sentidos desta palavra, e de fixar as ideias que ela faz nascer para evitar os erros que ela frequentemente causou".*[17] Ao Direito Comercial, seguiam-se então a História das Antigas Civilizações[18] e a Arte da Palavra.[19]

Esta nova disciplina de Direito Comercial era não só uma novidade, como uma aposta da *Académie de Legislation*, sendo expressamente referida no discurso proferido pelo administrador geral provisório Lamouque, em 5 Pluvioso do ano X da República (25 de janeiro de 1802). Para o seu ensino no ano letivo de arranque da *Académie de Legislation* foi contratado Peuchet, autor do *Dictionnaire universel de la géographie commerçante*, entre outras obras de relevo, o que pode ser considerado como uma escolha natural. Contudo, não existem sinais de que esta disciplina tenha chegado a ser efetivamente lecionada durante o ano X da República (1801/1802), nada se sabendo sobre a mesma.[20]

[16] Refere-se a Jaques Necker, que foi Ministro das Finanças de França no reinado de Luis XVI, e cuja destituição em 11 de julho de 1789, por ter faltado a um discurso do Rei foi um dos motivos que conduziu à Revolução Francesa. Sobre a importância de Necker e da sua família (em especial da sua filha, Anne Louise Germaine de Staël-Holstein, que ficou conhecida como Madame de Staël) nos acontecimentos que conduziram à aprovação do *Code de Commerce* de 1807, Vasconcelos, Pedro Leitão Pais de, *A Miragem das Piastras. Ouvrard, Récamier, Napoleão e o Code de Commerce de 1807*, Bubok, Madrid, 2015.

[17] *Bulletin de l'Académie de Législation*, Tomo I, 1801, págs. 17-18.

[18] Cujo estudo era necessário a quem quer que pretendesse elaborar legislações modernas, e necessitava de aprender a distinguir os bons dos maus sistemas políticos, as boas e más leis, as opiniões e os princípios, as induções e as regras – *Bulletin de l'Académie de Législation*, Tomo I, 1801, pág. 18.

[19] Sem a qual o Homem deixaria de ser inteligente e não poderia sequer comunicar os seus pensamentos nem generalizar as suas ideias, nem recolher experiências do passado, nem transmitir as ciências às gerações futuras não gozar as doçuras da amizade, nem lucrar com a sociedade – *Bulletin de l'Académie de Législation*, Tomo I, 1801, pág. 19.

[20] Hayem, Henri, *La renaissance des* études *juridiques en France sous le Consulat, Sirey*, Paris, 1905, pág. 29.

No ano XI da República (1802/1803) ocorrem profundas alterações nesta disciplina. Lanjuinais decide não só contratar mais professores, mas, acima de tudo, "*circunscrever, de uma maneira positiva, os conteúdos principais e acessórios do seu ensino, segundo um sistema de classificação digno de ser aprovado*", o que afirma logo no discurso inaugural do ano letivo, proferido em 1 Frutidor do ano X da República (19 de agosto de 1802).[21] Prossegue o seu discurso, procedendo à referida classificação, dividindo "economia política" de "economia pública", "direito natural" e "direito positivo", "direito positivo público" e "direito positivo privado", "direito público interior" e "direito público exterior ou internacional". De seguida faz referência à razão de ser da repartição das disciplinas, justificando cada uma delas, afirmando que "*os desenvolvimentos do nosso direito público e do nosso direito privado, não menos úteis aos juristas que à mui numerosa classe dos comerciantes, formam um ramo principal da ciência legislativa; referimo-nos ao direito comercial e marítimo. Uma parte tão vasta e tão necessária merece sem dúvida uma disciplina especial*".[22]

Assim explicou em 19 de agosto de 1802 a razão de ser do nascimento da disciplina de Direito Comercial. Para professor desta disciplina, contudo, não foi escolhido Peuchet,[23] mas antes Boucher. Se a escolha de Peuchet era natural para uma disciplina mais próxima da economia do que do Direito Comercial propriamente dito, a escolha de Boucher para uma disciplina de Direito Comercial era verdadeiramente acertada. Boucher tinha acabado em 1801 de editar o seu *Institutions commerciales, traitant de la jurisprudence marchande et des usages du négoce, d'après les anciennes et nouvelles lois*, uma obra de 833 páginas de Direito Comercial, ao estilo de um manual, mas com uma caraterística especial: a obra termina com um projeto de Código Comercial, da autoria do próprio Boucher.[24] Trata-se de um projeto de Código Comercial muito diferente do apresentado pela Comissão[25] e bastante mais avançado, perfeito e completo do que este.

[21] *Bulletin de l'Académie de Législation*, Tomo 5, 1802, pág. 183.

[22] *Bulletin de l'Académie de Législation*, Tomo 5, 1802, pág. 188.

[23] Que fica apenas encarregue da disciplina de *Droit naturel et international* – *Bulletin de l'Académie de Législation*, Tomo 5, 1802, pág. 189.

[24] BOUCHER, *Institutions commerciales, traitant de la jurisprudence marchande et des usages du négoce, d'après les anciennes et nouvelles lois*, Paris, 1801.

[25] Um dos membros da Comissão – Vignon (presidente do *tribunal de commerce* – era também membro da l'Académie de Législation – *Bulletin de l'Académie de Législation*, Tomo 19, 1804, pág. 48.

Faltava, contudo, um programa. No seu discurso, Lanjuinais fixa para todas as disciplinas um programa resumido, exceto para as disciplinas de Peuchet e Boucher, sem que seja apresentada uma razão para tamanha omissão. Pode especular-se que os programas não estariam ainda elaborados. A anterior disciplina de Peuchet[26] havia sido dividida em duas, de acordo com a classificação de Lanjuinais, sendo cada uma entregue a um diferente professor, o que pode justificar que nessa data os programas ainda não estivessem elaborados. No que respeita a *Droit commercial et maritime*, tratava-se de uma disciplina nova e original, nunca tendo tido um programa, tendo sido entregue a um docente novo na *Académie de Législation*.

A disciplina de Direito Comercial foi lecionada por Boucher em duas partes, que tanto quanto parece resultar de um discurso de Boucher, seriam o Direito Comercial e o Direito Marítimo. No que ao Direito Comercial diz respeito, seria seguida a sequência do projeto de Código Comercial de 1801, elaborado pela Comissão nomeada pelo Decreto de 13 Germinal do ano IX da República (3 de abril de 1801).[27] A parte relativa ao Direito Marítimo, estaria dividida em três partes: em primeiro lugar, as pessoas, coisas, contratos, obrigações e ações; em segundo lugar, a neutralidade e a navegação marítima; por último, a polícia marítima e os tribunais.[28]

Esta era uma solução inovadora, que seguia a estrutura de um Código Comercial, antes do mesmo estar em vigor, adotando uma metodologia totalmente diferente do que resultaria de um ensino que se baseasse no Direito Comercial de então, que se teria apoiado fundamentalmente nas Ordenações, nos usos e no Direito Comum. Apesar de não se saber qual a data exata de início das aulas da disciplina, existe registo de uma sessão ocorrida em 1 Frimário do ano XI da República[29] (22 de novembro de 1802) na qual Boucher apresentou o seguinte tema: *Projeto de Código Comercial e marítimo uniforme a estabelecer entre a França e as nações estrangeiras, nomeadamente a Holanda, a Helvética, a Itália, o Portugal e os Estados Unidos.*[30]

[26] *Législation naturell et* économie *politique.*

[27] O projeto pode ser consultado em *Projet de Code du Commerce*, Imprimerie de la République, Paris, 1801.

[28] Boucher, *Institution au Droit Maritime*, Paris, 1803, pág. xviii.

[29] Hayem, Henri, *La renaissance des* études *juridiques en France sous le Consulat, Sirey*, Paris, 1905, págs. 43-44.

[30] Boucher incluiu na sua obra *Institution au Droit Maritime*, Paris, 1803, nas páginas finais um texto com o título *Projet de Code Commercial et Maritime a* Établir *entre la France et les nations* étrangères, que terá beneficiado do trabalho apresentado nesta sessão.

O surgimento de uma nova disciplina universitária é sempre um momento importante. Contudo, o sucedido em França no ano letivo de 1802-1803 foi extraordinário, porquanto a disciplina de *Droit Commercial et Maritime* não nasceu apenas na *Académie de Législation*.

II. Ainda antes da fundação da *Académie de Législation*, foi fundada, no ano VIII da República (1799-1800),[31] uma outra organização de ensino superior, a *Université de Jurisprudence*. Esta tinha, contudo, uma estrutura mais complexa, sendo uma sociedade por ações, e projetos muito mais vastos, o que impediu o seu arranque imediato. Assim, apesar de ter sido fundada antes da *Académie de Législation*, apenas iniciou atividade letiva efetiva um ano depois, em 1802-1803 (ano XI da República). A *Académie de Législation* e a *Université de Jurisprudence* eram concorrentes diretas no apetecível mercado do ensino superior de Direito, tendo durante os seus parcos anos de existência, procedido a diversas operações de concorrência, em especial através do recrutamento de professores junto uma da outra, e acompanhando as estratégias comerciais passo a passo. A *Université de Jurisprudence* teve sempre, contudo, uma vida mais difícil do que a *Académie de Législation*, não incluindo na sua estrutura membros tão influentes quanto esta última, que lhe assegurassem o apoio ou, pelo menos, uma tolerância ativa do Governo, pouco se sabendo sobre o seu fundador, para além do seu nome: Lefebvre.

O ano de arranque da *Université de Jurisprudence* ocorreu em simultâneo com o segundo ano letivo da *Académie de Législation*, no qual foi inaugurada a disciplina de *Droit Commercial et Maritime*. Como vimos, no primeiro ano letivo da *Académie de Législation*, a disciplina de *Economie positive du droit commercial et maritime*[32] havia sido entregue a Peuchet, mas, tanto quanto se sabe, esta disciplina não foi lecionada, tendo-lhe sido retirada, e tendo em sua substituição sido entregue a novíssima disciplina de *Droit Commercial et Maritime* a Boucher.

Uma novidade de tamanha monta, num mercado concorrencial muito agressivo, conduziu ao resultado que se pode esperar em qualquer atividade comercial: a *Université de Jurisprudence* abriu também, em simultâneo com a *Académie de Législation*, a novíssima disciplina de *Droit Commercial et Maritime*, tendo entregue a sua regência a Peuchet. Note-se que na propaganda da

[31] Hayem, Henri, *La renaissance des* études *juridiques en France sous le Consulat, Sirey*, Paris, 1905, págs. 17-18.

[32] *Bulletin de l'Académie de Législation*, Tomo I, 1801, págs. 21-22.

Université de Jurisprudence anterior à abertura do ano letivo, nada era mencionado sobre esta disciplina, apenas se fazendo referência a disciplinas mais comuns do ensino universitário.

Deste modo, a transferência de Peuchet para a *Université de Jurisprudence* abriu uma vaga na *Académie de Législation*, que foi ocupada por Boucher na disciplina de *Droit Commercial et Maritime*. Por sua vez, Peuchet decidiu passar a lecionar a mesma disciplina na *Université de Jurisprudence*, em concorrência direta com Boucher.

Tanto quanto existem dados, o ano letivo na *Université de Jurisprudence* terá começado em 12 Brumário do ano XI da República (3 de novembro de 1802) com a disciplina de Eloquência, lecionada por Geoffroy,[33] mas não existem dados para saber quais as datas de início das demais disciplinas, sendo que mesmo em relação a esta data, a informação não é muito segura. Não existem, pois, dados específicos sobre a data de início da disciplina de *Droit Commercial et Maritime* na *Université de Jurisprudence*, nem sobre qual o programa usado por Peuchet.

É, contudo, de realçar que o ensino do Direito Comercial, como uma disciplina autónoma e específica, ocorreu no âmbito de uma forte concorrência entre duas universidades privadas, uma das quais era uma associação e a outra uma sociedade por ações.

Apesar da *Académie de Législation* merecer um nível de proteção governamental que não era concedido à *Université de Jurisprudence*, ambas tiveram um período próspero, muito em virtude da falta de outra concorrência de peso, até ao ano XII da República (1803-1804).

III. O ano XIII da República foi um ano da maior importância para a disciplina de Direito Comercial, por quatro fatores.

Em primeiro lugar, foi o ano da aprovação do *Code Civil* e da inauguração do movimento codificador, o que naturalmente abriu as portas à futura aprovação do *Code de Commerce*, então já em projeto.

Contudo, e em segundo lugar, este foi o ano da não aprovação do projeto de *Code de Commerce*, e da suspensão dos seus trabalhos, tendo ficado paralisados até à reação de Napoleão Bonaparte à Crise de 1805, em especial, até à sua vontade de punir os *Négociants Réunis*.[34]

[33] Hayem, Henri, *La renaissance des* études *juridiques en France sous le Consulat, Sirey*, Paris, 1905, pág. 50.

[34] Sobre o assunto, Vasconcelos, Pedro Leitão Pais de, *A Miragem das Piastras. Ouvrard, Récamier, Napoleão e o Code de Commerce de 1807*, Bubok, Madrid, 2015.

Mas foram os dois fatores seguintes que tiveram o impacto mais relevante.

A *Académie de Législation* era, de certo modo, uma criação da República, uma filha do Consulado, composta por diversos membros dos vários órgãos da República, e que traduzia o espírito da República. Era, sem dúvida, uma escola da melhor qualidade, com alguns dos melhores juristas de então; mas era profundamente republicana e democrática.

Durante o período áureo do Consulado, a *Académie de Législation* foi sempre apoiada pelo Governo, e sempre ansiou por se tornar "a" Escola de Direito da República. Assim se apresentou expressamente desde o seu início, afirmando que deste modo a República podia ter uma verdadeira Escola de Direito sem ter de assumir os custos inerentes: "*O Instituto de Jurisprudência e de Economia Política tem principalmente o fim de levantar claramente este ramo da instrução que falta em França, e talvez de antecipar os projetos do Governo, entregando na sua mão as bases de um estabelecimento, de tal modo que* [o Governo] *não terá senão que aumentar as suas caraterísticas e de o proteger, para atingir, sem quaisquer custos, as suas intenções e as necessidades do povo*".[35]

A *Académie de Législation* foi criada para vir a ser a futura Faculdade de Direito de França, e sempre foi apoiada pelo Governo nesta sua pretensão. Como tal, foi motivo de surpresa e deceção para os seus membros saber que, em 16 Ventoso do ano XII da República (7 de março de 1804), o Governo propôs ao Corpo Legislativo a aprovação de uma Lei Relativa às Escolas de Direito, que foi aprovada pelo Corpo Legislativo em 22 Ventoso do ano XII da República (13 de março de 1804), tendo sido aprovada para valer como Lei pelo Primeiro Cônsul, Napoleão Bonaparte, no dia 2 Germinal do ano XII da República (23 de março de 1804).[36]

O sonho da *Académie de Législation* de passar a ser a École *de Droit*, esfumou-se, face à determinação constante da Lei Relativa às Escolas de Direito (*Loi relative aux* écoles *de droit*), que seriam organizadas Escolas de Direito nos anos XIII e XIV da República (1804-1805 e 1805-1806).

A Lei Relativa às Escolas de Direito não se limitava a criar Escolas de Direito públicas, tendo como fim expresso proceder à extinção das duas Casas. Segundo o seu art. XII "*os alunos das escolas centrais e dos estabelecimentos conhecidos em Paris, sob o nome de «Académie de Législation» e «Université de Jurisprudence», que nelas tenham seguido durante três anos o curso de legislação, poderão, desta data ao 1 Vendemiário do ano XV, obter o título de licenciado, prestado o*

[35] *Bulletin de l'Académie de Législation*, Tomo I, 1801, pág. 4.

[36] *Bulletin des lois de la République*, nº 355, I, III Série.

ato público geral sobre todos os objetos de estudo fixados para os três primeiros anos...". Ou seja, a Lei Relativa às Escolas de Direito não só criava as novas Escolas de Direito, como na prática impedia o funcionamento da *Académie de Législation* e da *Université de Jurisprudence*, absorvendo os seus alunos.

A Lei Relativa às Escolas de Direito fixou a data da morte da *Académie de Législation* e da *Université de Jurisprudence*: o fim do ano XIV da República (1805-1806).

De nada serviu à *Académie de Législation* a lista de importantes personalidades nos seus órgãos, como Portalis, Fourcroy ou Regnault. O problema era profundamente político. A *Académie de Législation* era demasiado republicana, demasiado liberal, demasiado livre.[37] A *Académie de Législation* era a negação do Império, e não podia ser aceite algo tão contrário ao autoritarismo de Napoleão Bonaparte, pelo que este aproveitou o domínio da Lei, para extinguir ambas as Casas, forçando-as a serem absorvidas pelo Estado. A autoridade de Napoleão Bonaparte não tolerava tamanho liberalismo republicano, especialmente numa altura em que o poder do Primeiro Cônsul estava a crescer exponencialmente, tendo sido aclamado Imperador pouco tempo depois, em 18 de maio de 1804.

A partir do ano XIII da República (1804-1805), começou a decadência *da Académie de Législation*, acentuando-se a decadência da *Université de Jurisprudence* que já vinha do ano anterior.[38] A *Académie de Législation* ainda tentou posicionar-se como um estabelecimento de ensino complementar à École *de Droit*,[39] no qual os alunos poderiam aperfeiçoar os seus conhecimentos. Contudo, com a abertura da École *de Droit* no 5 Frimário do ano XIV (26 de novembro de 1805), esta iniciou uma concorrência feroz, de tal modo que a partir de 17 de dezembro de 1809 deixaram de existir notícias da *Académie de Législation*. Quanto à *Université de Jurisprudence*, as notícias cessaram mais cedo, sendo provável que não tenha sequer aberto o curso no ano XIV (1805-1806).[40]

[37] Hayem, Henri, *La renaissance des* études *juridiques en France sous le Consulat, Sirey*, Paris, 1905, pág. 61.

[38] Hayem, Henri, *La renaissance des* études *juridiques en France sous le Consulat, Sirey*, Paris, 1905, pág. 63.

[39] Hayem, Henri, *La renaissance des* études *juridiques en France sous le Consulat, Sirey*, Paris, 1905, pág. 68.

[40] Hayem, Henri, *La renaissance des* études *juridiques en France sous le Consulat, Sirey*, Paris, 1905, pág. 70.

IV. O ensino do Direito foi, então, transferido para as Écoles *de Droit* que, segundo a Lei Relativa às Escolas de Direito, de 16 Ventoso do ano XII da República (7 de março de 1804), lecionariam um curso geral com três anos, em cujo primeiro ano seria ensinado "*o direito civil francês, na ordem estabelecida pelo Código civil*", "*os elementos de direito natural e do direito das gentes*" e "*o direito romano nas suas relações com o direito francês*", sendo no segundo ano ensinado "*o direito público francês*" e "*o direito civil nas suas relações com a administração pública*", enquanto no terceiro ano seria ensinada "*a legislação criminal*" e "*o processo civil e criminal*",[41] seguido por um curso complementar destinado ao Doutoramento.

Passados poucos meses, no 4º dia complementar (ou *dia da opinião*) do ano XII da República (21 de setembro de 1804), Napoleão Bonaparte aprovou um novo Decreto Imperial sobre a organização das escolas de Direito, do qual constava a indicação das matérias de estudo relevantes para o Doutoramento: Direito Romano e Código Civil.[42]

A disciplina de Direito Comercial não era reconhecida nas Écoles *de Droit*, sem prejuízo de ainda estar a ser ensinada na *Académie de Législation*.[43] Seguidamente, em 4 de março de 1805 foram nomeados professores da École *de Droit* Berthelot, Delvincourt, Morand, Portiez l'Oise e Pigneau.[44]

Entretanto, em 1 de janeiro de 1808, entrou em vigor o *Code de Commerce*, após inúmeras peripécias ocorridas entre os *Négociants Réunis*, o *Banque de France*, o *Trésor* e Napoleão Bonaparte.[45] No seguimento, em 17 de março de 1808, foi publicado um novo Decreto Imperial sobre a organização da universidade que veio reformar o sistema de ensino superior, tendo as Écoles *de Droit* passado a *Facultés de Droit*, sendo integradas na Real Universidade (*Université Royal*), e atribuindo a esta o exclusivo do ensino público no Império.[46]

[41] Art. II da Lei Relativa às Escolas de Direito.

[42] Art. 46 do Decreto sobre a organização das escolas de Direito de 21 de setembro de 1804.

[43] Que, como vimos, continuou a funcionar até 1809, sendo que Boucher ainda era professor de Direito Comercial e Marítimo em Paris – RABBE, SAINTE-PREUVE, *Biographie universelle et portative des contemporains*, Tomo I, Paris, pág. 564 – cidade onde Boucher "vivia obscuramente" – *Galerie Historique des Contemporains*, 3ª ed., Le Roux, Mons, 1827, pág. 324.

[44] *Revue de Législation et de Jurisprudence*, Tomo IX, Out. 1838 a Mar. 1839, Paris, 1839, pág. 387.

[45] Sobre o assunto, VASCONCELOS, PEDRO LEITÃO PAIS DE, *A Miragem das Piastras. Ouvrard, Récamier, Napoleão e o Code de Commerce de 1807*, Bubok, Madrid, 2015.

[46] *Recueil de Lois et Règlements concernant l'Instruction Publique*, Tomo IV, Brunot-Labbe, Paris, 1814, págs. 1-40.

Em 29 de agosto de 1809 foram criadas duas novas disciplinas, por Decreto Imperial: *Code Napoleón approfundi* e *Code de Commerce*, tendo sido aberto concurso para contratação de professores para as mesmas em 15 de fevereiro de 1810.[47] As provas públicas tiveram início em 14 de abril de 1810, sendo presididas por Nougarede.[48]

No seu discurso, Nougarede explica que a disciplina de *Code de Commerce* era reservada aos aspirantes ao *Doctorat* (4º ano) porque as leis que nela se devem interpretar não contêm senão as consequências ou exceções do Direito Comum, e que não se pretendia arriscar confundir os alunos mais jovens com os princípios especiais de um Código, por oposição aos princípios gerais do Direito (*jurisprudence*). Por outro lado, Nougarede chama a atenção que a nova disciplina não é apenas destinada a quem pretenda seguir a via do comércio ou do julgamento das questões do comércio. Pelo contrário, afirma, o verdadeiro motivo foi de completar o ensino do Direito, escolhendo para os alunos já formados (bacharéis), o ensino mais adequado para aperfeiçoar o seu julgamento e, sobretudo, oferecer-lhes objetos com os quais estender e fortificar as luzes do seu espírito.[49]

Pouco tempo depois, em 28 de abril de 1810, faleceu Portiez de l'Oise, o primeiro Reitor da *Faculté de Droit de Paris*, tendo sido nomeado para o substituir Delvincourt,[50] que tinha muito recentemente publicado a sua obra *Institutes de Droit Civil Français*, e que no mesmo ano de 1810 publicou a sua obra *Institutes de Droit Commercial Français*

A disciplina de *Code de Commerce* foi atribuída a Jean-Marie Pardesus em outubro de 1810, após concurso terminado em 19 de julho de 1810 e tendo as aulas sido iniciadas em 1 de novembro de 1810,[51] tendo Pardesus publicado em 1812,[52] mas com data de novembro de 1811, a sua obra

[47] Testu, *Almanach Impérial pour l'année M.DCCC.X*, Testu, Paris, 1810, pág. 795, nota 1. Note-se que à data de impressão desta obra, as disciplinas já existiam, mas não tinham ainda professor atribuído, pelo que no texto da obra não se identifica o professor, mas apenas a disciplina.

[48] Nougarede, *Discours prononcé, le 14 avril 1810, dans la salle des cours de la Faculté de droit de Paris par M. Nougarède*, 1810.

[49] Nougarede, *Discours prononcé le 14 avril 1810, dans la salle des cours de la Faculté de Droit de Paris*, Ballard, Paris, 1810, págs. 11-12.

[50] *Supplément au répertoire des connaissances usuelles*, 365.

[51] Pardesus, Élémens *de Jurisprudence Commerciale*, Durand, Paris, 1811, págs. iv-vii e Testu, *Almanach Impérial por l'année M.DCCC.X*, Testu, Paris, 1810, pág. 795, nota 1.

[52] Pardesus, *Cours de Droit Commercial*, Tomo I, Garnery, Paris, 1814, pág. vii.

Élémens *de Jurisprudence Commerciale*, com um programa que dizia provisório e aberto à crítica.[53]

O contributo de Pardesus foi fundamental para a estabilização e progresso da disciplina de Direito Comercial, de tal modo que ainda é geralmente – mas erroneamente – considerado como o criador desta disciplina e o seu primeiro professor.[54]

Foi Pardesus quem verdadeiramente lançou para o futuro a disciplina de Direito Comercial, transformando a inestimável experiência de Lanjuinais, Boucher e Peuchet em algo verdadeiramente estável. Assim, entre 1814 e 1816 publicou os quatro volumes do seu *Cours de Droit Commercial*, que recebeu uma segunda edição, em cinco volumes, logo em 1821.[55] A importância de Pardessus é inegável, mas não foi o Pai da cadeira, sendo este título partilhado por Lanjuinais (o seu criador), Boucher e Peuchet (os primeiros professores).

V. Em 1816, passados que foram cinco anos sobre o seu nascimento *na Faculté de Droit de Paris*, a disciplina de *Code de Commerce* continuava a apenas existir nesta Faculdade, continuando a ser ensinada por Pardessus. Em 24 de março de 1819 foi, então, publicado um Decreto Real sobre o ensino na Faculdade de Direito de Paris, que ordenou que a escola fosse dividida em duas secções, em virtude do excesso de alunos para o tamanho dos auditórios, que impedia os alunos de assistir às aulas.[56] Cada secção teria um corpo de professores para assegurar o ensino das disciplinas comuns[57] e um corpo

[53] Pardesus, Élémens *de Jurisprudence Commerciale*, Durand, Paris, 1811, págs. ix-xx. Em 1814 publica o primeiro tomo do seu *Cours de Droit Commercial*, no qual se podem observar profundas alterações à sistemática do programa de 1812, sendo que Pardesus apresenta esta obra como um complemento àquela, pelo que não é possível aferir se procedeu a uma verdadeira modificação do programa.

[54] A título de exemplo, Padoa-Schioppa, Antonio, *A History of Law in Europe*, Cambridge University Press, Cambridge, 2017, pág. 513.

[55] Pardesus, *Bibliothèque de Droit Commercial*, Impremerie d'A. Égron, Paris, 1821, pág. xj.

[56] *Recueil de lois et réglements concernant l'instruction publique*, Tomo 6, Brunot-Labbe, Paris, 1822, págs. 263-264.

[57] Três professores de Código Civil, um professor de Elementos de Direito Natural, de Elementos de Direito das Gentes e do Direito Público Geral, um professor de Instituições do Direito Romano nas suas ligações com o Direito Francês e um professor de Processo Civil e Criminal e de Legislação Criminal – *Recueil de lois et réglements concernant l'instruction publique*, Tomo 6, Brunot-Labbe, Paris, 1822, pág. 264.

para as disciplinas especiais. Uma das secções especiais era composta por um único professor, de *Code de Commerce*,[58] disciplina obrigatória a ser lecionada no quarto ano.[59] Esta solução nada mais era do que a positivação do que já estava a suceder com a disciplina de *Code de Commerce*, mas que constituiu um verdadeiro ponto de viragem, com o Direito Comercial a passar a constar das exigências legais de ensino universitário do Direito, sistema este que foi confirmado em 6 de outubro de 1822.[60] Poucos dias antes, em 28 de setembro de 1822, havia sido estabelecida uma cadeira de *Code Commercial* na Faculdade de Direito de Toulouse,[61] e posteriormente, em 10 de dezembro de 1823, foram estabelecidas mais duas cadeiras de *Droit Commercial* uma na Faculdade de Direito de Caen e outra na Faculdade de Direito de Poitiers.[62]

A expansão do Direito Comercial continuou, tendo em 11 de novembro de 1829 sido estabelecida uma cadeira na Faculdade de Direito de Grenoble, seguida por cadeiras na Faculdade de Direito de Estrasburgo (9 de maio de 1830), na Faculdade de Direito de Rennes (16 de fevereiro de 1831), na Faculdade de Direito de Dijon (16 de fevereiro de 1831).[63]

Em 1836, a situação do ensino universitário do Direito Comercial em França estava já perfeitamente estabilizada, sendo a disciplina ensinada

[58] A outra secção era composta por um professor de Direito Público Positivo e de Direito Administrativo Francês, um professor de História Filosófica do Direito Romano e do Direito Francês, e um professor de Economia Política – *Recueil de lois et réglements concernant l'instruction publique*, Tomo 6, Brunot-Labbe, Paris, 1822, pág. 264.

[59] Recueil de lois et réglemetns concernant l'instruction publique, Tomo 6, Brunot-Labbe, Paris, 1822, pág. 265.

[60] *Ordonnance du Roi relative à lá faculté de droit de Paris du 6 septembre 1822 – Recueil de lois et réglemens concernant l'instruction publique*, Tomo 7, Brunot-Labbe, Paris, 1824, pág. 206.

[61] *Recueil de lois et réglemens concernant l'instruction publique*, Tomo 7, Brunot-Labbe, Paris, 1824, pág. 207.

[62] *Recueil de lois et réglemens concernant l'instruction publique*, Tomo 7, Brunot-Labbe, Paris, 1824, pág. 291. Em Toulouse a disciplina era ensinada por Ferradou, em Caen era ensinada por Joyau e em Poitiers era ensinada por Becane – Bienvenu, Jean-Jaques, *Les concours pour les chaires des facultés de droit (An XII-1855), in* Revue Historique des Facultés de Droit, nº 23, 2003, https://univ-droit.fr/recherche/portail-de-la-recherche/revue-d-histoire-des-facultes-de-droit-de-la-culture-juridique [último acesso 09/10/2017], págs. 21-23.

[63] Apesar de, em Dijon, a cadeira de Direito Comercial ter sido inaugurada pelo menos em 1826, tendo sido lecionada a título gratuito por Morelot e, tanto quanto se apurou, sem autorização governamental – *Revue de Législation et de Jurisprudence*, Tomo IX, Out. 1838 a Mar. 1839, Paris, 1839, pág. 389.

sob a designação de *Code de Commerce* ou *de Droit Commercial*, nas seguintes Faculdades de Direito, pelos seguintes professores:[64]

- Aix – ensinada por Cresp;
- Caen – ensinada por Le Bourguignon;
- Dijon – ensinada por Lorain;
- Estrasburgo – ensinada por Thieriet;
- Grenoble – ensinada por Gueymard
- Paris – ensinada por Bravard;
- Poitiers – ensinada por Bécane;
- Rennes – ensinada por Félix Vatar;
- Toulouse – ensinada por Ferradou.

Era ainda ensinada por Mignot, no Curso Especial de Instrução Comercial, do *Collége Royal de Rouen*.[65]

A disciplina de Direito Comercial nasceu pelo impulso de Lanjuinais, na *Académie de Legislation*, sendo lecionada por Boucher, e, em virtude da enorme concorrência no mercado universitário parisiense, sendo em simultâneo lecionada na *Université de Jurisprudence*, por Peuchet. O seu nascimento foi muito problemático, tendo ambas as universidades desaparecido em poucos anos, mas não sem antes deixar uma marca indelével, que através da *Faculté de Droit de Paris* e de Pardesus, veio a influenciar toda a Universidade e a Ciência do Direito: a disciplina de Direito Comercial.

A Lanjuinais se deve a ideia de criar a disciplina, a Boucher, e também a Peuchet, se deve o nascimento da mesma e, por último, a Pardesus se deve a sua estabilização e progresso.

VI. No que respeita a escolas de Direito, a disciplina de Direito Comercial tem um passivo acumulado impagável à *Académie de Legislation*, à *Uni-*

[64] *Almanach de l'Université Royale de France*, Ano de 1836, Hachette, Paris. Bienvenu, Jean-Jaques, *Les concours pour les chaires des facultés de droit (An XII-1855)*, *in* Revue Historique des Facultés de Droit, nº 23, 2003, https://univ-droit.fr/recherche/portail-de-la-recherche/revue-d-histoire-des-facultes-de-droit-de-la-culture-juridique [último acesso 09/10/2017], págs. 21-25.

[65] *Almanach de l'Université Royale de France*, Ano de 1836, Hachette, Paris. Bienvenu, Jean-Jaques, *Les concours pour les chaires des facultés de droit (An XII-1855)*, *in* Revue Historique des Facultés de Droit, nº 23, 2003, https://univ-droit.fr/recherche/portail-de-la-recherche/revue-d-histoire-des-facultes-de-droit-de-la-culture-juridique [último acesso 09/10/2017], págs. 21-25.

versité de Jurisprudence e à *Faculté de Droit de Paris*. Contudo, é fundamental tomar nota da importância que o Code de Commerce teve na criação da disciplina de Direito Comercial.

A disciplina nasceu antes do *Code de Commerce*, e mesmo antes de estar finalizado o projeto de 1801 do *Code de Commerce*. Contudo, nessa altura já era sabido que o projeto estava para breve, e o próprio Boucher não só elaborou um projeto alternativo de *Code de Commerce*, como veio a organizar a disciplina de acordo com o projeto de 1801 do *Code de Commerce*.

Entre o projeto de 1801 e a aprovação em 1807, a Doutrina francesa ativa era quase limitada ao próprio Boucher.[66] Contudo, com a aprovação do *Code de Commerce*, a Doutrina disparou em número e, para além de Boucher,[67] autores como Locré,[68] Delvincourt[69] e Pardesus[70] surgem no espectro comercialista, a par de muitos outros, como Maugeret,[71] Daubanton,[72] Delaporte,[73] Dufour[74] por exemplo, que facilitariam muito a divulgação além-fronteiras e mesmo além-mar.[75]

Foi este conjunto, formado pela constatação da necessidade de ensino universitário do Direito Comercial, pela concorrência entre duas Faculdades de Direito privadas, pelo nascimento de um Código de Comércio e um Governo autoritário, que criou a cadeira de Direito Comercial.

2. A disciplina de Direito Comercial nos Cursos de Ciências Jurídicas e Sociais de São Paulo e Olinda

Em 14 de junho de 1823, na sequência da independência do Brasil, foram apresentados na Assembleia Geral Constituinte vários projetos de diplomas

[66] Boucher, *Science des Négocians, suivie d'un Commentaire-sur l'ordonnance de 1675, et d'un Dictionnaire de Commerce*, Paris, 1801; *Institutions commerciales*, Paris, 1801; *Les Principes du Droit civil proprement dit et du Droit commercial, comparés*, Paris, 1804; Histoire de l'Usure, Paris, 1807.

[67] Boucher, *Manuel des Commerçants, ou Commentaire sur le Code de Commerce*, Paris, 1808.

[68] Locré, *Esprit du Code de Commerce*, Imprimerie Impériale, Paris, 1807.

[69] Delvincourt, *Institutes du Droit commercial*, Paris, 1810.

[70] Pardesus, Élements *de Jurisprudence Commercial*, Paris, 1811; Cours de Droit Commercial, Paris, 1814-1816.

[71] Maugeret, *Législation commerciale de l'empire français*, Paris, 1808.

[72] Daubanton, *Traité pratique, formulaire général du commerce intérieur et maritime, d'après le Code de Commerce et les Codes Napoléon et de Procédure réunis*, Paris, 1808.

[73] Delaporte, *Commentaire sur le Code de Commerce*, Paris, 1812.

[74] Dufour, *Le parfait négociant ou Code de Commerce avec instructions et formules*, Collins, Paris, 1808.

[75] Rodman, John, *The commercial code of France*, C. Wiley, Nova Iorque, 1814.

legais, entre os quais o da criação de uma Universidade que incluía um curso de Direito. O projeto foi apresentado por José Feliciano Fernandes Pinheiro, futuro Visconde de São Leopoldo, nascido em 9 de maio de 1774, filho de um comerciante estabelecido em Santos, no Brasil – José Fernandes Martins –, mas originário de Guimarães, Portugal.[76] A falta de escolas onde este pudesse estudar levou que Fernandes Pinheiro tenha aprendido a ler com os caixeiros da casa comercial do seu pai.[77] Fernandes Pinheiro prosseguiu os seus estudos, até que se inscreveu na Universidade de Coimbra, em 1793, na Faculdade de Leis e, também, na Faculdade de Cânones. Pretendia seguir a vida eclesiástica, mas com o falecimento da sua mãe, decidiu-se pelo Direito.[78] Terminados os seus estudos, foi incumbido, por Decreto de 15 de julho de 1800, de criar uma alfândega no Rio Grande do Sul e em Ilha de Santa Catarina, ficando responsável por esta. A alfândega foi instalada em 1804, apesar de se ter deparado com grandes dificuldades e oposição dos comerciantes locais.

Em Portugal, Fernandes Pinheiro participou, com um conjunto de outros "brasileiros", numa representação brasileira às Cortes, tendo – a contragosto – subscrito a Constituição de 1822 (embora apenas no dia 25 de setembro).[79] Encontrava-se ainda em Portugal quando D. Pedro proclamou, em São Paulo, o Grito do Ipiranga. Chegada a Portugal a notícia, Fernandes Pinheiro preparou-se de imediato para voltar para o Brasil, quando foi contatado por um grupo de estudantes brasileiros da Universidade de Coimbra que lhe pediu que fosse criada uma Universidade no Brasil.[80]

[76] Ferreira, Waldemar, *O Visconde de São Leopoldo e a fundação dos Cursos Jurídicos do Brasil, in* Revista da Faculdade de Direito da Universidade de São Paulo, vol. 42, 1947, págs. 195 a 213, pág. 198.

[77] Ferreira, Waldemar, *O Visconde de São Leopoldo e a fundação dos Cursos Jurídicos do Brasil, in* Revista da Faculdade de Direito da Universidade de São Paulo, vol. 42, 1947, págs. 195 a 213, pág. 198.

[78] Ferreira, Waldemar, *O Visconde de São Leopoldo e a fundação dos Cursos Jurídicos do Brasil, in* Revista da Faculdade de Direito da Universidade de São Paulo, vol. 42, 1947, págs. 195 a 213, pág. 199.

[79] Ferreira, Waldemar, *O Visconde de São Leopoldo e a fundação dos Cursos Jurídicos do Brasil, in* Revista da Faculdade de Direito da Universidade de São Paulo, vol. 42, 1947, págs. 195 a 213, págs. 202-203.

[80] Ferreira, Waldemar, *O Visconde de São Leopoldo e a fundação dos Cursos Jurídicos do Brasil, in* Revista da Faculdade de Direito da Universidade de São Paulo, vol. 42, 1947, págs. 195 a 213, pág. 204.

Ainda a caminho do Brasil, foi eleito como Deputado na Assembleia Geral Constituinte, onde, em 14 de junho de 1823 propôs a criação de uma Universidade em São Paulo, que devia incluir uma Faculdade de Direito Civil – "*que será sem dúvida uma das que comporá a nova universidade*".[81] No seu discurso de defesa deste projeto, afirmava que a criação de uma Universidade era uma necessidade para salvaguarda do conjunto de brasileiros "*a quem um nobre estímulo levou à Universidade de Coimbra*" e que "*geme ali debaixo dos mais duros tratamentos e opressões*", mas que não podiam abandonar esta Casa por falta de uma Universidade no Brasil.[82]

O projeto de instalação de uma Universidade no Brasil, especialmente no que respeitava ao Curso de Direito, era profundamente político, estando intimamente ligado à independência do Brasil, como se pode retirar *inter alia* das palavras de Araújo Viana proferidas no debate sobre a criação dos cursos de Direito no Brasil: "*Quem negará o grande bem de poder a nossa mocidade instruir-se no seu próprio paiz quando antigamente só o podia fazer indo a Portugal, que de a mais é hoje, depois de feita a separação, um reino estrangeiro e inimigo*".[83] O projeto foi objeto de parecer positivo da Comissão de Instrução, pelo punho de Martim Francisco Ribeiro de Andrade e Silva, tendo sido apresentado na Assembleia em 19 de Agosto de 1823, mas no sentido de serem criadas duas Universidades, uma em São Paulo e outra em Olinda, que se regeriam provisoriamente pelos Estatutos da Universidade de Coimbra.[84] Aprovado o projeto para valer como Lei, em 4 de novembro de 1823, este não foi, no entanto, promulgado em razão da dissolução da Assembleia

[81] Ferreira, Waldemar, *O Visconde de São Leopoldo e a fundação dos Cursos Jurídicos do Brasil, in* Revista da Faculdade de Direito da Universidade de São Paulo, vol. 42, 1947, págs. 195 a 213, pág. 205, nota 6.

[82] Ferreira, Waldemar, *O Visconde de São Leopoldo e a fundação dos Cursos Jurídicos do Brasil, in* Revista da Faculdade de Direito da Universidade de São Paulo, vol. 42, 1947, págs. 195 a 213, pág. 205, nota 6 e Neto, António e Mendonça, Andrey, *A fundação dos cursos jurídicos no Brasil, in* Revista da Faculdade de Direito da Universidade de São Paulo, vol. 95, 2000, págs. 192 a 200, pág. 206, nota 6.

[83] Apostolova, Bistra Stefanova, *O debate sobre a fundação dos cursos jurídicos no Brasil (1823-1827). Uma reavaliação, in* Varia Historia, vol. 33, nº 63, maio-agosto 2017, págs. 419 a 458, http://dx.doi.org/10.1590/0104-87752017000200007 [última consulta em 12 de novembro de 2017], pág. 439.

[84] Neto, António e Mendonça, Andrey, *A fundação dos cursos jurídicos no Brasil, in* Revista da Faculdade de Direito da Universidade de São Paulo, vol. 95, 2000, págs. 192 a 200, págs. 192-193.

Constituinte Brasileira em 12 de novembro de 1824, efetuada por D. Pedro I pela força das armas.

Estavam, contudo, lançados os dados.[85]

Após a dissolução da Assembleia Constituinte, foi efetuada uma nova tentativa de lançar os estudos universitários no Brasil, considerando o Imperador ser "*aliás da maior urgencia acautelar a notoria falta de Bachareis formados para os logares da Magistratura pelo estado de Independência Política, a que se elevou este Império, que torna incompativel ir demandar, como d'antes, estes conhecimentos á Universidade de Coimbra, ou ainda a quaesquer outros paizes estrangeiros sem grandes dispendios e incommodos, e não se podendo desde já obter os fructos desta indispensavel instrucção, si ella se fizer dependente de grandes e dispendiosos estabelecimentos de Universidades, que só com o andar do tempo poderão completamente realizar-se*". A tentativa materializou-se na aprovação do Decreto de 9 de janeiro de 1825 que, contudo, não logrou ser posto em prática.[86] No entanto, desta tentativa resultaram, uns Estatutos, elaborados, pelo baiano Luís José de Carvalho e Melo, conhecido como Visconde da Cachoeira, cuja formação em Direito tinha sido obtida na Universidade de Coimbra.

Os Estatutos do Visconde da Cachoeira incluíam o estudo do Direito Comercial, no âmbito do programa a lecionar na 2ª cadeira do 2º ano, sob a designação de "*direito público, marítimo, comercial*". Diz-nos o próprio Visconde da Cachoeira que a inspiração para a criação desta cadeira, resultava do que sucedia em França, onde era lecionada uma disciplina equivalente na *Université de Jurisprudence*. Pela importância das palavras, transcreve-se esta parcela do texto dos Estatutos do Visconde da Cachoeira:

"*O Professor da 2ª cadeira explicará o direito publico, marítimo, comercial. Quanto á primeira parte, mostrará em que consiste este direito publico marítimo que é deduzido dos preceitos do direito das gentes, e das especulações marítimas, e*

[85] FERREIRA, WALDEMAR, *O Visconde de São Leopoldo e a fundação dos Cursos Jurídicos do Brasil, in* Revista da Faculdade de Direito da Universidade de São Paulo, vol. 42, 1947, págs. 195 a 213, pág. 207 e APOSTOLOVA, BISTRA STEFANOVA, *O debate sobre a fundação dos cursos jurídicos no Brasil (1823-1827). Uma reavaliação, in* Varia Historia, vol. 33, nº 63, maio-agosto 2017, págs. 419 a 458, http://dx.doi.org/10.1590/0104-87752017000200007 [última consulta em 12 de novembro de 2017], pág. 441.

[86] APOSTOLOVA, BISTRA STEFANOVA, *O debate sobre a fundação dos cursos jurídicos no Brasil (1823-1827). Uma reavaliação, in* Varia Historia, vol. 33, nº 63, maio-agosto 2017, págs. 419 a 458, http://dx.doi.org/10.1590/0104-87752017000200007 [última consulta em 12 de novembro de 2017], pág. 446.

convenções das nações navegadoras, e guerreiras, separando-o, e distinguindo-o do direito comercial, com quem todavia tem mui estreitas relações. Fará ver como elle se acha nas relações politicas dos povos, entra nas discussões diplomáticas, e preside á manutenção da justiça, e equidade na decisão dos negocios desta natureza, quanto nesta parte se distinguiu a França, e quanto se deve ás ordenações de Luiz XIV, e seus sabios comentadores, e que conhecendo-se a sua importância se instituiu a poucos annnos uma cadeira particular para este ensino em uma das Universidades de França (1)".

A nota de pé de página referida em "(1)", tinha o seguinte teor:

"Pouchet. Annales de legislation et de jurisprudence: Discours prononcé à l'ouverture d'un cours de leçons sur le droit maritime à l'Université de Jurisprudence. Tom. 2 pag. 33".

Este Pouchet referido pelo Visconde de Cachoeira, deve ser Peuchet, o primeiro docente de Direito Comercial na *Université de Jurisprudence*. A *Université de Jurisprudence* chegou a publicar um periódico, de seu nome *Annales de legislation et de jurisprudence,*[87] do qual não encontrámos exemplares, e que deixou de ser publicado no ano XII da República (1803-1804), volume este que corresponderia ao tomo IV.[88] O tomo II referido pelo Visconde de Cachoeira seria, pela sequência de publicação, a edição relativa ao ano X da República (1801-1802), pelo que corresponderia à edição de "pré-inauguração" da *Université de Jurisprudence*, o que era consentâneo com o grande relevo que esta Casa dava à publicidade, dentro do espírito comercial que acompanhava a sua natureza de sociedade comercial, e o seu fim marcadamente lucrativo.

A referência do Visconde de Cachoeira pode representar o atraso que Portugal e o Brasil viviam nesta matéria relativamente a França. Como já tivemos oportunidade de verificar, em 1825, já a disciplina de Direito Comercial era ensinada, nas Faculdades de Direito de Paris (desde 1810),[89]

[87] Hayem, Henri, *La renaissance des études juridiques en France sous le Consulat, Sirey,* Paris, 1905, 11-12.

[88] Fitzimmons, Michael P., *The Parisian Order of Barristers and the French Revolution,* Harvard University Press, Cambridge – Londres, 1987, pág. 139.

[89] Pardesus, Élémens *de Jurisprudence Commerciale,* Durand, Paris, 1811, págs. iv-vii e Testu, *Almanach Impérial por l'année M.DCCC.X,* Testu, Paris, 1810, pág. 795, nota 1.

Toulouse (desde 1822), Caen e Poitiers (ambas desde 1823).[90] Ou seja, quando o Visconde de Cachoeira declarou ter-se inspirado nesta concreta disciplina, já a *Université de Jurisprudence* não existia, nem existia a respetiva cadeira de Direito Comercial, havia mais de 20 anos. Não se sabe a razão pela qual o Visconde de Cachoeira se inspirou numa cadeira que já não existia, de uma Universidade extinta havia mais de 20 anos, sem fazer referência às *Facultés de Droit*, mas um facto é da maior relevância: o primeiro projeto de uma disciplina de Direito Comercial no Brasil foi inspirado pelo movimento ocorrido em França, já acima estudado, tendo para tanto contribuído diversas pessoas formadas na Universidade de Coimbra.

Em 24 de abril de 1826, O Visconde de Cairu – José da Silva Lisboa – apresentou um projeto de Código Comercial que, contudo, nunca chegou a ver a luz do dia.[91] No entanto, este é um facto notável, especialmente considerando que menos de um mês depois, se retomava o projeto de estabelecimento do Curso Jurídico no Brasil.

O assunto foi novamente retomado em 12 de maio de 1826, através de proposta que o deputado Lúcio Soares Teixeira de Gouveia fez à Comissão de Instrução Pública, tendo em 5 de julho de 1826 o presidente desta Comissão – Januário da Cunha Barbosa, apresentado um novo Projeto de Lei, cuja elaboração foi coordenada pelo deputado José Cardoso Pereira de Melo,[92] projeto este que não incluía qualquer disciplina de Direito Comercial.[93] O projeto veio a ser objeto de várias emendas, sendo uma das emendas da autoria de José Clemente Pereira, que viria a ser um dos autores do projeto de 1834 de um Código Comercial brasileiro.[94]

[90] *Recueil de lois et réglemens concernant l'instruction publique*, Tomo 7, Brunot-Labbe, Paris, 1824, págs. 207 e 291.

[91] Chaves, Antônio, *Formação histórica do Direito Civil Brasileiro, in* Revista da Faculdade de Direito da Universidade de São Paulo, Vol. 95, 2000, págs. 57 a 105, pág. 79.

[92] Neto, António e Mendonça, Andrey, *A fundação dos cursos jurídicos no Brasil, in* Revista da Faculdade de Direito da Universidade de São Paulo, vol. 95, 2000, págs. 192 a 200, pág. 195.

[93] O projeto pode ser consultado em Neto, António e Mendonça, Andrey, *A fundação dos cursos jurídicos no Brasil, in* Revista da Faculdade de Direito da Universidade de São Paulo, vol. 95, 2000, págs. 192 a 200, págs. 195-197.

[94] Pereira, José Clemente, Lisboa, José António, Ratton, Ignacio, Westin, Lourenço, e Midosi, Guilherme, *Projecto do Codigo commercial do Imperio do Brazil*, Seignot-Plancher e Cia, Rio de Janeiro, 1834.

No projeto de José Clemente Pereira, as cadeiras do curso surgiam como segue:[95] 1º ano (1ª Direito Natural e 2ª Instituições de Direito Romano); 2º ano (1ª Direito Público Universal e das Gentes e 2ª Direito Público Eclesiástico); 3º ano (1ª Direito Pátrio, Público e Civil e 2ª Direito Pátrio Criminal e do Comércio); 4º ano (1ª Direito Pátrio Civil e 2ª Economia Política); 5º ano (1ª Prática e 2ª Estatística, Geografia Política e Diplomacia).

Após novos debates e modificações, a disciplina passa a constar no 4º ano, passando a chamar-se Direito Mercantil e Marítimo.[96]

Apesar do debate parlamentar recair oficialmente sobre a criação no Brasil de uma Universidade, a verdadeira questão prendia-se com a criação dos Cursos Jurídicos, como se comprova facilmente pelo facto de estes terem sido criados em cerca de quatro anos (1827), enquanto a primeira Universidade apenas ter surgido no Brasil já no séc. XX.[97] O que se pretendia, em resultado da independência do Brasil, era uma formação própria de quadros jurídicos (magistratura, diplomacia, administração estatal, cargos políticos e advocacia), face à situação que então se vivia, na qual os quadros jurídicos eram todos formados na Universidade de Coimbra.[98] Ou seja, em paralelo com a independência política do Brasil relativamente a Portugal, pretendia-se a independência no ensino universitário do Direito em relação à Universidade de Coimbra. A independência face à Universidade de Coimbra constituía claramente uma questão de criação de identidade nacional brasileira.

A questão da independência era de tal modo relevante, que um dos problemas em discussão era a necessidade de afastar os Estatutos da Universidade de Coimbra. Em sua substituição, e apesar de terem sido elaborados

[95] O projeto pode ser consultado em Neto, António e Mendonça, Andrey, *A fundação dos cursos jurídicos no Brasil, in* Revista da Faculdade de Direito da Universidade de São Paulo, vol. 95, 2000, págs. 192 a 200, págs. 197-198.

[96] Neto, António e Mendonça, Andrey, *A fundação dos cursos jurídicos no Brasil, in* Revista da Faculdade de Direito da Universidade de São Paulo, vol. 95, 2000, págs. 192 a 200, pág. 199.

[97] Apesar de existirem já várias Faculdades. Apostolova, Bistra Stefanova, *O debate sobre a fundação dos cursos jurídicos no Brasil (1823-1827). Uma reavaliação, in* Varia Historia, vol. 33, nº 63, maio-agosto 2017, págs. 419 a 458, http://dx.doi.org/10.1590/0104-87752017000200007 [última consulta em 12 de novembro de 2017], pág. 440, nota 29.

[98] Apostolova, Bistra Stefanova, *O debate sobre a fundação dos cursos jurídicos no Brasil (1823-1827). Uma reavaliação, in* Varia Historia, vol. 33, nº 63, maio-agosto 2017, págs. 419 a 458, http://dx.doi.org/10.1590/0104-87752017000200007 [última consulta em 12 de novembro de 2017], pág. 440.

para um projeto que não chegou a ver a luz do dia, foram aproveitados os Estatutos do Visconde da Cachoeira. Nas palavras do deputado Lino Coutinho e Vasconcellos "*... fujamos de tudo quanto é estrangeiro, visto que existem os estatutos feitos por um cidadão brazileiro, que muito é que nós lancemos mão de uma obra nacional*" e ainda "*também voto pela emenda do Sr. Clemente Pereira, para que se regule este curso pelos estatutos do visconde, porque são melhores dos que os de Coimbra, que sempre são estrangeiros*".[99] Pretendia-se, contudo, uma independência ainda mais profunda, nomeadamente no que respeita ao currículo do curso, aos compêndios utilizados e aos métodos de ensino.[100]

Assim se compreende a grande diferença face ao que ocorria na Universidade de Coimbra, nomeadamente com a criação de uma cadeira de Direito Comercial.

Depois dos vários debates e modificações já referidos, o projeto foi aprovado em 31 de agosto de 1826, tendo sido remetido para o Senado, onde foi aprovado como Lei em 11 de agosto de 1827,[101] um sábado, por intervenção de Fernandes Pinheiro, então Secretário de Estado dos Negócios do Império, que a assinou, assim estando o Visconde de S. Leopoldo presente no início e no culminar do nascimento dos cursos jurídicos no Brasil. Aprovada a Lei, as duas Escolas de Direito iniciaram atividade em 1828, tendo as aulas começado em 1 de março de 1828, em São Paulo, e em 15 de maio de 1828, em Olinda.[102]

[99] Apostolova, Bistra Stefanova, *O debate sobre a fundação dos cursos jurídicos no Brasil (1823-1827). Uma reavaliação, in* Varia Historia, vol. 33, nº 63, maio-agosto 2017, págs. 419 a 458, http://dx.doi.org/10.1590/0104-87752017000200007 [última consulta em 12 de novembro de 2017], págs. 446-447.

[100] Apostolova, Bistra Stefanova, *O debate sobre a fundação dos cursos jurídicos no Brasil (1823-1827). Uma reavaliação, in* Varia Historia, vol. 33, nº 63, maio-agosto 2017, págs. 419 a 458, http://dx.doi.org/10.1590/0104-87752017000200007 [última consulta em 12 de novembro de 2017], pág. 449.

[101] Ferreira, Waldemar, *O Visconde de São Leopoldo e a fundação dos Cursos Jurídicos do Brasil, in* Revista da Faculdade de Direito da Universidade de São Paulo, vol. 42, 1947, págs. 195 a 213, pág. 209.

[102] Apostolova, Bistra Stefanova, *O debate sobre a fundação dos cursos jurídicos no Brasil (1823-1827). Uma reavaliação, in* Varia Historia, vol. 33, nº 63, maio-agosto 2017, págs. 419 a 458, http://dx.doi.org/10.1590/0104-87752017000200007 [última consulta em 12 de novembro de 2017], pág. 440, nota 29.

3. A disciplina de Direito Comercial na Faculdade de Direito de Coimbra

Em 1836, vinte e dois anos depois de ter nascido em França a disciplina de *Droit commercial et maritime*, ideia de Lanjuinais na *Académie de Legislation*, e executada por Boucher nesta Escola e por Peuchet na *Université de Jurisprudence*, e oito anos depois de a mesma disciplina ter surgido no Brasil, surgiu em Portugal a cadeira de Direito Comercial e Marítimo na nova Faculdade de Direito de Coimbra, que resultou da fusão das Faculdades de Cânones e de Leis.

Tal como sucedeu em França, a autonomização do ensino do Direito Comercial em Portugal foi profundamente influenciada pela ocorrência de uma revolução e uma guerra que estabeleceram uma visão liberal na sociedade, mas que na sua pendência determinaram o encerramento dos estudos universitários. Visão liberal que veio posteriormente a conduzir à aprovação de um Código Comercial e subsequente reabertura e renovação dos estudos universitários, determinando o nascimento do estudo do Direito Comercial. Foi também uma nova visão liberal da sociedade, mas agora associada a um movimento político independentista, que conduziu o Brasil a criar o estudo universitário do Direito, que por expressa influência francesa, incluiu o Direito Comercial.

A proximidade entre, por um lado, Portugal, e pelo outro, a França e o Brasil, não permite ignorar a influência que estes dois países tiveram no surgimento em Portugal de uma disciplina universitária de Direito Comercial. O nascimento da cadeira de Direito Comercial na Universidade de Coimbra foi profundamente influenciado pelo que havia ocorrido em França e no Brasil.

Aproximando-se o fim da Guerra Civil, em 18 de agosto de 1832, D. Pedro IV ordenou a elaboração de um Código Comercial, que foi aprovado em 18 de setembro de 1833.[103]

No campo político, o Código Comercial de 1833 foi um dos principais atos de reapossamento praticados por D. Maria II sobre Portugal. A elaboração do Código Comercial foi ordenada por Decreto de 18 de agosto de 1832, passado pouco mais de um mês do desembarque do Mindelo. O Decreto que ordenava a elaboração do Código Comercial foi aprovado por D. Pedro

[103] Este era um projeto que vinha já de longe, tendo em 6 de julho de 1821 sido determinado que Ferreira Borges continuasse a redigir o Código Comercial – Sessão da Corte de 6 de julho de 1821, *Diário das Cortes Gerais e Extraordinárias da Nação Portugueza*, nº 120, Lisboa, Imprensa Nacional, pág. 1460.

IV, na qualidade de Regente, no Paço do Porto, em plena guerra civil. Passados onze meses do desembarque do Mindelo, o texto do Código Comercial veio a ser proposto em 8 de junho de 1833 por Ferreira Borges a D. Pedro IV. A proposta foi enviada a partir de Londres, tendo sido aprovada em Lisboa, no Palácio das Necessidades, em 18 de setembro, por D. Pedro IV na qualidade de Regente em nome de D. Maria II.

D. Maria II desembarcou em 22 de setembro, passados apenas quatro dias da aprovação do Código Comercial.

Dos inúmeros diplomas aprovados entre o desembarque do Mindelo e a chegada de D. Maria II a Portugal, o Código Comercial foi sem dúvida o mais marcante. Assim, à data da chegada de D. Maria II a Portugal estava já aprovado o primeiro Código português, por sua ordem e em seu nome, a partir do Palácio das Necessidades, em Lisboa. A aprovação deste Código teve um inegável significado político, tendo também transmitido uma importante mensagem aos comerciantes e negociantes em Portugal.

Com o Código Comercial, foram também constituídos os Tribunais de Comércio de primeira e segunda instância e, ainda, o Supremo Magistrado do Comércio, cargo ocupado pelo Autor do Código Comercial, José Ferreira Borges.[104]

Estava Portugal munido de um Código Comercial e de uma magistratura comercial, mas sem que se verificasse o ensino do Direito Comercial. Esta era uma situação insustentável, mas intimamente ligada à Guerra Civil. A Guerra Civil afetou também gravemente o ensino superior, tendo a Universidade de Coimbra permanecido encerrada na sua pendência.

Com o fim da Guerra, a Universidade reabriu, retomando os trabalhos académicos no ano letivo de 1834-1835.[105] Apesar da vitória liberal, não se observou de imediato uma modificação do ensino universitário que refletisse uma nova política, mas antes uma modificação do corpo docente,[106] operado pelo Decreto de 14 de julho de 1834 e pela Carta Régia de 15 de julho de 1834.[107]

[104] Ulrich, Ruy Ennes *et al.*, *Da bolsa e suas operações*, 2ª Edição, Imprensa da Universidade de Coimbra, Coimbra, 2011, pág. 121.

[105] Merêa, Paulo, *Esboço de uma história da Faculdade de Direito – 1º período: 1836-1865*, *in* Boletim da Faculdade de Direito, XXVIII (1952), págs. 99 a 180, Coimbra, 1953, pág. 99.

[106] Merêa, Paulo, *Esboço de uma história da Faculdade de Direito – 1º período: 1836-1865*, *in* Boletim da Faculdade de Direito, Vol. XXVIII, 1952, págs. 99 a 180, págs. 99-100.

[107] Ribeiro, José Silvestre, *Historia dos Estabelecimentos Scientificos, Litterários e Artísticos de Portugal*, Tomo IX, Lisboa, Academia Real das Sciencias, 1881, págs. 85-86 e 88.

Já em 1805 se havia reconhecido que as diversas disciplinas ensinadas nos cursos das Faculdades de Cânones e de Leis eram comuns. Contudo, foi preciso esperar até 1833, começando-se a falar da concreta unificação de ambas numa Faculdade de Direito.[108] No mesmo ano da aprovação do Código Comercial o Governo encarregou uma comissão de proceder à reforma da instrução pública, sendo que um dos vogais desta Comissão – Alexandre Tomás de Morais Sarmento – propôs, logo na primeira sessão, a fusão das Faculdades de Direito Civil e Canónico numa nova entidade que seria a Faculdade de Ciências Morais. Foi necessário esperar até fevereiro de 1835 para que esta ideia avançasse mais um pouco, por influência francesa.

A necessidade do ensino do Direito Comercial ia-se, contudo, fazendo sentir de modo cada vez mais premente. Logo em 1823, Mouzinho de Albuquerque apresenta as suas *Ideas sobre o Estabelecimento da Instruccção* Pública,[109] nas quais propõe uma cadeira universitária de Direito Comercial, mas sujeita à existência prévia de um Código Comercial. A decadência que se vinha verificando na Aula do Comércio, levou a recém-inaugurada Associação Mercantil Lisbonense a lançar em 1834 um curso de Direito Mercantil.[110]

Em fevereiro de 1835, J. A. Dias Pegado, que havia estado refugiado em França durante o reinado de D. Miguel, onde lecionou Matemática em Brest, apresentou um Projeto de Organização Geral da Universidade de Portugal,[111] inspirado na reformulação Napoleónica do ensino universitário, obra que se inicia com a transcrição de um trecho da autoria de Talleyrand,[112] retirado do Relatório sobre a Instrução Pública apresentado à Assembleia Nacional francesa em 1791, terminando o texto com outra transcrição do Relatório de Talleyrand.[113]

[108] Merêa, Paulo, *Como nasceu a Faculdade de Direito, in* Boletim da Faculdade de Direito, suplemento XV, Homenagem ao Doutor José Alberto dos Reis, Vol. I, 1961, págs. 152 a 168, págs. 152-153.

[109] Albuquerque, Luiz da Silva Mouzinho de, *Ideas sobre o Estabelecimento da Instruccção Publica*, A. Bobée, Paris, 1823, pág. 44.

[110] Portela, António Farinha, *A evolução histórica do ensino das Ciências Económicas em Portugal, in* Análise Social, vol. VI, nºs 22-23-24, págs. 787-836., pág. 797.

[111] Pegado, Guilherme José António Dias, *Projecto de Lei da Organização Geral da Universidade de Portugal*, Coimbra, Imprensa da Universidade, 1835 (fevereiro).

[112] Talleyrand-Périgord, Charles-Maurice de, Rapport sur l'instruction publique, fait, au nom du Comité de constitution, par M. Talleyrand-Périgord, ancien évêque d'Autun, administrateur du département de Paris, Paris, Imprimerie Nationale, 1791.

[113] Pegado, Guilherme José António Dias, *Projecto de Lei da Organização Geral da Universidade de Portugal*, Coimbra, Imprensa da Universidade, 1835 (fevereiro), págs. III e XXVIII.

A influência francesa em Dias Pegado é inegável. Este propunha para Portugal, a criação de um Conselho Supremo de Instrução Pública, que seria responsável pela Universidade, mas sendo que esta "Universidade" abrangia todo o ensino público, de todas as "espécies".[114] O Conselho Supremo de Instrução Pública seria composto por membros da Universidade, mas nomeados livremente pelo Governo.[115] Assim, tal como ocorria com o sistema francês da *Université Royale*, existiria apenas uma Universidade, mas, no sistema de Dias Pegado, a Universidade (de Coimbra) passaria a aglomerar todo o ensino público, universitário ou não.[116] Tal como sucedia em França com o *Conseil Royal de l'Instruction Publique*,[117] o controlo da Universidade seria exercido efetivamente pelo Conselho Supremo de Instrução Pública, passando o núcleo do poder sobre a Universidade para o Governo, em Lisboa. Como sucedia no sistema francês, o sistema de J. A. Dias Pegado incluía uma Faculdade de Jurisprudência[118] com onze disciplinas, entre as quais surgia no 5º ano do Curso, como 9ª cadeira, *Direito Commercial e Criminal Português*.[119] Em suma, J. A. Dias Pegado pretendia importar o sistema francês, certamente influenciado pela sua estadia em França

Em 7 de setembro de 1835, foi constituído o Conselho Supremo de Instrução Pública, tendo J. A. Dias Pegado integrado o mesmo, que foi presidido por Rodrigo da Fonseca Magalhães,[120] que havia estado emigrado (ou refugiado) no Brasil.[121] Este, em 8 de outubro de 1835, logo no discurso de

[114] Art. 1 do projeto – PEGADO, GUILHERME JOSÉ ANTÓNIO DIAS, *Projecto de Lei da Organização Geral da Universidade de Portugal*, Coimbra, Imprensa da Universidade, 1835 (fevereiro), pág. 31.

[115] Art. 262 do projeto – PEGADO, GUILHERME JOSÉ ANTÓNIO DIAS, *Projecto de Lei da Organização Geral da Universidade de Portugal*, Coimbra, Imprensa da Universidade, 1835 (fevereiro), pág. 29.

[116] Art. 1 do projeto – PEGADO, GUILHERME JOSÉ ANTÓNIO DIAS, *Projecto de Lei da Organização Geral da Universidade de Portugal*, Coimbra, Imprensa da Universidade, 1835 (fevereiro), pág. 31.

[117] RENDU, *Code Universitaire*, 3ª ed., Paris, 1846, págs. 23-27.

[118] Art. 275 do projeto – PEGADO, GUILHERME JOSÉ ANTÓNIO DIAS, *Projecto de Lei da Organização Geral da Universidade de Portugal*, Coimbra, Imprensa da Universidade, 1835 (fevereiro), pág. 31.

[119] PEGADO, GUILHERME JOSÉ ANTÓNIO DIAS, *Projecto de Lei da Organização Geral da Universidade de Portugal*, Coimbra, Imprensa da Universidade, 1835 (fevereiro), pág. 33.

[120] Diário do Governo, nº 238, de 9 de outubro de 1835. O Conselho Supremo de Instrução Pública foi constituído por Decreto de 7 de setembro de 1835, mas os seus membros foram nomeados por Decreto de 28 de setembro de 1835.

[121] BONIFÁCIO, MARIA DE FÁTIMA, *Um Homem Singular – Biografia política de Rodrigo da Fonseca Magalhães*, D. Quixote, Alfragide, 2013, págs. 5-8 e 370. Rodrigo da Fonseca fugiu para o Brasil

inauguração do Conselho Supremo de Instrução Pública, colocou em prática as ideias de Dias Pegado, declarando que "*pelo que toca à Instrução Superior mostrou a necessidade de sua reforma: de reduzir a uma só faculdade as de Canones e Leis – de suprimir a de Theologia, cujo ensino deve estar confiado aos Seminarios Episcopaes – de estabelecer Cadeiras de Economia Politica, Direito Constitucional Administrativo, e de Direito Commercial...*".[122] A influência francesa era manifesta, não só na unificação de toda a Universidade e no controlo estatal do ensino, mas – no que agora nos interessa – no que respeita à inovação na criação de disciplinas, em especial, no que respeita à criação da disciplina universitária de Direito Comercial.

Na sequência da tomada de funções, em 19 de outubro de 1835, o Conselho Supremo de Instrução Pública ordenou em nome da Rainha à recém-criada Congregação Geral das duas Faculdades Jurídicas, que procedesse à discussão do projeto e propusesse um novo *programma de um curso completo de jurisprudencia*,[123] incluindo a distribuição das disciplinas por anos, a designação dos compêndios a seguir e o número de lentes e substitutos.[124] Este projeto, contudo, não avançou.

A Universidade de Coimbra, confrontada com o projeto que implicava uma transferência efetiva do poder universitário para o Conselho Supremo de Instrução Pública, e de Coimbra para Lisboa, opôs-se com todas as sua forças à implementação deste novo projeto. Para tanto a Congregação Geral das duas Faculdades Jurídicas invocou, em 20 de novembro de 1835, questões de constitucionalidade da ordem dada pelo Conselho Supremo de Instrução Pública para que fosse elaborado um novo programa de ensino, que mereceu o acordo dos lentes das Faculdades de Teologia, Medicina, Matemática e Filosofia em 23 de novembro de 1835. Contudo, diz-nos Paulo

em 1819, tendo sido acolhido pelo General Luís do Rego Barreto, com cuja filha casou em 1823. Em 1822, confrontado com os movimentos independentistas brasileiros, regressou a Lisboa. Com a tomada do poder por D. Miguel, Rodrigo da Fonseca refugiou-se em Inglaterra, tendo evitado o "Barracão de Plymouth", passando a exercer funções como secretário do Marquês de Palmela.

[122] Diário do Governo, nº 238, de 9 de outubro de 1835. Merêa, Paulo, *Esboço de uma história da Faculdade de Direito – 1º Período: 1836-1865, in* Boletim da Faculdade de Direito, Vol. XXVIII, 1952, págs. 99 a 180, pág. 101.

[123] Ribeiro, José Silvestre, *Historia dos Estabelecimentos Scientificos, Litterários e Artísticos de Portugal*, Tomo IX, Lisboa, Academia Real das Sciencias, 1881, pág. 103.

[124] Merêa, Paulo, *Esboço de uma história da Faculdade de Direito – 1º Período: 1836-1865, in* Boletim da Faculdade de Direito, Vol. XXVIII, 1952, págs. 99 a 180, pág. 101.

Merêa, que nesse mesmo ato a Congregação Conjunta das Faculdades de Cânones e de Lei chegou a aprovar um Parecer no qual constava no 5º ano do curso, a cadeira de Direito Comercial e Marítimo Português, como 9ª cadeira,[125] o que reforça a ideia de que o problema em causa não incidia sobre a reforma dos estudos em si mesma, mas sobre o domínio da política de ensino.

As medidas adotadas pela Universidade de Coimbra tiveram êxito, tendo conseguido obter do Governo de Mouzinho de Albuquerque[126]a suspensão do processo de reforma do ensino de Dias Pegado, o que ocorreu em 2 de dezembro de 1835.[127]

A criação da disciplina de Direito Comercial ainda não tinha arrancado, mas a sua necessidade era já manifesta, sendo assumida por todos.

Em 22 de fevereiro de 1836, na sequência da suspensão da reforma do ensino, a Universidade de Coimbra enviou às câmaras legislativas uma representação na qual reconhecia que era necessária e urgente uma reforma, mas sem propor uma reforma.[128]

A reforma veio finalmente a ser proposta pela Universidade de Coimbra, sendo remetida pelo vice-reitor da Universidade de Coimbra, José Alexandre de Campos, que havia sido *restituído* ao cargo de vice-reitor pela Carta Régia de 11 de setembro de 1836.[129] Passos Manuel, que, entretanto, havia tomado o poder, aprovou o novo Plano de Estudos em 5 de dezembro. Este novo Plano de Estudos integrava no 4º ano do Curso, como 11ª Cadeira, "*Direito Commercial e Marítimo Pátrio*".[130]

[125] Merêa, Paulo, *Como nasceu a Faculdade de Direito*, *in* Boletim da Faculdade de Direito, suplemento XV, Homenagem ao Doutor José Alberto dos Reis, Vol. I, 1961, págs. 152 a 168, pág. 164.

[126] Ribeiro, José Silvestre, *Historia dos Estabelecimentos Scientificos, Litterários e Artísticos de Portugal*, Tomo IX, Lisboa, Academia Real das Sciencias, 1881, págs. 103-109.

[127] Ribeiro, José Silvestre, *Historia dos Estabelecimentos Scientificos, Litterários e Artísticos de Portugal*, Tomo IX, Lisboa, Academia Real das Sciencias, 1881, pág. 108.

[128] Ribeiro, José Silvestre, *Historia dos Estabelecimentos Scientificos, Litterários e Artísticos de Portugal*, Tomo IX, Lisboa, Academia Real das Sciencias, 1881, pág. 114.

[129] Ribeiro, José Silvestre, *Historia dos Estabelecimentos Scientificos, Litterários e Artísticos de Portugal*, Tomo IX, Lisboa, Academia Real das Sciencias, 1881, pág. 116.

[130] Ribeiro, José Silvestre, Historia dos Estabelecimentos Scientificos, Litterários e Artísticos de Portugal, Tomo IX, Lisboa, Academia Real das Sciencias, 1881, págs. 119-120 e Colecção de Leis e outros Documentos Officiaes publicados desde 10 de Setembro até 31 de Dezembro de 1836, Lisboa, Imprensa Nacional, 1837, págs. 191-199.

Naquilo que agora nos prende a investigação, o Decreto de 5 de dezembro de 1836 criou, em simultâneo, a Faculdade de Direito da Universidade de Coimbra e a disciplina universitária de Direito Comercial.[131]

Assim, em 5 de dezembro de 1836, a cadeira de Direito Comercial em Portugal nasceu na Lei, pela mão de Passos Manuel, por proposta de José de Alexandre Campos, que aproveitou nesta parte o projeto de Dias Pegado, disciplina esta de profunda inspiração francesa, não sendo possível esquecer esta influência, nem o facto de no Brasil já a mesma disciplina ser ensinada havia oito anos.

Em 24 de dezembro de 1836, foi remetida em nome da Rainha uma Portaria ao vice-reitor da Universidade de Coimbra, indicando a vontade da Rainha de que o novo plano fosse aplicado no corrente ano letivo.[132]

Por coincidência – ou talvez não – pouco tempo antes, em 29 de outubro de 1836, foi aprovado em Espanha o *Arreglo provisional de estúdios,* em cujos arts. 20 e 21 se determinava a inclusão de uma cadeira de *jurisprudencial mercantil*, no sétimo ano do curso de *Jusrisprudencia*, a ser lecionada pelos catedráticos de *instituicions de derecho español.*[133] Este *Arreglo provisional de estúdios* foi aprovado na sequência da reposição em vigor da Constituição de 1812 (Constituição de Cádiz), de cariz liberal, no âmbito de um processo de reforma do ensino superior destinado a adaptar a Universidade ao espírito liberal, enquanto se aguardava que as Cortes procedessem a um novo plano definitivo.[134] Este novo plano de ensino provisório foi elaborado pela *Dirección General de Estudios,* chefiada por José Manuel Quintana, uma entidade semelhante ao nosso Conselho Supremo de Instrução Pública de então. O plano provisório vigorou até 1 de outubro de 1842, data na qual foi suprimida a *Universidade de Cânones,* o que constitui outra semelhança com a unificação das duas Faculdades ocorrida em Portugal. Não nos foi possível obter informações mais completas sobre o começo do funcionamento desta cadeira,

[131] Merêa, Paulo, *Como nasceu a Faculdade de Direito, in* Boletim da Faculdade de Direito, suplemento XV, Homenagem ao Doutor José Alberto dos Reis, Vol. I, 1961, págs. 152 a 168, pág. 155.

[132] Ribeiro, José Silvestre, *Historia dos Estabelecimentos Scientificos, Litterários e Artísticos de Portugal,* Tomo IX, Lisboa, Academia Real das Sciencias, 1881, pág. 123.

[133] Nieva, Josef Maria de, *Decretos de S. M. la Reina Doña Isabel II,* Tomo XXI, Madrid, Imprenta Nacional, 1837, págs. 496 e segs., em especial, pág. 500.

[134] Camallonga, Carlos Tormo, *Implantación de los estudios de jurisprudencia en el Arreglo provisional de 1836: El caso de la Universidad de Valencia,* Cuadernos del Instituto Antonio de Nebrija de estudios sobre la Universidad. nº 6, Madrid, Dykinson, 2003, págs. 221 a 254, págs. 221-223.

mas fica a nota sobre a coincidência legislativa e, de certo modo, política no que respeita à disciplina de Direito Comercial, em Portugal e Espanha.

A título de comparação, em Itália, as reivindicações para a criação de uma cadeira de Direito Comercial na Universidade de Roma tiveram apenas início em 1839, três anos depois da inauguração da mesma cadeira em Portugal, e vinte e cinco anos depois da inauguração da cadeira em França. Apesar de inúmeras tentativas, apenas em 1865 foi dada autorização ao advogado Augusto Mimmi para ensinar um curso privado de Direito Comercial na Universidade de Roma. Por sua vez, a cadeira universitária de Direito Comercial, como parte da Licenciatura em Direito da Universidade de Roma, apenas foi autorizada em junho de 1867, tendo sido ordenada a abertura de concurso para provimento de um Professor para a mesma pelo Papa Pio IX, na audiência de 25 de julho de 1867. Apresentaram-se a concurso vinte e cinco candidatos, tendo este decorrido em dezembro de 1867. O primeiro lugar no concurso foi obtido pelo advogado Lorenzo Meucci, mas a cadeira foi entregue a Luigi Maurizi, advogado na Rota, que foi, assim, o primeiro professor da cadeira universitária de Direito Comercial em Itália. A cadeira de Direito Comercial foi inaugurada na Universidade de Roma no dia 1 de abril de 1868,[135] menos de dois anos antes da tomada de Roma pelo *Regno d'Italia*.

Em Portugal, para execução da Portaria de 24 de dezembro de 1836, reuniu a Congregação de Direito em 30 de dezembro de 1836, tendo sido decidido atribuir a cadeira de Direito Comercial a José Machado de Abreu,[136] que em 1834 havia sido nomeado para a Universidade, tendo sido nomeado para titular inaugural desta disciplina.[137]

A cadeira de Direito Comercial iniciou a sua vida universitária em Portugal, após as férias do Natal de 1836, no início do ano de 1837, sendo titular José Machado de Abreu, que nunca publicou qualquer obra sobre

[135] Simone, Maria Rosa Di, *L'Istituzione della prima Cattedra di Diritto Commerciale all'Univesità di Roma, in* Annali di storia delle università italiane, vol. 15, 2011, págs. 301 a 316.

[136] Abreu, Jorge Coutinho de, *Direito Comercial. Relatório sobre o programa, os conteúdos e os métodos de ensino*, Coimbra, 1999, pág. 8. A acta da Congregação pode ser consultada em Merêa, Paulo, *Como nasceu a Faculdade de Direito, in* Boletim da Faculdade de Direito, suplemento XV, Homenagem ao Doutor José Alberto dos Reis, Vol. I, 1961, págs. 152 a 168, págs. 167-168.

[137] Merêa, Paulo, *Como nasceu a Faculdade de Direito, in* Boletim da Faculdade de Direito, suplemento XV, Homenagem ao Doutor José Alberto dos Reis, Vol. I, 1961, págs. 152 a 168, págs. 158-159.

Direito Comercial e não escolheu nenhum compêndio para a disciplina,[138] recorrendo apenas ao Código Comercial,[139] funcionando este diploma como compêndio da cadeira.

O programa (segundo era ensinado em 1851),[140] e que terá sido o primeiro programa de Direito Comercial em Portugal numa licenciatura em Direito, dividia-se em Comércio Terrestre e Comércio Marítimo. O Comércio Terrestre, por sua vez, dividia-se em três partes. A primeira parte incluía uma introdução, noções gerais de comércio, considerando especialmente as fontes de Direito. Seguia-se uma breve análise da história da legislação comercial anterior ao Código Comercial (identificado como "*Código do Senhor D. Pedro 4º*") e uma apresentação geral deste Código. Seguidamente, entrava-se no estudo de temas vários de Direito Comercial, incluindo atos de comércio, mercados, feiras, praças de comércio, comerciantes em geral, comissários, consignatários, cambistas, banqueiros, empresários, transportadores, recoveiros, empregados comerciais, feitores, guarda-livros, caixeiros, corretores de praça, intérpretes de navios, obrigações e deveres comuns a todos os comerciantes, escrituração, correspondência mercantil, registo público do comércio e prestação de contas. A segunda parte, abrangia as obrigações entre comerciantes, incluindo a sua natureza, formação e efeitos, o mútuo comercial, os juros comerciais, o comodato, o depósito, o penhor, o mandado mercantil, a comissão, a consignação, as fianças mercantis, a compra e venda mercantil, o escambo, a locação e condução mercantil, as empreitadas, o contrato e letras de câmbio, as ordens, as livranças, os cheques, as cartas de crédito, as associações comerciais, as sociedades mercantis, e os modos de dissolução das obrigações mercantis, as indemnizações por incumprimento de contratos e obrigações mercantis. A terceira parte abrangia as quebras, a reabilitação dos falidos e as moratórias.

138 À data a escolha era parca, especialmente tendo em consideração a publicação do Código Comercial. Contudo, poderia ter optado pelas obras de José da Silva Lisboa (Visconde de Cairú) ou de José Ferreira Borges e ainda, apesar de menos profundas, de Porfírio Homem de Carvalho e de Manoel Luiz da Veiga, como é referido por Chorão, Luís Bigotte, *Subsídios para a História do Direito Comercial – A Comercialística portuguesa e o ensino do Direito Comercial na Universidade de Coimbra (Século XIX)*, polic., Lisboa, 1994, págs. 27 a 33.

139 Merêa, Paulo, *Como nasceu a Faculdade de Direito, in* Boletim da Faculdade de Direito, suplemento XV, Homenagem ao Doutor José Alberto dos Reis, Vol. I, 1961, págs. 152 a 168, pág. 163.

140 *Universidade de Coimbra – Programas. Faculdade de Direito. 1853-1854, in* O Instituto, Vol. 4, Coimbra, Imprensa da Universidade, 1856, pág. 4.

Por sua vez, a parte relativa ao Comércio Marítimo era composta pelo estudo de uma brevíssima história dos usos, costumes e leis do comércio marítimo. Seguia-se o estudo do regime aplicável às embarcações, aos donos dos navios, à parceria marítima, ao capitão, ao contramestre, ao piloto, ao ajuste e soldadas dos oficiais e demais tripulantes, seus direitos e obrigações, ao fretamento e aos conhecimentos. Após esta parte, eram estudados os principais acidentes, as abalroações, o encalhe, a varação, o naufrágio, os náufragos, os alijamentos, os arrestos, as prezas, as arribadas, os contratos de risco, contratos à grossa aventura, e *bottomrys*, seguros e avarias. Por último, era estudada a extinção das obrigações em matéria marítima.

"*Se o tempo permitir*", seria ainda lecionada a organização do foro comercial, competência do juiz, Tribunais de 1ª e 2ª instância, as ações comerciais, as provas e as decisões e recursos judiciais.

Apesar de J. Machado de Abreu não ter publicado qualquer obra sobre Direito Comercial, e de nem sequer ter adotado um compêndio, cumpriu a fundamental missão de inaugurar em Portugal o estudo universitário do Direito Comercial, abrindo uma nova escola que seria composta pelas gerações que se lhe seguiram. Não se pode chamar a J. Machado de Abreu um comercialista. No entanto, este foi fundamental para o Direito Comercial, sendo que os resultados práticos dos esforços de J. Machado de Abreu foram manifestos logo após o seu falecimento. Estas circunstâncias ocorrem também, por exemplo, em França, cujo Direito Comercial, influenciado por Pardesus e Frémery, era caraterizado por se "*absorver numa função estéril, a interpretação escolástica da lei escrita*",[141] até que a titularidade da cadeira de Direito Comercial na *Faculté de Droit de Paris* foi entregue a Rataud. Apesar de este nunca ter escrito obras em Direito Comercial, e de se considerar um economista, foi o seu ensino que formou e marcou indelevelmente as gerações seguintes de professores de Direito Comercial em França, que assim o reconhecem como um ponto de viragem na Doutrina jus-comercial francesa.[142]

[141] HUVELIN, PAUL-LUIS, *L'Histoire du Droit Commercial*, Librairie Léopold, Paris, 1904, pág. 67.

[142] THALLER, EDMOND-EUGÈNE, *Traité* Élémentaire *de Droit Commercial*, Rousseau, Paris, 1898, págs. I-II, e HUVELIN, PAUL-LUIS, *L'Histoire du Droit Commercial*, Librairie Léopold, Paris, 1904, pág. 67.

Arbitragem, competência judiciária e reconhecimento de sentenças: reflexões à luz do Regulamento de Bruxelas *I-bis*

Dário Moura Vicente[*]

I. Introdução

a) A exclusão da arbitragem do sistema de Bruxelas e a sua *ratio*

O artigo 220º do Tratado de Roma de 1957, que instituiu a Comunidade Económica Europeia, previu que os respetivos Estados-membros entabulariam entre si, sempre que necessário, negociações destinadas a garantir, em benefício dos seus nacionais, a simplificação das formalidades a que se encontram subordinados o reconhecimento e a execução recíprocos de decisões judiciais e arbitrais.

Contudo, o artigo 1º, 2º §, nº 4, da Convenção de Bruxelas Relativa à Competência Judiciária e à Execução de Decisões em Matéria Civil e Comercial, de 1968, que visou dar execução àquela disposição do Tratado de Roma, excluiu a arbitragem do âmbito de aplicação da Convenção. Esta solução foi mantida até hoje, designadamente no Regulamento da União Europeia relativo à competência judiciária, ao reconhecimento e à execução de decisões em matéria civil e comercial, de 2012, (doravante "Regulamento de Bruxelas I-*bis*").

[*] Professor Catedrático da Faculdade de Direito da Universidade de Lisboa. Presidente da Associação Portuguesa de Arbitragem.

Segundo o *Relatório Jenard*, essa exclusão deveu-se essencialmente ao facto de, aquando da conclusão da Convenção de Bruxelas, a maioria dos Estados-Membros da Comunidade serem já partes de vários instrumentos internacionais relativos à arbitragem, nomeadamente a Convenção sobre o Reconhecimento e Execução de Sentenças Arbitrais Estrangeiras, concluída em Nova Iorque a 10 de Junho de 1958 (hoje expressamente referida no nº 2 do artigo 73º do referido Regulamento), e a Convenção Europeia que estabelece uma Lei Uniforme sobre Arbitragem, feita em Estrasburgo a 20 de Janeiro de 1966 (que não chegou a entrar em vigor, por não ter obtido o número de ratificações exigido para o efeito)[1].

b) A controvérsia sobre o âmbito da exclusão

Nos termos do mencionado *Relatório Jenard*, "[a] Convenção [de Bruxelas] não se aplica ao reconhecimento e execução de sentenças arbitrais [...], nem à determinação da competência dos tribunais relativamente a litígios relacionados com a arbitragem, por exemplo, ações de anulação de uma sentença arbitral, nem tão-pouco ao reconhecimento de decisões proferidas em tais ações".

Ao longo da vigência da Convenção e dos Regulamentos europeus que lhe sucederam, suscitaram-se, porém, diversas questões quanto ao alcance da exclusão da arbitragem do respetivo âmbito de aplicação.

Para elas alertava já em 1978 o *Relatório Schlosser*[2], que destacava a de saber se o artigo 1º, 2º §, nº 4, da Convenção abrangia todos os litígios para cuja resolução houvesse sido acordada a competência de um tribunal arbitral, incluindo os litígios secundários relacionados com processos arbitrais; ou se ao invés, a arbitragem, na aceção desta disposição, compreendia apenas os processos instaurados perante tribunais estaduais relacionados com arbitragens, quer estas se encontrassem findas, em curso ou por instaurar.

Mais tarde, o *Relatório Evrigenis/Kerameus*, de 1986, embora reconhecendo que os processos direta e principalmente relativos à arbitragem (como, por

[1] Ver Paul Jenard, "Rapport sur la convention concernant la compétence judiciaire et l'exécution des décisions en matière civile et commerciale (signée à Bruxelles le 27 septembre 1968)", *Jornal Oficial das Comunidades Europeias*, nº C 59, 5 de março de 1979, pp. 1 ss. (p. 13).

[2] Ver Peter Schlosser, "Report on the Convention on the Accession of the Kingdom of Denmark, Ireland and the United Kingdom of Great Britain and Northern Ireland to the Convention on Jurisdiction and the Enforcement of Judgments in Civil and Commercial Matters and to the Protocol on its Interpretation by the Court of Justice", *Jornal Oficial das Comunidades Europeias*, nº C 59, 5 de março de 1979, pp. 71 ss. (p. 92).

exemplo, os respeitantes à intervenção de um tribunal estadual na constituição de um tribunal arbitral ou à determinação da validade de uma decisão arbitral) não se encontravam abrangidos pela Convenção, sustentou o ponto de vista conforme o qual "o controlo incidental da validade da convenção de arbitragem solicitado por uma parte para contestar a competência internacional do tribunal perante o qual é demandada ao abrigo da Convenção deve ser considerado como abrangido pelo âmbito de aplicação da Convenção"[3].

A ausência de uma convenção internacional que se ocupe destes processos, por um lado, e o facto de a arbitragem internacional ter necessidades de regulação específicas que não se acham disciplinadas da mesma forma pelos sistemas jurídicos dos Estados-Membros, por outro, tornam esta questão particularmente delicada. Não surpreenderá, por isso, que a mesma tenha sido objeto de vários desenvolvimentos jurisprudenciais de relevo ao longo das últimas duas décadas; e que haja também sido acesamente debatida durante a reformulação do Regulamento Bruxelas I, ocorrida em 2012, e no contexto da sua revisão projetada para 2022. Desses desenvolvimentos, bem como do debate a este respeito travado, se procurará dar conta em seguida.

II. Desenvolvimentos jurisprudenciais

a) Litígios relativos à nomeação de árbitros

O Tribunal de Justiça da União Europeia ocupou-se do assunto pela primeira vez em 1991 no acórdão *Marc Rich contra Impianti*[4].

Os factos relevantes do caso eram, em resumo, os seguintes. Uma empresa sediada na Suíça tinha feito uma oferta de aquisição de um lote de certas matérias-primas a uma empresa sediada na Itália. Esta aceitou a oferta, sob reserva, porém, de determinadas condições adicionais. O comprador aceitou essas condições e, em seguida, enviou uma carta ao vendedor na qual se expunham os termos do contrato visado e se continha uma cláusula que sujeitava à lei inglesa as questões relativas à interpretação, à validade e

[3] Ver D. Evrigenis/K. D. Kerameus, "Rapport des professeurs D. Evrigenis et K.D. Kerameus relatif à l'adhésion de la République hellénique à la convention concernant la compétence judiciaire et l'exécution des décisions en matière civile et commerciale", *Jornal Oficial das Comunidades Europeias*, nº C 298 de 24 de novembro de 1986, pp. 1 ss. (p. 10).

[4] Acórdão de 25 de julho de 1991, *Marc Rich & Co AG contra Società Italiana Impianti PA*, processo C-190/89, ECLI:EU:C:1991:319.

ao cumprimento do contrato, prevendo-se nela ainda que, em caso de litígio entre as partes, este seria resolvido por árbitros em Londres. Não houve resposta a essa comunicação. No entanto, a transação concretizouse pouco depois, tendo o comprador reclamado posteriormente que as mercadorias se encontravam seriamente danificadas e, em consequência disso, reclamado uma indemnização do vendedor. Este, por seu turno, intentou uma ação contra o comprador perante um tribunal italiano, em que solicitava uma declaração judicial que o exonerasse de responsabilidade. Na sua defesa, o comprador alegou que o tribunal italiano não tinha competência, tendo em conta a referida cláusula compromissória.

O comprador instaurou então uma ação arbitral em Londres, em que o vendedor se recusou a participar, pelo que o primeiro solicitou ao *High Court* de Londres a nomeação de um árbitro em lugar do vendedor ao abrigo do artigo 10º, nº 3, do *Arbitration Act* de 1950. O Tribunal permitiu que o requerimento inicial dessa ação fosse notificado ao demandado em Itália. Este requereu, todavia, que a decisão fosse anulada, alegando que o litígio se encontrava abrangido no âmbito de aplicação da Convenção de Bruxelas e deveria, ao abrigo dessa Convenção, ser julgado em Itália. O demandante objetou que, nos termos do artigo 1º da Convenção, o litígio não se achava abrangido no âmbito de aplicação da Convenção. O *High Court* decidiu que a Convenção não se aplicava ao caso e que podia, portanto, ser autorizada a notificação no estrangeiro.

O demandado recorreu então para o *Court of Appeal*, que suspendeu a instância e solicitou ao Tribunal de Justiça que se pronunciasse a título prejudicial sobre a questão de saber se a exceção prevista no artigo 1º, nº 4, da Convenção de Bruxelas se aplicava a um litígio pendente perante um tribunal estadual relativo à nomeação de um árbitro e, em caso afirmativo, se essa exclusão também se aplicaria quando a questão da existência ou validade de uma convenção de arbitragem fosse suscitada a título incidental. O Tribunal decidiu, a este respeito, que:

> "O artigo 1º, segundo parágrafo, ponto 4, da Convenção deve ser interpretado no sentido de que a exclusão nele prevista abrange um litígio pendente num órgão jurisdicional estadual que tem por objeto a designação de um árbitro, mesmo que este litígio suscite previamente a questão da existência ou da validade de uma convenção de arbitragem."

Para tanto, observou o Tribunal que os acordos internacionais, designadamente a Convenção de Nova Iorque, estabelecem regras que devem ser respeitadas não pelos próprios árbitros, mas antes pelos órgãos jurisdicionais dos Estados contratantes. Tais regras dizem respeito, por exemplo, à sujeição das partes num litígio à arbitragem ou ao reconhecimento e execução das sentenças arbitrais. Daqui decorreria que, ao excluir do âmbito de aplicação da Convenção a matéria da arbitragem por esta ser já objeto de convenções internacionais, os Estados-Membros teriam pretendido excluir a arbitragem no seu conjunto, incluindo os processos instaurados perante órgãos jurisdicionais estaduais[5].

No que se refere especificamente à designação de um árbitro por um tribunal judicial, tratar-se-ia, consoante notou o Tribunal de Justiça, de uma medida estadual destinada a pôr em marcha um processo arbitral. Essa medida relevaria, portanto, da matéria da arbitragem, sendo por isso abrangida pela exclusão constante do artigo 1º, § 2º, nº 4, da Convenção[6].

A decisão, que contrariou o parecer dos relatores da Convenção de Bruxelas e da Convenção sobre a Adesão da Dinamarca, Irlanda e Reino Unido à mesma, bem como da Comissão Europeia, não ficou imune à crítica. Segundo Peter Schlosser[7], ela implicaria a inexistência de qualquer base fiável para o reconhecimento extraterritorial das decisões relativas à arbitragem, o que seria prejudicial à eficácia deste instituto como meio de resolução de litígios no comércio internacional e à harmonia internacional de decisões[8].

Poderá contrapor-se, como observou o Advogado-Geral Marco Darmon nas suas conclusões sobre o caso *Marc Rich*, que a Convenção de Bruxelas não continha regras especificamente formuladas para a definição do tribunal estadual competente em matéria de arbitragem. Mas a regra geral de competência dos tribunais do Estado-Membro do domicílio do demandado, consignada no artigo 2º, § 1º, da Convenção de Bruxelas (hoje vertida no artigo 4º, nº 1, do Regulamento de Bruxelas I-*bis*), poderia, na ausência de escolha pelas partes do lugar de arbitragem, ser bastante para esse efeito. Tendo as partes feito tal escolha, o artigo 5º, nº 1 (atual artigo 7º, nº 1, alínea

5 Nº 18.

6 Nº 19.

7 "The 1968 Brussels Convention and Arbitration", *Arbitration International*, 1991, pp. 227 ss.

8 Veja-se também, sobre a decisão do Tribunal de Justiça referida no texto, o nosso estudo "A Convenção de Bruxelas de 27 de setembro de 1968 Relativa à Competência Judiciária e à Execução de Decisões em Matéria Civil e Comercial e a Arbitragem", *Revista da Ordem dos Advogados*, 1996, pp. 595 ss. (reproduzido em *Direito Internacional Privado. Ensaios*, vol. I, Coimbra, Almedina, 2002, pp. 371 ss.).

a)), que confere competência concorrente, em matéria contratual, ao tribunal do lugar onde foi ou deve ser cumprida a obrigação em que a ação se baseia, depõe a favor da competência dos tribunais do lugar de arbitragem – solução, aliás, geralmente tida como a mais adequada nesta matéria[9].

b) Competência para decretar providências cautelares

Posteriormente, no caso *Van Uden*[10], o Tribunal de Justiça da União Europeia viria a distanciar-se um tanto da sua jurisprudência sobre a matéria, tal como formulada no caso *Marc Rich*.

Em síntese, o reenvio prejudicial dizia respeito neste caso, julgado em 1998, à questão, suscitada pelo *Hoge Raad der Nederlanden* (Supremo Tribunal holandês), de saber se, quando as partes houverem validamente subtraído um litígio resultante de um contrato à competência dos tribunais estaduais e o tiverem confiado a um tribunal arbitral, teriam aqueles primeiros tribunais poderes para determinar medidas provisórias ou cautelares nos termos do artigo 24º da Convenção (atual artigo 35º do Regulamento), não obstante o facto de não existir um tribunal estadual com competência para julgar o mérito da causa.

O Tribunal respondeu afirmativamente a esta questão, declarando, na sua decisão, que:

> "Na medida em que o objeto de um pedido de medidas provisórias incide sobre uma questão abrangida pelo âmbito de aplicação material da convenção de 27 de setembro de 1968, esta última aplica-se e o seu artigo 24º é suscetível de fundamentar a competência do juiz das medidas provisórias mesmo que já tenha sido ou possa ser instaurado um processo quanto ao mérito e mesmo que este processo deva correr os seus termos perante árbitros."

Uma interpretação mais restritiva da exceção arbitral prevaleceu, assim, nesta decisão, a qual não está, em todo o caso, isenta de crítica: foi-lhe objetado nomeadamente que se, devido à cláusula arbitral, não houver um tribunal estadual com competência para decidir sobre o mérito da causa, o artigo 24º "perde a sua razão de ser, que consiste em permitir que um

[9] Neste sentido, Schlosser, *op. cit.*; Peter Kaye, *Civil Jurisdiction and Enforcement of Foreign Judgements*, Abingdon, Oxon, Professional Books, 1987, pp. 149 f.

[10] Acórdão do Tribunal de Justiça de 17 de novembro de 1998, *Van Uden Maritime BV, comercializando como Van Uden Africa Line v. Kommanditgesellschaft em Firma Deco-Line e Outros*, processo C-391/95, ECLI:EU:C:1998:543.

tribunal diferente daquele que tem competência sobre o mérito ordene medidas provisórias ou cautelares"[11].

c) *Anti-suit injunctions*

O Tribunal de Justiça voltaria a esta questão em 2009 na decisão relativa ao caso *West Tankers*[12], em que se discutia a compatibilidade com o Regulamento Bruxelas I da adoção por um tribunal de um Estado-Membro de uma injunção destinada a proibir uma pessoa de instaurar ou prosseguir um processo judicial noutro Estado-Membro ("*anti-suit injunction*"), por processo violar uma convenção de arbitragem.

Tanto o requerente dessa decisão como a Câmara dos Lordes (ao tempo o Supremo Tribunal do Reino Unido), que submetera um pedido de decisão prejudicial sobre o assunto ao Tribunal de Justiça, consideraram que tal injunção não seria incompatível com o Regulamento nº 44/2001 ("Bruxelas I"), uma vez que o artigo 1º, nº 2, alínea *d)*, desse Regulamento exclui a arbitragem do respetivo âmbito de aplicação.

A Câmara dos Lordes observou no seu pedido, além do mais, que os tribunais do Reino Unido há muito se socorrem de *anti-suit injunctions*. Esta prática seria, segundo notou o Tribunal, um meio particularmente eficaz a fim de assegurar que o tribunal do lugar da sede da arbitragem controle a arbitragem, promovendo a segurança jurídica ao reduzir a possibilidade de conflito entre sentenças arbitrais e decisões de tribunais nacionais[13]; sendo que se esta prática fosse também adotada pelos tribunais de outros Estados-Membros, tal contribuiria para a competitividade da Comunidade Europeia face a centros de arbitragem globais como os existentes em Nova Iorque, nas Bermudas e em Singapura[14].

O Tribunal de Justiça respondeu, porém, à questão assim posta que "o facto de impedir, mediante uma 'antisuit injunction', um tribunal de um Estado-Membro, normalmente competente para dirimir um litígio nos termos do artigo 5º, nº 3, do Regulamento nº 44/2001, de se pronunciar, nos

[11] Ver Hélène Gaudemet Tallon/Marie-Élodie Ancel, *Compétence et exécution des jugements en Europe*, 6ª ed., Paris, LGDJ, 2018, p. 87.

[12] Acórdão do Tribunal de Justiça de 10 de fevereiro de 2009, *Allianz SpA e Generali Assicurazioni Generali SpA v West Tankers Inc., Allianz SpA e Generali Assicurazioni Generali SpA v West Tankers Inc.*, processo C-185/07, ECLI:EU:C:2009:69.

[13] Nº 16.

[14] Nº 17.

termos do artigo 1º, nº 2, alínea d), deste regulamento, sobre a própria aplicabilidade do regulamento ao litígio que lhe é submetido equivale necessariamente a retirarlhe o poder de conhecer da sua própria competência nos termos do Regulamento nº 44/2001»[15].

Daqui resultaria, segundo o Tribunal, que uma *antisuit injunction*, como a do processo principal, não respeitaria o princípio geral, que decorre da jurisprudência do Tribunal de Justiça relativa à Convenção de Bruxelas, segundo o qual cada tribunal demandado está habilitado, por força das disposições que lhe são aplicáveis, a pronunciarse sobre a sua própria competência para decidir do litígio que lhe é submetido[16].

Além disso, uma vez que tal dificultaria ao tribunal de um Estado-Membro o exercício dos poderes que lhe são conferidos pelo Regulamento nº 44/2001 – nomeadamente o de decidir com base nas regras que definem o âmbito de aplicação material desse Regulamento –, uma *anti-suit injunction* seria, segundo o Tribunal, contrária à confiança que os Estados-Membros depositam reciprocamente nos seus sistemas jurídicos e nas respetivas instituições judiciárias, na qual assenta o sistema de competências do Regulamento nº 44/2001[17].

Por último, o Tribunal declarou que se através de uma *anti-suit injunction* um tribunal de um Estado-Membro fosse impedido de examinar ele próprio a questão preliminar da validade ou aplicabilidade da convenção de arbitragem, uma parte poderia subtrairse ao processo, limitandose a invocar a dita convenção; e o demandante que a considerasse caduca, inexequível ou insuscetível de aplicação seria privado do acesso ao tribunal estadual a que submetera o litígio nos termos do artigo 5º, nº 3, do Regulamento nº 44/2001, ficando, por conseguinte, desprovido de uma forma de proteção jurisdicional a que tem direito[18]. O Tribunal concluiu por isso que:

> "A prolação, por um tribunal de um Estado-Membro, de uma injunção destinada a proibir uma pessoa de intentar ou prosseguir uma ação judicial nos tribunais de outro Estado-Membro, com o fundamento de que essa ação é contrária a uma convenção de arbitragem, é incompatível com o Regulamento (CE) nº 44/2001 do Conselho, de 22 de dezembro de 2000, relativo à competência judiciária, ao reconhecimento e à execução de decisões em matéria civil e comercial."

[15] Nº 28.

[16] Nº 29.

[17] Nº 30.

[18] Nº 31.

A conformidade desta conclusão com a regra da *Kompetenz-Kompetenz*, amplamente acolhido no Direito da Arbitragem contemporâneo[19], não é, contudo, isenta de dúvida, tendo mesmo sido observado que o Tribunal teria esvaziado de sentido nesta decisão a exceção de arbitragem contida no Regulamento[20].

Esta jurisprudência do Tribunal de Justiça foi, no entanto, reafirmada em 2015 no caso *Gazprom*[21]. Nela recordou o Tribunal que "uma injunção, proferida por um órgão jurisdicional de um Estado-Membro, que proíbe uma parte de recorrer a um processo diferente da arbitragem e prosseguir o processo intentado num órgão jurisdicional de outro Estado-Membro, competente por força do Regulamento nº 44/2001, não é compatível com esse regulamento»[22]. Com efeito, uma tal injunção não respeitaria, segundo o Tribunal, o princípio conforme o qual cada órgão jurisdicional chamado a decidir está habilitado, por força das disposições aplicáveis, a pronunciar-se sobre a sua própria competência para decidir o litígio que lhe é submetido[23]. Além disso, a interdição, através de uma injunção, do exercício, por um órgão jurisdicional de um Estado-Membro, dos poderes que lhe são atribuídos pelo Regulamento afetaria a confiança que os Estados-Membros depositam reciprocamente nos seus sistemas jurídicos e nas respetivas instituições judiciárias[24].

Já uma injunção proferida por um tribunal arbitral não poderia, segundo o Tribunal de Justiça, implicar uma tal violação do princípio da confiança mútua[25]. Além disso, a interdição imposta por um tribunal arbitral a que uma parte submeta determinadas pretensões a um tribunal de um Estado-Membro não privaria essa parte da proteção judicial concedida pelo Regulamento, uma vez que essa parte sempre poderia opor-se ao reconhecimento e execução de tal decisão arbitral; além de que o órgão jurisdicional

[19] Haja vista, designadamente, ao artigo 16 da Lei-Modelo Sobre a Arbitragem Comercial Internacional da Comissão das Nações Unidas para o Direito Comercial Internacional (doravante CNUDCI).

[20] Ver, neste sentido, CATHERINE KESSEDJIAN, "Arbitrage et droit européen: une désunion irrémédiable?", *Recueil Dalloz*, 2009 pp. 981 ss. (p. 984).

[21] Acórdão de 13 de maio de 2015, *Gazprom OAO v Lietuvos Respublika*, processo C-536/13, ECLI:EU:C:2015:316.

[22] Nº 32.

[23] Nº 33.

[24] Nº 34.

[25] Nº 37.

competente teria de determinar, com base no Direito Processual nacional aplicável e no Direito Internacional, se deveria ou não reconhecer e executar tal decisão[26] .

Daqui concluiu o Tribunal no acórdão *Gazprom* que o Regulamento Bruxelas I deve ser interpretado no sentido de que "não se opõe a que um órgão jurisdicional de um Estado-Membro reconheça e execute, ou recuse reconhecer e executar, uma sentença arbitral que proíbe uma parte de apresentar certos pedidos num órgão jurisdicional desse Estado-Membro, na medida em que esse regulamento não rege o reconhecimento e a execução, num Estado-Membro, de uma sentença arbitral proferida por um tribunal arbitral noutro Estado-Membro".

d) *Merger judgments*

Uma última questão relativa à relação entre a arbitragem e o Regulamento de Bruxelas foi recentemente levantada perante o Tribunal de Justiça da União Europeia: a de saber se uma decisão judicial proferida num Estado-Membro, que reproduza uma sentença arbitral, pode impedir o reconhecimento de uma decisão proferida noutro Estado-Membro entre as mesmas partes e inconciliável com ela.

A questão suscitou-se no caso *London Steam-Ship*, decidido pelo Tribunal de Justiça em 2022[27]. Este dizia respeito à responsabilidade da seguradora do petroleiro *Prestige*, que se afundou em 2002 ao largo da costa espanhola. O Estado espanhol intentara uma ação civil perante os tribunais espanhóis contra a seguradora do navio, a qual foi condenada a pagar uma indemnização pelos danos causados pelo acidente. Após a instauração da ação nos tribunais espanhóis, a seguradora iniciou um processo arbitral em Londres com base na convenção de arbitragem contida no contrato de seguro celebrado com os armadores. A sentença arbitral proferida nesse processo declarou que, nos termos da cláusula "*pay to be paid*", constante do contrato de seguro, a seguradora não seria responsável se os proprietários do *Prestige* não tivessem previamente indemnizado a vítima. A seguradora solicitou e obteve em seguida, com base na secção 66, nº 2, do *Arbitration Act* inglês de 1996, uma decisão do *High Court of Justice (England & Wales), Queens Bench Division (Commercial Court)*, que reproduzia a sentença arbitral ("*judgment in*

[26] Nº 38.

[27] Acórdão de 20 de junho de 2022, *London Steam-Ship Owners' Mutual Insurance Association Limited contra Reino de Espanha*, processo C-700/20, ECLI:EU:C:2022:488.

the terms of the award"). Por seu turno, a Espanha pediu ao mesmo tribunal que reconhecesse a decisão espanhola que condenara a seguradora.

Na sequência da oposição desta a tal reconhecimento, o *High Court* submeteu ao Tribunal de Justiça várias questões prejudiciais sobre a interpretação do Regulamento Bruxelas I, nomeadamente a que consistia em saber se o reconhecimento da decisão espanhola poderia ser recusado, com base no nº 3 do artigo 34º do Regulamento, com fundamento em que uma decisão proferida no Reino Unido, que reproduzia os termos de uma sentença arbitral, era inconciliável com essa decisão.

No seu acórdão, o Tribunal admitiu que "um acórdão proferido num Estado-Membro e que reproduz os termos de uma sentença arbitral é suscetível de constituir uma decisão, na aceção do artigo 34º, ponto 3, do Regulamento nº 44/2001, que obsta ao reconhecimento, nesse Estado-Membro, de uma decisão proferida por um órgão jurisdicional noutro Estado-Membro, se essas decisões forem inconciliáveis entre si"[28]; mas acrescentou que "o mesmo não se pode dizer na hipótese de a sentença arbitral cujos termos esse acórdão reproduz ter sido proferida em circunstâncias que não teriam permitido a adoção, no respeito das disposições e dos objetivos fundamentais deste regulamento, de uma decisão judicial abrangida pelo seu âmbito de aplicação"[29].

Seria justamente esse o caso em apreço, pois o conteúdo da decisão arbitral em causa não poderia ter sido objeto de uma decisão judicial abrangida pelo âmbito de aplicação do Regulamento sem ignorar as regras do Regulamento relativas, por um lado, ao efeito relativo de uma cláusula compromissória inserida num contrato de seguro e, por outro, à litispendência[30].

Quanto ao primeiro, o Tribunal observou que uma cláusula compromissória acordada entre uma seguradora e o tomador de um seguro não pode ser oposta à vítima de um sinistro que pretenda intentar uma ação diretamente contra a seguradora, com fundamento em responsabilidade civil extracontratual, perante o tribunal do lugar onde o facto danoso ocorreu ou o tribunal do seu domicílio. Daqui decorreria que um tribunal distinto daquele em que foi instaurada a ação direta não deveria declarar-se competente com base numa cláusula compromissória, por forma a garantir a proteção das vítimas de um dano perante a seguradora.

[28] Nº 53.

[29] Nº 54.

[30] Nº 59.

Relativamente à segunda, o Tribunal notou que no momento em que a arbitragem fora iniciada já estavam pendentes nos tribunais espanhóis processos com o mesmo objeto e causa de pedir, o que correspondia a uma situação de litispendência em que, de acordo com o Regulamento, cumpre ao tribunal onde a ação foi instaurada em segundo lugar suspender por sua própria iniciativa o processo até que se encontre estabelecida a competência do tribunal onde a ação foi instaurada em primeiro lugar, devendo, quando tal competência se encontrar estabelecida, renunciar à sua competência a favor desse tribunal.

Nessas circunstâncias, segundo o Tribunal, um acórdão que reproduza os termos de uma sentença arbitral, como a que estava em causa no processo principal, não poderia, nos termos do artigo 34º, nº 3, do Regulamento Bruxelas I, impedir o reconhecimento de uma decisão proferida noutro Estado-Membro[31].

III. Propostas de revisão legislativa

a) O *Relatório de Heidelberga*

As questões suscitadas pela articulação da arbitragem com o Regulamento de Bruxelas I foram atentamente examinadas no *Relatório de Heidelberga* de 2007[32]. Este tinha como propósito fundamental, no que toca à matéria em apreço, incluir no âmbito de aplicação do Regulamento as ações instauradas perante os tribunais estaduais em matéria de arbitragem e as decisões por estes proferidas, bem como resolver os potenciais conflitos entre processos e sentenças arbitrais e judiciais.

Para o efeito, o *Relatório* propôs a introdução de um novo fator competência exclusiva no artigo 22º do Regulamento, com a seguinte redação:

> "Os seguintes tribunais têm jurisdição exclusiva, independentemente do domicílio [...]:
> (6) nos processos acessórios de apoio à arbitragem, os tribunais do Estado-Membro onde esta tem lugar."

Além disso, os autores do *Relatório* consideraram adequado disciplinar os litígios concorrentes relativos à validade da convenção de arbitragem em

[31] Nº 72.

[32] Ver Burkhard Hess/Thomas Pfeiffer/Peter Schlosser, *Report on the Application of Brussels I in the Member States*, Heidelberg, Ruprecht-Karls-Universität, 2007.

diferentes Estados-Membros. Para o efeito, propuseram o aditamento de um novo artigo 27º-A ao Regulamento, com o seguinte teor:

> "O tribunal de um Estado-Membro suspenderá a instância quando o requerido contestar a competência do tribunal no que respeita à existência e ao alcance de uma convenção de arbitragem, se for instaurada num tribunal do Estado-Membro designado na convenção de arbitragem como lugar da arbitragem uma ação declarativa relativa à existência, validade e/ou âmbito dessa convenção de arbitragem."

Finalmente, de acordo com o *Relatório*, deveria ser inserido um novo considerando no Regulamento relativo à questão do lugar da arbitragem. Para esse considerando propôs-se a seguinte redação:

> "O lugar da arbitragem dependerá do acordo das partes ou será determinado pelo tribunal arbitral. Caso contrário, o tribunal da capital do Estado-Membro designado será competente. Na ausência dessa designação, será competente o tribunal que teria competência geral sobre o litígio ao abrigo do Regulamento se não existisse convenção de arbitragem."

b) A proposta da Comissão Europeia de reformulação do Regulamento Bruxelas I

Estas sugestões obtiveram eco na proposta de revisão do Regulamento apresentada pela Comissão Europeia em 2010, a qual visava igualmente melhorar a articulação entre aquele instrumento comunitário e a arbitragem[33]. Para o efeito, a proposta incluía uma disposição específica sobre a relação entre a arbitragem e os processos judiciais. Esta obrigava o tribunal a que fora submetido o litígio a suspender a instância se a sua competência fosse contestada com base numa convenção de arbitragem e se a ação tivesse sido instaurada num tribunal arbitral ou se tivesse sido intentada no Estado-Membro da sede da arbitragem uma ação judicial relativa à convenção de arbitragem. Com esta alteração pretendia-se "reforçar a eficácia dos acordos de arbitragem na Europa, evitar procedimentos judiciais e arbitrais paralelos e desencorajar expedientes de litigância abusivos".

[33] *Proposta de Regulamento do Parlamento Europeu e do Conselho relativo à competência judiciária, ao reconhecimento e à execução de decisões em matéria civil e comercial (Reformulação)*, COM(2010) 748 final, Bruxelas, 14 de dezembro de 2010.

Para este efeito, o artigo 1º, nº 2, alínea *d)*, manteria a exclusão da arbitragem, posto que sujeita ao disposto nos artigos 29º, nº 4, e 33º, nº 3. A primeira destas disposições determinava, de acordo com a proposta, o seguinte:

"Se a sede acordada ou designada de uma arbitragem for num Estado-Membro, os tribunais de outro Estado-Membro cuja competência seja contestada com base num acordo de arbitragem devem suspender a instância quando os tribunais do Estado-Membro da sede da arbitragem ou o tribunal arbitral tiverem sido demandados para verificar, a título principal ou incidental, a existência, validade ou efeitos desse acordo de arbitragem. O disposto no presente número não impede que o tribunal cuja competência seja contestada se declare incompetente na situação acima descrita, se assim o impuser a respetiva lei nacional. Se a existência, validade ou efeitos do acordo de arbitragem forem confirmados, o tribunal demandado deve declarar-se incompetente. O presente número não se aplica aos litígios relativos às matérias abrangidas pelas secções 3, 4 e 5 do capítulo II."

Por seu turno, o artigo 33º, nº 3, da proposta declarava que:

"Para efeitos da presente secção, considera-se que foi demandado um tribunal arbitral sempre que uma parte nomear um árbitro ou tiver solicitado o apoio de uma instituição, autoridade ou tribunal para a constituição do tribunal."

c) A solução adotada no Regulamento de Bruxelas I-*bis*

As soluções preconizadas pela Comissão Europeia não lograram, todavia, o consenso da doutrina[34], e foram rejeitadas pelo Parlamento Europeu[35] e pelo Conselho[36].

[34] Ver, por exemplo, Catherine Kessedjian, "Commentaire de la refonte du règlement nº 44/2001", *Revue trimestrielle de droit européen*, 2011, pp. 117 ss. (pp. 122 ss.); Luca Radicati di Brozolo, "Choice of court and arbitration agreements and the review of the Brussels I Regulation", *IPRax*, 2010, pp. 121 ss.; *idem*, "Arbitration and the Draft Revised Brussels I Regulation: Seeds of Home Country Control and of Harmonisation?", *Journal of Private International Law*, 2011, pp. 423 ss.

[35] *Resolução do Parlamento Europeu de 7 de setembro de 2010 sobre a aplicação e revisão do Regulamento (CE) nº 44/2001 do Conselho relativo à competência judiciária, ao reconhecimento e à execução de decisões em matéria civil e comercial*, P7 TA (2010)0304, nºs 9 e10.

[36] Documento 10609/12 JUSTCIV 209 CODEC 1495, de 1 de junho de 2012.

O Regulamento Bruxelas I-*bis*, adotado em 2012, limitou-se assim a manter a redação original do artigo 1º, nº 2, ponto 4, e a acrescentar uma referência expressa à Convenção de Nova Iorque no artigo 73º, nº 2.

Um novo considerando 12 procura, no entanto, esclarecer algumas das questões discutidas a respeito da interface entre a arbitragem e o Regulamento.

Este considerando retoma a jurisprudência do Tribunal de Justiça da União Europeia constante do acórdão *Marc Rich*, em que se havia declarado que "ao excluir do âmbito de aplicação da Convenção a matéria da arbitragem por esta ser já objeto de convenções internacionais, as partes contratantes pretenderam excluir a arbitragem enquanto matéria no seu conjunto, aí se incluindo os processos instaurados perante os órgãos jurisdicionais estaduais"[37]. Neste sentido, o quarto parágrafo do considerando 12 declara agora:

> "O presente regulamento não deverá aplicar-se a ações ou processos conexos relativos, nomeadamente, à criação de um tribunal arbitral, aos poderes dos árbitros, à condução do processo arbitral ou a quaisquer outros aspetos desse processo, nem a ações ou decisões em matéria de anulação, revisão, recurso, reconhecimento ou execução de sentenças arbitrais."

A conformidade do considerando 12, em particular do seu segundo parágrafo, com a anterior jurisprudência do Tribunal de Justiça relativa ao controlo incidental da validade, eficácia ou aplicabilidade de uma convenção de arbitragem, firmada no acórdão *West Tankers*, é, no entanto, mais duvidosa.

Como viria a observar o Advogado-Geral Melchior Wathelet nas suas conclusões relativas ao citado caso *Gazprom*[38], a circunstância de esse parágrafo do preâmbulo do Regulamento declarar que as decisões de tribunais estaduais sobre estas matérias "não deverão estar sujeitas às regras de reconhecimento e execução estabelecidas no presente regulamento, independentemente de o tribunal ter decidido destes aspetos a título principal ou incidental" demonstraria que "a fiscalização incidental da validade de uma convenção de arbitragem está excluída do âmbito de aplicação do Regulamento Bruxelas I (reformulação), uma vez que, se assim não fosse, as regras de reconhecimento e de execução deste regulamento seriam

[37] Nº 18.

[38] *Supra*, nota 20 e texto correspondente.

aplicáveis às decisões dos tribunais estatais relativas à validade de uma convenção de arbitragem"[39].

Ora, a posição do Tribunal no caso *West Tankers* era muito diferente desta, uma vez que aí se decidira que a ação intentada pela *Allianz* e pela *Generali* contra a *West Tankers* perante um tribunal italiano, em violação de uma convenção de arbitragem, se encontrava abrangida no âmbito de aplicação do Regulamento Bruxelas I, na medida em que o controlo incidental da validade de uma convenção de arbitragem estava compreendido no âmbito de aplicação do Regulamento; e o Tribunal reafirmou esta jurisprudência em 2015 no processo *Gazprom*. A dúvida subsiste, pois, a este respeito.

IV. Balanço e conclusões

a) Questões em aberto

Duas outras ordens de situações dão também origem a incertezas no que diz respeito à relação entre o Regulamento de Bruxelas I-*bis* e a arbitragem.

A primeira ocorre quando a competência de um tribunal de um Estado-Membro é contestada com base numa convenção de arbitragem e a sede da arbitragem se situa noutro Estado-Membro. Em tal caso, pergunta-se, deverá o tribunal estadual em que a ação foi instaurada suspender o processo até que o tribunal da sede da arbitragem decida sobre a existência, validade e âmbito da convenção de arbitragem?

O *Relatório Heidelberga* assim o sugeriu[40]; contudo, essa solução não foi incluída no Regulamento e o considerando 12 não se ocupa da questão.

A segunda diz respeito à hipótese em que é proferida uma decisão arbitral inconciliável com uma decisão judicial cuja execução é solicitada ao abrigo do Regulamento. A exclusão da arbitragem do âmbito do Regulamento significa aparentemente que a execução da decisão estadual não pode ser recusada por este motivo. O considerando 12 coloca, todavia, essa conclusão em causa ao declarar, no seu terceiro parágrafo, que:

> "Por outro lado, se um tribunal de um Estado-Membro, exercendo a sua competência por força do presente regulamento ou da lei nacional, determinar que uma convenção de arbitragem é nula, ineficaz ou insuscetível de aplicação, tal não deverá impedir que a decisão do tribunal quanto ao mérito da questão seja reconhecida ou, consoante o caso, executada nos termos do presente regula-

[39] Nº 127 das conclusões.

[40] P. 65.

mento. Tal não deverá prejudicar a competência dos tribunais dos Estados--Membros para decidirem do reconhecimento e execução de sentenças arbitrais de acordo com a Convenção sobre o Reconhecimento e a Execução de Decisões Arbitrais Estrangeiras, celebrada em Nova Iorque em 10 de junho de 1958 (a 'Convenção de Nova Iorque de 1958'), que prevalece sobre o presente regulamento."

Parece assim que uma sentença arbitral deve prevalecer, ao abrigo da Convenção de Nova Iorque, sobre uma decisão judicial que possa ser reconhecida ao abrigo do Regulamento, posto que o tribunal estadual tenha decidido primeiro.

A verdade, porém, é que não existe uma base normativa clara para tal no Regulamento[41], salvo na medida em que se entenda que o nº 2 do artigo 73º permite aos tribunais dos Estados-Membros reconhecerem e executarem uma sentença nos termos da Convenção de Nova Iorque com precedência sobre uma decisão judicial oriunda de outro Estado-Membro[42]. O problema não foi, em qualquer caso, satisfatoriamente resolvido na revisão do Regulamento empreendida em 2012[43].

b) Perspetivas de evolução: a projetada revisão do Regulamento de Bruxelas I-*bis*

As considerações antecedentes parecem justificar uma revisitação da matéria em apreço no quadro da revisão do Regulamento prevista no seu artigo 79º[44].

[41] Neste sentido, Trevor Hartley, "The Brussels I Regulation and arbitration", *The International and Comparative Law Quarterly*, 2014, pp. 843 ss. (p. 865); *idem*, "Arbitration and the Brussels I Regulation – Before and After Brexit", *Journal of Private International Law*, 2021, pp. 53 ss. (p. 67).

[42] Ver, neste sentido, Pippa Rogerson/Peter Mankowski, *in* Ulrich Magnus/Peter Mankowski (orgs.), *Brussels Ibis Regulation*, 2ª ed., Colónia, Otto Schmidt, 2023, p. 76.

[43] Assim Burkhard Hess, "Schiedsgerichtsbarkeit und europäisches Zivilprozessrecht", *Juristen Zeitung*, 2014, pp. 538 ss. (p. 541); *idem*, *Europäisches Zivilprozessrecht*, 2ª ed., Berlin/Boston, De Gruyter, 2021, p. 335.

[44] Nos termos do qual: "Até 11 de janeiro de 2022, a Comissão apresenta ao Parlamento Europeu, ao Conselho e ao Comité Económico e Social Europeu um relatório sobre a aplicação do presente regulamento. Esse relatório deve incluir uma avaliação da eventual necessidade de um novo alargamento das regras sobre competência judiciária a requeridos que não estejam domiciliados num Estado-Membro, tendo em conta o funcionamento do presente regulamento

O problema fundamental que se coloca a este respeito, e que importa dilucidar antes de se entrar na discussão das questões acima colocadas, consiste em saber se, e em que medida, a *confiança mútua* entre os Estados-Membros da União Europeia, na qual se baseia o regime do Regulamento, se estende à arbitragem.

Esta não se encontra, como é manifesto, uniformemente regulada nos sistemas jurídicos desses Estados: subsistem diferenças significativas entre eles, em particular no que diz respeito à admissibilidade da deslocalização da arbitragem internacional, aos poderes do tribunal arbitral para decidir a sua própria competência, à medida em os tribunais estaduais se encontram impedidos de controlarem incidentalmente a validade da convenção de arbitragem (o chamado efeito negativo da *Kompetenz-Kompetenz*) e à possibilidade de reconhecimento e execução de sentenças arbitrais anuladas nos respetivos países de origem.

Pode-se, evidentemente, perguntar se não existirá já um grau suficiente de convergência entre estes sistemas jurídicos – em particular devido à influência da Lei-Modelo Sobre a Arbitragem Comercial Internacional CNUDCI e à adesão dos Estados-Membros da União à Convenção de Nova Iorque –, que permita a livre circulação das decisões judiciais em matéria de arbitragem.

Mas foi precisamente essa convergência que o Tribunal de Justiça da União Europeia rejeitou no seu acórdão *London Steam-Ship*[45], ao afirmar que "a confiança recíproca na administração da justiça no seio da União, na qual, segundo o considerando 16 do Regulamento nº 44/2001, se baseiam as regras por si previstas em matéria de reconhecimento de decisões judiciais, não abrange as decisões tomadas por tribunais arbitrais nem as decisões judiciais que reproduzem os seus termos"[46].

e a possível evolução da situação a nível internacional. O relatório deve ser acompanhado, se for caso disso, de uma proposta de alteração do presente regulamento". Também no sentido de que é necessária uma regulação legislativa da articulação da arbitragem com o Regulamento em caso de incompatibilidade de uma decisão judicial com uma sentença arbitral, veja-se Rafael Arenas García, „Arbitraje y jurisdicción en el espacio judicial europeo. A propósito de la Sentencia del Tribunal de Justicia (Gran Sala) de 20 de junio de 2022, *London Steam-Ship Owners'* Mutual *Insurance Association*", *Revista de Derecho Comunitario Europeo,* 2022, pp. 1043 ss. (pp. 1059 s.).

[45] *Supra*, nota 26 e texto correspondente.

[46] Nº 57.

Ora, se assim é, e a manter-se o ponto de vista conforme o qual a exclusão da arbitragem do âmbito de aplicação do Regulamento "visa a matéria de arbitragem no seu conjunto, incluindo os processos intentados perante os órgãos jurisdicionais estatais"[47], parece que deveriam também ser excluídos do seu âmbito de aplicação os *merger judgments*, como aquele de que se ocupou o Tribunal de Justiça no referido acórdão – o que, de resto, o próprio Tribunal admitiu expressamente, pelo menos no que respeita ao seu reconhecimento mútuo entre os Estados-Membros[48].

Coerentemente, uma decisão desse tipo, quando proferida no Estado do foro, deveria também ser insuscetível de obstar, nos termos do artigo 45º, nº 1, alínea *c)*, do Regulamento, ao reconhecimento de uma decisão proferida por um tribunal estadual de outro Estado-Membro, entre as mesmas partes e com ela incompatível[49].

[47] Assim o acórdão do Tribunal de Justiça sobre o caso *London Steam-Ship*, nº 44.

[48] Cfr. o nº 47 do acórdão, onde se afirma: «um acórdão que reproduza os termos de uma sentença arbitral é abrangido pela exclusão da arbitragem prevista no artigo 1.º, n.º 2, alínea d), do Regulamento n.º 44/2001 e [...], por conseguinte, não pode beneficiar do reconhecimento mútuo entre os Estados-Membros e circular no espaço judiciário da União em conformidade com as disposições do referido regulamento».

[49] Neste sentido, veja-se a proposta formulada por Burkhard Hess e outros em *The Reform of the Brussels Ibis Regulation*, Max Planck Institute Luxembourg for Procedural Law Research Paper Series, nº 2022 (5), pp. 10 s. (texto disponível em http://www.mpi.lu).

Capítulo II

Vária

Efeitos da *res iudicata* civil *in foro ecclesiastico* – nótula à sentença *SRR*, c. Pecorari, 29/V/1937

*Pe. Nuno Castello-Branco Bastos**

Soli Deo!

I – Preâmbulo

A sentença, debruçando-se sobre um imbricado conjunto de várias relações jurídicas contratuais e quase-contratuais, tem por objecto determinar tão-somente se se preenchem *in casu* os requisitos da excepção de caso julgado,

* Ao Il.mo Senhor Professor Pedro Pais de Vasconcelos unem-me laços antigos, estreitos e profundíssimos, que não caberiam em palavras, mas eis-me reconhecido pela pronta e magnânima amizade, pelo sem fim de incansáveis atenções e, entre outras mil coisas mais, os bons e atempados conselhos, que são uma obra de misericórdia. Esses importantes laços, qual *beneficium mansurum* (R.J. 16 in VIº), são fonte muito querida e benfazeja da tanta devoção que lhe dedico e duma jubilosa gratidão, inclusive académica, que cubro com igual silêncio, pois, de novo, as palavras não chegariam, bem sabendo ademais que o homenageado assim o prefere e que não corro o risco de Cordelia diante de Lear.
De palavras feitas, apenas estas linhas, poucas e indigentes, à guisa de homenagem devida mas por demais insuficiente. Acresce à indigência o facto de este esboço datar em parte de alguns anos atrás, quando essas linhas foram desfiadas com outro fim. Sabendo embora que devemos sobretudo ocuparnos *de alio et immortali regno quo non est hinc etiamsi intra nos sit* (cfr. Jo 18, 36; Lc 17, 20-21), pois «*non est in alio aliquo salus, nec aliud nomen est sub cælo datum hominibus, in quo oporteat nos salvos fieri*» (Act 4, 12 – *Vulg.*), e sabendo também ficar aquém do merecido, não quereria, porém, ter falhado a este solene, devido e muito desejado gesto de homenagem e devoção de todos nós, que aqui, gaudiosos e comovidos, assim nos abeiramos dum mestre, com

que impediria a instância ditando a preclusão da introdução de nova "idêntica" causa *in foro ecclesiastico* e, por conseguinte, uma eventual acção a favor do autor, devendo o juiz abster-se de conhecer o pedido.

Prévia a esta questão factual é a resolução do quesito relativo ao reconhecimento no foro eclesiástico da *vis rei iudicatæ* de uma decisão emanada por um órgão jurisdicional secular, que sempre constituiria o fundamento de direito para a subsequente averiguação da questão exarada no *dubium* concordado.

Ora, no que tange a esta questão, há a dizer que a sentença se insere numa série de arestos do Sagrado Tribunal da Rota Romana em que se sublinha invariavelmente a aplicabilidade do regime e eficácia do caso julgado a decisões promanadas da jurisdição civil. A sentença revidenda que aqui escolhemos, sendo uma das primeiras a tratar sistematicamente o tema, *Rota restituta,* e sendo depois repetidamente citada, servirá assim de pretexto para passar em revista algumas das decisões que integram este filão jurisprudencial.

II – Tradução parcial da sentença *SRR Bergomen., iurium, coram* Pecorari, de 29 de Maio de 1937[1]

«14. – ***In iure.*** – A razão de se duvidar acerca do direito de L. Nicoli no foro eclesiástico, do que no caso se trata, resulta precisamente do facto de que a sentença do tribunal civil de apelação de Milão, não tendo sido interposto recurso para o dito tribunal de cassação, pudesse ter transitado em julgado. "Diz-se coisa julgada [caso julgado; acção transitada em julgado], segundo Modestino, a que, pelo pronunciamento do juiz, alcança o fim das controvérsias, o que respeita tanto a uma condenação como a uma absolvição" (L. I., D., h. t.). A isso, uma vez emitido o pronunciamento definitivo do juiz, segue-se, como diz Gaio (IV, 108), que "não se dá segunda (nova) acção sobre a mesma coisa".

15. O efeito do caso julgado é assim enunciado no Código de Direito Canónico, no cân. 1904: "§ 1. A coisa julgada goza da presunção inilidível (absoluta, *iuris et de iure*) do direito de ser justa e verdadeira, e não pode ser atacada directamente. – § 2. Ela faz lei entre as partes e oferece uma excepção para impedir a

tanta amizade e mui grato reconhecimento. Suplico dos céus para todos, e, em especial, para o Ilustríssimo e muito querido Professor Pedro Pais de Vasconcelos, a protecção do Imaculado Coração da Santíssima Virgem, Rainha de Portugal, e do Sacratíssimo Coração de Nosso Senhor. *A.M.D.G.*

[1] SRRDec. 29 (1937), p. 370 ss.

proposição de nova causa sobre a ela". – "A qual excepção inteiramente sempre premptória (escrevem Wernz-Vidal, *Ius Can.*, tom. VI, nº 635, II), para que surta o seu efeito pleno, é mister: 1º que se trate do mesmo objecto; 2º que seja entre as mesmas pessoas, ou então entre herdeiros ou sucessores delas; 3º que se trate da mesma acção, e não de coisa diversa, por exemplo, uma diferente causa de pedir ou pedido diferente acerca da mesma coisa não estão absolutamente excluídos, ou não se podem em qualquer caso rejeitar eficazmente mediante a excepção do caso julgado". Isto mesmo é claramente confirmado por Lessona no seu Comentário ao art. 1361 do Código Civil italiano: "Ocorre: a) que a coisa pedida seja a mesma (*eadem res*); e trata-se de *eadem res* quando o segundo pedido não pode coexistir com o disposto pela primeira sentença; b) que o pedido seja fundado na mesma causa (*eadem causa petendi*); e a *causa petendi* consiste no fundamento jurídico do pedido, tal qual se deduz em juízo e vem depois confirmado pela sentença; c) que a causa se dê entre as mesmas partes, e seja proposta por elas e contra elas nas mesmas qualidades (*eadem conditio personarum*); sendo que a *conditio personarum* depende da consideração jurídica que da mesma se faz" (*Manuale di procedura civile*, p. 399). Eis, pois, brevemente o que se diz acerca da natureza e da força ou efeito do caso julgado.

16. É também fora de dúvida que, se acerca de algo houver caso julgado no foro civil, o juiz eclesiástico não pode conhecer novamente do mesmo no seu foro nem dar outra sentença. Isto mesmo é sustentado comummente pelos Autores; este também o princípio seguido constantemente pela práxis da Rota Romana (cfr. sent. *coram* Prior, in vol. XIV, pág. 63, de 18 de Março de 1922). E a razão é – diz Pirhing, lib. II, tít. 25, nº 29 – "seja porque, pela sentença do juiz, o direito da parte foi adquirido, para o que foi emitida a sentença, o que um outro juiz não deve lesar nem infirmar; seja porque, a não ser que um juiz houvesse sobre outro reservado para si a sentença legítima, derrogaria a jurisdição deste. [...] E isto procede especialmente quando se refere ao juiz eclesiástico e àquele civil, cujos foros e jurisdições, podendo embora ser diversos, devem também auxiliar-se um ao outro, e mutuamente defender os direitos".»

III – *Facti species*

A situação objecto da contenda resultara de um contrato de empreitada celebrado por um leigo na sequência de mandato recebido do Município para prover à dita obra, que ademais haveria de ser objecto de vigilância e consulta do pároco local, mediador da operação. A obra acordada era o arranjo de uma praceta para a qual tinham frente as casas de duas famílias e a igreja local, cujo adro resultou melhorado após a conclusão dos trabalhos. As partes envolvidas ou beneficiadas pela obra eram diversas: LN, vizinho, mandatário do Município e dono da obra (*operis locator*); Z, empreiteiro (*operis conductor*); JN, vizinho; B, pároco; Fábrica da igreja, dirigida e representada por outro sacerdote, D. Uma vez acordada a distribuição dos encargos pecuniários entre os beneficiados, a serem pagos ao empreiteiro, a Fábrica recusou-se a prestar a quantia que lhe coubera. O credor tratou então de, invocando o título legal que lhe assistia, intimar o dono da obra a que honrasse a dívida contraída pela prestação contratada e já executada, nos termos do contrato de resultado em questão. A pedido do réu e dono da obra LN, o pároco supracitado B mediou nova composição entre os interessados, ciente da promessa daquele de que contribuiria com uma parte, promessa que, entretanto, desacatou, pelo que de novo falhou a tentativa de composição e distribuição dos encargos pecuniários entre os beneficiários *de facto* da obra. Falhada a tentativa de composição amigável, ao empreiteiro não restou senão interpor a correspondente acção civil (1927) com vista à satisfação do montante em débito. Foi citado como réu tão-só a contraparte directa, isto é, o dono da obra LN que havia pactuado com o autor a empreitada, ainda que nas condições previstas e em virtude de eventual mandato, do qual, todavia, não cura com delonga a sentença *iurium* ora comentada.

Na primeira instância civil, o empreiteiro-autor obteve vencimento de causa, tendo o réu sido condenado ao pagamento da inteira soma pecuniária acrescida das despesas processuais. Em virtude do mandato, foi ainda condenado o município ao reembolso cabível da soma a prestar pelo dono da obra-réu. Da sentença apelou apenas o município ao tribunal de segunda instância de Milão (1930), pelo que a mesma transitou entretanto em julgado na parte respeitante às relações entre empreiteiro e dono da obra.

Em sede de apelo, o município foi absolvido. Tratando do mandato, explicou o tribunal de segunda instância que tudo quanto houvesse excedido o objecto do mandato conferido pelo município recorrente ao resistente LN deveria ficar a cargo deste, salvo direito de regresso, por efeito de um quase-contrato, contra a fábrica da igreja pelas benfeitorias de que saíra beneficiada e que, de facto, não haviam sido injustificadas, mas se mostrara que eram até "necessárias" (melhoria do adro da igreja, que se encontraria em mau estado).

Não havendo sido interposto recurso para a Cassação deste último aresto, o pároco mencionado *supra* juntamente com o representante legal constituído pelo município, houveram por bem empregar bons ofícios no sentido de convocar uma "reunião de composição" entre os interessados, que veio a ter lugar nos paços do concelho. O réu LN, porém, recusou qualquer mediação ou transacção, provocando a rejeição por parte do município de qualquer ulterior tentativa de composição amigável, agora que o prazo de recurso para o supremo tribunal havia já expirado.

Esgotadas as vias tanto de contencioso civil como de resolução e composição extrajudicial do diferendo, e colhendo arrimo o direito de regresso contra a fábrica reconhecido pela sentença em sede de apelo, conquanto a título de mero *obter dictum*, LN optou ao invés por pleitear a sua pretensão no foro eclesiástico, aí introduzindo uma acção contenciosa junto do tribunal eclesiástico competente. Foram chamados a juízo como réus o sacerdote B, antes mencionado e pároco à época das benfeitorias e dos factos controvertidos (posto que entretanto transferido), e a dita fábrica (*et alios* ligados à administração da igreja paroquial), ao primeiro pedindo, a título de réu principal, o reembolso do montante total que o agora autor fora condenado a pagar ao empreiteiro acrescido de compensação por danos, respectivamente por ter sido ele a pedir que se executassem os trabalhos no adro da igreja e por ter erroneamente informado que tais obras fariam parte do objecto do mandato municipal conferido ao autor dando causa à sua convocação em juízo civil, e deduzindo o mesmo pedido à segunda ré, mas enquanto pedido alternativo e condicionalmente subordinado, na medida respectiva, à absolvição total ou parcial do réu principal, além de um segundo pedido, já enquanto ré principal, por danos sofridos na sequência da recusa da mesma de desembolsar no início o montante devido pela prestação ao empreiteiro.

O tribunal eclesiástico decidiu que a suportar o montante *sub iudice* acrescido de juros fossem os três interessados em juízo, ainda que em partes desiguais, atribuindo o encargo principal à fábrica. As três partes recorreram da sentença para o Tribunal Metropolitano da Arquidiocese de Milão, que, em segunda instância, reconhecendo o direito de regresso que assistia ao recorrente LN, reformou a sentença *a quo*, sentenciando que o inteiro montante acrescido de juros fosse reembolsado apenas pela fábrica, condenando outrossim o sacerdote réu na primeira instância ao pagamento de metade das despesas processuais suportadas pelo dito autor nas sucessivas lides, tanto em sede civil como naquela eclesiástica. Todos apelaram para o Sagrado Tribunal da Rota Romana, LN *subordinato modo ad aliorum appelationem* – cfr. cân. 1887, § 2 do *Codex Iuris Canonici 1917 (CIC 17)*, correspondente ao actual cân. 1637, § 3 do *Codex Iuris Canonici 83* (*CIC 83*). Feita a *litiscontestatio*, foram concordados quatro *dubia*, dos quais o primeiro será o que principalmente nos ocupará, a saber: «*An D. Nicoli competat actio in foro ecclesiastico, in casu.*»

Explica-se o *dubium* pelo facto de a parte haver precedentemente proposto acção relativa aos factos em questão perante outro tribunal, ainda que civil, e de a mesma haver sido objecto de julgamento com decisão entretanto transitada em julgado no ordenamento jurisdicional civil. Assim, este aresto destinou-se exclusivamente a julgar desta questão incidental preliminar que prejudicaria qualquer consideração do mérito da causa decidida nas instâncias prévias. Cabia determinar adrede se a acção estaria prejudicada pela excepção de caso julgado (*exceptio rei iudicatæ*), para o que ocorreu não só oferecer o respectivo conceito, regime e *rationes* justificativas (nº 14-15 da sentença), como determinar se o instituto seria operativo sempre que se houvesse já obtido um julgado no foro civil (nº 16), para, enfim, apurar se as estremas do caso julgado se verificariam na *facti species sub iudice* (nº 17-19).

No caso, a sentença foi favorável ao recorrido, concluindo-se não se verificarem na espécie vertente os requisitos da excepção, pois que nenhuma decisão havia transitado ou sequer alguma acção havia corrido sobre o mesmo objecto e as mesmas partes que compareceram contrapostas no contencioso eclesiástico. Com efeito, ainda que supeditada sobre os mesmos factos por causa remota, a acção proposta por LN no foro civil opunha-se ao município invocando por causa o contrato de mandato, ao passo que em sede eclesiástica, o autor demandou a fábrica e o pároco sobredito, invocando um distinto direito, o de regresso contra estes no âmbito de distinta relação jurídica daquela que o havia contraposto ao município na causa civil, além da compensação por danos.

IV – Observações

1. Como se sabe, em geral, a necessidade de respeitar uma decisão transitada em julgado[2] liga-se à finalidade e necessidade de preservar a certeza jurídica enquanto exigência de justiça, certeza que é garante da justa previsibilidade do direito e das consequências jurídicas ligadas à futura actuação das partes envolvidas, evitando, também por razões de ordem pública, que uma lide se prolongue indefinidamente sem uma resolução definitiva que

[2] Para além de, no caso versado, evitar infirmar a autoridade de um magistrado e de um ordenamento cuja competência não é contestada por este particular ordenamento *ad quod*; e que, aliás, em princípio, não será sequer sindicada, uma vez determinado que o ordenamento canónico não reclama a própria competência jurisdicional ou normativa *in casu* – cfr. *infra*.

ponha termo à contenda. Ora, uma tal certeza postula certas exigências, sendo uma delas a necessidade de não tornar inoperante de facto o sistema jurisdicional[3], a *iuris dictio* operada sobre uma determinada *facti species*, e as legítimas pretensões dela derivadas ou os direitos que nela se fundem ou reconheçam.

Se isto é assim no interior de um mesmo sistema jurídico, não pode deixar de valer como desiderato de justiça e certeza, também quando uma *facti species*, por algum motivo (territorial ou pessoal que seja) acaba por tocar dois ou mais ordenamentos, como acontece quando o caso apresenta conexões com o ordenamento canónico e aquele estatal. Em situações deste tipo, colhendo a lição que seria própria de uma disciplina afim[4], o direito internacional privado, o esforço irá no sentido de alcançar uma harmonia entre as decisões e determinações normativas sobre o caso sob os vários ordenamentos envolvidos[5].

[3] Assim Wernz-Vidal, *Ius canonicum*, VI, Roma, 1927, nº 635: «[...] *duplicem præsumptionem firmat ius, statuendo supra ipsam veritatem directe inopugnabilem idque ex principiis publici ordinis, ex quibuis exurgit necessitas ut litibus finis imponatur nec sinantur ut indefinitum protrahit.*» Aí se achando, nas palavras de M. Conte a Coronata, uma razão de ordem pública para que «[h]anc exceptionem iudex potest relevare etiam ex officio, *quia ratio boni publici exigit ut res iudicata in iudicium iterum non introduccatur*» – *Institutiones iuris canonici*, III, Roma, 1948, nº 1425. Ainda para este conceito no âmbito do direito canónico, *inter alia*, L. Musselli, *Il concetto di giudicato nelle fonti storiche dei diritto canonico (dalle origini al XVIIº secolo)*, Pádua, 1972; STSA, *Declaratio de foro competenti in causa nullitatis matrimonii post sententiam in prima instantia latam*, 3/VI/1989, AAS 81 (1989), pp.988 ss.; J. Llobell, *Super c. 1400-1416*, in *Comentario exegético al Código de Derecho Canónico*, dir. Á. Marzoa-J. Miras-R. Rodríguez-Ocaña, vol. IV/1, Pamplona, 2002, p. 687 ss.; M.J. Arroba Conde, *Direito processual canónico*, trad. Cón. Martin Segú Girona, São Paulo, 2007, p. 673 ss.; L.C. Batista, *A coisa julgada no processo civil canônico: entre a segurança e a certeza*, R.F.D.U. São Paulo 105 (2010), p. 881 ss.; cfr. *infra*.

[4] Para as origens do direito internacional privado enraizadas no dirreito interestatutário e no direito canónico, cfr., *inter alia*, A. Miaja de la Muela, *Derecho internacional privado*, l, Madrid, 1985, p. 110 ss.; A. Ferrer Correia, *"O reconhecimento", cit.*, p. 255 ss., *Lições de Direito Internacional Privado*, vol. I, Coimbra, 2000, p. 103 ss.; J. Bogarín Díaz, *Factor religioso y relaciones entre ordenamientos jurídicos*, An. Der. Ecl. del Estado 33 (2007), p. 62 ss.

[5] Como veremos *infra*, trata-se de acautelar a independência e primazia da Igreja enquanto se reconhece outrossim a legitimidade do ordenamento civil, observando ainda assim a exigência de justiça ligada à certeza do direito, o que se pode ver traduzido de certo modo neste trecho: «*El ámbito territorial del Derecho de Ia Iglesia contrasta y coincide al mismo tiempo con el Derecho estatal. La misión católica de la Iglesia determina la universalidad de suo ordenamiento jurídico. Por el contrario, el Derecho de los diversos estados se ve limitado, encuanto a su aplicación territorial, por las fronteras de los mismos. Por otra parte, los fieles, en un determinado país, se encuentran con que son subditos, a la*

Ora, o instituto do caso julgado funciona precisamente como instrumento adequado, senão necessário, para alcançar esse objectivo, evitando, desde logo *inter partes*, uma divergência de decisões a respeito de um mesmo caso. Isto é, uma tal necessidade de certeza jurídica não soçobra só por se ter face a face o ordenamento canónico e aquele estatal; aliás, poderia talvez aventar-se que, nas presentes circunstâncias históricas, exige uma particular atenção, considerando a decrescente colaboração dos Estados com as legítimas autoridades eclesiásticas[6].

A harmonia jurídica das decisões entre distintos ordenamentos e a certeza do direito que a postula, determinam assim que uma decisão, desde que preenchidos certos requisitos, não venha a ser infirmada por uma lide sobre idêntico objecto, mas antes veja o seu conteúdo dispositivo solidificado (*firmitas iuris* segundo o princípio *ne bis in idem*) e a sua eficácia respeitada[7] – e tornados assim impermeáveis a variações futuras em distintas sedes, o que requer um instrumento que lhe assegure a intangibilidade ou inopugnabilidade, salvo em casos excepcionais por graves exigências de justiça[8].

vez, de la Iglesia y del Estado, originándose de esta forma una coincidencia de potestades, cuyos subditos se identifican en las mismas personas. La diversidad de fines de una y otra sociedad garantiza la armonía que debe existir entre ambas. El legislador debe conocer las circunstancias en que se mueve el sujeto pasivo de la ley; [em particular] cuando estas circunstancias tienen un carácter necesario [...]» (P. Lombardia, El canon 1529: problemas que en torno a él se plantean, Rev. Esp. Der. Can. 19 (1952), p. 109 s.). Parafraseando A. Ferrer Correia, embora a propósito doutra questão, ainda que afim, «se bem pensamos, a necessidade de evitar toda a ofensa grave do princípio da harmonia interna [*lato sensu* do ordenamento canónico e toda a ofensa dos princípios e normas de direito divino ou eclesiásticos imperativos] não impede de aceitar [efeitos de decisões alheias mesmo em domínios que interessem de alguma modo ao direito canónico]: só impede de [os] aceitar sem restrições substanciais[, com ganho eventual para a harmonia "transnacional" ou "entre ordenamentos"] – cfr. *Da questão prévia em direito internacional privado,* Rev. Port. Hist., 13 (1971), Homenagem ao Doutor Paulo Merêa, II, p. 235, *hic* p. 245. Cfr. ainda J. Baptista Machado, *Lições de direito internacional privado,* Coimbra, 1990, p. 287 ss..

6 Facto ainda mais desditoso ao resultar de uma crescente descristianização, irreligiosidade e paganização dos mesmos Estados, com os ominosos perigos, inclusive para a subsistência de um regime de direito e justiça, de que tanto a fé como a história nos avisam e testemunham.

7 Cfr. C. Diego-Lora, *Super c. 1642,* in Aa. Vv., *Comentario exegético,* IV/2, *cit.*, p. 1696 ss.; e para o conceito de *res iudicata,* Id., *Super 1641-1648* e *Super 1641, ibid.*, p. 1673 ss., 1687 ss.. Relativamente às actas dos trabalhos preparatórios do actual regime *de re iudicaata* e *de restitutione in integrum, vide* Communicationes 2/2 (1970), p. 187; 11/1 (1979), p. 155 ss. 39/1 (2007), p. 139 ss..

8 Além das limitações aplicadas à decisão transitada em julgado obtida um ordenamento estranho, isto é, estatal (*ex alio foro*), uma vez sindicada no âmbito do direito canónico, a *firmitas* da *res iudicata* tem já de si no ordenamento canónico certas limitações intrínsecas deri-

Condição para que se possa invocar a excepção de caso julgado, obstando a uma divergência de julgados, é que se trate da "mesma" causa, isto é, ambas as acções versem sobre um idêntico objecto (*lato sensu*), caracterizado segundo as notas indicadas pelo aresto que agora nos ocupa, entre outros[9].

Seja, por exemplo, a sentença *c.* Prior, 18/III/1922, nº 7, apoiando-se já em algumas das fontes doutrinais que a sentença *c.* Pecorari retomará (como o farão ainda as decisões mencionadas *infra*): «*Ut autem exceptio rei iudicatæ actionem impediat, de tribus constare debet* [...] *1º eamdem esse rem petitam, 2º easdem esse personas [...] et 3º eamdem esse causam petendi*»[10] – *ergo*, "*eadem*" deve também ser a *conditio partium in iudicio*, pois que a identidade da *causa petendi* determinará, em princípio, o estabelecimento entre os interessados de um mesmo tipo de relação nas diferentes instâncias, atribuindo-lhes a mesma qualidade jurídica perante os factos em juízo, uma em face da outra,

vadas *ratione materiæ* – assim, o instituto da *res iudicata* não se aplica às decisões sobre causas relativas ao estado de pessoas, que apenas adquirem uma firmeza relativa, limitando-se a possibilidade de uma *nova causæ proposito* (X 2.27.7: «*Sententia lata contra matrinionium nunquam transit in rem iudicatam; unde quandocunque revocatur, quum constat de errore*»; cân. 1903 *CIC 17* e cân. 1643 ss. *CIC 83*) – ou por exigência (grave ou evidente) de justiça – dando lugar à solicitação da *restitutio in integrum* (instituto hoje regulado pelos cân. 1645 ss. *CIC 83*, e anteriormente pelos cân. 1905 ss. *CIC 17*). Sobre a doutrina de alguns decretalistas, em particular, do Ostiense e de Inocêncio IV, L. Musselli: «*la regola del giudicato non tiene nelle cause d'interesse pubblico (quali quelle beneficiarie) od in cui possa ravvisarsi un* periculum animae, *ovvero laddove la sentenza appaia determinata nel suo tenore da prove false o dalla circonvenzione dei giudice, ma arriva a dire che, in ogni caso, d'ingiustizia notoria, si deve rifare il giudizio, a prescindere dall'essere o meno trascorso il termine del passaggio in giudicato, "quia veritas valet et invalescet"» (II concetto di giudicato, cit.*, p. 76); e ainda Wernz-Vidal, *Ius canonicum*, VI, *cit.*, nº 635, nota 7, para a doutrina de Inocêncio IV, na esteira de Inocêncio III (X 5.35.2); L.C. Batista, *A coisa julgada, cit.*, p. 898 ss.. Para uma breve história da *restitutio in integrum* e a sua passagem do direito romano ao Decreto de Graziano e às decretais, e enfim a sua confirmção pelo Concílio de Trento e pelas constituições posteriores, *vide* Wernz-Vidal, *Ius canonicum*, VI, *cit.*, nº 636 ss.; C. Lefebvre, "Aequitas canonica" *et* "periculum animæ" *dans la doctrine de L'Hostiensis*, Eph. I. Can. 8 (1952), p. 305 ss.; J. Salas Murillo, *La* "restitutio in integrum» *en la historia y en el Código de Derecho Canónico de 1983*, Cuadernos Doctorales 4 (1986), p. 235 ss., *Super c. 1645*, in *Comentario exegético*, IV/2, *cit.*. Já em relação às acções matrimoniais, *inter alia*, J. Llobell Tuset, J., *La doppia conforme e la definitività della sentenza alla luce della "teologia del diritto"*, in Aa. Vv., *La doppia conforme nel processo matrimoniale: problemi e prospettive*, Cidade do Vaticano, 2003, p. 105 ss., *Cuestiones acerca de la apelación y la cosa juzgada en el nuevo proceso de nulidad del matrimonio*, An. Der. Can. 5 (2016), p. 53 ss..

[9] Cfr. J. M. Antunes Varela, J. M. Bezerra, Sampaio e Nora, *Manual de Processo Civil*, Coimbra, 1985, p. 702 ss..

[10] SRRDec. 14 (1922), p. 67.

pelo que as partes diante da causa decidenda serão não somente "*eædem*", mas também "*eædem iuridice consideratæ*".

Um instituto correlativo é a litispendência com os correspondentes efeitos da prevenção da jurisdição, mas *operante ex ante* (ou preventivamente *hoc sensu*), prosseguindo, entre outros, aquele objectivo pacificador do tráfico jurídico e da certeza do direito que o instituto do caso julgado alcança *ex post*. A previsão e admissibilidade do instituto da litispendência, aliás, já poderia ser vista como suficiente para inferir a implícita previsão da excepção que torna o caso julgado inimpugnável *inter partes*. Assim, o *CIC 17*, conquanto previsse a excepção de caso julgado genericamente (cân. 1904), não continha qualquer previsão explícita quanto à aplicação da mesma sempre que a decisão transitada proviesse do foro civil. Todavia, além dos princípios gerais de direito e as exigências de justiça e certeza, também o cân. 1553, §2, permitia inferir que isso seria uma necessária decorrência, ao prever expressamente o respeito da jurisdição civil, sempre que esta prevenisse a jurisdição na instância, e se tratasse, claro está, de uma causa mista ou de foro misto[11] [12].

[11] Ou, poder-se-ia aventar – e pese embora o sobredito cânone apenas curar de causas mistas –, até uma causa para a qual a jurisdição civil pudesse ser considerada competente, se pretendermos acautelar em geral casos em que partes legítimas recorressem de algum modo à audiência da autoridade eclesiástica para saldar um litígio em matéria puramente civil, prática corrente durante certos períodos da história da Igreja (implicando uma aplicação de normas *in temporalibus tantum* paralela à que sucederia em se tratando de um caso que versasse sobre matéria civil mas envolvendo o *privilegium fori*) –, atendendo ainda, segundo certa perspectiva, ao facto de haver em tempos um *ius commune*, o direito romano, afim a uma aplicação supletiva ou subsidiária, mas das «*leges romanas, non leges civiles cuiuscumque nationis*», pois que «*eo tempore, quo Ecclesia in suo foro recepit et retinuit ius Romanum ut fontem subsidiarium*», sem embargo de se notar que «*si ius Romanum in foro ecclesiastico obtinuit vim legis, id ex approbatione Ecclesiæ est repetendum*», «[m]ulto minus [...] "leges barbarorum" *inter fontes subsidiarias* [...] *recepit*» – F.X. Wernz, *Ius decretalium*, I, Roma, 1913, p. 306; Wernz-Vidal, *Ius canonicum*, I, Roma, 1938, nº 240). Não obstante o estatuto subsidiário particular de que gozava o direito romano, fruto de uma longeva convivência (soi aludir-se a uma "*recepción en bloque*" para identificar estes séculos em que se dizia outrossim «*Ecclesia vivit lege romana*» – assim a *Lex Ripuaria*, tít. 58, §1; cfr. J. Maldonado y Femández del Torco, *Curso de Derecho Canónico para juristas civiles. Parte General*, 1970, p. 165 ss.; J. Bogarín Díaz, *op. cit.*, p. 104 ss.), para as normas civis, antes da codificação de 1917, vigorava a noção de que, a serem chamadas, seriam objecto de canonização e "aprovação" (cfr. Inocêncio III, X 1.2.10: «*nisi ab ecclesia fuerit approbatum*») ou "correcção", sobretudo porquando fossem tidas por «*illicitæ, sed etiam irritæ sunt et inanes, quia sine legitima potestate fiunt*» – F. Suárez, *Defensio fidei catholica*, IV, c. XXX, nº 9, mas ainda *De legibus* 1, IV, c. XI, nº 4 –, nulas *pro utroque*

foro, atendendo aos critérios de repartição e reserva de competência jurisdicional e ao facto de que teriam a pretensão de disciplinar matéria tida por eclesiástica, e esta sua canonização validante ou "apropriação" contradistinguir-se-ia então da aplicabilidade por canonização das normas civis como actualmente *sub codice*, que podendo considerar-se receptícia, se opera mediante remissão expressa, especialmente em áreas de competência mista ou susceptíveis de intersectar de modo particular a vida na sociedade civil, e sem que tais normas passem a integrar estável ou definitivamente o ordenamento a título de direito legal positivo.

Como sustentam Wernz-Vidal, haveria como que duas sortes de canonização (ou teria havido como que um deslizamento conceitual do termo), uma validante ou de aprovação de leis civis (eventualmente "corrigidas", outras sendo reprovadas sem mais) emanadas em matérias de reserva de jurisdição eclesiástica, e por isso tidas como lei «*irrita in utroque foro etiam civili*», fazendo-o eventualmente «*ad vitanda mala maiora*» em virtude da coincidência dos súbditos de ambas as sociedades, e permitindo ou tolerando uma sua consideração ou observância na vida jurídica dos súbditos, sem contudo ditar a sua recepção material *in iure canonico*, e outra dirigida a normas civis em matérias fora dessa área de reserva exclusiva, que ainda se usava dizer de aprovação mas reacaía sobre leis tidas por válidas pois atinentes a domínios para os quais o legislador civil era considerado competente pela autoridade eclesiástica – causas, portanto, civis ou mistas –, e que assim eram amiúde recebidas (ainda se carreava o termo "aprovação", até por de algum modo contenderem com questões envolvendo alguma conexão com a sociedade e o ordenamento eclesiásticos, ainda que não chegando a colidir com a reserva absoluta de jurisdição, e porque se entende que empregando embora o conteúdo normativo das fontes civis, «*legislatores civiles ut veræ* causae efficientes *inter fontes exsitentdi* iuris *ecclesiastici recensendi non sunt*», se tanto, «*causæ quædam* exemplares») também para dirimir contendas *in foro ecclesiastico*, até por se tratar de matérias para as quais o ordenamento canónico não disporia de normas próprias, vendo aí uma *lex generalis* de *approbatio* ou recepção, antes, de uma fonte habitualmente subsidiária, depois, de regimes normativos de que o ordenamento eclesiástico fosse carente («*si negotium quoddam propter* lacunam *in iure canonico ex legibus ecclesiasticis terminare non posset*»), mediante expressos actos positivos de "aprovação", remissivos e receptícios, postos pelo legislador ou pelo sistema jurídico eclesiásticos *in istis causis communibus* – e assim teria sido que se teria formado por exemplo um recurso habitual e estável às fontes de direito romano, quando não uma assimilação de institutos ou normas, e ainda de outras fontes civis, entretanto eventualmente adaptadas ou "corrigidas" (*Ius canonicum*, I, *cit.*, nº 240: «*requiritur* positivus *actus legislatorius Ecclesiæ, quo aut lege* generali *ius civile tamquam fons sibsidiarius iuris canonici declaratur, aut lege* speciali *ordinatio quædam particularis iuris civilis in foro ecclesiastico recipitur et approbatur*», sendo que *sub codice* não é o caso de uma assunção geral das fontes civis ou códigos «*modernos*» qual fonte subsidiária, como outrora para o *ius romanum* ou *commune*); mostrando a subsistência actual do relevo dos institutos romanos, *e.g. c.* Julien, 16/XI/1936, SRRDec. 28 (1936), p. 681; *c.* Bonet, 20/VII/1955, SRRDec. 47 (1955) p. 633.

Para revestir essas remissões particulares segundo as matérias de uma estrutura e *modus operandi* estáveis, daí, foi apenas um passo para se adoptar a categoria de "normas em branco" ou de "produção" (ora legislativa ora jurídica), ou, de qualquer modo, de recepção material (ainda que eventualmente peculiar), e munidas da estrutura e operatividade próprias das normas de conflito ou delas decalcadas. Para as diversas acepções e fases do percurso conceitual do instituto da canonização, sejam ainda os resumos de I. Spada, *Sulla inapplicabilità del can. 1529 del* C.I.C. *alla costituzione delle persone morali canoniche (Rilievi e considerazioni a proposito di una decisione rotale*), Dir. Eccl. 73/I (1962), p. 160 ss., *maxime*, p. 163 ss., nota 10; e J. Bogarín Díaz, *Factor religioso, cit.*, p. 64 ss., 89 ss., 104 ss.. Num sentido próximo: «*En efecto, dicho término* [canonização] *nace históricamente para designar el proceso de aprobación de leyes civiles – normalmente recibidas del derecho romano a través del* ius commune *– y su ulterior asimilación por el Derecho canónico. El proceso terminaba ahí, ya que una vez asimilada, la norma pasaba a tener dos vidas absolutamente distintas e independientes: una en el ordenamiento canónico y otra en aquél del que se había asimilado* [...] *Con la codificación de 1917* [...] *el concepto se trasladó del ámbito de la recepción de normativa extraña al de la remisión. La doctrina canónica reciente utiliza el término "canonización"* [...] *No es pacífica la opinión de que se trate sólo de los casos en que la remisión es recepticia; ni tampoco es unánime la forma de entender los diversos tipos de remisión*» – J. Miñambres, *Análisis de la técnica de la remisión a otros ordenamientos jurídicos en el codigo de 1983*, Ius Canonicum 32 (1992), p. 718, sustentando que a questão da identificação do tipo de remissão (*rinvio hoc sensu*) ou referência operada, se material/recepticia ou formal/não recepticia, que emerge, em certa medida, por influência da disquisição entretanto tratada no sector doutrinal do direito internacional privado, se poria sobretudo no âmbito do anterior código, não tendo este uma norma geral de canonização, enquanto à luz do actual regime, se poderia admitir a referência como recepticia, contanto que se trate de normas canonizantes *stricto sensu* e não de normas ordenando outro tipo de consideração ou pressuposição do ordenamento *ad quod* («*nicht reciperende*» enquanto subcategoria das *Blankettrechtssätze* de Trieppel, eventualmente normas de «*rinvio condizionante*» de Sperduti, ou pressuponentes no sentido de Santi Romano) – o que pode significar ainda assim a revivescência de tal disquisição de tipos reenvio ou referência e eventualmente uma noção de canonização *lato sensu* e outra correspondente à canonização *stricto* ou *proprio sensu*. Assim, ainda o mesmo autor: «*En resumen, se puede definir la canonización como el proceso de producción jurídica que se tiene en el ordenamiento de la Iglesia, por la remisión material (recepticia) que algunas de sus normas hacen a ordenamientos jurídicos distintos, asumiendo su regulación como canónica. Por tanto, este concepto no engloba todos los tipos posibles de remisión del Derecho canónico a otros ordenamientos – que es el concepto tomado por el c. 22, sino sólo la remisión marterial o recepticia*» (*op. cit.*, p. 720). Cfr. *infra* e ainda S. D'Angelo, *De "canonizatione" in Codice Iuris Canonici*, Apollinaris 2 (1929), p. 294 ss. («*in genere, intelligitur approbatio, confirmatio, adeptio, receptio, legum civilium in systemate iuridico canonico*»); J. Borrero Arias, *Conexiones en materia de adopción entre el derecho canónico y el derecho civil*, Sevilha, 1976, p. 20 ss.; J. Bogarín Díaz, *op. cit.*, p. 51 ss. , *maxime* 84 ss., 106 ss., para quem a canonização *proprio sensu* se respigaria em normas como as dos cân. 98, 197, 1290, 1500, 1714, 1716, §§1-2, outras normas correspondendo a outros tipos de atribuição de relevância normativa ou pressuponente do ordenamento *ad quod*, e detectando todavia no método da canonização um expediente de "direito interordinal" capaz de alcançar também uma sorte de "harmonia interordinal" de regulação e decisões, paralela à harmonia internacional prosseguida pelo direito internacional privado, e por isso acabaria por reunir características da referência material de remissão receptícia e da referência formal (cfr. V. Del Giudice, *Istituzioni di Diritto Canonico*, Milão, 1936, p. 87): «*Esta figura específicamente canónica produce una recepción de la norma estatal, como en la remisión material, pero de la norma pro tempo re existens, como en la remisión formal* [...] *puesto que el objetivo perseguido (la "causa final de la canonización", en expresión de Cassola) es la conformidad del Derecho Canónico con el estatal, por lo cual estamos ante una verdadera relación jurídica entre ordenamientos* [...] *No se trata de una remisión a una fórmula legislativa extranjera* [...] *sino a una norma extranjera, que se interpreta conforme al ordenamiento* ad quod *(en eso coincide con la remisión formal), pero la norma se recibe, se hace canónica y se somete no sólo al límite del orden público sino también al de los principios generales canónicos, y más todavía, se somete al resto del ordenamiento canónico, con respecto al cual la norma canonizada es supletoria, esto es, cede en el supuesto de antinomia con una norma propiamente canónica. He ahí la esencia del fenómeno: es un Derecho supletorio, pero no ya un Derecho recibido en bloque – como antiguamente el Derecho Romano – sino parcialmente, norma por norma, o a lo sumo de un sector (como el Derecho Civil de contratos)*» – p. 84 s.. Cfr. F.M. Cappello, *Tractatus canonico-moralis*, V, *De matrimonio*, Roma, 1950, nº 324.

É pois consabido, como notam precipuamente diversos autores, que a noção de canonização (*canonizatio legum civilium*) não tem sido uniforme, e mesmo a terminologia correspondente tem variado – um termo alternativo já usado pela S. Rota Romana, o de «*delegatio ad ius civile territoriale*», em *c.* Sabattani, 3/II/1960, Dir. Eccl. 72 (1961/1), p. 161 ss.. Fechando este excurso, podemos propor um resumo, ainda seguindo F.X. Wernz (*Ius decretalium*, I, *cit.*, p . 302 ss.), para quem se passara da acepção segundo a qual, como vimos, «*agitur de lege civili ex sese irrita in utroque foro, etiam civili, quæ ex sola aprobatione Ecclesiæ vim atque valorem consequitur*», ou como junta V. Del Giudice, «*la applicazione delle norme invalide statuali da parte del diritto canonico, che le rifonde e rivalorizza*», e assim normas estatais eventualmente versando sobre matérias *eclesiásticas – Il diritto dello Stato nell'ordinamento canonico*, Arch. Giur. 91 (1924), p. 3 –, para uma outra, vigente paticularmente *sub codice*, *"dimisso iure romano"*, mas para F.X. Wernz já presente precedentemente, segundo a qual, mediante uma remissão receptícia, o ordenamento canónico recebe materialmente «*civiles leges ex sese valide sapienterque latas, longa experientia comprobatas atque fidelibus in suis negotiis sæcularibus familiares etiam in foro ecclesiastico facile convenienterque adoptare potest [...] propter lacunam in iure canonico*», ou nas palavras de A. Van Hove, «[*c*]*anonizzatæ sunt ab Ecclesia plures leges civiles, interdum statuendo illa, quæ lex civilis statuerat in rebus temporalibus, applicanda esse in materiis ecclesiasticis*», *enquanto «canonica receptio legis civilis ex sese validæ in foro civili»* (A. Van Hove, *Prolegomena*, Malines-Roma, 1928, p. 81), ressalvando-se o facto de que, todavia, este tipo de recepção, como nota ainda F.X. Wernz (*op. cit.*, *loc. cit.*), não era desconhecida anteriormente, mas passaria a ser a acepção de canonização cujo emprego se tornaria dominante em particular com a codificação de 1917. Seja o entendimento da canonização operada *e.g.* pelo cân. 1529 *CIC 17* em matéria de contratos, tal como aparece vertido em *c.* Bonet, 20/VII/1955, *cit.*, p. 630 ss., *hic* nº 6-7, tratando de um caso em que a competência pertenceria ao foro eclesiástico em razão apenas do *privilegium fori* que assistia a um dos contraentes em vista da sua dignidade clerical, logo uma comptência eclesiástica exclusiva mas "*mera ratione personæ*", aresto que é também um exemplo de aplicação pelo tribunal eclesiástico de normas civis (cfr. nº 9 ss.): «*competentia judicialis exclusiva Ecclesiæ minime mutat naturam relationis iuridicæ*

quae obiectum constituit controversiæ definiendæ in iudicio contentioso cuius pars conventa privilegio fori gaudet. Tribunalia enim Ecclesiæ in controversiis de quibus iudicant mera ratione privilegii fori partis conventæ, applicare tantummodo debent illud jus quo relatio iuridica controversa regatur, servato quidem, uti patet, ordine processuali canonico»; «de contractu quodam agitur, cuius materia res non sit ecclesiastica [...] contractus regitur praescriptionibus illius ordinis iuridici, quarum vi ortum habuit, quibusque diiudicare debet, salvo quidem semper jure naturali vel positivo divino. Nec recte hac in hypothesi invocaretur can.1529, qui, quamvis jus civile accipiat, semper vera norma canonica est de materia ecclesiastica.»
Como resumem S. D'Angelo (*op. cit.*, p. 294) e mais resentemente I. Spada (*op. cit.*, p. 164, nota 10), «*qualche canonista come il Maroto* [...] *e soprattutto aggiunge il D'Angelo* [...] *vari* "studiosi, inter civilistas praesertim egregii (cfr. Romano, Jemolo, et praesertim Del Giudice Ill. cc.) rigidam notionem canonisationis ex antiquo iure retinentes, de casibus receptionis seu remissionis recepticiae (*rinvio ricettizio*) necnon remissionis formalis (*rinvio formale*) ab illa omnino distinctis loquuntur».
Ainda sobre o instituto da canonização e as suas acepções e identificando as etapas acima descritas, *infra* e ainda F. Suárez, *Tractatus de legibus ac Deo legislatore*, IV, c. 8 ss.; A. Reiffenstuel, *Ius canonicum universum*, I, Antuérpia, 1755, p. 112, n. 296 ss.; Benedictus PP. XIV, *De Synodo diœcesana*, Roma, 1755, p. 316 ss.; G. Phillips, *Kirchenrecht*, III, Ratisbona, 1848, nº 118 , 148; C. Marnoco e Souza, *Direito ecclesiástico português*, Coimbra, 1910, p. 128 ss.; Santi Romano, *L'ordinamento giuridico*, Pisa , 1917 , p. 158 ss., *Lezioni di diritto ecclesiastico*, Pisa, 1923, p. 136 ss.; F. Maroto, *Institutiones iuris canonici*, Roma, 1918, p . 439 ss.; Vermeersch-Cresen, *Epitome iuris canonici*, Malines, 1930, II , nº 328; A.C. Jemolo, *Il valore del di ritto della Chiesa nell'ordinamento giuridico italiano*, Arch. Giur. 6 (1923), p. 3 ss., *Corso di diritto ecclesiastico*, Roma, 1945, p. 72 ss.; A. De Smet, *Tractatus theologico-canonicus de sponsalibus et matrimonio*, Bruges, 1927, n . 493; F.M. Cappello, *Tractatus*, V, *cit.*, *loc. cit.*; *Summa iuris canonici ad usum scholarum concinnata*, I, Roma, 1961, nº 3 ss. («*Olim Ecclesia in suo foro , quoad pacta, jus romanum sequebatur, prout medii ævi tempore fere universim receptum fuerat. Nunc jus civile singularum nationum acceptat seu canonizat.*»)

[12] Aliás, mesmo não convindo escamotear a diferente natureza dos ordenamentos, em particular quanto à existência ou não de uma sua necessária ligação a um território e Estado soberanos (ou talvez *pour cause*), não deixa de ser digno de nota que, em matéria de litispendência estrangeira ou *in alio foro*, o ordenamento canónico, até ao *CIC 17* incluisive (cfr. P. Gasparri, *Codex Iuris Canonici-præfatione, fontium annotanione et indice analytico-alphabetico*, Roma, 1918, c. 1553, §3, p. 452, nota 1, remontando à citada R.J. 54 in VIº, mas aduzindo outras fontes prévias à codificação pio-beneditina), desde há muito que, estendendo a prevenção a instâncias pendentes em ordenamentos estranhos, ia mais longe do que ordenamentos civis como o português e, até 1995, o italiano. De facto, neste domínio que formalmente não deixa de estar integrado no âmbito do direito internacional privado processual, o Código de Processo Civil português, conquanto fique ressalvado quanto prevejam eventuais convenções internacionais e os regulamentos da União Europeia, continua a considerar irrelevante a pendência em foro estrangeiro – art. 580º, nº 3 (art. 497º, nº 3/1961). O *Codice di Procedura Civile* de 1940 ia no mesmo sentido até 1995, quando, *ex vi* do art. 7º da Lei nº 218, 31/V/1995, que modificou o regime italiano de direito internacional privado, se passou a estipular que a pendência de causa

De qualquer modo, o respeito pela decisão *in iudicio transacta*, sendo um corolário geral de justiça[13], sempre reclamaria ser considerado, sob pena de

sobre idêntico objecto entre as mesmas partes em tribunal estrangeiro provoca a suspensão do juízo no foro interno, prevendo também que o juiz possa sobrestar na decisão em caso de acção prejudicial pendente em foro estrangeiro, suspendendo-se a instância até à resolução da dita questão prévia. Do mesmo modo, o art. 90º do Código de Proceso Civil brasileiro de 1973, e assim também o art. 23º do novo código de 2015, com regime semelhante àquele italiano de 1940, conquanto veja a sua eficácia limitada em virtude de normas internacionais convencionais. No âmbito europeu, confirmando a relevância da litispendência entre distintos ordenamentos, *v.g.* o art. 29º do Regulamento (UE) 1215/2012, 22/XII ("Bruxelas I-bis"). Cfr., sobre a justiça da litispendência internacional, H. Valladão, *Direito internacional privado*, I, Rio de Janeiro, 1971, p. 141.

[13] Assim, *e.g.*, ilustrando como isso mesmo decorre de uma exigência de justiça, seja este aresto brasileiro (que chamamos à colação também pela semelhança do sistema brasileiro actual de reconhecimento de sentenças e concessão de *exequatur* com aquele contido no Código de Processo Civil estatal da Cidade do Vaticano, que consabidamente, junto com aquele italiano, já servira de inspiração ao código brasileiro de 1973 – cfr. *infra*): «diante da informação prestada pelo ilustre Juízo da 1ª Vara [...] de que houve o trânsito em julgado [...] não há como acolher o pedido de homologação sob pena de ofensa à ordem pública [...]» (STJ Brasil, n. 1271, 9/VI/2011); e ainda confortando a mesma posição em decisão de agravo regimental, fazendo apelo ao respeito pela soberania nacional: «Não se homologa sentença estrangeira, se existir sentença brasileira com mesmo objeto já transitada em julgado, sob pena de ofensa à soberania nacional» (STJ Brasil, AgRg na SE, n. 9698, 17/XII/2014); ou seja, isto era assim mesmo à luz da legislação brasileira anterior a 2015 – art. 483º do CPC/1973; art. 2016-D e 216-F do Regimento Interno STJ (*ex* Emenda Const. n. 45/2004 e subsequente art. 5 da Resolução da Presidência STJ n. 9/2005 e Emenda Regimental n. 18/2014), reproduzindo os anteriores arts. 216º e 217º do Regimento Interno STF/1980 (idênticos à versão anterior de 1970), e os art. 15 e 17 da Lei de Introdução às Normas do Direito Brasileiro, Lei 12.376/2010, precedentemente Lei de Introdução ao Código Civil, Dec.-Lei n. 4.657/1942 –, na qual a preclusão do reconhecimento em virtude do caso julgado nacional não era prevista expressamente, mas era já acolhida jurisprudencialmente – pese embora tal posição fosse agasalhada pelo anterior Regimento Interno STF e pelo art. 17º da Lei de Introdução ao Código Civil de 1942, e depois pelo art. 6º da Resolução de 2005 mencionada *supra* e à luz do art. 17º da renomeada Lei de Introdução às Normas do Direito Brasileiro de 2010 –, um requisito para a homologação considerado então uma derivação da ordem pública e do princípio de soberania nacional pela jurisprudência, que não contemplava expressamente nestes casos a prevenção na jurisdição, como não a contempla o regime brasileiro do actual art. 963 do Código de Processo Cicil de 2015, irmanando-se nisto com a equivalente disciplina do Estado vaticano e já prevendo expressamente o caso julgado nacional enquanto impedimento para o *exequatur*. Cfr. *infra*, e para questão afim e um resumo das posições doutrinais em face da oposição das primigénias versões dos art. 1096º, d), e 771º, g), do Código de Processo Civil nacional de 1961, "*O reconhecimento das sentenças estrangeiras no direito brasileiro e no direito português*", in Id., *Temas de direito comercial, arbitragem comercial inter-*

tornar infrutífera ou, pelo menos, instável, qualquer acção que caiba para firmar um direito e defendê-lo de violação, e assim também o próprio sistema tutelar judicial. Ademais, nenhum dos códigos (de 1917 e de 1983) introduz qualquer limitação à relevância da eficácia da coisa transitada em julgado (*nec nos distinguere...*) consoante o ordenamento de que provisse (canónico ou civil) – o que, contudo, também não pode querer dizer demais, pois que a sua eficácia pode ser condicionada ao preenchimento de certos requisitos, ainda que contados e particularmente graves, como veremos.

Na verdade, a admissão deste instituto em face de um ordenamento jurídico alheio ou secular é também matéria que interessa ao assim dito direito público eclesiástico, na medida em que acaba por produzir efeitos próprios de um instrumento processual de reconhecimento de sentenças provindas de um ordenamento estranho, matéria que em direito civil se subsume no domínio do direito internacional privado processual[14].

Não prevendo expressamente um regime de reconhecimento *qua tale* de sentenças provindas doutros ordenamentos, o ordenamento canónico acaba, no entanto, por admitir resultados que decorreriam dum tal reconhecimento mediante a combinação dos institutos da *res iudicata* e da "canonização" das leis civis ou dos resultados da operatividade dos ordenamentos civis, à guisa de sistema equivalente a um reconhecimento sem procedimento de revisão ou delibação autónomo, ainda que sujeito a requisitos para a produção *in foro ecclesiastico* de efeitos da sentença de um ordenamento estranho transitada em julgada e assim "canonizada" – conquanto, como na sentença que nos ocupa, uma tal eficácia se encontre reduzida à força de caso julgado[15].

nacional, reconhecimento de sentenças estrangeiras e conflitos de leis, Coimbra, 1989, p. 162 s., 190; L. Lima Pinheiro, *Regime interno de reconhecimento de decisões judiciais estrangeiras*, ROA *61* (2001), p. 613 s., *Direito Internacional Privado*, III, Coimbra, 2002, p. 366 s.).

[14] De facto, como meio de reconhecimento de sentenças estrangeiras circunscrito ao efeito de caso julgado das mesmas, esta modalidade, que assenta na aceitação das razões da preponderância da decisão transitada em julgado, é geralmente reconduzida à categoria do reconhecimento dito automático, *ipso iure* ou *ex lege* (*vide* nota seguinte).

[15] Que assim age de um modo semelhante ao regime de "*estoppel* per rem iudicatam", na dupla modalidade de "*cause of action*" e "*issue*". Cfr. P.M. North-J.J. Fawcett, *Private internat ional law*, Londres, 2017, p. 556 ss., oferecendo um *dictum* de Lord Reid (p. 77) de um aresto de 1967: «*estoppel is a matter for the* lex fori *but the* lex fori *ought to be developed in a manner consistent with good sense*» – in Carl Zeiss Stiftung v Rayner and Keeler Ltd (No 2) [1967] 1 AC 919. Para um regime com algumas afinidades, cfr. os art. 1º-3º, 6º, 7º, 12º, 13º, 22º do Decreto n. 6.982/1878, 27/VII do Império do Brasil – cfr. N. Vieira de Souza, *Sistemas de reconhecimento de sentença estrangeira*

Acto contínuo, importará determinar as condições em que uma qualquer eficácia de dita sentença poderia ser admitida no âmbito do ordenamento canónico, condições que, *mutatis mutandis*, valerão também para que, de facto, o instituto do caso julgado enquanto aplicado a uma sentença dum ordenamento estranho possa então surtir a sua eficácia. Como veremos, porém, tais requisitos, na medida em que atendem à natureza da questão pleiteada, atenderão também ao âmbito material em que a canonização das leis seculares estatais é admissível, questão de resto conexa com a do âmbito material de reserva de jurisdição pelo foro eclesiástico, na medida em que, em princípio, onde há reserva *ratione materiæ* não se recorre a uma tal canonização (já diferentemente do que poderia suceder no caso de uma reserva *ratione personæ*).

2. Classicamente, o direito público eclesiástico trata também da classificação tripartida das causas ou dos delitos, dividindo-os em meramente temporais, espirituais e mistos[16], a fim de determinar a legitimidade jurisdi-

no Brasil, REDP 12 (2018), p. 565 ss.. Cfr. ainda L. Lima Pinheiro, *Regime interno, cit.*, p. 578 s., nota 62, *DIP, cit.*, p. 265 s., ao arrolar tal reconhecimento do caso julgado alheio por *estoppel* entre os sistemas de reconhecimento "automático" ou "*ipso iure*" de sentenças estrangeiras, conquanto confinado à força de caso julgado, isto é, um reconhecimento difuso e independente de processo de controlo prévio na sequência de expresso pedido separado e acção autónoma. Ora, no ordenamento canónico tal reconhecimento por invocação da excepção de caso julgado (*ex alio foro*) operaria no âmbito de cada lide substantiva e caso por caso, posto que segundo um princípio ínsito no ordenamento, além de que mediante sindicância do preenchimento de certos requisitos a cargo, isso sim, da mesma autoridade judicial chamada a pronunciar-se sobre o mérito da causa *iure canonico*. Não curando agora doutros efeitos, como aquele que se liga à sentença enquanto título executivo, ou de certos efeitos constitutivos, e quantos sejam relevantes *e.g.* em matéria de registo ou em matéria de prova. O reconhecimento da relevância probatória transparece, por exemplo, em matéria delitual, na prática de aguardar a conclusão do processo criminal civil, antes de dar prosseguimento ao processo penal canónico versando sobre os mesmos factos e relativo ao mesmo alegado autor do delito, o que se explica também pela maior escassez de meios de inquérito e coactivos.

[16] Sobre tal tripartição, mas também, em especial, quanto à distinção a introduzir entre diferentes tipos de causas mistas (*causæ mixtæ*, *res mixtæ* ou causas *mixti fori*) a fim de identificar aquelas em que a competência do foro eclesiástico poderá sobrepujar a do foro civil não obstante a natureza mista da causa, atendendo a que se possa detectar uma *ratio/connexio ad finem Ecclesiæ ou ratio specialis relationis ad spiritualia*, eventualmente sustentada pela *ratio peccati* ou pelo *periculum animarum*, fundamento também do poder indirecto eclesiástico em relação ao Estado *in rebus temporalibus* (natura *non tendit nisi ad unum*, ditando a necessidade de uma relação de subordinação, com a sua *ratio ordinis* assente na natureza, origem e fins de ambas as sociedades), e de como, em certos casos, o ordenamento canónico pode vir a reclamar a própria

competência por isso que a aplicação das normas estatais nem considera as normas canónicas como mero dado de facto pressuposto, acabando, ao invés, por regular ou contender com os efeitos directos e próprios de uma entidade ou instituição canónica objecto de uma questão prévia *lato sensu*, F. Cavagnis, *Institutiones iuris publici ecclesiastici*, I, Roma, 1882-1883, nº 421 ss., 465 ss.; Wernz-Vidal, *Ius canonicum*, I, *cit.*, nº 9 ss., 18 ss., e F. X. Wernz, *Ius decretalium*, V/1, Roma, 1914, p. 220 ss., também para uma história da mesma e a sua relação com as decretais de Inocêncio III; F. Roberti, *De processibus*, I, Roma, 1941, p. 129 ss.; F.M. Cappello, *Summa iuris publici ecclesiastici*, Roma, 1954, nº 216 ss., 251 ss.; A. Ottaviani, *Compendium iuris publici ecclesiastici*, Cidade do Vaticano, 1954, nº 89 ss., 206 ss., 270 ss.; Del Giudice, *Manuale di Diritto Ecclesiastico*, Milão, 1964, p. 126 s.; J. Hervada, Comentario a *SRR c.* Bonet, 20/VI/1955, Rev. Esp. Der. Can. 14 (1959), p. 263 s., nota 35, 272 ss.: «*Pero obsiervese que, en realidad, no hay en ellas concurrencia de soberanías, sino que cada una de éstas se mueve en un ámbito ... salvo siempre el poder indirecto eclesiástico, que, por otra parte, es operante en el ámbito del fin sobrenatural*»; M. Cabreros, *Super c. 1553*, in L. Miguélez-S. Alonso-M. Cabreros, *Código de Derecho Canónico (1917) y legislación complementaria*, Madrid, 1980. E em relação ao novo cân. 1401, em confronto com o anterior cân. 1553, e ainda a propósito da supressão actual da menção expressa da prevenção entre tribunais eclesiásticos e civis, C. Diego-Lora, *Super c. 1401*, in *Comentario exegético*, IV/2, *cit.*, p. 630, sutentando que a omissão no novo código de uma referência expressa às causas mistas não significa uma «*renuncia de potestad, que puede incluso redundar en perjuicio de un fiel, súbdito poprio de la Iglesia*» (p. 632), e, embora o novo Código, no cân. 1415 *CIC 83*, cale agora a referência expressa contida no anterior cân. 1553, §2 *CIC 17* à possibilidade prevenção ora dos tribunais eclesiásticos ora dos tribunais civis nas cauas mistas, nem por isso se tolhe a possibilidade de a ver ainda assim contida nessa mesma norma do cân. 1415, à luz dos princípios de direito, da definição do poder jurisdicional da Igreja, e por ausência de *distinctio* expressa na mesma norma do cân. 1415 que *expressis verbis* excluísse da própria previsão os tribunais civis, o que sempre teria como consequente natural o reconhecimento das decisões dum tribunal civil que houvesse prevenido a jurisdição, posto que não infirmasse os limites materiais impostos pelo direito divino e eclesiástico (cân. 22 *CIC 83*); Wernz-Vidal, *Ius canonicum*, I, *cit.*, nº 110 ss., 119 ss., sobre as fontes divina (*lex divina*; *ius divinum*) e humana (*lex ecclesiastica; ius ecclesiasticum*) de direito da Igreja e do ordenamento canónico; V. Prieto, *Cose spirituali annesse alle spirituali. La* 'Ratio peccati', Ius Ecclesiæ 15 (2003), p. 39 ss.; M.J. Arroba Conde, *op. cit.*, p. 42 ss., nº 50: «A Igreja abstém-se de tratar controvérsias em matérias não essenciais à sua própria esfera; em certos casos se a matéria incide sobre valores que a Igreja considera seu dever tutelar, reconhecendo a jurisdição do estado, separa os elementos estritamente canônicos dos outros, como nas causas de separação conjugal (cc. 1059, 1671 e 1673)»; para um recurso às autoridades eclesiásticas e à sua *iurisdictio* ou arbitragem em «*cause meramente laicali fra meri laici*», *o Regolamento legislativo e giudiziairio*, de 1834 (§358) de Gregório XVI (Wernz-Vidal, *Ius canonicum*, VI, *cit.*, nº 26, nota 39; cfr. F. X. Wernz, *Ius decretalium*, V/1, *cit.* p. 220 s., também sobre tal ocorrência nos primeiros séculos e sobre o respeito do Império em face das causas reservadas: «*Ecclesia inde a primis sæculis constanter et exclusive sibi vindicavit potestatem iudicandi in causis mere spiritualibus, puta de fide, sacramentis divinoque cultu. Quod principium ab ipsis imperatoribus suis constitutionibus agnitum*

cional ora do ordenamento civil ora daquele eclesiástico, e dos respectivos órgãos jurisdicionais. Relacionada com essa classificação, convoca-se ainda a necessidade de não infirmar o direito divino nem as normas eclesiásticas, sempre que estas imponham a própria aplicação, além de a Igreja e o ordenamento canónico não poderem abdicar de regular ou velar sobre a decisão de situações ou matérias em que assuma relevo a *ratio peccati*.

Assim, já a relevância da prevenção na *regula iuris* 54 in VIº se poderia dizer que apontava para a necessidade de admitir a eficácia da *res iudicata*[17], juntamente com o estipulado pelas regras 84 (garante da harmonia interna de decisões, obstando a determinações normativas conflituantes ou contrastantes)[18] e 85 (também eventualmente pertinente em caso de transacção, posto que em âmbito judicial)[19]. Nesse sentido, bem se compreende que em *c.* Prior, 18/III/1922 (nº 5)[20], o ponente realce como o *ius vetus* foi recebido na codificação de 1917, como o seria mais tarde naquela de 1983: «*Vis rei iudicatæ iuxta veterem disciplina in novo Codice confirmatam, ita in can. 1904*».

A este respeito, porém, interessar-nos-á ainda mais a adenda que se segue no parágrafo seguinte da mesma sentença (nº 6)[21], em que se mostra como o caso julgado obtido no foro civil era já expressamente considerado na colecção de Bonifácio VIII, *apud* VI 2.12.2, onde se lê: «*Similiter iudices ecclesiastici exceptionem ipsam, si coram ipsis excipiatur de re per sæcularem iudicem iudicata, exceptionem ipsam admittant in iis, quæ animarum periculum non inducunt*»[22], pois, neste último caso, em virtude da *ratio peccati*, se estaria já em domínio reservado da jurisdição eclesiástica, como se dirá. Aliás, pode dizer-se que o tema também já fora tratado no mesmo sentido no *Liber Extra* de Gregório IX, contendo um dos princípios fundantes da *restitutio in*

est. Nequit vero negari Prælatos ecclesiasticos pariter primis sæculis, partira ut arbitros a fidelibus electos, partira ut iudices ex privilegiis ab imperatoribus christianis concessis, radicasse de causis mere civilibus et profanis ipsorum fidelium laicorum»; e ainda, N.M. Castello-Branco Bastos, *Do foro eclesiástico e do foro civil na concordata – O caso da Santa Casa da Misericórdia do Port*, in Aa. Vv., *Estudos de homenagem a Mário Esteves de Oliveira*, Coimbra, 2017, p. 173 ss., e bibliografia *ibi*.

17 R.J. 54 in VIº: «*qui priore est tempore potior est iure*».

18 R.J. 84 in VIº: «*quum quid una via prohibetur alicui, ad id alia non debet admitti*».

19 R.J. 85 in VIº: «*contractus ex conventione legem accipere dignoscitur*».

20 *Cit.*, p. 66.

21 *Cit.*, p. 67.

22 As citações do *Corpus Iuris Canonici* seguem a edição E. Richter-E. Friedberg, Leipzig, 1879-1881, neste caso a sentença coligida diferindo ligeiramente.

integrum, mas que facilmente transitará[23] para o domínio correlato da limi-

[23] Como definem Wernz-Vidal, a *restitutio in integrum «concedi potest tamquam remedium* extraordinarium», isto é, um recurso ou remédio extraordinário para uma sentença em princípio inopugnável, pretendendo apenas acorrer «*para temperar el rigor del Derecho estricto*» não em todos os casos de injustiça, mas apenas «*en aquellos casos en los que la injusticia de un acto válido causaba una lesión particular*» – J. Salas Murillo, *Super c. 1645*, in *Comentário exegético*, IV/1, *cit.*, p. 1727, reproduzindo o parecer de autores precedentes, entre os quais Wernz-Vidal: «*Restitutio in integrum originem debet iuri Romano, quod iuris stricti rigorem æquitate naturali temperavit*» –, para o que «conditio requisita *est, ut de evidenti iniustitia rei iudicatæ manifesto constet*», e «*non censetur manifesto constare de illa iniustitia, nisi*» nos casos contidos no elenco – Wernz-Vidal, *Ius canonicum*, VI, *cit.*, nº 638 s.. Assim se parece indicar um remédio para uma "lesão particular" enquanto resultante de uma modalidade "manifesta" de «*illa* [isto é, *evidenti*] *iniustitia*».
Note-se, de resto que o regime da *restitutio in integrum*, a fim de ajuizar da admissibilidade da mesma para decisões obtidas no âmbito do sistema jurisdicional canónico, contém um elenco de casos em que a sentença inapelável é dita padecer de injustiça evidente manifesta. De facto, a inapelabilidade só decai «*dummodo de evidenti iniustitia rei iudicatæ manifesto constet*» – can. 1905, §1 *CIC 17* e 1645, §*1 CIC 83*, embora este último cânone com uma redacção diferente que elimina o adjectivo *evidens*, conservando tão-só o advérbio de modo "*manifesto*" («*dummodo de eius iniustitia manifesto constet*»), mas em ambas as redacções se guarda a conjunção "*dummodo*" (correspondente à locução conjuncional "contanto que"), caracterizando esta a exclusividade da condição que assim introduz na oração subordinada adverbial condicional restritiva por ela iniciada; ou seja, indicando acto contínuo, junto com o §2 de ambos os cânones, a própria taxatividade do elenco que aí se lhe segue e que caracteriza a extensão máxima do âmbito da condição do §1. Na verdade, do confronto de ambas as redacções, conquanto quase idênticas, poderia ainda assim argumentar-se, o que não seria irrelevante, que uma *iniustitia* pode ser *evidens quoad se*, não o sendo porém *in casu* ou *quoad nos*, e por isso não chegando a apresentar a nota indicada pelo advérbio empregue na redacção de 1917 e que a tornaria *manifesta*. Resta, porém, o facto de que, como quer que seja, o elenco dos casos de manifesta injustiça que franqueiam o processo da *restitutio in integrum* é taxativo: somente uma injustiça manifesta segundo um dos casos declinados no rol do elenco poderá permitir a nova introdução da causa (can. 1905, §2 *CIC 17* e 1645, §2 *CIC 83:* "*nisi*", com o mesmo valor limitador excludente em ambas as codificações – cfr. cân 39 *CIC 83*, ainda que directamente aplicável apenas à interpretação do conteúdo de actos administrativos) – conquanto, ainda aqui, pudesse interessar averiguar se haveria uma condição preliminar, ou seja, apurar se mesmo em tais casos se deveria tratar de uma injustiça *evidens* ou *simpliciter*, mas baste por ora que, em princípio (*datum sed non concessum*), a *evidens iniustitia quoad se* será *manifesta*.
Este elenco poderá carrear um seu valor normativo em sede de *vis rei iudicatæ* mesmo que *ex alio foro*, isto é, dum foro civil, a fim de ajudar a determinar os casos de limitação da sua eficácia *ex evidenti iniustitia*. Importa, todavia, notar que a condição restritiva para infirmar a eficácia da *res iudicata ex alio foro*, quanto a este aspecto, é algo mais débil do que a que se requer para ferir a inapelabilidade duma sentença obtida no ordenamento canónico, porquanto nesta se exige uma *iniustitia manifesta* porque limitada aos casos contidos no elenco do cân. 1645, §2 *CIC 83*,

tação da eficácia de um caso passado em julgado num ordenamento *a quo*: «*Sententia lata contra leges vel canones non tenet*» (X 2.27.1)[24].

É, pois, mister que passemos em revista a malha dos cânones que, directa ou indirectamente, interessam à eficácia deste instituto em ambos os códigos, por de algum modo fazerem prevalecer o respeito por uma decisão transitada em julgado, nomeadamente ao obstarem a que dois *fora* se pronunciem sobre um mesmo objecto, como é o caso da prevenção em caso de litispendência, mas outrossim ao regularem os requisitos e limitações que se apõem a qualquer consideração de um ordenamento estrangeiro, e, *a fortiori*, de um título que dele provenha, ainda que judicial.

No *CIC 17*: os cân. 120, § 2 (*privilegium fori*, contemplando no entanto a possibilidade da sua derrogação; o cuidado com a excepção constituída por este privilégio mostra também, *a contrario*, como nos restantes casos, havia a disposição ao reconhecimento do julgado do poder judicial secular)[25]; 1553, §§ 1 (jurisdição reservada, própria e exclusiva do foro eclesiástico *in spiritualibus*, em matérias que interessem às leis eclesiásticas ou em que ocorra a *ratio peccati*, impondo uma resolução por parte da Igreja, ou em que se dê o *privilegium fori*) e 2 (admitindo a prevenção tanto do foro eclesiástico como

ao passo que para alijar a *vis rei iudicatæ* provinda de ordenamento estranho, não sendo este caso previsto expressamente no código, não careceria que a requerida injustiça evidente *manifesto constet* segundo tais modalidades, o que poderá acarretar uma revisão do mérito da sentença civil além do que permitiria tal elenco relativo à admissibilidade da *restitutio in integrum*. Parece resultar, por conseguinte, que, neste aspecto, a inexpugnabilidade de uma sentença transitada em julgado em foro canónico acabará por ser mais ampla do que aquela de uma sentença transitada *in foro civili*.

Cfr. J. Salas Murillo, *Super c. 1645, cit.*, p. 1722 ss.; e ainda, quanto aos trabalhos preparatórios do regime actual, Communicationes, *loc. cit.* (*supra*, nota 7).

[24] *Mutatis mutandis*, pois que, diante da coisa transitada em julgado, a valência de tal princípio não significará uma aplicação forçosa da *lex fori ecclesiastici*, mas tão-só quando a mesma reclamar *in casu* a própria competência, desde *logo ratione materiæ* ou *personæ*, ou por imperativo *iuris divini* ou *ex (evidenti) iustitia*, como se verá.

[25] Cân. 120, §2 *CIC 17*: «*Patres Cardinales, Legati Sedis Apostolicæ, Episcopi etiam titulares, Abbates vel Prælati nullius supremi religionum iuris pontificii Superiores, Officiales maiores Romanæ Curiæ, ob negotia ad ipsorum munus pertinentia, apud iudicem laicum conveniri nequeunt sine venia Sedis Apostolicæ; ceteri privilegio fori gaudentes, sine venia Ordinarii loci in quo causa peragitur; quam tamen licentiam Ordinarius, præsertim cum actor est laicus, ne deneget sine iusta et gravi causa, tum maxime cum controversiæ inter partes componendæ frustra operam dederit.*»

do civil, nas causas de foro misto)[26] [27]; 1902 e 1904 (previsão e caracterização do caso julgado e da sua eficácia)[28] [29]; 1933, § 3 (de novo, admitindo a categoria de causas mistas, desta feita em âmbito delitual, e prevendo a competência do foro civil para os delitos mistos sempre que o réu seja um leigo, abstendo-se o foro eclesiástico de reformar a sentença secular, «*publico bono satis consulit*»)[30]; 2198 (relevante para burilar a classificação tripartida das causas, ainda que tratando especificamente de delitos, e admitindo a jurisdição secular naqueles que interessem apenas à lei civil, salva sempre a competência eclesiástica *ratione peccati*, mas também admitindo para o caso de delitos mistos uma jurisdição concorrente dos dois *fora*, o que, de qualquer modo, só se consumaria admitindo o respeito pela decisão civil; se assim é em matéria penal, *a maius* em matéria não penal, em que o bem público não é directamente interessado ou não o é do mesmo modo particularmente grave)[31]; 2210, § 1 (confirmando que um delito criminal

[26] Cân. 1553 *CIC 17*: «§1. Ecclesia iure proprio et exclusivo cognoscit: 1º De causis quæ respiciunt res spirituales et spiritualibus adnexas; 2º De violatione legum ecclesiasticarum deque omnibus in quibus inest ratio peccati, quod attinet ad culpæ definitionem et pœnarum ecclesiasticarum irrogationem; 3º De omnibus causis sive contentiosis sive criminalibus quæ respiciunt personas *privilegio fori gaudentes ad normam can. 120, 614, 680. §2. In causis in quibus tum Ecclesia tum civilis potestas æque competentes sunt, quæque dicuntur mixti fori, est locus præventioni.*»

[27] Cfr., quanto à inferência assacada a este cânone ditando o respeito pelo caso julgado secular, M. Conte a Coronata, *Interpretatio authentica Codicis Iuris Canonici et circa Sanctæ Sedis iurisprudentia*, Roma, 1947, p. 264 e 273, *ad* cân. 1553 e 1886, aí se remetendo desta norma para as duas sentenças *c.* Cattani-Amadori, de 1919, e *c.* Prior, de 1922, que vão no mesmo sentido (citadas em texto).

[28] Cân. 1902 *CIC 17*: «*Res iudicata habetur: 1º Duplici sententia conformi; 2º Sententia intra utile tempus non appellata; aut quæ, licet appellata coram iudice a quo, deserta fuit coram iudice ad quem; 3º Sententia definitiva unica, a qua non datur appellatio ad normam can. 1880.*»

[29] Cân. 1904 *CIC 17*: «§1. Res iudicata præsumptione iuris et de iure habetur vera et iusta nec impugnari directe potest. §2. Facit ius *inter partes et dat exceptionem ad impediendam novam eiusdem causæ introductionem.*»

[30] Cân. 1933, §3 *CIC 17*: «*In delictis mixti fori Ordinarii regulariter ne procedant cum reus laicus est et civilis magistratus, in reum animadvertens, publico bono satis consulit.*»

[31] Cân. 2198 *CIC 17*: «*Delictum quod unice lædit Ecclesiæ legem, natura sua, sola ecclesiastica auctoritas persequitur, requisito interdum, ubi eadem auctoritas necessarium vel opportunum iudicaverit, auxilio brachii sæcularis; delictum quod unice lædit legem societatis civilis, iure proprio, salvo præscripto can. 120, punit civilis auctoritas, licet etiam Ecclesia sit in illud competens ratione peccati; delictum quod lædit utriusque societatis legem, ab utraque potestate puniri potest.*»

pode dar lugar também a uma acção contenciosa para reparação de danos, dita civil)[32].

No *CIC 83*, para além dos cân. 1401 (correspondendo aos nº 1 e 2 do § 1 do cân.1553 *CIC 17*, mas já omitindo qualquer referência ao *privilegium fori* e à prevenção em caso de litispendência nas causas *mixti fori*)[33], 1641 e 1642 (correspondentes aos cân. 1902 e 1904 *CIC* 17)[34] [35], pode assumir relevo para a compreensão da eficácia do caso julgado provindo de foro civil, também o cân. 22, ao firmar um princípio de reconhecimento da legitimidade do ordenamento civil[36] (que em si se funda no direito natural[37]).

3. Como já fomos deixando dito, o conceito de caso julgado e o princípio normativo a ele associado, que o constitui em excepção oponível entre

[32] Cân. 2210, §1 *CIC 17*: «§1. Ex delicto oritur: 1º Actio pœnalis ad pœnam declarandam vel in fligendam et ad satisfactionem petendam; 2º Actio civilis *ad reparanda damna, si cui delictum damnum intulerit. §2. Utraque actio explicatur ad normam can. 1552- 1959; et idem iudex in criminali iudicio potest ad instantiam partis læsæ civilem actionem ad examen revocare et definire.*»

[33] Cân. 1401 *CIC 83*: «*Ecclesia iure proprio et exclusivo cognoscit: 1) de causis quæ respiciunt res spirituales et spiritualibus adnexas; 2) de violatione legum ecclesiasticarum deque omnibus in quibus inest ratio peccati, quod attinet ad culpæ definitionem et pœnarum ecclesiasticarum irrogationem.*»

[34] Cân. 1641 *CIC 83*: «*Firmo præscripto can. 1643, res iudicata habetur: 1) si duplex intercesserit inter easdem partes sententia conformis de eodem petito et ex eadem causa petendi; 2) si appellatio adversus sententiam non fuerit intra tempus utile proposita; 3) si, in gradu appellationis, instantia perempta sit vel eidem renuntiatum fuerit; 4) si lata sit sententia definitiva, a qua non datur appellatio ad normam can. 1629.*»

[35] Cân. 1642 *CIC 83*: «§ 1. Res iudicata firmitate iuris gaudet nec impugnari potest directe, nisi ad normam can. 1645, § 1. § 2. Eadem facit ius *inter partes et dat actionem iudicati atque exceptionem rei iudicatæ, quam iudex ex officio quoque declarare potest ad impediendam novam eiusdem causæ introductionem.*»

[36] Cân. 22 *CIC 83*: «*Leges civiles ad quas ius Ecclesiæ remittit, in iure canonico iisdem cum effectibus serventur, quatenus iuri divino non sint contrariæ et nisi aliud iure canonico caveatur.*»
Cfr. ainda *infra*, ainda quanto ao cân. 22, ao reconhecimento da sociedade estatal e do seu ordenamento e em relação ao método da "canonização" das leis civis.

[37] Sobre o reconhecimento genérico da jurisdição estatal e a repartição de matérias em relação à sociedade eclesiástica, cfr. ainda F.M. Cappello, *op. cit.*, nº 36 ss., 56 ss., 96 ss.. De tal reconhecimento, como fundamento para a admissão da *exceptio rei iudicatæ* quando se tratasse de decisão transitada no foro civil, também se ocupou a jurisprudência da Rota Romana, como veremos, desde logo, nas decisões *c.* Cattani-Amadori, de 1919, e *c.* Prior, de 1922, citadas em texto: «*Ecclesia enim agnoscit auctoritatem Status civilis in re pure temporali, ac proinde eiusdem potestatem non solum legiferam, sed etiam iudiciariam et coactivam* [...] *Unde unanimiter docent auctores exceptionem rei iudicatæ ex sententia lata per iudicem sæcularem opponi posse coram iudice ecclesiastico*» – *c.* Prior, 18/III/1922, *cit.*, nº 6, p. 67.

as partes[38], foram sendo amplamente recebidos, consolidados e explicados tanto na jurisprudência como na doutrina canonísticas.

Quanto à primeira, baste cotejar alguns arestos que tratam a questão e enunciam e justificam o princípio, seja *principaliter* seja como *dictum incidentaliter*, mas aludindo ainda à necessidade de fazer actuar o instituto da *res iudicata* com a sua *vis* própria também em face de sentenças promanadas do ordenamento secular, ainda que com certas limitações.

Assim:

- *coram* Cattani-Amadori, 28/II/1919, AAS 12 (1920), p. 85-91, *maxime* p. 90, com uma breve enunciação do princípio da força de caso julgado *in foro canonico* de sentenças civis, que, posto que sob certas condições e limitações, devem ser reconhecidas[39]: «*Iudex autem ecclesias-*

[38] Que, no direito processual civil actual – cfr. art. 576º a 581º do Código de Processo Civil português, *maxime* ar. 577, i) –, sendo dilatória, por impedir o conhecimento do pedido e do mérito da causa, com a consequente absolvição da instância, diz-se não deixar de apresentar notas de peremptoriedade no regime canónico por isso que, nos termos do cân. 1904 *CIC 17* e do cân. 1642, §§1-2 *CIC 83*, ela constitui direito entre as partes, podendo ainda ser conhecida e declarada oficiosamente, e, no regime de 1917, valia como presunção *iuris et de iure* da verdade dos factos (logo, inilidível directamente, embora, de facto, pudesse ser atacada indirectamente à luz do cân. 1826 *CIC 17*, se se chegasse a infirmar o valor da sentença antecedente, provando a sua nulidade) – Wernz-Vidal, *op. cit.*, nº 635: «*[q]uæ exceptio omnino peremptoria est*», «*ad impediendam novam eiusdem causæ introductionem*»; *c.* Prior, 18/III/1922, *cit.*, nº 8, p. 68: «[...] *hæc validam et peremptoriam constituit exceptionem contra litis instaurationem* [...]». Em qualquer caso, claro está, no regime canónico, a inimpugnabilidade directa da *res iudicata* sempre decairá quando tiver cabimento a *restitutio in integrum* – cfr. cân. 1904 e 1905 *CIC 17* e 1642, §1 e 1645 *CIC 83*. Explicando, porém, a inoponibilidade a terceiros, enquanto corolário do princípio do contraditório, cfr. M. Conte a Coronata, *Institutiones, cit.*, nº 1425.

[39] Comentando esta sentença *iurium* da Sacra Rota Romana, de 1919, *Benedicto Pp. XV feliciter regnante*, J. Besson explica: «[...] *la Rote non seulement avait accepté la sentence rendue par les tribunaux italiens, mais qu'elle ne s'était même pas reconnu le droit de la modifier, sauf sur deux points qui se trouvaient contraires aux lois canoniques. Cela est conforme aux principes généraux sur la distinction des deux pouvoirs : chacun a juridiction légitime sur les objets et les personnes qui relèvent de son for et les décisions de l'un doivent être respectées par l'autre. Si donc une sentence du juge civil ne lèse ni le droit naturel ni le droit ecclésiastique, elle a force de chose jugée au for canonique*» – Nouv. Rev. Théol. 47 (1920), p. 628 ss. (*hic* p. 635 s.). Nota-se aqui que, supeditado na origem, fundação e constituição divinas da Igreja, no fim sobrenatural superior da mesma, e na primazia do direito divino em geral e daquele eclesiástico *stricto sensu* (de fonte humana, mas reclamando aplicação necessária, o que poderá acabar por implicar uma relação ao direito divino ou natural da norma eclesiástica em causa, não fora senão *in origine*), resulta para a autoridade jurisdicional eclesiástica um direito/dever de "adaptação" seja do direito civil canonizado/recebido *in foro ecclesiastico* numa causa

por ele julgada, seja do conteúdo duma decisão civil relevante (conquanto incidentalmente) *in foro ecclesiastico* que contenda com tais normas. Tal a consequência lógica e normativa dos princípios enunciados aqui em texto e patentes neste comentário de 1920, sempre que se queira ainda salvaguardar *a vis rei iudicatæ* duma decisão civil, posto que "parcial", pois sujeita à sindicância da *lex fori ecclesiastici*, e assim "adapatada" pelo seu crivo normativo.
Apreciemos, ainda assim, o rigor e a contenção com que tal adaptação equânime é feita nesta mesma sentença, por se haver concluído que, num ponto, a sentença civil "*evidenti iustitiæ contraria erat*". Rigor esse que mirava a uma preservação "suficiente" ou justa da *vis rei iudicatæ*, também reclamada por "*evidens iustitia*", ainda que "suportavelmente" corrigida pela autoridade eclesiástica recorrida – ela própria investida de poderes jurisdicionais e assim permanecendo dentro da sua competência de "*iuris-dicere*" e de dispensação de justiça –, provendo-se *omnibus perpensis* a que a certeza não sofresse de forma injusta. Evidentemente, deve reconhecer-se que uma tal argumentação é jurídica e não positivista; por onde, tendo por escopo realizar a justiça e não uma positivista ou racionalista aplicação da lei (que sempre falha, desde logo mas não apenas, pelo mero desconhecimento das limitações humanas, também na produção e aplicação normativa, e assim, a montante, pelo desconhecimento das consequências do pecado original).
Assim a mesma sentença de 1919: «*Sententia vero quam archipresbyter Novia in sui favorem a foro civili obtinuit, in hoc tantum iuri ecclesiastico contradicit, quod expensas, a clero receptitio factas, minime spectat, nec iura recognoscit, quæ in ipsa ecclesia, eiusque bonorum administratione ad clerum pertinent. In his ergo sententia fori civilis emendanda est* [...]» *(op. cit.*, p. 90).
Nesse processo, o recorrente, um arcipreste, fora o autor junto da instância civil, depois resistente em sede administrativa diocesana, e enfim recorrente junto da Sacra Rota Romana, chamada a decidir o diferendo pelo Sumo Pontífice, depois que o arcipreste a este se apelara *omisso medio* – *supplicatio* ou *petitio, per viam supplicis libelli* (C. 2, q. 6, c. 4; cfr. cân. 1601 *CIC 17*) – solicitando à Autoridade Suprema oportuna avocação do caso, cuja resolução foi então deferida *N.S.T.* – cfr. cân. 1599, §2 e 1603, §2 *CIC 17*; E. Labandeira, *La Signatura Apostólica y los tribunales administrativos*, Ius Canonicum 21 (1981), p. 665 ss., *La* «remonstratio» *y la aplicación de las leyes universales en la Iglesia particular*, Ius Canonicum 24 (1984), p. 711 ss., *El recurso jerárchico ante la Curia Romana*, Ius Canonicum 30 (1990), p. 449 ss.; I. Zuanazzi, *Le* contentiones ortas ex Actu potestatis administrativæ: *riflessioni critiche tra il "già" e il "non ancora"*, Apollinaris 86 (2013), p. 515 ss.; Præsis ut prosis. *La funzione amministrativa nella* diakonía *della Chiesa*, Nápoles, 2005, *maxime* p. 57 ss. e 167 ss..
Na sentença, não se acolheu a pretensão do restante clero a uma repartição entre o arcipreste e esses outros clérigos do montante restituído pelo Estado por inteiro ao arcipreste – na sequência da ilícita espoliação de 1867 –, mas apenas a atribuição duma parte proporcional da dita soma segundo a contribuição dos demais clérigos para as despesas suportadas precedentemente e que tal importância também se destinara a cobrir, não obstante *iure civile* a mesma houvesse tido o dito arcipreste como exclusivo recipiente: essa a precisa medida da "adaptação/correcção" introduzida na eficácia da decisão civil e da sua *vis rei iudicatæ*.
Explicando tal «adpatação/correcção», o mesmo comentador, J. Besson, juntava: «*L'archiprêtre a fait valoir sa créance; le juge civil l'a reconnue, en tant qu'elle résultait de dépenses qui incombaient au*

ticus sententias ab auctoritate civili latas corrigere vel immutare nequit nisi in his quæ iuri ecclesiastico contraria sunt velevidenti iustitiæ» (p. 90);

- *coram* Prior, 18/III/1922, SRRDec. 14 (1930), p. 63-70, *maxime* nº 6-8, p. 67-68, seguindo a argumentação precedente e fundamentando quanto se havia sustentado na sentença anterior com uma exposição mais estendida e sistemática do tema e das razões subjacentes ao reconhecimento da eficácia da decisão transitada em julgado *in foro civili*, para o que parte do reconhecimento genérico pelo ordenamento canónico da jurisdição secular («*Ecclesia enim agnoscitur auctoritatem Status civilis*» – nº 6, p.67), para mostrar depois como tal princípio se reverbera já no *ius vetus*, e passar então a enunciar os requisitos do caso julgado para que o mesmo se tenha por excepção oponível («*eadem scilicet est res petita, eadem causa petendi, contractus nempe societatis, et*

Fonds du culte et auxquelles celui-ci s'était soustrait, et il a condamné l'Etat à solder cette créauce. La sentence en soi était juste et donnait à l'archiprêtre un titre légitime pour se mettre en possession de la somme à lui adjugée : le tribunal ecclésiastique ne pouvait pas l'empêcher d'user de son droit ni l'obliger à partager la somme avec un autre, à moins que, par suite de quelque circonstance particulière, il y fût tenu de droit naturel ou canonique. <u>Les dépenses que remboursait cette somme avaient été supportées, non pas toutes par l'archiprêtre, mais en partie par celui-ci et en partie par le clergé</u>: la Rote a vu dans cette circonstance un motif d'admettre le clergé au partage. Aux termes de la sentence, l'Etat ne restituait rien pour compenser l'exercice du culte;les droits respectifs de l'archiprêtre et du clergé, de ce chef, subsistent contre le Fonds du culte; mais ils n'autorisent pas le clergé à priver l'archiprêtre du bénéfice légitime d'une restitution faite à un autre titte» (*op. cit.*, p. 635, sublinhado nosso).

À guisa de conclusão geral sobre tal *dictum* em matéria de equidade que conduziu à emenda da sentença civil, mas exprimindo um propósito extensível a outros domínios: «*les sentences du S. Tribunal doivent toujours être conformes à l'équité; il juge normalement selon la loi, mais il n'hésite pas à mitiger les rigueurs des prescriptions positives du droit, quand l'équité l'exige*» (*ibid.*, p. 636). Interessante, por isso, notar ainda *a latere* o juízo de equidade e as considerações de justiça que assistem também à argumentação do ponente ao rejeitar a aplicação necessária *in casu* das normas canónicas procedimentais que o recorrente teria violado ao ter proposto a acção civil sem consultar o restante clero, e, acto contínuo, ao fazer prevalecer, ainda por considerações de justiça, o bem da certeza do direito firmando a eficácia da *res iudicata civilis*: «*Ad clerum ergo receptitium quod pertinet, in casu applicari possunt principia: "Approbatur quo da sciente non reprobatur" (Leg. Si ab initio, 10 ff. qui satis d.cogant); "Qui non contradicit et patitur, cum possit vetare, censetur consentire" (Leg. 5 , Cod. de nupt.); "Non videtur contradicere qui iustam causam contradicendi non habet" (Leg. Dotem, 38 ff. solut. matrim.). Ex alia parte archipresbyter Novia bene egit, quando litem contra publicum ærarium pro cultus expensis excitavit, cum bonum evidens suæ ecclesiæ id postulasset; imo si mandatum ad litem a clero receptitio petivisset, hic minime potuisset illud denegare, cum et ipse bonum ecclesiæ procurare teneatur: unde æquitas non sinit quod receptitiæ ecclesiæ comparata utilitas sit cum gravi damno illius qui illam procuravi!*» (*op. cit.*, p. 89).

eadem sunt personæ, etiam iuridice considatæ» – nº 8, p. 68); indica, enfim, em que consiste a eficácia da *res iudicata* e qual o seu alcance; no caso vertente, o aresto identificava uma das limitações da força de caso julgado, a saber, a nulidade da sentença que lhe serve de fundamento «*ob incompetentiam iudicis*» (*ibid.*) – sucumbindo o seu fundamento, sucumbiria acto contínuo a força de caso julgado –, que, atendendo à questão aí presente na *facti specie*, segundo a Igreja e à luz das prescrições do direito canónico, se reconduzia a uma "carência" de jurisdição do juiz secular, «*qui iurisdictione carebat super sacerdotem reo convento, ratione privilegii fori*» (*ibid.*)[40];

- *coram* Julien, 13/II/1932, SRRDec. 24 (1932), p. 55-64, *maxime* nº 4, p. 57-59, a propósito dos cân. 1933, 2210 e 2198 *CIC 17*, identificando a eficácia do «*ius acquisitum a parte per sententiam in rem iudicatam transactam, quod ius iudex alius lædere vel auferre parti non potest*» como algo próprio nas *causæ mixtæ*, em particular, nessa circunstância, nos «*delictis mixtis, si pars læsa, vi actionis civilis, debitam satisfactionem damnorum a parte lædente reparationem obtinuit per rem iudicata in uno foro*», *caso em que* «*nefas est personis iisdem iuridice consideratis* [condição da verificação daquela identidade da causa ou do seu objecto *lato sensu* que permite a oposição da excepção de caso julgado] *instaurare novam in altero foro litem ob eamdem petendi causam, super idem obiectum*» (nº 4, p. 57);
- *coram* Pecorari, 29/V/1937, *cit.*, *maxime* nº 14-16, p. 375-376, objecto destas linhas;

[40] No caso, por isso que o autor na instância secular, baptizado, e portanto sujeito em primeiro lugar ao regime católico, estava por este obrigado a obter prévia licença "*Ordinarii vel Superioris legitimi...sacerdotem ad forum civilem trahendi*" (*ibid.*), requisito que se provou não ter preenchido. Confirmara o regime do privilégio de foro em favor dos eclesiásticos, a instrução do Santo Ofício, 23/I/1886 (in P. Gasparri-I. Serédi, *Fontes Codicis Iuris Canonici,* Cidade do Vaticano, 1923-1939, IV, p. 427-428), exigindo que para que os mesmos pudessem ser chamados a responder no foro secular por leigos «*ubi privilegio fori derogatum non fuit*», era mister para estes «*prius a proprio ipsorum Ordinario veniam petere*» (cfr. cân. 120, §2 *CIC 17, in fine*). Colhendo arrimo da tradição normativa eclesiástica nessa matéria, assente na origem e constituição divinas da Igreja e na natureza da sua hierarquia e do sacramento das Ordens Sacras, aí se preanunciava o regime previsto pelo vindouro cân. 120 *CIC 17* – o *privilegium fori* fora ainda tratado e confirmado no art. VI da instrução da Sagrada Congregação dos Bispos e Regulares, 29/XI/1893 (in *Fontes,* IV, *cit.,* p. 1060), e pelo motu proprio de S. Pio X *Quantavis diligentia,* 9/X/1911 (in *Fontes,* III, *cit.*, p. 800).

- *coram* De Jorio, 3/II/1965, SRRDec. 57 (1965), p. 128-140, *maxime* nº 9-12, p. 134-136, reiterando a jurisprudência precedente, em especial a sentença *c.* Pecorari que nos ocupa, a qual cita e transcreve; remetendo para os diversos tipos de causas que podem ser introduzidas *ratione materiæ*, explicita ainda as limitações que podem fazer decair a força do caso transitado em julgado *in foro sæculari*, designadamente o *privilegium fori* – na esteira da sentença *c.* Prior, de 1922 (cfr. *supra*) –, enquanto dita a carência de jurisdição do juiz civil (e logo, em geral, o requisito de que o «*iudex laicus*» seja «*legitime aditus*»), e o direito divino («*obstare autem ius divinum quoad causas, quæ respiciunt res spirituales, nullam patitur controversiam*» – nº 9, p. 134);
- *coram* Carbeletti, 15/I/2004, SRRDec. 96 (2004), p. 37-48, *maxime* nº 7 e 9, p. 45-46 e 47-48, dando arrimo à jurisprudência precedente, que reafirma, citando nomeadamente *c.* Julien e *c.* De Jorio, ao mesmo tempo que trata em paralelo da questão correlata da canonização das leis civis e das suas limitações em matéria contratual e laboral, sugerindo-se ainda desta feita a ligação entre o instituto da canonização das leis civis e o da *res iudicata,* a fim de aceitar como firme e eficaz *in foro ecclesiastico* o juízo alcançado no foro civil.

Ao longo dos séculos, a doutrina canónica também tratou com rigor o instituto do caso julgado, sendo outro tanto assertiva a respeito dos seus efeitos[41], posto que se possam encontrar menos referências explícitas à decorrência lógica e normativamente necessária de respeitar uma decisão transitada em julgado provinda de um ordenamento estranho, isto é, secular, contanto que a mesma se mostre legitimamente obtida e se respeitem os requisitos limitadores de que trataremos – desde logo, que provenha de uma jurisdição competente, o que, segundo a perspectiva do ordenamento canónico e dada a primazia deste, haverá de depender do objecto da causa, a fim de se aferir se a causa se achava sob a alçada reservada da jurisdição eclesiástica[42].

[41] Sobre a excepção do caso julgado em geral, além da noção e da caracterização dos requisitos para que a causa se diga idêntica, oferecidas por Wernz-Vidal (*op. cit., loc. cit.*), que o aresto comentado reproduz e foram entretanto retomadas por diversas sentenças da Rota, seja ainda a definição coincidente de M. Conte a Coronata, *op. cit.*, nº 1425: «*Ut* eadem *reverea* causa *habeatur* [...] *requiritur ut idem sit obiectum litis et eadem ratio petendi atque de iisdem personis agatur*». Cfr. também D. M. Prümmer, *Manuale iuris canonici*, Friburgo, 1922, nº 526.

[42] Cfr. ainda *c.* Prior, 18/III/1922, *cit.*, nº 6, p. 67, arrolando diversos autores que acolheram e trataram explicitamente o princípio do respeito pela decisão transitada em julgado secular

4. Os cânones do *CIC* 17 que contradistinguiam distintos tipos de causas ou questões (*v.g.* cân. 1553, § 1, *a contrario*, e 1933, § 3 e 2198, directamente atinentes a matéria delitual) não encontram correspondência no novo código, que assim preferiu não reiterar *ex professo* a distinção clássica tripartida das causas (espirituais *mere*, temporais *mere*, e *mixtæ*) e dos delitos. Todavia, como a mesma faz parte da natureza das coisas desde a fundação da Igreja enquanto sociedade perfeita e, assim, à luz das características a esta atribuídas pelo seu divino Fundador determinando o modo de relacionar-se com a sociedade secular sobre a qual mantém necessária superioridade e primazia de fonte divina e *ratione finis*[43], a ela podemos ainda recorrer (*expediat* e *necesse est*). Tratase de uma consequência, portanto, de uma certa separação e um certo dualismo – mas não totais em razão da dita superioridade ditando uma relação de subordinação[44] – entre a Igreja e o Estado, os respectivos âmbitos de actuação e finalidades, que prosseguem com os meios adequados de que ambas as sociedades estão dotadas[45].

como de justiça e uma decorrência do reconhecimento da legitimidade da jurisdição civil, ainda que sem preterir certas condições cujo não preenchimento, em geral, preclude a oponibilidade da excepção, nomeadamente sobrevindo um grave *periculum animæ*: F. X. Schmalzgrueber, *Ius ecclesiasticum universum*, Ingolstadt, 1719, II, tit. 25, nº 48; A. Reiffenstuel, *Ius canonicum universum*, Antuérpia, 1755, II, tit. 25, nº 29; E. Pihring, *Ius canonicum universum*, Veneza, 1759, II, tit. 25, nº 132; F. X. Wernz, *Ius decretalium*, I, *cit.*, 333 s., nota 22.

[43] Fim que é sobrenatural, como o são parte das coisas que regula enquanto *media supernaturalia*, ligando-se ao culto devido a Deus, seu serviço e glorificação (*Suum quique tribuere*), segundo a virtude da religião, parte potencial da virtude da justiça, e à saúde eterna das almas, evitando a sua perdição eterna e tendo por *finis celsissimum* a sua santificação e salvação eterna.

[44] Cfr. N.M. Castello-Branco Bastos, *op. cit.*, e bibliografia citada *ibi*.

[45] Cfr., *inter alia*, A. Ottaviani, *op. cit.*, nº 6 ss., 147 ss.. A este propósito, e deixando entrever o padrão das relações entre Igreja e Estado a prosseguir no respeito pelo direito divino e natural, a decisão *c.* Pecorari (nº 16, p. 377) cita E. Pihring (*op. cit., loc. cit.*) do mesmo passo que identifica as *rationes* para o reconhecimento da força de caso julgado dos arestos civis, citação já oferecida em *c.* Prior, 18/III/1922, *cit.*, nº 6, p. 67, e depois repetida em *c.* De Jorio, 3/II/1965, *cit.*, nº 4, p. 57: «*Et ratio est* [...] *tum quia per sententiam iudicis ius partium acquisitum est, pro quo lata sententia, quod alius iudex lædere vel auferre non debet; tum quia, nisi unus iudex reservaret legitimam sententiam alterius, derogaretur iurisdictioni illius ... Idque maxime procedit si sermo sit de iudice ecclesiastico et sæculari, quorum fora et iurisdictiones, licet diversæ sint, debent tamen se invicem adiuvare, et mutuo iura defendere*». Já sobre a Igreja enquanto *societas perfecta*, e a aplicação da mesma noção no caso do Estado, mas determinando o justo critério de subordinação com o primado da Igreja *ratione originis et finis*, *inter alia*, S. Raimundo de Peñafort, *Summa de iure canonico*, ed. X. Ochoa e L. Díez, Roma, 1975, t. A, p. 105: «*cum sunt pares auctoritates, neutra tollit alteram quoad subditos suos*», mas reconhecendo a primazia da Igreja e do que tange ao espritual, donde vermos já aí

Na verdade, o próprio código actual não pôde deixar de o fazer, ainda que implicitamente. Assim, tal divisão tripartida continua a ser uma decorrência lógica do cân. 1401, quando este confina certos casos no âmbito da competência jurisdicional reservada e exclusiva da Igreja – estando aí vertida no adjectivo «*proprio*» a relação da reserva de jurisdição com a natureza da Igreja e a indisponibilidade das suas notas caracterizantes e respectivo regime constitutivo, atendendo à fundação e mandato divinos com vista ao seu fim sobrenatural.

De facto, com ou sem previsão normativa expressa, a determinação dos limites dentro dos quais o caso julgado civil deve ser admitido e reconhecido no ordenamento canónico não parece poder prescindir da consideração da distinção tripartida clássica dos tipos de causas, segundo sejam atinentes a matéria estritamente espiritual ou envolvam a *ratio peccati*, a matéria puramente temporal interessando apenas directamente o Estado, ou a matérias mistas *in se*. Para além das considerações relativas à natureza da Igreja e do seu ordenamento com o primado que lhes vai implicado, sem a consideração dessa distinção – que, de qualquer modo, se desentranha do actual cân. 1401, como dissemos, apesar de menos preciso e completo que o anterior cân. 1553 –, fica-se sem o instrumento necessário para controlar a competência e legitimidade da jurisdição do juiz secular, isto é, sem poder apurar se o caso foi por ele *legitime auditus*, ou se a Igreja tinha um título de jurisdição exclusiva.

De resto, uma tal tipologia de distintas causas *ratione materiæ*, fazendo sobressair o relevo problemático das assim ditas *causæ mixtæ*, é confirmada, consolidada e ilustrada não só pela tradição normativa da Igreja, mas também por uma constante doutrina e jurisprudência canónicas, até aos dias de hoje[46].

os cotornos do poder indirecto *in temporalibus*; entre os documentos papais, cfr. *infra* e B. Pius PP. IX, *Quanta cura* e *Syllabus*, 8/XII/1864, *maxime*, prop. 19 ss. e 39 ss. do último; Leo PP. XIII, *Arcanum*, 20/II/1880, *Immortale Dei*, 1/XII/1885, *Libertas præstantissimum*, 20/VI/1888, *Sapientiæ christianæ*, 10/I/1890; e ainda G. Phillips, *Kirchenrecht*, III, *cit.*, nº 148; C. Tarquini, *Iuris ecclesiastici publici institutiones*, Roma, 1888, nº 1 ss., 40 ss.; F. Cavagnis, *Institutiones iuris publici ecclesiastici*, I, Roma, 1882-1883, nº 22 ss., 226 ss.; C. Marnoco e Souza, *op. cit.*, p. 17 s., 232 ss., 443 ss., 530 ss., *maxime* 538 ss.; F.M. Cappello, *op. cit.*, nº 32 ss., 36 ss., 56 ss., 96 ss.. 121 ss.; A. Ottaviani, *op. cit.*, nº 2 ss., 6 ss.; J. Hervada, Comentario a *SRR c.* Bonet, *cit.*, p. 263 s., nota 35, 272 ss.; I. Martín Sánchez, *La razón de ser y el objeto del Derecho Público Eclesiástico*, Rev. Esp. Der. Can. 26 (1970), p. 39 ss., C. Fantappié, *Introduzione storica al diritto canonico*, Bolonha, 1999, p. 193 ss.; *Chiesa romana e modernità giuridica*, I, Milão, 2008, *passim*, mas p. 64 ss.; 216 ss; 277 ss..

[46] Cfr. N.M. Castello-Branco Bastos, *op. cit.*, e bibliografia e jurisprudência tanto eclesiástica como nacional citadas *ibi*, *maxime* p. 192 ss., também para a recepção no âmbito do

Assim, uma limitação à eficácia do caso julgado civil resultaria da necessidade de sindicar a competência do juiz civil, tanto material como pessoal (*ratione materiæ* ou *personarum*), não se observando quanto resultasse decidido pelo foro civil, mesmo com trânsito em julgado, sempre que, segundo a perspectiva da Igreja e do seu direito, a matéria fosse de jurisdição eclesiástica exclusiva ou sempre que a pessoa que houvesse sido chamada a juízo gozasse de privilégio de foro à luz das leis eclesiásticas.

As outras limitações para o reconhecimento da sentença civil, obstando à eficácia total ou parcial do caso julgado, provirão da necessidade de verificar se a sentença civil fere de algum modo o direito divino (incluindo este o direito natural)[47] ou o direito canónico, isto é, se de algum modo infirma ou fere o que ditam as normas de fonte eclesiástica, sempre que estas reclamem a própria aplicação, o que sempre poderá resultar da presença no caso *sub iudice* de uma questão cuja disciplina contenda com matéria de pecado (ou atinente a um *perculum animæ*)[48], ou se se dá uma violação evidente ou grave de quanto a justiça exige[49].

ordenamento nacional de tal classificação *ratione materiæ* e da noção de questões de foro misto, em particular à luz da disciplina concordatária tanto de 1940 como de 2004, e para o seu tratamento pela jurisprudência interna, designadamente, em sede de agravo, pelo Supremo Tribunal de Justiça, decidindo pela abstenção de pronúncia sobre causas atinentes *ratione materiæ* à jurisdição eclesiástica (*v.g.*, por serem causas que contendiam com questões internas a pessoas jurídicas canónicas, acórdãos STJ 11/VI/1985 – BMJ 349 (Out./1985), p. 432 –, 27 /I/2005, 17/II/2005, 17/XII/2009, 25/II/2010, 10/XII/2013, 1/III/2016 – *www.dgsi.pt*).

[47] *Vide* F.X. WERNZ, *Ius decretalium*, I, *cit.*, p. 94 ss.; G. LO CASTRO, *Il mistero del diritto divino*, Ius Ecclesiæ 8 (1996), p. 427 ss.; J. MIÑAMBRES, *Il diritto divino come limite al rinvio normativo nell'ordinamento canonico*, in AA. VV., *Ius divinum. Atti del XIII Congresso Internazionale di Diritto Canonico (Venezia 17-21 settembre 2008)*, coord. J.I. Arrieta e C.M. Fabris, Veneza, 2010, p. 501 ss. e bibliografia citada *ibi*.

[48] Reserva de jurisdição que pode assim sobrevir *ratione peccati*, para observância da função constitutiva da Igreja dirigida à *salus animarum*, que deste modo assume as vestes de critério interpretativo teleológico (cfr., *inter alia*, cân. 682, 1618, 2168, §1 *CIC 17;* 1452, §2, 1752 *CIC 83*) – cfr. WERNZ-VIDAL, *Ius canonicum*, I, *cit.*, nº 5 ss. e 44 ss.: «*collata ... vicaria fori divini potestate ad curandam internam et supernaturalem rectitudinem sine qua finis conducendi homines ad supernaturalitatem viate æternæ beatitudinem obtineri non poterat*»; F.M. CAPPELLO, *Summa iuris canonici, cit.*, nº 3; J. HERVADA-P. LOMBARDIA, *Introducción al Derecho Canónico*, in *Comentario Exegético*, I, *cit.*, 1996, p. 91; J. HERRANZ CASADO, Salus animarum, *principio dell'ordinamento canonico*, Ius ecclesiæ 12/2 (2000), p. 291 ss., também in ID., *Giustizia e pastoralità nella missione della Chiesa*, Milão, p. 185 ss.. Assim, sobre esta *lex suprema* ao abrigo do *celsissimus finis*, a saúde eterna das almas, São TOMÁS DE AQUINO, a propósito da divergência de disciplina entre direito civil e direito canónico, em matéria de prescrição aquisitiva em favor do possuidor de má fé (sublinhado nosso): «*ratio huius*

5. Num certo sentido, ainda que não inteiramente, o reconhecimento da eficácia do caso julgado secular é também uma consequência inferível do instituto da canonização da lei civil em direito substantivo[50], e como que a sua versão paralela processual, levando, em certa medida pelo menos, a uma sorte de reconhecimento/"canonização" das sentenças obtidas sob a jurisdição civil; ou seja, como que uma "canonização" jurisprudencial ou em âmbito processual de reconhecimento, confirmada e apoiada num regime jurídico derivado dos princípios de justiça e, subordinadamente, das finali-

contrarietatis est, quia alius est finis quem intendit civilis legislator, scilicet pacem servare et stare inter cives, quæ impediretur, si præscriptio non curreret; quicumque enim vellet, posset venire, et dicere: istud fuit meum quocumque tempore. Finis autem iuris canonici tendit in quietem Ecclesiæ, et salutem animarum. Nullus autem in peccato salvari potest nec pœnitere de damno, vel de alieno, nisi recompenset. Et ideo dicendum est, quod si quis finis iuris canonici tendit in quietem Ecclesiæ et salutem animarum» – *Qlb.* XII, q. 16 a. 2 (25) co.; e São Raimundo de Peñafort: «*adeo ut sola salus hominum, tanquam præcipuus finis iuris canonici, agnosci debeat*» – *Summa, cit.*, "*Notio iuris canonici*"; F. Suárez: "[*potestas legislativa ecclesiæ*] *principaliter intendit animarum salutem et ut peccata caveantur*» – *De legibus ac Deo legislatore*, in *Opera Omnia*, I, Veneza, 1740, c. 2, nº 5.

49 Cfr. *c.* Cattani-Amadori, 28/II/1919, *cit.*, p. 90: «*Iudex autem ecclesiasticus sententias ab auctoritate civili latas corrigere vel immutare nequit nisi in his quæ iuri ecclesiastico contraria sunt vel evidenti iustitiæ.*» Neste sentido, atendendo à sua natureza e fins, no ordenamento canónico a insindicabilidade da *res iudicata* nunca poderia ser completa. Assim, o controlo da decisão do foro civil passará por um crivo semelhante ao da excepção da ordem pública internacional no domínio do direito internacional privado para o reconhecimento de sentenças estrangeiras (ou para a aplicação da *lex causæ* estrangeira), tanto em sistemas de delibação ou revisão meramente formal como ainda sistemas em que o reconhecimento se opera *immediate* ou *de plano* («sem quaisquer formalidades» – cfr., *v.g.* arts. 36º e 45º do Regulamento (UE) "Bruxelas I-bis"; arts. 22º e 27º do Código de Direito Internacional Privado belga, 16/VII/2004).

50 Assim, não deixa de ser interessante notar como a sentença *c.* Carbeletti, 15/I/2004, nº 7 (*cit.*, p. 46) optou por tratar contemporaneamente ambas as questões, aquela substantiva da canonização das leis laborais e aquela processual do reconhecimento da força de caso julgado de uma decisão civil que aplicasse as normas estatais relativas a tal matéria. De seguida, porque *in foro canonico*, uma vez estabelecido que a questão pleiteada era de mera justiça comutativa *in temporalibus*, pelo que as normas eclesiásticas se desinteressavam de regular directamente a questão, o aresto passa de imediato a uma sindicância das normas seculares aplicadas e da sentença secular que as aplicou, somente a fim de determinar se aquelas ou esta continham alguma violação do direito divino – o que se assemelha e, em tudo, se aproxima e se mostra comparável a um procedimento de revisão de sentença provinda de um diferente ordenamento, mostrando a proximidade funcional no ordenamento canónico dos institutos do caso julgado e do reconhecimento de sentenças, como sucede noutros ordenamentos, dizendo-se que aquele acaba por fundar uma modalidade deste.

dades normativas postuladas pelo código, bem como dos precedentes jurisprudenciais do ordenamento canónico[51].

A correspondência dos dois institutos – canonização do direito material civil e reconhecimento do caso julgado – fica aquém dum inteiro paralelismo, pelas distintas exigências normativas postuladas pelos diferentes âmbitos, substantivo (atribuição de efeitos a normas civis "canonizadas") e processual (reconhecimento de decisões alcançadas num ordenamento estranho ou, pelo menos, da sua força de caso julgado), mas também, desde logo, por se não levantarem do mesmo modo neste domínio processual os problemas inerentes à caracterização jurídica da remissão operada pelas normas de canonização do direito civil, nem os atinentes a eventuais elementos de conexão que designassem o direito secular a ser chamado – canonização que, de resto, não tem por que ser apenas substantiva, ao poder implicar um chamamento do ordenamento civil pertinente em globo, e logo, podendo abrangerse na remissão os diferentes estratos desse sistema normativo, inclusive normas adjectivas e seguramente o seu sistema conflitual de direito internacional privado, sempre que o caso *sub iudice* seja de si plurilocalizado[52], a interpretação do alcance da remissão dependendo

[51] Cfr. cân. 17 e 19 *CIC 83* (correspondente ao cân. 18 e 20 *CIC 17*).

[52] No actual como no precedente código, podem encontrar-se diferentes tipos de relevo, modos de consideração ou referência aos ordenamentos estatais, como se disse, desde uma referência meramente pressuponente, passando por uma menção e eventual "exortação" recognitiva *tantum*, no sentido de atestação da sua existência e incitando ou ditando o respectivo cumprimento (conquanto estas duas categorias possam coincidir no carácter pressuponente com vista a um efeito ou facto a ser realizado segundo a lei civil – assim J. Otaduy, *Super c. 22*, in *Comentario exegético*, I, *cit.*, p. 412 aludindo a uma «*observancia preceptiva o* exortativa»), até uma "canonização" *proprio sensu* enquanto remissão receptícia – cfr. para uma pormenorizada disquisição dos diferentes tipos de consideração das normas de outro orninamento pelo direito canónico J. Bogarín Díaz, *op. cit.*, p. 51 ss., apontando oito distintas categorias. Quanto aos cânones que operam tal reconhecimento contendo normas remissivas ou de "canonização" das leis civis, para o *CIC 17*, e não obstante possíveis divergências de classificação, sejam os cân. 33, §2, 1059, 1080, 1508, 1529, 1926, 1929-1930, e para o *CIC 83*, os cân. 98, §2, 197, 231, §2, 1290, 1500, 1671, §2, 1714, além doutras que possam assumir os efeitos da lei civil a título de *præsuppositio facti*. Ainda conferindo relevo pressuponente à aplicação lei civil em matéria penal, embora sem implicar a sua aplicação pelas autoridades eclesiásticas, o cân. 1344, §2 *CIC 83*. Sobre o carácter indistinto da noção de remissão carreada pelo cân. 22 *CIC 83*, a fim de justamente englobar os diversos tipos de consideraçao ou de conferimento de relevância às leis civis, J. Miñambres, *Análisis, cit.*, p. 718 ss.; J. Otaduy, *op. cit.*, p.411 s., sublinhando a necessidade de considerar a remissão como dirigida ao ordenamento *ad quod* em globo, com os seus diver-

sos estratos normativos, a fim de respeitar o preceito do cân. 22, ou seja, «*iisdem cum effectibus*» (p. 716, nº 7, 721 s.; p. 414 s.; cfr. ainda P. Lombardia, *El canon 1529, cit.*, p. 127 s., remetendo para De Luca, *Rilevanza dell'ordinamento canonico nel Diritto italiano*, Pádua, 1943, sustentando quanto a este aspecto que se percebesse aí as marcas de uma *Gesamtverweisung*); e de facto, uma das propostas durante os trabalhos preparatórios do código, preferia a expressão «*quoties lex canonica ad ius civile remittit*», tentando traduzir na letra da norma esse mesmo alcance do objecto global da remissão (cfr. Communicationes 11 (1979), p. 76; expressão aliás retida no cân. 1504 do *Codex Canonum Ecclesiarum Orientalium*, de 1990: «*Ius civile, ad quod ius Ecclesiae remittit, in iure canonico eisdem cum effectibus servetur, quatenus iuri divino non est contrarium et nisi aliter iure canonico cavetur*»). Para uma interpretação da remissão como método de produção normativa ou legislativa, até para acautelar a primazia e independência jusrisdicional e legislativa da Igreja, em particular nos domínios que a mesma avoque submetendo ao seu império e regime, cfr. J. Borrero Arias, *El nuevo regimen jurídico del impedimento matrimonial de parentesco legal en el derecho español y en el* C.I.C. *de 1983*, Ius Canonicum 24 (1984), p. 810: «*el legislador canónico es el único competente para otorgar eficacia jurídica a las disposiciones de naturaleza civil que se reciben en el ordenamiento eclesiástico. Su actitud legislativa no se limita en estos supuestos a abstenerse de dictar prescripciones concretas sobre una determinada materia, sino que asume la regulación que a este propósito tiene establecido el Derecho civil. De ahí que la norma canonizante o de remisión no comporte una actitud meramente pasiva ante la norma canonizada, sino que añada al elemento material que aportan las leyes civiles el carácter normativo, o sea, el elemento formal que las convierte en leyes eclesiásticas. Quiere esto decir que la norma estatal, como tal, carece de existencia jurídica en el ordenamiento canónico, porque ningún acto legislativo de naturaleza civil tiene por sí mismo valor y eficacia en aquel ordenamiento. A este fin, la recepción o canonización constituye un verdadero acto legislativo que va más allá de una simple declaración o manifestación de intenciones. La asunción de la norma estatal por el legislador de la Iglesia constituye una verdadera creación legislativa, mediante la cual la ley civil, contemplada en su puro contenido material, se transforma en ley formalmente eclesiástica [...] la norma civil al ser recibida en el ordenamiento eclesiástico se convierte automáticamente en norma canonizada, sin dejar de ser lo que era, esto es, norma civil. Pero, a la vez, constituye y representa la materia objeto de la norma canonizante. Esta materia, en nuestro caso, no es otra que la norma que está en vigor en cada momento* [...] *A los efectos de la canonización es suficiente con remitirse al Derecho estatal* "pro tempore exsistens"». Neste sentido, *e.g.*, a sentença *SRR*, *c.* Bonet, 20/VII/1955, *cit.*, nº 7: «*Nec recte hac in hypothesi invocaretur can.1529, qui, quamvis jus civile accipiat, semper vera norma canonica est de materia ecclesiastica.*» De qualquer modo, ecoa ainda o aviso de A.C. Jemolo: «*sì, doveroso cercare di utilizzare la elaborazione degl'internazionalisti; ma che occorre farlo con cautela, esaminando volta per volta quale delle loro costruzioni sia utilizzabile e quale no*» (*Lezioni di diritto ecclesiastico*, Milão, 1961, p. 50).

Ainda sobre a noção estrita de canonização, a interpretação da remissão operada pelas normas de canonização *lato sensu* (de entre as diferentes teses e propostas entre a doutrina canónica e de direito internacional privado, a saber, de remissão recepticia, de produção normativa, de reconhecimento conflitual de competência), e o tipo de referência, material ou formal, implicada em tais normas de remissão, dotadas portanto de estrutura em tudo semelhante à das normas de conflitos de direito internacional privado, bem como os critérios de qualificação e interpretação do conceito-quadro *lege fori/iure canonico,* fixando-se assim o âmbito material e, logo, o alcance da remissão ou referência ao ordenamento estatal (cfr. *c.* Sabattani, 3/II/1960, Dir. Eccl. 72 (1961/1), p. 161 ss.), e das normas do ordenamento *ad quod* segundo os efeitos próprios no seu ordenamento – cfr. *c.* Parrillo, 5/VII/1927, SRRDec. 19 [1927], p. 292 ss.; *c.* Pina, 23/III/1959, SRRDec. 51 (1959), p. 268 ss.; *c.* Lefebvre, 16/VII/1966, SRRDec. 58 (1966), p. 600 ss.; *c.* De Jorio, 6/XII/1967, SRRDec. 59 (1967), p. 817 ss. –, mesmo indepentemente da solução perfilhada para o tipo de referência operada, cfr. *supra,* nota 11, e, *inter alia,* V. Bellini, *Receptio iuris civilis in codice juris canonici respectu rationum juris internationalis privati,* Eph. Jur. Can. 3 (1947), p. 123 ss.; A.C. Jemolo, *Il valore, cit.,* p. 25 ss.; V. Del Giudice, *Il diritto dello Stato, cit.,* p. 22 ss.; S. D'Angelo, *De "canonizatione", cit.,* p. 294 ss.; J. Mérida Pérez, *La recepción de las leyes civiles en el Código de Derecho Canónico,* in Bol. Univ. Granada, 21 (1932), p. 537; P. Ciprotti, *Contributo alla teoria della canonizzazione delle leggi civili,* Roma 1941; De Luca, *Rilevanza, cit.*; O. Cassola, *De receptione legum civilium in iure canonico,* Roma, 1944; A. De Fuenmayor, *La recepción del derecho de obligaciones y de contratos operada por el Codex Juris Canonici,* Rev. Esp. Der. Can. 16 (1949), p. 295 ss.; P. Lombardia, *El canon 1529, cit.,* p. 103 ss., e bibliografia citada *ibi,* nota 17; J. Hervada, Comentario a *SRR c.* Bonet, *cit.,* p. 255 ss.; e mais recentemente, J.T. Martín de Agar y Valverde, *La actuación patrimonial de los entes eclesiásticos ante el ordenamiento civil,* Ius Canonicum 20 (1980), p. 219 ss., Ecclesia *y* Polis, Ius Canonicum 48 (2008), p. 399 ss.; J. Borrero Arias, *Conexiones, cit., loc. cit., El nuevo regimen, cit.,* p. 808 ss.; J. Miñambres, *La remisión de la ley canónica al derecho civil,* Roma, 1992; *Análisis, cit.,* p. 713 ss., analisando o *iter* de formação do actual cânone 22 *CIC 83* e oferecendo um elenco da jurisprudência da S. Rota Romana desde *c.* Massimi, 27/IV/1921, SRRDec. 13 (1921), p.77-85, até *c.* Pompedda, 8/XI/1983, SRRDec. 75 (1983), p. 575-590, e sobre casos de remissão ao direito estatal na vigência do *CIC 17,* incluindo as decisões aqui aludidas, *Il diritto divino, cit.,* remetendo para Id., *Il rinvio legislativo nelle decisioni della Rota: antecedenti giurisprudenziali del can. 22,* Apollinaris 68 (1995), p. 171-182, e ainda *I beni ecclesiastici: nozione, regime giuridico e potere episcopale (cann. 1257-1258*), in Aa. Vv., *I beni temporali della Chiesa,* Cidade do Vaticano 1999, p. 7-20, *maxime* p. 17, *La responsabilità canonica degli amministratori di beni della Chiesa,* Ius Ecclesiae 27 (2015), p. 588 ss. – podendo encontrar-se outro elenco de decisões pregressas em I. Spada, *Sulla inapplicabilità, cit.,* p. 168, nota 23 –; C. Minelli, *La canonizzazione delle leggi civili e la codificazione postconciliare. Per un approccio canonistico al tema dei rinvii tra ordinamenti,* Periodica 85 (1996), 480-487; S. Haering, *Rezeption weltlichen Rechts im kanonischen Recht. Studien zur kanonischen Rezeption, Anerkennung und Berücksichtigung des weltlichen Rechts im kirchlichen Rechtsbereich aufgrund des* Codex Iuris Canonici *von 1983,* St. Ottilien 1998; G. Boni, *La rilevanza del diritto dello Stato nell'ordinamento canonico. In particolare la* "canonizatio legum civilium", Milão, 1998; J. Otaduy, *Super c. 22, cit.,* p.411 ss., e bibliografia *ibi*; J. Bogarín Díaz, *op. cit.,* p. 51 ss., *maxime* p. 60 ss., 80 ss., 98 ss., e bibliografia *ibi*; M. Ferrante, *Sulla competenza dei tribunali ecclesiastici a giudicare della trasmissibilità per adozione di titoli nobiliari,* Il Dir. Eccl. 118 (2007), p. 193 ss. H. Pree, *El empleo de instrumentos jurídico-civiles en la administración eclesiástica. Posibilidades y límites,* An. Arg. Der. Can. 19 (2013), p. 157 ss., contendo um arrolamento diferenciado dos vários cânones pertinentes consoante os distintos tipos de consideração e relevância do direito estatal; V. Buonomo, *Considerazioni sul rapporto tra diritto*

sempre da lei *a qua*, isto é, da lei canónica, em vista da qualificação, sempre *lege canonica*, do conceito-quadro da norma remissiva e da finalidade da mesma.

Não se nega, claro está, tratar-se de dois institutos diferentes, mas, para certas matérias, e em especial aquelas em que o código de direito canónico procede à canonização da lei civil como expediente e modo de regulação das mesmas, quase se diria que o ordenamento, paralelamente, como que "canonizaria" outrossim as decisões civis transitadas em julgado em matérias coincidentes, como que agilizando certos efeitos que se reconduzem, afinal, a um certo reconhecimento da autoridade e eficácia da sentença estrangeira sem um processo separado e autónomo[53], mas em via afinal incidental[54] – e assim se cumprindo alguns dos objectivos funcionais dum sistema de reconhecimento.

canonico e diritto internazionale, An. Der. Can. 4 (Abril/2015), p. 13 ss.; F.J. Cardona Vidal, *Los diecisiete artículos de Richard Keane*, Madrid, 2018, p. 119 ss.; M.J. Roca, *Régimen jurídico de la restitución de bienes culturales de titularidad eclesiástica: la relación entre los ordenamientos nacional, confesional y europeo*, Est. Ecl. 95 (2020), p. 843-879, *maxime* p. 860.

[53] O que é norma em ordenamentos civis como aquele português, posto que tenhamos hoje de levar em consideração os regimes impostos pelos Regulamentos comunitários – cfr., a este propósito, para um reconhecimento automático *ex lege*, sem processo autónomo, os arts. 36º ss. do Regulamento (UE) "Bruxelas I-bis", reiterando quanto dispunha já o precedente regime contido no ora revogado art. 33 do Regulamento (CE) nº 44/2001, 6/I (Bruxelas I). Cfr., *inter alia*, D. Isabel de Magalhães Collaço, *Revisão de sentenças estrangeiras*, Lisboa, 1963; J. Alberto dos Reis, *Processos especiais*, vol. II, Coimbra, reimpressão, 1982, pp. 139 ss.; A. Ferrer Correia, "*O reconhecimento*", *cit.*, p. 255 ss., *Lições, cit.*, p. 453 ss.; A. Marques dos Santos, *Revisão e confirmação de sentenças estrangeiras no novo Código de Processo Civil de 1997 (alterações ao regime anterior)*, in Aa. Vv., *Aspectos do novo processo civil*, Lisboa, 1997, p. 105, 149; R. Moura Ramos, *A Reforma do Direito Processual Civil Internacional*, Coimbra, 1998, A *permanência do Direito Processual Civil Internacional português: competência internacional dos tribunais portugueses e reconhecimento das sentenças estrangeiras no tempo de Machado Villela e no Código de Processo Civil actual»* in Aa. Vv., Ab Uno ad Omnes – *75 anos da Coimbra Editora*, Coimbra, 1998, p. 863 ss.; L. Lima Pinheiro, R*egime interno, cit.*, p. 561 ss., *Direito Internacional Privado, III-Competência internacional e reconhecimento de decisões estrangeiras*, Coimbra, 2002, 231 ss.; D. Moura Vicente, *O reconhecimento de sentenças estrangeiras na Guiné-Bissau*, Bol. Fac. Dir. Bissau 1 (2004/6), p. 494 ss., e a bibliografia aí arrolada, *apud* p. 6, nota 11. Ilustradores da jurisprudência portuguesa nesta matéria, tratando dos sistemas de reconhecimento, mas ainda da relação entre o processo de revisão de sentenças e o instituto do caso julgado e a sua eficácia, *e.g.* ac. TRL, 19/XII/2006, ac. STJ, 12/VII/2011 e ac. TRG, 4/XII/2012 – *www.dgsi.pt*.

[54] Tendo em vista o processo como que "intercalado" que a mesma autoridade eclesiástica chamada a pronunciar-se sobre a controvérsia tem de seguir para verificar se a sentença civil preenche os requisitos exigíveis para o reconheciemento da sua eficácia de caso julgado e para

Nem se esquece que sempre que intercorre uma canonização de leis civis, trata-se para o direito canónico de matérias para as quais este ordenamento se acha competente e assim também os seus órgãos jurisdicionais[55], donde precisamente a necessidade de recorrer à remissão canonizante como método para oferecer um regime normativo a determinadas questões e *facti species,* de que o ordenamento precisamente carece. Pressupondo, portanto, a competência do foro eclesiástico para tais causas, isso porém não tolhe que a sua regulação se fará recorrendo à disciplina normativa contida em leis civis com os efeitos que as mesmas normas teriam nos seus ordenamentos de proveniência, isto é, o ordenamento civil *ad quod,* eventualmente em situações revestindo o carácter de *causæ mixtæ,* mas de qualquer modo, tratando-se amiúde ou por regra, como sublinha P. LOMBARDIA, de domínios ou matérias «*en las que es conveniente la coincidencia de criterios de los ordenamientos de la Iglesia y del Estado*»[56]. Assim sendo, e em não se tratando de causas de reserva jurisdicional eclesiástica absoluta, não é difícil a passagem para se chegar a admitir que, tendo o foro civil prevenido a jurisdição, e tendo ele aplicado essas mesmas normas que seriam chamadas mediante uma remissão canonizante, a decisão civil venha a ser reconhecida ou tida em conta, mesmo a título de *res iudicata* com os efeitos que a esta são próprios, ressalvados sempre os limites materiais que a afastariam ou que lhe impediriam a eficácia *in foro ecclesiastico,* a saber, em caso de violação do «direito divino e a não ser que outra coisa se determine no direito canónico» (cân. 22 *CIC 83*: «*quatenus iuri divino non sint contrariæ et nisi aliud iure canonico caveatur*»; cân. 1529 *CIC* 17: «*nisi iuri divino contraria sint aut aliud iure canonico caveatur*»).

Ainda que diferentes, pode sustentarse o paralelismo das figuras – canonização recepticía, por um lado, e reconhecimento de efeitos de sentenças civis pela mediação do instituto do caso julgado segundo princípios de justiça, por outro – e não deixa de ter a sua utilidade normativa e heurística (cfr. cân. 17 e 19 *CIC 83*), designadamente enquanto se tratar de identificar

se assegurar que a mesma não vai de encontro aos limites substantivos que o direito canónico contrapõe a tal eficácia.

[55] Cfr. J. HERVADA, *Comentario a SRR c. Bonet,* cit., p. 255: «*El mismo c.1529, al remitir al Derecho civil, no hace más que canonizar a éste en los contratos sobre materia eclesiástica (*in materia eclesiástica*); esto es, se trata de contratos que caen* proprio iure *bajo Ia jurisdicción del Derecho canónico, pero que se regulan por el Derecho civil a causa, y sólo a causa, de tal recepción operada por el citado canon.*»

[56] P. LOMBARDIA, *Super c. 22,* in AA. VV., *Código de Derecho Canónico. Edición bilingüe y anotada,* Pamplona, 2003.

o âmbito material, alcance e limitações da eficácia do caso julgado secular. Senão vejamos. Aceitar *de plano* a eficácia ilimitada no foro eclesiástico da *res iudicata* em foro civil não poderá ser admissível, desde logo atendendo ao direito divino e pela natureza da Igreja e do seu ordenamento, e *ex abundanti* porque a tradição normativa da Igreja no-lo indica, pondo-lhe óbvios limites. Porém, a mais disso, como se admitisse tal eficácia sem mais, tratando-se, no fundo, de instituir um expediente de reconhecimento (em certa medida) das sentenças alheias, sempre se suscitaria o problema dos requisitos de controlo ou sindicância das mesmas, e ainda que meramente formal e não de mérito[57], sendo que tal problema poderia não encontrar no ordenamento canónico uma resposta sistematicamente adequada em domínio processual. Por fim, porque suster qualquer controlo ou deixar de apor requisitos limitadores à eficácia do caso julgado secular poderia significar, afinal, dar lugar a possibilidades de *forum shopping*, contrárias à certeza do direito, e contrastar a norma do cân. 22, tornando vãs as limitações por ele impostas[58]. Por conseguinte, e o que é mais importante, um tal reconhecimento irrestrito poderia conduzir a soluções contrárias ao direito divino e a finalidades normativas do ordenamento canónico ligadas à *ratio peccati* e ao *periculum animarum*, e, assim, à *suprema lex* da *salus animarum*.

6. Conquanto o respeito da *vis (aliqua vis) rei iudicatæ (inclusive in foro civili)* possa mostrar-se como uma imposição da justiça e da certeza do direito, a necessidade de fazer passar a decisão transitada em julgado no foro civil pelo controlo das limitações e requisitos impostos pelo ordenamento canónico[59] é também uma exigência de justiça, além de que resultava e resulta, aliás, de uma interpretação sistematicamente coerente da malha dos cânones citados *supra*, seja do *CIC* 17 seja da codificação de 1983, sob pena de

[57] Conquanto, mesmo em tal hipótese, sempre sujeito a limites substantivos de justiça e *ex iure divino*.

[58] Cfr. J. Miñambres, *Análisis, cit.*, p. 729 ss..

[59] Cfr. *c.* Prior, 18/III/1922, *cit.*, nº 8, p. 68, descrevendo o *iter* a seguir, isto é, mesmo verificando-se os requisitos que caracterizam a identidade requerida entre a causa civil e a pretendida causa eclesiástica, cabe determinar «*an, atenta iuris canonici doctrina, reapse exstet in casu res iudicata relate ad forum ecclesiasticum*» – não era o caso, como se viu *supra*, porque a sentença civil «*quæ vitio nullitatis laborat, rem iudicatam constituere non valet*», e aí havia, de facto, à luz do direito canónico, um vício «*ob incompetentia iudicis, qui iurisdictionem carebat super sacerdote reo convento, ratione privilegio fori*», o que, dito de outro modo, em sede de revisão, como existisse, precludiria o reconhecimento no ordenamento canónico da dita sentença transitada em julgado no foro civil.

inutilizar o efeito normativo e útil das suas prescrições sempre que subordina a possível actuação de um ordenamento estranho àquele canónico, seja mediante a sua aplicação pela jurisdição canónica, mas necessariamente também quando se tratará de reconhecer efeitos a uma sentença de uma jurisdição civil; e, por conseguinte, depois que se haja determinado que a decisão judicial estrangeira reveste no caso a qualidade de *res iudicata* (cfr. cân 1641 *CIC 83*), a eficácia que daí lhe advém *in foro ecclesiastico* ficará sujeita, ainda assim, a certas limitações e requisitos, que podemos agrupar em dois tipos, a saber:

a) uma limitação de tipo processual, ou seja, o controlo unilateral da competência da jurisdição civil, isto é, que esta seja legítima à luz do direito canónico e divino, e por conseguinte a certificação de que o juiz secular foi "*legitime aditus*"[60]. Ora esta sindicância da legitimidade da jurisdição secular *in casu* (mesmo sem curar agora da questão do título de competência do juiz em causa no seio do seu próprio ordenamento) implica necessariamente um controlo *ratione materiæ* (o tipo de causa em questão, se é de foro exclusivo civil ou eclesiástico ou de foro misto, o que decorre também das limitações materiais que enunciaremos de seguida) e *ratione personæ* (averiguar se as partes em juízo gozam de *privilegium fori* que as retire da alçada da jurisdição secular, em geral ou na matéria em causa[61]; ou até se as partes, não gozando embora de tal privilégio ou estando ele derrogado, podiam legitimamente estar em juízo secular, o que implica indagar sobre se as mesmas careciam ou não de uma dispensa, indulto, licença ou autorização para comparecerem em juízo[62], e se tal requisito foi regularmente cumprido e consta de norma que comine uma sua aplicação necessária no caso vertente, o que se reduz à limitação seguinte);

[60] Cfr. c. De Jorio, 3/II/1965, *cit.*, nº 12, p. 135: «*Quando autem Iudex laicus legitime aditus fuerit, eius res iudicata agnoscenda est a Iudice ecclesiastico quoque*", remetendo-se para a sentença *c.* Pecorari de que aqui se cura, cuja fundamentação *in iure* transcreve, como se disse em texto.

[61] Cfr., *inter alia*, sobre o *privilegium fori*, suas consequências e razoabilidade, *supra*, atendendo à natureza da Igreja e do sacramentos das Sagradas Ordens, e ainda *SRR c.* Bonet, 20/VII/1955, *cit.*; M. Cabreros, *Super c. 120*, in *C.D.C. (1917), cit.*: «*que el eclesiástico no pueda ser juzgado por un tribunal seglar en las causas espirituales no es privilegio, porque el juez seglar es incompetente en estas causas; pero es privilegio, muy conforme a Ia dignidad clerical, el que no pueda ser juzgado tampoco por el tribunal civil en las causas temporales*»; J. Hervada, *Comentario a SRR c. Bonet, cit.*, p. 255 ss..

[62] Assim *c.* Prior, 18/III/1922, *cit.*, nº 9, p. 69.

b) uma limitação material, que passa por averiguar se a sentença secular em questão violou algum preceito imperativo de direito divino[63] ou eclesiástico que possa obstar à eficácia da mesma, âmbito em que, dizendo-o ou não nestes termos o cân. 22 do código actual, sempre operará também a clássica preclusão dos efeitos de um ordenamento ou decisão em virtude da *ratio peccati*. Este segundo tipo de limitações, já de índole material, corresponderá em direito canónico a uma limitação exceptuante ou de evicção do ordenamento ou sentença alheios, à guisa do modo de actuar do instituto da ordem pública internacional nos ordenamentos nacionais perante casos de conflitos de leis ou de reconhecimento de sentenças estrangeiras. Isto mesmo decorre hoje do cân. 22[64], como decorreria à luz da codificação anterior dos cân. 1553, § 3, 1933, § 3 e 2198.

[63] A sentença *c.* De Jorio, 3/II/1965, *cit.*, tratava precisamente de averiguar se a decisão *fori civilis* pugnava «*cum iure divino ob non servatam proportionem inter damnum [...] et summam impositam ad id sarciendum*» (p. 138-139). Sobre tais limitações materiais também em relação às remissões "canonizantes", cfr. *supra*, e J.M. Ribas Bracóns, *El derecho divino en el ordenamiento canónico*, Rev. Esp. Der. Can. 20 (1965), p. 267 ss.; J. Fornés, *Derecho divino y derecho humano en el ordenamiento canónico*, Cuadernos Doctorales 2 (1984), p. 95 ss., *maxime* 116 ss.; J. Miñambres, *Il diritto divino, op. cit.*, p. 501 ss.; e outrossim sobre a *ratio peccati* V. Prieto, *op. cit.*, p. 39 ss., *maxime* 74 ss.; e ainda P. Ciprotti, *op. cit.*, p. 89, assinalando que, aqui como alhures, por exemplo no precedente cân. 1529 *CIC 17*, nem seria mister incluir expressamente a menção do direito divino enquanto limite imposto à eficácia da canonização normativa, por isso que «*tale limite deve ritenersi sempre sottinteso, poichè il legislatore della Chiesa, sia pure il Sommo Pontefice, non può emanare norme contrarie al diritto divino, naturale o positivo*».

[64] Este cânone, decalcado em parte do anterior cân. 1529 *CIC 17*, que operava uma canonização em questões contratuais, explicita hoje, em geral, os limites materiais da canonização das leis civis à luz de quanto prescreva e exija o direito divino e o direito canónico, limitação que, abrangendo afinal qualquer canonização de disposições civis, é ainda reiterada, em especial, nos cân. 98, § 2 e 99 (tutela de menores e noutros casos de incapacidade), 197 (prescrição), 1290 (contratos), 1059 (limitando o chamamento das leis civis para os efeitos meramente civis do matrimónio).

Para uma declaração dos dois princípios aqui operantes, a independência e primazia da Igreja e do poder espiritual, e por isso jurisdicional, sendo mister reconhecer a subordinação do poder temporal ao poder espiritual em razão da origem, fundação e mandato divinos que cabem à Igreja, dos fins espirituais e sobrenaturais da mesma e do fim eterno do homem de que cura directamente e *in primis* a Igreja pelo mesmo mandato, mas também o reconhecimento da legitimidade do ordenamento estatal com a sua esfera própria, *v.g.* a decretal contida na bula *Venerabilem* de Inocêncio III, de 1202, X 1.6.34, e a bula *Unam Sanctam*, de Bonifácio VIII, de 1302, Extrav. Com. 1.8.1.; e sobre a decretal de Inocêncio III, fazendo apelo à diferença entre um

De notar, enfim, que nesse limite, que sempre seria implícito, posto pelo respeito do direito divino vai incluído o respeito daquele natural, divino

sacramento (Sagradas Ordens) e um sacramental (sagração régia), BALDUS, *Super decretalibus, ad v. Venerabilem* [X 1.6.34], n. 6.: «Haec consecratio [imperatoris] est umbra veteris testamenti et ordo ecclesiasticus, sed non sacer»; no mesmo sentido, já Inocêncio III: «*Licet autem tam reges quam sacerdotes ungantur ex lege divina, reges tamen unguntur a sacerdotibus, non sacerdotes a regibus. Minor est autem qui ungitur quam qui ungit, et dignior est ungens quam unctus*» (in *Registr. de negotio Romani imperii*, nº 18; *Migne PL.* 216, 1012); e a esse propósito, também o HOSTIENSIS, *Summa aurea*, I, 15, nº 8: «*Si quis [rex] de novo inungi velit, consuetudo obtiuuit, quod a Papa petatur .. nam ab illo omnis dignitas ecclesiastica originem sumit*»; quanto a outras decretais de Inocêncio III que interessam às matérias de que curamos aqui, *e.g.*: *Solitæ*, 1200, X 1.33.6, *Per Venerabilem*, 1202, X 4.17.13; *Novit ille*, 1204, X 2.1.13, *Licet*, 1206, X 2.2.10, *Si diligenti*, 1206, X 2.26.17; assim ainda um interessante parecer endereçado ao Papa Clemente V em 1313, in *MG. Const.*, IV, 1345, e esta súmula de WERNZ-VIDAL: «*Nam principes civiles ad condendas leges de* causis ecclesiasticis *omnino non sunt competentes. Ecclesia enim est societas* perfecta *et in ordine suo* suprema *et ratione sui finis etiam* summa» (*Ius canonicum*, I, *cit.*, nº 240); a respeito, portanto, de tal superioridade da Igreja, desta enquanto *societas perfecta* em face da sociedade civil, da relação de subordinação das potestades e jurisdições e da *ratio ordinis* que a dita, isto é, da subordinação do poder temporal ao poder espiritual de origem divina, e do Estado à Igreja, não obstante a competência própria daquele no seu âmbito material e pessoal. Assim, já em 1201, Inocêncio III, na decretal *Solitæ* dando voz à doutrina de sempre e infalível da Igreja, segundo o seu magistério universal e contínuo, e esteando-se na Sagrada Revelação, X 1.33.6 [*Imperium non praeest sacerdotio, sed subest, et ei obedire tenetur. Vel sic: Episcopus non debet subesse principibus, sed praeesse*]: «*Ad firmamentum igitur cœli, hoc est universalis ecclesiæ, fecit Deus duo magna lummaria, id est, duas magnas instituit dignitates, quæ sunt pontificalis auctoritas et regalis potestas. Sed illa quæ præest diebus, id est spiritualibus, maior est; quæ vero carnalibus minor, ut, quanta est inter solem et lunam tanta inter pontifices et reges differentia cognoscatur [...] sic regalis potestas ab auctoritate pontificali suæ sortitur dignitatis splendorem; cuius conspectui quanto magis inhæret, tanto maiori lumine decoratur et quo plus ab eius elongatur aspectu, eo plus deficit in splendore*». No mesmo sentido, volvida uma centúria, Bonifácio VIII, em *Unam Sanctam*, 1302, citada *supra*: «*In hac eiusque potestate duos esse gladioa, spiritualem videlicet et temporalem [...] Nam dicentibus apostoli [...] Oportet autem gladium esse sub gladio et temporalem auctoritatem spirituali subiici potestati. Nam cum dicat apostolus: "Non est potestas nisi a Deo, quæ autem sunt, a Deo ordinata sunt;" non ordinata essent, nisi gladius esset sub gladio et tanquam inferior reduceretur per alium in suprema [...] secundum ordinem ulliversi omnia æque æ immediate, sed infima per media, inferiora per superiora ad ordinem reducuntur. Spiritualem autem et dignitate et nobilitate terrenam quamlibet præellere potestatem, oportet tanto clarius nos fateri quanto spiritualia temporalia antecellunt [...] Nam veritate testante spiritualis potestas terrenam potestatem instituere habet et judicare, si bona non fuerit [...] Est autem hæc auctoritas, etsi data sit homini, et exerceatur per hominem, non humana, sed potius divina potestas, ore divino Petro data, sibique suisque successoribus in ipso Christo, quem confessus fuit, petra firmata, dicente domino ipsi Petro: "Quodcunque ligaveris etc."*» (in H. DENIFLE, *Specimena palæographica Regestorum Rom. Pont.*, Roma, 1888, Tab. 46).

quanto à fonte, donde também a limitação da eficácia da sentença que padeça de *evidens iniustitia.*

Como vimos, decorrerendo da natureza do direito divino e da Igreja enquanto sociedade visível bem como de imperativos de justiça, estas limitações figuravam já no *Corpus Iuris Canonici* (cfr. *supra*: *v.g. Libros Extra e Sextus*) e, sob modalidades diversas, foram sendo reiteradas invariavelmente nas normas eclesiásticas relativas à admissibilidade da consideração dos ordenamentos civis e da respectiva jurisdição[65].

Tais limitações, ao operarem, desenham também, acto contínuo, uma classificação segundo diferentes tipos de causas, e são, na verdade, uma decorrência da existência nos factos de diferentes tipos de problemas ou questões materiais, algumas dos quais, para o ordenamento canónico, não comportam nem admitem a sua regulação por uma jurisdição ou por um ordenamento secular; outras, por outro lado, admitem-no, mas de modo partilhado, limitado ou condicionado; e outras, ainda, poderão admiti-lo inteiramente, por não interessarem especificamente ao direito canónico, embora nestas sempre possa sobrevir ainda um interesse indirecto do ordenamento canónico, que intervindo fará actuar condições limitadoras *ratione iuris divini, evidentis iustitiae ou peccati.* Naturalmente, será apenas nas *causæ mere temporales/sæculares* (*in rebus temporalibus mere*) e nas *causæ mixtæ* ou *mixti fori* que se admitirá a eficácia do caso transitado em julgado civil *qua tale*, ainda que eventualmente de modo condicionado nos termos descritos. Esta tripartição é, aliás, clássica no domínio do direito público eclesiástico, como também se disse, e não deixa de ser operativa no âmbito da actual codificação como se imporia pelas razões enunciadas, e isto independentemente duma expressa provisão que a contemple, o que, como também se deixou dito, recebe arrimo na práxis jurisprudencial mais recente[66].

[65] Em diversas fontes, mesmo anteriores, como se aludiu em texto, até à instrução contida na carta encíclica do Santo Ofício, 23/I/1886, atinente ao respeito pelo privilégio do foro, antecipando o regime contido no futuro cân. 120, § 2 *CIC 17* e de que tratámos *supra* em nota; e, também em tempos ainda mais recentes, no art. VI da instrução da Sagrada Congregação dos Bispos e Regulares, de 29/XI/1893, que além de reiterar o regime do *privilegium fori*, admitia a prevenção do foro secular, mas apenas nas causas mistas, preparando assim o futuro cân. 1553, § 2 (in *Fontes, cit.*, IV, p. 1060): tratando estritamente dos delitos *mixti fori*, determinava que «*iurisdictio ex præventione alterius auctoritatis, idest ecclesiasticæ vel laicalis dependet*».

[66] Cfr. *supra, maxime* nota 16. Ainda sobre essa distinção, e mostrando outrossim como o tribunal eclesiástico pode julgar *in temporalibus,* à luz da noção e da doutrina tradicional da *potestas indirecta in rebus temporalibus* (que, para F.M. Cappello é «*communis, certa e catholica*» – *Summa*

Assim, estando arredadas da força de caso julgado as causas ou matérias reservadas, como sejam acções *in spiritualibus* ou cujo objecto deva ser regulado[67] pelo direito canónico, restam, *grosso modo*, as causas que versem sobre matérias em que o ordenamento canónico já opera a canonização do direito civil[68], para o qual remete a regulação substantiva das mesmas.

iuris publici, cit., loc. cit.), I. Devoti, *Institutiones canonicarum*, II, Madrid, 1833, p. 15-25. Recentemente, como vimos, reevocando tal distinção, a fim de garantir a eficácia de caso julgado a uma decisão obtida no foro secular em matéria laboral, sujeito sempre ao controlo da limitação material *ex iure divino*, e associando-se à constante jurisprudência e doutrina nesta matéria anterior à actual codificação, *c.* Carbeletti, 15/I/2004, *cit.*, nº 7, p. 46: «*Cum quæstiones ad iustitiam commutativam in rebus laboris attinentes definire possint coram iudice Civitatis, de eadem re in foro canonico denuo videri nequit, ne bis in idem habeatur* [...] *nisi ius divinum vulneratum sit.*» Assim, desde logo, na longínqua decretal *Novit ille* de Inocêncio III, de 1204, X 2.1.13, Papa que muito contribuiu para tecer e sistematizar os princípios vigentes em matéria de repartição jurisdicional das causas de reserva eclesiástica, nomeadamente *ratione peccati*, assim determinando as bases para a justificação jurídica e doutrinal do poder indirecto da Igreja, normativo e jurisdicional, *in rebus temporalibus*: «*non enim intendimus iudicare de feudo, cuius ad ipsum spectat iudicium [...] sed decernere de peccato, cuius ad nos pertinet sme dubltatione censura, quam in quemlibet exercere possumus et debemus [...] Quum enim non humanæ constitutioni, sed divinæ legi potius innitamur, quia potestas nostra non est ex homine, sed ex Deo*». Assim Inocêncio III na dita decretal confirmando então a repartição das causas *ratione materiæ* enquanto se mostra o fundamento da jurisdição eclesiástica *ex Deo*, juntando-se a escorar o poder indirecto *in temporalibus* a *ratio peccati* (cfr. a redacção coincidente dos cân. 1553, §1, nº 2, e 1401, nº 2 *CIC 83*, quanto à reserva da jurisdição eclesiástica: «*omnibus in quibus inest ratio peccati*»), sempre à luz da *salus animarum* enquanto *suprema lex* informadora do sistema canónico, como refere a este propósito, E.M. Lega: «*res temporales seu civiles, suapte natura, ad iudicem sæcularem spectant, et in has iudex eccles. competentiam non habet directam. Inquam "directam" nam ratione peccati*» (*Prælectiones in textum iuris canonici de iudiciis ecclesiasticis in scholis Poni. Sem. Rom. habitæ*, I, Roma, 1905, p. 295 s.); e F. X. Wernz, aludindo ainda a uma decretal de Inocêncio III (*Per venerabilem*, de 1202, X 4.17.13), enquanto a propósito do primado de jurisdição do Papa, justifica o *privilegium fori*: «*patet in ipso Rom. Pontifice, qui est Pastor supremus omnium fidelium, atque etiam in rebus temporalibus, non directam, sed indirectam habet potestatem*» (*Ius decretalium*, V/1, *cit.*, p. 247 s., e p. 246, nota 164). Cfr. ainda C. Marnoco e Souza, *Direito ecclesiástico, cit.*, 443 ss., 530 ss., *maxime* 538 ss.; J. Hervada, Comentario a *SRR c.* Bonet, *cit.*, p. 263 s., nota 35, 272 ss.; V. Prieto, *Cose spirituali annesse alle spirituali. La* 'Ratio peccati', Ius Ecclesiæ 15 (2003), p. 39 ss.; J.T. Martín de Agar y Valverde, Ecclesia *y* Polis, *cit.*, p. 404.

67 Por inteiro ou parcialmente, *e.g. ratione peccati*.

68 Ainda que, convenha-se, tal canonização possa ser tão-só parcial, como vimos *supra* em nota, intercalando-se normas canónicas de aplicação necessária, o que pode dar origem a eventuais problemas de adaptação normativa com o sistema *ad quod* (cfr. *infra*, nota 68). Nesse sentido, ainda a sentença *c.* Cattani-Amadori, 28/II/1919 (*loc. cit.*). Além de que podemos aqui estar diante de um teatro de operação para a equidade canónica, J. Otaduy, *Super c. 22, cit.*, p. 416,

Assim, conquanto possa não haver completa coincidência dos dois âmbitos (o do reconhecimento da *vis rei iudicatæ* e o âmbito das matérias em que se opera a "canonização"), o reconhecimento da força de caso julgado cobrirá, em princípio e desde logo, decisões *a quo* sobre factos que o direito material canónico já abdicara de regular directamente ou *ex novo*[69], cumprindo ainda funcionalmente caso por caso certos propósitos que seriam servidos por um sistema separado de reconhecimento de sentenças, cuja previsão separada se entendeu não ser requerida num ordenamento como aquele canónico atendendo às finalidades próprias que o informam; um ordenamento de âmbito afinal transnacional não fundado em estremas territoriais[70], e se

apontando a possibilidade de aplicação da norma canónica quando nesta apareça determinado «*un supuesto de hecho que se adapte mejor a la solución del caso que la norma de remisión*», pelo que propugna a existência de uma sorte de «*presunción a favor de los supuestos de hecho que han sido configurados en origen por el legislador canónico*», por ser mister que se garanta a harmonia interna de decisões, no que segue P. Ciprotti, *op. cit.*, p. 95 s. quando este invoca a «*imposibilidad de que en un mismo ordenamiento subsistan diversas normas incompatibles*» (a consideração aqui sendo, por isso, a da remissão canonizante como receptícia ou de produção normativa), aí se podendo ver desenhada porém uma restrição ou um motivo para ilidir aquela presunção de que parte, assim se podendo chegar a este mesmo mesmo resultado de evitar a incompatibilidade normativa indagando mediante judiciosa interpretação do sistema canónico se este impõe *in casu* a aplicação das respectivas normas, ainda que por um motivo de equidade e exigência grave de justiça, o que em nada embarga a necessidade de determinar também acuradamente o cabimento da previsão da norma *ad quam* em comparação com uma norma próxima do sistema canónico, cuja *facti species* a prevalecer poderia redundar numa limitação do âmbito da remissão operada pela norma canonizante (e, nesse sentido, algo cujo apuramento precederia a limitação *ex post* do «*nisi [...] aliud iure canonico caveatur*» – cân. 1529 *CIC 17* e 22 *CIC 83*). E descrevendo o método de remissão receptícia canonizante e as limitações à mesma ou adequações eventuais em matéria de propriedade, P. Lombardia, «*el legislador eclesiástico renuncia a una regulación minuciosa de este derecho. remitiéndose ampliamente al Derecho del Estado, salvo en aquellos aspectos en que pueden estar empeñadas cuestiones de carácter doctrinal (criterio de la Iglesia en esta materia) o en cuestiones que afectan directamente a la estructura peculiar del patrimonio eclesiástico*» – *La propiedad en el ordenamiento canónico*, Ius Canonicum 2 (1962), p. 413 s..

[69] *Hoc sensu*, isto é, independentemente da posição que se perfilhe quanto à natureza e efeito da remissão operada pela norma canonizante, e da natureza que passam a assumir no interior do ordenamento canónico as normas assim chamadas, isto é, ainda que se conclua que as mesmas, uma vez chamadas, são aplicadas *qua leges canonicas*.

[70] Diferente, por isso, como bem se compreende, o que se passa quanto ao Estado da Cidade do Vaticano, cujo ordenamento – de índole territorial e relativo a um Estado – já prevê uma disciplina sistemática e autónoma no que respeita ao reconhecimento e execução de sentenças estrangeiras. Assim era já à luz da Lei nº II, sobre as fontes de direito, 7/VI/1929, promulgada

m.p. por S.S. Pio XI – AAS Suppl. 1 (1929), p. 5 ss.–, cujos art. 3º e 13º remetiam a disciplina destas questões para o diretio italiano, ordenando se observasse «*nella Città del Vaticano il Codice di procedura civile del Regno d'Italia, insieme con le leggi che l'hanno modificato o integrato ed ai relativi regolamenti prima dell'entrata in vigore della presente, e limitatamente al procedimento di esecuzione ed ai procedimenti speciali contemplati nel Libro III [...] Titolo XII (esecuzione di sentenze straniere) modificato con decreto-legge del Regno d'Italia 30 giugno 1919 n. 1272*». Entretanto, com o m.p. *Con la legge*, 1/V/1946, – AAS 38 (1946), p. 170 ss. – S.S. Pio XII aprovava o ordenamento judiciário e o Código de Processo Civil vaticanos (isto é, o corpo de normas "*de ordine iudiciali et de ratione procedendi in causis civilibus in statu civitatis vaticanæ servandis*"), que entrariam em vigor a 1 de Novembro de 1946 (art. I), não tendo sido o dito código ab-rogado pela nova Lei nº LXXI, sobre as fontes do direito, 1/X/2008 – AAS Suppl., 79 (2008), p. 65 ss.–, a qual, pelo contrário, lhe confirmou a vigência no art. 5º: «*Si osserva il Codice di procedura civile vaticano del 1° maggio 1946, con le modificazioni successive, anche per la semplificazione e l'abbreviazione del rito*». Este código colheria inspiração parcial de um projecto saído das mãos de F. Carnelutti no que toca ao processo de cognição – e o diploma viria por seu turno a fornecer inspiração, junto com o código italiano, para o ainda recentemente vigente código brasileiro de 1973 –, e as suas comissões de preparação haviam encetado os trabalhos a 1 de Setembro de 1932. Aí, o regime relativo ao reconhecimento e execução de sentenças estrangeiras pode achar-se nos art. 453º e 740º a 745º, atribuindo competência ao tribunal vaticano de segunda instância ("*corte d'appello*" – art. 741º, §1; cfr. art. 1º da Lei nº CCCLI, 16/III/2020, actualmente em vigor, desde 16 de Abril de 2020, revogando a precedente Lei nº CXIX, sobre o ordenamento judiciário do Estado da Cidade do Vaticano, 21/XI/1987) e incluindo uma referência ao respeito pelo direito internacional para a verificação da competência da autoridade judicial *a qua* (art. 740º, §2). Tudo somado, podemos dizer estar diante de um sistema de delibação ("*giudizio di delibazione*") com revisão formal das sentenças estrangeiras, cujo reconhecimento, e assim o *exequatur* outorgando-lhe eficácia e força executiva, dependem de um processo de controlo prévio de certos requisitos sobretudo formais, acrescido, como soi acontecer, de um controlo substantivo do respeito da ordem pública, na sequência de expressa «*domanda giudiziale*». Assim, no art. 740, §1, estão contidas as condições para atribuição de eficácia e força executiva à decisão estrangeira: que a mesma haja sido pronunciada por uma autoridade judiciária do Estado *a quo*; que não se fira a excepção de litispendência ou de caso julgado interno, acautelando qualquer decisão sobrevinda sobre a mesma causa controvertida emanada de uma autoridade jurisdicional vaticana, sem aceno expresso à prevenção; que haja sido respeitada a ordem pública processual em matéria de citação e representação das partes, «*indipendenza del giudice*» e «*serietà delle norme circa la prova*»; que a sentença tenha no ordenamento *a quo* força de caso julgado e esteja actualmente dotada de força executória; e, por fim, que a decisão não haja sido exarada em matéria de reserva jurisdicional do foro eclesiástico segundo o direito canónico nem contrarie a ordem pública, o «diritto pubblico» do Estado Vaticano nem o «*buon costume*». No art. 741º, §§1-2, prevê-se a interposição do pedido de reconhecimento tanto a título principal como incidental, com correspondente suspensão da instância em que corra o processo principal, deferindo-se a decisão do incidente para a mesma "*corte d'appello*", competente em geral para

cioso da sua reserva jursidicicional *in spiritualibus*, atreito ao mesmo tempo a reconhecer em certa medida os efeitos da *res iudicata alieni fori* em precisos domínios materiais e pessoais cuja regulação material directa abandona, mostrando-se isto organicamente suficiente para definir os termos das soluções dos casos sobre os quais as suas instâncias jurisdicionais são habitualmente chamadas a pronunciar-se.

Ora, seja pela imperatividade da ampla e particular reserva jurisdicional implicando a aplicação de normas canónicas por órgaos jurisdicionais canónicos em certas matérias, seja ainda pela recepção das normas pelo ordenamento eclesiástico que em princípio o ordenamento *ad quem* sempre aplicaria se os interessados tivessem interposto aí a sua acção, seja enfim pela agilidade em reconhecer a *vis rei iudicatæ* de decisões transitadas em julgado noutros ordenamentos sobre certas questões materiais reguladas segundo o próprio ordenamento *ad quem*, ampliando-se destarte a coincidência entre

os processos de revisão. O art. 742º cura da faculdade de reclamação pelas partes ao mesmo tribunal de apelação decidente, enquanto o art. 744º se ocupa da força executiva de providências judiciais cautelares e demais documentos estrangeiros – à excepção de letras e cheques bancários, objecto de reconhecimento automático *ex lege* (§1 e art. 453º, §§1-3) – e da faculdade de recorrer a um processo de urgência para a execução de ditas providências (§2). Por seu turno, o art. 743º atribui aos laudos arbitrais o mesmo «*valore*» que lhe seja conferido pela lei segundo a qual hajam sido obtidos, mas sujeita a sua «*efficacia e forza esecutiva*» dependente dos mesmos requisitos previstos para as decisões judiciais estrangeiras, sofrendo então idêntica sindicância e devendo outrossim ser objecto de decisão do tribunal de apelação, tal como aquelas.

Sobre o tema em geral cfr. *supra*. Em especial sobre o Código de Processo Civil vaticano e a concessão do *exequatur*, *vide Ordinamento giudiziario e Codice di Procedura Civile dello Stato della Città del Vaticano*, Roma, 1946, p. 342 ss.; E. Jayme, *Identité culturelle et intégration: le droit international privé postmoderne*, RCADI 251 (1995) p. 127 s.; G. Dalla Torre, *L'attività giudiziale nello Stato della Città del Vaticano e la Legge Fondamentale*, Ius Ecclesiae 13 (2001), p. 347 ss.; J. Landete, *Las fuentes del derecho vaticano. comentario legislativo de la nueva ley lxxi de fuentes del derecho de 1 de octubre de 2008*, Ius Canonicum 49 (2008), p. 623 ss..; J. I. Arrieta, *La nuova legge vaticana sulle fonti del diritto*, Ius Ecclesiae 21 (2009), p. 231 ss.; N. Picardi, *Nell'ottantesimo anniversario della giurisdizione vaticana*, in Aa. Vv., *Studi in onore di Giovanni Giacobbe*, II, ed. G. Dalla Torre, Milão, 2010, p. 145 ss.; W. Hilgeman, *L'ordinamento giudiziario dello Stato della Città del Vaticano*, Didaskalia 41/I (2011), p. 87 ss.. Para mais dados bibliográficos, C. Bernardini, *Annotationes*, Apollinaris 19 (1946), p. 214 ss.; J.O. Ritter, *L'evoluzione delle strutture giuridiche e di governo dello Stato della Città del Vaticano*, Roma, 1988, p. 83 ss. Para a influência no direito processual civil brasileiro, pode ver-se J.C. Barbosa Moreira, *Il codice di procedura civile dello Stato della Città del Vaticano come fonte storica del diritto brasiliano*, in Aa. Vv., *Studi in onore di V. Denti*, I, Pádua, 1994, p. 1 ss.; N. Picardi-D. Dunes, *Il processo civile brasiliano, dalle ordinazioni filippine al codice del 1973*, in Riv. Dir. Proc. 66 (2011), p. 926 ss..

ius e *forum* e entre *lex causæ* (*materialiter regulandi*) e *lex fori*[71], com as consabidas vantagens daí advindas, ficam ainda satisfeitas razões de ordem pública

[71] Sobre estas questões, mas também acerca dos problemas suscitados em matéria de adaptação de normas provenientes de distintos ordenamentos, no âmbito do direito internacional privado, *vide, inter alia,* A. MIAJA DE LA MUELA, *Compétence territoriale et litiges à élément international,* RCADI 135 (1972), p. 31 ss.; P. MAYER, *La distinction entre règles et décisions et le droit international privé,* Paris, 1973, p. 87 ss., *Le phénomène de la coordination des ordres juridiques étatiques en droit privé. Cours général de droit international prive,* RCADI 327 (2007), p. 9 ss.; J. D. GONZÁLEZ CAMPOS, *Las relaciones entre* forum *y* ius *en el derecho internacional privado. Caracterización y dimensiones del problema,* An. Der. Int. 4 (1977-78), p. 89 ss.; J. BAPTISTA MACHADO, *Problemas na aplicação do direito estrangeiro — adaptação e substituição,* BFDUC 36 (1980), p. 327 ss.; P. PICONE, *Il rinvio all'«ordinamento competente» nel diritto internazionale privato,* RDIPP 17 (1981), p. 5 ss., *Ordinamento Competente e Diritto Internazionale Privato,* Pádua, 1986, *passim, La méthode de la référence à l'ordre juridique compétent en droit international privé* », RCADI 197 (1986), p. 229 ss., *Les méthodes de coordination entre ordres juridiques en droit international privé. Cours général de droit international privé,* RCADI 276 (1999), p. 9 ss.; *Die „Anwendung" einer ausländischen „Rechtsordnung" im Forumstaat:* ... perseverare est diabolicum!, in AA.VV., *Private Law in The International Arena: From National Conflict Rules Towards Harmonization and Unification – Liber Amicorum Kurt Siehr,* coord. J. Basedow et al., Cambridge, 2000, p. 569 ss.; A. MARQUES DOS SANTOS, *As Normas de Aplicação Imediata no DIP – Esboço de uma Teoria Geral,* Coimbra, 1991, p. 260 ss., 307 s.; R. M. MOURA RAMOS, *Da Lei Aplicável ao Contrato de Trabalho Internacional,* Coimbra, 1991, p. 180 ss., *Droit international prive vers la fin du XXème siècle: avancement ou recul?,* Doc. Dir. Comp. 73/74 (1999), p. 85 ss., *Succession et coexistence d'approches et de procédés au fil du temps: l'adoption en droit international privé portugais,* in AA.VV., *Private Law in The International Arena, cit.,* p. 488; H. GAUDEMET-TALLON, *Les régimes relatifs au refus d'exercer la compétence juridictionnelle en matière civile et commerciale :* forum non conveniens, lis pendens, RIDC 46 (1994), p. 423 ss.; H. MUIR WATT, *Droit public et droit privé dans les rapports internationaux (Vers une publicisation dês conflits de lois?),* Arch. Phil. Droit 41 (1997), p. 207 ss.; E. PATAUT, *Principe de souveraineté et conflits de juridictions (étude de droit international privé),* Paris, 1999, p. 181; L. LIMA PINHEIRO, *Direito Internacional Privado,* III, Coimbra, 2002, p. 25 ss.; L. CORBION, *Le déni de justice en droit international privé,* Aix-en-Provence, 2004, nº 135 ss.; M.S. NAJURIETA, *Coordinación de ordenamientos jurídicos en materia de adopción internacional,* Córdoba, 2004, p. 25 ss.; A. NUYTS, *La fin des injonctions* anti-suit *dans l'espace judiciaire européen,* Journal des tribunaux, 2005, p. 32 ss. ; L. MARTINET-O. AKYUREK, *La théorie du forum non conveniens dans les pays de* common law, Petites Affiches 186 (2006) 1 ss.; B. ANCEL-H. MUIR WATT, *Des vérifications auxquelles le juge est tenu de procéder pour accorder l'exequatur,* RCDIP, 2007, p. 420 ss.; D. MOURA VICENTE, *Liberdades comunitárias e direito internacional privado,* Cuadernos Der. Transnac. 1 (2009), p. 214 ss.; J.C. FERNÁNDEZ ROSAS, *Coordinación de ordenamientos jurídicos estatales y problemas de adaptación,* Rev. Mex. DIP y Comp. 25 (2009) 9 ss.; S. MARINO, *Metodi di diritto internazionale privato e tutela del contræente debole nel diritto comunitario,* Milão, 2010, p. 144 ss.; G.P. ROMANO, *L'unilateralismo nel diritto internazionale privato moderno,* Zurique-Basileia-Genebra, 2014, p. 23 ss., 487 ss..

e a certeza do direito das partes, com o resguardo possível da harmonia de decisões em diferentes ordenamentos e uma acrescida economia processual, e, em razão dos imperativos limites *iure canonico* a estes dois tipos de recepção *ex alio iure vel foro*, sem qualquer menoscabo para os fins sobrenaturais da Igreja e do seu ordenamento nem para o seu primado à luz do direito divino.

Laudetur D.N. Iesus Christus!

As *Annotações* de Diogo Forjaz de Sampaio Pimentel. Análise dos princípios da *Introdução* à obra.

Míriam Afonso Brigas[1]

A escolha do tema do artigo a publicar nos *Estudos em Homenagem ao Senhor Professor Doutor Pedro Pais de Vasconcelos* não foi inocente. Quando o convite me foi dirigido pelo seu filho, o Professor Pedro Leitão Pais de Vasconcelos, sabia que o domínio a trabalhar se concentraria no direito comercial, mas queria que essa escolha pudesse ter ligação directa com o homenageado. Nesse sentido, foi quase de forma imediata que me recordei da presença no meu júri de mestrado do Professor Pedro Pais de Vasconcelos, em 2003, e dos comentários que, anos volvidos e circunstâncias da vida académica subsequentes, me acabou por transmitir. O contacto mais próximo com o Professor confirmou-me que quem estuda direito comercial reconhece a importância dos antecedentes histórico-jurídicos desta disciplina. O artigo que agora apresento é uma passagem desses meus trabalhos, que nunca chegaram a ser publicados. Um novo olhar sobre os mesmos levou-me, naturalmente, a reformular ideias e a procurar manter-me fiel ao pensamento de Diogo Pereira Forjaz de Sampaio Pimentel, comercialista do século XIX. Não se procede ao desenvolvimento da obra produzida no domínio comercial por Diogo Forjaz, destacandose, apenas, uma parte da sua análise, que entendemos relevante quando procuramos compreender de

[1] Professora da Faculdade de Direito da Universidade de Lisboa – miriambrigas@fd.ulisboa.pt – ORCID: 0000-0003-2726-3853.

que forma avançou a comercialística no século XIX, em Portugal. O contributo do nosso autor é muito relevante para este enquadramento. Curiosamente, o tratamento científico da sua obra tem sido negligenciado, consequência da ausência de estudos histórico-jurídicos neste domínio, sem prejuízo da acessibilidade dos mesmos, como pudemos comprovar com a consulta das obras deste autor na Faculdade de Direito da Universidade de Lisboa[2].

Começamos por uma breve caracterização de Diogo Forjaz de Sampaio Pimentel. Nasceu a 1 de outubro de 1817, em Coimbra, sendo bacharel formado no ano lectivo de 1838-39, licenciando-se a 16 de junho de 1840, tendo obtido o grau de doutor três dias mais tarde, como nos refere Luís Bigotte Chorão[3]. É chamado a leccionar direito comercial no ano lectivo de 1845-46, voltando a assumir a regência da cadeira no ano lectivo de 1851-52[4]. De referir que Diogo Forjaz exerceu funções como deputado em 1877, tendo sido eleito membro da comissão de inquérito parlamentar "sobre o modo de se regular em bases sólidas e definitivas a circulação fiduciária"[5]. Por Decreto de 9 de dezembro de 1880 obtém a sua jubilação. Recorde-se que o nosso autor teve ainda intervenção nos trabalhos de revisão do Código Comercial de 1833, actividade que conciliou com a produção da sua obra mais significativa, as *Annotações ao Codigo de Commercio Portuguez*.

Esta obra veio a ser publicada em 1866, sem prejuízo das edições anteriores desta publicação, ocorrida nos anos de 1855[6], 1856[7], 1857[8] e 1861[9].

[2] Não podemos, naturalmente, ignorar a produção científica existente sobre os antecedentes do direito comercial, destacando-se a obra pioneira de Francesco Galgano, *História do Direito Comercial*, tradução de João Espírito Santo, Editores, 1976. Em Portugal, os trabalhos de José Silva Lisboa são muito relevantes para a comercialística nacional, nomeadamente os *Principios de direito mercantil e leis da marinha para uso da mocidade portugueza, destinada ao commercio, divididos em oito tratados elementares, contendo a respectiva legislação patria, e indicando as fontes originaes dos regulamentos marítimos das principaes praças da Europa de ordem de Sua Alteza Real, o Príncipe Regente Nosso Senhor,* Tomo I, Lisboa, na Impressão Régia, 1806.

[3] Cfr. Luís Bigotte Chorão, *A comercialística portuguesa e o ensino universitário do direito comercial no século XIX*, edição Cosmos, Lisboa, 1998, págs. 83 e 84.

[4] Para maiores desenvolvimentos sobre o percurso académico do nosso autor, consultar a obra acima indicada, págs. 85 e ss.

[5] Idem, pág. 87.

[6] Cfr. Diogo Forjaz de Sampaio Pimentel, *Annotações ao Titulo IV, secção I da Parte I, Livro I e aos Títulos XI, XII e XIII da mesma Parte I, Livro III do Codigo de Commercio Portuguez, que se Inscrevem do Registro Publico do Commercio e das Quebras, Rehabilitação do Falido e Moratorias*, Coimbra, Imprensa da Universidade, 1855.

Iniciamos a abordagem da obra de Diogo Forjaz analisando o trabalho escrito por este autor em 1857. Das pesquisas efectuadas constatámos que foi através desta obra que este académico auxiliou o ensino da cadeira de *Direito Commercial e Maritimo* que leccionava na Faculdade de Direito da Universidade de Coimbra. Até então o manual de apoio era exclusivamente o próprio código comercial de 1833. Seria igualmente útil a análise da edição da obra de 1866, na parte coincidente com a edição de 1857, salientando-se as devidas diferenças, sempre que seja útil e necessário. Esta análise extravasa o objecto deste artigo, mas foi por nós realizado aquando dos nossos trabalhos de investigação em sede de mestrado. Refira-se, aliás, que na edição de 1866 Forjaz desenvolveu o seu maior trabalho no que se refere à necessidade de dotar o ensino do Direito Comercial de um compêndio, ficando as *Annotações ao Código de Commercio Portuguez* como o seu testemunho académico para a posteridade.

Dedicámo-nos a esta obra, não considerando a sua prioridade histórica, mas devido ao facto de nos parecer mais elucidativo, em termos de exposição do tema, começar por desenvolver as *Annotações ao Codigo de Commercio,* atendendo ao tratamento encadeado das matérias no Código Comercial Português. Começaremos pelo pensamento de Diogo Forjaz, tendo em conta as principais temáticas abordadas face ao disposto no Código Comercial de 1833.

Na *Carta ao Illustríssimo e Excellentissimo senhor Gaspar Pereira da Silva acerca do Projecto de Lei sobre falências,* da autoria de Diogo Forjaz, este autor refere a dificuldade sentida no ensino da cadeira de Direito Comercial, pela inexistência de compêndio a observar, nos termos que seguidamente apresentamos:

> "Obrigado ao espinhoso dever de explicar na cadeira de commercio portuguez na Universidade o Codigo de Commercio, não raras vezes inexplicável, tarefa que, á falta de compendio, tenho procurado desempenhar, quanto possível,

[7] Cfr. Diogo Forjaz de Sampaio Pimentel, *Annotações aos Titulos VII e VIII do Livro II da Parte I do Codigo de Commercio Portuguez, Que se Inscrevem das Letras de Cambio, Livranças ou Bilhetes à Ordem, Cheques e Letras da Terra, e das Cartas de Crédito*, Coimbra, Imprensa da Universidade, 1856.

[8] Cfr. Diogo Forjaz de Sampaio Pimentel, *Annotações ao Livro Primeiro da Parte Primeira do Codigo de Commercio Portuguez que se Inscreve das Pessoas do Commercio*, Coimbra, Imprensa da Universidade, 1857.

[9] Cfr. Diogo Forjaz de Sampaio Pimentel, *Annotações aos Titulos I-VIII do Livro Segundo da Parte Primeira do Codigo de Commercio Portuguez*, Coimbra, Imprensa da Universidade, 1861.

syntheticamente, segui, mais d'espaço, no tempo que me sobrou do actual anno lectivo, o systema, já encetado nos anos anteriores, de desenvolver, a par da legislação do Código sobre falências, o projecto de lei da iniciativa de Vª Exª."[10]

Diogo Forjaz procede, igualmente, às explicações das principais motivações da sua obra, no quadro do ensino universitário do Direito Comercial, na segunda metade do século XIX:

> "Para auxiliar o estudo do direito commercial portuguez pela exposição synthetica da lei, encetámos com o título – *Annotações* um commentario ao código de commercio, agrupando os artigos segundo as matérias, e desenvolvendo em notas a cada um grupo de artigos o seu pensamento. Duas vantagens nos pareceu antever, – facilitar o estado d'aquella compilação – e lançar as bases para um compendio de direito de commercio portuguez.
>
> As *Annotações* publicadas em diferentes ephocas e em diversos opusculos contêm apenas sucinta explicação das doutrinas compreendidas no livro primeiro, nos oito primeiros títulos do livro segundo, e nos títulos undécimo, duodécimo e decimo terceiro do livro terceiro da parte primeira do código de commercio portuguez. Muitas outras igualmente importantes matérias com relação ao commercio terrestre e marítimo faltam para concluir este trabalho, já de si entrecortado: o que está publicado é pouco material para edifício tão grande.
>
> Com o mesmo systema, e de acordo com o Conselho da Faculdade de Direito empreendemos por isso trabalho maior – a exposição compendiosa em obra seguida em vez de opúsculos dispersos, de toda a legislação commercial, que forma o quadro das disciplinas da respectiva cadeira. Refundimos, nesta obra os opúsculos publicados, augmentando-os, corrigindo-os, em muitos logares alterando-os na forma e na substancia; e adicionando-lhe em segunda edição esta Introdução.
>
> Não temos a vaidade de nos persuadir que os nossos trabalhos acerca do código de commercio portuguez possam resolver todas as duvidas, esclarecer as partes obscuras d'esta compilação, e estabelecer o ponto de partida da sua reforma; falta-nos para isso principalmente a pratica, e a experiencia que, em tudo, e no commercio com especialidade, são a mestra da vida"[11].

[10] Diogo Forjaz de Sampaio Pimentel, *Carta ao Illustrissimo e Excellentisssimo senhor Gaspar Pereira da Silva acerca do Projecto de Lei sobre falências por Diogo Forjaz de Sampaio Pimentel*, Coimbra, Imprensa da Universidade, 1861, pág. 17.

[11] Idem, pág. LI. De ter em consideração que nas *Annotações ao Livro Primeiro da parte Primeira do Codigo de Commercio Portuguez que se inscreve das pessoas do commercio*, Coimbra, 1857, págs. XLVI, XL e XLVII se voltam a repetir algumas das passagens enunciadas no texto.

Diogo Forjaz refere-se, assim, à importância de dotar o ensino do Direito Comercial de instrumentos de apoio à sua leccionação, verificando-se ser necessário recorrer ao contributo deixado pelos estudiosos que se dedicaram ao tratamento do tema. A este respeito cita, na *Introdução às Annotações ao Codigo Commercial*, o *Commentario ao titulo das companhias, sociedades e parcerias commerciaes*[12] pelo sr. R. Teixeira Duarte, as *Fontes próximas do código*[13] pelo sr. Conselheiro G. Pereira da Silva, a *Explicação do código* e o *Manual de processo commercial*[14] pelo sr. J. Ribeiro Rosado, como fontes principais inspiradoras da sua obra.

Passemos, de seguida, a analisar as *Annotações*, na versão de 1857.

Na Introdução à obra em referência, Forjaz reforça a necessidade de um compêndio de Direito Comercial, referindo nos seguintes termos:

"A necessidade d'um compendio de direito commercial foi sempre uma necessidade sentida no foro e na Universidade. O *manual de processo commercial* pode satisfazer, em parte esta necessidade. Para que as minhas *Annotações* possam, até certo ponto, suprir a falta d'um compendio da teoria do direito commercial com excepção do processo, não me limitei ao desenvolvimento dos artigos em ordem seguida, mas preferi, a exemplo do código espanhol explicado, explicar as matérias pelos artigos, que se lhe oferecem"[15].

Na edição em análise sistematiza-se a análise da matéria respeitante às *Pessoas do Commercio* do Livro I do Código Comercial de 1833, adoptando o seguinte índice:

"Introducção

I – Natureza da protecção do Governo no desenvolvimento da industria
II – Conveniencia d'uma legislação especial para o commercio
III – Fôro commercial e determinação dos actos mercantis
IV – Liberdade do exercício do commercio
V – Liberdade commercial

[12] R. Teixeira Duarte, *Commentario ao titulo XII, Parte I, Livro II do Codigo Commercial Portuguez que se inscreve das companhias, sociedades e parcerias commerciaes*, Lisboa, Imprensa Nacional, 1872.

[13] Gaspar Pereira da Silva, *Fontes próximas do código commercial portuguez ou referência aos códigos das nações civilizadas e às obras dos melhores jurisconsultos*, Porto, Typographia Commercial, 1843.

[14] J. Ribeiro Rosado, *Manual de Processo Commercial*, Coimbra, J. Diogo Pires, 3ª edição, 1882.

[15] Idem, págs. XLVII e XLVIII.

Conclusão: vantagens na promulgação do código de commercio portuguez: desculpam-se alguns dos seus defeitos.

Disposições geraes

Titulo I – Dos comerciantes e suas espécies

Secção I – Dos commerciantes em geral

Secção II – Dos negociantes de comissão

Secção I, II, III, IV e V do Titulo XIII do Livro II – Das diversas espécies de mandato – do mandato mercantil – da comissão da consignação.

Secção III – Dos banqueiros

Secção IV – Dos mercadores

Titulo II – Das praças de commercio, e empregados commerciaes

Secção I – Das praças do commercio

Secção II – Dos corretores

Titulo VII do Livro único da Parte II do código (commercio maritimo) – Dos corretores interpretes de navios

Secção VII do Titulo XIV do Livro único da Parte II (dicto) – Dos direitos e obrigações dos corretores em matéria de seguros marítimos

Secção III – Dos feitores e caixeiros

Secção IV – Dos comissários de transportes e dos recoveiros

Titulo III – Dos actos commerciaes e sua competência

Titulo IV – Das obrigações comuns a todos os que professam o commercio

Secção I – Do registro publico do commercio

Secção II – Da escripturação e correspondência mercantil

Secção III – Da prestação de contas[16]"

Na Introdução da obra, Diogo Forjaz estrutura as linhas básicas do que deve ser entendido por Direito Comercial, a forma como este domínio do conhecimento se relaciona com o Direito Civil, a necessidade de uma jurisdicção comercial autónoma, como consequência da especialidade da causa comercial, dissertando, ainda, sobre a forma como os governos se devem posicionar relativamente ao desenvolvimento da actividade comercial. Defende, ainda, a protecção estadual indirecta, matéria que desenvolve em largas páginas, ao longo da Introdução.

[16] Idem, págs. 209 e 210.

Começa o nosso autor por afirmar ser a indústria uma das fontes da riqueza nacional[17], reconhecendo que para o seu crescimento se efectivar se torna necessário a existência de um conjunto de factores, nomeadamente a protecção indireta do governo, "legislação especial que regule os seus actos, e os direitos e deveres que d'elles resultam, – foro especial, e determinação dos actos, que para os efeitos d'aquella legislação devam ter o caracter d'actos mercantis – liberdade de exercício de commercio, e liberdade commercial"[18]. O nosso autor vai analisar cada um dos elementos descritos, referindo que cada agente da sociedade tem uma finalidade determinada, não podendo cada um de nós exercer o fim a que se encontra destinado de forma discricionária. Assim, justifica Forjaz a necessária intervenção do Estado, designadamente do Governo, que indirectamente deverá auxiliar a actividade humana. Neste sentido, o nosso autor critica a intervenção directa do Estado na actividade produtiva, afirmando que esta "foi sempre, e nunca podia deixar de ser, um constante foco de dissenções, um despotismo, disfarçado muitas vezes com as vestes da liberdade, um princípio ineficaz para firmar crenças"[19].

Especial interesse reveste o momento em que Diogo Forjaz se dedica à análise entre as relações existentes entre o Direito Civil e o Direito Comercial. Começa por destacar ter o direito civil a missão de estabelecer os princípios gerais que vão determinar as obrigações e os direitos dos sujeitos em sociedade. Diferentemente, o Direito Comercial procede à definição das regras a observar nas relações de natureza mercantil. Em consequência, a regulamentação desta actividade tem de considerar os intervenientes do palco comercial, não sendo os comerciantes, por si só, o elemento determinante da actividade comercial, mas sim, o conceito de acto comercial. Fundamento bastante para que o nosso autor mencione que "todo o acto commercial, quem quer que seja o seu agente, comerciante ou não comerciante, está sujeito á lei do commercio"[20]. Forjaz enuncia, de seguida, algumas situações em que constata, efectivamente, que o Código Comercial de 1833 teve em consideração as características específicas do comércio, distin-

[17] Esta matéria é especialmente desenvolvida nas Seções II, III e IV do Título II, relativa ao Comércio Marítimo.

[18] Diogo Forjaz de Sampaio Pimentel, *Annotações ao Codigo...*, Tomo I, Livro Primeiro da Parte primeira, 1866, ob. cit., pág. V.

[19] Idem, pág. VII.

[20] Idem, pág. X.

tas das restantes relações de natureza civil. Conclui-se, assim, que existindo um domínio do conhecimento especialmente habilitado para dar resposta às interrogações colocadas pelo Direito Comercial deverá ser a este, em primeiro lugar, que se deverão procurar respostas para as questões colocadas. O recurso ao direito civil é relegado para plano subsidiário, utilizável apenas e exclusivamente, nas situações em que o direito comercial não seja capaz de responder. Nestes termos se refere Forjaz:

> "Por estes caracteres pois o direito civil só pode ser, e é aplicável em commercio na falta de legislação legislativa, que nem se encontre no código de commercio portuguez, nem em lei commercial posterior a este, ou que mesmo anterior lhe seja, com tanto que não encontre a sua letra ou espirito (decreto de 18 de setembro de 1833, art. 3); quando as suas prescripções servirem para desenvolvimento ou complemento da lei mercantil; e quando, á falta de lei commercial, não houver uso, costume, ou estylo do commercio da praça ou do reino, firmados como taes ou, em faltas d'estes estylos ou costumes, não se encontrar também resolução nas leis mercantis e commerciaes da Europa, no direito das gentes, na pratica das nações comerciantes, em uma palavra em leis e usos estrangeiros e obras de direito, que taes usos consignem e exponham"[21].

Para efectivar a relação existente entre o Direito Comercial e o Direito Civil, Forjaz refere-se, em seguida, à importância do estilo comercial como fonte de Direito Comercial, referindo, para o efeito, que para este estar ao nível deste domínio do conhecimento deverá reunir um conjunto de características como a uniformidade, a longevidade e a generalidade, elementos que passa, posteriormente, a caracterizar.

A determinação do foro comercial, como consequência do reconhecimento da especialidade do foro comercial é outro elemento analisado na Introdução: "a determinação e precisão dos actos mercantis, e o estabelecimento d'um juízo privativo do commercio são uma das primeiras bazes da legislação commercial"[22]. A existência de uma jurisdição autónoma justifica-se, no seu entender, pela especialidade da causa, que requer juízes especificamente preparados para o julgamento das mesmas. Importará, por isso, proceder à definição do âmbito de competência da jurisdicção comercial. O próprio Código Comercial procede à qualificação dos actos que se integram na qualidade mercantil, como é o caso da compra e venda e dos

[21] Idem, págs. XII e XIII.

[22] Idem, pág. XIV.

juros comerciais, não sendo possível precisar, dentro da variabilidade das operações humanas, todas as que preenchem requisitos para poderem ser consideradas comerciais. Vários critérios foram sendo apresentados pelos estudiosos que se dedicaram ao tratamento do tema. Forjaz enuncia-os nos seguintes termos:

> "Estas causas são, por exemplo: a qualidade do agente ou a profissão, o exercício habitual do commercio, – a intenção ou fim, com que praticou o acto, – o lucro, que prévio, ou o risco, a que se expoz, ou o nenhum risco a receiar, – o obejto ou a natureza mesma do acto, a sua fácil transmissibilidade."[23]

Reconhecendo a impossibilidade de a legislação definir todos os critérios que permitem a qualificação dos actos, Diogo Forjaz acaba por concluir que seria mais vantajoso a enumeração de factos em geral e especializar outros, embora reconheça que alguns actos poderão ser excluídos do âmbito desta classificação, o que, não afastando o princípio geral, criam a excepcionalidade. Fazendo o confronto com o nosso Código Comercial, verifica-se que o legislador acabou por não se definir quanto à adopção de um princípio exclusivo de aplicação nesta matéria, como nos comprova a análise dos artigos 40º, 203º, 204º, 276º, 299º, 305º, 320º, 552º, 767º e 772º, entre outros. Na realidade, verifica-se que, nuns casos, se atendeu ao agente autor do acto e, em outros, ao objecto da causa, existindo situações em que os dois últimos critérios foram aplicados cumulativamente.

Dedica-se, ainda, o nosso autor, à análise da evolução da instituição feudal e ao desenvolvimento primário da atividade agrícola, destacando-se o aparecimento da organização estruturada de "industriosos e de comerciantes em corporações ou grémios embadeirados de officios"[24]. Da importância destas instituições refere Forjaz a sua utilidade para o poder central, já que, assumindo simultaneamente o seu carácter político e técnico-profissional, eram um centro importante de benefícios. Ao se instituir uma rígida disciplina no desenvolvimento da atividade laboral, incentivavam a relação de dependência dos profissionais em face do poder dirigente. Nestes termos esclarece o nosso autor:

> "Estas corporações foram proveitosas no tempo da sua instituição, como associação política, de quem os reis tiravam força e recursos na lucta contra o po-

[23] Idem, pág. XVI.

[24] Idem, pág. XXI.

der feudal; como associação de trabalho pelos benefícios, que resultam de toda a reunião de forças physicas e moraes, tendentes ao desenvolvimento social; ainda que defeituosa no seu organismo, especialmente em tempos, em que precisava de mão poderosa, que lhe desse auxilio, como instrumento de finanças para o tesouro publico nos tardios progressos da sciencia financeira; como meio de policia pelo pensamento de ordem, perseverança, disciplina, gravidade, que presidiu à sua instituição, acostumando o operário e o comerciante á paciencia, exactidão e espirito de classe, como elemento económico pela divisão do trabalho"[25].

Após efetuar o enquadramento histórico do aparecimento das ditas corporações Forjaz salienta ainda as desvantagens destas instituições. Começa por criticar os métodos de ensino adotados nas corporações, que "em vez de favorecerem a aptidão e facilitarem o ensino (...) eram uma espécie de servidão pessoal em favor dos mestres"[26]. Com o século XVIII assiste-se, por assim dizer, à decadência das corporações, iniciando-se a divulgação dos princípios da livre circulação na atividade económica. Como refere Forjaz "a liberdade de commercio acha-se expressamente decretada nos artigos 2 e 3 do código de commercio portuguez (...) tinha principalmente por fim acabar com o systema das corporações de officios, tão arraigado nas leis e nos costumes"[27].

Forjaz analisa, ainda, a matéria relativa ao efeito das medidas proibitivas e restrictivas na atividade comercial, afirmando que as mesmas dificultavam o desenvolvimento desta actividade, impedindo o crescimento económico. Em particular, Forjaz analisa as consequências da adopção de medidas restritivas da actividade comercial, demonstrando que, em qualquer uma delas, o consumidor perde em vantagens e benefícios. Enaltece, ainda, o recurso a um sistema de protecção indirecta, nos seguintes termos:

"A prohibição de exportar cereaes, gados e quaisquer outros productos pode momentaneamente evitar a crise; mas a emulação e a concorrência são o recurso mais natural, e quando esta não é de esperar o consumidor, sujeitando-se aos caprichos, cálculos especulativos e monopólio, sempre naturaes em crises de muita escassez, ou pelo menos á inevitável falta que tarde ou cedo há de sentir-se, porque a cessação dos lucros, com que o productor contava, o empate

[25] Idem, pág. XXIV.

[26] Idem, pág. XXV.

[27] Idem, págs. XXVII e XVIII.

dos géneros, a sua possível deterioração, e a necessidade, em que fica muitas vezes constituído, quem quer esperar melhor preço, de tomar empréstimos para ocorrer a despesas correntes, suspendem a produção e por vezes extinguem-na"[28].

Feito o enquadramento do sistema económico defendido pelo nosso académico, passa o nosso autor a analisar o Código Comercial de 1833, reconhecendo a sua importância como tentativa de compilação da diversa legislação existente, mas enunciando alguns defeitos, que no seu entender, desvirtuam a respectiva essência. Ultrapassado o recurso ao direito consuetudinário, houve necessidade de reduzir a escrito a legislação dispersa existente sobre a actividade comercial, o que deu origem ao Código Comercial de Ferreira Borges. Referindo-se às fontes de direito invocadas no código citado, Forjaz salienta o recurso aos "usos commerciaes, às leis mercantis do paiz, às opiniões dos escriptores de direito commercial, nacionais e estrangeiros e às leis e códigos mais acreditados dos outros paizes o que mais conducente pareceu ao seu auctor para o desenvolvimento do commercio e prosperidade do paiz."[29].

Depois de destacar as principais vantagens do Código, refere os seus defeitos, qualificando-o de casuístico, embora venha, posteriormente, a afastar este entendimento. Menciona que o autor do Código Comercial se socorreu em demasia de conceitos e definições, que apenas fariam sentido num manual com propósitos didácticos, não se compreendendo a sua utilização num Código Comercial. Fruto da pouca clarificação existente entre o domínio do direito comercial e do direito civil, o código absorveu esta mesma indefinição, recorrendo frequentemente Ferreira Borges a matérias de Direito Civil, nomeadamente de Direito das Obrigações. Esta convivência, nem sempre saudável, diríamos nós, em consonância com Forjaz, conduziu à existência de não raras contradições, motivadas, nuns casos, pela incompatibilidade real existente entre os artigos, noutros, pela própria falta de coerência entre as disposições legais invocadas. Ouçamos Forjaz:

> "Falta-lhe emfim um systema geral de codificação, debaixo do qual se desenvolvesse uniforme o pensamento do auctor. Revelam porem alguns d'estes defeitos as circumstancias particulares do paiz na epocha da sua promulgação. (...)

[28] Idem, pág. XXXI.

[29] Idem, pág. XLVIII.

Por outro lado, é desculpável que o auctor do código procurasse supprir ate certo ponto a falta do código civil, consignando em legislação princípios jurídicos apenas ensinados pelos escriptores de direito, coligindo outros espalhados pelo mare magum da legislação portuguesa e, como o direito commercial é lei especial, procurando estabelecer antes d'esta a regra geral. Hoje que as tehorias commerciaes estão mais diffundidas, os ouvidos mais atentos á fraseologia do commercio, e nos incerta a esperança da promulgação do código civil, uma reforma mais completa do código de commercio, já em alguns pontos reformado, poderia restringil-o consideravelmente. Os outros defeitos revelam precipitação. Rodeando-se dos códigos, leis e obras de mais renome, nacionais e estrangeiras, extraindo d'uns e das outras o que mais lhe agradou, o auctor do código cegou-se com o amor da pátria, e apressou-se a dar-lhe um código de commercio sem demasiada critica na sua coordenação, sem a indispensavel clareza na sua expressão e deducção"[30].

Feita a análise dos principais elementos contidos na *Introdução*, verificamos que Diogo Forjaz era um profundo conhecedor dos princípios que o autor do Código Comercial introduziu em 1833, reconhecendo que a ausência de uma codificação civil prévia dificultou o processo de positivação comercial. As ideias que percorremos ao longo desta *Introdução* permitiram-nos perceber que as circunstâncias políticas e económicas nas quais o código comercial surge explicam, também, algumas das opções tomadas. Por um lado, a leitura da *Introdução* habilita o leitor da obra de Diogo Forjaz a entender as premissas da sua análise e as principais preocupações que orientam a sua obra. Por outro lado, percebemos, melhor como as várias edições das *Annotações* vão enriquecendo, incorporando entendimentos diversos, fruto do pensamento comercialístico que se procurava autonomizar da civilística e das decisões jurisprudenciais que eram produzidas sobre esta matéria.

[30] Idem, pág. L.

Proteção de Dados e Comércio Jurídico: *CNPD em Vénus, STA em Marte*[*]

Raquel Brízida Castro[1]

1.1. O problema

O tema dos prazos de conservação de dados pessoais é ainda negligenciado pela doutrina jurídico-constitucional. Porém, o princípio da limitação da conservação, conforme tentaremos demonstrar, assume relevância jusfundamental incontestável, posto que constitui uma garantia imprescindível das posições jurídicas subjetivas em que se decompõe o direito à autodeterminação informativa, cujo enquadramento jurídico-constitucional ensaiaremos em termos muito breves. Na verdade, na definição de prazos de conservação de dados pessoais digladiam-se direitos e interesses cuja harmonização cabe, preferencialmente, ao legislador democrático. É assim no ordenamento jurídico-constitucional português e, como veremos, na jurisprudência do Tribunal de Justiça mais recente. Nos casos insuscetíveis de categorização legislativa, a nova lei portuguesa[2] de execução do Regula-

[*] O presente texto baseou-se nos tópicos da intervenção sobre o artigo 40º do Código Comercial, proferida no Congresso de Direito Comercial, parceria da Revista de Direito Comercial e do CEJ – Centro de Estudos Judiciários, em 28 de novembro de 2019.

[1] Doutora em Direito. Professora da Faculdade de Direito da Universidade de Lisboa. Advogada na *PV&A – Pais de Vasconcelos & Associados.*

[2] Cf. Lei nº 58/2019, de 8 de agosto.

mento Geral de Proteção de Dados (RGPD)[3] subtraiu a intervenção prévia da Autoridade de Controlo (CNPD)[4], conferindo, indiretamente, essa ponderação a cada responsável pelo tratamento, *in casu*. Qualquer definição de prazos de conservação não prescinde, porém, do escrutínio implacável do princípio da proporcionalidade, tal como a respetiva fundamentação, atenta a diversidade de direitos e interesses eventualmente implicados.

1.2. O direito à autodeterminação informativa: Brevíssimo enquadramento jurídico-constitucional

A Constituição portuguesa consagra, no artigo 35º, o direito à autodeterminação informativa[5]. A doutrina reconhece-lhe a feição germânica e recorta-o como *"um direito complexo, um feixe de posições jurídicas subjetivas"*[6], que protege a pessoa de tornar-se um *"simples objeto de informações"*[7], em conformidade com os ensinamentos da fórmula do objeto no contexto do princípio da dignidade da pessoa humana.

Entre esses direitos[8], avulta o direito de conhecer a finalidade dos tratamentos de dados, pois é dela que resulta a adequação, pertinência e propor-

[3] Regulamento UE de 2016/679 do Parlamento Europeu e do Conselho de 27 de abril de 2016 relativo à proteção das pessoas singulares no que diz respeito ao tratamento de dados pessoais e à livre circulação desses dados.

[4] Comissão Nacional de Proteção de Dados.

[5] Sousa Pinheiro, Alexandre (2015) *Privacy e Proteção de Dados Pessoais: a Construção Dogmática do Direito à Identidade Informativa*, Associação Académica da Faculdade de Direito de Lisboa: Lisboa.

[6] Calvão, Filipa ((2018) *Direito da Proteção de Dados Pessoais: Relatórios obre o programa, os conteúdos e os métodos da disciplina*, Universidade Católica: Porto; cit., p. 50.

[7] Canotilho, Gomes/Moreira, Vital (2007) *Constituição da República Portuguesa Anotada, Volume I*; Almedina: Coimbra; cit., p. 551.

[8] No elenco de Sarmento e Castro: *"são vários os direitos a que o artigo 35º da Constituição da República Portuguesa concede expressa dignidade constitucional, compondo um direito do indivíduo à autonomia informacional: o direito de acesso aos tratamentos de dados pessoais para conhecimento dos dados que lhe respeitem; o direito de retificação dos dados pessoais, quando estejam errados ou incompletos, e o direito da sua atualização, de modo a que representem de modo fiel a informação do indivíduo; o direito a conhecer a finalidade dos tratamentos de dados, finalidade que é determinante, por exemplo, para se apurar da adequação, pertinência e proporcionalidade dos dados, ou do respetivo período de conservação ou, ainda, da eventual existência de desvios de finalidade (nº 1); o direito ao não tratamento de dados dados cujo processamento se pode revelar especialmente sensível (nº 3); o direito à não divulgação de dados objeto de tratamento, traduzido na proibição do acesso aos dados por terceiros (nº 3), que obriga à imposição de um dever de segredo/sigilo profissional, que impende sobre quem trata os dados pessoais, seja como responsável,*

cionalidade dos dados, ou do respetivo período de conservação[9]. O princípio da limitação da conservação que nos ocupa ou da *limitação em termos temporais*, constitui um elo imprescindível de harmonia das várias posições jurídicas subjetivas, alojadas no direito à autodeterminação informativa.

A sua dimensão negativa inclui *"um dever de segredo e de segurança"*[10], resultante do *"direito à abstenção de ingerência"*[11] que lhe é inerente e que vincula os responsáveis dos tratamentos de informações pessoais. Garante a defesa do titular perante qualquer operação de tratamento ilegítima dos seus dados pessoais, atento o correspetivo dever de abstenção do Estado e privados.

Por sua vez, a vertente positiva do direito à autodeterminação informativa traduz-se na disponibilização de instrumentos jurídicos que permitem ao titular dos dados controlar os seus dados pessoais. Em consequência, revela-se através de um direito à conformação dos tratamentos a que os seus dados pessoais ficam sujeitos, *"podendo cada indivíduo determinar o que podem os outros, em cada momento, saber e usar a seu respeito, controlando a partilha e utilização dos seus dados pessoais"*[12]. Neste conspecto, sobressaem os deveres de proteção do direito à autodeterminação informativa que recaem sobre o Estado e todos os poderes públicos, através da previsão expressa de restrições a todas as operações de tratamento de dados pessoais[13].

Mais concretamente, por um lado, o titular dos dados tem o direito de defesa e reação contra prazos desnecessários de conservação dos seus dados, atentatórios do princípio da proporcionalidade. Pela sua natureza, esse mesmo titular goza de um direito à proteção, oponível a públicos e pri-

ou como técnico." – SARMENTO E CASTRO, Catarina, "40 anos de "Utilização da Informática – o artigo 35º da Constituição da República Portuguesa", *in e-Pública Vol. 3 No. 3,* dezembro 2016 (042-066); cit.; p. 50.

[9] SARMENTO E CASTRO, Catarina, "40 anos de "Utilização da Informática – o artigo 35º da Constituição da República Portuguesa", *in e-Pública Vol. 3 Nº 3,* dezembro 2016 (042-066); cit., p. 50.

[10] CANOTILHO, Gomes/MOREIRA, Vital (2007) *Constituição da República Portuguesa Anotada, Volume I;* Almedina: Coimbra; cit., p. 552.

[11] CALVÃO, Filipa ((2018) *Direito da Proteção de Dados Pessoais: Relatórios obre o programa, os conteúdos e os métodos da disciplina,* Universidade Católica: Porto; cit., p. 50.

[12] SARMENTO E CASTRO, Catarina, "40 anos de "Utilização da Informática" – o artigo 35º da Constituição da República Portuguesa", *in e-Pública Vol. 3 Nº 3,* dezembro 2016 (042-066); cit., p. 50.

[13] CANOTILHO, Gomes/MOREIRA, Vital (2007) *Constituição da República Portuguesa Anotada, Volume I;* Almedina: Coimbra; cit., p. 552.

vados, cabendo ao Estado a realização de prestações, normativas ou materiais com vista a garantir, *in casu*, que os prazos de conservação dos seus dados pessoais são os estritamente necessários à realização das finalidades legítimas do tratamento a que sejam sujeitos. Note-se que a doutrina não hesita em reconhecer, no contexto da eficácia horizontal dos direitos fundamentais, o dever de prestações normativas a cargo do Estado "*para a realização plena da autodeterminação da pessoa em face do uso da informática*"[14]. No plano da vinculação privada, tais deveres de proteção incidem sobre os privados[15].

Tal direito, inserido plenamente nos direitos, liberdades e garantias, está sujeito ao respetivo regime de proteção jurídica. Assinale-se, em termos meramente perfunctórios, a sua sujeição à reserva de Lei (artigo 165º, nº 1, alínea b), da CRP); reserva de densificação total; proibição de deslegalização (artigo 112º, nº 5, da CRP); princípio da aplicabilidade direta (artigo 18º, nº 1, da CRP); princípio da concordância prática (artigo 18º, nº 2, 2ª parte, da CRP); entre outros. Da mesma forma, tal direito vincula, nos termos constitucionais, entidades públicas e privadas[16]. Com efeito, sem querer aprofundar a questão, a doutrina mais recente realça que *"o Estado está, em determinadas circunstâncias, obrigado a um dever de protecção"*[17], mesmo na ausência do legislador, posto que a sua intervenção *"não tem um carácter constitutivo, mas meramente declarativo e concretizador"*, pois "*a vinculatividade dos direitos fundamentais inter privados é em si mesma fixada pela Constituição*"[18].

O direito à autodeterminação informativa encontra-se, por sua vez, igualmente sujeito a restrições, podendo, na sua concretização colidir com outros

[14] Ribeiro de Faria, Maria Paula (2005), "Anotação ao Artigo 35º", in *Constituição Portuguesa Anotada*, Org. Jorge Miranda e Rui Medeiros; Coimbra Editora: Coimbra; cit.; p. 790.

[15] Calvão, Filipa ((2018) *Direito da Proteção de Dados Pessoais: Relatórios obre o programa, os conteúdos e os métodos da disciplina*, Universidade Católica: Porto; cit., p. 51.

[16] Cf. Artigo 18º, nº 1, última parte, da CRP.

[17] Pereira da Silva, Jorge (2015) *"A eficácia dos direitos fundamentais nas relações entre privados. Um problema de geometria variável"*, Este texto corresponde, com outra sistematização e com adaptações de conteúdo, ao que o autor escreveu em *Deveres do Estado de Proteção de Direitos Fundamentais*, Lisboa, 2015, pp. 87 ss. e 388 ss: https://www.unioviedo.es/constitucional/fundamentos/noveno/pdfs/05_jorgepereira.pdf.

[18] Pereira da Silva, Jorge (2015) *"A eficácia dos direitos fundamentais nas relações entre privados. Um problema de geometria variável"*, Este texto corresponde, com outra sistematização e com adaptações de conteúdo, ao que o autor escreveu em *Deveres do Estado de Proteção de Direitos Fundamentais, Lisboa,* 2015, pp. 87 ss. e 388 ss: https://www.unioviedo.es/constitucional/fundamentos/noveno/pdfs/05_jorgepereira.pdf.

direitos ou bens igualmente dignos de tutela constitucional. Nos casos suscetíveis de categorização legislativa, a solução desses conflitos cabe no âmbito da conformação do legislador democrático. Nos restantes casos, não sendo possível a obtenção de soluções prévias, abstratas, qualquer ponderação, *in casu*, não prescinde do escrutínio implacável do princípio da proporcionalidade, tal como a respetiva fundamentação, ainda que *a posteriori*.

1.3. A relevância jurídico-constitucional dos prazos de conservação de dados pessoais

O artigo 5.º[19] do Regulamento Geral de Proteção de Dados (doravante RGPD) configura a verdadeira *"Constituição do RGPD"*[20] [21] ao descrever os princípios do tratamento dos dados pessoais.

Da conjugação dos princípios da *minimização dos dados* e da *limitação da conservação*, cabe extrair a exigência de que os dados pessoais, objeto de tratamento, deverão ser adequados, pertinentes e limitados ao necessário para os efeitos para os quais são tratados. Por conseguinte, o dever de assegurar que o prazo de conservação dos dados seja limitado ao mínimo necessário, na senda da dimensão da adequação do princípio da proporcionalidade em sentido amplo[22], não preclude o dever de ser um prazo adequado, necessário e proporcional. Ou seja, tentando simplificar, o prazo apenas pode ser o necessário, embora tenha, efetivamente, de ser o necessário,

Na perspetiva do direito à autodeterminação informativa, à luz dos testes de proporcionalidade[23], seguindo a subdivisão tradicional dos três subprin-

[19] Bem como os Considerandos (39), (65), (81), do RGPD.

[20] Sarmento e Castro, Catarina, "40 anos de "Utilização da Informática" – o artigo 35.º da Constituição da República Portuguesa", *in e-Pública Vol. 3 No. 3*, dezembro 2016 (042-066).

[21] Secundamos Alexandre Sousa Pinheiro e Carlos Jorge Gonçalves: Anotação ao Artigo 5.º, *in Comentário ao Regulamento Geral de Proteção de Dados*, Sousa Pinheiro (Coord.), Cristina Pimenta Coelho, Tatiana Duarte, Carlos Jorge Gonçalves, Catarina Pina Gonçalves; Almedina: Coimbra; cit., p. 205.

[22] Alexandre Sousa Pinheiro e Carlos Jorge Gonçalves: Anotação ao Artigo 5.º, *in Comentário ao Regulamento Geral de Proteção de Dados*, Sousa Pinheiro (Coord.), Cristina Pimenta Coelho, Tatiana Duarte, Carlos Jorge Gonçalves, Catarina Pina Gonçalves; Almedina: Coimbra; cit., p. 209.

[23] Canas, Vitalino (2017) *O Princípio da Proibição do Excesso na Conformação e no Controlo de Atos Legislativos*, Almedina: Coimbra; Blanco de Morais, Carlos (2018) *Curso de Direito Constitucional: Teoria da Constituição, Tomo II*, Almedina: Coimbra; pp. 482 e segs.

cípios do princípio da proibição do excesso[24], o prazo de conservação de dados pessoais:

a) Deverá ser apto/adequado/idóneo à realização do fim prosseguido com essa operação de manutenção do tratamento e não indiferente ao prosseguimento da finalidade invocada – *subprincípio da adequação ou da idoneidade;*

b) Deverá ser o mais suave ou o menos restritivo para atingir a finalidade invocada para a manutenção da operação de tratamento dos dados, justificada como necessária – *subprincípio da necessidade;*

c) A conservação de dados pessoais e as finalidades realizadas com essa operação devem situar-se numa justa medida, não devendo ir além ou ficar aquém do estritamente necessário – *subprincípio da proporcionalidade stricto sensu;*

Nos casos em que não existe ou não é possível a fixação prévia e abstrata dos prazos de conservação, o responsável pelo tratamento deverá definir prazos para o apagamento ou a respetiva revisão periódica. Quando a conservação desses dados violar os princípios *supra* enunciados, designadamente perante prazos desadequados, desnecessários e desproporcionais atentas as finalidades eventualmente invocadas, os titulares têm o direito ao seu apagamento[25], enfim a *"serem esquecidos"*.

Tal obrigação impende igualmente sobre o subcontratante. Concluído o tratamento por conta do responsável pelo tratamento, o subcontratante deverá, consoante a escolha do primeiro, devolver ou apagar os dados pessoais, a menos que seja exigida a conservação dos dados pessoais ao abrigo do direito da União ou do Estado-Membro a que o subcontratante está sujeito[26].

Sem prescindir, a alínea e), do mesmo artigo 5º do RGPD, vem, porém, legitimar a conservação dos dados, *de uma forma que não permita a identificação dos titulares dos dados*, durante períodos que superem o período necessário para as finalidades para as quais são tratados. Poderão ser sujeitos a este período excecional os dados, *insuscetíveis de permitir a identificação dos seus titu-*

[24] Reis Novais, Jorge (2019) *Princípios Estruturantes de Estado de Direito*, Almedina: Coimbra; pp. 103 e segs.

[25] Cf. Considerando (65), do RGPD.

[26] Cf. Considerando (81), do RGPD.

lares[27], que sejam tratados exclusivamente para fins de arquivo de interesse público, ou para fins de investigação científica ou histórica ou para fins estatísticos, em conformidade com o artigo 89º, nº 1. Desde que esses dados sejam sujeitos à aplicação das medidas técnicas e organizativas adequadas, com vista à garantia dos direitos e liberdades dos respetivos titulares. Trata-se, de resto, de outro aspeto distinto do regime jurídico do tratamento dos dados pessoais com as finalidades descritas, o qual não deve ser considerado incompatível com as finalidades iniciais, conforme sugere a segunda parte da alínea b) do preceito em análise.

Dispõe ainda o considerando (65) que o prolongamento da conservação dos dados pessoais deverá ser efetuado de forma lícita *"quando tal se revele necessário para o exercício do direito de liberdade de expressão e informação, para o cumprimento de uma obrigação jurídica, para o exercício de funções de interesse público ou o exercício da autoridade pública de que está investido o responsável pelo tratamento, por razões de interesse público no domínio da saúde pública, para fins de arquivo de interesse público, para fins de investigação científica ou histórica ou para fins estatísticos, ou para efeitos de declaração, exercício ou defesa de um direito num processo judicial"*.

A Lei nº 58/2019, de 8 de agosto[28], veio esclarecer, no seu artigo 21º, que o prazo de conservação de dados pessoais é o que estiver fixado por norma legal ou regulamentar ou, na falta desta, o que se revele necessário para a prossecução da finalidade. Atenta a natureza e finalidade do tratamento[29], pode não ser possível determinar antecipadamente o momento em que o mesmo deixa de ser necessário. Nesses casos, na senda do RGPD, será lícita a conservação dos dados pessoais, desde que sejam adotadas medidas técnicas e organizativas adequadas a garantir os direitos do titular dos dados, designadamente a informação da sua conservação.

Desde logo, mais concretamente, a lei estabelece prazos de conservação de dados coerentes com prazos de prescrição de direitos, por forma a garantir a prova do cumprimento de obrigações contratuais ou de outra natureza, nas situações em que os dados pessoais sejam necessários para esse efeito.

A cessação da finalidade que motivou o tratamento, inicial ou posterior, de dados pessoais, obriga a que o responsável pelo tratamento proceda à sua destruição ou anonimização. Nos casos em que existe um prazo de conser-

[27] Itálico nosso.

[28] Lei de execução do RGPD.

[29] O número 2 do preceito legal *supra* identificado exemplifica os fins de arquivo de interesse público, fins de investigação científica ou histórica ou fins estatísticos.

vação de dados imposto por lei, o direito ao apagamento só pode ser exercido, volvido esse prazo[30].

Não aprofundaremos, no presente artigo, juízos sobre a (duvidosa) técnica legislativa de remissão genérica ou tentativa de legitimação *a posteriori* de regulamentos definitórios de prazos de conservação, tendencialmente inconstitucional, atenta a inerente compressão de direitos, liberdades e garantias, por normas administrativas, ao arrepio da reserva de lei. Mesmo assim, cumpre, realçar a infungível relevância da intervenção do legislador na fixação dos prazos de conservação de dados pessoais, atento o dever de qualquer ponderação incluir todos os interesses presentes relevantes no comércio jurídico, garantia adicional de segurança jurídica.

Por exemplo, no caso que analisaremos de seguida, impõe-se sublinhar o interesse legítimo de quem queira estabelecer ou aprofundar relações comerciais com sociedades de outros Estados Membros: as suas expetativas de conhecimento de dados essenciais atinentes a essas sociedades são, indubitavelmente, dignas de tutela jurídica. Sem prescindir, esse interesse geral não prevalece absoluta e incondicionalmente sobre o direito à proteção de dados pessoais, podendo o legislador prever e configurar exceções.

Contudo, na ausência de uma ponderação legislativa, conforme sublinhou o Tribunal de Justiça, a remissão legislativa para as autoridades administrativas deverá, nos termos constitucionais, ser acompanhada de critérios objetivos de definição dos prazos de conservação dos dados pessoais ou, em última instância, da forma de exercício da limitação do tratamento.

1.4. Registo de Sociedades versus Proteção de Dados: Interesses incompatíveis?

O Acórdão do Tribunal de Justiça (Segunda Secção), de 9 de março de 2017[31], pronunciou-se, em sede de reenvio prejudicial[32], sobre a proteção

[30] O legislador prevê, *ex professo*, os casos em que não existe prazo de conservação. Os dados relativos a declarações contributivas para efeitos de aposentação ou reforma podem ser conservados sem limite de prazo, a fim de auxiliar o titular na reconstituição das carreiras contributivas, desde que sejam adotadas medidas técnicas e organizativas adequadas a garantir os direitos do titular dos dados. (Cf. Artigo 21º, nº 6, da Lei 58/2019.

[31] Processo C-398/15, *Corte suprema di cassazione* (Tribunal de Cassação, Itália): http://curia.europa.eu/juris/liste.jsf?num=C-398/15&language=PT (última consulta Março 2020.

[32] O pedido de decisão prejudicial foi apresentado pela *Corte suprema di cassazione* (Tribunal de Cassação, Itália), no processo *Camera di Commercio, Industria, Artigianato e Agricoltura di Lecce contra Salvatore Manni.*

de dados sujeitos à publicidade do registo das sociedades[33], em caso de dissolução, e consequente limitação do acesso de terceiros a esses dados.

Salvatore Manni era o administrador único de uma empresa, à qual foi adjudicado um contrato para a construção de um complexo turístico. *Manni* intentou uma ação contra a *Câmara de Comércio de Lecce*, alegando que os imóveis desse complexo não se vendiam por resultar do registo das sociedades que ele tinha sido o administrador único e o liquidatário de uma outra empresa, cuja falência tinha sido declarada em 1992. Essa sociedade tinha sido cancelada do registo das sociedades, na sequência de um processo de liquidação, em 7 de julho de 2005.

No âmbito dessa ação, *Manni* alegou que os seus dados pessoais, constantes do registo das sociedades, foram objeto de tratamento por uma sociedade especializada na recolha e processamento de informação de mercado e na evolução dos riscos *(rating)* e que, apesar de um seu pedido nesse sentido, a *Câmara de Comércio de Lecce* não procedeu ao respetivo cancelamento.

Em consequência, *Manni* pediu ao Tribunal que obrigasse a *Câmara de Comércio de Lecce* a i) cancelar, tornar anónimos ou bloquear os dados que o associavam à falência da dita empresa e ii) que fosse condenada a reparar o prejuízo por ele sofrido pelo facto de a sua reputação ter sido prejudicada. O Tribunal de *Lecce* considerou ambos os pedidos procedentes, sustentando que *"as inscrições que associam o nome de uma pessoa singular a uma fase crítica da vida da empresa (como a falência) não podem ser perenes, na falta de um interesse geral específico na respetiva conservação e divulgação"*.

Na ausência de previsão expressa de um prazo no Código Civil, o juiz entendeu que, após um período adequado, concluída a falência da sociedade em causa e o seu cancelamento do registo das sociedades, *"a necessidade e a utilidade da indicação do nome do antigo administrador único dessa sociedade no momento da falência desta desaparecem, podendo o interesse público de uma 'memória histórica' da existência da sociedade e das dificuldades que atravessou ser amplamente realizado igualmente através de dados anónimos"*[34].

[33] Cf. Artigo 3º Primeira Directiva 68/151/CEE do Conselho, de 9 de Março de 1968, tendente a coordenar as garantias que, para protecção dos interesses dos sócios e de terceiros, são exigidas nos Estados-Membros às sociedades, na acepção do segundo parágrafo do artigo 58º do Tratado, a fim de tornar equivalentes essas garantias em toda a Comunidade: https://eur-lex.europa.eu/legal-content/PT/ALL/?uri=CELEX:31968L0151.

[34] http://curia.europa.eu/juris/liste.jsf?num=C-398/15&language=PT (última consulta Março 2020).

Em sede de recurso, o *Supremo Tribunal de Cassação* italiano submeteu ao Tribunal de Justiça questões prejudiciais resultantes da necessidade de conjugação de dois princípios, aparentemente, contraditórios:

i) O princípio da conservação dos dados pessoais pretende garantir que a identificação das pessoas interessadas apenas é possível durante um período não superior ao necessário à prossecução das finalidades para as quais são recolhidos ou posteriormente tratados;
ii) O princípio de que os dados publicados no registo das sociedades têm duração temporal ilimitada e estão disponíveis a destinatários indeterminados[35];

A Diretiva 68/151[36] determina que *"os Estados-Membros tomarão as medidas necessárias para que a publicidade obrigatória relativa às sociedades abranja, pelo menos, a nomeação, a cessação de funções, assim como a identidade das pessoas que, na qualidade de órgão legalmente previsto ou de membros de tal órgão, têm o poder de vincular a sociedade perante terceiros e de a representar em juízo ou participam na administração, na supervisão ou na fiscalização dessa sociedade"*. Além disso, devem igualmente ser divulgados a nomeação e a identidade dos liquidatários, bem como os seus poderes. Haveria que saber se tais indicações deverão constar de um registo central, podendo ser obtida uma cópia integral ou parcial dessas indicações mediante pedido.

Perante a Diretiva 95/46 (DPD)[37], a legitimidade do tratamento de dados pessoais efetuado pela autoridade encarregada da manutenção do registo pode fundar-se no respeito de uma obrigação legal (artigo 7º, alínea b)), no exercício da autoridade pública ou à execução de uma missão de interesse público (artigo 7º, alínea e)), ou na realização de um interesse legítimo prosseguido pelo responsável pelo tratamento ou pelos terceiros a quem os dados sejam comunicados (artigo 7º, alínea f)). Na senda da jurisprudência do Tribunal de Justiça, a atividade de uma autoridade pública que consiste em salvaguardar, numa base de dados, dados que as sociedades são obrigadas a comunicar com base em obrigações legais, em permitir aos interessados a consulta desses dados e em lhes fornecer cópias destes, enquadra-se no exercício de poderes públicos, em conformidade com a alínea e) men-

[35] Amparado no artigo 3º, da Diretiva 68/151.

[36] Primeira Diretiva 68/151/CEE do Conselho, de 9 de março de 1968, tendente a coordenar as garantias que, para proteção dos interesses dos sócios e de terceiros.

[37] Revogada pelo Regulamento Geral de Proteção de Dados.

cionada. Essa atividade constitui, concomitantemente, uma missão de interesse público, na aceção dessa mesma disposição.

Atento o princípio da limitação da conservação, o Tribunal de Justiça concluiu que os interesses protegidos pelas regras da Diretiva 68/151 poderiam, em tese, ser salvaguardados se, decorrido um prazo após a cessação das atividades de uma sociedade, a pedido da pessoa em causa, a autoridade encarregada da manutenção do registo procedesse à limitação do respetivo tratamento, apagando-os, tornando-os anónimos ou limitando a sua publicidade. Ou seja, garantindo, que a conservação dos dados para além do período necessário seria feita de forma a não permitir a identificação dos seus titulares.

A publicidade, pretendida pela Diretiva, visa proteger os interesses de terceiros relativamente às sociedades por ações e às sociedades por quotas, uma vez que apenas oferecem como garantia em relação a terceiros o seu património social. Neste sentido, os terceiros devem conhecer os atos essenciais da sociedade em questão e certas indicações a ela respeitantes, nomeadamente a identidade das pessoas que têm o poder de a vincular. Trata-se de permitir a informação de todos os interessados, sem que estes tenham de justificar a existência de um direito ou de um interesse que necessite de proteção. Cabe, no entanto, questionar, a adequação desse argumentário após a cessação da atividade e a dissolução da sociedade em causa.

É inquestionável que os direitos e as relações jurídicas relativos a essa sociedade podem subsistir para além da sua dissolução. Em caso de litígio, por exemplo, os dados conservados podem ser um meio decisivo de prova. Acresce a variedade de prazos de prescrição, atualmente, existentes nas ordens jurídicas dos Estados-Membros.

Considerando a impossibilidade de identificação de um prazo único, a contar da dissolução de uma sociedade, no termo do qual a inscrição dos referidos dados no registo e a respetiva publicidade deixam de ser necessárias, o Tribunal reconheceu que os EstadosMembros não podem garantir às pessoas singulares *"o direito de obter, por princípio, após um determinado prazo a contar da dissolução da sociedade em causa, a supressão dos dados pessoais que lhes dizem respeito, que foram inscritos no registo em aplicação dessa última disposição, ou o bloqueio desses dados para o público"*.

Desde logo, a Diretiva apenas impõe a publicidade a um número limitado de dados pessoais, como sejam os que se referem à identidade e às funções respetivas das pessoas com poderes para vincular perante terceiros a sociedade em causa e para a representar em juízo, ou que participam na administração, na supervisão ou na fiscalização dessa sociedade, ou que tenham sido nomeadas como seu liquidatário.

Ora, embora afirme que da ponderação feita no âmbito desta disposição prevalece, em princípio, a necessidade de proteger os interesses de terceiros em relação às sociedades comerciais, o Tribunal admite que podem existir situações especiais. Ou seja, *in casu*, podem existir razões preponderantes e legítimas que justifiquem o acesso a dados pessoais inscritos no registo das sociedades seja limitado, findo um prazo suficientemente longo após a dissolução da sociedade em questão, a terceiros que demonstrem um interesse específico na sua consulta. Contudo, o Tribunal remete a decisão final quanto a saber se as pessoas singulares podem pedir à autoridade encarregada da manutenção do registo uma limitação do acesso aos dados pessoais que lhes dizem respeito, com base numa apreciação casuística, para os legisladores nacionais[38].

Em suma, as exigências específicas do comércio jurídico, fundadas na segurança jurídica e na proteção de expetativas dignas de tutela jurídica, são suscetíveis de justificar compressões ao direito à autodeterminação informativa, as quais terão de ser necessárias, adequadas e proporcionais. Contudo, a ponderação de todos os direitos e interesses envolvidos constitui tarefa, por excelência, da competência do legislador, de cuja intervenção legislativa o nosso ordenamento jurídico-constitucional não prescinde. Mesmo nos casos em que não é possível a definição abstrata, *a priori*, de

[38] Assim, o Tribunal concluiu: *"O artigo 6º, nº 1, alínea e), o artigo 12º, alínea b), e o artigo 14º, primeiro parágrafo, alínea a), da Diretiva 95/46/CE do Parlamento Europeu e do Conselho, de 24 de outubro de 1995, relativa à proteção das pessoas singulares no que diz respeito ao tratamento de dados pessoais e à livre circulação desses dados, lidos em conjugação com o artigo 3º da Primeira Diretiva 68/151/CEE do Conselho, de 9 de março de 1968, tendente a coordenar as garantias que, para proteção dos interesses dos sócios e de terceiros, são exigidas nos Estados-Membros às sociedades, na aceção do segundo parágrafo do artigo 58º do Tratado, a fim de tornar equivalentes essas garantias em toda a Comunidade, conforme alterada pela Diretiva 2003/58/CE do Parlamento Europeu e do Conselho, de 15 de julho de 2003, devem ser interpretados no sentido de que:*
No estado atual do direito da União, cabe aos Estados-Membros determinar se as pessoas singulares, visadas no artigo 2º, nº 1, alíneas d) e j), desta última diretiva, podem pedir à autoridade encarregada da manutenção, respetivamente, do registo central, do registo do comércio ou do registo das sociedades que verifique, com base numa apreciação casuística, se se justifica excecionalmente, por razões preponderantes e legítimas relativas à sua situação especial, limitar, findo um prazo suficientemente longo após a dissolução da sociedade em causa, o acesso aos dados pessoais que lhes dizem respeito, inscritos no registo, a terceiros que demonstrem um interesse específico na consulta desses dados."

prazos únicos de conservação de dados, a remissão para entidades administrativas de livre margem de decisão para essa apreciação casuística será desaconselhável, se o legislador democrático renunciar à definição de citérios objetivos de decisão.

1.5. O dever legislativo de definição de prazos de conservação de dados pessoais

Excetuando os casos insuscetíveis de categorização legislativa prévia, insistimos na configuração de um dever de definição de prazos de conservação de dados pessoais, a cargo do legislador:

i) Por imposição das regras jurídico-constitucionais de proteção dos direitos, liberdades e garantias, designadamente a exigência de densificação total por ato legislativo e a localização destes direitos em pleno domínio de legalidade necessária, em virtude da reserva de lei;
ii) Tendo em consideração postulados básicos de segurança jurídica, vitais e inegociáveis para o comércio jurídico.

Entre a inaceitável morosidade de certos processos administrativos e a respetiva (in)compatibilidade com as necessidades legítimas do comércio jurídico, os detalhes do processo que descreveremos de seguida refletem, precisamente, a insegurança jurídica do anterior regime jurídico, em matéria de prazos de conservação de dados pessoais.

1.6. CNPD em Vénus, STA em Marte

A história conta-se entre três requerimentos, separados por vários anos de silêncio da Administração. No primeiro, em 2006, o autor notificou[39] a CNPD de que iria proceder à gravação dos contactos telefónicos com os seus clientes, que para isso dessem a sua autorização, no contexto da subscrição de produtos financeiros. O tempo de conservação dos dados seria de 10 anos. Cinco anos depois[40], a CNPD autorizou e fixou como prazo de conservação dos dados os 7 anos[41].

[39] Ao abrigo dos artigos 23º e 27º da LPDP – Lei nº 67/98 de 26 de outubro.

[40] Não tendo recebido resposta, em 2010, apresentou novo pedido reiterando o prazo de conservação dos dados, o qual correspondia, de resto, ao prazo fixado pela CNPD em autorização anterior [autorização nº 60/95, de 24.10]. Ao terceiro requerimento, a CNPD manteve-se silente. Apenas proferiu decisão em 03.10.2011, no âmbito do processo nº 2320/2006 Cf. Autorização nº 10847/2011.

A Diretiva Comunitária relativa ao tratamento de dados pessoais e à proteção da privacidade no sector das comunicações eletrónicas não fixava um prazo para a conservação das gravações de chamadas. Nem a lei que a transpôs[42]. Por conseguinte, em conformidade com o enquadramento jurídico vigente, competia à Comissão Nacional de Proteção de Dados, a fixação prévia de tal prazo[43], como já vimos.

O Regulador afastou qualquer equivalência de regimes jurídicos da gravação do dado pessoal *"voz"* e do arquivo de correspondência comercial, devendo, na sua perspetiva, o prazo máximo para a sua conservação encontrar-se por referência aos princípios e normas de proteção de dados pessoais. A CNPD enquadrou o tratamento em causa no conceito de vida privada, sujeitando-o ao princípio da confidencialidade das comunicações. Em consequência, refutou a aplicabilidade do prazo previsto no Código Comercial (10 anos)[44] e fixou, *in casu*, o prazo de sete anos, importado do regime jurídico do combate ao branqueamento de capitais e do financiamento ao terrorismo[45]. Um prazo considerado legitimo pela CNPD[46], nos seguintes termos: se para efeitos do combate ao branqueamento de capitais

[41] Após reclamação, mal sucedida, o autor impugnou a deliberação da CNPD junto do Tribunal Central Administrativo Norte, que proferiu a sua decisão em Acórdão de 4 Novembro de 2016.

[42] Cf. Artigo 4º, Lei nº 41/2004, de 18 de agosto (transpõe a Diretiva nº 2002/58/CE, do Parlamento Europeu e do Conselho, de 12 de julho, relativa ao tratamento de dados pessoais e à proteção da privacidade no sector das comunicações).

[43] Cf. Artigo 23º, nº 1, da LPDP.

[44] Código Comercial LIVRO PRIMEIRO – Do comércio em geral
TÍTULO IV – Da escrituração
Artigo 40º – Obrigação de arquivar a correspondência, a escrituração mercantil e os documentos
1 – Todo o comerciante é obrigado a arquivar a correspondência emitida e recebida, a sua escrituração mercantil e os documentos a ela relativos, devendo conservar tudo pelo período de 10 anos.
2 – Os documentos referidos no número anterior podem ser arquivados com recurso a meios electrónicos.

[45] Cf. Artigo 14, nº 2, Lei nº 25/2008, de 5 de junho (medidas de natureza preventiva e repressiva de combate ao branqueamento de vantagens de proveniência ilícita e ao financiamento do terrorismo).

[46] Atento o artigo 5º nº 1, alínea e), da Lei no 67/98, de 26.10, que estabelece que os dados em questão serão apenas conservados durante o período necessário para a prossecução das finalidades da recolha e do tratamento posterior.

e do financiamento ao terrorismo, o prazo estabelecido para a conservação de quaisquer suportes duradouros e dos registos das operações, não deverá ultrapassar os 7 anos, *"mostra-se adequado, proporcional e não censurável, estabelecer para o efeito um prazo não superior àquele"*.

Pelo contrário, em detrimento da posição exposta, argumentou-se que o prazo definido na Lei de combate ao branqueamento de capitais e financiamento do terrorismo, pela sua natureza e finalidade, não corresponde ao período máximo, mas sim a um *período mínimo de conservação dos registos*. Por outro lado, haveria que não prescindir do estatuído no artigo 40º do Código Comercial, o qual estabelece a obrigação de arquivamento pelo período de 10 anos de correspondência emitida e recebida, de escrituração mercantil e de documentos a ela relativos. Em consequência, os autores sustentaram que o prazo de 10 anos *"é pertinente, adequado e não é excessivo, sendo aliás aquele que melhor defende os interesses dos titulares dos próprios dados, sem que tenha impacto minimamente relevante ao nível do interesse público"*.

Neste contexto, não podemos deixar de sublinhar o raciocínio impressivo perpetrado contra a tese de que a extensão do prazo de conservação dos dados prejudica, inelutavelmente, o respetivo titular. Com efeito, ao invés, a fixação em apenas 7 anos do prazo de conservação dos dados poderá causar, aos clientes precisamente, inconvenientes, *"na medida em que ficarão para além daquele prazo, impedidos de fazer prova sobre a transação comercial"*. O presente argumento espelha, decisivamente, as dificuldades implicadas na ponderação, jurídico-constitucionalmente reclamada.

O Tribunal Central Administrativo (TCA) deu razão à CNPD. Prevaleceu o princípio de que a adoção de um prazo menos intrusivo para com os dados pessoais daqueles que se relacionam com o Banco, reclama, incontestavelmente, um prazo curto – *o prazo mais curto* – de manutenção da gravação dos contactos telefónicos estabelecidos. O tribunal aceitou o argumento aduzido pela CNPD no sentido de considerar o prazo de 7 anos, adotado para efeitos do combate ao branqueamento de capitais e do financiamento ao terrorismo, como o limite máximo temporal admissível da conservação dos dados *sub judicio*. Porém, os autores não se conformaram com esta decisão.

No Recurso para o Supremo Tribunal Administrativo (STA)[47], para além de reiterar a interpretação do prazo de 7 anos da Lei nº 25/2008[48] como um

[47] A decisão consta do Acórdão prolatado em 21/03/2019.

[48] Atualmente, vigora a Lei 83/2017, que manteve o prazo de 7 anos.

prazo mínimo, a defesa de um prazo superior ao impugnado baseou-se nos seguintes argumentos:

a) Exigências e obrigações de conservação de dados previstas no artigo 40º do Código Comercial em conjugação com várias disposições do Código das Sociedades Comerciais[49];
b) Artigo nº 11º, nºs 1 e 2, do DL nº 158/2009, de 13.07, que aprova o Sistema de Normalização Contabilística e revoga o Plano Oficial de Contabilidade;
c) Os próprios prazos de prescrição [cfr. artigo 118º do Código Penal em conjugação com a Lei nº 52/2003], em articulação com o

Ora, como confirmou o STA, no quadro normativo disciplinador das comunicações eletrónicas[50] e da proteção de dados, bem como nas normas que regulavam o arquivo, registo e conservação dos documentos pelas instituições bancárias[51], à data dos factos era inexistente uma específica previsão relativa a esta matéria.

Atualmente – desde 2018[52] –, está previsto um período de cinco anos de registo e arquivo das comunicações que se estabeleçam entre as instituições de crédito e seus clientes para a celebração de contratos e que abrangem as «conversas telefónicas e comunicações eletrónicas», *«podendo o Banco de Portugal estabelecer, através de aviso, que sejam mantidos por um período superior e até sete anos»*.

1.7. O dever de ponderação de todos os direitos e interesses em questão

O STA elencou todos os direitos fundamentais em questão e procedeu à respetiva ponderação. Considerando que o tempo de conservação dos dados pessoais deve ser definido e limitado em função da finalidade que

[49] Em conjugação com os arts. 214º, nº 1, 420º, nº 1, al. c), 421º, nº 1, al. a), 423º-F, al. c), 441º, al. f), todos do Código das Sociedades Comerciais [CSC].

[50] A Lei 41/2004, diploma que transpôs para a ordem jurídica nacional a Diretiva nº 2002/58/CE [relativa ao tratamento de dados pessoais e à proteção da privacidade no setor das comunicações eletrónicas] foi alterada pela Lei nº 46/2012, de 29.08, continua a não prever prazo.

[51] O Aviso do BdP nº 5/2013, foi revogado pelo atual Aviso BdP nº 2/2018 em vigor desde 25.11.2018].

[52] Cf. Artigo 90º-A. nºs 4 e 5, do Regime Geral das Instituições de Crédito e Sociedades Financeiras (RGICSF), aprovado pelo DL nº 298/92, de 31.12, na redação que lhe foi dada pela Lei nº 35/2018, de 20.07. (vigente a partir de 01.08.2018).

preside ao seu armazenamento e tratamento, o juízo que realiza tal definição deve observar o princípio da proporcionalidade e harmonizar todos os direitos fundamentais em presença:

a) Os interesses empresariais e/ou comerciais do concreto setor de atividade económica em questão (*in casu* o setor bancário);
b) Os interesses dos consumidores (no caso dos clientes das instituições bancárias);
c) As próprias exigências de segurança jurídica nas operações/transações realizadas à distância com recurso a telefone e/ou por via eletrónica;
d) Todo o demais quadro normativo regulador e disciplinador da atividade bancária.

O juízo de ponderação da CNPD[53] fundou-se, exclusivamente, no regime legal que contem medidas de natureza preventiva e repressiva de combate ao branqueamento de vantagens de proveniência ilícita e ao financiamento do terrorismo. Ou seja, razões ligadas:

a) Por um lado, e no que diz respeito ao branqueamento de capitais, "*com a tutela, enquanto bem jurídico a proteger, da boa administração ou realização da justiça e, ainda, a estabilidade e sanidade dos circuitos económicos, financeiros e políticos e a segurança geral da comunidade*";
b) Por outro lado, quanto ao terrorismo, "*com a defesa e tutela da «paz pública» (paz, ordem, segurança, etc) lida hoje num contexto não apenas interno ou nacional, mas, também, da UE e do seu espaço de liberdade, segurança e justiça (vulgo ELSJ) («paz pública da União») e mesmo no plano internacional em termos de ofensa à paz e à segurança da Humanidade*".

Para o STA, o juízo da CNPD foi "*desacertado*", pois, no seu entendimento, as razões e motivações descritas não se adequam às preocupações, exigências e interesses de instituições bancárias e dos seus clientes "*na e para a conservação/preservação dos registos de chamadas feitas no âmbito das operações e transações bancárias*". Para o STA, estão em causa meios de prova a utilizar,

[53] Perante o STA, a CNPD reiterou a sua posição, desde logo sustentando que a gravação do som da voz de uma pessoa, feito para permitir, nomeadamente, o registo do seu acesso a uma conta bancária, ou o ordenar da realização de uma determinada operação, constitui tratamento de dados pessoais, visto estarem em causa dados integrantes do conceito de vida privada.

quer no quadro do normal relacionamento entre clientes e instituições bancárias, como, igualmente, no âmbito de eventuais litígios ou de processos judiciais em que estes se venham a materializar. Em consequência, para o STA, é inequívoco que a CNPD deveria ter considerado outros quadros normativos da atividade bancária, desde logo o artigo 40º do Código Comercial. Impunha-se, destarte, aferir se o prazo de 10 anos nele fixado seria adequado, proporcional, atentos os princípios, interesses e exigências da atividade bancária.

Em suma, o STA concluiu que as gravações de chamadas realizadas pelas instituições bancárias no âmbito da atividade bancária e no contacto/relação daquelas com os seus clientes e daquilo que são os atuais suportes físicos onde tais registos constam devem entender-se como abrangidas pela previsão do referido artigo 40º do Código Comercial. No atual contexto e era digital, tais gravações *constituem o registo ou suporte documental, comprovativo de comunicação/correspondência trocada entre instituições bancárias e seus clientes, de transações, operações/ordens bancárias realizadas ou determinadas no quadro da relação bancária personalizada entre os mesmos estabelecida, como relação de negócios, de obrigação duradoura e da qual emerge uma prestação permanente contínua e sucessiva, assente na confiança*[54].

Para o STA, a conservação da gravação das chamadas pode ser essencial para a tutela dos direitos e interesses das instituições bancárias e seus clientes, titulares dos dados pessoais, não obstante implique uma compressão dos direitos fundamentais dos titulares dos dados pessoais. Logo, o prazo de conservação dos registos deveria ter isso em consideração, sendo um *"meio paritário"* de prova das transações bancárias, das ordens e de outras comunicações. Acresce a natureza própria das relações bancárias – relações marcadamente duradouras, como relações de negócio nas quais emergem prestações permanentes contínuas e sucessivas[55].

[54] Acresce que a sujeição do setor bancário ao regime previsto no artigo 40º do Código Comercial e às obrigações/deveres do mesmo decorrentes derivou do que foi a expressa aplicação do mesmo ao Banco de Portugal [BdP] nos termos que vieram a ser definidos pela Portaria nº 206/76, de 07.04.

[55] *DECISÃO*

Nestes termos, acordam em conferência os juízes da Secção de Contencioso Administrativo deste Supremo Tribunal, de harmonia com os poderes conferidos pelo art. 202º da Constituição da República Portuguesa, em:

A) conceder provimento ao recurso jurisdicional sub specie e revogar o acórdão recorrido;

1.8. Tópicos de Reflexão

A concretização do princípio da limitação da conservação, garantido pela densificação do conceito de prazo necessário, carece de critérios objetivos de interpretação, o que reclama, nos termos jurídico-constitucionais estudados, a intervenção do legislador.

No silêncio do legislador, tais prazos eram, no anterior enquadramento jurídico, definidos pela CNPD, no exercício de um poder que a jurisprudência considerava ser *discricionário.* Atualmente, nos casos insuscetíveis de categorização prévia, a nova lei não aliviou a insegurança estimulada pelo regime anterior. Pelo contrário, tendo tal competência sido subtraída à CNPD, a definição – *ad hoc,* subjetiva e aleatória – de prazos que se revelem necessários para a prossecução da finalidade[56] é propícia a atiçar eventuais litígios.

Ou seja, sem prejuízo do registo de eventuais casos excecionais, caberá ao responsável pelo tratamento proceder a essa definição, o que fará, previsivelmente, tendo em consideração os seus próprios interesses. Uma alteração incompreensível e que, a nosso ver, só agrava a insegurança jurídica.

O presente artigo demonstra que a tarefa de mera fixação de prazos de conservação, *per se,* não é linear, sendo suscetível de convocar vários bens e interesses implicados, igualmente dignos de proteção jurídica. Os critérios de definição dos prazos podem ser variáveis, porquanto podem servir interesses diversos ou mesmo contraditórios. Tal dissonância interpretativa agrava-se se quem os define não procede à ponderação de todos os interesses em presença, viciando a decisão de parcialidade, com consequências jurídicas nefastas e, em alguns casos, irremediáveis.

B) julgar procedente a presente ação administrativa especial e anular a deliberação impugnada, condenando a R. «CNPD» a praticar novo ato em substituição do ora anulado, deferindo o pedido de autorização nº 10847/2011 pelo prazo peticionado.

[56] Cf. Artigo 21º, nº 1, última parte, da Lei 58/2019, de 8 de Agosto.

Um capítulo de um curso de direitos reais de Adelino da Palma Carlos (1958)

Sérvulo Correia[1]

Nota Introdutória

1. Ao longo dos cinco anos como estudante de licenciatura na Faculdade de Direito de Lisboa, só uma vez me abalancei a publicar como "sebenteiro" apontamentos da matéria professada numa disciplina. Sucedeu isso precisamente com o *Curso de Direitos Reais*, ministrado ao 4º ano jurídico de 1957-58 pelo **Professor Doutor Adelino da Palma Carlos**. O texto copiografado destas lições foi editado pela Associação Académica da Faculdade de Direito em 1958. São umas meras 156 páginas, o que se explica pela duração limitada do Curso e pelo modo altamente estruturado como a matéria foi lecionada, que facilitou a condensação na sua passagem a escrito.
2. As lições encontram-se organizadas em três capítulos. O Capítulo I versa os Direitos reais em geral, o Capítulo II a Posse e o Capítulo III os Direitos reais de gozo e de disposição. Na impossibilidade de as transcrever na íntegra, pareceume que a escolha deveria caber ao Capítulo I, por ser aquele em que a presença do preletor se afirma de modo mais indubitável. Na última página – a 156 – os autores

[1] Professor Catedrático Jubilado da Faculdade de Direito de Lisboa. Advogado.

exprimem "a fechar" o seu agradecimento ao **Professor Palma Carlos**, "que amavelmente se prontificou a ceder apontamentos sem os quais a elaboração destas "Lições" não teria sido possível; bem como a revisão do Capítulo I". E estendem a seguir os seus agradecimentos ao Assistente **Sr. Dr. José Ascensão** pela colaboração prestada através da revisão da restante matéria.

Se, relativamente aos três capítulos, a intervenção genesíaca de **Palma Carlos** decorre quer da autoria das Lições das quais dois alunos colheram o material das folhas, quer da cedência dos apontamentos próprios, que serviram de espinha dorsal ao compêndio, no tocante ao Capítulo I, a participação do Mestre foi ainda mais intensa, visto haver procedido à revisão do texto. Este capítulo reflete necessariamente de muito perto o pensamento e o discurso do Professor, por não ser natural que quaisquer discrepâncias ou omissões pudessem ter escapado ao seu olhar atento.

Ainda me recordo de duas ou três visitas que o meu Amigo e Colega **José Carlos Godinho Ferreira de Almeida** e eu fizemos ao escritório de **Adelino da Palma Carlos**, então situado no Chiado, na esquina entre a Rua Ivens e o Largo da Biblioteca Pública, para entregar as folhas por nós redigidas e ouvir os seus comentários às que lhe deixáramos da vez anterior. Creio que foi essa a primeira vez que transpus os umbrais de um desses espaços tão peculiares, que viriam a constituir, a par da Faculdade, o campo da minha atividade profissional: um escritório de advocacia.

3. Pareceu-me que a reedição de um capítulo desse longínquo *Curso de Direitos Reais* de 1957/58 seria uma maneira adequada de juntar à homenagem prestada a um ilustre Colega e Amigo – Pedro Pais de Vasconcelos – a homenagem a um outro Mestre mais antigo e meu professor, cujo contributo para o desenvolvimento das Ciências Jurídicas as posteriores gerações académicas não ignoram. O texto aqui reproduzido será hoje muito dificilmente acessível e dá uma voz a esse Professor do passado, em lembrança daquilo que ele foi e em gratidão pelo que legou aos vindouros.

Por fim, a escolha de um capítulo das Lições de Direitos Reais de **Palma Carlos** constitui para mim também um modo de associar a este momento de homenagem a dois Professores da nossa Faculdade a comovida recordação do meu Amigo e Colega de Curso **José Carlos Godinho Ferreira de Almeida**, morto em serviço militar na Guiné, em Fevereiro de 1961, com 24 anos de idade. O meu nome consta a seguir ao seu na folha de rosto do Curso, por termos sido nós os dois que levámos a cabo a tarefa de coligir as lições. Foi um dos mais brilhantes alunos do nosso Curso e tudo indica que também teria sido professor na nossa *alma mater* se a morte o não tivesse ceifado tão cedo, dele fazendo um "jovem para sempre".

4. O Capítulo I do *Curso de Direitos Reais* a seguir transcrito encontra-se estruturado em três rubricas principais. Na primeira, versam-se o conceito e a natureza jurídica do direito real, na segunda, os caracteres e consequências dos direitos reais e, na terceira, a classificação dos direitos reais.

   Na primeira rubrica, sobre "Conceito do Direito Real; Principais Teorias sobre a sua Natureza Jurídica", **Palma Carlos** adota uma noção de direito real baseada numa teoria eclética da sua natureza jurídica. Inclina-se a favor da definição de **Rudolph von Sohm**[2], segundo a qual "*Direito real é o direito privado que atribui a uma pessoa um poder imediato sobre uma cousa, oponível a todas as outras pessoas*". Afastandose parcialmente, de posições próximas sustentadas em Portugal por **José Tavares**, **Pires de Lima** e **Jaime de Gouveia**, **Palma Carlos** aceita da teoria clássica dos direitos reais a ideia do poder imediato sobre uma coisa, ao mesmo tempo que, sublinhando a sua insuficiência para integrar o direito real na disciplina da vida em sociedade, lança mão de um elemento externo, que é o da oponibilidade *erga omnes* de um tal poder, a qual não assume natureza obrigacional, antes constituindo um reflexo de um imperativo legal objetivo.

[2] Sobre o papel de **Rudolph von Sohm** na elaboração do Código Civil alemão de 1900 – um diploma ainda fortemente marcado pela "escola rigorosamente conceitual e sistemática da pandectística" e, portanto, um diploma que "... antepôs, como na álgebra, à expressão entre parênteses, os caracteres conceituais gerais da relação jurídica, nas suas duas Partes Gerais...", v. **Wieacker**, *História Do Direito Privado Moderno*, Lisboa: Fundação Calouste Gulbenkian, 1980, p. 539 a 547.
Sobre a conceção de **Sohm** do Direito Civil a codificar na viragem do Século XIX para o Século XX, como um Direito comum para toda a Alemanha, imune aos incidentes e às motivações da política partidária mas fruto tão só do desenvolvimento científico e da praxis jurídica, ou seja, na realidade, um "Direito dos professores" (*Professorenrecht*) e dos juízes e advogados, v. também: **Laufs** (Adolf), *Rechtsentwicklungen in Deutschland*, 5ª ed., W. de Gruyter: Berlin/Nova Iorque, 1996, p. 294 e 295.

Na segunda rubrica do Capítulo I, **Palma Carlos** analisa aquilo a que chama "Caracteres e consequências dos direitos reais".

A caracterização desenvolve as duas ideias centrais congregadas no próprio conceito: trata-se de saber como se assegura um poder direto e imediato sobre uma coisa e como se efetiva a oponibilidade *erga omnes*. Avultam assim a inseparabilidade entre o direito e a coisa, a indeterminação daqueles sobre os quais versa a oponibilidade[3], a especialidade do modo de aquisição (à qual, em regra, não basta o título), a possibilidade de extinção por abandono e a permanência (ou seja, a circunstância de, em regra, se não extinguir enquanto durar o objeto).

Utilizando uma terminologia que referencia a **Pires de Lima**, **Palma Carlos** distingue das características dos direitos reais as respetivas consequências, que para ele são o direito de sequela e o direito de preferência, ou seja – diremos nós – direitos ou faculdades instrumentais destinados a fazer valer o direito real em circunstâncias nas quais a sua efetividade poderia perigar.

Na terceira e última rubrica deste Capítulo I do Curso, **Palma Carlos** dedica a sua atenção apenas a algumas de entre as múltiplas classificações encontráveis em diversos quadrantes da doutrina: aquelas que lhe parecem as mais relevantes. Aproveita ainda assim esta oportunidade para fazer um excurso pelo panorama classificativo nos Direitos italiano, espanhol e português. Termina propondo uma classificação, por ele engenhada, em direitos reais de gozo e disposição (a propriedade, a enfiteuse, a sub-enfiteuse e o quinhão), direitos reais de mero gozo (o usufruto, o uso, a habitação, as servidões, os censos e o compáscuo) e direitos reais de garantia (o penhor, a hipoteca, a anticrese, o aresto e a penhora). Quanto à posse, o Mestre acentua o seu paralelismo com "todos ou quase todos os direitos reais, desistindo por isso de enquadrála com os restantes direitos reais, mas dedicando-lhe em vez disso a parte central do Curso, constituída pelo Capítulo II. Não é este o ensejo para proceder à transcrição dessas outras páginas, cuja redação me lembro, passados já tantos anos, haver constituído, devido à complexidade do instituto e ao dever de fidelidade à elaborada

[3] Chamalhes "sujeitos passivos", no que parece fazer alguma cedência, ao menos terminológica, às conceções relacionais.

exposição do Regente, fonte de árduas dificuldades para os novéis redatores de doutrina jurídica.

5. Decorridos sessenta e quatro anos, o então inexperiente aluno do quarto ano de Direito é hoje um professor catedrático jubilado, bastante mais velho do que o era **Adelino da Palma Carlos** nesse ano de 1958 em que, para além do Processo Civil, sua matéria de eleição, lecionou também no curso semestral de Direitos Reais. Mas, se nenhum respeito humano ou deferência pela categoria então alcançada na carreira académica pelo Regente prende no ajuizamento do trabalho agora de novo trazido à luz, não quero, nem poderia libertarme de outros sentimentos que, por certo, transparecem neste comentário sem, no entanto, afetarem a sinceridade da pronúncia.

   Refiro-me em primeiro lugar à grande admiração que, de um modo geral, a personalidade de **Adelino da Palma Carlos** suscitava nos estudantes, pelos porte cívico, cultura, óbvia inteligência e agilidade com que se movia no cerrado ordenamento normativo, e ainda pela aliciante combinação entre o professor "fazedor de sistemas" e o advogado de renome, bem traquejado nos meandros da praxis forense[4]. E também não nego que o passar dos anos não atenuou em mim – como seguramente em muitos outros antigos estudantes da Faculdade – um sentimento de identificação com quem, nos anos cruciais do percurso universitário, nos ensinou, abrindonos horizontes e preparandonos para pensar e pesquisar por conta própria. Disso mesmo é, a meu ver, sintomática uma referência coligida entre aspas pelos redatores das folhas à "fidelidade ao Mestre", a razão adiantada por **Palma Carlos** para explicar aos alunos haver demorado a abandonar o entendimento perfilhado por **José Tavares** quanto à recusa da natureza de direitos reais aos direitos de garantia[5].

6. Não se tratando de obra escrita pelo próprio, este *Curso de Direitos Reais* não constitui o objeto mais idóneo para uma indagação sobre a orientação juscientífica em que se enquadra o ensino do direito por

[4] As qualidades pessoais de **Adelino da Palma Carlos** não me surpreenderam: fora minha inesquecível professora de latim no Liceu D. João de Castro, em Lisboa, a sua irmã Dra. **Manuela da Palma Carlos**, também ela detentora de notáveis inteligência, cultura e humanidade no trato com os alunos, nem por isso desacompanhada da exigência que, pedagogicamente, sabia transformar em autoexigência dos seus pupilos.

[5] Vejam-se as linhas finais dedicadas às classificações dos direitos reais na doutrina italiana.

Adelino da Palma Carlos. Feita esta prevenção, pareceme que, apesar de tudo, o *Curso* em geral e, desde logo, o seu Capítulo I, contêm elementos que justificam uma tentativa.

Ainda que ocasionalmente, **Palma Carlos** recorda o apego que mantem ao ensinamento do seu Mestre **José Tavares**. Não se trata de uma indicação irrelevante, visto **José Tavares** haver sido, na doutrina portuguesa, um dos principais agentes da receção do pandectismo, ainda que haurido através de autores italianos e de **Guilherme Moreira**[6]. Os dois italianos inscritos na bibliografia geral do *Curso* são **Ruggiero** e **Pacchioni**, dois dos autores mais referidos por **José Tavares**[7].

O modo como o pensamento de **Palma Carlos** estrutura a matéria dos *Direitos Reais* revela uma influência clara da pandectística na sua versão principal: a da *jurisprudência dos conceitos*.

As normas jurídicas – neste *Curso*, particularmente as do Código Civil de Seabra, com as quais se mostra extensamente familiarizado – manifestam-se implicitamente como o produto de uma dedução científica, como o resultado (ou a confirmação) de desenvolvimentos lógicoformais a partir de uma estrutura conceptual do Direito[8]. São, assim, os elementos essenciais do conceito de direito real (imediatividade do poder sobre a coisa e oponibilidade *erga omnes*) que conferem a matriz às normas sobre o direito de sequela e o direito de preferência. Estas regras são apresentadas mais como uma derivação da "lógica produtiva do conceito" do que como a resposta normativa às necessidades de ordem prática. Dedica-se uma particular atenção à conjugação lógica dos conceitos. Assim, o direito real distingue-se pelo seu lado interno (a imediação do poder sobre a coisa) do direito de crédito. Ou a posse perde-se pelo demonstrado domínio de outrem. Ou, ainda, num direito real como o direito de propriedade, juntam-se o gozo (faculdade de desfrutar a coisa) e a disposição

[6] Cfr. **Menezes Cordeiro**, António, *Teoria Geral do direito Civil – Relatório*, Lisboa: Separata da Revista da Faculdade de Direito, 1988, p. 149 e 151.

[7] Idem, ibidem.

[8] Cfr. **Ernst A. Kramer**, *Juristische Methodenlehre*, 3ª ed., Berna/Munique/Viena: Stämpfli/Beck/Manz, 2010, p. 155 e 156.

Sobre a visão do "primado da lógica" na essência das normas jurídicas, característica da *jurisprudência dos conceitos* oposta à visão do "primado da experiência da vida e das valorações próprias das condições de vida", característica da *jurisprudência dos interesses*, v. **Rüthers/Fischer/Birk**, *Rechtstheorie mit juristischen Methodenlehre*, 6ª ed., Munique: Beck, 2011, p. 329.

(faculdade de a alienar). Do sistema concetual argamassado *more geometrico* resultam, através de uma metodologia dedutivística, nexos de derivação sem necessidade de valorações. Assim, da imediatividade do poder resulta a impossibilidade de separar o direito da coisa sobre que recai. Ou resulta também a necessidade de um ato ostensivo de transmissão da posse. O sistema ou "pirâmide" de conceitos que constitui o anteparo científico do corpo de normas permite à ciência jurídica detetar os condicionamentos recíprocos entre estas. Assim sucede, por exemplo, com a delimitação dos casos de condicionamento da sequela ao registo.

Não parece, pois, difícil detetar no ensino de **Adelino da Palma Carlos** traços característicos da herança pandectística e da metodologia conceptualista aliada a um posicionamento positivista, que imperaram na Faculdade de Direito de Lisboa no primeiro meio século da sua existência. Mas o positivismo de que se trata decorre também de outras fontes, que não apenas a germânica coada através de fontes intermédias italianas e espanholas. A moldura proporcionada pelo Código de Seabra e pelos *substrato românico* e *articulação sistemática jusracionalista* que o marcam culturalmente[9] são também muito visíveis. E, pela abundância de invocações, percebe-se também a familiaridade com clássicos do positivismo pósexegético francês, como **Planiol** e **Ripert**, **Colin** e **Capitant**, **Léon** e **Mazeaud** ou **Marty** e **Rainaud**. Quem, porventura sintomaticamente, nunca é citado é **Saleilles**, que tentara introduzir em França uma visão do Direito assente na centralidade dos interesses e na causalidade destes sobre as soluções normativas. É, aliás, notória a ausência de uma colocação histórica mesmo em relação a institutos cuja existência se aproximava do fim, como a enfiteuse, o censo e o compáscuo. Sintomática também a excecionalidade de uma única referência à Constituição (de 1933) ao longo de todo o *Curso*, feita a propósito da expropriação.

7. Parece ainda digno de nota o constante diálogo com a doutrina portuguesa coetânea, que **Palma Carlos** conhece perfeitamente. De Coimbra, avulta, como não poderia ser, em primeiro lugar **Guilherme Moreira**. **Pires de Lima** é também citado com frequência. No Capítulo II, sobre a posse, surge muitas vezes **Manuel Rodrigues,** ladeado por outros autores portugueses hoje menos recordados. Mas

[9] Cfr. **Menezes Cordeiro**, *Teoria Geral...*, cit., p. 118.

observa-se sobretudo o gosto e o propósito na constante referência – ora concordante ora discordante – a outros professores da Faculdade de Direito de Lisboa. O já então desaparecido Mestre deles todos – **José Tavares** – cujos ensinamentos **Palma Carlos** toma em permanente consideração. Mas também **Paulo Cunha**, **Inocêncio Galvão Telles**, **Luís Pinto Coelho** e **Gomes da Silva**, bem como **Jaime de Gouveia**, que fora afastado da Universidade por motivos políticos. O mesmo sucede ainda em relação a **Cunha Gonçalves**, um douto civilista e grande comentador do Código Civil de 1867.

Ainda que não se tratasse porventura de um propósito deliberado na organização do *Curso*, e que os dois alunos que coligiram os apontamentos estivessem ainda insuficientemente amadurecidos para de tal se aperceberem, a sensação que hoje retiro daquele permanente entrecruzar de posições que das folhas transparece é o de uma Faculdade de Direito de Lisboa que ganhara já uma identidade científica própria, graças a uma produção de pensamento mutuamente influenciada entre os seus Professores.

FACULDADE DE DIREITO DE LISBOA

CURSO

DE

DIREITOS REAIS

Apontamentos das lições proferidas pelo Sr. Doutor ADELINO DA PALMA CARLOS no Curso de Direito Civil (Direitos Reais), ao 4º ano jurídico de 1957-58, coligidos pelos alunos José Ferreira de Almeida e Sérvulo Correia e revistos pelo Mestre.

Edição
da
Associação Académica da Faculdade de Direito
LISBOA
1958

CAPÍTULO I
DIREITOS REAIS EM GERAL

1. CONCEITO DO DIREITO REAL; PRINCIPAIS TEORIAS SOBRE A SUA NATUREZA JURÍDICA

I. Prolegómenos

O estudo de *direito patrimonial* foi dividido na doutrina, desde os tempos mais recuados, em dois compartimentos fundamentais:

a) o relativo aos direitos de crédito;
b) o relativo aos direitos reais.

É destes que vamos ocupar-nos; mas, para enunciarmos o seu conceito, temos de começar por aludir às principais teorias que procuraram fixálo.

II. Teoria clássica do direito real

Esta teoria não tem interesse meramente histórico.

É ainda hoje defendida por vários autores, tais como entre nós, o Sr. Prof. Luis Pinto Coelho.

Para ela, o direito real é *um poder imediato sobre uma coisa*, susceptível de fazerse valer "*erga omnes*". Da existência deste poder imediato sobre a coisa, resultam na concepção clássica, relações jurídicas directas entre a pessoa e a coisa.

De acordo com estes princípios, são características essenciais do direito real:

a) a imediação do poder sobre a coisa, isto é, a relação directa e sem intermediário entre pessoa e coisa;
b) a sua *eficácia "erga omnes"*, que dá ao titular o poder de perseguir a coisa onde quer que se encontre e seja quem for que a possua:

Segundo a teoria clássica, a relação jurídica real processa-se assim entre dois elementos opostos: o titular do direito e a coisa, objecto desse mesmo direito.

Assim considerado, o direito real aparece como figura contraposta ao direito de obrigação ou pessoal, visto que este consiste numa relação entre duas pessoas, por virtude da qual uma (o devedor) tem de realizar uma prestação (dar, fazer, ou não fazer), e outra (o credor), pode exigir que se satisfaça a prestação. O objecto do direito obrigacional pode ser a prestação de uma coisa; mas este direito distingue-se ainda nitidamente do real, pela existência de um intermediário (o devedor) entre titular e coisa.

Baseada nestas considerações, a doutrina clássica dedicou-se à análise diferencial dos direitos reais e dos direitos pessoais ou obrigacionais.

Assim os direitos reais e os direitos de crédito distinguirseiam:

1º) *Pelo elemento subjectivo.*

No direito real só há dois elementos: um sujeito e um objecto. Na obrigação aparecem três elementos: um sujeito activo; um sujeito passivo, individualmente determinado; e um objecto.

Esta ideia de imediação entre titular do direito e coisa transcende mesmo o domínio da técnica jurídica e informa a vaga noção que o comum das pessoas tem de direito real. Exprimindo esta ideia, diz o Sr. Doutor Cunha Gonçalves: "A linguagem corrente esclarece bem esta questão. Quando uma pessoa diz: "Este prédio é meu", nada mais é preciso acrescentar. Mas se disser "Eu sou credor de 50.000$00", logo lhe perguntarão: "De quem?", pois não há crédito sem devedor certo"[*1].

2º) *Pelo objecto.*

O objecto do direito real é uma coisa, no sentido jurídico; pelo contrário, o objecto do direito de crédito é uma prestação, isto é, uma acção ou omissão do obrigado, que mesmo que consista na entrega de uma coisa, não cria uma relação directa entre o sujeito activo e aquela, como acontece no direito real, assim chamado pelo nexo entre titular e objecto. É pela existência desta relação íntima entre pessoa e coisa, que o direito real é tradicionalmente designado por "jus in re".

Por exemplo, no caso de uma obrigação de entrega de coisa certa, não cumprida, o credor promove a execução para entrega dela (arts. 928º e segs. do Código do Processo Civil). Mas se não for encontrada, é o património do devedor que fornece um equivalente, exactamente porque não existe no crédito a relação necessariamente directa entre pessoa e cousa determinada.

[*] [Nas folhas do "*Curso*", a numeração das notas faz-se por página. Dada a diferença de paginação, houve que optar, na presente transcrição, por uma numeração contínua]

[1] Tratado, Vol. XI, pág. 137.

3º) *Pela eficácia.*

O direito real dirige-se "erga omnes", é susceptível de fazer-se valer contra quem quer que perturbe o poder do titular sobre a cousa.

Pelo contrário, o direito pessoal só pode tornar-se efectivo contra a pessoa do obrigado. No direito real, eficácia perante todos; por isso se diz que é um direito absoluto. No direito pessoal, eficácia limitada ao devedor; por isso, direito relativo.

4º) *Pela diferente regulamentação legal.*

Finalmente, é ainda elemento fundamental de distinção entre direitos obrigacionais e direitos reais, segundo a doutrina clássica, a diferente regulamentação legal de uns e outros.

No campo do direito das obrigações, reina o princípio da autonomia da vontade privada: a lei deixa uma grande liberdade para a criação e a regulamentação dos direitos de crédito.

Uma manifestação de tal princípio é a existência dos contratos inominados.

A autonomia da vontade privada sofre fortes limitações no campo dos direitos reais.

Em relação a estes vigora o princípio do "numerus clausus": existem só os expressamente previstos na lei. E a sua regulamentação legal é muito mais rígida do que a dos direitos de crédito. Isto compreende-se facilmente, porque a eficácia "erga omnes" dos direitos reais cria limitações em relação a uma generalidade de indivíduos, ao contrário do crédito, só oponível ao devedor.

III. Teoria personalista

A concepção clássica do direito real foi posteriormente objecto de uma dura crítica: iniciou-a *Windscheid*, na 2ª ed. das "Pandectas"; seguiram-se-lhe *Dernburg*, na Alemanha; *Planiol e Ripert*, em França; *Ferrara*, na Itália. Todos a atacaram com veemência, não concordando embora nas soluções preconizadas para definir a natureza jurídica dos direitos reais.

Mas todos os autores referidos estão de acordo num ponto comum e fundamental: só pode haver relações jurídicas entre pessoas, e é inadmissível que se sustente que existam tais relações entre pessoas e cousas.

Robinson na sua ilha possue as cousas, mas não tem direitos nem deles carece, por não haver sujeitos passivos, que tornem possíveis quaisquer relações jurídicas.

Tem, portanto, de regeitar-se o conceito clássico de direito real; e cria-se em lugar dele um conceito que assenta na existência de um vínculo pessoal entre o titular do direito real e os demais homens, consistente na obrigação por parte destes de se absterem de perturbar o direito real.

Este caracteriza-se, pois, por uma obrigação passiva universal em face do sujeito activo. Compreende-se assim que a estas teorias se chame personalistas, obrigacionistas ou monistas: elas reduzem o direito real ao esquema do direito de crédito, olhando exclusivamente ao elemento pessoal (a elas se podem opor as teorias que reduzem as obrigações a direitos reais, dando relevo dominante ao elemento real do crédito: Bonelli, Gaudemet, Jallu...). E assim podia Roguin considerar os direitos reais constituídos por feixes de obrigações entre um sujeito activo e todos os outros indivíduos, sujeitos passivos.

Mas, para lá deste elemento comum divergem os autores personalistas, dando lugar a diferentes sub-teorias. Delas, as duas mais notáveis são:

1º) *Teoria dos direitos absolutos e relativos.*

A teoria dos direitos absolutos e relativos, seguida por WINDSCHEID, ROGUIN, PLANIOL, FERRARA, aceita da teoria clássica a existência de diferenças entre o direito real e o direito pessoal. Mas tais diferenças não são as que os clássicos assinalavam. Para WINDSCHEID e seus sequazes, ambos os direitos são obrigacionais, diferindo *só pelo número de sujeitos passivos e pelo objecto*. O direito de crédito dirige-se contra uma pessoa determinada, ao passo que o direito real vale "*erga omnes*". O direito real só impõe abstenções e o de crédito pode impor factos positivos. Concluindo: o direito real é *absoluto*; o de crédito *relativo*.

2º) *Teoria dos direitos fortes e dos direitos fracos.*

Na esteira da teoria anterior, DEMOGUE levou às suas últimas consequências a crítica à concepção clássica. Para este autor, não há nenhuma diferença entre os direitos reais e os direitos de crédito, nem tem base a distinção entre direitos absolutos e relativos.

Por um lado, o direito de crédito pode ser invocado não somente contra pessoas determinadas, mas também contra terceiros. É o caso do concurso de credores (arts. 864º e segs. do Código do Processo Civil), em que um terceiro, credor, pode vir à execução deduzir o seu direito e interferir assim numa relação jurídica entre exequente e devedor.

Por outro lado, a distinção pelo número de sujeitos passivos é falsa; em ambas as classes de direitos há duas categorias de obrigados: no direito real, junto à obrigação passiva universal, há uma obrigação mais pesada para o possuidor da cousa; no pessoal, além do devedor, estão obrigadas as demais pessoas a uma certa abstenção.

Que no direito real há uma obrigação mais pesada para o possuidor (que não sujeito desse direito) evidencia-o a simples consideração de o titular de um prédio serviente estar especialmente adstrito em face do possuidor do prédio dominante.

Quanto ao direito pessoal, a existência de uma obrigação passiva universal é demonstrada pelos exemplos da acção de anulação de actos simulados (art. 1031º do Código Civil) celebrados em prejuízo de terceiro e da acção pauliana (art. 1033º do mesmo Código), anulatória de "o acto ou contrato verdadeiro mas celebrado pelo devedor em prejuízo do seu credor". Com efeito, estes dois casos correspondem à violação de uma obrigação passiva universal de respeito pelo crédito.

Todo o direito tem, portanto, para Demogue, a mesma natureza: o que há é direitos de conteúdo forte e direitos de conteúdo fraco, isto é: direitos a que, por razões especiais, se outorgam condições mais ou menos favoráveis para o seu exercício. Os que gozam de maior protecção – os direitos fortes – são os direitos reais.

IV. Teoria eclética ou integral.

A breve trecho se apontaram deficiências às teorias anteriores. Surgiu uma nova teoria – a *eclética* – a que os autores espanhóis, como Puig Peña, seu seguidor, chamaram *teoria integral dos direitos reais*. As deficiências por ele apontadas às outras concepções são fundamentalmente as seguintes:

a) *à teoria clássica*: é insuficiente, porque desconhece que só há relações jurídicas entre pessoas.

b) *à teoria personalista*: é inadmissível, porque confunde o dever jurídico geral de abstenção com a obrigação patrimonial, ou obrigação em sentido técnico, ao reduzir o direito real a uma obrigação passiva absoluta. Com efeito, dever jurídico geral e obrigação patrimonial ou em sentido técnico são conceitos diferenciados, tendo esta última características próprias, que não podem atribuir-se ao primeiro. "Obrigação é a relação jurídica patrimonial que vincula uma pessoa determinada a realizar uma prestação no interesse de outra"[2].

[2] Manual de Direito das Obrigações, Prof. Inocêncio Galvão Telles, pág. 15.

Partindo desta base, BEKKER construiu a sua teoria eclética, a que aderiram muitos escritores: FADDA E BENSA, BARASSI (na Itália); RIGEAU (França); ESPIN CÁNOVAS, PUIG PEÑA (Espanha); e os Srs. Profs. PIRES DE LIMA, JOSÉ TAVARES e JAIME DE GOUVEIA (Portugal).

Para eles, no direito real há a considerar dois aspectos:

1º) *interno*: poder sobre a coisa;

2º) *externo*: oponibilidade "erga omnes".

É pelo lado interno que o direito real se distingue do direito de crédito. O direito real supõe uma cousa adstrita aos poderes do seu titular. Tal como sustentava a teoria clássica, titular e coisa estão face a face, directamente ligados. Mas os clássicos só olhavam ao lado interno do direito real. Esqueciam que a cousa não está adstricta a qualquer obrigação; ela é simplesmente objecto imediato do poder que o seu titular tem de dela extrair todas as utilidades. Pelo contrário, no direito de crédito não existe imediação entre cousa e titular; entre ambos está sempre o devedor, que se encontra adstrito a uma prestação positiva ou negativa, oferecendo como garantia dela o seu património[3].

Entre quem se estabelece então a relação jurídica?

É este o aspecto externo do direito real. É o exame dele que mostra haver nos direitos reais (ao contrário do que queriam os clássicos), algo mais que uma relação entre o titular e a coisa.

O Sr. Prof. PIRES DE LIMA sintetiza nos seguintes termos a argumentação dos ecléticos quanto ao aspecto externo do direito real: "Sendo assim, entre quem se estabelece a relação jurídica?

Estabelece-se entre o titular do direito real e todos os outros indivíduos.

Externamente – mas só externamente – o direito real é uma relação jurídica que tem como sujeito activo o titular, e como sujeito passivo todos os outros indivíduos.

É a *obrigação passiva universal* que constitui um dos polos do *aspecto externo*; e é ela que nos explica todas as relações do titular do direito para com terceiros.

Toda a definição de direito real, para ser exacta, deve ter sempre em conta este duplo ponto de vista: *interno* e *externo*". (Prof. PIRES DE LIMA, 58-59).

[3] Prof. PIRES DE LIMA, *Lições*, coligidas por Elísio Vilaça e Brito Fernandes, 59.

V. Noção de direito real.

O Sr. Prof. Palma Carlos dá o seu apoio a esta doutrina; e partindo dela formula a definição dos direitos reais, considerando os seus aspectos interno e externo.

O Sr. Doutor Cunha Gonçalves, que também considera estes dois aspectos, diz que "*Direito real* é a relação jurídica que permite e atribui a uma pessoa, singular ou colectiva, ora o gozo completo de certa coisa, corpórea ou incorpórea, incluindo a faculdade de a alienar, e até de a consumir ou destruir, salvas as limitações da natureza ou da lei (*domínio*), ora o gozo limitado de uma coisa, que é a propriedade conjunta e indivisa daquela e de outras pessoas (*compropriedade*) ou que é propriedade de outrem (*jus in re aliena*), com exclusão de todas as demais pessoas, as quais têm o dever correlativo da *abstenção* de perturbar, violar ou lesar, ou do *respeito* dos mesmos direitos" (*Tratado*, XI, 132).

Ora, se *definir* é dar a conhecer com precisão em que consiste uma certa figura, a extensa definição do Sr. Doutor Cunha Gonçalves não alcança esse objectivo.

De um lado, ela é mais enunciativa que conceitual; é quase uma simples enumeração das várias espécies dos direitos reais. De outro lado, é incompleta. A par dos direitos reais de gozo – únicos que considera – há direitos reais de garantia, que dão ao titular de um crédito o direito de, pelo valor de uma coisa alheia, assegurar o pagamento[4].

E nesta definição nem sequer se enumerou todos os direitos reais de gozo.

O Prof. Jaime de Gouveia também concebeu uma definição: "*Direito real* é a relação jurídica que se estabelece entre o titular do direito e todas as outras pessoas, *que se obrigam* a respeitar o poder que o titular tem de tirar da coisa, objecto do direito, *todas as utilidades* que a ordem jurídica consente".

Nesta definição parece dar-se prevalência ao aspecto obrigacional da relação jurídica; e, além disso, há um erro. As outras pessoas *não se obrigam* perante o titular do direito real; *são obrigadas pela lei* a respeitar o seu poder jurídico.

[4] É certo que há quem tenha defendido que os direitos reais de garantia não são verdadeiros direitos reais, mas apenas uma garantia das obrigações. É a tese entre nós defendida pelo Prof. José Tavares, a que aderiu durante algum tempo o Sr. Prof. Palma Carlos (Apontamentos das suas lições de Direito Processual Civil, 1956-57, Tomo III, pág. 55, nota). Mas, na fase actual do seu pensamento, abandonou esta concepção e aceita que tais garantias, sejam direitos reais.

Mais simples é mais expressiva se afigura ao Sr. Prof. Palma Carlos, que a adopta, a definição de SOHM "*Direito real é o direito privado que atribui a uma pessoa um poder imediato sobre uma cousa, oponível a todas as outras pessoas*".

Adoptaram-na também Puig Peña, Valverde, Castan e outros autores, sobretudo os espanhóis.

2. CARACTERES E CONSEQUÊNCIAS DOS DIREITOS REAIS

I. Razão de ordem.

Definido o conceito de direito real, impõe-se agora enunciar as suas principais *características* e determinar as *consequências* a que conduz.

Autores há – e é o caso entre nós do Dr. Prof. Pires de Lima[5] – que se limitam a considerar as *consequências*. Mas, para melhor compreender do conceito, e até porque na Doutrina está longe de haver unanimidade sobre este ponto, o Sr. Prof. Palma Carlos prefere apontar primeiro as *características* mais vincantes, tendo sobretudo em vista a maior nitidez da distinção entre direitos reais e direitos de crédito.

O direito real é um poder directo e imediato sobre uma coisa, como é que se assegura o exercício desse poder?

Ele é também um poder oponível "erga omnes"; como é que se efectiva essa oponibilidade?

Formuladas essas perguntas, situamo-nos, é evidente, perante o problema da *caracterização* dos direitos reais.

II. Enunciação dos principais caracteres do direito real.

A) *Impossibilidade de separar o direito da coisa sobre que recai.*

O direito real só pode recair numa coisa determinada. Como diz o Sr. Doutor Cunha Gonçalves: "é inconcebível o direito de propriedade, usufruto ou enfiteuse, dum prédio indeterminado, ao contrário do que sucede com o contrato ou obrigação, cujo objecto pode ser designado pelo seu *género*, ser *incerto*, *futuro* e até mera *esperança*"[6]. E referindo o mesmo assunto diz o Sr. Prof. Paulo Cunha: "O direito que sobre a coisa recai, está tão ligado a ela que em nenhumas circunstâncias pode deslocar-se para outra diferente"[7].

Efectivamente, a concepção do direito real como um poder directo sobre uma coisa impõe a determinação desta: se ela fosse indeterminada não

[5] Prof. Pires de Lima, Lições, cit., pág. 53.

[6] *Tratado*, vol. XI, pág. 139.

[7] Prof. Paulo Cunha, *Direitos Reais*, Lições coligidas por M. Fernando Santos e Castro Mendes, pág. 86.

poderia haver imediação. Ora esta é o elemento interno do direito real. (Art. 2268º do Código Civil: "As servidões são inseparáveis dos prédios a que, activa ou passivamente pertencem". Eis aqui uma aplicação na nossa lei da característica da inseparabilidade).

B) ***Indeterminação do sujeito passivo e, por vezes, do activo.***
No direito real todas as pessoas, diferentes do sujeito activo, são sujeitos passivos.

Se por vezes se verifica o destaque de uma pessoa em particular, que aparece como primeira figura devidamente determinada, isso sucede em razão da sua posição frente à coisa. Assim diz o art. 2267º do Código Civil: "Servidão é um encargo imposto em qualquer prédio em proveito ou serviço de outro prédio pertencente a dono diferente: o prédio sujeito à servidão dizse – serviente- e o que dela se utiliza – dominante". Vêse pois que o dono do prédio serviente está obrigado individualmente para com o titular do prédio dominante, *não pela sua condição pessoal de devedor*, mas pela sua situação real de possuídor ou proprietário do prédio serviente. Se este prédio muda de dono, *outro* será o que aparece como obrigado. O sujeito passivo não é António por ser António, ou por ser Bento o dono do prédio dominante. É sim António porque, de momento, possui o prédio serviente. Por outro lado, nas obrigações pessoais há sempre um sujeito activo determinado, o credor; nos direitos reais também, em regra, assim sucede; mas pode haver casos em que o titular do direito real não o seja por si, mas apenas em razão de ter certa qualidade.

Figuremos ainda a hipótese da servidão: o titular activo não é António, nem José, nem Pedro: é o dono do prédio dominante, qualquer que seja. Se o proprietário do prédio serviente perguntar: "a quem devo dar passagem?" – pode não ter de momento possibilidade de uma resposta, individualizando a pessoa X, mas só uma resposta de relação: "deverás deixar passar o dono do prédio dominante".

Estamos, nestes casos particulares, em presença das chamadas *titularidades activas "ab rem"* a que também se dá o nome de *direitos subjectivamente reais* ou de *direitos mediatamente determinados*. São estas situações, no campo dos direitos reais, algo de semelhante às obrigações a que autores como FERRINI[8] chamaram ambulatórias.

[8] Citado pelo Prof. JOSÉ TAVARES "Os Princípios fundamentais...", Vol. I, pág. 369, nota.

C) *A especialidade do modo de aquisição.*

Nos direitos pessoais, o simples título basta para a aquisição; nos direitos reais é preciso mais alguma coisa que o título: em regra, um *acto ostensivo de transmissão de posse*. É o que resulta, quanto à compra e venda, por exemplo, da consideração dos artigos 1568º, 1569º, 1571º, 1572º, que referem a obrigação de entrega da coisa vendida. Com efeito diz o artº 1568º: "O vendedor é obrigado:

1º) A entregar ao comprador a coisa vendida;

....".

E o artigo 1572º: "Se o vendedor deixar de fazer a entrega, por causa que lhe seja imputável, ao tempo e no lugar convencionado, poderá o comprador requerer a entrega da coisa, com perdas e danos, ou a rescisão do contrato". Para perfeição do contrato de compra e venda é assim necessária a entrega da coisa vendida; se tal entrega não for realizada espontaneamente, o contrato, e portanto a transmissão, pode ser destruído por rescisão.

Por isso os clássicos diziam que na aquisição dos direitos reais é necessária a *concorrência do título e do modo*.

Outra singularidade no modo de aquisição dos direitos reais consiste em esta poder fazer-se por prescrição – cousa que não sucede com os direitos de crédito. Assim, se um indivíduo se diz durante muitos anos credor de outro, e mesmo que este não conteste, tal facto não lhe confere essa qualidade. E se o suposto devedor houver reconhecido a dívida, este reconhecimento poderá ser anulado por erro de facto ou de direito, e o pretenso credor terá de restituir o pagamento indevido, nos termos do artº 758º do C.C. Civil.

Já com os direitos reais tudo se passa de modo diferente. A lei regula expressamente a *prescrição aquisitiva*, *positiva* ou *usucapião*. De acordo com as suas disposições, a *posse*, obedecendo a certos requisitos, e tendo certa duração, conduz à aquisição do domínio. É o que resulta dos arts. 474º, 475º e 477º do C.C. (disposições gerais); 517º e 526º a 529º (quanto à aquisição de imóveis); e 532º a 534º (quanto à aquisição de móveis).

D) *Possibilidade da extinção por abandono.*

Um direito de crédito pode extinguir-se pela prescrição, derivada da inacção do credor durante certo período de tempo: é a *prescrição negativa*, regulada nos arts. 505º e 535º e segs. do Código Civil.

Esta extinção do direito de crédito não é consequência de um acto positivo, voluntário, material; é mera consequência de uma abstenção, que pode mesmo não ser intencional.

Com os direitos reais, sucede, porém, poder dar-se a extinção por simples acto voluntário do titular: o abandono.

Efectivamente, um dos modos de extinção de direitos, em geral, é a renúncia. A renúncia de direitos de crédito denomina-se remissão, a de direitos reais, abandono (parece ser esta a terminologia mais correcta, embora não uniformemente a respeitada pela Doutrina).

Ora a estrutura da *remissão* não consiste simplesmente num acto voluntário do credor; mais que isso, é um verdadeiro contrato – é esta pelo menos a opinião geralmente aceita pelos autores tanto estrangeiros[9] como nacionais[10] e a que melhor se adequa ao nosso Código Civil. Pelo contrário, a estrutura do *abandono* tende a ser concebida como sendo a de um simples acto voluntário unilateral do titular, ainda quando uma pessoa determinada dele beneficie[11]. O abandono é assim próprio dos direitos reais.

Vejamos o que acontece, por exemplo, na *posse*. Esta é considerada sem discrepância um direito real: "simples poder exercido sobre uma coisa alheia", na noção do Prof. José Tavares[12].

Mas, ao mesmo tempo, a posse pode ser consequência ou manifestação de outro direito real: a propriedade.

Por isso se divide a posse em:

a) *causal*: direito que tem o titular de um poder jurídico a possuir a coisa – *jus possidendi*.
b) *formal*: conjunto de direitos que o facto da posse só por si confere, e, sobretudo, o direito à defesa possessória, previsto nos arts. 484º e segs. do Código Civil e organizada nos arts. 1032º e segs. do Código de Processo Civil – *jus possessionis*.

A posse pode ainda ser presunção de propriedade (artº 477º do Código Civil), ou meio de adquiri-la (arts. 505º e segs.).

[9] Por todos Enneccerus – (Lehmann), Tomo II, Vol. I, pág. 356.

[10] Por exemplo, Prof. Inocêncio Galvão Telles – Lições de 48-49, ao 3º ano jurídico, coligidas por Fernando Pessoa Jorge.

[11] Puig Peña – *Tratado de Direito Civil Espanhol*, Tomo III, Vol. I, pág. 297.

[12] Princípios, I, 627. Esta concepção também não é incontroversa, pois há autores estrangeiros que afirmam a necessidade de consentimento de quem é especialmente beneficiado pelo abandono (consentimento formal, para efeitos de registo).

Daí dizer-se, como faz Espin Cánovas, que a posse é imagem de todos ou quase todos os direitos reais; ou que ela é um instituto paralelo aos outros direitos reais (Ferrara); e que, é um direito real imperfeito ou provisório – como faz Cunha Gonçalves[13].

Na verdade, se contra a posse for invocado ou demonstrado domínio, ou surgir posse de outrem, ela perde-se (artº 482º, nº 4).

Mas não se perde só em tais casos; perde-se também pelo abandono. O artº 482º afirma: "O possuídor pode perder a posse:

1º) Pelo abandono;

....".

Isto é: perde-se *por mero acto voluntário do titular*. O mesmo acontece com as *servidões*. Quanto a estas, também o artº 2.277º refere o abandono como causa de extinção ("Se o dono do prédio serviente se houver obrigado, no respectivo título, a custear as obras necessárias, poderá eximir-se deste encargo, abandonando o seu prédio ao dono do prédio dominante"); mas, aqui, com a especialidade de ser um acto do sujeito passivo do direito real que leva à extinção deste, por integração do seu objecto (o prédio serviente) no domínio do titular (o dono do prédio dominante). É a chamada confusão, de que se ocupa o artº 2.279º, nº 1 do Código Civil.

E) *Permanência.*

O direito real é, em regra, de duração ilimitada. Melhor: o *direito real subsiste enquanto existir a coisa sobre que incide*. E mais: o *direito real não se extingue com o seu exercício*.

Assim acontece com a posse; pelo contrário, o seu exercício continuado, nos termos dos arts. 517º e seguintes, faz que o direito tome maior consistência, se confirme. E – outro exemplo – o exercício do direito de passagem não extingue a servidão.

A esta característica dão os Srs. Profs. Paulo Cunha e Luis Pinto Coelho o nome de *permanência do direito real*. Ela não se encontra nos direitos pessoais, que são por natureza temporários e transitórios, e que se extinguem com o exercício, porque, satisfeita a prestação pelo devedor, preenche-se a finalidade do vínculo. Assim, a dívida cujo pagamento é exigido, desaparece pelo pagamento.

[13] *Tratado*, XI, 146.

Mas note-se que não é inteiramente exacto que, como às vezes se diz, o perecimento da coisa acarrete a extinção do direito real de que aquela é objecto, e não, em caso idêntico, a do direito de crédito. Com efeito, nuns como no outro direito há extinção; e, se a perda da coisa é imputável, em ambos os casos surge a obrigação de indemnizar. E note-se que se, no caso de obrigação de entrega de coisa fungível, não há extinção, só assim acontece porque não há verdadeiro perecimento da coisa ("genus nunquam perit").

O princípio da duração ilimitada dos direitos reais está expressamente afirmado em preceitos da nossa lei. Assim:

a) *artº 1654º* do Código Civil: "o contrato de enfiteuse é de natureza perpétua ...".
b) artº 15º, Decreto 13.725 (Lei da Propriedade Literária, artística e científica):
"O autor português .... goza *perpetuamente* do direito exclusivo de reproduzir ou editar e negociar ou vender a sua obra, que fica sendo sua propriedade".

O princípio sofre porém excepções:

a) Há direitos reais que podem não ser perpétuos;
c) Há direitos de crédito que não se extinguem com o exercício;
d) Há direitos reais cujo exercício os extingue.

a) Exemplos (direitos reais não perpétuos).
   1) Um exemplo de direito real que pode não ser perpétuo é o do direito ao uso das marcas comerciais, que se extingue ao fim de *10 anos* se não for renovado (artº 52º da Lei nº 1972).
   2) Outro exemplo no mesmo sentido pode ver-se no artº 76º da mesma lei, segundo o qual o direito ao nome ou insígnia do estabelecimento se extingue de forma semelhante, ao fim de 30 anos, muito embora haja possibilidade de prorrogação.
   3) Finalmente, é este ainda o caso do usufruto conferido a prazo, que se extingue decorrido este, nos termos do nº 1 do artigo 2241º do Código Civil.

b) Exemplo (direitos de crédito que se não extinguem com o exercício).
   1) Um exemplo desta categoria de excepções é o contrato de usura: a cobrança dos juros, que é direito do credor nesta forma do

empréstimo (artº 1508º), não extingue o direito de crédito; é, pelo contrário, manifestação da existência desse direito.

c) Exemplo (direitos reais cujo exercício os extingue).

1) É o caso dos direitos reais de garantia, que sendo meramente acessórios, se extinguem pela sua efectiva actuação.
É o que acontece quando o credor se faz pagar pelo penhor ou pela hipoteca: extinto o crédito, a garantia também se extingue.

III. Consequências dos direitos reais.
Do conceito de direito real resultam certas consequências: "as consequências normais do conceito de direito real", como diz o Sr. Prof. Pires de Lima[14]que, como se notou, as estuda exclusivamente, em prejuízo das "características".

Tais consequências são:

A) *A atribuição do direito de sequela* (ou de *sequência*, como lhe chama o Sr. Doutor Cunha Gonçalves[15]; ou "*de persecución*", na doutrina espanhola, como em *Espin Cánovas*; ou "*droit de suite*", nos autores franceses).

Em que consiste este direito? Consiste no poder que tem o titular do direito real de ir reivindicar a coisa onde quer que ela se encontre.

São muitas as aplicações que no nosso Direito se podem encontrar da sequela. Por ex., diz o artº 892º do Código Civil:

"A hipoteca onera os bens em que recai .... seja quem for o possuidor dos mesmos bens". E nos termos do artº 484º e seguintes, o possuidor tem o direito de ser mantido ou restituído à sua posse, contra quem quer que a lese por perturbação ou esbulho (tutela possessória). Quanto à propriedade, o artº 2356º estabelece:

"Todo aquele cuja propriedade ou cujos direitos forem violados ou usurpados, será restituído e indemnizado ....".

Na própria legislação do processo surge a sequela; quando o artº 847º do Cód. de Proc. Civil diz que os bens penhorados garantem o cumprimento da obrigação, ainda que sejam transmitidos, uma vez que o registo da transmissão seja posterior ao registo da penhora – está a reconhecê-la em termos semelhantes aos do artº 892º do Código Civil.

[14] Pág. 61, ob. cit.

[15] "Tratado", vol. XI, pág. 141.

O direito de sequela existe sempre que exista um direito real, salvo nos casos em que a lei, por razões de ordem prática, restrinja o seu campo de aplicação.

Assim, a necessidade de registo limita por vezes a aplicação do direito de sequela.

O *artº 949º* sujeita a registo certas categorias de direitos, ónus e acções reais, bem como "a mera posse", definindo além disso o que entende por cada uma destas categorias. E o *artº 951º* determina:

"A falta de registo dos títulos e direitos a ele sujeitos, não impede que sejam invocados em juízo entre as próprias partes, ou seus herdeiros, ou representantes; mas, *para com terceitos os efeitos de tais títulos ou direitos só começam desde o registo*".

Portanto, nos casos previstos no artº 949º, o direito de sequela só é assegurado quando feito o registo; pode dizer-se que a *sequela está condicionada* por este. Com, tal condicionamento se devem entender os artigos 892º (hipoteca) e 2356º (propriedade), que há pouco foram referidos.

Fora destes casos, a sequela manifesta-se incondicionadamente.

Já nos direitos de crédito não existe o direito de sequela. Facultam-se ao titular, evidentemente, meios de defesa do seu crédito (acção pauliana, por ex., nos termos dos arts. 1033º e 1044º do Código Civil). Mas nestes casos, verifica-se só um direito de o credor ser pago; não há a possibilidade de instaurar imediatamente um processo executivo contra o detentor das coisas. E se a dívida for paga, nem essa possibilidade existe (artº 1040º).

Finalmente, há agora a considerar a última consequência dos direitos reais.

B) *Atribuição do direito de preferência.*

O direito de preferência é o poder que tem o titular do direito real de fazer valer e impor a existência deste em relação a qualquer indivíduo que tenha constituído sobre a coisa um direito posterior.

Isto é: o direito real confere ao seu titular a faculdade de excluir em primeiro lugar todos aqueles que têm somente um crédito e em seguida todos os que têm um direito real posterior ("quid prior est tempore potior jure").

Assim, se *A* tem um crédito garantido por um penhor ou por uma hipoteca registada, fica com a faculdade de se fazer pagar pelos bens penhorados ou hipotecados, seja qual for o direito (propriedade, posse, etc) que, posteriormente, se constitua sobre aqueles bens. É o que determinam os arts. 860º e 888º do Código Civil.

Artº 860º: "O credor adquire pelo penhor o direito:

1º) De ser pago de sua dívida pelo valor do penhor, com preferência aos demais credores do devedor;

2º) De usar de todos os meios conservatórios de sua posse, até de requerer procedimento criminal contra quem lhe furtar a cousa empenhada, ainda que seja o próprio dono;

....

Artº 888º: "Hipoteca é o direito, concedido a certos credores, de serem pagos pelo valor de certos bens imobiliários do devedor, e com preferência a outros credores, achando-se os seus créditos devidamente registados".

Há quem entenda que o direito de preferência só existe nos direitos reais de garantia; é a posição do Sr. Prof. Luís Pinto Coelho[16] e de Capitant. Não é esta a orientação da generalidade da doutrina, tanto portuguesa como estrangeira.

O assento da matéria são os arts. 1578º e 1580º do Código Civil.

Artº 1578º: "Se a mesma cousa for vendida pelo mesmo vendedor a diversas pessoas, observar-se-á o seguinte: se a cousa vendida for mobiliária, prevalecerá a venda mais antiga em data; se não for possível verificar a prioridade da data, prevalecerá a venda feita ao que se achar de possa da cousa".

Artº 1580º: "Se a cousa vendida for imobiliária, prevalecerá a venda primeiramente registada, e se nenhuma se achar registada, observar-se-á o que fica disposto no artº 1578º".

O Sr. Prof. Luís Pinto Coelho parte do pressuposto de que o direito de preferência só surge para resolver uma situação de incompatibilidade entre direitos. Para este mestre, podem coexistir sem incompatibilidade sobre a mesa cousa, direitos de natureza diversa (ex.: direitos reais e créditos), ou direitos da mesma natureza e espécie diferente (ex.: servidão e enfiteuse), ou da mesma natureza e espécie (ex.: compropriedade).

Ora em face dos artigos citados não haveria um conflito entre direitos, mas só a existência de um direito e uma situação irrelevante (para efeitos de conflito), isto é, um não direito. Isto porque, realizada a primeira venda, se transmitiu a propriedade (arts. 715º e 1549º) e assim as vendas posteriores serão meramente aparentes. Deste modo interpretados os arts. 1578º e 1580º, nada impõe a existência do direito de preferência relativamente aos

[16] Lições de Direitos Reais; págs. 51 e segs.

direitos reais de gozo. Daí a sua conclusão que limita a preferência aos direitos reais de garantia.

Como se disse, o Sr. Prof. LUÍS PINTO COELHO tem contra si a generalidade da doutrina. Assim, o Sr. Prof. PIRES DE LIMA[17] nota que o segundo comprador (bem como os sucessivos) adquiriu a cousa de boa-fé e portanto o seu direito é, em princípio, tão forte e tão digno de ser respeitado com o do primeiro adquirente. Haveria pois uma verdadeira colisão entre os direitos dos vários adquirentes; colisão só susceptível de resolver-se pelo direito de preferência que resulta do princípio "prior tempore potior jure". Assim das referidas disposições se induz, para o Sr. Prof. PIRES DE LIMA, a generalidade da preferência como consequência dos direitos reais de gozo (já que em relação aos de garantia não se levantam dúvidas).

É também a posição adoptada pelo Sr. Prof. PALMA CARLOS.

São estas portanto – direito de sequela e direito de preferência – as duas consequências fundamentais do conceito de direito real. Ambas se podem considerar como aspectos daquilo a que vários autores[18] chamam "a maior energia do direito real".

3. CLASSIFICAÇÃO DOS DIREITOS REAIS.

I. Termos gerais do problema.

São muito numerosas as classificações de direitos reais que têm sido sugeridas. O Sr. Prof. PAULO CUNHA apresenta-nos, nas suas Lições, oito desenvolvidas classificações obedecendo a variados critérios. O mesmo faz o Sr. Prof. GOMES DA SILVA. Em sentido inverso, o Sr. Prof. PIRES DE LIMA, limita-se a uma simples enumeração das espécies de direitos reais. Devido à escassez do tempo de que dispõe, o Sr. Prof. PALMA CARLOS considera apenas as classificações que reputa de maior importância.

II. Classificação tradicional.

É tradicional a distinção entre o *direito real de propriedade* (direito sobre coisa própria) e os *direitos reais sobre coisa alheia* ("jus in re aliena").

O direito de propriedade é o direito real por excelência; é um direito autónomo, que não está sujeito a nenhum outro.

Os direitos sobre coisa alheia têm, ao contrário, um conteúdo ilimitado: só conferem alguma das faculdades que na propriedade se contêm e pressupõem assim a existência daquela, pelo que lhe estão subordinados.

[17] Ob. cit., pág. 63.

[18] PACCHIONI – "Elementi...", 2ª ed., pág. 236; Prof. JOSÉ TAVARES – "Os Princípios...", pág. 281.

III. Classificações da doutrina italiana.

Partindo desta classificação, a Doutrina italiana formulou a seguinte distinção, também adoptada por certo sector da doutrina francesa: *direitos reais principais* (na terminologia recente de Marty e Raynaud[19]) e *direitos reais acessórios* (na expressão dos mesmos autores).

Os primeiros, subdividir-se-iam em *direitos de gozo e disposição* (direito de propriedade, essencialmente) e *direitos de mero gozo* (Ex.: usufruto, servidão), a que os autores italianos, como Pacchioni, chamam *direitos reais sobre o valor de uso*[20].

A categoria dos direitos reais acessórios, é preenchida pelos *direitos de garantia* ou, na designação usada pelos autores italianos (Pacchioni), *direitos reais sobre o valor de troca.*

Os direitos reais principais existem de per si, independentes de qualquer outra relação jurídica (propriedade, usufruto...), os direitos reais acessórios dependem imediatamente de outro direito (penhor, hipoteca...).

Esta classificação teve grande acolhimento na doutrina germânica, embora autores, como foi o caso de Gierke[21], lhe introduzissem modificações.

Esquema:

a) *Direitos Reais Principais* (Marty e Raynaud)	1º) *de gozo e disposição* 2º) *de mero gozo*, ou *sobre o valor de uso* (Pacchioni)
b) *Direitos Reais Acessórios*	3º) *de garantia*, ou *sobre o valor de troca* (Pacchioni)

Devemos notar que há quem negue aos direitos de garantia a natureza de direitos reais; é essa a posição do Sr. Prof. José Tavares[22]. Este autor regeita a realidade de todas as garantias das obrigações porque são "meros acessórios de um direito de crédito"; e afirma que "igual ou maior razão haveria para se considerar como direito real o direito do arrendatário ou locatário, de comodatário, do depositário quanto tem a faculdade de se

[19] Ob. cit. em Bibliografia Geral, I, pág. 448.

[20] Terminologia entre nós referida pelo Prof. José Tavares – "Os Princípios...", pág. 601.

[21] Referido por Puig Peña; ob. cit., pág. 15.

[22] Ob. cit., pág. 601.

servir da cousa, e tantos outros, que por todos são considerados de carácter obrigatório, por são o resultado ou consequência de certas obrigações".

O Sr. Prof. PALMA CARLOS, durante algum tempo seguiu esta opinião, um pouco por "fidelidade ao Mestre"[23]. Mas, como já se disse, é hoje de parecer diverso. Segundo nota o Sr. Prof. PIRES DE LIMA[24] a acessoriedade da garantia em relação a um direito de crédito não exclui a sua natureza jurídica autónoma e essa natureza jurídica apresenta todas as características da realidade. Assim elas asseguram direito de sequela e de preferência (isto só em relação a certas garantias, nos termos que adiante se definirão).

IV. Classificação da doutrina espanhola.

Uma classificação generalizada na Doutrina espanhola, e que se filia em SANCHEZ ROMAN, é a que distingue 3 categorias: *direitos reais de domínio* (propriedade), *direitos reais similares ao domínio* (posse), *direitos reais limitativos do domínio* (servidões, censo, hipotecas, penhor...).

Esta classificação, também muito utilizada por certo sector da Doutrina italiana, foi alvo de algumas críticas, nomeadamente nos termos em que a enunciou SANCHEZ ROMAN (é o caso do "direito hereditário", cuja natureza real é muito discutida e que este autor incluía na segunda categoria)[25].

V. Classificação mais generalizada na Doutrina portuguesa.

Esta classificação olha à finalidade institucional dos direitos, segundo preenchem um fim de gozo – *direitos reais de gozo* – ou uma finalidade de garantia – *direitos reais de garantia*.

VI. Direitos reais de gozo.

Neste termo da classificação que deixamos reportado, há a considerar as seguintes divisões:

a) A *propriedade* – artº 2167º;
b) A *posse* – poder que o homem exerce sobre as coisas de que se apoderou mas que ainda não lhe pertencem (a definição legal de posse encontrase no artº 474º do Código Civil).

A propriedade pode ser *perfeita* ou *imperfeita* (artº 2168º).

[23] Lições citadas, III, pág. 55, nota.

[24] Ob. cit., pág. 69.

[25] PUIG PEÑA, ob. cit., pág. 15.

As propriedades imperfeitas – direitos reais menores ou imperfeitos[26] – estão enumeradas no artº 2189º:

– *Enfiteuse* (artº 1653º) e Sub-enfiteuse (artº 1661º)
  Consignativo – artº 1644º
– *Censo*
  Reservativo – artº 1706º
– *Quinhão* – artº 2190º
– *Usufruto*, uso e habitação – arts. 2197º e 2254º
– *Compáscuo* – artº 2262º
– *Servidões* – art. 2267º

Tal como o Sr. Prof. Pires De Lima, o Sr. Prof. Palma Carlos consideraos todos direitos reais, contra o Prof. José Tavares, que negava essa natureza ao uso e habitação, ao compáscuo, ao quinhão e a censo, mas com argumentos não convincentes. Diz este autor: "O uso e habitação são modalidades restritas do usufruto. O compáscuo e o quinhão são modalidades de compropriedade. O censo é de duas espécies: o reservativo e o consignativo: o primeiro é equiparado a enfiteuse (artº 1707º); e o segundo (arts. 1644º e segs.), pela sua analogia com a consignação de rendimentos e porque é o efeito e garantia de uma obrigação, não deve qualificar-se como direito real"[27]. Na verdade, só a natureza real do usufruto e das servidões é unanimemente aceite; quanto a todos os outros casos, essa natureza é discutida.

Criticando estas opiniões, nota o Sr. Prof. Palma Carlos que o facto de o uso e habitação, o compáscuo e o quinhão, o censo reservativo serem modalidades de outros direitos reais (como afirma o Prof. José Tavares), em nada afecta, pelo contrário confirma, a sua natureza real. Quanto ao censo consignativo, o que atrás já foi dito acerca das garantias reais (e o que adiante se aditará) afasta o argumento do Prof. José Tavares.

Aos autores que consideram a enfiteuse como direito de crédito, o Sr. Prof. Pires de Lima seguindo o Prof. José Tavares[28] nota que há um verdadeiro desdobramento dos direitos fraccionários de propriedade. Assim, ao enfiteuta, cabe o direito de uso, fruição e disposição da coisa aforada, podendo extrair dela as suas utilidades; ao senhorio fica cabendo também

[26] José Tavares, *Os Princípios*, I, 619.

[27] Ob. cit., pág. 619.

[28] Ob. cit., pág. 217.

uma parcela importante dos poderes de proprietário: o direito ao foro (manifestação do de uso e fruição), o direito de dispor do prédio pelo direito de preferência e devolução.

VII. Garantias das obrigações, recaindo sobre coisas.
Estas garantias são no nosso direito positivo:

- *Penhor* – Código Civil, artº 855º; Comer. artº 397º.
- *Hipoteca* – Código Civil, artº 888º.
- *Privilégios creditórios* – C. Civil, artº 878º.
- *Consignação e adjudicação de rendimentos* – Código Civil, artº 873º.
- *Direito de retenção* – arts. 498º, 499º, §2º (benfeitorias), 1349º (mandato), 1407º (empreitada), 1414º (recovagem e barcagem), 1450º, § único (depósito), 2251º (usufruto) – todos do Código Civil – e 555º, § 1º do Estatuto Judiciário.
- *Penhora* – Cód. de Proc. Civil – artº 821º e segs.
- *Arresto* – Cód. de Proc. Civil – arts. 409º e segs.

Todas elas (excepção feita do direito de retenção e dos privilégios creditórios) têm, para os Srs. Profs. Jaime de Gouveia, Pires de Lima e Palma Carlos, natureza de direitos reais – os *direitos reais de garantia.*

O direito de retenção é mera faculdade que ao credor cabe de reter a coisa até pagamento do seu crédito; é um meio de *auto-defesa*; é *coacção* do credor sobre o devedor; mas aquele não pode dispor da coisa retida e, às vezes, nem sequer pode pagar-se pelo seu valor; isto é nítido no caso do artº 578º, § 1º, do Estatuto Judiciário, em que os documentos que ao advogado é lícito reter, podem nem sequer ter valor material.

Também ao privilégio creditório, definido no artº 878º do Código Civil, falta a natureza real; não há imediação entre pessoa e coisa, não há vinculação de uma coisa determinada ao cumprimento da obrigação de uma pessoa. Há só, como dizem os Srs. Profs. Pires de Lima e Jaime de Gouveia, um simples direito de preferência.

VIII. Classificação adoptada.
No estudo subsequente obedecer-se-á à seguinte classificação:

A) *Direitos reais de gozo e disposição.*
Incluir-se-ão aqui os direitos reais em que o titular pode não só desfrutar a coisa, mas também dela dispor, inclusivamente alienando-a. O direito de

alienação, que o artº 2169º do Código Civil enumera entre os abrangidos pelo direito de propriedade, tem sido vivamente discutido.

O Sr. Prof. Gomes da Silva, por exemplo, afirma não poder englobar-se na propriedade um direito que se exerce sobre ela. A propriedade – acrescenta – funciona como objecto. O erro vem de que, na linguagem corrente, se fala em troca ou em venda da coisa, quando na realidade é o direito que é trocado ou transferido.

Mas não há dúvida de que, em relação a certo direitos reais, a lei diz, expressamente, que o titular pode vender a própria coisa sobre que recaiem, o proprietário pode alienar a sua propriedade (artº 2357º); o contrato de compra e venda é aquele em que um dos contraentes se obriga a entregar certa coisa (artº 1544º). O erro, se erro existe, não será só de linguagem corrente, porque é também da linguagem legal.

Ora são precisamente os direitos reais em que o titular pode alienar a própria *coisa*, que se incluem no primeiro termo desta classificação onde ficam abrangidos:

a) A *propriedade* (quanto a esta basta ler o citado artº 2169º).

b) A *enfiteuse*; a *sub-enfiteuse* e o *quinhão*.

Quanto à enfiteuse, o foreiro pode usufruir o prédio aforado, dispor dele como coisa sua, doá-lo, trocá-lo, dá-lo em pagamento ou vendê-lo, só com direito de preferência reconhecido em certos casos ao senhorio directo (arts. 1653º, 1673º, 1676º, 1678º); é pois titular de um direito de gozo e de disposição *da própria coisa*.

O mesmo acontece na sub-enfiteuse, como se vê nos arts. 1703º a 1705º.

No quinhão, o posseiro possui e usufrui o prédio (artigo 2190º) e pode alhear não só a sua posse, mas também o seu quinhão, no todo ou em parte, por venda ou doação em pagamento, como se vê do artº 2195º e § 2º. Também aqui há portanto, um direito de gozo e um direito de alienação da coisa.

B) *Direitos reais de mero gozo.*

Incluir-se-ão neste segundo grupo os direitos reais que se caracterizam por conferirem ao seu titular o poder de desfrutar uma coisa, de gozá-la, de utilizá-la, mas sem lhe ser possível aliená-la.

É o que acontece como o *usufruto*, o *uso*, a *habitação*, as *servidões*, os *censos* e o *compáscuo*.

Por vezes, a lei diz expressamente que o titular do direito real de gozo não pode aliená-lo. É o que sucede no artº 2258º, que proíbe que o usuário ou morador usuário venda, alugue ou trespasse por qualquer modo o seu direito.

Outras vezes, a lei permite *a alienação do direito de gozo.* É o que sucede no artº 2207º, que diz que o usufrutuário pode gozar pessoalmente da coisa, emprestá-la, arrendá-la ou alugá-la e até *alienar o seu usufruto,* embora os contratos que fizer só produzam efeito enquanto o usufruto durar.

Mas este direito de alienação é bem diferente do regulado em relação aos diritos reais do primeiro grupo: além o titular do direito real pode transmitir a *própria coisa* (a lei fala na venda do prédio enfiteutico, por exemplo); aqui só pode transmitir o *direito de gozar a coisa.*

C) ***Direitos reais de garantia.***

Finalmente é mister considerar os direitos reais de garantia.

Estes têm por fim extrair um valor pecuniário de uma coisa e são, como já atrás foi dito, o *penhor,* a *hipoteca,* a *anticrese,* o *arresto* e a *penhora.*

Não se faz referência à posse nesta classificação.

Porquê?

Porque a posse é, como se lê algures, "a imagem de todos ou quase todos os direitos reais". Ferrara chama-lhe um instituto paralelo aos outros direitos reais; Cunha Gonçalves um direito real imperfeito ou provisório.

Não se tentou, por isso, enquadrá-la em nenhuma das classes de direitos reais indicadas e vai proceder-se imediatamente ao seu estudo, que parece poder assim servir de introdução ao dos outros direitos reais.

---

1) Sobre este capítulo vejam-se:
(1) – José Tavares, Os princípios fundamentais do direito civil, 2ª ed., I, 285 e segs. e 615 e segs.; (2) – Prof. Cabral de Moncada, Lições de Direito Civil, 2ª ed., II, 12 e segs; (3) – Prof. Gomes da Silva, Lições de Direitos Reais, 1957; (4) – Prof. Paulo Cunha, Curso de Direitos Reais, 1949/50; (5) – Prof. Luis Pinto Coelho, Direitos Reais, 1939/40, 5 e segs.; (6) – Prof. Pires de Lima, Lições de Direito civil, 1953, 8 e segs.; (7) – Jaime de Gouveia, Direitos Reais, 1935, 3 e segs.; (8) – Cunha Gonçalves, Tratado, Vol. XI, 130 e segs.; (9) – Henri, Léon e Jean Mazeaud, Cours de Droit Civil, I, 186 e segs.; (10) – Capitant, Introduction à l'étude du Droit Civil, 2ª ed., 77 e segs.; (11) – Ripert e Boulanger, Traité de Droit Civil, I, 288 e segs.; (12) – Colin, Capitant e La Morandière, Traité de Droit Civil, I,

54 e segs.; (13) – MARTY e RAYNAUD, Droit Civil, I, 446 e segs.; (14) – PLANIOL, RIPERT e PICARD, Traité Pratique de Droit Civil Français, 2ª ed., III, 41 e segs.; (15) – VALVERDE, Tratado de Derecho Civil Español, 4ª ed, II, 6 e segs.; (16) – ESPÍN CÁNOVAS, Manual de Derecho Civil Español, II, 1 e segs.; (17) – CASTAN TOBEÑAS, Derecho Civil Español Común y Foral, 8ª ed, II, 7 e segs.; (18) – PUIG PEÑA, Tratado de Derecho Civil Español, Tomo III, vol. I, 1 e seguintes.

Implicações das novas tecnologias na investigação criminal

José Marques Estaca[*]

I – A relevância do problema:

A questão sobre a admissibilidade ou legalidade de (novos) meios tecnológicos de prova, como sejam todo o tipo de reproduções mecânicas ou por qualquer meio de processo eletrónico de imagens ou palavras (gravações fotográficas e fonográficas, escutas telefónicas, videovigilância ou outras comunicações eletrónicas), assim como todo o tipo de registos mecânicos ou eletrónicos sobre dados pessoais (por exemplo, ficheiros informáticos) ou meios científicos de recolha destes (por exemplo, perfis de ADN), atendendo à tipificação resultante do disposto nos artigos 125º e 126º do Código de Processo Penal (CPP), a par das questões sobre a licitude/ilicitude dos meios de obtenção dessa prova (artº 199º do Código Penal) e da valoração da mesma no processo penal (artº 167º do CPP), colocadas em cada vez maior evidência pela difusão constante nos diversos meios de comunicação

[*] Assistente da Faculdade de Direito da Escola de Lisboa da Universidade Católica Portuguesa, Advogado. Tive o enorme privilégio de ter colaborado como assistente do Prof. Doutor Pedro Pais de Vasconcelos durante dez anos do seu magistério. O seu exemplo, de uma vontade inesgotável de viver e de saber, guiarão para sempre os meus passos. O seu rasgo intelectual de pensar o Direito sempre mais além frutifica em todos os juristas a abertura de novos horizontes e a novas soluções jurídicas, na prossecução de uma justiça que atenda à natureza das coisas, como mediadora entre o ser e o dever-ser.

social e das redes informáticas sociais de certos eventos com relevância criminal, levantam um problema que necessita de ser analisado atendendo à concatenação dos valores da justiça e segurança (individual e coletiva) com as liberdades pessoais, implicando sempre a salvaguarda dos direitos fundamentais.[1]

Neste âmbito, assume particular relevância o "confronto" entre o direito de acesso ao direito e à tutela jurisdicional efetiva consagrado no artº 20º, nºs 1 e 4 da Constituição da República Portuguesa (CRP), enquanto um direito fundamental constituindo também ele uma garantia imprescindível da proteção de direitos fundamentais, sendo, por isso, inerente à ideia de Estado de direito[2] e as garantias (também elas constitucionais) de processo criminal, nomeadamente a estabelecida no artº 32º, nº 8 da CRP[3] a propósito da proteção de certos direitos fundamentais de personalidade (artº 26º da CRP).[4] Decorre do princípio da unidade do ordenamento jurídico que os direitos fundamentais, como princípios e valores constitucionais, não

[1] Conforme referem Jorge Miranda / Rui Medeiros, *Constituição da República Portuguesa Anotada*, Tomo I, Coimbra Editora, 2005, p. 362, a realização da justiça do caso é um valor constitucional, mas não é um valor absoluto, que possa ser perseguido por qualquer forma. Quando os meios utilizados para a obtenção das provas forem proibidos ou condicionados pela Constituição para salvaguarda de outros valores, os elementos probatórios por essa forma obtidos não podem ser utilizados em circunstância alguma; ficam radicalmente inquinados do vício de inconstitucionalidade e o sistema não pode tolerar que a Justiça seja prosseguida por meios inconstitucionais.

[2] V. J.J. Gomes Canotilho / Vital Moreira, *Constituição da República Portuguesa Anotada*, Vol. I, 4ª edição revista, Coimbra Editora, 2007, p. 408. Para Jorge Pereira da Silva, *Deveres do Estado de Protecção de Direitos Fundamentais*, UCP, 2015, p. 138, o artº 20º da CRP trata de um direito fundamental de 2º grau, um direito que está constitucionalmente ordenado à tutela jurídica (e material) efetiva de outros direitos.

[3] V. Jorge Miranda / Rui Medeiros, *ob. cit.*, p. 361, ao referirem que regra do nº 8 do artº 32 da CRP consagra o princípio das proibições de prova e encontra também consagração nos textos do direito internacional, nomeadamente nos artigos 5º e 12º da Declaração Universal dos Direitos do Homem, artigos 3º e 8º da Convenção Europeia dos Direitos do Homem e artº 7º do Pacto Internacional sobre Direitos Civis e Políticos.

[4] Como referem Pedro Pais de Vasconcelos / Pedro Leitão Pais de Vasconcelos, *Teoria Geral do Direito Civil*, 9ª edição, Almedina, Reimpressão 2022, p. 47, a tutela da personalidade tem a ver com a coletividade e com as pessoas, com o Estado e com o Cidadão, com o próprio e com os outros. Também Pedro Pais de Vasconcelos, *Direito de Personalidade*, Almedina, 2006, p. 47.

podem deixar de aplicar-se em toda a ordem jurídica e, portanto, também na área do direito processual penal.[5]

II – O direito processual penal enquanto direito constitucional aplicado: As normas constitucionais diretamente atinentes ao processo penal, nomeadamente as relativas aos direitos, liberdades e garantias, assumem uma grande importância, sendo que as proibições de prova constituem meios processuais de proteção dos direitos fundamentais, impondo, por conseguinte, limites à descoberta da verdade material, dado que a verdade não pode nem deve ser alcançada a qualquer preço.

Se, por um lado, o direito à prova, nas suas várias vertentes de direito à utilização de meios de obtenção de prova (fora ou dentro, antes ou durante, o processo)[6], de direito à apresentação desses meios de prova em processo e de direito à valoração processual desses mesmos meios de prova, decorre do direito de acesso aos tribunais e surge como uma manifestação essencial da garantia ou direito de ação ou defesa e do direito a um processo equitativo, o qual pressupõe a faculdade de as partes apresentarem provas destinadas a demonstrar os factos alegados em juízo (artº 20º, nºs 1 e 4 da CRP)[7], por outro lado, as proibições de prova surgem como garantias constituindo potenciais limites ou restrições ao direito à prova, no seu conjunto.[8]

[5] V. Maria Fernanda Palma, «*Tutela da Vida Privada e Processo Penal: Realidades e Perspectivas Constitucionais*», Jurisprudência Constitucional nº 10, 2006, pp. 3-12.

[6] V. Germano Marques da Silva, *Curso de Processo Penal, II*, Verbo, 1993, p. 163, elucidando que os meios de obtenção da prova são instrumentos de que se servem as autoridades judiciárias para investigar e recolher meios de prova; não são instrumentos de demonstração do "*thema probandi*", são instrumentos para recolher esses meios no processo. Normalmente, são modos de investigação para obtenção de meios de prova e, por isso, que o modo da sua obtenção seja particularmente relevante. Nalguns casos, o próprio meio de obtenção da prova acaba por ser também um meio de prova, como, por exemplo, as gravações.

[7] V. J.J. Gomes Canotilho / Vital Moreira, *ob. cit.*, p. 408. Neste sentido, Isabel Alexandre, *Provas Ilícitas em Processo Civil*, Almedina, 1998, pp. 232-233, a qual acrescenta que do dever de o tribunal tomar em consideração todas as provas produzidas e do direito das partes à prova decorre que a recusa de um meio de prova deve ser sempre fundamentada numa norma ou num princípio jurídico, não podendo o tribunal exercer neste campo um poder discricionário.

[8] Neste sentido, v. Margarida Sousa Martins, *Da Admissibilidade das Gravações e Fotografias Recolhidas por Particulares como Meio de Prova em Processo Penal*, Almedina, 2022, p. 17, afirmando que as proibições de prova, desempenhando uma função tuteladora dos direitos fundamentais, surgem, no processo penal português, como verdadeiros limites à descoberta da verdade material.

Conforme distingue a doutrina, os direitos representam só por si certos bens, as garantias destinam-se a assegurar condições para a fruição desses bens; os direitos são principais, as garantias são acessórias e, muitas delas adjetivas (ainda que possam ser objeto de um regime constitucional substantivo); os direitos permitem a realização das pessoas e inserem-se direta e imediatamente, por isso, nas respetivas esferas jurídicas, as garantias só neles se projetam pelo nexo que possuem com os direitos, como por exemplo as garantias de processo criminal enquanto manifestação de um direito fundamental processual.[9]

Neste sentido, segundo a interpretação dominante dada ao nº 4 do artº 32º da CRP deve entender-se que a garantia de salvaguarda dos direitos fundamentais no processo penal é atribuída pela constituição ao juiz, sendo que a intervenção deste na limitação dos direitos fundamentais não é, porém, por si só garantia suficiente contra o arbítrio na limitação daqueles direitos, tornando-se necessário para a segurança jurídica que a lei defina os pressupostos materiais e formais dessa intervenção.

Assim, por exemplo, a interceção e a gravação de conversações ou comunicações telefónicas só podem ser autorizadas durante o inquérito por despacho judicial, se houver razões para crer que a diligência é indispensável para a descoberta da verdade ou que a prova seria, de outra forma, impossível ou muito difícil de obter, e relativamente apenas a certos crimes (artº 187º do CPP).[10]

No seguimento deste entendimento, suscita-se desde logo a problemática, que de seguida se desenvolverá, sobre a vinculação das demais entidades públicas, que não as autoridades judiciárias, e das entidades privadas, bem como dos particulares, enquanto ofendidos, com o direito de intervir no processo nos termos da lei (artº 32º, nº 7 da CRP), e possibilidade de se constituírem assistentes no processo penal (artº 68º do CPP), tendo a faculdade de oferecer provas (artº 69º, nº 2, al. a) do CPP), assim como de deduzir acusação independente do Ministério Público ou no caso de procedimento dependente de acusação particular com a indicação de provas a produzir ou a requerer (artigos 283º, nº 3, al. f), 284º, nº 2, al. b) e 285º,

[9] V. Jorge Miranda, *Direitos Fundamentais*, 2ª edição, Almedina, 2017, p. 148.

[10] V. Germano Marques da Silva, *ob. cit.*, pp. 172-174, acrescentando que é necessário que esteja um processo em curso, não podendo a diligência ser mero instrumento de investigação extraprocessual; a pendência de um processo criminal surge como uma exigência constitucional (artº 34º, nº 4 da CRP).

nº 3, todos do CPP), às proibições de prova e restrições legais que contendam com direitos fundamentais.

O direito à prova deve ceder face à proteção de determinados direitos fundamentais, em particular certos direitos de personalidade, e em face de restrições justificadas, tal como consta do artº 32º, nº 8 da CRP, sendo nulas as provas obtidas fora dessas restrições legais (artº 126º do CPP).[11] Importa, por isso, analisar mais detalhadamente aquela disposição constitucional e sua repercussão na legislação ordinária.

A doutrina e a jurisprudência distinguem, assim, uma proibição absoluta de prova para os casos em que é posta em causa a dignidade humana (correspondente à 1ª parte do nº 8 do artº 32º da CRP e aos nºs. 1 e 2 do artº 126º do CPP), de uma proibição relativa de prova para os casos em que são postos em causa direitos fundamentais de cariz individual, que podem ser restringidos, de acordo com o princípio da proporcionalidade (correspondente à 2ª parte do nº 8 do artº 32º da CRP e aos nº 3 do artº 126º do CPP).[12]

Desta forma, a primeira parte do nº 8 do artº 32º da CRP estabelece a inadmissibilidade absoluta e sem exceções da prova obtida mediante "tortura, coação, ofensa da integridade física ou moral da pessoa" (proibição absoluta de prova), ao passo que na segunda parte da citada norma legal só será inadmissível a prova obtida mediante "abusiva intromissão na vida privada, no domicílio, na correspondência ou nas telecomunicações" (proibição relativa de prova), uma vez que a prova assim obtida poderá ser válida se não resultar de uma "abusiva intromissão" – conceito de direito fundamental dinâmico, sujeito a uma interpretação ponderativa de acordo com os cânones decorrentes do princípio da proporcionalidade (artº 18º, nº 2 da CRP).[13]

[11] V. Germano Marques da Silva, *Do Processo Penal Preliminar*, 1990, p. 481, ao referir que quando a lei estabelece a proibição de prova não importa distinguir a sua causa, esse meio é sempre inadmissível no processo. Também neste sentido, Isabel Maria Fernandes Branco, *As gravações e fotografias ilícitas como prova a valorar no âmbito do processo penal e civil (Tendências Jurisprudenciais)*, Verbo Jurídico, 2015, p. 6, ao referir que não obstante a preocupação dominante no processo penal seja a busca da verdade material, a mesma deve obedecer a um inteiro respeito pela pessoa do arguido, tendo sempre em conta que se está perante um presumível inocente. Sobre a proteção dos bens fundamentais da personalidade humana relacionada com a proibição e condicionamento de certas provas em processo penal, v. Rabindranath Capelo de Sousa, *O Direito Geral de Personalidade*, Coimbra Editora, 1995, pp. 101 e 345, nota 865ª.

[12] V. Milene Viegas Martins, *A Admissibilidade de Valoração de Imagens Captadas por Particulares como Meio de Prova no Processo Penal*, AAFDL, 2014, p. 54.

[13] Segundo Milene Viegas Martins, *ob. cit.*, pp. 41, 53 e 99, o artº 32º, nº 8 da CRP não é taxativo, podendo proceder-se à aplicação analógica do regime das proibições de prova sempre que

É, pois, muito relevante para efeitos de tutela dos direitos fundamentais de personalidade e recorte jurídico-legal do âmbito ou campo de proteção destes direitos face ao também direito fundamental de acesso à justiça a distinção entre as proibições absolutas e as proibições relativas (ou condicionais) de obtenção de meios de prova. Assim, a intromissão na vida privada, no domicílio, na correspondência ou nas telecomunicações são métodos relativamente proibidos, pelo que essa proibição é afastada quer pelo consentimento do titular dos direitos de personalidade em causa, quer pelas restrições à inviolabilidade desses direitos contantes do artº 34º, nºs 2, 3 e 4 da CRP.[14]

Neste particular, é igualmente importante distinguir as situações de autolimitação vinculante de um direito de personalidade (não se confundindo com situações de caráter dispositivo, impedidas pela "natureza das coisas" relativa à dignidade humana, sendo que as situações de autolimitação nunca poderão constituir uma renúncia total, perpétua ou irrevogável desse direito) por vontade do respetivo titular, por exemplo, através do consentimento autorizante de uma intervenção pública ou privada restritiva ou

um direito fundamental se encontre relacionado com a dignidade da pessoa humana e careça de tutela. Refere, por outro lado, que os direitos fundamentais não têm a condição de direitos absolutos sendo, portanto, necessário analisar os diferentes condicionalismos que devem concorrer, no caso concreto, na hora da legítima limitação do direito fundamental, de modo a verificar de acordo com um juízo de ponderação a necessidade de tutela do direito fundamental afetado. Acrescenta, ainda, que o que está aqui subjacente é a colisão de direitos fundamentais que permite a restrição dos mesmos atendendo aos seus limites imanentes, sendo que, na opinião desta autora, a restrição deverá era o único meio de solucionar o conflito entre direitos constitucionais de idêntica natureza, operando apenas no âmbito do estritamente necessário à superação do conflito. Também Isabel Alexandre, *ob. cit.*, p. 240, entende que não sendo o artº 32º, nº 8 da CRP uma norma de natureza excecional, quer formal quer material, a mesma é de aplicação analógica ao processo civil, já que a lesão dos direitos fundamentais não é menor pela circunstância de as provas se destinarem ao processo civil. Para J.J. Gomes Canotilho / Vital Moreira, *ob. cit.*, p. 524, o abuso verifica-se quando a intromissão é efetuada fora dos casos previsto na lei e sem intervenção judicial (artº 34º, nºs. 2 e 4 da CRP), quando desnecessária ou desproporcionada, ou quando aniquiladora dos próprios direitos (artº 18º, nºs 2 e 3 da CRP). Ao diferenciar «intromissão abusiva» de «intromissão ilícita», o artº 32º, nº 8 da CRP pretendeu reger mais do que situações de ilicitude, aquelas que podendo ser toleradas pela lei, podem constituir abuso, por representarem restrições desproporcionadas ou aniquiladoras dos próprios direitos fundamentais de personalidade.

[14] V. Paulo Sousa Mendes, *As Proibições de Prova no Processo Penal*, Jornadas de Direito Processual Penal e Direitos Fundamentais, Almedina, 2004, p. 137.

limitadora daquele direito, ou até de uma conduta espontânea de exposição e/ou divulgação pública de certos bens jurídicos protegidos por esses direitos de personalidade (como sejam a reserva da intimidade da vida privada, a imagem física, a palavra, entre outros), das situações de restrição legal.[15]

Em consonância com o quadro normativo constitucional, o artº 126º do CPP repete a citada distinção entre as proibições absolutas (nºs 1 e 2) e as proibições relativas de obtenção de meios de prova (nº 3). As proibições de certos métodos de obtenção de prova – manifestação de proibições de produção de prova – dirigem-se preferencialmente aos órgãos de perseguição penal, a começar pelas autoridades judiciárias e a terminar nos órgãos de polícia criminal.

Todavia, essas proibições de produção de prova também se aplicam aos restantes sujeitos processuais, especialmente os assistentes, verificando-se uma subsunção da licitude da obtenção dos meios de prova produzidos pelos particulares à figura e ao regime geral das proibições de prova.[16]

A exclusão das provas obtidas por particulares no âmbito do artº 32º, nº 8 da CRP podia ser sustentada com base no disposto no artº 34º, nº 4 da mesma, excluindo do seu âmbito de proteção as provas ilicitamente obtidas por particulares. Acompanhando, porém, a melhor doutrina nesta matéria, é de rejeitar esse entendimento, porquanto o artº 34º, nº 4 da CRP não pode obviamente significar que aos particulares seja lícita a ingerência na correspondência, nas telecomunicações e nos demais meios de comuni-

[15] V. Pedro Pais de Vasconcelos, *Direito de Personalidade cit.*, pp. 153-165 sobre o papel da autonomia privada e respetivos limites no exercício dos direitos de personalidade e Pedro Pais de Vasconcelos / Pedro Leitão Pais de Vasconcelos, *Teoria Geral do Direito Civil cit.*, pp. 58-61. Também José Carlos Vieira de Andrade, *Os Direitos Fundamentais na Constituição Portuguesa de 1976*, 3ª edição, Almedina, 2004, pp. 330-331, sublinhando a necessidade de verificação das condições de validade jurídica do consentimento vinculante, autorizante ou aquiescente, só podendo admitir-se este como fundamento legítimo de uma autolimitação dos direitos fundamentais se forem o produto inequívoco de uma vontade livre e esclarecida, garantia da autenticidade e da genuinidade da manifestação de vontade do titular do direito, que justifica a restrição ou limitação.

[16] V. Manuel da Costa Andrade, *Sobre as Proibições de Prova em Processo Penal*, Coimbra Editora, 1992, Reimpressão 2013, pp. 46 ss. e 155 e Paulo Sousa Mendes, *ob. cit.*, pp. 138-141. Contra: Margarida Sousa Martins, *ob. cit.*, p. 24, afirmando que no que concerne aos particulares, o legislador não estabelece um *modus* específico de aquisição da prova, consubstanciando uma proibição de valoração independente.

cação de outrem, não se compreendendo que uma tal derrogação fosse possível em face do estatuído pelo artº 18º, nº 1 da CRP.[17]

Pelo que, sempre que o processo de obtenção de meios de prova estiver atingido pela mácula do atentado extremo contra os direitos fundamentais do arguido (ou do visado), não pode exigir-se aos órgãos de aplicação da lei penal, em nome da sua respeitabilidade e credibilidade segundo a ideia de direito, que utilizem a prova obtida pelos particulares.[18]

De acordo com uma vasta doutrina, do princípio da ponderação de interesses, imanente a toda a problemática das proibições de prova, há de identificar-se uma área mais ou menos extensa em que os direitos fundamentais poderão ser sacrificados em sede de produção e valoração de prova, em nome da prevenção e repressão das manifestações mais drásticas e intoleráveis da criminalidade.[19]

Trata-se de um princípio geral de ponderação, que erige a realização efetiva da justiça penal em transcendente interesse do Estado de Direito, cuja promoção ou salvaguarda pode sobrepor-se aos direitos fundamentais e

[17] V. Isabel Alexandre, *ob. cit.*, pp. 234-239, referindo que o artº 34º, nº 4 da CRP visa reafirmar a inviolabilidade de tais direitos por parte das autoridades públicas e autorizar essa ingerência apenas ao nível do processo penal. Contudo, esta autora entende que o elemento sistemático de interpretação afigura que o artº 32º, nº 8 da CRP não tem eficácia horizontal, limitando-se a estabelecer mais uma garantia para o arguido, nas suas relações com as entidades públicas, não sendo conclusivo quanto à questão de saber se às entidades destinatárias da proibição é também vedado valorar as provas recolhidas por particulares. Acrescenta, todavia, que a ligação estreita entre o artº 32º, nº 8 da CRP e os direitos fundamentais permite concluir que o preceito, sendo embora, em primeiro plano, apenas uma garantia do indivíduo face ao Estado, funciona também como garantia dos direitos, liberdades e garantias em geral, admitindo que uma interpretação conforme à máxima eficácia dos direitos fundamentais leva a considerar nulas, não só as provas obtidas pelas entidades públicas, mediante violação dos mesmos, mas também as obtidas pelas entidades privadas (artº 18º, nº 1 da CRP).

[18] V. Manuel da Costa Andrade, *ob. cit.*, pp. 44-48.

[19] V. Manuel João Alves / Fernando Gonçalves, *A Prova do Crime, Meios Legais para a sua Obtenção*, Almedina, 2009; Rita Castanheira Neves, *As Ingerências nas Comunicações Electrónicas em Processo Penal – Natureza e Respectivo Regime Jurídico do Correio Electrónico Enquanto Meio de Obtenção de Prova*, Coimbra Editora, 2011; António de Jesus Teixeira, *Os Limites do Efeito-À--Distância nas Proibições de Prova no Processo Penal Português*, UCP, 2014; Francisco Marcolino de Jesus, *Os Meios de Obtenção da Prova em Processo Penal*, 2ª ed., Almedina, 2015; José Pedro Freitas, *Os Meios de Obtenção de Prova Digital na Investigação Criminal – O regime jurídico dos serviços de correio eletrónico e de mensagens curtas*, Nova Causa, 2020; Juliana Campos, *O Malware como Meio de Obtenção da Prova em Processo Penal*, Almedina, 2021.

legitimar o seu sacrifício. Contudo, tal ponderação de interesses deve ser feita casuisticamente, perante os conflitos em jogo, tomando em conta o interesse da perseguição penal à luz do próprio significado do direito fundamental, através de um juízo de proporcionalidade.[20]

Acresce, ainda, que uma proteção sem limites a certos direitos fundamentais, como sejam os direitos de personalidade à imagem ou à palavra, reconhecidamente relativos, na sua oponibilidade à produção de meios de prova, pode deixar em muitos casos sem efetiva tutela o próprio direito de ação, sendo que aqueles direitos seriam invocados em claro abuso de direito.[21]

III – A aplicabilidade e eficácia dos direitos fundamentais perante os particulares:

Nos termos do artº 18º, nº 1, *in fine*, da CRP, os preceitos constitucionais respeitantes aos direitos, liberdades e garantias, entre os quais se inclui o artº 26º e o artº 32º, nº 8, ambos da CRP, vinculam, não só, as entidades públicas, mas, também, as entidades privadas, nas suas relações entre si, adquirindo, deste modo, eficácia *erga omnes*, isto é, eficácia geral perante todos.[22]

[20] V. Manuel da Costa Andrade, *ob. cit.*, pp. 28-32, refere, exemplificativamente, citando Schäfer, que o primado da esfera íntima, face às necessidades da justiça penal na procura da verdade, recua quando, à luz do princípio de proporcionalidade, a ponderação com o significado do direito fundamental de respeito pela dignidade humana e o livre desenvolvimento da personalidade faz emergir prevalentes necessidades da justiça criminal, que exigem a admissibilidade de produção e valoração do meio de prova. Costa Andrade, a p. 75, entende que não se deve encarar o arguido como titular ou portador exclusivo dos direitos, interesses ou bens jurídicos cuja salvaguarda pode ditar, em concreto, balizas à descoberta da verdade; pelo contrário, só uma arrumação e imputação policêntricas daqueles interesses abrirá a porta a uma adequada compreensão teleológica das proibições de prova.

[21] V. José Fernando de Salazar Casanova Abrantes, *Provas Ilícitas em Processo Civil. Sobre a Admissibilidade e Valoração de Meios de Prova Obtidos pelos Particulares*, Direito e Justiça, Vol. XVIII, Tomo I, UCP, 2004, p. 113 ss., admitindo uma gradação entre os direitos fundamentais, nomeadamente quanto à admissão de limitações relativamente a alguns deles. Alguma jurisprudência portuguesa tem vindo a admitir a valoração da prova, à partida ilicitamente obtida, com base numa ponderação de interesses, como sejam o Acórdão do STJ de 19/05/2010, os Acórdãos do TRG de 30/04/2009 e 24/11/2014, os Acórdãos do TRL de 03/06/2004, 28/05/2009 e 19/10/2011, o Acórdão do TRC de 10/10/2012 e o Acórdão do TRP de 23/10/2013.

[22] V. J.J. Gomes Canotilho / Vital Moreira, *ob. cit.*, pp. 379-387. Claus-Wilhelm Canaris, *Direitos Fundamentais e Direito Privado*, Almedina, 2012, pp. 54-55 e 133, distingue entre eficácia imediata em relação a terceiros e vigência imediata dos direitos fundamentais, só devendo falar-se de eficácia imediata em relação a terceiros se os direitos fundamentais se dirigirem

Como fundamento axiológico e teleológico da norma em apreço temos a dignidade humana da pessoa em relação às demais – dimensão da dignidade humana que a configura como realidade não apenas intrínseca (em si), mas como realidade relacional, traduzida numa ideia de reciprocidade –, daí que a vinculação aos direitos, liberdades e garantias se não dirija somente ao Estado e demais pessoas coletivas públicas, mas também aos particulares e entidades privadas.[23]

Seguindo a doutrina atual[24], o artº 18º, nº 1 da CRP prescreve, em simultâneo, um âmbito alargado de vinculatividade subjetiva dos direitos, liber-

imediatamente contra sujeitos de direito privado. Este autor rejeita, em princípio, que os sujeitos de direito privado sejam destinatários das normas de direitos fundamentais, e que os seus atos, incluindo negócios jurídicos e atos ilícitos, sejam objeto de controlo segundo os direitos fundamentais. Para o mesmo, os sujeitos de direito privado e o seu comportamento não estão, em princípio, sujeitos à vinculação imediata aos direitos fundamentais, o que é explicável porquanto o artº 1º, nºs. 1 e 3 da Lei Fundamental da República Federal da Alemanha, sobre a proteção da dignidade humana e vinculação dos direitos fundamentais, tem uma redação bastante diferente da do artº 18º da CRP, em termos dos destinatários vinculados àqueles.

[23] V. Maria da Glória Garcia, *Fundamentos de Direito Público*, UCP, 2012, pp. 130-132. No mesmo sentido, José Carlos Vieira de Andrade, *ob. cit.*, pp. 259 ss., referindo que o problema hermenêutico relativamente ao preceituado no artº 18º, nº 1 da CRP, que não define os termos em que se processa a vinculação das entidades privadas, nem se estas se referem a todos e quaisquer indivíduos ou apenas a pessoas coletivas, resolve-se com o recurso ao seu fundamento de ordem teleológica e axiológica, que reside na proteção da dignidade humana.

[24] V. Jorge Pereira da Silva, *Direitos Fundamentais. Teoria Geral*, UCP, 2018, p. 184 ss. e 204, *Deveres do Estado de Protecção de Direitos Fundamentais cit.*, pp. 102, 106 e 395, entende estarem hoje completamente obsoletas as teses da ineficácia dos direitos fundamentais nas relações entre particulares, assim como as suas herdeiras mais diretas que se limitam a reconhecer a vinculação do legislador de direito privado àqueles mesmos direitos – ambas irremediavelmente improcedentes à luz do próprio texto constitucional –, sendo que a única dúvida razoável apenas se pode referir ao modo como aquela eficácia se equaciona a propósito de cada direito. Pelo que, o verdadeiro significado do artº 18º, nº 1 da CRP é o de afirmar que os sujeitos privados, além de titulares ativos, são (ou podem ser) também destinatários passivos principais de direitos, liberdades e garantias e que, por isso, estabelecem entre si verdadeiras relações jus-fundamentais, independentemente da configuração destas. Este autor defende que a eficácia dos direitos fundamentais nas relações intersubjetivas privadas obedece a uma geometria variável, na medida em que está em larguíssimo grau dependente da estrutura normativa dos direitos concretamente envolvidos e, em particular, do modo como o seu conteúdo se encontra constitucionalmente consagrado e, quando seja o caso, da concretização legal que deles já tenha sido efetuada. Desta forma, os deveres de proteção do Estado representam um *plus* que assenta sobre a ideia de uma vinculação preexistente dos sujeitos privados aos direitos fundamentais.

dades e garantias, que abrange positiva e negativamente todos os sujeitos e poderes públicos, independentemente das suas formas concretas de atuação, assim como os próprios sujeitos jurídicos privados nas relações que estabelecem entre si.[25]

As relações jus-fundamentais assumem, assim, uma estruturação triangular, na qual o Estado tem deveres de proteção dos direitos fundamentais relativamente ao lesado (titular de direitos fundamentais) e impõe restrições legais em relação ao agressor (também ele titular de direitos fundamentais) aos seus direitos, liberdades e garantias.[26]

A afirmação constitucional de aplicabilidade direta dos preceitos sobre direitos, liberdades e garantias não deve, todavia, ser absolutizada, de modo a significar a completa autossuficiência de todas e cada uma das normas em causa, em toda a sua extensão material e abrangendo o conjunto das suas diversas dimensões.[27]

A ideia de aplicabilidade direta não pode dispensar uma análise casuística, cujo resultado é muitas vezes diferenciado em função da tipologia das normas constitucionais, da densidade e determinabilidade do seu conteúdo, e das funções jus-fundamentais que desempenham.[28]

[25] V. Fernando Oliveira e Sá, *Direito Privado Constitucional. Notas Sobre as Relações entre o Direito Privado e os Direitos Fundamentais*, UCP, 2022, p. 22, ao afirmar que o artº 18º, nº 1 da CRP é, numa infeliz formulação, o reconhecimento de que a competência dos privados para conformar as suas relações jurídicas se insere num programa mais amplo para a sociedade e que, evidentemente, o direito privado não pode estar subtraído à força conformadora dos direitos fundamentais.

[26] V. Jorge Pereira da Silva, *Deveres do Estado de Protecção de Direitos Fundamentais cit.*, pp. 127 ss. e 148 ss.

[27] V. Fernando Oliveira e Sá, *ob. cit.*, pp. 13 e ss., em tema sobre a eficácia horizontal dos direitos fundamentais, discorre que a Constituição não se impõe às relações jurídicas entre privados por um efeito normativo deduzido da existência de uma ordem jurídica escalonada ou hierarquizada, mas pelo seu conteúdo, sendo que a necessidade de atribuir relevância aos direitos fundamentais na ordem jurídico-privada é imposta, desde logo, pelo imperativo de unidade do sistema jurídico. Assim, no direito privado, os direitos ou as liberdades exercidas pelos particulares estão geneticamente vinculados às exigências impostas pelos direitos fundamentais, razão pela qual estes direitos não irradiam sobre outros direitos ou partes do ordenamento jurídico, como se de exceções ou limitações externas a outros direitos se tratassem, antes valem diretamente, como se imanentes ao conteúdo concreto de um direito ou à extensão de uma liberdade. Desta forma, haverá que distinguir entre os direitos fundamentais enquanto garantia institucional, como direitos de defesa, na sua feição de proteção ou de dever de prestação, e, como garantias processuais.

[28] V. Jorge Pereira da Silva, *Direitos Fundamentais. Teoria Geral cit.*, p. 187.

Como exemplo, temos que a vinculação dos tribunais aos preceitos constitucionais sobre direitos, liberdades e garantias tem de ser compreendida à luz do princípio da tutela jurisdicional efetiva (artº 20º da CRP), o que se traduz num dever de interpretação, integração e aplicação, tanto das correspondentes normas constitucionais, quanto das normas legais que as regulamentam, concretizam, conformam ou protegem, de modo a conferir aos direitos em causa a máxima eficácia possível, dentro do sistema jurídico.[29]

Esta problemática adquire maior acuidade no que respeita à possível participação dos sujeitos privados no âmbito probatório do processo penal, nomeadamente quando exista um conflito entre o direito fundamental de tutela jurisdicional efetiva na esfera jurídica de lesado particular *versus* um direito fundamental de personalidade na esfera jurídica do agressor.

A este propósito de vinculação das entidades privadas aos direitos, liberdades e garantias, fala-se de uma eficácia horizontal, ou perante terceiros, dos direitos, liberdades e garantias («Drittwirkung»), em contraposição à mera eficácia externa, equivalente ao dever universal de respeito que recai sobre quaisquer cidadãos em face dos direitos dos outros – na eficácia horizontal há relações bilaterais sobre as quais se projetam ou em que podem ser afetados especificamente determinados bens.[30]

Será na sua dimensão objetiva, enquanto normas constitucionais e valores comunitários, que se justifica e exprime a respetiva eficácia fora do âmbito das relações entre particulares e o Estado, em especial nas relações dos particulares entre si. Assim, a eficácia externa dos direitos fundamentais foi inicialmente pensada como eficácia horizontal, para fundamentar uma obrigação geral de respeito nas relações entre indivíduos, supostamente iguais, contraposta à típica eficácia vertical, nas relações do indivíduo perante o poder estadual – a eficácia externa das normas relativas aos direitos fundamentais surgia, então, concebida como eficácia perante terceiros.[31]

Numa outra perspetiva, passou a dar-se relevo à existência de deveres de proteção dos direitos fundamentais por parte do Estado, designadamente

[29] V. Jorge Pereira da Silva, *ob. cit.*, pp. 200-201 e 207, afirmando, por último, que quanto ao direito de tutela jurisdicional efetiva e à generalidade das garantias em processo criminal, o envolvimento dos privados, a existir, só pode ocorrer a título secundário, como sujeitos vinculados a um dever geral de respeito ou, quanto muito, a obrigações laterais ou acessórias, podendo falar-se com propriedade de uma eficácia externa ou quanto a terceiros.

[30] V. Jorge Miranda, *ob. cit.*, p. 362 ss.

[31] V. José Carlos Vieira de Andrade, *ob. cit.*, pp. 145-146 e 245 ss.

perante terceiros, formulando-se em paralelo com o tradicional princípio da proibição do excesso e inspirado nele um princípio de "proibição do défice", nos termos do qual o Estado está obrigado a assegurar um nível máximo adequado de proteção dos direitos fundamentais.

Sendo que, uma das limitações substanciais à proteção estadual dos direitos fundamentais é justamente imposta pelos direitos dos outros, em particular pelos seus direitos e liberdades fundamentais: assim, quando a proteção dos direitos de uma pessoa possa pôr em causa a esfera jurídica de terceiros, exige-se que essa proteção seja medida por uma ponderação dos bens e valores em presença e que respeite o princípio da proporcionalidade, nos termos gerais válidos para as situações de colisão ou de conflito.[32]

IV – O juízo de proporcionalidade e as restrições legais:

De acordo com a doutrina tradicional[33], o apelo a um juízo de proporcionalidade surge quando há dois ou mais bens jurídicos carecidos de realização e sobre os quais, ocorra ou não conflito, tenha de procurar-se o equilíbrio, a harmonização, a ponderação, a concordância prática.

Trata-se de uma funcionalidade teleológica e axiológica, no âmbito da qual se distinguem três subprincípios: idoneidade ou adequação (traduz-se na propositura de um meio adequado à prossecução do fim), necessidade ou exigibilidade (entre os meios que poderiam ser escolhidos em abstrato e sem colidirem com a Constituição, deve escolher-se o meio que melhor

[32] V. José Carlos Vieira de Andrade, *ob. cit.*, pp. 147-149. Segundo Claus-Wilhelm Canaris, *ob. cit.*, p. 67, uma transposição, sem modificações, do estrito princípio da proporcionalidade, como foi desenvolvido no contexto da proibição do excesso, para a concretização da proibição de insuficiência, não é aceitável, ainda que, evidentemente, também as considerações de proporcionalidade desempenhem um papel, tal como em todas as soluções de ponderação.

[33] V. Jorge Miranda, *ob. cit.*, pp. 325-326. Também Maria da Glória Garcia, *ob. cit.*, p. 145, trata o princípio da proporcionalidade como momento integrante do princípio do Estado de Direito, analisando de acordo com três vertentes: a vertente necessidade ou exigibilidade (na qual quaisquer limitações aos direitos, liberdades e garantias, para serem concretamente determinadas, devem apresentar-se como necessárias em razão dos fins a alcançar – fins que têm de coincidir com valores constitucionalmente consagrados, pois só esses permitem a limitação de direitos, de tal modo que não é possível alcançar tais fins por outros meios menos onerosos), a vertente da adequação (expressando a ideia de que as referidas limitações aos direitos, liberdades ou garantias devem revelar-se como formas ou meios adequados à prossecução dos fins ou valores constitucionalmente protegidos), e a vertente da proporcionalidade em sentido estrito (a qual aponta para a proporcionalidade entre meios e fins, as medidas de restrição a direitos, liberdades e garantias não podem ser excessivas, antes proporcionais aos fins a atingir).

satisfaz em concreto, com menos custos nuns casos e com mais benefícios noutros, a realização do fim), e racionalidade ou proporcionalidade em sentido estrito (a justa medida, corresponde a uma correta avaliação não ficando aquém ou além do que importa para se alcançar o resultado devido), havendo ainda quem acrescente um subprincípio de razoabilidade.

Contudo, o princípio da proporcionalidade que está plasmado no artº 18º, nº 2 da CRP não pode ser entendido somente como uma proporcionalidade singela traduzida na proibição de excesso, mas tem antes de ser uma proporcionalidade mais compreensiva, que abarca também a proibição do defeito – subprincípio que atua sempre que os níveis de salvaguarda dos direitos fundamentais ficam aquém dos parâmetros constitucionais.[34]

Desta forma, a liberdade de conformação dos direitos fundamentais tem como principal limite o princípio da proporcionalidade, na sua dupla vertente de proibição de defeito – ou de proteção insuficiente – e de proibição do excesso – ou restrição injustificada.[35]

Pelo que, perante a impossibilidade de uma hierarquização formal ou material dos direitos fundamentais (tema da ordem dos valores constitucionais), uma correta ponderação de bens apenas pode ser alcançada diante do caso concreto, atendendo às circunstâncias e às faculdades jus-fundamentais concretamente envolvidas.

Assim, se, por um lado, o artº 18º, nº 2 da CRP não pode significar que é ilegítima toda e qualquer restrição que possa atingir o conteúdo essencial de cada um dos direitos fundamentais subjetivos individuais; por outro lado, também não pode subverter ou desfigurar o valor e as garantias constitucionais ínsitos em cada um dos diversos preceitos relativos aos direitos fundamentais.

O valor constitucional das normas relativas aos direitos fundamentais só é efetivamente garantido se se exigir que a eventual restrição seja adequada e justificada pela necessidade de proteger ou promover um bem constitucionalmente valioso e só na proporção dessa necessidade.[36]

[34] V. Jorge Pereira da Silva, *Deveres do Estado de Protecção de Direitos Fundamentais cit.*, p. 128.

[35] V. Jorge Pereira da Silva, *Direitos Fundamentais. Teoria Geral cit.*, pp. 215, 249-255 e 286 ss., analisando igualmente o princípio da proporcionalidade na sua vertente mais comum de proibição do excesso, nos três vetores ou subprincípios relativamente autónomos de adequação, necessidade e proporcionalidade em sentido estrito.

[36] V. José Carlos Vieira de Andrade, *ob. cit.*, pp. 307-308. Neste sentido, Margarida Sousa Martins, *ob. cit.*, pp. 32-33, afirmando que o legislador, ao estatuir que o penalmente ilícito não será processualmente admissível, está a colocar um limite à descoberta da verdade material,

Este, o conteúdo útil a dar na interpretação ao disposto no artº 32º, nº. 8 da CRP a propósito da restrição legal de «abusiva intromissão» face à limitação de certos direitos fundamentais de personalidade, com projeção nas diversas normas penais e processuais penais, como sejam os artigos 126º, nº 3 e 167º, ambos do CPP (e também em relação a normas civis e processuais civis), relativas aos meios de obtenção de prova, à admissibilidade de determinados meios de prova em si mesma e à valoração desses meios de prova, em concatenação com o direito fundamental de tutela jurisdicional efetiva consagrado, com igual dignidade constitucional no artº 20º, nºs 1 e 4 da CRP.[37]

V – A colisão (aparente) de direitos fundamentais:
O problema da limitação ou harmonização dos direitos, liberdades e garantias, em face dos compromissos naturais e inevitáveis entre os direitos e valores constitucionais que conflituam ou podem conflituar diretamente em determinadas situações ou tipos de situações concretas, e que, nessas circunstâncias reciprocamente se limitam, insere-se na problemática mais vasta da colisão de direitos ou de conflito entre direitos e valores constitucionais comunitários ou individuais.

Havendo conflito, tal significa a existência de um direito em face de outros direitos ou de outros valores e a solução não pode ignorar o direito invocado, a não ser que se parta do reconhecimento de uma ordenação hierárquica dos bens constitucionalmente protegidos, sacrificando-se então naturalmente o de menor valor.[38]

comprimindo o direito à prova e, deste modo, o direito a uma tutela material efetiva, erigido em bem jurídico e consagrado no artº 20º da CRP, sem que essa restrição pareça em conformidade, em todos os casos que surjam, com o princípio da proporcionalidade, previsto no artº 18º, nº e da CRP, analisado nas suas três vertentes: necessidade, adequação e proibição do excesso.

[37] V. Margarida Sousa Martins, *ob. cit.*, p. 30, ao postergar a interpretação do artº 167º do CPP que, na remissão que opera para o direito penal substantivo, lhe atribui a intenção de dirimir uma colisão entre direitos subjetivos e fundamentais, por um lado, e interesses do Estado na perseguição penal, por outro, em favor dos primeiros.

[38] V. José Carlos Vieira de Andrade, *ob. cit.*, pp. 283-285 e 295, referindo primeiramente que além dos limites "internos" do subsistema jus-fundamental, que resultam das situações de conflito entre os diferentes valores que representam as diversas facetas da dignidade humana, os direitos fundamentais têm também limites "externos", pois hão de conciliar as suas naturais exigências com as imposições próprias da vida em sociedade. Nestes termos, poderá afirmar-se que o problema dos limites dos direitos fundamentais se coloca, afinal, na maior parte dos

O entendimento e a solução normativa tradicional (artº 335º do Código Civil), quer na doutrina quer na jurisprudência, sobre a colisão de direitos fundamentais, passam pela limitação recíproca e proporcionada dos direitos em presença, diminuindo o espaço de ofensa possível e implicam uma proteção relativa dos direitos nas relações intersubjetivas, designadamente no plano da aplicação jurisdicional do direito privado e do direito penal.[39]

Todavia, existem boas razões para proceder a uma delimitação substancial do âmbito normativo dos direitos fundamentais ao nível constitucional, por interpretação, sendo neste sentido imperativa a distinção entre as situações de restrição legislativa e de limites imanentes e as situações de solução, abstrata ou concreta, de colisões ou conflitos que envolvam direitos fundamentais.

Essa delimitação substancial justifica-se, desde logo, pela vantagem prática de evitar que venha a considerar-se como uma situação de conflito de direitos aquela em que o conflito é apenas aparente – não tem sentido fazer uma ponderação, que pressupõe a consideração de dois valores, quando estamos perante um comportamento que não pode, em caso algum, considerar-se constitucionalmente protegido, pois que, não existindo à partida um dos direitos, a situação só pode ser a da afirmação total do outro. Esta interpretação restritiva justifica-se ainda, e sobretudo, por assim se assegurar plenamente o núcleo essencial dos outros direitos fundamentais.[40]

Desta forma, certa doutrina considera a existência de limites imanentes implícitos nos direitos fundamentais, sempre que (e apenas quando) se possa afirmar, com segurança e em termos absolutos, que não é pensável em caso algum que a Constituição, ao proteger especificadamente um certo bem através da concessão e garantia de um direito, possa estar a dar cobertura a determinadas situações ou formas do seu exercício.

casos, como um conflito prático entre valores – entre os calores próprios dos direitos ou entre esses e outros valores comunitários – no contexto do sistema constitucional.

[39] V. Pedro Pais de Vasconcelos / Pedro Leitão Pais de Vasconcelos, *Teoria Geral do Direito Civil cit.*, pp. 301-302, salientando que a concretização do regime do artº 335º do Código Civil exige uma ponderação dos direitos em conflito, a qual deve ser feita em concreto. Por sua vez, José Carlos Vieira de Andrade, *ob. cit.*, pp. 269 e 286-287, rejeita o modelo nos termos do qual os preceitos relativos aos direitos fundamentais deveriam ser entendidos como princípios consagradores de direitos *prima facie* que, em definitivo, podem vir a ser limitados, comprimidos, restringidos ou até sacrificados, segundo critérios de ponderação e de harmonização, para satisfazer outros direitos ou valores, em situações de conflito.

[40] V. José Carlos Vieira de Andrade, *ob. cit.*, pp. 287-288 e 320-321.

Por outro lado, haverá colisão ou conflito de direitos fundamentais sempre que se deva entender que a Constituição protege simultaneamente dois valores ou bens em contradição numa determinada situação concreta (real ou hipotética) – a esfera de proteção de um direito é constitucionalmente protegida em termos de intersectar a esfera de outro direito ou de colidir com uma outra norma ou princípio constitucional.[41]

Acrescenta-se que a solução dos conflitos ou colisões entre direitos, liberdades e garantias ou entre direitos e valores comunitários não pode, porém, ser resolvida sistematicamente através de uma preferência abstrata, com o mero recurso à ideia de uma ordem hierárquica dos valores constitucionais, impondo-se uma ponderação concreta dos bens, que pode conduzir a resultados variáveis em função das circunstâncias.

O princípio consagrado na doutrina constitucional tradicional como princípio de harmonização ou concordância prática – que se executa através de um critério de proporcionalidade na distribuição dos custos do conflito, exigindo-se que o sacrifício de cada um dos valores constitucionais seja adequado e necessário à salvaguarda dos outros –, enquanto critério de resolução de conflitos, não pode, pois, ser aceite ou entendido como um regulador automático.[42]

A questão do conflito de direitos ou de valores depende, pois, de um procedimento e de um juízo de ponderação, não dos direitos ou dos valores em si, mas das formas ou modos de exercício específicos dos direitos, nas circunstâncias do caso concreto, tentando encontrar e justificar a solução mais conforme ao conjunto dos valores constitucionais (à ordem constitucional), valendo, então, o princípio da "prevalência do interesse superior" ou da "prevalência do interesse preponderante".[43]

A doutrina maioritária tem considerado a colisão de direitos como um limite ao exercício dos direitos, o qual se verifica sempre que o exercício de um direito impossibilita, no todo ou em parte, o exercício do outro.[44]

[41] V. José Carlos Vieira de Andrade, *ob. cit.*, pp. 295 e 321-322.

[42] V. José Carlos Vieira de Andrade, *ob. cit.*, pp. 322-323 e 326.

[43] V. José Carlos Vieira de Andrade, *ob. cit.*, pp. 327-328, concluindo que na metodologia para a resolução de conflitos entre direitos tem de atender-se fundamentalmente a três fatores: ao âmbito e graduação do conteúdo dos preceitos constitucionais em conflito, à natureza do caso e à condição e comportamento das pessoas envolvidas.

[44] V. Elsa Vaz Sequeira, *Dos Pressupostos da Colisão de Direitos no Direito Civil*, UCP, 2004, pp. 10 e 157 e *Colisão de Direitos*, Cadernos de Direito Privado, nº 52, Outubro/Dezembro, 2015, p. 20.

Contudo, segundo outra parte da doutrina, à qual aderimos por entendermos que procede a uma mais rigorosa e completa densificação desta temática, sobretudo no campo dos direitos fundamentais, deve proceder-se à diferenciação das hipóteses em que verdadeiramente o exercício de uma situação jurídica impede o exercício de outra situação jurídica, daqueles casos em que um direito limita ou restringe um direito alheio, em si mesmo considerado.

Considera esta doutrina que quando a aplicabilidade de uma das normas convergentes limita a aplicabilidade da outra ou a existência de um direito subjetivo limita o conteúdo de outro, por tal forma que este não abrange a conduta ou a situação em questão, então a figura da colisão aparente de direitos reconduz-se a um conflito aparente de normas.[45]

De acordo com esta doutrina, o problema da aplicabilidade das normas é lógica e cronologicamente anterior ao da colisão de direitos, porquanto da sua resolução depende a possibilidade de haver ou não um verdadeiro conflito de direitos. Ou seja, a questão da delimitação, limitação ou restrição do conteúdo de um direito apresenta-se como uma questão prévia em face da limitação do exercício do direito.[46]

Assim, não há um conflito de direitos fundamentais quando pura e simplesmente não coexistirem dois direitos. O problema em causa não respeita ao exercício dos direitos fundamentais, mas à própria configuração destes – daí, a ideia de que as colisões aparentes de direitos fundamentais representam um conflito aparente de normas –, não se podendo confundir a delimitação do conteúdo de um direito fundamental com a limitação do seu exercício, o que implica a determinação precisa dos limites que estão implícitos na própria essência do direito fundamental.[47]

Importa, portanto, diferenciar os limites extrínsecos do direito dos limites extrínsecos ao seu exercício, sendo que apenas nestes últimos ocorre uma situação de colisão de direitos em sentido próprio, devendo o intérprete encontrar a justa medida de exercício correspondente a cada direito verdadeiramente existente, com recurso ao princípio da proporcionalidade.[48]

[45] V. ELSA VAZ SEQUEIRA, *Dos Pressupostos da Colisão de Direitos no Direito Civil cit.*, pp. 94-95.

[46] V. ELSA VAZ SEQUEIRA, Dos Pressupostos da Colisão de Direitos no Direito Civil cit., p. 96 e *Da distinção entre limites extrínsecos do direito e limites extrínsecos ao seu exercício cit.*, p. 463.

[47] V. ELSA VAZ SEQUEIRA, *Dos Pressupostos da Colisão de Direitos no Direito Civil cit.*, pp. 97 e 114.

[48] V. ELSA VAZ SEQUEIRA, *Colisão de Direitos cit.*, pp. 26-27 e *Da distinção entre limites extrínsecos do direito e limites extrínsecos ao seu exercício*, Direito e Justiça, Estudos Dedicados ao Prof. Doutor Luís Alberto Carvalho Fernandes, Vol. I, UCP, 2011, pp. 442-450.

Acresce, que para que se possa falar de colisão de direitos é necessário que cada um dos intervenientes tenha legitimidade para adotar a conduta que pretende levar a cabo, ainda que, dadas as circunstâncias, naquele momento particular tal não seja possível.[49]

Em síntese, a colisão de direitos, enquanto limitação do exercício de um direito pelo exercício de outro, pressupõe a efetiva existência dos direitos em questão, sendo que, em todas as situações em que, apesar de vigorarem duas normas atributivas de direitos subjetivos potencialmente aplicáveis ao caso, somente uma dessas normas seja efetivamente aplicada, conferindo um único direito, não se verifica uma hipótese de colisão real de direitos, mas tão só de colisão aparente.[50]

Particularizando, a doutrina sob análise defende que os direitos de personalidade, pela sua natureza, não colidem. A exercitação do respetivo direito traduz-se no gozo exclusivo de um bem de personalidade e, esse bem não pode pertencer a mais de uma pessoa, compreendendo-se, pois, a impossibilidade jurídico-factual de o exercício de um direito da espécie em apreço se encontrar em conflito com o exercício de outro direito, impedindo a sua atuação.

Os casos apelidados de conflitos de direitos de personalidade mais não são do que meras hipóteses de colisão aparente de direitos, pelo que o verdadeiro problema aportado a tais situações se reconduza à tarefa de descortinar, face ao caso concreto, os limites extrínsecos aos direitos em confronto.[51]

Conclui a mencionada doutrina que a inserção de cada norma num sistema jurídico tem como postulado que o seu sentido útil provém, não apenas do seu teor intrínseco, mas também do preceituado pelas demais normas que compõem o ordenamento jurídico. Por conseguinte, uma interpretação jurídica sistemática revela que, em rigor, uma norma restringe a outra, de molde a vigorar unicamente um direito – a verdadeira questão trazida por

[49] V. Elsa Vaz Sequeira, *Colisão de Direitos cit.*, p. 29.

[50] V. Elsa Vaz Sequeira, *Dos Pressupostos da Colisão de Direitos no Direito Civil cit.*, p. 121; *Colisão de Direitos cit.*, p. 25 e *Da distinção entre limites extrínsecos do direito e limites extrínsecos ao seu exercício cit.*, p. 463.

[51] V. Elsa Vaz Sequeira, *Dos Pressupostos da Colisão de Direitos no Direito Civil cit.*, p. 286 e *Colisão de Direitos cit.*, p. 27 ss. Para uma análise aprofundada sobre a colisão de direitos em matéria de direitos de personalidade, v. Rabindranath Capelo de Sousa, *ob. cit.*, em que para este autor o problema da colisão de direitos pode ter lugar relativamente a direitos com objetos jurídicos diversos mas em que os exercícios ou as tutelas de tais direitos se mostram colidentes.

estas situações resume-se, na realidade, à determinação dos limites ao conteúdo desses direitos e, concretamente, à sua delimitação recíproca.[52]

Retomando o tema – o dilema – do confronto entre o direito fundamental de tutela jurisdicional efetiva (artº 20º, nºs. 1 e 4 da CRP) com as garantias fundamentais do processo criminal (artº 32º, nº 8 da CRP), a propósito da proteção de certos direitos fundamentais de personalidade no que se relaciona com a atividade probatória, acompanhamos plenamente o entendimento doutrinário de que quando se reconhece a impossibilidade legal de praticar certo ato violador de um direito, ou quando se declara que determinada conduta, devido à existência de outro direito, não pode ser permitida, não se está a determinar uma simples limitação à atuação das correspondentes posições jurídicas, mas a estabelecer as fronteiras de cada uma dessas posições.[53]

[52] V. Elsa Vaz Sequeira, *Dos Pressupostos da Colisão de Direitos no Direito Civil cit.*, pp. 287 e 289.

[53] V. Elsa Vaz Sequeira, *Colisão de Direitos cit.*, p. 30 e *Da distinção entre limites extrínsecos do direito e limites extrínsecos ao seu exercício cit.*, p. 462.

As taxas de ocupação de subsolo (TOS) sem *fumus* de boa regulação: entre a justa repartição de encargos públicos e o custo económico dos consumidores finais

*Nuno de Oliveira Garcia**
*Maria Rita Nascimento***

Notas prévias:
Os improváveis périplos que caracterizam o 'sentido da vida' levaram a que, anos volvidos de uma licenciatura e um mestrado na Universidade de Lisboa, nos quais apenas beneficiei do génio de Pedro Pais de Vasconcelos pelos seus livros, viria com ele a conviver frequentemente durante um período relativamente largo. Primeiro, precisamente nos corredores da Faculdade de Direito enquanto docentes (na falta de melhor palavra que concilie a proficiência de um professor catedrático com a lida de um mero assistente...); depois, quase diariamente, no escritório da Rua Braamcamp que partilhámos durante vários meses e no qual conheci a sua mulher e o seu filho, e nosso colega, Pedro. Desse tempo, retive o seu permanente gosto pela transmissão de conhecimento, a predominância de uma argumentação acutilante, e a boa disposição contagiosa. Os frequentes contatos que ainda mantemos permitemme confirmar que tais virtudes se encontram intactas.

NOG

* Docente na Faculdade de Direito (UL) e Sócio da Gómez-Acebo & Pombo (GA_P).
** Advogada na Gómez-Acebo & Pombo (GA_P).

O legado do Professor Doutor Pedro Pais de Vasconcelos não reside apenas do Direito Civil. Encontra-se impregnado na estrutura do próprio Ordenamento Jurídico português, por tudo aquilo que incutiu nas várias gerações que formou academicamente e por todos os jovens profissionais que influenciou. Por um lado, através da sua infinita paciência para ensinar, para acompanhar e incentivar, por outro lado, pelo sentido ético e inconformista, como melhor o próprio Professor o refere em última lição: «Por influência dos livros que fui lendo, dos problemas que fui tendo de resolver, dos diálogos que fui mantendo e do prazer de ensinar, pela missão de preparar as novas gerações de juristas. De as convencer que um jurista é responsável pela procura da Justiça, e que lhe cabe – como Sísifo – o esforço, que nunca acaba, de empurrar, monte acima, o ser para mais perto do dever-ser, e retomar esse esforço sempre e sempre sem nunca chegar a alcançar» – in (2016) *Direito Civil e Natureza das Coisas,* p.21 (cit.). Assim procuraremos fazer; obrigada.

MRN

I. Introdução

I.I O quadro legal enformador

Perante a declaração do título «as taxas de ocupação sem *fumus* de boa regulação», pode parecer desajustado começarmos pelo respetivo quadro legal enformador; mas, entendemos que assim não o é. Na verdade, como veremos de seguida, são algumas (não muitas, note-se, e muito menos suficientes)[1] as normas que procuram regular a figura tributária da taxa, tributo marginalizado durante décadas pela doutrina e, essencialmente, pelo legislador. Porém, invariavelmente, tais normas hodiernas são apenas de carácter geral, verdadeiramente *enformadoras*, no sentido de atribuição de uma forma, estrutura ou conformação. Um bom exemplo disso mesmo é que, apesar de existir um Regime Geral das Taxas das Autarquias Locais (RGTAL) há mais de uma década e meia, nada, ou muito pouco, temos no nosso país que regule em concreto algumas das taxas locais que mais receita e contencioso proporcionam e provocam. Tal sucede, entre tantos outros

[1] Foi precisamente para demonstrar as dificuldades decorrentes do facto das normas fiscais criadas nas últimas décadas terem na figura do imposto o seu único, ou principal, foco, que escrevemos o Nuno de Oliveira Garcia (Coimbra, 2015)[3] *Contencioso de Taxas – Liquidação, Audição e Fundamentação.*

exemplos, com a Taxa de Ocupação de Subsolo denominada genericamente por TOS.

Principiemos, assim, pelos diplomas enquadradores, a começar pelo Regime Financeiro das Autarquias Locais e das Entidades Intermunicipais (RFALEI), aprovado pela Lei nº 73/2013, de 3 de setembro. Segundo o artigo 20º deste regime, os municípios podem criar taxas nos termos do RGTAL, obedecendo aos princípios da (i) equivalência jurídica, da (ii) justa repartição dos encargos públicos e da (iii) publicidade, e limitados ao nível da incidência às utilidades prestadas aos particulares, geradas pela atividade dos municípios ou resultantes do benefício económico decorrente da realização de investimentos municipais.

Nos termos do referido RGTAL, aprovado pela Lei nº 53 -E/2006, de 29 de dezembro, as taxas das autarquias locais são, de acordo com o respetivo artigo 3º, consideradas e qualificadas como efetivos *tributos* que assentam na (i) prestação concreta de um serviço público local, na (ii) utilização privada de bens do domínio público e privado das autarquias locais, ou (iii) na remoção de um obstáculo jurídico ao comportamento dos particulares, quando tal seja atribuição das autarquias locais, nos termos da lei.

Ainda segundo o RGTAL, agora no artigo 4º, o valor das taxas das autarquias locais é fixado de acordo com Princípio da Proporcionalidade, que, muito resumidamente, se pode entender como um determinado nível de equilíbrio entre o valor que é entregue a título de taxa paga e a prestação que se recebe (cabendo aqui os casos em que provoca algum tipo de custo ou limitação, e não apenas o recebimento propriamente dito). Este Princípio da Proporcionalidade consagra igualmente um limite da quantificação do valor a pagar; a saber: (i) o custo da atividade pública local, ou (ii) o benefício auferido pelo particular, admitindo-se, em alguns casos, que o valor possa ainda ser fixado (iii) com base em finalidades extrafiscais (por exemplo, relacionadas com a definição de critérios de desincentivo à prática de certos atos ou operações).

Novamente nos termos do RGTAL, desta feita no seu artigo 6º, as taxas das autarquias locais incidem sobre utilidades prestadas aos particulares ou geradas pela atividade dos municípios, como seja a utilização e aproveitamento de bens do domínio público e privado municipal. Em rigor, essa delimitação já resultava do estabelecido pela Lei Geral Tributária (LGT) há mais de 3 décadas, nomeadamente nos termos do nº 2 do artigo 4º onde as taxas (entenda-se, os tributos bilaterais de sinalagma concreto), devem assentar em corolários de incidência objetiva como a utilização de um bem do domínio público. Por sua vez, esse mesmo entendimento, como não poderia deixar de ser, encontra-se também vertido no já acima mencionado artigo 3º do RGTAL, quando este dita que as taxas das autarquias locais são tributos que assentam na utilização privada de bens do seu domínio público e privado.

É assim notório que, no bloco de legalidade que autoriza e delimita a possibilidade de criação de tributos por parte dos municípios, se encontra a possibilidade de cobrar uma taxa aos particulares com base na ocupação de domínio público municipal, como sucede, por exemplo, com a TOS que servirá de principal objeto da nossa presente análise. Por outro lado, decorre dessa possibilidade o facto de as taxas de ocupação terem, como métrica do seu sinalagma, a oneração do espaço público municipal. Quer isto dizer que as taxas de ocupação têm, como base da fixação do seu valor económico, a mensuração possível da utilização de espaço público pelos particulares que dele retiram um proveito económico e dos custos que o município suporta pela não utilização ou manutenção do espaço ocupado (ao contrário, por exemplo, das taxas de licenciamento que têm como base o desbloqueio de obstáculo jurídico medido pelos custos do procedimento administrativo). Por outras palavras, como elemento de apuramento do seu valor, as taxas de ocupação têm em consideração o encargo decorrente da não utilização desse mesmo espaço pelo próprio município; o mesmo é dizer, mais coloquialmente, que se remunera/compensa o município pelo facto de este não poder, de forma efetiva, dispor do(s) bem(ns) ocupado(s).

I.II A TOS enquanto tributo bilateral paradigmático sobre a ocupação de domínio público

Considerando que a valoração dos corolários do Princípio da Proporcionalidade obriga à necessidade de verificação de uma equivalência económica inserida na estrutura do tributo, dois elementos são necessários para definir genericamente o valor da TOS; a saber: (i) por um lado, o valor dos encargos que o município tem com os equipamentos (eg., tubagens de vários tipos, caixas técnicas, depósitos, etc.) instalados no subsolo; e, (ii) por outro, o valor médio do m^2 ocupado com esses equipamentos. Com base nos dois referidos elementos, ter-se-á que estabelecer um valor que procure ressarcir o município por não poder utilizar/ocupar o seu domínio público e privado sem, ao mesmo tempo, fazer cobrar aos contribuintes em montante superior ao que seja verdadeiramente devido.

Nesta sede, cabe ressalvar que a generalidade de operadores de redes que utilizam o subsolo municipal também desempenham e suportam financeiramente atividades, acessórias ou principais, motivadas com essa mesma ocupação, sendo disso bom exemplo a construção, a manutenção, a operação e a exploração de todas as infraestruturas que integram uma determinada rede (que pode até ser uma rede nacional, caso, por exemplo, da Rede Nacional de Distribuição de Gás Natural – RNDGN), ou a promoção da construção, conversão ou adequação e eventual comparticipação de instalações que são propriedade de clientes finais, bem como a assunção de custos relacionados com os equipamentos instalados no subsolo, nomeadamente através da manutenção, reparação, fiscalização e verificação da segurança e bom funcionamento dos equipamentos. O mesmo se passa, naturalmente, noutras taxas de ocupação, como sejam as que incidem sobre a ocupação do espaço aéreo, com os operadores de transporte de energia elétrica a executar um conjunto de atividades (desde a limpeza, conservação e até pequenas obras civis) de que beneficiam os municípios e a generalidade dos munícipes.

Aos operadores incumbe, ainda e quase sempre, uma obrigação de facultar aos municípios o cálculo das metragens dos cabos, tubos e condutas por si implementados no subsolo do espaço municipal, cooperando, assim, com o poder local no sentido de este não ter de incorrer em gastos de vistorias para avaliação da ocupação do espaço municipal.

Em todo o caso, concretizando todos os quesitos que podem conduzir à fixação do valor da taxa, devem em qualquer caso ser tidos em consideração os seguintes elementos:

i) Custos, como sejam custos diretos ou indiretos; encargos financeiros e amortizações; futuros investimentos realizados ou a realizar; custo da atividade pública local;
ii) Assunção dos custos adicionais a longo prazo (CALP);
iii) Fator(es) de incentivo;
iv) Fator(es) de desincentivo;
v) Fator(es) de benefício de alguns munícipes/contribuintes em particular;
vi) Fundamento(s) de facto, com destaque para o valor médio dos m^2; e,
vii) Fundamento(s) de direito, como seja a justa repartição de encargos públicos, equiparação a servidões de passagem, etc.

II. O regime possível

II.I O momento de cobrança da TOS e sua formação contínua

Como vimos, a TOS é uma taxa cobrada com base na oneração por particulares do espaço do domínio público e privado municipal. Isto significa que é um tributo cujo facto tributário é de formação contínua ou duradoura e não instantânea (ao contrário, por exemplo, das taxas de licenciamento ou das taxas de portagem, entre tantas outras).[2]

Com efeito, ao invés dos factos tributários de carácter instantâneo (que se reportam a cada um dos atos concretos praticados pelo contribuinte, não relevando, para tal qualificação, que o sujeito passivo exerça continuada, ou só ocasionalmente, a respetiva atividade) nos factos tributários de formação contínua ou duradoura, o ato praticado pelo particular é contínuo, prolongando-se por períodos temporais que, por facilidade, são divididos em anos fiscais, maioritariamente, correspondentes a anos civis. No caso particular da ocupação de subsolo por tubagens, a ocupação do domínio municipal é um facto de formação contínua, dado que o facto tributário (a ocupação) ocorre durante largos períodos temporais constantes.

Ora, nos tributos de formação contínua ou duradoura quase sempre o respetivo regime aponta, de forma mais ou menos expressa, a sua tributação com periodicidade mensal ou anual, sendo que com a TOS é essa última situação que verificamos acontecer. Não existindo uma regra rígida sobre o tema, pode-se dizer que tal decorre, ainda que indiretamente, da redação do artigo 85º da Lei do Orçamento do Estado para 2017 (Lei nº 42/2016, de 28 de dezembro), onde se instituía a obrigação de comunicação, para as empresas titulares das infraestruturas e para efeitos de liquidação da taxa municipal de ocupação do subsolo, do cadastro das suas redes instaladas no território do respetivo município até 31 de março do ano seguinte, nos termos do nº 1 do artigo 70º do Decreto-Lei nº 25/2017, de 3 de março. Por

[2] Sobre o mesmo tema, mas então a propósito de caducidade do direito à liquidação de taxas, *vide* o nosso Nuno de Oliveira Garcia «Sobre as Incertezas da Natureza das Propinas e suas Consequências nas Garantias dos Contribuintes – Comentário ao Acórdão do pleno do STA de 22 de abril de 2015 (processo nº 01957/13)», in *Revista de Finanças Públicas e Direito Fiscal* Ano VIII (2015), 2º vol., pp.184-192, no qual escrevemos que: «Se existe algo de que estamos certos é de que tanto existem impostos como taxas periódicas (veja-se o caso das taxas de comercialização com base nos volumes de negócios), assim como existem impostos e taxas de obrigação única (veja-se, entre tantas outras, o caso da portagem). Talvez se possa mesmo concluir que nas taxas existe uma maior propensão para a obrigação única (ainda que, por vezes, de forma duradoura)» – cf. p. 187 (cit.).

esse motivo, à imagem do que sucede com as restantes taxas municipais de imputação de periodicidade anual, as TOS devem ser liquidadas com base nas tubagens instaladas no domínio municipal a 31 de dezembro do ano anterior, cuja metragem é anualmente comunicada no decorrer do primeiro trimestre do ano seguinte pelo operador.

Assim, apesar de ao longo do ano civil se poderem verificar alterações na extensão na rede por motivo de 'obra', esse acréscimo apenas será tributado com a liquidação do ano civil seguinte. Isto porque, quando uma parcela de domínio público é efetivamente onerada, deparamo-nos com dois tipos de custos: (i) os efetivos, e (ii) os eventuais. Os custos efetivos são, regularmente, passíveis de ser calculados pelos serviços administrativos, pelo que também são regularmente imputados ao particular. Esses custos efetivos apresentam uma ligação direta entre o particular e os encargos efetivos para a administração, pelo que, o seu sinalagma é direto, subjetivo e equivalente.

Ora, enquanto as tubagens não se encontram completamente instaladas, não se pode ter a certeza sobre qual a extensão (metragem) do projeto de obra que virá a ser efetivamente implementada no subsolo. Com efeito, a nosso ver, as tubagens, e outras estruturas, apenas se devem considerar instaladas quando passam a estar enquadradas na rede em serviço, pois até esse momento ainda nos encontramos em mero processo de obra. Até por esse motivo – ie., pelo facto de que a ocupação do domínio municipal poder sofrer alterações ao longo do ano –, os municípios tendem por optar por tributar a ocupação aferida com referência a 31 de dezembro. Com efeito, só nesse momento é que é possível perceber o que era afinal a ocupação projetada e a ocupação efetiva, sendo que apenas a segunda poderá ser tributada em sede de TOS.[3]

Constate-se que os potenciais custos resultantes da implementação das tubagens de gás natural para a 'administração local' não são do conhecimento do particular, pelo que a sua validação será extremamente difícil.

[3] Não se estranhando, por isso, que a doutrina sustente que «as taxas servem de compensação a prestações efetivas, sendo por regra exigidas no próprio momento em que essas prestações são provocadas ou aproveitadas pelo sujeito passivo. Sendo efetivas as prestações em que assentam, é inevitável que lhes sejam inerentes custos para a administração ou benefícios para o contribuinte, não representando uma questão controversa, ainda que o possa ser a questão da respetiva quantificação» – cf. Sérgio Vasques (Coimbra, 2008) *O Princípio da Equivalência como Critério de Igualdade Tributária*, p. 447 (cit.).

Ao invés, todos os encargos e ganhos do particular são do conhecimento dos municípios.

Nesta medida, a aplicação de uma taxa, sobretudo de ocupação, com base em meros projetos de construção, pode levar a receita local sem contraprestação efetiva, situação esta que pode ser gerada mesmo sem o conhecimento efetivo dos municípios, provocando-se uma ilegítima tributação de ocupação através de meras projeções de construção. Trata-se, sem dúvida de uma situação em violação do Princípio da Proporcionalidade, posto que, se é certo que uma taxa pode ser cobrada pelos custos efetivos ainda que futuros, já não o pode ser por custos meramente possíveis/eventuais, ou seja, aqueles custos cuja natureza não se conhece, ou pior, assentes em factos tributário que podem, ou não, vir a suceder.[4] Acresce ainda que, independentemente dos elementos de cálculo do valor da taxa, o facto tributário – isto é, o facto gerador da aplicação dos tributos – é um só e o mesmo, ou seja, a ocupação do subsolo, pelo que, sem essa ocupação efetiva, não poderá ser cobrada a taxa.

Em suma, podemos sustentar que a TOS é um tributo bilateral (i) liquidado e cobrado tendencialmente com periodicidade anual, (ii) por referência a estruturas efetivamente instaladas após o término da obra que as implementou (no caso das tubagens, quando estas são integradas na rede em serviço), e com base (iii) em cadastro referente às instalações presentes no município a 31 de dezembro do ano anterior.

II.II Do Procedimento de liquidação da TOS

O procedimento de liquidação da TOS é relativamente simples, como aliás deveriam ser todos os procedimentos de cobrança de taxas municipais. Com efeito, este procedimento deve ter em vista, não só a fácil compreensão pelos contribuintes da liquidação dos tributos, como também o menor custo administrativo possível para as autarquias, dado que a praticabilidade de uma taxa será uma das suas características mais importantes, para que a

[4] No mesmo sentido: «[s]ó dentro de limites muito estreitos podemos admitir, no entanto, que as taxas sirvam à compensação de prestações administrativas presumidas. Quando a presunção em que um tributo assenta é tão forte que podemos considerar efectiva a prestação administrativa, devemos considerar estar perante taxa; quando a presunção apenas permite considerar provável a prestação administrativa, devemos considerar estar perante contribuição; quando a presunção seja tão frágil que a prestação se mostre apenas possível ou eventual estaremos perante imposto. É uma escala gradativa aquelas que distingue, portanto, as diferentes categorias tributárias» – cf. Sérgio Vasques (Coimbra, 2008), p. 248 (cit.).

mesma seja o mais rentável possível. Se um contribuinte apresenta, no primeiro trimestre do ano seguinte, o seu cadastro completo, terá de ser com base nessa informação que é liquidada a TOS, sob pena de o município ter de recorrer a mecanismos alternativos de determinação para conseguir legitimar a sua atuação de correção.

No que respeita à TOS, propriamente dita, são os seguintes os passos essenciais; a saber:

i) Durante um determinado ano (ano n), os operadores económicos mantêm a ocupação do espaço municipal com cabos, tubos e condutas, projetando inclusivamente alterações na rede de distribuição, transmissão ou comunicação;
ii) Durante o 1º trimestre do ano n+1, os operadores económicos comunicam, para efeitos de liquidação, a totalidade das metragens sujeitas a TOS através do mecanismo escolhido pelo município (tendencialmente e-mail);
iii) Os municípios recebem essa informação e comparam essas metragens com os seus cadastros;
iv) Com base nesses elementos, os municípios operam a multiplicação do número de metros lineares pelo valor da taxa fixada no regulamento municipal;
v) Por fim, é enviada uma única liquidação anual de TOS aos operadores económicos que assim poderão proceder ao seu pagamento no prazo de 30 dias e realizar a devida repercussão do custo.

II.III Da Repercussão 'a jusante' do valor da TOS

A disciplina da repercussão de um tributo, nas suas variantes jurídica e económica, é matéria pouco tratada na doutrina com as consequentes dificuldades na jurisprudência. No campo das taxas essa dificuldade avulta-se na medida em que esta figura tributária é propensa a fenómenos de intermediação e até de empresarialização do processo de liquidação.[5]

Para esse efeito, a TOS é uma taxa neutra na esfera do sujeito passivo, à imagem do que sucede com o IVA, na medida em que a mesma pode ser integralmente repercutida no consumidor final.

[5] Aspeto para o qual tentámos alertar quando nos dedicámos à figura do intermediário na liquidação, e a sua distinção com o substituto, então mais centrados no tema da responsabilidade tributária, em Nuno de Oliveira Garcia (Coimbra, 2015)[3], pp. 88-110.

Vários motivos existem para que se tenha consagrado um direito à sua repercussão, jurídica e económica, pelos sujeitos passivos como seja a manutenção do valor económico do contrato de concessão que garante a utilização de estruturas de redes nacionais de eletricidade, comunicação ou gás natural.[6] Nos casos dos operadores económicos cujo relação com o consumidor final não seja direta, estes podem repercutir o valor suportado com a TOS na cadeia de comercialização, até que os comercializadores finais possam repercutir esses mesmos valores nas faturas dos consumidores finais.[7]

É assim que nasce um desafio particularmente complicado para a administração local, que fica dividida entre a sua necessidade financeira de cobrar a taxa e o valor que os seus munícipes terão de suportar nas suas faturas de serviços essenciais. Isto porque, na verdade, o valor de TOS cobrado a final nas faturas aos clientes apenas depende dos valores fixados pelos municípios, não decorrendo, portanto, verdadeiramente, de uma escolha dos operadores económicos que apenas os repercutem. Com efeito, sempre que um município cobra a TOS anualmente fixada (ou cobra TOS acima desse valor por não ter liquidado anteriormente devido a erro imputável aos seus serviços), o operador económico tem direito a proceder à repercussão integral desses valores no ano seguinte ao pagamento.

O método de repercussão da TOS é regulado pela ERSE, adotando-se um processo nem sempre fácil de se compreender e que ocorre através de um termo de energia e de um termo fixo, em função dos níveis de pressão (baixa pressão menor – entregas para consumos inferiores ou iguais a 10 000 m3 (n) em BP< – e média e baixa pressão maior – entregas para consumos superiores a 10 000m3 (n) em MP e BP>). Esta estrutura é, todavia,

[6] Devendo-se ressalvar que caducou a disposição prevista no artigo 133º do Orçamento do Estado para o ano de 2021 que dispunha: «Artigo 133º: Taxa municipal de direitos de passagem e taxa municipal de ocupação do subsolo: 1 – A taxa municipal de direitos de passagem e a taxa municipal de ocupação de subsolo são pagas pelas empresas operadoras de infraestruturas, não podendo ser cobradas aos consumidores. 2 – O presente artigo tem caráter imperativo sobrepondo-se a qualquer legislação, resolução ou regulamento em vigor que o contrarie. 3 – No primeiro semestre de 2021, o Governo procede às alterações legislativas necessárias à concretização do disposto no nº 1» (cit.).

[7] Com efeito, a Resolução do Conselho de Ministros nº 98/2008, de 8 de abril, estabeleceu, através dos contratos de Concessão de Serviço Público de Distribuição Regional de Gás Natural, que os custos com esta taxa de ocupação do subsolo seriam suportados pelos consumidores de gás natural de cada município, sendo a sua cobrança feita através das faturas de gás natural, e consequentemente entregues, na íntegra, ao município.

idêntica à estrutura dos preços das tarifas de uso das redes de distribuição de gás natural apresentada na fatura dos clientes, que também tem um termo fixo (Euros/mês) e um preço de energia (Euros/kWh).

A questão da repercussão é tanto mais relevante quando podem existir, na prática, situações em que municípios adotam uma diferente interpretação do que consideram ocupação de domínio municipal para efeitos de TOS. Um dos cenários mais frequentes é o dos serviços municipais considerarem, para efeitos e liquidação de TOS, apenas o denominado domínio municipal público e não o domínio municipal privado, tanto mais que vários são os casos em que os ofícios de notificação emitidos – pelos quais os municípios remetem as liquidações da TOS – não fazem a distinção entre 'comprimento total (m)' e 'Comprimento em espaço público (m)', não diferenciando entre espaço municipal público ou privado.

A este respeito, note-se que os municípios podem liquidar TOS tanto pela ocupação de espaço municipal público, como pelo espaço municipal privado (ainda que com legitimidade acrescida no primeiro caso), mas temos conhecimento de municípios que têm vindo, por vezes na sequência de contencioso, entender liquidar apenas sobre a ocupação do espaço municipal público, para diminuir o valor a pagar pelos consumidores finais.

Todavia, em casos de tributação adicional sobre períodos fiscais já transatos,[8] não nos restam dúvidas que só os operadores económicos mantêm o seu direito de repercutir os valores de TOS liquidados adicionalmente.

Essa questão transporta-nos diretamente para um dos principiais temas com os quais nos confrontamos; a saber: a dicotomia entre o valor da justa repartição de encargos públicos, presente na taxa fixada pela Assembleia Municipal, e a necessidade do executivo camarário não cobrar aos seus munícipes mais do que a sua capacidade económica permite. Na verdade, não é incomum encontrar um conflito de vontades contrastante resultante de uma 'visão em túnel' por parte do órgão municipal com a competência *ex ante* e *ex post*.

Vejamos:

Num primeiro momento, a Assembleia Municipal fixa o valor de TOS a ser cobrado por cada metro linear, devendo ter em consideração os custos acima referidos. Esse cálculo, como qualquer taxa, não tem em consideração o facto de a TOS ser uma taxa neutra, *ie.* uma taxa cujo encargo económico

[8] Respeitado, naturalmente, as regras gerais de caducidade previstas na LGT e no RGTAL, artigos 45º e 14º, respetivamente.

final não é suportado pelo sujeito passivo. De seguida, o Executivo Camarário irá proceder à liquidação da taxa. Pela sua relação direta com os munícipes não é raro que o executivo municipal tenha uma diferente sensibilidade daquilo que pode ser economicamente suportado pelos munícipes.

Ou seja, enquanto a Assembleia Municipal analisa e pondera as necessidades financeiras do município (pois é essa a sua competência) que deverão ditar o valor da TOS, já o executivo camarário, que conhece, ou deve conhecer, as metragens dos operadores económicos, terá fundamentalmente de se ocupar do mecanismo de repercussão que irá impactar diretamente a população.

Note-se que, dado os Princípios da Indisponibilidade do Crédito Tributário e o da Divisão de Competências Tributárias, a Câmara Municipal não poderá alterar os valores que foram fixados no regulamento municipal de taxas, da mesma forma que também não poderá gerar nos munícipes a impossibilidade de estes acederem a serviços essenciais.[9]

Assim, cabe questionar: – como pode suceder que uma liquidação de TOS venha a ocorrer efetivamente a um valor abaixo daquele aprovado pela assembleia municipal e que consta da tabela de taxas publicada?

Em primeiro lugar, pode ter ocorrido um erro dos serviços na aplicação da Taxa, em segundo lugar pode ocorrer uma redução da consideração do domínio municipal ocupado (não se considerando para efeitos de TOS o domínio municipal privado) ou, de forma *ad hoc* e sem qualquer norma habilitante que o permita, pode ocorrer que a TOS seja parcialmente liquidada, durante 4 anos, aumentando assim o valor de tributação futuro, mas mantendo os valores estáveis nos munícipes.

Naturalmente, estas opções resultam de uma análise económico-financeira e política pelo executivo camarário, o que significa que, após mudanças geradas por eleições, a posição tomada poderá ser alterada. Ora, nesses casos, bem como em situações de maior urgência financeira, o executivo camarário tende a lançar mão da figura das 'liquidações adicionais'.

Mas, se para os sujeitos ativos (*maxime,* administração tributária) a liquidação adicional consubstancia um instrumento relativamente *simples*, para os particulares poderá levantar uma série de questões, nomeadamente saberem quais os limites dessa liquidação adicional de TOS e se lhes resulta

[9] Como é bem sabido, e por demais evidente, o executivo autarca não pode reduzir a alíquota da TOS aprovada pela Assembleia Municipal, e muito menos liquidar com base noutra alíquota.

alguma contingência pelo facto de, por motivo que não lhes é imputável, terem suportado um tributo em montante inferior ao devido.

III. Dos limites da liquidação adicional de TOS por facto não imputável ao contribuinte

Nos casos em que o município tenha liquidado TOS em valor inferior ao devido e pretenda, em consequência desse facto, proceder posteriormente a liquidações adicionais, estas encontram-se limitadas pelas seguintes formas de responsabilidade:

- A Responsabilidade Tributária limitada pela caducidade;
- A Responsabilidade Contraordenacional limitada pela ausência de norma impositiva de conduta de correção; e,
- A Responsabilidade por violação de Direito Europeu, quer por possível consideração de auxílio de Estado indireto como por auxílio de Estado resultante de informação dada pelo município.

III.I Da Responsabilidade Tributária limitada pela Caducidade

Na lei tributária encontramos dois elementos temporais que funcionam como limites a *solicitações* de pagamentos por parte do Estado cuja certeza dos particulares há muito ditava que não eram devidos; são eles a (i) caducidade e a (ii) prescrição.

Pode definir-se a *caducidade* como o instituto através do qual os direitos que, por força da lei ou de convenção das partes, se devem exercer dentro de certo prazo, se extinguem pelo seu não exercício durante o mesmo período. Este instituto tem por fundamento vetores como a certeza e a ordem pública, vistos no sentido de que é necessário que, ao fim de certo lapso de tempo, as situações jurídicas se tornem certas e inatacáveis.

No que diz respeito ao direito tributário, o regime da caducidade do direito à liquidação de tributos encontra consagração da regra geral no artigo 45º da LGT[10], prevendo um prazo de 4 anos. Isto significa que a notificação da liquidação ao contribuinte tem de ocorrer dentro do mencionado prazo contado do facto tributário,[11] sob pena de operar a caducidade

[10] Que dispõe no sentido de que: «[o] direito de liquidar os tributos caduca se a liquidação não for validamente notificada ao contribuinte no prazo de quatro anos, quando a lei não fixar outro» (cit.).

[11] «O início da contagem do prazo de caducidade ocorre, em regra, com a produção do facto gerador» – Cf. José Maria Pires, in coord. VV (Coimbra, 2015) *Lei Geral Tributária Anotada e Comentada*, anotação ao artigo 45º (cit.).

de tal direito da administração tributária.[12] Tratando-se as taxas de obrigações tributárias,[13] estão sujeitas ao regime da LGT, motivo pelo qual afirmar que os tributos em causa se consubstanciam numa taxa leva-nos a aplicar o já mencionado prazo de caducidade do artigo 45º da LGT e artigo 14º do RGTAL.[14]

Pois bem, o instituto da caducidade não é um instituto ou conceito originário do Direito Público[15] e, muito menos, do Direito Tributário, não podendo ser interpretado *tout court*, sem o recurso às disposições do Código Civil. Veja-se, para esse efeito, o disposto no artigo nº 2 do artigo 298º do Código Civil, segundo o qual «[q]uando, por força da lei ou por vontade das partes, *um direito deva ser exercido dentro de certo prazo,* são aplicáveis as regras da caducidade, a menos que a lei se refira expressamente à prescrição» (cit., itálico nosso). Efetivamente, é da norma constante do artigo nº 2 do artigo 298º do Código Civil que decorre a ligação entre o direito e o limite ao seu livre exercício pelo instituto da caducidade. Aplica-se, portanto, a direitos sujeitos a um termo,[16] direitos que envolvem uma atuação e não aos chamados direitos absolutos.[17]

Neste sentido, aliás, milita o raciocínio de que a caducidade, ao contrário da maioria dos prazos de atuação, contém em si um conteúdo sancionatório. Tal conteúdo obsta, *ipso iure,* ao usufruto da permissão normativa específica de aproveitamento da posição jurídica de *vantagem,* ou do bem

[12] O prazo de caducidade em análise justifica-se por razões objetivas de segurança jurídica, tendo o propósito último de gerar a definição da situação do obrigado tributário num prazo razoável, cujo decurso conduz à preclusão do direito do Estado de promover a liquidação dos impostos que lhe sejam eventualmente devidos.

[13] Nos termos do artigo 1º da LGT.

[14] «As dívidas tributárias prescrevem, salvo o disposto em lei especial, no prazo de oito anos contados, nos impostos periódicos, a partir do termo do ano em que se verificou o facto tributário e, nos impostos de obrigação única, a partir da data em que o facto tributário ocorreu, exceto no imposto sobre o valor acrescentado e nos impostos sobre o rendimento quando a tributação seja efetuada por retenção na fonte a título definitivo, caso em que aquele prazo se conta a partir do início do ano civil seguinte àquele em que se verificou, respetivamente, a exigibilidade do imposto ou o facto tributário» (cit.).

[15] Com efeito, importa não olvidar a este respeito que no ordenamento jurídico português a caducidade tem origem no 'Código de Seabra' de 1867, mais tarde evoluído para o Código Civil de 1966, e só nos finais do século XX incutida no Direito Público.

[16] Em sentido contrário *vide* Rui Marques, «A Caducidade do Direito de Liquidação do Imposto» *in Vida Económica,* s.d., p. 20, onde o Autor apenas considera os diretos potestativos.

[17] Sejam eles *erga omnes, in personem ou rights in rem.*

jurídico previsto. Ao invés, o decorrer normal de prazo de atuação irá impossibilitar uma ação – seja o reconhecimento de uma situação material, o recebimento de uma prestação, ou a exigência de determinado conteúdo – sendo que nenhum dos referidos elementos parte da mesma posição de vantagem normativamente criada, como acontece com os direitos.

Pelo que, já reconhecemos a aplicação da caducidade ao direito de liquidação e a quem é que esse limite é dirigido, faltando apenas integrar esse instituto na relação entre o particular e o livre exercício dos deveres da Administração quanto à TOS. Ora, sendo esta um tributo de formação contínua e com periodicidade anual, a formação do seu facto tributário completo ocorre no dia 31 de dezembro, sendo esse o momento que irá ditar o início da contagem da caducidade.

III.II Da responsabilidade contraordenacional limitada pela ausência de norma impositiva de conduta de correção

Não será demais ressalvar que os operadores económicos (sujeitos passivos) têm de cumprir com todas as obrigações legais a que se encontram adstritos, nomeadamente a submissão atempada de todas as declarações de metragens com informação correta. Por outro lado, o município é a entidade responsável por proceder à liquidação do tributo e deve, inclusivamente, partir das comunicações dos contribuintes, como vimos. Desta forma, entendemos não existir nenhuma obrigação legal dos operadores económicos (sujeitos passivos) em comunicar eventuais lapsos de liquidação da TOS por parte do município. Mais especificadamente, não vislumbramos enquadramento dos operadores económicos (sujeitos passivos) dentro dos seguintes tipos infracionais sujeitos a coimas tributárias:

- Artigo 113º do RGIT: Recusa de entrega, exibição ou apresentação de escrita e de documentos fiscalmente relevantes;
- Artigo 114º do RGIT: Falta de entrega da prestação tributária;
- Artigo 116º do RGIT: Falta ou atraso de declarações tributárias;
- Artigo 117º do RGIT: Falta ou atraso na apresentação ou exibição de documentos ou de declarações e de comunicações.

III.III Responsabilidade por violação de Direito Europeu, quer por possível consideração de auxílio de Estado indireto como por auxílio de Estado resultante de informação dada pelo Município

III.III.I Introdução

Na atualidade, quando aferimos a responsabilidade tributária de particulares com a administração pública, temos sempre de ter em consideração o regime de direito europeu e, bem assim, dos Auxílios de Estado (AE). Esta necessidade decorre do facto de Portugal, maioritariamente por negligência e não por uma vontade expressa de benefício, ter vindo a conhecer um contencioso cada vez maior em sede de AE, à imagem do que tem ocorrido um pouco por toda a União Europeia (UE).[18]

Assim, naquilo que releva para os AE em matéria tributária sempre se terá de ressalvar que a figura do AE foi criada como um meio para prevenir o protecionismo,[19] sendo que o seu âmbito tem vindo a evoluir no sentido de se tornar uma reação contra a competição tributária desfavorável entre Estados. Isto porque apesar das assimetrias entre Estados,[20] existe o princípio

[18] Como motivo para as investigações sobre AE tidas pela CE, *vide* Shearmen & Sterling (antitrust client publication): «EU Investigates Tax Rulings for Breach of State Aid Rules» – 4 de fevereiro de 2015, disponível em:
http://www.shearman.com/~/media/Files/NewsInsights/Publications/2015/02/EU-Investigates-Tax-Rulingsfor-Breach-of-State-Aid-Rules-Antitrust-020415.pdf, quando os mesmos afirmam que: «Reforms that came into force in July last year have resulted in a dramatic fall in the number of State aid notifications made to the Commission. This has freed resources for a larger number of '*ex officio*' investigations. The Commission has signaled its willingness to use this capacity to pursue public policy objectives via State aid that are not driven purely by competition concerns. The motivation of the Commission to do this stems from two main sources. First, following the financial crisis, there is the wider public concern with 'aggressive' tax planning (...) The second factor is the longstanding political frustration within the Eurozone about tax competition between Member States», com base no discurso de Joaquin Almunia: «Some highlights from EU competition enforcement» – SPEECH/14/608, IBA 18th Annual Competition Conference, 19 de Setembro de 2014, Florença, onde o mesmo acrescenta, na p. 4, que: «The new State aid guidelines and procedures are designed to support Europe-wide efforts to boost growth and create jobs, and to promote what I call 'good aid' – that is, measures that improve the quality of public spending – and fairness in the way taxes treat companies operating under similar circumstances» (cit.).

[19] Ruth Mason, «Tax Rulings as State Aid FAQ», *in* (2017) *Tax Notes,* janeiro, p. 452.

[20] Ruth Mason, «Tax Rulings as State Aid FAQ», *in* (2017), p. 452.

na UE de que todas as empresas devem ser tributadas uma só vez *(single-tax principle)* e o AE é hoje uma forma de manter esse mesmo princípio.[21]

O artigo 107º do Tratado de Funcionamento da União Europeia (TFUE) afirma que os AE são incompatíveis com o mercado interno, sendo por isso contrários ao Direito da União Europeia, salvas raras exceções, previstas no TFUE.[22]

Para os Estados Membros (EM) reconhecerem que foi atribuído um AE, a jurisprudência do Tribunal de Justiça da União Europeia (TJUE) avança os pressupostos que compõem a figura do AE: «o artigo 92.° tem por objetivo evitar que eventuais vantagens consentidas pelas autoridades públicas, sob diversas formas, falseiem ou ameacem falsear a concorrência favorecendo certas empresas ou certas produções» (cit.).[23]

Desta citação, retira-se que os pressupostos cumulativos para AE eram, na década de '70 do século passado:

i) uma vantagem (não avançando o critério de *seletividade*)[24];
ii) consentida pela autoridade pública (donde se retira que não era necessária uma atuação direta, mas que bastaria um comportamento concludente, uma informação vinculativa, ou qualquer outra forma de manifestação indireta da vontade do Estado, bem como poderia ser emanada por toda a administração, não se restringindo o conceito ao trabalho da administração direta);
iii) que falseiem ou ameacem falsear a concorrência (não sendo aqui acrescentada a possibilidade de distorção do mercado interno); e
iv) favorecendo certas empresas ou produções.

Para além do TFUE e da jurisprudência do TJUE, a CE também formula alguns comunicados com o fim de clarificar o entendimento do conceito, através de uma súmula jurisprudencial[25], bem como de alguma interpretação

[21] Na medida que, em casos de dupla não tributação, a figura do AE concede à CE a competência para averiguar a vantagem em causa.

[22] Na versão 2012/C 326/01, publicada em JO nº C 326 de 26/10/2012 p. 0001 – 0390.

[23] Caso C-173/73: Itália v. Comissão, ECLI:EU:C:1974:71, prg. 26.

[24] Que se inferia da descrição do artigo a determinadas empresas, não sendo bem um qualificativo da vantagem *per si*, mas antes da própria atuação. Como é sabido, a seletividade é hoje uma das partes mais relevantes da análise do conceito e reproduz a qualificação da vantagem, demonstrando cabalmente o beneficiário da medida em causa.

[25] Como é o caso de «*Notice on the application of State aid*», publicado em *JO* nº C-384, 1998, hoje substituído pelo «Notice on the notion of State aid as referred to in Article 107(1) TFUE» publicado em *JO* nº C-262/1 de 19 de julho de 2016.

própria. Esta faceta interpretativa da CE traz consigo uma impossibilidade de aplicação *plurisubjetiva,* dado que apenas a poderá vincular a si mesma.

No entanto, apesar da instabilidade presente na interpretação do conceito de AE, dada a sua importância na manutenção do mercado interno da União Europeia (UE), a CE tem vindo a dar início a uma série de procedimentos por alegada ocorrência de AE, na vertente fiscal, juntando algumas considerações aos pressupostos *supra* identificados.

São precisamente essas considerações que nos levam a ponderar que poderá a tributação de TOS em valor inferior ao que resulta do regulamento municipal (realidade que não sabemos que ocorre, mas que é apenas uma mera possibilidade) consubstancia um AE indireto, apesar de sabermos que a TOS é um tributo economicamente neutro para os sujeitos passivos.

Hoje em dia, como pressupostos para preencher o conceito de AE, a CE avança quatro condições:

a) Deve haver uma intervenção por parte do Estado ou através dos seus recursos;
b) A intervenção deve conter a capacidade de afetar as trocas comerciais entre EM;
c) Deve conferir uma vantagem seletiva a uma empresa; e
d) Deve distorcer ou ameaçar distorcer a concorrência.

Para além da dificuldade de reconhecer a diferença entre o segundo e o quarto pressuposto, dado que ambos se consubstanciam numa capacidade de afetação da concorrência no mercado interno, encontramos uma redução do ónus probatório da UE. Essa redução tem lugar porque se pode inferir desta definição que, se a vantagem presume a seletividade e a distorção das regras do mercado presume a violação das regras de concorrência, então a CE apenas terá de provar uma vantagem, que é contrária às regras de mercado e estaria preenchida a figura de AE, sendo que metade dos seus pressupostos seriam presumidos.

Sabendo a *ratio* da figura, voltemos agora ao conceito AE, na vertente fiscal. Pois bem, um AE, nos termos do artigo 107º, nº 1, do TFUE, pode ser concedido através de qualquer forma: dolosa, negligente, por ação ou por omissão. No presente caso, e salvo melhor opinião, a forma como esses requisitos devem ser preenchidos tem por base um acórdão específico do TJUE[26] e traduz-se na verificação de:

[26] Caso C-399/08 P – *Comission vs. Deutsche Post.* Na versão portuguesa, dispõe o acórdão que: «[a] título preliminar, há que recordar que, segundo jurisprudência assente, a qualificação de

i) uma intervenção Estatal, ou através de recursos do Estado;
ii) essa mesma intervenção deve conter a possibilidade/ser suscetível de afetar as trocas de mercado entre EM;
iii) conferindo uma vantagem seletiva ao seu beneficiário; e
iv) distorcendo ou ameaçando distorcer as regras da concorrência.

Desta definição é possível retirar duas condições *a priori*: em primeiro lugar que os elementos de constituição da figura são cumulativos e em segundo lugar que existe uma relação de prejudicialidade entre eles.

Uma das formas possíveis de realizar a *vantagem* é através de *poupança fiscal*, ou seja, a atuação do Estado decresce a perda que seria tida pela empresa em impostos ou taxas. A vantagem, nos casos específicos do AE fiscal, é dada em sentido negativo, o que quer dizer que não é entregue uma quantia pecuniária a qualquer título, mas que se permite uma ausência de gasto, que representa um potencial de investimento ou lucro. Assim, sempre que estamos perante um AE, na forma fiscal, estamos perante uma poupança tributária permitida casuisticamente por um EM que gera uma vantagem indevida à empresa no mercado interno.

Numa análise mais superficial do tema, considerando que o valor entregue à Autarquia pelos operadores económicos (sujeitos passivos) diminui face às metragens consideradas pelos operadores, poderíamos, *prima facie*, dizer que se encontrava preenchido o critério da vantagem. No entanto, como sabemos, todo o custo tido com a TOS é repercutido nos comercializadores.

Ora, mesmo em casos de AE fiscal, a própria CE parece não permitir uma separação causal entre os elementos como meio de consagrar o ilícito,

«auxílio» na acepção do artigo 87º , nº 1, CE exige que todos os requisitos a que se refere essa disposição estejam preenchidos (acórdãos de 21 de Março de 1990, Bélgica/Comissão, dito *Tubemeuse*, C-142/87, Colect., p. I-959, nº 25; de 1 de Ju lho de 2008, Chronopost e La Poste/ Ufex e o., C-341/06 P e C-342/06 P, Colect., p. I-4777, nº 125; e de 17 de Julho de 2008, *Essent Netwerk Noord* e o., C-206/06, Colect., p. I-5497, nº 63)» e «[a]ssim, para que uma medida nacional possa ser qualificada de auxílio de Estado, em primeiro lugar, deve tratar-se de uma intervenção do Estado ou através de recursos do Estado, em segundo lugar, essa intervenção deve ser susceptível de afectar as trocas comerciais entre os Estados-Membros, em terceiro lugar, deve conceder uma vantagem ao seu beneficiário e, em quarto lugar, deve falsear ou ameaçar falsear a concorrência (v., neste sentido, nomeadamente, acórdãos de 23 de Março de 2006, *Enirisorse*, C-237/04, Colect., p. I-2843, n.os 38 e 39; de 30 de Março de 2006, *Servizi Ausiliari Dottori Commercialisti*, C-451/03, Colect., p. I-2941, nº 56, e de 17 de Novembro de 2009, *Presidente del Consiglio dei Ministri*, C-169/08, Colect., p. 10821, nº 52)» (cit.).

ou seja, terá de ser a vantagem seletiva a gerar a distorção das regras de mercado, e não uma atuação do próprio particular, sob pena de imputarmos ao Estado a ilicitude da atuação do particular. Desta ideia nasce um quinto elemento da análise do AE. Esse possível elemento trata-se do nexo de causalidade entre a vantagem e a distorção ou possível distorção.

Este critério de análise não comporta em si mesmo um pressuposto do preenchimento do conceito de AE, mas tal não quer dizer que o mesmo não seja parte integrante da análise de cada parâmetro. Mais se infere, que a observação deste critério enquanto pressuposto de análise dos pressupostos do AE, dada a presunção que contém, deve ser ilidida pelo EM e não pela CE, dando-se, graças à presunção, uma inversão do ónus da prova quanto à causalidade dos elementos.

Assim sendo, aquilo que deve ser demonstrado pela CE[27] em casos de AE fiscal será: quais os recursos do Estado que foram utilizados, se a atuação foi tida pelo Estado, de forma a conferir uma vantagem, demonstrando a seletividade dessa vantagem, com, pelo menos, a possibilidade de afetar as trocas comerciais, bem como de distorcer as regras de concorrência.

Desta ideia nasce uma outra preocupação, é que a própria interpretação das disposições da jurisprudência pela CE apresenta uma finalidade de natureza política e não meramente uma interpretação de direito. Afirma-se isto porque, ainda que o conceito de AE seja objetivo, a política dos AE claramente não o é.

Nesse sentido, as disposições dos acórdãos do TJUE que poderiam ser lidas de uma forma mais restritiva passam a ter uma maior abrangência.

Vários autores internacionais,[28] chamam a atenção para um exemplo claro do que é esta dissonância olhando para o critério da *seletividade*.[29]

[27] Elizabeth A. Jone, «State Aid in the EU through Tax Rulings and Transfer Pricing» (2016) *Law School Student Scholarship*. Paper 911, disponível em: http://scholarship.shu.edu/student_scholarship/911 – p. 5.

[28] Andrea Biondi e Oana Stefan, «The Notice on the Notion of State Aid: every light has its shadow», (2017) *King's College London Dickson Poon School of Law Legal Studies Research Paper Series:* Paper nº 2017-18, ponto nº 3.4.: «it is understandable for the Commission to try to 'rationalize' the abundant quantity of case law on state aid, but while on one hand this might be an arduous task as – with all due respect – not every single judgment of the Court is crystal clear and on the other, it is tempting to ascribe to the Court findings that might not necessarily be there» (cit.).

[29] Com base no parágrafo nº 121, *Comunicação Sa.38945* (2015/C) (ex 2015/NN), publicada em J.O. C-258/2016 a 5 de julho de 2016, com base na decisão de abertura de investigação

Este critério encontra-se dividido entre seletividade regional e material. A seletividade material é, por sua vez, dividida entre em seletividade material de *jure*[30] e a seletividade material *de facto*.[31] Quanto à definição de seletividade *de facto*, encontramos alguma controvérsia. Para ilustrar esse facto,[32] deve analisar-se do caso Autogrill Espanha v. Comissão.[33]

Nesse mesmo caso era discutida a seletividade de uma medida que permitia a amortização do *goodwill* financeiro a empresas espanholas que tivessem adquirido participações de empresas sediadas noutros EM. Esse mesmo benefício não seria atribuído a empresas que tivessem levado a cabo aquisições dentro do território espanhol.

A CE considerou que se estava perante AE dado que esse benefício era uma derrogação do sistema tributário geral espanhol. O TJUE anulou essa decisão da CE e lançou um novo critério de seletividade, afirmando que a mera existência da derrogação do sistema não significa que a medida favorece, necessariamente, determinadas empresas ou produções de serviços, nos termos do Direito da União Europeia, dado que a medida poderia ser

nº IP/15/6221 de 3 de dezembro de 2015: «De jure selectivity results directly from the legal criteria for granting a measure that is formally reserved for certain undertakings only (for instance: those having a certain size, active in certain sectors or having a certain legal form; companies incorporated or newly listed on a regulated market during a particular period; companies belonging to a group having certain characteristics or entrusted with certain functions within a group; ailing companies; or export undertakings or undertakings performing export--related activities). *De facto* selectivity can be established in cases where, although the formal criteria for the application of the measure are formulated in general and objective terms, the structure of the measure is such that its effects significantly favour a particular group of undertakings (as in the examples in the preceding sentence)» (cit.).

30 Segundo o *Notice on the application of State aid*, publicado em JO nº C-384, 1998, hoje substituído pelo *Notice on the notion of State aid as referred to in Article 107(1) TFUE* publicado em JO nº C-262/1 de 19 de julho de 2016, «A seletividade de jure resulta diretamente dos critérios jurídicos para a concessão de uma medida que está formalmente reservada apenas a certas empresas», p. 27 (cit.).

31 Segundo o *Notice on the application of State aid*, publicado em JO nº C-384, 1998, hoje substituído pelo *Notice on the notion of State aid as referred to in Article 107(1) TFUE* publicado em JO nº C-262/1 de 19 de julho de 2016 «[a] seletividade de facto pode resultar de condições ou barreiras impostas pelos Estados-Membros que impeçam que determinadas empresas beneficiem da medida», p. 28 (cit.).

32 Andrea Biondi e Oana Stefan, «The Notice on the Notion of State Aid: every light has its shadow» in *King's College London Dickson Poon School of Law Legal Studies Research Paper Series:* Paper nº 2017-18, ponto nº 3.4.

33 Caso T219/10, de 7 de novembro de 2014, ECLI:EU:T:2014:939.

utilizada por qualquer empresa. Ainda foi salientado que esta derrogação do regime espanhol não estava direcionada a nenhuma categoria de empresas em particular, mas a uma categoria de transações económicas o que não preenchia o conceito de seletividade.[34]

A CE consegue, desta forma, uma interpretação mais abrangente que aquela que foi dada pela jurisprudência.[35]

Como foi referido anteriormente, os poderes da CE não permitem que a mesma dê lugar a interpretações inovadoras perante a letra dos Tratados. Isto não é o mesmo que dizer que a CE não pode dar lugar a interpretações extensivas ou restritivas da letra da lei, apenas não pode alterar o seu sentido. Quando o sentido de uma norma é alterado estamos perante uma interpretação da CE que não vincula agentes terceiros à mesma.

Sendo que estamos sob o signo de Direito Europeu, cabe analisar que, à imagem do que sucede com o Direito Internacional Público existem dois níveis de força, quanto à vinculatividade do Direito: Direito em sentido forte e Direito em sentido fraco (*hard law* e *soft law*). No Direito Europeu a afirmação de que determinada fonte é emanada ao abrigo do *hard law* permite afirmar que a mesma tem uma força absoluta, ou seja, uma aplicação *erga omnes*. Por outro lado, uma fonte de *soft law* deverá apenas

[34] Prg. nº 32, 44 e 45 do Acórdão T-219/10: 32 – «No entanto, mesmo quando, no âmbito do quadro de referência, surge essa diferença de tratamento entre situações factuais e jurídicas comparáveis, segundo jurisprudência constante, o conceito de auxílio de Estado não abrange as medidas estatais que introduzem uma diferenciação entre empresas, e que, portanto, são, a priori, seletivas, quando essa diferenciação resulta da natureza ou da economia do sistema de imposições em que se inscrevem."/ 44 – "Ora, quando a medida em causa, apesar de constituir uma derrogação ao regime fiscal comum ou «normal», é potencialmente acessível a todas as empresas, não se pode proceder à operação que consiste em comparar, à luz do objetivo prosseguido pelo regime comum ou «normal», a situação jurídica e factual de empresas que possam beneficiar da medida com a de empresas que dela não possam beneficiar» / 45 – «Resulta do que precede que, para que a condição de seletividade esteja preenchida, deve, em todos os casos, ser identificada uma categoria de empresas, que sejam as únicas beneficiadas pela medida em causa e que, na hipótese acima prevista no nº 44, a seletividade não pode resultar da mera constatação de que foi estabelecida uma exceção a um regime comum ou «normal» de tributação» (cit.).

[35] Acórdão do Tribunal Geral de 29 de setembro de 2000, *CETM/Comissão*, T-55/99, Colet., p. II-3207, nºs 39, 40 e 47; Caso C-279/08, Comissão/Países Baixos, de 8 de setembro de 2011, Colet., p. I-7671, nº 62; Caso C-143/99, *Adria-Wien Pipeline* e *Wietersdorfer & Peggauer Zementwerke*, ECLI:EU:C:2001:598; Caso C-88/03, Portugal/Comissão, de 6 de setembro de 2006, Colet., p. I-7115, nº 54 (a título de exemplo).

vincular aquele que a emanou, podendo, eventualmente, servir de *guideline* a agentes terceiros.

III.III.II Da verificação de uma vantagem

De acordo com a CE,[36] para reconhecer a vantagem seletiva é necessário avaliar se a atuação do Estado gerou um favorecimento a determinada empresa (vantagem) em comparação com outras empresas à luz de critérios objetivos (seletividade). Esta comparação que tem lugar com elementos objetivos é realizada tendo em conta empresas em situações legais e factuais semelhantes.

Com base na jurisprudência do TJUE[37] a CE desenvolveu uma avaliação tripartida, na avaliação da seletividade para os casos de AE de natureza fiscal. Em primeiro lugar, é identificado o sistema de referência. Em segundo lugar, é determinado se a medida em questão constitui uma derrogação do sistema de referência e, por fim, é averiguado se a medida é justificada pela

[36] Com base no acórdão C-172/03 Heiser, de 3 de março de 2005, ECLI:EU:C:2005:130, parágrafo nº 40: «Importa recordar, a este propósito, que, segundo jurisprudência constante, o artigo 92º, nº 1, do Tratado impõe que se determine se, no quadro de um dado regime jurídico, uma medida nacional é susceptível de favorecer «certas empresas ou certas produções» relativamente a outras empresas que se encontrem, na perspectiva do objectivo prosseguido pelo referido regime, numa situação factual e jurídica comparável. Em caso afirmativo, a medida preenche a condição de selectividade que é constitutiva do conceito de auxílio de Estado previsto nessa disposição [...]», parágrafo nº 42: «Com efeito, a circunstância de o número de empresas passível de beneficiar da medida em causa ser muito significativo, ou de essas empresas pertencerem a sectores de actividade diferentes, não basta para pôr em causa a sua natureza selectiva e, portanto, para afastar a qualificação de auxílio de Estado» e parágrafo nº 54: "Com efeito, importa recordar que, segundo jurisprudência assente, a circunstância de um Estado-Membro procurar aproximar, através de medidas unilaterais, as condições de concorrência de um determinado sector económico das existentes noutros Estados-Membros não retira a estas medidas a natureza de auxílios» (cit.).

[37] Nos processos apensos C-78/08 e C-80/08 *Paint Graphos*, publicado JO C-116, de 9 de maio de 2008. Parágrafo nº 49: «A qualificação de uma medida fiscal nacional como 'selectiva' supõe, num primeiro tempo, que ela identifique e examine previamente o regime fiscal comum ou «normal» aplicável no Estado-Membro em causa. É em relação a este regime fiscal comum ou «normal» que se deve, num segundo tempo, apreciar e estabelecer o eventual carácter selectivo da vantagem concedida pela medida fiscal em causa, demonstrando que esta medida derroga o referido regime comum, na medida em que introduz diferenciações entre operadores económicos que se encontram, à luz do objectivo prosseguido pelo sistema fiscal do Estado-Membro em causa, numa situação factual e jurídica comparável» (cit.).

natureza ou pela finalidade do sistema de referência em causa. Neste terceiro teste, o ónus da prova encontra-se do lado do EM em causa.[38]

Então comecemos por aferir da vantagem[39], dando primazia à definição de Michel Collet, que define uma vantagem como um benefício económico conferido pelo Estado, através de um tratamento especial que não teria sido recebido no normal decurso da atividade negocial da empresa. Parece-nos ser uma definição particularmente feliz por encontrar em si todos os tipos de vantagem possíveis e que compõe as várias formas de preenchimento da letra do Tratado.

Quando no artigo 107º, nº 1, o TFUE refere-se a vantagem, não indica o método de apuramento dessa mesma vantagem, e é nesse sentido que os métodos de apuramento de 'vantagem' foram enumerados pela jurisprudência do TJUE.

Ora, para apurar desta vantagem é normalmente utilizado o *market economy operator test.*[40] De acordo com este critério é necessário apurar se existe uma vantagem de mercado da empresa que, sem a ajuda do Estado, não teria sido conseguida. Este teste avalia se, em circunstâncias semelhantes, um investidor privado, de tamanho comparável, que opera em condições normais de mercado, seria possível ter efetuado tal investimento.[41] Neste caso, podemos concluir que não é dada nenhuma vantagem direta de mercado aos operadores económicos (sujeitos passivos), pelo que é ultrapassada a primeira avaliação.

[38] Carta da CE Comunicação Sa.38945 (2015/C) (ex 2015/NN), publicada em J.O. C-258/2016 a 5 de julho de 2016, com base na decisão de abertura de investigação nº IP/15/6221 de 3 de dezembro de 2015 prg. 66 e 67 – adiante a comunicação.

[39] Cf. Michel Collet «EU State aid debate: Who's wrong between the US/EU multinationals, EU Member States, the EU Commission, EU law, OECD arm's length principle and the U.S. Treasury?» in (2017) *Tax Review,* nº 336 , 13 de março, para quem «an economic advantage is qualified where the beneficiary benefits from a treatment that he would not have received in the normal course of business (i.e. without the State intervention)» (cit.)

[40] Como já foi utilizado no caso: C-30/94, no qual se baseia a CE, no seu Comunicado, parágrafos nºs 60-62.

[41] Parágrafo nº 74, da Carta da CE Comunicação Sa.38945 (2015/C) (ex 2015/NN), publicada em J.O. C-258/2016 a 5 de julho de 2016, com base na decisão de abertura de investigação nº IP/15/6221 de 3 de dezembro de 2015.

III.III.III Da existência de Seletividade

O sistema de referência constitui a referência em função da qual a seletividade de uma medida é apreciada.[42] Essa referência é composta com base nos critérios objetivos (efeitos e não motivos) aplicáveis. Esses critérios consistem no âmbito de aplicação do sistema, as condições em que o mesmo se aplica, os direitos e obrigações aplicáveis *in casu*, bem como especificidades técnicas.[43] Esta é a regra geral aplicável a todos os casos de AE.

No entanto, existem outros requisitos que são avançados para os casos de AE fiscal em particular, nomeadamente: a matéria coletável, os sujeitos passivos, o facto gerador do imposto e as taxas de imposto. O sistema de referência é, em princípio, a própria tributação.[44]

Quando a CE afirma que a medida não é justificada pelas exceções do TFUE, significa que as próprias normas do Tratado também fazem parte do sistema de referência. Assim, as regras que devem ser seguidas como sistema de referência, sob pena de falsear a concorrência, incluem as regras de violação de mercado. Ao não enumerar estas regras, não é possível compreender qual é o verdadeiro *level playing field* que deveria existir na situação concreta, logo não há uma análise profunda da seletividade.

Depois de identificado o sistema de referência, deve ser constatado se teve lugar uma derrogação do mesmo, este é o segundo critério de análise da seletividade. A CE afirma[45] que a identificação da vantagem económica é em si suficiente para aplicar uma presunção de seletividade.

É de reparar que esse conceito de 'vantagem' identificado não é observado pelo ponto de vista do particular (poupança, redução de custos, maior possibilidade de investimento, maior margem de atuação no mercado), mas sim do lado do Estado (perda de receitas que lhe eram devidas). Mas, *a*

[42] Prg. nº 132 "Notice on the application of State aid", publicado em JO nº C-384, 1998, hoje substituído pelo "Notice on the notion of State aid as referred to in Article 107(1) TFUE" publicado em JO nº C-262/1 de 19 de julho de 2016.

[43] Prg. nº 133, da Comunicação *Notice on the application of State aid*, publicado em JO nº C-384, 1998, hoje substituído pelo "Notice on the notion of State aid as referred to in Article 107(1) TFUE" publicado em JO nº C-262/1 de 19 de julho de 2016.

[44] Prg. nº 134, da Comunicação *Notice on the application of State aid*, publicado em JO nº C-384, 1998, hoje substituído pelo "Notice on the notion of State aid as referred to in Article 107(1) TFUE" publicado em JO nº C-262/1 de 19 de julho de 2016.

[45] Com base nos casos C-15/14 P *Commission v MOL ECLI*:EU:C:2015:362, parágrafo nº 60 e Caso T-385/12 *Orange v Commission* ECLI:EU:T:2015:117.

contrario sensu, a 'seletividade' é apurada do ponto de vista do particular; vejamos:

> «*In relation to that second step of the selectivity analysis, whether a tax measure constitutes a derogation from the reference system will generally coincide with the identification of the advantage granted to the beneficiary under that measure. Indeed, where a tax measure results in an unjustified reduction of the tax liability of a beneficiary who would otherwise be subject to a higher level of tax under the reference system, that reduction constitutes both the advantage granted by the tax measure and the derogation from the system of reference*» (cit.).[46]

Dessa forma, para apurar da derrogação do sistema de referência, a CE afirma que a seletividade da medida coincide normalmente com a vantagem que foi dada, numa tradução direta. Se uma medida fiscal constitui uma derrogação do sistema de referência, irá normalmente coincidir com a identificação da vantagem concedida ao beneficiário por força dessa medida.

Assim, à semelhança desse caso, existe o risco de se considerar que a vantagem atribuída foi a perda de receitas do Estado. A perda de receita do Estado não implica obrigatoriamente uma vantagem sem a prova de que houve uma arrecadação de receitas indevida por parte da empresa. **Foi por isso que anteriormente se afirmou que a vantagem tem de ser analisada do ponto de vista do seu recetor e não do emissor**.

III.III.IV Da Vantagem Seletiva por informação posterior dada pelo município

Mesmo considerando que não teve lugar qualquer AE fiscal indireto originado por negligência do Município, é importante ressalvar que qualquer informação escrita por parte do Município que prometa uma tributação mais baixa que a resultante da norma geral, sem qualquer fundamentação aceitável poderá também ser entendida como AE.

Note-se, as informações vinculativas contêm seletividade se (i) aplicar o direito de forma incorreta,[47] (ii) por esse motivo resultar um montante

[46] Sublinhado nosso, *Notice on the application of State aid*, publicado em JO nº C-384, 1998, hoje substituído pelo *Notice on the notion of State aid as referred to in Article 107(1) TFUE* publicado em JO nº C-262/1 de 19 de julho de 2016.

[47] *Vide* critérios da CE, inscritos no parágrafo nº 174, da comunicação em *Notice on the application of State aid*, publicado em JO nº C-384, 1998, hoje substituído pelo *Notice on the notion of State aid as referred to in Article 107(1) TFUE* publicado em JO nº C-262/1 de 19 de julho de 2016,

inferior de imposto a pagar, [48], (iii) a decisão ser exclusiva da empresa em causa, não sendo possível aplicá-la a qualquer outra empresa na mesma situação factual e legal, e (iv) ou houver uma violação do princípio da plena concorrência.

Sempre que se verifiquem estes critérios, a CE tem afirmado que a seletividade e a vantagem se demonstraram preenchidos, falta, por isso, o terceiro critério: a justificação, que se traduz num critério negativo, pois caso haja uma justificação será ilidida a ilicitude da derrogação do sistema de referência como meio de conferir uma vantagem seletiva.

III.III.V Da Justificação

A 'justificação' é a terceira fase de análise da seletividade de uma medida ou de uma informação dada pelo Município. A CE tem afirmado que os EM detêm a liberdade de escolha da sua política económica e fiscal, desde que a mesma seja exercida em conformidade com a UE.[49] Dentro dessa liberdade de atuação fiscal dos Estados encontramos as decisões fiscais administrativas, praticadas pela administração pública e onde se inserem as informações

Segundo o qual: «In sum, tax rulings confer a selective advantage on their addressees in particular where: (a) the ruling misapplies national tax law and this results in a lower amount of tax; (b) the ruling is not available to undertakings in a similar legal and factual situation; or (c) the administration applies a more 'favourable' tax treatment compared with other taxpayers in a similar factual and legal situation. This could, for instance, be the case where the tax authority accepts a transfer pricing arrangement which is not at arm's length because the methodology endorsed by that ruling produces an outcome that departs from a reliable approximation of a market-based outcome. The same applies if the ruling allows its addressee to use alternative, more indirect methods for calculating taxable profits, for example the use of fixed margins for a cost-plus or resale-minus method for determining an appropriate transfer pricing, while more direct ones are available» (cit.).

[48] Será interessante notar que este requisito de montante inferior de um imposto poderá colocar questões interessante se recordarmos que a figura do AE nasceu como arma contra o protecionismo dos EM. A questão prende-se com o facto de que se for atribuída uma forma mais agrava de imposto a uma empresa, para que haja uma vantagem comercial de outra empresa do mesmo sector, já não estaremos perante AE, apesar da vantagem indireta ter lugar noutro sujeitos, ficando a questão para discussão interna do EM, ou, se provada a discriminação, para discussão em sede de TJUE. No entanto, as consequências não serão tão gravosas como no AE.

[49] Parágrafo nº 156, da comunicação *Notice on the application of State aid*, publicado em JO nº C-384, 1998, hoje substituído pelo *Notice on the notion of State aid as referred to in Article 107(1) TFUE* publicado em JO nº C-262/1 de 19 de julho de 2016.

vinculativas. Essas informações vinculativas devem também respeitar o Direito Europeu, *maxime*, as normas concernentes a AE.[50]

Quanto à compatibilidade com o mercado interno e distorção das regras de concorrência, já aqui afirmámos que ambas constituem um único pressuposto nesta acusação de AE.[51] Em segundo lugar, a averiguação por parte da CE, depois de ter afirmado a vantagem e a seletividade da medida, traduz-se apenas na confirmação de se existe alguma justificação para que a medida se torne compatível com o mercado interno. No entanto, não é isso que a letra do tratado exige. O que a letra do Tratado exige é precisamente a demonstração de que, no mínimo, as regras da concorrência e de mercado possam vir a ser perturbadas pela vantagem seletiva, pois se a vantagem seletiva não conceder nenhum impacto exterior poderemos ter outras questões em análise, mas nenhuma delas será o AE.

Cabe acrescentar que o critério da distorção de mercado não é um ónus do EM e que a justificação serve para ilidir a seletividade da medida. Consequentemente, se tivesse tido lugar qualquer justificação razoável, não seriam analisadas as regras de concorrência uma vez que os pressupostos são cumulativos. A CE considera ainda que se da leitura de uma informação vinculativa resulta numa redução de encargos da empresa, que deveriam ser custeados e que fazem parte do normal desenvolvimento do seu negócio e que dessa forma deveriam ser considerados, estamos perante um AE.[52]

[50] Parágrafo nº 170, da comunicação *Notice on the application of State aid*, publicado em JO nº C-384, 1998, hoje substituído pelo *Notice on the notion of State aid as referred to in Article 107(1) TFUE* publicado em JO nº C-262/1 de 19 de julho de 2016.

[51] A explicação para essa junção é dada na Comunicação *Notice on the application of State aid*, publicado em JO nº C-384, 1998, hoje substituído pelo *Notice on the notion of State aid as referred to in Article 107(1) TFUE* publicado em JO nº C-262/1 de 19 de julho de 2016, parágrafo nº 186, mas para a alternância entre análise conjunta ou separada, dependendo do caso, ou até se deveremos conceber essa parte da letra do tratado como um ou dois pressupostos não é clarificado: «These are two distinct and necessary elements of the notion of aid. In practice, however, these criteria are often treated jointly in the assessment of State aid as they are, as a rule, considered inextricably linked» (cit.).

[52] Parágrafo nº 98, da carta Sa.38945 (2015/C) (ex 2015/NN), publicada em J.O. C-258/2016 a 5 de julho de 2016, com base na decisão de abertura de investigação nº IP/15/6221 de 3 de dezembro de 2015: «*The Commission considers that the revised tax ruling appears to result in a reduction of charges that should normally be borne by the entity concerned in the course of its business, and should therefore be considered as operating aid. According to Commission practice, such aid cannot be considered compatible with the internal market in that it does not facilitate the development of certain activities or*

Para além do mais, também deve ser ressalvado que apesar da distorção das regras de mercado e da concorrência serem realidades intrinsecamente ligadas, isto não quer dizer que ao presumirmos a primeira tenhamos preenchido a segunda, mesmo quando se considere um só pressuposto. Isso significaria a incompletude da sua demonstração.

Considera-se que teve lugar a violação de regras de concorrência quando uma medida concedida pelo Estado: «(...) *is liable to improve the competitive position of the recipient compared to other undertakings with which it competes. For all practical purposes, a distortion of competition within the meaning of Article 107(1) of the Treaty is generally found to exist when the State grants a financial advantage to an undertaking in a liberalised sector where there is, or could be, competition*» (cit.).[53]

Assim sendo, poderemos retirar, como critério de análise da problemática:

a) a medida concedida pelo Estado tem potencial para falsear a concorrência;
b) o que se infere através de um melhoramento, ou possível melhoramento da posição do beneficiário em relação às empresas contra as quais concorre;
c) setor de concorrência em causa é liberalizado e nele existe concorrência.

Como base para estes requisitos, teremos de recuar ao acórdão referente ao caso T-298/97[54] e, numa primeira análise, os critérios indeterminados aqui enumerados não representam uma menos valia aos olhos do Direito da União Europeia, são facilmente identificáveis e permitem uma adaptação da regra geral ao caso concreto.

Quanto aos critérios de análise da afetação de trocas comerciais a CE afirma que:[55]

of certain economic areas, nor are the incentives in question limited in time, digressive or proportionate to what is necessary to remedy to a specific economic handicap of the areas concerned» (cit.).

[53] Parágrafo nº 187, da comunicação *Notice on the application of State aid,* publicado em JO nº C-384, 1998, hoje substituído pelo *Notice on the notion of State aid as referred to in Article 107(1) TFUE* publicado em JO nº C-262/1 de 19 de julho de 2016.

[54] Caso T-298/97 – *Alzetta and Others v Commission,* ECLI:EU:T:2000:151.

[55] Parágrafo nº 190, da comunicação *Notice on the application of State aid,* publicado em JO nº C-384, 1998, hoje substituído pelo *Notice on the notion of State aid as referred to in Article 107(1) TFUE* publicado em JO nº C-262/1 de 19 de julho de 2016.

«Public support to undertakings only constitutes State aid under Article 107(1) of the Treaty insofar as it 'affects trade between Member States'. In that respect, it is not necessary to establish that the aid has an actual effect on trade between Member States but only whether the aid is liable to affect such trade. In particular, the Union Courts have ruled that 'where State financial aid strengthens the position of an undertaking as compared with other undertakings competing in intra-[Union] trade, the latter must be regarded as affected by the aid» (cit.).

Assim sendo, a CE apenas tem de demonstrar um único pressuposto: onde é que a posição do beneficiário ficou fortalecida em comparação com outras empresas concorrentes. É só e apenas este critério que deve ser demonstrado de acordo com a comunicação, com base na jurisprudência.

A título de conclusão para o nosso caso de estudo, e considerando que não existe nenhum ganho por parte dos operadores económicos (sujeitos passivos) com a diminuição do valor da TOS (nomeadamente por a poderem repercutir) e que não operam em mercado concorrencial livre, não concebemos que estejamos perante uma distorção das regras de concorrência, nem estamos (ou estaríamos) perante um AE, porque, mais uma vez, o conceito é objetivo, não se prende com os motivos, mas com os efeitos.[56]

IV. Conclusão

A legislação específica sobre as taxas mantém-se largamente insuficiente, podendo-se cogitar até a conclusão de se tratar de uma omissão propositada no sentido de privilegiar a regulamentação administrativa. Entre tantas outras taxas, tal verifica-se também nas taxas de ocupação, cujo atual exemplo paradigmático é a figura da TOS.

Ao longo do presente texto procurámos identificar algumas regras e bases pelas quais tal tributo se deve reger, e identificámos algumas particularidades *(eg.*, a sua repercussão) que, não sendo únicas à TOS, são suscetíveis de provocar complexas relações entre quem cria o tributo e fixa a sua alíquota, quem o liquida e cobra, quem o repercute, e sobre quem o tributo é repercutido juntamente com o preço do fornecimento de gás, por exemplo.

[56] Quanto aos perigos do AE, através de informação vinculativa e concorrência fiscal entre Estados, *vide* Michel Collet (2017) «EU State aid debate: Who's wrong between the US/EU multinationals, EU Member States, the EU Commission, EU law, OECD arm's length principle and the U.S. Treasury?» in *Tax Review*, nº 336, 13 de março.

Finalmente, procurámos deixar alguns trilhos de estudo sobre as hipóteses de mitigação dos efeitos dessa repercussão nos clientes/consumidores/munícipes, e as suas repercussões ao nível da responsabilidade tributária, contraordenacional e por violação de direito europeu.

A Defesa da Pátria

Jorge Bacelar Gouveia[1]

1. O dever fundamental de defender a Pátria

I. A conceção constitucional da Defesa Nacional, num Estado de Direito, não pode deixar de estar associada ao papel relevante que a comunidade de cidadãos deve desempenhar, não sendo apenas um assunto do Estado--Poder, importando ao Estado-Comunidade.

Por conseguinte, no texto constitucional de Portugal surge o *dever fundamental de defender a Pátria*, que é redigido em termos enfáticos, conclusão que se obtém mesmo considerando a proverbial metalinguagem constitucional[2].

[1] É com o maior gosto que com este texto me associo à justa homenagem devida ao Professor Doutor Pedro Pais de Vasconcelos, por ocasião da sua jubilação como Professor Catedrático da Faculdade de Direito da Universidade de Lisboa, minha Escola e para cujo prestígio e abertura muito contribuiu – atividade que espero possa manter-se – a inteligência, argúcia e criatividade do homenageado, que também nela exerceu as sempre complexas tarefas de Presidente do seu Conselho Científico, arrostando com as dificuldades que a imaturidade de alguns e o arrivismo de outros fazem multiplicar no cada vez menos salutar diálogo académico intergeracional.

[2] Sobre o dever de defesa da Pátria, v. António de Araújo, *Direitos e deveres fundamentais dos cidadãos perante a Defesa Nacional,* AAVV, *O Direito da Defesa Nacional e das Forças Armadas* (coordenação de Jorge Miranda e Carlos Blanco de Morais), Lisboa, 2000, pp. 255 e ss.; Jorge Miranda, *Anotação ao artigo 276º*, in AAVV, *Constituição Portuguesa anotada* (organização de Jorge Miranda e Rui Medeiros), III, Coimbra, 2007, pp. 695 e ss.; J. J. Gomes Canotilho e Vital Moreira, *Constituição da República Portuguesa anotada,* II, 4ª ed., Coimbra, 2010, pp. 874 e 875; Pedro Lourenço de Sousa, *O Direito Penal e a Defesa Nacional*, Coimbra, 2008,

Diz-se na Constituição da República Portuguesa de 1976 (CRP) que "A defesa da Pátria é direito e dever fundamental de todos os portugueses", num inciso curioso por ser o único lugar no texto constitucional em que se adota o termo Pátria[3].

Há também aqui uma dimensão de direito fundamental, que fica muitas vezes obnubilada[4], ainda que o seu conteúdo seja limitado, assim se realizando a identificação do cidadão com a sua Pátria[5].

II. Esta não é a única ocasião para o texto constitucional consagrar deveres a cargo dos cidadãos, sendo de referir outros casos, com intensidades regulativas distintas:

- *o dever cívico de votar*: "O exercício do direito de sufrágio é pessoal e constitui um dever cívico" (art. 49º, nº 1, da CRP);
- *os direitos e deveres económicos, sociais e culturais* do título III da Parte I da CRP: contrapondo-se aos direitos, liberdades e garantias do Título II da Parte I da CRP; e
- *o dever de pagar impostos*: "Ninguém pode ser obrigado a pagar impostos que não hajam sido criados nos termos da Constituição, que tenham natureza retroativa ou cuja liquidação e cobrança se não façam nos termos da lei" (art. 103º, nº 3, da CRP).

pp. 43 e ss.; Francisco Proença Garcia, *Defesa da Pátria*, in AAVV, *Enciclopédia da Constituição Portuguesa* (coordenação de Jorge Bacelar Gouveia e Francisco Pereira Coutinho), Lisboa, 2013, p. 104, e *Defesa da Pátria*, in AAVV, *Enciclopédia de Direito e Segurança* (coordenação de Jorge Bacelar Gouveia e Sofia Santos), Coimbra, 2015, pp. 101 e 102; Jorge Bacelar Gouveia, *Direito da Segurança*, 2ª ed., Coimbra, 2021, pp. 489 e ss.

[3] Sobre o conceito de pátria, v. Jorge Bacelar Gouveia, *Manual de Direito Constitucional*, I, 7ª ed, Coimbra, 2021, pp. 98 e ss.

[4] Frisando esta dimensão do direito de defender a Pátria, que não se desenvolverá, António de Araújo, *Direitos e deveres...*, pp. 244 e ss.; Pedro Lourenço de Sousa, *O Direito Penal e a Defesa Nacional*, pp. 50 e ss. Na realidade do Direito Constitucional espanhol, v. Roberto L. Blanco Valdés, *La ordenación constitucional de la Defensa*, pp. 102 e ss.

[5] Como esclarece Pedro Lourenço De Sousa (*O Direito Penal e a Defesa Nacional*, p. 52), "... da leitura do texto constitucional, parece inquestionável "que os cidadãos não têm um «direito à incorporação» no serviço militar, nem sequer um direito a reclamar do Estado a organização de formas específicas de exercício da defesa da Pátria" e que o direito à defesa da Pátria não legitima, de alguma forma, a constituição de grupos paramilitares armados".

III. De todos estes exemplos, *sem dúvida que o dever de defender a Pátria surge com a máxima força possível, quanto mais não seja por ser assumido como um dever de natureza jurídica*, que assim é um candidato óbvio à categoria de dever fundamental[6], por oposição à categoria de direito fundamental de que a CRP se ocupa profusamente na Parte I do seu articulado.

As consequências da natureza de dever fundamental são a sua exigibilidade por parte do Estado perante os seus destinatários, podendo a sua garantia assumir o maior dramatismo possível dado pela tutela penal da respetiva infração.

IV. A estrutura do dever fundamental de defender a Pátria tem os seguintes elementos, representando uma relação jurídico-pública:

- *os sujeitos*: o Estado como sujeito ativo e os cidadãos portugueses como sujeitos passivos;
- *o objeto*: a proteção do Estado nos seus bens comunitários mais relevantes;
- *o conteúdo*: o cumprimento de deveres militares;
- *a garantia*: a imposição de sanções, incluindo as de natureza penal.

V. Em termos subjetivos, a referência que se faz de que este dever fundamental vincula "...todos os portugueses" está longe de poder ser bem interpretada no plano literal.

Desde logo assim é porque nem todos os portugueses são identicamente destinatários deste dever, seja por razões evidentes quanto à sua capacidade de exercício, seja por razões funcionais relacionadas com o seu estatuto de serem ou não profissionais das Forças Armadas, não esquecendo que o seu âmbito se reduziu por força da passagem do serviço militar de obrigatório a voluntário.

Por outra parte, é de não esquecer que este dever não é apenas apanágio dos portugueses, e do mesmo modo grava os estrangeiros ou apátridas que residem ou se encontrem em Portugal, dado que não faria nenhum sentido que este dever não se lhes referisse, ainda que em modalidade diversa daquele que se aplica aos cidadãos portugueses.

[6] Quanto ao conceito geral de dever fundamental, v., por todos, Jorge Bacelar Gouveia, *Manual de Direito Constitucional*, II, 7ª ed., Coimbra, 2021, pp. 306 e 307.

VI. Do ponto de vista material, ainda que essa destrinça não se apresente nesses exatos termos, a verdade é que este dever fundamental de defender a Pátria ostenta duas "velocidades":

- *um dever forte*: na situação de estado de guerra, em que ocorra a mobilização dos cidadãos;
- *um dever fraco*: fora desse período, unicamente se impondo um comportamento geral de respeito pelos valores fundamentais do Estado Português.

Além disso, o dever fundamental de defender a Pátria não é somente concebível nos hiperbólicos termos de um conflito militar, podendo manifestar-se com múltiplos outros contornos.

2. Defesa da Pátria e dever de resistência

I. O mais primário e elementar dever singular que se inscreve no feixe de deveres que integram o conteúdo do dever de defender a Pátria é o *dever de resistência contra o inimigo em caso de ocupação do território por forças estrangeiras.*

Isso é afirmado logo no início da LDN: "É direito e dever de cada português a passagem à resistência, ativa e passiva, nas áreas do território nacional ocupadas por forças estrangeiras" (art. 2º, nº 5, da LDN).

Na ausência de uma indicação constitucional a este respeito, parece óbvia a filosofia deste dever como expressão básica do dever de defender a Pátria, que decerto inclui outros deveres singulares, pelo que não tem justificação a hipotética invocação da sua inconstitucionalidade em razão daquela omissão.

II. Não deixa de ser interessante que o texto da CRP se refira a *outros dois casos de direito de resistência*, porventura em terminologia não muito acertada:

- *o direito de resistência como autotutela perante a violação de direitos, liberdades e garantias*: "Todos têm direito de resistir a qualquer ordem que ofenda os seus direitos, liberdades e garantias..." (art. 21º, primeira parte, da CRP);
- *o direito de insurreição contra todas as formas de opressão*: "Portugal reconhece o direito dos povos (...) à insurreição contra todas as formas de opressão" (art. 7º, nº 3, *in fine*, da CRP).

Qualquer destes casos, porém, nada tem de ver com o cumprimento do dever de defender a Pátria, não obstante o uso de vocábulos sinónimos: *são manifestações excecionais de autotutela na defesa de direitos fundamentais e de direitos humanos.*

III. A análise deste dever de resistência deve usar como primeiro parâmetro o seu âmbito espacial de aplicação, referindo-se o texto da LDN ao território português sob ocupação de forças estrangeiras.

Não quer isso dizer que fora dessas áreas tal dever de resistência não exista, mas o mesmo assumirá uma especial intensidade nessas mesmas áreas, em que se verifica o senhorio fáctico de forças estrangeiras, porquanto é aí que tal resistência representa a maior "deverosidade".

Claro que a resistência sempre existirá fora dessas áreas, ainda que nessa hipótese – pois que a autoridade é legitimamente portuguesa – a mesma se deva enquadrar nos planos de defesa militar da República que estejam a ser desenvolvidos.

IV. Outro aspeto fundamental deste dever de resistência é *aquilatar das modalidades por que a mesma se deve apresentar, sendo certo que, em termos gerais, "resistir" é sinónimo de "não cumprir", de "contrariar", de "desobedecer".*

O texto da LDN vem a precisar duas modalidades possíveis da resistência, referindo-se à *resistência ativa e à resistência passiva.*

Em termos dogmáticos, a resistência contra ordens ilegítimas – tal como o assunto tem sido estudado no direito de resistência perante a violação dos direitos, liberdades e garantias – é suscetível de se diferenciar por *três níveis distintos*:

– *a resistência passiva;*
– *a resistência defensiva;* e
– *a resistência ativa.*

3. Defesa da Pátria e serviço militar

I. Se o dever de defender a Pátria localiza um denominador comum entre todos os membros da comunidade dos portugueses, *não é menos acertado que as Forças Armadas implicam diversos tipos de relação em matéria de recursos humanos.*

O dever fundamental de defender a Pátria acaba por se relacionar com o sistema adotado de vinculação de recursos humanos nas Forças Armadas, estas entendidas como departamento da Administração Pública.

O dever de defender a Pátria pode transcender uma vertente pessoal e incluir outras dimensões de natureza material, através da disponibilização de equipamentos e estruturas.

Isso é muito nítido na LDN através das figuras da mobilização e da requisição – "O Estado pode determinar a utilização dos recursos materiais e humanos indispensáveis à defesa nacional mediante mobilização e requisição" (art. 37º, nº 1, da LDN) – e que assim se explicitam:

– *a mobilização*: "A mobilização pode abranger a totalidade ou uma parte da população e pode ser imposta por períodos de tempo, por áreas territoriais e por setores de atividade" e "A mobilização pode determinar a subordinação dos cidadãos por ela abrangidos às Forças Armadas ou a autoridades civis do Estado" (art. 38º, nºs 2 e 3, da LDN);
– *a requisição*: "O Estado pode requisitar os bens móveis e imóveis, materiais e imateriais, indispensáveis para a defesa nacional que não seja possível ou conveniente obter de outro modo" e "A requisição pode ainda incidir sobre empresas, serviços, estabelecimentos industriais, comerciais ou científicos e bens que sejam objeto de propriedade intelectual e industrial" (art. 39º, nºs 1 e 2, da LDN).

II. A CRP não responde a todas as questões que este tema traz, mas pelo menos responde a uma delas, que é o tópico do *serviço militar*, em relação ao qual afirma que "O serviço militar é regulado por lei, que fixa as formas, a natureza voluntária ou obrigatória, a duração e o conteúdo da respetiva prestação" (art. 276º, nº 2, da CRP).

A relação é evidente: *o serviço militar vem a ser uma prestação de cidadania que a lei magna coloca como subconteúdo do dever de defender a Pátria.* Disso dá conta a LDN, ao dizê-lo no contexto do conteúdo do dever de defender a Pátria: "O dever cívico de prestação de serviço militar é regulado por lei, que fixa as respetivas forma, natureza, duração e conteúdo" (art. 36º, nº 2, da LDN).

Eis um tema objeto de uma mudança sensível na revisão constitucional de 1997, até então o serviço militar tendo a natureza de obrigatória, e depois disso tendo essa sua característica sido objeto de desconstitucionalização para o foro da lei ordinária.

III. Uma breve digressão sobre experiências estrangeiras permite decantar *quatro modelos* possíveis de prestação do serviço militar da ótica da garantia dos recursos operacionais de que se carece para a defesa militar do país[7]:

[7] Quanto à definição destes modelos, v. IGNACIO COSIDÓ, *Modelos de servicio militar*, in AAVV, *El servicio militar: aspectos jurídicos y socio-económicos* (edição de FRANCISCO FERNÁNDEZ SEGADO), Madrid, 1994, pp. 239 e ss.

- *serviço militar obrigatório*: prestado pelos cidadãos, no contexto de um dever de cidadania, ainda que restrito a um certo tempo, mais ou menos extenso;
- *serviço militar voluntário*: prestado por cidadãos contratados;
- *serviço militar misto*: conjugando os traços identificadores de cada um destes modelos; e
- *serviço militar miliciano*: prestado por cidadãos, que periodicamente prestam uma função militar, de que é exemplo a Suíça.

IV. A definição legal do regime da prestação do serviço militar foi a incumbência da *Lei do Serviço Militar* (LSM), aprovada pela Lei nº 174/99, de 21 de setembro, alterada pela Lei nº 1/2008, de 6 de maio, que substancialmente reformulou aquela prestação de cidadania, dotando-a destes traços fundamentais:

- *a concretização do dever fundamental de defender a Pátria*: "O serviço militar integra-se no contributo para a defesa nacional, no âmbito militar, a prestar pelos cidadãos portugueses, nos termos da presente lei" (art. 1º, nº 2, da LSM);
- *o objetivo de valorização da cidadania portuguesa*: "Constitui ainda objetivo do serviço militar a valorização cívica, cultural, profissional e física dos cidadãos" (art. 1º, nº 3, da LSM);
- *a voluntariedade em tempo de paz*: "Em tempo de paz, o serviço militar baseia-se no voluntariado", sendo certo que esta orientação "...não prejudica as obrigações dos cidadãos portugueses inerentes ao recrutamento militar e ao serviço efetivo decorrente de convocação ou desmobilização, nos termos estatuídos na presente lei" (art. 1º, respetivamente nºs 4 e 5, da LSM).

Este diploma especificou o tema do serviço militar na senda da orientação contida na LDN, para a qual "O serviço militar baseia-se, em tempo de paz, no voluntariado", ainda que "Os cidadãos sujeitos por lei à prestação do serviço militar podem, excecionalmente, ser convocados para as Forças Armadas em tempo de paz, nos termos previstos na lei que regula o serviço militar" (art. 36º, respetivamente nºs 3 e 4, da LDN).

O sistema português é essencialmente voluntário, embora a LDN, a título excecional, *permita a prestação coativa do serviço militar nos casos de recrutamento por convocação e mobilização*, em contexto de estado de guerra, pelo que a sua qualificação é a de um *sistema misto assimétrico, voluntário a título principal, e residualmente obrigatório.*

V. A densificação do regime do serviço militar, no contexto do tipo de empenhamento que os cidadãos devem ter na defesa da Pátria no contexto das Forças Armadas, desdobra-se em *três situações distintas do serviço militar* (cfr. o art. 2º da LSM):

- *o serviço efetivo*;
- *a reserva de recrutamento*;
- *a reserva de disponibilidade*.

O serviço militar que dá consistência permanente aos efetivos militares é o do *serviço efetivo*, o qual se apresenta matizado por quatro regimes distintos (cfr. o art. 3º, nº, 2, da LSM):

- *o serviço efetivo nos quadros permanentes*: "O serviço efetivo nos quadros permanentes corresponde à prestação de serviço pelos cidadãos que, tendo ingressado voluntariamente na carreira militar, se encontrem vinculados às Forças Armadas com caráter de permanência" (art. 3º, nº 3, da LSM);
- *o serviço efetivo em regime de contrato*: "O serviço efetivo em regime de contrato corresponde à prestação de serviço militar voluntário por parte dos cidadãos durante um período de tempo limitado, com vista à satisfação das necessidades das Forças Armadas ou ao seu eventual ingresso nos quadros permanentes" (art. 3º, nº 4, da LSM), explicitando-se que "O serviço efetivo em regime de contrato tem a duração mínima de dois anos e a máxima de seis anos" (art. 28º, nº 1, da LSM);
- *o serviço efetivo em regime de voluntariado*: "O serviço efetivo em regime de voluntariado corresponde à assunção voluntária de um vínculo às Forças Armadas por um período de 12 meses, incluindo o período de instrução, findo o qual o militar pode ingressar no serviço efetivo em regime de contrato" (art. 3º, nº 5, da LSM);
- *o serviço efetivo decorrente de convocação ou mobilização*: "O serviço efetivo decorrente de convocação ou mobilização compreende o serviço militar prestado na sequência do recrutamento excecional, nos termos previstos na presente lei" (art. 3º, nº 6, da LSM).

O serviço militar em regime de *reserva de recrutamento* é uma situação intermédia e "...é constituída pelos cidadãos portugueses dos 18 aos 35 anos de idade, que, não tendo prestado serviço efetivo nas fileiras, podem ser objeto de recrutamento excecional..." (art. 4º da LSM).

O serviço militar em regime de *reserva de disponibilidade* é a situação que se aplica aos mais velhos cidadãos e é "...constituída pelos cidadãos portugueses que cessaram a prestação de serviço militar até à idade limite dos deveres militares" (art. 5º, nº 1, da LSM).

VI. A prestação do serviço militar, em qualquer destes regimes, tem como *pressuposto fundamental a angariação de recursos humanos para o efeito*: o "Recrutamento militar é o conjunto de operações necessárias à obtenção de meios humanos para ingresso nas Forças Armadas" (art. 7º, nº 1, da LSM)[8].

Para isso é necessário que se realize o *recenseamento militar*, que é a informação a respeito da comunidade de cidadãos, em vista da identificação das diversas situações de preenchimento dos regimes de prestação do serviço militar: "O recenseamento militar é a operação do recrutamento geral que tem por finalidade obter a informação de todos os cidadãos que atingem, em cada ano, a idade do início das obrigações militares" (art. 8º, nº 1, da LSM).

São três as modalidades por que se apresenta o *recrutamento militar*:

- *Recrutamento normal*: "...para a prestação de serviço efetivo em regime de contrato ou em regime de voluntário" [art. 7º, nº 2, al. a), da LSM], sendo que "O recrutamento normal tem por finalidade a admissão de cidadãos com o mínimo de 18 anos de idade, que se proponham prestar, voluntariamente, serviço militar efetivo nas Forças Armadas" (art. 13º da LSM);
- *Recrutamento especial*: "...para a prestação de serviço efetivo voluntário nos quadros permanentes" [art. 7º, nº 2, al. b), da LSM];
- *Recrutamento excecional*: "...para a prestação de serviço efetivo decorrente de convocação ou mobilização" [art. 7º, nº 2, al. c), da LSM], sendo que "Os cidadãos nas situações de reserva de recrutamento e de reserva de disponibilidade podem excecionalmente ser chamados a cumprir serviço efetivo nas seguintes modalidades: a) Convocação; b) Mobilização" (art. 18º da LSM).

[8] Sobre o serviço militar, v. Jorge Miranda, *Anotação ao artigo 276º*, pp. 697 e ss.; J. J. Gomes Canotilho e Vital Moreira, *Constituição...*, II, pp. 875 e ss.; Alexandra Leitão, *A Administração Militar*, AAVV, *O Direito da Defesa Nacional e das Forças Armadas* (coordenação de Jorge Miranda e Carlos Blanco de Morais), Lisboa, 2000, pp. 496 e ss.; Francisco Proença Garcia, *Serviço militar*, in AAVV, *Enciclopédia de Direito e Segurança* (coordenação de Jorge Bacelar Gouveia e Sofia Santos), Coimbra, 2015, p. 448; Jorge Bacelar Gouveia, *Direito da Segurança*, pp. 493 e ss.

No recrutamento excecional, a distinção entre a "convocação" e a "mobilização" reside no seguinte:

- *a convocação*: "Os cidadãos que se encontrem na situação de reserva de recrutamento podem ser convocados para prestação de serviço efetivo com uma antecedência mínima de 60 dias, nos casos em que a satisfação das necessidades fundamentais das Forças Armadas seja afetada ou prejudicada a prossecução dos objetivos permanentes da política de defesa nacional, por períodos de 4 meses prorrogáveis até ao máximo de 12 meses" (art. 34º, nº 1, da LSM);
- *a mobilização*: "Os cidadãos nas situações de reserva de recrutamento e de disponibilidade podem ser mobilizados para prestarem serviço militar efetivo nas Forças Armadas em casos de exceção ou de guerra, nos termos previstos em lei da Assembleia da República" (art. 36º da LSM).

4. Defesa da Pátria e mobilização e requisição no interesse da Defesa Nacional

I. O dever de defender a Pátria reveste-se de uma especial intensidade quando o Estado leva a cabo procedimentos de *mobilização* e de *requisição.*

O cumprimento daquele dever passa por esta obrigação particular: "O Estado pode determinar a utilização dos recursos materiais e humanos indispensáveis à defesa nacional mediante mobilização e requisição" (art. 37º, nº 1, da LDN).

São situações de crise previstas na LDN e desenvolvidas na *Lei da Mobilização e da Requisição* (LMR), aprovada pela Lei nº 20/95, de 13 de julho, a qual regula "...a mobilização e a requisição no interesse da Defesa Nacional" (art. 1º da LMR).

Trata-se de um diploma legislativo com 53 artigos e que se organiza do seguinte modo:

- Capítulo I – *Princípios gerais*
- Capítulo II – *Mobilização*
- Capítulo III – *Requisição*
- Capítulo IV – *Disposições finais e transitórias*

A completa disciplina do estatuto destas situações de crise surge somente através dos concretos decretos administrativos que decidam a mobilização militar (art. 25º), a mobilização civil (art. 32º) e a requisição (art. 39º).

II. Ao contrário do que se possa pensar, *estas situações extraordinárias não ficam limitadas à decretação do estado de exceção constitucional ou ao estado de guerra, podendo funcionar fora dessa factualidade.*

Assim é na medida em que tais situações se justificam numa cláusula geral de Defesa Nacional, que decorre diretamente o dever de defender a Pátria: "A mobilização e a requisição compreendem o conjunto de ações preparadas e desenvolvidas pelo Estado, com oportunidade e eficácia, destinadas à obtenção dos recursos humanos e materiais imprescindíveis para a garantia e realização integral dos objetivos permanentes da política de defesa nacional" (art. 2º da LMR).

Pode ser problemática da validade constitucional dos efeitos da mobilização e requisição fora do condicionalismo dos casos de exceção, não sendo seguro que as limitações previstas, sobretudo afetando direitos fundamentais dos cidadãos, sejam suficientemente justificadas pelo mero cumprimento do dever de defender a Pátria.

Na ausência de uma indicação específica sobre o assunto no texto da CRP, o tema é enquadrável numa lógica de colisão entre direitos e bens jurídicos discrepantes: de um lado, o dever de defender a Pátria, de que a mobilização e a requisição são dois dos seus conteúdos óbvios, em favor do bem coletivo da Defesa Nacional; do outro lado, os concretos direitos fundamentais que venham a ser limitados, a liberdade de trabalho ou o direito de propriedade privada, em especial.

Nestes termos, importa fazer a respetiva concordância prática, cuja metodologia supõe uma ponderação de bens em presença: *essa compatibilização será mais fácil em estado de exceção ou de guerra, e também será mais fácil quanto menor – nos planos temporal, espacial, pessoal e material – for o sacrifício infligido aos cidadãos.*

III. A *mobilização implica a afetação de recursos humanos* e pode ser *militar* ou *civil*, consoante o tipo de esforço desenvolvido[9]:

– a *mobilização militar* implica a prestação de serviço militar e organiza-se na dependência das Forças Armadas, tendo por "...objetivo o aumento da capacidade militar do País pela afetação às Forças Armadas

[9] Sobre a mobilização civil, v. José Fontes, *Mobilização civil*, in AAVV, *Enciclopédia de Direito e Segurança* (coordenação de Jorge Bacelar Gouveia e Sofia Santos), Coimbra, 2015, pp. 275 e ss.

de meios humanos de que estas não dispõem em permanência" (art. 21º da LMR);

- a *mobilização civil* consiste na prestação de tarefas não militares e organiza-se na dependência de autoridades civis, tendo por "...objetivo a obtenção e afetação de recursos humanos que se tenham tornado imprescindíveis para o regular funcionamento das estruturas empresariais ou de serviços, civis ou militares, públicos, privados ou cooperativos, necessários à integral realização dos objetivos permanentes da política de defesa nacional, bem como o reforço e adaptação dos mesmos, conforme as circunstâncias o determinem" (art. 28º da LMR).

IV. A *requisição destina-se à disponibilização de recursos materiais*, distinguindo-se entre *a militar e a civil*: "...para prossecução de interesses inerentes à defesa nacional podem ser determinantes sempre que os recursos materiais sobre que incidem se tenham tornado imprescindíveis nos termos e para os efeitos previstos no artigo 11º" (art. 35º da LMR).

O objeto possível da requisição inclui "...as empresas e os serviços, bem como as coisas e os direitos necessários" (art. 36º, nº 1, proémio, da LMR), se bem que se estabeleçam os limites da "...compatibilidade entre a requisição e a salvação da vida económica do País", a "...adequação e a proporcionalidade entre a extensão e a duração das medidas e a satisfação das necessidades verificadas", a "...reversão ou reconstituição, finda a requisição, de todos os bens ou direitos afetados por esta" e o "...estatuto de objetor de consciência" [cfr. o art. 41º, als. a), b), c) e d), da LMR].

A *requisição militar*, além do conteúdo que lhe é próprio, pode ainda ser decretada em circunstâncias especiais: "Em tempo de guerra, bem como nos casos em que tenha sido declarado o estado de sítio em virtude de agressão efetiva ou iminente por forças estrangeiras, pode a requisição militar efetivar-se em situação de campanha, por ordem escrita do comandante militar dentro da sua área de responsabilidade, quando ocorram operações militares e o decurso destas imponha a execução imediata da requisição" (art. 45º da LMR).

Expressamente se reconhece o *direito à indemnização no caso de requisição*, em decorrência da LDN (cfr. o art. 39º, nº 4, da LDN): "Sem prejuízo do disposto no artigo 66º da Lei de Defesa Nacional e das Forças Armadas, os proprietários das empresas e das coisas, os titulares dos direitos e os prestadores dos serviços requisitados têm direito a uma justa indemnização a cargo do Estado, a qual deve ressarcir os danos efetivamente sofridos, calculada nos termos gerais de Direito, tendo, no entanto, em consideração a gravidade da situação que determinou a requisição e o estado da economia nacional" (art. 42º da LMR).

5. Objeção de consciência perante o serviço militar

I. Ao mesmo tempo que o texto constitucional versa o serviço militar, não deixa de reconhecer o *direito de objeção de consciência perante o serviço militar obrigatório*, preceituando que "Os objetores de consciência ao serviço militar a que legalmente estejam sujeitos prestarão serviço cívico de duração e penosidade equivalentes à do serviço militar armado" (art. 276º, nº 4, da CRP).

Esta é a única concretização constitucional ao nível do articulado da CRP do direito geral à objeção de consciência – neste caso por razões que se prendem com o manejo de instrumentos militares – *que se encontra filiado na liberdade de religião e de consciência*, em cujo contexto o mesmo se protege: "É garantido o direito à objeção de consciência, nos termos da lei" (art. 41º, nº 6, da CRP).

Esta referência da CRP à objeção de consciência perante o serviço militar não impede que o Direito Legal acrescente outros casos de proteção do direito à objeção de consciência, como sucede em mais situações:

- *perante a prática do aborto*: "É assegurado aos médicos e demais profissionais de saúde o direito à objeção de consciência relativamente a quaisquer atos respeitantes à interrupção voluntária da gravidez" (art. 6º, nº 1, da Lei nº 16/2007, de 17 de abril);
- *perante a prática da procriação medicamente assistida*: "Nenhum profissional de saúde pode ser obrigado a superintender ou a colaborar na realização de qualquer das técnicas de PMA se, por razões médicas ou éticas, entender não o dever fazer" além de que "A recusa do profissional deve especificar as razões de ordem clínica ou de outra índole que a motivam, designadamente a objeção de consciência" (art. 11º, 2 e 3, da Lei nº 32/2006, de 26 de julho, alterada pela Lei nº 59/2007, de 4 de setembro, e pela Lei nº 17/2016, de 20 de junho); ou
- *perante as diretivas antecipadas de vontade*: "É assegurado aos profissionais de saúde que prestam cuidados de saúde ao outorgante o direito à objeção de consciência quando solicitados para o cumprimento do disposto no documento de diretivas antecipadas de vontade" (art. 9º, nº 1, da Lei nº 25/2012, de 16 de julho).

II. O regime do direito de objeção de consciência perante o serviço militar está fixado na *Lei da Objeção de Consciência* (LOC), aprovada pela Lei nº 7/92, de 12 de maio, e alterada pela Lei nº 138/99, de 28 de agosto.

É um diploma com 36 artigos, repartidos por sete capítulos, com as seguintes epígrafes:

– Capítulo I – *Disposições gerais*
– Capítulo II – *Serviço cívico*
– Capítulo III – *Situação jurídica do objetor de consciência*
– Capítulo IV – *Processo*
– Capítulo V – *Órgãos específicos da objeção de consciência*
– Capítulo VI – *Regime disciplinar e penal*
– Capítulo VII – *Disposições finais e transitórias*

Há quem duvide da vigência desta legislação em virtude de o serviço militar ter deixado de ser obrigatório na sequência da revisão constitucional de 1997 e consequente alteração da lei ordinária: se o serviço militar deixou de ser um dever, já não haveria a suscetibilidade de se contra-exercer um direito de objeção de consciência, que supõe a necessidade de ter de cumprir tal dever.

É seguro que perante este regime legal de o serviço militar ser facultativo deixou de haver a possibilidade de perante o mesmo se exercer um direito de objeção de consciência. Daí não se segue, necessariamente, que a legislação tivesse cessado de vigorar: está é em latência e recuperará o seu vigor na hipótese de o pressuposto de que parte se modificar, perante a possibilidade de o futuro trazer de novo o serviço militar obrigatório.

Além disso, no caso de decretação do estado de guerra, ao qual se possa associar uma mobilização civil, o serviço militar pode tornar-se obrigatório, pelo que nesse circunstancialismo o tema da objeção recobra todo o seu interesse.

Adite-se que a discussão da objeção de consciência no âmbito das Forças Armadas pode situar-se fora do estrito campo da sua aplicação ao serviço militar, em termos de saber se alguém pode invocar razões de consciência para deixar de prestar outros deveres militares.

No plano legislativo, há outros diplomas com disposições sobre esta matéria: a *Regulamentação do Serviço Cívico* (RSC) aprovada pelo Decreto-Lei nº 191/92, de 8 de setembro, na sequência do art. 4º, nº 2, da LOC; a LMR, frisando que na mobilização – militar ou civil – os objetores de consciência não lhe estão submetidos (cfr., respetivamente, os arts. 24º, nº 3, e 31º, nº 4, da LMR).

III. A lógica do direito à objeção de consciência – que não tem de estar confinada à proteção dos sentimentos religiosos, sendo a consciência mais ampla do que a crença religiosa – consiste na faculdade que o Direito confere a alguém de, por razões de consciência, mas de um modo individual, privado e pacífico, deixar de cumprir um dever jurídico a que se encontra adstrito[10].

Por isso, o direito de objeção de consciência dissocia-se de outras realidades que, embora lhe sejam afins por haver o incumprimento de um dever, revestem outras características, assim se alterando o regime jurídico que lhes é aplicável:

- *a desobediência ao Direito*: o incumprimento, puro e simples, da normatividade jurídica aplicável, com sujeição ao Direito sancionatório correspondente;
- *a desobediência civil*: a violação da lei aplicável, pública mas não violenta, realizada pela comunidade ou por uma sua parte substancial, por motivos de razão política e visando uma alteração político-legislativa;
- *o direito de rebelião* (insurreição): a oposição da comunidade política, pela violência ou força física, a formas ditatoriais de governo ou a dominações estrangeiras, em nome do interesse dessa comunidade;
- *o direito de resistência*: o incumprimento de determinações jurídicas impostas, em razão da sua inconstitucionalidade, como mecanismo de autotutela na defesa de direitos fundamentais[11].

IV. O estudo desta modalidade do direito à objeção de consciência perante o serviço militar aconselha ao tratamento sucessivo de vários *tópicos*[12]:

[10] Sobre o direito de objeção de consciência em geral, v., por todos, Jorge Bacelar Gouveia, *O direito fundamental à objeção de consciência*, in *Direito, Religião e Sociedade no Estado Constitucional*, Lisboa, 2012, pp. 172 e ss.

[11] Sobre estas várias figuras afins do direito à objeção de consciência, v., por todos, Jorge Bacelar Gouveia, *O direito fundamental à objeção de consciência*, pp. 176 e ss.

[12] Sobre o regime do direito à objeção de consciência perante o serviço militar em especial, v. J. A. Silva Soares, *Objeção de consciência*, in *Pólis*, IV, Lisboa, 1986, pp. 749 e ss.; António Damasceno Correia, *O direito à objeção de consciência*, Lisboa, 1993, pp. 128 e ss.; Joan Oliver Araujo, *La objeción de conciencia al servicio Militar*, Madrid, 1993, pp. 46 e ss.; Antonio Millán Garrido, *Servicio militar y objeción de conciencia*, in AAVV, *El servicio militar: aspectos*

- *a concessão da isenção do serviço militar;*
- *as razões que justificam validamente essa isenção; e*
- *o procedimento conducente à obtenção da qualidade de objetor de consciência.*

O estatuto jurídico do objetor de consciência, e em especial o serviço cívico como prestação social que lhe é própria, merecem um tratamento autónoma pela sua centralidade.

V. À luz do texto constitucional, um dos poucos deveres fundamentais dos cidadãos portugueses que se enunciam é o dever fundamental de defender a Pátria.

O direito à objeção de consciência tem por âmbito o não cumprimento do dever de serviço militar, isenção que se distingue, no entanto, de outras situações em que não há o cumprimento do serviço militar obrigatório, mas não por via do exercício do direito à objeção de consciência: são as situações em que ou esse cumprimento não foi exigido pela desnecessidade de todos os cidadãos com idade militar o prestarem ou pela incapacidade física de alguns para suportarem o respetivo esforço.

Esta isenção apresenta-se em termos gerais porque a dispensa do cumprimento do serviço militar vale para o tempo tanto de guerra como de paz: "O direito à objeção de consciência comporta a isenção do serviço militar, quer em tempo de paz, quer em tempo de guerra, e implica, necessariamente, para os respetivos titulares o dever de prestar um serviço cívico adequado à sua situação" (art. 1º, nº 2, da LOC).

VI. Que razões se consideram pertinentes para a recusa do cumprimento do serviço militar obrigatório com fundamento em motivos de consciência?

Ao abrigo da LOC, o conceito de objetor de consciência funda-se na convicção "...de que, por motivos de ordem religiosa, moral, humanística ou filosófica, lhes não é legítimo usar de meios violentos de qualquer natureza

jurídicos y socio-económicos (edição de Francisco Fernández Segado), Madrid, 1994, pp. 91 e ss.; António de Araújo, *Direitos e deveres...*, pp. 272 e ss.; Francisco Pereira Coutinho, *Sentido e limites do direito fundamental à objeção de consciência*, in THEMIS – *Revista da Faculdade de Direito da Universidade Nova de Lisboa*, Lisboa, 2005, pp. 264 e ss.; Jorge Miranda, *Anotação ao artigo 276º*, pp. 698 e 699; J. J. Gomes Canotilho e Vital Moreira, *Constituição...*, II, pp. 875 e 876; Jorge Bacelar Gouveia, *O direito fundamental à objeção de consciência*, pp. 197 e ss., e *Direito da Segurança*, pp. 502 e ss.

contra o seu semelhante, ainda que para fins de defesa nacional coletiva ou pessoal» (art. 2º da LOC).

O requisito fundamental para que o exercício deste direito seja válido é a noção de que o objetor tem da ilegitimidade do emprego de meios de força contra outras pessoas.

Dissecando um pouco este requisito, encontra-se quatro aspetos que merecem realce:

- deve tratar-se de um propósito firme, devidamente interiorizado, não de uma mera opinião;
- essa ideia, sendo convicta, deve impor-se à pessoa como algo a que ela está adstrita e que não pode deixar de dar seguimento;
- o conceito de meios violentos explicita-se pelo uso da força física, de acordo com os instrumentos que se conhecem, não apenas a força física militar ou paramilitar;
- o emprego da violência abrange não apenas o manejo de armas no seu sentido tradicional, mas inclui qualquer instrumento ou atitude de agressão contra o semelhante.

A convicção da rejeição do uso da violência contra o semelhante pode ter, nos termos legais, origens muito diversas, num quadro bastante plural, que inclui de razões religiosas a filosóficas, sem esquecer razões humanísticas e morais.

VII. O procedimento para a obtenção da qualidade de objetor de consciência comporta a existência de *três fases obrigatórias* – a iniciativa, a instrução e a decisão – e uma *quarta fase facultativa* – a impugnação da decisão.

A *iniciativa* incumbe ao próprio interessado e formaliza-se pela entrega de uma declaração de objeção de consciência, da qual constam os dados pessoais e militares do candidato a objetor, bem como os meios de prova indispensáveis à comprovação da situação requerida (cfr. o art. 18º, nºs 3 e 4, da LOC). A declaração pode ser entregue em qualquer altura e deve ser endereçada à Comissão Nacional de Objeção de Consciência, aos postos consulares no estrangeiro ou aos serviços competentes das Regiões Autónomas (cfr. o art. 20º, nºs 1 e 2, da LOC).

A *instrução* é da competência da entidade decisora e inclui as averiguações que se considere necessárias à comprovação da veracidade dos elementos constantes da declaração, devendo o interessado e a Administração Pública cooperar devidamente para esse efeito (cfr. o art. 24º da LOC).

Uma delas é a audiência do interessado, que pode ser pública a seu pedido, diligência em que se analisam os motivos subjacentes à declaração e a prática de vida do declarante (cfr. o art. 23º da LOC).

A *decisão*, de caráter administrativo, é tomada com base em critérios de objetividade e de imparcialidade, no prazo máximo de três meses a contar da apresentação da declaração de objeção de consciência (cfr. o art. 25º, nº 1 e 3, da LOC). A entidade que decide é a Comissão Nacional de Objeção de Consciência, sendo regra de votação a maioria absoluta dos votos dos seus membros sem abstenções (cfr. o art. 25º, nº 2, da LOC). Este órgão tem três membros – um juiz de direito designado pelo Conselho Superior de Magistratura, que preside, um cidadão de reconhecido mérito designado pelo Provedor de Justiça e o diretor do Gabinete do Serviço dos Objetores de Consciência (cfr. o art. 28º, nº 2, da LOC) – com um mandato de três anos (cfr. o art. 29º da LOC).

A *impugnação* da decisão, caso a mesma tenha sido de indeferimento, deverá ser apresentada no competente tribunal administrativo, nos 20 dias subsequentes à data de notificação da decisão de recusa do reconhecimento do estatuto de objetor de consciência (cfr. o art. 27º, nº 1, da LOC).

6. O serviço cívico; o estatuto dos objetores de consciência

I. O texto constitucional refere-se, na matéria de defesa da Pátria, ao *serviço cívico*: "O serviço cívico pode ser estabelecido em substituição ou complemento do serviço militar e tornado obrigatório por lei para os cidadãos não sujeitos a deveres militares" (art. 276º, nº 5, da CRP).

O serviço cívico significa que do mesmo modo existe uma prestação por parte dos cidadãos que lhe estão sujeitos, a qual pode ser aplicada em diversos contextos[13]: para os objetores de consciência, em alternativa ao serviço militar; para os cidadãos em geral, como alternativa ou complemento ao serviço militar.

A imposição de um serviço cívico para os objetores de consciência compreende-se especialmente para que estes cidadãos não fiquem numa situação de privilégio, "ganhando" duas vezes: não cumpririam o serviço militar, exercendo um direito que tem sempre algo de marginal no cômputo global da comunidade;

[13] Sobre o serviço cívico, v. ANTÓNIO DAMASCENO CORREIA, *O direito...*, pp. 156 e ss.; J. J. GOMES CANOTILHO e VITAL MOREIRA, *Constituição...*, II, pp. 875 e 876; FRANCISCO PROENÇA GARCIA, *Serviço cívico*, in AAVV, *Enciclopédia de Direito e Segurança* (coordenação deJORGE BACELAR GOUVEIA e SOFIA SANTOS), Coimbra, 2015, p. 445.

ficariam libertos de qualquer ocupação, podendo dedicar-se a outras atividades[14].

Por isso mesmo, *o texto constitucional parametriza uma prestação de um serviço cívico* de "...duração e penosidade equivalentes às do serviço militar armado" (art. 276º, nº 4, *in fine*, da CRP), no que é confirmado pela LOC quando acrescenta à isenção do serviço militar que o direito à objeção de consciência "...implica, necessariamente, para os respetivos titulares o dever de prestar um serviço cívico adequado à sua situação" (art. 1º, nº 2, *in fine*, da LOC).

II. O serviço cívico, por oposição ao serviço militar, entende-se como o "...adequado à situação de objetor de consciência aquele que, sendo exclusivamente de natureza civil, não esteja vinculado ou subordinado a instituições militares ou militarizadas, que constitua uma participação útil em tarefas necessárias à coletividade e possibilite uma adequada aplicação das habilitações e interesses vocacionais dos objetores" (art. 4º, nº 1, da LOC), possuindo âmbito nacional (cfr. o art. 1º, nº 2, da RSC).

A LOC, no que é secundada pela RSC, apresenta uma *tipologia exemplificativa* – pela expressão "preferentemente" dá-se a entender que há outras áreas relevantes – *das áreas de atividade em que o serviço cívico pode ser realizado.*

São elas: i) assistência em hospitais ou estabelecimentos de saúde; ii) rastreio de doenças e ações de defesa da saúde pública; iii) ações de profilaxia contra a droga, tabagismo e alcoolismo; iv) assistência a deficientes, crianças e idosos; v) prevenção e combate a incêndios e socorros a náufragos; vi) assistência a populações sinistradas por cheias, terramotos, epidemias e outras calamidades públicas; vii) primeiros socorros em caso de acidentes de viação; viii) manutenção, repovoamento e conservação de parques, reservas naturais e outras áreas classificadas; ix) manutenção e construção de estradas ou caminhos de interesse local; x) proteção do meio ambiente e do património cultural e natural; xi) colaboração em ações de estatística civil; xii) colaboração em ações de alfabetização e promoção cultural; xiii) o trabalho em associações de caráter social, cultural e religioso com fins não lucrativos, preferencialmente nas de utilidade pública ou solidariedade social;

[14] Outra razão que também terá determinado a imposição do serviço cívico é o facto de assim se prevenir a utilização abusiva deste direito, apenas com o fito de fuga ao serviço militar obrigatório, sendo certo que a comprovação da convicção pacifista de cada um não se apresenta como isenta de dificuldades probatórias.

e xiv) a assistência em estabelecimentos prisionais e em ações de reinserção social (cfr. o art. 4º, nº 2, da LOC, e o art. 2º, nº 1, da RSC).

III. *A prestação do serviço cívico compreende duas fases distintas*: a primeira, que tem a duração de três meses, corresponde a um momento inicial, durante o qual o objetor adquirirá uma formação geral; a outra destina-se à aquisição de uma formação específica, tendo em atenção as suas habilitações literárias e profissionais, pensando-se concretamente no tipo de serviço cívico a empreender (cfr. o art. 5º, nºs 2 e 3, da LOC).

O local da prestação do serviço cívico pode ser o território nacional ou também, havendo acordo do objetor, os Estados africanos lusófonos e o espaço comunitário europeu (cfr. o art. 6º, nº 1, da LOC).

O serviço cívico engloba *quatro situações*:

- *a reserva de recrutamento*: "A reserva de recrutamento é constituída pelos cidadãos que obtiveram o estatuto de objetor de consciência e que aguardem, por período não superior a um ano, a sua colocação efetiva" [art. 4º, nº 3, da RSC];
- *o serviço cívico efetivo normal*: "O serviço cívico efetivo normal compreende a prestação do serviço cívico desde a colocação até à passagem à reserva de disponibilidade imediata" [art. 4º, nº 4, da RSC];
- *a reserva de disponibilidade imediata*: "A reserva de disponibilidade imediata inicia-se com o fim da prestação do serviço cívico efetivo normal e termina quando se completarem seis anos sobre a passagem a esta situação, podendo os objetores de consciência, durante este período, ser convocados para a prestação do serviço cívico extraordinário..." [art. 4º, nº 5, da RSC];
- *a reserva geral*: "A reserva geral é constituída pelos objetores que transitarem da reserva de disponibilidade imediata e termina em 31 de dezembro do ano em que completarem 35 anos de idade" [art. 4º, nº 6, da RSC].

IV. O *estatuto jurídico do objetor de consciência não se confina ao cumprimento do serviço cívico – sendo este, claro está, o seu principal dever – e abarca um amplo complexo de direitos e deveres que integram essa qualidade*, sendo-lhe aplicável particularmente o princípio da igualdade, em atenção a essa situação (cfr. o art. 11º da LOC).

Os seus *direitos e regalias* englobam um estatuto remuneratório, direitos em matéria de segurança social e outras garantias sociais (cfr. os arts. 16º e ss. da RSC), esclarecendo a LOC que "O regime remuneratório e de segurança social dos objetores de consciência é definido em estrito paralelismo com as disposições aplicáveis à prestação do serviço militar obrigatório..." (art. 7º, nº 1, da LOC).

Os seus *deveres e obrigações* incluem – para lá da sujeição à prestação de novo serviço cívico em caso de guerra, estado de sítio ou de emergência (cfr. o art. 12º da LOC) – várias inabilidades, como (i) desempenhar qualquer função, pública ou privada, que imponha o uso e porte de arma de qualquer natureza, (ii) ser titular de licença administrativa de detenção, uso e porte de arma de qualquer natureza, (iii) ser titular de autorização de uso e porte de arma de defesa quando, por lei, tal autorização seja inerente à função pública ou privada que exerça, (iv) e trabalhar no fabrico, reparação e comércio de armas de qualquer natureza e no fabrico e comércio das respetivas munições, bem como trabalhar em investigação científica relacionada com essas atividades (cfr. o art. 13º, nº 1, da LOC).

A situação de objetor de consciência cessa, sem contar com outros casos especialmente previstos, com a sua condenação judicial em pena de prisão superior a um ano por crimes contra a vida, contra a integridade física, contra a liberdade das pessoas, contra a paz e a Humanidade, contra a paz pública e contra o Estado e por crimes de perigo comum sempre que estes comportamentos criminosos reflitam uma intenção contrária à convicção de consciência manifestada pelo objetor e aos deveres dela decorrentes, e pelo exercício comprovado de funções ou tarefas para que é considerado inábil (cfr. o art. 14º, nº 1, da LOC).

Novos modelos organizativos na Administração Pública: em especial, Centros de Competências e Centrais de Compras

Alexandra Leitão

1. A Administração Pública atual: novos desafios e novas respostas

1. Nunca como hoje, tendo em conta o passado recente, o Estado e a Administração Pública assumiram um papel tão relevante na vida dos cidadãos.

De facto, a crise pandémica e agora a crise internacional e geopolítica com a invasão da Ucrânia pela Federação Russa tornou evidente a importância de uma Administração Pública simultaneamente forte e ágil, pronta a adaptar-se aos desafios mais exigentes.

Em situações de crise, que convocam um esforço coletivo, a Administração Pública tem sido um instrumento de valor acrescentado para o desenvolvimento do país, enquanto meio privilegiado de conceção e implementação de políticas públicas.

E é também nestes momentos que se tornam mais evidentes os riscos do recurso excessivo à externalização de serviços – o chamado *"outsourcing"* – que tende a descapitalizar a Administração Pública, quer no plano organizacional, quer no plano da capacitação dos recursos humanos[1].

[1] V. Alexandra Leitão, Contratos interadministrativos, Coimbra, 2011, págs. 110 e seguintes. V. também Jody Freeman e Martha Minow, Introduction: Reframing the Outsourcing

Porém, a sucessão de momentos excecionais, como os que se têm vivido recentemente no mundo acaba por exigir dos governos uma reação e uma adaptação imediatas à conjuntura e, nessa exata medida, não só torna mais desafiante o planeamento estratégico, atendendo à imprevisibilidade das situações, como acaba por postergar esse objetivo em função da necessidade imperiosa de ter respostas imediatas.

É, por isso, absolutamente necessário dotar a Administração Pública dos mecanismos necessários à recuperação da capacidade de atuação e de exercer funções de elevada complexidade técnica e tecnológica nos diversos setores em que é chamada a intervir.

A *governança* exige, assim, políticas públicas de qualidade, eficiência e eficácia na sua implementação, capacitação e qualificação dos recursos humanos, monitorização, avaliação e revisão de processos[2].

A capacidade interna é vital para a concretização da visão de qualidade, universalidade e sustentabilidade dos serviços públicos, para melhor prossecução do interesse público e satisfação das necessidades dos cidadãos e das empresas.

Isto implica, entre outros aspetos:

- Testar e adotar modelos inovadores de gestão organizativa na Administração Pública, designadamente através da criação e reforço de vários tipos de serviços partilhados;
- Atrair para a Administração Pública trabalhadores qualificados, especialmente em áreas estratégicas (por exemplo, tecnologias de informação e comunicação) seja através de medidas estatutárias (ao nível do desenvolvimento das carreiras, aumentos salariais, condições de trabalho), seja através da simplificação dos procedimentos de recrutamento, tornando-os mais céleres;
- Capacitar e qualificar os dirigentes e os trabalhadores da Administração Pública, em diversas áreas sobretudo nas competências emergentes (modelos inovadores de gestão e organização do trabalho, transição digital, transição energética, entre outros), razão pela qual se procedeu à reforma orgânica do Instituto Nacional de Administração, que voltou a ser um instituto público dotado de autonomia adminis-

Debates, in Government by Contract. Outsourcing and American Democracy, obra coletiva, Cambridge (Massachusetts), 2009, págs. 1 a 20

[2] V. Tom Palmer, Globalização e Governança, in Estado, Sociedade Civil e Administração Pública. Para um novo paradigma do serviço público, Coimbra, 2008, pág. 82.

trativa e financeira, o que lhe dá a necessária flexibilidade de gestão para voltar a ter a posição de prestígio que a entidade com competências na área da formação da Administração Pública deve e tem de ter;
- Apostar em processos de inovação, simplificação e modernização – e com isto não me refiro apenas à digitalização, mas também simplificação da tramitação do procedimento administrativo, dos processos decisórios e de realização de despesa pública;
- Colocar a tecnologia ao serviço destes objetivos, de forma inclusiva e transformadora.

2. Novos modelos organizativos na Administração Pública e o tendencial abandono do modelo *weberiano*

2. A adoção de modelos inovadores de gestão organizativa é uma das formas de responder aos desafios que se colocam à Administração Pública moderna.

Refiro-me, concretamente, à criação e generalização de serviços partilhados, designadamente ao nível de:

- Serviços de suporte, como contabilidade e tesouraria, recursos humanos, informática e comunicações, economato, relações públicas, arquivo, etc;
- Centros de competências transversais, sobretudo em áreas do conhecimento como serviços jurídicos, de planeamento, tecnologia ou relações internacionais, por exemplo;
- Serviços de centralização de compras públicas.

3. A concentração de competências transversais em centros que desempenham funções para diferentes departamentos governamentais em áreas de grande especialização científica e técnica – como os centros de competências – ou que centralizam as compras públicas representam, de certa forma, o abandono de um modelo *weberiano* de organização da Administração Pública.

Efetivamente, para Max Weber, a organização administrativa assenta na hierarquia, na formalização da atuação através de leis e regulamentos, numa lógica "racional-legal" ou burocrática[3].

Este conceito de burocracia – longe do conceito popular que se traduz em morosidade, excesso de documentos e papéis, e consequentemente,

[3] V., por todos, Guy Peters, *The Politics of Bureaucracy*, 5ª edição, Londres, 2000.

soluções menos eficientes – é, pelo contrário, na conceção *weberiana*, uma forma de aumentar a eficiência por via da criação de rotinas que agilizam e uniformizam a atuação dos funcionários da Administração.

Mas, na verdade, este modelo acarreta um excesso de formalismo, uma recusa do trabalho colaborativo, uma dificuldade de adaptação a novas situações e uma resistência à mudança totalmente incompatíveis com a eficiência de uma Administração Pública do século XXI[4].

Alguns Autores referem mesmo que, apesar de a hierarquia atuar como limite funcional à desconcentração, "*a verdade é que a própria lógica de desburocratização, aproximação aos cidadãos e democratização subjacente à desconcentração implica necessariamente um exercício razoável, proporcional, eficiente, de boa fé e assim tendencialmente autocontido do poder de direção por parte dos órgãos superiores.*"[5].

A criação de centros de competências em áreas transversais, assim como a centralização das compras públicas, com óbvios ganhos de eficiência, que desempenham funções para diferentes departamentos governamentais, numa lógica de cooperação horizontal, patente na constituição de *redes* de trabalho colaborativo (modelo de *organização reticular*[6]) é, nesta medida, uma alternativa ao modelo rígido, burocrático e de hierarquia vertical[7]. Em prol da "partilha cooperativa de poderes de decisão" nesta rede de estruturas transversais verifica-se uma "atenuação do comando hierárquico"[8], podendo, neste novo contexto, a *coordenação administrativa* assumir uma função central[9].

[4] Contudo, encontrar um modelo alternativo não tem sido fácil, indo da privatização de áreas da Administração até uma menor regulamentação legal, passando pela flexibilidade das estruturas organizativas. V. João Caupers, *Introdução à Ciência da Administração Pública*, Lisboa, 2002, págs. 130 e 131.

[5] V. Hong Cheng Leong, *O princípio da desconcentração, in Organização administrativa: novos atores, novos modelos*, obra coletiva, volume I, Lisboa, 2018, pág. 188.

[6] V. Fátima Fonseca e Carlos Carapeto, *Governação, Inovação e Tecnologias. O Estado rede e a Administração Pública do Futuro*, Lisboa, 2009, pág. 228.

[7] Sobre esta evolução, salientando, no entanto, que o modelo hierárquico continua a ser a "coluna vertebral" da Administração direta, v. Mário Aroso De Almeida, *Funções e Desafios do Direito da Organização Administrativa*, in *Organização administrativa: novos atores, novos modelos*, obra coletiva, volume I, Lisboa, 2018, pág. 32.

[8] V. Miguel Prata Roque, *O princípio da mutabilidade das estruturas administrativas: extinção, fusão e reestruturação orgânicas, in Organização administrativa: novos atores, novos modelos*, obra coletiva, volume I, Lisboa, 2018, pág. 299.

[9] Neste sentido, v. Ricardo Branco, *A coordenação administrativa* in *Organização administrativa: novos atores, novos modelos, obra coletiva*, volume II, Lisboa, 2018, págs. 542-543.

Concordamos, assim, como JORGE PAÇÃO[10], quando defende que a cooperação administrativa deve ser reconhecida como princípio constitucional da organização administrativa, a par com os princípios da subsidiariedade, da descentralização, da desconcentração e da unidade de ação[11].

Saliente-se, contudo, que cooperação (ou colaboração) e coordenação não são sinónimos: enquanto as primeiras pressupõem equiordenação e respeito pelas competências das entidades com objetivo da prossecução de fins comuns, a coordenação traduz-se numa relação não igualitária e não voluntária, que se caracteriza exatamente pela concessão à entidade coordenante de capacidade diretiva e decisória. Aliás, a coordenação é, em regra, sempre vertical e em sentido descendente, ou seja, existe uma entidade supraordenada que exerce funções de coordenação sobre entidades que estão num nível inferior[12].

A organização em rede permite que se concentrem competências em organizações transversais sem que isso se traduza numa *recentralização*, ao arrepio quer do *indirizzo* constitucional de desconcentração e da descentralização [cfr. o artigo 6º e o número 2 do artigo 267º da Constituição da República Portuguesa (CRP)], quer de uma lógica de proximidade que se revela, na maioria das situações, mas eficaz e eficiente.

Por outro lado, a gestão colaborativa (em rede) assenta muito na circulação do conhecimento numa lógica multidisciplinar e não na autoridade, sem perda de coerência na atuação pública[13].

Como refere GUY PETERS, "[A]*nother challenge to hierarchical authority is expertise. The appeal of technology and expertise in modern society is almost hypnotic in its effects. Expertise has become a new basis of charisma for leaders of an organization. The problem is that this source of authority often (usually?) conflicts with the rational–legal basis of authority*"[14] .

Em sentido próximo, DOMINGOS SOARES FARINHO, refere, a propósito dos centros de competências que este é um modelo que "*permite responder a*

[10] Cfr. JORGE PAÇÃO, *A cooperação administrativa*, in *Organização administrativa: novos atores, novos modelos, obra coletiva*, volume II, Lisboa, 2018, pág. 509.

[11] V. ALEXANDRA LEITÃO, *Contratos..., cit.*, pág. 85.

[12] V. ALEXANDRA LEITÃO, *Contratos..., cit.*, pág. 83.

[13] V. ROBERT AGRANOFF E MICHAEL MCGUIRE, *Collaborative Public Management*, Washington, 2003, págs. 179 e 182. Referindo-se ainda que o "*collaborative public management [...] is a natural consequence of the shift in work from labour intensity to knowledge-based production, with its emphasis on human capital*" (pág. 193).

[14] GUY PETERS, *op. cit.*, pág. 72.

uma das dificuldades do modelo hierárquico, em que o subordinado pode, para projetos específicos, ser tão ou mais habilitado tecnicamente do que os seus superiores hierárquicos"[15].

O robustecimento científico e técnico da Administração Pública é essencial para a definição de políticas públicas e para a tomada de decisões, que devem assentar no conhecimento científico e técnico, numa lógica interdisciplinar. Para isso, a Administração Pública deve ter serviços dotados de grande especialização científica e os titulares do poder político devem rodear-se de especialistas de fora da própria Administração.

No entanto, a decisão final deve ser tomada pelo poder político por três razões fundamentais:

i) porque são os titulares do poder político que estão democraticamente legitimados para tomar essas decisões fundamentais para o nosso destino comum;
ii) porque a análise científica tende a ser unidimensional em função da "lente" através da qual cada área analisa a realidade e cabe ao decisor político fazer a ponderação global das várias perspetivas;
iii) porque numa Democracia são os políticos que são responsabilizados e avaliados, em eleições, pelas decisões que tomam e pela forma como as implementam.

3. Centros de competências

4. Os centros de competências são serviços com funções estratégicas, de estudo, planeamento e avaliação, altamente qualificados, em domínios que se caracterizam por:

i) Corresponderem a necessidades sentidas transversalmente por várias áreas governativas:
ii) Terem uma dimensão técnica e até científica que exige a contratação de pessoas muito qualificadas e capacitadas em domínios como o Direito, o Planeamento, as novas tecnologias, além de uma gestão flexível que não é compatível com soluções orgânicas tradicionais.

O Programa do XXII Governo Constitucional previa o aprofundamento e desenvolvimento dos centros de competências existentes e a criação de novos centros de competências.

[15] V. Domingos Soares Farinho, Os centros de competências e estruturas partilhadas na Administração Pública portuguesa, in Organização administrativa: novos atores, novos modelos, obra coletiva, volume I, Lisboa, 2018, pág. 700.

Nos XXI e XXII governos constitucionais (fim de 2015 – início de 2022) criaram-se os seguintes centros de competências, com funções transversais a toda a Administração Pública:

- Centro de Competências Jurídicas do Estado – JurisAPP;
- Centro de Competências Digitais da Administração Pública – TicAPP;
- Centro de Competências de Planeamento, de Políticas e de Prospetiva da Administração Pública – PlanAPP.

4.1. O Centro de Competências Jurídicas do Estado – JurisAPP, que sucedeu ao CEJUR – Centro Jurídico da Presidência do Conselho de Ministros, criado pelo Decreto-Lei nº 286/92, de 26 de dezembro[16], foi instituído pelo Decreto-Lei nº 149/2017, de 6 de dezembro[17].

Trata-se de um serviço central da administração direta do Estado, dotado de autonomia administrativa e está sujeito ao poder de direção do Primeiro-Ministro ou do membro do Governo em quem aquele o delegar.

O JurisAPP tem por missão prestar consultoria, assessoria e aconselhamento jurídicos, bem como informação jurídica em matéria de contratação pública, procedimentos contraordenacionais e procedimentos disciplinares, aos membros do Governo, ficando, igualmente, responsável por assegurar a representação em juízo do Conselho de Ministros, do Primeiro-Ministro e de qualquer outro membro do Governo organicamente integrado na Presidência do Conselho de Ministros ou que beneficie dos respetivos serviços partilhados, incluindo nos processos que correm perante o Tribunal Constitucional e o Tribunal de Contas.

A organização interna do JurisAPP é flexível, permitindo captar consultores com qualificações de reconhecido mérito na área do Direito.

Assim, prevê-se a possibilidade de magistrados, bem como doutores, mestres ou licenciados de reconhecido mérito, em várias áreas do conhecimento, desempenharem funções no JurisAPP em condições específicas: i) sem necessidade de concurso (o que não põe em causa o artigo 47º da Constituição da República Portuguesa porque estas pessoas não têm vínculo à Administração Pública, são comissões de serviço de 2 anos, renováveis por iguais períodos); ii) exercendo funções em regime de exclusividade

[16] E alterado sucessivamente pelo Decreto-Lei nº 162/2007, de 3 de maio, e pelos Decretos-Leis nº 2/2012 e nº 4/2012, ambos de 16 de janeiro.

[17] Alterado pelo Decreto-Lei nº 91/2019, de 5 de julho, e pelo Decreto-Lei nº 21/2021, de 15 de março.

ou não, sem prejuízo das regras sobre imparcialidade e incompatibilidade; iii) sem horário de trabalho; iv) com remuneração superior à que corresponde à carreira geral.

O diploma que criou o JurisAPP prevê ainda a criação de uma Rede de Serviços Jurídicos da Administração Pública (REJURIS) que adota um modelo de funcionamento em rede com vista à cooperação e partilha interministerial de conhecimentos e de recursos jurídicos.

4.2. O Centro de Competências Digitais da Administração Pública – TicAPP_foi criado pela Resolução do Conselho de Ministros nº 22/2018, de 7 de março, enquanto unidade orgânica integrada na Agência para a Modernização Administrativa (AMA), I.P..

O TicAPP tem como missão apoiar as diferentes áreas governativas no seu processo de transformação digital, através de recursos humanos especializados em tecnologias emergentes, desenvolvendo projetos transversais à Administração Pública e melhorando, em simultâneo, a contratação de serviços externos nas áreas das tecnologias de informação e comunicação, com os correspondentes ganhos em eficiência e eficácia.

4.3. O Centro de Competências de Planeamento, de Políticas e de Prospetiva da Administração Pública – PlanAPP, foi criado pelo Decreto-Lei nº 21/2021, de 15 de março, integrando os recursos já existentes na UTAIL (Unidade Técnica de Avaliação de Impacto Legislativo), que saiu do JurisAPP.

Trata-se de um serviço central da administração direta do Estado, dotado de autonomia administrativa, integrado na Presidência do Conselho de Ministros e sujeito ao poder de direção do Primeiro-Ministro ou dos membros do Governo em quem aquele o delegar. A sua missão, no âmbito do planeamento estratégico, consiste em apoiar a definição das linhas estratégicas, das prioridades e dos objetivos das políticas públicas, assegurar a coerência dos planos setoriais com os documentos de planeamento transversais, acompanhar a execução, avaliar a implementação das políticas públicas, dos instrumentos de planeamento e dos resultados obtidos e elaborar estudos prospetivos.

A criação deste Centro permitirá acompanhar e reforçar cada uma das fases da intervenção ao nível das políticas públicas – planeamento, desenho, adoção e implementação, monitorização e revisão – criando as metodologias e as competências internas e na estrutura pública que são necessárias a uma atuação pública de qualidade.

Tal como o JurisAPP, o PlanAPP tem grande flexibilidade ao nível da constituição do seu corpo de consultores, organizados por equipas multidisciplinares, também contratados, na sua maior parte, em regime de comissão de serviço, sem vínculo à Administração Pública, e por isso sem exigência de concurso público nem de exclusividade e com remuneração superior à que corresponde à carreira geral.

Na dependência da direção do PlanAPP é criada uma rede de trabalho colaborativo – a Rede de Serviços de Planeamento e Prospetiva da Administração Pública (REPLAN) – com vista à cooperação interministerial e partilha de conhecimentos e de recursos das áreas do planeamento estratégico, políticas públicas e prospetiva e desenvolvimento de trabalho colaborativo.

4. Centrais de compras

5. As centrais de compras estão previstas nos artigos 260º a 266º do Código dos Contratos Públicos (CCP), aprovado pelo Decreto-Lei nº 18/2008, de 29 de janeiro, e no Decreto-Lei nº 200/2008, de 9 de outubro, que aprovou o regime jurídico aplicável à constituição, estrutura orgânica e funcionamento das centrais de compras.

As competências das centrais de compras estão definidas no artigo 261º do CCP: i) adjudicar propostas de execução de empreitadas de obras públicas, de fornecimento de bens móveis e de prestação de serviços, a pedido e em representação das entidades adjudicantes; ii) locar ou adquirir bens móveis ou adquirir serviços destinados a entidades adjudicantes, nomeadamente por forma a promover o agrupamento de encomendas; iii) celebrar acordos-quadro, designados contratos públicos de aprovisionamento, que tenham por objeto a posterior celebração de contratos de empreitadas de obras públicas ou de locação ou de aquisição de bens móveis ou de aquisição de serviços; iv) instituir sistemas de aquisição dinâmicos para utilização por parte das entidades adjudicantes pelos mesmos abrangidos; v) instituir catálogos eletrónicos para utilização por parte das entidades adjudicantes e; vi) adjudicar contratos públicos de prestação de atividades auxiliares de aquisição, que consistam no apoio às atividades de aquisição. Todas as atividades acima descritas estão, nos termos do nº 2 do artigo 261º, sujeitas ao CCP.

Nos termos do artigo 2º do Decreto-Lei nº 200/2008, consideram-se centrais de compras "*os sistemas de negociação e contratação centralizados, destinados à aquisição de um conjunto padronizado de bens e serviços ou à execução de empreitadas de obras públicas, em benefício das entidades adjudicantes* [referidas nos números 1 e 2 do artigo 2º do CCP[18]]".

As centrais de compras caracterizam-se pela sua função – são entidades que centralizam a contratação de empreitadas de obras públicas, de locação e aquisição de bens móveis e de aquisição de serviços para as entidades adjudicantes que as integrem[19] – e não pela sua forma orgânica.

Isto significa que pode haver centrais de compras com ou sem personalidade jurídica (nº 2 do artigo 2º do Decreto-Lei nº 200/2008), integradas na Administração direta, indireta ou autónoma, bem como as áreas metropolitanas e as comunidades intermunicipais, em benefício dos respetivos municípios.

A possibilidade de serviços desprovidos de personalidade jurídica assumirem as funções de centrais de compras pode parecer estranha e condiciona seguramente o seu funcionamento[20]. Contudo, como já antes defendi, no Direito Administrativo os órgãos são unidades funcionais dotadas de uma vontade e interesses próprios, que resultam das competências que lhe são legalmente cometidas, equiparáveis, por isso, a sujeitos de Direito para determinados efeitos[21].

Concretamente no que respeita às centrais de compras do Estado, foi inicialmente criada a Agência Nacional de Compras Pública, E.P.E. (ANCP), pelo Decreto-Lei nº 37/2007, de 19 de fevereiro, cujo objeto era conceber, gerir o sistema nacional de compras públicas e assegurar a contratação centralizada de contratos de obras. O sistema de compras públicas do Estado incluía também, de acordo com o mesmo diploma, as Unidades Ministeriais de Compras (UMC), estas últimas desprovidas de personalidade jurídica.

[18] Ou seja: o Estado, as regiões autónomas, as autarquias locais, os institutos públicos, as entidades administrativas independentes, o Banco de Portugal, as fundações públicas, as associações públicas, as associações de que façam parte algumas daquelas pessoas coletivas, os organismos de direito público nas condições previstas nas subalíneas i) e ii) da alínea a) do número 2 do artigo 2º do CCP e associações constituídas por estes.

[19] O artigo 4º do Decreto-Lei nº 200/2008 determina que os atos constitutivos das centrais de compras devem regular, nomeadamente: o respetivo âmbito objetivo e subjetivo (entidades abrangidas) e a natureza obrigatória ou facultativa do recurso à central de compras por parte das entidades abrangidas.

[20] V. Tiago Serrão, *Centrais de compras: algumas questões sobre organização administrativa*, in *Centralização e agregação de compras públicas*, obra coletiva, Coimbra 2019, págs.115-116.

[21] V. Alexandra Leitão, *Contratos Interadministrativos,* Coimbra, 2011, págs. 176-177.

Posteriormente, o Decreto-Lei nº 117-A/2012, de 14 de junho, criou a Entidade de Serviços Partilhados da Administração Pública, I. P. (ESPAP, I. P.), que resulta da fusão do Instituto de Informática, da Empresa de Gestão Partilhada de Recursos da Administração Pública, E. P. E. (GeRAP), e da ANCP.

Esta entidade tem uma missão muito mais ampla do que a ANCP, assegurando a partilha de serviços na Administração Pública não apenas no âmbito da contratação pública, mas também na gestão de recursos humanos, de recursos orçamentais e financeiros e das tecnologias da informação e comunicação. No âmbito das compras públicas, compete à ESPAP, negociar e celebrar acordos-quadro ou outros contratos públicos de obras e de fornecimento de bens ou de serviços destinados às entidades públicas adjudicantes compradoras e acompanhar e apoiar as UMC nas negociações dos contratos públicos a celebrar ao nível ministerial, entre outras atribuições. No setor da saúde, é a SPMS – Serviços Partilhados do Ministério da Saúde, E. P. E.[22] que assume as funções de UMC, sendo o único caso de uma unidade ministerial de compras que tem personalidade jurídica. Mas as UMC não personalizadas, integradas nas orgânicas dos respetivos ministérios, acabam por ter órgãos, que partilham com a pessoa coletiva a que pertencem[23], criando uma solução de Administração *em rede*.

Esta organização reticular exige que se estabeleçam não só um conjunto de relações com os agentes externos à Administração Pública, designadamente com os operadores do mercado, mas também uma rede de relações internas, entre as várias entidades públicas a que se destinam os bens e serviços, quer através da celebração de contratos, quer por força da própria lei.

Nos termos do artigo 3º do Decreto-Lei nº 37/2007 (mantido em vigor após a aprovação da Lei nº 112-A/2012, de 17 de junho), o sistema nacional de compras públicas inclui, além da ESPAP e das UMC, as entidades compradoras vinculadas por força da lei (os serviços da administração direta do Estado e os institutos públicos, com exceção das instituições de ensino superior públicas) e ainda aquelas que adiram voluntariamente por contrato interadministrativo a celebrar com a ESPAP, I.P..

No caso das entidades vinculadas, existe, como já tive ocasião de defender, um mandato *ope legis*[24], uma vez que as mesmas estão obrigadas a adquirir

[22] Criada pelo Decreto-Lei nº 19/2010, de 22 de março.

[23] Referindo, a este propósito, que quanto às centrais de compras (personalizadas ou não, *"são duas as palavras-chave a reter: pluralidade e complexidade"*, v. Tiago Serrão, *op. cit.*, pág. 124.

[24] Sobre estas relações jurídicas interadministrativas, v. Alexandra Leitão, *Lições de Direito dos contratos públicos*, Lisboa, 2014, págs. 200 e seguintes.

bens e serviços e a contratar empreitadas de obras públicas através do sistema nacional de compras públicas, atuando a ESPAP em sua representação, embora depois os contratos sejam celebrados diretamente pelas entidades contratantes [artigo 5º, nº 1, alínea b) do Decreto-Lei nº 37/2007].

O artigo 7º do Decreto-Lei nº 37/2007 prevê ainda a possibilidade de a ANCP (agora ESPAP) proceder à contratação de outras obras, bens e serviços, não previstos na portaria a que se refere o nº 3 do artigo 5º, mediante contrato de mandato administrativo a celebrar entre esta entidade e a entidade compradora interessada. Esta consagração legal da figura do mandato como forma de regular relações interadministrativas põe termo a algumas dúvidas sobre a admissibilidade desta figura no Direito Administrativo.

5. Soluções organizativas transversais na Administração Pública: vantagens e desvantagens

6. As principais vantagens associadas ao modelo transversal e interdepartamental de organização interna, sobretudo em áreas de grande exigência técnica e científica prendem-se com:

i) Uniformização de soluções e unidade na definição das linhas gerais de atuação em matérias de grande exigência técnica;
ii) Redução ou eliminação de redundâncias pela fusão de departamentos ou mesmo a sua eliminação, visto que as suas funções são transferidas para os centros de competências;
iii) Poupança de recursos humanos, financeiros e materiais;
iv) Maior flexibilidade de contratação de trabalhadores, designadamente ao nível do recrutamento, salário e perfil;
v) Agilização e desburocratização das interações entre áreas governativas e serviços, através da redução de cadeias de comando e da criação de estruturas horizontais, beneficiando de mecanismos de interoperabilidade.

Por sua vez, as principais desvantagens têm essencialmente a ver com:

i) Enfraquecimento ou eliminação da relação hierárquica com os departamentos governamentais setoriais;
ii) Perda de especialização em certos tipos de serviços;
iii) Criação de serviços e regimes laborais muito diversos dentro da Administração Público;

iv) Risco de uma certa *recentralização* da atuação administrativa, a que não é alheia, designadamente no âmbito das compras públicas, a "*progressiva centralização de competências decisórias no Ministério das Finanças em nome de imperativos do controlo da despesa pública nacional.*"[25].

Quanto ao primeiro aspeto – perda de intensidade da hierarquia administrativa – já referido *supra* a propósito da crise do modelo *weberiano* de organização administrativa, veja-se o seguinte exemplo: se o apoio jurídico a uma determinada área governamental está cometido a um centro de competências, os trabalhadores deste centro não respondem hierarquicamente perante essa área governamental, mas sim perante o ministério / departamento em que esteja integrado esse centro de competências, normalmente áreas transversais como a Presidência do Conselho de Ministros. Isto pode ser visto como uma perda de controlo por parte dos ministérios e áreas setoriais.

Da mesma forma, as centrais de compras podem conduzir à adoção de soluções *one size fits all*, não permitindo a adaptação às diferentes circunstâncias e características de cada entidade, nem a possibilidade de, em cada serviço, o respetivo superior hierárquico definir os termos e condições dos contratos que pretende celebrar.

No que se refere à eventual perda de especialização, esta não se verificará da mesma forma em todos os tipos de serviços partilhados.

No caso dos centros de competências, e ainda dando como exemplo os serviços jurídicos, os consultores ao prestarem apoio a diversas áreas e em diversas matérias, este corpo de consultores não terá a mesma especialização que tem um serviço jurídico integrado numa direção-geral de um ministério setorial. Apenas os serviços operacionais ou de missão que prosseguem as políticas públicas de cada área governativa terão essa especialização em função do tipo de matérias – energia, agricultura, ordenamento do território, etc[26].

Pelo contrário, no que respeita à centralização de compras, esta tem a vantagem de permitir a criação de uma entidade especializada no domínio

[25] Cfr. Marco Caldeira, *O âmbito subjetivo da centralização das compras públicas em Portugal*, in *Centralização e agregação de compras públicas*, obra coletiva, Coimbra, 2019, pág. 158.

[26] Característica das direções-gerais "típicas". V. João Tiago Silveira, *Os serviços executivos: direções-gerais, secretarias-gerais e organismos análogos*, in *Organização administrativa: novos atores, novos modelos*, volume II, Lisboa, 2018, pág. 347.

da contratação pública que desenvolve todos os procedimentos tendentes à celebração dos contratos integrados no seu âmbito de atuação por conta das entidades que integrem, por força da lei ou voluntariamente, o sistema.

Por sua vez, a flexibilização do recrutamento dos consultores dos centros de competências e o regime laboral mais favorável acabam por se traduzir numa "Administração Pública a duas velocidades" e pode ser sentido pelos restantes trabalhadores como uma espécie de diferenciação entre "trabalhadores de 1ª categoria" e "trabalhadores de 2ª categoria". Este risco, a verificar-se, revelar-se-á profundamente desmotivador para os restantes trabalhadores, pelo que deve ser objeto de uma explicação pedagógica em função das circunstâncias concretas de cada serviço.

Finalmente, e sobretudo quanto às centrais de compras, existe o risco real de os procedimentos de contratação, designadamente ao nível dos acordos-quadro, estarem associados a um elevado nível de litigiosidade que leva ao bloqueio da celebração de contratos que abrangem (quase) toda a Administração Pública, paralisando-a, além de propiciar o aparecimento de *monopsónios*, monopólios públicos do lado da procura que podem ter também efeitos negativos para a concorrência[27].

Face às vantagens evidentes que os modelos transversais comportam, estes riscos, mais do que desvantagens, devem ser encarados como desafios que podem ser ultrapassados através de trabalho colaborativo e de diálogo interadministrativo[28], bem como de "comandos pactuados" interorgânicos[29] ou intersubjetivos[30].

6. Conclusão

Os serviços partilhados, em especial os centros de competências e as centrais de compras, apresentam ganhos de eficiência e eficácia na atuação administrativa e também de qualidade no desenvolvimento das tarefas

[27] Neste sentido, v. Marco Caldeira, *op. cit.*, pág. 161.

[28] Como defende Domingos Soares Farinho, *op. cit.*, pág. 695, "[A] *centralização de competências e a partilha de estruturas implica a possibilidade de concertação dos vários setores da Administração Pública cujas competências são descentralizadas e cujas estruturas são partilhadas. Nesta medida, onde se verifique que essa concertação é impossível ou será muito difícil, a utilização desse tipo de mecanismos deve ser abordada com cautela ou mesmo desconsiderada.*"

[29] V. Eurico Bitencourt Neto, *A concertação administrativa interorgânica* in *Organização administrativa: novos atores, novos modelos*, volume II, Lisboa, 2018, pág. 480

[30] V. Alexandra Leitão, *Contratos..., cit.*, pág. 173.

necessárias à cumprimento dos objetivos da Administração Pública, em última instância, a prossecução do(s) interesse(s) público(s).

Reforçam as sinergias e permitem aproveitar melhor as oportunidades criadas pela tecnologia, designadamente em matéria de interoperabilidade, além de serem mais sustentáveis por eliminarem redundâncias e assegurarem maior uniformização da atividade administrativa na implementação das várias fases das políticas públicas.

Por exemplo, os acordos-quadro adotados pelas centrais de compras permitem prosseguir uma política laboral de proteção dos trabalhadores das empresas de fornecimento contínuo (tais como a segurança, a limpeza e as refeições coletivas) ao proibir nos respetivos cadernos de encargos que os co-contratantes privados contratem pessoas com vínculos precários.

Os serviços transversais são, acima de tudo, instrumentos valiosos de definição, desenvolvimento, implementação e avaliação de políticas públicas, uniformizando a sua execução.

A problemática qualificação das sanções revogatórias ou resolutivas

Inês Ferreira Leite[1]

1 – A sanção com "fins essencialmente punitivos": conceito e classificações de acordo com a finalidade da sanção

Uma visão panorâmica do direito sancionador (público e privado) revela-nos que num conceito amplo de sanção se podem enquadrar consequências jurídicas de distintos níveis de gravidade, aplicadas por entidades diversas, no âmbito de regimes e ramos de Direito também bastante diversificados. Perante tal diversidade, será possível encontrar funcionalidades exclusivas das sanções ou consequências jurídicas inerentes ao ilícito civil, contraordenacional e disciplinar ou penal? Pensando exclusivamente no Direito Civil, cujas consequências jurídicas assumem, frontalmente, uma finalidade primordial de reparação do dano[2], parece ser uma tarefa exequível

[1] Professora Auxiliar da Faculdade de Direito da Universidade de Lisboa, inesfleite@fd.ulisboa.pt.

[2] Neste sentido, José de Oliveira Ascensão, *O Direito. Introdução e Teoria Geral. Uma perspetiva luso-brasileira*, 9ª Ed., Almedina, Coimbra, 1995, pp. 57 e 62; António Menezes Cordeiro, *Direito das Obrigações*, 2º volume, AAFDL, Lisboa, 1990, pp. 259, 265 e 269; Eduardo Correia, *Direito Criminal, I* (com a colaboração de Figueiredo Dias), reimpressão, Livraria Almedina, Coimbra, 2004, p. 16; Carlos Alberto da Mota Pinto, *Teoria Geral do Direito Civil*, 3ª Ed., Coimbra Editora, 1996, pp. 114 e 116; e Antunes Varela, *Das obrigações em geral*, I, 9ª Ed., Almedina, Coimbra, 1996, p. 543.

sem grandes dificuldades[3]. Dir-se-ia, então, que facilmente se poderia traçar uma distinção material, porquanto a pena não visa (nem obtém) quaisquer finalidades reparadoras[4]. Esta linearidade é, contudo, desmentida quer pela origem comum do Direito Privado (Civil) e do Direito Penal[5], quer pelas tendências preventivas do Direito Civil[6/7].

[3] Referindo que, por vezes, o próprio Direito Civil reage ao incumprimento ilícito através de meios destinados a infligir um sofrimento ou privação ao faltoso, de modo a forçá-lo ao cumprimento, OLIVEIRA ASCENSÃO, *O Direito...*, cit., p. 56. Admitindo que a indemnização civil também poderá ter um efeito de desaprovação e reforço de vigência da norma penal, JAKOBS, *Derecho Penal, Parte general – fundamentos y teoría de la imputación*, tradução de Joaquín Cuello Contreras e J. González de Murillo, Marcial Pons, Madrid, 1995, p. 16. Em sentido semelhante, explicando que a natureza sancionatória normal da indemnização – pois ao exigir-se, em princípio, a culpa do lesante e ficando este obrigado a reparar o prejuízo causado, exerce-se ao mesmo tempo uma censura ético-jurídica sobre o seu comportamento e previnem-se comportamentos ilícitos futuros – resulta de uma consequência absolutamente indireta e acessória da mesma, ANTÓNIO PINTO MONTEIRO, *Cláusula penal e indemnização*, Almedina, Coimbra, 1999, p. 627.

[4] Entre muitos outros, TAIPA DE CARVALHO, Direito Penal. Parte Geral. Questões Fundamentais da Teoria Geral do Crime, Coimbra Editora, 2008, p. 105; EDUARDO CORREIA, Direito Criminal, I, cit., p. 16; GEORGES DELLIS, Droit Pénal et Droit Administratif – L' Influence des Principes du Droit Pénal sur le Droit Administratif Répressif, LGDJ, Paris, 1997, p. 191; CARLOS ALBERTO DA MOTA PINTO, Teoria Geral do Direito Civil, 3ª Ed., Coimbra Editora, 1996, p. 116; GERMANO MARQUES DA SILVA, Direito Penal Português, parte geral, I – Introdução e teoria da lei penal, Verbo, Lisboa, 1997, p. 122.

[5] Entendendo que não existe uma verdadeira diferença ontológica entre o ilícito penal e civil, GERMANO MARQUES DA SILVA, *Direito Penal Português...*, I, cit., p. 122. No que respeita à origem comum no plano da responsabilidade delitual, no Direito Romano, MENEZES CORDEIRO, *Direito das Obrigações*, 2º v., cit., pp. 260 e ss.; PEDROSA MACHADO, "Contravenção e Contra-ordenação – Notas sobre a génese, a função e a crítica de dois conceitos jurídicos", *Estudos em Homenagem ao Banco de Portugal. 150º Aniversário (1846-1996)*, Lisboa, Banco de Portugal, 1998, p. 27. Também num período inicial da Idade Média não havia ainda um verdadeiro Direito Penal público, TAIPA DE CARVALHO, "Condicionalidade sócio-cultural do direito penal. Análise histórica: sentido e limites", *separata* do *Boletim da Faculdade de Direito de Coimbra. Estudos em homenagem aos Profs. Manuel Paulo Merea e Guilherme Braga da Cruz*, 58, Coimbra, 1985, p. 1064; JÚLIO GOMES, "Uma função punitiva para a responsabilidade civil e uma função reparatória para a responsabilidade penal?", *Revista de Direito e Economia*, XV, 1989, p. 127; JESCHECK/WEIGEND, *Tratado de Derecho Penal, Parte General*, 5ª Ed., Duncker u. Humblot, Berlim, 1996, tradução de Miguel Olmedo Cardenete, Editorial Comares, Granada, 2002, p. 97.

[6] No mesmo sentido, MENEZES CORDEIRO, "Direito do Ambiente, princípio da prevenção: direito à vida e à saúde. Anotação ao acórdão do Supremo Tribunal de Justiça, de 2 de Julho de 1996", *Revista da Ordem dos Advogados*, 56, II, 1996, p. 683. Falando das finalidades preventivo-

A sociedade atual está sujeita a um conjunto de fortes pressões no sentido de uma multifuncionalidade dos seus institutos. Vivemos numa época em que um simples telemóvel quer-se simultaneamente câmara de vídeo, máquina fotográfica e minicomputador; e, a cada dia, são acrescentadas novas aplicações, funcionalidades, descobertas ou apenas recriações desenvolvidas pelos avanços tecnológicos. Não é de estranhar que também o Direito tenha cedido às exigências de multifuncionalidade[8], assistindo-se hoje, novamente, a uma aproximação entre o Direito Civil (e do Direito Privado, em geral) e o Direito Penal[9]. Surgem assim, no Direito Privado mecanismos san-

-punitivas da responsabilidade civil, entendendo que ao Direito privado também compete a prevenção e censura do comportamento ilícito, Júlio Gomes, "Uma função punitiva para a responsabilidade civil...", cit., p. 106. Franco Bricola, "La riscoperta delle «pene private» nell'otica del penalista", *Le pene private*, Giuffrè Editore, Milão, 1985, p. 28; Paula Ribeiro de Faria, *A adequação social da conduta no Direito Penal. Ou o valor dos sentidos sociais na interpretação da lei penal*, Publicações Universidade Católica, Porto, 2005, p. 400; e Antunes Varela, *Das obrigações em geral*, I, cit., p. 597.

[7] Carnelutti fala mesmo de complementaridade entre o Direito Civil e Penal: "*la primera función de la compra es precisamente la de subrogado del hurto. Contrato y delito aparecen, por tanto, como la cara y la cruz de la misma moneda. (...) Mientras el primero expulsa la guerra, el segundo establece las condiciones necesarias para que los hombres puedan vivir sin hacerla*", *Cuestiones sobre el proceso penal*, tradução de Santiago Sentís Melendo, Libreria El Foro, Buenos Aires, 1961, p. 45.

[8] Falando da multifuncionalidade dos modernos institutos jurídicos, a propósito da responsabilidade ambiental, Vasco Pereira da Silva, "Ventos de mudança no direito do ambiente: a responsabilidade civil ambiental", *O que há de novo no Direito do Ambiente? Actas das Jornadas de Direito do Ambiente*, organização de Carla Amado Gomes e Tiago Antunes, AAFDL, Lisboa, 2009, p. 14. Bastante crítico desta multifuncionalidade no que respeita à qualificação e regime jurídico da cláusula penal prevista no artigo 810º do Código Civil, Pinto Monteiro, *Cláusula penal e indemnização*, cit., *en passim* e em especial p. 627.

[9] Neste sentido, Inês Almeida Costa, "Poderá a «reparação penal» ter lugar como autónoma reação penal?", *Revista Portuguesa de Ciência Criminal*, 21, 4, 2011, pp. 507 e ss.; Paula Ribeiro de Faria, "Reparação punitiva – uma «terceira via» na efectivação da responsabilidade penal?", *Liber Discipulorum para Jorge de Figueiredo Dias*, Coimbra Editora, 2003, pp. 271 e 272; Júlio Gomes, "Uma função punitiva para a responsabilidade civil...", cit., pp. 105 e ss.; Paula Meira Lourenço, *A função punitiva da responsabilidade civil*, Coimbra Editora, 2006, pp. 190 e ss.; Idem, "A indemnização punitiva e os critérios para a sua determinação", intervenção no Colóquio organizado pelo Supremo Tribunal de Justiça, subordinado ao tema *Responsabilidade Civil – Novas Perspectivas*, realizado nos dias 13 e 14 de março de 2008, no âmbito do painel dedicado aos "Novos Rumos da Responsabilidade Civil e Teoria da Indemnização Sancionatória", p. 11; Cláudia Santos, *A Justiça Restaurativa. Um modelo de reação ao crime diferente da Justiça Penal. Porquê, para quê e como?*, Coimbra Editora, 2014, pp. 387 e ss.

cionatórios atípicos[10]– embora alguns já tenham décadas de existência[11]–, ou confere-se à responsabilidade civil um caráter frontalmente sancionatório[12].

[10] Referindo já a existência de sanções civis com uma função de coação direta do agente prevaricador, Eduardo Correia, *Direito Criminal*, I, cit., p. 16. Mais recentemente, chamando a atenção para uma atipicidade dos mecanismos punitivos, que se podem encontrar nos vários ramos da ordem jurídica, Franco Bricola, "La riscoperta delle «pene private»...", cit., p. 29; Madureira Prates, *Sanção Administrativa Geral: Anatomia e Autonomia*, Almedina, Coimbra, 2005, p. 112. Falando de um ressuscitar da "pena privada" no Direito Civil, Pinto Monteiro, *Cláusula penal e indemnização*, cit., p. 663.

[11] Como a sanção pecuniária compulsória (cfr. artigo 829ºA do Código Civil, ou CC), ou o direito de retenção (cfr. artigo 754º do CC), Oliveira Ascensão, *O Direito...*, cit., pp. 56 e 57. Ou mesmo a perda dos direitos sucessórios em caso de sonegação de bens, que vem já desde a versão originária do Código Civil [ver, sobre a origem desta norma, Fernando Brandão Ferreira Pinto, *Direito das Sucessões*, E.I. Editora Internacional, Lisboa, 1995, p. 203, nota (521)], e que corresponde a uma pena civil, como conclui Oliveira Ascensão, *O Direito...*, cit., p. 64; Idem, *Direito Civil. Sucessões*, 5ª Ed., Coimbra Editora, 2000, p. 496. Ou a incapacidade sucessória por indignidade, que vem já desde o Direito Romano, mas cuja natureza penal é bastante mais polémica, Francesco Gabriele Boseti, "L'indegnità di succedere: una ipotesi di «pene privata»", *Le pene private*, Giuffrè Editore, Milão, 1985, pp. 226 e 230. Assim, falando em mera redescoberta das "penas privadas", Franco Bricola, "La riscoperta delle «pene private»...", cit., p. 27.

[12] Configurando, no plano do Direito do Ambiente, a indemnização civil como uma verdadeira pena, Menezes Cordeiro, "Direito do Ambiente, princípio da prevenção: direito à vida e à saúde. Anotação ao acórdão do Supremo Tribunal de Justiça, de 2 de julho de 1996", *Revista da Ordem dos Advogados*, 56, II, 1996, p. 685. Em sentido semelhante, Georges Dellis, *Droit Pénal et Droit Administratif...*, cit., p. 195. Referindo a crescente natureza punitiva da responsabilidade civil, Ana Brochado, "A Indemnização por Abuso de Informação Privilegiada no Código das Sociedades Comerciais", *Cadernos do Mercado de Valores Mobiliários*, 36, 2010, p. 40; Paula Meira Lourenço, *A função punitiva da responsabilidade civil*, cit., pp. 18 e 245 e ss.; Idem, "A indemnização punitiva e os critérios para a sua determinação", cit., p. 11. Falando da "bipolaridade" da responsabilidade civil, Franco Bricola, "La riscoperta delle «pene private»...", cit., p. 28. A função preventiva tem assumido destaque na atribuição de indemnizações ao lesado em casos de tutela de direitos de personalidade, como revelam as considerações do BGH nos casos relativos à Princesa Carolina do Mónaco de 11.11.1994 (*NJW*, 1995, pp. 861 e ss.), de 5.12.1995 (*NJW*, 1996, pp. 984 e 985), e de 12.12.1995 (*NJW*, 1996, pp. 985 a 987), comentados por Luís Vasconcelos Abreu, "A violação de direitos de personalidade pela comunicação e as funções da responsabilidade civil. Recentes desenvolvimentos jurisprudenciais. Uma breve comparação Luso-Alemã", *Estudos em Homenagem à Professora Doutora Isabel de Magalhães Collaço*, II, Almedina, Coimbra, 2002, pp. 457 e ss. Negando que no Direito português haja lugar para os chamados "danos punitivos", Luís Menezes Leitão, "A responsabilidade civil por danos causados ao ambiente", *Actas do Colóquio «A responsabilidade civil por dano ambiental»*, organização de Carla Amado Gomes e Tiago Antunes, Instituto de Ciências Jurídico-políticas, Lisboa,

Em contrapartida, o próprio Direito Penal assume, de novo[13], uma função reparadora, quer possibilitando a extinção da responsabilidade penal mediante a reparação do dano[14], quer tutelando o direito à reparação da vítima através do processo penal[15]. Consequentemente, a "*solidamente assente*"[16] e tradicional distinção entre responsabilidade civil – como instrumento de reparação do dano – e responsabilidade penal – através da qual apenas se visaria a punição do agente –, não pode hoje ser configurada numa perspetiva formal[17], a partir de uma visão absoluta ou generalizadora das finalidades

2010, p. 27. Rejeitando as teorias da "dupla função" indemnizatória e coerciva, no plano da responsabilidade obrigacional, Pinto Monteiro, *Cláusula penal e indemnização*, cit., *en passim* e em especial pp. 624 e ss.

[13] De novo, porquanto o Direito Penal exerceu já uma função reparadora, de composição de interesses, na sua fase inicial de desenvolvimento, como explica, em detalhe, Cláudia Santos, *A Justiça Restaurativa*..., cit., pp. 100 e ss. Também, Taipa de Carvalho, "Condicionalidade sócio-cultural do direito penal...", p. 1041; Júlio Gomes, "Uma função punitiva para a responsabilidade civil...", cit., p. 128. Por exemplo, Henriques da Silva, apontava à pena as funções essenciais de reparação (do mal gerado na sociedade) e de punição, *Contravention et délit (Rapport au VII Congrès de l'Union Internationale de Droit Pénal)*, Imprensa da Universidade, Coimbra, 1897, p. 6. Aliás, a função de reparação dos danos sociais do crime era uma das componentes essenciais do movimento de defesa social, influente durante a primeira metade do séc. XX, como explica Ferri, *Sociologia criminale*, 3ª Ed., Frateli Boca, Torim, 1892, pp. 503 a 511. E, até ao CP1982, a reparação do dano era considerada uma consequência da condenação penal, sendo arbitrada oficiosamente, Figueiredo Dias, *Direito Penal Português. As consequências jurídicas do crime*, 2ª Reimpressão, Coimbra Editora, 2009, pp. 45 e 46. Sobre as novas tendências no sentido de eleger a reparação pelos danos do crime como verdadeira "pena", Taipa de Carvalho, *Direito Penal. Parte Geral*..., cit., pp. 109 e ss.

[14] Veja-se o disposto nos artigos 49º e 206º do CP, ou mesmo, no âmbito da determinação da medida da pena, vejam-se as alíneas *e)* do artigo 71º, nº 2, e *c)* do nº 2 do artigo 72º, ambos do CP. Salientando estes aspetos, Taipa de Carvalho, *Direito Penal. Parte Geral*..., cit., pp. 113 e ss.; Júlio Gomes, "Uma função punitiva para a responsabilidade civil...", cit., pp. 134 e 137.

[15] Assim, a obrigação de indemnização do lesado é uma das injunções oponíveis no âmbito da suspensão provisória do processo penal, artigo 281º do CPP. Mas o expoente máximo desta tendência reside no disposto no artigo 82º-A do CPP, que permite que o tribunal, oficiosamente, atribua uma quantia de indemnização ao lesado que não haja deduzido pedido de indemnização civil.

[16] A expressão é de Menezes Cordeiro, *Direito das Obrigações*, 2º v., cit., p. 269. Aderindo a esta tradicional contraposição entre pena e sanção civil, Taipa de Carvalho, *Direito Penal. Parte Geral*..., cit., p. 105.

[17] Dependendo apenas da natureza das normas que as preveem ou dos princípios que as regem, como sugere Menezes Cordeiro, *Direito das Obrigações*, 2º v., cit., p. 270. Ou, como aponta Madureira Prates, de inserção sistemática da sanção no âmbito do Direito Privado com vista à

atribuídas a cada ramo do Direito[18]. Deverá antes analisar-se cada sanção, individualmente, para que, desse modo, se determine a respetiva natureza e função, quando aplicada ao caso[19]. Aliás, são já vários os autores que reconhecem que a reparação do dano poderá exercer um papel importante na prossecução dos fins de prevenção especial e geral das penas[20].

Que a segurança da tradicional distinção entre pena e tudo o resto – todas as restantes sanções previstas em regimes legais da natureza público ou privada – está em crise é evidente pela jurisprudência do Tribunal Europeu dos Direitos Humanos (TEDH). O Tribunal tem rejeitado uma perspetiva

tutela de interesses privados, sendo necessária uma mediação judicial para a sua concretização, *Sanção Administrativa Geral...*, cit., p. 133. Estes critérios talvez possam permitir uma distinção entre sanção civil e administrativa – como era o objetivo deste autor – mas falham quando transpostos para o campo penal, porquanto também a pena pode implicar somente um sacrifício de interesses patrimoniais do infrator, quando se trate de multa, pode tutelar interesses privados (mesmo numa primeira linha) e necessita de mediação judicial. No sentido defendido no texto, Júlio Gomes, "Uma função punitiva para a responsabilidade civil...", cit., p. 105.

18 A ideia tradicional de que a sanção civil partia do passado para tutelar o presente (a reparação do dano) e de que a sanção penal olharia ao passado para prevenir o futuro (a prática de novas infrações) – expressa, por exemplo, por Taipa de Carvalho, *Direito Penal. Parte Geral...*, cit., p. 105 e Germano Marques da Silva, *Direito Penal Português...*, I, cit., p. 65 – não resiste a uma análise mais profunda da multiplicidade de sanções civis, algumas de caráter francamente dissuasor ou compulsório.

19 Notando que a reparação do dano, no âmbito das reações penais, pode surgir como sanção ou componente da prevenção especial, não sendo possível uma sistematização absolutamente estanque, Júlio Gomes, "Uma função punitiva para a responsabilidade civil...", cit., pp. 132 e 133. Notando algo de semelhante no plano civil-obrigacional, mas negando que as duas funções não podem obter-se simultaneamente e sustentando que a função e natureza da cláusula penal resulte essencialmente da finalidade que, em cada caso concreto, lhe haja sido atribuída pelas partes, Pinto Monteiro, *Cláusula penal e indemnização*, cit., pp. 427, 432, 434, 638 e ss. e 656. Realçando a dificuldade em distinguir entre punição e reparação, Norberto Bobbio, "Sanzione", *Novíssimo Digesto Italiano*, XVI, 1969, p. 534. Seguindo exatamente este caminho a propósito da conjugação entre a sanção penal do abuso de informação privilegiada e a sanção para o mesmo facto constante do artigo 449º do Código das Sociedades Comerciais, (CSC), Ana Brochado, "A Indemnização por Abuso de Informação Privilegiada...", pp. 34, 35, 37, 40, entre outras.

20 Paula Ribeiro de Faria, *A adequação social da conduta...*, cit., p. 412; Júlio Gomes, "Uma função punitiva para a responsabilidade civil...", cit., p. 136. Já Eduardo Correia admitia que a indemnização assumisse uma função de coação indireta próxima da pena, *Direito Criminal*, I, cit., p. 16. Atualmente, distinguido, com razão, entre indemnização pelo dano e reparação, Cláudia Santos, *A Justiça Restaurativa...*, cit., pp. 368 e ss.

formalista sobre o conceito de pena[21], face aos artigos 6º, 7º e artigo 4º do protocolo 7 da Convenção, admitindo que a qualificação da sanção pelo Direito do Estado em causa seja um critério orientador, mas não o único, nem o determinante[22]. O TEDH tem privilegiado outros dois elementos de ponderação: saber se a sanção decorre da violação de uma norma geral com fins preventivos e retributivos; e avaliar a gravidade[23] e a existência de efeitos aflitivos como consequência da condenação[24]. A existência de uma privação da liberdade é um elemento importante[25], mas nem por isso considerado fulcral[26]. Mais relevantes serão as finalidades da sanção – proteção de inte-

[21] Embora admita que as consequências da condenação pela prática de crime sejam qualificadas, por princípio, de pena, não se dispensa que a natureza punitiva deva ser vista caso a caso, como demonstra a fundamentação no caso *Malige v. France*, Processo nº 27812/95, de 1998, §35. Sobre a jurisprudência do TEDH, Georges Dellis, *Droit Pénal et Droit Administratif...*, cit., pp. 48 e ss.; Inês Ferreira Leite, *Ne (Idem) Bis In Idem...*, II, cit., §§137-138; Moderne, *Sanctions administratives et justice constitutionnelle...*, cit., pp. 60 e ss.

[22] Como afirma no caso Engel and others v. The Netherlands, Proc. nº 5100/71 e outros, de 8 de junho de 1976: "*in this connection, it is first necessary to know whether the provision(s) defining the offence charged belong, according to the legal system of the respondent State, to criminal law, disciplinary law or both concurrently. This however provides no more than a starting point. The indications so afforded have only a formal and relative value (...)*".

[23] Nos casos *Putz v. Austria*, Processo nº 18892/91, de 1996, e *Ravnsborg v. Sweden*, Processo nº 14220/88, de 1994, o TEDH admite que uma sanção não penal, por natureza, possa vir a ser qualificada como penal, apenas por força da sua excessiva gravidade face à infração, embora tenha afastado essa hipótese nos dois casos.

[24] Designadamente, se a mesma fica inscrita em alguma espécie de registo criminal, como o TEDH aponta, por exemplo, no caso *Engel and others v. The Netherlands*, já citado.

[25] Ver os casos *Campbell and Fell v. the United Kingdom*, Processo nº 7819/77 e outro, de 1984, §72. Mais recentemente, em 2012, no caso *Asadbeyli and Others v. Azerbaijan*, Procs. n.os 3653/05 *et alia*, de 11 de dezembro de 2012, o TEDH consolidou o que se pode considerar como posição dominante do Tribunal sobre esta matéria: "*in a society subscribing to the rule of law, where the penalty liable to be and actually imposed on an applicant involves loss of liberty, there is a presumption that the charges against the applicant are «criminal», a presumption which can be rebutted entirely exceptionally, and only if the deprivation of liberty cannot be considered "appreciably detrimental" given its nature, duration or manner of execution*" (cfr. §154).

[26] No caso *Engel and others v. The Netherlands*, o TEDH entendeu que a privação da liberdade era curta demais para que lhe fosse atribuída natureza penal (cfr. §85). Em certos casos, quando a privação da liberdade surge como consequência do não pagamento de quantias em dinheiro e é de curta duração, tem também sido recusada a natureza penal da sanção, como no caso *Putz v. Austria*, cit., §37. Mas já não assim nos casos da *contrainte* francesa, que tem uma duração elevada – até dois anos – e foi constantemente qualificada como sanção punitiva de natureza

resses gerais da sociedade[27] e punição do agente[28] – e a desproporcionalidade da medida face ao dano provocado ou os lucros obtidos pela prática da infração[29].

Por ter um efeito mais radical sobre a sanção, podendo mesmo constituir obstáculo à sua aplicação, *per totutm*, o *ne bis in idem* constitui a regra que mais apreensão deverá gerar na análise de potenciais penas privadas. Na sua dimensão objetiva, o *ne bis in idem* tem por função principal limitar, de acordo com critérios de racionalidade, o exercício do *jus puniendi* público, constituindo uma garantia dos cidadãos contra punições arbitrárias e injustificadas[30]. O que implica que a sanção punitiva em causa, para poder ser qualificada como pena pública de Direito Privado[31] (ficando a ele sujeito), deva corresponder a uma verdadeira transferência do poder repressivo (e punitivo) público para a esfera privada, tendo em vista uma maior racionalidade e eficácia do sistema[32]; ou seja, visando também a tutela de um

penal (por exemplo, casos *Jamil v. France*, Processo nº 15917/89, de 8 de junho de 1995, §32; e *Goktan c. France*, Proc. nº 33402/96, de 2 de julho de 2002, §48.

[27] Este fator foi especialmente relevante no caso *Lauko v. Slovakia*, Processo nº 26138/95, de 2 de setembro de 1998, em que estava em causa a infração de regras gerais de boa vizinhança – a infração correspondia a uma denúncia infundada contra um vizinho – e em que, apesar do valor diminuto da sanção pecuniária, foi aplicado o artigo 6º da CEDH, §§58-59.

[28] Como no caso *Garyfallou AEBE v. Greece*, Processo nº 18996/91, de 1997, §34, em que a mera severidade da multa aplicada, face aos lucros obtidos pela infração às regras de importação e exportação gregas, foi considerada suficiente para atribuir natureza penal à sanção.

[29] Como se pode ver pelo caso *Welch v. the United Kingdom*, Processo nº 17440/90, de 1995, §33. Também o *SC* segue uma orientação semelhante. Um dos casos em que este critério foi preponderante foi no *United States v. Halper*, em que os autores de fraudes foram condenados, em processo civil, ao pagamento de quantias 200 vezes superiores ao dano provocado, tendo o *SC* vindo a considerar, numa posterior acusação penal, que as sanções anteriormente aplicáveis eram punitivas, pelo que seriam abrangidas pelo efeito do *double jeopardy*. Assim, David Rudstein, "Civil Penalties and Multiple Punishment under the Double Jeopardy Clause: Some Unanswered Questions", *Oklahoma Law Review*, 46, 4, 1993, pp. 595, 598 e 600.

[30] Com maior detalhe, Inês Ferreira Leite, *Ne (Idem) Bis In Idem...*, I, cit., §§36-40.

[31] Para fugir à expressão "pena privada", cujo conceito não é absolutamente pacífico na doutrina.

[32] Vendo na "pena privada" uma forma de reforçar o caráter de ultima *ratio* do Direito Penal, enquanto alternativa à pena criminal, Franco Bricola, "La riscoperta delle «pene private»...", cit., pp. 30 e 32; Tullio Padovani, "Lectio brevis sulla sanzione", *Le pene private*, Giuffrè Editore, Milão, 1985, pp. 68 e ss.

interesse público[33]. Se as partes convencionam a aplicação de certas cláusulas punitivas por factos que, eventualmente, poderão dar origem a sanções públicas, estar-se-á, à partida, perante um "mero" problema de eventual desproporcionalidade das respetivas convenções[34]. A remissão da questão para a esfera da proporcionalidade alivia a tensão, podendo assim proceder-se à cumulação das sanções, ainda que não integralmente caso alcancem manifesta desproporcionalidade ante a ponderação global das sanções já impostas ao autor da infração[35].

As sanções potencialmente abrangidas pelo *ne bis in idem* devem corresponder, ainda, ao exercício do poder coercivo estatal, não sendo mera decorrência da autonomia negocial das partes. Em contrapartida, o facto de existir alguma margem de autonomia das partes, quanto à aplicação da sanção, não afasta a sua natureza punitiva, nem tão pouco a sua sujeição ao *ne bis in idem*. As próprias sanções criminais admitem um espaço de autonomia

[33] Precisamente, excluindo a natureza de pena pública da cláusula penal por estarem em causa meros interesses privados, ANTUNES VARELA, "Parecer", *Revista da Ordem dos Advogados*, 45, 1, p. 186.

[34] O respeito pelo princípio da proporcionalidade, mesmo no puro plano civil, deve ser hoje visto como uma necessidade natural da ordem jurídica. Neste sentido, em especial, ANDRÉ FIGUEIREDO, "O Princípio da Proporcionalidade e a sua Expansão para o Direito Privado", *Estudos Comemorativos dos 10 Anos Da Faculdade de Direito da Universidade Nova de Lisboa*, II, Almedina, Coimbra, pp. 31-32.

[35] Não se nega que o *ne bis in idem* imponha ao Estado um dever de proteção contra "agressões" de terceiras pessoas ou instituições privadas, dever que decorre, para o Estado, do âmbito de proteção de qualquer direito fundamental, REIS NOVAIS, *As restrições aos Direitos Fundamentais não expressamente autorizadas pela Constituição*, 2ª Ed., Coimbra Editora, 2010, p. 88. Trata-se, essencialmente, de um problema de metodologia reflexa. Caso o *ne bis in idem* quisesse proteger, de modo absoluto, o indivíduo, evitando a dupla punição ou o duplo julgamento, após a aplicação de uma pena privada ou a sujeição a um julgamento privado, teria de suster a sua própria ação punitiva, medida que poderia deixar completamente por realizar os valores de Justiça e de proteção genérica de direitos fundamentais que são cometidos ao Direito Penal e ao Direito Processual Penal. A própria concordância prática, nestes casos, aconselha à resolução do litígio mediante valores e princípios alternativos. Poderá assim anular-se o negócio jurídico, reduzir-se a prestação ou indemnizar-se o lesado, em casos mais extremos. Ou seja, não se nega a proteção, mas reconhece-se uma "*margem de decisão política do legislador*" sobre o *como* e o *quando* da respetiva proteção, REIS NOVAIS, op. cit., pp. 91 e 92.

da vontade da vítima[36] ou de acordo entre as partes[37]. Pelo que o mero facto de a aplicação da sanção estar dependente de uma iniciativa privada não obsta a que a mesma venha a ser qualificada de sanção punitiva análoga à pena pública, quer para efeitos do *ne bis in idem*, quer no que respeita à aplicação dos princípios fundamentais em matéria penal ou sancionatória[38]. Pensa-se que a única via segura para determinar quando é que uma certa consequência desfavorável (um "mal") imposta ao infrator na sequência de um ilícito constitui uma sanção punitiva reside na identificação das finalidades prosseguidas, através de uma análise teleológica do regime associado à sanção em causa, especialmente no que respeita aos pressupostos de responsabilização, à forma de determinação do quantum da sanção e a eventuais efeitos acessórios decorrentes da condenação. Importa, assim, por se tratar do critério distinto mais seguro, identificar e caracterizar o que se entende por "finalidade punitiva".

Na sua maioria, as sanções revestem finalidades mistas: coativas, reparatórias, preventivas e punitivas. Por isso, recorre-se à expressão "essencialmente punitiva" para caracterizar a sanção análoga à pena (pública ou privada), já que sempre haverá uma múltipla prossecução de finalidades em cada sanção, ficando sujeitas aos princípios constitucionais inerentes às sanções materialmente penais aquelas que visem, primordialmente, a punição do infrator[39]. Não se quer com isto dizer que seja necessário reconhecer à pena uma função retributiva – no seu sentido tradicional de retribuição ou expiação do mal provocado[40] –, para que se proceda a uma distinção mate-

[36] Basta pensar no regime de queixa e acusação particular (artigos 113 e ss. do CP e 49º e 50º do CPP).

[37] O acordo entre ofendido e arguido é determinante para os regimes de arquivamento (artigos 280º e 281º do CPP), e ainda para o regime de mediação introduzido pela Lei nº 21/2007, de 12 de junho.

[38] Com maior detalhe, Inês Ferreira Leite, *Ne (Idem) Bis In Idem...*, II, cit., §§136-147.

[39] Neste sentido, defendendo a sujeição das "penas privadas" aos princípios constitucionais fundamentais em matéria penal, tais como legalidade, proporcionalidade e culpa, Francesco Donato Busnelli, "Verso una riscoperta delle «pene private»?", *Le pene private*, Giuffrè Editore, Milão, 1985, p. 10. Igualmente, no que respeita à sujeição ao *ne bis in idem*, Vítor Faveiro, "Algumas notas sobre o problema das multas processuais: a sanção do artigo 524º do código de processo civil", *Boletim do Ministério da Justiça*, 7, 1948, p. 85.

[40] Fernanda Palma, *Direito Penal. Conceito material de crime, princípios e fundamentos. Princípio da legalidade: interpretação da lei penal e aplicação da lei penal no tempo*, AAFDL, Lisboa, 2016, pp. 50 e ss.

rial entre esta e outras sanções de Direito Público[41]. Uma forma atualista de colocar o problema, e menos comprometida com uma fundamentação metafísica do Direito Penal[42], consiste em associar a função retributiva à reprovação jurídico-social do facto[43], invocando o interesse geral da sociedade na realização de Justiça[44], a necessidade de controlo das expetativas sociais quando um crime grave[45] é praticado, ou a mandatória neutralização dos efeitos perturbadores do crime[46]. Ou seja, a sanção essencialmente punitiva é constituída por dois elementos fundamentais[47]: um elemento punitivo (aflitivo, que inclui a reprovação jurídico-social do facto[48]) e um elemento preventivo-geral, através do qual são ponderadas as necessidades de repo-

[41] Não sendo claro que rejeite esta hipótese, FLETCHER entende, de uma forma a que aderimos, que a referência aos fins de proteção social não é suficiente para caracterizar a pena, de modo a autonomizá-la face a outro tipo de sanções e que "*an adequate account of punishment must take note of the traditional metaphisics os retribution: that somehow the punishment must adress the crime ans seek to negate its occurrence*" (cfr. *Basic Concepts of Criminal Law*, Oxford University Press, 1998, cit., p. 33). Já EDUARDO CORREIA admitia que a necessidade de atribuir um sentido ético-jurídico à pena criminal não seria impedimento a que a mesma fosse igualmente vista como uma forma de alcançar finalidades preventivas (cfr. "Direito Penal e Direito de Mera Ordenação Social", *Direito Penal Económico e Europeu (textos doutrinários)*, I, Coimbra Editora, 1998, p. 8).

[42] Que será de rejeitar num Estado de Direito democrático, FIGUEIREDO DIAS, "Os Novos Rumos da Política Criminal e o Direito Penal Português", *Revista da Ordem dos Advogados*, 43, I, 1983, p. 25; e FERNANDA PALMA, *Direito Penal. Conceito material de crime...*, cit., pp. 59 e ss.

[43] Seguindo esta identificação, EUSÉBIO DUARTE, "Subsídios para uma teoria da infracção fiscal", *Cadernos de Ciência e Técnica Fiscal*, 15, n.ºs 55-57, 1963, pp. 21 e 22. Falando da sanção repressiva como "*consequência da injustiça praticada*" e expressão de uma "*exigência de reintegração da ordem violada*", SOUSA E BRITO, "Para fundamentação do Direito Criminal", *Textos de apoio de Direito Penal*, 1, AAFDL, Lisboa, 1983/84, pp. 167 e 168.

[44] Entendendo que, nestas dimensões, a finalidade de prevenção geral é tipicamente característica da sanção punitiva, TULLIO PADOVANI, "Lectio brevis sulla sanzione", cit., p. 60.

[45] Colocando o problema da retribuição nesta ótica, FLETCHER, *Basic Concepts of Criminal Law*, cit., pp. 37 a 39.

[46] Assim, entre outros, SOUSA E BRITO, "Para fundamentação do Direito Criminal", cit., pp. 168 e 175.

[47] Neste sentido, OLIVEIRA ASCENSÃO, *O Direito...*, cit., p. 63; FRANCO BRICOLA, "La riscoperta delle «pene private»...", cit., p. 28; e SILVIO MAZARESE, "Clausula penale e pena privata", *Le pene private*, Giuffrè Editore, Milão, 1985, p. 260. Falando em "*castigar para prevenir*" como finalidade da pena, GERMANO MARQUES DA SILVA, *Direito Penal Português...*, I, cit., p. 124.

[48] FRANCO BRICOLA, "La riscoperta delle «pene private»...", cit., p. 30; SOUSA E BRITO, "Para fundamentação do Direito Criminal", cit., p. 167; GEORGES DELLIS, *Droit Pénal et Droit Administratif...*, cit., pp. 136 e 137; SILVIO MAZARESE, "Clausula penale e pena privata", cit., p. 260.

sição da ordem jurídica[49]. Mas, acima de tudo, a vertente retributiva da sanção essencialmente punitiva concretizase ainda numa terceira função de garantia[50], impondo o respeito pelo princípio da culpa (ou da pessoalidade da pena) e traçando assim um limite objetivo à prossecução de fins de prevenção geral e especial[51].

Em termos mais pragmáticos, a natureza essencialmente punitiva da sanção vem a revelar-se em dois aspetos centrais. Enquanto as sanções não punitivas apresentam alguma proporção direta com o dano provocado ou com o lucro obtido pela prática do ilícito[52] – e não com considerações de culpabilidade[53] – a

[49] No mesmo sentido, Franco Bricola, "La riscoperta delle «pene private»...", cit., p. 30; Sousa e Brito, "Para fundamentação do Direito Criminal", cit., p. 168; H. L. A Hart, *Punishment and Responsibility. Essays in the Philosophy of Law*, 2ª Ed., Oxford University Press, 2008, p. 9.

[50] Fernanda Palma, *Direito Constitucional Penal*, Almedina, Coimbra, 2011, p. 126.

[51] Assim, também, Hart, *Punishment and Responsibility...*, cit., pp. 9 a 11; Tullio Padovani, "Lectio brevis sulla sanzione", cit., p. 61; Fernanda Palma, "Constituição e Direito Penal. As questões inevitáveis", *Casos e Materiais de Direito Penal*, 3ª ed., 2008, p. 27; Roxin, *Problemas fundamentais de Direito Penal*, Vega, Lisboa, 1986, pp. 36 e 37; Cortes Rosa, "Natureza Jurídica das Penas Fiscais", *Direito Penal Económico e Europeu (textos doutrinários)*, II, Coimbra Editora, 1999, p. 8.

[52] Estabelecendo uma distinção entre sanção reparatória e punitiva, assente na relação entre a fixação do montante da sanção e o valor do dano, Taipa de Carvalho, *Direito Penal. Parte Geral...*, cit., p. 105; Paolo Cendon, "Responsabilità civile e pena privata", cit., pp. 298 e 299; Georges Dellis, *Droit Pénal et Droit Administratif...*, cit., p. 201; Silvio Mazarese, "Clausula penale e pena privata", cit., pp. 263 e 270; Tullio Padovani, "Lectio brevis sulla sanzione", cit., p. 60.

[53] Embora esta possa ser tomada em consideração para o *quantum* da sanção. Porém, quando o grau de culpa dolosa ou a verificação de negligência grave assumem um papel preponderante na determinação do valor indemnizável, é inegável a presença de uma função punitiva-preventiva, como explicam Ana Brochado, "A Indemnização por Abuso de Informação Privilegiada...", cit., pp. 40 e 45; Paolo Cendon, "Responsabilità civile e pena privata", cit., p. 299; Paula Meira Lourenço, *A função punitiva da responsabilidade civil*, cit., p. 264; Silvio Mazarese, "Clausula penale e pena privata", cit., p. 270. No mesmo sentido, concluindo que enunciação deste critério pela lei constitui um meio seguro para a determinação de finalidades punitivas, Cortes Rosa, "Natureza Jurídica das Penas Fiscais", cit., p. 7. De facto, como salienta o TEDH – nos casos *A.P., M.P. and T.P. v. Switzerland*, Processo nº 19958/92, de 1997, §42, e *Welch v. the United Kingdom*, Processo nº 17440/90, §23 –, a vinculação da sanção a uma culpa dolosa do agente é, em geral, indício de que se trata de uma sanção penal. Do mesmo modo, Sousa e Brito, na sua declaração de vencido no Acórdão do Tribunal Constitucional nº 155/1991, ponto 2., afasta a natureza punitiva da sanção administrativa de restrição do uso de cheque, pelo facto de a mesma não ficar dependente do grau de culpa do agente ou mesmo da existência de uma culpa dolosa ou negligente, no sentido que lhe é dado pelo Direito Penal.

pena depende do grau de culpa do agente[54] e o seu afastamento, no caso concreto, fica condicionado à ponderação das necessidades decorrentes do interesse geral[55]. Enquanto as sanções reparatórias visam obter uma finalidade imediatamente útil para a vítima através da reparação[56] e as sanções preventivas ou coativas visam evitar a lesão do bem ou impor o cumprimento do dever, as sanções essencialmente punitivas caracterizam-se por uma certa irracionalidade face ao ilícito do qual provêm[57]. Enquanto outras sanções prosseguem – ainda que mediatamente – fins preventivos de proteção de bens ou de interesses concretos (de dissuasão do agente quanto a futuras infrações ou, frequentemente, de compulsão do agente a cumprir um dever de proteção do bem ou de abstenção na lesão do mesmo[58]), já a sanção punitiva, mesmo quando também prossiga tais fins, é sobretudo caracterizada pela sua intrínseca indispensabilidade[59]. É indispensável, no plano abstrato, mesmo que não tenha ocorrido qualquer dano ou perigo concreto; e é

[54] A jurisprudência francesa elegeu como um dos critérios centrais, para a qualificação de uma medida administrativa como sancionatória repressiva, o facto de a mesma assentar em critérios subjetivos atinentes à pessoa do infrator, Georges Dellis, *Droit Pénal et Droit Administratif...*, cit., pp. 169 e ss.. Já assim o indicava Beleza dos Santos, "Ilícito Penal Administrativo e Ilícito Criminal", *Revista da Ordem dos Advogados*, 5, n.os I/II, 1945, p. 55. No sentido contido no texto, a propósito das sanções administrativas pecuniárias, concluindo que a flexibilidade para serem determinadas de acordo com critérios de culpabilidade do agente ou do desvalor objetivo do facto revelam claramente as respetivas finalidades de prevenção geral e especial, Carlo Enrico Paliero/Aldo Travi, *La sanzione amministrativa. Profili sistematici*, Guiffrè, Milão, 1988, p. 96.

[55] Assim, Germano Marques da Silva, *Direito Penal Português...*, I, cit., p. 123.

[56] Por todos, Cláudia Santos, *A Justiça Restaurativa...*, cit., pp. 368 e ss..

[57] Está aqui a pensar-se na comparação estabelecida por Carlos Cossio, quando explica que "*en las sanciones de cumplimiento forzoso, la relación ontológica entre los términos comparados (contenido de la sanción y contenido del deber trasgredido) es de identidad. En la indemnización, esta relación es de equivalencia. Pero en el castigo nos damos con una relación ontológica de incomparables. (...) estas sanciones son profundamente irracionales, ya que, en efecto, al muerto o al lesionado nada se les restituye con el castigo del transgresor*" (cfr. *Teoría de la verdad jurídica*, Editorial Losada, 1954, p. 296).

[58] Neste sentido, também, Eduardo Correia, "Direito Penal e Direito de Mera Ordenação Social", cit., p. 16; Carlo Enrico Paliero/Aldo Travi, *La sanzione amministrativa...*, cit., p. 27.

[59] Assim, Fletcher, *Basic Concepts of Criminal Law*, cit., p. 33; Hart, *Punishment and Responsibility...*, cit., p. 231; Jakobs, *Derecho Penal, Parte general...*, cit., p. 73. Ilustrativa é, por exemplo, esta passagem do Tribunal da Relação de Coimbra de 08/11/2016, processo nº 38/06.4GDCBR-C.C1: "*De facto se a sanção pecuniária compulsória se propõe por um lado, apressar a satisfação do credor, pressionando o devedor a cumprir a obrigação que assumiu e, por outro lado, visa preservar a autoridade das decisões dos tribunais, não seria satisfatório nem coerente numa leitura de sistema que se deixasse nas mãos*

necessária, ainda que fosse já dispensável perante o caso concreto[60]. É, portanto, compreensível, que o TEDH estabeleça uma distinção entre fins preventivos comuns[61] – *preventive*[62] – e fins de prevenção característicos do Direito Penal – *deterrence* –, já que os primeiros se substancializam num perigo individualizado e imediatamente acautelado pela sanção, enquanto os segundos visam uma proteção genérica e abstrata dos bens jurídicos ou de interesses coletivos[63].

No campo doutrinário, são propostas várias classificações e distinções entre sanções[64], maioritariamente no campo do Direito Sancionatório Administrativo, pois, no Direito Penal, o problema encontra-se mais delimitado, estando restrito às categorias da pena, medida de segurança e pena acessória. No Direito Administrativo, encontramos, para além das medidas de polícia, uma panóplia de sanções algo rebelde à categorização própria da metodologia jurídica, mas que se podem circunscrever às seguintes

do lesado a finalidade publicista da figura, ou seja, que a salvaguarda da autoridade das decisões judiciais dependesse de requerimento do credor."

60 Esta correlação é expressamente assumida pelo TEDH, no caso *Nilsson* v. Suécia, Processo nº 73661/01, de 13 de dezembro de 2005, sobre cassação da licença de condução, na sequência da condenação pela condução sob efeito do álcool, concluindo o Tribunal que "*although the relevant offences of aggravated drunken driving and unlawful driving had occurred on 21 November 1998, it was not until 5 August 1999 that the County Administrative Board withdrew the applicant's driving licence. Therefore, prevention and deterrence for the protection of the safety of road users could not have been the only purposes of the measure; retribution must also have been a major consideration*". Por isso, a sanção foi qualificada como punitiva. No mesmo sentido, Carlo Enrico Paliero/Aldo Travi, *La sanzione amministrativa...*, cit., p. 27.

61 Neste sentido, usando a expressão "*preventiva*" para caracterizar a atuação sancionatória administrativa, por contraposição à pena, Marcello Caetano, *Manual de Direito Administrativo*, I, 10ª Ed., Almedina, Coimbra, 2005, p. 54.

62 Distinção que pode ser encontrada nos casos *A.P., M.P. and T.P. v. Switzerland*, cit., § 41, *Bendenoun v. France*, Processo nº 12547/86, de 1994, §47, *Malige v. France*, cit., §39, e *Welch v. the United Kingdom*, cit., §25.

63 Fazendo a mesma distinção, Paliero/Travi, *La sanzione amministrativa...*, cit., p. 27.

64 De acordo com múltiplos critérios, como notam, por todos, Mireille Delmas-Marty/Catherine Teitgen-Colly, *Punir sans juger? De la répression administrative au droit administratif pénal*, Ed. Economica, Paris, 1992, pp. 76 e ss.

categorias, atendendo a critérios finalísticos[65]: *i)* sanções preventivas[66]; *ii)* sanções coativas[67] ou compulsórias[68]; *iii)* sanções extintivas ou revogatórias; *iv)* sanções reparadoras[69], compensatórias e restitutivas[70]; e *v)* sanções

[65] Este tipo de classificação é seguida também por ROSENDO DIAS JOSÉ, "Sanções Administrativas", *Revista de Direito Público,* IV, 9, 1991, p. 39; MIREILLE DELMAS-MARTY/CATHERINE TEITGEN-COLLY, *Punir sans juger?...*, cit., pp. 48 e 103; FRANK MODERNE, *Sanctions administratives et justice constitutionnelle. Contribution à l'étude du* jus puniendi *de l'Etat dans les démocraties contemporaines*, Economica, Paris, 1993pp. 77 e ss. Rejeitando estas distinções, MADUREIRA PRATES, *Sanção Administrativa Geral: Anatomia e Autonomia*, Almedina, Coimbra, 2005, p. 57.

[66] FRANK MODERNE, *Sanctions administratives et justice constitutionnelle...*, cit., p. 96. Já MADUREIRA PRATES parece entender que esta categoria apenas inclui "medidas" e não sanções (cfr. *Sanção Administrativa Geral...*, cit., pp. 57 e 175 e ss.). Para o autor, excluindo a sanção punitiva, os restantes fins – preventivo, compulsório ou reparatório – seriam obtidos apenas por medidas. É uma distinção que se compreende tendo em vista a fluidez entre sanção e medida no Direito Administrativo Sancionatório, mas que não traz vantagens reais ao presente estudo.

[67] Referindo esta categoria de sanções administrativas, AFONSO QUEIRÓ, *Lições de Direito Administrativo*, I, policopiado, Coimbra, 1959, p. 177; FRANK MODERNE, *Sanctions administratives et justice constitutionnelle...*, cit., p. 85.

[68] MADUREIRA PRATES adota uma postura algo ambígua sobre estas sanções (cfr. *Sanção Administrativa Geral...*, cit., pp. 55 e 57). O autor remete as reações administrativas preventivas para a categoria de mera "medida", mas admite a figura da "sanção administrativa persuasiva". Analisando a definição que o autor providencia destas sanções, que serão aplicadas após a realização do ilícito e visam "*obter do administrado o cumprimento de deveres que já foram por ele descumpridos, seja por meio da redução posterior da sanção administrativa concretamente aplicada, seja por meio da manutenção de um pena pendente sobre os seus interesses durante certo tempo*" (op. cit., p. 55), pode concluir-se que MADUREIRA PRATES está no fundo a referir-se às sanções coativas ou compulsórias. Mas já quando inclui nesta categorias as sanções administrativas cautelares, que visam "*adiantar a punição, por flagrante infracção, sendo a culpa do infractor presumida*", numa ótica de "*«antecipação da condenação», sendo provisória na medida em que só passará a definitiva se o administrado não exercer o seu direito de defesa dentro prazo ou se esta for improcedente*" (op. cit., p. 55), já está a pensar não em medidas cautelares (que reagem a um perigo e têm natureza instrumental), mas em mecanismos de verdadeira antecipação da sanção punitiva, que são hoje admitidos, amplamente, no Direito Rodoviário. No que respeita ao Direito Penal, estes mecanismos são rejeitados, em nome da presunção de inocência (para mais desenvolvimentos, ver INÊS FERREIRA LEITE, *Ne (idem) bis in idem. Proibição de Dupla Punição e de Duplo Julgamento: Contributos para a Racionalidade do Poder Punitivo Público*, AAFDL, 2016, II, §147).

[69] Alguma doutrina fala ainda de medidas administrativas reparadoras, quando se trate de garantir a reposição de um prejuízo causado à administração, FRANK MODERNE, *Sanctions administratives et justice constitutionnelle...*, cit., pp. 88 e ss.

[70] Assim, OLIVEIRA ASCENSÃO, *O Direito...*, cit., p. 54.

repressivas ou punitivas[71]. As quatro primeiras categorias de sanções escapam, à partida, aos efeitos de *ne bis in idem*[72], na medida em que não assumem finalidades punitivas. Também no Direito Privado, encontramos sanções preventivas, compulsórias, extintivas e reparatórias[73]. E também estas, claro, ficarão imunes aos efeitos do *ne bis in idem*. Mas, para que tal ocorra, é necessário que se demonstre, em alguns casos de fronteira, que a sanção em causa não assume, efetivamente, "fins essencialmente punitivos"[74].

2 – A problemática qualificação das sanções revogatórias ou resolutivas

Um dos casos mais difíceis de qualificação como sanção eventualmente punitiva, sanção revogatória (não essencialmente punitiva) ou mera medida administrativa (extintiva) corresponde à sanção de revogação de autorização ou de licenças para o exercício de direitos ou atividades condicionadas. Trata-se daqueles casos em que a lei prevê a revogação ou caducidade de uma autorização ou licença para o exercício de um direito – como por exemplo, o direito de caça – ou de uma atividade – como por exemplo, a atividade financeira –, enquanto simples ato administrativo de anulação ou mera consequência pela perda superveniente dos pressupostos ou requisitos legalmente previstos para o exercício do direito ou atividade correspondente[75]. Nestes casos, a gravidade da sanção será tendencialmente irrelevante, enquanto critério[76], uma vez que se trata de tomar posição sobre

[71] Por todos, José António Veloso, "Sobre a natureza não-sancionatória da revogação da autorização das instituições de crédito e outras questões de fiscalização de actividades reservadas: algumas notas de justificação de decisões legislativas", *Direito e Justiça*, XIV, 1, 2000, pp. 63 e ss.

[72] Assim, por todos, Inês Ferreira Leite, *Ne (idem) bis in idem...*, II, cit., §139.

[73] Por todos, Oliveira Ascensão, *O Direito...*, cit., pp. 53 e ss.

[74] Assim, entre outros, Georges Dellis, *Droit Pénal et Droit Administratif...*, cit., pp. 26 e 114; Frank Moderne, *Sanctions administratives et justice constitutionnelle...*, cit., pp. 83 e 84; Paliero/Travi, "Administrative sanctionay law in practice...", cit., p. 499; Madureira Prates, *Sanção Administrativa Geral...*, cit., p. 169.

[75] Neste sentido, por todos, Freitas do Amaral, "O poder sancionatório da Administração Pública", *Estudos Comemorativos dos 10 Anos da Faculdade de Direito da Universidade Nova de Lisboa*, I, Almedina, Coimbra, 2008, pp. 224 a 227.

[76] A jurisprudência francesa tem afastado o critério da gravidade, nestes casos especiais, rejeitando conferir natureza não punitiva às sanções pecuniárias, Michel Degoffe, "L´ambiguité de la sanction administrative", *AJDA. L'Actualité Juridique. Le Droit Administratif*, número especial, 2001, cit., p. 28. Partindo também deste pressuposto, José António Veloso, "Sobre a natureza não-sancionatória...", cit., p. 64.

a distinção entre o controlo de atividades reguladas através de critérios de idoneidade e a repressão administrativa[77].

Se para alguma doutrina, que não se acompanha, a mera revogação de autorização ou de licenças para o exercício de direitos ou atividades condicionadas nunca poderia considerar-se uma verdadeira sanção[78], outra há que aponta a exigência de que a medida restritiva, para que seja sancionatória, incida sobre um direito autónomo do visado, por contraposição à mera revogação do exercício de direitos condicionados[79]. Podem ser indicados alguns elementos orientadores, tais como: *i*) tratar-se do exercício de uma atividade de elevado risco, ou de um risco que não se inclua no âmbito dos riscos normais do tráfego jurídico[80]; *ii*) depender de critérios objetivos, que podem nem constituir ilícitos criminais, de perda de idoneidade, por

[77] Sobre esta questão, MICHEL DEGOFFE, "L'ambiguité de la sanction administrative", cit., pp. 28 e ss.; GEORGES DELLIS, *Droit Pénal et Droit Administratif...*, cit., pp. 159 e ss.; PALIERO/TRAVI, *La sanzione amministrativa...*, cit., pp. 155 e ss.; MADUREIRA PRATES, *Sanção Administrativa Geral...*, cit., pp. 177 e ss.; JOSÉ ANTÓNIO VELOSO, "Sobre a natureza não-sancionatória da revogação...", cit., pp. 63 e ss..

[78] Sobre estas teorias, que assentam na ideia de que as sanções interditivas visam sempre fins de proteção dos interesses gerais e administrativos, sendo exclusivamente preventivas, PALIERO/TRAVI, *La sanzione amministrativa...*, cit., p. 117.

[79] Sobre a distinção, MICHEL DEGOFFE, "L'ambiguité de la sanction administrative", cit., p. 28; ANDREAS FISCHER, "La sanction administrative en droit allemand", *Troisième Colloque des Conseils d'État et des Tribunaux Administratifs Suprêmes des Pays Membres des Communautés Européennes*, Bruxelas, 1972, cit., p. 214; NIETO GARCÍA, *Derecho Administrativo Sancionador*, 3ª Ed., Tecnos, Madrid, 2002, pp. 197 e 198; e MIGUEL PRATA ROQUE, "O Direito Sancionatório Público enquanto Bissetriz (imperfeita) entre o Direito Penal e o Direito Administrativo (A pretexto de alguma jurisprudência constitucional", *Revista de Concorrência e Regulação*, 15, 2013, §3. Esta perspetiva esteve presente na decisão do TC sobre a caducidade da carta de caçador, no Acórdão nº 422/2001, de 3 de outubro. Aí entendeu-se que "*não está em causa o direito de conduzir (actividade necessária nas sociedades hodiernas) mas sim o direito de caçar (actividade fundamentalmente lúdica que tem de ser articulada com valores de segurança de pessoas e bens e ambientais), é razoável que se considere, mutatis mutandis, que não existe qualquer amplíssimo direito a caçar, podendo entender-se que a condenação por crime de caça condiciona negativamente a validade da carta de caçador, na medida em que põe em causa os pressupostos de licenciamento daquela actividade*".

[80] Também no já referido Acórdão nº 422/2001 foi usada a argumentação de que o direito a caçar importava a ponderação de "razões de segurança associadas à utilização de armas de fogo, como as relevantes necessidades inerentes a um racional ordenamento cinegético, como expressão da tutela do ambiente e da qualidade de vida".

contraposição à necessidade da prática de um ilícito culposo[81]; *iii*) colocar em causa expectativas ou direitos adquiridos[82]. Alguns autores entendem, diversamente, que a revogação de licenças ou de autorizações constituirá sempre uma sanção, enquanto a recusa da mesma licença ou autorização constituirá mera medida administrativa preventiva, porquanto, no primeiro caso, existiriam já direitos adquiridos ou uma expetativa de continuidade[83].

Não se aceita, porém, qualquer perspetiva formal como critério de distinção[84], pelo que também se rejeita que a natureza da sanção decorra do critério do espaço de liberdade, por oposição ao espaço de regulamentação[85], de acordo com a qual as sanções previstas, a propósito de regimes em atividade condicionadas, nunca teriam natureza punitiva[86]. Parece que a melhor doutrina é aquela que admite a coexistência de sanções exclusivamente interditivas, a par de alguns casos de verdadeiras sanções interditivas com fins punitivos[87], assentando a diferença nas finalidades prosseguidas[88] e no regime da sanção[89].

[81] Paliero/Travi, *La sanzione amministrativa...*, cit., p. 120; Madureira Prates, *Sanção Administrativa Geral...*, cit., pp. 186 e 187.

[82] Ver, por todos, aceitando parcialmente esta fundamentação, José António Veloso, "Sobre a natureza não-sancionatória...", cit., pp. 68 e 69.

[83] Neste sentido, explicando que a jurisprudência francesa assenta a distinção na prévia existência de um direito subjetivo do particular ou de um dever vinculado da administração, Georges Dellis, *Droit Pénal et Droit Administratif...*, cit., pp. 160 e 161.

[84] Seguindo a linha do homenageado na interpretação e aplicação da norma ao caso, Pedro Pais de Vasconcelos, "Anamnese, natureza das coisas e Direito", *Anamnese e Saber*, Faculdade de Medicina da Universidade de Lisboa, 1999, pp. 101 e ss.

[85] O TC entendeu, no Acórdão nº 422/2001, que não se poderia comparar, no plano da natureza jurídica, a eventual caducidade da carta de condução com a caducidade da carta de caçador, embora ambas sejam atividades regulamentadas e às quais está inerente uma certa perigosidade. A ideia do TC é a de que a atividade de condução é uma atividade indispensável à vida em comunidade, o que não acontece com a atividade da caça.

[86] Como sustenta, embora exija um nexo de adequação entre a sanção e as finalidades de prevenção, Michel Degoffe, "L´ambiguité de la sanction administrative", cit., p. 28. E, também, admitindo algumas variantes, José António Veloso, "Sobre a natureza não-sancionatória...", cit., pp. 66 a 70 e 86 a 88. No sentido do texto, Lobo Moutinho, *Direito das Contra-Ordenações...*", cit., pp. 65 a 67.

[87] Neste sentido, Georges Dellis, *Droit Pénal et Droit Administratif...*, cit., pp. 141 e 160; Lobo Moutinho, *Direito das Contra-Ordenações – Ensinar e Investigar*, Universidade Católica Editora, Lisboa, 2008, p. 64; Frank Moderne, *Sanctions administratives et justice constitutionnelle...*, cit., p. 100; Madureira Prates, *Sanção Administrativa Geral...*, cit., pp. 186 e 187. Admitindo a coexistência, embora entenda que apenas se tratará de uma sanção, quando a revogação

Assim, as medidas de interdição serão punitivas quando previstas como sanções acessórias a "penas" principais[90], mas também quando, sendo aplicadas a título principal[91], seja notória a prossecução de fins de prevenção geral e especial. Ou seja, sempre que a respetiva aplicação surja como um castigo imposto ao agente e seja motivada pela reprovação social de um facto ilícito e não por meros critérios de falta de idoneidade[92]. Tem alguma razão José António Veloso quando refere que a qualificação da revogação como sanção punitiva poderia ampliar as suas possibilidades de aplicação e diminuir as exigências de fundamentação no caso concreto, apelando à

da licença resulte da violação dos deveres que condicionaram a concessão da mesma, José António Veloso, "Sobre a natureza não-sancionatória...", cit., pp. 71 e 72.

88 Na doutrina, Paliero/Travi, *La sanzione amministrativa...*, cit., p. 119; Paolo PISA, "Injuctive sanctions in legislation in the comertial sector", *Revue International de Droit Penal,* Nouvelle série, 59, 1988, pp. 514 e 515. Essa necessidade leva Paolo Pisa a reinterpretar o princípio da especialidade, concluindo que "*where there is not only an overlap of content but also of function, the principle of speciality may prevent the same act from incurring, unjustifiably, a double «sanction»*" (op. cit., p. 515). Só se pode estar a pensar numa reconfiguração do princípio da especialidade, pois, na sua definição tradicional, nem existe espaço para a ponderação do caso concreto, nem – muito menos – para a ponderação da finalidade da sanção.

89 Nunca se poderia considerar meramente revogatória uma sanção que ditasse a anulação do contrato administrativo e a devolução de quaisquer valores pagos pela Administração, ainda que relativos a contraprestações efetivamente executadas pelo particular. Portanto, para além do enquadramento formal, importa analisar o concreto regime e conteúdo da sanção. Madureira Prates analisa também estes problemas, parecendo admitir alguma fungibilidade, pelo menos quando tenha ocorrido a prática de um ilícito contraordenacional, concluindo que a opção pela medida revogatória, em detrimento da sanção punitiva, deverá depender da generalidade do interesse público e da necessidade de garantir os direitos de defesa do possível arguido, *Sanção Administrativa Geral...*, cit., pp. 186 e 187.

90 Paliero/Travi, *La sanzione amministrativa...*, cit., p. 115.

91 Veja-se que Madureira Prates defende a inversão do atual modelo, funcionando antes a sanção pecuniária como consequência acessória geral, *Sanção Administrativa Geral...*, cit., pp. 153 e 154.

92 Neste sentido, Paliero/Travi, *La sanzione amministrativa...*, cit., pp. 119 e 120; Miguel Prata Roque, "O Direito Sancionatório Público...", cit., §3, nota (56). Para ver um caso interessante de potencial efeito punitivo não imediatamente desejado, em consequência de uma demissão do cargo como administrador, Pedro Pais de Vasconcelos, "Destituição de administrador, Direito de personalidade e providência de esclarecimento público. Comentário ao Acórdão do Tribunal da Relação de Lisboa de 15 de março de 2001", *Estudos em Honra de Ruy de Albuquqerque*, edição da FDUL, Coimbra Editora, 2006, pp. 541 e ss.

ideia da sanção como "*consequência lógica*" do facto[93]. No entanto, este argumento apenas procede quando se entenda que a prática do facto ilícito permite a aplicação de todas e quaisquer sanções previstas na lei, ainda que cumulativamente, dispensando-se uma fundamentação vinculada e sustentada no caso concreto. Conceção essa que se deve rejeitar, não apenas por ser contrária ao *ne bis in idem*, mas por eliminar a base constitucional do exercício do poder punitivo público, cuja legitimidade radica também na sua necessidade. A vantagem da qualificação como sanção essencialmente punitiva reside, precisamente, na impossibilidade de cumulação da revogação com a pena; salvo quando existam, à luz do caso concreto, especiais necessidades de prevenção que o justifiquem[94].

[93] "Sobre a natureza não-sancionatória...", cit., p. 74.

[94] Que esta é a conceção mais garantística, demonstra-o o Acórdão nº 422/01 do TC. Discorda-se por isso do TC quando considerou a caducidade da carta de caçador como mera medida administrativa de avaliação da idoneidade. Uma vez que a caducidade está prevista como consequência automática e obrigatória da condenação por crime de caça, e que fica dispensada qualquer avaliação em concreto da idoneidade do agente, não se trata de uma medida ou sanção administrativa preventiva, mas de uma verdadeira sanção administrativa punitiva; ou seja, de uma forma de sanção acessória pela prática de um crime. Não estando excluída a possibilidade de aplicação da mesma, em conjunto com a pena principal, desde que esta diversidade funcional se comprove no caso concreto, diferentemente se poderia concluir no que respeita à constitucionalidade da sua aplicação automática. Pensa-se que a melhor decisão foi proferida pelo juiz da 1ª instância. O TC parece ter partido do pressuposto de que o direito de caçar constituiria um privilégio concedido pelo Estado – por contraposição ao direito a conduzir, que surgiria como um verdadeiro direito civil –, perspetiva que parece ligeiramente prejudicial face ao valor objetivo da caça. Quer no acesso à caça, quer no acesso à condução, estão previstos exames e limitações semelhantes e ambas atividades acarretam um amplo conjunto de fontes de perigo para a comunidade, quer no plano dos bens jurídicos pessoais, quer no plano ambiental. Em favor da condução, só a sua pragmática quase indispensabilidade na vida quotidiana, como conclui, considerando esta diferença determinante, José António Veloso, "Sobre a natureza não-sancionatória...", cit., pp. 86 a 88. E, no entanto, também a caça exerce um papel relevante na obtenção de recursos alimentares para a comunidade, visto que a norma em causa – constante do art. 21º, nº 5, da Lei nº 173/99, de 21 de setembro, Lei da Caça – não se aplica apenas à caça desportiva. A possibilidade de associar a prática de qualquer ilícito criminal – por mais bagatelar que seja – à falta de idoneidade do agente, sem qualquer ponderação em concreto, parece ser de duvidosa legitimidade constitucional, independentemente do tipo de atividade em questão. Até porque, consultada a Lei da Caça, verifica-se que os ilícitos criminais são variados e comportam gravidades muito diversas.

Trata-se de uma verdadeira sanção revogatória sempre que dependa da verificação de meros vícios de ilegalidade[95], da falta de condições de idoneidade pessoal do sancionado[96] ou do exercício de um poder discricionário, orientado por considerações de oportunidade, no âmbito da função administrativa[97]. Tratar-se-á de uma sanção essencialmente punitiva quando a mesma esteja dependente da intensidade da violação dos deveres pelo agente e da medida da sua culpa, tal como reveladas no momento da prática do facto e independentemente de, no momento da condenação, poder o agente estar já em condições de reunir os critérios de idoneidade legalmente exigidos[98], pois assim se manifesta a intrínseca indispensabilidade que caracteriza a "pena"[99].

[95] Neste sentido, notando que as sanções deste tipo, que qualifica de restitutivas, podem constituir uma reação a meros incumprimentos que não constituam ilícitos, Georges Dellis, *Droit Pénal et Droit Administratif...*, cit., pp. 121 e ss.; Padovani, "Lectio brevis sulla sanzione", cit., pp. 58 e 59.

[96] O TEDH tem qualificado estas sanções como civis, afastando o caráter criminal, quando se trate de decisões assentes na falta de idoneidade, como no caso *Re Traktörer Aktiebolag v. Sweden*, Processo nº 10873/84, de 7 de Julho de 1989, §46: "*The Court considers that the withdrawal of TTA's licence did not constitute the determination of a criminal charge against it. Although the revocation may be regarded as a severe measure, it cannot be characterised as a penal sanction; even if it was linked with the licensee's behaviour, what was decisive was suitability to sell alcoholic beverages*". Nos casos *Capital Bank ad v. Bulgaria*, Processo nº 49429/99, de 24 de novembro de 2005, §88; e *Credit and Industrial Bank v. the Czech Republic*, Processo nº 29010/95, de 21 de outubro de 2003, §65, o Tribunal salientou o elevado impacto destas medidas, concluindo que estas contendem com verdadeiros direitos civis. Em especial, no caso *Storbråten v. Norway*, estava em causa a interdição para o exercício do comércio de um reclamante, após 5 processos de falência (vários deles fraudulentos), sendo que, nos últimos, foram aplicadas sanções punitivas também. O TEDH entendeu – e bem – que a interdição tinha finalidades preventivas, dados os elevados indícios de uma contínua atividade comercial fraudulenta. O que já não se pode entender, como faz José António Veloso ("Sobre a natureza não-sancionatória...", cit., pp. 81 e 82), é que a mera prática do crime – e o autor diz mesmo, a prática de qualquer crime – tenha por efeito a imediata falta de idoneidade para o exercício de função. Nunca se poderá prescindir, à luz do princípio da proporcionalidade, de uma correlação comprovada pelo caso concreto entre a prática do crime e a falta de idoneidade para a função ou atividade.

[97] Miguel Prata Roque, "O Direito Sancionatório Público...", cit., §3, nota (56).

[98] Paliero/Travi, *La sanzione amministrativa...*, cit., pp. 121 e 122.

[99] Também será essencialmente punitiva quando seja de aplicação automática e obrigatória, em função do ilícito penal ou administrativo, ficando excluída a averiguação das concretas condições de idoneidade do agente. Assim, por exemplo, o art. 21º da Lei da Caça, na sua versão

Esta polémica pode ter duas ordens de importância. Por um lado, a qualificação como sanção punitiva importa maiores exigências de regime material[100], ficando não só vedada a responsabilidade objetiva[101] ou a aplicação retroativa das normas sancionatórias[102], devendo ainda garantir-se o recurso para os tribunais[103]. E, claro, havendo cumulação redundante de sanções, deverá ser chamado à colação o *ne bis in idem*.

Infelizmente, existe ainda alguma confusão por parte do legislador sobre esta distinção, como se nota pelo regime da Lei do Jogo[104], em especial, na previsão, constante do nº 1 do art. 118º, da responsabilidade por infração administrativa sem culpa. Analisados os arts. 119º e 120º do mesmo diploma, conclui-se que o legislador pretendia assegurar o direito de rescisão dos

mais recente dada pelo DL nº 2/2011, de 6 de janeiro, prevê a caducidade da carta de caçador em função de condições de inidoneidade, assim tomando-a enquanto sanção punitiva.

[100] Assim, Madureira Prates, *Sanção Administrativa Geral...*, cit., pp. 170, 171, e 187 e ss.; José Veloso, "Sobre a natureza não-sancionatória...", cit., p. 65. Concluindo que, caso os regimes sejam sempre materialmente idênticos, a polémica perde quase toda a relevância, Paliero/Travi, *La sanzione amministrativa...*, cit., p. 116. Veja-se, como a qualificação da caducidade da carta de condução foi relevante para a afastar a proibição de aplicação automática, no Acórdão do TC nº 422/2001.

[101] Neste sentido, Quintero Olivares, "La autotutela, los limites al poder sancionador de la Administracion Publica y los principios inspiradores del Derecho Penal", *Boletin de Información*, XLV, 1608-1609-1610, 1991, pp. 4224 e 4225.

[102] Assim já entendia José Veloso, "Sobre a natureza não-sancionatória...", cit., p. 65. Proibição que não exige a qualificação da sanção como penal (no sentido formal), mas tão-só de sancionatória punitiva, e que não decorre do nº 4 do art. 29º, mas antes do art. 18º, nº 2, ambos da CRP, como explica Miguel Prata Roque, "O Direito Sancionatório Público...", cit., §3, nota (60). Em sentido próximo, Pinto de Albuquerque, *Comentário do Regime Geral das Contra-Ordenações à luz da Constituição da República e da Convenção Europeia dos Direitos do Homem*, Universidade Católica Editora, 2011, p. 39; Emmanuelle Mignon, "L´ampleur, le sen set la portée des garanties en matière de sanctions administratives", *AJDA. L'Actualité Juridique. Le Droit Administratif*, número especial, 2001, p. 100; Nieto García, *Derecho Administrativo Sancionador*, cit., pp. 242 a 248; Isabel Marques da Silva, *Regime Geral das Infracções Tributárias*, 2ª edição, Almedina, 2007, p. 37.

[103] Veja-se que o facto de não ter qualificado este tipo de sanções como matéria penal não impediu o TEDH de as sujeitar às garantias do art. 6º da Convenção, na medida em que constituem restrições relevantes a direitos civis, casos *Re Traktörer Aktiebolag v. Sweden*, §§47-49; *Credit and Industrial Bank v. the Czech Republic*, §73; e *Capital Bank ad v. Bulgaria*, §§89 e 119.

[104] DL nº 422/89, de 2 de dezembro, com a redação mais atual dada pela Lei nº 64-A/2008, de 31 de dezembro.

contratos administrativos de exploração[105], sem necessidade de demonstrar a falta culposa das concessionárias. Ora, a cessação do contrato administrativo, celebrado em nome do interesse público e condicionado à manutenção do interesse público, não exige um regime assente no incumprimento culposo dos contraentes, num sentido próximo ao do Direito Penal. Já a imposição de sanções administrativas pecuniárias – multas de valor elevado – não pode decorrer de uma responsabilidade objetiva[106]. Portanto, na parte em que se aplica à sujeição a sanções punitivas, o nº 1 do art. 118º será inconstitucional, por violação dos arts. 1º, 18º, nº 2, e 27º da CRP. Por outro lado – e para o que aqui interessa, atendo à proibição de *bis in idem* –, tratando-se de uma sanção punitiva, a cumulação com outras sanções depende de se comprovar, no caso, a correspondente diversidade funcional.

[105] Miguel Prata Roque, "O Direito Sancionatório Público...", cit., §3, nota (56).

[106] Veja-se, a este propósito, o Acórdão do TC nº 313/2013, de 29 de maio, (TC/313/2013). Sobre a questão, também, Miguel Prata Roque, "O Direito Sancionatório Público...", cit., §§3 e 8.

Breves Considerações Sobre a Compatibilidade da Tributação Autónoma com o Imposto Especial de Jogo

Carlos Baptista Lobo[*]
Tiago Barbosa[**]

i. Introdução

O Imposto Especial de Jogo é um tributo público *sui generis* que, embora não seja objeto de um estudo intensivo no domínio académico, apresenta um enorme interesse e complexidade do ponto de vista técnico. Pela sua própria natureza, o Imposto Especial de Jogo cria um regime fiscal substitutivo. Nesse sentido, e tendo em conta o disposto no artigo 84º, nº 2 da Lei do Jogo[1], as entidades concessionárias da exploração do jogo não deviam, à partida, ter de suportar qualquer outro tributo para lá do Imposto Especial de Jogo.

A Lei do Orçamento do Estado para 2012[2] introduziu, contudo, uma importante inovação nesta matéria, ao alterar o então artigo 82º, nº 2 do Código do IRC, que corresponde ao atual artigo 88º, nº 2 do mesmo diploma. Por força desta alteração legislativa, as despesas não documentadas realizadas por sujeitos passivos de Imposto Especial de Jogo passaram a ser sujeitas a tributação autónoma à taxa de 70%.

[*] Professor Associado da Faculdade de Direito da Universidade de Lisboa.
[**] Assistente Convidado da Faculdade de Direito da Universidade de Lisboa.

[1] DL nº 422/89, de 02 de Dezembro.

[2] Lei nº 64-B/2011, de 30 de Dezembro.

Os contornos desta alteração legislativa colocaram algumas dúvidas no plano conceptual que não se dissiparam com a passagem do tempo. Com efeito, considerando esta alteração legislativa há questões que ainda se mantêm em, pelo menos, dois domínios distintos. Por um lado, em relação à verdadeira função da tributação autónoma no quadro do sistema fiscal português e, por outro lado, em relação à extensão do regime fiscal substitutivo associado ao Imposto Especial de Jogo.

Todavia, as potenciais questões no âmbito conceptual decorrentes desta alteração legislativa não se ficam por aqui. De facto, na sequência desta alteração legislativa, foi desenvolvida uma corrente jurisprudencial que sustenta que as despesas não documentadas realizadas antes de 2012 e exclusivamente no âmbito da atividade de exploração de jogo, podem, ainda assim, ser sujeitas a tributação autónoma à taxa de 50%. De acordo com esta corrente jurisprudencial, a Lei do Orçamento do Estado para 2012 limitou-se a agravar a taxa de tributação autónoma das despesas não documentadas realizadas por sujeitos passivos de Imposto Especial de Jogo de 50% para 70%.

Pelas razões que iremos desenvolver, esta corrente jurisprudencial – iniciada com o acórdão do Supremo Tribunal Administrativo proferido no âmbito do processo nº 077/12 e datado de 12.04.2012 – assenta num entendimento que desconsidera os contornos do princípio da legalidade.

ii. A Natureza e Função da Tributação Autónoma no Âmbito do Sistema Fiscal Português.

Para a análise da presente questão impõe-se necessariamente uma reflexão em torno do enquadramento e classificação da tributação autónoma no âmbito do sistema fiscal português, tendo particular atenção à tributação autónoma que incide sobre as despesas não documentadas realizadas pelos sujeitos passivos que aufiram rendimentos enquadráveis no artigo 7º do Código do IRC.

Importa desde já alertar, contudo, que não existe um entendimento unânime quanto a esta matéria, circunstância que decorre, naturalmente, das sucessivas mutações que têm caracterizado esta figura e que mais não são do que o reflexo da própria tendência dinâmica e evolutiva do direito fiscal. Com efeito, é possível elencar dois entendimentos totalmente diferentes quanto à natureza da tributação autónoma.

Por um lado, é possível sustentar que a tributação autónoma é uma figura típica dos impostos sobre o rendimento, tendo em conta quer a evolução histórica como a integração sistemática deste instituto no sistema fiscal, pelo que a sua aplicação devia estar limitada apenas ao domínio exclusivo deste tipo de tributos[3]. Por outro lado, é possível defender que a tributação autónoma apresenta contornos que a aproximam de um imposto indireto e que esta figura assume uma natureza transversal a todo o sistema fiscal, pelo que a sua aplicação não pode ser limitada apenas às entidades obrigadas a pagar IRC[4], ainda que formalmente a sua existência esteja prevista no quadro dos impostos sobre o rendimento[5].

A este propósito importa ter presente que as despesas confidenciais ou não documentadas foram expressamente proibidas por força do artigo 27º do Decreto-Lei nº 375/74, de 20 de agosto, sendo que a sua sujeição a tributação autónoma ocorreu, pela primeira vez, ainda durante a vigência do Código da Contribuição Industrial, na sequência da Lei do Orçamento do Estado para 1988, aprovado por meio da Lei nº 2/88, de 26 de janeiro.

No domínio do IRC, cujo código entrou em vigor em 1989, o legislador estabeleceu igualmente que as despesas confidenciais ou não documentadas estavam sujeitas a tributação autónoma, por força do artigo 4º do Decreto-Lei nº 192/90, de 9 de junho.

Com a reforma fiscal de 2000[6], operada pela Lei nº 30-G/2000, de 29 de dezembro, o legislador aditou ao código do IRC o artigo 69º-A e, assim, integrou o instituto da tributação autónoma no âmbito da mecânica deste imposto. Depois da integração – tanto do ponto de vista material como do ponto de vista formal – no âmbito do IRC, o legislador promoveu sucessivas alterações legislativas à tributação autónoma, alargando o âmbito de aplicação desta figura e beneficiando, consequentemente, do aumento da receita fiscal de forma simples e eficaz.

Ora, atualmente e tendo em conta a redação do artigo 88º do Código do IRC, a tributação autónoma incide sobre um amplo conjunto de realidades que abarcam, entre outras coisas, os encargos com viaturas, indemnizações, bónus ou despesas de representação[7]. O constante alargamento da tribu-

[3] José Pedro Carvalho, *Tributação autónoma sobre gastos: um olhar histórico*, Cadernos Justiça Tributária, Centro de Estudos Jurídicos do Minho, Abril/Junho 2017, p. 15-52.

[4] Gustavo Courinha, *Manual do Imposto sobre o Rendimento das Pessoas Coletivas*, Almedina, 2020, p. 179 e ss; Rui Duarte Morais, *Apontamentos ao IRC*, Almedina, 2009, p. 202 e ss.

[5] Sobre a tributação autónoma prevista em sede de IRS: Paula Rosado Pereira, *Manual de IRS*, Almedina, 2ª Edição, p. 293-296

[6] José Casalta Nabais, *Algumas reflexões sobre a recente reforma fiscal*, Revista Fiscalidade, nº 10, Abril 2002.

[7] Sobre a proliferação das tributações autónomas: Clotilde Celorico Palma, *As Tributações Autónomas vistas pelo Tribunal Constitucional – Comentário ao Acórdão do Tribunal Constitucional*

tação autónoma pode gerar, porém, uma dificuldade do ponto de vista teórico ao nível da identificação da razão de ser deste instituto.

Em contraposição a uma perspetiva extrema, que sustente a inexistência de uma filosofia própria inerente à tributação autónoma, consideramos que a tributação autónoma assenta hoje num conjunto de justificações que visam satisfazer diferentes objetivos ao nível da política fiscal. Assim, os diferentes tipos de tributações autónomas podem ser justificados por diversas razões, que vão desde o combate à fraude e elisão fiscal como à tentativa de impedir a distribuição disfarçada de lucros, não esquecendo o objetivo de evitar a realização de despesas associadas à interseção entre a esfera empresarial e a esfera pessoal[8].

Analisando em concreto a tributação autónoma das despesas não documentadas ou confidenciais, parece-nos difícil sustentar que, sem prejuízo da sua inserção formal no âmbito do Código do IRC, a tributação das despesas confidenciais obedece a um regime próprio que nada têm que ver com a tributação do rendimento.

Conformada nestes termos, à luz desta posição, a tributação autónoma de despesas não documentadas mais não seria do que – no limite – um simples mecanismo de tributação da despesa que, em linha com aquilo que tipicamente caracteriza os impostos indiretos, vise onerar a capacidade contributiva do contribuinte manifestada pela simples realização de um determinado gasto e no momento em que este é efetuado.

Com efeito, ao tributar as despesas não documentadas o objetivo do legislador é, antes pelo contrário, utilizar a tributação autónoma como uma ferramenta de controlo e como um instrumento de moralização da tributação do rendimento, assegurando que este não é negativamente afetado por comportamentos dos contribuintes e que existe um mecanismo de combate à erosão da base tributária.

Esta perspetiva é reforçada, no caso concreto da tributação autónoma que incide sobre as despesas confidencias ou não documentadas, pelo entendimento do Tribunal Constitucional, perfilhado no acórdão perfilhado no Acórdão nº 197/2016 de 13.04.2016, segundo o qual:

> *"O objetivo do legislador – como se referiu – é o de desincentivar a realização de despesas que possam repercutir-se negativamente na receita fiscal e reduzir artificiosamente a própria capacidade contributiva da empresa."*

nº 310/2012, de 20 de Junho de 2012, Revista de Finanças Públicas e Direito Fiscal, Almedina, Ano V, Nº 2, Dezembro de 2012, p. 241-247.

8 Saldanha Sanches, *Manual de Direito Fiscal*, Coimbra Editora, 2ª Edição, 2002, p. 289 e ss.

Nesse sentido, do ponto de vista conceptual e de acordo com este entendimento, a solução que decorre do artigo 88º, nº 2 do Código do IRC é incompatível com o tratamento fiscal conferido às entidades concessionárias da atividade de exploração do jogo, considerando que a sua tributação é totalmente alheia ao princípio da capacidade contributiva.

De facto, no âmbito do Imposto Especial de Jogo, a tributação destas entidades está apenas dependente das receitas brutas e não dos lucros obtidos no exercício da atividade de exploração do jogo, pelo que o princípio da capacidade contributiva e da tributação pelo rendimento real são totalmente desconsiderados no quadro tributário associado ao Imposto Especial de Jogo e aplicável às empresas concessionárias[9].

Note-se, a este propósito, que é por força dessa desconsideração que, como corolário do artigo 84º, nº 2 da Lei do Jogo, o legislador consagrou no artigo 7º do Código do IRC que os rendimentos que resultam da exploração da atividade do jogo estão excluídos deste imposto. Com efeito, o objetivo do legislador não é simplesmente isentar as entidades concessionárias autonomamente consideradas, antes introduzir uma verdadeira delimitação negativa de incidência que abranja a própria atividade do jogo.

Deste modo, considerando que para a tributação das entidades concessionárias da exploração do jogo apenas relevam as receitas brutas, não é lógico, nem sequer num raciocínio abstrato, a sua sujeição a tributação autónoma pelas despesas não documentadas, tendo em conta que não há capacidade contributiva que necessite de ser acautelada.

iii. As Características e o Regime Substitutivo do Imposto Especial de Jogo.

Do ponto de vista teórico, a análise da presente questão não se pode limitar à natureza da tributação autónoma, considerando as significativas divergências existentes neste domínio. O ponto central da análise ao artigo 88º, nº 2 do Código do IRC está em perceber a compatibilidade desta disposição com o regime decorrente do Imposto Especial de Jogo.

Partindo do artigo 88º, nº 2 do Código do IRC, este tema pode ser analisado de forma mais ampla, a fim de se perceber se o Imposto Especial de Jogo pode ser aplicado simultaneamente com outros tributos ou se a sua

[9] Sérgio Vasques, *Os Impostos do Pecado: o Álcool, o Tabaco, o Jogo e o Fisco, Almedina,* 1999, p. 88 e 89.

aplicação impede que as entidades concessionárias sejam objeto de outro tipo de tributação.

Na verdade, o Imposto Especial de Jogo, atualmente previsto no artigo 84º da Lei do Jogo, é desde a sua criação um verdadeiro imposto com objetivos extrafiscais e com uma natureza quase sancionatória. Ao contrário da maioria dos impostos, que são utilizados essencialmente com a finalidade de arrecadação de receita fiscal utilizada para financiar as despesas gerais da comunidade, este imposto é utilizado enquanto instrumento de regulação de uma atividade económica que, por razões variadas, merece um tratamento especial por parte do legislador[10].

Tendo presente este objetivo, o Imposto Especial de Jogo apresenta uma incidência subjetiva e objetiva limitada, sendo exigido unicamente às entidades às quais o Estado adjudique as concessões das zonas de jogo e apenas quanto às atividades impostas por meio dos contratos de concessão.

Para além deste, existem outros aspetos técnicos que caracterizam o Imposto Especial de Jogo, tornando-o um tributo único no sistema fiscal português. Ora, um dos elementos característicos mais relevantes no Imposto Especial de Jogo prende-se com o facto do legislador ter desconsiderado totalmente o princípio da capacidade contributiva.

Enquanto pilar do ordenamento jurídico tributário, o princípio da capacidade contributiva é o corolário do princípio da igualdade e constitui, por excelência, o critério adequado à repartição dos impostos no âmbito da comunidade. Por força deste princípio, o legislador deve configurar as obrigações fiscais tendo em consideração a força económica dos contribuintes e a sua capacidade de suportar o encargo de natureza tributária. Nesse sentido, o princípio da capacidade contributiva tem uma dupla função, na medida em que se apresenta como o fundamento e o limite do poder tributário do Estado[11].

No âmbito do Imposto Especial de Jogo o princípio da capacidade contributiva não é tido em consideração, uma vez que as entidades concessionárias da atividade de exploração do jogo são tributadas em função das

[10] Sobre as experiências internacionais relativas à tributação do Jogo: Sijbren Cnossen, *Theory and practice of excise taxation smoking, drinking, gambling, polluting and driving,* Oxford University Press, 2005, p.84 e ss.

[11] Cardoso da Costa, *O princípio da Capacidade Contributiva no constitucionalismo português e na jurisprudência do Tribunal Constitucional*, Boletim de Ciências Económicas, Vol. LVII (2014), Tomo I, p. 1159 e ss.

receitas brutas e não do lucro que obtêm. Do ponto de vista histórico, esta opção legislativa é justificada, essencialmente, por razões de ordem moral e social. O legislador tributa as receitas brutas obtidas uma vez que pretendeu criar um claro afastamento face ao lucro gerado pela atividade de exploração do jogo, tendo em conta as especificidades e os riscos associados a esta atividade económica.

O facto de a base de incidência do Imposto Especial de Jogo ser independente do lucro obtido cria uma enorme pressão do ponto financeiro considerando a significativa carga tributária que os sujeitos passivos têm de suportar. Nesse sentido, e a fim de mitigar esta circunstância, o legislador consagrou o princípio da tributação exclusiva em sede de Imposto Especial de Jogo, que se encontra previsto no artigo 84º, n. 2 da Lei do Jogo, que dispõe que: *"Não será exigível qualquer outra tributação, geral ou local, relativa ao exercício da actividade referida no número anterior ou de quaisquer outras a que as empresas concessionárias estejam obrigadas nos termos dos contratos de concessão e pelo período em que estes se mantenham em vigor."*

O artigo 84º, nº 2 da Lei do Jogo estabelece, por conseguinte, uma regra de delimitação negativa que impede que as entidades concessionárias sejam tributadas pela sua atividade ao abrigo de outros impostos que não o Imposto Especial de Jogo.

A regra geral prevista nesta disposição é posteriormente completada pelos artigos 92º e 93º da Lei do Jogo. O artigo 92º dispõe que: *"Ficam isentas de sisa as aquisições dos prédios indispensáveis ao cumprimento das obrigações contratuais assumidas pelas concessionárias, não sendo devida a contribuição autárquica pelos que estejam afectos às concessões."* Por seu turno, o artigo 93º estabelece que: *"Não são devidas pelas concessionárias quaisquer taxas por alvarás e licenças municipais relativas às obrigações contratuais."*

Com os artigos 92º e 93º da Lei do Jogo o legislador introduziu duas normas que visam reforçar o objetivo legislativo subjacente ao artigo 84º, nº 2 do mesmo diploma legal. À luz de uma interpretação literal da norma, a sisa e a contribuição autárquica – correspondentes, atualmente, ao IMT e ao IMI – bem como as taxas por alvarás e licenças municipais, poderiam não estar potencialmente abrangidas pelo artigo 84º, nº 2 da Lei do Jogo, uma vez que não correspondem a impostos sobre a atividade, estando antes enquadrados no âmbito dos impostos patrimoniais e taxas locais. Nesse sentido, com os artigos 92º e 93º da Lei do Jogo, o legislador introduziu duas normas com um caráter instrumental face ao artigo 84º, nº 2.

De facto, se o legislador quis assegurar que as entidades concessionárias não são tributadas sobre a atividade de exploração do jogo é obvio que, por maioria de razão, estas entidades também não podem estar obrigadas ao pagamento de tributos que seriam potencialmente devidos por força, por exemplo, da detenção dos imóveis necessários para o cumprimento das obrigações contratuais assumidas para o desenvolvimento dessa mesma atividade.

Com efeito, tendo em conta as disposições suprarreferidas, a verdade é que o Imposto Especial de Jogo cria um regime fiscal substitutivo[12] que afasta a possibilidade de cumulação de qualquer tipo de tributação com aquela que decorre da sujeição ao Imposto Especial de Jogo. Nesse sentido, ao sujeitar a tributação autónoma as despesas não documentadas realizadas por sujeitos passivos de Imposto Especial de Jogo, o artigo 88º, nº 2 do Código do IRC mostra-se incompatível com o artigo 84º, nº 2 da Lei do Jogo.

Num contexto em que a instabilidade do enquadramento legal e a falta de precisão normativa são apontadas como os grandes problemas decorrentes da intervenção do legislador no domínio fiscal, o artigo 84º, nº 2 da Lei do Jogo configura-se como uma inequívoca exceção a estas adversidades. Para além de existir uma significativa constância na redação desta norma, a verdade é que o teor do artigo 84º, nº 2 da Lei do Jogo é totalmente claro e inteligível, não permitindo qualquer dúvida quanto ao sentido e alcance desta disposição.

Com o Imposto Especial de Jogo, o legislador instituiu um verdadeiro regime fiscal substitutivo. De facto, o Imposto Especial de Jogo é um monotributo que substitui quer os impostos sobre o rendimento como os impostos sobre a despesa potencialmente aplicáveis às entidades concessionárias no exercício da sua atividade.

Nesse sentido é importante destacar, por um lado, o artigo 7º do Código do IRC, que dispõe que: "*Não estão sujeitos a IRC os rendimentos diretamente resultantes do exercício de atividade sujeita ao imposto especial de jogo.*" Por outro lado, é importante destacar o artigo 9º, nº 31 do Código do IVA que, em relação às isenções nas operações internas, estabelece que estão isentas: "*A lotaria da Santa Casa da Misericórdia, as apostas mútuas, o bingo, os sorteios e as lotarias instantâneas devidamente autorizados, bem como as respetivas comissões e todas as atividades sujeitas a impostos especiais sobre o jogo.*"

[12] Soares Martinez, *Direito Fiscal*, Almedina, 8ª. Edição, 1996, p.629 e ss.

Para além do artigo 84º, nº 2 da Lei do Jogo, a verdade é que, seja através de delimitações negativas de incidência, seja através de isenções, estas normas mostram-nos que a natureza substitutiva do Imposto Especial de Jogo afasta a aplicação às entidades concessionárias de qualquer outro imposto sobre o rendimento ou sobre a despesa.

Com efeito, e tendo em conta o disposto no artigo 7º do Código do IRC, o certo é que o objetivo do legislador não foi simplesmente isentar as entidades concessionárias autonomamente consideradas. A intenção do legislador foi antes introduzir uma verdadeira delimitação negativa de incidência que abranja a própria atividade do jogo. O artigo 7º do Código do IRC corresponde, por isso, a um desagravamento estrutural[13] inerente ao próprio imposto e que mais não é do que um simples corolário do artigo 84º, nº 2 da Lei do Jogo.

Assim, e tendo em conta tudo aquilo que dissemos, a sujeição a tributação autónoma das despesas não documentadas realizadas pelas entidades concessionárias da atividade de exploração do jogo não é compatível com o regime fiscal substitutivo decorrente do Imposto Especial de Jogo.

iv. A Ausência de Norma de Incidência e a Violação do Princípio da Legalidade Fiscal.

A alteração legislativa decorrente da Lei do Orçamento do Estado para 2012 teve como efeito imediato abrir a porta à aplicação de tributação autónoma aos sujeitos passivos de Imposto Especial de Jogo. No entanto, as consequências decorrentes desta inovação legislativa não se ficaram por aqui, tendo-se projetado no surgimento de uma corrente jurisprudencial que foi iniciada com o acórdão do Supremo Tribunal Administrativo proferido no âmbito do processo nº 077/12 e datado de 12.04.2012.

À luz desta linha jurisprudencial[14], as despesas não documentadas podem ser sujeitas a tributação autónoma à taxa de 50%, ainda que tenham sido feitas no âmbito exclusivo da atividade de exploração do jogo e antes do exercício fiscal de 2012. Segundo este entendimento, a Lei do Orçamento do Estado para 2012 não introduziu nenhuma novidade substancial no

[13] Sobre a distinção entre benefícios fiscais e desagravamentos estruturais de imposto: Nuno Sá Gomes, *Manual de Direito Fiscal*, Vol. I, Rei dos Livros, 9ª edição, 1998, p. 323 e ss.

[14] Ver, nesse sentido: Ac. STA, processo 457/15, 11.11.2015; Ac. STA, processo 412/16, 06.06.2016; Ac. STA, processo 494/13.4BEAVR, 14.11.2020.

âmbito do enquadramento tributário aplicável às entidades sujeitas ao Imposto Especial de Jogo.

Assim, de acordo com esta posição, a alteração legislativa decorrente da Lei do Orçamento do Estado para 2012 não assume qualquer tipo de caráter inovador, uma vez que o legislador não criou uma norma de incidência que passou a contemplar os sujeitos passivos de Imposto Especial de Jogo, tendo apenas agravado a tributação autónoma às quais as entidades concessionárias da atividade de exploração de jogo já estavam potencialmente sujeitas.

De facto, o raciocínio que sustenta este entendimento jurisprudencial é afetado por um erro inicial por desconsiderar que o atual artigo 88º, nº 1 do Código do IRC tem um escopo de aplicação muito preciso e limitado, que não abrange nem poderia abranger os sujeitos passivos que aufiram rendimentos enquadráveis no artigo 7º do mesmo diploma legal.

A análise da tributação autónoma das despesas não documentadas impõe que se compreendam dois aspetos fundamentais: por um lado, que quanto a esta matéria existe, e sempre existiu, um regime de tributação dual e, por outro lado, a natureza e os contornos do princípio da legalidade fiscal.

Na verdade, o artigo 88º, nº 1 do CIRC, sujeita a tributação autónoma, à taxa de 50 %, as despesas confidenciais ou não documentadas que sejam realizadas por sujeitos passivos enquadrados no âmbito do regime regra do IRC, isto é, por sujeitos passivos que são efetivamente tributados em sede de IRC pelos lucros obtidos por força das atividades comerciais, industriais ou agrícolas que desenvolvem a título principal.

Por sua vez, o nº 2 do referido artigo, sujeita a tributação autónoma, à taxa de 70%, as despesas confidenciais ou não documentadas que sejam efetuadas por sujeitos passivos que não podem, por diversos motivos, ser enquadrados no âmbito deste regime regra.

Deste modo, num primeiro momento, o legislador sujeitava a uma tributação autónoma mais penalizadora as despesas não documentadas realizadas apenas por dois tipos de entidades.

Por um lado, pelas pessoas coletivas que, sem prejuízo de serem sujeitos passivos de imposto, não eram efetivamente tributadas em sede de IRC por beneficiarem de uma isenção. Por outro lado, por entidades que eram tributadas pelo rendimento global e não pelos lucros obtidos, por não exercerem a título principal atividades de natureza comercial, industrial ou agrícola.

Numa segunda fase, e como consequência direta da Lei do Orçamento do Estado para 2012, o leque de entidades sujeitas a uma tributação autónoma mais penalizadora foi alargado, passando a partir desse momento a contemplar também as entidades obrigadas ao pagamento do Imposto Especial de Jogo.

Estas entidades também não se enquadram, naturalmente, no regime regra do IRC, uma vez que, embora o requisito subjetivo de incidência esteja verificado, o requisito de incidência real de IRC não é preenchido, por beneficiarem da delimitação negativa prevista no artigo 7º do Código do referido imposto.

Deste modo, com a aprovação da Lei do Orçamento do Estado para 2012, é apenas possível retirar que onde antes existia uma potencial lacuna de regulação passou a existir uma norma de incidência que expressamente autoriza a tributação autónoma das entidades concessionárias da atividade do jogo.

A este propósito é importante ter presente que o exercício de reconstrução do processo legislativo contribui para que se retire a única conclusão lógica quanto ao regime da tributação autónoma das despesas não documentadas: antes do ano de 2012 não existia uma norma de incidência que contemplasse expressamente a possibilidade de sujeitar a tributação autónoma as entidades concessionárias da exploração do jogo, tendo em conta a sua tributação em sede de Imposto Especial de Jogo.

Nesse sentido, este entendimento jurisprudencial, ao sustentar que a aplicação da tributação autónoma decorria da aplicação do nº 1 do artigo 88º do Código do IRC, reflete uma interpretação de uma norma de incidência de forma tão extensiva ao ponto de alargar o seu âmbito de aplicação a entidades que – por não estarem integradas no regime geral de IRC – não estão objetivamente abarcadas nem pela letra nem pelo espírito da previsão legal.

De facto, a interpretação neste sentido do atual artigo 88º, nº 1 do Código do IRC é potencialmente inconstitucional por violar a dimensão material do princípio da legalidade previsto no artigo 103º, nº 2 da CRP, na medida em que subsume a uma norma de incidência subjetiva a situação de sujeitos passivos que não preenchem os pressupostos exigidos pela hipótese legal.

v. Conclusão

A tributação autónoma que incide sobre as despesas não documentadas realizadas por sujeitos passivos que aufiram rendimentos enquadráveis no artigo 7º do Código do IRC encontrase prevista, desde a Lei do Orçamento do Estado para 2012, no artigo 88º, nº 2 do Código do IRC.

Do ponto de vista dogmático, esta norma levanta algumas dúvidas que se verificam em duas dimensões distintas. Num primeiro plano, colocam-se questões em relação à verdadeira natureza da tributação autónoma enquanto mecanismo de tributação. Nesse sentido, e tendo em conta a evolução histórica associada a esta figura, parece-nos que a tributação autónoma das despesas não documentas tem uma natureza instrumental no quadro dos impostos sobre o rendimento. De facto, neste caso específico, o objetivo do legislador é utilizar a tributação autónoma enquanto mecanismo que visa assegurar a prevenção e o combate à erosão base tributária.

O ponto central da presente análise extravasa, contudo, este domínio circunscrito e relacionado exclusivamente com a natureza e função da tributação autónoma no âmbito do sistema fiscal. De facto, a principal questão em torno desta norma prende-se, em termos genéricos, com a sua compatibilidade com o regime fiscal substitutivo associado ao Imposto Especial de Jogo. Com a aprovação do Imposto Especial de Jogo, o legislador criou um tributo com contornos únicos que visa substituir o regime geral de tributação – tanto do rendimento como da despesa – que seria potencialmente aplicável às entidades concessionárias da atividade de exploração do jogo.

Para além de decorrer da própria natureza deste tributo, o legislador foi mais longe e consagrou, no artigo 84º, nº 2 da Lei do Jogo, o princípio da tributação exclusiva em sede de Imposto Especial de Jogo. Nesse sentido, a tributação autónoma das despesas não documentadas realizadas por sujeitos passivos de Imposto Especial de Jogo mostra-se não só incompatível com as características abstratas deste tributo, como também com o direito constituído.

Paralelamente a estes dois pontos, parece-nos inequívoco que o entendimento jurisprudencial criado na sequência da aprovação da Lei do Orçamento do Estado para 2012 reflete um raciocínio que desconsidera os contornos e as imposições que decorrem de princípios estruturantes do ordenamento jurídico tributário, em especial, do princípio da legalidade fiscal.

Nesse sentido, e sem prejuízo do facto de a passagem do tempo ter permitido uma significativa consolidação desta solução legislativa, o certo é que ainda hoje se mantêm algumas objeções, no plano dogmático, em relação à tributação autónoma das despesas não documentadas realizadas por sujeitos passivos obrigados ao pagamento do Imposto Especial de Jogo.

A liberdade de expressão e o direito a ofender*

Edgar Taborda Lopes

Prólogo

O poeta *Ruy Belo* escreveu que os prólogos são ingratos, pois quantos "deles não começam e terminam em si próprios sem darem passagem para a obra. Quantos não acrescentam à obra objectiva, desprotegida, inocente, essa folhagem que oculta e o lavrador tem de mandar arrancar em homenagem ao sol. Há os que dizem mais, há os que dizem coisa diferente, os que chamam a atenção, os que distraem. Há aqueles que vêm carregados de intencionalidade e sacrificam a 2 ou 3 pobres ideias a opulência de uma construção. É tão grande o perigo de falarmos demais, principalmente no nosso tempo... Pela ociosidade da nossa palavra, não teremos um dia transviado. Há algum coração prometido ao silêncio, onde se tomam as grandes decisões?"[1].

É, basicamente, o meu ponto de partida para este texto[2], quer pelo seu destino, quer pela sua temática.

* Pode ser consultado em https://www.revistadedireitocomercial.com/a-liberdade-de-expressao-e-o-direito-a-ofender o anexo de bibliografia que inclui todas as obras e publicações consultadas para a elaboração do texto, independentemente de terem sido objecto de alguma citação.

[1] *Ruy Belo*, no Prefácio à obra, por si traduzida, de *Antoine de Saint-Exupery*," Cidadela" (Aster, sem data, página 9).

[2] Que parte das notas que serviram de base à intervenção que tive oportunidade de fazer no Centro de Estudos Judiciários, a convite do seu Director-Adjunto Juiz Desembargador

O destino – a Homenagem a um dos mais profundos, modernos, criativos e corajosos Professores de Direito que me foram acompanhando ao longo da vida profissional e com o qual tive ainda a feliz oportunidade de ver trabalhar enquanto Advogado leal, certeiro e combativo –, pelo peso da responsabilidade que implica escrever sem desmerecer o homenageado e a sua obra, sempre pautada por uma rara linha de clareza e compreensibilidade.

A temática porque, pela sua actualidade, é sempre um desafio abordá-la de maneira a poder ser útil a quem com ela se confronte (sem que tenha a intenção de elaborar um texto com características doutrinais ou académicas, mas apenas deixar uma visão que possa abrir caminhos de estudo).

Sem saber exactamente como começar, pego no que escrevi na nota inicial do *e-book* feito com a primeira das acções de formação sobre Humor e Liberdade de Expressão que tive a oportunidade de organizar e coordenar no Centro de Estudos Judiciários:

> "O Humor é um assunto sério. Muito sério.
>
> E é sério porque faz rir...
>
> É sério porque é certeiro e faz pensar, ou não...
>
> Às vezes pode ofender (quando é connosco ou com os "nossos" tem sempre menos piada que quando é com os outros...).
>
> Às vezes pode ser libertador.
>
> Outras pode ser agrilhoante...
>
> Pode unir, ou separar.
>
> Mais directo, mais subtil ou ambíguo, o Humor é o que nos permite desanuviar dos contratempos do dia-a-dia.
>
> Na sociedade contemporânea o Humor vem-se revelando, cada vez mais, como uma das mais eficazes armas, quer para promover ideias (ou pessoas), quer para descredibilizá-las.
>
> O Humor joga com a surpresa, o inesperado (até podemos saber que vem lá qualquer coisa mas não sabemos exactamente quando).
>
> Joga com a aceitabilidade, cuja fronteira dificilmente se consegue definir, nem para o que se diz, nem para o que se escreve, nem para o que se desenha.
>
> E é sempre o destinatário que define os seus limites.

José Eduardo Miranda Sapateiro, no dia 08 de Abril de 2022, na Acção de Formação "Humor, Direito e Liberdade de Expressão", subordinada ao tema "A Liberdade de Expressão e o Direito a Ofender".

Mas hoje os destinatários já não são apenas os que estão à nossa frente: qualquer telemóvel transmite para o mundo uma piada que pode tornar-se viral e virar-se contra o seu autor provocando danos imprevisíveis.

A "civilização do espectáculo" de que fala *Vargas Llosa* banalizou-se e reproduziu-se...

Num polo ideológico oposto, *Guy Debord*, já em 1979, dizia que "o espectáculo submete a si os homens vivos, na medida em que a economia já os submeteu totalmente. Ele não é mais do que a economia desenvolvendo-se para si própria. É o reflexo fiel da produção das coisas, e a objectivação infiel dos produtores"[3].

Ora o Humor é também espectáculo.

E complexo.

Com mecanismos[4] que podem ser relevantes no momento em que as suas consequências jurídicas têm de ser ponderadas.

A "sociedade humorística", descrita por Lipovetsky na "Era do Vazio"[5], um misto de moda, publicidade, imagem, leveza, banalização, hedonismo, omnipresença – está aí para ficar[6].

George Minois começa a sua "História do Riso e do Escárnio"[7] desta maneira:

"O riso é assunto demasiado sério para ser deixado aos cómicos. E é bem por isso que dele se têm ocupado, de Aristóteles até hoje, hordas de filósofos, de historiadores, de sociólogos e de médicos, todos eles pouco dados a chalaças".

[3] *Guy Debord,* A sociedade do espectáculo, Antígona, 2012, página 13.

[4] Estudados por exemplo, por *Henri Bergson* (O Riso, 2ª edição, Guimarães Editores, Lisboa, 1993; vd., também, *Paulo Morgado,* O Riso em Bergson -Mecanismos do Cómico, Verbo-Babel, 2011).

[5] *Gilles Lipovetsky,* A Era do Vazio-Ensaio sobre o individualismo contemporâneo, Relógio d'Água, 1989, páginas 127-160.

[6] Exemplo claro disso é o incidente ocorrido entre o humorista Chris Rock e o actor Will Smith, na cerimónia de entrega dos Óscares em 2022, em que o primeiro fez uma piada sobre o visual do segundo (https://www.youtube.com/watch?v=myjEoDypUD8). Uma piada que nem sequer era muito original pois, em Portugal, João Quadros (que escreve, nomeadamente, para o Bruno Nogueira), já em 2017 – a propósito de umas declarações de Passos Coelho que considerou xenófobas – tinha feito um *twit* com 13 palavras que escandalizou muita gente e que lhe garantiu até ameaças de morte: *"Eu a pensar que só havia uma cabeça rapada em casa do Passos".* De todo o modo, no caso do Will Smith, há dois planos que não podem, nem devem ser confundidos:

– o dos limites do humor, por parte do Chris Rock e

– o das ofensas corporais praticadas pelo Will Smith.

[7] *George Minois,* História do Riso e do Escárnio, Teorema, 2007, página 7.

Não se esperem muitas respostas deste texto.

Esperem-se sim desafios, reflexões, perguntas, ideias.

O objectivo não será doutrinar sobre a matéria, mas "apenas" o de pensar sobre ela e para isso temos muito enquadramento para fazer".

O Humor

Falamos então de quê?

O que é o Humor?

É curioso começar por ver como vem no dicionário descrito.

No Dicionário da Língua Portuguesa Contemporânea da Academia das Ciências de Lisboa, para simplificar, repare-se qual é a primeira entrada: "1. Água ou humidade. Substância líquida existente no interior de um corpo organizado. **humor aquoso**, *Anat.*, líquido contido nas câmaras anterior e posterior do olho. **humor cristalino,** *Anat.*, fluido transparente que se encontra no olho, e no qual se opera a refracção da luz. **humor vítreo**, *Anat.*, substância gelatinosa, existente entre o cristalino e a coróide. 3. Líquido formado num corpo orgânico devido a doença ou alteração patológica. *«aplicar, em fricção enérgica, a tintura de mostrar na barriga das pernas do paciente, com vista a puxar às extremidades inferiores os humores que no peito e na cabeça pesavam»* (SARAMAGO, *Ricardo Reis*, p. 169)[8].

E é esta primeira entrada que, depois nos abre o caminho (e até ajuda a compreender...) a segunda:

> "1. Comportamento ou modo de agir que provoca alegria, agrado ou riso nas outras pessoas. = ESPÍRITO, GRAÇA, IRONIA. *Humor britânico. Ter um humor apurado.* **bom humor. mau humor. sentido de humor.** 2 o que é dito por alguém que age ou se comporta dessa forma. = ESPÍRITO, GRAÇA. **Humor negro**, o que pretende fazer rir apesar de ser relativo a coisas tristes, mórbidas ou degradantes"

Quer queiramos, quer não, o humor corre dentro de nós, está dentro de nós.

O humor será sempre uma experiência subjectiva, que nos percorre, de forma inesperada e tendencialmente sem que o controlemos: é o cérebro que *manda* e ao encontrar um padrão que o surpreende faz(-nos) rir.

E por isso não rimos todos do mesmo, nem sequer rimos das mesmas coisas nas várias fases das nossas vidas.

[8] Dicionário da Língua Portuguesa Contemporânea, Academia das Ciências de Lisboa, Verbo, 2001, página 2013.

Aprendemos a rir antes de aprender a falar, mas, depois de aprendermos a falar, vamos refinando o que nos faz rir, e conseguimos superar as nossas dificuldades e problemas compensando-nos e gratificando-nos com o humor...

E este é um ponto fulcral: o ser humano tem necessidade de humor para ser...feliz!

E isto é tão humano, que é um campo em que a inteligência artificial tem tido enormes dificuldades em entrar.

A Microsoft e a IBM estão há vários anos a tentar, e os resultados não têm sido brilhantes (basicamente consegue-se encontrar um algoritmo para descobrir o que é que faz rir, sejam temas, imagens ou cartoons, mas já não se consegue encontrá-lo para a elaboração dos textos, ou para a criação de imagens).

As máquinas não têm necessidade de humor e isso limita-as inexoravelmente.

Recentemente no European Journal of Humour Research, veio publicado um artigo[9] do professor universitário finlandês *Jarno Hietalahti*, no qual se conclui com particular pertinência que a dificuldade provém da circunstância de **o humor pressupor uma visão do mundo** e de **jogar com o inesperado**, estando intrinsecamente relacionado com a capacidade de fazer contextualizações e conseguir duvidar de si próprio. Ou mesmo com a capacidade de rir de si mesmo.

Na prática, a máquina teria de ter a noção de que não é perfeita.

Ora, não é fácil uma máquina fazer isto...

A série americana "South Park" (no episódio 2, da 15ª temporada) tem um exemplo que vale a pena verificar, quando apresenta um simpático robot criado pela engenharia alemã e que estaria dotado de sentido de humor, o XJ-212 FunnyBot, o qual – bem humorado – não só tenta iniciar uma guerra nuclear entre os Estados Unidos e a Rússia (por ser a coisa mais engraçada que imaginou), como, durante um espectáculo seu, faz o massacre do público presente porque isso é... hilariante[10].

Se já é difícil lidar com o sentido de humor de muitos humanos, um sentido de humor destas máquinas, cibernético ou computacional, poderia ser ainda mais terrível.

[9] *Jarno Hietalahti*, Laughing with machines: philosophical analysis on the preconditions of sense of humour for machines, The European Journal of Humour Research 9 (2) 154–171 (disponível em https://www.europeanjournalofhumour.org/ejhr/article/view/443/531).

[10] "South Park" (Season 15, Episode 2) – https://www.youtube.com/watch?v=mUwDoFZpvqI e https://www.youtube.com/watch?v=gHxWqeMdmCo).

Voltando ao citado artigo, nele se acaba por concluir que, para construir pontes entre a Inteligência Artificial e a Filosofia do Humor há cinco matérias que têm de ser levadas em consideração para conseguir que as máquinas possam ter um sentido de humor próximo do humano:

1) visão de mundo;
2) auto-consciência;
3) auto-reflexão, capacidade de introspecção;
4) autocrítica e
5) noção da perda de controlo.

Nada particularmente fácil, portanto.

O Humor mexe muitas vezes com o que é absurdo, com o efeito surpresa, com o que é tabu e, em maior ou menor medida, com a utilização de jogos de palavras, de duplos sentidos, do factor-surpresa, da ironia, da ambiguidade, do tempo, das pausas, da entoação, e em todos os casos, da empatia.

Por isso, *Henri Bergson* sublinha que o "riso exige um eco" e "subentende um acordo prévio implícito, uma cumplicidade quase, diria eu, com outros que, reais ou imaginários, também riem", implicando "uma espécie de troça social": "Tem que haver, com efeito, na causa do cómico qualquer coisa de levemente atentatório (e de especificamente atentatório) contra a vida social, uma vez que a sociedade responde com um gesto que tem todo o aspecto de uma reacção defensiva, com um gesto que produz um leve medo" que traz em si "a intenção inconfessada de humilhar, e com ela, é verdade, a de corrigir"[11].

Usando palavras de *George Minois,* a "sociedade vinga-se, por seu intermédio, das liberdades que foram tomadas contra ela.

O riso não atingiria o seu objectivo se trouxesse a marca da simpatia e da bondade"[12].

Vale a pena assinalar que *Sigmund Freud* foi também um estudioso do Humor e do que o envolve, tendo sublinhado que o prazer das piadas procede "de um gasto de inibição economizado; o do cômico, de um gasto de representação (de investimento) economizado; e o do humor, de um gasto emocional economizado. Nesses três modos de trabalhar do nosso aparato psíquico, o prazer

[11] Henri Bergson, O Riso, Relógio d'Água, 1991, página 130 (onde acrescenta que "o riso é antes de tudo, uma sanção. Feito para humilhar, deve dar uma impressão dolorosa à pessoa que é seu objecto").

[12] *George Minois,* História do Riso e do Escárnio, Teorema, 2007, página 549 (também, *Henri Bergson,* O Riso, cit. página 123).

brota de uma economia; os três concordam no fato de constituírem métodos para reconquistar da atividade psíquica um prazer que se perdeu, na verdade, pelo próprio desenvolvimento dessa atividade. Pois a euforia que buscamos atingir por essas vias não é outra coisa senão o ânimo de uma época da vida em que costumávamos realizar nosso trabalho psíquico com bem pouco gasto: o ânimo de nossa infância, quando não conhecíamos o cômico, não éramos capazes de fazer chistes e não precisávamos do humor para nos sentirmos felizes na vida"[13].

O problema surge quando estas piadas, chistes ou anedotas[14] têm um carácter provocador e a provocação incide sobre minorias, grupos étnicos, religiosos, marginalizados ou desfavorecidos e possam ter um carácter considerado ofensivo.

Será que o humor, aí pode ser tido como intolerante?

Freud diz que o humor e o cómico têm algo de libertador e uma grandeza e elevação que traduz um dom raro e precioso, que muitas pessoas não tem capacidade de fruir.

Por meio do humor, o homem desvia-se do sofrimento, demonstrando o ego a sua inaptidão para o sofrimento e a sua recusa em ser afectado pelos traumas do mundo exterior.

As piadas e os sonhos (que ocuparam muito do seu tempo e da obra de *Freud*) têm em comum o facto de terem os seus significados condensados e deslocados: "as coisas são representadas indirectamente ou pelos seus opostos, o raciocínio falacioso leva a melhor sobre a lógica"[15].

O humor não nega a realidade, mas cria outra, que acaba por aliviá-la.

Claro que os grupos marginalizados considerarão que esse tipo de humor despreza as virtudes da tolerância que se exige a uma sociedade pluralista e os grupos maioritários dirão que se trata de exercício desse mesmo pluralismo e tolerância...[16].

[13] *Sigmund Freud,* O chiste e sua relação com o inconsciente (1905), Obras completas, Volume 7, São Paulo, Companhia das Letras, 2017, página 334.

[14] Sobre este tipo de humor, vd. *Carlos Espírito Santo de Mello,* A Anedota-Ensaio de Humor e Psicologia, Bertrand, 2000.

[15] O Mecanismo do Riso – Devem estar a brincar, *in* Courrier Internacional, nº 162, Agosto 2009, página 54.

[16] Como exemplos, vejam-se as interpretações do cigano "Lelo", por Camacho Costa e a do homossexual "Nelo", por Herman José, mas também as conhecidas anedotas de alentejanos ou de loiras...
Ou o humor com recurso à homossexualidade (vd., por exemplo, a excelência de *Fábio Porchat,* Tratado Geral das Bonecas, Gráfica Urupês, s/data).

A sociedade humorística

Essencial para a compreensão deste fenómeno é na sociedade actual é o filósofo francês Gilles Lipovetsky.

Lipovetsky, em 1983, aquando da publicação da "A Era do Vazio"[17], já constatava que o fenómeno de dramatização que os meios de comunicação originam, levou a um "desenvolvimento generalizado do código humorístico".

Lembremos que muitos séculos atrás, na Idade Média, apenas no Carnaval (ou festas semelhantes que podiam demorar três meses[18]) se permitia o excesso do riso, o grotesco, o obsceno e o escatológico, o ridicularizar dos símbolos religiosos e oficiais, a blasfémia, em que não se distinguiam actores e espectadores e quem reinava era o bobo (o qual, assim que terminava esse espaço temporal, voltava a ser injuriado, ridicularizado e desprezado).

Na Idade Clássica o grotesco evolui para o cómico, para a sátira e a diversão, assumindo a crítica aos costumes, torna-se mais privado (no sentido de não ser apenas uma explosão social colectiva, mas um momento de prazer que já implicava reflexão e começa a desenvolver o humor, a ironia, o sarcasmo).

O riso, a pouco e pouco, vai deixando de ser animalesco, diabólico, vil, rasca e de mau tom, para se tornar em algo aceitável.

Agora o Humor já é outra coisa, já pode considerar-se uma forma pura de prazer, sem ter deixado de ser por vezes ser o que foi, mas sendo muito mais que isso.

Milan Kundera fala do cómico como oferecendo-nos "a bela ilusão da grandeza humana" sendo que "o trágico traz-nos uma consolação. O cómico é mais cruel: revela-nos, brutalmente, a insignificância de tudo. Suponho que todas as coisas humanas contêm o seu aspecto cómico que, em certos casos, é reconhecido, admirado, explorado, e noutros casos, velado. Os verdadeiros génios do cómico não são aqueles que nos fazem rir mais, mas aqueles que desvendam uma *zona desconhecida do cómico*"[19].

Porque o mistério adensa o humor e a sua procura.

[17] *Gilles Lipovetsky,* A Era do Vazio-Ensaio sobre o individualismo contemporâneo, Antropos, Relógio d'Água, 1989, páginas 127 a 160.

[18] Ob. cit., página 129.

[19] *Milan Kundera,* Sessenta e sete palavras, *in* A Arte do Romance, Círculo de Leitores, 1991, página 145.

O poder do humor – aliado à influência da publicidade e do marketing – reside cada vez mais no esforço que faz em "prodigalizar uma atmosfera eufórica de bom-humor positivo e de felicidade sem reservas"[20].

Tudo com muitas cambiantes. Sempre ligadas ao humano e ao sensível.

Mas, de 1983 para cá tudo se dramatizou ainda mais.

O fenómeno do tabloidismo que afectou e afecta cada vez mais a imprensa dita séria (nos títulos e, por vezes, na simplificação desajustada de conteúdos complexos), faz hoje jus à forma como o há pouco falecido Artur Albarran começava um seu programa da RTP nos anos 80.... ("o drama, a tragédia, o horror...")

Nesta sociedade de comunicação em que vivemos, com maior ou menor hipocrisia de muitos:

- de tudo se faz um acontecimento,
- tudo pode constituir uma grave crise,
- tudo é susceptível de provocar percepções de insegurança,
- tudo constitui um escândalo,
- tudo potencia "catástrofes",
- tudo é levado para o campo da emoção (e, de preferência, descontrolada).

E o humor funciona como cabeça de cartaz, como apoio e sustentáculo do objectivo que se pretende atingir, ou da mensagem que se pretende transmitir, para tirar peso, para compensar o público que vê, ouve e lê e assim melhor pode conseguir conviver com tanta desgraça ou complicação[21].

É assim na Imprensa, é assim na TV, é assim na Publicidade.

É assim na Política.

Tudo porque o humor é uma terrível arma nas mãos (e no cérebro) de quem a sabe usar: as pessoas gostam de quem tenha sentido de humor e, perante um "ataque" com capa humorística, se se responde com outro registo, pode ser-se penalizado (sendo certo que, se se responde no mesmo também se corre o risco de se ser acusado de falta de seriedade...).

[20] Ob. loc. cit..

[21] O *"humor pode desempenhar um papel bem mais positivo, graças ao efeito de desdramatização. O humor retira peso a situações quase insustentáveis (enunciado que é exemplarmente ilustrado em* A vida é bela *de Roberto Benigni), ajuda-nos a lidar com aas nossas dificuldades e limitações" – Miguel Góis – Ricardo de Araújo Pereira – Tiago Dores – Zé Diogo Quintela,* Gato Fedorento, o Blog, Livros Cotovia, 2005, página 34.

Recordo aqui que nos Estados Unidos da América, anualmente, o Presidente, no jantar que tem com os correspondentes na Casa Branca faz um autêntico exercício de *stand-up comedy*... (de autocrítica, de crítica mordaz aos adversários, de "bocas" aos jornalistas)[22].

Só Donald Trump não alinhou nesta tradição (nem Nixon em pleno Watergate e mesmo Reagan, pouco tempo depois do atentado que quase o matou, mandou – a partir do hospital – um vídeo onde dizia que "Se querem um conselho, quando alguém vos diz para entrarem rapidamente no carro, entrem!").

Assim a dramatização de que falava Lipovetsky, acabou por conduzir também e paradoxalmente a uma pontenciação da "humorização" da sociedade (e com isso – dentro da velocidade e da hiperbolização de tudo o que acontece, também à potenciação do fanatismo e da intolerância, na qual, por tabela, o Humor acaba por ser afectado, pois fanáticos e intolerantes não têm muito sentido de humor...).

No texto que o escritor israelita *Amos Oz* escreveu contra o fanatismo (e que tem várias edições portuguesas) ele expressa uma série de ideias que, pela lucidez e clareza, me parece devem poder servir de referência para análise das matérias que temos em discussão, para nós próprios, mas também para o momento em que tenhamos que nos confrontar com os processos que cheguem a Tribunal:

"Para além da curiosidade e da imaginação, o humor pode igualmente ser um antídoto útil contra o fanatismo. E em particular o humor sobre si próprio, a capacidade de rirmos de nós próprios"[23].

O "humor é a capacidade de perceber que por muito cheia de razão que uma pessoa se sinta e por mais tremendamente enganada que tenha estado, há um certo lado da vida que tem sempre a sua graça. Quanto mais razão se tem, mais divertida se torna a pessoa. Com sentido de humor bem pode acontecer que se seja parcialmente imune ao fanatismo"[24].

[22] Veja-se este brilhante exemplo, de 2015, com o Presidente Barack Obama a falar precisamente da matéria que hoje nos ocupa, utilizando um "tradutor de raiva" (no caso, o comediante Keegan-Michael Key):
https://www.youtube.com/watch?v=yiOsbSzceXI.

[23] *Amos Oz,* Caros Fanáticos-Fé, fanatismo e convivência no século XXI, D. Quixote, 2018, página 43.

[24] *Amos Oz,* contra o fanatismo, Asa-Público, 2007, página 29.

"Nunca encontrei fanáticos com sentido de humor. Nunca vi que alguém capaz de rir de si próprio se tenha tornado fanático. (Mordacidade, sarcasmo, língua afiada, isso sim têm-no alguns fanáticos. Mas sentido de humor não. E muito menos humor sobre si próprios.) O humor contém um distanciamento que nos permite ver, pelo menos por instantes, as coisas numa luz completamente nova. Ou ver-nos a nós próprios, por momentos, pelo menos, como os outros nos veem. Esse distanciamento leva-nos a reduzir o excesso de importância que se atribui a algo e em particular a nós próprios. E mais: o humor implica em geral uma certa relativização, uma desvalorização do sublime. (essa desvalorização dá-se muitas vezes precisamente através de um exagero desmedido.)"[25].

O "humor é a capacidade de perceber que por muito cheia de razão que uma pessoa se sinta e por mais tremendamente enganada que tenha estado, há um certo lado da vida que tem sempre a sua graça. Quanto mais razão se tem, mais divertida se torna a pessoa. Com sentido de humor bem pode acontecer que se seja parcialmente imune ao fanatismo"[26].

Talvez por isso, e seguindo a mesma linha, *Timothy Garton Ash* define o humor como "um alívio, uma válvula de segurança, uma maneira de se falar sobre coisas que, de outra forma não discutimos – e um inestimável antídoto para todos os fanatismos"[27].

Esta contextualização mostra-se de grande relevância para a apreciação das situações limite, em que a relativização tem necessariamente de ser chamada à colação, para que não se dê demasiada importância ao que não a tem (o só a tem porque lhe é dada...).

A Arte, na linha da frente

No processo de humorização de que falamos – e aproximamo-nos do essencial desta intervenção – de há muito a Arte se encarregou de absorver essa carga...

Recordo que, se Hegel falava da Arte como um milagre de idealidade, como uma espécie de gracejo e de ironia à conta do mundo natural exterior, também o Humor pode também ser considerado uma arte...

[25] *Amos Oz*, Caros Fanáticos..., páginas 44-45.

[26] *Amos Oz*, contra o fanatismo, Asa-Público, 2007, página 29.

[27] *Timothy Garton Ash*, Liberdade de Expressão- Dez Princípios para Um Mundo Interligado, Temas & Debates-Círculo de Leitores, 2017, página 280.

O mesmo *Gilles Lipovetsky* de há pouco, em 2016, escrevia que "a obra de arte ilustra a capacidade de os homens criarem aparência, ilusão, outra realidade, apurando e aligeirando o mundo"[28]...

Tudo isto foi, no século passado, incorporado na arte, como é visível na Pop Art e no Surrealismo.

Veja-se o caso extremo do urinol de Marcel Duchamp[29] (a que ele chamou "Fonte"....), no início do seculo XX, chocando[30] a sociedade da época: Duchamp dessacralizou a arte com o recurso aos objectos do quotidiano[31] obrigando a um novo olhar sobre eles e o seu sentido.

Duchamp foi talvez dos primeiros a ter a noção de marca, porque fazia réplicas e mais réplicas da mesma obra, com o propósito declarado (para além de se sustentar...) de levar as suas obras a mais gente[32].

Este enquadramento permite verificar a evolução que a sociedade, culturalmente vai sofrendo e assumindo, com a procura por muitos de fazer a diferença... chocando e escandalizando, dando cada vez mais passos em frente para novos abismos, chegando ao uso da obscenidade e do repugnante (utilização de cadáveres, fezes, pornografia) como forma de "arte", ou como forma de dar vazão à sua liberdade de expressão artística[33].

[28] *Gilles Lipovetsky,* Da Leveza-Para uma civilização do ligeiro, Edições 70, 2016, página 137.

[29] Assinado sob o pseudónimo Richard Mutt.

[30] De tal forma que o original não foi aceite na exposição para que foi criado e foi destruído, só restando a foto de Alfred Stieglitz (vd., https://fasciniodafotografia.wordpress.com/2017/04/08/100-anos-de-a-fonte-de-marcel-duchamp/).

[31] Ideia na qual *Andy Warhol,* anos mais tarde, também pegou.

[32] E foi o que fez também com a roda de bicicleta (https://criticadeartebh.wordpress.com/2017/01/16/marcel-duchamp-roda-de-bicicleta-1951/) e a Mona Lisa de bigode (intitulada "L.H.O.O.Q." que, lido em francês, soa a "Elle a chaud au cul"), esta última vendida por 635.000 euros num leilão em 2017 (https://24.sapo.pt/atualidade/artigos/mona-lisa-com-bigode-e-barba-de-duchamp-leiloada-por-635-mil-euros).

[33] Três exemplos:

– Serge III Oldenbourg, em 1964, no Festival de la Libre Expression, em Paris, num concerto, jogou uma roleta russa, entrando em cena, introduzindo um cartucho na câmara do revólver, rodando-a várias vezes, encostando o revólver a cabeça e disparando. Depois extraiu a bala da câmara e atirou-o para o público. Não voltou a repetir a *façanha*;

– Damien Hirst fez, em 1990, uma instalação ("A Thousand Years") com moscas a comer uma cabeça de boi fechada dentro de uma caixa de vidro (https://www.researchgate.net/figure/A-Thousand-Years-by-Damien-Hirst-1990-detail-as-exhibited-in-the-Gagosian-Gallery-in_fig2_346954942) e replicou obras semelhantes posteriormente;

O importante é entreter seja com o que for, é marcar, é ver e mostrar o que é diferente, é – para usar uma frase de *Gilles Lipovetsky* e *Jean Seroy* – "ser excitado pelo espectáculo do nunca visto"[34].

E é este contexto que, no campo do humor, acicata a fazer a mais, a arriscar mais e a pisar limites, levando a que muitas *vítimas* se sintam ofendidas...

O que se pergunta muitas das vezes é "qual é a piada disto?", qual é a piada do humor escatológico ou do necrófago?

Confesso que não sei, mas já se percebeu que as perguntas têm tudo de subjectivo...

É que, por natureza, nem todos se riem das mesmas coisas, das mesmas temáticas, das mesmas piadas, sendo fulcral que se assuma um alargamento de horizontes e a necessidade de fugirmos a sensibilidades nenufarianas e intolerantes (que, todavia, são cada vez mais frequentes), obrigando a percorrer um largo caminho entre estas duas formas de encarar o humor que incomoda e fere.

Wolinsky (um dos históricos cartoonistas do Charlie Hebdo) disse numa entrevista a Numa Sadoul, que "Antes de nós estavam Rabelais, Voltaire e depois Daumier e os grandes caricaturistas. Mas nem sempre se tratava de humor, mas sim de gozo, impertinência, falta de respeito. Tudo isso está no humor, mas no humor há algo mais: uma ética. Um humorista não é um cabrão, porque o humor implica lucidez sobre o momento e recusa da mentira. E a mentira é religião. Um bom humorista é sempre ateu"[35].

Palavras que reforçam a ideia de o humor ser uma "arte delicada e difícil de suscitar", "difícil e de não poder ser ensinado nem aprendido, é uma actividade arriscada, as suas regras são instáveis e o seu resultado é incerto"[36].

– Chris Ofili fez, em 1996 (e está no MoMA de Nova Iorque), uma Virgem Maria negra com excrementos de elefante, tendo à volta umas borboletas feitas com recortes de genitais femininos retirados de revistas pornográficas (https://www.moma.org/collection/works/283373).

[34] *Gilles Lipovetsky-Jean Seroy,* O capitalismo estético na era da globalização, Edições 70, 2014, página 325.

[35] Citado em *Jordi Costa,* La Ferocidad de la Risa, El País, 19/07/2015, disponível em https://elpais.com/cultura/2015/07/18/actualidad/1437251347_273132.html.

[36] *Manuel Ramos, De Risu:* Enquadramento Retórico do Cómico, *in Elisa Nunes Esteves – Isabel Barros Dias – Margarida Reffóios (Coord.),* O Riso – Teorizações. Leituras. Realizações, Caleidoscópio, 2015, página 146.

Tudo isto é muito volúvel, mas não pode deixar de se sublinhar que, em Portugal, um texto *violento* como o "Manifesto anti-Dantas"[37], de 1915, de *José de Almada Negreiros* não deu origem a nenhum processo judicial.

Nem tal ocorreu, mais recentemente, com o poema "Truca-Truca", que o repentismo da poeta (e deputada, na altura) Natália Correia fez a propósito de uma intervenção no Plenário do deputado do CDS João Morgado[38].

Lembro-me, também, agora noutro plano, que quando exerci funções como Vogal no Conselho Superior da Magistratura, me foi distribuído em 2008 um processo disciplinar dum funcionário (punido com uma multa suspensa na sua execução) que, num dia de greve e em resposta uma solicitação oficial da DGAJ para que informasse dos efeitos do protesto no serviço nesse dia, se "armou em engraçadinho" e respondeu isto:

> *"Informa que no Tribunal Judicial da Comarca de Povoação, o número total dos funcionários era de quatro, o número de funcionários ausentes por motivo de greve era de quatro, o número de funcionários ausentes por outro motivo era de zero e que os serviços mínimos não se encontravam assegurados.*

[37] Aqui recitado pelo próprio José de *Almada Negreiros*: https://www.youtube.com/watch?v=4BNhCPCuvCw.
Aqui dito por Mário Viegas: https://www.youtube.com/watch?v=Izz4aoZ1Bsw.
Aqui disponível em texto, *on line*: https://www.gutenberg.org/cache/epub/23961/pg23961-images.html.

[38] 'Truca-truca' ou 'Ficou capado o Morgado' (*Natália Correia*, Assembleia da República, na discussão sobre a Lei da Interrupção Voluntária da Gravidez, 1982):
"Já que o coito, diz Morgado,
tem como fim cristalino,
preciso e imaculado
fazer menina ou menino
e cada vez que o varão
sexual petisco manduca,
temos na procriação
prova de que houve truca-truca,
sendo só pai de um rebento,
lógica é a conclusão
de que o viril instrumento
só usou – parca ração! – uma vez.
E se a função faz o órgão – diz o ditado
consumada essa excepção,
ficou capado o Morgado".

Obs: Encontram-se assegurados da mesma forma e com o mesmo empenho e dedicação com que irão ser assegurados no próximo feriado dia 1/11/2005 (terça-feira) ou em todos os feriados posteriores e domingos do calendário e em que o período de encerramento do Tribunal é em horas e minutos, pelo menos que eu saiba e pelo relógio no que toca aos funcionários judiciais o mesmo e nunca se levantou problema nenhum. DAAAA......".

Como lhe foi instaurado um processo disciplinar teve ainda o *desplante* de, na sua defesa, demonstrando que a criatividade do ser humano é ilimitada, tornar o "DAAA" num acrónimo de "Dificuldade, Admiração, Angústia e Arrependimento"...

Foi punido disciplinarmente com uma pena de multa (suspensa na sua execução), por violação do dever de correcção, uma vez que utilizou humor sarcástico na resposta, fazendo-o de uma forma que esquecia a circunstância essencial de se encontrar num âmbito institucional, de serviço e não pessoal, particular, privado (ou mesmo público, no sentido de perante a comunidade), revelando algum despropósito na deficiente compreensão do alcance dos deveres que sobre si impendiam[39].

São três simples exemplos reveladores de que em tudo pode surgir o humor, em tudo pode ser ponderada a sua utilização, em tudo é susceptível de ser visto um excesso.

E a tendência, acabará por ser cada vez mais no sentido de judicializar este tipo de conflito, sendo que, porque estamos a falar de humor, tudo acaba por poder acontecer, porque o seu uso é multifacetado e os seus objectivos podem estar disfarçados sendo que, em concreto, tudo pode ser considerado (ou sentido) como ofensivo (pelo menos em termos argumentativos).

Humor e combate

O humor, começando por ser uma forma de provocar o riso e de combate à seriedade, entra nos caminhos do desafio ao poder e aos poderosos e da denúncia das injustiças e dos estereótipos.

[39] Escrevi no Acórdão que na altura relatei que, no âmbito do seu serviço, o funcionário, tendo todo o direito a discordar da actuação governamental, de a discutir e de se expressar contra ela, *"não poderia actuar como se estivesse à mesa de um café com pessoas da sua confiança: trabalho é trabalho..."*, que *"errou não sabendo canalizar a sua indignação de forma adequada, dando distinta utilização à sua liberdade de expressão"* e que as palavras que *"escolheu foram desajustadas relativamente ao que, como profissional, lhe era exigível, pois ironizam quanto ao que era solicitado pela DGAJ e terminam com uma manifestação de desrespeito que merece censura"*.

Mas também os pode fomentar...

O humor, para o bem e para o mal, desconstrói, recria, desafia.

O humor é um actor cada vez mais importante naquele processo de dramatização que atrás se falou e que a sociedade actual nos mostra.

Um processo no qual somos espectadores,

- activos umas vezes,
- passivos quase sempre,
- pro-activos quando para tal temos motivação.

Mas com esta contextualização e para começarmos a aproximar-nos das respostas, temos de ir às (ou pelo menos procurar) fontes que nos ajudem a reflectir sobre elas...

As fontes

Para começar, há dois artigos da Declaração dos Direitos do Homem e do Cidadão que nos chega com a Revolução francesa, que são culturalmente relevantes:

Artigo 10º

Ninguém pode ser molestado pelas suas opiniões, incluindo opiniões religiosas, desde que a sua manifestação não perturbe a ordem pública estabelecida pela lei.

Artigo 11º

A livre comunicação das ideias e das opiniões é um dos mais preciosos direitos do homem; todo cidadão pode, portanto, falar, escrever, imprimir livremente, respondendo, todavia, pelos abusos desta liberdade nos termos previstos na lei.

Mas a base para tudo o que vai ser dito, tem de assentar na Constituição da República Portuguesa e nos seus:

– Artigo 37º (liberdade de expressão e informação)

1. Todos têm o direito de exprimir e divulgar livremente o seu pensamento pela palavra, pela imagem ou por qualquer outro meio, bem como o direito de informar, de se informar e de ser informados, sem impedimentos nem discriminações.

2. O exercício destes direitos não pode ser impedido ou limitado por qualquer tipo ou forma de censura.

3. As infracções cometidas no exercício destes direitos ficam submetidas aos princípios gerais de direito criminal ou do ilícito de mera ordenação social, sendo a sua apreciação respectivamente da competência dos tribunais judiciais ou de entidade administrativa independente, nos termos da lei.

4. A todas as pessoas, singulares ou colectivas, é assegurado, em condições de igualdade e eficácia, o direito de resposta e de rectificação, bem como o direito a indemnização pelos danos sofridos.

– Artigo 38º (liberdade de imprensa)

1 — É garantida a liberdade de imprensa.

2 — A liberdade de imprensa implica:

a) A liberdade de expressão e criação dos jornalistas e colaboradores, bem como a intervenção dos primeiros na orientação editorial dos respectivos órgãos de comunicação social, salvo quando tiverem natureza doutrinária ou confessional;

b) O direito dos jornalistas, nos termos da lei, ao acesso às fontes de informação e à protecção da independência e do sigilo profissionais, bem como o direito de elegerem conselhos de redacção;

c) O direito de fundação de jornais e de quaisquer outras publicações, independentemente de autorização administrativa, caução ou habilitação prévias.

3.(...)/4.(...)/5.(...)6.(...)7.(...)

– Artigo 16º (âmbito e sentido dos direitos fundamentais)

1. Os direitos fundamentais consagrados na Constituição não excluem quaisquer outros constantes das leis e das regras aplicáveis de direito internacional.

2. Os preceitos constitucionais e legais relativos aos direitos fundamentais devem ser interpretados e integrados de harmonia com a Declaração Universal dos Direitos do Homem.

– Artigo 8º (Direito internacional)

1. As normas e os princípios de direito internacional geral ou comum fazem parte integrante do direito português.

2. As normas constantes de convenções internacionais regularmente ratificadas ou aprovadas vigoram na ordem interna após a sua publicação oficial e enquanto vincularem internacionalmente o Estado Português.

3. As normas emanadas dos órgãos competentes das organizações internacionais de que Portugal seja parte vigoram directamente na ordem interna, desde que tal se encontre estabelecido nos respectivos tratados constitutivos.

4. As disposições dos tratados que regem a União Europeia e as normas emanadas das suas instituições, no exercício das respectivas competências, são aplicáveis na ordem interna, nos termos definidos pelo direito da União, com respeito pelos princípios fundamentais do Estado de direito democrático.

Estes dois últimos, sublinhe-se ganham particular relevância para a apreciação da matéria sobre a qual nos debruçamos, pois funcionam como a porta de entrada de outros diplomas de direito internacional que nos trazem contributos essenciais, ou mesmo decisivos.

É o caso da:

– **Declaração Universal dos Direitos Humanos-DUDH**, em especial dos seus:

Artigo 12º

Ninguém sofrerá intromissões arbitrárias na sua vida privada, na sua família, no seu domicílio ou na sua correspondência, nem ataques à sua honra e reputação. Contra tais intromissões ou ataques toda a pessoa tem direito a protecção da lei.

Artigo 18º

Todas as pessoas têm direito à liberdade de pensamento, de consciência e de religião; este direito implica a liberdade de mudar de religião ou de credo, assim como a liberdade de manifestar a sua religião ou credo, sozinho ou em comunidade com outros, quer em público ou em privado, através do ensino, prática, culto e rituais.

Artigo 19º

Todo o indivíduo tem direito à liberdade de opinião e de expressão, este direito implica a liberdade de manter as suas próprias opiniões sem interferência e de procurar, receber e difundir informações e ideias por qualquer meio de expressão independentemente das fronteiras

Artigo 30º

Nenhuma disposição da presente Declaração pode ser interpretada de maneira a envolver para qualquer Estado, agrupamento ou indivíduo o direito de se entregar a alguma actividade ou de praticar algum acto destinado a destruir os direitos e liberdades aqui enunciados.

– **Convenção Europeia dos Direitos Humanos-CEDH**, em especial dos seus:

Artigo 10º (Liberdade de expressão)

1. Qualquer pessoa tem direito à liberdade de expressão.

Este direito compreende a liberdade de opinião e a liberdade de receber ou de transmitir informações ou ideias sem que possa haver ingerência de quaisquer autoridades públicas e sem considerações de fronteiras.

O presente artigo não impede que os Estados submetam as empresas de radiodifusão, de cinematografia ou de televisão a um regime de autorização prévia.

2. O exercício desta liberdades, porquanto implica deveres e responsabilidades, pode ser submetido a certas formalidades, condições, restrições ou sanções, previstas pela lei, que constituam providências necessárias, numa sociedade democrática, para a segurança nacional, a integridade territorial ou a segurança pública, a defesa da ordem e a prevenção do crime, a protecção da saúde ou da moral, a protecção da honra ou dos direitos de outrem, para impedir a divulgação de informações confidenciais, ou para garantir a autoridade e a imparcialidade do poder judicial.

Artigo 17º (Proibição do abuso de direito)

Nenhuma das disposições da presente Convenção se pode interpretar no sentido de implicar para um Estado, grupo ou indivíduo qualquer direito de se dedicar a actividade ou praticar actos em ordem à destruição dos direitos ou liberdades reconhecidos na presente Convenção ou a maiores limitações de tais direitos e liberdades do que as previstas na Convenção.

Artigo 18º (Limitação da aplicação de restrições aos direitos)

As restrições feitas nos termos da presente Convenção aos referidos direitos e liberdades só podem ser aplicadas para os fins que foram previstas.

É aqui o momento de sublinhar que o valor atribuído pela Constituição da República Portuguesa (decorrente da análise dos artigos 8º e 16º) à Convenção Europeia dos Direitos Humanos-CEDH, a situa num patamar superior ao das leis ordinárias internas, o que **impõe** que os Tribunais portugueses levem – efectivamente – em conta, a jurisprudência do Tribunal Europeu dos Direitos Humanos-TEDH (desde logo e em última análise, para evitar – desnecessárias – condenações do Estado Português).

De facto, no artigo 46º, nº 1, da CEDH os Estados aderentes obrigam-se a respeitar as sentenças definitivas do Tribunal nos litígios em que forem partes, o TEDH tem ido mais além, na busca de uma maior uniformização e harmonização das ordens jurídicas em causa.

Assim, no Acórdão *Modinos vs. Chipre,* de 22 de Abril de 1993[40], fixou-se o entendimento de que "Os Estados que conservam na sua ordem jurídica normas contrárias à Convenção, tal como consta dos Acórdãos do Tribunal, mesmo que o país em causa nele não seja parte, devem conformar-se com tal jurisprudência sem que tenham de esperar para serem demandados no Tribunal Europeu".

Daqui decorre que a jurisprudência do TEDH, toda ela e independentemente de os Estados serem ou não partes dos concretos processos, deve por todos ser considerada e respeitada.

E esta ideia tem de ser assumida, sem resistências voluntaristas estéreis, pelos Tribunais portugueses (em todas as instâncias): pode muitas vezes não se concordar com os entendimentos do TEDH (como se pode não concordar com determinada norma, ou lei), mas não é por isso que tais entendimentos não devem ser seguidos e respeitados (como não é por isso que as normas e as leis não tenham de ser aplicadas).

Só este novo paradigma de respeito pela CEDH e pela jurisprudência do TEDH – que tira consequências do texto constitucional e do edifício normativo por ele construído – permitirá evitar (nomeada, e repetidamente, nas matérias relacionadas com a honra) situações como a que decorre do Acórdão da Relação do Porto de 17 de Setembro de 2014 (Processo nº 5918/06.4TDPRT-A.P1-*Élia São Pedro*), em que, depois de uma primeira decisão da Relação (confirmando a da 1ª Instância), houve recurso para o TEDH, onde se "decretou existir violação do artº 10º da CEDH na condenação do arguido pelos Tribunais Portugueses como autor de um crime de difamação cometido através da comunicação social"[41], levando a que, na decorrência, o Supremo Tribunal de Justiça autorizasse a revisão da sentença e obrigasse à elaboração de novo Acórdão da Relação a "considerar que não ocorre o crime em causa"[42].

[40] Aqui disponível https://hudoc.echr.coe.int/eng?i=001-62391.

[41] Caso *Sampaio e Paiva de Melo vs. Portugal,* de 23 de Julho de 2013, disponível em https://hudoc.echr.coe.int/fre?i=001-123353.

[42] Sobre esta matéria, vd., por todos, *José Renato Gonçalves,* Liberdade de Imprensa, *in Albuquerque, Paulo Pinto de (org.),* Comentário da Convenção Europeia dos Direitos Humanos e dos Protocolos Adicionais, Volume II, Universidade Católica Editora, 2019, páginas 1667 a 1699, onde é sublinhado o papel da mais recente e já firme jurisprudência do Supremo Tribunal de Justiça, de que são exemplos os Acórdãos de 05 de Setembro de 2018 (*Manuel Augusto Matos*)

Assume mesmo foros de elevada razoabilidade e equilíbrio, o procedimento *proposto* pelo Acórdão do Supremo Tribunal de Justiça de 02 de Dezembro de 2020 (Processo nº 24555/17.1T8LSB.L1.S1-*Fátima Gomes*), no sentido de, em cada caso colocado, se fazer uma aferição que permita dizer que "num juízo de prognose é de admitir como muito provável que, se a questão lhe viesse a ser colocada, o TEDH entenderia que o presente caso extravasaria os limites toleráveis do exercício da liberdade de expressão e informação".

– **Carta dos Direitos Fundamentais da União EuropeiaCDFUE**, em especial dos seus:

Artigo 11º (Liberdade de expressão e de informação)

1. Todas as pessoas têm direito à liberdade de expressão. Este direito compreende a liberdade de opinião e a liberdade de receber e de transmitir informações ou ideias, sem que possa haver ingerência de quaisquer poderes públicos e sem consideração de fronteiras.

2. São respeitados a liberdade e o pluralismo dos meios de comunicação social.

Artigo 52º (Âmbito e interpretação dos direitos e dos princípios)

1.../ 2. ..

3. Na medida em que a presente Carta contenha direitos correspondentes aos direitos garantidos pela Convenção Europeia para a Proteção dos Direitos do Homem e das Liberdades Fundamentais, o sentido e o âmbito desses direitos são iguais aos conferidos por essa Convenção. Esta disposição não obsta a que o direito da União confira uma protecção mais ampla.

4.../ 5.../ 6.../ 7...

Artigo 53º (Nível de protecção)

Nenhuma disposição da presente Carta deve ser interpretada no sentido de restringir ou lesar os direitos do Homem e as liberdades fundamentais reconhecidos, nos respectivos âmbitos de aplicação, pelo direito da União, o direito internacional e as Convenções internacionais em que são Partes a União ou todos os Estados-Membros, nomeadamente a Convenção Europeia para a Protecção dos Direitos do Homem e das Liberdades Fundamentais, bem como pelas Constituições dos Estados-Membros.

– transcrito no Acórdão de 02/12/2020 (Processo nº 24555/17.1T8LSB.L1.S1-*Fátima Gomes*) – e de 13 de Julho de 2017 (Processo nº 3017/11.6TBSTR.E1.S1–*Lopes do Rego*).

Artigo 54º (Proibição do abuso de direito)

Nenhuma disposição da presente Carta deve ser interpretada no sentido de implicar qualquer direito de exercer atividades ou praticar atos que visem a destruição dos direitos ou liberdades por ela reconhecidos ou restrições desses direitos e liberdades maiores do que as previstas na presente Carta.

Duas notas suscitadas por este artigo 11º da CFDUE:

I – conjugado com todos os instrumentos normativos a que já aludimos, obriga-nos nesta matéria a centrar as nossas análises e reflexões naquilo a que podemos chamar do **princípio da menor limitação da liberdade de expressão.**

Repare-se que, neste caso – como ocorre na situação paralela do artigo 10º, nº 2, da CEDH – nem sequer são enumeradas restrições, pelo que estas, a existirem, só poderão ocorrer:

- pela via do instituto jurídico do abuso de direito (como decorre do também transcrito artigo 54º);
- ou, indirectamente, na base do artigo 52º, nº 3, considerando que a CEDH dá mais garantias que a Carta (o que, convenhamos, não é fácil defender).

II – na situação prevista no artigo 10º, nº 2, da CEDH[43], as finalidades que, podem permitir estabelecer formalidades, condições, restrições ou sanções, ao exercício da liberdade de expressão, para além de terem de estar previstas pela lei, têm de constituir providências necessárias para, numa sociedade democrática:

- assegurar interesses de ordem geral (garantir a segurança e a defesa nacional; ou ordem e a prevenção criminal; ou a protecção da saúde e da moral);
- assegurar a protecção de interesses individuais (bom nome e reputação, direitos de outrem);
- destinar-se a impedir a divulgação de informações confidenciais ou a proteger autoridade e imparcialidade do poder judicial.

[43] Vd., *Domingos Farinho e Rui Lanceiro,* Liberdade de Expressão na Internet, *in Albuquerque, Paulo Pinto de (org.),* Comentário da Convenção Europeia dos Direitos Humanos e dos Protocolos Adicionais, Volume II, Universidade Católica Editora, 2019, páginas 1700 a 1738.

Este conceito de ingerência das autoridades passa assim por ser um conceito essencial na (e para) a jurisprudência do TEDH, ao qual tem cabido a apreciação – em cada concreta situação – da legitimidade e da necessidade da ingerência verificada.

Com esse objectivo declarado o TEDH tem utilizado uma metodologia de abordagem assente em três fases:

- uma primeira, onde começa por apreciar se a medida adoptada estava prevista na ordem jurídica interna, de forma acessível e previsível;
- uma segunda, onde se verifica a legitimidade da medida adoptada, procurando apurar se assenta nalguma(s) das finalidades prevenidas pelo nº 2;
- uma terceira (e mais complexa), que faz a ponderação da efectiva e imperiosa necessidade da referida medida (no contexto da sociedade democrática em que vivemos) para atingir o(s) fim(ns) visado(s).

O conceito de necessidade social imperiosa é dos mais abordados na jurisprudência do Tribunal Europeu e constitui o ponto fulcral nos casos referentes a liberdade de expressão, a qual – como se diz no Acórdão de 26 de Abril de 1979 (Caso *Sunday Times vs. Reino Unido*[44]) – é o cimento da sociedade democrática.

Por outro lado, a existência deste direito, assim consagrado neste ora citado conjunto de instrumentos normativos, decorrem para os Estados a ela vinculados:

- obrigações (positivas) de criarem condições para que possa haver lugar à livre emissão e circulação das opiniões, ideias e informação;
- obrigação (negativa) de não interferirem ou se ingerirem no exercício desse direito, a não ser nas situações e concretas condições em que o nº 2 do artigo 10º o permite.

– **Pacto Internacional dos Direitos Civis e Políticos-PIDCP**[45], em especial do seu:

[44] Disponível em https://globalfreedomofexpression.columbia.edu/cases/the-sunday-times-v-united-kingdom/.

[45] Que fazia parte do conjunto de instrumentos normativos em que se integrou a Declaração Universal dos Direitos Humanos (que incluiu ainda o Pacto Internacional dos Direitos Económicos Sociais e Culturais).

Artigo 5º

Nenhuma disposição do presente Pacto poderá ser interpretada no sentido de conceder qualquer direito a um Estado, grupo ou indivíduo para empreender actividades ou realizar actos que levem à violação de qualquer dos direitos e liberdades reconhecidos no Pacto ou à sua limitação em maior medida do que nele previsto.

Não poderá admitir-se restrição ou prejuízo de nenhum dos direitos humanos fundamentais reconhecidos ou vigentes num Estado-Signatário em virtude de leis, convenções, regulamentos ou costumes, sob pretexto de que o presente Pacto não os reconhece ou os reconhece em menor grau.

Artigo 19º

1. Ninguém pode ser inquietado pelas suas opiniões.

2. Toda e qualquer pessoa tem direito à liberdade de expressão; este direito compreende a liberdade de procurar, receber e expandir informações e ideias de toda a espécie, sem consideração de fronteiras, sob forma oral ou escrita, impressa ou artística, ou por qualquer outro meio à sua escolha.

3. O exercício das liberdades previstas no parágrafo 2 do presente artigo comporta deveres e responsabilidades especiais. Pode, em consequência, ser submetido a certas restrições, que devem, todavia, ser expressamente fixadas na lei e que são necessárias:

a) Ao respeito dos direitos ou da reputação de outrem

b) À salvaguarda da segurança nacional, da ordem pública, da saúde e da moralidade públicas.

– Por fim, temos as normas que fazem parte do **Código Civil**[46] e do **Código Penal**[47], bem assim como (adjuvantemente e para inúmeras situações), a **Lei de Imprensa**[48] e o **Código Deontológico dos Jornalistas**[49].

[46] **Artigo 70º (Tutela geral da personalidade)**

1 – A lei protege os indivíduos contra qualquer ofensa ilícita ou ameaça de ofensa à sua personalidade física ou moral.

2 – Independentemente da responsabilidade civil a que haja lugar, a pessoa ameaçada ou ofendida pode requerer as providências adequadas às circunstâncias do caso, com o fim de evitar a consumação da ameaça ou atenuar os efeitos da ofensa já cometida.

Artigo 484º (Ofensa do crédito ou do bom nome)

Quem afirmar ou difundir um facto capaz de prejudicar o crédito ou o bom nome de qualquer pessoa, singular ou colectiva, responde pelos danos causados.

A liberdade de expressão nos Estados Unidos da América

Na Primeira Emenda à Constituição dos Estados Unidos da América (de 1789), afirma-se que o "Congresso não deverá fazer qualquer lei a respeito de um estabelecimento de religião, ou proibir o seu livre exercício; ou restringindo a liberdade de expressão, ou da imprensa; ou o direito das pessoas de se reunirem pacificamente, e de fazerem pedidos ao governo para que sejam feitas reparações de queixas"[50].

Posteriormente, a Décima-quarta Emenda (de 1886) veio acrescentar que "Todas as pessoas nascidas ou naturalizadas nos Estados Unidos, e sujeitas à sua jurisdição, são cidadãos dos Estados Unidos e do Estado em que residem. Nenhum Estado fará ou fará cumprir qualquer lei que restrinja os privilégios ou imunidades dos cidadãos dos Estados Unidos; nem qualquer Estado privará qualquer pessoa da vida, liberdade ou propriedade, sem o devido processo legal; nem negar a qualquer pessoa dentro de sua jurisdição a igual proteção das leis".

[47] Artigos 180º a 189º do Código Penal.

[48] Lei nº 2/99, de 13 de Janeiro.

[49] Aprovado a 04 de Maio de 1993, em Assembleia do Sindicato dos Jornalistas e que, não sendo um instrumento legislativo, serve como referência na área (disponível em https://www.erc.pt/documentos/legislacaosite/CodigoDeontologicodoJornalista.pdf.

[50] Vale a pena fazer também referência à Convenção Americana sobre Direitos Humanos, que, no seu artigo 13º (Liberdade de pensamento e de expressão), diz o seguinte:
"1. Toda a pessoa tem direito à liberdade de pensamento e de expressão. Esse direito compreende a liberdade de buscar, receber e difundir informações e ideias de toda natureza, sem consideração de fronteiras, verbalmente ou por escrito, ou em forma impressa ou artística, ou por qualquer outro processo de sua escolha.
2. O exercício do direito previsto no número anterior não pode estar sujeito a censura prévia, mas a responsabilidades ulteriores, que devem ser expressamente fixadas pela lei e ser necessárias para assegurar:
a. o respeito aos direitos ou à reputação das demais pessoas; ou
b. a protecção da segurança nacional, da ordem pública, ou da saúde ou da moral públicas.
3. Não se pode restringir o direito de expressão por vias ou meios indirectos, tais como o abuso de controles oficiais ou particulares de papel de imprensa, de frequências radioeléctricas ou de equipamentos e aparelhos usados na difusão de informação, nem por quaisquer outros meios destinados a obstar a comunicação e a circulação de ideias e opiniões.
4. A lei pode submeter os espectáculos públicos a censura prévia, com o objectivo exclusivo de regular o acesso a eles, para protecção moral da infância e da adolescência, sem prejuízo do disposto no número 2.
5. A lei deve proibir toda propaganda a favor da guerra, bem como toda apologia ao ódio nacional, racial ou religioso que constitua incitação à discriminação, à hostilidade, ao crime ou à violência".

Foi o Supremo Tribunal dos Estados Unidos da América (Supreme Court of the United States-SCOTUS) quem assegurou que a Décima Quarta Emenda à Constituição dos Estados Unidos incorporasse a Primeira Emenda contra qualquer acção dos Estados em particular.

Este é um enquadramento de base que permite ao jornalista *Carlos Magno* (no prefácio que fez de um livro do seu amigo *Gilles Lipovetsky*[51]) chamar a atenção de forma muito pertinente para um facto (que acaba por ser muito relevante na forma como, depois, os Tribunais dos dois lados do Atlântico encaram esta matéria: a diferença que marca distintas matrizes genéticas, entre a trilogia americana da "Vida, Liberdade e Felicidade" e os ideais europeus "Liberdade, Igualdade e Fraternidade".

Esta incidência na vida e na felicidade é sintomática.

A "busca da felicidade" para os seus cidadãos está mesmo estabelecida no segundo parágrafo da Declaração de Independência dos Estados Unidos da América, de 1776 ("todos os homens são criados iguais, sendo dotados por Deus de certos direitos inalienáveis, como a vida, a liberdade e a busca da felicidade").

Em consequência, os governos devem ser organizados para garantir a felicidade dos indivíduos...

Na mesma linha, o Preâmbulo da Constituição afirma que "Nós, o povo dos Estados Unidos, a fim de formar uma União mais perfeita, estabelecer a justiça, assegurar a tranquilidade interna, prover a defesa comum, promover o bem-estar geral, e garantir para nós e para os nossos descendentes os benefícios da Liberdade, promulgamos e estabelecemos esta Constituição para os Estados Unidos da América".

Noutra zona geográfica e cultural:

- o artigo 13º da Constituição do Japão determina que todas as pessoas gozam do direito de buscar a sua felicidade, desde que esta não obste ao bem estar público;
- o artigo 10º da Constituição da Coreia do Sul assume que todas as pessoas têm o direito de alcançar a sua felicidade;

Mas é a Carta Constitucional do Reino de Butão que, sem sombra de dúvidas, mais chama atenção: no seu artigo 9º obriga ao cumprimento do chamado Índice Nacional de Felicidade Bruta (INFB), um indicador social que serve para medir a qualidade de vida das pessoas (analisando, entre outros aspectos), o bem-estar, a educação e a cultura[52].

[51] *Carlos Magno*, in *Gilles Lipovetsky*, A sociedade da deceção, Edições 70, 2012, página 10.

[52] E para além disso, o item I do artigo 20, estabelece a obrigatoriedade que o Estado tem de promover as condições necessárias para que o povo viva com qualidade.

O papel do SCOTUS

A liberdade de expressão e a evolução da forma como é encarada deve muito ao papel do Supremo Tribunal dos Estados Unidos, pelo que se mostra essencial fazer referência a alguns marcos decisivos.

O New York Times publicou em Março de 1960 um anúncio intitulado "Heed their rising voices"[53], com vista a recolher fundos que pudessem financiar a defesa de Martin Luther King, sendo que, nesse anúncio, havia alusões a actuações racistas da polícia do Estado de Alabama.

L. B. Sullivan era, no Departamento de Polícia da cidade de Montgomery, no Estado do Alabama, o "City Public Safety Commissioner" (um cargo que fazia a supervisão daquela Departamento) e, apesar de não ser expressamente mencionado no artigo, considerou que as imputações o atingiam, pelo que, depois de ter pedido, por escrito, ao New York Times que se retratasse e este se tivesse recusado a fazê-lo[54], intentou contra o jornal uma acção de indemnização, considerando-se ofendido.

De acordo com a lei do Alabama, "uma publicação deve ser considerada, por si só ofensiva à honra *(libelous per se)*, se o seu conteúdo for susceptível de injuriar uma pessoa na sua actividade pública, imputando-lhe um comportamento que acarrete falta de confiança perante o público".

No Tribunal de 1ª Instância, o juiz começou por limitar a actuação dos jurados estabelecendo a premissa *libelous per se*, considerando assim que o publicado era, em si mesmo, ofensivo da honra e, como tal, só poderiam apreciar:

- se o jornal tinha efetuado a publicação e se ela se referia, ao dito Sr. Sullivan;
- o valor da indemnização peticionada (sendo que, quanto à indemnização punitiva, o juiz deu conta aos jurados que a simples negligência do órgão de comunicação não seria suficiente para demonstrar a malícia efectiva da sua parte).

Estavam peticionados 500.000 dólares e foram os 500.000 dólares, que foram atribuídos.

[53] Aqui disponível: https://www.archives.gov/exhibits/documented-rights/exhibit/section4/detail/heed-rising-voices.html.

[54] A resposta diz que "we... are somewhat puzzled as to how you think the statements in any way reflect on you", acrescentando que, "you might, if you desire, let us know in what respect you claim that the statements in the advertisement reflect on you".

O Supremo Tribunal do Alabama-STA confirmou a decisão, afirmando que o NYT tinha sido irresponsável ao publicar um artigo que, se tivesse consultado os seus arquivos, verificaria conter imprecisões nos factos descritos.

Repare-se que o texto não referia expressamente o Sr. Sullivan, mas o STA entendeu que, ao referir-se genericamente à polícia, implicitamente estava a ser criticado o seu responsável.

O NYT voltou a recorrer para o SCOTUS e este produziu esta decisão das mais marcantes da história dos EUA: *New York Times vs. Sullivan* de 09 de Março de 1964, dando razão ao jornal[55], entendendo que:

- a 1ª e 14ª Emendas também se aplicam nas relações entre os particulares e não apenas à acção do Estado (para poder concluir que o Tribunal não podia restringir as liberdades constitucionais de expressão e de imprensa);
- as garantias de liberdade de expressão e imprensa também valem para publicações de carácter comercial (porque o STA as tinha considerado excluídas);
- se devia fixar a regra de que só pode haver afastamento da protecção constitucional quando, cumulativamente:
  - os factos descritos são falsos, e
  - o jornal tinha conhecimento dessa falsidade, ou tenha desconsiderado de forma grosseira essa possibilidade.

É a doutrina da *actual malice* (ou, na versão castelhana, da real malícia[56]).

No caso, o anúncio publicado no NYT tinha, basicamente, três erros: o *campus* não tinha sido cercado pela polícia, o refeitório dos estudantes não fora em nenhuma ocasião trancado pela polícia, e Martin Luther King Jr. não fora preso sete vezes, mas apenas quatro.

O SCOTUS, numa decisão unânime[57] relatada pelo Juiz William Joseph Brennan Jr. (da que era considerada ala mais liberal e progressista do Tribunal) escreveu e assumiu que:

[55] As decisões estão disponíveis em https://supreme.justia.com/cases/federal/us/376/254/#tab-opinion-1944787.

[56] *Gregorio Badeni*, Doctrina de La real malícia, Academia Nacional de Periodismo-Buenos Aires, 2005.

[57] Anoto a possibilidade fantástica que temos de poder ouvir as alegações produzidas (com a vantagem acrescida de acompanhar em simultâneo a sua transcrição escrita) e ter acesso ao processo neste link https://www.oyez.org/cases/1963/39.

– *"o debate livre torna inevitável a ocorrência de erros e a liberdade de expressão precisa desse espaço de respiração"* (e isso implica que, eventualmente, possam ocorrer ataques veementes, impiedosos, cáusticos e desagradavelmente afiados contra o governo e seus agentes ou, simplesmente, contra o poder);

– uma regra que determine que aquele que critica a conduta de agentes públicos ou a conduta do governo tenha de garantir a veracidade dos factos que narra (ou seja, carregando-o com o ónus da prova), e colocando-o – à partida – sob a mira de um processo por difamação capaz de gerar uma indemnização virtualmente ilimitada, seria comparável à auto-censura;

– propor um teste da verdade, com o ónus da prova sobre o autor da crítica, não teria como efeito apenas a inibição do *discurso maldoso*, uma vez que, mesmo os autores das críticas que estivessem crentes na verdade das suas afirmações possivelmente deixariam de publicá-las por medo de não lograr provar em juízo a exactidão da verdade dos factos (isto para além do receio com os gastos inerentes a ter de fazer a prova em Tribunal);

– existe naturalmente uma certa dificuldade de provar em juízo todos os detalhes particulares de uma crítica e aplicar este teste seria como "atirar um balde de água fria" no debate público, cerceando o seu vigor e a sua vitalidade, o que é tudo o que a 1ª e a 14ª Emendas pretendem evitar.

E eis a frase chave do Acórdão: "o debate sobre assuntos de interesse público deve ser livre, robusto e pleno" ("*debate on public issues should be uninhibited, robust, and wide-open*").

Mesmo com alguma negligência por parte do NYT, o interesse colectivo no debate livre superava (com folga) quaisquer inconvenientes sofridos por indivíduos cujas condutas pudessem estar envolvidas nas questões discutidas.

Deixem-me assinalar aqui que o filósofo *Ronald Dworkin*, concordando com o decidido, manifestou a sua discordância[58] com o facto de o SCOTUS ter adoptado apenas uma visão instrumental da Liberdade de Expressão (no sentido de que esta tem em vista garantir o debate livre e democrático), o que poderia deixar de fora as situações em que não é o debate livre e democrático que está em jogo (como acontece – em princípio – com a arte ou, se se preferir, com as manifestações artísticas).

[58] *Ronald Dworkin*, O direito da liberdade: a leitura moral da Constituição norte-americana, São Paulo, Martins Fontes, 2006, páginas 222 e seguintes.

A crítica era pertinente e o futuro até se encarregou de resolver esta questão...

Em todo o caso, é importante assinalar que, na visão de *Dworkin* a liberdade de expressão assume uma função mais substantiva ou "constitutiva":

> o "segundo tipo da liberdade de expressão pressupõe que ela é importante não só pelas consequências que tem, mas porque o Estado deve tratar todos os cidadãos adultos (com exceção dos incapazes) como agentes morais responsáveis, sendo esse um traço essencial ou "constitutivo" de uma sociedade política justa.
> Essa exigência tem duas dimensões.
> Em primeiro lugar, as pessoas moralmente responsáveis fazem questão de tomar suas próprias decisões acerca do que é bom ou mal na vida e na política e do que é verdadeiro ou falso na justiça ou na fé.
> O Estado ofende seus cidadãos e nega a responsabilidade moral deles quando decreta que eles não têm qualidade moral suficiente para ouvir opiniões que possam persuadi-los de convicções perigosas ou desagradáveis. Só conservamos nossa dignidade individual quando insistimos em que ninguém – nem o governante nem a maioria dos cidadãos – tem o direito de nos impedir de ouvir uma opinião por medo de que não estejamos aptos a ouvi-la e ponderá-la.
> Para muita gente, a responsabilidade moral tem um outro aspecto, um aspecto mais ativo: seria a responsabilidade não só de constituir convicções próprias, mas também de expressá-las para os outros, sendo essa expressão movida pelo respeito para com as outras pessoas e pelo desejo ardente de que a verdade seja conhecida, a justiça feita e o bem triunfe.
>
> O Estado frustra e nega esse aspecto da personalidade moral quando impede que certas pessoas exerçam essas responsabilidades, justificando o impedimento pela alegação de que as convicções delas as desqualificam.
> Na mesma medida em que o Estado exerce o domínio político sobre uma pessoa e exige dela a obediência política, não pode negar nenhum desses dois aspectos da responsabilidade moral da pessoa, por mais odiosas que sejam as opiniões que esta decida ponderar ou propagar.
> Não pode fazê-lo do mesmo modo pelo qual não pode negar-lhe o direito de votar.
> Se o Estado faz isso, abre mão de um aspecto substancial da sua reivindicação de poder legítimo"[59].

[59] *Dworkin, Ronald,* O direito da liberdade: a leitura moral da Constituição norte-americana, São Paulo, Martins Fontes, 2006, páginas 319-320.

E eis que esta mais abrangente leitura da liberdade de expressão, acaba por ficar reflectida numa segunda e posterior decisão do SCOTUS, que tem também de se ter como essencial.

Trata-se do caso *Hustler Magazine vs. Falwell*[60] e que é particularmente relevante para a matéria em abordagem neste texto.

Estávamos em 1983 e a Hustler era uma revista de carácter pornoerótico-humorística que, numa página de publicidade duma campanha publicitária que decorria há vários números, apresentou um anúncio da Campari[61], que incluía uma entrevista a uma figura conhecida, subordinada ao tema da "primeira vez" (deixando a ambiguidade no ar, sobre se se tratava da primeira vez em que a figura entrevistada tivesse bebido Campari, ou da sua primeira relação sexual).

O problema surgiu quando o entrevistado foi Jerry Falwell (que era, na altura, um conhecido pastor da Igreja Baptista, televangelista e comentador político ultra-conservador), pois na "entrevista" deixa implícito que a dita primeira vez ocorrera entre si e a sua mãe, num momento que estariam ambos alcoolizados...

Abstraindo do mau gosto da insinuação (para o comum dos mortais, mas que muitos consideraram divertido), era ostensivo que se tratava de uma sátira, quer pelo contexto, quer pelo texto (onde se diz mesmo que tudo é ficcionado): só com muita dificuldade se podia dizer que se estava a dar notícia de algum facto real.

Mas Jerry Falwell ficou muito zangado e demandou a Revista, conseguindo vencer em duas instâncias.

Larry Flynt (o director da Hustler) recorreu para a última instância norte-americana (o SCOTUS) e este produziu este Acórdão que é dos mais relevantes da história judicial dos Estados Unidos (a 24 de Fevereiro de 1988), onde se entendeu que as figuras públicas não tinham o direito a ser indemnizados por danos não patrimoniais que lhes fossem causados – mesmo que intencionalmente – por um texto satírico ou humorístico, a não ser que se provasse que:

- no texto constassem factos falsos (1)
- esses factos fossem susceptíveis de ser tidos como verdadeiros por parte dos leitores;

[60] Disponível, incluindo as alegações orais, em https://www.oyez.org/cases/1987/86-1278.

[61] Disponível em:
https://en.wikipedia.org/wiki/Hustler_Magazine_v._Falwell#/media/File:Falwellhustler.jpg.

- o autor do texto soubesse da falsidade ou não se tivesse preocupado em saber se eram verdadeiros ou falsos.

Era o retomar da doutrina da *actual malice*, mas com um âmbito mais alargado.

O SCOTUS afirma que a protecção dos danos não patrimoniais das figuras públicas não justifica (na linha da ideia da ingerência de que fala o *nosso* TEDH) a violação da Primeira emenda, perante textos ou imagens de carácter humorístico, satírico ou irónico, prevalecendo – deste modo – a liberdade de expressão e de circulação de ideias, mesmo que assumindo um carácter ofensivo e que não esteja inserido no âmbito de uma discussão pública de temas socialmente relevantes.

O abuso

Aqui chegados, vale a pena voltar a verificar o texto do artigo 17º da CEDH (Proibição do abuso de direito)[62], para referir que se trata de uma norma *controversa*, por ser muito genérica, abstracta e unilateral, podendo ser tida como um inaceitável "mecanismo de tudo ou nada", onde a aplicação da norma implica a rejeição do direito à liberdade de expressão do requerente sem outros elementos de análise que não sejam o teor do discurso.

O artigo 17º avança para um juízo imediatista em que a rejeição se baseia essencialmente no discurso em causa.

Isto enquanto o artigo 10º, nº 2, da CEDH permite a aplicação de um critério de "ponderação de interesses" (que, relembro, também não existe na CDFUE).

Este artigo assume uma dimensão processual no artigo 35º, nº 3, alínea a)[63], quando diz que o Tribunal declarará a inadmissibilidade de qualquer

[62] Tributário da ideia de restrição a limitações que também decorre dos artigos 30º da DUDH e 5º, nº 1, do PIDCP.

[63] Artigo 35º (Condições de admissibilidade)

1. O Tribunal só pode ser solicitado a conhecer de um assunto depois de esgotadas todas as vias de recurso internas, em conformidade com os princípios de direito internacional geralmente reconhecidos e num prazo de quatro meses a contar da data da decisão interna definitiva.

2. O Tribunal não conhecerá de qualquer petição individual formulada em aplicação do disposto no artigo 34° se tal petição:

a) For anónima;

b) For, no essencial, idêntica a uma petição anteriormente examinada pelo Tribunal ou já submetida a outra instância internacional de inquérito ou de decisão e não contiver factos novos.

petição individual incompatível com o disposto na Convenção ou nos seus Protocolos, manifestamente mal fundada ou tenha carácter abusivo.

Dois exemplos em que isso foi feito:

– Caso *Garaudy vs. França* (2003)[64] – Roger Garaudy (que morreu em 2012, era um filósofo francês que tinha passado pela resistência ao nazismo e pelo Partido Comunista, convertendo-se ao Islão em 1982 e, a partir daí, adoptando um discurso anti-semita e negacionista do Holocausto), escreveu em 1995 um livro ("Les myths de la politique israeélienne"), onde afirma que o Holocausto foi inventado e que, entre outras *pérolas*, os judeus morreram de tifo e os crematórios serviam para queimar os cadáveres das vítimas da doença.

Os Tribunais franceses condenaram-no em 1998 por contestar crimes contra a humanidade e por incitamento ao ódio racial e é em recurso destas decisões que é solicitada a intervenção do TEDH. Este, todavia, rejeitou liminarmente o pedido com fundamento em abuso de direito: "O requerente pôs em causa a realidade, a amplitude e a gravidade destes factos históricos que não foram objecto de debate entre historiadores mas foram, pelo contrário, claramente estabelecidos"; "O Tribunal considera que a maior parte do conteúdo e tonalidade geral da obra e, portanto, o seu fim, têm um marcado carácter negacionista e vão contra os valores fundamentais da Convenção, tal como resultam expressos no seu Preâmbulo, a saber a Justiça e a Paz". "o requerente tenta retirar o artigo 10º da CEDH da sua vocação, utilizando o seu direito à liberdade de expressão para fins contrários à letra e ao espírito da Convenção. Esses fins, se fossem admitidos, contribuiriam para a destruição dos direitos e liberdades garantidas pela CEDH".

– Caso *Norwood vs. Reino Unido* (2004)[65] – Mark Norwood era dirigente do BNP (British Nacional Party) – um partido de extrema direita inglesa – e, depois de colocar na janela do seu apartamento um poster (60cm x 38cm)

3. O Tribunal declarará a inadmissibilidade de qualquer petição individual formulada nos termos do artigo 34º sempre que considerar que:

a) A petição é incompatível com o disposto na Convenção ou nos seus Protocolos, é manifestamente mal fundada ou tem carácter abusivo; ou

b) O autor da petição não sofreu qualquer prejuízo significativo, salvo se o respeito pelos direitos do homem garantidos na Convenção e nos respectivos Protocolos exigir uma apreciação da petição quanto ao fundo.

4. O Tribunal rejeitará qualquer petição que considere inadmissível nos termos do presente artigo. O Tribunal poderá decidir nestes termos em qualquer momento do processo.

[64] Disponível em https://hudoc.echr.coe.int/eng?i=001-44357.

[65] Disponível em https://hudoc.echr.coe.int/eng?i=001-112858.

com uma fotografia das Twin Towers em chamas e os dizeres «Islan out of Britain – Protect the British People", foi condenado por um crime punido pelo Public Order Act, agravado nos termos do Anti-Terrorism, Crime and Disorder Act, com uma multa de 300 libras, recorreu para o TEDH.

Também aqui a queixa foi rejeitada, nos termos do artigo 17º, considerando-se que "as palavras e imagens no poster constituíam um ataque público a todos os muçulmanos no Reino Unido": "Um ataque tão generalizado e veemente contra um grupo religioso, vinculando o grupo como um todo a um grave acto de terrorismo, é incompatível com os valores proclamados e garantidos pela Convenção, em especial a tolerância, a paz social e a não discriminação".

A aplicação deste normativo não é fácil, pois não deixa de se constituir como uma cláusula aberta, faltando-lhe – como assinala *João Gomes de Sousa* – "a definição de um critério prático, simples e fiável para a decisão dos casos concretos"[66], sendo que a "invocação do art. 17º da Convenção para a rejeição da queixa assenta em regra na seguinte jurisprudência: acórdãos Lawless v. Irlanda (1960), Glimmerveen et Hagenbeek v. Holanda (1979) e Norwood v. Reino Unido (2004). Acrescentemos também Ivanov v. Russia (2007); RojTV A/S v. Dinamarca (2018); M'Bala M`Bala v. França (2015); Belkacem v. Bélgica (2017)"[67].

No caso o "suporte, a fundamentação, para o uso deste artigo vem claramente expressa na decisão Glimmerveen e J . Hagenbeek v Holanda (1979): «O objectivo geral do artigo 17º é impedir que agrupamentos totalitários possam explorar a seu favor os princípios da Convenção. Para atingir esse objectivo não é necessário privar de todos os direitos garantidos pela Convenção os indivíduos que nós constatamos que se entregam a actividades visando destruir qualquer um desses direitos. O artigo 17º visa essencialmente os direitos que permitiriam, se os invocássemos, tentar tirar o direito de se entregar efectivamente a actividades visando a destruição de direitos ou liberdades reconhecidas na Convenção (decisão Lawless, 1 de Julho de 1961, p. 6, pag. 45)»"[68].

Quem de forma mais profunda e exaustiva – creio que não apenas em Portugal – abordou esta temática e este normativo foi o Conselheiro *João da Silva Miguel*, no estudo publicado no Comentário da CEDH e dos Proto-

[66] *João Gomes de Sousa,* Liberdade de Expressão e Discurso de Ódio *[em linha]*, 05 de Fevereiro de 2021, Lisboa, página 19, disponível em http://www.tre.mj.pt/docs/ESTUDOS%20-%20MAT%20CRIMINAL/LIBERDADE%20EXPRESSAO_DISCURSO%20ODIO.pdf.

[67] *João Gomes de Sousa,* Liberdade..., cit., página 21.

[68] *João Gomes de Sousa,* Liberdade..., cit., página 21.

colos Adicionais[69] (organizado pelo Professor *Paulo Pinto de Albu1querque*), aí afirmando que o artigo 17º deixa "margem à sua aplicação com geometria variável"[70], o que, acrescentamos nós, constitui uma tentação para qualquer jurista e implica uma atenção permanente aos concretos casos em que se recorre à sua aplicação.

O caminho (o tal que se faz caminhando) do artigo 17º tem de continuar a ser percorrido e serão os casos em que é aplicado que deixarão a marca da definição do seu âmbito[71], para garantia do cumprimento real e efectivo dos princípios subjacentes à CEDH: "O abuso de direito neste domínio, expressa a preocupação pela defesa da democracia e direitos fundamentais, precludindo comportamentos que ponham em causa esses princípios"[72].

Assim, para este efeito estão em causa actos:

- contrários ao espírito e ao texto da CEDH;
- incompatíveis com a Democracia ou outros valores da CEDH;
- que infrinjam os direitos e liberdades reconhecidos/as na CEDH[73].

Por outro lado, consideram-se fins proibidos[74] pelo artigo 17º (assim, se impedindo que alguém caia na tentação de utilizar a CEDH como escudo protector):

– o Discurso do Ódio[75], definido pela Organização das Nações Unidas-ONU como "Qualquer tipo de comunicação em discurso, escrita ou comporta-

[69] *João da Silva Miguel*, Proibição do abuso de direito, *in Paulo Pinto de Albuquerque [org.]*, Comentário da Convenção Europeia dos Direitos Humanos e dos Protocolos Adicionais, Volume III, Universidade Católica Editora, 2020, páginas 2610-2640.

[70] *João da Silva Miguel*, Proibição..., cit., página 2623.

[71] "Nesta matéria, como noutras, não é saudável que se prolongue por demasiado tempo a incerteza. A formação e a estabilização de critérios de decisão não é normalmente repentina e carece de amadurecimento. Mas acaba por ter de se estabilizar uma orientação suficientemente sólida para permitir que se conheçam antecipadamente os critérios de licitude na acção. Prolongar a imprevisibilidade para além de um tempo razoável, constitui arbítrio. E o arbítrio é o contrário do Direito" (Pedro Pais de Vasconcelos, Direito de Personalidade, Almedina, 2006, página 85).

[72] *João da Silva Miguel*, Proibição..., cit., página 2619.

[73] *João da Silva Miguel*, Proibição..., cit., página 2620.

[74] E a *"evidência dos fins proibidos deve ser suficientemente séria e inequívoca"* – *João da Silva Miguel*, Proibição..., cit., página 2627.

[75] Que vem expressamente referido no artigo 20º, nº 2, do Pacto Internacional sobre os Direitos Civis e Políticos: "Todo o apelo ao ódio nacional, racial e religioso que constitua uma incitação à discriminação, à hostilidade ou à violência deve ser interditado pela lei".

mento que ataca ou usa linguagem pejorativa ou discriminatória com referência a uma pessoa ou um grupo com base na sua religião, etnicidade, nacionalidade, raça, cor, descendência, género ou outro factor identitário. Isto é frequentemente baseado e gera intolerância e ódio e, em certas circunstâncias, pode ser aviltante e divisivo" e pelo Conselho da Europa como aquele em que se "propagam, incitam, promovem ou justificam o ódio racial, a xenofobia, a homofobia, o antissemitismo e outras formas de ódio baseadas na intolerância" (tendo mesmo o serviço de imprensa do próprio Tribunal Europeu dos Direitos Humanos organizado uma bem sistematizada recolha de decisões sobre a matéria[76]);

– a Violência, a Xenofobia, a discriminação racial, o antissemitismo, a islamofobia, o terrorismo e os crimes de guerra, o negacionismo ou a revisão de factos históricos claramente estabelecidos (como o Holocausto), ou ainda a depreciação ou o desprezo pelas vítimas do Holocausto.

De todo o modo, importa referir – usando as palavras de *João da Silva Miguel* – que o artigo 17º não está talhado da mesma forma para todos os direitos consagrados na CEDH: "o direito à liberdade de expressão e outros direitos presta-se à aplicação do artigo 17º, o mesmo não sucedendo com outros direitos, tal como o direito à liberdade e segurança ou o direito a um processo equitativo"[77], ou a não retroactividade da lei penal, ou ainda os artigos 13º e 14º[78].

Vale a pena a consulta do "Guide on Article 17 of the European Convention of Human Rights – Prohibition of abuse of rights", periodicamente actualizado[79] e elaborado pelo próprio TEDH e de onde decorrem:

- decisões de não aplicação quanto aos artigos 5º, 6º e 7º (por não aplicabilidade), 11º, 13º e 1 do Protocolo nº 1 (por não aplicação em concreto);
- decisões de aplicação directa quanto aos artigos 9º, 10º, 11º, 13º, 14º, e artigo 1 do Protocolo nº 1.

**

[76] Aqui disponível: https://www.echr.coe.int/Documents/FS_Hate_speech_ENG.pdf.

[77] *João da Silva Miguel*, Proibição..., cit., página 2625.

[78] *João da Silva Miguel*, Proibição..., cit., página 2628.

[79] A última actualização consultada é a de 31 de Agosto de 2022, disponível em https://www.echr.coe.int/Documents/Guide_Art_17_ENG.pdf.

A apreciação desta matéria e a ponderação que nos exige, faz com que seja de toda a utilidade que recorramos à experiência que o estudo do instituto do abuso de direito porta consigo.

Assim, é uma referência essencial o que consta do artigo 334º do Código Civil (que tem como epígrafe "Abuso do direito") onde se preceitua que "é ilegítimo o exercício de um direito, quando o titular exceda manifestamente os limites impostos pela boa fé, pelos bons costumes ou pelo fim social ou económico desse direito".

Embora se possa defender a desnecessidade, no nosso sistema legal, desta norma, como faz *Mafalda Miranda Barbosa*[80], esta é não apenas a norma que delimita os seus contornos e limites no direito português (boa fé, bons costumes e fim social ou económico do direito), mas também a linha orientadora do que ao abuso do direito respeita (sem prejuízo de podermos ainda ir além dela).

Presente haverá sempre de estar a ideia de que o "direito deve ser exercido honestamente, como deveria ser exercido por uma pessoa de bem"[81], verificando-se "abuso sempre que o exercício de um direito se mostre em desconformidade com a teleologia desse mesmo direito, com o seu fundamento.*(...)* Pelo que se pode dizer que o exercício de um direito é abusivo quando choque com os princípios normativos do direito enquanto direito"[82].

Se se preferir, ele traduz uma "disfuncionalidade de comportamentos jussubjectivos por, embora consentâneos com normas jurídicas, não confluírem no sistema em que estas se integrem"[83].

Pedro Pais de Vasconcelos diz – lapidarmente – que o abuso do direito, "como instituto jurídico, é uma válvula de segurança do sistema que atua sobre o exercício dum direito subjectivo (público ou privado) que existe, que tem vigência e que pertence ao seu titular. A questão é só de acertar o exercício do direito

[80] *Mafalda Miranda Barbosa*, Liberdade vs. Responsabilidade – A precaução como fundamento da responsabilidade delitual?, Almedina, 2006, páginas 317 a 323. Também *Coutinho de Abreu* (Do Abuso do Direito – Ensaio de um Critério em Direito Civil e nas Deliberações Sociais, Almedina, 2006 – reimpressão) admite a sua desnecessidade, embora não deixe de assinalar a sua conveniência, para ultrapassar dúvidas quanto à sua aplicabilidade, nomeadamente por parte de quem seja mais positivista-legalista (página 50).

[81] *Pedro Pais de Vasconcelos-Pedro Leitão Pais de Vasconcelos*, Teoria Geral do Direito Civil, 9ª edição, 2019, página 278; *Fernando Augusto Cunha de Sá*, Abuso do Direito, Almedina, 1997 (reimpressão da edição de 1973), página 171.

[82] *Mafalda Miranda Barbosa*, ob. cit., página 322.

[83] *Menezes Cordeiro*, Da Boa Fé no Direito Civil, II, Almedina, 1984, página 882.

subjectivo dentro dos limites da boa fé, dos bons costumes e do seu fim social ou económico. Quer dizer, dentro dos limites da licitude"[84].

Estas considerações são, também, as que nos têm de guiar no que concerne ao uso da liberdade de expressão em geral e no campo do humor em especial.

Casuística

A experiência do Canadá

Um comediante Mike Ward, num espectáculo[85] – em 2012 – ridicularizou um miúdo de 15 anos (Jérémy Gabriel) possuidor duma deficiência auditiva e duma doença rara (síndrome de Treacher Collins – que provoca anormalidades cranianas e faciais), a qual se dizia que o iria matar a breve trecho, pelo que lhe organizaram uma viagem ao Vaticano, onde lhe permitiram cantar para o Papa[86], fazendo dele, na altura, uma figura mediática de enorme relevo.

O espectáculo de Mike Ward ridicularizava os ricos e influentes, mas também os fracos ou as chamadas "vacas sagradas" do seu país, e satirizou a situação gozando com o "Petit Jérémy", dizendo qualquer coisa como "agora tem mesmo de morrer", ou que "já pode morrer" e falando do "garoto com o *subwoofer* na cabeça").

Mas os colegas do miúdo também passaram a gozar com ele, tornando-o vítima de *bullying*, chegando a criar-lhe ideias suicidas e a fazê-lo necessitar de ajuda psiquiátrica.

Os pais pediram uma indemnização que, em 2016 foi concedida (25.000 dólares por danos morais e outros 10.000 por danos punitivos para o Jeremy; 5.000 por danos morais e outros US$ 2.000 por danos punitivos, para a mãe)[87].

[84] *Pedro Pais de Vasconcelos,* O abuso do abuso do direito – um estudo de Direito Civil, Revista do Centro de Estudos Judiciários, 2015-I, página 34.

[85] Aqui disponível: https://www.youtube.com/watch?v=4mOCu3_arpE.

[86] Aqui o momento em versão humorística:
https://www.youtube.com/watch?v=Xz68f7MlJN8.

[87] Decisão do Tribunal dos Direitos Humanos da Província do Quebeque-Distrito de Montreal de 20 de Julho de 2016, aqui disponível:
https://www.canlii.org/en/qc/qctdp/doc/2016/2016qctdp18/2016qctdp18.html.

Ward recorreu e, em 28 de Novembro de 2019, o Tribunal de Apelação do Quebeque decidiu[88], por maioria (2 a 1,) que os comentários do comediante comprometeram o direito do "petit Jérémy" a salvaguardar sua dignidade e não tinham justificação, mesmo numa sociedade onde a liberdade de expressão é valorizada.

Novo recurso, agora para o Supremo Tribunal do Canadá que, em 29 de Outubro de 2021, também por maioria (5-4), decidiu finalmente absolver o Réu[89].

Este processo foi o primeiro em que o Supremo do Canadá teve que decidir sobre o conflito entre equilíbrio entre o direito de uma pessoa a viver com dignidade e o direito à liberdade de expressão em contexto humorístico.

O Supremo entendeu que:

- o "petit Jérémy" foi escolhido como alvo humorístico não por causa da sua deficiência, mas por causa da sua fama (e, por isso, a "sua dignidade não foi prejudicada");
- as piadas que foram feitas não visavam incitar os outros a gozar com o "petit Jérémy";
- o comediante não podia ser responsabilizado pelos actos de *bullying* dos colegas de escola e de quem repetiu as piadas que tinha feito.

"Os comentários impugnados... foram feitos por um comediante de carreira conhecido por esse tipo de humor. Eles exploraram, com ou sem razão, um sentimento de desconforto para entreter, mas fizeram pouco mais do que isso", escreve-se na Decisão.

Mas, depois dizer isto, o Supremo foi mais longe e entendeu também que, apesar de não ser necessário, seria "útil analisar a questão da discriminação na sua totalidade à luz do contexto particular do caso". Por isso, ponderou e decidiu que, no equilíbrio entre o direito à liberdade de expressão e o direito à dignidade protegido pela Lei Fundamental do Quebeque, deve fazer-se um teste com duas etapas:

1ª – determinar se as observações de Ward foram destinadas a incitar outros a difamar Jérémy Gabriel com base na sua deficiência;

[88] Aqui disponível:
https://www.canlii.org/fr/qc/qcca/doc/2019/2019qcca2042/2019qcca2042.html.

[89] Decisão disponível, aqui:
https://scc-csc.lexum.com/scc-csc/scc-csc/en/item/19046/index.do.

2ª – determinar se as observações que fez, levariam – com probabilidade – a um tratamento discriminatório de Jérémy Gabriel.

E concluiu: "Em nossa opinião, os comentários feitos pelo Sr. Ward não atendem a nenhum desses dois requisitos" (sendo que, quanto à segunda parte, sendo embora um efeito provável que as pessoas se inspirem nesses comentários para gozar o Jeremy Gabriel, isso não é culpa do comediante: "Claro que é previsível que comentários feitos por um comediante conhecido tenham repercussões fora de seu contexto inicial, mas isso não significa que essas repercussões lhe possam ser necessariamente atribuídas").

Concordando com um voto de vencido prolatada na 2ª Instância, disse-se ainda que "a ponderação do direito à salvaguarda da dignidade e do direito à liberdade de expressão deve ocorrer na fase de avaliação da conduta discriminatória e não como defesa. A liberdade de expressão é um limite ao alcance do direito à salvaguarda da dignidade e não uma defesa".

Por seu turno, os quatro juízes vencidos entenderam que a dignidade do miúdo tinha sido violada e teriam confirmado a decisão das instâncias. Segundo eles, a questão central do caso passava por perceber se aquele concreto miúdo, deficiente, por ser uma figura conhecida, teria perdido "a protecção contra a discriminação e o direito de estar livre de humilhação pública e bullying só porque é muito conhecido", acrescentando que o "Canadá passou gerações a tentar criar uma sociedade onde os indivíduos estão livres de danos e discriminação pela raça, religião, deficiência, cor ou orientação sexual" e que não pode tolerar-se uma "conduta humilhante ou desumanizante em relação a crianças com deficiência; não há base de princípios para tolerar palavras que tenham o mesmo efeito abusivo": "Embrulhar tal conduta discriminatória no manto protector do discurso não o torna menos intolerável quando esse discurso equivale a abuso emocional intencional de uma criança deficiente".

Isto não ficou por aqui, e no início deste ano, o Jérémy Gabriel intentou uma acção contra Mike Ward[90] pedindo 288.000 dólares pelos danos que

[90] Aproveitando uma indicação dada no Acórdão que abria essa porta, uma vez que, à partida e de acordo com as leis que regulam aquele concreto tipo de processo no Canadá, se não há discriminação, não há indemnização.
Ao mesmo tempo, Sylvie Gabriel (a mãe) intentou outra acção cível, peticionando 84.600 dólares de indemnização pelos danos por si sofridos, como resultado da actuação enquanto comediante de Ward entre 2010 e 2013 (por ter gozado consigo e o seu filho, com *"intenções maliciosas"* procurando *"ridicularizá-los, humilhá-los e expô-los ao ódio ou desprezo de seu público"*,

alega lhe terem que o comediante lhe causou ao ter gozado com a sua aparência física.

A experiência do Brasil

Mantendo-nos na América, mas agora, do Sul, a experiência brasileira a este nível é insuperável, mas permite-nos ver algumas situações que dão o mote para reflexões sobre qual seria o tipo de reacção que a nossa Ordem Jurídica poderia perante elas assumir.

Começamos por um *talk show* nocturno em que um comediante chamado Rafinha fez um comentário a propósito de uma cantora chamada Vanessa Camargo que estava grávida e não tinha perdido qualidades... chegando ao ponto de dizer: "Eu comeria ela e o bébé, não tô nem aí"...[91] [92]

Vai daí, a Vanessa intentou uma acção, em seu nome e no do nascituro, pedindo uma indemnização ao Rafinha.

A sentença 1ª Instância, de 12/01/2012[93], dá razão à cantora e condena o humorista a pagar-lhe de[94]z salários mínimos.

provocando-lhe insónias, perda de confiança nas pessoas e obrigando à tomada antidepressivos por vários anos).

Esta acção teve decisão de 1ª Instância em 30 de Maio de 2022, no sentido da prescrição do direito alegado, tendo havido recurso.

O processo intentado por Jérémy Gabriel ficou, por acordo, a aguardar a decisão do Tribunal superior quanto à matéria da prescrição.

[91] O momento, aqui: https://www.youtube.com/watch?v=BAV7pm_UYxk.

[92] Por cá, também tivemos no programa da RTP "1, 2, 3...", um *sketch* feito por Herman José, na pele de um canibal, em que o apresentador Carlos Cruz perguntou quem é que ele gostaria de comer e o canibal respondeu:

"A Edite Estrela... Já estou a imaginá-la na travessa, toda nua, com um limão na boca"...

"Adorava comê-la"...".

E também aqui a visada protestou e exigiu desculpas, que – julgo – Herman pediu...

[93] Aqui disponível: https://www.migalhas.com.br/quentes/148238/caso-wanessa-camargo--justica-condena-rafinha-bastos-por-danos-morais.

Esta sentença tem a curiosidade de, na fundamentação, recorrer a duas citações que o Diácono Remédios criado por Herman José, com facilidade subscreveria:

– "ANTONIO DE OLIVEIRA SALAZAR, na sua juventude, foi jornalista; de sua autoria expressivo texto publicado em "Inéditos e Dispersos", pag.66, Coimbra, 1909:

"Há imprensa que edifica e imprensa que destrói; há imprensa que educa e imprensa que perverte. Há imprensa que moraliza e há imprensa que bestializa; há imprensa que discute, e há imprensa que, em vez de discutir, insulta";

– "Também disso não se afastou o Lusíada, na quadra 58 do Canto X da sua insuperável epopéia:

Em recurso, o Tribunal Superior sobe a condenação para 150.000 reais

Em novo recurso, o Superior Tribunal de Justiça, em 28/10/2015, manteve a condenação.

Em nenhuma das instâncias o contexto humorístico foi relevado, afirmando-se, no Acórdão final que o uso do direito de expressão "deve se dar com responsabilidade – Impossibilidade de se tentar justificar o excesso no bom uso de tal direito, sob a alegação de que apenas se pretendeu fazer humor – Agressividade contida nas palavras trazidas na vestibular que afasta se tome o dito como piada", assentando a decisão no "SOBREPRINCÍPIO DA DIGNIDADE DA PESSOA HUMANA – Comprometimento – Situação que leva ao sopesamento dos direitos envolvidos – Precedência, no caso, da dignidade da pessoa humana sobre a liberdade de expressão – Inteligência dos art. Iº, inc. III; 5º, inc. IX e X; 220, § 2º; e 221, inc. I, todos da CR".

"Não houve, assim, apenasmente ingênuo "tom áspero, contundente, sarcástico, irônico ou irreverente" (fls. 75) – e em nenhum momento se haverá de falar em "vedação de humor" (fls. 76) com a reprovação ético-jurídica que desde já se vislumbra na conduta do R., senão grave ataque à honra (...) incrível ainda que a resposta falou em comédia, sátira e humor – mas jamais se podendo aceitar que isso seja feito à custa da honra alheia – e, repita-se, o que é bem pior, a violentar a inocência do nascituro, ou a sacralidade da maternidade. (...)

Ora, disso decorre que o gesto do R. efetivamente lesionou a honra da parte A. – e ainda que a contestação falou a fls. 86 que o "comediante pode dizer coisas que uma pessoa normal não pode ou não quer dizer" – não se pode aceitar a posição da ilustre assertora – havida a manifestação apenas como prova de seu apêgo ao sacrossanto direito de defesa, que à exata exegese dos fatos.(...)".

*

Um *cliente* habitual dos Tribunais é o comediante Danilo Gentili, do qual escolhemos três situações.

A primeira, de Dezembro de 2020, em que fez um *twit* com este teor: "Vocês sabem se existe um asilo especializado onde as enfermeiras batem umas pros 'véios'? Essa tem sido uma preocupação minha quando penso no futuro. Existe esse tipo de serviço?"

"Quem faz injúria vil e sem razão
Com forças e poder em que está posto
Não vence, que a vitória verdadeira
é saber ter justiça nua e inteira».

[94] Aqui disponível: https://www.jusbrasil.com.br/jurisprudencia/stj/864134641/inteiro-teor-864134651.

O Sindicato dos Enfermeiros do Estado de São Paulo reagiu e considerou ter sido ofendida "toda uma categoria profissional" e legitimadas "seculares formas de opressão contra as mulheres: inseriu a profissão de enfermeira como uma função a ser ocupada por mulheres para servir sexualmente a ele, o homem branco".

O humorista defendeu-se dizendo que era apenas uma piada sem intenção de ofender ninguém (porque feita na sequência da visualização do filme "Feios, porcos e maus", de Ettore Scola), enquadrando-se na sua liberdade de expressão artística.

Em 1ª Instância[95] foi dada razão ao Sindicato, determinada a remoção da postagem do Twitter e fixada uma indemnização cerca de 42.000 reais, confirmada em sede de recurso (em Março de 2022) que, não sendo admitido, confirmou a Sentença, na qual se referia:

– que "não se está discutindo a mera liberdade de expressão de usuário de rede social em postar piada. O que se discute aqui é a liberdade de expressão por parte de personalidade pública, conhecido, em todo país, pela sua atividade humorística. Suas palavras, portanto, são aptas a gerar maior repercussão do que as palavras da média dos usuários da rede. Espera-se do réu, portanto, cautela especial ao se pronunciar. Isso principalmente para não afetar estratos populacionais vulneráveis, historicamente objetos de estereótipos, os quais motivam piadas que legitimam velhos mecanismos de exploração: é o caso das mulheres, minorias nas estruturas de poder público ou privado –, sob condição justificada por um conjunto de práticas e ideias que as inserem à posição subalterna da sociedade, inclusive no plano profissional, como se trabalhassem apenas para servir ao homem, mas especificamente o homem branco, de ascendência europeia, tido, ao longo dos séculos (...) como o homem universal (...).

Cabe ainda observar que a questão referente a ofensas contra categorias profissionais pelo exercício da liberdade da expressão não configura aquilo que setores saudosistas de um bom tempo que nunca existiu sobretudo para setores da população historicamente estereotipados como indígenas, negros e mulheres de ditadura do politicamente correto.

Não se discute aqui o que é ou não é politicamente correto.

Discute-se aqui eventual responsabilização de pessoa pública por transposição dos limites ao exercício da liberdade de expressão à luz do ordenamento jurídico brasileiro. Não se trata de discussão nova. Pelo contrário, o processo histórico de positivação da liberdade de expressão foi coincidente à construção de arcabouço jurídico objetivando impor medidas contra abusos na expressão de opiniões e ideias";

95 Aqui disponível: https://static.poder360.com.br/2021/04/danilo-gentili-enfermeiros.pdf.

– e que "o réu, conhecido humorista, seguido por milhares de pessoas nas redes sociais, fez uso de sua condição de pessoa pública para ofender toda uma categoria profissional e, assim, legitimar seculares formas de opressão contra as mulheres: inseriu a profissão de enfermeira como uma função a ser ocupada por mulheres para servir sexualmente a ele, o homem branco. (...)Não deixa de ser trágico, a propósito, apurar a ofensa à enfermagem logo agora neste momento, em que centenas de milhares morrem e milhões necessitam dos cuidados das respectivas profissionais no Brasil, sob a pandemia da Covid-19. O mínimo que profissionais, que arriscam suas vidas estando na linha de frente no combate ao novo coronavírus, precisam é de respeito".

*

A segunda leva-nos a um *talk show* nocturno (em 2013) em que a visada é agora uma senhora chamada Michele Maximino (técnica de enfermagem em Pernambuco), conhecida como a maior doadora de leite humano do Brasil (por ter doado cerca de 400 litros de leite)[96]. Para além de ser chamada de vaca e de ser comparada a um actor pornográfico, a senhora teve de mudar de cidade (de Quipapá para o Recife) com a família, por ter tornado incomportável estar sempre a escutar piadas e comentários "maldosos e sarcásticos" (como, por exemplo, "vaca" e "vaca leiteira") e o seu organismo ter, em consequência, reduzido a produção de leite. E, por isso, pediu uma indemnização de um milhão de reais.

Em primeira instância Danilo Gentili, a TV Bandeirantes e o humorista Marcelo Mansfield, foram condenados a pagar uma indemnização de 200 mil reais, por abuso de liberdade de expressão (ela teve "a imagem utilizada de forma humilhante e degradante")[97].

Em concreto afirma-se: "Percebe-se sem dúvidas que os demandados extrapolaram e muito os limites estabelecidos na nossa Constituição no que diz respeito a liberdade de expressão, e em última análise a liberdade de imprensa, ferindo e maculando a imagem da autora, que infelizmente foi alvo de programa de humor que de forma indecorosa usou a imagem da mesma para fazer comparações com o ator pornográfico Kid Bengala, e insinuar que propício seria a realização de sexo na modalidade "espanhola" entre seios como o da autora, lamentável! Não satisfeito com as comparações acima mencionadas e, tão grave quanto, o apresentador

[96] O momento, aqui: https://www.youtube.com/watch?v=et0SE2T3JtU.

[97] Aqui disponível:
https://www.diariodepernambuco.com.br/noticia/vidaurbana/2016/04/danilo-gentilli-e-condenado-a-pagar-r-200-mil-a-enfermeira-doadora-de.html.

Danilo, mais uma vez de forma irresponsável e inaceitável brincou com o ato de doação de leite efetivado pela demandante e insinuou que a mesma iria vender o leite por ela doado de forma espontânea e sem qualquer finalidade lucrativa. Não restam dúvidas de que os direitos da personalidade da autora foram gravemente vilipendiados, ferindo a dignidade da pessoa humana. A Jurisprudência da Corte Suprema em julgamento em caso análogo pela Ministra Carmem Lúcia, assim entendeu: "Os fatos narrados, nos autos, evidenciam o confronto entre dois direitos fundamentais protegidos pela Constituição da República de 1988, quais sejam, de um lado, a honra e a imagem do indivíduo; do outro, a liberdade de informação e expressão. Presente a violação a direito da personalidade, causada por abuso no exercício da liberdade de expressão e informação, a reparação do dano correspondente mostra-se imperativa." (STF – RE nº 646671 Min. Carmem Lúcia, julgado em 21/05/2013). O abuso desse direito está sedimentado e devidamente comprovado nestes autos, os apresentadores do programa foram além dos limites estabelecidos pela Constituição e de forma indecorosa e inconsequente vilipendiaram a honra e a imagem da autora em programa televisivo, tal fato causou graves constrangimentos a mesma não havendo como se abarcar a tese de que tais constrangimentos foram meros aborrecimentos do cotidiano".

Em 2ª Instância, por decisão de 16/12/2019[98], confirmou-se o abuso, mas reduziu-se a indemnização para 80 mil reais, concluindo-se, no confronto entre dois direitos constitucionalmente assegurados (honra e imagem do ser humano – liberdade de expressão e de imprensa) que, não sendo nenhum absoluto, os humoristas "extrapolaram os limites da liberdade de imprensa/informação, violando, assim, a honra e a imagem da autora, bem como a sua dignidade, na medida em que fizeram brincadeiras e piadas de mau gosto em seu desfavor, referindo-se à demandante de maneira jocosa e sarcástica, expondo-a ao ridículo, publicamente e em rede nacional, a situações de vexame, constrangimentos e humilhações, chegando, inclusive, a compará-la ao ator pornô Kid Bengala pelo fato dela produzir leite materno em grande quantidade, além de brincarem com o tamanho dos seios da demandante". E, com isso, "de maneira absurda, desrespeitosa e inconsequente, vilipendiaram a honra e a imagem da autora (pessoa humilde, residente, à época dos fatos, no Município de Quipapá/PE), tendo, em programa televisivo de canal aberto, exposto, publicamente, a demandante ao

[98] Aqui disponível: https://processo.stj.jus.br/SCON/GetInteiroTeorDoAcordao?num_registro=201901735263&dt_publicacao=19/12/2019.

ridículo, causando-lhe constrangimentos, humilhações e vexames que muito suplantam os meros aborrecimentos do cotidiano".

Os Réus recorreram para o Superior Tribunal Justiça, defendendo que "as piadas foram uma forma engraçada e criativa de levar informação de interesse público à população, sem a intenção de prejudicar a reputação da doadora", que "o dano alegado não ficou configurado e que não houve dolo ou culpa na sua atitude" e que houve apenas o exercício regular do humorismo, o que afastaria o dever de indemnizar (para além de, subsidiariamente, pedirem a redução do valor da indemnização, por – supostamente – o STJ ter sancionado valores menores em casos semelhantes.

Por decisão de 16/12/2019[99], o Superior Tribunal de Justiça entendeu que a ofensa à imagem e à honra da doadora de leite materno estava provada e que a indemnização tinha levado em consideração as provas do processo (o que impedia a alteração da decisão por parte do Supremo), tendo considerando que só em situações excepcionais (o seu valor ser irrisório ou exorbitante) é que se podia voltar a discutir o seu concreto montante, o que não sucedia *in casu* (sendo certo que "ainda que haja semelhança de algumas características dos acórdãos confrontados, cada qual possui peculiaridades subjetivas e contornos fáticos próprios").

*

A terceira reporta-se a uma situação com ligação à política: em 2016, na sequência de um *twit* da deputada federal Maria do Rosário (do Partido dos Trabalhadores-PT) sobre outro assunto (uma cuspidela do deputado Jean Willys, no Parlamento, sobre Jair Bolsonaro), dá-se um incidente desagradável entre esta e o mesmo Jair Bolsonaro, no qual este quase agride a deputada e lhe diz que "não merecia ser violada", porque era "muito feia" e não fazia o seu "tipo de mulher".

A dita Maria do Rosário indignou-se e Danilo Gentili publica estes três twits:

- "Quando alguém cuspir em você, devolva com um soco que Maria do Rosário aprova. Cuspir nela quando ela o chamar de estuprador também";
- "Aí ela chama o cara de estuprador, toma um empurrão e dá chilique. Falsa e cínica para caralho";

[99] Aqui disponível: https://processo.stj.jus.br/SCON/GetInteiroTeorDoAcordao?num_registro=201901735263&dt_publicacao=19/12/2019.

– "Já, já, Maria do Rosário fala no rádio que se ela cuspir na cara de uma mulher nordestina é sinal de respeito".

Em sequência, foi accionado um serviço do Parlamento que defende os deputados e este serviço notificou o humorista para que retirasse os *twits*.

Em resposta Danilo Gentili publica um vídeo[100] onde se mostra a receber a notificação e, quando mostra a palavra "deputada", ostensivamente esconde a primeira e a última sílabas, ficando a ver-se apenas "puta", enquanto diz "Esta senhora... O que ela é? O que ela é?". De seguida, rasga o ofício de notificação, mete-o nas cuecas, esfregando-o nos genitais, voltando a colocá-lo num envelope, devolvendo-o à procedência e sugerindo à queixosa "sinta o cheirinho do meu saco, abra a bunda e enfie bem no meio dela".

A deputada fez queixa-crime e, em 2019, a 1ª Instância deu-lhe razão, condenando o humorista, por injúria, numa pena de prisão de 6 meses e 28 dias[101].

Na decisão, de 10 de Abril de 2019, o Tribunal, sublinha que:

– as liberdades públicas não são incondicionais e devem ser exercidas de forma harmónica;
– a liberdade de expressão é essencial para o amplo exercício da democracia;
– o "gesto ignominioso" do arguido "transcendeu a linha ética pelo abuso do direito que lhe foi conferido constitucionalmente";
– "Nada justifica a deselegante postura do acusado em proferir publicamente xingamentos e gestos depreciativos ao argumento que 'estaria fazendo humor', mesmo porque os elementos de prova comprovam exatamente o contrário":
– "não se pode crer que, a partir do momento em que se chama alguém de "puta", seguido das expressões: "sinta aquele cheirinho do meu saco e abra a bunda e enfie bem no meio dela tudo isso aí que eu estou mandando para você. Tchau !" (...) – não se tenha a verdadeira intenção de ofender a honra alheia";
– "Verifico que o humorista e apresentador dolosamente injuriou através da internet a deputada federal, ofendendo-lhe a dignidade ou o decoro, atribuindo-lhe a alcunha de 'puta'".

[100] Aqui disponível https://www.youtube.com/watch?v=Q2uOW2Zcnqg.

[101] Aqui disponível:
https://www.conjur.com.br/dl/danilo-gentili-condenado-prisao-injuria.pdf.

Sucede que o Tribunal superior, em sede de recurso anulou a Sentença por uma questão formal, o processo voltou à primeira instância e, entretanto, prescreveu...

*

Fechamos o Brasil com uma situação referente a um *cartoon*, ocorrida em 2016.

Na sequência de um atentado terrorista contra a comunidade LGBT ocorrido nos Estados Unidos que matara 40 pessoa foi publicado num jornal um cartoon em que, num fundo de parede branca com gradações de altura para o reconhecimento de suspeitos, por vítimas ou testemunhas de crimes, estavam encostados personalidades conhecidas no Brasil (um deputado, o líder da IURD, um pastor – também deputado – e Jair Bolsonaro), sendo que a imagem era encimada pela frase entre aspas: "Não sei, foi tudo muito rápido... Poderia ter sido qualquer um deles, ou todos, sei lá...".

Bolsonaro não gostou e, achando o cartoon calunioso e ultrapassando o direito de liberdade de expressão, associava-o ao autor do atentado contra a comunidade LGBT, pediu uma indemnização de 30.000 reais ao jornal.

O Tribunal de 1ª Instância fez a acção improceder[102] e, e sede de recurso, o Tribunal de Justiça do Estado do Rio de Janeiro confirmou a decisão, num Acórdão de 25/10/2017[103], entendendo que se tratava de uma "manifestação própria da liberdade de criação artística e da liberdade de imprensa" associada "de modo instrumental ao direito de crítica, que se exerceu no caso, sob o gênero artístico da sátira, sem nenhuma intenção ofensiva, contra agentes determinados da autoridade pública", utilizando o exagero inerente à caricatura humorística, propiciando novos significados à situação, sendo compreensível a o intuito do cartoonista em representar um conjunto de ideias por intermédio de alguns de seus mais conhecidos defensores ("Ademais, quando declara que poderia ser 'qualquer um deles, ou todos, sei lá', também indica que não importa o autor do crime, mas as ideias que eles podem representar, mesmo eles que não sejam, de fato, causadores de qualquer crime").

É lá que vem citado uma anterior decisão da Justiça brasileira, onde expressamente se dizia que "(...)toda a gente sabe que é da essência da caricatura, da sátira e da farsa operarem mediante deformações hiperbólicas da realidade, resi-

[102] Sentença de 31/05/2017, aqui disponível: http://www1.tjrj.jus.br/gedcacheweb/default.aspx?GEDID=00040846937DC2A77E0B10179B48F2FE9720C50633133823.

[103] Aqui disponível: https://www.conjur.com.br/dl/bolsonaro-nao-indenizado-charge-associa.pdf.

dindo nesse exagero ou distanciamento dramático em relação ao real, que pode ser tanto dos eventos histórico-sociais, como das pessoas ou das coisas, o fator específico da identidade dessas formas de criação artística e da sua comicidade mesma, cujas manifestações, neste caso, constituem apenas o elemento alegórico de uma crítica severa mas justa, inspirada por motivo de grande valor social. (...) Ora, porque a distorção de aspectos da realidade criticada é inerente à caricatura, não pode ser a mesma, para efeitos civis ou penais, a valoração jurídica de ambas essas dimensões do objeto artístico" (Desembargador Cezar Peluso, a propósito de uma sátira feita a umas cenas de violência policial numa favela, no Acórdão de 27/08/2002, do Processo 9154334-73.1999.8.26.0000).

A experiência europeia

E assim chegamos à Europa... e, mais do que isso – na sequência do que já referimos quanto ao papel e à força normativa da Convenção Europeia dos Direitos Humanos na nossa Ordem Jurídica – assim chegamos ao Tribunal Europeu dos Direitos Humanos.

Eis as linhas que o TEDH tem definido nesta matéria:

a – assume que a liberdade de expressão implica a possibilidade de serem veiculadas informações e ideias que "chocam, que provocam ou mesmo que ofendem", e que isso é não só legítimo, como desejável numa sociedade democrática;

b – considera que, no âmbito do discurso político e perante personalidades políticas ou figuras públicas, a margem de manobra para a admissibilidade da crítica é mais ampla, com a consequência de tornar menor a possibilidade de intervenção do Estado (leia-se, dos Tribunais): homens políticos e as figuras públicas por estarem, por natureza, mais sujeitos/as à exposição a críticas, devem também dar provas de serem portadores de maior capacidade de tolerância que os outros cidadãos (Caso *Lingens vs. Áustria,* de 08/07/1986[104]);

c – tem como duvidoso que factos da vida privada referentes a homens públicos – na esfera limitada da vida privada, sem qualquer reflexo na actividade pública e sem relevância para o interesse geral – sejam admissíveis (Caso *Lopes Gomes da Silva vs. Portugal,* de 28/09/2000[105]), mas o

[104] Aqui disponível: https://hudoc.echr.coe.int/fre?i=001-57523.

[105] Aqui disponível:
https://gddc.ministeriopublico.pt/sites/default/files/caso_lopes_gomes_da_silva_c_portugal_queixa_37698-97.pdf.

Tribunal reconhece o carácter polémico e violento das expressões utilizadas dizendo que "neste domínio a invectiva política deriva frequentemente para o campo pessoal: é a álea do jogo político e do livre debate de ideias numa sociedade democrática");

d – entende que ofensas e divulgação de factos respeitantes à vida privada, sem relevância para o debate de interesse geral, dificilmente logram encontrar cobertura na protecção dada pela liberdade de expressão (Caso *Almeida Leitão Bento Fernandes vs. Portugal, de* 19/04/2011[106]);

e – dá uma maior margem de aceitação do discurso crítico, provocador e/ou exagerado vindo de jornalistas (no exercício do seu papel de "transmitir ideias e informações sobre questões de interesse público"), mas também de associações de defesa do ambiente/animais ou associações sindicais, no âmbito e no exercício das suas atribuições;

f – decide que, para que o artigo 8º da CEDH seja aplicável, o ataque à honra e à reputação pessoal tem de atingir um certo nível de gravidade e de prejudicar o gozo pessoal do direito ao respeito da vida privada (Caso *Axel Springer AG vs. Alemanha* – GC – nº 39954/08, de 07/02/2012[107]);

g – faz uma distinção entre **divulgação de factos** (que podem ser provados – *exceptio veritatis* – ou se se estava de boa fé ou tendo cumprido as boas práticas jornalísticas) e **formulação de juízos de valor** (para os quais deve existir uma base factual suficiente);

h – sublinha a relevância da necessidade de fazer um juízo sobre a proporcionalidade da intervenção do Estado (dos Tribunais) na atribuição de indemnizações ou na aplicação de penas (não podendo haver prisão – ainda que suspensa na sua execução – nos casos de difamação) – por causa do efeito dissuasivo para o livre exercício da liberdade de expressão que tal intervenção origina;

i – abre excepção à intervenção/ingerência, nos casos de discursos xenófobos, de ódio, de incitamento à violência ou ao terrorismo, ou de negação do Holocausto;

j – no caso das ofensas a sentimentos religiosos, concede aos Estados uma margem de apreciação mais ampla, por considerar que são as auto-

[106] Aqui disponível: https://hudoc.echr.coe.int/fre?i=001-118139.

[107] Aqui disponível:
https://globalfreedomofexpression.columbia.edu/wp-content/uploads/2017/10/CASE-OF-AXEL-SPRINGER-AG-v.-GERMANY.pdf.

ridades nacionais que estão melhor colocadas para avaliar a necessidade de restrições à liberdade de expressão, desde que não sejam arbitrárias ou manifestamente desrazoáveis;

k – no caso do humor e da sátira, considera esta última "uma forma de expressão artística e de comentário social que, pelo exagero e pela deformação da realidade que a caracterizam, visa provocar e agitar"[108];

l – exige uma especial ponderação e cuidado na ingerência ou intervenção do Estado, no que concerne ao trabalho de quem se exprime pela via artística (Caso *Vereinigung Bildender Künstler vs. Áustria*, de 25 de Janeiro de 2007[109]): as representações satíricas não devem ser entendidas à letra ou como correspondendo à realidade pois "caricatura não é fotografia";

m – recorre ao critério da percepção do discurso satírico e dos materiais satíricos por parte de um leitor/espectador "raisonnable" (Caso *Nikowitz and Verlagsgruppe News Gesmhb vs. Austria,* de 22/02/2007[110]).

Este foi, aliás, o critério usado no Caso *Sousa Goucha vs. Portugal,* de 22/03/2016[111], uma situação curiosa o apresentador televisivo Manuel Luís Goucha começou por demandar criminalmente a RTP e o programa "5 para a meia noite", por se sentir ofendido, uma vez que a também apresentadora Filomena Cautela ao fazer a João Manzarra um questionário, colocou uma pergunta sobre quem teria ganho um prémio de melhor apresentador**a** e, entre vários nomes femininos alternativos colocava-se o de... Manuel Luís Goucha, sendo que, a resposta certa era... Manuel Luís Goucha...

Quer a 1ª quer a 2ª Instância tiveram decisão conforme de não pronúncia e, chamado a pronunciar-se, o TEDH também não condenou o Estado português, precisamente na base da sátira, do humor e do expectável em programas com estas características.

Sucede, todavia, que Portugal esteve prestes a ser condenado pelo TEDH uma vez que no texto do Acórdão da Relação de Lisboa lhe são feitas referências a que se veste de cor-de-rosa e trabalha maioritariamente para

108 Acórdão de 20/10/2009, no Caso *Alves da Silva vs. Portugal,* disponível em https://hudoc.echr.coe.int/eng?i=001-95154.

109 Aqui disponível:
https://globalfreedomofexpression.columbia.edu/wp-content/uploads/2020/12/Judgment-Vereinigung-Bildender-Ku%CC%88nstler-v.-Austria-ECtHR-English.pdf.

110 Aqui disponível: https://hudoc.echr.coe.int/eng?i=001-79572.

111 Aqui disponível: https://hudoc.echr.coe.int/eng?i=001-161527.

um público feminino, como argumentos coadjuvantes para a fundamentação da correcção do arquivamento.

Esta circunstância poderia também constituir uma violação do artigo 14º[112] da CEDH e também isso foi peticionado ao TEDH e Portugal só não foi condenado, porque se entendeu que se tratava de uma questão lateral e nunca foi criticada a orientação sexual do queixoso, embora se pudessem considerar as expressões utilizadas pela Relação de Lisboa, como infelizes[113].

*

Continuando na verificação da jurisprudência do TEDH nesta matéria, vale a pena verificar as situações-tipo a que tem dado resposta:

i – sátira inserida no debate político;

ii – expressão artística/satírica marcada pelo grotesco/mau gosto, inserida ou não no discurso político ou de interesse geral;

iii – sátira religiosa/discurso do ódio;

iv – ofensa a outros valores fundamentais da vida em sociedade.

No que às duas situações de sátira no debate político e no contexto de expressão artística, Portugal forneceu uma situação que serviu para o Tribunal "fazer jurisprudência". Está reportada no Caso *Alves da Silva vs. Portugal*, já atrás citado:

– o cidadão Silva construiu um boneco que reproduzia a figura do presidente da sua Câmara Municipal, colocou-o em cima da sua camioneta e desfilou com ela num corso de Carnaval, acompanhado de uma gravação sonora onde se dizia: "Acreditem no desenvolvimento cultural económico, recreativo, social do Município, graças às empresas xxx..., pago por todos nós. Dá-me o teu voto, e a tua mulher e o teu filho terão emprego, não é preciso diploma...";

– o boneco transportava um saco azul e com uma placa dizendo "«sociedade xxx...»" (um anagrama do nome do Presidente da Câmara);

– o Presidente, apesar de ser Carnaval, levou a mal, fez queixa-crime e o Tribunal da Relação, acabou mesmo por condenar o cidadão Silva por difamação.

[112] Artigo 14º – Proibição de discriminação
O gozo dos direitos e liberdades reconhecidos na presente Convenção deve ser assegurado sem quaisquer distinções, tais como as fundadas no sexo, raça, cor, língua, religião, opiniões políticas ou outras, a origem nacional ou social, a pertença a uma minoria nacional, a riqueza, o nascimento ou qualquer outra situação.

[113] Em concreto, o que diz o TEDH é que são *"discutíveis"* e *"poderiam ter sido evitadas"*, mas não tinham intenção discriminatória.

– o TEDH não gostou e, inserindo os factos no contexto carnavaleiro e na sátira, aplicou os princípios gerais, concluindo que as expressões utilizadas não deviam ser levadas à letra e que uma figura pública deve mostrar maior tolerância à crítica, em particular, quando é expressa sob forma satírica;

– a concreta sátira, estava – além do mais – inserida no âmbito de uma matéria de interesse geral, em contexto de debate político (matéria sempre cara ao TEDH), pelo que se entendeu a condenação penal como desproporcionada, constituindo uma forma de dissuadir as intervenções satíricas nesta área, levadas a cabo por membros da sociedade, com intervenção num debate livre realizado numa sociedade democrática (tomando-se assim como violado o artigo 10º da CEDH por parte do Estado português).

Mas o Tribunal tem-se dividido nesta matéria apresentando algumas incoerências percepcionáveis em três Acórdãos paradigmáticos:

– o do Caso Vereinigung Kunstler vs. Áustria (já referido):

Reportava-se a uma exposição de pintura com um quadro do artista austríaco Otto Müehl, com colagens referentes a várias personagens (Madre Teresa de Calcutá, um cardeal austríaco e vários políticos de um partido de extrema direita) feitas a partir de ampliações de fotos dos rostos publicadas em jornais, alguns com vendas nos olhos, e com os corpos nus, pintados e a praticarem actos sexuais[114].

Um dos políticos achou que tinha sido representado de "maneira insultuosa e degradante" e isso se se sobrepunha à liberdade de criação artística.

A exibição do quadro foi proibida e a sociedade artística que o exibia condenada numa indemnização.

O TEDH não concordou (por maioria de 4-3), entendendo que a proibição se não justificava numa sociedade democrática: as imagens em causa não visavam reproduzir uma realidade, as fotografias eram apenas dos rostos, e os corpos eram irrealistas, exagerados e caricaturados, inserindo-se num tipo de representação satírica (a sátira é "uma forma de expressão artística e de comentário social que, pelo exagero e pela deformação da realidade que a caraterizam, visa provocar e agitar"), e considerou que dificilmente se poderia dizer que o quadro continha detalhes da vida privada do queixoso (para além, da circunstância de, sendo uma figura pública, se lhe exigia mais capacidade de tolerância).

Todavia, um dos juízes vencidos, no seu voto defendeu que o quadro não era artístico nem satírico, mas apenas grotesco e insultuoso, apenas visando insultar,

[114] Que podem aqui ser vistos: https://www.menschenrechte.ac.at/orig/05_4/Vereinigung.pdf.

aviltar e ridicularizar as personagens, fazendo uma afirmação que – apesar de tudo – nos pode servir de guia: **"há limites para o excesso: não se pode ser excessivamente excessivo"**[115].

– o do Caso *Palomo Sanchez e outros vs. Espanha* (acórdão de 12/09/2011[116]): Uns trabalhadores foram despedidos por terem publicado num boletim sindical um *cartoon*[117] representando o diretor de recursos humanos sentado numa secretária, por baixo da qual estava representado um funcionário da empresa, seguido de outros que tinham sido testemunhas num processo contra os autores do cartoon e que aguardavam para substituir o primeiro debaixo da secretária, a fazer o que se pressupõe seja sexo oral (representando a ideia de serem uns "paus mandados" do director).

Tribunal Constitucional espanhol confirmou a decisão, afirmando que o direito de liberdade de expressão não inclui o direito a insultar.

Por maioria de 12 a 5 a Grande Chambre concordou com o TCE porque as caricaturas tinham excedido os limites da crítica admissível no quadro de uma relação laboral, não se inserindo sequer num debate de interesse geral.

– o do Caso *M´Bala M`Bala vs. France* (acórdão de 20/10/2015[118]).

Está em causa o humorista francês Dieudonné, que se transformou também em político e tem um discurso antijudaico e negacionista do Holocausto (ou pelo menos alimenta essas teses), estando mesmo banido do Facebook (e já o esteve também do You Tube).

No fim dum seu espectáculo em Paris com o título «j´ai fait l´con», chamou ao palco, para receber aplausos, Robert Faurisson um conhecido (e por isso várias vezes condenado) negacionista do Holocausto, sendo-lhe entregue por um actor vestido com pijama aos quadrados e com a cruz de David, um castiçal/símbolo judaico como "prémio pela infrequentabilidade e insolência". Continuando, conversou com ele criticando-se as limitações à liberdade de expressão sobre o povo

[115] Referência essencial sobre a expressão e seu enquadramento, para o texto da Procuradora--Geral-Adjunta (e Agente do Estado português no TEDH) *Fátima Carvalho, "O "excessivamente excessivo" e a Jurisprudência do Tribunal Europeu dos Direitos do Homem"*, publicado em *"Humor, Direito e Liberdade de Expressão" [em linha]*, E-book CEJ, Colecção Formação Contínua, 2016, páginas 27 a 38, disponível em https://cej.justica.gov.pt/LinkClick.aspx?fileticket=1mZGRttIhjQ%3d&portalid=30.

[116] Disponível em https://hudoc.echr.coe.int/eng?i=001-106178.

[117] Aqui disponível: https://strasbourgobservers.com/2011/09/29/a-poll-on-palomo-sanchez-2/.

[118] Disponível aqui: https://hudoc.echr.coe.int/eng?i=001-158752.

judeu, terminando o espectáculo em apoteose (chegando a dizer-se que se tinha tratado do "maior comício anti-semita do pós-guerra").

O humorista foi condenando pelos Tribunais franceses e o TEDH entendeu justificada a ingerência, uma vez que o espectáculo tinha perdido o carácter de diversão para se transformar num comício, referindo que o referido Dieudonné não se podia prevalecer da sua qualidade de artista para, ao abrigo da liberdade de expressão, da sátira, do humor e da provocação, prosseguir – através de uma cena grotesca – fins contrários à Convenção, o que, a ser aceite, destruiria os valores e liberdades que esta consagra. Citando o Acórdão: "O Tribunal não pode aceitar que a expressão de uma ideologia que vai contra os valores fundamentais da Convenção, como a justiça e a paz, assimilada num espetáculo – mesmo que satírico e provocador – possa beneficiar da protecção do artigo 10º".

Ou seja, o requerente não pode reclamar a protecção do artigo 10º quando dos factos decorre (quer pelo conteúdo, quer pela tonalidade geral utilizada, quer pela finalidade) um acentuado carácter anti-semita e negacionista do Holocausto, inserindo-se a actuação no conceito de discurso de ódio, ainda que sob o revestimento da produção artística, o que se traduz em estarem visados fins contrários à Convenção[119].

Neste caso, o Tribunal seguiu directamente para o já referido artigo 17º da CEDH demonstrando as suas potencialidades de aplicação[120].

Uma opção que temos como correcta pois – de facto – a via do teste da proporcionalidade e do confronto entre os valores em presença que costuma ser trilhada, pode ser desnecessária nos casos em que a prevalência vai para a admissibilidade da ingerência, considerando-se preenchido o âmbito da previsão do artigo 17º.

O Caso *Mila*[121] (França)

Já que estamos em França creio ser particularmente relevante, por sintomático da sensibilidade do tema (em especial, neste país, fustigado por uma

[119] O que – como já se disse – obsta, impede, o funcionamento da protecção do artigo 10º da CEDH.

[120] A este propósito, o Conselheiro João Silva Miguel sublinha que, para efeitos do funcionamento do artigo 17º, "estando em causa a liberdade de expressão, nele não só se compreendem situações claras, imediatas e directas, como também situações que, «sob o disfarce de uma produção artística de natureza satírica ou provocadora foi considerada tão perigosa como um ataque imediato e de pleno direito, e, portanto, não merecia protecção ao abrigo da Convenção», como foi afirmado no caso M'Bala M'Bala c. France" (João da Silva Miguel, Proibição do abuso de direito, cit., página 2627).

[121] *Mila,* Je suis le prix de votre liberté, Grasset, 2021; *Schoettl, Jean-Éric,* La Démocracie au Péril des Prétoires-De l'État de Droit au Gouvernement des Juges, Gallimard, 2022, páginas 115-119.

série de situações-choque como a dos atentados terroristas, incluindo o do Charlie Hebdo[122]), deixar nota deste caso.

[122] Esta triste circunstância origina também inúmeros processos judiciais e uma intensa reflexão sobre as matérias. Recentemente foram editadas em livro as alegações orais de dois processos:
– o das caricaturas de Maomé publicadas pelo Charlie Hebdo (*George Kiejman-Richard Malka*, Éloge de L'irréverence, Éditions Grasset & Frasquelle, 2019) – alegações dos advogados do jornal no processo que, em 2007, organizações muçulmanas colocaram contra o Charlie Hebdo por ofensa à dignidade dos crentes, a propósito de duas caricaturas publicadas com imagens de Maomé (uma com uma bomba debaixo do turbante, outra às portas do paraíso a dizer aos que se aprestavam a entrar, que parassem porque não havia mais virgens);
– e o dos atentados terroristas de 2015 contra o Charlie Hebdo (*Richard Malka*, Le Droit d'emmerder Dieu, Éditions Grasset & Frasquelle, 2021) – alegações do advogado do jornal em Dezembro de 2020.
Neste último, pelo interesse que me parece revestir para a nossa temática, transcrevo alguns excertos:
– os atentados do Charlie Hebdo são o cume da intolerância, são mais do que simples homicídios, "têm um significado, um retrato político, filosófico, metafísico. Os atentados dos irmãos Kouachi e por Amedy Coulibaly convergem na mesma ideia. São indissociáveis, foram preparados concertadamente e com o mesmo fim. Quando Coulibaly mata os judeus, ele não mata apenas os judeus, mata o Outro. O Judeu é o Outro. Em todas as latitudes, em todas as épocas, da humanidade, do antigo Egipto à Alemanha nazi, dos ghettos da Polónia aos bairros fechados do Magreb, passando pelas shtelts da Bessarábia.
O Judeu é aquele que é diferente, que guarda a sua identidade através dos milénios e que recusa fundir-se na massa. É a ideia de irredutível singularidade e de diversidade.
Charlie Hebdo também é o Outro. Aquele que é livre libertário, que se exprime sem entraves e, pior, que se ri daqueles que têm um pensamento totalitário e recusam a diferença.
O sentido destes crimes é a aniquilação do Outro, da diferença. Se não se responde a isto, ficaremos a meio do caminho e sancionaremos o acto sem apreender o seu alcance" – página 11;
– como apreender o alcance desta problemática por um tribunal que não está pensado para proteger a liberdade, a diversidade, mas para apreciar os elementos constitutivos dum crime, uma culpabilidade, elementos factu*ais?* – páginas 11-12;
– "A mensagem dos terroristas é clara. Eles dizem-nos: as vossas palavras a vossa indignação vossa resistência de nada serve. Continuaremos a matar-vos.
Eles dizem-nos: os vossos juízes, os vossos processos, são-nos indiferentes, não os reconhecemos e continuaremos a matar-vos. As vossas leis são uma anedota. Nós só respondemos perante as leis do Céu e não temos medo de morrer. Preferimos a morte à vida.
Pedem-nos que renunciemos à liberdade, porque com uma faca e um machado eles serão mais fortes que 66 milhões de franceses, um exército e uma polícia.
É a arma do medo, para nos fazer abandonar um modo de vida construído durante séculos.
Como responder-lhes?

18 de Janeiro de 2020, Sábado. Uma miúda de 16 anos chamada Mila era ainda uma adolescente normal, que gostava de cantar e que partilhava no Instagram as suas opiniões, as suas brincadeiras, a sua vida despreocupada.

Naquele dia tudo mudou.

Primeiro, porque de uma forma natural e em conversa assumiu a sua homossexualidade (num contexto em que se falava de tipos de rapazes e de tipos de raparigas e de preferências amorosas).

Na sequência, um dos seguidores tenta seduzi-la, e ela rejeita-o, aqui se espoletando o problema: ele disse que ela era racista, seguem-se inúmeros insultos criticando a sua homossexualidade (insultos esses feitos *em nome do Islão*) e eis que, em resposta, Mila publica uma *story* onde diz frases como "Je déteste la religion", "Le Coran il n'y a que de la haine lá-dedans", "L'Islam c'est de la merde, c'est ce que je pense", "Votre religion, c'est de la merde" e "Votre dieu, je lui mets un doigt dans le trou du cul. Merci. Au revoir"[123].

Depois disto, tudo fugiu do controlo com milhares (cerca de 100.000) insultos sexistas, ameaças de violação e de morte, divulgação dos seus hábitos e rotinas diárias, sendo que, de tal forma a sua segurança foi colocada em causa, que deixou de poder ir para o Liceu, que teve de deixar a escola e passou a viver escoltada pelo corpo de segurança da polícia francesa.

Abandonar o direito de criticar livremente as religiões?" – página 15;
– "Eles detestam as nossas liberdades e não pararão. E sabem porquê? Porque nós somos o Outro. Porque somos um povo que porta um universalismo que se opõe ao seu.
Mas o nosso traz consigo liberdade e razão, enquanto o dos fanáticos assenta no dogma e na submissão.
Portanto, podíamos renunciar a tudo o que quiséssemos que eles não parariam enquanto não nos transformássemos em peixinhos vermelhos às voltas num aquário" – página 17;
– Churchill na 2ª Guerra Mundial falou do crocodilo que se foi alimentando à espera de se ser o último a ser comido... Agora é a mesma história: *"quando se é confrontado com fenómenos que nos causam medo, alguns escolhem pactuar. Mas há um momento em que o crocodilo fica tão gordo, à força de ser alimentado com as nossas renúncias, que o que podia ter sido parado com um pouco de coragem, se torna num monstro que ameaça engolir-nos. E aí, o preço a pagar para continuarmos livres torna-se mais elevado"* – página 19.

[123] Disponível aqui: https://www.google.com/search?q=affaire+mila+video&rlz=1C1GCEU_pt-PTPT836PT836&sxsrf=ALiCzsYfHNHB12MpYeVVtRvMzVGPESXg3Q:1668942203595&source=lnms&tbm=vid&sa=X&ved=2ahUKEwitosiZzrz7AhVuQaQEHfhEBJoQ_AUoAXoECAEQAw&biw=1536&bih=664&dpr=1.25#fpstate=ive&vld=cid:d88c1a98,vid:SgM0Lq7M4EQ.

Entretanto, também a política se meteu no assunto:

– com um líder muçulmano francês (Abdallah Zekri), em comentário à situação, a recordar um provérbio (que também é português), "qui sème le vent récolte la tempête" e a afirmar que "Elle l'a cherché, elle assume";

– com uma Ministra da Justiça (Nicole Belloubet) a dizer que o insulto a uma religião constitui "evidentemente um atentado à liberdade de consciência" (sendo certo que em França a blasfémia não é punida)[124].

Como é típico nestes casos criaram-se dois campos opostos, debaixo de dois hashtags: JeSuisMila ou #JeNeSuisPasMila.

A situação deu origem a dois processos: um por incitamento ao ódio racial (contra Mila[125]), o outro por assédio (contra aqueles/as que se lograram identificar[126]).

Está neste como em muitos outros casos em cima da mesa a questão da **blasfémia**[127], um tema do qual o filósofo *André Comte-Sponville* tem falado e com uma argumentação que merece reflexão: numa entrevista ao Le Monde, em 12 de Março de 2015 (intitulada "A blasfémia faz parte dos direitos do Homem, as boas maneiras não..."[128]), refere que:

– a "blasfémia faz parte dos direitos humanos. O humor das virtudes do cidadão";

– citando Desproges, "«Podemos rir de tudo, mas não com qualquer um». Rir de Moisés, de Jesus, de Maomé, porque não? Mais não com um anti-semita, um terrorista anti-cristão ou um racista anti-muçulmano";

124 Neste caso e apesar de Nicole Belloubet ter dito que estava a ser mal interpretada, Laurence Rossignol (uma ex-ministra da Família e dos Direitos da Mulher) não deixou de dizer que *"na França não havia necessidade de reavivar o debate sobre este tema tão sensível"* e que *"é proibido insultar os adeptos duma religião, mas podemos insultar uma religião, as suas figuras e os seus símbolos"*.

125 Que veio a ser arquivado, tendo o Procurador da República que tinha o processo a cargo concluído que as afirmações por ela produzidas *"qualquer que seja o seu tom ultrajante"*, tinham o *"único objectivo de exprimir uma opinião pessoal a respeito de uma religião, sem com a intenção de exortar o ódio ou a violência contra indivíduos"* (https://www.marianne.net/societe/l-enquete-pour-provocation-la-haine-de-la-jeune-mila-classee-sans-suite).

126 Que já deu origem a condenações (inclusive em penas de prisão) em vários processo: https://www.actu-juridique.fr/ntic-medias-presse/affaire-mila-la-justice-sanctionne-le-harcelement-et-les-menaces-de-mort/) .

127 Em Portugal, o Padre Gonçalo Portocarrero de Almada tem um texto imperdível ("*Blasfémia: um pecado, um direito, ou um crime?*") no e-book CEJ "*Humor, Direito e Liberdade de Expressão*" [em linha], cit., páginas 193 a 212, disponível em https://cej.justica.gov.pt/LinkClick.aspx?fileticket=lmZGRttIhjQ%3d&portalid=30.

128 Aqui disponível: https://www.lemonde.fr/actualite-medias/article/2015/03/12/le-blaspheme-fait-partie-des-droits-de-l-homme-pas-des-bonnes-manieres_4592696_3236.html.

– "não está excluído que tratemos as religiões de forma diferenciada. É mais fácil, em nosso país, satirizar os cristãos do que os judeus ou muçulmanos. Isso também pode ser explicado por boas razões: os cristãos na França dificilmente são vítimas de racismo ou segregação; podemos, portanto, pensar que eles precisam de menos protecção... Lembre-se, a propósito, que isso não é muito diferente do que se passa em muitas regiões do globo: os cristãos, hoje, são sem dúvida a comunidade religiosa mais perseguida do mundo (na maioria das vezes por fanáticos muçulmanos).

Com relação ao Dieudonné e ao Charlie Hebdo, é diferente. A lei proíbe a incitação ao ódio racial, incluindo o anti-semitismo. Não proíbe a blasfémia. A aplicação de "padrões duplos" só é condenável se se tratar de dois objectos idênticos ou muito semelhantes. Mas estão em causa dois objetos claramente distintos: a denúncia de uma etnia, por um lado, a caricatura de um personagem religioso, por outro".

Ainda a propósito deste ponto, fica-me na memória um argumento utilizado pelo Advogado Richard Malka e que aqui deixo partilhado: quem acredita em Deus todo poderoso e vem em sua defesa perante blasfémias, apenas demonstra que tem uma crença muito fraca, pois se é todo poderoso não precisa de ajuda de pobres mortais. Sabe defender-se a si próprio e castigar quem tenha de castigar...[129]

Portugal, dois exemplos

Para além dos Casos *Sousa Goucha vs. Portugal* e *Alves da Silva vs. Portugal* que são significativos, faço referência a duas situações que ainda não tiveram decisão judicial conhecida, mas que merecem ser ponderadas, no âmbito da reflexão proporcionada por este texto, por poderem estar na linha de fronteira do admissível:

– a (anunciada) acção do juiz Neto de Moura contra Ricardo Araújo Pereira a propósito do programa "Gente que não sabe estar", em que entre outras comparações, foi comparado a um calhau com olhos e foi objecto do jogo "Salva o Neto"[130];

– a acção intentada por um jornalista contra uma humorista, sua ex-cônjuge: na sequência da separação ocorrida e ele já com uma nova relação, ela – num espectáculo no Campo Pequeno – fez duas piadas com a

[129] *Richard Malka,* Le Droit d'emerder Dieu, Éditions Grasset & Frasquelle, 2021, página 42 (citando *Clemenceau* num discurso na Assembleia).

[130] Aqui disponível: https://tviplayer.iol.pt/programa/gente-que-nao-sabe-estar/5c3f58680cf2adafd00310e0/video/5c608e230cf2b67a55a584c6.

separação dirigindo-se ao filho de ambos (que, mesmo abstraindo do plano jurídico, perigosamente confundem o plano profissional da humorista com o seu plano pessoal e privado, colocando os focos sobre um menor e em alguém que não era figura pública):

– "Ó Mateus, eu sei que ela é super magra porque ela faz maratonas, corre imenso... Sabes quem é que também corre muito, amor? São pessoas que têm peso na consciência porque fizeram uma coisa muito feia, como separar o papá da mamã";

– "Mateus, sabes por que é que a nova namorada do papá é assim toda *fit*? É porque não gosta de chocolates, nem de gomas, nem de pipocas. E também não gosta de chupas. Ai não, de chupas gosta...".

Duas piadas que foram depois repercutidas nas redes sociais e nos jornais, e que a nova namorada e o ex-companheiro não gostaram e terão ficado mesmo muito afectados, levando a que ela intentasse em Tribunal uma acção de indemnização e ele publicasse um editorial na sua revista digital MAGG ("Não foi o Chris Rock que levou um estaladão, foram todos os humoristas que acham que no humor vale tudo. Não vale"[131]), questionando os limites do humor e do qual releva extrair este excerto:

"Um estalo à Will Smith não iria resolver nada, como no caso dele não resolveu. A única forma de não deixar uma situação destas impune é seguir a via que resta, a correta, aquela a que um cidadão comum, anónimo, que não tem o poder das estrelas do humor, pode recorrer: os tribunais. Será a Justiça a decidir se uma hipotética gargalhada de cinco segundos de três ou quatro mil pessoas é mais importante do que a saúde mental, o trabalho e a vida de outra pessoa. Será a Justiça a decidir se a liberdade de expressão é válida em qualquer circunstância, mesmo quando a usamos para humilhar, ofender, prejudicar e magoar outra pessoa de forma deliberada e com consequência óbvias e diretas no estado emocional e psicológico de uma pessoa inocente, que não concordou em participar daquela história. Será a Justiça a decidir se o humor é uma entidade que vive à parte da sociedade e sobre a qual não incidem as leis que regem todas as outras áreas de uma sociedade que vive num Estado de Direito"[132].

[131] Aqui disponível: https://magg.sapo.pt/opiniao/cronica/artigos/nao-foi-o-chris-rock-que-levou-um-estaladao-foram-todos-os-humoristas-que-acham-que-no-humor-vale-tudo-nao-vale.

[132] Que teve uma resposta da humorista no Instagram, que certamente terá sido junta ao processo (https://www.instagram.com/p/Cbql70uoo88/)...

Síntese reflexiva

Depois de todos os elementos que trouxemos para reflexão é agora momento de resumir de alguma forma o já dito.

Já sabemos que há pelo menos três sistemas possíveis de abordagem desta matéria dos limites:

– o americano, marcado pela 1ª Emenda à Constituição, conjugada com a 14ª, que proíbe os poderes públicos – Judicial e Executivo – de restringir a liberdade de expressão (relevando apenas as violações de má fé por parte da imprensa que possam originar direitos de indemnização, mas permitindo manifestações racistas como as do Ku Klux Klan ou a queima da bandeira);

– o que decorre da CEDH, que faz prevalecer a liberdade de expressão/imprensa, permitindo, todavia, restrições como a de discursos de ódio e de negação do Holocausto ou de propaganda nazi (facilmente explicadas pela traumática história sofrida pela Europa no Século XX, consequência destas ideias);

– a que melhor conhecemos, mais tradicional e conservadora, com a qual convivemos na nossa Ordem Jurídica durante muito tempo, e que faz prevalecer a honra sobre a liberdade de expressão.

Cada vez mais, todavia, em face das repetidas condenações sofridas no TEDH, das formações feitas pelo Centro de Estudos Judiciários e da natural evolução cultural, social e, porque não dizê-lo (porque inerente), mudança geracional do mundo jurídico português, a aproximação ao segundo sistema ou modelo e a tentação pelo primeiro são mais visíveis.

A isto não é alheio, também o fenómeno da mundialização do Direito, da cosmopolitização das decisões dos Tribunais, em que, mercê da facilidade de circulação da informação e do surgimento de problemas semelhantes em diversos pontos do globo, com sistemas jurídicos distintos, todos logram testar as argumentações utilizadas perante cada situação, acabando por haver influências mútuas de todos em todos, contribuindo para uma cultura jurídica cada vez mais universal (o que é particularmente visível, por exemplo, nas abordagens feitas pelos Tribunais constitucionais quanto a matérias controversas em todas as geografias): já diziam no início do século *Julie Allard* e *Antoine Garapon* que a "mundialização da justiça funciona, por conseguinte, como um princípio de estabelecimento de relações no termo do qual nenhum tribunal poderá permanecer indiferente aos seus homólogos"[133], fun-

[133] *Antoine Garapon-Julie Allard,* Os Juízes na Mundialização Os Juízes na Mundialização-A Nova Revolução no Direito, Instituto Piaget, 2006, página 35.

damentalmente na "jurisdictio e não no imperium", obedecendo "por conseguinte, à dupla exigência de eficácia concreta e de coerência argumentativa, reforçando ambas a legitimidade da decisão"[134].

*

Por outro lado e como já tivemos oportunidade de referir noutra sede[135], haverá – **em todas as situações** – que considerar a presença de:

– um **direito individual do cidadão** – ligado à sua liberdade e relacionado com a sua capacidade de intervenção e interacção pessoal e política na sociedade, que permite que os cidadãos, entre si, troquem as suas opiniões e se agridam verbalmente;

– uma **garantia institucional do Estado de Direito Democrático**, estruturado na base da formação da opinião pública e da desejável participação dos cidadãos na vida da comunidade (um plano que, se afectado, pode condicionar, intimidar ou fazer temer a liberdade de informar da Comunicação Social, o que, necessariamente, tem reflexos no pluralismo e no escrutínio público, bem como no esclarecimento da opinião pública e da formação de uma consciência cívica esclarecida).

E continua plenamente pertinente o entendimento que de forma lúcida e assertiva o Conselheiro *João Bernardo* deixou expresso no Acórdão do Supremo Tribunal de Justiça de 30 de Junho de 2011 (Processo nº 1272/04.7TBBCL.G1.S1), quando refere que:

> 2. A Constituição da República Portuguesa tutela, quer o direito à honra, quer o direito à liberdade de expressão e informação.
> 3. Mas não estabelece hierarquia entre eles.
> 4. Por força dos artigos 8º e 16º, nº 1, da Lei Fundamental, a Convenção Europeia dos Direitos do Homem situa-se em plano superior ao das leis ordinárias internas.

[134] *Antoine Garapon-Julie Allard,* Os Juízes...cit., página 80.
Sobre esta matéria tem também interesse o capítulo "Poder Judicial y Jurisdición en una Sociedade Global", *in* El Juez y la Cultura Contemporanea, Tomo II, Consejo General del Poder Judicial, 2008, páginas 25-195 (com textos de *Jesús Fernandez Entralgo* – "Globalización y Derecho"; *Antonio-Enrique Pérez Luño* – "Globalización y Derecho"; *René Blattmann* – "La Corte Penal Internacional y su Contribuición a la Justicia Universal"; *António Remiro Brotóns* – "A Vueltas com el Princípio de Jurisdición Penal Universal"; *Perfecto Andrés Ibañez* – "Tutela Jurisdicional de los Derechos"; e *Nicola Picardi* – "Extraestatalidad de la Jurisdición").

[135] *Edgar Taborda Lopes,* Liberdade de Expressão e Tutela da Honra – Que limites?, Revista da Faculdade de Direito da Universidade de Lisboa, Volume LV, nº 1, Coimbra Editora, 2014, página 190.

5. A CEDH não tutela, no plano geral, o direito à honra, considerando-a como uma possível integrante das restrições à liberdade de expressão que são enunciadas no artigo 10º, nº 2.
6. Devemos partir do direito à livre expressão e averiguar se existe alguma das excepções do nº 2 do artigo 10º (e não partir da tutela do direito à honra e considerar os casos de eventuais ressalvas).
7. Esta é também a leitura que se retira da Carta dos Direitos Fundamentais da União Europeia.

Por fim, o campo específico do humor impõe que, sempre que seja esse o contexto da situação, seja olhado com uma abertura distinta e bem mais ampla.

É o que diz *Ricardo Araújo Pereira* quando escreve que "humor ou sentido de humor, é, na verdade, um modo especial de olhar para as coisas e de pensar sobre elas. É raro, não porque se trate de um dom oferecido a apenas alguns escolhidos, mas porque esse modo de olhar e raciocinar é bastante diferente do convencional (às vezes é precisamente o oposto), e a maior parte das pessoas não tem interesse em relacionar-se com o mundo dessa forma, ou não pode dar-se a esse luxo. Somos treinados para saber o que as coisas são, não para perder tempo a investigar o que parecem, ou o que poderiam ser.

Esta disposição particular implica uma noção de jogo quase (ou completamente) infantil com as coisas – e connosco próprios. Trata-se de entender as pessoas, os objectos, as ideias, a linguagem como brinquedos, feitos de peças que é possível organizar de outra forma, acrescentar, subtrair, deformar, virar ao contrário, pôr noutro sítio"[136].

E o direito a ofender?

Ter ou não o direito de ofender é uma pergunta complicada.

Mick Hume, numa obra que lhe dedicou[137], dá-lhe uma resposta positiva, rebatendo de forma brilhante os argumentos que costumam ser usados para limitar a liberdade de expressão ("Não se pode gritar 'fogo!' num teatro apinhado de gente"; "É preciso ter cuidado com a língua"; "Quem mente e nega o holocausto não merece ser ouvido"; "A liberdade de expressão é só uma desculpa

[136] *Ricardo Araújo Pereira,* A Doença, o Sofrimento e a Morte Entram num Bar-Uma Espécie de Manual de Escrita Humorística, Tinta da China, 2016, página 39.

[137] *Mick Hume,* Direito a Ofender-A Liberdade de Expressão e o Politicamente Correcto, Tinta da China, 2016.

para os meios de comunicação social manipularem as pessoas"; "Mas as palavras magoam", etc.).

Mas o seu brilhantismo, não apaga o seu fundamentalismo... E todos os fundamentalismos são maus. Porque redutores. Porque maniqueístas.

Partindo de um ponto de partida que temos como correcto, esquece depois que a realidade, como a vida em sociedade, implica matizações e um abuso será sempre um abuso.

Pode ser-se excessivo, sem se ser abusivo e a fronteira estará sempre na distinção entre o excesso e o abuso.

Assim, a resposta à pergunta, em meu entender, terá de ser negativa, na mesma linha que teria de o ser perante a que interrogasse sobre se tenho o direito de matar, ou o direito de me suicidar, ou o direito de bater em alguém.

Mas sim, posso dizer que tenho direito a ser mal-educado, ou a ser desagradável, ou a ser excessivo.

Como ocorre com todos os direitos, tudo o que for feito de forma abusiva, a Ordem Jurídica não permite. Qualquer Ordem Jurídica.

E temos de ter presente que, no contexto humorístico, as margens são necessariamente mais amplas: é o poder do contexto, do enquadramento, que tudo muda ou tudo pode mudar.

A nossa Ordem Jurídica tem respostas para tudo (mesmo que nem sempre sejam boas ou possamos estar em desacordo com elas), até porque já vimos que está alargada a outras experiências socio-jurídico-culturais, pelo menos europeias (mais próximas de nós).

É por isso que o recurso aos institutos jurídicos que temos ao nosso dispor e que há séculos nos acompanham faz todo o sentido.

E o que atrás se disse quanto ao abuso de direito tem de nos servir de referência, nos termos que já expusemos (partindo do artigo 334º do Código Civil e do 17º da CEDH.

São normas e institutos que nos podem ajudar, pois delimitam os seus contornos e limites no direito português pela boa fé, bons costumes e fim social ou económico do direito: é a linha orientadora da apreciação da matéria respeitante ao abuso do direito e pode ser a linha orientadora para o caso do abuso do direito à liberdade de expressão.

Assim, a ideia acima transmitida pelas palavras de *Pedro Pais de Vasconcelos* no sentido de que o "direito deve ser exercido honestamente, como deveria ser exercido por uma pessoa de bem" e de que há abuso "sempre que o exercício de um direito se mostre em desconformidade com a teleologia desse mesmo direito, com o seu fundamento", enfim, quando há um "choque com os princípios normativos do direito enquanto direito", dá-nos margem e critério para encarar as situações mais dúbias e resolvê-las de forma equilibrada.

Um insulto gratuito não tem nunca base que o sustente.

Uma imputação directa e falsa, com a consciência dessa falsidade (sem consciência disso, só se não for duma forma grosseira), também não.

O apelo ou o incitamento à violência, *idem*.

A promoção do racismo, da xenofobia e da homofobia, *idem*.

Nada disto está acobertado dentro do fim de qualquer direito ...

Porque todos esses discursos são susceptíveis de causar o que o *Ricardo Araújo Pereira* (com a lúcida inteligência que o caracteriza), tem chamado de "dano substancial" o qual, ocorrendo, não pode ser protegido pela liberdade de expressão (a tese é a de que tem mais custos o cerceamento da liberdade de expressão do que o de discursos que sendo excessivos, feios, deselegantes, malcriados, não vão além disso; se o forem, prevalece o evitar o dano).

É um critério razoável.

Como o é, adjuvantemente, o da boa fé.

E o do fim visado (que nos leva para questões de prova da intenção, com as quais os Tribunais lidam há séculos[138]).

Repare-se que a possibilidade do excesso tem sempre de estar prevista, porque faz parte da natureza humana[139]...

[138] Por isso, os Tribunais, sempre estarão aí para verificar se se justificam punições e/ou reparações e em que medida(s).
Dirão alguns/algumas que isso faz com que os Tribunais percam tempo com questões menores. Mas não há "questões menores", porque, para os interessados, para as partes, elas são sentidas como questões maiores e os Tribunais não escolhem os processos que julgam ou lhes são apresentados pelos cidadãos (mesmo que os assuntos pareçam "menores" ou "parvoíces"...). Os Tribunais cá estão para o que aparecer, para acolher todos/as... sempre assim foi, sempre assim será...
Estão cá para isso.

[139] Temos, muitas vezes, a veleidade de pensar (e de esperar) que figuras públicas e políticos estão e vivem em patamares de exigência superiores.
Mas não... vivem e são como os/as outros/as. Como todos/as.
E se entre nós há quem tenha maiores patamares de exigência e anto-controlo, entre eles/as sucede o mesmo (veja-se o caso do Will Smith). Assim, também se irritam e se "passam" como os comuns mortais, e isso sucede que porque são... comuns mortais...

Mas tudo o que for excessivamente abusivo, vai para além do tolerável!

O que não gostamos de ver, ouvir, ou ler, ou que simplesmente nos incomoda, nos irrita ou deixa possessos, não pode – à partida – ser tido como ofensivo, nomeadamente quando nos movemos em contexto humorístico.

Efectivamente, **comédia não é agressão**. É comédia.

Embora possa magoar[140]...

Há matérias que não são susceptíveis de grande regulação, porque as suas concretas cambiantes podem ser tantas que, qualquer tentativa, se arrisca a gerar mais problemas do que soluções.

Assim, para enquadrar a liberdade de expressão, o nosso verbo (o tal do início), tem de passar pela orientação dada pelas regras da DUDH e da CEDH (tendo presente ainda o que está subjacente à conjugação da 1ª Emenda da Constituição Americana, com a 14ª) até chegarmos à verificação da (eventual) existência de uma situação de abuso.

A partir deste ponto de partida somos conduzidos ao que de melhor tem o Direito: a capacidade de nos desafiar a encontrar soluções justas e equilibradas.

E é aí que o abuso pode ser verificado[141].

Para isso servem as tais regras gerais e abstractas (que são sempre isso mesmo, gerais e abstractas), que iluminam o caminho, para depois o caminho ser percorrido pelos casos concretos (que são sempre diferentes...) e que, subsumidos, passam a ter decisões concretas.

Porque pode – efectivamente – haver abuso do direito à liberdade de expressão (que só em concreto pode ser verificado): cada um/a tem direito à sua auto-determinação, tem o direito a fazer as suas escolhas e responsabilizar-se por elas.

Assim, não havendo direitos absolutos (nem a vida), a pergunta a colocar não deve ser se há limites, mas sim quais são os limites.

O limite do bom senso, é pouco, por ser demasiado difuso e subjectivo.

Muitos/as, aliás só defendem a liberdade de expressão quando vem do seu lado, dos/as seus/suas amigos/as, ou os/as pode beneficiar, ou gostam do que ouvem...

140 Mas também a traição amorosa magoa. E o ciúme. E a desilusão com atitudes. E tantas outras circunstâncias da vida...

141 Correm-se riscos com esta judicialização? Claro que sim. Mas tudo tem riscos e este não é distinto de outros: o risco assumido do ser-se Humano, do viver em Democracia, do participar na construção de um Estado de Direito.

O limite do bom gosto[142] [143], ainda é pior.

O limite da lei, sendo perigoso, também é – desde que fundado em princípios aceites numa sociedade democrática e em normas com cláusulas suficientemente abertas para enquadrar a realidade criativa que nos envolve – o único que garante, não só uma linha de orientação, como a existência de um espaço (o Tribunal[144]) onde, quando é chamado a intervir, o faz em condições de igualdade e com base em regras conhecidas, e aí pode obter uma decisão que faça respeitar os limites de intervenção do Estado.

*

Epílogo

Edgar Morin, do alto do seu centenário, pode hoje – ainda – continuar a considerar actuais as palavras com que, em 1973, terminou o seu "Paradigma Perdido: a natureza humana":

"A plena consciência da incerteza, do acaso, da tragédia, em todas as coisas humanas está longe de me ter levado ao desespero. Pelo contrário, é saudável trocar a

[142] Com interesse, vd.:
– *Ricardo Araújo Pereira*, Humor, "bom gosto", excessos, limites, autocensura, etc., *in* Humor, Direito e Liberdade de Expressão *[em linha]*, E-book CEJ, cit., páginas 11 a 23, disponível em https://cej.justica.gov.pt/LinkClick.aspx?fileticket=1mZGRttIhjQ%3d&portalid=30.

[143] *João Miguel Tavares*, O respeitinho não é bonito: bom gosto, sentido de humor e política em Portugal, *in* Humor, Direito e Liberdade de Expressão-2017 *[em linha]*, E-book CEJ, 2018, páginas 11 a 18, disponível em https://cej.justica.gov.pt/LinkClick.aspx?fileticket=sG55wlJVUCs%3d&portalid=30.
A propósito do humor, a Ministra Nancy Andrighi do Superior Tribunal de Justiça escreveu de forma assaz contundente e assertiva, no Acórdão de 16 de Junho de 2005, que proferiu no Processo de Recurso Especial nº 736.015-RJ (em que estava em causa uma publicação humorística chamada "Bundas", que satirizava a publicação "Caras"...), que não cabe ao Tribunal *"dizer se o humor é 'inteligente' ou 'popular'. Tal classificação é, de per si, odiosa, porquanto discrimina a atividade humorística não com base nela mesma, mas em função do público que a consome, levando a crer que todos os produtos culturais destinados à parcela menos culta da população são, necessariamente, pejorativos, vulgares, abjetos, se analisados por pessoas de formação intelectual 'superior'"* – disponível em https://www.stj.jus.br/websecstj/cgi/revista/REJ.cgi/ITA?seq=547081&tipo=0&nreg=200500481507&SeqCgrmaSessao=&CodOrgaoJgdr=&dt=20050701&formato=HTML&salvar=false.

[144] Os Tribunais são constantemente usados como instrumento de "lavagem da honra", que funciona mesmo que as acções sejam improcedentes ou os/as arguidos/as sejam absolvidos/as: é que enquanto dura o processo, o/a "ofendido/a" sente sempre que movimentou a máquina judicial para lograr Justiça e, ainda que não vença a sua perspectiva, o "entretanto" já constituiu uma pequena vitória, ou se se preferir, algum castigo para o/a seu/sua "ofensor/a".
Pode não ser justo, ou bonito, mas é um "mal-menor" que – indubitavelmente – constitui uma forma de vivência democrática e civilizada.

segurança mental pelo risco visto que também se ganha a sorte. As verdades polifónicas da complexidade exaltam, como me compreenderão aqueles que, como eu, asfixiam no pensamento fechado, na ciência fechada, nas verdades limitadas, amputadas, arrogantes. É saudável uma pessoa arrancar-se à palavra, à mestra que explica tudo, à litania que pretende resolver tudo.

Por fim, é saudável considerar o mundo, a vida, o homem, o conhecimento, a acção, como sistemas abertos.

A abertura, brecha sobre o insondável e o nada, fenda original do nosso espírito e da nossa vida, também é a boca sequiosa e esfomeada pelo qual o nosso espírito e a nossa vida desejam, respiram, se dessedentam, comem, beijam".

Tudo o que se deixou dito sobre uma matéria tão complexa, com tantas cambiantes, não constitui uma verdade absoluta (sequer tendencialmente), mas servirá agora para que nos casos concretos com que nos confrontemos, possamos ter mais alguns elementos que permitam apreciar e construir uma resposta que não só nos realize enquanto Pessoas e Juristas, mas, fundamentalmente, consiga resolver os conflitos, apaziguando-os, respeitando a nossa Constituição, as Convenções por Portugal subscritas, a Lei e – sempre – considerando que fazemos parte de um Estado de Direito democrático e tolerante.

*

E termino com um trio: *Michel Houellebecq*, envolvido pelos Gato Fedorento e pelos Monthy Pyton: um final duma forma contraditoriamente desencantada e que envolve tudo o que aqui foi dito e escrito, na compreensão do que é a natureza humana e da forma como o Direito reage a estas matérias (sempre – espero – com uma nota de esperança, dada pela reflexão que certamente farão sobre o texto que antecede).

Em fundo, uma atrevida e arriscada letra[145] e música[146] dos Gato Fedorento

[145] Gato Fedorento (Temporada Zé Carlos): Rústicos pelo Epicurismo – *"Isto é uma espécie de cócó"*:
"Lembra-te de comer bem,
Bober também
E rir com vontade.
Mas melhor do que isto até
É praticar a se-xualidade.

Não percas tempo na estrada,
Não serve para nada,
Evita as filas.

Arranja uma boa mulher
Ou um gajo qualquer,
Se fores larilas.

(Sabes porquê? Porque...)
Nós vamos todos falecer,
Patinar, bater as botas.
Eu vou esticar o pernil,
Conviver com as minhocas.

Tu vais fechar a pestana
E fazer para sempre ó-ó.
Nós vamos passar a ser húmus,
Que é uma espécie de cocó.

Prova o morango e a romã,
A uva, a maçã,
O figo e a cereja.

O mundo tem lindas cores
E belos odores,
Menos em Estarreja.

Tenta por todos os meios
Viver sem receios,
Não há que temer.
Quer tenhas ou não tenhas medo,
Mais tarde ou mais cedo tu vais falecer

Nós vamos todos falecer,
(Eu não vou! Olha que vais!)
Patinar, bater as botas.
Eu vou esticar o pernil,
Conviver com as minhocas.

Tu vais fechar a pestana
E fazer para sempre ó-ó.

Nós vamos passar a ser húmus,
Que é uma espécie de cocó.

(na pele dos "Rústicos pelo Epicurismo"), enquanto *Michel Houellebecq*[147] diz que "O humor não salva; o humor, em definitivo, não serve para quase nada.

Podem ver-se, durante anos, muitos anos mesmo, os acontecimentos da vida com humor.

Nalguns casos pode adoptar-se uma atitude divertida praticamente até ao fim; mas a vida acaba sempre por nos deixar de rastos.

Por melhores que sejam as qualidades de coragem, sangue-frio e humor que criemos ao longo da vida, acabamos sempre por ficar com o coração em fanicos.

E, então, deixamos de rir. No fim de contas, só nos resta a solidão, o frio e o silêncio.

No fim de contas, só nos resta a morte"[148].

E, sendo esta uma verdade insofismável, resta-nos ficar por aqui e assobiar, com os *Monthy Pyton,* o "Always Look On The Bright Side Of Life"[149]...

Expirar, falecer, extinguir, apagar,
Cessar, fenecer, esvair, patinar,
Morrer, acabar, definhar, concluir,
Perecer, terminar, descansar, sucumbir.
(Estava a brincar!)

Nós vamos todos falecer,
Patinar, bater as botas.
Eu vou esticar o pernil,
Conviver com as minhocas.

Tu vais fechar a pestana
E fazer para sempre ó-ó.
Nós vamos passar a ser húmus,
Que é uma espécie de cocó,
Que é uma espécie de cocó,
Que é uma espécie de cocó,
De cocó,
De cocó!".

146 Aqui disponível: https://www.youtube.com/watch?v=jLYP73y_zyU&t=24s.

147 Que – recorde-se – foi absolvido pela Justiça francesa do crime de blasfémia, por ter dito numa entrevista que *"o Islão é a religião mais estúpida do mundo"* (e de o ter escrito n"As Partículas Elementares", Relógio d'Água, 2013, página 256 – *"de longe a mais estúpida, a mais falsa e a mais obscurantista de todas as religiões"*).

148 *Michel Houellebecq,* As partículas..., página 277.

149 Aqui disponível: https://www.youtube.com/watch?v=L2Wx230gYJw.
Monthy Pyton (Filme "A vida de Bryan"-1979) – *"Always Look On The Bright Side Of Life":*

"Some things in life are bad
They can really make you mad
Other things just make you swear and curse
When you're chewing on life's gristle
Don't grumble, give a whistle
And this'll help things turn out for the best
And
Always look on the bright side of life
Always look on the light side of life
If life seems jolly rotten
There's something you've forgotten
And that's to laugh and smile and dance and sing
When you're feeling in the dumps
Don't be silly chumps
Just purse your lips and whistle, that's the thing
And
Always look on the bright side of life
(Come on)
Always look on the right side of life
For life is quite absurd
And death's the final word
You must always face the curtain with a bow
Forget about your sin
Give the audience a grin
Enjoy it, it's your last chance anyhow
So always look on the bright side of death
A just before you draw your terminal breath
Life's a piece of shit
When you look at it
Life's a laugh and death's a joke, it's true
You'll see it's all a show
Keep 'em laughin' as you go
Just remember that the last laugh is on you
And
Always look on the bright side of life
Always look on the right side of life
(C'mon Brian, cheer up)
Always look on the bright side of life
Always look on the bright side of life
Always look on the bright side of life
I mean, what have you got to lose?

You know, you come from nothing
You're going back to nothing
What have you lost? Nothing
Always look on the right side of life
Nothing will come from nothing, ya know what they say
Cheer up ya old bugga c'mon give us a grin (Always look on the right side of life)
There ya are, see
It's the end of the film
Incidentally this record's available in the foyer (Always look on the right side of life)
Some of us got to live as well, you know
(Always look on the right side of life)
Who do you think pays for all this rubbish
(Always look on the right side of life)
They're not gonna make their money back, you know
I told them, I said to him, Bernie, I said they'll never make their money back
(Always look on the right side of life)".

A tutela constitucional das relações contratuais: o caso da intervenção legislativa nos contratos de utilização de loja em centros comerciais durante a pandemia

Rui Medeiros[*]
José Duarte Coimbra[**]

1. Introdução

I. É incontornável o legado de Pedro Pais de Vasconcelos sobre o tema das relações contratuais *atípicas*, a ele tendo dedicado a sua bem conhecida dissertação de doutoramento[1] e regressado em outros escritos de referência da ciência jurídica portuguesa[2]. E ao homenageado pertence também uma relevantíssima contribuição no domínio particular de um dos mais glosados e aplicados exemplos de *contrato atípico* na nossa prática civil e comercial: o contrato de utilização de loja/instalação de lojista em centros comerciais[3].

[*] Professor Catedrático da Faculdade de Direito da Universidade Católica Portuguesa.
[**] Assistente Convidado da Faculdade de Direito da Universidade de Lisboa.
Investigador do Centro de Investigação de Direito Público.

[1] *Contratos Atípicos,* com 1ª ed. de 1995 e 2ª ed. de 2009, ambas pela Almedina.

[2] *V.g.*, na também tão conhecida *Teoria Geral do Direito Civil,* 9ª ed. (c/ P. Leitão Pais de Vasconcelos), Coimbra: Almedina, 2019, pp. 441-443, 528-533 e 562-573, assim como em *Direito Comercial,* I, 2ª ed. (c/ P. Leitão Pais de Vasconcelos), Coimbra: Almedina, 2020, pp. 161-162.

[3] Cfr. 'Contratos de utilização de lojas em centros comerciais. Qualificação e forma', *ROA* 56º/II (1996), pp. 535-549.

É justamente sobre o modo como nestas relações contratuais o legislador interveio durante e por causa da pandemia que versa o presente texto. Em concreto, vai-se sustentar a inconstitucionalidade material da norma legislativa que procedeu à supressão da obrigação de pagamento da componente de renda mínima/renda fixa no âmbito dos contratos de utilização de loja em centros comerciais durante (quase todo) o ano de 2020. Entretanto já efetivamente declarada inconstitucional pelo Tribunal Constitucional (Acórdão nº 468/2022 [Proc. nº 1004/20], de 28 de junho)[4], justifica-se que a final se comente, mesmo que em muito breves termos e apenas quanto à «questão de fundo» aí tratada, essa decisão[5].

Focadas neste particular caso, das linhas seguintes ambiciona todavia revelar-se uma ideia mais geral, bem demonstrativa da omnipresença do Direito Constitucional em toda a ordem jurídica e, em especial, da «constitucionalização» (vertical) do Direito Civil[6]: a de que, mesmo no contexto de relações contratuais legalmente *atípicas* – ou melhor: talvez *sobretudo* nestas –, há limites constitucionais à intervenção do legislador, mesmo se e quando esta surja em contextos de crise que imponham a adoção de mecanismos excecionais abstratamente orientados à restauração da «justiça contratual» ou ao declarado apoio a específicas classes de contratantes.

Antes de tudo o mais, porém, e seguindo um método de análise tão "típico" na obra de Pedro Pais de Vasconcelos, impõe-se começar por identificar, qualificar e delimitar o *tipo* contratual em questão.

2. Um *tipo social*

I. Corresponde a um dado que se pode considerar perfeitamente adquirido nas disciplinas jurídicas mais dedicadas ao estudo dos *contratos* o reconhecimento de que, ao lado daqueles que conhecem na lei uma regulação mais ou menos intensa das suas cláusulas nucleares (os *típicos*) e daqueles que resultam da – também mais ou menos intensa – livre modulação das partes

[4] Publicado no *DR*, 1ª série, nº 141, de 22 julho, pp. 17-58.

[5] Procede-se por essa ordem pela circunstância de, na origem do presente artigo, ter estado um Parecer Jurídico elaborado pelos dois signatários em agosto de 2020, e que foi aliás junto a esse processo de fiscalização sucessiva abstrata da constitucionalidade.

[6] Sobre essa (nada nova) tendência de abordagem dos problemas jurídico-civil à luz dos parâmetros constitucionais de referência, cfr., de um modo geral, e apenas entre nós, J. Sousa Ribeiro, 'Constitucionalização do direito civil', *BFDUC* LXXIV (1998), pp. 729-755; J. Cardoso da Costa, 'Sobre a «constitucionalização do direito privado: breve reflexão', in *EH António Barbosa de Melo*, Coimbra: Almedina, 2013, pp. 565-679.

(os *atípicos*)[7], se conseguem identificar modelos contratuais não integralmente reconhecidos ou regulados pela lei, mas que a prática estabilizada dos usos transformou em verdadeiros *tipos sociais*[8].

É com efeito possível recortar, nos mais diversos domínios do tráfego jurídico-negocial, "encadeamentos de cláusulas habitualmente praticadas em determinados sectores, em regra dotados de designação própria e que, mau grado a não-formalização em lei, traduzem composições equilibradas e experimentadas", os quais, à semelhança da função de estabilização regulativa desempenhada pelos legalmente nominados e disciplinados, "afeiçoa[m] as soluções historicamente mais equilibradas" e, com isso, dispensam as partes da definição casuística de regras uniformemente acolhidas[9]. Em especial perante áreas – como são as do Direito Civil e do Direito Comercial – onde o valor retor fundamental seja o da autonomia privada, é de facto inegável que "os tipos legais de contratos não esgotam os tipos contratuais", pois que, "para além dos que constam tipificados na lei, outros tipos contratuais existem na prática da vida e da contratação"[10].

Expressão de um quase "direito consuetudinário" nas respetivas áreas contratuais[11], os *tipos sociais* não desempenham todavia uma função puramente descritiva ou classificativa. É que, não podendo obviamente negar-se a ampla competência das autoridades normativas para a conversão de tipos sociais em tipos legais, ou, mais limitadamente, para a regulação parcelar de alguns dos seus aspetos, não pode também deixar de se reconhecer que "o tipo contratual social tem um sentido que não pode ser ignorado nem abstraído pelo legislador e muito menos modificado", pelo que "o poder de

[7] Ao enunciar que, para além do poder de, nos interstícios da injuntividade, fixar livremente o conteúdo dos contratos que celebrem, às partes assiste desde logo e mais radicalmente a faculdade de *"celebrar contratos diferentes dos previstos"*, o nº 1 do artigo 405º do Código Civil não deixa, de resto, de reconhecer a natural e lata admissibilidade da *atipicidade* contratual no Direito Civil, ou seja, "a possibilidade de, na regulamentação convencional dos seus interesses, [as partes] se afastarem dos contratos típicos ou paradigmáticos disciplinados na lei" (F. Pires de Lima/J. Antunes Varela, *Código Civil Anotado*, I, 4ª ed., Coimbra: Coimbra Editora, 1987, p. 355).

[8] Em geral e pioneiramente sobre os tipos [contratuais] *sociais* na literatura jurídica portuguesa, cfr. C. A. Mota Pinto, *Cessão da Posição Contratual*, Coimbra: Almedina, 1982 (reimp.), p. 94; M. Helena de Brito, *O Contrato de Concessão Comercial*, Coimbra: Almedina, 1990, pp. 166 e ss.

[9] Cfr. A. Menezes Cordeiro, *Tratado de Direito Civil*, VII, Coimbra: Almedina, 2018, p. 192.

[10] Cfr. P. Pais de Vasconcelos, *Contratos Atípicos*, 2ª ed., Coimbra: Almedina, 2009, p. 61.

[11] Cfr. P. Pais de Vasconcelos, *Contratos Atípicos*, p. 63.

intromissão do legislador no modelo regulativo do tipo é limitado"[12]. Sob pena de se admitir sem baias a frustração de expetativas geradas por práticas negociais geradas e consolidadas à margem da *hard law*, não pode então deixar de se reconhecer que é limitada a margem de intervenção regulativa do legislador quando interfere na estrutura e no equilíbrio das situações jurídicas constitutivas de um verdadeiro *tipo social*.

II. É por certo inquestionável que "não existem, nem podem ser construídos, critérios firmes e exatos para o juízo sobre se uma certa prática contratual constitui já um tipo social, até porque a tipicidade social é graduável"[13].

Não obstante, no caso dos contratos de utilização de lojas em centros comerciais, disseminados em grande número a partir do momento em que se vulgarizaram estes empreendimentos de concentração e integração de espaços de consumo e de lazer[14], não há grandes dúvidas, ao menos perante a ordem jurídica portuguesa atual[15], quanto ao reconhecimento de que a sua

[12] Cfr. P. Pais de Vasconcelos, *Contratos Atípicos*, pp. 65-66.

[13] Cfr. P. Pais de Vasconcelos, *Contratos Atípicos*, p. 62.

[14] A ordem jurídica portuguesa chegou a conter uma disposição definitória de «centro comercial», constante da Portaria nº 424/85, de 5 de julho. Atualmente, a figura subsume-se à mais ampla de «conjunto comercial», definido pelo Regime Jurídico de Acesso e Exercício de Atividades de Comércio, Serviços e Restauração (aprovado em anexo ao Decreto-Lei nº 10/2015, de 16 de janeiro), como instanciando todo o *"empreendimento planeado e integrado, composto por um ou mais edifícios nos quais se encontra instalado um conjunto diversificado de estabelecimentos de comércio a retalho e ou de prestação de serviços, sejam ou não propriedade ou explorados pela mesma entidade, que preencha cumulativamente os seguintes requisitos: a) disponha de um conjunto de instalações e serviços concebidos para permitir a uma mesma clientela o acesso aos diversos estabelecimentos; b) seja objeto de uma gestão comum, responsável, designadamente, pela disponibilização de serviços coletivos, pela instituição de práticas comuns e pela política de comunicação e animação do empreendimento"* (cfr. a alínea *m)* do artigo 2º). Sobre a origem e enquadramento jurídico dos «centros comerciais», cfr., *v.g.*, J. Antunes Varela, 'Os centros comerciais (*shopping centers*)', in *Estudos em Homenagem ao Prof. Doutor Ferrer-Correia*, Coimbra: BFDUC, 1989, pp. 43-70; J. Pinto Furtado, *Os Centros Comerciais e o seu Regime Jurídico*, Coimbra: Almedina, 1998, *passim*; A. Correia, 'A organização de espaços comerciais em regime de propriedade horizontal', *ROA* 58º/III (1998), pp. 1341-1382; P. Malta da Silveira, *A empresa nos centros comerciais e a pluralidade de estabelecimentos*, Coimbra: Almedina, 1999, pp. 73 e ss.

[15] Registe-se que, apesar de em 2006 o legislador do NRAU (Lei nº 6/2006, de 27 de fevereiro) ter projetado, enquanto «legislação complementar», a aprovação a breve trecho de um «Regime jurídico da utilização de espaços em centros comerciais» (cfr. a alínea *d)* do nº 2 do artigo 64º), nenhuma iniciativa legislativa acabaria por surgir a esse propósito.

atipicidade legal ultrapassa na vasta maioria dos casos a hipótese da sua configuração como *contratos mistos* (de arrendamento ou cessão de exploração estabelecimento + prestação de serviços) e, sobretudo, convive com uma cada vez mais solidificada *tipicidade social*[16].

[16] Para a rejeição cabal e convincente da tese do contrato de utilização de loja em centro comercial como *contrato misto* e a sua recondução a um efetivo contrato *atípico* progressivamente estabilizado na prática negocial e "libertado das «garras» dogmáticas do contrato de arrendamento e do próprio contrato misto de locação e prestação de serviços", cfr., por todos, J. ANTUNES VARELA, *Centros Comerciais (Shopping Centers). Natureza Jurídica dos Contratos de Instalação dos Lojistas,* Coimbra: Coimbra Editora, 1995, esp.[te] pp. 50-58; IDEM, 'Centros comerciais: natureza jurídica dos contratos de instalação dos lojistas', *RLJ* 128º/3861 (1996), pp. 369-373; IDEM, *Das Obrigações em Geral,* I, 10ª ed., Coimbra: Almedina, 2000, pp. 297-300; também já assim, fazendo prevalecer o aspeto dinâmico da integração da loja no conjunto comercial em desfavor da posição "secundária e subordinada" das prestações associadas ao gozo do espaço pelo lojista, cfr. J. OLIVEIRA ASCENSÃO, 'Integração empresarial e centros comerciais', *RFDUL* XXXII (1991), pp. 29-70; IDEM, 'Lojas em centros comerciais; integração empresarial; forma', *ROA* 54º/3 (1994), pp. 835-842; sempre nesta linha, que acabaria por consolidar-se jurisprudencialmente, sobretudo a partir dos Acórdãos do STJ de 26.04.1994 e de 1.07.1994, cfr. ainda, *v.g.*, R. AMARAL CABRAL, 'O contrato de utilização de loja em centro comercial', *RDES* XXXVII (1995), pp. 226-229; P. PAIS DE VASCONCELOS, 'Contratos de utilização de lojas em centros comerciais. Qualificação e forma', *ROA* 56º/2 (1996), pp. 535-546; J. LEBRE DE FREITAS, 'Da impenhorabilidade do direito do lojista de centro comercial', *ROA* 59º/I (1999), esp.[te] pp. 47-59; R. PINTO DUARTE, *Tipicidade e Atipicidade dos Contratos,* Coimbra: Almedina, 2000, pp. 159-168; P. ROMANO MARTINEZ, *Direito das Obrigações (Parte Especial). Contratos,* 2ª ed., Coimbra: Almedina, 2001, pp. 289-291; H. DUARTE FONSECA, 'Sobre a atipicidade dos contratos de instalação de lojistas em centros comerciais (Da atipicidade como pretexto à atipicidade enquanto contexto)', *BFDUC* 80 (2004), pp. 695-766; antes desta consolidação doutrinária e jurisprudencial, apontando ao invés para a recondução destes contratos ao tipo legal do arrendamento, cfr. I. GALVÃO TELLES, 'Contratos de utilização de espaços nos centros comerciais', *O Direito* 123º/IV (1991), pp. 521-534; recuperando mais recentemente esta última posição, qualificando-os de «arrendamentos *sui generis*», cfr. F. CASSIANO DOS SANTOS, 'O contrato de instalação de lojista em centro comercial (e a aplicação do artigo 394º do Código Civil quando celebrado por adesão)', *Cadernos de Direito Privado* 24 (2008), pp. 3-20; reconduzindo-o por seu turno, em termos globais, à prestação de serviços, cfr. A. MENEZES CORDEIRO, *sub* Artigo 405º, in *Código Civil Comentado,* II, Coimbra: Almedina, 2021, p. 108. Para a recensão das várias teses em presença, cfr., desenvolvidamente, A. AFONSO, *Os Contratos de Instalação de Lojistas em Centros Comerciais,* Porto: UCE, 2003, pp. 29-233, concluindo duplamente no sentido de estar em causa um tipo social, por um lado, e um contrato "inominado impróprio" ou "atípico misto", por outro; IDEM, 'Contrato de utilização de loja em centro comercial', *Direito e Justiça* 19/2 (2005), pp. 51-52.

Para recorrer a uma síntese do Supremo Tribunal de Justiça, recenseadora da "jurisprudência dominante", é verdade que está em causa "um contrato atípico ou inominado, cuja origem jurídica ainda não está diretamente traçada na lei, sem que possa ser considerado um contrato de arrendamento comercial, ou uma cessão de exploração de estabelecimento comercial ou um contrato misto", e cuja regulamentação se encontra "em primeiro lugar nas suas próprias cláusulas, depois nas disposições gerais e, finalmente, nas normas da figura típica mais próxima"[17]. Mas, pese embora legalmente atípicos, estes contratos "não são socialmente atípicos", antes "correspondem já a um tipo social, extralegal", que "abrange num só complexo os contratos celebrados com os lojistas e o regulamento interno, em que avultam como índices do tipo a integração empresarial no centro comercial, o carácter oneroso com contrapartida que pode ser parciária, mas também o pode não ser, que pode ser fixa ou variável, que pode incluir, ou não, a partilha das despesas comuns, e ao qual repugna o vinculismo do arrendamento e a forma solene"[18].

III. É justamente esta combinatória entre a individualidade inerente ao risco de exploração de cada loja e a sua integração num conjunto plúrimo de espaços comerciais e de serviços conexos mais vasto que justifica que, sob o ponto de vista da retribuição, e na vastíssima maioria das situações, o lojista pague "uma remuneração fixa mínima – como contrapartida da utilização do espaço –, à qual acresce uma retribuição variável, calculada por referência a uma percentagem do valor da faturação bruta mensal, que só é devida na parte em que exceda o valor da parcela fixa – como pagamento dos serviços de gestão prestados pela entidade responsável pelo conjunto". E, além disso, é também absolutamente frequente a estipulação de que "o lojista tem de contribuir para os encargos com a manutenção e organização do centro comercial (serviços de limpeza, vigilância, promoção e animação)", assim como a previsão de uma "quantia inicial, designada de «reserva

[17] Cfr. o Acórdão do STJ 20.02.2015 (Proc. nº 6427/09.5STVLSB.L1.S1); também para o reconhecimento de que "a jurisprudência é pacífica a considerar como contrato atípico ou inominado a cedência de espaços ou instalação de lojas em centros comerciais", cfr., *v.g.*, o Acórdão do TRLx de 9.10.2007 (Proc. nº 2359/2007-1); ainda para um relance geral sobre o conteúdo – socialmente típico – destes contratos, cfr. o Acórdão do TRLx de 24.04.2012 (Proc. nº 2357/07.3TVLSB.L1-1).

[18] Cfr. P. Pais de Vasconcelos, 'Contratos de utilização', pp. 545-546.

de ingresso», a título de remuneração pelo acesso ao empreendimento de conjunto, cuja criação envolveu a realização de estudos de viabilidade e de pesquisa de mercado"[19].

Ou seja, o esquema retributivo subjacente é complexo, pois "como contrapartida da cedência da loja, [o lojista] deve pagar mensalmente uma quantia definida em termos fixos"; só que "esta prestação mensal constitui apenas um mínimo que o lojista fica obrigado a satisfazer, acrescendo-lhe um montante variável, que é fixado em função de uma percentagem do volume das vendas", sendo que, "por regra, esta prestação só é devida na medida em que exceda a prestação fixa, e na parte em que a exceda", e que "o lojista fica também obrigado a contribuir para um fundo de promoção do centro comercial" e que "pelas despesas comuns do centro é devida uma quantia fixa por aplicação de uma percentagem"[20].

Num verdadeiro esquema *cooperativo,* que suplanta o de uma mera *troca* (do gozo do espaço por parte do lojista pela retribuição devida ao proprietário/gestor do centro), resulta assim da causa-função destes contratos que, por um lado, "o lojista [se] empenha em exercer uma atividade comercial lucrativa, ciente de que faz parte de um conjunto cujo sucesso global potencia o seu próprio" e que, por outro, "a entidade gestora participa nos lucros da atividade do lojista, cuidando de realizar determinados serviços de gestão". Marca d'água deste tipo de relações contratuais socialmente tipificadas é assim, e em síntese, a sua "estrutura associativa ou de cooperação", na elementar medida em que "a prestação do serviço de gestão do centro comercial e o exercício da atividade comercial do lojista visam, cada uma por si, e globalmente, a obtenção do maior volume de vendas, o qual passa necessariamente pela captação de clientela para o centro comercial"[21].

Ou, dizendo-o de novo por apelo à jurisprudência do Supremo Tribunal de Justiça, estão em causa contratos "com uma *causa negotii* muito específica, ou seja, a utilização e consequente exploração de um espaço e integrado num «centro comercial», enquanto conjunto organizado de uma multiplicidade de espaços e estabelecimentos comerciais que, ainda que autonomamente explorados, estão subordinados a uma atuação integrada no todo organizado e à respetiva administração, por forma a, por um lado, assegurar

[19] Cfr. A. Afonso, 'Contrato', p. 52.

[20] Cfr. A. Afonso, *Os Contratos,* p. 30.

[21] Cfr. A. Afonso, 'Contrato', pp. 52-53; Idem, *Os Contratos,* pp. 228-230.

uma cooperação contínua entre os lojistas e a entidade administradora do Centro, indispensável ao sucesso do empreendimento; e, por outro lado, conferir ao consumidor condições de segurança, conforto e estímulo que lhe facilitem a escolha e a aquisição de bens e, por outro lado, proporcionar aos lojistas a potencialização da sua aptidão para gerar lucros no âmbito do seu específico ramo de comércio"[22].

3. A supressão da obrigação de pagamento das rendas mínimas/fixas

3.1. Contexto

I. É bem sabido que os efeitos diretos e indiretos da pandemia da COVID-19 afetaram, durante largos meses, um larguíssimo espectro de relações contratuais – sobretudo, e compreensivelmente, as de vigência duradoura. E não há dúvidas de que um capítulo significativo das perturbações contratuais daí decorrentes foi ou pôde ser adequadamente solucionado através dos institutos gerais já previstos na lei e paradigmaticamente aptos a reagir perante cenários deste tipo (*v.g.*, regime da alteração das circunstâncias, regime da impossibilidade temporária ou parcial)[23], de mecanismos convencionalmente pré-fixados (*v.g.*, cláusulas de força maior)[24], isto para não considerar desde logo a possibilidade de modulação circunstancial do

[22] Cfr. o Acórdão do STJ de 10.09.2020 (Proc. nº 3454/16.0T8LRA.C1.S1).

[23] A propósito da adequação de alguns institutos gerais do Código Civil em matéria de vicissitudes contratuais ao contexto de pandemia, cfr. AA. VV., *Novo Coronavírus e Crise Contratual. Anotação ao Código Civil* (coord. C. Monteiro Pires), Lisboa: AAFDL, 2020, *passim*; C. Monteiro Pires, *Direito das Obrigações em Tempos de Calamidade*, Coimbra: Almedina, 2021, *passim*; M. Miranda Barbosa, *Direito (Civil) em tempos de Pandemia*, Coimbra: Gestlegal, 2021, pp. 131 e ss. mais sectorialmente, cfr. M. L. Pereira, 'Mora do credor', in *Novo Coronavírus e Gestão da Crise Contratual. Estratégias Jurídicas*, Lisboa: CIDP, 2020, pp. 21-26; M. Miranda Barbosa, 'Entre a impossibilidade e a alteração superveniente das circunstâncias: reflexões a propósito da pandemia de COVID-19', *RMP* 41/especial (2020), pp. 227-258; M. Osório de Castro, 'Impacto das medidas de combate ao coronavírus (SARS-COV-2) no cumprimento dos contratos', in *COVID 19 e o Direito*, Porto: Edições Universitárias Lusófonas, 2020, pp. 7-28.

[24] A esse propósito, cfr. A. Perestrelo de Oliveira, 'Força maior e impedimentos do devedor', in *Novo Coronavírus e Gestão da Crise Contratual. Estratégias Jurídicas*, Lisboa: CIDP, 2020, pp. 10-15; Idem, *Desvinculação Programada do Contrato*, Coimbra: Almedina, 2021, pp. 267 e ss.; numa perspetiva internacional, cfr., *v.g.*, A. Bjorklund, 'Force Majeure in International Law during a Pandemic: Lessons frm the COVID-19 Crisis', in *A Multidisciplinary Approach to Pandemics*, Oxford: OUP, 2022, pp. 307-324.

conteúdo dos direitos e deveres de contratuais, pelas partes, de modo especificamente orientado a lidar com essas perturbações[25].

Estranho seria em todo o caso que, numa crise tão transversalmente disruptora das relações sociais e económicas, o legislador não viesse também a intervir de forma dedicada, ao menos sobre domínios contratuais mais estruturalmente afetados pela pandemia, ou cujos efeitos mais intensamente abalaram os normais esteios de equilíbrio entre as partes ou mais horizontalmente incidiram sobre zonas em que a preservação desse equilíbrio não é neutra à luz das opções de *public policy* assumidas como prioritárias pelos poderes públicos. É que, como oportunamente se destacou entre nós, "nas grandes alterações de circunstâncias (como a epidemia do COVID-19), a prossecução de objetivos «transcontratuais» gerais requererão normalmente uma resposta geral, para lá das relações contratuais concretas, de natureza política"[26].

Ora, no caso português, é manifesto que o legislador não se coibiu de, durante a pandemia, aprovar regimes excecionais com incidência direta em relações contratuais vigentes, e nos mais diversos domínios. Assim sucedeu paradigmaticamente, por exemplo, no âmbito dos contratos bancários de crédito[27], dos contratos de seguro[28] e, claro, dos contratos de trabalho[29].

[25] A esse propósito e também já perante os impactos da crise pandémica, cfr. C. Monteiro Pires, 'Modificar e renegociar o contrato. Reduzir as prestações', in *Novo Coronavírus e Gestão da Crise Contratual. Estratégias Jurídicas,* Lisboa: CIDP, 2020, pp. 36-44; D. Costa Gonçalves, 'Crise e renegociação dos contratos nos direitos português e brasileiro: algumas reflexões', *RFDUL* LXI/1 (2020), pp. 149-185; A. Perestrelo de Oliveira/M. Perestrelo de Oliveira, 'Resolução parcial, dever de renegociar e modificação contratual em contexto de COVID-19', *Revista de Direito Civil* V/3-4 (2020), pp. 541-559.

[26] Cfr. M. Carneiro da Frada, 'A alteração das circunstâncias à luz do COVID-19. Teses e reflexões para um diálogo', *ROA* 80/I-II (2020), p. 159.

[27] Cfr. o Decreto-Lei nº 10-J/2020, de 26 de março (entretanto já alterado pelo Decreto-Lei nº 26/2020, de 16 de junho, e pela Lei nº 27-A/2020, de 24 de julho); a esse propósito, cfr. M. Pestana Vasconcelos, 'Legislação de emergência', pp. 269-284; Idem, 'Contratos de crédito bancário e COVID-19. O regime da moratória decorrente do Dec-Lei nº 10-J/2020', *Revista de Direito Comercial* (2020), pp. 1107-1134; M. Perestrelo de Oliveira, 'Moratória bancária', in *Novo Coronavírus e Gestão da Crise Contratual. Estratégias Jurídicas,* Lisboa: CIDP, 2020, pp. 16-20.

[28] Cfr. o Decreto-Lei nº 20-F/2020, de 12 de maio.

[29] Cfr., sobretudo, o Decreto-Lei nº 10-G/2020, de 26 de março (entretanto já alterado pelo Decreto-Lei nº 14-F/2020, de 13 de abril, e pelo Decreto-Lei nº 27-B/2020, de 19 de junho); a esse propósito, cfr. J. Leal Amado, 'Emergência, calamidade e despedimento: o empoderamento da ACT', *RMP* 41/especial (2020), pp. 355-378; J. Vasconcelos, 'COVID-19 e proteção

E o mesmo sucedeu igualmente quanto ao largo espectro de relações contratuais relativas ao gozo de imóveis – de arrendamento *stricto sensu* ou de outro tipo, habitacionais e não habitacionais.

II. Já desde a primeira fase de resposta à pandemia, com efeito, e de algum modo em contraponto às alargadas restrições sucessivamente impostas à prossecução de atividades comerciais, que o Governo decretou, a propósito dos *«efeitos sobre contratos de arrendamento e outras formas de exploração de imóveis»*, que o encerramento dos respetivos estabelecimentos não poderia ser invocado como fundamento de resolução, denúncia ou outra forma de extinção de tais contratos, nem como fundamento de obrigação de desocupação de imóveis em que os mesmos se encontrassem instalados[30]. A medida, de alcance protetor sobre a subsistência das relações contratuais, seria depois convertida em lei da Assembleia da República[31], convivendo com um também aprovado *«regime extraordinário e transitório de proteção dos arrendatários»*, de alcance suspensivo sobre os efeitos de denúncias, sobre os termos de caducidade e sobre os atos de revogação e da oposição à renovação da generalidade dos contratos de arrendamento, incluindo os de tipo não habitacional[32].

Não se limitaram porém os órgãos legislativos a acautelar que a pandemia, e as restrições dela decorrentes, não interfeririam com a continuidade dos contratos de arrendamento e outros títulos de exploração de estabelecimentos comerciais. Reconhecendo que a "drástica redução da atividade económica" impunha obviar às "consequências nefastas decorrentes do atraso no pagamento de rendas afetas a estabelecimentos comerciais, o que poderia agravar a situação dos agentes económicos", o Governo não tarda-

dos contratos de trabalho: sentido e limites de mais uma proibição de despedimento', *RMP* 41/especial (2020), pp. 379-389; Idem, '«Suspensão» pela ACT do despedimento que repute de ilícito: sentido, alcance e limites de uma medida excecional', *Revista de Direito Comercial* (2020), pp. 1557-1578.

[30] Cfr., numa disposição que depois se repetiria nas sucessivas regulamentações do estado de emergência, o artigo 10º do Decreto nº 2-A/2020, de 20 de março.

[31] Cfr. o artigo 8º-A da Lei nº 1-A/2020, de 19 de março, aditado pela Lei nº 14/2020, de 9 de maio.

[32] Cfr. o artigo 8º da Lei nº 1-A/2020, alterado pela Lei nº 4-B/2020, de 6 de abril; em termos gerais sobre a concatenação de todos os regimes de proteção dos arrendatários aprovados nesta fase, cfr. H. Castelo, 'O arrendamento urbano nas leis temporárias de 2020', *RMP* 41/especial (2020), pp. 311-351.

ria em propor, e a Assembleia da República em aprovar[33], através da Lei nº 4-C/2020, de 6 de abril, um *«Regime excecional para as situações de mora no pagamento da renda devida nos termos de contratos de arrendamento urbano habitacional e não habitacional, no âmbito da pandemia COVID-19»*[34].

No segmento dedicado aos arrendamentos não habitacionais, esse regime abrangeu os estabelecimentos abertos ao público destinados a atividades de comércio a retalho e de prestação de serviços encerrados ou cujas atividades houvessem sido suspensas por conta das medidas legislativas e administrativas de resposta à pandemia, tendo-se traduzido, entre o mais mas fundamentalmente, na previsão de uma moratória legal em relação à obrigação de pagamento das rendas, sucessivamente alargada e prorrogada[35].

[33] No que, como não surpreende, não consistiu numa singularidade do legislador português. Apenas para um exemplo comparado, pode dar-se notícia do Capítulo I do *Real Decreto-ley* 11/2020, de 31 de março, relativo a arrendamentos habitacionais, e do Capítulo I do *Real Decreto-ley* 15/2020, de 21 de abril, relativo a arrendamentos não habitacionais, através dos quais a ordem jurídica espanhola consagrou um regime adaptativo parcialmente também assente na previsão da possibilidade de concessão de moratórias no pagamento de rendas.

[34] Panoramicamente sobre esse regime excecional, cfr. L. Menezes Leitão, 'O regime do arrendamento durante a pandemia COVID-19', in *COVID 19 e o Direito*, Porto: Edições Universitárias Lusófonas, 2020, pp. 29-36; M. R. Rei, 'Arrendamento', in *Novo Coronavírus e Gestão da Crise Contratual – Contratos em Especial e Responsabilidade*, Lisboa: CIDP, 2020, pp. 38-42; M. Pestana de Vasconcelos, 'Legislação de emergência e contratos. O regime excecional dos contratos de arrendamento e bancários', *RMP* 41/especial (2020), pp. 261-269; H. Castelo, 'O arrendamento', pp. 318-334.

[35] Por força da Lei nº 17/2020, de 29 de maio, essa moratória legal, aplicável às rendas vencidas a partir do dia 1 de abril (artigo 14º), seria alargada até 1 de setembro em relação às rendas vencidas durante os meses em que, mesmo já para além da vigência do estado de emergência, continuassem a subsistir medidas legislativas ou administrativas de encerramento de instalações ou de suspensão de atividades, fixando o período de regularização para entre os meses de setembro de 2020 e junho de 2021. Já à segunda alteração à Lei nº 4-C/2020, aprovada pela Lei nº 45/2020, de 20 de agosto, coube: (i) não apenas proceder a um novo alargamento do âmbito de incidência dessa moratória legal (passando a mesma a beneficiar as rendas vencidas nos três meses subsequentes ao mês em que tenha sido levantada a imposição do encerramento da instalação ou suspensão da atividade) e (ii) ao retardamento e alargamento do período de regularização (passando o mesmo a situar-se durante todos os meses de 2021 e de 2022), mas também (iii) à previsão de um regime de comunicações entre arrendatários e senhorios destinado à efetivação dessa moratória (nº 1 do artigo 8º-A), e (iv) à potenciação da sua substituição *inter partes* através de acordos de pagamento de rendas, de tipo convencional, baseados em propostas dos arrendatários aos senhorios e associadas a prazos de aceitação cominatórios para estes últimos (n.os 3 a 7 do artigo 8º-A). Noutro plano, foi ainda por força destas alterações à Lei

Embora em princípio aplicável a *"outras formas contratuais de exploração de imóveis para fins comerciais"*, semelhante moratória legal não se aplicaria contudo, nos termos revistos pela Lei nº 45/2020, de 20 de agosto, *"aos estabelecimentos inseridos em conjuntos comerciais que beneficiem do regime previsto no nº 5 do artigo 168º-A da [LOE/2020]"* (artigo 10º, nº 2)[36].

III. Efetivamente, entretanto, por ocasião da aprovação do «Orçamento Suplementar para 2020», a Assembleia da República havia aditado um artigo 168º-A à Lei do Orçamento do Estado para 2020 (Lei nº 2/2020, de 31 de março), o qual continha diversas disposições relativas ao «*Apoio ao pagamento das rendas habitacionais e não habitacionais*»[37].

Nos termos do respetivo nº 5, aí se estabeleceu, numa solução objetivamente circunscrita aos *"casos em que sejam aplicáveis formas específicas de contratos de exploração de imóveis para comércio e serviços em centros comerciais"* e temporalmente válida "até 31 de dezembro de 2020", que *"não são devidos quaisquer valores a título de rendas mínimas (...), sendo apenas devido aos proprietários dos centros comerciais o pagamento da componente variável da renda, calculada sobre as vendas realizadas pelo lojista, mantendo-se ainda a responsabilidade, da parte dos lojistas, pelo pagamento de todas as despesas contratualmente acordadas, designadamente as referentes a despesas/encargos comuns"*.

nº 4-C/2020 que se determinou expressamente que as medidas nela instituídas não prejudicariam, cedendo, perante regimes mais favoráveis para o arrendatário, nomeadamente advenientes de acordos de perdão de dívida ou de diferimento no pagamento de rendas mais benéficos (nº 1 do artigo 13º-A), sendo que, no caso dos arrendamentos não habitacionais, ficariam sem efeito os acordos previamente celebrados que estabeleçam condições menos favoráveis para o arrendatário (nº 2 do artigo 13º-A), cominando-se ainda com nulidade eventuais cláusulas de renúncia a direitos, de recurso a meios judiciais e ainda de aceitação de aumentos de renda ou do período do contrato (nº 3 do artigo 13º-A). A Lei nº 4-C/2020 seria depois ainda alterada, sempre num sentido alargador, por via da Lei nº 75-A/2020, de 30 de dezembro, da Lei nº 75-B/2020, de 31 de dezembro, e do Decreto-Lei nº 56-B/2021, de 7 de julho.

[36] Ao invés, antes das alterações introduzidas pela Lei nº 45/2020, o regime da Lei nº 4-C/2020 aplicava-se, *"com as necessárias adaptações, a outras formas contratuais de exploração de imóveis para fins comerciais"* (artigo 10º), sendo por isso inequivocamente incidente sobre os modelos contratuais legalmente atípicos de suporte à utilização de lojas em centros comerciais (assim, sem reservas, cfr. L. Menezes Leitão, 'O regime', pp. 32-33; M. R. Rei, 'Arrendamento', p. 40; M. Pestana de Vasconcelos, 'Legislação de emergência', pp. 261 e 266-267; H. Castelo, 'O arrendamento', p. 319.

[37] Promulgada e referendada no dia 23, a Lei nº 27-A/2020, de 24 de julho, da qual constou este aditamento à LOE/2020, entrou em vigor no subsequente dia 25 de julho de 2020.

É dizer: o legislador parlamentar entendeu que, em relação aos contratos *específicos* de suporte à instalação e utilização de estabelecimentos em centros comerciais, se justificava intervir de modo diferenciado. Ao invés do regime geral de «moratórias» então em vigor para os contratos de arrendamento não habitacionais (o previsto na Lei nº 4-C/2020), definiu-se uma regra *supressora* de uma componente da renda – a chamada renda mínima/renda fixa – devida pelos lojistas de centros comerciais. E isto porque, tal qual assumido nos trabalhos parlamentares que lhe deram origem, em relação aos modelos contratuais atípicos relativos à utilização de espaços em centros comerciais, "h[averia] uma abordagem diferente que é necessária para a resposta adequada a esta especificidade", traduzida na criação de um "regime excecional de pagamento apenas da componente variável da renda"[38].

3.2. Âmbito

I. É à avaliação da conformidade constitucional deste regime *excecional* que se dedicam as rubricas seguintes. Mas, por agora e de imediato, merecem ser destacados quatro aspetos relativos ao seu âmbito, que se podem dizer resultar inequívocos da *litera* e da *occasio* do preceito.

O primeiro serve para revelar a excecionalidade do seu âmbito objetivo de aplicação, não apenas porque a sua previsão se circunscrevia aos *"contratos de exploração de imóveis para comércio e serviços em centros comerciais"*, não apenas também porque, mesmo quanto a esses, apenas foram abrangidos os que assentassem em *"formas [contratuais] específicas"* – leia-se, legalmente «atípicas» –, mas também finalmente porque, ao dispor sobre a supressão da obrigação de pagamento das *"rendas mínimas"* e sobre a obrigação

[38] Cfr. a Nota Justificativa da Proposta de Aditamento 5.6 do Grupo Parlamentar do PCP, de 23.06.2020. Mais tarde, numa *Nota do Gabinete de Imprensa do PCP* de 8.07.2020, aditou-se que a proposta "mais não visa do que fazer refletir nas rendas pagas pelos milhares de pequenos lojistas nos centros comerciais as brutais quebras de rendimentos que estes tiveram, em virtude do encerramento forçado dos seus estabelecimentos durante meses e das brutais quebras de faturação que se verificaram", e que, "ao contrário de outras decisões já tomadas em torno do arrendamento não habitacional e que preveem vários benefícios como moratórias no pagamento das rendas, os pequenos lojistas que desenvolvem os seus negócios nos centros comerciais ficaram completamente nas mãos dos fundos imobiliários que, pese embora os impactos da epidemia, pretendiam manter os seus imensos lucros inalterados fazendo pagar a componente fixa das rendas independentemente da alteração de todos os pressupostos na qual foram fixadas".

de manutenção da *"componente variável"*, essa previsão só valia logicamente para os casos de contratos que incluíssem a combinação dessas duas modalidades de retribuição por parte dos lojistas. Quer dizer: (i) de entre os estabelecimentos comerciais, a solução só valia para os integrados em centros comerciais, não para quaisquer outros; (ii) só que, de entre os estabelecimentos integrados em centros comerciais, a solução só valia: (ii.1) por um lado, para aqueles cuja exploração se fundasse num modelo contratual legalmente atípico, não para os eventuais casos em que a respetiva exploração se fundasse em modalidades contratuais legalmente «típicas» (*v.g.*, contratos de arrendamento para fins não habitacionais celebrados nos termos e submetidos aos artigos 1108º e ss. do Código Civil); (ii.2) por outro lado, para aqueles cujo modelo contratual previsse uma combinação de renda fixa/mínima com renda variável.

O segundo serve para sublinhar a injuntividade do seu comando, pois que, ao prescrever que *"não são devidos quaisquer valores a título de rendas mínimas"*, aquilo a que a norma aprovada pela Assembleia da República deu corpo foi, por si só, à *supressão* da obrigação de pagamento dessa componente da renda – onde antes recaía sobre os lojistas a obrigação de, à partida, pagar todas as componentes da renda, passou a não existir qualquer obrigação de pagamento da renda mínima até ao final do ano de 2020, mantendo-se apenas a obrigação de pagamento da componente variável da renda (e das despesas/encargos comuns). Quanto aos contratos em vigor à época, o efeito do nº 5 do artigo 168º-A da LOE/2020 foi assim o de introduzir, por via legislativa, uma modificação amputativa do seu conteúdo, suprimindo deveres de prestar dos lojistas contratualmente estabelecidos – e isto mesmo quando, note-se, as partes houvessem já acordado termos particulares de adaptação contratual[39]. Eis, pois, um esquema de intervenção legis-

[39] A prática revela aliás que, logo após a primeira declaração do estado de emergência, se desenvolveram múltiplos processos de renegociação contratual destinados a fazer face àquilo que, já nessa altura, se antecipava vir a ser um período prolongado de quebra acentuada de receitas por parte da generalidade dos lojistas de centros comerciais. Seja através da redação de «condições gerais»/«políticas comerciais» remetidas para aceitação por parte dos lojistas, seja através da preparação de acordos complementares modificativos dos contratos em vigor, mais ou menos padronizados, elemento cardinal e omnipresente desses processos negociais foi a concessão, ora de descontos efetivos, ora de moratórias, sobre o montante devido pela retribuição fixa correspondente aos meses em que tenham estado ou viessem ainda a estar encerrados os estabelecimentos integrados em centros comerciais (tendo-se nalguns casos concedido descontos de 100% em relação ao meses de abril, maio e junho), mas também da

lativa que se afastou abertamente daqueloutro meramente facultativo, e ademais globalmente supletivo, subjacente ao regime de moratória previsto na Lei nº 4-C/2020.

O terceiro serve para revelar que a solução aprovada pela Assembleia da República, orientada que foi para reagir às "situações de perda de rendimentos por parte do[s] inquilino[s]" e movida pelo propósito de proporcionar a estes, neles incluindo os "lojistas nos centros comerciais", uma "redução proporcional do valor da renda"[40], se cingiu a operar injuntivamente sobre contratos já celebrados e em execução, pois só no âmbito desses pôde ter havido potencialmente lugar, por conta das consequências associadas ao combate à pandemia, a efetiva "perda de rendimento" por parte dos lojistas. Adicionado ao facto de o preceito prescrever que se *mantinha* a responsabilidade dos lojistas pelo pagamento de todas as (demais) despesas (já) *"contratualmente acertadas"*, parece também poder concluir-se que a solução não teve a pretensão de abranger eventuais novos contratos, mesmo que legalmente atípicos e assentes no esquema combinatório de renda fixa/mínima e renda variável, que viessem a celebrar-se entre lojistas e proprietários/entidades gestoras de centros comerciais após a sua entrada em vigor.

retribuição correspondente aos meses subsequentes (tendo-se nalguns casos pactuado acordos incidentes sobre todos os meses até ao final do ano de 2020). Acessoriamente, alguns desses acordos incluíram também reduções percentuais no montante da contribuição dos lojistas sobre encargos e despesas comuns, assim como prorrogações mais ou menos alargadas dos prazos de vigência dos contratos. Quanto à componente variável da retribuição devida pelos lojistas, não foi em geral afetada, mantendo-se o seu apuramento em regra através da aplicação de uma percentagem do valor da faturação, com dedução do montante da renda fixa (seja, nuns casos, a contratualmente pré-estabelecida, seja, noutros, a efetivamente paga já tendo em consideração os descontos e bonificações acordados). Sem prejuízo dos detalhes e variações subjacentes a cada um desses processos de renegociação ou aditamento contratual, certo é em qualquer caso que, como acabaria por ser reconhecido expressamente na Exposição de Motivos da Proposta de Lei nº 42/XIV, que daria origem à segunda alteração à Lei nº 4-C/2020, aprovada pela Lei nº 45/2020, de 20 de agosto, à data do início de mês de julho, as entidades gestoras dos centros comerciais haviam obtido acordos de redução e/ou diferimento do pagamento de retribuições fixas, indo por isso "mais longe do que o regime legal prescrevia, negociando acordos de perdão de dívida, total ou parcial, das rendas que se venceram durante os estados de emergência e de calamidade ou estabelecendo um regime de pagamento mais favorável ao arrendatário".

[40] Cfr., novamente, a Nota Justificativa da Proposta de Aditamento 5.6 do Grupo Parlamentar do PCP, de 23.06.2020.

O quarto serve para evidenciar, enfim, que a solução se repercutia de modo indiferenciado sobre todo o espectro de relações contratuais (atípicas) entre lojistas e proprietários/entidades gestoras de centros comerciais em vigor. Na realidade, ao dispor amputativamente sobre o conteúdo de *todas* essas relações contratuais (conquanto, como já se notou, se revelassem legalmente atípicas e assentassem numa combinação de renda fixa/mínima e renda variável devida pelos lojistas), a norma contida no nº 5 do artigo 168º-A da LOE/2020 não conferia qualquer relevância: (i) nem à circunstância de a loja ter sido ou não encerrada por força de qualquer imposição legal ou administrativa motivada pelo combate à pandemia; (ii) nem, em relação às que o tenham sido, ao período mais ou menos alargado durante o qual tenha durado esse encerramento; (iii) nem à maior o menor dimensão do centro comercial; (iv) nem, por fim, à maior ou menor dimensão, ou projeção económica, dos lojistas.

3.3. Parâmetros constitucionais aplicáveis

I. Ainda à guisa de introdução à avaliação da conformidade constitucional da norma contida no nº 5 do artigo 168º-A da LOE/2020, torna-se pertinente sublinhar um último dado sistémico de particular significado, comparando a habilitação para outras intervenções legais no contexto do COVID-19 com a (falta) de habilitação para a intervenção particularmente gravosa resultante do nº 5 do artigo 168º-A da LOE/2020.

II. Na realidade, antes do aditamento do referido nº 5 do artigo 168º-A à Lei do Orçamento de Estado para 2020, pode com relativa segurança afirmar-se que o regime excecional de incidência contratual através do qual o legislador mais longe foi na afetação de concretas posições contratuais, visando com isso prosseguir confessados objetivos «transcontratuais» – no caso, a "necessidade do esforço e contribuição de todos, para ultrapassar os efeitos sociais e económicos da pandemia"[41] e, sobretudo, o afastamento dos "efeitos [financeiros] negativos que decorreriam para o Estado do acionamento, em simultâneo, do exercício de eventuais direitos compensatórios pelos contraentes privados sem qualquer restrição"[42] –, foi o contido no Decreto-Lei nº 19-A/2020, de 30 de abril, consagrador de um *«Regime*

[41] Cfr. a nota promulgação do Presidente da República sobre o Decreto-Lei nº 19-A/2020 (29.04.2020), disponível no sítio *web* da Presidência da República.

[42] Cfr. o preâmbulo do Decreto-Lei nº 19-A/2020.

excecional e temporário de reequilíbrio financeiro de contratos de execução duradoura» aplicável àqueles em que o Estado ou outras entidades públicas fossem parte.

Com efeito, ao aí ter determinado a suspensão das cláusulas contratuais e disposições normativas consagradoras de direitos de reposição de equilíbrio financeiro ou de compensações por quebras de utilização nesse tipo de contratos, vedando aos contraentes privados a possibilidade de delas se fazerem valer por factos ocorridos entre os dias 3 de abril e 2 de maio (nº 1 do artigo 3º), o legislador franqueou abertamente, com um alcance supressor, direitos contratuais de um dos polos (os contraentes/parceiros privados) em favor do outro (o Estado e demais entidades públicas).

Não importando aqui avaliar a conformidade constitucional ou sequer minimamente comentar essa solução, gizada para um contexto contratual bem afastado das relações entre lojistas e proprietários/gestores de centros comerciais[43], o aspeto que interessa pôr em relevo é apenas o de que semelhante intervenção legislativa só foi levada a cabo a coberto de expressas habilitações presidenciais, constantes dos Decretos declaradores do estado de emergência, de *suspensão* da liberdade de iniciativa económica e do direito à propriedade privada para esse efeito[44]. E este aspeto não é despiciendo, porquanto revela o reconhecimento de que a ablação direta – que não mero retardamento temporal – de posições contratuais em contexto de crise pandémica só pôde justificar-se, *in limine,* ao abrigo do regime qualificado e

[43] Sobre esse regime (entretanto já revogado por força do Decreto-Lei nº 66-A/2022, de 30 de setembro), cfr. R. Branco, 'Da inconstitucionalidade das normas do Decreto-Lei nº 19-A/2020, de 30 de abril, que limitam os direitos contratuais à reposição do equilíbrio financeiro de concessões na ocorrência da pandemia COVID-19', *Revista de Direito Administrativo* 9 (2020), pp. 59-73; L. Heleno Terrinha, 'Emergência e reequilíbrio financeiro de contratos de execução duradoura no Decreto-Lei nº 19-A/2020: uma exceção à exceção constitucional?', *e-Pública* 9/1 (2022), pp. 139-170; J. Canto e Castro, *Reflexão e análise crítica sobre o regime excecional e temporário de reposição do equilíbrio financeiro de concessões e parcerias públicp-privadas no âmbito da pandemia da doença COVID-19,* Lisboa: AAFDL, 2022.

[44] Cfr., na alínea *b)* do artigo 4º do Decreto do Presidente da República nº 17-A/2020, de 2 de abril, replicada com um ligeiro refinamento na também alínea *b)* do artigo 4º do Decreto do Presidente da República nº 20-A/2020, de 17 de abril, a referência autorizativa, no contexto da suspensão dos direitos de "propriedade e iniciativa económica privada", à possibilidade de virem a ser "temporariamente modificados os termos e condições de contratos de execução duradoura ou dispensada a exigibilidade de determinadas prestações, bem como limitado o direito à reposição do equilíbrio financeiro de concessões ou de prestações de serviços em virtude de uma quebra na utilização dos bens concessionados decorrente das medidas adotadas no quadro do estado de emergência".

excecional de *suspensão* de direitos fundamentais previsto e habilitado pelo artigo 19º da Constituição, não ao abrigo do regime-regra de (mera) *restrição* de direitos fundamentais[45].

De resto, mesmo no caso do regime excecional relativo às situações de mora no âmbito de contratos de arrendamento habitacional e não-habitacional e relações contratuais afins – isto é: o consagrado pela Lei nº 4-C/2020 –, no essencial retardador do cumprimento, mas não eliminativo de créditos contratuais, também a sua aprovação beneficiou de explícitas habilitações suspensivas contidas no segundo e terceiro Decretos

[45] Cfr., sobre o alcance muito mais potencialmente interferente das medidas legislativas adotadas num cenário de *suspensão* de direitos fundamentais em face das que corporizem simples *restrições*, apartando as duas figuras na medida em que a primeira postula uma "impossibilidade geral e transitória do exercício do direito de algumas das possibilidades que ele facultava", cfr. J. Reis Novais, *As restrições aos Direitos Fundamentais não expressamente autorizadas pela Constituição*, 2ª ed., Coimbra: Coimbra Editora, 2010, p. 193, nota 328; igualmente em termos gerais, v. também J. Melo Alexandrino, *A Estruturação do Sistema de Direitos, Liberdades e Garantias na Constituição Portuguesa*, II, Coimbra: Almedina, 2006, pp. 435-437, nota 1840; Idem, *Direitos Fundamentais. Introdução Geral*, 2ª ed., Cascais: Principia, 2011, pp. 142-146; e já no contexto da crise pandémica, cfr. M. Nogueira de Brito, 'Modelos de Emergência no Direito Constitucional', *e-Pública* 7/1 (2020), pp. 6-26, evidenciando que "o modelo da suspensão se aproxima da criação de «buracos negros legais», isto é, zonas de discrição e arbítrio criadas por lei, no interior das quais o decisor atua quase sem restrições e em regra fora do alcance dos tribunais, enquanto o modelo da restrição conduz quando muito à criação de «buracos cinzentos legais", zonas de poder discricionário reconhecido por lei que limitam o controlo judicial", o que significa que, no caso português, a declaração do estado de emergência "permite suspender direitos constitucionais, abrindo a porta para que o poder executivo introduza medidas de restrição dos mesmos que nunca poderia adotar em circunstâncias normais" (pp. 23 e 34); na mesma linha, J. Reis Novais, 'Direitos fundamentais e inconstitucionalidade em situação de crise – a propósito da epidemia COVID-19', *e-Pública* 7/1 (2020), pp. 78-117, destacando as afinidades entre uma e outra, mas acabando por reconhecer que, com a suspensão, "o direito fundamental fica obnubilado, como que se *apagando* temporariamente, deixando a correspondente norma constitucional de proteção de produzir efeitos jurídicos", ou seja, "é como se naquele período o direito fundamental deixasse de existir" (p. 92); e P. Moniz Lopes, 'Significado e alcance da «suspensão» do exercício de direitos fundamentais na declaração de estado de emergência', *e-Pública* 7/1 (2020), pp. 118-125, evidenciando que o alcance estrutural da suspensão é o de abolir temporariamente o duplo efeito de proteção constitucional dos direitos de liberdade, ou seja, o *claim-right* dos cidadãos à abstenção do Estado sobre as liberdades e o correspetivo dever de omissão estatal de interferência, tudo com o significado de que, com a *suspensão*, "o Estado deixa de estar proibido de interferir com as condições fácticas de realização da liberdade dos cidadãos" (p. 130).

presidenciais declaradores do estado de emergência. Com efeito, e mais uma vez por referência aos direitos fundamentais de propriedade e iniciativa económica privada, neles se previu a possibilidade de ser *"reduzida ou diferida, sem penalização, a perceção de rendas (...) e outros rendimentos prediais"*[46].

III. Em contrapartida, no caso da norma inscrita no nº 5 do artigo 168º-A da LOE/2020, adotou-se uma solução não meramente retardadora, mas sim verdadeiramente ablativa de posições jurídicas contratuais de (só) uma das partes envolvidas (a obrigação de pagamento da renda fixa por parte dos lojistas), sendo que a sua aprovação se deu fora do período de vigência do estado de emergência, não beneficiando, por isso, de qualquer habilitação de alcance *suspensivo* sobre nenhuma das normas de direitos fundamentais consagradas na Constituição. Assim, neste caso, ao invés de poder ser avaliada no pressuposto da vigência não-plena – isto é: de *suspensão* – das normas de direitos fundamentais da ordem jurídico-constitucional portuguesa, a conformidade constitucional dessa norma não tem como não ser apreciada à luz da totalidade do catálogo de direitos fundamentais que, num cenário de normalidade, a Constituição portuguesa consagra e, bem assim, à luz dos padrões gerais que funcionam como limites à intervenção legislativa sobre esses direitos fundamentais.

E, a essa luz, como agora se vai ver, aquela norma não tinha como escapar a um juízo de inconstitucionalidade material, porquanto, sucessivamente: (i) se traduziu numa restrição a, pelo menos, três direitos fundamentais[47] –

[46] Cfr., novamente, a alínea *b)* do artigo 4º quer do Decreto do Presidente da República nº 17-A/2020, de 2 de abril, quer do Decreto do Presidente da República nº 20-A/2020, de 17 de abril.

[47] Sem que o ponto mereça ser aqui desenvolvido, até por pertencer às dissensões mais profundas de toda a dogmática jusconstitucional, anote-se que a análise subsequente avança assumindo um conceito «amplo» de *restrição* a direitos fundamentais, como significando a diminuição ou limitação das vantagens *prima facie* garantidas por uma posição jurídica garantida por normas de direitos fundamentais. No fundo, trata-se de uma "ação estatal que afeta o acesso individual a um bem jusfundamentalmente protegido" (cfr. J. Reis Novais, *Limites aos Direitos Fundamentais,* Coimbra: Almedina, 2021, p. 27), isto é, de uma "ação ou omissão estatal que, eliminando, reduzindo, comprimindo ou dificultando as possibilidades de acesso ao bem jusfundamentalmente protegido e a sua fruição por parte dos titulares reais ou potenciais do direito fundamental ou enfraquecendo os deveres e obrigações que dele resultam para o Estado, afeta desvantajosamente o conteúdo de um direito fundamental" (cfr. J. Reis Novais, *As restrições aos Direitos Fundamentais não expressamente autorizadas pela Constituição,* 2ª ed., Coimbra: Coimbra Editora, 2010, p. 247).

o direito ao livre desenvolvimento da personalidade e a liberdade de iniciativa económica privada, na dimensão em que através destes se tutela a *liberdade contratual,* por um lado, e o direito à propriedade privada, na dimensão em que através deste se tutela o direito a não ser privado de *direitos de crédito*; numa restrição que se revelava (ii) violadora de três dos parâmetros materiais que, na ordem jurídico-constitucional portuguesa, limitam as intervenções legislativas restritivas sobre direitos fundamentais na ordem jurídica portuguesa – o princípio da proporcionalidade, o princípio da igualdade e o princípio da tutela da confiança.

4. Inconstitucionalidade material

4.1. Direitos fundamentais restringidos

a) Livre desenvolvimento da personalidade/liberdade de iniciativa económica privada (*liberdade contratual*)

I. Base fundante de todo o Direito Privado, a autonomia privada desdobra-se, no que respeita aos domínios de atuação contratual dos sujeitos, em duas classicíssimas «liberdades»: a liberdade contratual *stricto sensu,* ou liberdade de celebração, ao abrigo da qual se habilita a prática ou não prática de quaisquer atos jurídicos e com isso a produção, ou não produção, dos efeitos jurídicos a eles associados; e a liberdade de estipulação, ao abrigo da qual se concede aos sujeitos o poder de definir o tipo concreto de efeitos a produzir pela prática de atos jurídicos[48]. E o que da soma dessas liberdades resulta é, em síntese, a salvaguarda do "poder de autodeterminação de cada homem para, dentro dos limites da lei, livre e esclarecidamente, praticar, deixar de praticar ou fixar o conteúdo de atos, negócios ou contratos dotados de eficácia jurídica e que basicamente regulem a sua inserção na sociedade civil"[49].

Ora, se com a enunciação do princípio geral de que, "*dentro dos limites da lei, as partes têm a faculdade de fixar livremente o conteúdo dos contratos, celebrar contratos diferentes dos previstos neste código ou incluir nestes as cláusulas que lhes aprouver*", o nº 1 do artigo 405º do Código Civil se limita a confirmar em toda a linha primazia da autonomia privada e, em particular, da liberdade de estipulação contratual no sistema jurídico-civil português, o que neste

[48] Para esta basilar e correntíssima decomposição, cfr., por exemplo, A. Menezes Cordeiro, *Tratado de Direito Civil,* I, 4ª ed., Coimbra: Almedina, 2012, pp. 951-954.

[49] Cfr. R. Capelo de Sousa, *O Direito Geral de Personalidade,* Coimbra: Coimbra Editora, 1995, p. 281.

contexto importa apurar é a medida que essa primazia reconhecida no plano da lei ordinária é ou não acompanhada de tutela jusfundamental no plano da Constituição.

II. É certo que não se documentam no texto constitucional português quaisquer referências nominais à «autonomia privada» ou à «liberdade contratual»; muito em particular, nenhuma dessas expressões é utilizada no enunciado de qualquer norma de direitos fundamentais do catálogo da Constituição portuguesa.

Mas a verdade é que o amparo constitucional da autonomia privada e da subjacente liberdade contratual não merece, entre nós, qualquer contestação. Antes da revisão constitucional de 1997, essa filiação constitucional da autonomia privada já poderia extrair-se indiretamente da enunciação de direitos que necessariamente a pressupõem ou implicam – liberdade de associação, liberdade de escolha da profissão, liberdade de iniciativa económica privada, direito à propriedade, entre outros[50]. Mas o certo é que, desde então, não restam dúvidas de que o espaço jusfundamental de proteção constitucional da autonomia privada e da liberdade contratual se compreende desde logo no âmago da *liberdade geral de ação* que irradia do – omnicompreensivo – direito ao (livre) *desenvolvimento da personalidade*, consagrado no artigo 26º, nº 1, da Constituição[51].

Na realidade, "da consagração do direito ao desenvolvimento da personalidade pode e deve extrair-se uma tutela constitucional da autonomia

[50] Já com essa conclusão, cfr., *v.g.*, J. M. Sérvulo Correia, *Legalidade e Autonomia Contratual nos Contratos Administrativos*, Coimbra: Almedina, 1987, p. 438.

[51] Para essa pacífica extração, cfr. J. Sousa Ribeiro, *O Problema do Contrato*, Coimbra: Almedina, 1999, p. 148, nota; R. Medeiros/A. Cortês, *sub* Artigo 26º, in *Constituição Portuguesa Anotada* (J. Miranda/R. Medeiros), I, 2ª ed., Coimbra: Coimbra Editora, 2010, p. 612; J. J. Gomes Canotilho/V. Moreira, *Constituição da República Portuguesa Anotada*, I, 4ª ed., Coimbra: Coimbra Editora, 2010, p. 465; J. Reis Novais, *As restrições*, pp. 590-591; R. Pinto Duarte, 'O equilíbrio contratual como princípio jurídico', in *Estudos em Memória do Conselheiro Artur Maurício*, Coimbra: Coimbra Editora, pp. 1343-1344; e mesmo numa leitura globalmente «cética» do alcance expansivo do direito fundamental ao desenvolvimento da personalidade como base de uma *liberdade geral de ação*, mas sem recusar ter esse direito por objeto "as formas mais elementares de autonomia individual e da liberdade da ação humana, desde que não estejam adequadamente abrangidos pelo âmbito de proteção de qualquer dos concretos direitos, liberdades e garantias", cfr. J. Melo Alexandrino, *A Estruturação*, II, p. 501; sensivelmente assim, já numa ótica jus-civilística, cfr. M. Miranda Barbosa/T. Prieto Álvarez, *O Direito ao Livre Desenvolvimento da Personalidade*, Coimbra: Gestlegal, 2020, pp. 14 e ss. e 120 e ss.

privada, e, em particular, da liberdade contratual, como uma das suas principais vertentes"[52]. O que quer dizer por conseguinte que a Constituição "recebe, como princípio de valor, a *autonomia privada,* não deixando dúvidas de que não quer destruir nem apoucar o livre desenvolvimento da personalidade, a livre iniciativa económica, a liberdade negocial [e] a propriedade privada"[53]. Lê-se assim sem dificuldade na nossa jurisprudência constitucional que "a liberdade contratual, na modalidade de liberdade de celebração e de fixação do conteúdo dos contratos, está constitucionalmente garantida como dimensão do direito à liberdade, ou de uma «liberdade geral de ação» (se não prevista autonomamente, pelo menos decorrente do «direito ao desenvolvimento da personalidade» – artigo 26º, nº 1, da Constituição)"[54], o que significa pois reconhecer amparo constitucional ao "princípio da autonomia privada e ao direito à liberdade contratual"[55]; em suma, não pode duvidar-se da "dignidade constitucional da autonomia privada que, compreensivelmente, irradia a concreta manifestação desta como *liberdade contratual*"[56].

III. À ancoragem geral da autonomia privada e da inerente liberdade contratual no âmbito do direito ao livre desenvolvimento da personalidade acresce aliás, no texto constitucional português, a tutela – se se quiser, *especial* – que a esses mesmíssimos bens é fornecida por via da liberdade de iniciativa económica privada, protegida nos termos do artigo 61º, nº 1, da Constituição.

Por certo que a dimensão mais radical desse direito fundamental se traduz na *liberdade de iniciar* uma atividade económica privada («liberdade de estabelecimento»); mas não há entre nós dúvidas de que ao raio de proteção garantido pela liberdade de iniciativa económica se reconduz também a *liberdade de desenvolver* uma atividade económica privada («liberdade de empresa»). É dizer: "a liberdade de iniciativa privada tem um duplo sentido: consiste, por um lado, na liberdade de iniciar uma atividade económica e, por outro lado, na liberdade de organização, gestão e atividade da

[52] Cfr. P. Mota Pinto, 'O direito ao livre desenvolvimento da personalidade', in *Portugal-Brasil Ano 2000,* Coimbra: Coimbra Editora/BFDUC, 2000, p. 214.

[53] Cfr. J. C. Vieira de Andrade, *Os Direitos Fundamentais na Constituição Portuguesa de 1976,* Coimbra: Almedina, 6ª ed., 2019, p. 240.

[54] Cfr. o Acórdão do TC nº 35/2004 (Proc. nº 607/02), de 14.01.2004.

[55] Cfr. o Acórdão do TC nº 204/04 (Proc. nº 643/03), de 24.03.2004.

[56] Cfr. o Acórdão do TC nº 632/2005 (Proc. nº 540/03), de 15.11.2005.

empresa"[57]. E o certo é também que no interior desta segunda vertente da liberdade de iniciativa económica privada se conta seguramente, entre outras, a "liberdade da atividade da empresa no mercado, que inclui a liberdade de fixação de preços, a liberdade de distribuição e venda, a liberdade de concorrência e publicidade e a liberdade contratual"[58]. Quer isto então dizer que "a liberdade de empresa é, em grande medida, uma *liberdade de atuação jurídica*", enquanto base fundante da autonomia privada e da correlata liberdade contratual[59].

Colhendo na jurisprudência constitucional portuguesa algumas consolidadas sínteses, não se duvida assim que, para além da "faculdade de formação da vontade de prosseguir determinada atividade económica e de lhe dar início", a liberdade de iniciativa económica pressupõe igualmente a "liberdade de determinar o modo de organização e de funcionamento da referida atividade económica"[60]; donde, inevitavelmente, "o direito de livre iniciativa económica [tem] uma certa dimensão de liberdade radicada na dignidade da pessoa humana que justifica a sua qualificação como direito, liberdade e garantia de natureza análoga", ou seja, compreende "dimensão subjetiva que é reflexo do direito geral de personalidade na atividade de produção e distribuição de bens e serviços, expresso nos princípios da autonomia da vontade e da liberdade contratual"[61]. E no que essa dimensão subjetiva se traduz é, essencialmente, no "*direito* dos privados ao exercício de uma atividade não obstaculizada por intervenções desrazoáveis ou injustificadas dos poderes públicos"[62].

IV. Seja como derivação da liberdade geral de ação *prima facie* protegida através do direito ao livre desenvolvimento da personalidade, seja mais

[57] Cfr. J. J. Gomes Canotilho/V. Moreira, *Constituição,* I, p. 790; no mesmo sentido, cfr., *v.g.*, V. Moura Ramos, 'O direito fundamental à iniciativa económica privada: termos da sua consagração no Direito Constitucional português', *BFDUC* 77 (2001), p. 840; E. Ferreira Mendes, *sub* Artigo 61º, in *Constituição Portuguesa Anotada* (J. Miranda/R. Medeiros), I, 2ª ed., Coimbra: Coimbra Editora, 2010, p. 1183; na jurisprudência do TC, para o pacífico reconhecimento desta dupla dimensão, cfr., *v.g.*, os Acórdãos nº 358/05 (Proc. nº 138/05), de 6.07.2005, e nº 304/2010 (Proc. nº 289/2009), de 14.07.2010.

[58] Cfr. J. Pacheco de Amorim, *Direito Administrativo da Economia,* I, Coimbra: Almedina, 2014, p. 400.

[59] Cfr. E. Ferreira Mendes, *sub* Artigo 61º, p. 1216.

[60] Cfr. o Acórdão do TC nº 75/2013 (Proc. nº 550/11), de 31.01.2013.

[61] Cfr. o Acórdão do TC nº 545/2015 (Proc. nº 1341/13), de 28.10.2015.

[62] Cfr. o Acórdão do TC nº 304/2010 (Proc. nº 289/2009), de 14.07.2010.

especificamente como extração da liberdade de iniciativa económica privada, algo é pois certo: a liberdade contratual tem, na ordem jurídica portuguesa, tutela constitucional enquanto bem jusfundamental; e tem-no, mesmo quando extraída do formalmente «social» direito à livre iniciativa económica, expressão através de uma posição que comunga da natureza *defensiva* típica dos direitos de liberdade.

O reconhecimento da tutela jusfundamental da liberdade contratual, em especial quando associada a negócios jurídicos que pressuponham o exercício de faculdades de disposição de proprietários – como é o caso dos contratos que tenham por objeto a concessão de direitos de utilização/exploração de lojas em centros comerciais – tem sido aliás particularmente destacado na mais recente jurisprudência constitucional portuguesa. Assim, partindo da consolidada premissa de que "o princípio da autonomia privada tem dignidade constitucional, podendo ser inferido dos preceitos que consagram a liberdade no desenvolvimento da personalidade, a liberdade de iniciativa privada e o próprio direito constitucional à propriedade", o Tribunal Constitucional não vem hesitando em identificar que, no controlo da validade de normas jurídicas imperativas que enquadrem socialmente a propriedade e a liberdade contratual, não deve ignorar-se que, porque protegido pela Constituição, "existe um espaço de autodeterminação individual que implica, por parte do Estado, dever de abstenção". E, por conseguinte, "as limitações e restrições à faculdade de disposição da propriedade, desde as que afetam a liberdade de contratar até às que respeitam à liberdade de estipulação do contrato, devem salvaguardar uma área de *autodeterminação* dos proprietários no trato privado". Ou seja, "a autonomia – e o próprio negócio jurídico – cessarão se o peso imperativo das normas (...) eliminar o espaço autónomo de liberdade que se reputa de valor fundamental"[63].

Em suma, resulta efetivamente da Constituição portuguesa a liberdade *prima facie* de cada um a contratar se, quando, como e com quem quiser. E se, como é inevitável, "com a afirmação do reconhecimento da garantia constitucional da liberdade contratual não fica logo determinada a substância normativa de tal garantia, uma vez que o exercício da liberdade contratual não pode ser absolutamente ilimitado", indiscutível é em todo o caso que, na ordem jurídico-constitucional portuguesa, "a sua modelação pelo direito privado corresponderá às exigências constitucionais se reservar à

[63] Cfr. o Acórdão do TC nº 299/2020 (Proc. nº 984/2018), de 16.06.2020.

autonomia privada um campo de atuação adequado e não prever limitações excessivas dos pressupostos ou das formas admitidas de conformação"[64].

V. Constitucionalmente protegida sob a alçada dos direitos fundamentais ao livre desenvolvimento da personalidade e à livre iniciativa económica privada, a liberdade contratual é, ainda assim e naturalmente, passível de ser restringida por intervenção do legislador. E, no que não parece difícil de evidenciar, foi justamente isso que sucedeu por força da norma inscrita no nº 5 do artigo 168º-A da LOE/2020.

É que, ao determinar de modo injuntivo que, no âmbito dos contratos de utilização de loja em centros comerciais, sobre os lojistas não recai – quer dizer: *não pode recair* – a obrigação de pagar a componente de renda fixa/mínima, aquilo a que essa norma procedeu foi a uma compressão das alternativas de estipulação negocial das partes no âmbito dessas específicas relações contratuais. E uma compressão que afetou, note-se bem, quer os efeitos de cláusulas contratuais consagradoras dessa obrigação de pagamento na sua modulação originária, quer os efeitos de cláusulas contratuais desse tipo que entretanto já tivessem sido objeto de modificação pelas partes na sequência dos períodos de encerramento ditados pelas medidas legislativas e administrativas de resposta à pandemia.

De resto, interessa compreender que, em rigor, não foi apenas sobre o «destino» dos deveres de prestar associados à obrigação de pagamento da componente fixa da renda por parte dos lojistas de centros comerciais que a norma contida no nº 5 do artigo 168º-A da LOE/2020 comprimiu a liberdade contratual das partes. É que, ao simultaneamente impor a manutenção do pagamento da componente variável da renda (e também da parcela relativa a despesas/encargos comuns), o legislador parlamentar acabou por, na prática, inibir qualquer modulação negocial das partes dos contratos de utilização de loja em centros comerciais no que se refere aos deveres de retribuição dos lojistas. Toda a liberdade de estipulação que antes assistia às partes neste capítulo, mais a mais no contexto de formas contratuais legalmente atípicas, foi assim absorvida por aquela norma injuntiva.

É dizer: onde antes da entrada em vigor daquela norma inscrita na LOE/2020 a liberdade de estipulação das partes em matéria de conteúdo e extensão dos deveres de prestar dos lojistas era, *prima facie*, irrestrita, passou ela a ser, até ao final do ano e para os contratos já celebrados e em execução

[64] Cfr. P. Mota Pinto, 'O direito', pp. 216-217.

à data de 25 de julho de 2020, absolutamente inexistente. Porque de acordo com o legislador a componente fixa da renda – enquanto componente mínima face à renda variável – deixou de poder ser exigida aos lojistas, mas, em contrapartida, a componente variável se mantém durante esse período, as partes passaram a não dispor sobre esses aspetos nucleares da sua relação contratual de qualquer poder conformativo. O âmbito de permissibilidade de estipulação negocial que lhes é garantido pela tutela constitucional da autonomia privada/liberdade contratual, *ex vi* nº 1 do artigo 26º e nº 1 do artigo 61º da Constituição, foi assim evidente e muito significativamente restringido.

b) Propriedade privada (*direitos de crédito*)

I. Se inglória é também a busca, por entre o texto constitucional português, de referências nominais aos «direitos de crédito» enquanto objeto de uma dedicada norma de direitos fundamentais, pacífica é em qualquer caso a conclusão de que eles se reconduzem ao – igualmente omnicompreensivo – âmbito de proteção do direito fundamental à propriedade privada, nos termos do nº 1 do artigo 62º da Constituição.

Na realidade, se há "ponto firme" na extração do significado ínsito ao enunciado constitucional de que *"a todos é garantido o direito à propriedade privada e à sua transmissão em vida ou por morte"*, é ele o da "não identificação entre o conceito civilístico de propriedade e o correspondente conceito constitucional", o que faz imediatamente com que "a garantia constitucional da propriedade proteja os direitos patrimoniais privados e não apenas os direitos reais tutelados pela lei civil, ou o direito real máximo"[65]. De facto, "que o conceito constitucional de propriedade privada abrange, não apenas o direito real de propriedade, mas também outros direitos patrimoniais privados, não sofre contestação séria", seja porque "a garantia da propriedade é um complemento e um aspeto da liberdade e, nas modernas sociedades, essa garantia só parcialmente repousa sobre a propriedade das coisas", seja porque "a adoção de uma noção ampla de direito de propriedade constitui uma consequência da alteração das relações económicas nas sociedades contemporâneas"[66]. Com efeito, a partir do momento em que se reconheça que a Constituição portuguesa, axialmente fundada que está no valor da

[65] Cfr. o Acórdão do TC nº 421/2009 (Proc. nº 667/2009), de 13.08.2009.

[66] Cfr. R. Medeiros, Ensaio sobre a Responsabilidade Civil do Estado por Actos Legislativos, Coimbra: Almedina, 1992, p. 250.

dignidade humana, "defende e protege a propriedade privada porque a encara como um espaço de autonomia pessoal, isto é, como um instrumento necessário para a realização de projetos de vida livremente traçados, responsavelmente cumpridos, e que não podem nem devem ser interrompidos ou impossibilitados por opressivas ingerências externas", e se reconheça consequentemente que "o valor que orienta o nº 1 do artigo 62º é o da garantia de um espaço de autonomia pessoal", o termo «propriedade» "tem de ser entendido de forma a poder englobar no seu seio todos [os direitos patrimoniais] sem exclusão; tem de ser em suma equivalente a *património*"[67].

E não surpreende por isso que a consequência lógica da amplitude do conceito constitucional de «propriedade privada» seja o reconhecimento de que o direito fundamental que a tem por objeto "não abrange apenas a *proprietas rerum,* os direitos reais menores, a propriedade intelectual e a propriedade industrial, mas também outros direitos normalmente não incluídos sobre a designação de «propriedade», tais como, designadamente, os direitos de crédito"[68]. Continuando a apelar a algumas das sínteses da jurisprudência constitucional portuguesa a este propósito, significa então isto que "da garantia constitucional do direito de propriedade privada há de, seguramente, extrair-se a garantia (constitucional também) do direito do credor à satisfação do seu crédito"[69], ou seja, que "da inclusão dos direitos patrimoniais privados, amplamente entendidos, no âmbito da garantia constitucional da propriedade, a consequência é pois a garantia das posições jurídicas ativas de índole patrimonial"[70]. Em suma, "integram-se no direito constitucional de propriedade não só a propriedade no sentido do

[67] Cfr. M. L. Amaral, *Responsabilidade do Estado e dever de indemnizar do legislador,* Coimbra: Coimbra Editora, 1998, pp. 546-548; sempre alinhadamente neste resultado interpretativo amplo em torno do conceito constitucional de propriedade privada, cfr., na doutrina da especialidade, e entre tantos possíveis, A. Menezes Cordeiro, 'A Constituição patrimonial privada', in *Estudos sobre a Constituição,* 3º, Lisboa: Livraria Petrony, 1979, pp. 370-371; Idem, *Direitos Reais,* I, Lisboa: CEF, 1979, pp. 63-65; Fausto de Quadros, *A Protecção da Propriedade Privada pelo Direito Internacional,* Coimbra: Almedina, 1998, pp. 7 e 558; M. Nogueira de Brito, *A Justificação da Propriedade Privada numa Democracia Constitucional,* Coimbra: Almedina, 2007, pp. 902 e 977; J. J. Gomes Canotilho/V. Moreira, *Constituição,* I, p. 800; e para mais indicações jurisprudenciais confirmativas, cfr. R. Medeiros, *sub* Artigo 62º, in *Constituição Portuguesa Anotada* (J. Miranda/R. Medeiros), I, 2ª ed., Coimbra: Coimbra Editora, 2010, pp. 1246-1247.

[68] Cfr. o Acórdão do TC nº 491/02 (Proc. nº 310/99), de 26.11.2002.

[69] Cfr. o Acórdão do TC nº 494/94 (Proc. nº 530/04), de 9.07.1994.

[70] Cfr. o Acórdão do TC nº 218/2020 (Proc. nº 397/2019), de 17.04.2020.

atual direito civil, mas todo o direito privado patrimonial, incluindo designadamente créditos"[71].

II. Sendo então ponto firme a ancoragem de todo e qualquer *bem patrimonial* no âmbito da tutela constitucional da propriedade privada, certeza absoluta pode também afiançar-se quanto à dupla circunstância de que: (i) por um lado, por entre as múltiplas dimensões, objetivas e subjetivas, em que se desdobra esse direito fundamental, se contam, como as talvez mais radicalmente subjetivas, o *direito a não ser privado* dos bens patrimoniais (corpóreos ou não) de que se é titular, de um lado, e o – aliás consequente – *direito a não ser forçado a transmitir* esses bens, de outro[72]; (ii) por outro lado, ambas estas subdimensões do direito fundamental à propriedade privada, que é formal e sistematicamente arregimentado no texto constitucional português no capítulo dos direitos económicos, sociais e culturais, gozam, por força do disposto no artigo 17º da Constituição, de natureza *análoga* aos direitos, liberdades e garantias e, assim, beneficiam da tutela apesar de tudo reforçada que a ordem jurídica portuguesa empresta aos direitos de liberdade[73].

Fazendo refletir essas duas premissas de modo concreto sobre a tutela dos direitos de crédito, não é então difícil apreender o significado substancial da garantia de deles não ser arbitrariamente privado por ação dos poderes públicos. Evidentemente que "não é porque o titular de um direito de crédito é protegido, nos termos da garantia constitucional da propriedade, num plano vertical, em face dos poderes públicos, que estes se tornam devedores de um direito de crédito". Antes, aquilo a que os poderes públicos estão vinculados, legislador à cabeça, é a "respeitar o direito de crédito na sua configuração jurídica própria, oriunda do direito privado, e a não o lesar", ou seja, a respeitar o "direito subjetivo público de defesa ou manutenção dessa posição", pois o que cabe no direito fundamental de propriedade privada, na sua dimensão inclusiva dos direitos de crédito, é em substância

[71] Cfr. M. Nogueira de Brito, *Propriedade privada: entre o privilégio e a liberdade*, Lisboa: FFMS, 2010, p. 65.

[72] Cfr. R. Medeiros, *sub* Artigo 62º, pp. 1247-1248.

[73] Cfr. R. Medeiros, *sub* Artigo 62º, pp. 1252 e ss., com mais indicações e com a síntese de que "a única dimensão do direito fundamental de propriedade que a nossa jurisprudência não hesita em reconhecer efetivamente como um direito análogo, com tudo o que isso implica, é a garantia de não ser privado da propriedade"; também para esse reconhecimento, cfr. J. Melo Alexandrino, *A Estruturação*, II, pp. 653 e ss.

"a tarefa de assegurar ao respetivo titular um espaço de liberdade na esfera jurídico-patrimonial", razão pela qual por ele são protegidos "todos os direitos subjetivos de conteúdo patrimonial que são destinados pela ordem jurídica ao respetivo titular, numa base exclusiva, para o seu aproveitamento privado e disposição"[74].

III. Se com tudo isto se fizer novamente luz sobre a norma que a Assembleia da República inscreveu no nº 5 do artigo 168º-A da LOE/2020, fácil é de novo a sua qualificação, agora por referência ao direito fundamental de propriedade privada, como medida legislativa de alcance restritivo.

Sem dúvida, e de forma talvez até mais apreensível do que a operada sobre a liberdade contratual das partes de contratos de utilização de lojas em centros comerciais, o que a supressão da obrigação de pagamento da renda fixa por parte dos lojistas implicou foi a privação, mesmo que transitória, de um específico direito de crédito (o direito a receber o montante das rendas fixas, que é a contrapartida devida pelos lojistas pelo gozo do espaço que exploram) titulado por de uma categoria específica de sujeitos (os proprietários/entidades gestoras de centros comerciais) por força e ao abrigo de legítimas e válidas fontes contratuais.

Em síntese: antes da entrada em vigor daquela norma, aos proprietários/entidades gestoras de centros comerciais assistiam faculdades plenas sobre as vantagens patrimoniais associadas a esse direito de crédito; com e a partir do disposto do nº 5 do artigo 168º-A da LOE/2020, foram esses sujeitos privados de tal vantagem. E assim viram reduzido, por via de lei, o espaço antes potencialmente irrestrito de proteção patrimonial que lhes assiste nos termos do disposto no nº 1 do artigo 62º da Constituição.

c) Sequência

I. Destinaram-se se os parágrafos anteriores apenas à verificação «estática» de que, ao suprimir a obrigação de pagamento da renda fixa dos lojistas no âmbito de contratos de utilização de loja em centros comerciais, a norma contida no nº 5 do artigo 168º-A da LOE/2020 configurou uma restrição a, pelo menos, três direitos fundamentais, um formalmente qualificado pela Constituição como direito, liberdade e garantia (o direito ao livre desenvolvimento da personalidade), outros dois (a liberdade de iniciativa económica

[74] Cfr. M. Nogueira de Brito, *Propriedade*, pp. 63-64.

privada e o direito à propriedade privada) que dessa natureza gozam, nas dimensões aqui envolvidas, por analogia.

Só isso não basta, porém, para alcançar qualquer juízo quanto à (des)conformidade constitucional dessa norma. É que, tais como quaisquer outros, também os direitos ao livre desenvolvimento da personalidade e à livre iniciativa económica privada, nas suas dimensões protetoras da autonomia privada e da liberdade contratual, e o direito à propriedade privada, na sua dimensão proibitiva de privação arbitrária da titularidade de direitos de crédito, são, por definição e em abstrato, restringíveis por via de lei.

Ponto é que, naturalmente, essas restrições legislativas respeitem, para além de outras condicionantes formais (utilização da forma legislativa), temporais (não-retroatividade) e orgânicas (aprovação ou autorização pela Assembleia da República), os comandos emergentes de, pelo menos, três princípios «materiais» estruturantes que a Constituição transversalmente apõe ao exercício da função legislativa no domínio dos direitos fundamentais: o da tutela da confiança, o da igualdade e o da proporcionalidade. Com efeito, pode dizer-se traduzir um dado inequívoco do sistema de direitos fundamentais vigente na ordem jurídica portuguesa a asserção basilar de que, "independentemente ou para além dos limites aos limites dos direitos fundamentais expressa e especificamente consagrados na Constituição, as restrições têm ainda que observar, enquanto exigências impostas pela proteção da liberdade em Estado de Direito, princípios mais gerais como o princípio da proibição do excesso, o princípio da igualdade, e o princípio da proteção da confiança"[75].

E firmada que está a demonstração de que ela corporizou uma norma legislativa restritiva sobre direitos fundamentais, resta então, para alcançar um juízo positivo quanto à sua inconstitucionalidade material, desvelar as razões pelas quais a norma contida no nº 5 do artigo 168º-A da LOE/2020 violou cada um desses três princípios.

4.2. Violação de princípios estruturantes

a) Proporcionalidade

I. Na sua canónica – e, pode bem dizer-se, praticamente universal – tripartição entre *adequação/aptidão, necessidade/exigibilidade* e *proporcionalidade em sentido estrito/equilíbrio/razoabilidade*, o princípio da proporcionalidade é o elemento cardinal de validação de qualquer medida legislativa restritiva

[75] Cfr. J. R. Novais, *As restrições,* p. 727.

sobre direitos fundamentais, como de resto o texto constitucional português não deixa de abertamente reconhecer ao estabelecer a exigência de essas medidas deverem *"limitar-se ao necessário para salvaguardar outros direitos ou interesses constitucionalmente protegidos"* (nº 2 do artigo 18º).

Sob o império do princípio da proporcionalidade, uma norma legislativa de alcance restritivo sobre direitos fundamentais só será pois constitucionalmente legítima: (i) primeiro, se corporizar medidas aptas a realizar o fim visado com a restrição ou que contribuam para o alcançar; (ii) segundo, se, de entre todos os meios idóneos disponíveis igualmente aptos a prosseguir o fim visado com a restrição, for escolhido o que produza efeitos menos restritivos; (iii) terceiro, se, na avaliação da relação comparativa entre o bem que se pretende proteger ou prosseguir com a restrição e o bem protegido do direito fundamental que é objeto da restrição, o resultado não se revelar desequilibrado, por redundar na imposição de um sacrifício ao titular do direito fundamental em questão não ponderativamente compensado por contra-razões de escalão constitucional[76].

Pois bem: no modo particular como restringiu os direitos fundamentais já identificados, a norma inscrita no nº 5 do artigo 168º-A da LOE/2020 infringiu não uma, não duas, mas antes as três vertentes do princípio da proporcionalidade.

II. Compreende-se sem dificuldade que o objetivo da intervenção legislativa corporizada no aditamento do nº 5 do artigo 168º-A da LOE tenha sido o de garantir condições financeiras para a continuação da atividade de um específico segmento de estabelecimentos comerciais (os integrados em

[76] Para uma síntese vocabular desta metodologia tripartida de aplicação princípio da proporcionalidade no controlo de medidas legislativas restritivas sobre direitos fundamentais tal como acolhida na nossa jurisprudência constitucional, cfr. o Acórdão do TC nº 123/2018 (Proc. nº 136/2017), de 6.03.2018: "o subprincípio da idoneidade determina que o meio restritivo escolhido pelo legislador não poder ser inadequado ou inepto para atingir a finalidade a que se destina; caso contrário, admitir-se-ia um *sacrifício frívolo* de valor constitucional. O subprincípio da exigibilidade determina que o meio escolhido pelo legislador não pode ser mais restritivo do que o indispensável para atingir a finalidade a que se destina; caso contrário, admitir-se-ia um *sacrifício desnecessário* de valor constitucional. Finalmente, o subprincípio da proporcionalidade determina que os fins alcançados pela medida devem, tudo visto e ponderado, justificar o emprego do meio restritivo; o contrário seria admitir soluções legislativas que importem um *sacrifício líquido* de valor constitucional"; na literatura da especialidade, desenvolvidamente, cfr. V. Canas, *O Princípio*, esp.te pp. 577 e ss., 605 e ss. e 785 e ss.

centros comerciais) num contexto em que, durante um período mais ou menos alargado de semanas, eles se viram imperativamente impedidos de exercer plenamente a sua atividade. E compreende-se também sem dificuldade que uma medida que tem por efeito diminuir a carga de retribuição devida por esses lojistas se revela perfeitamente idónea à consecução desse objetivo, o qual tem em último termo amparo constitucional nas obrigações estaduais de promoção e preservação do emprego, implicitamente subjacentes ao direito fundamental ao trabalho (artigo 58º) e de intervenção regulativa no comércio (artigo 99º). Não se nega, pois, que a medida em apreciação tenha condições para passar o primeiro crivo do juízo de proporcionalidade – isto é, o «teste» de aptidão ou idoneidade –, ao menos no que se refere à proteção da posição dos lojistas que tenham sido afetados por medidas legislativas ou administrativas de encerramento do respetivo estabelecimento ou de suspensão da sua atividade.

A verdade, porém, e por surpreendente que isso possa parecer, é que a norma aprovada pela Assembleia da República não se limitou a abranger estes lojistas; antes, ela incidia de modo ampliativamente indiferenciado sobre todo o espectro de relações contratuais atípicas subjacentes à exploração de lojas em centros comerciais, encerradas ou não por forças das medidas públicas de resposta à pandemia. E por aqui se vê, na medida em que abrangeu também os lojistas que puderam continuar a exercer a sua atividade (*maxime*, as que foram sendo consideradas essenciais), a solução deixou pura e simplesmente de responder àqueles objetivos constitucionais. Na medida em que também favoreceu a posição destes lojistas, tornava-se então verdadeiramente impossível de alcançar qual o seu alicerce constitucional. Ou, noutra perspetiva: a restrição a que ela deu corpo à liberdade contratual (de ambas as partes) e aos direitos de crédito (dos proprietários/entidades gestoras) correspondeu a um daqueles – raros – casos de uma medida legislativa totalmente arbitrária ou aleatória, à qual faltou qualquer *rational basis*; e são justamente essas as que, mesmo na visão mais estrita do subteste da idoneidade, o não passam.

Ao que acresce, ainda como revelação da desadequação objetiva da medida adotada à vista daqueles que podem ser os seus abstratamente legítimos objetivos, o facto de a mesma só ter sido aprovada num momento em que já tinham sido levantadas quase todas as imposições de encerramento de estabelecimentos ou de suspensão de atividades em centros comerciais (durante a primeira fase da pandemia). É dizer: em relação às vencidas no período mais crítico de resposta à pandemia, a solução do legislador foi apenas a de conceder a concessão de uma moratória; mas ultrapassado esse período, investe agora num mecanismo de perdão legal de uma componente da renda. Com o que, segundo se julga, mais uma vez salta à evidência a falta de consistência racional da opção assumida pelo legislador parlamentar no aditamento do nº 5 do artigo 168º-A à LOE/2020. Ou, se se quiser: o que salta à evidência é que o fim prosseguido pela norma aí contida não parece ter sido o da reação pura às consequências geradas, para os lojistas de centros comerciais, pelas medidas restritivas de resposta à pandemia; parece ter sido antes o de, em sacrifício da posição patrimonial de um dos polos das relações contratuais relativas à exploração de lojas em centros comerciais e com menosprezo pela liberdade de estipulação negocial das partes, o Estado pretender beneficiar um conjunto de operadores do mercado do comércio e dos serviços durante um certo período de tempo. Sucede que, no *Estado Fiscal* em que nos movemos, não cabe seguramente a uma das partes da relação contratual suportar o sacrifício pela concretização das injunções de bem-estar que os poderes públicos pretendam eventualmente promover em tempos já ulteriores à fase mais crítica de reposta a uma crise sanitária.

III. Prosseguindo agora com a aferição da necessidade da medida, importa de sobremaneira começar por não desconsiderar que, no momento em que a Assembleia da República aprovou a norma que suprimiu a obrigação de pagamento da renda fixa pelos lojistas de centros comerciais, havia já mecanismos legais, igualmente idóneos para acautelar aqueles objetivos de política pública, mas ostensivamente menos intrusivos da liberdade contratual (de ambas as partes) e dos direitos de crédito (dos proprietários/entidades gestoras dos centros). A referência é, claro, ao regime de moratórias legais previsto e regulado pela Lei nº 4-C/2020 – a qual, habilitava a que as rendas vencidas desde abril, incluindo as referentes à utilização de estabelecimentos comerciais, pudessem não ser pagas durante o ano de 2020 e diferidas para regularização a partir do ano de 2021.

Replicar-se-á de imediato que, por apenas permitir diferir o seu pagamento, mas não eximir os lojistas, no futuro, do cumprimento dessa obrigação, a referida moratória legal era menos *eficaz* no que respeita ao objetivo de acautelar a manutenção – e recuperação progressiva – da sua atividade do que a medida especialmente inscrita na LOE/2020. Note-se porém que, ao contrário do que sucedia com a solução do nº 5 do artigo do artigo 168º-A da LOE/2020, essa moratória, quando aplicável no contexto dos contratos de utilização de lojas em centros comerciais, não se circunscrevia a uma particular componente da renda/retribuição devida pelos lojistas, razão pela qual, ao seu abrigo, tanto o pagamento da componente fixa, quanto da componente variável da renda vencida e a vencer naqueles meses, poderia ser diferida. E se o objetivo – abstratamente legítimo em relação aos lojistas que viram o seu estabelecimento encerrado – de intervenção legislativa nesta matéria foi o de permitir a continuação da atividade dos lojistas de centros comerciais, não parece que se possa afirmar de modo generalizado e inequívoco que a «substituição» do regime (geral) da moratória pelo regime (específico) de supressão da componente de renda fixa tenha sido, à luz desse objetivo, mais eficaz. Mas que foi manifestamente mais intrusiva da liberdade contratual e do património das partes envolvidas, disso não restam dúvidas.

Mesmo para além da inexigibilidade da medida por confronto com o regime-regra das moratórias, o que está também por demonstrar é que fosse sequer necessário o legislador intervir de modo dedicado sobre o domínio das relações contratuais de suporte à exploração de lojas em centros comerciais, tendo em vista a cobertura já obtida pelos acordos convencionais pactuados entre os proprietários/entidades gestoras e os lojistas nas semanas e meses seguintes ao espoletar dos efeitos da pandemia. Sem evidência de que esses acordos não se encontrassem a garantir os objetivos visados de manutenção das atividades económicas, a medida aprovada pela Assembleia da República teve assim o condão de prefigurar um daqueles casos em que qualquer a ação do legislador se revelava, afinal de contas, totalmente dispensável.

IV. Seja como for, independentemente das vertentes da adequação e da necessidade, o que não nos merece hesitação é a conclusão de que a intervenção direta da lei sobre os contratos de utilização de lojas em centros comerciais que resulta do disposto nº 5 do artigo 168º-A da LOE/2020 viola, e de modo particularmente eloquente, a imposição de equilíbrio, ou justa medida, exigido pela terceira vertente do princípio da proporcionalidade.

Assim é, desde logo, porque a medida em causa não fez, na verdade, qualquer esforço de compromisso entre os dois polos da relação contratual. É certo que os lojistas continuavam a ser responsáveis pelo pagamento dos montantes que correspondam às despesas e encargos comuns, assim como continuavam devedores da componente variável da renda – uma e outra retribuições devidas, de acordo com a causa-função subjacente a este tipo de relações contratuais, para compensação da integração dos lojistas num espaço comum que o beneficia com vantagens transversalmente garantidas pelos proprietários/entidades gestoras de centros comerciais. Mas, pelo *gozo* do espaço da loja propriamente dito, que é a contrapartida subjacente à renda fixa, o alcance do comando inscrito naquela disposição da LOE/2020 foi pura e absolutamente eliminativo – e foi-o em total e exclusivo benefício dos lojistas e em desfavor dos proprietários/entidades gestoras dos centros comerciais.

Onde falhou o equilíbrio da solução adotada pelo legislador parlamentar português foi então na circunstância de ela ter representado um sacrifício unilateral, não-contrabalançado, em desfavor de só uma das partes da relação contratual sobre a qual o legislador decidiu intervir injuntivamente. E o desequilíbrio foi tanto mais excessivo e intolerável – leia-se: *desrazoável* – porque a renda fixa, que deixou pura e simplesmente de ser devida pelos lojistas, corresponde à parte principal da remuneração no âmbito deste tipo de contratos. Ao suprimi-la, o nº 5 do artigo 168º-A da LOE/2020 não se limitou por isso a eliminar uma parte residual da vantagem patrimonial que (legitimamente) assistia aos proprietários de centros comerciais; eliminou sim a sua principal componente, num esquema que, em última análise, não pode deixar de ser considerado como cristalizador de uma situação de locupletamento de uma das partes à custa da outra.

Depreende-se por isso com facilidade que subjacente à solução a *branco e preto* aqui em apreciação tenha estado a ideia de que os efeitos da pandemia atingiram apenas os lojistas ou que apenas estes merecem, por via da intervenção legislativa do Estado, uma especial proteção. Mas essa assunção é, pura e simplesmente, falsa, tendo em vista a transversalidade sistémica das consequências da crise sanitária – e económica – associada à pandemia. E, noutro plano, uma tal assunção ignorou a circunstância de o próprio mercado dos contratos de utilização de lojas em centros comerciais ser assaz heterogéneo, nele convivendo, do lado dos proprietários/entidades gestoras, grandes e pequenos centros comerciais, e, do lado dos lojistas, tanto micro ou pequenas lojas, quanto grandes superfícies comerciais.

Enfim, a radicalidade da solução manifestava-se, derradeiramente, no facto de, ao apenas garantir a obrigação de pagar a renda variável em contratos que assentassem na combinação de uma componente fixa e numa componente variável da retribuição, a lei passar a fazer recair, na prática, todo o risco de um esquema contratual estruturalmente *cooperativo,* sobre uma das partes. Uma tal solução surgiu, assim, totalmente ao arrepio da lógica que subjaz a este tipo contratual. Já foi assinalado, com efeito, que, nestes contratos, a combinação entre a individualidade inerente ao risco de exploração de cada loja e a sua integração num conjunto plúrimo de espaços comerciais e de serviços conexos mais vasto justifica que, sob o ponto de vista da retribuição, e na vastíssima maioria das situações, o lojista pague uma remuneração fixa mínima (como contrapartida da utilização do espaço), à qual acresce uma retribuição variável, calculada por referência a uma percentagem do valor da faturação bruta mensal, que só é devida na parte em que exceda o valor da parcela fixa (como pagamento dos serviços de gestão prestados pela entidade responsável pelo conjunto). Tudo isto, no fundo, porque a prestação do serviço de gestão do centro comercial e o exercício da atividade comercial do lojista visam, cada uma por si, e globalmente, a obtenção do maior volume de vendas, o qual passa necessariamente pela captação de clientela para o centro comercial. Ora, com a supressão da obrigação de pagamento da renda fixa pelos lojistas de centros comerciais, foi atingida esta lógica associativa ou de cooperação, passando o risco de uma menor performance do lojista a recair fundamentalmente sobre os proprietários/entidades gestoras de centros comerciais, sem que estes pudessem, à partida, pôr termo à associação ou cooperação.

b) Igualdade

I. Ampliativamente formulado no artigo 13º do texto constitucional português, sendo por isso aplicável "a toda e qualquer situação juridicamente relevante, isto é, a toda e qualquer situação que demande um determinado tratamento jurídico"[77], ao princípio da igualdade não assiste apenas a função de garantir que os cidadãos sejam tratados, no confronto com os poderes públicos, num pressuposto de *universalidade* – isto é, "de modo igual"; para além dessa, e naquela que é aliás a vertente mais vocacionada para o controlo de intervenções legislativas restritivas sobre direitos fundamentais, o princípio da igualdade postula também uma exigência de tratamento das situações "como iguais" ou "como diferentes", com base na razoabilidade da sua semelhança ou dissemelhança[78]. Do que se trata é por isso indagar sobre "a existência de uma *justa medida* entre a diferenciação produzida e as razões

[77] Cfr. M. G. Garcia, 'Princípio da igualdade: fórmula vazia ou fórmula «carregada» de sentido', *BMJ* 358 (1986), p. 33.

[78] Sobre estas duas "facetas essenciais" do princípio da igualdade, cfr. M. L. Amaral, 'O princípio da igualdade na Constituição portuguesa', in *Estudos em Homenagem ao Prof. Doutor Armando Marques Guedes*, Lisboa: FDUL, 2004, pp. 35-57.

que a fundamentam", num juízo que não atende já, como no caso do princípio da proporcionalidade, à intensidade relativa ou razoabilidade da interferência, mas sim à própria diferença de tratamento eventualmente gerada pela sua aprovação[79]. Nestes termos, porque na sua dimensão «externa» de controlo da atividade dos poderes público a igualdade "só pode determinar-se em função de certo critério e este, por sua vez, encontra-se necessariamente relacionado com o fim a atingir com a qualificação das situações concretas como iguais"[80], o que através dele se exige é, fundamentalmente, que "o critério adotado não tenha sido escolhido arbitrariamente, o que, no fundo, exige uma conexão entre o critério adotado e a *ratio* do tratamento jurídico"[81].

Por ser assim – isto é: pela circunstância de "ao princípio da igualdade subjazer uma existência de justificação material suficiente para a qualificação igual ou desigual das situações"[82], o que "faz coincidir o princípio da igualdade com o princípio da proibição de discriminações materialmente desrazoáveis"[83] –, e para recorrer a algumas fórmulas de síntese da nossa jurisprudência constitucional, ocorrerá por certo violação do princípio da igualdade nas situações em que "as diferenças de regimes instituídas pelo legislador ordinário se não sustentem em qualquer fundamento razoável, ou não sejam inteligíveis"[84]; ou seja, "a caracterização de uma medida legislativa como inconstitucional, por ofensiva do princípio da igualdade dependerá, em última análise, da ausência de fundamento material suficiente, isto é, de falta de razoabilidade e consonância com o sistema jurídico"[85]; enfim, o princípio da igualdade resultará violado quando "os limites externos da discricionariedade legislativa são afrontados por ausência de adequado suporte material para a medida legislativa adotada"[86], porque, "impondo que se dê tratamento igual ao que for essencialmente igual e que se trate

[79] Para este apartamento (difícil) entre as funções controladoras dos princípios da proporcionalidade e da igualdade no controlo das restrições a direitos fundamentais, cfr. J. Reis Novais, *As restrições*, pp. 799 e ss.; Idem, *Princípios Estruturantes de Estado de Direito*, Coimbra: Almedina, 2019, pp. 81 e ss.

[80] Cfr. M. G. Garcia, 'O princípio da igualdade', pp. 40-41.

[81] Cfr. M. G. Garcia, 'O princípio da igualdade', p. 45.

[82] Cfr. M. G. Garcia, 'O princípio da igualdade', p. 47.

[83] Cfr. M. G. Garcia, 'O princípio da igualdade', p. 51.

[84] Cfr. o Acórdão do TC nº 569/08 (Proc. nº 580/2007), de 26.11.2008.

[85] Cfr. o Acórdão do TC nº 270/09 (Proc. nº 641/08), de 27.05.2009.

[86] Cfr. o Acórdão do TC nº 750/95 (Proc. nº 253/94), de 12.12.1995.

diferentemente o que for essencialmente diferente", e embora naturalmente não "vede à lei a adoção de medidas que estabeleçam distinções", o que o princípio da igualdade já não consente é a "criação de medidas que estabeleçam distinções discriminatórias, isto é, desigualdades de tratamento materialmente não fundadas ou sem qualquer fundamentação razoável, objetiva e racional"[87].

Em suma, pode assumir-se que, quando voltado para a aferição da legitimidade constitucional de medidas legislativas interferentes sobre direitos fundamentais, o alcance do princípio da igualdade se reconduz, basicamente, em dois comandos: "na proibição de tratamento desigual quando não há razões de diferenciação com peso suficiente para justificar o tratamento desigual, e na proibição de tratamento igual quando há razões de diferenciação com peso suficiente para justificar o tratamento desigual"[88].

Ora, no caso da norma que determinou a supressão da obrigação de pagamento das rendas mínimas no quadro dos contratos de utilização de lojas em centros comerciais, deteta-se sem dificuldade que o recorte do seu âmbito e consequentemente a operatividade dos seus efeitos implicam a postergação desses dois comandos.

II. Desde logo, deteta-se sem dificuldade ter ela dado corpo à criação de uma diferenciação de regimes – intencional, mas sem o mínimo lastro de justificação empírica – entre: (i) por um lado, a generalidade das relações de arrendamento ou exploração de imóveis para fins comerciais, submetidas que se encontravam estas, a nível de resposta legislativa excecional para fazer face aos efeitos da pandemia, ao regime da Lei nº 4-C/2020; e (ii) por outro, o núcleo de relações – contratualmente atípicas – de utilização de lojas em centros comerciais, submetidas que foram ao regime particular inscrito no nº 5 do artigo 168º-A da LOE/2020. Naquelas, e na base de um regime que era explicitamente supletivo (cfr. o nº 2 do artigo 13º-A), a medida de preservação do equilíbrio contratual gizada pelo legislador não suprimiu posições patrimoniais de fonte contratual, antes habilitou o retardamento

[87] Cfr. o Acórdão do TC nº 409/99 (Proc. nº 793/97), de 29.06.1999; para mais indicações acerca da consolidada aplicação jurisprudencial do princípio da igualdade enquanto padrão de controlo «externo» da validade de medidas legislativas suportado nesta lógica de proibição de arbítrio, cfr. J. Miranda/R. Medeiros, *sub* Artigo 13º, in *Constituição Portuguesa Anotada* (J. Miranda/R. Medeiros), I, 2ª ed., Coimbra: Coimbra Editora, 2010, pp. 226 e ss.

[88] Cfr. V. Canas, *O Princípio*, p. 1106.

da sua efetivação; nestas, ao invés, o regime era injuntivo e, sobretudo, supressor de específicas posições patrimoniais desse tipo.

Dir-se-á ainda assim que a diferença assim gerada se justificaria em função dos efeitos diferenciados que as medidas legislativas e administrativas de controlo sanitário geraram num e noutro tipo de estabelecimentos comerciais e respetivos lojistas. É factual que a sucessão dessas medidas conduziu a que, de forma geral em todo o território nacional, mas de modo particular no que toca à Área Metropolitana de Lisboa, a generalidade dos lojistas de centros comerciais só tenha podido retomar a sua atividade depois dos lojistas "de rua".

Mas daí até à conclusão de que este *delay* justificava a adoção de um regime de «perdão legal» da parte renda em favor dos primeiros sem paralelo em relação aos segundos, há um salto não racionalmente explicável. Tanto mais que o regime regra de moratória inscrito na Lei nº 4-C/2020 não deixou justamente de garantir que à diferença no momento de reabertura de cada estabelecimento correspondesse uma diferença no âmbito das rendas vencidas cujo cumprimento se tornava passível de ser diferido, pois era em função do momento concreto em que viesse a levantar-se a imposição de encerramento/suspensão, que se determinaria a maior ou menor abrangência das rendas passíveis de serem diferidas. E nestes termos, não se vislumbra a razão da consagração legislativa de um regime privilegiado para os lojistas de centros comerciais: é que a medida geral engendrada pelo legislador já acautelava devidamente a circunstância de, em regra, a generalidade dos lojistas de centros comerciais só ter podido retomar a respetiva atividade em momento ulterior à dos demais comerciantes ou prestadores de serviços.

E se, por seu turno, se tentar buscar a razão justificativa desta diferenciação na estrutura particular dos contratos legalmente atípicos que suportam a exploração de lojas em centros comerciais, e em especial no esquema combinatório de parcelas de renda fixa com parcelas de renda variável, que em regra não existe nas situações legalmente típicas de arrendamento para fins comerciais, seguro é que continua a não descortinar-se aí motivo válido capaz de secundar a opção do legislador parlamentar. Muito simplesmente porque o que justifica essa combinação de parcelas no caso dos lojistas de centros comerciais é, como já acima se identificou, a circunstância de a primeira servir como contraprestação do gozo do espaço e a segunda como contrapartida da pluralidade de serviços providenciados pelos proprietários/entidades gestoras de centros comerciais em benefício transversal de todos os estabelecimentos neles localizados.

Não se pode por isso argumentar no sentido de que, no caso dos lojistas de centros comerciais, a supressão legislativa da obrigação de pagamento da componente fixa/mínima da renda, que não ocorreu em relação aos demais comerciantes ou prestadores de serviços não integrados em centros comerciais, foi «compensada» pela manutenção da obrigação de pagamento da componente variável. Na medida em que por definição as relações contratuais que suportam a exploração de lojas não integradas em centros comerciais não postulam esta segunda componente, o único termo de comparabilidade possível era então o devido pelo gozo do espaço. E, aí, o legislador decidiu instituir uma diferenciação arbitrária, que teve por único efeito colocar os lojistas de centros comerciais em situação de vantagem competitiva sobre todos os outros que, por lei, não beneficiaram do perdão de qualquer componente da sua renda. Dito de outro modo: mesmo acaso o objetivo confessado da Assembleia da República tivesse sido o de, por via da intervenção sobre relações contratuais nesse contexto, aproveitar para consumar medidas globalmente reequilibradoras da posição dos comerciantes/lojistas em face da dos proprietários de estabelecimentos comerciais, sempre os critérios da adoção de uma medida de privilégio teriam de ter sido outros, especificamente associados à maior ou menor exposição de certas atividades aos efeitos da crise; nunca em caso algum a mera circunstância de uns estabelecimentos se localizarem em centros comerciais e outros não.

Alertou-se já com pertinência entre nós que, no contexto de resposta pública à pandemia, "opções políticas singulares seguidas, em pontos concretos do sistema, pelo legislador podem provocar «réplicas» imediatas em muitos outros âmbitos à luz do princípio da igualdade, frustrando esse princípio cardinal se não forem correspondidas"[89]. Nem de propósito, a constatação factual de que, após a aprovação de uma solução especificamente aplicável aos lojistas de centros comerciais, houve pretensões de entidades representativas do sector na adoção generalizada de mecanismos legais de supressão parcial das rendas[90], serve como demonstração de que a solução

[89] Cfr. M. Carneiro da Frada, 'A alteração das circunstâncias', p. 159.

[90] Cfr., a esse propósito, o comunicado conjunto da Confederação do Comércio e Serviços de Portugal (CCP), da Associação da Hotelaria, Restauração e Similares de Portugal (AHRESP) e da Associação das Marcas de Retalho e Restauração (AMRR) de 14.07.2020, divulgado na sequência da aprovação parlamentar do regime especificamente aplicável aos lojistas de centros

aprovada pela Assembleia da República deu efetivamente corpo a uma desigualitária medida de privilégio dos lojistas de centros comerciais; ou, noutra perspetiva: a uma desigualitária medida de sacrifício dos proprietários/entidades gestoras de centros comerciais.

III. Mas a violação do princípio da igualdade materializada pelo nº 5 do artigo 168º-A da LOE/2020 deteta-se também por outra via.

É que, como já acima se destacou, o comando eliminativo da obrigação de pagamento da renda fixa, ao ganhar aplicação sobre *todos* os contratos de utilização de loja em centros comerciais de matriz atípica: (i) de uma banda, não diferenciava minimamente a posição de quem tenha visto o seu estabelecimento efetivamente encerrado e quem não tenha; (ii) de outra, não atendia ao diferente estatuto e condição económica de centros comerciais de pequena dimensão em face dos de grande dimensão; (iii) de outra ainda, não atendia também minimamente às diferenças de estatuto e condição económica de pequenos e grandes lojistas; mas, por paradoxal que possa parecer, (iv) já diferenciava aqueles que, por eventualmente terem a sua posição titulada por uma forma contratual típica, ou por não assentarem num esquema combinatório de renda fixa/mínima e renda variável, não alcançavam o benefício do perdão legal sobre a renda fixa/mínima inscrito pela Assembleia da República na LOE/2020.

Só que, mais uma vez, nenhuma destas indistinções ou distinções parece conseguir ser reconduzida a um critério objetivo minimamente apreensível. Quer dizer: fica claro que a medida legislativa aprovada em benefício dos lojistas de centros comerciais se traduziu numa vantagem exclusivamente fundada na circunstância de eles se integrarem em centros comerciais. Só que a *ratio* possível de intervenções do legislador na conformação de instrumentos de reequilíbrio contratual em resposta à situação de crise gerada pela pandemia não consente que este possa ser um critério materialmente justificado. Antes, o que esse critério revela é a pura e simples arbitrariedade da medida naquele contexto, como o demonstra de modo particularmente impressivo a circunstância de ela vir a beneficiar mesmo os lojistas de centros comerciais que não se tenham de modo algum visto impedidos de continuar a exercer a sua atividade comercial por conta da pandemia. E o mesmo vale, à inversa, quanto à circunstância de, por se aplicar apenas

comerciais e no qual se reclamava a redução por via legislativa do montante das rendas (em 40%) para todo o restante sector do comércio, restauração e retalho.

às *"formas específicas"* de instrumentos contratuais de suporte à exploração de lojas em centros comerciais (isto é: apenas aos legalmente atípicos que postulem o esquema combinatório de renda fixa e renda variável), a medida deixar completamente à margem os lojistas de centros comerciais cujo título contratual de exploração se reconduzisse antes a uma modalidade contratual legalmente típica ou que não postulasse aquele esquema combinatório.

c) Tutela da confiança

I. Também por fim o princípio da tutela da confiança, emanação pacífica do princípio do Estado de Direito (artigo 2º da Constituição) e bloqueador de intervenções legislativas que, perante um instalado e consolidado cenário de expetativas geradas, o invertam sem contra-amparo em razões ponderosas de interesse público, foi infringido por conta do alcance do que se dispunha no nº 5 do artigo 168º-A da LOE/2020.

Como é sabido, e ao menos de acordo com a fórmula quadripartida como esse princípio vem sendo mais recentemente aplicado pela nossa jurisprudência constitucional, a compatibilidade de uma medida legislativa à sua luz depende da satisfação de quatro «testes», sendo pois necessário: "em primeiro lugar, que o Estado (mormente o legislador) tenha encetado comportamentos capazes de gerar nos privados «expetativas» de continuidade; depois, devem tais expetativas ser legítimas, justificadas e fundadas em boas razões; em terceiro lugar, devem os privados ter feito planos de vida tendo em conta a perspetiva de continuidade do «comportamento» estadual; por último, é ainda necessário que não ocorram razões de interesse público que justifiquem, em ponderação, a não continuidade do comportamento que gerou a situação de expetativa"[91].

Naturalmente que, seja em situações de «normalidade», seja quiçá de modo intensamente particular no contexto de resposta aos efeitos de uma

[91] Cfr. o Acórdão do TC nº 128/09 (Proc. nº 772/2007), de 12.03.2009; sempre alinhadamente nesta lógica de quatro «testes», cfr., *v.g.*, os Acórdãos do TC nº 3/2016 (Proc. nº 74/15), de 13.01.2016, nº 195/2017 (Proc. nº 681/2016), de 26.04.2017; nº 134/19 (Proc. nº 716/18), de 27.02.2019; na literatura, também entre muitíssimas referências e sem prejuízo de inevitáveis variações, cfr. M. L. Amaral, *A Forma da República*, Coimbra: Coimbra Editora, 2005, pp. 180-184; Idem, 'O tempo e a proteção da confiança', in *V Encontro dos Professores Portugueses de Direito Público*, Lisboa: ICJP, 2012, pp. 21-29; J. Reis Novais, *Princípios*, pp. 157 e ss.; V. Canas, *O Princípio*, pp. 1123 e ss.; R. Medeiros, *Direito Constitucional. Ensinar e Investigar*, Lisboa: UCE, 2016, pp. 99-100.

crise pandémica, não deve recusar-se ser a "ampla a liberdade do legislador para engendrar soluções normativas no plano infraconstitucional, de forma a regular de maneira equilibrada os inúmeros vínculos jurídicos que se criam entre particulares"; mas essa margem de manobra do legislador cessa se com o seu exercício não for respeitado "um mínimo nível de certeza, que possibilite a fruição dos direitos das pessoas", pois que o que o imperativo da tutela da confiança é uma intervenção "arbitrária ou excessivamente onerosa sobre os interessados, que abale os pilares de estabilidade das relações juridicamente constituídas"[92].

Acresce que o princípio da tutela da confiança não milita apenas como forma de obviar ao limitar intervenções legislativas dotadas de retroatividade – para as quais, de resto, em relação às que se configurem como restritivas de direitos fundamentais, a Constituição estabelece uma regra proibitiva autónoma (nº 3 do artigo 18º). Na extensibilidade própria da sua estrutura principial, a tutela da confiança é sim convocável em toda em qualquer hipótese em que se consigam individuar situações de confiança, de confiança legítima, e de investimento nessas situações por parte de particulares. E a sua convocação redundará em inconstitucionalidade material sempre que falhem razões públicas prevalecentes à destruição dessas situações. Justamente o que se passou com a norma aprovada pela Assembleia da República aqui em análise.

II. É assim desde logo porque, num plano *macro*, esta intervenção legislativa da Assembleia da República deu corpo, no ordenamento jurídico português, à primeira e única vez em que, de forma dedicada, o legislador cuidou de disciplinar o conteúdo das relações contratuais, desde sempre socialmente típicas mas legalmente atípicas, entre lojistas e proprietários/entidades gestoras de centros comerciais. E com a agravante que o fez por via da inserção de uma disposição no articulado da lei orçamental, sem a submeter aos mecanismos de ponderação e auscultação pública que só um procedimento legislativo específico, e com vocação eventualmente mais global, facultaria. O tipo social constituído pelos contratos de exploração de lojas em centros comerciais foi assim atingido de forma súbita e repentina, e por isso em frustração de consolidadas expetativas, geradas ao longo de décadas, de todos os operadores que se movem no correspondente mercado.

[92] Cfr. o Acórdão do TC nº 255/20 (Proc. nº 286/20), de 28.05.2020.

Se se mover a lupa para a posição particular em que foi afetada a esfera jurídica dos proprietários/entidades gestoras de centros comerciais, não restam evidentemente dúvidas de que a norma aprovada pela Assembleia da República não só afetou direitos fundados em contratos livremente celebrados e conformes à lei, como, da esfera dos proprietários/entidades gestoras, comprometeu os avultados investimentos realizados por quem aposta no mercado dos centros comerciais, desse modo pondo em risco o cumprimento de contratos de financiamento em vigor e tornando mais difícil a obtenção de novos créditos no futuro. Havia assim situações de confiança, legitimidade para a sua geração, e investimentos nelas fundados. E o feixe de desvantagens que se refletiu sobre os proprietários/entidades gestoras não é passível de ser ponderativamente justificado pelo contra-objetivo de tutelar a posição dos lojistas em contexto de resposta pública à pandemia. Simplesmente, e porque na mobilização do quarto «teste» do princípio da tutela da confiança ele se intersecciona com o da proporcionalidade, já acima se apurou a medida ampla em que esse objetivo não foi nem adequada, nem necessária, nem equilibradamente prosseguido.

A violação do princípio da tutela da confiança surge ainda, enfim, pela circunstância contextual de a medida aprovada pela Assembleia da República ter rompido com o sentido orientador que o legislador parlamentar imprimiu, desde abril, às intervenções legislativas transitórias e de resposta aos efeitos da pandemia no domínio das relações contratuais relativas a estabelecimentos comerciais. Com efeito, porque supletivas e apenas habilitadoras de uma faculdade de diferimento no pagamento das rendas, essas intervenções legislativas sempre permitiram a convenção das partes na autorregulação das condições específicas de reação a esses efeitos, que no caso das relações entre lojistas de centros comerciais e respetivos proprietários/entidades gestoras se traduziram na conformação de um alargadíssimo número de instrumentos de adaptação contratual. Todos eles, porém, de súbito derrogados na componente central de determinação das condições de exigibilidade das rendas devidas pelos lojistas a partir do momento da entrada em vigor daquela norma aditada à LOE/2020. E, repete-se, sem que aqui possa justificar-se como empiricamente fundada uma qualquer necessidade de intervenção legislativa dedicada – a qual frustrou assim, se se quiser num plano mais *micro*, a situação de confiança, legítima e na qual as partes orientaram o curso das suas relações, gerada a partir de finais de março de 2020.

5. O Acórdão do TC nº 468/2022

I. A norma constante do nº 5 do artigo 168º-A da LOE/2020 acabaria por substituída, na LOE/2021, por uma outra já não de alcance *supressor,* mas tão-só *redutor* das rendas mínimas devidas por lojistas de estabelecimentos inseridos em centros comerciais (numa redução indexada à proporção da quebra de vendas mensal em relação ao período pré-pandemia), e que vigorou durante o primeiro semestre de 2021[93]. Não obstante, o legislador parlamentar cuidaria ainda de, em fevereiro de 2021, "clarificar" o âmbito temporal do regime aprovado em 2020, fazendo-o através da aprovação de uma «norma interpretativa», em cujos termos se definiu que *"o disposto no nº 5 do artigo 168º-A da [LOE/2020] aplica-se ao período compreendido entre 13 de março e 13 de dezembro de 2020"*[94].

Antes destas duas últimas intervenções legislativas, porém, já a Provedora de Justiça havia requerido ao Tribunal Constitucional a declaração de inconstitucionalidade da norma constante do nº 5 do artigo 168º-A da LOE/2020, reputando-a de violadora dos princípios da proporcionalidade

[93] Com efeito, o artigo 439º da Lei nº 75-B/2020, de 31 de dezembro, aditou à Lei nº 4-C/2020, de 6 de abril, um artigo 8º-D, sobre «Redução da remuneração fixa ou mínima», nos termos do qual se estabeleceu que *"a remuneração mensal fixa ou mínima devida pelos lojistas de estabelecimentos abertos ao público inseridos em centros comerciais é reduzida proporcionalmente à redução da faturação mensal, até ao limite de 50/prct. do valor daquela, quando tais estabelecimentos tenham uma quebra do volume de vendas mensal, face ao volume de vendas do mês homólogo do ano de 2019 ou, na sua falta, ao volume médio de vendas dos seis meses antecedentes ao Decreto do Presidente da República nº 14-A/2020, de 18 de março, ou de período inferior, se aplicável"*, mais se prevendo que *"o disposto no presente artigo vigora no primeiro trimestre de 2021 e pode ser prorrogado por despacho do Governo, até 30 de junho de 2021, caso a situação excecional de prevenção, contenção, mitigação e tratamento da infeção epidemiológica por SARS-CoV2 e da doença COVID-19 se prolongue para além do primeiro trimestre de 2021"*. Um despacho com este último alcance viria a ser efetivamente aprovado pelo Governo, prorrogando a solução até 30 de junho de 2021: tratou-se do Despacho nº 3287-A/2021 do Ministro de Estado, da Economia e da Transição Digital, de 22 de março, publicado no *DR*, 2ª série, nº 59, de 25 de março, p. 789-(2).

[94] Cfr. o artigo 2º da Lei nº 4-A/2021, de 1 de fevereiro, em cujos termos se prescreveu igualmente que "a expressão «centros comerciais», prevista no nº 5 do artigo 168º-A da Lei nº 2/2020, de 31 de março, deve ser interpretada por forma a abranger todos os empreendimentos na aceção da definição prevista na alínea m) do artigo 2º do regime jurídico de acesso e exercício de atividades de comércio, serviços e restauração, aprovado em anexo ao Decreto-Lei nº 10/2015, de 16 de janeiro". Assumindo a "natureza interpretativa" destas normas, determinou-se ainda a sua produção de efeitos desde a entrada em vigor da Lei nº 27-A/2020, de 24 de julho (artigo 3º).

e da igualdade, por referência aos direitos fundamentais à propriedade privada e à livre iniciativa económica privada[95]. E foi desse pedido que resultou, quase dois anos volvidos, o Acórdão do TC nº 468/2022.

Mesmo que na base de disputadíssimo juízo de 7 *vs.* 6 e contando com um cruzadíssimo (mas, nos tempos mais recentes, nada infrequente) conjunto de declarações de voto, o Tribunal Constitucional reconheceu e declarou a inconstitucionalidade com força obrigatória geral da norma contida no nº 5 do artigo 168º-A da LOE/2020. E fê-lo, no essencial e ao menos em parte, por razões semelhantes às aventadas nas rubricas anteriores.

II. No segmento que se pode considerar apenas enquadrador, o Acórdão começa por delimitar com acerto a figura dos contratos de utilização de lojistas em centros comerciais – reconhecendo ser hoje pacífico o entendimento acerca da "*atipicidade* do contrato, uma vez que a operação negocial que liga o lojista ao fundador ou organizador do centro comercial transcende em muitos aspetos, quer o tipo legal de arrendamento para comércio, quer o esquema de contrato misto de arrendamento e prestação de serviços" e, bem assim, que "a dupla estrutura da retribuição devida surge como elemento fundamental da fisionomia próprio do contrato de utilização de loja em centro comercial, na exata medida em que é ela mesma expressão do *equilíbrio de interesses* alcançado pela prática disseminada deste tipo social". E enquadra também devidamente a norma aqui em apreciação à luz da resposta pública de combate à pandemia e das intervenções legislativas corretoras do equilíbrio contratual, legítimas em função da potencial insuficiências dos regimes gerais da lei civil – reconhecendo a esse propósito que, neste concreto caso, não se teria pretendido "obter um resultado a que se chegaria através da aplicação das regras de repartição do risco contratual", antes se "subverteu o equilíbrio inicial da relação contratual", pois que, "enquanto na equação económica contratual originária o risco da retribuição fixa corre por conta do lojista, da norma sindicada resulta que o risco da perda da retribuição fixa recaia exclusivamente sobre o promotor ou gestor do centro comercial". Donde, por conseguinte, se imporia reconhecer tratar-se afinal de um verdadeiro "apoio económico dado aos lojistas dos centros comerciais, com sacrifício ou prejuízo de montante equivalente imposto aos proprietários ou gestores desses centros".

[95] O requerimento da Provedora de Justiça tem data de 20/11/2020 e pode ser consultado aqui: http://www.provedor-jus.pt/documentos/2020_11_20_Tribunal_Constitucional.pdf

III. A partir daqui, avança-se sem dificuldade para a conclusão de que a norma aprovada pela Assembleia da República deu corpo uma real *restrição* ao direito fundamental à propriedade privada, confirmando o alcance extensível da garantia constitucional da propriedade aos direitos de crédito. Embora equacionando uma também potencial afetação da liberdade de iniciativa económica privada, não deixando de notar *a latere* que a medida em causa traduzia "uma ingerência no conteúdo de um contrato livremente celebrado pelas partes" e uma "limitação à liberdade de estipulação contratual", foi apenas na interferência restringente da medida sobre os direitos de crédito, tais como protegidos pelo direito fundamental à propriedade privada, que se concentrou o Acórdão.

E neste ponto, deve notar-se, o Tribunal Constitucional deu passos até agora nunca dados na jurisprudência constitucional portuguesa – no sentido do reconhecimento da tutela jusfundamental das relações creditícias sob a capa do conceito alargado de propriedade decorrente da Constituição. Não tanto pela afirmação de que o "direito de crédito, emergente de uma relação jurídica efetivamente constituída, redutível a um valor pecuniário, forma um património com características estruturais – aproveitamento privado e poder de disposição –que permitem qualifica-lo como objeto da garantia constitucional da propriedade" e de que, por conseguinte, "o *credor* de uma relação obrigacional, enquanto titular do interesse patrimonial que o dever de prestar visa satisfazer, é, à luz da Constituição, um *proprietário*". Não também propriamente pelo reconhecimento de uma dimensão *defensiva* associada a essa proteção constitucional e, portanto, pela aceitação de que também o direito fundamental de propriedade, quando protegendo direitos de crédito, tem vertentes estruturalmente *de liberdade* – pois, "uma vez constituído o direito de crédito, uma vez tornado possível o seu gozo no espaço de liberdade jurídico-patrimonial, o direito fundamental passa a incidir sobre um bem que já se encontra no poder do titular, passando a desempenhar a título principal a função clássica de defesa". Mas sobretudo pelo reconhecimento de que, na medida em que "a liberdade de conformação legislativa cresce na medida em que aumenta a *relação social* do objeto de propriedade", então "o *direito de crédito,* enquanto manifestação de propriedade, até pode gozar de uma garantia constitucional mais sólida que o direito de propriedade real", pois que, "apesar de se tratar em ambos os casos de direitos patrimoniais, não têm a mesma aptidão para a prossecução de interesses socioeconómicos". Donde, "no direito de crédito a margem de liberdade do legislador é muito limitada, uma vez que o crédito é produto de prestações próprias, investimentos e despesas que o credor realizou no exercício da liberdade de iniciativa económica privada", e isto porque "esta categoria de propriedade, que não reclama obrigações para com a comunidade, justifica uma garantia constitucional mais forte, uma vez que é expressão particular da função de liberdade no domínio jurídico-patrimonial do credor".

A primeira ilação a extrair do Acórdão é assim a de que a tutela jusfundamental dos direitos de crédito – ou, mais genericamente, das *relações contratuais* – subiu a patamares nunca antes alcançados na jurisprudência constitucional portuguesa[96].

IV. Restritiva do direito fundamental à propriedade privada – pois "elimina da esfera jurídica do promotor ou gestor do centro comercial parte da retribuição (a «retribuição fixa») devida pelos lojistas como contrapartida da cedência de um espaço (loja) no centro comercial", e assim "não só priva o promotor ou gestor do centro comercial de exigir o cumprimento da retribuição fixa, de acordo com a sua vontade, como retira do seu património um elemento que é suscetível de comércio jurídico" –, a norma sindicada foi depois apreciada e censurada à luz do princípio da proporcionalidade. Não que, em *obiter dictum,* o Tribunal Constitucional não tenha reconhecido também a pertinência da convocação do princípio da igualdade *in casu,* ao assinalar que a medida "diferencia diferentes categorias de lojistas e diferentes categorias de promotores ou gestores de centros comerciais". Mas foi apenas com base no princípio da proporcionalidade, e em concreto nos subprincípios da necessidade e da proporcionalidade em sentido estrito, que se ancorou o juízo de inconstitucionalidade firmado no Acórdão.

Quanto à *adequação,* tendo identificado como sua finalidade o objetivo legislativo de "apoiar os lojistas instalados em centros comerciais que foram vítimas dos efeitos económicos e sociais gerados pela pandemia", legítimo à luz das diretrizes constitucionais de *solidariedade* e de *estímulo à atividade*

[96] Numa evolução que não deixou aliás de ser notada – mas não acompanhada – na Declaração de Voto conjunta dos Conselheiros Mariana Canotilho/Assunção Raimundo/António Ascensão Ramos, ao nela identificarem uma "conceção excessivamente patrimonialista dos direitos de crédito", correspondente a um "passo que este Tribunal não havia dado, com esta clareza, até ao momento" e ao "aprofundamento de um processo de absolutização da analogia do direito de propriedade em relação aos direitos, liberdades e garantias (...), tornando difícil descortinar que dimensões deste direito fundamental restam na vertente de direito económico".

empresarial", o Tribunal não deixou de conceder que a "medida, pretendendo auxiliar os lojistas de centros comerciais prejudicados pelas imposições de proibição ou diminuição de atividade, [era] afinal aplicável a todos eles, tendo, ou não, sofrido perdas". Mas, assente a suficiência de uma relação de adequação meramente *parcial*, avalizou-se que, "no seu núcleo e estrutura fundamentais", a medida em causa se revelava apta à consecução daquele objetivo.

Já sob a lupa do subprincípio da *necessidade*, a norma aprovada pela Assembleia da República foi claramente reprovada pelo Tribunal Constitucional, e a diversos títulos. Desde logo, porque "ao decidir isentar os lojistas do pagamento da retribuição fixa, a norma acabou por *transferir* para as entidades privadas a responsabilidade social do Estado pelo risco da pandemia"; só que, "perante um encargo que onera todos os cidadãos, o legislador poderia ter adotado medidas menos restritivas do que transferir esse encargo apenas para os proprietários dos centros comerciais". Por outro lado, também por via do alcance *indistinto* do seu âmbito pessoal de aplicação, ao abranger quer os lojistas que efetivamente tiveram perdas, quer os que não tiveram, se vislumbrou estar em causa uma medida que conferiu uma "proteção excessiva face ao resultado pretendido pelo legislador" – podendo por conseguinte ter-se optado por outra de "menor alcance pessoal, aplicável apenas a quem teve prejuízos efetivos"[97]. E foi também a não justificabili-

[97] É pertinente neste ponto enfrentar a contra-crítica resultantes de três das Declarações de Voto juntas, nas quais se assumiu a premissa de que, ao suprimir a obrigação de pagamento das rendas mínimas, o legislador afinal "não operou nenhuma ablação do património da classe dos gestores com vista a subsidiar a classe dos lojistas"; "ao invés, repôs o equilíbrio contratual através da *flexibilidade* da remuneração variável", na medida em que "os lojistas que não sofreram perdas ou até aumentaram os proveitos com a crise, não beneficiaram de modo algum desta medida, uma vez que o valor da remuneração variável excedeu o valor mínimo previsto no contrato; os lojistas que sofreram perdas, nalguns casos pondo em causa a viabilidade da empresa – perdas essas pelas quais não podem em geral considerar-se responsáveis –, pagaram apenas a percentagem estipulada dos proveitos que efetivamente obtiveram" (o trecho pertence à Declaração do Conselheiro Gonçalo Almeida Ribeiro [que votou vencido]; mas essa mesma premissa é assumida pela Conselheira Maria Bendita Urbano [que também votou vencida] e pelo Conselheiro Afonso Patrão [que votou a decisão]). Sucede que esta premissa arranca de um paradigma retributivo que não tem correspondência com o que se julgar ser a vastíssima maioria dos contratos de utilização de loja em centros comerciais celebrados em Portugal. O que a prática contratual neste domínio confirma é, quanto à relação entre a renda fixa e a renda variável, a opção maioritária pela designada "fórmula da adição", em que a renda é composta por um mínimo, ao qual pode ser adicionado o montante da diferença entre a

dade desta medida *especial* em face do regime geral de moratórias aplicável à generalidade dos estabelecimentos comerciais (ou seja, o regime da Lei nº 4-C/2020), por fim, que conduziu à sua qualificação como violadora do subprincípio da necessidade.

Desnecessária, a norma constante do nº 5 do artigo 168º-A da LOE/2020 foi também julgada *desequilibrada* pelo Tribunal Constitucional, em síntese por se reconhecer que "todo o peso da ajuda concedida aos lojistas [ser] suportado unilateralmente por um dos direitos e interesses em ponderação", ou seja, por faltar uma *proporção aceitável* entre o "sacrifício que a supressão da retribuição fixa causa aos promotores ou gestores de centros comerciais" e a "eventual retoma económica dos lojistas e consequente satisfação do interesse geral da recuperação da economia". É que, "nestas circunstâncias, em que o apoio económico que é dado a uma das partes contratantes assenta integralmente no ónus que é imposto à outra parte, torna-se evidente que não é observado o subprincípio da proporcionalidade em sentido estrito".

V. Podendo ainda adicionar-se os efetivos problemas de que a norma padecia à luz do subprincípio da *adequação* – e, bem assim, dos princípios da igualdade e da tutela da confiança, como acima se pontuou –, julga-se que o juízo *substantivo* firmado pelo Acórdão é linearmente revelador de um «caso de escola» de manifesta violação do princípio da proporcionalidade no contexto da intervenção legislativa sobre relações contratuais, por *excessiva* e *desequilibradamente* afetadora de uma só parte. Se a isso se adicionar a *atipicidade legal*, mas a *tipicidade social* dos contratos em questão, mais se confirma o acerto deste juízo de inconstitucionalidade.

renda de base e a renda variável, não pela "fórmula da imputação", segundo a qual a renda é diretamente calculada em função de uma certa percentagem do volume de negócios, sendo estipulado um mínimo garantido (sobre estas duas "fórmulas", cfr. A. Afonso, *Os Contratos*, p. 328, nota 740; e para a ilustração jurisprudencial de que é a designada "fórmula de adição" que é a normalmente acolhida nos contratos de utilização de loja em centros comerciais celebrados em Portugal, cfr., *v.g.*, o caso subjacente ao Acórdão do STJ de 24.10.2013 [2431/09.1TVLSB.S1.L1]). Ora, em contratos assim configurados, a supressão da obrigação de pagamento da componente da renda mínima/fixa implica efetivamente a *ablação* de um ativo patrimonial, de fonte contratual, de que os proprietários/gestores de centros comerciais são titulares. É que aí esta componente da renda seria *sempre* devida como contrapartida do gozo do espaço, independentemente do nível de receitas concretamente obtido pelo lojista; por força da norma aprovada pela Assembleia da República, porém, ela foi total e indistintamente suprimida da esfera de obrigações dos lojistas.

VI. Subsistem, porém, outros dois aspetos, *processuais* em que a linearidade da decisão proferida pelo Tribunal Constitucional pode em nosso entender ser questionada.

O primeiro respeita ao modo como o Tribunal delimitou a norma sindicar, reportando-se apenas à disposição constante do nº 5 do artigo 168º-A da LOE/2020 *tal como inicialmente* aprovada em julho de 2020, isto é, sem considerar o efeito de retroatividade que lhe foi *inovatoriamente* associado por conta da «norma interpretativa» aprovada já em fevereiro de 2021[98].

Nos termos do Acórdão, esse efeito retroativo, "a existir, não decorre diretamente dessa norma, mas de norma ulterior, aqui não apreciada e que sempre teria caráter residual relativamente à compatibilidade com a Constituição da própria materialidade da solução normativa em crise, pois, verificando-se a inconstitucionalidade *em razão do conteúdo da norma*, uma hipotética inconstitucionalidade *em razão da aplicação no tempo* sempre estaria logicamente prejudicada". E é por seu turno certo que os processos de fiscalização abstrata da constitucionalidade se regem pelo princípio do pedido[99] e que, no momento em que o requerimento da Provedora de Justiça deu entrada, essa «norma interpretativa» não havia sido ainda aprovada.

Sucede que, nos termos gerais da ordem jurídica portuguesa, *"a lei interpretativa integra-se na lei interpretada"* (artigo 13º, nº 1 do Código Civil), o que significa que a consideração desse efeito de retroatividade não implicava a ampliação do objeto do processo a norma distinta da requerida fiscalizar. Para além disso, aquilo que no Acórdão se toma por uma "inconstitucionais-

[98] Com efeito, a ausência de disposições transitórias especiais associadas ao artigo 168º-A/5 da LOE/2020, por um lado, e o apelo às disposições transitórias gerais da ordem jurídica portuguesa e os termos da sua aplicabilidade às relações contratuais (sendo *in casu* especificamente aplicáveis a primeira parte do nº 1 [*"a lei só dispõe para o futuro"*] e a segunda parte do nº 2 [*"quando dispuser diretamente sobre o conteúdo de certas relações jurídicas, abstraindo dos factos que lhe deram origem, entender-se-á que a lei abrange as próprias relações já constituídas, que subsistam à data da sua entrada em vigor"*] do artigo 12º do Código Civil), por outro, concorriam unânime e pacificamente para a conclusão de que o efeito supressor da obrigação de pagamento das rendas mínimas só abrangia as rendas que se vencessem a partir do momento da entrada em vigor daquela norma orçamental – isto é, as rendas que se viessem a vencer a partir do dia 25 de julho de 2020 em diante –, afetando os contratos em curso. Ou seja, embora de *aplicação imediata* aos contratos de utilização de loja em vigor, a norma era *prospetiva* (não *retroativa*, portanto). É por isso que a dita «norma interpretativa» aprovada pela Lei nº 4-A/2021, de 1 de fevereiro, implicou afinal de contas um *inovador* efeito retroativo.

[99] Cfr. J. J. Gomes Canotilho, *Direito Constitucional e Teoria da Constituição*, 7ª ed., Coimbra: Coimbra Editora, 2003, p. 1008.

lidade em razão da aplicação no tempo" não é afinal mais do que uma real inconstitucionalidade *material*, e por isso também verdadeiramente de conteúdo – por ofensa do disposto no artigo 18º, nº 3 da Constituição. E o facto é que essa ofensa se verificava inapelavelmente *in casu* – na medida simples em que, ao ter sido aprovada em final de julho mas fazendo-se repercutir sobre rendas já vencidas desde o dia 13 de março de 2020, a norma sindicada operou uma *restrição retroativa* a direitos fundamentais.

VII. O segundo respeita ao modo *pragmático*, mas dogmaticamente muitíssimo discutível, como no Acórdão se restringiram os efeitos da declaração de inconstitucionalidade, tendo assim a decisão resultado numa (auto-denominada) sentença de inconstitucionalidade parcial vertical ou qualitativa, na medida em que a norma constante do nº 5 do artigo 168º-A da LOE/2020 foi declarada inconstitucional *apenas* "*na medida em que determina, a respeito das formas específicas de contratos de exploração de imóveis para comércio e serviços em centros comerciais, a isenção de pagamento da remuneração mensal fixa ou mínima devida pelos lojistas além de uma redução proporcional à redução da faturação mensal, até ao limite de 50/prct. do valor daquela, quando os estabelecimentos tenham uma quebra do volume de vendas mensal, face ao volume de vendas do mês homólogo do ano de 2019 ou, na sua falta, ao volume médio de vendas dos seis meses antecedentes ao Decreto do Presidente da República nº 14-A/2020, de 18 de março, ou de período inferior, se aplicável*". Isto é, e por outras palavras, apenas *na medida* em que *excedeu* o efeito subjacente à solução *redutora* aprovada na LOE/2021, e que vigorou durante o primeiro semestre de 2021.

Não obstante os esforços argumentativos do Acórdão tendentes a enquadrar a decisão proferida em requisitos de ordem geral aplicáveis às decisões redutivas, não deixa de ser, desde logo, surpreende que o Palácio Ratton, que tem, como é sabido, uma jurisprudência muito restritiva quanto ao sentido do requisito do objeto (normativo) do controlo da constitucionalidade no acesso dos particulares ao Tribunal Constitucional, inviabilizando grande parte dos recursos de constitucionalidade interpostos ao abrigo do disposto na alínea *b)* do nº 1 do artigo 280º da Constituição com base na adesão ao pensamento de Cardoso da Costa[100], segundo o qual o que verdadeiramente interessa para a construção de um objeto normativo idóneo para efeitos de recurso de constitucionalidade é que se questione *«[...] um*

[100] Cfr. J. M. Cardoso da Costa, 'Justiça constitucional e jurisdição comum (cooperação ou antagonismo?)', in *EH Gomes Canotilho*, II, Coimbra: Coimbra Editora, 2012, pp. 208-209, nota.

juízo que o juiz há-de retirar [retirou] de uma norma (isto é, [...] um critério heterónomo de decisão) de que [ele, juiz] é apenas o mediador», e não «[...] um juízo que [o juiz] há-de emitir [emitiu] segundo o seu próprio critério (para o qual o legislador devolve – na grande massa das situações, até porque não pode ser de outro modo – e no qual confia)»"[101], venha agora, no Acórdão nº 468/2022, ele próprio, *construir* uma norma, sem qualquer respaldo direto ou indireto no nº 5 do artigo 168º-A da LOE/2020, para efeitos da declaração de inconstitucionalidade com força obrigatória geral.

Por outro lado, independentemente das razões pragmáticas que estão na base da solução imaginativa e criativa adotada, subsiste a relevante dúvida de saber se o resultado obtido não a transmuta numa verdadeira decisão *modificativa*, dificilmente compatível com o princípio da separação de poderes e a função *prima facie* puramente «negativa» do controlo da constitucionalidade das leis[102]. Este é um aspeto, da mais pura e complexa teoria constitucional, que merece sem dúvida ser aprofundado. Mas, obviamente, a sua análise manifestamente não cabe nas presentes linhas[103].

[101] Cfr., por exemplo, Acórdão do TC nº 202/2018 (Proc. nº 118/2018), de 13.04.2018.

[102] Cfr. a esse respeito as críticas constantes das Declarações de Voto dos Conselheiros Lino Ribeiro (relator, mas que sagazmente fez notar que, em rigor, do Acórdão resultou "não a redução do âmbito de aplicação da norma sindicada, mas sim a *criação* de uma norma com elementos estruturais – previsão e estatuição – que se correlacionam de modo completamente diferente", e que "ao considerar que a redução das rendas é a solução indispensável, a que melhor satisfaz o objetivo pretendido, o Tribunal acab[ou] por fazer um juízo positivo da medida, bem diferente do controlo negativo da relação fim-meio em que cristaliza a proporcionalidade"), Mariana Benedita Urbano ("trata-se da prolação de uma decisão de teor manipulativo, em que o julgador corrige o legislador, *in casu,* acrescentando pressupostos normativos que não estavam presentes na solução prevista") e Mariana Canotilho/Assunção Raimundo/António Ascensão Ramos (notando que a solução cristalizada pela decisão "corresponde, *nesta sede,* a uma opção feita *pelo Tribunal* e não pelo legislador democrático, de entre várias outras que teriam sido possíveis", numa opção "com um nível de detalhes (...) inédito na jurisprudência constitucional, e que estabelece um precedente difícil de justificar").

[103] Sobre as fronteiras entre as decisões de inconstitucionalidade *redutivas* e *modificativas* e os limites excecionais de admissibilidade destas últimas, cfr. R. Medeiros, *A Decisão de Inconstitucionalidade,* Lisboa: UCE, 1999, pp. 433 e ss. e 477 e ss.

[illegible] (...) "formulação genérica (...) [illegible] [illegible] (...) [illegible] [illegible] [illegible] [illegible] [illegible] [illegible] [illegible] [illegible] [illegible] [illegible] [illegible] [illegible] [illegible] [illegible] [illegible] [illegible] [illegible] [illegible] [illegible] sem qualquer espaço de direção ou indicação [illegible] [illegible] [illegible] da LOTC [illegible] [illegible] efeitos da declaração de inconstitucionalidade com força obrigatória geral.

[illegible] Cf., nesse sentido, as [illegible] [illegible] das declarações de voto [illegible] (...) [illegible].

Os efeitos jurídicos de situações de facto decorrentes de atos de gestão urbanística nulos*

João Miranda[1]

1. O presente artigo aborda a problemática do reconhecimento de efeitos jurídicos a situações de facto decorrentes de atos praticados pelos órgãos da Administração municipal, no âmbito do controlo prévio de operações urbanísticas, aos quais seja associado o desvalor jurídico de nulidade. O tema não é, evidentemente, exclusivo da atividade de gestão urbanística, podendo colocar-se a respeito de quaisquer atos administrativos[2], razão pela qual, na exposição que se segue, iremos partir da disciplina geral para, depois, centrar o estudo na problemática dos atos de controlo de operações urbanísticas.

* O presente artigo constitui uma singela homenagem ao Professor Pedro Pais de Vasconcelos, a quem agradeço o muito que deu à Faculdade de Direito da Universidade de Lisboa e a forma como a sua presença contribuiu para distender o ambiente universitário e para encontrar, no quadro da liberdade académica, a convergência entre Colegas, mesmo quando os respetivos pontos de partida eram distintos.

[1] Professor Associado da Faculdade de Direito da Universidade de Lisboa e Investigador Efetivo do Centro de Investigação de Direito Público da mesma instituição.

[2] Na realidade, a proteção teve na sua génese a necessidade de proteção dos funcionários públicos que, não obstante terem sido providos com base num ato nulo, exerceram a sua atividade durante um período longo de tempo.

2. Na vigência do Código do Procedimento Administrativo de 1991, doravante CPA 1991, previa-se no nº 3 do artigo 134º "a possibilidade de atribuição de certos efeitos jurídicos a situações de facto decorrentes de atos nulos, por força do simples decurso do tempo, de harmonia com os princípios gerais de direito".

Na interpretação efetuada deste preceito legal, a doutrina salientava que os efeitos putativos derivavam da produção de efeitos do ato nulo por um período prolongado de tempo, salvo em casos de coação, crime, dolo ou má fé do interessado, bem como que o mesmo reconhecimento poderia acontecer por invocação dos princípios gerais do direito, nomeadamente os da boa fé, da proteção da confiança e da igualdade[3]. Ou encarando mesmo a solução legal como forma de compensação pela radicalidade decorrente da improdutividade jurídica do ato nulo[4] ou mesmo como manifestação de uma eventual nulidade atípica[5].

Entretanto, o Código do Procedimento Administrativo de 2015, doravante CPA 2015, passou a ser mais explícito quanto à convocação de princípios gerais de direito e parece ter procurado mitigar a relevância do tempo, prevendo o nº 3 do artigo 162º a admissibilidade de "atribuição de efeitos jurídicos a situações de facto decorrentes de atos nulos, de harmonia com os princípios da boa-fé, da proteção da confiança e da proporcionalidade ou outros princípios constitucionais, designadamente associados ao decurso do tempo".

A nova redação legal encara o "decurso do tempo" como um de entre outros indícios que a Administração deve ponderar, quando existam interessados que tenham programado a sua vida com base num ato nulo, para cuja prolação com o referido desvalor não contribuíram[6]. Isto porque o "decurso do tempo", só por si, é um indício insuficiente, podendo a sua mera invocação gerar soluções injustas, nomeadamente por beneficiar interessados que estivessem de má fé ou, pelo contrário, desproteger aqueles que

[3] Cfr. Mário Esteves de Oliveira / Pedro Costa Gonçalves / João Pacheco de Amorim, *Código do Procedimento Administrativo Comentado*, 2ª edição, Coimbra, 1997, p. 655.

[4] Cfr. Vieira de Andrade, Validade (do ato administrativo), in Dicionário Jurídico da Administração Pública, VII, 1996, p. 590.

[5] Cfr. Marcelo Rebelo de Sousa, *Regime do ato administrativo*, in *Direito e Justiça*, Vol. 6, 1992, p. 46.

[6] Cfr. Licínio Lopes Martins, A invalidade do ato administrativo no novo Código do Procedimento Administrativo: as alterações mais relevantes, in Comentários ao novo Código do Procedimento Administrativo, obra coletiva, 2ª edição, Lisboa, 2015, pp. 905-906.

tivessem realizado num curto espaço de tempo um grande investimento para concretizar a utilidade concedida pelo ato[7].

Por outro lado, a consagração do princípio da proporcionalidade no enunciado legal reveste-se do maior relevo, porque determina o dever para a Administração de realização de um exercício de ponderação sobre se o benefício para o interesse público da não atribuição de efeitos jurídicos a situações de facto estribadas em atos nulos é superior à lesão sofrida pelo interessado.

3. Na legislação aplicável às operações urbanísticas, o tema surge pela primeira vez na alteração introduzida ao Decreto-Lei nº 555/99, de 16 de dezembro, que aprovou o Regime Jurídico da Urbanização e da Edificação, adiante abreviadamente RJUE, pelo Decreto-Lei nº 136/2014, de 9 de setembro, mantendo-se desde então a mesma redação do segmento inicial do artigo 68º, que tem como epígrafe "Nulidades": "Sem prejuízo da possibilidade de atribuição de efeitos jurídicos a situações de facto decorrentes de atos nulos, nos termos gerais de direito".

4. A problemática da nulidade dos atos de gestão urbanística já tinha sido, no entanto, abordada antes com assinalável profundidade pela doutrina, em especial num artigo de PEDRO COSTA GONÇALVES e FERNANDA PAULA OLIVEIRA, publicado em 1999[8]. Nesse artigo, os Autores, partindo da relevância dos atos de gestão urbanística por permitirem a realização de operações urbanísticas, propuseram-se estudar, entre outros assuntos, em que termos seriam procedentes pretensões conservatórias de particulares perante atos nulos que impusessem a reconstituição da situação de facto existente antes da respetiva prática. Para tanto, procederam a uma identificação das diversas situações de atos administrativos de gestão urbanística nulos, avançando com pistas para evitar a consumação da demolição da obra e para conservar a operação urbanística consolidada.

[7] Cfr. ALEXANDRE SOUSA PINHEIRO / TIAGO SERRÃO / MARCO CALDEIRA / JOSÉ DUARTE COIMBRA, *Questões fundamentais para a aplicação do CPA*, obra coletiva, Coimbra, 2016, p. 246.

[8] A sua publicação teve lugar em dois números distintos da Revista do Centro de Estudos de Direito do Ordenamento, do Urbanismo e do Ambiente. O primeiro no nº 1 de 1999, intitulado A nulidade dos atos administrativos de gestão urbanística, pp. 17 e ss. e o segundo no nº 2 do mesmo ano com o título O regime da nulidade dos atos administrativos de gestão urbanística que investem o particular no poder de realizar operações urbanísticas, pp. 15 e ss.

Na colocação do problema, os Autores apresentam de forma clara a tensão existente entre interesses contraditórios: "No estrito plano da legalidade, a destruição de situações de facto consolidadas ao abrigo de atos administrativos nulos constitui, portanto, uma *consequência natural da declaração de nulidade*; porém, em certas circunstâncias, supomos que haverá razões para considerar *legitimamente atendível a pretensão de conservar a situação de facto* que o destinatário do ato administrativo nulo possa manifestar. É indesmentível que, apesar de nulo, o ato administrativo é suscetível de criar um *clima de confiança*, que explica a atuação do particular"[9].

Na resposta à questão colocada, identificam diversos fatores a ponderar: i) os interesses envolvidos; ii) o bom senso; iii) o princípio da proporcionalidade; iv) o princípio da boa fé[10]. Apontam igualmente vias alternativas à demolição das operações urbanísticas realizadas ao abrigo de atos administrativos nulos: i) a legalização das operações urbanísticas; ii) a atribuição de efeitos jurídicos às operações urbanísticas (jurisdicização)[11].

No que tange à segunda via apresentada, os Autores procedem a uma interpretação assente no então nº 3 do artigo 134º do Código do Procedimento Administrativo de 1991, doravante abreviadamente CPA 1991, procurando explicitar em que consistem o pressuposto do "decurso do tempo" e a invocação dos princípios gerais de direito.

Quanto à verificação do decurso do tempo, rejeitam o paralelismo com a usucapião (decurso de um longo período de tempo), aludindo apenas à necessidade de o tempo decorrido ter permitido a consolidação da situação de facto. Qualificam o interesse do particular com um interesse simples na conservação, que, conjugadamente com outros, pode ser atendido ou considerado pela Administração[12].

No que respeita à aplicação dos princípios gerais de direito, exigem que os particulares beneficiários estejam de boa fé, embora a mera observância do princípio da boa fé não se revele suficiente para tal acontecer. Acrescentam o princípio da prossecução do interesse público, na dimensão de interesse na boa gestão financeira dos recursos públicos, como podendo

9 Cfr. Pedro Costa Gonçalves / Fernanda Paula Oliveira, *A nulidade dos atos administrativos de gestão urbanística*, pp. 17-18.

10 Cfr. Pedro Costa Gonçalves / Fernanda Paula Oliveira, *A nulidade...*, cit., pp. 35 e ss.

11 Cfr. Pedro Costa Gonçalves / Fernanda Paula Oliveira, *O regime...*, cit., pp. 21 e ss.

12 Cfr. Pedro Costa Gonçalves / Fernanda Paula Oliveira, *O regime...*, cit., p. 26.

contribuir para a conservação da situação, em virtude dos custos decorrentes de indemnizações e de demolições para o erário público[13].

Consoante a natureza do vício gerador da nulidade, estabelecem distinções quanto à possibilidade de jurisdicização: i) em caso de violação da vinculação situacional dos solos e de normas de planos que acolhem standards urbanísticos, pronunciam-se desfavoravelmente, sem prejuízo de ainda assim se dever recorrer ao princípio da proporcionalidade; ii) nas situações em que as normas violadas resultam do exercício da discricionariedade de planeamento, entendem que o interesse da conservação na situação prevalece sobre a reposição da legalidade por via da demolição; iii) quando se trate de violação de preceitos formais, nem se coloca o problema da jurisdicização, dado que a obra é legalizável através da prática de um novo ato expurgado dos vícios[14].

O tema foi, depois, retomado por alguma doutrina, procurando salientar as especificidades do campo urbanístico[15].

5. Antes de prosseguirmos com a exposição da nossa posição sobre a temática em causa, importa recensear o entendimento dos tribunais superiores da jurisdição administrativa.

Efetivamente, foram tomadas recentemente duas decisões relevantes, das quais podem ser extraídas pistas para a compreensão do tema.

Em Acórdão proferido pelo Supremo Tribunal Administrativo, em 18 de junho de 2020, no âmbito do Processo nº 1701/10.0BEBRG 0200/18, afirmou-se:

"I – O instituto de salvaguarda de efeitos putativos decorrentes de ato permissivo/autorizativo que venha a ser declarado nulo, por intermédio da «*jurisdicização*» da situação de facto operada através da emissão de decisão judicial, tal como previsto no nº 3 do art. 134º do CPA/91, constitui uma ressalva àquilo que seriam as decorrências da reposição da legalidade urbanística quanto a edificações realizadas em desconformidade às normas

[13] Cfr. Pedro Costa Gonçalves / Fernanda Paula Oliveira, *O regime...*, cit., pp. 26-27.

[14] Cfr. Pedro Costa Gonçalves / Fernanda Paula Oliveira, *O regime...*, cit., p. 27.

[15] Cfr. Clara Serra Coelho, A preservação de efeitos do ato administrativo de gestão urbanística nulo, in O urbanismo, o ordenamento do território e os tribunais, obra coletiva, Coimbra, 2010, pp. 241 e ss.; Ricardo Neves, Os efeitos putativos na nulidade dos atos urbanísticos: entre a tutela da confiança e o interesse público, in e-pública – Revista eletrónica de Direito Público, 2014(2), pp. 539 e ss.

vigentes de planeamento nesse domínio e quando as mesmas não se mostrem suscetíveis de legalização.

II – Nas situações nele abrangidas não estamos perante o afastamento ou sanação da ilegalidade geradora do desvalor da nulidade que afeta a validade do ato administrativo e na sequência do qual se criou a situação de facto, mas antes em face da atribuição de efeitos autónomos a essa situação de facto.

III – Tal reconhecimento, feito de harmonia com os princípios gerais de direito [nomeadamente, da proteção da confiança/segurança jurídica, da boa fé, da proporcionalidade, e da prossecução do interesse público (abarcando a vertente da boa administração)], encontra-se ligado ou conexionado com a existência de um período relativamente alargado de tempo, surgindo este como um elemento relevante para o juízo de avaliação e de ponderação na estabilização das situações ou das relações sociais em questão à luz da confiança e da boa-fé, não podendo beneficiar aqueles que direta, ou mesmo dolosamente, deram causa à nulidade do ato à sombra do qual os referidos efeitos são reclamados"[16].

Esta decisão judicial sublinha a impossibilidade de quem contribuiu para a nulidade do ato, e nessa medida não se encontrava de boa fé, vir a beneficiar do reconhecimento de efeitos de facto já consolidados.

E num aresto prolatado em 19 de novembro de 2021, no âmbito do Proc. nº 659/14.1BECBR, o Tribunal Central Administrativo Norte decidiu:

"1. O regime da nulidade dos atos administrativos não prejudica a possibilidade de atribuição de certos efeitos jurídicos a situações de facto decorrentes de atos nulos, por força do simples decurso do tempo, de harmonia com os princípios gerais de direito.

2. No caso concreto dos autos, a declaração de nulidade de um ato tem como consequência a destruição dos seus efeitos de facto, perante os pressupostos da pertinente proporcionalidade e da sua conformidade com os ditames emanados pelo princípio, temos que a aplicação do disposto no nº 3 do artº 134º do CPA/91 se apresenta como adequada, uma vez que as consequências que derivariam do mero operar da declaração de nulidade e da destruição dos efeitos de facto – demolição do 3º piso – se revelariam como atentatórias do princípio e seus comandos.

3. Apenas a manutenção ou a estabilização da situação de facto duradoura se mostra constituir, no contexto e atento o tempo decorrido, como

[16] Disponível para consulta em Acórdão do Supremo Tribunal Administrativo (dgsi.pt).

o meio de reação mais adequado e benigno, ou menos oneroso, para os sujeitos em presença e os interesses conflituantes envolvidos e a prosseguir ou realizar, assim como se revela, *in casu*, como o meio menos excessivo, pois, os custos decorrentes ou que envolvem a não «jurisdicização» da concreta situação de facto seriam superiores aos seus benefícios, tanto mais que a reposição no plano dos factos com a demolição de um 3º piso, seria descaracterizar totalmente a moradia, num contexto envolvente similar e com um terreno com grande declive"[17].

Por seu turno, a segunda decisão mostra-se ainda mais interessante, porquanto o Tribunal efetuou uma avaliação do decurso do tempo combinada com os princípios gerais de direito, em especial com o da proporcionalidade. Não se tratou apenas de ponderar quanto tempo se achava decorrido, mas sim de fazer uma apreciação entre os benefícios para o interesse público e os prejuízos originados para os particulares, concluindo que, sendo estes últimos superiores, não se achava justificada a demolição da construção e que a mesma deveria ser mantida.

6. Vejamos agora o nosso entendimento sobre o problema, começando pela delimitação dos possíveis atos de gestão urbanística nulos.

Dispõe o artigo 68º do RJUE que são nulas as licenças, as autorizações de utilização e as decisões relativas a pedidos de informação prévia que violem plano municipal, plano especial, medidas preventivas ou licença ou comunicação prévia de loteamento em vigor, bem como que não tenham sido precedidas das necessárias consultas às entidades externas ao município ou que sejam desconformes com pareceres, autorizações ou aprovações exigíveis.

Para a compreensão do alcance da nulidade, não nos podemos cingir, no entanto, a este regime, havendo ainda que atentar noutros diplomas legais, entre estes avultando os Regimes Jurídicos dos Instrumentos de Gestão Territorial, doravante abreviadamente RJIGT, da Reserva Ecológica Nacional e da Reserva Agrícola Nacional.

Assim, o artigo 130º do RJIGT, aprovado pelo Decreto-Lei nº 80/2015, de 14 de maio, comina com a nulidade qualquer ato que viole um plano municipal ou intermunicipal. Por outro lado, o artigo 27º do Regime Jurídico da Reserva Ecológica Nacional, aprovado pelo Decreto-Lei nº 166/2008, de

[17] Disponível para consulta em Acórdão do Tribunal Central Administrativo Norte (dgsi.pt).

22 de agosto, estabelece que são nulos os atos que permitam a realização de operações de loteamento, obras de urbanização, obras de construção e obras de ampliação em violação da disciplina desta restrição de utilidade pública ou ações desconformes com os fins que determinaram a exclusão de áreas do âmbito de aplicação da restrição. Finalmente, contendo idêntica regulação, prevê o artigo 38º do Regime Jurídico da Reserva Agrícola Nacional, aprovado pelo Decreto-Lei nº 73/2009, de 31 de março, que são nulos os atos que violem as regras sobre utilização de solos abrangidos por esta restrição para outros fins ou que contrariem os pareceres emitidos quanto às utilizações não agrícolas destes solos.

A primeira precisão a operar prende-se com a delimitação dos atos de gestão urbanística abarcados pela previsão legal. Aparentemente, o legislador preocupou-se, fundamentalmente, com o ato que põe termo ao procedimento administrativo, assim se entendendo as menções a licenças, a autorizações de utilização, decisões sobre pedidos de informação prévia ou decisões que permitam utilizações desconformes com a disciplina legal da Reserva Ecológica Nacional ou da Reserva Agrícola Nacional. No entanto, é mister concluir que estão sujeitos à mesma cominação quaisquer atos endoprocedimentais ou interlocutórios do procedimento praticados no âmbito do controlo prévio de operações urbanísticas que configurem verdadeiros atos administrativos para efeitos do preenchimento do conceito de ato administrativo presentemente contemplado no artigo 148º do CPA 2015. O exemplo mais relevante disso mesmo é a aprovação do projeto de arquitetura.

7. Cumpre agora atentar nas vinculações que constituem parâmetro de conformidade das decisões adotadas no seio dos procedimentos de controlo prévio de operações urbanísticas e cuja violação acarreta a nulidade desses atos administrativos.

Em primeiro lugar, como vimos, os atos de gestão urbanística devem encontrar-se em conformidade com os planos urbanísticos municipais, uma vez que se trata de instrumentos que conformam diretamente o direito de propriedade privada e que vinculam também as entidades privadas, à luz do artigo 3º, nº 2, do RJIGT.

Em segundo lugar, presentemente, não vigoram mais planos especiais que constituem parâmetro de validade dos atos de gestão urbanística. Mercê da disposição transitória constante do artigo 78º, nº 1, da Lei de Bases Gerais da Política Pública de Solos, de Ordenamento do Território e de

Urbanismo, aprovada pela Lei nº 31/2014, de 30 de maio, foi determinada a manutenção dos planos especiais adotados antes da entrada em vigor deste diploma, tendo, em virtude de duas prorrogações determinadas pela Lei nº 74/2017, de 16 de agosto, e pelo Decreto-Lei nº 3/2021, de 7 de janeiro, tal acontecido até 13 de julho de 2021. Depois desta data, deixaram de existir planos especiais vinculativos das entidades privadas, tendo o conteúdo destes instrumentos de planeamento sido incorporado em planos municipais ou intermunicipais. Nessa medida, a vinculação para os atos de gestão urbanística resulta hoje, no que ao planeamento diz respeito, apenas de instrumentos municipais ou intermunicipais.

Em terceiro lugar, as medidas preventivas revestem a natureza de regulamentos administrativos e a respetiva violação por atos de gestão urbanística acarreta igualmente a nulidade. O mesmo acontece com o incumprimento de normas provisórias, não obstante, quer o artigo 130º do RJIGT, quer o artigo 68º do RJUE serem omissos a seu respeito. Deve, no entanto, entender-se que se tratou de um lapso do legislador, que não procedeu à necessária atualização dos regimes legais de desenvolvimento da Lei de Bases. Ora, a aprovação de normas provisórias constitui uma forma de aplicação antecipada do futuro plano, sujeitando o território ao qual o mesmo se dirige a uma disciplina transitória, que não pode deixar de vincular a Administração municipal na apreciação de pretensões urbanísticas nos mesmos termos em que o faz quando verifica a conformidade com o plano municipal.

Em quarto lugar, são ainda nulas as permissões urbanísticas que contrariem licença ou comunicação prévia de loteamento em vigor. Compreende-se a opção de cominar com este desvalor a ofensa das condições previstas para a realização do loteamento. Isto porque se trata de uma operação de transformação do território, que enquadra a futura construção urbana e que é titulada por um alvará que em muito se assemelha um plano de pormenor da área por ele abarcada[18]. Não por acaso a circunstância de uma área se achar abrangida por operação de loteamento, tal como por plano de pormenor, constitui pressuposto para a sujeição de operações urbanísticas a um procedimento de comunicação prévia, que é simplificado face ao de licenciamento, de acordo com o artigo 4º, nº 4, alíneas b) e c) do RJUE.

Em quinto lugar, em consonância com o acima referido a propósito da Reserva Ecológica Nacional e da Reserva Agrícola Nacional, constitui

[18] Cfr. João Miranda, A função pública urbanística e o seu exercício por particulares, Coimbra, 2012, pp. 216-217.

fundamento de indeferimento de pedido de licenciamento a violação de restrição de utilidade pública, em face do artigo 24º, nº 1, alínea a) do RJUE. Não por via do artigo 68º, mas sim em decorrência dos regimes legais daquelas restrições de utilidade pública, a consequência de atos de gestão urbanística contrários à respetiva disciplina é igualmente a nulidade.

Em sexto lugar, o legislador considerou ainda que a emissão de atos permissivos de operações urbanísticas com preterição das obrigatórias consultas externas para o Município ou em desconformidade com os pareceres, autorizações ou aprovações que tiverem sido emitidos por entidades exteriores configura uma situação grave que é cominada com nulidade, à luz do artigo 68º, alínea c) do RJUE. Trata-se de um afastamento da regra geral do Direito Administrativo, de acordo com o qual o vício de forma e o vício de violação de lei descritos originam apenas anulabilidade. Considerando a necessária ponderação de interesses públicos, urbanístico e setoriais, por um lado, e local e supralocais por outro, entendeu-se que a anulabilidade não constituía um valor negativo suficiente para sancionar a preterição ou a violação de consultas a entidades externas ao município.

As cinco primeiras situações, assim como a prática de ato em violação de pareceres, correspondem a vícios de natureza substancial. Por seu turno, a ausência de consultas constitui um vício de cariz procedimental, que, para efeitos do tratamento do presente tema, não é relevante, porque sempre seria suprível através da legalização da obra com obtenção do parecer omitido.

8. Perante a absolutidade de consequências da nulidade, a doutrina vem ensaiando tentativas para mitigar a improdutividade jurídica dos efeitos do ato de gestão urbanística.

Retomando uma posição já anteriormente avançada no artigo publicado com Pedro Costa Gonçalves, sustenta Fernanda Paula Oliveira em obra de que é coautora a necessidade de distinguir entre "*nulidades por determinação da lei* – que não decorrem de uma *qualificação necessária ou natural* que se imponha em face da particular gravidade de uma infração cometida pela autoridade administrativa (e que, deste modo, corresponderia também a uma tradicional nulidade por natureza), convertendo-se antes, muitas vezes, numa *qualificação contingente*, variável em função da tática legislativa"[19].

[19] Cfr. Fernanda Paula Oliveira / Maria José Castanheira Neves / Dulce Lopes, *Regime Jurídico da Urbanização e da Edificação Comentado*, 4ª edição, Coimbra, 2017, p. 507.

A posição exposta suscita-nos sérias reservas, desde logo pela invocação de uma *nulidade por natureza*, que nunca foi propriamente consensual na doutrina e que o CPA de 2015 pretendeu afastar, ao acabar com a cláusula geral de nulidade que constava do nº 1 do artigo 133º do CPA de 1991[20]. Por outro lado, também temos dificuldade em enxergar o que é legalidade contingente, dependente de uma "tática legislativa". Naturalmente, por definição, o interesse público urbanístico é variável e a sua expressão na lei está sujeita a alterações. Daí não se deve, porém, inferir uma menorização das normas jurídicas cuja violação é cominada, de forma inovadora, com a nulidade.

Na mesma obra é elaborada ainda uma distinção, quanto à sua gravidade, entre a violação de normas que se referem a situações de vinculação situacional dos solos e de normas contidas em planos, por via do exercício da discricionariedade de planeamento. A violação das segundas normas mostrar-se-ia menos grave, por se tratar de "normas cujo conteúdo poderia ser diferente, em resultado da discricionariedade de regulação administrativa que a lei concede aos municípios para escolherem as soluções que considerem mais adequadas para o desenvolvimento urbanístico"[21].

Igualmente esta solução apresentada não merece o nosso acolhimento, estabelecendo uma distinção entre normas de planos cujo conteúdo é vinculado e outras que resultam do exercício de uma margem de livre decisão administrativa. Ora, não só se torna extremamente difícil destrinçar os casos em que o conteúdo do plano resulta de uma opção discricionária ou do cumprimento de vinculações legais ou regulamentares que se impõem aos municípios, como não há fundamento para estabelecer uma graduação de nulidades com base no referido critério.

Acresce a isso que a solução proposta menoriza as normas dos planos aprovadas pelos órgãos municipais, que resultam de opções próprias, face a outras, como sucede nas situações de vinculação situacional dos solos (e.g. Reserva Ecológica Nacional, Reserva Agrícola Nacional, solos florestais,

[20] Com efeito, no ponto 17 do preâmbulo do Decreto-Lei nº 4/2015, de 7 de janeiro, que aprovou o CPA de 2015, afirma-se expressamente: "(...) por razões de certeza e segurança, determina-se que a nulidade pressupõe a respetiva cominação legal expressa, eliminando-se a categoria das nulidades por natureza, definidas através de conceitos indeterminados, que suscitariam dúvidas de interpretação".

[21] Cfr. Fernanda Paula Oliveira / Maria José Castanheira Neves / Dulce Lopes, *op. cit.*, p. 508.

zonas inundáveis), que, na maior parte das vezes, têm o respetivo conteúdo definido em diplomas legais ou regulamentares e em programas territoriais emanados do Estado. Ou seja, a solução em causa diminui as normas aprovadas pelo poder municipal para regular o uso do solo do respetivo território, que é uma competência municipal indeclinável por via do artigo 9º da Lei de Bases Gerais da Política Pública de Solos, de Ordenamento do Território e de Urbanismo, relativamente a normas cujo conteúdo resulta de uma disciplina normativa de origem estadual. Em síntese, reconhecemos a existência de situações de vinculação e de discricionariedade na atividade de planeamento[22], mas daí não se pode extrair qualquer consequência quanto a graduações de normas para efeitos de determinação de regimes de nulidade.

Outra tentativa doutrinária foi ensaiada por Ricardo Neves, que considerou que, quando se tratasse da violação de planos especiais, os valores tutelados – salvaguarda dos recursos naturais para uma utilização sustentável do território – seriam mais relevantes do que em caso de preterição do regime do uso do solo contido em planos municipais. Razão pela qual a primeira nulidade seria mais gravosa do que a segunda[23]. Naturalmente, hoje com o desaparecimento dos planos especiais com o figurino de planos com eficácia plurisubjetiva, esta observação terá que significar a destrinça nas normas dos planos municipais entre as que resultam da receção do conteúdo dos antigos planos especiais e aquelas que consistem na definição da disciplina de uso do solo.

Salvo melhor opinião, a posição exposta incorre no mesmo equívoco de graduar normas de planos, com base num critério de interesse tutelado que não tem estribo na lei e que significaria, na realidade atual, a defesa de um "conteúdo normativo a duas velocidades", no seio dos planos municipais, privilegiando as normas de origem estadual, em detrimento daquelas que correspondem à expressão da discricionariedade de planeamento pelos municípios[24].

[22] Como aliás já escrevemos anteriormente em A dinâmica jurídica do planeamento territorial. A alteração, a revisão e a suspensão dos planos, Coimbra, 2002, pp. 91 e ss.

[23] Cfr. Ricardo Neves, *op. cit.*, pp. 550-551.

[24] De resto, Ricardo Neves acaba por reconhecer isso mesmo para casos limitados, que exemplifica com a norma de classificação de um imóvel de utilidade pública, quando afirma: "(...) olhar apenas para a existência de discricionariedade normativa enquanto critério para avaliar a gravidade da nulidade implicaria um juízo de prevalência do interesse nacional sobre o interesse público desconforme" (cfr, *op. cit.*, p. 552).

Também não cremos que se justifique a desvalorização efetuada pelo Autor das situações de violação das medidas preventivas, considerando que, após a caducidade destas medidas cautelares, e desde que os novos parâmetros urbanísticos o permitam, pode ser praticado um novo ato conforme às exigências legais[25]. Na realidade, as medidas preventivas têm a mesma força jurídica dos planos e sempre a nulidade do ato carece de ser declarada pela Administração, não bastando dizer que tudo fica resolvido com um novo ato a legalizar a operação urbanística. Efetivamente, as obras são legalizáveis, mas tal em nada justifica a crítica ao legislador por ter previsto a cominação de nulidade por violação das medidas preventivas.

9. A rejeição dos critérios apontados pela doutrina para distinguir entre violações graves e menos graves de normas de planos não significa uma rejeição liminar da posição de que há vícios mais relevantes do que outros[26]. Simplesmente, daí não se podem inferir graduações do regime da nulidade aplicável aos atos de gestão urbanística, tanto mais desnecessárias no que diz respeito a atos desta natureza por ter sido o próprio legislador do RJUE que previu, na realidade, um regime de invalidade mista, mediante a limitação do prazo de declaração administrativa ou de impugnação contenciosa de atos nulos. De facto, o nº 4 do artigo 69º do RJUE preceitua: "A possibilidade de o órgão que emitiu o ato ou deliberação declarar a nulidade caduca no prazo de 10 anos, caducando também o direito de propor a ação prevista no nº 1 se os factos que determinam a nulidade não forem participados ao Ministério Público nesse prazo, exceto relativamente a monumentos nacionais e respetiva zona de proteção".

De resto, o prazo legal mostra-se coerente em termos de ordenamento jurídico com a solução contemplada no artigo 1294º, alínea a) do Código Civil para a usucapião de imóveis, quando a posse seja de boa fé e haja registo.

Portanto, o prazo longo para efeitos de atos de gestão urbanística nulos não pode exceder os 10 anos, pelo que o "decurso do tempo", para efeitos de atribuição de efeitos jurídicos a situações de facto decorrentes de atos de gestão urbanística nulos, terá de ser entendido dentro dessa janela temporal e não para além dela.

[25] Cfr. Ricardo Neves, *op. cit.*, pp. 552-553.

[26] Cfr. sobre o critério da gravidade dos vícios geradores de nulidade, v. Vieira de Andrade, *Lições de Direito Administrativo*, 4ª edição, Coimbra, 2015, pp. 224-225.

10. Aqui chegados, e ficando afastado o critério da gravidade da nulidade para daí inferir qualquer consequência ao nível dos efeitos putativos dos atos nulos, resta-nos o apelo aos princípios gerais da atividade administrativas, em combinação com a consolidação da situação de facto por via do decurso do tempo.

O primeiro princípio geral a ter em conta é o da boa fé, uma vez que é de excluir liminarmente a possibilidade de particulares que estavam de má fé e que contribuíram para a prática do ato virem invocar uma situação de facto que não existiria sem a sua atuação. É o que acontece, por exemplo, quando os particulares facultam informações falsas à Administração, fazendo com que a instrução do procedimento fique, desde logo, inquinada. Portanto, a circunstância de a atuação dos particulares interessados se mostrar conforme com os ditames da boa fé constitui uma condição *sine qua non* para ponderar a atribuição de efeitos jurídicos a situações de facto.

Pode também relevar a boa fé noutra perspetiva, por a atuação da Administração ter sido leal, cooperante e assente numa interpretação das normas, que durante um período longo nunca foi questionada. Ou seja, uma prática administrativa aceite e tolerada como conforme com o ordenamento jurídico pode de um momento para o outro vir a ser questionada, devendo aí perguntar-se se é admissível fazer tábua rasa dos efeitos jurídicos produzidos pela atuação pretérita e constante da Administração. Naturalmente, haverá que ponderar se se justificam os efeitos destrutivos da declaração de nulidade ou se, pelo contrário, o interesse público urbanístico reclama uma solução distinta.

Mas, em contrapartida, a mera atuação do particular pautada pela boa fé pode revelar-se insuficiente para a conservação da situação existente, sobretudo por causa da necessidade de atentar em outros princípios gerais da atividade administrativa, tais como o princípio da prossecução do interesse público e o princípio da proporcionalidade.

Com efeito, a existência de um interesse público de reposição da legalidade é suscetível de justificar, face às circunstâncias do caso concreto, a mitigação do alcance da nulidade. Para tanto, a Administração poderá ter de ponderar as consequências de a execução da declaração de nulidade envolver a demolição de construções ou de obras, com os encargos daí associados para os particulares e para a própria Administração.

De assinalar, no entanto, que a necessidade de arcar com despesas, seja a título de indemnização ou seja com o realojamento de particulares, não pode funcionar como inibidor total para a Administração fazer cumprir a legalidade urbanística. Sempre se terá de ponderar à luz das circunstâncias do caso concreto se não seria mais vantajoso para o desenvolvimento urbano a busca de soluções de regularização da realidade material. O exemplo mais eloquente dessa busca de fazer coincidir a realidade de facto com o direito é-nos dado pelas medidas de reconversão urbanística das áreas urbanas de génese ilegal, cujo regime jurídico consta presentemente da Lei nº 91/95, de 2 de setembro.

Porventura, mais interessante ainda se revela o recurso ao princípio da proporcionalidade para indicar caminhos destinados a proceder a uma correta ponderação entre o interesse público de tutela da legalidade e outros interesses públicos e privados que impelem a Administração a manter os efeitos jurídicos das situações de facto baseadas em atos nulos.

Ora, sobretudo a vertente da proporcionalidade em sentido estrito ou do equilíbrio revela-se fundamental, uma vez que obriga a ponderar se o sacrifício imposto pela demolição em execução do ato nulo não é superior ao benefício para o interesse público de uma tal medida. Sempre que sopesando o interesse público e o interesse privado do beneficiário do ato nulo se concluir que o último é superior, a conclusão poderá passar pelo reconhecimento dos efeitos jurídicos da situação de facto assente num ato nulo.

É precisamente por causa do princípio da proporcionalidade que entendemos que a correta compreensão do tema de que nos ocupamos carece de ser analisado conjugadamente com as regras aplicáveis à demolição da obra contempladas no artigo 106º do RJUE. Efetivamente, esta medida gravosa pode ser evitada através da realização de trabalhos de correção ou de alteração. Mas aí pode a Administração ser colocada perante o dilema de ser materialmente inexequível introduzir esses trabalhos de alteração e de correção e de ainda assim o custo para o particular da demolição ser superior à conservação da situação. Quando tal acontecer, mais uma vez, por aplicação do princípio da proporcionalidade, poderá ser equacionado a atribuição de efeitos jurídicos a situações de facto consolidadas.

11. Por outro lado, se se mostrar inviável o reconhecimento de efeitos jurídicos a situações de facto geradas por atos nulos, sempre deve a Administração procurar, à luz do princípio da proporcionalidade, outras soluções que permitam minimamente conservar situações consolidadas. Neste contexto, uma das possibilidades a explorar radica na figura da redução do ato administrativo nulo, figura sem assento expresso no artigo 164º do CPA 2015, mas que pode ter um campo de aplicação relevante.

De facto, suponha-se que foi aprovado o licenciamento de uma edificação com mais um piso do que o admissível, contrariando os parâmetros urbanísticos consagrados no plano municipal. Nesta hipótese, a solução poderia passar por uma declaração de nulidade parcial, eliminando o conteúdo do ato que permitia a construção do piso a mais e mantendo a possibilidade de o particular erigir a edificação em conformidade com as normas aplicáveis e sem que tivesse de requerer um novo pedido de licenciamento, nem que a Administração tivesse de praticar um novo ato permissivo. Deste modo, limitam-se os efeitos absolutos da declaração de nulidade à parte efetivamente afetada do ato.

No mesmo exemplo, se a edificação já se achar erigida ou em vias de o estar, a declaração de nulidade do ato terá de ser acompanhada de uma ordem de demolição da parte que infringe as normas de planeamento.

12. Em síntese, o tema tratado coloca um dos principais desafios com o qual o Direito do Urbanismo se confronta: a divergência entre facto e norma. Neste ramo de Direito Administrativo especial, o legislador consagrou mais casos de nulidade, mas contrabalançou essa solução com um regime de invalidade mista para a declaração de nulidade pela Administração ou para a impugnação contenciosa do ato.

Subsistem, em qualquer caso, muitas situações duvidosas, que, quanto a nós, não devem ser resolvidas mercê de uma graduação da nulidade do ato administrativo, mas sim com base na apreciação das circunstâncias do caso concreto, no quadro dos princípios gerais da atividade administrativa, em especial da boa fé, da proteção da confiança, da prossecução do interesse público e da proporcionalidade. Considerando a necessidade de realização de um juízo de ponderação de interesses contrapostos, avulta aqui, naturalmente, o princípio da proporcionalidade, que pode ser o auxiliar decisivo para decidir quando será admissível o reconhecimento de efeitos jurídicos a situações de facto decorrentes de atos de controlo prévio de operações urbanísticos que sejam nulos.

A Greve como direito fundamental dos trabalhadores: apontamento sobre a sua configuração e limites nas ordens jurídicas portuguesa e brasileira

Carlos Blanco de Morais[*]

I. O Estado de direito democrático e o direito à greve

1. É para mim um enorme prazer publicar este escrito em homenagem ao colega e amigo Pedro Pais de Vasconcelos. Trata-se de uma justa homenagem ao grande civilista e advogado, mas também a alguém com enormes qualidades humanas que me deu o privilégio da sua convivência na Faculdade de Direito da Universidade de Lisboa.

O presente texto corresponde à intervenção para a qual fui convidado como orador pela Presidência do Superior Tribunal do Trabalho do Brasil, em Congresso a ocorrer em 13 de maio de 2022, em Brasília. Foi-me solicitado que me ocupasse de um tema de Direito Constitucional com uma conexão direta com os direitos laborais e que refletisse interações normativas entre o Direito português e o brasileiro.

Escolhi o direito à greve. Direito fundamental no constitucionalismo do tempo presente, conquistado por longíssimo tempo a duras penas[1], bas-

[*] Professor Catedrático da Faculdade de Direito da Universidade de Lisboa.

[1] José João Abrantes "Sobre os Limites da Greve"" Revista de Direito Comercial" (www.revistadedireitocomercial.com), 12 de março de 2021, dedicado ao Professor Pedro Pais de Vasconcelos.

tando recordar que a primeira greve em Portugal despontou no Século XVII durante o absolutismo sendo então tipificada como um ilícito criminal, criminalização que se manteve durante dois séculos e meio. No tempo presente figura no § 4 do artº 23º da Declaração Universal dos Direitos do Homem como direito de defesa dos interesses dos trabalhadores.

2. O constituinte de 1976 considerou o direito à greve um instrumento reivindicativo e de autotutela nas relações laborais, e nessa qualidade, um instrumento fundamental para o reequilíbrio das posições de força e de poder nas relações de trabalho, prosseguindo um objetivo de igualdade relativa, entre trabalhadores e empregadores[2]. A faculdade de os trabalhadores poderem, num contexto de conflitualidade laboral, abster-se coletivamente, por um dado período de tempo, de realizar a sua prestação de trabalho como grupo social organizado, confere-lhes um relevante poder de defesa coletiva dos seus interesses, no contexto do pluralismo político e social do Estado de direito democrático. Sendo o Estado de direito um Estado de direitos fundamentais, o direito à greve é expressão do pluralismo, igualdade e tutela de interesses próprios de um setor social cuja atividade indispensável para o desenvolvimento económico e para a integração nacional e comunitária.

3. A atual crise pandémica alterou muitas práticas jurídicas do Estado, da ação reivindicativa dos trabalhadores e das medidas defensivas dos empregadores, no âmbito das relações sociais e laborais. Vive-se, e falo agora de Portugal, um tempo estranho e contraditório em que o temor coletivo do contágio reforçou a centralidade do poder do Governo, tornou as entidades patronais mais dependentes de subsídios do Estado[3] e enfraqueceu os trabalhadores, confrontados com a suspensão do direito à greve em setores essenciais por decretos que decretaram ou prorrogaram o estado de emergência, com o risco de despedimentos coletivos e, ainda, com a tábua de salvação de um *lay off* simplificado[4], apoiado também por verbas públicas.

Toda esta situação fez esmaecer o recurso efetivo a greves prolongadas em setores essenciais. Se examinarmos as estatísticas[5], enquanto em 1989,

[2] José João Abrantes ult. loc cit, p. 512.

[3] Cfr. o regime aprovado pelo Decreto-Lei 46-A/2020, de 30 de julho, alterado e prorrogado na sua vigência pelo Decreto-lei nº 71-A/2021, de 13 de Agosto, para além de outras disposições legais.

[4] Decreto-Lei nº 10-G/2020, de 26 de março, editado ao abrigo do estado de emergência.

[5] https://www.pordata.pt/Portugal/Greves+total++trabalhadores+abrangidos+e+dias+de+trabalho+perdidos-71.

ano de relativa prosperidade, houve 307 greves, com 290.000 trabalhadores envolvidos e 357 dias de trabalho perdidos, em 2019, antes da pandemia, ocorreram 147 greves com apenas 33.000 trabalhadores envolvidos e 56 dias de trabalho perdidos. Em 2020 reduziu-se para metade o número de greves, independentemente de ser elevado o número de pré-avisos.

Importa, ainda, registar que os últimos anos, desde 2018, as greves assumiram uma vertente essencialmente setorial abrangendo, nomeadamente, as áreas da educação pública, oficiais de justiça, serviços prisionais, transportes e serviços de saúde. Muitas foram anunciadas e desconvocadas.

No Brasil a pandemia afetou o número de paralisações[6]. Em 1989 registaram-se 1.962 greves, valor que desceu para um número não superior a 525 entre 2000 e 2010, para atingir um pico de 2.114 em 2019 e cair para metade em 2020, ano mais intenso da pandemia.

Esta tendência para o abaixamento do conflito ou das suas repercussões está ligado a um enfraquecimento do movimento sindical, não apenas em Portugal mas a nível global. A mecanização e automatização da indústria e serviços, a queda muito elevada de filiações em associações sindicais, a informalização do trabalho, o trabalho independente, a terciarização, e a tendência recente para o teletrabalho que a pandemia gerou afetaram o recurso generalizado à greve como instrumento de combate corporativo. Ainda assim, em Portugal, reforçaram-se novos tipos de greves cirúrgicas com impacto económico e social e dotadas de um viés inorgânico, como as dos enfermeiros, guardas prisionais, oficiais de justiça, médicos, pilotos da aviação, camionistas e estivadores, pautadas pelo seu efeito prolongado e resiliente e impactos disruptores no bem-estar público e no funcionamento do Estado.

4. Relembro em 2018 num congresso do IDP em Brasília, uma discussão sobre a greve dos camionistas que ameaçava deixar o País paralisado e à beira de uma grave crise económica e social. Falou-se da experiência portuguesa da requisição civil. E da conversa decorreu que a requisição civil no Brasil só poderia envolver bens privados (ou seja as empresas de camionagem) mas não os trabalhadores. Projetando esse momento para o tempo presente, perguntar-se-á: – como se poderia por hipótese o Estado brasileiro lidar com greves que afetem transportes, hospitais, abastecimento de energia e alimentos durante uma crise pandémica e num contexto de encerramento de empresas, com hipótese de escassez de oxigénio em hospitais sobrelo-

[6] Cfr. https://www.dieese.org.br/

tados, como sucedeu na Amazónia, sem que se tivesse de recorrer a soluções extremas como o estado de alarme?

5. Esta questão instiga a um exame sumário de semelhanças e diferenças não apenas na configuração e tutela do direito à Greve em Portugal e no Brasil mas, sobretudo na identificação dos seus limites.

II. O direito à greve como direito fundamental dos trabalhadores nos ordenamentos português e brasileiro

1. Natureza do Direito

6. A jusfundamentalidade de um direito, deriva do facto de ser incorporado na Constituição, pois tal cria um defeso contra leis que o suprimam ou restrinjam desproporcionadamente[7].

Comparando os dois sistemas constitucionais, enquanto na Constituição portuguesa o direito à greve figura como um direito, liberdade e garantia dos trabalhadores no artº 57º, no Brasil esse direito, ínsito no artº 9º, foi inserido no título dos direitos e garantias fundamentais como direito social, embora com uma vertente negativa ou de defesa[8]. Será que a diferença é relevante?

7. Em Portugal os direitos sociais constam na sua grande maioria de normas programáticas e, como tal, não exequíveis por si próprias e a maioria não está inscrita na reserva de lei parlamentar, havendo mesmo alguns direitos que não integram a reserva de ato legislativo. Ao incluir a greve no regime jurídico dos *direitos, liberdades e garantias dos trabalhadores*, o constituinte concedeu-lhe um regime de proteção reforçado nos nºs 2 e 3 do artº 18º da CRP: nestes preceitos se prevê a aplicabilidade direta do direito, a sujeição das respetivas restrições ao princípio da proporcionalidade e a imposição de um conteúdo geral e abstrato e não retroativo da lei restritiva, sem olvidar a necessidade de as restrições salvaguardarem o conteúdo essencial do direito. Regime que não tem, em regra, os direitos sociais a prestações[9].

8. Já no Brasil o regime de aplicação imediata das normas de direitos fundamentais estende-se, em tese, a todos esses direitos, direitos de liberdade e direitos sociais, de acordo com o artº 5º § 1 da CF.

[7] Carlos Blanco de Morais "Curso de Direito Constitucional", II, Coimbra, 2022, p. 553.

[8] Ingo Sarlet "A Eficácia dos Direitos Fundamentais", Porto Alegfre, 2015, p. 286.

[9] Cfr a controvérsia sobre estra questão em Carlos Blanco de Morais, ult. loc cit, p. 578 e seg.

O direito à greve constante do artº 9º da CF é interpretado como um direito social e, na qualidade de direito de defesa e de ação coletiva, goza de um regime de aplicabilidade imediata. Embora no que tange ao regime de aplicabilidade existam uma diferença entre direitos sociais trabalhistas (exequíveis por si próprios) e direitos sociais a prestações (onde a referida aplicabilidade é duvidosa[10]) o direito à greve, como direito de ação, situa-se entre os primeiros e é imediatamente exequível. Pelo que, em síntese, o direito à greve em Portugal e no Brasil, sem prejuízo da sua natureza diferente, têm um regime idêntico de aplicação direta, sem prejuízo de aspetos do seu exercício e limites poderem e deverem até ser regulados por lei, a qual deve sopesar o mesmo direito com a salvaguarda de outros direitos ou interesses públicos essenciais que com ele possam conflituar.

2. Configuração do direito à greve

9. Em Portugal e no Brasil a greve não está definida na Constituição ou na lei, dado ser intenção do legislador conferir uma liberdade ampla aos trabalhadores para a determinação dos interesses a defender através da mesma[11]. Não se tem presente se o artº 57º da CRP influenciou, ou não, o artº 9º da CF, mas o facto é que existe um domínio de semelhança quando os dois preceitos garantem que a definição dos motivos e do âmbito de interesses a defender através da greve compete apenas aos trabalhadores.

Assim, o nº 2 do artº 57º da CRP excluiu a possibilidade de a lei limitar o direito de greve em função dos "motivos" não podendo, igualmente, o legislador limitar o *"âmbito de interesses a defender através da greve"*. Do mesmo modo, na Constituição Brasileira, o artº 9º dispõe que compete aos trabalhadores decidir sobre a oportunidade de exercer o direito e sobre os interesses que devam por meio dele defender.

Daqui resulta, segundo José João Abrantes, que o conceito constitucional de greve é mais amplo do que o que corresponde à "greve clássica"[12]. De acordo com o mesmo autor, os interesses a defender não são apenas

[10] Ingo Sarlet ult. loc cit, p. 293 e seg; Carlos Blanco de Morais "O Controlo de Inconstitucionalidade por Omissão no Ordenamento Brasileiro e a Tutela dos Direitos Sociais: um mero ciclo ativista ou uma evolução para um paradigma neoconstitucionalista" in "Revista de Direito Constitucional e Internacional", RT, 2012, p. 195 e seg.

[11] Pedro Romano Martinez, *Direito do Trabalho*, Coimbra, 2010, p. 1281; Monteiro Fernandes, *Direito do Trabalho*, Coimbra, 2009, p. 922.

[12] José João Abrantes, ult. loc cit, p. 522.

interesses profissionais ligados à relação de trabalho. Apenas devem tratar-se de interesses *próprios* dos trabalhadores mas que podem ser defendidos, por exemplo, através de greves com algum viés político, como as de solidariedade e até greves gerais ou setoriais contra o Estado, ligadas a temas laborais como a luta contra a precaridade ou pelo direito ao emprego.

10. *Um segundo ponto de semelhança* radica no facto de, tanto o nº 1 do artº 535º do Código de Trabalho de Portugal (CT), como o § único do artº 7º da Lei da Greve do Brasil (Lei nº7.783, de 28 de junho de 1989) proibirem a contratação de trabalhadores substitutos dos grevistas durante a paralisação, excetuados casos de alguns tipos de greves declaradas ilícitas ou em que se inobservem os serviços mínimos

11. Um terceiro ponto em comum, no plano garantístico, consiste no facto de as duas ordens constitucionais proibirem o "lock out".

12. Ainda assim, é possível notar no plano textual um maior nível de garantismo na Constituição Portuguesa, em face da intromissão restritiva da lei, pois o nº 2 do artº 57º da CRP veda expressamente à mesma lei o poder de limitar o âmbito de interesses dos trabalhadores tendo reduzido, no nº 3, o papel da lei à definição e fixação de condições de prestação de serviços mínimos durante a paralisação, deixando o regime procedimental numa aparência de limbo, que ainda assim foi completada pelo Código do Trabalho (CT), pois os sistemas jurídicos têm horror ao vazio. Já o nº VII do artº 37º da CF do Brasil remete para lei específica os termos e os limites do exercício do direito de greve, dando, em abstrato, ao legislador, uma maior liberdade conformadora do que na ordem jurídica portuguesa.

Quiçá, a prática tenha atenuado as diferenças em matéria da disciplina constitucional e legal. Nos dois ordenamentos as leis não definem greve nem proíbem formas de greve, elencam serviços mínimos que devem ser assegurados e estabelecem procedimentos relevantes como a necessidade de legitimação sindical da paralisação, a defesa de interesses próprios e a determinação de regras sobre o pré-aviso. De todo o modo, em face dos limites de intervenção da lei ou da sua ausência, os tribunais passam a ter um papel importante na densificação do direito.

3. Algumas diferenças na tutela e na limitação do direito à greve nos ordenamentos português e brasileiro

3.1. Competências do Poder Executivo e do Poder Judicial

3.1.1. No ordenamento português

13. O Governo assume algum protagonismo no regime jurídico que regula a greve no contexto do pré-aviso de uma greve, no exercício de funções de conciliação e, no tocante a greves no setor privado, na definição de serviços mínimos quando as partes em litígio nada convencionam ou acordaram sobre a matéria[13].

Do mesmo modo, o Governo tem poder para impor intervenções restritivas extraordinárias no direito de greve, através da requisição civil de grevistas, como se verá mais adiante.

14. O papel dos tribunais exerce-se, em sede de controlo realizado *ex post*. De entre as jurisdições competentes, sem prejuízo do papel dos tribunais de trabalho no julgamento do caráter lícito ou ilícito de uma greve, emergem os tribunais administrativos, em especial o STA, para julgar providências cautelares ou ações principais que incidam sobre a requisição civil de trabalhadores em greve e para, atestarem, em caso de requisição, se os serviços mínimos foram cumpridos ou se a requisição foi infundada ou desproporcionada. Cumpre referir que a jurisdição administrativa tem uma maior propensão para atender a razões invocadas pelo Governo desde que devidamente fundamentadas e afeiçoadas à sua orientação jurisprudencial.

3.1.2. No ordenamento brasileiro

15. No Brasil a matéria relativa a conflitos laborais que impliquem o exercício do direito à greve, instâncias de conciliação e a validação da licitude da greve encontra-se objetivamente judicializada nos tribunais de trabalho (artº 114º II da Constituição) e, já num contexto de uma jurisprudência normativa que postule a interpretação e integração de normas constitucionais, no Supremo Tribunal Federal (STF).

A judicialização[14] não se verifica apenas na validação da licitude da greve ou da procedência das reivindicações à luz da Constituição e da lei (artº 8º da Lei da Greve). Na verdade, compete à justiça trabalhista julgar providências cautelares determinando a suspensão de greves em atividades

[13] Cfr artº 358º do CT.

[14] "*O sistema de judicialização do direito de greve dos servidores públicos civis está aberto para que outras atividades sejam submetidas a idêntico regime*" (MI 708, Rel. Min. Gilmar Mendes, de 25/10/2007).

essenciais, podendo mesmo determinar, para além da garantia dos serviços mínimos, que, no limite, 100% dos trabalhadores continuem a trabalhar, sob pena de aplicação de multas contra os respetivos sindicatos. Igualmente nos dissídios, a justiça do trabalho deve promover a mediação e conciliação entre as partes desavindas.

16. Mas a judicialização não se afere apenas na esfera do TST. O STF deu um passo de gigante quando, ante omissão da aprovação de uma lei da greve aplicável aos funcionários públicos, designados de "servidores públicos" (e no contexto de um incidente gravíssimo em São Paulo entre a Polícia Militar e agentes da polícia civil em greve selvagem), decidiu através do Mandado de Injunção (MI) nº 708, com eficácia *erga omnes*, integrar essa omissão absoluta parcial. Para o efeito mandou-se aplicar, por analogia, a Lei da Greve nº 7.783 aos servidores públicos[15]. Sendo essa aplicação qualificável, como uma sentença aditiva, ela mesma foi objeto de alguma normação jurisprudencial adaptativa ditada pelo STF.

Na mente do Tribunal encontrava-se representada a necessidade de se garantir durante greves de servidores públicos, o funcionamento de serviços essenciais bem como a clarificação da inadmissibilidade de paralisações no setor da segurança pública. Para o efeito, o STF entendeu que haveria que assegurar uma concordância entre o direito à greve e o princípio constitucional da continuidade dos serviços públicos, previsto no artº 90º § 1 da CF. No fundo, haveria que realizar uma operação de ponderação entre um direito fundamental e um interesse público qualificado.

Posteriormente em Recurso Extraordinário (RE)[16]entendeu-se que, tal como os polícias militares, também os policias civis e todos os servidores na área da segurança pública, por interpretação extensiva dos artigos 142º e 42º da CF, não poderiam exercer o direito de greve, porque as forças de segurança fariam parte do Estado e o Estado em greve, diz o aresto, seria anárquico.

17. Algo diversamente do ordenamento português, no Brasil, a judicialização do direito do trabalho em matéria de greve é muito mais expressiva, diminui o protagonismo do poder Executivo e coloca a nu as insuficiências do legislativo, em sede de falha constitucional de legislação reguladora.

[15] "*Considerada a omissão legislativa alegada na espécie, seria o caso de se acolher a pretensão, tão--somente no sentido de que se aplique a Lei no 7.783/1989 enquanto a omissão não for devidamente regulamentada por lei específica para os servidores públicos civis*" (MI 708, cit).

[16] RE 654432, de 2016.

3.2. Limites internos e externos à Greve em Portugal

18. Na ordem jurídica portuguesa, de acordo com o Conselho Consultivo da Procuradoria-Geral da República (PGR) nº 1/99, que se fundou na doutrina de Vieira de Andrade, cumprirá distinguir dogmaticamente, os limites internos do direito de greve dos seus limites externos.

Os limites internos derivam do conceito de greve e da natureza, legitimidade, procedimento, conteúdo, deveres acessórios e modalidades do respetivo exercício. Já os limites externos resultam de fenómenos de colisão entre o direito de greve e outros direitos fundamentais de igual ou superior valia constitucional, bem como de interesses públicos constitucionalmente relevantes.

As violações dos limites internos resultam, pois, da inobservância da lei, dos princípios legais ou de contrato coletivo por parte dos grevistas. No plano substancial, a doutrina coincide no entendimento de que a greve não pode ser declarada na base de fraude, motivos ilícitos e interesses político-partidários sem conexão com interesses próprios dos trabalhadores[17], aditando outras sensibilidades que não serão admissíveis greves que prossigam fins impossíveis, ilegais, contrários à ordem pública e ofensivos de bons costumes[18].

Já plano dos tipos de paralisação, o campo da ilicitude abrange implicitamente algumas modalidades atípicas de greve. A lei tem sido cautelosa em não as proibir expressamente, mas a jurisprudência tem avançado alguns critérios ou pistas sobre "aparências de greve" ou "greves atípicas" passíveis de criar danos desproporcionados ao empregador ou aos interesses coletivos. Assim, o acórdão de 13 de Junho de 2018 do Tribunal Central Administrativo Norte clarifica que inexiste no ordenamento jurídico português o direito a "meia-greve", não podendo os trabalhadores limitar-se a escolher quais as tarefas que pretendem cumprir, o que constituiria uma clara violação dos seus deveres de obediência. Nesta panóplia situam-se, com uma doutrina algo dividida, paralisações parciais que pressuponham um maior e desproporcional prejuízo, como as greves de zelo; certas greves trombose; e greves *"self-service"* ou seja, greves com um aviso prévio muito amplo e

[17] José João Abrantes ult.loc cit, p. 536-537; Bernardo Lobo Xavier, *"Direito da greve"*, Lisboa, 1983, p. 146 ss.

[18] Menezes Cordeiro, *"Direito do Trabalho*, I, Coimbra, 2018, p. 405 ss.

indeterminado que permita aos trabalhadores paralisarem quando acharem oportuno e pelo tempo que entenderem[19].

Uma greve que é iniciada de forma lícita pode, pela sua prática concreta redundar em ilicitude, nomeadamente se violar o princípio da boa-fé através da forma abusiva e desproporcional como é executada.

Finalmente existem, a par dos limites legais, os limites contratuais. Assim, algumas convenções coletivas consagram um dever de paz social não admitindo a declaração da greve na vigência da convenção coletiva e por motivos que nela tenham assento.

19. No ordenamento brasileiro é comum a justiça do trabalho confrontar-se com este tipo de limites internos no julgamento de formas lícitas ou abusivas das greves.

20. Já os limites externos[20] têm a ver, como se antecipou, com as restrições explícitas e implícitas a esse direito, que tem por objetivo salvaguardar outros direitos fundamentais e interesses constitucionalmente protegidos.

Em Portugal, um primeiro corpo de limites externos advém, ao abrigo do nº 3 do artº 57º da CRP, do respeito pela imposição de prestação de serviços mínimos durante a greve, fixados nos termos legais. Deles resulta que o direito de greve deve ser sacrificado em favor de bens de maior valor, inerentes a esses serviços, tendentes à satisfação de necessidades básicas impreteríveis.

Sucede porém que existem outros direitos fundamentais e interesses relevantes que preponderam em situações limite sobre o direito de greve e que podem exigir a prestação de trabalho em níveis em que a realização de serviços mínimos se revela insuficiente. Coloca-se, assim, o problema da restrição extraordinária do direito à greve ao abrigo do nº 2 do artº 18º da CRP. Ora, a inobservância pelos grevistas dos limites externos nas duas situações descritas coloca a seguinte questão: – como pode o Estado assegurar compulsivamente a prestação laboral de trabalhadores em greve que não observem serviços mínimos ou cuja greve, mesmo que assegure esses serviços, gere uma conjuntura extraordinária de especial gravidade e perigo

[19] Cfr sobre estes conceitos, com detalhe, Maria do Rosário Palma Ramalho *Greves de maior prejuízo – Notas sobre o enquadramento jurídico de quatro modalidades de comportamento grevista (greves intermitentes, rotativas, trombose e retroativas)*, Rev.AAFDL, 1986 e mais sinteticamente, "*Tratado de Direito do Trabalho*", Coimbra., III, 2015,p. 443 e seg.

[20] Monteiro Fernandes, "*Direito do Trabalho*", op. cit, p. 968 seg.

que lese seriamente outros direitos fundamentais ou interesses constitucionalmente protegidos?

A resposta é dada pelo instituto da requisição civil decretada pelo Executivo e, neste ponto, como se verá, existe uma diferença relevante entre os ordenamentos de Portugal e do Brasil.

3.3. A requisição civil

3.3.1. Natureza e regime jurídico

21. A requisição civil consiste numa intervenção restritiva do exercício do direito à greve mediante ato administrativo do Governo, credenciada em lei e que se deve mostrar conforme com o princípio da proporcionalidade ínsito no artº 18º da CRP. Na ordem jurídica portuguesa, como reconhece o STA (Ac de 28 de Janeiro de 1992[21]) coexistem dois modelos de requisição civil de trabalhadores em greve, a saber:

(i) A requisição civil especial prevista no Código do Trabalho e circunscrita a um conflito laboral, fundando-se no incumprimento de serviços mínimos essenciais previamente definidos por acordo, por instância arbitral ou pelo Governo;

(ii) A requisição civil excecional motivada por circunstâncias particularmente graves de urgência e necessidade pública, compreendendo um âmbito de aplicação mais amplo do que o domínio laboral, já que abrange tanto empresas privadas como públicas, bens privados e públicos e, também, os trabalhadores.

3.3.2. A requisição especial

22. Quanto à requisição civil especial, autorizada pelos nºs 2 e 3 do artº 541º do CT, ela é decretada pelo Governo no caso de incumprimento dos serviços mínimos por parte dos trabalhadores grevistas.

O artº 537º do CT define exemplificativamente os setores empresariais e os serviços que se destinam à satisfação de necessidades sociais impreteríveis. Já o artº 538º do mesmo Código esclarece que a definição de serviços mínimos de cada empresa ou serviço se processa nos seguintes termos:

1º Um instrumento de regulação coletiva de trabalho ou um acordo entre representantes de trabalhadores ou empregadores, na ausência desse instrumento, podem definir os referidos serviços;

[21] Processo nº 027087.

2º Na ausência de instrumento de regulação ou acordo prévio, o Ministério responsável pela área convoca empresários e trabalhadores para um acordo;

3º No setor privado, na falta de acordo, cabe ao Governo fixar por despacho os serviços mínimos;

4º Em empresa do setor público, na falta de acordo, a fixação de serviços mínimos será decidido por tribunal arbitral necessário.

23. Os trabalhadores que não acatarem a requisição podem incorrer em responsabilidade civil por danos causados bem como incorrer em crime de desobediência que abrange multa, despedimento com justa causa ou, em situações graves, prisão até 2 anos.

3.3.3. A Requisição civil excecional

a) Natureza e fonte legal

24. Trata-se de um instituto extraordinário de necessidade pública embora possa ser decretado fora do contexto dos estados de emergência ou sítio. Ademais, em estado de exceção constitucional a requisição poder obedecer a um regime próprio, deste que tal conste da declaração e das normas complementares de execução desta.

Rege-se pelo Decreto-Lei nº 637/74, de 20 de novembro, que é um ato pré-constitucional e que foi aprovado durante o período revolucionário subsequente ao movimento militar do 25 de abril de 1974, por um dos governos chefiados pelo Coronel Vasco Gonçalves. Terá sido, talvez, o único ato útil legado para o tempo presente por esse Executivo calamitoso e autoritário.

Todos os tribunais acordam, até ao presente, que o referido decreto-lei se encontra em vigor e consiste no instrumento mais flexível e poderoso que o Governo possui para requisitar pessoas e bens, em situações de gravidade excecional.

25. Observemos alguns tópicos do seu regime.

1º A Requisição, nesta modalidade, só pode ser decretada em *"circunstâncias particularmente graves"*, que imponham ao Governo a adoção das medidas necessárias a *"assegurar o regular o a funcionamento de serviços essenciais de interesse público ou de sectores vitais de vida nacional (nº 1 do arº 1º do DL)"*.

2º No seu âmbito, a requisição pode envolver serviços públicos ou empresas de natureza pública, privada ou mista e abrange pessoas e bens (nº 1 do artigo 1º e nºs 2 e 4 do artigo 2º) no caso de a atividade desses estabelecimentos e pessoas se integrar no elenco enunciativo do artigo 3º (abastecimento de água, exploração de serviços de transportes, produção e distribuição de energia elétrica, funcionamento do sistema de crédito, prestação de cuidados hospitalares, de entre outros).

3º Afirma-se como uma **medida de necessidade pública**, situada a montante dos estados constitucionais de exceção, que se destina a conceder uma especial proteção a direitos, interesses e bens fundamentais, independentemente da natureza das causas que os lesem ou ameacem lesá-los. No fundo, está se diante de limites imanentes ou implícitos a um direito fundamental cumprindo ao legislador operar uma ponderação da qual resulte a prevalência de outros direitos e interesses públicos essenciais[22].

4º Este instituto não se resume à solução extrema de um conflito laboral excedendo situações de greve[23], mas pode ser decretada como forma extraordinária de reação a greves já desencadeadas, independentemente de estar ou não assegurado o cumprimento de serviços mínimos[24].

5º Em termos processuais o Governo aprova uma Resolução reconhecendo a necessidade de se decretar a requisição civil e, com base na lei e nessa resolução, o Ministro competente aprova a requisição civil por portaria.

6º O incumprimento da requisição civil envolve crime de desobediência e as sanções são idênticas às que envolvem a requisição civil especial.

b) Intervenção do Governo e dos tribunais

26. Parece claro que o impulso e a determinação da requisição civil é um exclusivo do Governo. Contudo, o seu controlo é jurisdicional e opera através dos tribunais administrativos, com relevo para o STA estando em causa a resolução do Conselho de Ministros que está na base da sua decretação. Quase sempre os sindicatos interpõem uma providência cautelar invocando a inconstitucionalidade e ilegalidade da requisição e o STA, ouvido o

[22] *"Tal como os demais direitos fundamentais, também o direito à greve tem os seus limites imanentes que se tornam patentes quando conflituem com outros direitos essenciais no caso de colisão de direitos, por neessidade de defesa de outros direitos"(...).* Trata-se pois, de um *um diploma destinado a solucionar probleas de concorrência entre direitos fundamentais"*, sendo certo que *"tal diploma, ao facultar à Administração o recurso à requisição civil, nos termos nele consignados, limitou-se ao necessário para salvaguardar outros dirietos ou interesses constitucionalmente protegidos, não o tendo feito, contudo, através da diminuição da extensão e do alcance do conteúdo essencial do reito à greve que, assim, não se vê afetado desnecessária ou desproporcionadamente, não atentando com as exigências mínimas que constituem a essência desse direito"*. Acórdão do STA de 15.06.2000, Proc. nº 043023.

[23] Bernardo Lobo Xavier, "Requisição Civil, Serviços Mínimos e Greve", *CJA* 42 ,2003, p. 25.

[24] Monteiro Fernandes, "*A Lei e as Greves*", Coimbra, 2013, p. 162.

Governo como requerido, aprecia a questão. Caso rejeite a providência e depois de consumada a requisição, a ação principal continua em juízo, com recursos sucessivos que por vezes demoram anos.

c) Alguns exemplos práticos relativos à requisição civil excecional

27. Cumpre dar um exemplo prático, de entre muitas outras[25], de duas requisições civis de grevistas de caracter excecional cujo processo contencioso acompanhei e em que o STA deu razão ao Governo

1º A greve da TAP em 1997. O sindicato dos pilotos da TAP concebeu greves intermitentes durante prazos pré-estabelecidos no período de Verão que o Governo entendeu que iriam criar uma solução de excecional gravidade, dado que:

(i) Bloqueariam um serviço essencial de interesse público no transporte de pessoas e bens, obrigando ao cancelamento de numerosíssimos voos, comprometendo o turismo em época alta, setor que é considerado um setor vital da economia para o equilíbrio da balança de pagamentos, não havendo formas alternativas de substituição;

(ii) Vedaria o regresso de milhares famílias de emigrantes portugueses que retornam sempre ao País no Verão;

(iii) Bloquearia em especial o direito de circulação de portugueses de e para as regiões insulares da Madeira e dos Açores, comprometendo a unidade nacional;

O STA em acórdãos tirados em secção e no Plenário (Cfr. Ac final de 17 de junho de 2004[26]), rejeitou a providência cautelar e, na ação principal, considerou lícita a requisição, considerando que:

(i) Como os demais direitos fundamentais, também o direito à greve tem os seus limites imanentes, que se tomam patentes quando conflituam com outros direitos essenciais à luz do artº 18º da CRP, pelo que a Requisição civil, procurando harmonizar direitos numa situação excecional não violaria a Constituição;

(ii) Comprovar-se-ia a necessidade de o Governo assegurar o regular funcionamento de sectores e atividades fundamentais, na área do transporte e da economia, que se prendem com valores constitu-

[25] Desde 1976 a 2019, o Governo decretou 32 requisições civis. Cfr. https://www.jornaldenegocios.pt/economia/detalhe/as32requisicoescivisdecretadas-desde-1974.

[26] Procº 043023.

cionalmente garantidos, sendo para o efeito irrelevante a prestação de serviços mínimos, já que não só essa prestação seria insuficiente para a garantia desses bens e valores essenciais, mas porque os fundamentos da requisição excederiam um mero conflito laboral já que se reportariam a "circunstâncias particularmente graves" com repercussões nacionais;

(iii) O transporte aéreo seria essencial ao funcionamento da vida em sociedade estando ligado à satisfação de necessidades sociais impreteríveis.

2º A greve dos enfermeiros em 2019. Esta ocorreu no período 2018//2019, antes da pandemia quando os enfermeiros decidiram fazer uma greve dita "cirúrgica".

O sindicato dos enfermeiros não desencadeou uma greve episódica mas de duração arrastada e de natureza concertada, espalhada no tempo, próxima da greve "self service", com enorme impacto nas cirurgias: os grevistas concertavam-se de modo que nas equipas cirúrgicas não figurasse o número mínimo legal de enfermeiros requerido para cada operação. O resultado foi um adiamento de milhares de cirurgias (7.700 em dois meses) criando-se uma situação emergencial destinada a congestionar os blocos operatórios.

Não se tratou de uma greve episódica mas de uma paralisação articulada que, pelo seu efeito multiplicador, cumulativo e arrastado no tempo, estrangulou o funcionamento dos blocos operatórios e violou direitos qualificados dos pacientes, com relevo para a especialidade de oncologia, ficando o Estado responsável por uma proteção deficitária do direito fundamental à vida e da prestação de cuidados médicos essenciais em pacientes em risco. Paralelamente, durante o período de greve não foram cumpridos, em diversas situações, os serviços mínimos.

O Governo decretou a requisição civil dos enfermeiros invocando quer uma situação de necessidade pública nos serviços hospitalares ao abrigo do Decreto-Lei nº 637/74, como também o CT com fundamento em violação dos serviços mínimos.

O STA e o TC acabaram por dar razão ao Governo, se bem que numa jurisprudência algo envergonhada, sumária e formalista que contornou a questão substancial.

Na intimação para a proteção de direitos fundamentais, o STA em decisão de 26 de fevereiro de 2019[27] rejeitou a ação por razões processuais e,

[27] Procº. 016/19.3BALSB.

posteriormente, o Tribunal Constitucional indeferiu liminarmente um recurso desta decisão por razões de irrecorribilidade do ato. Já no processo principal o STA, em Acórdão de 11 de junho de 2021 confirmou o entendimento anterior, no sentido de a requisição estar devidamente fundamentada, não ser desproporcional, não serem verídicos os factos alegados pelos grevistas sobre o cumprimento dos serviços mínimos, considerando, ainda, que os mesmos não teriam logrado demonstrar que direito à greve teria sido desproporcionalmente afetado pela requisição.

28. Noutras situações a requisição tem efeitos dissuasores. No ano de 2019, bastou o Governo ameaçar com requisição civil uma iminente greve de camionistas para esta não se consumar.

29. Mas nem sempre o STA dá razão ao Governo, sobretudo no contexto das requisições especiais fundadas em incumprimento de serviços mínimos.

Algumas vezes o Estado é apressado e requisita antes mesmo de a greve começar, *"disparando mais rapidamente do que a própria sombra"*. O STA, em jurisprudência quase constante considera que é inválida uma requisição civil preventiva, ou seja, decretada antes da greve convocada se iniciar. No Ac. de 6-3/2008, esta reportada a requisição feita ao abrigo do CT, o STA afirmou que:

"I) *O Governo só pode lançar mão da requisição civil depois de instalada a greve não constituindo, por isso, fundamento da mesma a ameaça dos seus promotores de que os não iriam cumprir (os serviços mínimos) ou, independentemente desta ameaça, da presunção fundada noutros fatores de que os serviços mínimos não iriam ser assegurados.*

II) *Por outro lado, a requisição civil só pode ser decretada quando se conheça a verdadeira dimensão dos efeitos da greve e desse conhecimento resulte a constatação que, por exemplo, os serviços mínimos não estão a ser assegurados e, por isso, quando já é possível identificar os meios necessários ao seu cumprimento."*

Admitir requisições preventivas ou requisições que sejam decretadas antes de se afigurar se os serviços mínimos estariam ou não a ser assegurados implicaria o esvaziamento desse direito fundamental.

3.3.4. Pontos firmes a considerar a propósito dos limites do Direito à greve e da validade e eficácia da requisição civil

30. O Direito à greve foi consagrado na Constituição com uma garantia reforçada. Mas não sendo, segundo o Tribunal Constitucional e o STA, um direito absoluto, ele pode ser restringido seja por limites internos fixados

na lei, seja por poderosos limites externos e implícitos impostos pelo imperativo da sua harmonização com outros direitos de liberdade ou interesses públicos constitucionalmente protegidos que podem prevalecer.

31. O Governo dispõe de um instrumento compulsório de enfrentamento de greves ilícitas que não respeitem serviços mínimos e que causem prejuízos desproporcionados, bem como de greves que assumam efeitos particularmente graves, em prejuízo do regular o funcionamento de serviços essenciais de interesse público ou de sectores vitais de vida nacional.

32. A requisição, salvo violação manifesta de serviços mínimos, não pode ser banalizada sob pena de desidratar o conteúdo útil do direito de greve. Cerca de metade das requisições civis decretadas desde 1976 teve origem em governos socialistas.

33. O STA tem, na generalidade, dado razão ao Governo aquando da requisição de grevistas em serviços básicos e essenciais do Estado. Ainda assim, por vezes fá-lo de forma algo envergonhada e sem dissecar a substância do problema, como sucedeu com a greve dos enfermeiros. Contudo, tem sido mais rigoroso e reticente no julgamento da requisição especial, invocada ao abrigo do CT.

34. Durante o estado de emergência em 2020/2021 o direito à greve em serviços básicos e vitais, neles incluídas as unidades de prestação de cuidados de saúde, foi suspenso pelo Presidente da República[28].

3.4. *Post-Scriptum* sobre o Direito à greve no Brasil e seus limites

35. Contrariamente ao ordenamento português onde o Executivo tem maior protagonismo na tomada de providências contra greves ilegais, em atividades de conciliação e, em certos casos, na determinação de serviços mínimos, no Brasil essa atividade encontra-se, em boa parte, judicializada.

Importa, em face desta realidade, colocar a seguinte dúvida: caso ocorra uma greve abusiva que não assegure os serviços mínimos em áreas essenciais, a judicialização e a fixação de multas pelos tribunais serão suficientes para prevenir situações críticas de estrangulamento em áreas vitais como os transportes rodoviários e a saúde? Como enfrentar sindicatos poderosos ou

28 Na alínea c) do artº 4º do Decreto Presidencial nº 14-A/2020, de 18 de março (sujeito a numerosas prorrogações com alterações) foi determinado: "*Fica suspenso o exercício do direito à greve na medida em que possa comprometer o funcionamento de infraestruturas críticas ou de unidades de prestação de cuidados de saúde, bem como em setores económicos vitais para a produção, abastecimento e fornecimento de bens e serviços essenciais à população;*"

paralisações selvagens que desacatem, no limite, as decisões, almejando, no futuro, um perdão de multa ou uma amnistia?

36. A faculdade de o Executivo impor a requisição civil de trabalhadores não consta explicitamente, tal como se antecipou, da lei ou da Constituição. A Constituição no artº 5, XXV contempla a faculdade de requisição administrativa de propriedade particular em caso de perigo público mas não de trabalhadores grevistas. Pode-se requisitar camiões particulares, aviões ou navios em *lock out* mas não trabalhadores em greve. Não existirá aqui uma lacuna e algum desequilíbrio no plano da conflitualidade laboral e os seus efeitos?

37. Durante a crise do COVID o Congresso do Brasil optou pelo paradigma normativo alemão para aprovar medidas de urgência sanitária e aprovou uma lei restritiva de direitos, a Lei nº 13.979, de 6 de Fev 2020, destinada ao enfrentamento da emergência de saúde pública decorrente do COVID.

O seu artº 3º deu às autoridades poderes para enfrentar a situação emergencial e restringir direitos (de entre outras medidas). Como as competências para a tomada das providências devidas no domínio da saúde pública são concorrenciais admitir-se-ia, pese a ambiguidade do preceituado, que Estados e municípios pudessem adotar as mesmas medidas a par da União.

No mesmo artº 3º, pese o facto de não se restringir o direito à greve previu-se, curiosamente, a requisição de "serviços de pessoas", nos seguintes termos:

"VIII) requisição de bens e serviços de pessoas naturais e jurídicas, hipótese em que será garantido o pagamento posterior de indenização justa;"

O STF em decisão de 31 Dez 2021 prorrogou a vigência da lei e clarificou que, atento o caráter concorrencial das competências em matéria de saúde, União, Estados e municípios poderiam restringir os direitos referidos no artº 3º.

Desta forma, de modo algo enviesado, a lei de emergência sanitária com vigência transitória permitia que a União e entes territoriais requisitassem os serviços de pessoas durante situações de necessidade o que, em tese, permitiria a requisição civil de trabalhadores grevistas em empresas e serviços essenciais integrados no objeto do diploma.

38. Contudo, fora do contexto da vigência temporária da Lei nº 13.979, sem prejuízo da faculdade de ação dos tribunais no julgamento de providências cautelares em caso de greves que ponham em causa serviços essenciais perguntar-se-á, frente a paralisações que afetem serviços hospitalares,

transportes e estruturas de abastecimento público, seja no contexto da pandemia, seja na órbita de outra situação crítica de ordem calamitosa, se fará sentido que:

(i) O Executivo fique dependente do tempo e da discricionariedade dos tribunais para garantir, no imediato, serviços essenciais colocados em causa por greves "self-service", greves trombose ou greves de zelo?
(ii) A requisição administrativa incida sobre hospitais e equipamentos privados bem como sobre bens particulares de natureza essencial ou vital, mas não sobre os seus trabalhadores?
(iii) Em caso de situações anómalas e arrastadas de greve durante esse tipo de situação crítica e excecional, fará sentido, à luz do princípio da proporcionalidade, o recurso a missões do Exército em sede da medida provisória de "Garantia da Lei e da Ordem" (GLO)[29] com intervenção militar ou o recurso ao estado de alarme, sem que se passe primeiro por medidas administrativas intermédias como a requisição civil ditada por órgãos executivos, independentemente do controlo judicial *ex post*?

III. Conclusão

39. O Direito à greve é um direito fundamental de liberdade e uma conquista do Estado social de direito. Contudo, como todo o direito, ele é passível de abuso e esse abuso em situações de calamidade pública, como a que vivemos com a pandemia, pode comprometer seriamente o funcionamento de serviços essenciais do Estado e os direitos à saúde, vida, circulação e até ao mínimo existencial dos cidadãos.

40. Por conseguinte, importa questionar, sem que tal implique o aniquilamento ou a desidratação do direito à greve e sem prejuízo do controlo de legalidade:

(i) Se no ordenamento português o STA não deveria ser mais explícito na fundamentação dos seus Acórdãos sobre a legitimidade da requisição civil de natureza excecional, evitando decisões formalistas e opacas;
(ii) Se no ordenamento brasileiro o Poder Executivo, federal e federado, não deveria estar munido de institutos administrativos aptos a asse-

[29] Cfr. artº 142º da Constituição Federal.

gurar, no imediato, junto de trabalhadores e empregadores, o funcionamento serviços e necessidades essenciais que se repercutem sobre direitos das pessoas e sobre as suas necessidades coletivas cuja garantia constitui um dos fins mais essenciais do Estado.

O poder de julgar e o dever de administrar a justiça em nome do povo

Eurico José Marques dos Reis[*]

1. Existem na Comunidade Nacional algumas noções genericamente difundidas que carecem de alguma correcção, ou, pelo menos, de alguma clarificação ou de um debate mais prolongado.

2. Por exemplo, ao arrepio do que se encontra estatuído no n.º 1 do artigo 110º da Constituição da República Portuguesa, adiante, apenas identificada como CRP, e ao contrário do que muitas vezes é referido, nessa Lei Fundamental não estão consagrados três Poderes de Soberania, mas sim quatro, a saber: o **Poder Legislativo** (exercido pela Assembleia da República, mas também pelo Governo da República e, em algumas situações muito específicas e muito concretamente definidas, pelas Assembleias Legislativas das Regiões Autónomas – artigos 112º, 161º, 164º, 165º, 169º, 198º, 227º, 228º e 232º da CRP), o **Poder Executivo** (exercido pelo Governo da República, mas, de igual modo, sem que, todavia, a autonomia político-administrativa regional possa alguma vez afectar a integridade da soberania do Estado – artigos 225º n.º 3, 182º, 197º, 199º a 201º, 227º e 228º da CRP), o **Poder Judicial** (exercido pelos Juízes, e só por eles, que têm assento nos Tribunais previstos no artigo 209º da CRP) e, *last but not the least*, o **Poder Moderador** exercido pelo Presidente da República, cujas competências

[*] Juiz Desembargador, Presidente da 10ª Secção do Tribunal da Relação de Lisboa, com competência em matérias de propriedade intelectual, concorrência, regulação e supervisão.

institucionais estão elencadas nos artigos 133º a 140º e 190º da CRP, o qual constitui uma herança (positiva a meu ver) da Carta Constitucional de 1826 outorgada pelo Senhor D. Pedro IV, Rei de Portugal, a mais duradoura das Constituições portuguesas, com os seus 72 anos de vigência.

3. Ainda a este propósito, não é suficientemente relembrado que, tal como estabelecido no n.º 1 do artigo 111º da CRP, os órgãos de soberania devem observar a separação <u>e a interdependência</u> estabelecidas na Constituição (sublinhado que não consta do texto legislativo citado).

4. Esta noção de *interdependência* remete-nos necessariamente (embora muitos possam não o querer) para o conceito *"Three Branches of Government"* que encontramos na Constituição dos Estados Unidos da América e dá corpo à ideia de que os vários poderes de soberania do Estado são, sem prejuízo de terem de respeitar escrupulosamente as suas específicas competências constitucionalmente definidas, <u>conjuntamente</u> responsáveis pela gestão da Coisa Pública e pelo normal funcionamento das Instituições do Estado de Direito.

5. O que não é coisa pouca, não sendo, porém, por essa tarefa não ser fácil de cumprir que essa concepção ideológica (no sentido positivo do termo – que também o tem) é tão pouco posta em prática.

6. Contudo, não é do desenvolvimento desta questão que aqui se cuida; a sua referência constitui apenas uma chamada de atenção para a circunstância de *"as coisas"* nunca serem tão simples quanto à primeira vista aparentam.

7. Outro dos conceitos que não é devidamente percepcionado e é, até, por alguns, ferozmente combatido – e a minha experiência pessoal enquanto um dos participantes no debate de questões sociais **estruturantes** (porque é a partir das soluções que a Comunidade escolhe para esses problemas que toda a Sociedade se estrutura) como a *gestação de substituição*, a *inseminação post morten* e a *descriminalização do auxílio ao suicídio assistido*, são, para mim, suficientemente demonstrativas do acerto desta afirmação –, é o de que a Constituição da República corporiza uma hierarquia de Valores Éticos que se torna manifesta através da ordem pela qual os artigos dessa Lei Maior se apresentam no texto desse Diploma Fundamental.

8. Perdoe-se o simplismo, há artigos (e Direitos) que são mais constitucionais do que outros.

9. Como é sabido, depois de terminada a Segunda Guerra Mundial e como reação à barbárie ocorrida não apenas durante esse conflito, mas também antes do seu início, foi seriamente posto em causa (e ainda bem que tal aconteceu) o *jus-positivismo* que não conseguiu impedir a eclosão quer do

regime fascista capitaneado por Mussolini, quer, mais tarde, do nazismo (o estalinismo tem outras origens que, neste momento, não importa apreciar).

10. Daí o renascimento do chamado *direito natural*, agora completamente desligado de uma qualquer origem ou justificação divina, e não apenas proclamador das noções clássicas (Aristóteles, os Estóicos, São Tomás de Aquino) de um direito baseado na racionalidade, no bom senso, na equidade, na justiça e no pragmatismo, mas, a meu ver, acima de tudo, na ideia de que cada ser humano é portador de direitos, individuais, que pre-existem ao Estado e se sobrepõem ao Direito criado pelo Estado em conformidade com as regras constitucionalmente definidas.

11. E mais, se uma norma criada pelo Estado em conformidade com as regras constitucionalmente definidas não tiver subjacente (se não consubstanciar) um Valor ético que a valide e legitime, então, essa norma não pode ser considerada Direito.

12. E é a enormíssima importância e a fundamental/radical essência e relevância deste conceito que não é percebido por um número suficiente de pessoas. Pessoas que, todas elas, eu gostaria que fossem sobretudo Cidadãos e Cidadãs.

13. Um Estado Normativo não é o mesmo que um Estado de Direito.

14. Será bom que nunca se esqueça que no Estado Nazi existia um diploma, devidamente aprovado em conformidade com o que estava constitucionalmente estabelecido, que regulava o extermínio dos judeus e de outros indesejáveis.

15. Mas voltando à Hierarquia de Princípios Éticos consubstanciada na CRP, esta noção de que existem Valores superiores a outros (e também que as normas legais têm de ser validadas e legitimadas por um Valor Ético) está claramente corporizado nos dois números do artigo 335º do Código Civil, em cujo texto está escrito o seguinte:

1. Havendo colisão de direitos iguais ou da mesma espécie, devem os titulares ceder na medida do necessário para que todos produzam igualmente o seu efeito, sem maior detrimento para qualquer das partes.

2. Se os direitos forem desiguais ou de espécie diferente, prevalece o que deva considerar-se superior.

16. Na verdade, como, se não a partir de uma valoração ética, poderia um direito ser superior a outro (ou igual ou da mesma espécie)?

17. E como, se não a partir de uma valoração ética, poderia perceber-se a ordem pela qual os Deputados da Assembleia Constituinte elencaram os artigos que compõem essa Norma Fundamental?

18. Aliás e em boa verdade, alguns dos artigos da CRP constituem verdadeiras *normas instrumentais*, sendo, a meu ver, insensato considerar que uma disposição como, por exemplo, a que corresponde ao n.º 2 do artigo 167º dessa Lei Maior tem a mesma dignidade ontológica que, sem sequer fazer apelo aos restantes dispositivos que compõem o Capítulo I do Título II da Constituição, o n.º 1 do artigo 26º da CRP, no qual destaco os direitos ao desenvolvimento da personalidade, à cidadania, e à protecção legal contra quaisquer formas de discriminação, ou ao próprio artigo 1º da mesma ("dignidade da pessoa humana").

19. O texto do n.º 1 do artigo 18º da CRP é a respeito desta matéria (a existência, na CRP, de normas com um valor Ético-social superior ao de outras e que sobre elas prevalecem), muito, mas, mesmo muito, claro e elucidativo, ao estatuir que os preceitos constitucionais respeitantes aos direitos, liberdades e garantias são diretamente aplicáveis e vinculam as entidades públicas e privadas.

20. Ou seja, como nunca será demais sublinhar, o que nesse normativo se estabelece é que esses preceitos respeitantes aos direitos, liberdades e garantias têm força obrigatória geral e são directamente vinculativos sem necessidade de transposição para a legislação ordinária.

21. De igual modo, esse princípio, por razões de pura lógica, tem de ser considerado conceptualmente válido para os vários números de um mesmo artigo.

22. E é por essa razão que aqui afirmo que a primeira obrigação institucional dos Juízes, seja qual for a instância em que exercem funções, é a de *administrar a justiça em nome do Povo* (art.º 202º n.º 1 da CRP), devendo toda a actividade de interpretação das normas legais em vigor (hermenêutica) desses julgadores no sentido de *assegurar a defesa dos direitos e interesses legalmente protegidos dos cidadãos, a repressão da violação da legalidade democrática e a resolução dos conflitos de interesses públicos e privados que sejam submetidos ao seu poder de cognição* (*idem*, n.º 2), subordinar-se àquele objectivo primordial e não o inverso.

23. Aliás e mais exactamente, essa actividade interpretativa tem obrigatoriamente de ser operada a partir desse pressuposto da *administração da Justiça*, sendo que, em abono desta conclusão, pode e deve ser, de igual modo, invocado o disposto no n.º 3 do artigo 9º do Código Civil ("Na fixação do sentido e alcance da lei, o intérprete presumirá que o legislador consagrou as soluções mais acertadas e soube exprimir o seu pensamento em termos adequados.") e no artigo 334º deste mesmo Código ("É ilegítimo o exer-

cício de um direito, quando o titular exceda manifestamente os limites impostos pela boa fé, pelos bons costumes ou pelo fim social ou económico desse direito.").

24. Ou será que esses limites ao exercício de um direito e a consagração das soluções mais acertadas expressas em termos adequados, nada têm a ver com o conceito de "Justiça" que aos Juízes cumpre administrar?

25. Não e sempre não, é a única resposta eticamente válida a essa pergunta.

26. Esses conceitos têm tudo a ver com a Justiça, sendo a administração desse Bem Público, mesmo contra os outros poderes de soberania, a obrigação genética dos Juízes, seja qual for a instância em que exercem funções, isto é, a única razão Ética que justifica a existência social deste poder de soberania autónomo e independente – e imparcial, já agora.

27. Efectivamente, uma vez que tem de julgar os actos dos outros poderes de soberania (por exemplo, o Legislativo, através do Tribunal Constitucional e o Executivo através dos Tribunais Administrativos), não seria ontologicamente concebível que o Poder Judicial não constituísse um poder de soberania autónomo; as entidades só podem ser julgadas por quem, no mínimo, é um seu par e não por alguém inferior na hierarquia social.

28. Mas, voltando ao conceito de "Justiça", apesar de os contornos lógicos e ontológicos do mesmo serem objecto de um debate que se prolonga há milénios, a propósito do mesmo, vêm-me à memória as palavras grafadas em primeiro lugar num livro de 1878 escrito por uma novelista irlandesa chamada Margaret Wolfe Hungerford: *beauty is in the eyes of the beholder*.

29. E, realmente, não é só a beleza que se encontra "nos olhos do observador"; também a noção do que é "justo" e "injusto" não é facilmente definível e varia com o tempo, as alterações dos "costumes" e com o espaço geográfico.

30. A este propósito, será "justo" afirmar, como está estatuído no artigo 4º do Código de Processo Civil aprovado pela Lei n.º 41/2013, de 26 de junho, que "*O tribunal deve assegurar, ao longo de todo o processo, <u>um estatuto de igualdade substancial das partes</u>, designadamente no exercício de faculdades, no uso de meios de defesa e na aplicação de cominações ou de sanções processuais.*" (sublinhado que não consta do texto legal)?

31. Até onde pode ir o Juiz sem violar a sua obrigação de imparcialidade e o seu dever de assegurar às partes o integral cumprimento daquilo a se chama o *due process of law*, o qual constitui o pilar estruturante fundamental do *direito a um julgamento leal, não preconceituoso, e mediante processo equitativo*

que está tutelado, salvaguardado e garantido, com força obrigatória directa e geral (art.º 18º n.º 1 da Constituição da República), a todos os que interagem no comércio jurídico, através do estabelecido nos artºs 20º n.º 4 da Constituição da República, 10º da Declaração Universal dos Direitos Humanos, adoptada e proclamada pela Assembleia Geral das Nações Unidas através da sua Resolução 217A (III), de 10 de Dezembro de 1948, 6º n.º 1 da Convenção Europeia dos Direitos Humanos, assinada em Roma a 4 de Novembro de 1950, e 47º da Carta dos Direitos Fundamentais da União Europeia, Anexa ao Tratado de Lisboa?

32. Nem sempre as boas intenções se concretizam em bons resultados.

33. E é por ser nelas que se encontram as expressões *"Human Rights"* (e não "Droit de L'Homme") e *"fair trial"* (devendo a expressão *"fair"* ser traduzida pelo mais facilmente compreensível e definível "leal") que prefiro, de longe as versões em língua inglesa daqueles diplomas (Declaração Universal dos Direitos Humanos, Convenção Europeia dos Direitos Humanos e Carta dos Direitos Fundamentais da União Europeia).

34. Já agora, nesses Textos Fundamentais da Civilização, não se encontra a palavra *"unbiased"* (não preconceituosa) a acompanhar a expressão *"fair trial"*, mas, em linha com alguma doutrina dos EUA, julgo ser preferível proceder a essa conjunção, aparentemente desnecessária, e referir que todas as entidades que se relacionam no comércio jurídico têm direito a um *julgamento leal e não preconceituoso* (*fair and unbiased trial*) – *v.* entre outros, Dennis v. United States, 339 U.S. 162, 167-72 (1950),[31] Remmer v. United States, 347 U.S. 227 (1954),[32] Smith v. Phillips, 455 U.S. 209 (1982) e Mu'Min v. Virginia, 500 U.S. 415 (1991).[33]

35. Esta compreensão da realidade, como, aliás, acontece com todas as construções civilizacionais que conduziram à criação da estrutura social a que chamamos Estado de Direito, não constitui um dado natural, sendo, pelo contrário, uma construção ideológica e social que custou a morte e o sofrimento de incontáveis seres humanos ao longo de muitos milénios, e que carece de algum tempo para ser assimilada e percebida a ponto de ser posta em prática.

36. Ou seja, para passar de uma mera proclamação que, parafraseando Nathan Roscoe Pound, consta "dos Livros" (isto é, dos textos dos diplomas

[31] http://cdn.loc.gov/service/ll/usrep/usrep339/usrep339162/usrep339162.pdf.

[32] http://cdn.loc.gov/service/ll/usrep/usrep347/usrep347227/usrep347227.pdf.

[33] http://cdn.loc.gov/service/ll/usrep/usrep500/usrep500415/usrep500415.pdf.

normativos), para, voltando a esse jurista americano, uma prática quotidiana habitual ("Law in Action").

37. Mas, sendo assim, que critérios têm de ser considerados para aquilatar se essa obrigação de administrar a Justiça está ou não a ser cumprida de forma leal e não preconceituosa?

38. No cumprimento desse desígnio, é indispensável ter sempre em conta que excluindo aqueles e aquelas que emergem do acordo das partes consubstanciado em negócios jurídicos celebrados em conformidade com a legislação reguladora aplicável, só a Lei [e não a Doutrina – *mesmo que exposta por alguém que é ou já foi Juiz* –, ou sequer a Jurisprudência, mas sem prejuízo da força vinculativa das deliberações do TJUE em sede de processamento de *reenvio prejudicial* (tal como acontece relativamente aos acórdãos do Tribunal Constitucional português), a partir do momento em que o instituto jurídico dos "Assentos" foi eliminado do Ordenamento Jurídico do País e por não vigorar em Portugal o *sistema dos Precedentes*] é criadora de direitos e de obrigações, sendo que o conhecimento, que se impõe e é exigível, dos julgamentos proferidos por outros Tribunais nacionais ou estrangeiros, é relevante somente para os efeitos previstos no n.º 3 do art.º 8º do Código Civil.

39. Por outro lado, como é sabido (ou melhor, não pode ser ignorado – art.º 6º do Código Civil), a interpretação de uma qualquer norma jurídica, seja ela de natureza substantiva ou adjectiva, tem forçosamente que obedecer aos critérios consubstanciados nos três números do art.º 9º do Código Civil, considerados na sua globalidade, aos quais acrescem, para a construção do conceito *"solução mais acertada"* – de facto e mais exactamente, a *solução ética e socialmente mais acertada* –, as exigências inscritas nos artºs 335º (*proporcionalidade assente na posição que o valor ético que valida a norma e a torna em verdadeiro Direito ocupa na Hierarquia de Valores que enforma e dá consistência ao tecido social comunitário*) e 334º do mesmo Código, destacando-se neste último e sem prejuízo de haver de atender também às finalidades económicas *e sociais* dos direitos em causa, a atenção que é dada, em primeira linha, à *boa-fé* e aos *bons costumes* (isto é, novamente e sempre, aos valores éticos que constituem os pilares estruturantes da Comunidade, que validam as normas legais produzidas pela forma prevista na Constituição), tudo isto porque, de igual modo, se impõe que a interpretação manifestada nas decisões (ou deliberações) judiciais seja aquela que não só traduz a essa solução ético-socialmente mais acertada mas também aquela da qual melhor resulta a salvaguarda da *segurança* e a *confiança jurídicas* (*legal certainty*), as quais cons-

tituem igualmente Valores ético-sociais da maior relevância, pois a segurança e a confiança são condições indispensáveis ao normal funcionamento do comércio jurídico e, mais do que isso, da própria vida em sociedade.

40. No mesmo sentido, é indispensável igualmente recordar (*e este é um pressuposto ontológico que, à luz do disposto no art.º 6º do Código Civil, também não pode ser ignorado*), que, nessa delimitação dos contornos da compreensão/extensão lógica da previsão/estatuição de uma qualquer norma jurídica [e que, insiste-se, seja qual for a sua natureza (substantiva ou adjectiva), tem forçosamente de ser feita em conformidade com as regras interpretativas definidas no art.º 9º do Código Civil], as palavras têm um peso e um valor ontológico próprios.

41. Cada uma delas, acrescenta-se, sendo essa a razão pela qual no n.º 2 desse mesmo normativo agora citado se escreve que «*Não pode, porém, ser considerado pelo intérprete o pensamento legislativo que não tenha na letra da lei um mínimo de correspondência verbal, ainda que imperfeitamente expresso.*».

42. Indubitavelmente, litigar em Juízo constitui uma actividade não apenas de considerável intensidade ética, mas também de imensa responsabilidade social [*motivo pelo qual a dedução de pretensões ou de defesas contra estas perante os Tribunais deve ser antecedida de um estudo cuidadoso da Lei aplicável e da Doutrina e da Jurisprudência conhecidas acerca da matéria em disputa*], tal não pode fazer esquecer que, mercê da muito especial natureza da função institucional e constitucional que por eles é exercida, e por argumentos lógicos de *maioria de razão* – como é, crê-se, por demais evidente e dispensa qualquer argumentação justificativa (art.º 412º n.º 1 do CPC aprovado pela Lei n.º 41/2013, de 26 de junho) –, esse *elevado patamar de exigência ético-social na actuação* em Tribunal, impõe-se sobremaneira aos Juízes.

43. Na verdade, o que se exige a cada concreto Julgador, em todas as circunstâncias, é que escalpelize muito cuidadosamente todos os aspectos do litígio espelhado nos autos e que o faça (para usar um conceito originário da cultura jurídica francesa) *sem paixão, ódio ou rancor* e também (para usar uma expressão muito querida da cultura jurídica anglo-saxónica) *sem preconceitos* ou *ideias pré-concebidas*, comportamento esse que é essencial para a salvaguarda do *prestígio* dos Tribunais, sem o qual será posta em causa, de maneira grave (*e sendo de difícil reparação – ou quiçá irreparáveis – os danos institucionais e sociais que desse facto resultarão*), a tutela da *segurança* e da *confiança jurídicas* (*legal certainty*) que, insiste-se, são Valores estruturantes das Comunidades que se organizam segundo o modelo social do Estado de Direito.

44. E como nunca será demais repetir, o direito a ver integralmente cumprido, na prática quotidiana (*Law in action*), que não apenas na proclamação que consta de inúmeros diplomas legislativos (*Law in books*), o direito a um julgamento leal, não preconceituoso e mediante processo equitativo [para usar a mundialmente conhecida expressão em língua inglesa, sendo que foi nesse ambiente cultural/jurídico que o conceito foi construído e apresentado pela primeira vez], constitui um pilar fundamental que dá corpo a um Princípio Ético sem cuja efectiva consagração não existe verdadeiramente um normal funcionamento das instituições do Estado de Direito.

45. Daí que, ao exercer o *poder de julgar* (ou, para usar as palavras dos nºs 1 e 2 do art.º 202º da Constituição da República, a competência para administrar a justiça em nome do Povo e assegurar a defesa dos direitos e interesses legalmente protegidos dos cidadãos) que, por via dessa Lei Maior, lhe é atribuído pela Comunidade, tenha cada um dos Juízes que exerce funções nos Tribunais portugueses, seja qual for a instância em que o faz, que nunca esquecer, obviamente, que a enorme responsabilidade cívica (e ética) que acompanha – *tem de acompanhar* – o exercício da função de julgar torna necessária – rectius, impõe – àqueles que têm o dever de a cumprir, a *humildade intelectual* de conhecer os limites do poder que lhe é inerente, a começar pela singela circunstância de que, fora das muito específicas situações previstas no art.º 10º do Código Civil, o Juiz *não é* o Legislador, e bem assim, fazendo apelo aos ensinamentos do filósofo e matemático alemão Gottfried Wilhelm (von) Leibniz, que viveu entre 1646 e 1716, a consciência de que [como este último inequivocamente demonstrou] não existem *certezas absolutas*, mas apenas *certezas probabilísticas.*

47. Parafraseando o filósofo da Grécia Antiga Sócrates, mas fazendo uma maior aproximação aos ensinamentos da *parábola do balão*, quanto mais sei, mais sei que nada sei – Sócrates aparentemente terá dito apenas *só sei que nada sei*, o que não é exactamente a mesma coisa [*e, na parábola em referência, o fluido* (gás ou líquido) *que é introduzido no balão representa o conhecimento – aquilo que se sabe e conhece –, sendo a superfície externa do balão a área correspondente àquilo que se ignora*].

48. E essa é a necessária personificação da supra aludida *humildade intelectual* – que é um procedimento mentalmente activo (e não passivo) que não nega, nem diminui, muito menos despreza, o conhecimento, a sabedoria e a necessidade de os aplicar para cumprir e fazer cumprir as regras de convivência social –, que tão necessária, ou melhor, tão indispensável

é quando se trata de administrar a justiça em nome do Povo e assegurar a defesa dos direitos e interesses legalmente protegidos dos cidadãos.

49. Mas, para além disso, aqueles que têm como função (e querem) buscar e administrar a Justiça nos casos concretos, têm sempre de contar com a *natureza das coisas* (***v.*** Pedro Pais de Vasconcelos *in* "Última lição: A Natureza das Coisas" – Faculdade de Direito da Universidade de Lisboa, 16 de maio de 2016).

50. Isto porque *"a realidade das coisas"* (ou seja, a realidade material das situações submetidas ao julgamento do Tribunal), não pode ser ignorada ou desprezada já que essa materialidade objectiva se impõe a todos, mesmo àqueles que fingem que ela não existe, e também porque, quando tal acontece, é a *tutela da certeza e da segurança jurídicas* que é posta em perigo e, no final, com uma tal descuidada visão dos factos, é a protecção dos direitos de todos aqueles que interagem no comércio jurídico que está a ser desconsiderada.

51. Outrossim, a antes referida necessidade de, para aquilatar qual será, no concreto caso submetido ao seu julgamento, a solução mais acertada, ter obrigatoriamente o Intérprete/Juiz, seja qual for a instância em que exerce funções, de fazer apelo ao que se encontra estipulado no art.º 334º do Código Civil e no art.º 335º desse mesmo Código tem uma importância que muitas vezes é negligenciada porque no n.º 2 desse último dispositivo está clara e incontornavelmente consagrado o Princípio da Proporcionalidade, para o qual esse Julgador é remetido.

52. Princípio esse que, incontornavelmente, apesar de não existir uma norma constitucional que, em termos expressos, a ele se refira [contudo, são várias as manifestações do mesmo que estão subjacentes a vários dos comandos jurídicos que constam dessa Lei Maior – a título de mero exemplo, mencionam-se aqui os três números do art.º 26º e o n.º 2 do art.º 18º da Constituição da República e, de certa forma, ao fazer referência ao conceito de *"justa indemnização"*, também o n.º 2 do art.º 62º desse mesmo Diploma Fundamental], constitui um dos pilares fundamentais não apenas do Estado de Direito e do normal funcionamento da Sociedade, mas sim de toda a Civilização Ocidental [embora, curiosamente, tenha sido historicamente registado pela primeira vez no várias vezes milenar Código de Hamurábi, com o reconhecimento nele feito da demasiadas vezes imerecidamente vilipendiada Lei (ou Princípio) de Talião através da(o) qual se estabelece a correlação sancionatória *"olho por olho, dente por dente"*].

53. O que significa que, em todas as áreas do Direito, sem excepção, tudo tem de ser feito para manter a *"justa medida"*, ou, para usar as palavras do Legislador, é ilegítimo o exercício de um direito quando o titular exceda manifestamente os limites impostos pelos bons costumes ou pelo fim social ou económico desse direito (art.º 334º do Código Civil).

54. E só assim poderão os Juízes (e cada Juiz ou Juíza individualmente considerado/a) cumprir essa sua indeclinável obrigação de administrar a justiça em nome do Povo.

55. Não é uma tarefa fácil, mas tem de ser cumprida. É obrigatório que o seja.

A adaptabilidade constitucional e a necessidade de revisão: Uma Constituição para o séc. XXI

Miguel Prata Roque[1]

§ 1. Tendências de moderação do processo de revisão

É um dado adquirido, há muito, que o Direito (e o Direito Constitucional, em particular) é constantemente ultrapassado pela realidade e pela dinâmica própria da evolução humana[2]. Por conseguinte, nenhum texto constitucional é imutável ou inflexível, pois a Ideia de Direito que o mesmo consagra só permanece enquanto os indivíduos que a aprovaram mantiverem o seu apoio[3]. Ora, durante o primeiro período subsequente à instauração da democracia, esse apoio foi sendo renovado – e, até, aperfeiçoado – através de sucessivas revisões constitucionais: 1982, 1989, 1992, 1997, 2001, 2004. Isto é, a cada período de (menos de) quatro anos, aprovou-se uma revisão constitucional. Trata-se do fenómeno que Jorge Miranda[4], certeiramente, apelidou de *"frenesim constitucional"*.

[1] Professor da Faculdade de Direito da Universidade de Lisboa.

[2] Marco Rutuolo, *Il tempo e le funzioni dello Stato, in* «Diritto e Società», 4 (2000), p. 615.

[3] Luís Pereira Coutinho, A Autoridade Moral da Constituição – Da fundamentação da validade do Direito Constitucional, Coimbra Editora, 2009, pp. 336-341.

[4] Jorge Miranda, *Acabar com o frenesim constitucional, in* «Nos 25 Anos da Constituição da República Portuguesa – Evolução Constitucional e Perspectivas Futuras», AAFDL, 2001, pp. 651-662.

Em suma, o debate político-ideológico – em especial, aquele que opunha uma perspetiva mais estatizante e uma perspetiva mais liberalizadora – travou-se, também, no campo da revisão constitucional. Porém, com a consolidação da integração portuguesa na União Europeia (e a consequente abertura às liberdades económicas nela vigentes), a querela político-ideológico deslocou-se para o campo da definição das políticas públicas concretas. Vivemos, hoje, um período de longos 16 (dezasseis) anos de ausência de qualquer revisão constitucional, ainda que se tenham verificado várias tentativas fracassadas[5].

A meu ver, infelizmente, o debate contemporâneo sobre a (eventual) necessidade de revisão constitucional serve apenas para discutir o passado. Abrem-se trincheiras (tantas vezes, fictícias) entre os que condenam a Constituição por todos os males, passados, presentes e futuros, e aqueles que a defendem com unhas e dentes, como se admitir a sua revisão significasse admitir a falência das ideias que presidiram à sua aprovação originária.

Ultimamente, sempre que se discute a Constituição, discute-se (quase só) o passado. Os partidos políticos com iniciativa de revisão limitam-se a pesar os prós e os contras de uma negociação parlamentar. Uns cavam trincheiras em torno de conquistas de que não pretendem abdicar. Outros simulam que é o texto constitucional que impede o progresso económico.

Julgo não ser nesse plano que a questão deve ser colocada. Refletir sobre a necessidade de revisão constitucional não deve ser assunto (apenas) de quem com ela pretende acertar contas. Mesmo aqueles que nela vislumbram, um esforço de democratização e de generalização dos direitos fundamentais, não podem deixar de reconhecer que ela já não consegue enfrentar os mais emergentes temas de transformação social e que é chegada a hora de a reformar, reforçando os instrumentos de correção das desigualdades de partida, que emperram uma sociedade mais progressista e mais justa.

Mas, então, a estabilidade constitucional não é um valor, em si mesmo?

Claro que sim. E mais se regista que não deve confundir-se a sua dimensão semântica – isto é, o seu texto ou letra – com a sua dimensão normativa

[5] De acordo com o artigo 284º da Constituição, esta pode ser revista, ordinariamente, a cada 5 (cinco) anos [cfr. nº 1) ou extraordinariamente, mediante aprovação da abertura de processo de revisão, por 4/5 dos Deputados [cfr. nº 2). Sucede que, desde a entrada em vigor da última revisão de constitucional (cfr. Lei nº 1/2005, de 12 de agosto), já distam 16 (dezasseis) anos, sem que qualquer iniciativa de revisão constitucional tenha visto a luz do dia. Recentemente, foi aberto novo processo de revisão constitucional, tendo sido constituída uma Comissão Eventual para a Revisão Constitucional (CERC), em 10 de maio de 2021.

– isto é, o seu sentido e significado –, que permanece constantemente aberta à interpretação atualista, seja pela jurisprudência dos tribunais comuns e do Tribunal Constitucional, seja pela doutrina e pela sua discussão pública, pelos cidadãos, pelos opinadores e pelos agentes políticos[6].

Porém, o texto constitucional também não deve transformar-se num mero resquício histórico ou permanecer insensível às exigências dos novos tempos, visto que tal descuraria diversos fatores que justificam a sua revisão a breve trecho:

(a) *Risco de falta de adesão das novas gerações* – o afastamento das gerações nascidas em pleno séc. XXI (isto é, dos *"millenials"*, que abrangem ainda as gerações nascidas na década de 1990) face ao fenómeno partidário contrasta com o seu inegável ativismo cívico, em torno de causas concretas. Sucede que o texto constitucional, moldado pelas gerações dos seus avós já pouco lhes diz[7], pelo que é imperioso fazê-las participar no processo de revisão, impregnando a Constituição de novos valores e perceções sociais;

(b) *Emergência da crise climática* – esta constitui o principal desafio das próximas décadas e exige que sejam mobilizados todos os recursos disponíveis. Face ao silêncio do texto constitucional, importa adaptá-lo à nova realidade, de modo que haja mecanismos suficientes para enfrentar a maior crise que qualquer geração, até agora, enfrentou;

[6] Conforme já demonstrou RUI MEDEIROS (cfr. *A Decisão de Inconstitucionalidade, – Os Autores, o Conteúdo e os Efeitos da Decisão de Inconstitucionalidade da Lei*, UCP, 1999, pp. 177-183) a crença de que o controlo da constitucionalidade normativa se circunscreveria a uma elite iluminada de juízes constitucionais altamente especializados – a conhecida *"aristocracia do saber jurídico-constitucional"* (cfr. FRANCO MODUGNO, *L'Invalidità delle Lege*, Volume I, Giuffrè, 1970, I, X-XI) – encontra-se hoje abandonada. Pelo contrário, mesmo no plano estadual, o controlo da constitucionalidade normativa tem vindo a espraiar-se por vários órgãos públicos – e isto mesmo naqueles ordenamentos em que impera um *"sistema de fiscalização concentrada"*. Por conseguinte, faz cada vez mais sentido recuperar essa *"sociedade aberta dos intérpretes da Constituição"*, preconizada por PETER HÄBERLE, *Verfassungsinterpretation als öffentlicher Prozeß – ein Pluralismuskonzept, in* «Verfassung als öffentlicher Prozeβ», Duncker & Humblot, 1978, p. 123; IDEM, *Die offene gesellschaft der verfassungsinterpreten, in* «Verfassung als öffentlicher Prozeβ», Duncker & Humblot, 1978, pp. 155-181.

[7] Sobre a importância do princípio do equilíbrio intergeracional e a clivagens entre gerações passadas, presentes e futuras, ver MIGUEL PRATA ROQUE, *Tratado de Governação Pública*, Volume I, AAFDL Editora, Lisboa, 2021, §§ 38 e 39.

(c) *Transformação tecnológica* – os riscos e as consequências de uma sociedade (global) permanentemente em rede ainda nem sequer são totalmente antecipáveis. De todo o modo, o modo como se protegiam os direitos fundamentais e como se concebia o exercício do poder (em especial, do poder administrativo) mudou, de modo drástico. A Constituição deve ser a primeira a reconhecê-lo.

§ 2. Adequação às mudanças geracionais: digitalização e constrição de liberdades

Uma Constituição de Futuro tem de encarar e perceber a nova realidade da digitalização das sociedades atuais e das redes virtuais que esmagam as liberdades individuais, a reserva da intimidade privada e o direito à diferença. Um jovem nascido na década de 2000 já não conhece um mundo sem interconexões virtuais; toda a sua vida se encontra registada nas redes cibernéticas. Hoje, empresas competem pelo acesso às nossas informações mais pessoais, traficando-as e delas extraindo valor económico. E até o Estado – a coberto de uma pretensa modernização da administração pública – se intromete, excessivamente, no nosso espaço vital, através de meios intrusivos de vigilância tecnológica, como a troca automatizada de informações, a criação de bases de dados, a geolocalização e a monitorização permanente dos nossos equipamentos eletrónicos[8]. A proteção constitucional que nos é conferida pelos artigos 34º, nº 4, e 35º, nº 3, é meramente retórica e proclamatória. Assim como é retórica a proteção do nosso reduto mínimo de pensar, expressar e agir em conformidade com a nossa liberdade de pensamento, pois, hoje, os poderes públicos acham normal entrarem pela nossa casa adentro, pelas nossas escolas, pelas nossas associações e pelas nossas igrejas, mesquitas e sinagogas adentro, ditando um modo único de viver, que se coadune com uma visão única e centralizado do que seria uma vida saudável e digna de ser vivida[9].

[8] Acerca dos problemas provocados pelo uso de novos meios tecnológicos e pela circulação de dados pessoais, de registos sonoros e de imagens, ver Miguel Prata Roque, *Google it! – The EU approach to technology and the risk for the rights of privacy of its citizens, in* «European Law Review», 2 (2019), pp. 475-488.

[9] Sobre a importância da liberdade de pensamento e da liberdade de livre desenvolvimento da personalidade, que são imprescindíveis à promoção da felicidade individual e coletiva, ver Miguel Prata Roque, *O direito fundamental à felicidade, in* «Estudos em Homenagem ao Conselheiro Joaquim Sousa Ribeiro», Volume I, Almedina, 2019, pp. 265-329.

Uma revisão constitucional séria não pode deixar de:

- Limitar o acesso de grandes empresas tecnológicas transnacionais (Google; Amazon; Apple; Microsoft; Facebook; Huawei) à informação pessoal dos cidadãos, em regime monopolista, e impor o uso de tecnologia de acesso livre (*"open source"*)[10], à semelhança do que já sucede, por exemplo, com programas informáticos de faturação de pequenas empresas de comércio e serviços;
- Consagrar o direito ao esquecimento digital[11], mediante criação de mecanismos efetivos para eliminação de informações não públicas das plataformas tecnológicas, em especial, relativamente a dados de saúde, cujo acesso por certas empresas (como as seguradoras ou os serviços de apoio à terceira idade) ataca diretamente os mais frágeis, privando-os (ou incrementando os custos) de proteção médica e assistencial.
- Criar mecanismos de suspensão imediata e cautelar de conteúdos que violem a reserva da intimidade privada e os direitos de propriedade intelectual e industrial;
- Colocar termo a uma cultura punitiva e persecutória do Estado, de modo a assegurar que não cabe aos poderes públicos multiplicar formas de sanção aos indivíduos (financeira, contraordenacional, disciplinar, privação de direitos)[12], com o propósito de amedrontar e de arrecadar receita, nem programar ideologicamente o modo de vida dos cidadãos, por exemplo através de políticas públicas de saúde agressivas (ex: combate ao tabagismo; promoção do exercício físico; limitação dos consumos alimentares)[13];

[10] A propósito da importância da tecnologia de acesso livre, ver Miguel Prata Roque, *Tratado de Governação Pública*, Volume I, cit., § 25.

[11] João Ferreira Pinto, Direito ao esquecimento digital 2.0: Motores de busca da Internet após o Acórdão Google Spain (C-131/12) (tese de mestrado), FDUL, Lisboa, 2015; Fábio Trigueiro, Direito ao Esquecimento Digital na Sociedade da Informação (tese de mestrado), FDUC, Coimbra, 2016; Lucas Gonçalves da Silva/Mariana Amaral Carvalho, in «Revista Brasileira de Direitos e Garantias Fundamentais», 2 (2017), pp. 66-86; Rui Ataíde, Direito ao esquecimento, in «Ciberlaw», VII (2019), pp. 10-30; Isabella Z. Frajhof, O Direito ao Esquecimento na Internet, Almedina, 2019.

[12] Para maior desenvolvimento, ver Miguel Prata Roque, O Direito Sancionatório Público enquanto bissetriz (imperfeita) entre o Direito Penal e o Direito Administrativo – A pretexto de alguma jurisprudência constitucional, in «Concorrência & Regulação», 4 (2013), pp. 105-173.

[13] Miguel Prata Roque, A desobediência convicta face a medidas de saúde pública intrusivas, in «Julgar», junho de 2021, pp. 1-47.

- Consagrar o direito à (busca da) felicidade[14], mediante respeito pelas diferentes formas de busca da felicidade e, assim, evitando medidas de autoritarismo higiénico, alimentar e comportamental, bem como prever o dever de o Estado atribuir um rendimento básico universal, quer promova o investimento dos indivíduos no seu progresso formativo e intelectual e na fruição cultural e de lazer.

§ 3. Combate e readaptação à crise climática

A Constituição não pode continuar a dirigir-se a uma realidade própria do século passado, fingindo que a Humanidade não está a enfrentar a maior provação de que há memória: a crise climática. Nesse sentido, importa refrescar o texto constitucional e criar novos instrumentos destinados a garantir uma transição para modos de vida menos poluentes e mais sustentáveis, entre os quais:

Estabelecer o princípio da economia circular[15], de modo a evitar práticas consumistas baseadas na degradação rápida dos bens de consumo, na manutenção de prazos curtos de garantia e na renovação do consumo de bens;

Substituir o crescimento do Produto Interno Bruto (PIB) como critério de avaliação do sucesso das políticas públicas[16] por um critério que proceda à medição de outros parâmetros de bem-estar, tal como a preservação dos recursos naturais e ambientais, o trabalho não remunerado (trabalho doméstico, voluntariado e prestação de serviços com interesse social), a saúde mental e a felicidade individual;

- Consagrar o direito ao transporte individual sustentável, mediante garantia de uso e de disponibilização ou apoio público à aquisição de meios de transporte descarbonizados;
- Estabelecer o princípio da preferência pela economia local[17], de modo que os procedimentos de contratação pública possam tomar em

[14] Miguel Prata Roque, *O direito fundamental à felicidade*, cit. pp. 265-329.

[15] Alexandra Leitão, Economia Circular: uma nova filosofia de gestão para o séc. XXI, in «Portuguese Journal of Finance, Management and Accounting», 2 (2015), pp. 150-171; Ignacio Belda Heriz, Economia Circular – Un nuevo modelo de producción y consumo sostenible, Tebar, 2018; Walter R. Stahel, The Circular Economy, Taylor & Francis, Ltd, 2019.

[16] Para uma crítica ao uso do PIB como critério de boa governação e de progresso económico e social, ver Miguel Prata Roque, *Tratado de Governação Pública*, Volume I, cit., § 27.

[17] Com efeito, o princípio da preferência local – ou seja, da fixação de critérios de adjudicação fundados na preferência por empresas locais, que produzem ou extraem matérias-primas (por exemplo, produtos agrícolas e frutícolas) no território das entidades descentralizadas ou

consideração as vantagens da redução da pegada ecológica e os custos ambientais de transporte de bens e mercadorias.

§ 4. Inovação empresarial e progresso económico

Reitero que, na verdade, o desejo de rever a Constituição atual não pode ser apanágio exclusivo dos seus habituais opositores, mas também daqueles que se reveem nela e no seu projeto transformador, com vista a uma sociedade mais equitativa, mais justa e mais feliz.

Invariavelmente, no espaço público, afirma-se (ainda que sem fundamento) que a Constituição constitui um entrave à iniciativa privada. Sem qualquer fundamento, porém. Qualquer leitura rápida da mesma permitiria constatar que esse temor se cinge à memória de uma Constituição Económica que já não existe e que remonta à sua versão originária.

Face ao contexto histórico-português – marcado pelo domínio da Coroa durante a expansão marítima e pela ausência de uma burguesia mercantil vibrante e autónoma – e face à diminuta dimensão do mercado nacional, o que se verifica é que, em boa verdade, não existe, em Portugal, uma verdadeira liberdade de iniciativa privada. Ela vive pendurada e de mão estendida, à espera das migalhas que lhe lançam da mesa dos orçamentos públicos. Desde empresários sem capital que adquirem posições em empresas, financiados por sindicatos bancários, passando por (bizarras e duvidosas) "privatizações" de infraestruturas públicas a empresas estatizadas pertencentes a Estados estrangeiros – alguns deles, que até rejeitam a livre iniciativa privada e praticam uma economia planificada –, até pequenos empresários que se veem impedidos de singrar, por não disporem de capital para

desconcentradas que contratam esses bens ou serviços – não contende, forçosamente, com o princípio constitucional da igualdade (cfr. artigo 13º da CRP), na sua dimensão material, visto que não só isso reforça o pluralismo do tecido económico-empresarial, como garante o interesse público de redução da pegada ecológica, através da poupança no transporte dos bens a contratar e, como tal, das energias necessárias ao respetivo transporte. Na recente revisão ao Código dos Contratos Públicos (operada pela Lei nº 30/2021, de 21 de maio), abriu-se a porta a algumas preferências locais (cfr. artigo 54º-A do CCP), permitindo-se que entidades da administração local possam reservar certos contratos públicos para empresas com sede no respetivo território. Ainda assim, a alteração legislativa foi cautelosa e não foi tão longe quanto o que proponho, neste estudo. Sobre o tema, ver ALLAN FUEZI BARBOSA, *O conteúdo local nas licitações: da violação à igualdade e do incentivo à prática colusiva*, *in* «Jus.com.br», 31/10/2018; *Marco Caldeira, Das preferências "locais" na revisão do Código dos Contratos Públicos: são os "santos da casa" que fazem "milagres"?*, *in* «Revista de Direito Administrativo», 10 (2021), pp. 63-68.

iniciarem investimentos de risco. Adaptar a economia portuguesa a um mundo globalizado, em que impera a necessidade de salvaguardar a soberania tecnológica nacional[18], impõe uma revisão profunda da Constituição, que faça da (verdadeira) liberdade de iniciativa económica um eficaz elevador social.

É urgente transformar o modelo contemporâneo de organização social, assente num número avassalador de horas de presença burocrática no local de trabalho e que despreza outras dimensões humanas, tais como a partilha de interesses e atividades com a família e amigos, a fruição cultural, o descanso e o lazer[19], a ação e voluntariado social e o crescimento intelectual e emocional dos indivíduos[20]. Ignorar que dedicar menos horas ao trabalho em contexto laboral não é sinónimo de indolência[21] é não perceber nada do mundo atual. Menos horas de trabalho (formal e clássico) significa fazer florescer as indústrias baseadas na criatividade humana e no bem-estar (ex: cultura, repouso, cuidados de saúde, desporto e lazer). Um modelo de baixos salários associado a muitas horas de presença no local de trabalho equivale a aprisionar pessoas de menores recursos numa espiral eterna de pobreza, pois quem não recebe um salário suficiente para sustentar a sua família não pode dedicar sequer uma ínfima parte do seu tempo a lutar pelo seu aperfeiçoamento intelectual, formativo, académico e social, que liberta desses mesmos ciclos de pobreza e de marginalização social.

Assim, justifica-se:

- Substituir a medição do sucesso das políticas públicas através do Produto Interno Bruto (PIB), que repousa exclusivamente no critério da produção de bens de consumo (muitas vezes, desnecessários, fúteis

[18] Sobre o conceito de soberania tecnológica, ver Miguel Prata Roque, *Tratado de Governação Pública*, Volume I, cit., § 25.

[19] Sobre o direito ao lazer, ver Erik Rodrigo Fernandes/Edson Marcelo Húngaro/José Luiz Solazzi, *Lazer, trabalho e sociedade: notas introdutórias sobre o Lazer como um direito social*, *in* «VIII Congresso Luso-Afro-Brasileiro de Ciências Sociais – A Questão Social no Novo Milénio», Centro de Estudos Sociais, Coimbra, 2004.

[20] A propósito da importância desta multiplicidade de vivências humanas, que vão muito para além do dever de trabalhar e de contribuir para uma (deturpada) produtividade coletiva, ver Miguel Prata Roque, *O direito fundamental à felicidade*, cit., pp. 265-329.

[21] Já em 1880, Paul Lafarge, em plena Revolução Industrial, defendia, provocatoriamente, o direito à preguiça, de modo a denunciar os excessos impostos à classe operária e fabril. Assim, ver Paul Lafarge, *O direito à preguiça* (traduzido por José Alfaro), Antígona, 2016.

e inúteis), pelo critério da Felicidade Interna Bruta (FIP)[22], que, de acordo com critérios já internacionalmente fixados, deve tomar em conta critérios como a sustentabilidade ambiental, o equilíbrio inter-geracional, o equilíbrio entre o tempo de trabalho e o tempo de descanso, de lazer e de fruição cultural;

- Explicitar a função social do direito de propriedade privada[23], de modo a impedir a subsistência de bens improdutivos, a promover o pluralismo da propriedade das principais infraestruturas económicas e a facilitar a partilha dos frutos da investigação científica e da inovação tecnológica. Só assim se garante o combate à concentração económica nas mãos de uns poucos e dos mesmos do costume;
- Prever o direito a um Rendimento Básico Universal[24], que não fique sujeito a qualquer condição de carência, enquanto instrumento de repartição social dos frutos do progresso tecnológico. Várias experiências sociológicas já realizadas demonstram que a atribuição universal deste rendimento permite não só fazer participar o cidadão médio nos ganhos de produtividade trazidos pelas descobertas tecnológicas e científicas que aceleraram os processos produtivos, permitindo a libertação da força física e da repetição mecânica de tarefas[25], como

[22] Para um maior desenvolvimento sobre este conceito de Felicidade Interna Bruta (FIB), ver Miguel Prata Roque, *O direito fundamental à felicidade*, cit. pp. 284-290.

[23] Orlando Gomes, *A função social da propriedade, in* «Textos em homenagem ao Prof. Doutor A. Ferrer Correia», Volume II, Coimbra, 1991, pp. 423-437; Octávio Luiz Rodrigues Júnior, *Propriedade e função social: exame crítico de um caso de "constitucionalização" do direito civil, in* «Estudos em Homenagem ao Prof. Doutor Jorge Miranda», Volume III, Coimbra Editora, 2012, pp. 61-90. Carla Amado Gomes, Reflexões (a quente) sobre o princípio da função social da propriedade, in «E-pública», 3 (2018), pp. 3-24.

[24] Para uma contextualização e análise exaustiva sobre o mecanismo de Rendimento Básico Universal, ver Melissa S. Kearney/Magne Mogstad, *Universal Basic Income (UBI) as a Policy Response to Current Challenges*, The Aspen Institute – Economic Strategy Group, 2019, pp. 1-19; Roberto Merill/Sara Bizarro/Gonçalo Marcelo/Jorge Pinto, *Rendimento Básico Incondicional – Uma Defesa da Liberdade, Edições 70*, 2019; João Sampaio, *O futuro do trabalho e o rendimento básico incondicional* (tese de mestrado), Universidade do Minho, Braga, 2019; Rebecca Hasdell, *What we know about universal basic income – A cross-synthesis of reviews*, Stanford Basic Income Lab, July 2020, pp. 1-24.

[25] Conforme já alertava Albert Einstein, em 1949, a esperança de que o progresso tecnológico viesse associado a uma redução do tempo de trabalho da esmagadora maioria dos trabalhadores cedo se esboroou: «A produção é prosseguida com vista ao lucro, não ao uso. Não existe regra alguma de acordo com a qual todos os que sejam aptos e dispostos a trabalhar possam

incrementa a livre escolha dos indivíduos e a sua capacidade de investir na melhoria da sua formação cívica, profissional e intelectual, no incremento de horas de apoio à família, de descanso, de lazer e de fruição cultural, bem como estimula o investimento em pequenos negócios, mais dinâmicos e sustentáveis. Viver não pode limitar-se a um eterno e entediante repetitório de "acordar/ levantar / enfrentar o trânsito / trabalhar / almoçar / trabalhar / trânsito / jantar / ver televisão / dormir / voltar a levantar".

- Sujeitar as empresas transnacionais a alguns dos princípios constitucionais[26] já aplicáveis aos órgãos políticos: democraticidade na eleição de corpos gerentes; representatividade de todos os membros da comunidade empresarial nos órgãos diretivos; transparência no funcionamento; prestação de contas à comunidade e não apenas aos acionistas; limitação de mandatos e renovação de titulares. A Constituição serve para limitar o poder público; isto é, o poder unilateralmente exercido. Ora, num mundo, em que as empresas transnacionais e alguns setores económicos nevrálgicos dispõem de mais poder efetivo do que qualquer governo ou chefe de Estado, impõe-se garantir que esse monopólio do poder que afeta tod@s encontra limites e não se corporiza em esquemas mais ou menos transparentes de abuso e de excesso de poder.

sempre estar numa posição de encontrar trabalho (...). O trabalhador está constantemente com medo de perder o seu emprego. (...) O progresso tecnológico resulta mais frequentemente em maior desemprego do que no alívio do fardo do trabalho para todos» [ALBERT EINSTEIN, *Why Socialism?*, *in* «Monthly Review», 1 (1949), disponível *in http://monthlyreview.org/2009/05/01/why-socialism*].

[26] Nesse sentido, têm surgido várias vozes em nome de um Direito Constitucional Societal, que se estenda a outros centros de poder político, ainda que de génese privada (em especial, as empresas transnacionais). Assim, ver DAVID SCIULLI, *Theory of Societal Constitutionalism: Foundations of a Non-Marxist Critical Theory*, Cambridge University Press, 1992, *passim* e, em especial, 1-20 e 131-180; GÜNTER TEUBNER, *Societal Constitutionalism: Alternatives to State-centered Constitucional Theory*, *in* «Constitutionalism and Transnational Governance» (org. Christian Joerges), Oxford University Press, 2004, pp. 3-28; IDEM, *Constitutional Fragments – Societal Constitutionalism and Globalization*, Oxford University Press, 2012, *passim*; GOMES CANOTILHO, *Constitucionalismo político e constitucionalismo societal num mundo globalizado*, *in* «"Brancosos" e Interconstitucionalidade – Itinerários dos discursos sobre historicidade constitucional», Almedina, 2006, pp. 291-293; MIGUEL PRATA ROQUE, *Tratado de Governação Pública*, Volume I, cit., § 117.

§ 5. Equilíbrio intergeracional e coesão social

A globalização (com todas as suas maravilhas e vantagens) trouxe, também, um fenómeno de competição desregrada entre países e economias, que trouxeram o conhecimento fenómeno da "corrida ao fundo do poço" (*"race-to-the-bottom"*) – expressão popularizada pelo Presidente do *Supreme Court* norteamericano LOUIS BRANDEIS, a propósito do caso *"Delaware"*[27].

É inaceitável que os ordenamentos jurídicos nacionais continuem a tolerar (e a conformar-se com) a fuga generalizada aos impostos, patrocinada pela capacidade de deslocalização e pela fixação fictícia de sedes de empresas transnacionais, que escolhem o sistema fiscal e administrativo mais favorável, de entre aqueles que Estados promotores de paraísos fiscais lhes colocam ao dispor, competindo entre si, de modo desleal, para atração de investimento estrangeiro[28]. Para colocar termo a este fenómeno generalizado, também há medidas que carecem de revisão constitucional:

- Substituir a prevalência da taxação dos rendimentos – que apenas onera aqueles que vivem dos rendimentos do seu trabalho e que não podem ocultar as suas fontes de rendimento –, passando a incidir,

[27] A expressão *"corrida até ao fundo do poço"* (*"race to the bottom"*) ilustra bem o fenómeno de degradação competitiva dos ordenamentos jurídicos mais garantísticos e deve-se ao Juiz LOUIS BRANDEIS, que a empregou, pela primeira vez, enquanto Relator do acórdão *"Ligget Co. Vs Lee"* (288 U.S. 517, 558-559), proferido pelo *Supreme Court*, em 13 de março de 1933. Por vezes, ela é associada ou substituída pela terminologia *"Delaware effect"*, cuja origem remonta a 1890, quando o Estado norte-americano de *"New Jersey"* adotou uma sucessão de leis liberalizadoras, com vista à atração de investimento privado e à industrialização do seu território, e o Estado de *"Delaware"* decidiu ripostar, baixando gradualmente as suas exigências normativas à instalação de unidades fabris. A competição entre aqueles Estados apenas viria a terminar após a intervenção do Presidente. Sobre o tema, ver WILLIAM CAREY, *Federalism and Corporate Law: Reflections upon Delaware, in* «YLK», 83 (1974), pp. 663-705; DAVID CHARNY, *Competition among jurisdiction in formulating corporate law rules: an american perspective on the «race to the bottom» in the European Cmmunities, in* «HILJ», 32 (1991), pp. 423-456; CATHERINE BARNARD, *Social dumping and the race to the bottom: some lessons for the European Union from Delaware?, in* «ELR», 25 (2000), pp. 57-78; PATRICK GRIFFIN, *The Delaware Effect: Keeping the tiger in is case – the European experience of mutual recognition in financial service, in* «CJEL», 7 (2001), pp. 337-353; JOSEPH MCCAHERY/ERIK VERMEULEN, *Does the European Company Prevent the «Delaware Effect»?, in* «ELJ», 6 (2005), pp. 785-801; MIGUEL PRATA ROQUE, *Tratado de Governação Pública*, Volume I, cit., § 111.

[28] Sobre a fraude à lei transnacional e, em especial, a manipulação do elemento de conexão domicílio e sede, através do uso de paraísos fiscais e administrativos, ver MIGUEL PRATA ROQUE, *A Dimensão Transnacional do Direito Administrativo*, cit., pp. 712-717 e 1238-1243.

maioritariamente, no pagamento de impostos em função do uso, fruição e detenção de infraestruturas (ex: imóveis, unidades industriais de produção, equipamentos de utilização generalizada) e de tecnologia (ex: plataformas eletrónicas, comércio à distância, aplicações informáticas, dinheiro e riqueza virtual). É imperioso implementar rapidamente um imposto sobre operações financeiras – um sucedâneo da *"Tobin tax"* (Universidade de Yale)[29] – e um imposto sobre as mais-valias tecnológicas – *"Google tax"*[30]. Na verdade, o património (em especial, o imobiliário) não pode ser alvo de deslocação espacial. Quando muito, pode ser registado, em absoluta fraude à lei, em nome de sucessivas empresas fictícias, que ocultam a identidade dos seus verdadeiros beneficiários.

- Consagrar o direito à desconexão digital do trabalho[31], de modo a que os trabalhadores (e até dirigentes) de empresas não sejam perma-

[29] A proposta de criação de um imposto aplicável às transações internacionais foi formulada, pela primeira vez, por JAMES TOBIN, Professor de Economia da Universidade de Yale, numa conferência proferida na Universidade de Princeton, durante as «Janeway Lectures», em 1972. O texto da comunicação só viria a ser publicada em 1974. Mais tarde, em 1981, TOBIN viria a ser galardoado com o Prémio Nobel da Economia. JAMES TOBIN, *The New Economics One Decade Older, in* «The Eliot Janeway Lectures on Historical Economics in Honour of Joseph Schumpeter», Princeton University Press, 1974; IDEM, *A proposal for International monetary reform, in* «Eastern Economic Journal», 4 (1978), pp. 153-159; MAHBUB UL HAQ/INGE KAUL/ISABELLE GRUNBERG, *The Tobin Tax – Coping with Financial Volability*, Oxford University Press, 1996; NEIL MCCULLOCH/GRAZIA PACILLO, *The Tobin Tax: A Review of the Evidence.* IDS Research Reports, University of Sussex, 2011, pp. 1-77; MATTHEW WATSON, *Tobin tax, in* «Encyclopedia Britannica» (online), 6 June 2016.

[30] A *"Google Tax"* viu a luz do dia no Reino Unido, quando entrou em vigor o novo *Finance Act*, a 1 de abril de 2015, que taxa, precisamente, os lucros comerciais de empresas multinacionais que usem como sede paraísos fiscais. Ela incide, essencialmente, sobre as empresas tecnológicas que usam técnicas de "planeamento" fiscal muito agressivo, escolhendo o ordenamento jurídico-fiscal que lhes é mais favorável (*"lex shopping"*). Sobre a taxação de empresas tecnológicas e a *"Google Tax"*, ver LUCA CERIONI, *The New "Google Tax": The "Beginning of the End" for Tax Residence as a Connecting Factor for Tax Jurisdiction?, in* «European Taxation», 5 (2015), pp. 185-195; REUVEN AVI-YONAH, *Three steps forward, one step back? Reflections on "google taxes" and the destination-based corporate tax, in* «Nordic Tax Journal», 2 (2016), pp. 69-86; PAUL TANG/HENRI BUSSINK, *EU Tax Revenue Loss from Google and Facebook*, PvdA Europa, 2017; MATTHIAS BAUER, *Five questions about the digital services tax to Pierre Moscovici*, ECIPE Occasional Paper, Nº 04/2018, European Centre for International Political Economy (ECIPE), Brussels, 2018.

[31] Sobre o tema, ver BÁRBARA BEDIN, *Direito à desconexão do trabalho frente a uma sociedade hiperconectada, in* «Revista de Direito do Trabalho e Meio Ambiente do Trabalho», 2 (2018),

nentemente espoliados do seu tempo de repouso, de lazer e de apoio à família pelas interpelações constantes de um telemóvel que faz brilhar uma SMS que chega depois da meia-noite ou de um correio eletrónico enviado ao fim-de-semana ou durante as merecidas férias. Conforme já explicava ALBERT EINSTEIN, no longínquo ano de 1949, o progresso tecnológico deve servir para libertar o ser humano da escravidão do trabalho[32]. E não o contrário;

- Eliminar o sistema de financiamento da Segurança Social exclusivamente assente em contribuições em função do valor das remunerações dos trabalhos e adotar um sistema maioritariamente assenta na tributação dos ganhos efetivos obtidos pelas unidades produtivas através do uso de tecnologia, da ciência e da criação de riqueza meramente digital/escritural ou fictícia[33]. Não é mais aceitável que uma

pp. 18-39; MATILDE FIGUEIREDO OLIVEIRA, *O Direito à Desconexão no Contrato de Trabalho* (tese de mestrado), FDUL, Lisboa, 2018; TERESA COELHO MOREIRA, *Algumas questões sobre o direito à desconexão dos trabalhadores, in* «Revista Minerva», 2 (2019), pp. 129-166; PAUL M. SECUNDA, *The Employee Right to Disconnect, in* «Notre Dame Journal of International & Comparative Law», 1 (2019), pp. 1-39; JOSÉ BESSA CARVALHO, *Algumas considerações em torno do direito à desconexão e da necessidade de regulamentação do mesmo no ordenamento jurídico português* (tese de mestrado), UCP, Porto, 2019; CARMO SOUSA MACHADO/JOÃO GALAMBA DE OLIVEIRA, *Direito à desconexão – como evitar a intrusão e a exaustão?, in* «Revista Internacional de Direito do Trabalho», 1 (2021), pp. 743-770.

32 ALBERT EINSTEIN, *Why Socialism?*, cit..

33 Nesse sentido, vários autores têm vindo a sustentar que deve haver um alargamento da base contributiva para a Segurança Social, passando-se a tributar, também, o Valor Acrescentado Líquido das empresas; isto é, os lucros por elas gerados. Deste modo, romper-se-ia com a lógica de tributação exclusiva das remunerações dos trabalhadores, corrigindo-se, assim, a distorça que resulta na circunstância de as empresas que mais criam emprego serem penalizadas, enquanto empresas com lucros avultados, mas cuja atividade repousa num uso parcimonioso de mão-de-obra humana, escapam à tributação. Assim, ver EUGÉNIO ROSA, *O futuro da proteção social em Portugal e a sustentabilidade da Segurança Social e da CGA, in* «A Segurança Social é sustentável: Trabalho, Estado e Segurança Social em Portugal» (org. Raquel Varela), Bertrand Editora, Lisboa, 2013, 119-147; IDEM, *Como reforçar a sustentabilidade da Segurança Social e da CGA*, Mimeo, 2016; J. EDUARDO AMORIM, *A "indústria 4.0" e a sustentabilidade do modelo de financiamento do Regime Geral da Segurança Social, in* «Cadernos de Dereito Actual», 5 (2017), pp. 243-254; SÉRGIO LAGOA/RICARDO BARRADAS, *Fontes de financiamento e soluções de reforma do sistema de pensões português*, Working Paper nº 2019/01, Dinamia'CET – Centro de Estudos sobre a Mudança Socioeconómica e o Território, ISCTE, Lisboa, 2019, pp. 34-40; RICARDO LOURENÇO DA SILVA, *Criámos a "Pessoa Electrónica". E agora? Devemos tributá-la?, in* «Julgar Online», Outubro (2020), pp. 1-30.

empresa de atendimento ao público ou uma fábrica, que empregam números muito elevados de trabalhadores, paguem mais contribuições para a Segurança Social do que uma empresa tecnológica ou financeira que, apesar de ter lucros muito mais avultados que aquelas, apenas emprega um número reduzido de técnicos especializados.

§ 6. Reforma do sistema judiciário

Não há sentimento de pertença e de agregação social sem que exista uma profunda crença na capacidade de a Justiça impor e repor o cumprimento das normas que garantem a igualdade social. Ser igual não é ser idêntico. É ser distinto mas merecedor de igual respeito pelo Estado e pela comunidade a que se pertence.

Ora, o que vemos, hoje, é que o acesso à Justiça é negado aos que pouco podem e é aproveitado pelos que tudo têm. Os tribunais não podem ser um instrumento ao serviço de quem manipula o sistema judiciário, usando os seus alçapões e custeando, a peso de ouro, quem lhes abre a porta, através do uso e abuso de expedientes processuais. Porém, no sentido inverso, também não é aceitável que os tribunais se refugiem, sucessivamente, em formalismos, de modo a exonerarem-se do conhecimento efetivo das questões que reclamam decisão[34]. Não decidir, quanto ao mérito, confunde o cidadão – que não percebe por que razão só se discutem preciosismos jurídicos – e gera uma sensação preocupante de injustiça e de impunidade.

A Constituição precisa, portanto, de ser corrigida, servindo-se das lições extraídas durante os últimos anos de assoberbamento dos tribunais. Deve-se, portanto:

- Incluir na Constituição uma norma que imponha o princípio da primazia da prolação de decisões de mérito – à semelhança do que já

[34] A mero título de exemplo, criticando o excessivo formalismo empregue pelo Tribunal, quando usa e abusa da exigência de fórmulas gongóricas e de jargão judiciário, pelos recorrentes, em sede de recursos de constitucionalidade, ver Miguel Prata Roque, *Fiscalização Sucessiva Concreta, in* «Enciclopédia da Constituição Portuguesa» (org. Jorge Bacelar Gouveia/ Francisco Pereira Coutinho), Quid Iuris, Lisboa, 2013, p. 167. Aliás, recentemente, o Tribunal Europeu dos Direitos Humanos já condenou o Estado português, precisamente, por violação do direito de acesso à Justiça (Constitucional), por força da aplicação de interpretação normativa excessivamente exigente para os particulares/recorrentes. Assim, ver Acórdão *"Dos Santos Calado e outros c. Portugal"*, de 31 de março de 2020.

sucede na jurisdição administrativa[35] –, de modo que os tribunais (e os advogados, que o promovem) não se refugiem em expedientes e tecnicalidades processuais, que apenas visam impedir o conhecimento de fundo sobre as questões colocadas. Maus exemplos disso são as decisões de não conhecimento dos pedidos, com fundamento em questões formais ou de interpretações rigorosas sobre prazos, os excessos formalistas da jurisprudência do Tribunal Constitucional, a disparidade quanto às consequências do incumprimento de prazos processuais – que são (erradamente) tidos como meramente indicativos para os tribunais, quando são obrigatórios e preclusivos para os particulares[36]. Ao contrário, devem os tribunais promover a sanação do incumprimento de regras formais e dar prevalência ao conhecimento sobre as questões de mérito;

- Reforçar o direito ao recurso, em especial em matéria criminal, colocando termo a uma vertigem de retirada de direitos fundamentais aos cidadãos, potenciada por um discurso de populismo penal[37] que é contraditado, diariamente, pela diminuição consecutiva dos números da criminalidade[38]. A circunstância de os tribunais não disporem dos meios necessários ao julgamento atempado de processos não pode constituir desculpa para uma limitação excessiva e, portanto, desproporcionada do direito elementar a ver determinada questão sindicada por, pelo menos, duas instâncias diferentes. Imaginem o que seria dizer-se que, como o Sistema Nacional de Saúde não dispõe de

[35] Sérvulo Correia/Mafalda Carmona, *O princípio pro actione no procedimento administrativo – Acórdão do STA de 22.01.2004 P.2064/03, in* «Cadernos de Justiça Administrativa», nº 44 (Março-Abril 2004), pp. 30-51; Sérvulo Correia, *O princípio pro actione* e o âmbito da cognição no recurso de revista – Ac. do STA de 24.11.2004, *in* «Cadernos de Justiça Administrativa», nº 48 (Novembro-Dezembro 2004), pp. 36-54.

[36] Sobre a polémica acerca da natureza preclusiva ou meramente indicativa dos prazos processuais penais, ver Cláudia Cruz Santos, *O controlo judicial da violação dos prazos de duração máxima do inquérito, in* «Julgar», 32 (2017), pp. 233-254; Joana Neto Alves, *Os prazos de duração máxima do inquérito* (tese de mestrado), FDUC, Coimbra, 2018.

[37] Denunciando esse populismo penal, ver José Mouraz Lopes, *Fragilidades do discurso criminalizador na corrupção: entre o populismo e a ineficácia, in* «Julgar», 32 (2017), pp. 125-134.

[38] Os sucessivos Relatórios Anuais de Segurança Interna têm revelado uma tendência evidente de decréscimo da criminalidade violenta e, até, uma redução generalizada da demais criminalidade. Para uma análise do Relatório Anual de Segurança Interna de 2020, ver https://www.portugal.gov.pt/pt/gc22/comunicacao/documento?i=relatorio-anual-de-seguranca-interna-2021.

recursos suficientes, os doentes não deveriam ter direito a uma segunda opinião médica ou à realização de mais exames médicos e clínicos de diagnóstico;

- Garantir a colegialidade das decisões de tribunais coletivos, evitando-se que membros de colégios judiciais venham alegar que apenas assinaram de cruz ou que não conheciam o teor do acórdão que subscreveram, por apenas terem aderido à autoridade académica e judicial de um/a colega de coletivo[39];
- Reforçar o dever constitucional de fundamentação das decisões judiciais, de modo que se impeça a fundamentação mediante mera adesão aos argumentos da decisão recorrida ou das alegações do Ministério Público[40], bem como a fundamentação resumida a uma cópia despudorada (*"copy paste"*) de decisões anteriores ou mediante invocação de jurisprudência anterior sem conexão direta com o caso a decidir;
- Eliminar a pena de prisão como paradigma da sanção penal[41], substituindo-a, a título principal, por penas de trabalho a favor da comunidade[42] ou por penas de imposição de condutas (como o acompa-

[39] Com efeito, quando foi publicamente conhecido o *"caso Neto Moura"* – em que um tribunal coletivo transcreveu excertos do Antigo Testamento, para afirmar que as mulheres adúlteras foram sempre condenadas, ao longo da História, inclusive a lapidação –, um dos membros do tribunal coletivo formado no Tribunal da Relação do Porto chegou a alegar que apenas tinha lido o projeto de acórdão na diagonal e que apenas tinha aderido, genericamente, à fundamentação redigida pelo Juiz-Relator, o Desembargado Neto Moura. Assim, ver http://www.asjp.pt/2017/10/28/juiza-nao-leu-acordao-ate-ao-fim/.

[40] Noto, contudo, que (infelizmente), o Tribunal Constitucional tem vindo a admitir essa fundamentação mediante mera remissão para os fundamentos das decisões recorridas (ou até para as alegações do Ministério Público, designadamente, em sede de vista ou de parecer), o que fragiliza, de modo intenso, o direito a uma efetiva reapreciação da questão controvertida. Foi o que se passou nos Acórdãos nº 358/2004 (Fernanda Palma) e nº 35/2012 (Ana Guerra Martins), do Tribunal Constitucional.

[41] Para uma crítica profunda e violenta da pena de prisão, enquanto instrumento de desumanização e de mero domínio sobre o corpo do recluso, ver Michel Foucault, *Vigiar e Punir – Nascimento da Prisão*, Edições 70, 2018, *passim*.

[42] Anabela Miranda Rodrigues, *Critérios de Escolha de Penas de Substituição no Código Penal*, *in* «Estudos em Homenagem ao Prof. Doutor Eduardo Correia», BFDUC, Coimbra, 1984, pp. 21-67; Maria Glória Dantas, *Pena de Prestação de Trabalho a Favor da Comunidade* (tese de mestrado), BFDUL, Lisboa, 1996; Maria João Antunes, *Substituição da prisão por prestação de trabalho a favor da comunidade*, *in* «Revista Portuguesa de Ciência Criminal», 11 (2001), pp. 701-711; Eugénia Paiva Torres, *As penas de substituição não detentivas* (tese de mestrado), UCP, Porto

nhamento psicológico, a reinserção fora do ambiente prisional e a proibição de exercício de profissões ou de outras condutas). Na verdade, é falso que o cumprimento efetivo de penas de prisão contribua para a paz social ou para evitar a reincidência na prática de crime. Todos os estudos e relatórios internacionais apontam para taxas excessivas de encarceramento[43], em Portugal; em especial, no caso da aplicação da prisão preventiva. Mais demonstram esses estudos que a taxa de reincidência em anteriores condenados é elevadíssima. O que demonstra que a prisão é, por si só, uma escola de crime e uma armadilha que impede os reclusos de se reabilitarem e reintegrarem na comunidade a que sempre pertenceram. Reduzir ao mínimo a pena de prisão é, assim, evitar a eternização de ciclos de criminalidade associados à pobreza e à falta de opções de vida futura. Assim, a detenção privativa da liberdade deve ser sempre temporária e excecional, quer para reação a picos emocionais criminógenos, quer para permitir um período formativo de reabilitação social e de reorientação.

§ 7. Reforma do sistema político e do sistema eleitoral

Como qualquer outro regime democrático maduro, o regime político português padece dos males habituais da negociação parlamentar e interpartidária, que gera ineficiências e imperfeições no processo deliberativo. Por outro lado, a crescente tecnicidade das questões governativas promove a profissionalização dos que exercem cargos políticos (incluindo de direção na administração pública[44]), o que, associado a uma notória quebra da atratividade do exercício de tais funções, gera não só um afastamento

2012; Henrique Almeida, *A Prestação de Trabalho a Favor da Comunidade como Pena Principal* (tese de mestrado), Universidade de Coimbra, 2012; Patrícia Jacinto, *Trabalho a Favor da Comunidade: De que modo o compromisso legal com a reprovação e a reparação é percebido pelos diversos agentes do sistema de Justiça?* (tese de mestrado), Universidade de Coimbra, 2017.

[43] De acordo com o mais recente Relatório Anual do Conselho de Europa sobre População Prisional de 2020, Portugal ainda se situa entre os países com índices muito elevados de encarceramento, integrando-se, com a Espanha e a Ucrânia, num grupo de países cujos índices se encontram 5,1% a 25% acima da média europeia. Assim, ver Marcelo F. Aebi/Mélanie M. Tiago, Council of Europe Annual Penal Statistics – SPACE I 2020 – Prison Populations, Université de Lausanne, École de Sciences Criminelles, 11 April 2021, em especial, pp. 4-6.

[44] Para uma análise dos riscos de recrutamento clientelar de dirigentes da administração pública, ver Filipe Abreu Nunes, *O Recrutamento das Elites Administrativas no Portugal Contemporâneo, in* «Ler História», 64 (2013), pp. 137-162.

entre governantes e governados, mas também uma crise de recrutamento de titulares de cargos políticos[45]. Por conseguinte, não só as pessoas comuns se afastaram da política, por não se reconhecerem em quem exerce cargos políticos, como essas mesmas pessoas comuns (aqui incluídas as que são reconhecidas pelo seu mérito, nas atividades a que se dedicam) se recusam a exercer cargos públicos, por não pretenderem ser arrastadas na lama e no lodaçal próprio da exposição contemporânea da vida pública.

Julgo que seria possível contribuir para a inversão deste caminho, através da adoção das seguintes medidas:

- Impor um limite de 2 mandatos consecutivos para os titulares de órgãos deliberativos, o que estimularia a renovação de quem exerce tais cargos. Recorde-se que o artigo 118º, nº 2, da Constituição, apenas impõe a limitação de mandatos em cargos executivos[46];
- Reduzir o número de Deputados para um máximo de 181, desde que adotados mecanismos corretivos que mantenham a proporcionalidade do sistema[47], tal como um círculo nacional de compensação, a redução do número de círculos eleitorais – extinguindo os círculos distritais e adaptando-os à nova organização administração administrativa em 5 NUTS II e mais os círculos dos Açores, da Madeira, da Europa e de fora da Europa – ou o abandono do método da média mais alta de Hondt[48]. Aliás, noto que o artigo 148º da Constituição já permite a redução do número de Deputados para 180, sendo que tal já seria possível caso fosse revista a Lei Eleitoral, que carece de maioria

[45] Sobre essa dificuldade (ou fechamento) no recrutamento de titulares de cargos políticos, ver André Freire, *Recrutamento Parlamentar – Os Deputados Portugueses da Constituinte à VIII Legislatura*, STAPE, Lisboa, 2001, em especial, pp. 151-154.

[46] Ricardo Leite Pinto, Tradição Republicana e estatuto dos políticos: o princípio da renovação (breve anotação ao artigo 118º da Constituição da República Portuguesa), in «Liber Amicorum Francisco Salgado Zenha», Coimbra Editora, 2003, pp. 597-610; Pedro Delgado Alves, O Princípio Republicano, in «Revista da Faculdade de Direito da Universidade de Lisboa», 2007, pp. 165-270.

[47] Para uma análise acerca do sistema proporcional de conversão de votos em mandatos, incluindo as suas vantagens e desvantagens, bem como sobre os mecanismos que permitem corrigir o risco de redução do número de Deputadas/os, ver Miguel Prata Roque, *Lições de Ciência Política*, AAFDL Editora, Lisboa, §§ 40 a 44 (ainda por publicar).

[48] Acerca da perversidade da associação do método da média mais alta de Hondt a círculos eleitorais com reduzido número de mandatos para distribuir, ver Miguel Prata Roque, *Lições de Ciência Política*, cit., § 40.

de 2/3 dos Deputados [cfr. artigo 268º, nº 6, alínea *d)*, da Constituição]. Assisado seria que se fixasse o número de Deputados em número ímpar (181 ou 179), de modo a evitar episódios absurdos como o do Queijo Limiano, por força da possibilidade de empate entre o partido maioritário e todos os demais;

- Recusar a inserção de círculos uninominais, que, ao invés de promoverem maior proximidade, apenas reforçam o caciquismo local e o nepotismo no acesso a cargos políticos, através da manipulação dos apoios locais e da instrumentalização de recursos económicos e mediáticos para financiamento de campanhas[49]. A eleição dos nossos representantes não deve ser um circo mediático e uma fogueira das vaidades, mas antes uma discussão ponderada acerca dos programas políticos, económicos, sociais e culturais que pretendemos ver implementados no nosso país;
- Fixar limites ao regime dos gabinetes governamentais e vedar a sua extensão a outros órgãos políticos de pessoas coletivas pública infraestaduais (em especial, as autarquias), com vista a evitar a proliferação de comissários políticos que acedem a cargos na administração pública, sem passar por concurso público, conforme exige o artigo 46º da Constituição. Será tolerável que vereadores de câmaras municipais e que presidentes de juntas de freguesia continuem a dispor de chefes de gabinete, adjuntos, assessores, secretárias e motoristas, como se multiplicassem pelo país milhares de minigovernos? Faz sentido que a administração pública não disponha de técnicos especializados e de serviços apetrechados e, depois, se criem fictícias unidades de missão[50], apenas para que os seus coordenadores e membros sejam equiparados a membros de governo e se furtem às regras financeiras e organizacionais aplicáveis à administração pública?;
- Impor o uso de tecnologia livre (*"open source technology"*) nos órgãos políticos e na administração pública, de modo a evitar a completa e absoluta dependência externa do Estado face a fornecedores privados

[49] Sobre o risco de excessiva personalização dos atos eleitorais, por via da criação de círculos uninominais, ver Miguel Prata Roque, *Lições de Ciência Política*, cit., § 41.

[50] Para um estudo acerca da natureza e do estatuto das unidades de missão, ver Ricardo Pedro, *As estruturas de missão, em particular as autoridades de gestão*, *in* «Organização Administrativa: Novos Actores, Novos Modelos», Volume I, AAFDL Editora, Lisboa, 2018, pp. 865-893; Miguel Prata Roque, *Tratado de Governação Pública*, Volume I, cit., § 94.

e estrangeiros[51]. Se outrora, KARL MARX aludia à concentração capitalista, como estado antecedente à revolução popular, hoje, na verdade, o que verificamos é uma preocupante concentração tecnológica, que ameaça a soberania nacional[52]. Esta dependência da administração pública destes gigantes tecnológicos gera corrupção, falta de transparência e concorrência desleal nos concursos públicos, pois os respetivos cadernos de encargos são feitos à medida das caraterísticas tecnológicas dos produtos e serviços a contratar (*"taylor-made procurement"*), como até incrementam o risco de violação do segredo de Estado e de deturpação da escolha e decisão democráticas. Basta ver os episódios de espionagem (e de intervenção) russa ou os riscos do uso de tecnologia fornecida por uma empresa controlada por um Estado que não obedece aos padrões típicos dos Estados de Direito de tipo ocidental/liberal, como é o caso da Huawei.

§ 8. Uma revisão constitucional adiada?

Em suma, não são apenas os seus opositores que reclamam uma nova Constituição. Também aqueles que se reveem nos seus traços fundamentais, que assentam numa ideia de Estado de Direito democrático, pluralista e promotor do progresso e do bem-estar devem envolver-se no processo de revisão (e de atualização) da Constituição de 02 de abril de 1976.

Uma Constituição de Futuro não é – nunca pode ser – um projeto acabado. Ou dogmático. Ou reacionário. Ou de mera sobrevivência. As conquistas civilizacionais que a mesma promoveu devem ser aprofundadas. Ampliadas. Renovadas. Celebradas.

Ora, só se celebra aquilo que nos motiva. Aquilo que nos faz vibrar. Aquilo que nos dá felicidade. É fundamental que as novas (e vindouras) gerações se continuem a rever no projeto de Liberdade e de transfor-

[51] A propósito da contratação pública à medida (ou *"taylor-made procurement"*) e da importância de assegurar a livre concorrência entre operadores e de preservar o interesse público na autonomia/soberania tecnológica, através de tecnologia de acesso livre, ver MIGUEL PRATA ROQUE, *Tratado de Governação Pública*, Volume I, cit., § 25.

[52] Defendendo que cabe ao Estado assegurar essa soberania tecnológica e científica, dotando-se de investimento público suficiente e adequado para garantir a inovação pública, ver MARIANA MAZZUCATO, *O Estado-Empreendedor – Desmascarando o Mito do Setor Público vs. Setor Privado* (traduzido por Elvira Serapicos), Companhia das Letras, 2011; SUSANA BORRÁS, *Three Tensions in the governance of science and technology*, *in* «The Oxford Handbook of Governance» (org. David Levi-Faur), Oxford University Press, 2012, p. 431.

mação que representou a Constituição de 1976 e cada uma das suas revisões constitucionais.

Não é o medo da mudança que nos deve tolher. É a esperança da renovação que nos deve fazer avançar.

ÍNDICE GERAL